MATEMÁTICA BÁSICA DEFINITIVA

para concursos

ALEX LIRA | ALEXANDRE MEIRELLES

MATEMÁTICA BÁSICA DEFINITIVA

para concursos

3ª edição | revista atualizada

2023

EDITORA JusPODIVM
www.editorajuspodivm.com.br

EDITORA *Jus*PODIVM
www.editorajuspodivm.com.br

Rua Canuto Saraiva, 131 – Mooca – CEP: 03113-010 – São Paulo – São Paulo
Tel: (11) 3582.5757
• Contato: https://www.editorajuspodivm.com.br/central-de-relacionamento

Diagramação: SBNigri Artes e Textos Ltda. *(sbnigri@centroin.com.br)*

Capa: Marcelo S. Brandão *(santibrando@gmail.com)*
Ilustração da capa: www.shutterstock.com – 267213431

L768m Lira, Alex.
Matemática básica definitiva para concursos/ Alex Lira e Alexandre Meirelles. – 3. ed. rev. e atual. – São Paulo: JusPodivm, 2023.
1408 p.

Bibliografia.
ISBN 978-85-442-4386-2

1. Matemática básica. 2. Raciocínio Lógico. 3. Provas e Concursos I. Lira, Alex. II. Meirelles, Alexandre. III. Título.

CDD 341.33312

Bibliotecária responsável:
Ana Carolina Ribeiro Mois – CRB7 – RJ 007348/0

3.ª ed., *2.ª tir.:* jun./2024; *3.ª tir.:* fev./2025; *4.ª tir.:* mar./2025; *5.ª tir.:* abr./2025; *6.ª tir.:* jul./2025; *7.ª tir.:* set./2025; *8.ª tir.:* out./2025; *9.ª tir.:* dez./2025; *10.ª tir.:* fev./2026.

Dedico este livro a todos os ***alunos*** *para os quais tive o prazer de ministrar aulas ao longo da minha carreira como professor, tanto em sala de aula como nos cursos on-line nos quais ministrei: no Concurseiro 24Horas, Atitude Concursos, Exponencial Concursos, Estratégia Concursos e Gran Cursos Online. A docência é uma das mais enriquecedoras atividades que existe, pois ao mesmo tempo que ensinamos, aprendemos muito com nossos alunos!*

Alex Lira

Dedico este livro aos milhares de concursandos que desde 2006 confiam no meu trabalho, dentre eles centenas de candidatos que pude acompanhar mais de perto no meu programa de mentoria. Também dedico aos milhares de leitores dos meus livros, que me deixaram muito realizado pelo imenso retorno com elogios às obras, incluindo centenas de aprovados. A todos vocês deixo o meu eterno agradecimento e o desejo de que conquistem logo seus cargos tão sonhados.

Ao Victor, meu filho nascido em janeiro de 2014, que veio ao mundo para que eu descobrisse novos sentimentos de amor, alegria e realização como homem. É muito difícil conseguir repartir o tempo entre as tarefas de pai, marido, fiscal, autor e mentor, mas só de tê-lo ao meu lado brincando comigo faz todo o esforço valer a pena.

Alexandre Meirelles

AGRADECIMENTOS

Agradeço ao **meu Deus Jeová** pela vida, pela saúde e por ter me dado as condições necessárias para enfrentar a desafiadora missão de ser coautor deste livro.

Agradeço aos **meus pais Ednalva e Florêncio** pela educação, pelos valores e pelo cuidado que sempre tiveram comigo.

Agradeço à **minha amada esposa Josiane** pelo companheirismo em todos os anos de nossa feliz união, pelo apoio fundamental e pela compreensão diante do enorme tempo que deixei de estar ao seu lado ou a ajudando em alguma tarefa da casa enquanto escrevia este livro.

Agradeço ao **meu coautor, Alexandre Meirelles**, pelo exemplo que deu a mim e a milhares de concurseiros na sua vencedora trajetória nos certames da área fiscal, por compartilhar de forma tão generosa seus conhecimentos e experiência por meio do famigerado *Manual do Concurseiro* e depois pelo livro *Como Estudar para Concursos* e pelo honroso convite para escrevermos juntos este livro.

Agradeço aos **coordenadores dos cursos** nos quais tive o prazer de atuar como professor, especialmente Lucas Salvetti (Exponencial Concursos) e Fernando Miguel, que me deu a primeira oportunidade no antigo Concurseiro 24Horas.

Alex Lira

São tantas pessoas para agradecer que não seria o caso mencionar centenas de nomes aqui. Mas, em especial, agradeço:

A Deus, por ter me dado saúde e paz para estudar e trabalhar durante todos esses anos, assim como por ter me colocado no mundo no meio de família e amigos maravilhosos.

Aos meus pais, três irmãos, quatro sobrinhos, diversos tios e primos, que foram meus maiores referenciais, sempre acreditando no meu sucesso. A eles devo tudo e serei eternamente grato. Em especial ao meu saudoso pai, Luiz, e à minha mãe, Cida, por sempre terem me dado todas as condições para vencer na vida por meio dos estudos. Graças à educação recebida dos meus pais, que chamo carinhosamente de meus “coroas”, somos uma família muito unida, amorosa e bem-sucedida.

Não poderia me esquecer do meu pai, um engenheiro com dois diplomas de Engenharia pela UFRJ, que sempre me incentivou a realizar cálculos matemáticos rapidamente de cabeça e me tornar um amante da área de exatas. Se não fosse por ele, muito dificilmente teria escrito este livro, pois as muitas horas de minha vida dedicadas à Matemática começaram na minha infância, por influência dele.

À Andrea, minha esposa e principal incentivadora, com a qual espero passar o resto dos meus dias ao lado de nosso filho, Victor, e de minha enteada, Natalia. Assim como a sua família Trujillano, agora também minha família.

Às dezenas de amigos que possuo, desde os meus 13 anos de idade, quando descobri o que era estudar realmente e decidi prestar concursos para escolas militares e posteriormente para os fiscos.

Ao Vauledir e aos demais colegas da Editora Juspodivm, por terem acreditado no meu potencial como autor e coordenador de outras obras.

Ao Alex Lira, um amigo que conheci primeiramente pelos agradecimentos ao meu trabalho como mentor, mas que depois de aprovado em concursos muito concorridos tornou-se um ótimo professor e autor na área de exatas. E também agradeço por ter aguentado meus sucessivos adiamentos nos últimos anos para terminarmos a realização desta obra, desde quando combinamos de escrevê-la juntos.

Alexandre Meirelles

APRESENTAÇÃO

O ano era 2015. Conversamos e definimos um projeto audacioso: *escrever um livro de matemática básica que fosse diferente de todos os disponíveis no mercado*, totalmente voltado aos concursos públicos, adequado às melhores técnicas de estudo conhecidas e com relação eficiente de teoria e questões comentadas.

Infelizmente, tivemos muitas paradas e retomadas ao longo do caminho. De fato, foram cerca de **quatro anos** entre a nossa primeira ligação telefônica e a publicação do livro. Mas a espera valeu a pena!

Sabemos que conseguir sucesso em concursos públicos hoje em dia constitui um grande desafio. De fato, os certames apresentam um elevado grau de dificuldade em suas provas, além do alto nível dos candidatos. Por isso, torna-se necessária uma preparação com planejamento, muita disciplina e esforço genuíno.

A rotina de estudos do candidato não deve se limitar à simples leitura do material. O nível de preparação dos concorrentes não permite mais que você seja aprovado em algum certame apenas livrando a nota de corte. É necessário fazer a diferença naquelas matérias chave.

E nesse cenário a matemática é fundamental, pois além de estar presente em boa parte dos concursos, representa um dos diferenciais da prova, já que a maioria dos candidatos não têm afinidade com a nossa disciplina.

Então, é imprescindível que você disponha de material com qualidade excelente para enfrentar esse desafio. Assim, garantimos que você tem em mãos um excelente livro de matemática, escrito por professores com a necessária experiência de anos em sala de aula, que colecionam aprovações nos certames mais concorridos do Brasil e que têm ajudado milhares de concurseiros a alcançarem a aprovação.

Por meio de pesquisa minuciosa em **mais de 20 manuais de matemática**, procuramos trazer tudo de mais atualizado que há sobre cada tópico abordado, contando com o instrumento relevante que é a internet. Assim, ao longo do curso você poderá perceber que buscamos explorar de forma didática e diversificada os conteúdos mais relevantes para a sua aprovação.

Você logo perceberá que a **linguagem utilizada** no decorrer do curso será de fácil compreensão. Buscamos atuar de forma que você possa ter a sensação de que a escrita do livro é parecida com uma aula ou uma conversa ao seu lado.

O livro conta com cerca de **1.000 questões comentadas** minuciosamente, das maiores bancas organizadoras de concursos, resolvidas logo após a apresentação dos assuntos ao longo da teoria ou ao final do capítulo, com mais outras que por suas peculiaridades as chamamos de *Questões-desafio*. Além disso, a teoria é detalhada e didaticamente apresentada em **28 capítulos** distribuídos em **três unidades,** com dezenas de **esquemas, macetes e quadros sinóticos**. Também, para auxiliar na sua revisão do que estudou, preparamos um **resumo** dos principais pontos estudados ao final de cada capítulo. Por fim, inserimos um **apêndice** com dicas para que você possa realizar cálculos mais rapidamente, que podem fazer a diferença em sua nota final.

Este livro se destina àqueles que estão iniciando sua jornada nos certames ou para os que têm dificuldade com a matemática, em razão da didática que buscamos implementar na forma de explicar os assuntos de cada capítulo e na explicação minuciosa da explicação da resposta de cada questão. Ele também é útil para candidatos de concursos públicos mais experientes, diante da enorme quantidade de questões que servirão de treino e dos didáticos resumos que preparamos.

A escolha dos assuntos presentes nos capítulos que compõem o livro é resultado de um extenso levantamento que fizemos nos conteúdos programáticos constantes de **editais** dos mais diversos concursos realizados no país. Então, trata-se de material 100% focado no que tem sido cobrado pelas bancas examinadoras.

Esperamos que a busca incansável que fizemos para disponibilizar o melhor material de matemática para concursos faça com que a sua relação com a disciplina seja mais pacífica, frutífera e eficiente após o estudo desta obra. Temos a certeza de que os conceitos, os macetes, os esquemas, a evidente ênfase na prática de cada tópico e o foco na cobrança da matéria de acordo com o perfil dos concursos ajudarão você a **aprender matemática definitivamente**!

Para isso, esperamos que o seu estudo seja realizado implementando as seguintes orientações:

1) **Faça resumos**, se possível com base nas técnicas ensinadas no livro do Alexandre Meirelles;

2) **Resolva mais questões**, além das presentes no livro;

3) **Deixe a calculadora de lado** e resolva as questões na mão;

4) **Reveze** os estudos deste livro com os de outras disciplinas;

5) **Não passe ao próximo capítulo** antes de ter a segurança de que aprendeu o atual, de preferência.

Estamos abertos a receber sugestões, críticas e elogios ao nosso livro. Podem enviar para livrosalexs@gmail.com. Ficaremos muito felizes com seu contato! Também gostaríamos muito de ver uma foto sua postada nas redes sociais estudando com nosso livro, faremos questão de repostá-la em nossos perfis.

Forte abraço e bons estudos.

Os autores.

SOBRE OS AUTORES

ALEX LIRA

Ocupa, desde 2014, o cargo de **Auditor-Fiscal da Receita Federal do Brasil.**

Foi Servidor do **Ministério Público Federal.**

É graduado em Matemática pela Universidade Federal da Paraíba.

Foi professor da rede estadual de ensino da Paraíba, tendo ministrado aulas de matemática para alunos do ensino fundamental e médio.

Atua como professor em cursos on-line de Raciocínio Lógico, Matemática, Estatística e Matemática Financeira no Gran Cursos Online.

Foi instrutor da antiga Escola de Administração Fazendária (ESAF).

Foi aprovado nos seguintes concursos:

- Auditor-Fiscal da Receita Federal do Brasil (2014);
- Técnico-Administrativo do Ministério Público da União;
- Técnico Legislativo da Assembleia Legislativa do Rio Grande do Norte;
- Auxiliar Judiciário do Tribunal de Justiça do Estado da Paraíba;
- Oficial Administrativo da CAGEPA/PB.
- Coautor dos livros *Raciocínio Lógico Definitivo para Concursos* e *Matemática Financeira Definitiva para Concursos* pela Editora Juspodivm.

Caso fique com dúvidas ou queira simplesmente bater um papo, **entre em contato** e me siga nas redes sociais:

✓ **Email**: professoralexlira@gmail.com

✓ **Instagram**: @professor.alexlira

✓ **Youtube**: Professor Alex Lira

ALEXANDRE MEIRELLES

Ocupa, desde 2006, o cargo de **Auditor Fiscal da Receita Estadual de São Paulo**, cargo mais conhecido pelos concurseiros como "Fiscal de ICMS de SP".

Ex-aluno da Escola Preparatória de Cadetes do Exército.

Graduado em Matemática – Informática pela UFRJ.

Especialista em Matemática e Estatística pela UFLA.

Mestre em Estatística pela UFMG.

Especialista em Direito Tributário pela Rede LFG/Anhanguera.

Aprovado nos seguintes concursos:

- Agente Fiscal de Rendas do Estado de São Paulo - 2006.
- Auditor-Fiscal da Receita Federal do Brasil - 2005.
- Auditor Fiscal da Receita Estadual de Minas Gerais - 1993.
- Auditor Fiscal de Tributos Municipais da Prefeitura de Belo Horizonte – 1992, cargo que exerceu por 11 anos.
- Técnico de Finanças e Controle do Ministério da Fazenda - 1993, cargo que exerceu por menos de um ano.
- Professor de Matemática do Estado de Minas Gerais, concurso em que obteve a 2ª colocação na disciplina de Matemática.

Professor de Matemática para vestibulares e concursos em diversos cursos preparatórios desde 1989 no Rio de Janeiro, Belo Horizonte e São Paulo.

Autor de um dos textos mais conhecidos sobre concursos, o *Manual do Concurseiro*, provavelmente o texto mais lido do mundo dos concursos, e dos livros *Como Estudar para Concursos*, *Raciocínio Lógico Definitivo para Concursos*, *Matemática Financeira Definitiva para Concursos* e *Manual de Legislação Tributária Estadual* pela Editora Juspodivm e *Concursos Fiscais*, hoje distribuído gratuitamente no site www.grancursosonline.com.br.

✓ **Email**: alexmeirelles@gmail.com

✓ **Instagram**: @profalexandremeirelles

✓ **Youtube**: Prof Alex Meirelles

NOTA À 3ª EDIÇÃO

Estamos muito felizes com o fato de as edições anteriores deste livro terem uma ótima aceitação no mundo concurseiro. Prova disso é a excelente avaliação feita pelos que adquiriram a obra, classificada como cinco estrelas pela quase totalidade dos leitores. Além disso, recebemos positivamente o feedback apresentado pela Editora Juspodivm de que toda a tiragem das últimas edições acabou em cerca de um ano

Nesta edição, promovemos várias alterações ao longo do texto, principalmente para corrigir pequenos erros de digitação, ajustar detalhes da teoria apresentada e atualizar e melhorar as resoluções de diversas questões de concursos.

Esse aperfeiçoamento é resultado especialmente da contribuição trazida a nós por colegas professores que têm adotado este livro em seus trabalhos, por concurseiros bem dedicados a seus estudos e que têm relatado notável melhora em seu desempenho na matéria e, também, pela contínua atenção dos autores em disponibilizar o melhor material possível para a simplificação do aprendizado da Matemática.

Nesse sentido, aproveitamos a oportunidade de lançar uma nova edição para inserir em vários capítulos questões de concursos atualizadas em substituição de questões um pouco mais antigas. Isso permite que o livro esteja cada vez mais atualizado com a forma que as bancas examinadoras cobram a Matemática nos certames.

SUMÁRIO

Siglas utilizadas neste livro 33

UNIDADE 1 – MATEMÁTICA DE NÍVEL FUNDAMENTAL

CAPÍTULO 1 – OPERAÇÕES COM NÚMEROS INTEIROS, FRACIONÁRIOS E DECIMAIS 37

1. Introdução 37
2. Números Inteiros 37
    2.1. A reta numérica 38
    2.2. Ordem e simetria 38
    2.3. Módulo de um número inteiro 39
    2.4. Operações 40
        2.4.1. Adição 40
            2.4.1.1. Propriedades 41
        2.4.2. Subtração 43
            2.4.2.1. Propriedades 44
        2.4.3. Multiplicação 46
            2.4.3.1. Propriedades 47
        2.4.4. Divisão 51
        2.4.5. Regras de sinais 56
        2.4.6. Regras para a retirada de parênteses 56
3. Números Fracionários 58
    3.1. Classificação 58
    3.2. Operações 60
        3.2.1. Adição e Subtração de Frações 60
        3.2.2. Multiplicação de Frações 62
        3.2.3. Divisão de Frações 63
    3.3. Número Misto 63
4. Números Decimais 74

4.1. Propriedades 75
4.2. Operações 75
4.2.1. Adição e Subtração de Números Decimais 75
4.2.2. Multiplicação de Números Decimais 76
4.2.3. Divisão de Números Decimais 77
5. Intervalos Numéricos 79
5.1. União de intervalos 80
5.2. Interseção de intervalos 80
6. Resumo 82
7. Mais Questões Comentadas 85
8. Questões-desafio 96

CAPÍTULO 2 – SISTEMA MÉTRICO 99
1. Introdução 99
2. Medidas de Comprimento 100
2.1. Leitura das Medidas de Comprimento 100
2.2. Conversão entre unidades 101
3. Medidas de Superfície (área) 103
3.1. Conversão entre unidades 103
4. Medidas de Volume 105
4.1. Conversão entre unidades 105
4.2. Conversões de metro cúbico para litro 106
5. Resumo 108
6. Mais Questões Comentadas 111
7. Questões-desafio 119

CAPÍTULO 3 – NÚMEROS PARES E ÍMPARES (PRIMOS E COMPOSTOS) 121
1. Introdução 121
2. Números Pares e Ímpares 122
2.1. Conceito 122
2.2. Propriedades 124
3. Números Primos 129
3.1. Reconhecimento de Números Primos 129
3.2. Números Primos entre si 130
4. Números Compostos 132
4.1. Teorema Fundamental da Aritmética 132
4.2. Decomposição em fatores primos 132

5. Resumo 133
6. Mais Questões Comentadas 135
7. Questão-desafio 141

CAPÍTULO 4 – MMC E MDC 143

1. Introdução 143
2. Mínimo Múltiplo Comum (MMC) 143
   2.1. Métodos para determinar o MMC 144
3. Máximo Divisor Comum (MDC) 151
   3.1. Métodos para determinar o MDC 151
4. Propriedades 155
5. Aplicações 159
6. Resumo 168
7. Mais Questões Comentadas 172
8. Questões-desafio 184

CAPÍTULO 5 – DIVISIBILIDADE 187

1. Resumo 191
2. Mais Questões Comentadas 191
3. Questão-desafio 194

CAPÍTULO 6 – POTENCIAÇÃO 197

1. Introdução 197
2. Potenciação 197
   2.1. Propriedades 198
      2.1.1. Potência de um Número Real com Expoente Natural 198
      2.1.2. Potência de um Número Real com Expoente Negativo 200
      2.1.3. Potência com Expoente Racional 200
   2.2. Operações 203
   2.3. Notação Científica 208
      2.3.1. Transformação 208
      2.3.2. Operações 209
         2.3.2.1. Adição 209
         2.3.2.2. Subtração 210
         2.3.2.3. Multiplicação 210
         2.3.2.4. Divisão 211
         2.3.2.5. Potenciação 211

3. Resumo ... 214
4. Mais Questões Comentadas ... 215
5. Questões-desafio ... 220

CAPÍTULO 7 – RADICIAÇÃO ... 223

1. Introdução ... 223
2. Conceito ... 224
3. Elementos ... 226
4. Propriedades ... 226
5. Operações ... 231
6. Racionalização de Denominadores ... 234
   6.1. Quando o Denominador é uma Raiz Quadrada ... 235
   6.2. Quando o Denominador é uma Raiz Não Quadrada ... 236
   6.3. Quando o Denominador é uma Soma ou Diferença de Dois Quadrados ... 238
7. Métodos para extrair raiz quadrada ... 240
   7.1. Método da decomposição em fatores primos ... 240
   7.2. Método dos Quadrados Perfeitos ... 244
8. Resumo ... 250
9. Mais Questões Comentadas ... 252
10. Questões-desafio ... 261

CAPÍTULO 8 – DÍZIMAS ... 267

1. Introdução ... 267
2. Dízimas Periódicas ... 267
   2.1. Geratriz de uma dízima periódica ... 269
      2.1.1. Dízima Simples ... 270
      2.1.2. Dízima Composta ... 274
3. Resumo ... 277
4. Mais Questões Comentadas ... 278
5. Questão-desafio ... 283

CAPÍTULO 9 – CONJUNTOS ... 285

1. Introdução ... 285
2. Conceito ... 286
3. Relação de Pertinência ... 286

4. Representação de um Conjunto e de seus Elementos ... 287
  4.1. Representação por Enumeração ... 287
  4.2. Representação por Propriedade ... 288
  4.3. Representação por Diagrama ... 289
5. Tipos de conjuntos ... 289
  5.1. Conjunto Finito ... 290
  5.2. Conjunto Infinito ... 290
  5.3. Conjunto Universo ... 290
  5.4. Conjunto Vazio ... 291
  5.5. Conjunto Unitário ... 291
6. Subconjuntos e Relação de Inclusão ... 292
  6.1. Propriedades da relação de inclusão ... 293
  6.2. Quantidade de subconjuntos ... 293
  6.3. Conjunto das partes de um conjunto ... 295
7. Relação de Igualdade ... 296
  7.1. Propriedades da relação de igualdade ... 297
8. Operações entre conjuntos ... 297
  8.1. União de Conjuntos ... 297
    8.1.1. Propriedades da União ... 298
  8.2. Interseção de Conjuntos ... 298
    8.2.1. Conjuntos Disjuntos ... 299
    8.2.2. Propriedades da Interseção ... 299
  8.3. Diferença de Conjuntos ... 301
    8.3.1. Propriedades da Diferença ... 301
    8.3.2. Complementar de um conjunto ... 303
      8.3.2.1. Propriedades do Complementar de um Conjunto . 305
9. Número de Elementos dos Conjuntos ... 305
10. Conjuntos Numéricos ... 321
  10.1. Números Naturais ... 321
  10.2. Números Inteiros ... 322
  10.3. Números Racionais ... 323
  10.4. Números Irracionais ... 324
  10.5. Números Reais ... 325
11. Resumo ... 328
12. Mais Questões Comentadas ... 330
13. Questões-desafio ... 353

CAPÍTULO 10 – MÉDIAS: ARITMÉTICA, GEOMÉTRICA E HARMÔNICA 359
1. Introdução 359
2. Média Aritmética 359
    2.1. Propriedades da Média Aritmética 362
3. Média Ponderada 368
4. Média Geométrica 371
5. Média Harmônica 373
6. Comparação entre as Médias 376
7. Média das Médias 379
8. Resumo 380
9. Mais Questões Comentadas 382
10. Questões-desafio 390

UNIDADE 2 – ARITMÉTICA

CAPÍTULO 11 – RAZÃO E PROPORÇÃO 395
1. Introdução 395
2. Razão 395
    2.1. Razões Iguais 398
    2.2. Razão Inversa 398
    2.3. Simplificação de uma razão 399
    2.4. Razões Especiais 400
        2.4.1. Velocidade Média 401
        2.4.2. Densidade Demográfica 404
        2.4.3. Escalas 405
            2.4.3.1. Propriedades das escalas 408
3. Proporção 408
    3.1. Propriedades das Proporções 414
    3.2. Terceira Proporcional 420
    3.3. Quarta Proporcional 420
    3.4. Proporção Contínua 421
4. Resumo 421
5. Mais Questões Comentadas 423
6. Questão-desafio 434

CAPÍTULO 12 – NÚMEROS E GRANDEZAS PROPORCIONAIS 437
1. Introdução 437

2. Grandezas Diretamente Proporcionais 437
3. Grandezas Inversamente Proporcionais 440
4. Resumo 448
5. Mais Questões Comentadas 448
6. Questões-desafio 456

CAPÍTULO 13 – DIVISÃO PROPORCIONAL 459
1. Introdução 459
2. Conceito 459
3. Divisão em Números Diretamente Proporcionais 460
4. Divisão em Números Inversamente Proporcionais 471
5. Conceito Misto – Divisão Direta e Inversamente Proporcional 480
6. Resumo 487
7. Mais Questões Comentadas 489
8. Questões-desafio 496

CAPÍTULO 14 – REGRA DE SOCIEDADE 501
1. Introdução 501
2. Conceito 501
3. Resumo 519
4. Mais Questões Comentadas 519
5. Questões-desafio 527

CAPÍTULO 15 – REGRA DE TRÊS SIMPLES E COMPOSTA 535
1. Introdução 535
2. Regra de Três 535
   2.1. Regra de Três Simples 538
   2.2. Regra de Três Composta 546
3. Procedimento prático 551
4. Resumo 554
5. Mais Questões Comentadas 555
6. Questões-desafio 586

CAPÍTULO 16 – PORCENTAGEM 591
1. Introdução 591
2. Porcentagem 591
   2.1. Formas de representação 592

2.2. Cálculo da porcentagem de um número 594
2.3. Operações sobre mercadorias 599
2.4. Aumentos e descontos percentuais 605
2.5. Aumentos e descontos percentuais sucessivos 611
2.6. Percentual incluído 617
2.7. Variação Percentual 617
3. Resumo 620
4. Mais Questões Comentadas 623
5. Questões-desafio 638

CAPÍTULO 17 – JUROS SIMPLES 643

1. Introdução 643
2. A Matemática Financeira 643
2.1. Os Regimes da Matemática Financeira 646
2.2. Fluxo de Caixa 647
2.3. Elementos de uma operação de juros 651
2.3.1. Taxa de Juros 651
2.4. Equações dos Juros Simples 655
3. Exigência Universal 655
3.1. Taxas Proporcionais e Equivalentes 659
3.2. Juros Simples Exatos 662
3.3. Juros Comerciais 664
3.4. Prazo Médio, Taxa Média e Capital Médio 667
3.4.1. Prazo Médio 667
3.4.2. Taxa Média 667
3.4.3. Capital Médio 667
4. Resumo 670
5. Mais Questões Comentadas 671
6. Questões-desafio 736

CAPÍTULO 18 – PROBLEMAS ENVOLVENDO TORNEIRAS E CAPACIDADE PESSOAL 741

1. Introdução 741
2. Problemas envolvendo Torneiras 741
3. Problemas envolvendo Capacidade Pessoal 745
4. Resumo 748

5. Mais Questões Comentadas ... 748
6. Questões-desafio ... 754

CAPÍTULO 19 – QUESTÕES ENVOLVENDO IDADES ... 757
1. Resumo ... 761
2. Mais Questões Comentadas ... 761
3. Questão-desafio ... 766

UNIDADE 3 – MATEMÁTICA DE NÍVEL MÉDIO

CAPÍTULO 20 – EQUAÇÃO DO 1º GRAU ... 771
1. Conceito ... 771
2. Resolvendo uma Equação do 1º Grau ... 773
3. Resolução de Problemas por Meio de Equação do 1º Grau ... 776
4. Sistemas de Equações de 1º Grau ... 781
    4.1. Método da Substituição ... 781
    4.2. Método da Adição ... 782
5. Resumo ... 789
6. Mais Questões Comentadas ... 790
7. Questões-desafio ... 807

CAPÍTULO 21 – EQUAÇÃO DO 2º GRAU ... 811
1. Introdução ... 811
2. Conceito ... 811
3. Resolvendo uma Equação do 2º Grau ... 813
4. Natureza das Raízes de uma Equação do 2º Grau ... 816
5. Utilizando a Soma e Produto para Encontrar as Raízes ... 820
6. Resolução de Problemas por Meio de Equação do 2º Grau ... 821
7. Resumo ... 825
8. Mais Questões Comentadas ... 826
9. Questões-desafio ... 836

CAPÍTULO 22 – FUNÇÕES ... 839
1. Introdução ... 839
2. Definição e Notação ... 842
3. Domínio, Contradomínio e Imagem ... 843

3.1. Determinação do domínio de uma função 846
4. Plano Cartesiano 850
5. Representação Gráfica 854
5.1. Determinação do Domínio e da Imagem de uma função por meio do gráfico 857
5.2. Reconhecimento de uma função por meio do gráfico 860
6. Função Par e Função Ímpar 864
6.1. Função Par 864
6.2. Função Ímpar 865
7. Função Injetora, Sobrejetora e Bijetora 867
7.1. Função Injetora 867
7.2. Função Sobrejetora 868
7.3. Função Bijetora 869
8. Função Composta 871
9. Função Inversa 873
10. Função Polinomial do 1º Grau 877
10.1. Classificação 877
10.1.1. Função Constante 878
10.1.2. Função Identidade 878
10.1.3. Função Linear 879
10.1.4. Função Afim 879
10.2. Gráfico da Função do 1º Grau 880
10.3. Raiz ou Zero da Função do 1º Grau 884
10.4. Estudo de Sinal da Função do 1º Grau 885
11. Função Polinomial do 2º Grau 890
11.1. Raízes ou Zeros da Função do 2º Grau 891
11.1.1. Determinação dos zeros por meio da soma e produto das raízes 894
11.1.2. Quantidade de raízes reais 895
11.2. Gráfico da Função do 2° Grau 897
11.2.1. Introdução 897
11.2.2. Efeito dos coeficientes na parábola 900
11.2.3. Interseção com o eixo X (raízes) 902
11.2.4. Vértice da parábola e máximos e mínimos da função 904
11.2.5. Imagem da função 908
11.3. Estudo do Sinal da Função do 2º Grau 909
12. Resumo 918

13. Mais Questões Comentadas 925
14. Questões-desafio 936

CAPÍTULO 23 – MATRIZES, DETERMINANTES E SOLUÇÃO DE SISTEMAS LINEARES 939

1. Introdução 939
2. Matrizes 939
   2.1. Ordem de uma matriz 940
   2.2. Elementos de uma matriz 940
   2.3. Matrizes – representação 940
      2.3.1. Forma Genérica 941
      2.3.2. Lei de formação de uma matriz 941
   2.4. Tipos de matrizes 943
      2.4.1. Matriz Linha 943
      2.4.2. Matriz Coluna 944
      2.4.3. Matriz Nula 944
      2.4.4. Matriz Retangular 944
      2.4.5. Matriz Quadrada 944
      2.4.6. Matriz Diagonal 945
      2.4.7. Matriz Triangular 945
      2.4.8. Matriz Identidade 946
      2.4.9. Matriz Oposta 946
      2.4.10. Matriz Transposta 947
      2.4.11. Matriz Simétrica 948
      2.4.12. Matriz Antissimétrica 948
   2.5. Operações com Matrizes 950
      2.5.1. Igualdade de Matrizes 950
      2.5.2. Adição e Subtração de Matrizes 950
      2.5.3. Multiplicação de um Número Real por uma Matriz 952
      2.5.4. Multiplicação de Matrizes 952
         2.5.4.1. Propriedades da Multiplicação de Matrizes 958
   2.6. Matriz Inversa 960
      2.6.1. Matriz Inversa de uma Matriz de Primeira Ordem 961
      2.6.2. Matriz Inversa de uma Matriz de Segunda Ordem 961
3. Determinantes 962

3.1. Determinante de uma Matriz Quadrada de 1ª Ordem ... 962
3.2. Determinante de uma Matriz Quadrada de 2ª Ordem ... 962
3.3. Determinante de uma Matriz Quadrada de 3ª Ordem ... 964
3.4. Propriedades dos Determinantes ... 967
3.5. Menor Complementar ... 976
3.6. Cofator ... 978
3.7. Teorema de Laplace ... 979
4. Sistemas Lineares ... 983
4.1. Representação de um sistema linear na forma matricial ... 984
4.2. Solução de um sistema linear ... 986
4.3. Classificação de um sistema linear ... 989
4.4. Sistemas Lineares Homogêneos ... 990
4.5. Teorema de Cramer ... 990
4.6. Análise do Sistema Linear ... 993
5. Resumo ... 998
6. Mais Questões Comentadas ... 1005
7. Questões-desafio ... 1017

CAPÍTULO 24 – PROGRESSÃO ARITMÉTICA E PROGRESSÃO GEOMÉTRICA ... 1021

1. Progressão Aritmética ... 1021
1.1. Conceito ... 1021
1.2. Classificação ... 1024
1.3. Termo Geral de uma PA ... 1025
1.4. Propriedades ... 1029
1.5. Notações Especiais ... 1031
1.6. Interpolação Aritmética ... 1032
1.7. Soma dos Termos de uma PA ... 1034
2. Progressão Geométrica ... 1040
2.1. Conceito ... 1040
2.2. Classificação ... 1043
2.3. Termo Geral de uma PG ... 1044
2.4. Propriedades ... 1048
2.5. Notações Especiais ... 1051
2.6. Interpolação Geométrica ... 1055
2.7. Soma dos Termos de uma PG ... 1057
2.7.1. Soma dos Termos de uma PG Finita ... 1057
2.7.2. Soma dos Termos de uma PG Infinita ... 1058

3. Resumo ... 1061
4. Mais Questões Comentadas ... 1063
5. Questões-desafio ... 1097

CAPÍTULO 25 – GEOMETRIA BÁSICA ... 1101
1. Introdução ... 1101
2. Geometria Plana ... 1101
2.1. Ponto ... 1102
2.2. Reta, Semirreta e Segmento de Reta ... 1102
2.3. Plano ... 1102
2.4. Ângulos ... 1103
2.4.1. Ângulos – Classificação quanto à medida ... 1104
2.4.2. Ângulos – Classificação quanto à posição ... 1104
2.4.3. Ângulos – Classificação quanto à complementação ... 1105
2.4.4. Bissetriz de um ângulo ... 1106
2.5. Circunferência ... 1107
2.6. Polígonos ... 1110
2.6.1. Número de diagonais de um polígono ... 1112
2.6.2. Soma das Medidas dos Ângulos Internos e Externos ... 1115
2.7. Triângulos ... 1119
2.7.1. Elementos do Triângulo ... 1119
2.7.2. Soma dos ângulos internos de um triângulo ... 1120
2.7.3. Classificações dos triângulos ... 1121
2.7.4. Mediatriz, Mediana e Altura e seus Pontos Notáveis ... 1124
2.7.5. Congruência de triângulos ... 1128
2.7.6. Semelhança de triângulos ... 1128
2.7.7. Área do triângulo ... 1131
2.7.8. Relações métricas no triângulo retângulo ... 1132
2.8. Teorema de Tales ... 1132
2.9. Quadriláteros ... 1134
2.9.1. Paralelogramo ... 1136
2.9.1.1. Quadrado ... 1136
2.9.2. Retângulo ... 1138
2.9.3. Losango ... 1140
2.9.4. Trapézio ... 1140

2.10. Áreas das figuras planas 1141

3. Geometria Espacial 1144

3.1. Prisma 1144

3.1.1. Prisma reto 1147

3.1.2. Prisma oblíquo 1149

3.2. Pirâmide 1149

3.3. Cilindro 1151

3.4. Cone 1153

3.5. Esfera 1156

4. Resumo 1158

5. Mais Questões Comentadas 1163

6. Questões-desafio 1182

CAPÍTULO 26 – TRIGONOMETRIA 1189

1. Arcos e Ângulos 1189

2. Ângulo – Classificação 1191

3. Ciclo Trigonométrico 1192

3.1. Ângulos Côngruos ou Congruentes 1193

3.2. Forma generalizada de congruência de um ângulo 1194

4. Funções Trigonométricas 1197

4.1. Função Seno 1197

4.1.1. Sinais da função seno 1197

4.2. Função Cosseno 1198

4.2.1. Sinais da função cosseno 1199

4.3. Relação fundamental entre senos e cossenos 1199

4.4. Função Tangente 1199

4.5. Funções Cotangente, Secante e Cossecante 1200

4.6. Valores notáveis 1201

4.7. Desdobramentos da Relação Fundamental 1202

5. Relações entre Ângulos 1202

6. Outras Relações Trigonométricas 1204

7. Relações Trigonométricas no Triângulo Retângulo 1207

8. Teorema de Pitágoras 1212

9. Resumo 1216

10. Mais Questões Comentadas 1218

11. Questões-desafio 1231

CAPÍTULO 27 – ANÁLISE COMBINATÓRIA: COMBINAÇÃO, ARRANJO E PERMUTAÇÃO 1237

1. Introdução 1237
2. Princípio Fundamental da Contagem (PFC) 1237
3. Arranjo e Combinação 1241
    3.1. Cálculo do Arranjo e da Combinação 1243
4. Permutação 1248
    4.1. Permutação Simples 1249
    4.2. Permutação com Repetição 1252
    4.3. Permutação Circular 1253
5. Combinação com Repetição 1254
6. Arranjo com Repetição 1257
7. Não se esqueça das fórmulas! 1258
8. Resumo 1258
9. Mais Questões Comentadas 1259
10. Questões-desafio 1288

CAPÍTULO 28 – PROBABILIDADE 1291

1. Introdução 1291
2. Teoria das Probabilidades 1291
    2.1. Conceitos Fundamentais 1291
        2.1.1. Experimento Aleatório 1292
        2.1.2. Espaço Amostral 1292
        2.1.3. Evento 1293
    2.2. Cálculo da Probabilidade 1294
    2.3. Axiomas da Probabilidade 1298
    2.4. Probabilidade da Intersecção de Eventos 1299
    2.5. Probabilidade de Eventos Independentes 1301
    2.6. Probabilidade de Eventos Mutuamente Excludentes 1303
    2.7. Probabilidade da União de Dois Eventos 1305
    2.8. Probabilidade do Evento Complementar 1307
    2.9. Probabilidade Condicional 1309
    2.10. Teorema de Bayes 1316
    2.11. Teorema da Probabilidade Total 1319
3. Probabilidade com Análise Combinatória 1321
4. Resumo 1326

5. Mais Questões Comentadas 1330
6. Questões-desafio 1371

APÊNDICE – DICAS PARA AGILIZAR OS CÁLCULOS MATEMÁTICOS 1383

1. Multiplicação ou Divisão por 10, 100, 1.000 etc. 1384
2. Multiplicar um Número por 11 1384
3. Multiplicar um Número por 9, 99, 999 etc. 1385
4. Multiplicar um Número por 0,15, 1,5 e 15 1385
5. Dividir Qualquer Número por 5, 50, 500 etc. 1385
6. Multiplicar Qualquer Número por 5, 50, 500 etc. 1386
7. Multiplicação por Números Terminados em 0 1386
8. Subtrações de 100 ou 1.000 por Qualquer Número 1387
9. Multiplicar Números de um Algarismo por 9 1387
10. Elevar um Número do Tipo 1,0X ao Quadrado 1387
11. Elevar ao Quadrado Números que Terminem em 5 1388
12. Dividir Qualquer Número por 0,25 1388
13. Multiplicar Qualquer Número por 0,25 1389
14. Dividir um Número por 4 1390
15. Multiplicar Números Usando a Propriedade Distributiva 1390
16. Soma e Subtração de Frações sem MMC 1391
17. Somar em Grupos Complementares de Dez ou Cem 1393
18. Exercícios para Treino 1393

BIBLIOGRAFIA 1399

SIGLAS UTILIZADAS NESTE LIVRO:

ACE – Auditor de Controle Externo
AFR – Agente Fiscal de Rendas
AFRE – Auditor Fiscal da Receita Estadual
AFT – Auditor-Fiscal do Trabalho
AFTE – Auditor Fiscal do Tesouro Estadual ou Auditor Fiscal de Tributos Estaduais
APOFP – Analista de Planejamento, Orçamento e Finanças Públicas
Cespe/Cebraspe – Centro de Seleção e de Promoção de Eventos da UNB
Consulplan – Instituto Consulplan
Esaf – Escola de Administração Fazendária
Fapipa – Fundação de Apoio à Universidade Estadual do Paraná
FCC – Fundação Carlos Chagas
Fepese – Fundação de Estudos e Pesquisas Sócio Econômicos
FGV – Fundação Getúlio Vargas
FJG – Fundação João Goulart – RJ
Fundatec – Fundação Universidade Empresa de Tecnologia e Ciências
IBFC – Instituto Brasileiro de Formação e Capacitação
Idecan – Instituto de Desenvolvimento Educacional, Cultural e Assistencial Nacional
TCE – Tribunal de Contas do Estado
TCM – Tribunal de Contas do Município
Vunesp – Fundação para o Vestibular da Universidade Estadual Paulista

UNIDADE 1

MATEMÁTICA DE NÍVEL FUNDAMENTAL

CAPÍTULO 1

OPERAÇÕES COM NÚMEROS INTEIROS, FRACIONÁRIOS E DECIMAIS

1. INTRODUÇÃO

Neste capítulo, iniciamos a nossa jornada rumo ao conhecimento introdutório de uma das mais importantes ciências: **a matemática**.

Os tópicos que estudaremos a seguir constituem os alicerces fundamentais do conhecimento matemático. De fato, veremos como efetuar corretamente as principais operações algébricas no âmbito dos números inteiros, fracionários e decimais.

Bem, é claro que isso vai bem além do que saber a mera tabuada; aprenderemos como raciocinar logicamente as propriedades que os números possuem. Além disso, será possível observar várias situações cotidianas que são solucionadas por meio da compreensão adequada não só da teoria apresentada, como também da prática utilizada, por meio de exemplos didáticos e da resolução detalhada de diversas questões cobradas em concursos públicos.

2. NÚMEROS INTEIROS

O **conjunto dos números inteiros** é formado pelos algarismos **inteiros positivos e negativos e o zero**. Costumamos escrever:

$$Z = \{\ldots, -3, -2, -1, 0, +1, +2, +3, \ldots\}$$

Para denotar esse conjunto. As reticências (...) no início e no final da representação indicam que é possível continuar a escrever tantos inteiros quanto desejarmos, para a esquerda ou para a direita.

Os números inteiros são importantes para o cotidiano, principalmente nas situações envolvendo valores negativos, como escalas de temperatura, saldos bancários, indicações de altitude em relação ao nível do mar, entre outras situações.

2.1. A reta numérica

Podemos escrever os números inteiros geometricamente, por meio de uma reta *r*, orientada da esquerda para a direita, chamada **reta numérica.**

A reta numérica pode ser construída do seguinte modo: primeiro, escolhemos dois pontos da reta *r*, um ponto que representa o número 0, chamado de **origem** da reta numérica, e outro ponto que representa o número 1. Convencionalmente, o ponto que representa o número 0 é situado à esquerda do ponto que representa o número 1, a fim de determinar uma **orientação**, que é o sentido a ser percorrido para que os números apareçam em **ordem crescente.**

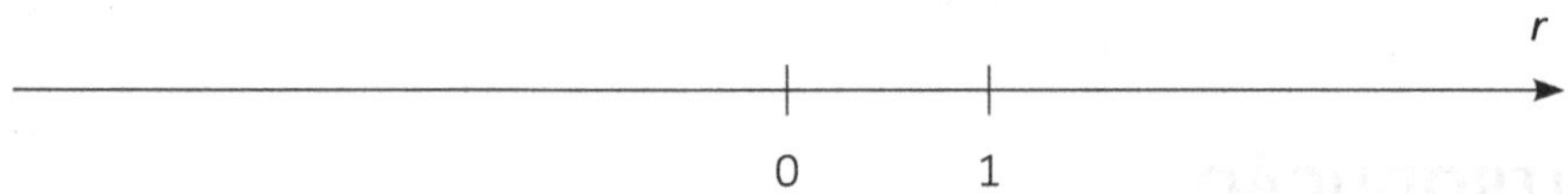

Em seguida tomamos a unidade de medida como a distância entre 0 e 1 e inserimos os demais números da seguinte maneira:

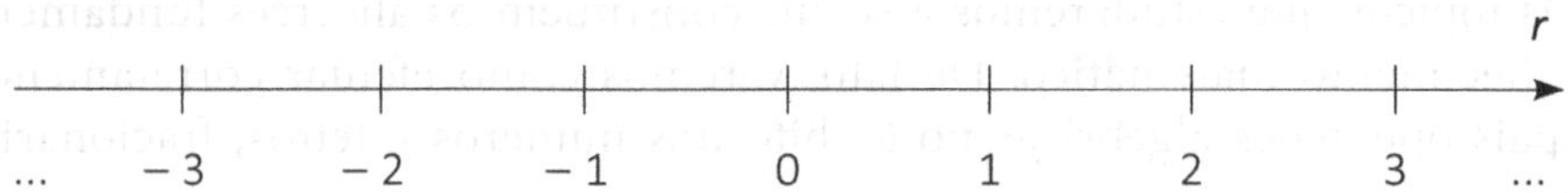

2.2. Ordem e simetria

No que se refere à **ordem** dos números inteiros, podemos identificar os seguintes elementos:

- **Sucessor**: é o número que está imediatamente à sua **direita** na reta. Em outras palavras, é o inteiro que **vem após** o número dado. Por exemplo, o sucessor de 2 é 3, e o sucessor de 21 é 22. Assim, o sucessor do número "n" é o número "n + 1";
- **Antecessor**: é o número que está imediatamente à sua **esquerda** na reta. Falando de outro modo, é o inteiro que **vem antes** do número dado. Por exemplo, o antecessor de 2 é 1, e o antecessor de 21 é 20. Dessa forma, o antecessor do número "n" é o número "n – 1".

Por sua vez, dois números inteiros são chamados **simétricos** quando **a soma entre eles é zero.** Por exemplo, 2 e −2 são simétricos um do outro. Também dizemos que −2 é o simétrico de 2 e que 2 é o simétrico de −2.

Finalizando, é importante observar que **o simétrico do simétrico de um número inteiro é o próprio número.** De fato, considere os inteiros a e b. Se $a + b = 0$, escrevemos $a = -b$ ou $b = -a$. Juntando essas duas últimas igualdades, vemos que:

$$\boldsymbol{a = -b = -(-a)}$$

Veja como esse assunto já foi cobrado!

QUESTÃO 01 (CONSESP/Pref Pres Venceslau/Fiscal/2011) Se p é o sucessor de q e, q = 10, então p =

a) 11 b) 20 c) 9 d) 100

RESOLUÇÃO:

Se **p é sucessor de q**, então **p vem após q**. Além disso, visto que q = 10, podemos concluir que **p = 11**.

Gabarito: A.

QUESTÃO 02 (ADVISE/Pref Jaboticabal/Educ Inf/2012) O sucessor do antecessor do sucessor de 37 equivale a:

a) 36 b) 37 c) 38 d) 39 e) 40

RESOLUÇÃO:

Concorda que o enunciado da questão é um pouco confuso? Bem, na verdade, é bem tranquilo; basta seguir a ordem da frase!

Primeiro, devemos saber quem é o **sucessor** de 37. Ora, sabemos que é o número que vem após ele. Então é o 38. Em seguida, precisamos determinar o **antecessor** de 38. Ah, aprendemos que, nesse caso, é o número inteiro que vem antes do número dado. Logo, é o 37. Finalizando, quem é o **sucessor** de 37? Isso mesmo, é ***38***.

Gabarito: C.

2.3. Módulo de um número inteiro

O **módulo** ou **valor absoluto** de um número inteiro corresponde à **distância que o número está do zero**, e pode ser denotado pelo uso de duas barras verticais | |.

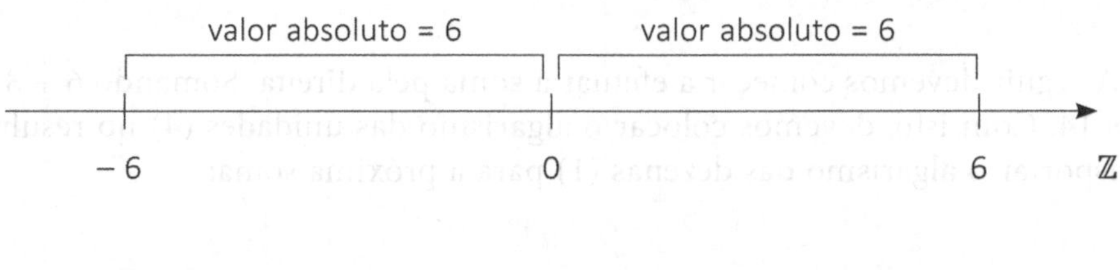

Em outras palavras, é o valor do número sem levar em conta o sinal que possui. Por exemplo:

(a) $|0| = 0$ (b) $|8| = 8$ (c) $|-6| = 6$

Assim, dados um número inteiro $n \neq 0$ e seu simétrico $-n$, um dos dois está à direita de 0 e o outro à esquerda de 0. A distância de cada um deles à origem coincide com o número que está à direita de 0.

Além disso, temos que **números simétricos possuem o mesmo módulo.** Exemplificando, temos que:

$$|-10| = |+10| = 10$$

2.4. Operações

As **operações** fundamentais com os números inteiros são as seguintes: Adição, Subtração, Multiplicação e Divisão.

A seguir, analisaremos o funcionamento de cada operação bem como suas principais propriedades.

2.4.1. Adição

É a operação que une duas quantidades em um só número. Os termos da adição são chamados **parcelas** e o resultado da operação de adição é denominado ***soma*** ou ***total***.

(1ª parcela) + (2ª parcela) = soma

Por exemplo, a adição de 12 e 7 é:

$$12 + 7 = 19$$

Peraí, precisamos saber o seguinte de você, caro concurseiro: ***está lembrado como se efetua a soma de dois números***?

Vamos exercitar efetuando a soma 246 + 48. Primeiramente, você deve posicionar estes números um abaixo do outro, alinhados pela direita (casa das unidades):

$$\begin{array}{r} 246 \\ +48 \\ \hline \end{array}$$

A seguir devemos começar a efetuar a soma pela direita. Somando 6 + 8 obtemos 14. Com isto, devemos colocar o algarismo das unidades (4) no resultado e transportar o algarismo das dezenas (1) para a próxima soma:

$$\begin{array}{r} {}^{1} \\ 246 \\ +48 \\ \hline 4 \end{array}$$

Agora, devemos somar os dois próximos números (4 + 4), e adicionar também o número que veio da soma anterior (1). Assim, obtemos 9. Devemos colocar este número no resultado:

$$\begin{array}{r} 246 \\ +48 \\ \hline 94 \end{array}$$

Temos ainda o algarismo 2 na casa das centenas do número 246. Visto que o segundo número (48) não possui casa das centenas, podemos simplesmente levar este 2 para o resultado, obtendo:

$$\begin{array}{r} 246 \\ +48 \\ \hline 294 \end{array}$$

Ufa! Chegamos ao resultado final da adição.

2.4.1.1. Propriedades

Podemos esquematizar as principais **propriedades da adição** do seguinte modo:

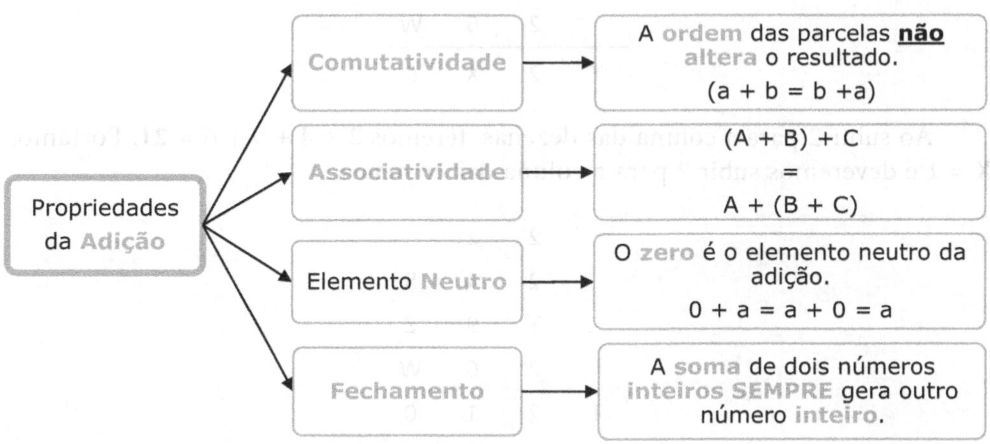

Veja como esse assunto já foi cobrado!

QUESTÃO 03 (CESPE/SEFAZ-RS/Téc Trib/2018) O professor de matemática de uma turma escreveu no quadro uma soma de três parcelas. Cada parcela era de três algarismos. Descuidadamente, um aluno apagou cinco algarismos. O professor, tentando recuperar a expressão original, escreveu, no lugar desses algarismos apagados, as letras T, W, X, Y e Z, como mostrado a seguir.

$$\begin{array}{r} 245 \\ Y9Z \\ 26W \\ \hline T2X0 \end{array} +$$

Considerando-se que o número XZ, em que Z é o algarismo da unidade e X é o algarismo da dezena, é maior que 9, então a soma T + W + X + Y + Z é igual a

a) 12. b) 15. c) 21. d) 23. e) 31

RESOLUÇÃO:

O enunciado informa que o **XZ** é maior do que 9. Então, o número X não pode ser 0.

Vamos iniciar pela coluna das unidades. Ao somar 5 + Z + W, o resultado será 10 ou 20, para que o algarismo das unidades seja 0.

Por hipótese, suponhamos que a soma dá 20 (note que Z + W = 15). Nesse caso, "subirá" 2 para a coluna das dezenas:

$$\begin{array}{cccc} & & 2 & \\ & 2 & 4 & 5 \\ & Y & 9 & Z \\ & 2 & 6 & W \\ \hline T & 2 & X & 0 \end{array}$$

Ao subir 2 para a coluna das dezenas, teremos 2 + 4 + 9 + 6 = **21**. Portanto, **X = 1** e deveremos subir 2 para a coluna das centenas:

$$\begin{array}{cccc} & 2 & 2 & \\ & 2 & 4 & 5 \\ & Y & 9 & Z \\ & 2 & 6 & W \\ \hline T & 2 & 1 & 0 \end{array}$$

Na coluna das centenas temos 2 + 2 + Y + 2, cujo resultado termina em 2. Assim, essa soma só pode ser 12 ou 22. Mas podemos descartar a segunda opção já que para termos 2 + 2 + Y + 2 = 22 deveríamos ter Y = 16, o que é um absurdo, pois Y é um algarismo e não um número de dois dígitos. Logo, 2 + 2 + Y + 2 = 12 e, consequentemente, **Y = 6**. Dessa maneira, subimos 1 para a coluna dos milhares, de modo que **T = 1**:

$$\begin{array}{cccc} 1 & 2 & 2 & \\ & 2 & 4 & 5 \\ & 6 & 9 & Z \\ & 2 & 6 & W \\ \hline 1 & 2 & 1 & 0 \end{array}$$

Reunindo os resultados obtidos, temos: T = 1, X = 1, Y = 6 e Z + W = 15.

Agora podemos calcular a soma entre esses números:

$$\mathbf{T + W + X + Y + Z} = 1 + 15 + 1 + 6 = \mathbf{23}$$

Gabarito: D.

2.4.2. Subtração

Efetuar a subtração de dois números significa **diminuir, de um deles, o valor do outro**.

O primeiro termo de uma subtração é chamado **minuendo**, o segundo é o **subtraendo** e o resultado da operação de subtração é denominado **resto** ou **diferença**.

(Minuendo) – (Subtraendo) = Resto

Vamos juntos realizar a subtração abaixo com a finalidade de relembrar o método para a subtração de números inteiros. Efetuemos a operação 264 - 86:

$$\begin{array}{r} 264 \\ \underline{-86} \end{array}$$

Observe que o primeiro passo é posicionar um número abaixo do outro, alinhando as casas das unidades. Começamos a efetuar a subtração a partir da casa das unidades. Como 4 é menor do que 6, não podemos subtrair 4 – 6.

Devemos, portanto, "pegar" uma unidade da casa das dezenas de 264. Levando este valor para a casa das unidades, temos 10 unidades, que somadas a 4 chegam a 14 unidades. Agora sim podemos subtrair 14 - 6 = 8, e anotar este resultado:

$$\begin{array}{r} 264 \\ -86 \\ \hline 8 \end{array}$$

Devemos agora subtrair as casas das dezenas. Devemos subtrair 5 - 8, e não 6 - 8, pois já utilizamos uma unidade na primeira subtração acima. Como 5 é menor que 8, devemos novamente "pegar" uma unidade da casa das centenas de 264, e somar ao 5. Assim, teremos 15 - 8 = 7. Vamos anotar este resultado:

$$\begin{array}{r} 264 \\ -86 \\ \hline 78 \end{array}$$

Agora devemos subtrair a casa das centenas. Veja que não temos mais um 2 na casa das centenas de 264, e sim 1, pois já usamos uma unidade na operação anterior. Já que 86 não tem casa das centenas, basta levarmos este 1 para o resultado:

$$\begin{array}{r} 264 \\ -86 \\ \hline 178 \end{array}$$

Por outro lado, caso quiséssemos efetuar a subtração 86 - 264, deveríamos fazer o seguinte, considerando que 86 é menor que 264:

- subtrair o menor número do maior, isto é, efetuar a operação 264 - 86;
- colocar o sinal negativo (-) no resultado.

Desta forma, 86 - 264 = **-178**.

2.4.2.1. Propriedades

Podemos esquematizar as principais **propriedades da subtração** do seguinte modo:

Propriedades da **Subtração**	
Não é **Comutativa**	A **ordem** das parcelas **altera** o **resultado**. (a-b ≠ b-a)
Não é **Associativa**	(A -B) -C ≠ A -(B -C)
Elemento **Neutro**	**Não existe** elemento neutro na subtração, pois: a -0 ≠ 0 -a
Fechamento	A subtração de dois números racionais **SEMPRE** gera outro número racional.
Elemento **Oposto**	Para todo número racional A, existe também o seu **oposto**, com **sinal contrário**, isto é, -A.

Veja como esse assunto já foi cobrado!

QUESTÃO 04 (CESPE/Polícia Federal/Agente/2014) Um batalhão é composto por 20 policiais: 12 do sexo masculino e 8 do sexo feminino. A região atendida pelo batalhão é composta por 10 quadras e, em cada dia da semana, uma dupla de policiais polícia cada uma das quadras.

Se, dos 20 policiais do batalhão, 15 tiverem, no mínimo, 10 anos de serviço, e 13 tiverem, no máximo, 20 anos de serviço, então mais de 6 policiais terão menos de 10 anos de serviço.

RESOLUÇÃO:

O enunciado é claro ao afirmar que 15 policiais têm 10 anos ou mais de serviço ("no mínimo").

Além disso, já que temos 20 policiais ao todo, chegamos à conclusão de que o restante tem menos de 10 anos de serviço. Ou seja:

$$20-15=5$$

Logo, **5 policiais têm menos de 10 anos de serviço**. Assim, o item está **errado**, pois menos de 6 policiais terão menos de 10 anos de serviço.

Gabarito: Errado.

2.4.3. Multiplicação

É a operação que adiciona um número em função da quantidade unitária de outro, em que seus termos são chamados **fatores** e o resultado da operação é denominado **produto**.

(1º fator) x (2º fator) = produto

O primeiro fator pode ser chamado **multiplicando** enquanto o segundo fator pode ser chamado **multiplicador**.

Assim, fica claro que a multiplicação nada mais é que uma **repetição de adições**. Por exemplo, a multiplicação 15 x 3 é igual à soma do número 15 três vezes (15 + 15 + 15), ou à soma do número 3 quinze vezes (3 + 3 + 3 + ... + 3).

Vejamos como efetuar uma multiplicação:

$$\begin{array}{r} 68 \\ \times\ 24 \\ \hline \end{array}$$

Novamente alinhamos os números pela direita. Começamos multiplicando os números das unidades: 8 x 4 = 32. Deixamos o algarismo das unidades (2) no resultado, e levamos o algarismo das dezenas (3) para a próxima operação:

$$\begin{array}{r} 3 \\ 68 \\ \times\ 24 \\ \hline 2 \end{array}$$

Agora devemos multiplicar os números das unidades do segundo número (4) pelo número das dezenas do primeiro número: 4 x 6 = 24. Antes de colocar este valor no resultado, devemos adicionar o 3 que veio da operação anterior: 24 + 3 = 27. Assim, temos:

$$\begin{array}{r} 68 \\ \times\ 24 \\ \hline 272 \end{array}$$

Agora devemos multiplicar o algarismo das dezenas do segundo número (2) pelo algarismo das unidades do primeiro número (8): 2 x 8 = 16. Devemos levar o algarismo das unidades (6) para o resultado, logo abaixo do algarismo das dezenas do segundo número (2), e levamos o algarismo das dezenas (1) para a próxima operação. Veja:

$$\begin{array}{r} {}^{1} \\ 68 \\ \times\ 24 \\ \hline 272 \\ 6 \end{array}$$

A seguir, devemos multiplicar o algarismo das dezenas do segundo número (2) pelo algarismo das dezenas do primeiro número (6): 2 x 6 = 12. Antes de colocar este valor no resultado, devemos adicionar o 1 que veio da operação anterior: 12 + 1 = 13. Também não podemos nos esquecer de que a segunda multiplicação anda uma casa para a esquerda. Assim, temos:

$$\begin{array}{r} 68 \\ \times\ 24 \\ \hline 272 \\ 136 \end{array}$$

Por fim, devemos somar as duas linhas de resultado, obtendo:

$$\begin{array}{r} 68 \\ \times\ \ 24 \\ \hline 272 \\ +\,136 \\ \hline 1.632 \end{array}$$

2.4.3.1. Propriedades

Podemos esquematizar as principais **propriedades da multiplicação** do seguinte modo:

Propriedades da **Multiplicação**	
Comutatividade	A **ordem** dos fatores **não altera** o **resultado**. (a x b) = (b x a)
Associatividade	(A x B) x C = A x (B x C)
Elemento **Neutro**	O número **1** é o elemento neutro da multiplicação. 1 x a = a x 1 = a
Fechamento	A multiplicação de dois números racionais **SEMPRE** gera outro número racional.
Distributividade	A x (B + C) = (A x B) + (A x C)

Veja como esse assunto já foi cobrado!

QUESTÃO 05 (FUNDATEC/BRDE/Ana Sistemas/2015) Que propriedade é aplicada na expressão p . (q + r) = (p . q) + (p . r) ?

a) Absorção. b) Associativa. c) Distributiva. d) Comutativa. e) Idempotente.

RESOLUÇÃO:

A **propriedade distributiva** é a que indica que na multiplicação podemos distribuir um fator pelos termos de uma adição qualquer:

$$\mathbf{p \cdot (q + r) = (p \cdot q) + (p \cdot r)}$$

Gabarito: C.

QUESTÃO 06 (IBFC/CEP 28/Assist Adm/2015) No conjunto dos números inteiros, o elemento simétrico da multiplicação é o elemento 1.

RESOLUÇÃO:

O item está errado, pois o **elemento neutro** da multiplicação é o **1**.

Gabarito: Errado.

QUESTÃO 07 (OMNI - Pref São João Batista-SC/Psicólogo/2021) Ao organizar discos de vinil por gênero (Sertanejo, Samba, Bossa Nova, Forró e MPB), Luís colocou 35 discos em cada pasta e, ainda, sobraram 10 discos. Ao todo, ele tinha para organizar:

A) 165 discos B) 185 discos C) 110 discos D) Nenhuma das alternativas

RESOLUÇÃO:

Foram colocados 35 discos em cada pasta referentes aos 5 estilos musicais, de modo que até esse momento Luís organizou $35 \times 5 = 175$ discos.

Porém, na sequência é dito que ainda sobraram 10 discos. Com isso, ao todo, a tarefa de Luís envolvia organizar 175 + 10 = **185 discos.**

Gabarito: B.

QUESTÃO 08 (VUNESP/Orientador de Alunos/Pref Piracicaba/2022) Um orientador de alunos ficou responsável pela arrecadação dos pagamentos referentes aos custos de uma excursão de seu colégio para as turmas de 1o, 2o e 3o anos do Ensino Fundamental. Para o 1o ano, são 23 alunos, e o custo por aluno é de R$ 25,00. Para o 2o ano, são 30 alunos, e o custo por aluno é de R$ 28,00. Para o 3o ano, são 27 alunos, e o custo por aluno é de R$ 30,00. Se todos os alunos pagaram seus custos corretamente, o valor total arrecadado pelo orientador de alunos é de

a) R$ 2.225,00. b) R$ 2.245,00. c) R$ 2.265,00. d) R$ 2.285,00. e) R$ 2.305,00.

RESOLUÇÃO:

A arrecadação é obtida por meio do somatório do produto entre o número de alunos e o custo por aluno em cada ano do Ensino Fundamental:

$$\text{Arrecadação} = 23 \times 25 + 30 \times 28 + 27 \times 30 = 575 + 840 + 810 = 2.225 \text{ reais}$$

Gabarito: A.

QUESTÃO 09 (IDECAN/Soldado/CBM-ES/2022) Determine dois números reais cuja a soma seja 12 e seu produto seja máximo.

a) Os números procurados são 2 e 10.
b) Os números procurados são 8 e 4.
c) Os números procurados são 1 e 11.
d) Os números procurados são 9 e 3.
e) Os números procurados são 6 e 6.

RESOLUÇÃO:

Constam da tabela a seguir a soma e o produto entre os números trazidos nas opções de resposta:

Alternativa	Soma	Produto
A	2 + 10 = 12	2 x 10 = 20
B	8 + 4 = 12	8 x 4 = 32
C	1 + 11 = 12	1 x 11 = 11
D	9 + 3 = 12	9 x 3 = 27
E	6 + 6 = 12	6 x 6 = 36

Embora a soma seja 12 em todas as opções de resposta o produto é máximo (maior) na **letra E.**

Gabarito: E.

QUESTÃO 10 (CESPE/TRE-RJ/Téc Jud/2012) Na campanha eleitoral de determinado município, seis candidatos a prefeito participarão de um debate televisivo. Na primeira etapa, o mediador fará duas perguntas a cada candidato; na segunda, cada candidato fará uma pergunta a cada um dos outros adversários; e, na terceira etapa, o mediador selecionará aleatoriamente dois candidatos e o primeiro formulará uma pergunta para o segundo responder. Acerca dessa situação, julgue o item seguinte.

Na terceira etapa do debate serão feitas mais perguntas que na primeira etapa.

RESOLUÇÃO:

1ª etapa

São duas perguntas para cada um dos 6 candidatos. Logo, o total de perguntas será de $2 \times 6 = 12$.

2ª etapa

Nessa etapa cada candidato faz uma pergunta a cada um dos demais. Logo, o total de perguntas será de $5 \times 6 = 30$.

3ª etapa

Por fim, o mediador selecionará aleatoriamente dois candidatos e o primeiro formulará uma pergunta para o segundo responder. Logo, apenas 1 pergunta está sendo feita.

Portanto, o item está **errado**, pois na terceira etapa do debate **não** serão feitas mais perguntas que na primeira etapa.

Gabarito: Errado.

QUESTÃO 11 (Instituto AOCP - Fiscal de Tributos/Pref Cariacica/2020) Um profissional recebe R$ 160,00 por cada dia trabalhado. Se esse profissional trabalhar exatamente 20 dias em cada mês, durante 1 semestre, então a quantia que sobra para esse profissional, sabendo que, em cada mês desse período, existe uma despesa com pagamentos de contas igual a R$ 1.500,00, é igual a

a) R$ 10.200,00 b) R$ 12.400,00 c) R$ 9.000,00 d) R$ 8.400,00

RESOLUÇÃO:

O enunciado informa que em cada dia o profissional recebe 160 reais. Logo, ao trabalhar 20 dias por mês, ele recebe mensalmente $160 \times 20 = 3.200$ reais.

É dito que sua despesa mensal é de R$ 1.500, de modo que lhe restam 3.200 – 1.500 = 1.700 reais mensalmente.

Portanto, durante 1 semestre, a quantidade que sobra vale 1.700 × 6 = **10.200 reais.**

Gabarito: A.

QUESTÃO 12 (QUADRIX – Técnico/CFO/2020) Suponha-se que as cadeiras de um auditório estejam organizadas em filas indicadas pelas letras de A até P, em ordem alfabética e sucessivamente. Nesse caso, se cada fila tiver 12 cadeiras, então a capacidade do auditório é de 192 lugares.

RESOLUÇÃO:

Sabemos que as filas do auditório são indicadas pelas letras de A até P. Levando em conta que o alfabeto possui 26 letras, há 16 letras no intervalo (incluídos os extremos):

A	B	C	D	E	F	G	H	I	J	K	L	M	N	O	P
1	2	3	4	5	6	7	8	9	10	11	12	13	14	15	16

Visto que há 12 cadeiras em cada fila, concluímos que a capacidade do auditório é de 16 × 12 = **192 lugares**.

Gabarito: Certo.

2.4.4. Divisão

A **divisão** é a operação matemática que tem por objetivo repartir um valor em **partes iguais**, correspondendo ao inverso da multiplicação.

Assim, na divisão de um número ***n*** por outro ***d*** (d ≠ 0), existirá um único par de números ***q*** e ***r***, tais que:

I) q x d + r = n

II) 0 ≤ r < d

Os quatro números envolvidos na divisão são:

n = dividendo; **d** = divisor; **q** = quociente; **r** = resto.

Você não pode esquecer que:

Dividendo = Divisor x Quociente + Resto

$$\begin{array}{c|c} \mathbf{n} & \mathbf{d} \\ \hline \mathbf{r} & \mathbf{q} \end{array}$$

Na realidade, **quando dividimos A por B, queremos repartir a quantidade A em partes de mesmo valor, sendo um total de B partes**. Veja um exemplo disso. Ao dividirmos 20 (dividendo) por 4 (divisor), queremos dividir 20 em 4 partes de mesmo valor, em que o resultado é 20 ÷ 4 = 5 (quociente). Nesse caso, temos uma **divisão exata**, visto que o resto é igual a zero (r = 0).

Agora chegou o momento de relembrarmos como efetuar a operação de divisão, com o seguinte caso: 715 dividido por 18.

$$\begin{array}{r|l} 715 & 18 \\ \hline \end{array}$$

Neste caso, como o divisor possui 2 casas (18), devemos tentar dividir as primeiras duas casas da esquerda do dividendo (71). Veja que 18 x 4 = 72 (que já é mais que 71). Já 18 x 3 = 54. Assim, temos:

$$\begin{array}{r|l} 715 & 18 \\ \hline & 3 \end{array}$$

Devemos multiplicar 3 por 18 e anotar o resultado abaixo de 71, e a seguir efetuar a subtração:

$$\begin{array}{r|l} 715 & 18 \\ \hline -54 & 3 \\ 17 & \end{array}$$

Agora devemos "pegar" o próximo algarismo do dividendo (5):

$$\begin{array}{r|l} 715 & 18 \\ \hline -54 & 3 \\ 175 & \end{array}$$

Ao dividir 175 por 18, temos o resultado 9. Devemos anotar o 9 no resultado, à direita, e anotar o resultado da multiplicação 9 x 18 abaixo do 175, para efetuarmos a subtração:

Dividendo	Divisor
715	18
− 54	**39**
175	
-162	
13	

Nesse momento, temos o número 13, que é inferior ao divisor (18). Portanto, encerramos a divisão. Obtivemos o quociente (resultado) 39 e o resto igual a 13. Dizemos que esta divisão não foi exata, pois ela deixou um resto.

Observe que o dividendo (715) é igual à multiplicação do divisor (18) pelo quociente (39), adicionada do resto (13). Isto é:

$$715 = 18 \times 39 + 13$$

Veja como esse assunto já foi cobrado!

QUESTÃO 13 (CESPE/SEFAZ-RS/Auditor-Fiscal/2019) Uma repartição com 6 auditores fiscais responsabilizou-se por fiscalizar 18 empresas. Cada empresa foi fiscalizada por exatamente 4 auditores, e cada auditor fiscalizou exatamente a mesma quantidade de empresas. Nessa situação, cada auditor fiscalizou

a) 8 empresas.

b) 10 empresas.

c) 12 empresas.

d) 14 empresas.

e) 16 empresas.

RESOLUÇÃO:

O enunciado informa que são 18 empresas, as quais devem ser fiscalizadas por 4 auditores, o que totaliza 18 × 4 = 72 fiscalizações.

É dito que a repartição conta com 6 auditores, de modo que cada um deles fiscalizou 72/6 = **12 empresas.**

Gabarito: C.

QUESTÃO 14 (FCC/TRT 24ª Região/2011) Nicanor deveria efetuar a divisão de um número inteiro e positivo N, de três algarismos, por 63; entretanto, ao copiar N, ele enganou-se, invertendo as posições dos dígitos extremos e mantendo o seu dígito central. Assim, ao efetuar a divisão do número obtido por 63, obteve quociente 14 e resto 24. Nessas condições, se q e r são, respectivamente, o quociente e o resto da divisão de N por 63, então:

a) q + r = 50.

b) r < 40.

c) q < 9.

d) r é múltiplo de 4.

e) q é um quadrado perfeito.

RESOLUÇÃO:

Nessa questão será muito importante lembrar que:

Dividendo = Divisor x Quociente + Resto

Vamos chamar de ***M*** o número que foi utilizado por engano, isto é, o número ***N*** com os dígitos extremos trocados. Sabemos que ***M*** dividido por 63 tem quociente 14 e resto 24. Logo,

$$M = 63 \times 14 + 24$$

$$M = 882 + 24 = 906$$

Se **M = 906, N deve ser 609**, pois é necessário trocar os algarismos das extremidades.

Dividindo *N* por 63, temos:

609	63
42	9

Isto é, ***q* = *9* e *r* = *42***. Analisando as opções de respostas, chegamos à conclusão de que apenas a **letra E** está correta, pois sabemos que 9 é um quadrado perfeito (isto é, a raiz quadrada de 9 é um número inteiro, neste caso 3).

Gabarito: E.

QUESTÃO 15 (CESPE/SEGER-ES/AE-ES/2013) Com a finalidade de conquistar novos clientes, uma empresa de turismo oferece gratuitamente um pacote de serviços que dá direito a até sete dias de estadia em hotéis de sua rede conveniada, sendo necessário pagar somente uma taxa fixa — mas que pode variar de um hotel para outro — de uso por dia e por pessoa. Caso o cliente deseje, poderá adquirir, por R$ 3.600,00, um título de sócio que lhe dará direito a sessenta diárias por ano em qualquer hotel da rede. Se um cliente, ao usufruir do pacote de serviços, pagou, para ele e para sua esposa, a quantia de R$ 300,00 de taxa de uso, por três dias de estadia em um hotel da rede, então, para passar os quatro dias restantes com a esposa e com dois filhos no mesmo hotel, o cliente pagará

a) R$ 800,00. b) R$ 900,00. c) R$ 1.200,00. d) R$ 400,00. e) R$ 600,00.

RESOLUÇÃO:

A questão afirma que foram R$ 300,00 de taxa de uso, por três dias de estadia em um hotel da rede. Isso corresponde a R$ 100,00 por dia.

Além disso, em cada dia, esses R$ 100,00 custearam as despesas fixas de duas pessoas: marido e mulher. Daí:

$$100/2 = 50$$

São R$ 50,00 por pessoa em cada dia.

Nos quatro dias restantes, serão quatro pessoas (casal mais dois filhos). Logo:

$$50 \; . \; 4 = 200$$

O gasto passará a ser de R$ 200,00 por dia. Levando em conta que são 4 dias, o gasto total do período restante será de:

$$200 \; . \; 4 = \mathbf{800}$$

Gabarito: A.

QUESTÃO 16 (VUNESP/Analista Previdenciário/PERUÍBEPREV/2022) Em um hotel, 81 pessoas estão alojadas em 19 quartos. Cada quarto tem 4 ou 5 camas, e cada pessoa dorme sozinha em uma cama. Se, em 3 desses quartos, uma cama não foi ocupada, a diferença entre o número de quartos com 4 camas e o número de quartos com 5 camas é

a) 3. b) 4. c) 6. d) 8.e) 9.

RESOLUÇÃO:

O enunciado informa que há *81 pessoas no hotel, cada pessoa dorme sozinha em uma cama e que em 3 quartos uma cama não foi ocupada*. Logo, podemos afirmar que há no hotel 81 + 3 = 84 camas disponíveis.

Ao dividirmos essa quantidade de camas (84) entre os quartos existentes (19), o resultado é 4 com resto 8. Assim, teríamos 19 quartos de 4 camas e mais 8 camas sobrando (elas ficariam fora dos quartos, o que não é permitido), de modo que precisamos incluir essa sobra nos quartos de 4 camas formando **11 quartos com 4 camas e 8 quartos com 5 camas.**

Portanto, a **diferença** entre o número de quartos com 4 camas e o número de quartos com 5 camas é 11 - 8 = **3.**

Gabarito: A.

2.4.5. Regras de sinais

Nas operações aritméticas, devemos **observar os sinais** (indicação de positivos e negativos) **antes de efetuar as operações** propostas.

Nesse sentido, vejamos a seguir as duas regras de sinais fundamentais.

- **Adição e subtração: temos dois casos a considerar:**

1) **Sinais iguais**: somam-se os números e conserva-se o sinal do maior;

2) **Sinais diferentes**: subtraem-se os números e conserva-se o sinal do maior.

$$+5+3=+8$$
$$+5-3=+2$$
$$-5-3=-8$$
$$-5+3=-2$$

- **Multiplicação e divisão: também temos dois casos a considerar:**

3) **Sinais iguais**: o resultado da operação será positivo;

4) **Sinais diferentes**: o resultado da operação será negativo.

+	.	+	=	+
−	.	−	=	+
+	.	−	=	−
−	.	+	=	−

2.4.6. Regras para a retirada de parênteses

Até agora nos deparamos com a denominada **notação simplificada** ou **soma algébrica** dos números inteiros. Mas, e nos deparar com a seguinte operação:

$$(-5)+(-3)$$

Bem, nesse caso, estamos diante da **notação formal**. Como o nosso objetivo é facilitar os cálculos, precisamos aprender a **eliminar os parênteses** da operação proposta. E isso é muito simples! Vejamos.

- **Parênteses precedidos do sinal positivo (+): retiram-se tanto os parênteses como o sinal, conservando-se os sinais dos números do seu interior.**

Exemplo:

$$(-5)+(-3)=-5-3=-8$$

$$4+(-3+7-2)=4-3+7-2=4+7-3-2=6$$

- **Parênteses precedidos do sinal negativo (-): retiram-se tanto os parênteses como o sinal, trocando-se os sinais dos números do seu interior.**

$$(-5)-(-3)=-5+3=-2$$

$$120=\text{Custo}-\frac{20}{100}\times\text{Custo}$$

Veja como esse assunto já foi cobrado!

QUESTÃO 17 (FUNCAB/SEE-AC/2014) Determine o produto de-9 pelo simétrico da diferença entre-18 e-36, nessa ordem.

a) 18 b)-18 c)-81 d) 162 e)-162

RESOLUÇÃO:

Inicialmente, precisamos saber a **diferença entre -18 e -36**, nessa ordem:

$$(-18)-(-36)$$

Perceba que temos parênteses precedidos do sinal negativo. Nessa situação, retiram-se tanto os parênteses como o sinal, trocando-se os sinais dos números do seu interior:

$$(-18)-(-36)=-18+36=18$$

Em seguida, é necessário determinar o produto de -9 pelo simétrico de 18, que é -18. Efetuando a operação, obtemos:

$$(-9).(-18)$$

Na multiplicação e divisão de números inteiros, diante de uma operação com **sinais iguais**, o resultado será **positivo**. Logo:

$$(-9).(-18)=162$$

Gabarito: D.

3. NÚMEROS FRACIONÁRIOS

Os **números fracionários**, ou simplesmente **fração**, representam uma ou mais partes de um inteiro que foi dividido em partes iguais.

Para representar uma fração utilizamos dois números inteiros na forma $\frac{\mathbf{a}}{\mathbf{b}}$, em que:

1) **a** é o **numerador**, que indica o **número de partes** que foram reunidas ou tomadas da unidade (ou todo);
2) **b** é o **denominador**, que indica em **quantas partes** a unidade foi dividida, dando nome à cada uma delas.

Na realidade, amigo concurseiro, frações nada mais são que operações de divisão. Por exemplo, podemos escrever $\frac{3}{5}$ como sendo $3 \div 5$.

3.1. Classificação

As frações podem ser classificadas em:

a) **Frações próprias**: São aquelas em que o valor absoluto do **numerador é menor que o denominador**. Nesse caso, a divisão é menor que 1.

$$\text{Exemplos: } \frac{3}{4}\,;\,\frac{2}{5}\,;\,\frac{5}{27}.$$

b) **Frações impróprias**: São aquelas em que o **numerador é maior que o denominador**. Nesse caso, a divisão é maior que 1.

$$\text{Exemplos: } \frac{4}{3}\,;\,\frac{5}{2}\,;\,\frac{9}{7}.$$

c) **Frações aparentes**: São aquelas em que o **numerador é igual ou múltiplo do denominador**. Nesse caso, a divisão tem como resultado um número inteiro.

$$\text{Exemplos: } \frac{4}{4}\,;\,\frac{10}{5}\,;\,\frac{8}{2}.$$

d) **Frações equivalentes**: São aquelas que representam a mesma parte do inteiro entre si.

Exemplos: $\frac{1}{2}$; $\frac{2}{4}$; $\frac{4}{8}$.

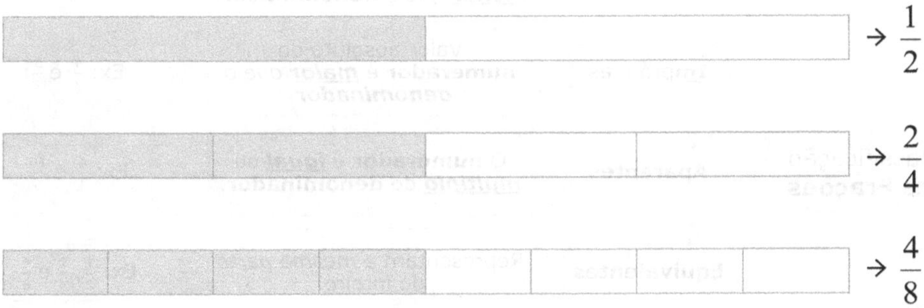

IMPORTANTE!

Duas frações $\frac{a}{b}$ e $\frac{c}{d}$ serão **equivalentes** se, e somente se, o produto dos seus **extremos** (compõem a primeira diagonal) for igual ao produto dos seus **termos médios** (compõem a segunda diagonal).

$$\frac{\boldsymbol{a}}{\boldsymbol{b}} = \frac{\boldsymbol{c}}{\boldsymbol{d}} \leftrightarrow \boldsymbol{a.\,d = c.\,b}$$

e) **Frações irredutíveis**: São aquelas em que o numerador e o denominador são inteiros que não possuem outros divisores em comum.

$$\text{Exemplos: } \frac{11}{3}\,;\,\frac{7}{5}\,;\,\frac{17}{29}.$$

Nesse sentido, é muito importante sabermos **simplificar frações**, que consiste em **dividir seus termos por um mesmo número** de forma a conseguir termos menores que os iniciais. Esse é o chamado método das divisões sucessivas.

Fica claro, portanto, que o processo de simplificação de frações corresponde a encontrar uma fração que seja, ao mesmo tempo, irredutível e equivalente à primeira!

Veja os exemplos a seguir:

$$110.000 x 1,26 = 138.600$$

$$\frac{120}{440} = \frac{120 \div 2}{440 \div 2} = \frac{60 \div 2}{220 \div 2} = \frac{30 \div 2}{110 \div 2} = \frac{15 \div 5}{55 \div 5} = \frac{3}{11}$$

Por fim, podemos esquematizar os tipos de frações que analisamos da seguinte forma:

Classificação das Frações

Tipo	Definição	Exemplo
Próprias	Valor absoluto do **numerador** é ***não nulo*** e ***menor*** *que o* **denominador**.	Ex: $\frac{3}{4}$ e $\frac{2}{5}$
Impróprias	Valor absoluto do **numerador** é ***maior*** *que o* ***denominador***.	Ex: $\frac{4}{3}$ e $\frac{5}{2}$
Aparentes	O **numerador** é ***igual*** ou ***múltiplo*** do **denominador**.	Ex: $\frac{4}{4}$ e $\frac{10}{5}$
Equivalentes	Representam a *mesma parte* do inteiro.	Ex: $\frac{1}{2}$, $\frac{2}{4}$ e $\frac{4}{8}$
Irredutíveis	O **numerador** e o **denominador** são ***números primos*** entre si.	Ex: $\frac{11}{3}$ e $\frac{7}{5}$

3.2. Operações

Você perceberá que as **frações estão constantemente presentes nas mais diversas questões** de concursos, razão pelo qual é essencial lembrar como efetuamos cada operação com elas: soma, subtração, multiplicação e divisão.

3.2.1. Adição e Subtração de Frações

Para somar ou subtrair frações, precisamos levar em conta dois casos distintos:

➢ **1º caso: Os denominadores são iguais.**

Basta obedecer os seguintes passos:

✓ **1º passo**: Conserva-se o denominador;

✓ **2º passo**: Adicionam-se ou subtraem-se os numeradores.

Isso fica mais claro no exemplo a seguir:

$$\frac{3}{20}+\frac{5}{20}-\frac{7}{20}=\frac{3+5-7}{20}=\frac{1}{20}$$

➢ **2º caso: Os denominadores são diferentes.**

Nessa situação, é preciso antes escrever as frações com o mesmo denominador, isto é, com um **denominador comum**. Este denominador é, simplesmente, um **múltiplo comum entre os denominadores das frações originais.**

Vamos entender isto com o exemplo a seguir:

$$\frac{1}{6}+\frac{3}{8}$$

Inicialmente, precisamos pensar em um número que seja múltiplo dos denominadores de cada fração ao mesmo tempo. Que número seria?

Com certeza é o **24**, visto que é um múltiplo de 6 (pois 6 x 4 = 24) e de 8 (pois 8 x 3 = 24). Pronto, já encontramos o denominador comum!

Em seguida, devemos construir o numerador da fração resultante da operação de soma ou subtração. Para isso, dividimos o denominador comum pelo denominador de cada fração, multiplicamos o resultado pelo respectivo numerador e efetuamos a soma ou subtração:

$$\frac{1}{6}+\frac{3}{8}=\frac{4+9}{24}=\frac{13}{24}$$

Portanto, quando estivermos diante de uma soma ou subtração de frações com denominadores diferentes, basta obedecer aos passos a seguir:

- ✓ **1º passo**: Encontrar o denominador comum;
- ✓ **2º passo**: Dividir o denominador comum pelo denominador de cada fração;
- ✓ **3º passo**: Multiplicar o resultado anterior pelo respectivo numerador;
- ✓ **4º passo**: Efetuar a soma ou subtração.

REGRA PRÁTICA

Existe um método ainda mais simplificado para a soma e subtração de frações **sem o uso do MMC**. Nesse caso, seguiremos os seguintes passos:

1º passo: multiplicar os denominadores, formando o novo denominador;

2º passo: multiplicar o numerador da primeira pelo denominador da segunda e multiplicar o numerador da segunda pelo denominador da primeira;

3º passo: efetuar a soma entre os dois produtos no numerador, obtidos no passo anterior;

4º passo: Realizar a simplificação da fração resultante, caso necessário.

Para exemplificar, vamos realizar a soma da mesma fração:

$$\frac{1}{6}+\frac{3}{8}$$

Aplicando os passos contido na **regra prática**, teremos:

$$\frac{1}{6}+\frac{3}{8}=\frac{(1\times 8)+(3\times 6)}{6\times 8}=\frac{8+18}{48}=\frac{26}{48}$$

Por fim, de acordo com o quarto passo, precisamos analisar se é necessário simplificar a fração resultante.

Bem, o processo de **simplificação de frações** consiste em dividir seus termos por um mesmo número de forma a conseguir termos menores que os iniciais. Esse é o chamado **método das divisões sucessivas**.

Fica claro, portanto, que o processo de simplificação de frações corresponde a encontrar uma fração que seja, ao mesmo tempo, **irredutível** e equivalente à primeira!

No nosso caso, vamos dividir numerador e denominador por 2:

$$\frac{26\div 2}{48\div 2}=\mathbf{\frac{13}{24}}$$

E agora, ainda conseguimos simplificar ou reduzir essa fração, dividindo seus termos por um mesmo número? Não, pois estamos diante de uma fração irredutível! Portanto, temos que, de fato:

$$\frac{1}{6}+\frac{3}{8}=\mathbf{\frac{13}{24}}$$

3.2.2. Multiplicação de Frações

Para multiplicar duas ou mais frações, basta:

1º) **Multiplicar os numeradores**, encontrando o numerador do resultado;

2º) **Multiplicar os denominadores**, encontrando o denominador do resultado.

Por exemplo:

$$\frac{2}{5}.\frac{3}{4}.\frac{1}{6}=\frac{2.3.1}{5.4.6}=\mathbf{\frac{6}{120}}$$

Você pode ainda **simplificar a fração** encontrada acima, dividindo tanto o numerador quanto o denominador por um mesmo número. No caso, 6 é o maior número que divide 6 e 120 ao mesmo tempo. Daí, teremos:

$$\mathbf{\frac{1}{20}}$$

3.2.3. Divisão de Frações

Para dividir frações, **basta multiplicar a primeira pelo inverso da segunda**. Deu para entender? Isso fica ainda mais claro por meio do seguinte exemplo:

$$\frac{\frac{2}{3}}{\frac{5}{7}} = \frac{2}{3} \div \frac{5}{7} = \frac{2}{3} . \frac{7}{5} = \frac{2 . 7}{3 . 5} = \mathbf{\frac{14}{15}}$$

TOME NOTA!

Trabalhando com frações, normalmente podemos substituir a expressão "**de**" pela **multiplicação**. Veja alguns exemplos:

Quanto é um terço de 1000? Ora, simplesmente $\frac{1}{3} \times 1000$.

Quanto é dois sétimos de 25? A resposta é $\frac{2}{7} \times 25$.

3.3. Número Misto

Número misto refere-se à **soma de um número inteiro com uma fração própria**, geralmente representado sem o sinal de adição.

$$4 + \frac{1}{6} = 4\frac{1}{6}$$

É importante mencionar que os números mistos podem ser transformados em **frações impróprias e vice-versa**. Para isso, multiplica-se o número inteiro pelo denominador e ao resultado soma-se o numerador, obtendo-se assim, o numerador da fração. Por sua vez, o denominador será o próprio denominador da fração dada.

Exemplos:

a) $2\frac{1}{4} = \frac{2 . 4 + 1}{4} = \frac{9}{4}$ b) $5\frac{2}{3} = \frac{5 . 3 + 2}{3} = \frac{17}{3}$ c) $4\frac{1}{2} = \frac{4 . 2 + 1}{2} = \frac{9}{2}$

Quanto à transformação de uma fração imprópria em número misto, deve-se **dividir o numerador pelo denominador**. Nessa situação, o **quociente** representa a **parte inteira**, o **resto** é o **numerador** e o **divisor** é o **denominador** da fração própria!

Isso ficará mais claro ao observarmos o exemplo a seguir:

$$\frac{32}{5} \quad \rightarrow \quad \begin{array}{r|l} 32 & 5 \\ \hline 2 & 6 \end{array} \quad \rightarrow \quad 6\frac{2}{5}$$

Veja como esse assunto já foi cobrado!

QUESTÃO 18 (FGV – Agente Censitário/IBGE/2017) Uma equipe de trabalhadores de determinada empresa tem o mesmo número de mulheres e de homens. Certa manhã, 3/4 das mulheres e 2/3 dos homens dessa equipe saíram para um atendimento externo. Desses que foram para o atendimento externo, a fração de mulheres é:

a) 3/4 b) 8/9 c) 5/7 d) 8/13 e) 9/17

RESOLUÇÃO:

O enunciado informa que a equipe tem o mesmo número de mulheres e de homens. Então, vamos supor que a equipe tenha 24 pessoas, 12 mulheres e 12 homens.

É dito que 3/4 das 12 mulheres saíram para atendimento externo:

$$3/4 \times 12$$

$$= 3 \times 3$$

$$= 9$$

Em seguida, a questão fala que 2/3 dos 12 homens também saíram para atendimento externo:

$$2/3 \times 12$$

$$= 2 \times 4$$

$$= 8$$

Assim, saíram um total de 9 + 8 = 17 pessoas para atendimento externo, 9 mulheres e 8 homens.

Dividindo o número de mulheres que saíram para atendimento externo (9) pelo número total de pessoas que saíram para atendimento externo (17), fica:

9/17

Portanto, dos que foram para atendimento externo, a fração de mulheres é igual a 9/17.

Gabarito: E.

QUESTÃO 19 (FGV – Agente Censitário/IBGE/2017) Na equipe de Mário há 6 mulheres a mais do que homens. Sabendo que essa equipe tem ao todo 60 membros, a razão do número de mulheres para o número de homens é:

a) 6/5 b) 5/4 c) 3/5 d) 20/11 e) 11/9

RESOLUÇÃO:

O enunciado informa que a equipe de Mário é composta por 60 pessoas, de modo que há 6 mulheres a mais que homens.

Retirando 6 mulheres dessa equipe, ficamos com um total de 54 pessoas em que o número de mulheres é igual ao número de homens, e vale 54/2 = 27.

Voltando a 6 mulheres que havíamos retirado, temos um total de 27 + 6 = 33 mulheres e 27 homens.

O número de mulheres dividido pelo número de homens é igual a:

33/27

Simplificando a fração, por dividir numerador e denominador por 3, obtemos:

11/9

Gabarito: E.

QUESTÃO 20 (RBO – Contador/IPMO Ourinhos/2021) Enquanto Sabrina atende 3 pessoas em seu caixa, Maurício atende 5 pessoas. No período de 1 hora, os dois juntos atenderam 88 pessoas. Portanto, a quantidade de pessoas que Maurício atendeu a mais que Sabrina foi de

a) 16 b) 22 c) 34 d) 40

RESOLUÇÃO:

O enunciado informa que a cada 8 pessoas atendidas, Sabrina atende 3 e Maurício atende 5 pessoas. Portanto, a cada 8 pessoas atendidas, Maurício atende 2 pessoas a mais que Sabrina. Isso significa que a quantidade de pessoas que Maurício atendeu a mais que Sabrina corresponde a 2/8 = 1/4 das pessoas atendidas.

É dito que foram atendidas ao todo 88 pessoas, de modo que Maurício atendeu a mais que Sabrina 1/4 × 88 = **22 pessoas.**

Gabarito: B.

QUESTÃO 21 (FUNDATEC – Técnico/CIGA-SC/2018) O número racional equivalente ao resultado da expressão numérica (3/5 + 3/7) ÷ (14/5) é:

a) 7/5 b) 18/7 c) 2/7 d) 18/49 e) 3/28

RESOLUÇÃO:

Resolvendo a soma de frações presentes no numerador da expressão, ficamos com:

$$3/5 + 3/7$$

$$= (21 + 15)/35$$

$$= \mathbf{36/35}$$

Note que dividir por 14/5 corresponde a multiplicar por 5/14. Logo:

$$36/35 \times 5/14$$

$$= 18/7 \times 1/7$$

$$= \mathbf{18/49}$$

Gabarito: D.

QUESTÃO 22 (FUNDATEC – Ana de Sist/CIGA-SC/2018) Analise as sentenças matemáticas abaixo:

I. 2/3 < 5/7

II. 2/3 + 5/7 = 1/21

III. 16/30 = 8/15

IV. 7/6 × 36/3 = 14

Quais estão corretas?

a) Apenas I.

b) Apenas I e III.

c) Apenas II e III.

d) Apenas I, III e IV.

e) I, II, III e IV.

RESOLUÇÃO:

Vamos analisar cada sentença apresentada.

I. 2/3 < 5/7

Observe que 2/3 é aproximadamente igual a 0,667, enquanto 5/7 é aproximadamente igual a 0,71. Então, realmente <u>2/3 é menor que 5/7</u>, de modo que o item está **certo**.

II. 2/3 + 5/7 = 1/21

Vamos efetuar a soma indicada:

2/3 + 5/7

= (14 + 15)/21

= **29/21**

Note que este resultado é bem diferente de 1/21, de modo que o item está **errado**.

III. 16/30 = 8/15

Nesta fração, podemos dividir numerador e denominador por 2, obtendo:

(16 ÷ 2)/(30 ÷ 2)

= **8/15**

Assim, o item está **certo**, tratam-se de frações equivalentes.

IV. 7/6 × 36/3 = 14

Antes de efetuar a multiplicação entre as frações, podemos simplificar, sabendo que 36 ÷ 6 = 6:

7/6 × 36/3

= 7 × (6/3)

= 7 × 2

= **14**

Dessa maneira, o item está **certo**.

Gabarito: D.

QUESTÃO 23 (FAUEL – Agente/Pref Goioerê/2018) Um time de futebol disputou 52 partidas durante o ano, ganhou 32, empatou 8 e perdeu 12. A razão entre o número de partidas que empatou e o número de partidas disputadas é de:

a) 1/5. b) 2/5. c) 1/13. d) 2/13.

RESOLUÇÃO:

O nosso objetivo consiste em determinar o número de partidas que empatou (8) dividido pelo número de partidas disputadas (52):

$$8/52$$

Simplificando a fração (dividindo numerador e denominador por 4), obtemos:

$$\mathbf{2/13}$$

Portanto, concluímos que a razão entre o número de partidas que empatou e o número de partidas disputadas vale 2/13.

Gabarito: D.

QUESTÃO 24 (FEPESE – Prof/Pref Tijucas/2017) Em uma escola as turmas A, B e C devem arrecadar 50 kg de alimentos não perecíveis cada (totalizando 150 kg de alimentos). Em determinado momento verifica-se que a turma A arrecadou 4/5 de sua meta, a turma B, 60% e a turma C arrecadou 1/4 do arrecadado pela turma A. Portanto, o total de alimentos arrecadado até o momento da verificação é:

a) 60 kg. b) 70 kg. c) 80 kg. d) 90 kg. e) 100 kg.

RESOLUÇÃO:

O enunciado informa que a turma **A** arrecadou 4/5 de 50 kg:

$$4/5 \times 50 = \mathbf{40\ kg}$$

Por sua vez, é dito que a turma **B** arrecadou 60% de 50 kg:

$$0{,}6 \times 50 = \mathbf{30\ kg}$$

E a turma **C** arrecadou 1/4 do arrecadado pela turma A, isto é 40 kg:

$$1/4 \times 40 = \mathbf{10\ kg}$$

Dessa forma, as 3 turmas arrecadaram 40 + 30 + 10 = **80 kg de alimentos.**

Gabarito: C.

QUESTÃO 25 (CS UFG – Ass Adm/UnirG/2017) Uma empresa abriu inscrições para contratar novos empregados e inscreveram-se 216 candidatos. Para a seleção, a empresa vai seguir os seguintes critérios: exigir que os candidatos tenham, no mínimo, 18 anos, ensino médio completo e que sejam aprovados em um teste de inglês. Entre os candidatos, 5/6 têm no mínimo 18 anos e foram pré-selecionados. Dos pré-selecionados, 2/3 têm o ensino médio completo e, dentre estes, apenas 1/5 passou no teste de inglês. Nessas condições, a quantidade de candidatos selecionados pela empresa foi:

a) 24 b) 36 c) 54 d) 72

RESOLUÇÃO:

O enunciado informa que 216 candidatos se inscreveram para as vagas de emprego disponibilizadas pela empresa.

É dito que 5/6 dos 216 candidatos têm no mínimo 18 anos, o que corresponde a 5/6 × 216 = 180 pessoas.

Desses 180 candidatos, 2/3 têm o ensino médio completo, ou seja:

$$2/3 \times 180 = 120$$

Desses 120 candidatos, 1/5 passou no teste de inglês:

$$1/5 \times 120 = 24$$

Portanto, concluímos que **24 candidatos foram selecionados.**

Gabarito: A.

QUESTÃO 26 (fgv – Aux Pol/PC-RJ/2022) Considere a soma, em que os números naturais a e b primos entre si.

$$\frac{1}{6} + \frac{3}{8} + \frac{7}{10} = \frac{a}{b}$$

O valor da soma a + b é:

a) 35b) 47 c) 181 d) 227 e) 269

RESOLUÇÃO:

Inicialmente, calculamos o MMC entre os denominadores:

6, 8, 10 | 2
3, 4, 5 | 2
3, 2, 5 | 2
3, 1, 5 | 3
1, 1, 5 | 5
1, 1, 1

Logo, o MMC (6,8,10) = 2 x 2 x 2 x 3 x 5 = 120, de modo que este passará a ser o denominador das frações. Sabendo disso, temos:

$$\frac{20 + 45 + 84}{120} = \frac{a}{b}$$

$$\frac{149}{120} = \frac{a}{b}$$

Assim, podemos concluir que a = 149 e b = 120. A soma entre esses termos fica:

$$a + b = 149 + 120 = \mathbf{269}$$

Gabarito: E.

QUESTÃO 27 (VUNESP - Inspetor de Alunos /Pref São Roque/2020) O dentista receitou para Luísa fazer bochechos com um medicamento 3 vezes ao dia, utilizando 20 mL cada vez. Ela verificou que esse medicamento é vendido em frascos de 400 mL. Para fazer esses bochechos por 20 dias, a quantidade de frascos desse medicamento que Luísa precisará comprar é

a) 2 b) 3 c) 4 d) 5 e) 6

RESOLUÇÃO:

O enunciado informa que são 3 bochechos por dia, ao passo que são 20 mL em cada bochecho, o que totaliza 3 × 20mℓ = 60mℓ por dia de medicamento.

É dito que Luísa deve fazer bochechos por 20 dias, de modo que ela precisará de $20 \times 60m\ell = 1.200m\ell$.

Como cada frasco contém 400 mL do medicamento, então serão necessários:

$$\frac{1.200m\ell}{400m\ell \,/\, frasco} = \boldsymbol{3\ frascos}$$

Gabarito: B.

QUESTÃO 28 (VUNESP - Agente Adm/VALIPREV/2020) Com R$ 120,00 é possível comprar 6 pastas, a R$ 4,00 a unidade, e 8 cadernos iguais, não restando troco algum. O maior número de pastas que podem ser compradas com o mesmo valor pago na compra de um caderno é

a) 3 b) 5 c) 8 d) 10 e) 12

RESOLUÇÃO:

A compra de 6 pastas a R$ 4,00 é feita gastando-se $6 \times 4 = 24$ reais.

Com o restante dos R$ 120,00 que estão disponíveis, isto é, com $120 - 24 = 96$ reais, é possível comprar 8 cadernos, e não sobrará troco algum.

Assim, se dividirmos o valor que sobrou pela quantidade de cadernos que foram comprados, vamos saber o preço do caderno. Logo:

$$\frac{96}{8} = \mathbf{12\ reais}$$

O nosso objetivo consiste em determinar o maior número de pastas que podem ser compradas com o mesmo valor pago na compra de um caderno. Para isso, basta dividir o preço do caderno pelo preço da pasta:

$$\frac{12}{4} = \boldsymbol{3\ pastas}$$

Gabarito: A.

QUESTÃO 29 (FEPESE – Téc/FCEE/2022) Três pessoas dividem uma herança em reais. A primeira recebe 1/4 do valor da herança, a segunda 1/9 e a terceira recebe o restante, que equivale a R$ 800.Portanto, o valor total da herança, em reais, é:

a) Maior que 1270.

b) Maior que 1260 e menor que 1270.

c) Maior que 1255 e menor que 1260.

d) Maior que 1250 e menor que 1255.

e) Menor que 1250.

RESOLUÇÃO:

Ao somarmos o valor recebido por cada pessoa, chegamos ao seu valor total T:

$$T = \frac{1}{4}.T + \frac{1}{9}.T + 800$$

$$T - \frac{T}{4} - \frac{T}{9} = 800$$

$$\frac{36T - 9T - 4T}{36} = 800$$

$$\frac{23T}{36} = 800$$

$$T = \frac{800.36}{23} = \mathbf{1.252,17}$$

Portanto, o valor total da herança é de **R$ 1.252,17**, que é **maior que 1250 e menor que 1255.**

Gabarito: D.

QUESTÃO 30 (UNIFIL - Fiscal de Tributos/Pref Paranacity/2022) Em uma turma de um curso pré-vestibular há 320 alunos. Desse total 5/8 também estão matriculados no curso de inglês na mesma instituição. Qual a quantidade de alunos que não estão fazendo o curso de inglês na instituição?

a) 140 alunos b) 135 alunos c) 120 alunos d) 110 alunos.

RESOLUÇÃO:

Como 5/8 dos alunos ESTÃO matriculados no curso de inglês, então 3/8 dos alunos NÃO ESTÃO matriculados nesse curso. Isso corresponde a:

$$\frac{3}{8}.320 = 3.40 = 120 \text{ alunos}$$

Gabarito: C.

QUESTÃO 31 (CESPE/TC-DF/ACE/2014) Em uma empresa, as férias de cada um dos 50 empregados podem ser marcadas na forma de trinta dias ininterruptos, ou os trinta dias podem ser fracionados em dois períodos de quinze dias ininterruptos ou, ainda, em três períodos de dez dias ininterruptos. Em 2013, depois de marcadas as férias de todos os 50 empregados, constatou-se que 23, 20 e 28 deles marcaram os trinta dias de férias ou parte deles para os meses de janeiro, fevereiro e junho, respectivamente. Constatou-se, também, que, nesse ano, nenhum empregado marcou férias para algum mês diferente dos mencionados.

Tendo como referência as informações acima, julgue o item que se segue.

Suponha que, em 2013, mais de 5/6 dos empregados que não marcaram férias para fevereiro eram do sexo feminino e mais de 2/3 dos que não marcaram férias para janeiro eram do sexo masculino. Nessa situação, é correto afirmar que, em 2013, havia na empresa no máximo 12 mulheres a mais que homens.

RESOLUÇÃO:

Sabemos que 50 – 20 = 30 pessoas não marcaram férias para fevereiro. Por sua vez, o enunciado afirma que 5/6 delas são mulheres. Logo:

$$\frac{5}{6}.30 = 25$$

Como é mais de 5/6, então há ***pelo menos 26 mulheres***.

Além disso, sabemos que 50 – 23 = 27 pessoas não marcaram férias para janeiro. Por sua vez, o enunciado afirma que 2/3 delas são homens. Logo:

$$\frac{2}{3}.27 = 18$$

Como é mais de 2/3, então há ***pelo menos 19 homens***.

Assim, até aqui, ***já temos garantidas 45 pessoas***, **faltando 5** funcionários para completar os 50.

Vamos tentar maximizar o número de mulheres. Para isso, basta fazer com que estes 5 faltantes sejam todos do sexo feminino. Daí:

- Mulheres: 26 + 5 = 31
- Homens: 19
- Diferença: 31 – 19 = 12

Dessa maneira, a maior diferença possível é igual a 12. Ou seja, **há no máximo 12 mulheres a mais que homens**.

Gabarito: certo.

4. NÚMEROS DECIMAIS

Os **números decimais** são, em regra, aqueles que **resultam da divisão não--exata de dois números inteiros**. Correspondem, portanto, aos números que possuem "casas após a vírgula".

Exemplos: 0,5   0,37   2,48   125,54   82,025.

Além disso, todo número decimal é composto por duas partes:

- **Parte inteira**: Fica à **esquerda** da vírgula;
- **Parte decimal**: Fica à **direita** da vírgula;

Nesse sentido, os exemplos a seguir evidenciam essa configuração dos decimais:

- 1,25 (1 representa a parte inteira e 25 a parte decimal);
- 0,7 (0 representa a parte inteira e 7 a parte decimal).

Por fim, é importante mencionar que a **leitura** de um número decimal deve ser feita primeiramente pelo número inteiro e depois pela parte decimal, podendo ser alocado da seguinte forma:

Centenas	Dezenas	Unidades	,	Décimos	Centésimos	Milésimos	Leitura
		5	,	2			**Cinco inteiros e dois décimos**
1	2	4	,	0	8		**Cento e vinte e quatro inteiros e oito centésimos**
	3	6	,	4	3	9	**Trinta e seis inteiros e quatrocentos e trinta e nove milésimos**

4.1. Propriedades

1ª) Um número decimal não se altera quando se acrescentam ou se suprimem um ou mais zero à direita de sua parte decimal.

Exemplo: 1,2 = 1,20 = 1,200 = 1,2000...

2ª) *Na* multiplicação *de um número decimal por 10, 100, 1000, ..., basta deslocar a vírgula para a* direita *uma, duas, três, ..., casas decimais.*

Exemplo: Efetue as seguintes operações:

a) 2,52 x 10

Basta deslocar a vírgula para a direita uma casa decimal: **25,2.**

b) 0,12 x 100

Nesse caso, deslocamos a vírgula para a direita duas casas decimais e eliminamos o zero à direita da vírgula: **12.**

c) 1,77 x 1000

Deslocamos a vírgula para a direita três casas decimais: **1770.**

3ª) Na* divisão *de um número decimal por 10, 100, 1000, ..., basta deslocar a vírgula para a* esquerda *uma, duas, três, ..., casas decimais.

Exemplo: Efetue as seguintes operações:

a) 2,52 ÷ 10 = ***0,252***

b) 152,4 ÷ 100 = ***1,524***

c) 25,9 ÷ 1000 = ***0,0259***

4.2. Operações

A manipulação dos números decimais é essencial para a resolução de diversas questões, motivo pelo qual você precisa saber as operações que podem surgir com eles. Vejamos cada uma dessas operações em detalhes.

4.2.1. Adição e Subtração de Números Decimais

A **adição ou subtração de dois números decimais** funciona da mesma forma da adição/subtração comum. Logo:

Os números devem ser posicionados um embaixo do outro, com a ***vírgula logo abaixo da vírgula do outro***, e as casas correspondentes uma embaixo da outra

↓

As casas correspondentes devem ser somadas/subtraídas, começando da direita para a esquerda

↓

À medida que forem sendo formadas dezenas, estas devem ser transferidas para a próxima adição/subtração (das casas logo à esquerda).

↓

No caso específico da subtração, devemos, além de igualar as casas à direita da vírgula, ***completar com zeros quando necessário***.

Por exemplo:

$$\begin{array}{r} 5{,}400 \\ -2{,}317 \\ \hline 3{,}083 \end{array}$$

4.2.2. Multiplicação de Números Decimais

Devemos aplicar o **mesmo procedimento da multiplicação comum**, com o seguinte alerta:

FIQUE ATENTO!

Na multiplicação de números decimais, o **número de casas** decimais do resultado será igual à **soma do número de casas decimais dos dois números** sendo multiplicados.

Por exemplo, a multiplicação de 1,75 por 1,5 deve ser efetuada do seguinte modo:

1,75	(2 casas decimais)
X 1,5	(1 casa decimal)
0,875	
+ 1,75	
2,625	(3 casas decimais)

4.2.3. Divisão de Números Decimais

A **divisão de números decimais** será facilitada por torná-la uma divisão de números inteiros. Nesse caso, o nosso objetivo é **eliminar as casas decimais** dos valores envolvidos na operação! Como isso funciona? Bem, considere a seguinte divisão: 14,4 ÷ 0,12.

Sem dúvida, estamos diante de uma divisão de números decimais. Para resolvê-la, inicialmente igualamos o número de casas decimais do dividendo e do divisor por multilicar ambos os valores por uma potencia de 10 (10, 100, 1000, 10000 etc.) de modo a retirar todas as casas decimais presentes, obtendo dois números inteiros:

$$\frac{14,4\ .100}{0,12\ .100} = \frac{1440}{12}$$

Pronto, agora basta efetuar a divisão dos dois números inteiros normalmente!

$$\begin{array}{r|l} 1440 & 12 \\ \hline (00) & \mathbf{120} \end{array}$$

Esquematizando o procedimento a ser adotado na divisão de números decimais:

Igualar o número de casas decimais do dividendo e do divisor

↓

Multiplicar ambos os valores por uma potência de 10 de modo a retirar todas as casas decimais presentes, obtendo dois números inteiros

↓

Efetuar a divisão dos dois números inteiros

Veja como esse assunto já foi cobrado!

QUESTÃO 32 (FGV – Téc Jud/TJ-SC/2018) Três caixas, despachadas pelo correio, tinham os pesos a seguir:

Caixas	Pesos (Kg)
X	3,4
Y	3,42
X	3,23

A sequência das caixas em ordem crescente de seus pesos é:

a) Y, Z, X b) X, Y, Z c) X, Z, Y d) Z, Y, X e) Z, X, Y

RESOLUÇÃO:

A questão trata de comparação entre números decimais. Para facilitar a análise, vamos igualar as quantidades de dígitos após a vírgula, acrescentando zeros à direita, quando necessário:

X ... 3,40

Y ... 3,42

Z ... 3,23

Assim, fica claro que o menor valor é 3,23, da caixa Z, enquanto o maior é 3,42, da caixa Y, de modo que a sequência das caixas em ordem crescente de seus pesos é dada na alternativa E.

Gabarito: E.

QUESTÃO 33 (FGV – Agente Censitário/IBGE/2017) Sete amigos jantaram em um restaurante e combinaram dividir a conta igualmente entre eles. Na hora de pagar, um deles notou que tinha esquecido a carteira e, portanto, estava sem dinheiro. Assim, cada um de seus amigos teve que pagar um adicional de R$14,50 para cobrir a sua parte. O valor total da conta foi:

a) R$522,00 b) R$567,00 c) R$588,00 d) R$595,00 e) R$609,00.

RESOLUÇÃO:

O enunciado informa que 6 amigos tiveram que pagar, cada um, R$ 14,50 referentes ao consumo do amigo que "esqueceu" a carteira.

Então, o consumo desse amigo foi igual a:

$6 \times 14{,}50 =$ **87 reais**

Visto que a conta havia sido dividida igualmente entre os 7 amigos, concluímos que cada amigo consumiu 87 reais.

Portanto, os 7 amigos consumiram um total de $7 \times 87 =$ **609 reais.**

Gabarito: E.

QUESTÃO 34 (FUNDATEC – Ag Leg/ALERS/2018) O algarismo da dezena do produto entre 28,4 e 5,7 é:

a) 6 b) 1. c) 8. d) 3. e) 2.

RESOLUÇÃO:

Vamos realizar a multiplicação entre 28,4 e 5,7:

$$
\begin{array}{ccccc}
 & & {\scriptstyle 4} & {\scriptstyle 2} & \\
 & & {\scriptstyle 5} & {\scriptstyle 2} & \\
 & & 2 & 8, & 4 \\
 & & & 5, & 7 \\
\hline
 & 1 & 9 & 8 & 8 \\
1 & 4 & 2 & 0 & \\
1 & \mathbf{6} & 1, & 8 & 8
\end{array}
$$

Fica claro que o algarismo da dezena do número 1**6**1,88 é **6**.

Gabarito: A.

5. INTERVALOS NUMÉRICOS

Dados dois números quaisquer **a** e **b**, chamamos de **intervalo** o **conjunto de todos os números compreendidos entre a e b**, podendo incluir **a** e **b**. Os números **a** e **b** são os **limites** ou **extremos** do intervalo, sendo o **módulo da diferença** (a – b), chamada **amplitude do intervalo**.

Se o intervalo incluir **a** e **b**, será considerado **fechado** e caso contrário, o intervalo é dito **aberto**. Nesse sentido, existem dois métodos para representar os conjuntos utilizando intervalos:

Método	Para indicar que o número associado ao limite **pertence** ao intervalo	Para indicar que o número associado ao limite **não pertence** ao intervalo
Colchetes e parênteses	Colchete **para dentro**	Colchete **para fora** ou um parêntese
Reta	Bolinha **cheia**	Bolinha **vazia**

A fim de exemplificar essa metodologia, na tabela a seguir estão descritos alguns conjuntos e seus respectivos intervalos:

Conjunto	Intervalo	Reta	Leitura
{x ∈ R | 2 ≤ x ≤ 7}	[2;7]		Intervalo fechado em 2 e fechado em 7
{x ∈ R | 2 < x < 7}	]2;7[ou (2;7)	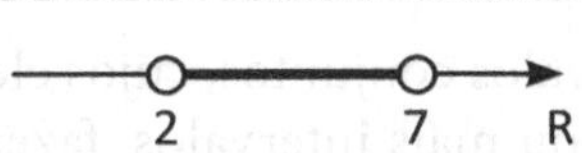	Intervalo aberto em 2 e aberto em 7

Conjunto	Intervalo	Reta	Leitura
{x ∈ R | 2 ≤ x < 7}	[2;7[ou [2;7)	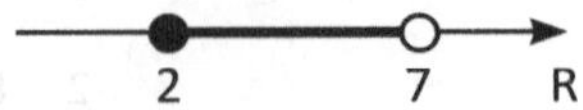	Intervalo fechado em 2 e aberto em 7
{x ∈ R | 2 < x ≤ 7}	]2;7] ou (2;7]		Intervalo aberto em 2 e fechado em 7
{x ∈ R | x ≥ 2}	[2;+∞[		Intervalo fechado em 2 e ilimitado à direita
{x ∈ R | x ≤ 7}	]-∞;7] ou (-∞;7]		Intervalo ilimitado à esquerda e fechado em 7

5.1. União de intervalos

Sendo os intervalos conjuntos, cujos elementos são números reais, é possível, quando temos dois ou mais intervalos, fazer a sua **união**, que resultará num intervalo constituído pelos elementos que pertencem a **A ou a B**.

Isto significa que para que um dado elemento pertença ao conjunto união basta que pertença a um dos conjuntos. Na prática, para obter a reunião de dois ou mais intervalos o que fazemos é "juntar" os intervalos dos conjuntos dados.

Conjunto	Reta
A = {x ∈ R | -2 ≤ x ≤ 6}	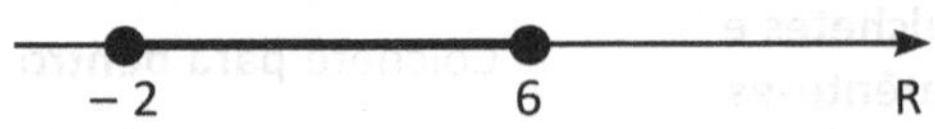
B = {x ∈ R | 0 ≤ x ≤ 8}	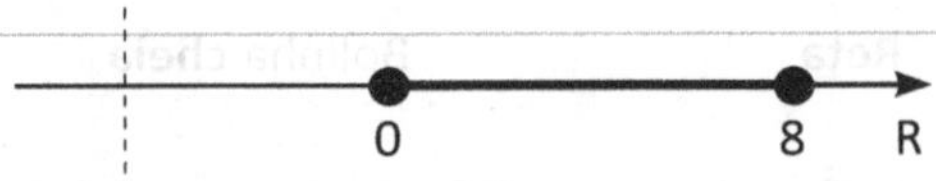
A ∪ B = {x ∈ R | -2 ≤ x ≤ 8}	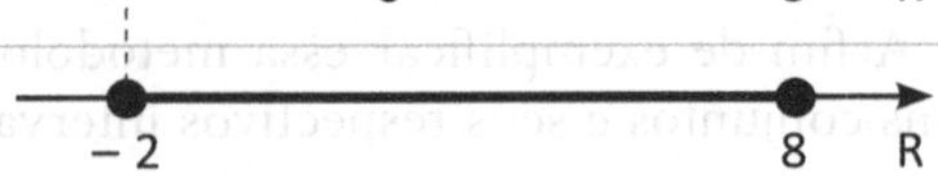

5.2. Interseção de intervalos

Sendo os intervalos conjuntos, cujos elementos são números reais, é possível, quando temos dois ou mais intervalos, fazer a sua **interseção**, que resultará num intervalo constituído pelos elementos **comuns a A e a B**.

Conjunto	Reta
A = {x ∈ R | -2 ≤ x ≤ 6}	
B = {x ∈ R | 0 ≤ x ≤ 8}	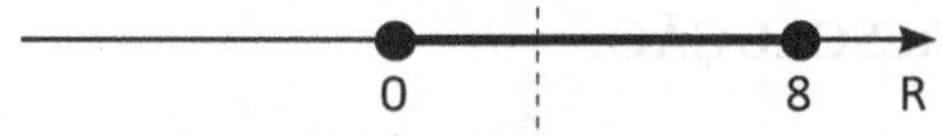
A ∩ B = {x ∈ R | 0 ≤ x ≤ 6}	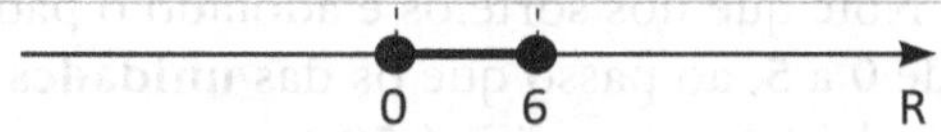

Veja como esse assunto já foi cobrado!

QUESTÃO 35 (CESPE – Escriturário/BB/2003) Em uma loteria, com sorteios duas vezes por semana, são pagos milhões de reais para quem acerta os seis números distintos sorteados. Também há premiação para aqueles que acertarem cinco ou quatro dos números sorteados. Para concorrer, basta marcar entre seis e quinze números dos sessenta existentes no volante e pagar o valor correspondente ao tipo da aposta, de acordo com a tabela abaixo. Para o sorteio de cada um dos seis números, são utilizados dois globos, um correspondente ao algarismo das dezenas e o outro, ao algarismo das unidades. No globo das dezenas, são sorteadas bolas numeradas de zero a cinco e, no das unidades, de zero a nove. Quando o zero é sorteado nos dois globos, considera-se, para efeito de premiação, que o número sorteado foi o 60. Além disso, após o sorteio de cada número, as bolas sorteadas retornam aos seus respectivos globos.

Quantidade de números escohidos no voltante	Tipo da aposta	Valor (em R$)
6	A6	1,00
7	A7	7,00
8	A8	28,00
9	A9	84,00
10	A10	210,00
11	A11	462,00
12	A12	924,00
13	A13	1.719,00
14	A14	3.003,00
15	A15	5.005,00

Internet: <http://www.caixa.com.br>. Acesso em jul./2003 (com adaptações).

Acerca do texto acima e das informações nele contidas, julgue o item subsequente. Para efeito de premiação, os números passíveis de serem sorteados são todos os inteiros positivos compreendidos no intervalo [1, 60].

RESOLUÇÃO:

Note que nos sorteios é adotado o padrão de que os algarismos das **dezenas** são de **0 a 5**, ao passo que os das **unidades** são de **0 a 9**. Assim, o menor número possível é **00**, já o maior é **59**.

Dessa maneira, todos os inteiros positivos compreendidos no intervalo de 00 a 59 podem ser sorteados. No entanto, para fins de premiação, devemos considerar **00 = 60**, de modo que o intervalo fica de **01 a 60**, em que estão incluídos os dois extremos:

[01, 60]

Gabarito: certo.

6. RESUMO

NÚMEROS INTEIROS

O **conjunto dos números inteiros** é formado pelos algarismos **inteiros positivos e negativos e o zero.**

Sucessor: é o número que está imediatamente à sua **direita** na reta. Em outras palavras, é o inteiro que **vem após** o número dado.

Antecessor: é o número que está imediatamente à sua **esquerda** na reta. Falando de outro modo, é o inteiro que **vem antes** do número dado.

Dois números inteiros são chamados **simétricos** quando **a soma entre eles é zero**. Por exemplo, 2 e −2 são simétricos um do outro.

O **módulo** ou **valor absoluto** de um número inteiro corresponde à **distância que o número está do zero**, e pode ser denotado pelo uso de duas barras verticais | |.

Adição: É a operação que une duas quantidades em um só número. Os termos da adição são chamados **parcelas** e o resultado da operação de adição é denominado ***soma*** ou ***total.***

(1ª parcela) + (2ª parcela) = soma

Subtração: É a operação que tem por objetivo ***diminuir, de um número, o valor do outro***. O primeiro termo de uma subtração é chamado **minuendo**, o segundo é o **subtraendo** e o resultado da operação de subtração é denominado ***resto*** ou ***diferença***.

(Minuendo) – (Subtraendo) = Resto

Multiplicação: É a operação que adiciona um número em função da quantidade unitária de outro, em que seus termos são chamados **fatores** e o resultado da operação é denominado **produto**.

(1º fator) x (2º fator) = produto

Divisão: É a operação matemática que tem por objetivo repartir um valor em **partes iguais**, correspondendo ao inverso da multiplicação.

Dividendo = Divisor x Quociente + Resto

➢ Regras de sinais:

- **Adição e subtração**: temos dois casos a considerar:

1) **Sinais iguais**: somam-se os números e conserva-se o sinal do maior;
2) **Sinais diferentes**: subtraem-se os números e conserva-se o sinal do maior.

$$+5+3=+8$$
$$+5-3=+2$$
$$-5-3=-8$$
$$-5+3=-2$$

- **Multiplicação e divisão**: também temos dois casos a considerar:

1) **Sinais iguais**: o resultado da operação será positivo;
2) **Sinais diferentes**: o resultado da operação será negativo.

NÚMEROS FRACIONÁRIOS

Os **números fracionários**, ou simplesmente **fração**, representam uma ou mais partes de um inteiro que foi dividido em partes iguais.

$$\frac{\textit{Numerador}}{\textit{Denominador}}$$

Classificação das Frações

Tipo	Definição	Exemplo
Próprias	Valor absoluto do **numerador** é ***não nulo*** e ***menor*** *que o* ***denominador***.	Ex: $\frac{3}{4}$ e $\frac{2}{5}$
Impróprias	Valor absoluto do **numerador** é ***maior*** *que o* ***denominador***.	Ex: $\frac{4}{3}$ e $\frac{5}{2}$
Aparentes	O **numerador** é ***igual*** ou ***múltiplo*** do **denominador**.	Ex: $\frac{4}{4}$ e $\frac{10}{5}$
Equivalentes	Representam a *mesma parte* do inteiro.	Ex: $\frac{1}{2}$, $\frac{2}{4}$ e $\frac{4}{8}$
Irredutíveis	O **numerador** e o **denominador** são ***números primos*** entre si.	Ex: $\frac{11}{3}$ e $\frac{7}{5}$

Soma e subtração:

- ***1º caso: Os denominadores são iguais.***
  - ✓ **1º passo**: Conserva-se o denominador;
  - ✓ **2º passo**: Adicionam-se ou subtraem-se os numeradores.
- ***2º caso: Os denominadores são diferentes.***
  - ✓ **1º passo**: Encontrar o denominador comum;
  - ✓ **2º passo**: Dividir o denominador comum pelo denominador de cada fração;
  - ✓ **3º passo**: Multiplicar o resultado anterior pelo respectivo numerador;
  - ✓ **4º passo**: Efetuar a soma ou subtração.

Multiplicação:

1º) **Multiplicar os numeradores**, encontrando o numerador do resultado;

2º) **Multiplicar os denominadores**, encontrando o denominador do resultado.

Divisão: basta multiplicar a primeira pelo **inverso** da segunda.

Número misto: É a **soma de um número inteiro com uma fração própria**, geralmente representado sem o sinal de adição. Para transformá-lo numa fração imprópria, multiplica-se o número inteiro pelo denominador e ao resultado soma-se o numerador, obtendo-se assim, o numerador da fração. Por sua vez, o denominador será o próprio denominador da fração dada.

NÚMEROS DECIMAIS

Os **números decimais** são, em regra, aqueles que **resultam da divisão não-exata de dois números inteiros**. Correspondem, portanto, aos números que possuem "casas após a vírgula".

Adição e subtração:

Os números devem ser posicionados um embaixo do outro, com a ***vírgula logo abaixo da vírgula do outro***, e as casas correspondentes uma embaixo da outra

↓

As casas correspondentes devem ser somadas/subtraídas, começando da direita para a esquerda

↓

À medida que forem sendo formadas dezenas, estas devem ser transferidas para a próxima adição/subtração (das casas logo à esquerda).

↓

No caso específico da subtração, devemos, além de igualar as casas à direita da vírgula, ***completar com zeros quando necessário***.

Multiplicação: aplicar o **mesmo procedimento da multiplicação comum**, sabendo que o número de casas decimais do resultado será igual à soma do número de casas decimais dos dois números sendo multiplicados.

Divisão: transformá-la numa divisão de números inteiros.

Igualar o número de casas decimais do dividendo e do divisor

↓

Multiplicar ambos os valores por uma potência de 10 de modo a retirar todas as casas decimais presentes, obtendo dois números inteiros

↓

Efetuar a divisão dos dois números inteiros

7. MAIS QUESTÕES COMENTADAS

QUESTÃO 36 (CESPE/Polícia Federal/Agente/2018) Em um aeroporto, 30 passageiros que desembarcaram de determinado voo e que estiveram nos países A, B ou C, nos quais ocorre uma epidemia infecciosa, foram selecionados para ser examinados. Constatou-se que exatamente 25 dos passageiros selecionados estiveram em A ou em B, nenhum desses 25 passageiros esteve em C e 6 desses 25 passageiros estiveram em A e em B.

Com referência a essa situação hipotética, julgue o item que se segue.

Considere que, separando-se o grupo de passageiros selecionados que visitou o país A, o grupo que visitou o país B e o grupo que visitou o país C, seja verificado, em cada um desses grupos, que pelo menos a metade dos seus componentes era do sexo masculino. Nessa situação, conclui-se que o grupo de 30 passageiros selecionados tem, no máximo, 14 mulheres.

RESOLUÇÃO:

O grupo dos que foram ao país C é formado por 5 pessoas. Considerando que *pelo menos* metade é composto de homens, temos no mínimo 3 homens e **no máximo 2 mulheres.**

Já no grupo das 25 pessoas que foram a A ou B, pelo menos metade é composto de homens. Então, temos no mínimo 13 homens e **no máximo 12 mulheres.**

Portanto, **no máximo** teremos 2 + 12 = **14 mulheres.**

Gabarito: Certo.

QUESTÃO 37 (FCC/ISS SÃO LUÍS/Auditor Fiscal/2018) Na primeira fase do Campeonato Brasileiro de futebol da série D, cada equipe disputa 6 partidas, recebendo, em cada jogo, 3 pontos em caso de vitória, 1 ponto em caso de empate e nenhum ponto em caso de derrota. Uma das equipes participantes marcou 4 gols e sofreu 4 gols nesses 6 jogos. O total de pontos que essa equipe conquistou na primeira fase do campeonato pode ser, no máximo, igual a

(A) 13 (B) 8 (C) 11 (D) 7 (E) 14

RESOLUÇÃO:

Para maximizar a quantidade de pontos, temos que maximizar a quantidade de vitórias (e minimizar a de derrotas). Logo, vamos supor que tal equipe venceu quatro partidas, pelo placar de 1 x 0 em cada uma delas, de forma que até aqui já temos 3 + 3 + 3 + 3 = 12 pontos.

Ainda é possível conseguir aumentar a pontuação, basta que tenha havido um jogo empatado em 0 x 0.

Pronto, aí no jogo 6 temos a derrota por 4 x 0.

Tal equipe marcou 4 gols e tomou 4 gols, conforme foi estipulado no enunciado. E marcou 12 + 1 = **13 pontos.**

Gabarito: A.

QUESTÃO 38 (FCC/TRT-PE/Téc Jud/2018) Na prateleira de uma estante estão dispostos 10 livros de direito, 12 livros de economia e 15 livros de administração. O menor número de livros que se devem retirar ao acaso dessa prateleira para que se tenha certeza de que dentre os livros retirados haja um de direito, um de economia e um de administração é igual a

(A) 26. (B) 23. (C) 27. (D) 28. (E) 29.

RESOLUÇÃO:

Veja que eu posso dar o "azar" de os primeiros 15 livros que eu pegar serem de administração, e os 12 livros seguintes serem de economia. Ou seja, é possível pegar 27 livros e, mesmo assim, não ter um de cada tipo.

Porém, mesmo nesse pior cenário, o vigésimo oitavo livro que pegar será de direito e, com isso, terei um de cada tipo. Portanto, pegando 28 livros, temos certeza de que há pelo menos um de cada tipo.

Gabarito: D.

QUESTÃO 39 (CESPE/SEFAZ-RS/Auditor-Fiscal/2019) Um grupo de 256 auditores fiscais, entre eles Antônio, saiu de determinado órgão para realizar trabalhos individuais em campo. Após cumprirem suas obrigações, todos os auditores fiscais retornaram ao órgão, em momentos distintos. A quantidade de auditores que chegaram antes de Antônio foi igual a um quarto da quantidade de auditores que chegaram depois dele. Nessa situação hipotética, Antônio foi o

A) 46.º auditor a retornar ao órgão.

B) 50.º auditor a retornar ao órgão.

C) 51.º auditor a retornar ao órgão.

D) 52.º auditor a retornar ao órgão.

E) 64.º auditor a retornar ao órgão.

RESOLUÇÃO:

Vamos chamar de **x** o número de auditores que chegaram antes de Antônio.

Então, temos que **255 – x** chegaram depois dele.

O enunciado informa que a quantidade de auditores que chegaram antes de Antônio foi igual a um quarto da quantidade de auditores que chegaram depois dele. Logo:

$$Auditores\,que\,chegaram\,antes = \frac{1}{4}\,.\,Auditores\,que\,chegaram\,depois$$

$$x = \frac{1}{4}.(255 - x)$$

$$x = \frac{255}{4} - \frac{x}{4}$$

$$x+\frac{x}{4}=\frac{255}{4}$$

$$\frac{5x}{4}=\frac{255}{4}$$

$$x=\frac{255}{5}=51$$

Assim, concluímos que 51 pessoas chegaram antes de Antônio, de modo que ele foi o **52º** auditor a chegar.

Gabarito: D.

QUESTÃO 40 (FCC/TRT-PE/Téc Jud/2018) O maior valor monetário, em reais, de três notas de valores diferentes e três moedas de valores diferentes é igual a

(A) 81,75. (B) 171,75 (C) 110,50. (D) 171,25. (E) 171,60.

RESOLUÇÃO:

As maiores notas são de 100 + 50 + 20 = **170 reais.** Já as maiores moedas são 1,00 + 0,50 + 0,25 = **1,75 real.**

Somando tudo, temos **171,75 reais.**

Gabarito: B.

QUESTÃO 41 (CESPE – AnaTA/MDIC/2014) Em um grupo de 2.000 empresas, 1/9 das que encerraram as atividades este ano foram abertas em anos anteriores, 1/10 das que foram abertas em anos anteriores encerraram as atividades este ano e 200 empresas não encerraram as atividades este ano e não foram abertas em anos anteriores.

Com base nessas informações, julgue o próximo item.

O número de empresas que foram abertas em anos anteriores é superior ao número de empresas que encerraram as atividades este ano.

RESOLUÇÃO:

Nessa questão faremos uso de uma tabela que muito nos auxiliará.

Vamos chamar de **x** a quantidade de empresas que encerraram as atividades este ano e iniciaram as atividades em anos anteriores. Daí:

	Iniciaram as atividades neste ano	Iniciaram as atividades em anos anteriores	Total
Encerraram as atividades neste ano		x	
Não encerraram as atividades neste ano			
Total			

A questão afirma que x corresponde a 1/9 do total de empresas que encerraram as atividades neste ano. Com isso, temos:

$$\frac{1}{9} \cdot \textit{Total Encerraram Neste Ano} = x$$

$$\textit{Total Encerraram Neste Ano} = 9x$$

Coloquemos essa informação na tabela:

	Iniciaram as atividades neste ano	Iniciaram as atividades em anos anteriores	Total
Encerraram as atividades neste ano		x	9x
Não encerraram as atividades neste ano			
Total			

Fazemos uma subtração, achamos que 9x – x = 8x, que indica a quantidade de empresas que iniciaram as atividades neste ano e encerraram as atividades também neste ano.

	Iniciaram as atividades neste ano	Iniciaram as atividades em anos anteriores	Total
Encerraram as atividades neste ano	8x	x	9x
Não encerraram as atividades neste ano			
Total			

O enunciado também deixa claro que a quantidade *x* corresponde a 1/10 das empresas abertas em anos anteriores. Com isso, temos:

$$\frac{1}{10} \cdot Total\ Iniciaram\ Anos\ Anteriores = x$$

$$Total\ Iniciaram\ Anos\ Anteriores = 10x$$

	Iniciaram as atividades neste ano	Iniciaram as atividades em anos anteriores	Total
Encerraram as atividades neste ano	8x	x	9x
Não encerraram as atividades neste ano			
Total		10x	

Por diferença, sabemos que 10x – x = 9x, indicando a quantidade de empresas que iniciaram as atividades em anos anteriores e não encerraram ainda:

	Iniciaram as atividades neste ano	Iniciaram as atividades em anos anteriores	Total
Encerraram as atividades neste ano	8x	x	9x
Não encerraram as atividades neste ano		9x	
Total		10x	

Finalizando, a questão menciona que 200 empresas não encerraram as atividades neste ano e foram abertas também neste ano. Daí:

	Iniciaram as atividades neste ano	Iniciaram as atividades em anos anteriores	Total
Encerraram as atividades neste ano	8x	x	9x
Não encerraram as atividades neste ano	200	9x	200+ 9x
Total	200 + 8x	10x	2.000

Note que preenchemos com 2.000 a célula que relaciona os dois totais, pois esse é o número de empresas do grupo.

Somando a última linha, por exemplo, temos:

$$(200+8x)+(10x)=2.000$$

$$18x=2.000-200$$

$$x=\frac{1.800}{18}=100$$

Substituindo na tabela o valor de x que acabamos de encontrar, obteremos:

	Iniciaram as atividades neste ano	Iniciaram as atividades em anos anteriores	Total
Encerraram as atividades neste ano	800	100	900
Não encerraram as atividades neste ano	200	900	1.100
Total	1.000	1.000	2.000

Portanto, o número de empresas que foram abertas em anos anteriores (1.000) é superior ao número de empresas que encerraram as atividades este ano (900).

Gabarito: Certo.

QUESTÃO 42 (CESPE – AnaTA/MDIC/2014) Em um grupo de 2.000 empresas, 1/9 das que encerraram as atividades este ano foram abertas em anos anteriores, 1/10 das que foram abertas em anos anteriores encerraram as atividades este ano e 200 empresas não encerraram as atividades este ano e não foram abertas em anos anteriores.

Com base nessas informações, julgue o próximo item.

O número de empresas que encerraram as atividades este ano e que foram abertas em anos anteriores é superior a 110.

RESOLUÇÃO:

A tabela que obtemos no item anterior indica que:

	Iniciaram as atividades neste ano	Iniciaram as atividades em anos anteriores	Total
Encerraram as atividades neste ano	800	100	900

Não encerraram as atividades neste ano	200	900	1.100
Total	1.000	1.000	2.000

Daí, o **número de empresas que encerraram as atividades neste ano e que foram abertas em anos anteriores é igual a 100.** Ora, este valor é **inferior a 110.**

Gabarito: errado.

QUESTÃO 43 (CESPE – AnaTA/MDIC/2014) Em um grupo de 2.000 empresas, 1/9 das que encerraram as atividades este ano foram abertas em anos anteriores, 1/10 das que foram abertas em anos anteriores encerraram as atividades este ano e 200 empresas não encerraram as atividades este ano e não foram abertas em anos anteriores.

Com base nessas informações, julgue o próximo item.

Do grupo de 2.000 empresas, metade foi aberta em anos anteriores.

RESOLUÇÃO:

Mais uma vez vamos recorrer à tabela final a que chegamos:

	Iniciaram as atividades neste ano	Iniciaram as atividades em anos anteriores	Total
Encerraram as atividades neste ano	800	100	900
Não encerraram as atividades neste ano	200	900	1.100
Total	1.000	1.000	2.000

Percebemos que **1.000 das 2.000 (ou seja, metade) empresas foram abertas em anos anteriores.**

Gabarito: certo.

QUESTÃO 44 (CESPE/TC-DF/Téc/2014) Considerando que, em um planejamento de ações de auditoria, a direção de um órgão de controle tenha mapeado a existência de 30 programas de governo passíveis de análise, e sabendo que esse órgão dispõe de 15 servidores para a montagem das equipes de análise e que cada equipe deverá ser composta por um coordenador, um relator e um técnico, julgue o próximo item.

Considerando-se que cada servidor do órgão possa participar de somente uma equipe de análise e que cada equipe não possa analisar mais que um programa de governo ao mesmo tempo, é correto afirmar que a capacidade operacional do órgão está limitada ao acompanhamento simultâneo de cinco programas de governo.

RESOLUÇÃO:

O órgão dispõe de **15 servidores** para a montagem das equipes de análise e cada equipe deverá ser composta por um coordenador, um relator e um técnico. Ou seja, são **três membros**.

Considerando que **cada servidor** do órgão possa participar de **somente uma equipe de análise**, conseguiremos montar apenas 5 equipes.

Além disso, a questão afirma que **cada** equipe **não pode analisar mais que um** programa de governo ao mesmo tempo.

Assim, como o número máximo de equipes de trabalho corresponde a cinco, a capacidade operacional do órgão é de acompanhar, simultaneamente, 5 processo por vez.

Gabarito: certo.

QUESTÃO 45 (Unifil/Fiscal de Tributos/Pref Paranacity/2022) A soma de dois números consecutivos é igual a 7457. Pode-se afirmar sobre a maior parcela dessa soma, que.

a) é um número par b) é múltiplo de 3 c) é múltiplo de 4 d) é múltiplo de 6

RESOLUÇÃO:

Seja **n** o primeiro número e **n + 1** o seu consecutivo.

Como a soma de dois números consecutivos é igual a 7457, temos:

$$n + n + 1 = 7457$$

$$2n = 7456$$

$$n = 3728$$

Assim, o número de maior parcela é:

$$n + 1 = 3728 + 1 = 3729$$

Veja que esse número é um **múltiplo de 3**, pois ao dividirmos ele por 3 encontramos resto zero. No capítulo 5, você aprenderá um método rápido para saber se um número é divisível por 3.

Gabarito: B.

QUESTÃO 46 (CESPE/TRE-ES/Ana Jud/2011)

Cargo	Candidatos	Candidatos aptos	eleitos
Presidente da República	9	9	1
Governador do Estado	170	156	27
Senador	272	234	54
Deputado Federal	6.021	5.058	513
Deputado Estadual/ Distrital	15.268	13.076	1.059
Total	21.640	18.533	1.658

Internet: <www.tse.gov > (com adaptações).

Com base na tabela acima, referente às eleições de 2010, que apresenta a quantidade de candidatos para os cargos de presidente da República, governador de estado, senador, deputado federal e deputado estadual/distrital, bem como a quantidade de candidatos considerados aptos pela justiça eleitoral e o total de eleitos para cada cargo pretendido, julgue o item a seguir.

A quantidade de candidatos a deputado federal, estadual ou distrital é superior a 100 vezes a quantidade de candidatos ao Senado.

RESOLUÇÃO:

De acordo com a tabela apresentada, temos:

- Quantidade de candidatos a deputado federal, estadual ou distrital:

$$6.021 + 15.268 = 21.289$$

- Quantidade de candidatos ao Senado: 272

Ora, se a primeira quantia fosse mais de 100 vezes maior que a segunda, o montante de candidatos a deputado deveria ser maior que:

$$100 x 272 = 27.200$$

Concluímos que **não** é isso o que ocorre, já que:

$$21.289 < 27.200$$

Gabarito: errado.

QUESTÃO 47 (VUNESP/Orientador de Alunos/Pref Piracicaba/2022) O relógio do pátio de um colégio está com defeito e atrasa 1 minuto a cada 32 horas. Toda vez que o relógio atinge um atraso de 15 minutos, o orientador de alunos acerta o relógio. Isso significa que o relógio é acertado a cada.

a) 12 dias. b) 15 dias. c) 16 dias. d) 18 dias. e) 20 dias.

RESOLUÇÃO:

Como o relógio atrasa 1 minuto a cada 32 horas, então o atraso de 15 minutos será atingido após 32 x 15 = **480 horas**.

Como 1 dia equivale a 24 horas, esse período corresponde a 480 / 24 = **20 dias**, que é quando o orientador de alunos acertará o relógio.

Gabarito: E.

QUESTÃO 48 (VUNESP – Guarda Mun/Pref GRU/2022) Um Guarda Civil Municipal dispõe de certa quantidade x de cartuchos, que devem ser guardados em caixas. Se forem colocados 20 cartuchos por caixa, serão necessárias 3 caixas a mais do que seriam necessárias se fossem colocados 30 cartuchos por caixa, não sobrando cartuchos fora das caixas em ambos os casos. Então, descobrindo x, é correto afirmar que, se os x cartuchos fossem colocados em caixas com 45 cartuchos em cada, seriam necessárias.

a) 3 caixas. b) 4 caixas. c) 5 caixas. d) 6 caixas. e) 7 caixas.

RESOLUÇÃO:

O enunciado afirma que, *se forem colocados 20 cartuchos por caixa, serão necessárias 3 caixas a mais do que seriam necessárias se fossem colocados 30 cartuchos por caixa, não sobrando cartuchos fora das caixas em ambos os casos.* Então são dois casos distintos:

1) ao dividir a quantidade x de cartuchos em 20 caixas, encontramos como resultado o número C de caixas mais 3 (C + 3), com resto igual a zero;
2) ao dividir a quantidade x de cartuchos em 30 caixas, encontramos como resultado o número C de caixas apenas, com resto também igual a zero.

Dessa maneira, aplicando o **Teorema da Divisão** em ambos os casos, temos:

$$x = 20 \,.\, (C + 3)$$

$$x = 30C$$

Igualando as duas equações, ficamos com:

$$20 \,.\, (C + 3) = 30C$$

$$20C + 60 = 30C$$

$$10C = 60$$
$$C = 6$$

Substituindo C em uma das equações, encontramos:

$$x = 30 \,.\, 6 = 180$$

Por fim, ao dividir essa quantidade de cartuchos em 45 caixas, concluímos que serão necessárias 180/45 = **4 caixas.**

8. QUESTÕES-DESAFIO

QUESTÃO 49 (CESPE/SEFAZ-RS/Téc Trib/2018) Maria fez compras em três lojas. Em cada uma das lojas em que ela entrou, a compra feita foi paga, sem haver troco, com a quarta parte da quantia que ela tinha na bolsa ao entrar na loja. Ao sair da terceira loja, Maria tinha R$ 270 na bolsa. Nesse caso, é correto afirmar que, ao entrar na primeira loja, Maria tinha na bolsa

a) R$ 1.080. b) R$ 2.430. c) R$ 7.290. d) R$ 640. e) R$ 810.

RESOLUÇÃO:

Vamos chamar de **x** a quantia inicial que Maria possuía.

Se Maria paga com 1/4 do que ela tem na bolsa, sobra após sair da loja o valor de 3/4 do que ela tinha antes de entrar na loja.

Conforme descrito no enunciado, ao sair da primeira loja, ela fica com:

3/4 de x

Em seguida, ao sair da segunda loja, ela fica com 3/4 da quantia restante anterior:

3/4 de 3/4 de x

Finalmente, ao sair da terceira loja, ela fica com 3/4 da quantia restante anterior:

3/4 de 3/4 de 3/4 de x

É dito que essa quantia corresponde a 270 reais. Logo:

$$\frac{27}{64}x = 270$$

$$x = \frac{270\,.64}{27} = 10\,.64 = 640$$

Portanto, ao entrar na primeira loja, Maria tinha na bolsa **640 reais.**

Gabarito: D.

QUESTÃO 50 (Instituto AOCP – Agente/SANESUL/2021) Guilherme é funcionário de uma empresa em que uma de suas funções é realizar a contagem do estoque e preencher manualmente a lista de inventário. Considere a movimentação a seguir e assinale a alternativa correta.

19/10- Entrada de 200 unidades do produto A no valor unitário de R$ 7,80.

21/10 – Entrada de 50 unidades do produto B no valor unitário de R$ 3,50 e saída de 80 unidades do produto A.

25/10- Saída de 15 unidades do produto B.

a) No dia 21/10, o valor de saída foi de R$ 644,00.

b) Ao fim do dia 21/10, o saldo físico do estoque foi de 80 unidades a mais do que tinha.

c) No dia 21/10, o valor de entrada foi de R$ 185,00.

d) No dia 19/10, o valor total de entrada foi de R$ 1560,00.

e) A diferença entre o número de unidades de entrada do produto B e o número de unidades de saída no intervalo de movimentação descrito no enunciado foi de 65.

RESOLUÇÃO:

Vamos analisar cada alternativa em busca daquela que apresenta uma informação correta.

*a) No dia 21/10, o valor de saída foi de R$ 644,00.*Errada. Nesse dia, houve a saída de 80 unidades do produto A, cujo valor unitário é de R$ 7,80. Então, o valor de saída foi de 80 x 7,8 = **R$ 604,00.**

b) Ao fim do dia 21/10, o saldo físico do estoque foi de 80 unidades a mais do que tinha. **Errada**. Na verdade, no dia 21/10 houve entrada de 50 unidade e saída de 80 unidades, de modo que o saldo do estoque foi de 50 - 80 = **-30 unidades a menos** do que tinha.

c) No dia 21/10, o valor de entrada foi de R$ 185,00. **Errada**. Nesse dia, houve a entrada de 50 unidades do produto B, cujo valor unitário é de R$ 3,50. Então, o valor de entrada foi de 50 x 3,5 = **R$ 175,00.**

d) No dia 19/10, o valor total de entrada foi de R$ 1560,00. **Certa**. Nesse dia, houve a entrada de 200 unidades do produto A, cujo valor unitário é de R$ 7,80. Então, o valor de entrada foi de 200 x 7,8 = **R$ 1.560,00.**

e) A diferença entre o número de unidades de entrada do produto B e o número de unidades de saída no intervalo de movimentação descrito no enunciado foi de 65. **Errada**. No período indicado, houve 50 entradas e 15 saídas do produto B, de forma que a diferença foi de 50 - 15 = **35 unidades.**

Gabarito: D.

QUESTÃO 51 (VUNESP – Analista/PB Saúde/2021) Em um cofre A estão 31 moedas de R$ 0,50, 11 moedas de R$ 0,25 e 4 moedas de R$ 0,10. Em um cofre B, estão 13 moedas de R$ 0,50, 28 moedas de R$ 0,25 e 3 moedas de R$ 0,10. Ronaldo precisa descobrir qual é o cofre A e para isso ele irá retirar aleatoriamente uma moeda por vez de qualquer cofre. Nessas retiradas, Ronaldo não pode ver o conteúdo do cofre e nem pode devolver as moedas, mas ele vê cada moeda retirada. O número máximo de retiradas que ele precisará fazer para descobrir, com absoluta certeza, qual é o cofre A e qual é o cofre B é

a) 32. b) 28. c) 25. d) 13. e) 8.

RESOLUÇÃO:

Inicialmente, vamos calcular a quantia contida em cada cofre:

- Cofre A: 31 x 0,50 + 11x 0,25 + 4 x 0,10 = 15,50 + 2,75 + 0,40 = R$ 18,65
- Cofre B: 13 x 0, 50 + 28 x 0,25 + 3 x 0,10 = 6,50 + 7 + 0,30 = R$ 13,80

Observe que o nosso objetivo consiste em determinar o número máximode retiradas que Ronaldo precisará fazer para descobrir qual é o cofre A e qual é o cofre B. Então, estamos em busca da hipótese que leva ao maior número possívelde tentativas de retiradas para chegar à identificação do cofre.

Para isso, considerando a hipótese de Ronaldo retirar apenas moedas do cofre A. Daí, basta verificarmos quantas moedas de maior valor (R$ 0,50) ele retirará do cofre A e cuja soma delas ultrapassa o valor total contido no cofre B. Nesse caso, se Ronaldo retira **28 moedas** de R$ 0,50 de A, resultando em 28 x 0,50 = R$ 14,00, já conseguirá superar o montante que está em B, e identificará com absoluta certeza qual é cada cofre.

Gabarito: B.

CAPÍTULO 2

SISTEMA MÉTRICO

1. INTRODUÇÃO

O **sistema métrico decimal é baseado numa** unidade fundamental, que no caso do Brasil é o **METRO**, representado por **m.**

Em nosso estudo, precisamos conhecer os **prefixos** que estarão sempre aparecendo à esquerda do "m", e seus respectivos valores, conforme alistados no seguinte quadro:

Fator pelo qual a unidade é multipilcada	Prefixo	Símbolo
1 000 000 000 000 = 10^{12}	tera	T
1 000 000 000 = 10^{9}	giga	G
1 000 000 = 10^{6}	mega	M
1 000 = 10^{3}	quilo	k
100 = 10^{2}	hecto	h
10 = 10^{1}	deca	da
0,1 = 10^{-1}	deci	d
0,01 = 10^{-2}	centi	c
0,001 = 10^{-3}	mili	m
0,000 001 = 10^{-6}	micro	µ
0,000 000 001 = 10^{-9}	nano	n
0,000 000 000 001 = 10^{-12}	pico	p

A seguir, veremos como o metro é aplicado em unidades de medida de comprimento, de superfície e de volume.

2. MEDIDAS DE COMPRIMENTO

A unidade padrão para medidas de comprimento é o **metro**, que possui **múltiplos** e **submúltiplos:**

Múltiplos			Unidade fundamental	Submúltiplos		
Quilômetro	Hectômetro	Decâmetro	**Metro**	Decímetro	Centímetro	Milímetro
km	hm	dam	**m**	dm	cm	mm
1.000m	100m	10m	**1m**	0,1m	0,01m	0,001m

2.1. Leitura das Medidas de Comprimento

A leitura das medidas de comprimento pode ser efetuada com o auxílio do **quadro de unidades.**

Para exemplificar, vamos fazer a leitura de 15,048m.

Nesse caso, basta seguirmos a sequência prática, composta dos passos a seguir:

1º) Escrever o quadro de unidades:

km	hm	dam	m	dm	cm	mm

2º) Colocar o número no quadro de unidades, localizando o último algarismo da parte inteira sob a sua respectiva coluna:

km	hm	dam	m	dm	cm	mm
		1	5,	0	4	8

3º) Ler a parte inteira acompanhada da unidade de medida do seu último algarismo e a parte decimal acompanhada da unidade de medida do seu último algarismo.

15 metros e 48 milímetros

2.2. Conversão entre unidades

Cada uma das unidades de medidas vale **10 vezes** a imediatamente inferior. Assim, para realizar a conversão entre elas, basta contar **de uma em uma casa**:

Conversão		Deslocamento da vírgula
De	Para	
km	**hm**	**Uma casa** para **a direita**
km	**dam**	**Duas casas** para **a direita**
km	**m**	**Três casas** para **a direita**
mm	**cm**	**Uma casa** para **a esquerda**
mm	**dm**	**Duas casas** para **a esquerda**

Note que o **deslocamento da vírgula** obedece à seguinte regra prática:

– Para a **direita**: unidade **maior** para unidade **menor**;

– Para a **esquerda**: unidade **menor** para unidade **maior**.

Para exemplificar, vamos efetuar as seguintes conversões:

a) 13,4km para dm

Perceba que o nosso objetivo consiste em transformar uma unidade maior numa menor. Nessa situação, andamos com a vírgula para a direita. Mas quantas casas?

Veja que 1km corresponde a 1.000 metros, ao passo que 1 decímetro corresponde a 0,1m. Assim, de km para dm a vírgula percorrerá quatro casas. Logo:

13,4km = 134.000dm

b) 215m para hm.

Agora precisamos converter uma unidade menor numa maior. Então, já sabemos que a vírgula será deslocada para a esquerda.

Note que 1 hm corresponde a 100 metros, de modo que:

1hm ________ 100m

x hm ________ 215m

Multiplicando cruzado, obtemos:

$$100x = 215$$

$$\mathbf{x} = 215/100 = \mathbf{2{,}15}$$

Portanto, 215 metros correspondem a 2,15 hectômetros.

Veja como esse assunto já foi cobrado!

QUESTÃO 01 (CESPE – Soldado/CBM-CE/2014) Nas armas de fogo, calibre é o diâmetro do projétil ou do cano da arma. Nos sistemas americano e inglês, o calibre é expresso em polegadas — por exemplo, para uma pistola calibre .38, o diâmetro do projétil mede 0,38 polegada. Já no sistema europeu, essa medição é feita em milímetros: o calibre de uma pistola .38 — nos sistemas americano e inglês — é igual a 9,65mm.

Superinteressante. Julho/2008 (com adaptações).

Tendo como referência o texto acima, julgue o item seguinte.

Se o comprimento de um objeto for igual a 40% de uma polegada, então esse objeto medirá menos de 1cm de comprimento.

RESOLUÇÃO:

O enunciado informa que 0,38 polegadas correspondem a 9,65mm. Daí, basta resolver a seguinte regra de três para determinarmos quantos milímetros correspondem a 40% (= 0,4) de uma polegada:

0,38 polegadas ________ 9,65 mm

0,4 polegadas ________ x mm

Multiplicando as diagonais, obtemos:

$$0{,}38x = 0{,}4 \times 9{,}65$$

$$\mathbf{x \approx 10{,}15mm}$$

Portanto, o objeto mede aproximadamente 10,15mm. Mas queremos saber essa medida em centímetros. Para isso, deslocamos a vírgula apenas uma casa para a esquerda:

$$\mathbf{x \approx 1{,}015cm}$$

Gabarito: Errado.

3. MEDIDAS DE SUPERFÍCIE (ÁREA)

A unidade padrão para medidas de superfície é o **metro quadrado** (corresponde à superfície de um quadrado com 1 metro de lado), que possui **múltiplos** e **submúltiplos**:

Múltiplos			**Unidade fundamental**	**Submúltiplos**		
Quilômetro quadrado	Hectômetro quadrado	Decâmetro quadrado	**Metro quadrado**	Decímetro quadrado	Centímetro quadrado	Milímetro quadrado
km^2	hm^2	dam^2	**m^2**	dm^2	cm^2	mm^2
$1.000.000m^2$	$10.000m^2$	$100m^2$	**$1m^2$**	$0,01m^2$	$0,0001m^2$	$0,000001m^2$

3.1. Conversão entre unidades

Cada uma das unidades de medida vale **100 vezes** a imediatamente inferior. Assim, para realizar a conversão entre elas, basta contar **de duas em duas casas**:

Conversão		**Deslocamento da vírgula**
De	**Para**	
km^2	**hm^2**	**Duas casas** para a **direita**
km^2	**dam^2**	**Quatro casas** para a **direita**
km^2	**m^2**	**Seis casas** para a **direita**
mm^2	**cm^2**	**Duas casas** para a **esquerda**
mm^2	**dm^2**	**Quatro casas** para a **esquerda**

Para exemplificar, vamos efetuar as seguintes conversões:

a) 21,6km² para dam²

Como o deslocamento é de uma unidade de medida maior para uma menor em duas posições, deslocamos a vírgula para a direita em *quatro casas*, de modo que:

$$\mathbf{21,6km^2 = 216.000dam^2}$$

b) 112m² para hm²

Agora temos uma unidade menor para uma maior, distantes entre si por duas posições. Assim, devemos deslocar a vírgula para a esquerda em *quatro casas*:

$$\mathbf{112m^2 = 0,0112hm^2}$$

Veja como esse assunto já foi cobrado!

QUESTÃO 02 (IESES/Gás Brasiliano/Téc Adm/2014) Ao se converter 0,32km^2 em metros quadrados teremos:

a) 32.000m^2 b) 3.200.000m^2 c) 320.000m^2 d) 320m^2

RESOLUÇÃO:

Como o deslocamento é de uma unidade de medida maior (km^2) para uma menor (m^2) em três posições, deslocamos a vírgula para a direita em *seis casas*, de modo que:

$$\mathbf{0{,}32km^2 = 320.000m^2}$$

Outra forma de resolver a questão é por perceber que

$$1km = 1 \times (1.000)\ m$$

$$1km^2 = 1.000.000m^2$$

$$32km^2 = 32.000.000m^2$$

$$\mathbf{0{,}32km^2 = 320.000m^2}$$

Gabarito: C.

QUESTÃO 03 (IBFC/SEE-MG/Prof/2015) O metro quadrado (m^2) de tecido custa R$ 4,50 e uma confecção deve comprar 23.000dm^2 (decímetros quadrados) do mesmo para a fabricação de camisas. O valor a ser pago na compra do tecido é:

a) R$ 103,50 b) R$ 1.035,00 c) R$ 10.350,00 d) R$ 10,35

RESOLUÇÃO:

Temos uma unidade menor para uma maior, distantes entre si por uma posição. Assim, devemos deslocar a vírgula para a esquerda em *duas casas*:

$$23.000dm^2 = 230m^2$$

Como o custo por metro quadrado é de R$ 4,50, o valor pago na compra do tecido é de 230 × 4,50 = **R$ 1.035.**

Gabarito: B.

4. MEDIDAS DE VOLUME

A unidade padrão para medidas de volume é o **metro cúbico** (corresponde ao espaço ocupado por um cubo com 1m de aresta), que possui **múltiplos** e **submúltiplos**:

Múltiplos			Unidade fundamental	Submúltiplos		
Quilômetro cúbico	Hectômetro cúbico	Decâmetro cúbico	**Metro cúbico**	Decímetro cúbico	Centímetro cúbico	Milímetro cúbico
km^3	hm^3	dam^3	$\mathbf{m^3}$	dm^3	cm^3	mm^3
1.000.000.000m^3	1.000.000m^3	1.000m^3	**1m^3**	0,001m^3	0,0000001m^3	0,000000001m^3

4.1. Conversão entre unidades

Cada uma das unidades de medida vale **1.000 vezes** a imediatamente inferior. Assim, para realizar a conversão entre elas, basta contar **de três em três casas**:

Conversão		Deslocamento da vírgula
De	**Para**	
km^3	$\mathbf{hm^3}$	**Três casas** para a **direita**
km^3	$\mathbf{dam^3}$	**Seis casas** para a **direita**
km^3	$\mathbf{m^3}$	**Nove casas** para a **direita**
mm^3	$\mathbf{cm^3}$	**Três casas** para a **esquerda**
mm^3	$\mathbf{dm^3}$	**Seis casas** para a **esquerda**

Para exemplificar, vamos efetuar as seguintes conversões:

a) 5,316km^3 para dam^3

Como o deslocamento é de uma unidade de medida maior para uma menor em duas posições, deslocamos a vírgula para a <u>direita</u> em *seis casas*, de modo que:

$$\mathbf{5{,}316km^3 = 5.316.000dam^3}$$

b) 782m^3 para hm^3.

Agora temos uma unidade menor para uma maior, distantes entre si por duas posições. Assim, devemos deslocar a vírgula para a <u>esquerda</u> em *seis casas*:

$$\mathbf{782m^3 = 0{,}000782hm^3}$$

BIZU

Para converter uma unidade de medida com expoente 1	Para converter uma unidade de medida com expoente 2	Para converter uma unidade de medida com expoente 3
Multiplicamos ou dividimos por 10	Multiplicamos ou dividimos por 100	Multiplicamos ou dividimos por 1.000

4.2. Conversões de metro cúbico para litro

Embora de naturezas diferentes, o **metro cúbico** (medida de volume) e o **litro** (medida de capacidade) podem sofrer conversões entre si.

Inicialmente, é necessário conhecermos os **múltiplos** e **submúltiplos** do litro:

Múltiplos			Unidade fundamental de capacidade	Submúltiplos		
Quilolitro	Hectolitro	Decalitro	**Litro**	Decilitro	Centilitro	Mililitro
kl	hl	dal	l	dl	cl	ml
1000l	100l	10l	**1l**	0,1l	0,01l	0,001l

As **relações fundamentais** que precisamos ter em mente para as conversões são:

1l = 1dm³   1l = 0,001m³   1kl = 1.000l = 1m³

Portanto, **a cada metro cúbico temos 1.000 litros**! Sabendo disso agora fica tudo mais fácil, pois, para realizar a conversão entre elas, basta contar **de três em três casas**.

Para exemplificar, vamos calcular quantos litros de gasolina entram em um tanque que possui 50m³.

Sabemos que 1m³ corresponde a 1.000 litros. Então, para sair de metros cúbicos para obter litros, basta deslocar a vírgula para a **direita** três casas:

50 x 1.000 = ***50.000***

Agora suponha que uma caixa de água possui uma capacidade de armazenar 400l de água. Quantos metros cúbicos podem ser colocados nessa caixa de água?

Como temos a medida em litros, que é 400, basta deslocar a vírgula para a **esquerda**, para chegarmos ao resultado em metros cúbicos:

400 ÷ 1.000 = ***0,4***

Veja como esse assunto já foi cobrado!

QUESTÃO 04 (VUNESP/CRO-SP/2015) Um total de 3.150.000 centímetros cúbicos de um produto líquido precisa ser igualmente dividido, sem desperdício, em frascos com capacidade máxima de 0,5 metro cúbico, cada um. Para fazer essa divisão, o número mínimo de frascos necessários deverá ser de

a) 7 b) 63 c) 700 d) 6300 e) 70000

RESOLUÇÃO:

Inicialmente, precisamos transformar 3.150.000cm^3 em dm^3. Ou seja, temos uma unidade menor para uma maior, distantes entre si por uma posição. Assim, devemos deslocar a vírgula para a esquerda em *três casas*:

$$\mathbf{3.150.000cm^3 = 3.150dm^3}$$

Agora convertemos 0,5m^3 em dm^3. Isto é, temos uma unidade de medida maior para uma menor em uma posição, deslocamos a vírgula para a direita em *três casas*, de modo que:

$$\mathbf{0{,}5m^3 = 500dm^3}$$

Por fim, dividimos as grandezas envolvidas, o que resulta em 3.150 ÷ 500 = 6 e sobram 15. Isso significa que precisaremos de, pelo menos, **7 frascos.**

Gabarito: A.

QUESTÃO 05 (CESPE – Téc em Geoc/CPRM/2016) A represa X, que abastece de água determinada cidade, tem capacidade para 480 milhões de metros cúbicos de água. A capacidade da represa X é de

a) 4.800km^3 b) 0,48km^3 c) 4,8km^3 d) 48km^3 e) 480km^3

RESOLUÇÃO:

Ao analisarmos as alternativas, notamos que o nosso objetivo consiste em converter **de m^3 para km^3**. Neste caso, temos que:

$$(1km)^3 = (1 \times 1.000 \times m)^3 = 1.000.000.000m^3$$

Ou seja, 1km^3 corresponde a 1.000.000.000m^3.

Assim, para passar de 480 milhões de m^3 para km^3, basta dividir por 1.000.000.000:

$$480.000.000 / 1.000.000.000 = \mathbf{0{,}48km^3}.$$

Gabarito: B.

5. RESUMO

O **sistema métrico decimal é baseado numa** <u>unidade fundamental</u>, que no caso do Brasil é o **METRO**, representado por **m. São utilizados os seguintes prefixos:**

Fator pelo qual a unidade é multipilcada	Prefixo	Símbolo
1 000 000 000 000 = 10^{12}	tera	T
1 000 000 000 = 10^{9}	giga	G
1 000 000 = 10^{6}	mega	M
1 000 = 10^{3}	quilo	k
100 = 10^{2}	hecto	h
10 = 10^{1}	deca	da
0,1 = 10^{-1}	deci	d
0,01 = 10^{-2}	centi	c
0,001 = 10^{-3}	mili	m
0,000 001 = 10^{-6}	micro	µ
0,000 000 001 = 10^{-9}	nano	n
0,000 000 000 001 = 10^{-12}	pico	p

MEDIDAS DE COMPRIMENTO

A unidade padrão para medidas de comprimento é o **metro**, que possui **múltiplos** e **submúltiplos**:

Múltiplos			Unidade fundamental	Submúltiplos		
Quilômetro	Hectômetro	Decâmetro	**Metro**	Decímetro	Centímetro	Milímetro
km	hm	dam	**m**	dm	cm	mm
1.000m	100m	10m	**1m**	0,1m	0,01m	0,001m

Cada uma das unidades de medida vale **10 vezes** a imediatamente inferior. Assim, para realizar a conversão entre elas, basta contar **de uma em uma casa:**

Conversão		Deslocamento da vírgula
De	**Para**	
km	**hm**	**Uma casa** para **a direita**
km	**dam**	**Duas casas** para **a direita**
km	**m**	**Três casas** para **a direita**
mm	**cm**	**Uma casa** para **a esquerda**
mm	**dm**	**Duas casas** para **a esquerda**

MEDIDAS DE SUPERFÍCIE

A unidade padrão para medidas de superfície é o **metro quadrado** (corresponde à superfície de um quadrado com 1 metro de lado), que possui **múltiplos** e **submúltiplos**:

Múltiplos			Unidade fundamental	Submúltiplos		
Quilômetro quadrado	Hectômetro quadrado	Decâmetro quadrado	**Metro quadrado**	Decímetro quadrado	Centímetro quadrado	Milímetro quadrado
km^2	hm^2	dam^2	$\mathbf{m^2}$	dm^2	cm^2	mm^2
$1.000.000m^2$	$10.000m^2$	$100m^2$	$\mathbf{1m^2}$	$0,01m^2$	$0,0001m^2$	$0,000001m^2$

Cada uma das unidades de medida vale **100 vezes** a imediatamente inferior. Assim, para realizar a conversão entre elas, basta contar **de duas em duas casas**:

Conversão		Deslocamento da vírgula
De	**Para**	
km^2	$\mathbf{hm^2}$	**Duas casas** para a **direita**
km^2	$\mathbf{dam^2}$	**Quatro casas** para a **direita**
km^2	$\mathbf{m^2}$	**Seis casas** para a **direita**
mm^2	$\mathbf{cm^2}$	**Duas casas** para a **esquerda**
mm^2	$\mathbf{dm^2}$	**Quatro casas** para a **esquerda**

MEDIDAS DE VOLUME

A unidade padrão para medidas de volume é o **metro cúbico** (corresponde ao espaço ocupado por um cubo com 1m de aresta), que possui **múltiplos** e **submúltiplos**:

Múltiplos			Unidade fundamental	Submúltiplos		
Quilômetro cúbico	Hectômetro cúbico	Decâmetro cúbico	**Metro cúbico**	Decímetro cúbico	Centímetro cúbico	Milímetro cúbico
km^3	hm^3	dam^3	**m^3**	dm^3	cm^3	mm^3
1.000.000.000m^3	1.000.000m^3	1.000m^3	**1m^3**	0,001m^3	0,0000001m^3	0,000000001m^3

Cada uma das unidades de medida vale **1.000 vezes** a imediatamente inferior. Assim, para realizar a conversão entre elas, basta contar **de três em três casas**:

Conversão		**Deslocamento da vírgula**
De	**Para**	
km^3	**hm^3**	**Três casas** para a **direita**
km^3	**dam^3**	**Seis casas** para a **direita**
km^3	**m^3**	**Nove casas** para a **direita**
mm^3	**cm^3**	**Três casas** para a **esquerda**
mm^3	**dm^3**	**Seis casas** para a **esquerda**

Para converter uma unidade de medida com expoente 1 → Multiplicamos ou dividimos por 10

Para converter uma unidade de medida com expoente 2 → Multiplicamos ou dividimos por 100

Para converter uma unidade de medida com expoente 3 → Multiplicamos ou dividimos por 1.000

Múltiplos e **submúltiplos** do litro:

Múltiplos			Unidade fundamental de capacidade	Submúltiplos		
Quilolitro	Hectolitro	Decalitro	**Litro**	Decilitro	Centilitro	Mililitro
kl	hl	dal	**l**	dl	cl	ml
1000l	100l	10l	**1l**	0,1l	0,01l	0,001l

Relações fundamentais:

1l = 1dm^3 1l = 0,001m^3 1kl = 1.000l = 1m^3

A cada metro cúbico temos 1.000 litros! Então, para realizar a conversão entre metro cúbico e litro, basta contar **de três em três casas.**

6. MAIS QUESTÕES COMENTADAS

QUESTÃO 06 (CESPE – Auditor do Estado/CAGE-RS/2018) O preço do litro de determinado produto de limpeza é igual a R$ 0,32. Se um recipiente tem a forma de um paralelepípedo retângulo reto, medindo internamente 1,2dam × 125cm × 0,08hm, então o preço que se pagará para encher esse recipiente com o referido produto de limpeza será igual a

a) R$ 3,84 b) R$ 38,40 c) R$ 384,00 d) R$ 3.840,00 e) R$ 38.400,00

RESOLUÇÃO:

Inicialmente, transformamos todas as unidades indicadas em metro:

$$1\text{dam} = 10\text{m}$$

$$1\text{cm} = 0{,}01\text{m}$$

$$1\text{hm} = 100\text{m}$$

Então o volume do recipiente, em metros cúbicos, fica:

$$1{,}2 \times (10) \times 125 \times 0{,}01 \times 0{,}08 \times 100$$

$$= 12 \times 1{,}25 \times 8$$

$$= 120\text{m}^3$$

Lembrando que 1 metro cúbico corresponde a 1.000 litros, temos:

$$= 120.000 \text{ l}$$

Por fim, como cada litro custa R$ 0,32, o preço a ser pago é de:

$$120.000 \times 0{,}32 = \mathbf{38.400}$$

Gabarito: E.

QUESTÃO 07 (CESGRANRIO/BASA/Téc Banc/2018) O comprimento de um grande fio corresponde à soma dos comprimentos de 24 fios menores. São eles:

– 12 fios, cada um dos quais com comprimento que mede 14,7cm;

– 4 fios, cada um dos quais com comprimento que mede 0,3765km;

– 8 fios, cada um dos quais com comprimento que mede 13,125dam.

Esse grande fio foi dividido em 3 fios de igual comprimento, chamados de unidade modelo. Qual é a medida, em metros, do comprimento de uma unidade modelo?

(A) 852,588 (B) 31,434 (C) 6385,500 (D) 2557,764 (E) 94,302

RESOLUÇÃO:

Podemos colocar todos os comprimentos dos fios na unidade metro, ficando com:

$$14{,}7cm = 1{,}47dm = 0{,}147m$$

$$0{,}3765km = 3{,}765hm = 37{,}65dam = 376{,}5m$$

$$13{,}125dam = 131{,}25m$$

O comprimento total é:

$$Total = 12\times 0{,}147 + 4\times 376{,}5 + 8\times 131{,}25 = 2557{,}764m$$

Dividindo em 3 segmentos de mesma medida, cada segmento terá:

$$2557{,}764 / 3 = \mathbf{852{,}588m}.$$

Gabarito: A

QUESTÃO 08 (CESPE – Ag Adm/MDIC/2014) Lúcio, Breno, Cláudia e Denise abriram a loja virtual Lik, para a qual, no ato de abertura, Lúcio contribuiu com R$ 10.000,00; Breno, com R$ 15.000,00; Cláudia, com R$ 12.000,00; e Denise, com R$ 13.000,00. Os lucros obtidos por essa loja serão distribuídos de forma diretamente proporcional à participação financeira de cada um dos sócios no ato de abertura da loja.

A partir dessas informações, julgue o item a seguir.

Caso o volume de cada unidade de determinado produto vendido pela loja Lik seja de 1.800cm^3, então, se 200 unidades desse produto forem acondicionadas em uma única embalagem, o volume dessa embalagem será inferior a 0,3m^3.

RESOLUÇÃO:

Ao multiplicarmos o volume unitário por 200, chegamos ao volume total de 1.800 × 200 = 360.000cm^3, o qual precisamos converter em m^3. Para isso, andamos com a vírgula seis casas para a esquerda, obtendo 0,36m^3.

Portanto, não é possível que a embalagem seja menor que 0,3m^3.

Gabarito: Errado.

QUESTÃO 09 (CESPE – Soldado/CBM-CE/2014) Nas armas de fogo, calibre é o diâmetro do projétil ou do cano da arma. Nos sistemas americano e inglês, o calibre é expresso em polegadas — por exemplo, para uma pistola calibre .38, o diâmetro do projétil mede 0,38 polegada. Já no sistema europeu, essa medição é feita em milímetros: o calibre de uma pistola .38 — nos sistemas americano e inglês — é igual a 9,65mm.

Superinteressante. Julho/2008 (com adaptações).

Tendo como referência o texto acima, julgue o item seguinte.

O comprimento de um objeto que mede 5/8 de polegada, em milímetros, é inferior a 16mm.

RESOLUÇÃO:

O enunciado informa que 0,38 polegadas correspondem a 9,65mm. Daí, basta resolver a seguinte regra de três para determinarmos quantos milímetros correspondem a 5/8 de uma polegada:

0,38 polegadas 9,65mm

5/8 polegadas ...... x mm

Multiplicando as diagonais, obtemos:

$$0{,}38x = 5/8 \times 9{,}65$$

$$0{,}38x = 6{,}03125$$

$$\mathbf{x \approx 15{,}9mm}$$

Portanto, o objeto mede aproximadamente 15,9mm, medida que realmente é **menor que 16mm**.

Gabarito: Certo.

QUESTÃO 10 (CESPE – ATA/MIN/2013) Se a área da fazenda Y for igual a $23km^2$ e a área da fazenda Z for igual a $2.300.000m^2$, então a área da fazenda Y será menor que a da fazenda Z.

RESOLUÇÃO:

O enunciado informa que a área da fazenda Y é igual a $23km^2$. Lembrando que 1km = 1.000m, temos:

$$23\ km^2 = 23 \times (1.000m)^2$$
$$= 23 \times 1.000^{\,2} \times m^2$$
$$= 23.000.000\ m^2$$

Assim, a área Y é de 23 milhões de metros quadrados, ao passo que a área Z é de dois milhões e trezentos mil metros quadrados. Logo, **Y > Z.**

Gabarito: Errado.

QUESTÃO 11 (CESPE – ATA/MIN/2013) Considere que, para garantir o abastecimento de água durante determinado período de seca, tenha sido construído, em uma propriedade, um reservatório com capacidade para armazenar 10.000dm³ de água. Nesse caso, o reservatório não transbordará se nele forem depositados 20.000 l de água.

RESOLUÇÃO:

Sabendo que 1dm = 0,1 metro, temos:

$$10.000\ dm^3 = 10.000 \text{ x } (0{,}1\ m)^3$$
$$= 10.000 \text{ x } 0{,}001\ m^3$$
$$= 10m^3$$

Adicionalmente, precisamos lembrar ainda que 1m³ = 1.000 litros. Logo:

$$= 10 \text{ x } 1.000L = 10.000L$$

Portanto, se depositarmos 20.000 litros, a água transbordará sim, pois essa quantidade é maior do que 10.000 litros.

Gabarito: Errado.

QUESTÃO 12 (CESPE – Oficial de Controle Externo/TCE-RS/2013) A respeito do controle e manutenção dos 48 veículos de um órgão público, julgue o item seguinte.

Se o porta-malas de um desses veículos tiver capacidade para 1.143 l, então é correto afirmar que a capacidade do porta-malas desse veículo é de 11,43dm³.

RESOLUÇÃO:

Inicialmente, precisamos lembrar que 1 litro = 1dm³.

Assim, fica claro que 1.143 litros correspondem a 1.143dm³.

Gabarito: Errado.

QUESTÃO 13 (CESPE – Ag Adm/PRF/2012) Considere que o interior de um recipiente tenha a forma de um paralelepípedo retângulo de base quadrada de lado medindo 50cm e altura, 40cm. Considere, ainda, que esse recipiente tenha sido enchido com um combustível homogêneo composto de gasolina pura e álcool e que 40% do combustível constitua-se de álcool.

Com base nessas informações, julgue o item subsequente.

Se o recipiente estiver assentado sobre um plano horizontal e 30 litros do combustível forem retirados, a altura do combustível que restou no recipiente será inferior a 30cm.

RESOLUÇÃO:

O enunciado informa que as dimensões do recipiente são: 40cm, 50cm e 50cm, o que resulta num volume de $40 \times 50 \times 50 = 100.000\text{cm}^3$, que está totalmente preenchido por combustível.

Em seguida, é dito que 30 litros de combustível são retirados, os quais correspondem a 30dm^3.

Considerando que 1dm = 10cm, temos:

$$30\text{dm}^3 = 30 \times (10\text{cm})^3 = 30 \times 1.000\text{cm}^3 = 30.000\text{cm}^3$$

Ora, se tínhamos 100.000cm^3 e retiramos 30.000cm^3, ficamos com 70.000cm^3. Ou seja, ficamos com 70% do volume original.

Assim, a altura final será 70% da altura inicial, isto é: $0,7 \times 40 =$ **28cm.**

Gabarito: Certo.

QUESTÃO 14 (FCC – Téc Seg Trab/SABESP/2014) Uma piscina de forma quadrada tem 25m^2 na superfície, quando está cheia. O dono da piscina quer cobrir toda a superfície com placas de isopor quadradas, cujo lado mede 25cm. Encaixando as placas sobre a água o número de placas necessárias para realizar esse intento é igual a

a) 250 b) 4000 c) 2000 d) 200 e) 400

RESOLUÇÃO:

O nosso objetivo consiste em determinar a área das placas. Contudo, a área total da piscina está em metros quadrados, então temos que converter a medida das placas para metros.

Sabemos que 100cm = 1m, então 25cm = 0,25m. Logo:

$$A_p = l^2 = 0,25^2 = 0,0625\text{m}^2$$

Dividindo-se a área da piscina pela área da placa, saberemos quantas placas serão necessárias para cobrir a piscina:

$$25 \div 0{,}0625 = \mathbf{400\ placas}$$

Gabarito: E.

QUESTÃO 15 (FCC – Ag Seg Met/METRÔ-SP/2013) Em uma festa foi servido suco de uva em copos de 300 mililitros, de 450 mililitros e de 500 mililitros. O suco era retirado de garrafas de 2 litros e só se abria uma nova garrafa quando acabava o suco da anterior. Sabendo que foram servidos 13 copos pequenos, 17 copos médios e 11 copos grandes, e ainda supondo que não houve qualquer perda ao se encherem os copos, o total de garrafas de 2 litros que precisou ser aberto é igual a

a) 17 b) 18 c) 9 d) 11 e) 8

RESOLUÇÃO:

O nosso objetivo consiste em descobrir o número de garrafas de dois litros de suco utilizadas na festa. Para isso, devemos calcular o volume total de suco de uva que foi servido durante a festa.

Copos pequenos: 13 × 300 = 3.900ml.

Copos médios: 17 × 450 = 7.650ml.

Copos grandes: 11 × 500 = 5.500ml.

Assim, o volume total de suco de uva servido na festa foi de 3.900 + 7.650 + 5.500 = **17.050ml.**

Como 1.000 mililitros correspondem a 1 litro, então 17.050 mililitros correspondem a 17,050 litros, de modo que o número de garrafas de 2 litros necessárias para servir esse volume foi de **9 garrafas.**

Gabarito: C.

QUESTÃO 16 (FCC – Ag de Fisc/ARTESP/2017) Uma sala possui área de $50m^2$. Se um tapete ocupa $2.000cm^2$ da sua área, então, a porcentagem de área da sala não ocupada por esse tapete é igual a

a) 97,5% b) 60% c) 99,6% d) 4% e) 96%

RESOLUÇÃO:

Sabemos que 1m corresponde a 10^2cm:

$$1m = 10^2cm$$

Elevando ao quadrado os dois lados da equação:

$$(1m)^2 = (10^2cm)^2 = 10^4cm^2$$

Assim, temos que $1m^2$ corresponde a 10^4cm^2. Então, $50m^2$ correspondem a $50 \times 10^4cm^2$.

Dividindo a área do tapete ($2.000cm^2$) pela área da sala ($5 \times 10^5cm^2$):

$$(2 \times 10^3) / (5 \times 10^3 \times 10^2)$$

$$0,4/100 = 0,4\%$$

Desse modo, a área do tapete ocupa 0,4% da sala. Portanto, a área da sala não ocupada por esse tapete é igual a 100% – 0,4% = **99,6%.**

Gabarito: C.

QUESTÃO 17 (CESGRANRIO – Téc Adm/ANP/2016) Um caminhão-tanque chega a um posto de abastecimento com 36.000 litros de gasolina em seu reservatório. Parte dessa gasolina é transferida para dois tanques de armazenamento, enchendo-os completamente. Um desses tanques tem $12,5m^3$, e o outro, $15,3m^3$, e estavam, inicialmente, vazios. Após a transferência, quantos litros de gasolina restaram no caminhão-tanque?

a) 35.722,00 b) 8.200,00) 3.577,20 d) 357,72 e) 332,20

RESOLUÇÃO:

Sabemos que $1m^3$ corresponde a 1.000 litros. Desse modo, o volume total transferido aos dois tanques é de 12.500 + 15.300 = 27.800 litros.

Se o volume inicial era de 36.000 litros, e transferimos 27.800, sobraram 36.000 – 27.800 = **8.200 litros.**

Gabarito: B.

QUESTÃO 18 (CESGRANRIO – Téc Banc/BASA/2015) Considere que a medida do comprimento de um arco seja de $50\sqrt{5}$ hectômetros. A medida do comprimento do referido arco, em quilômetros, é mais próxima de

a) 11,20 b) 125,0 c) 10,00 d) 1,120 e) 12,50

RESOLUÇÃO:

Observe que a medida apresentada no enunciado está em hectômetros (hm) e queremos transformá-la em quilômetros (km).

Então, temos uma unidade menor para uma maior, distantes entre si por uma posição.

Múltiplos			Unidade fundamental	Submúltiplos		
Quilômetro	Hectômetro	Decâmetro	**Metro**	Decímetro	Centímetro	Milímetro
km	hm	dam	**m**	dm	cm	mm
1.000m	100m	10m	**1m**	0,1m	0,01m	0,001m

Assim, devemos deslocar a vírgula para a esquerda em *uma casa*, que corresponde a dividir o número original por 10:

$$\frac{50\sqrt{5}}{10} = 5\sqrt{5}\,km$$

Como a raiz quadrada de 5 é aproximadamente igual a 2,24, ficamos com:

$$\approx 5 \times 2{,}24 \approx 11{,}20\ \boldsymbol{km}$$

Gabarito: A.

QUESTÃO 19 (INAZ do Pará/Analista/SAGAZ/2022) Sérgio descobriu um site que poderia fazer um boneco personalizado por meio de uma impressora 3D. Ficou empolgado e resolveu encomendar um boneco do Minecraft (veja a imagem abaixo) com o rosto do seu filho. Ele precisa enviar uma foto do rosto da criança e as dimensões do boneco (apenas altura e largura). A imagem a seguir mostra as dimensões escolhidas por Sérgio.

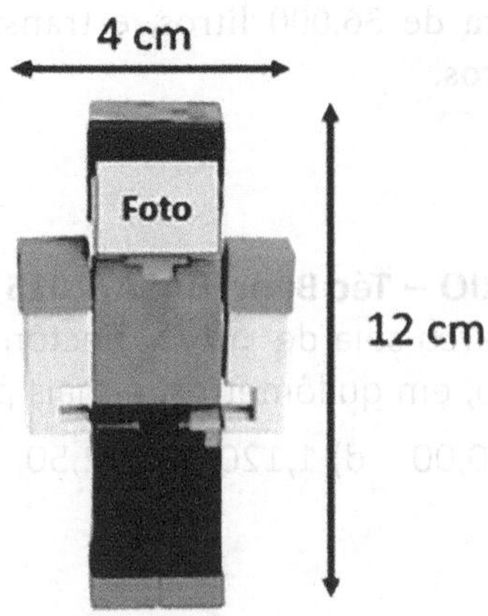

No entanto, lendo as instruções do site, Sérgio descobriu que as medidas devem ser enviadas em decímetro (dm). Então os campos a serem preenchidos com a largura e altura devem ter, respectivamente:

a) 0,0004 e 0,0012 dm.

b) 0,004 e 0,012 dm.

c) 0,04 e 0,12 dm.

d) 0,4 e 1,2 dm.

e) 40 e 120 dm.

RESOLUÇÃO:

Precisamos lembrar que 1 dm equivale a 10 cm, ou seja, 1 cm corresponde a 0,1 dm.

Sendo assim, concluímos que:**4 cm = 0,4 dm e 12 cm = 0,12 dm.**

Gabarito: D.

7. QUESTÕES-DESAFIO

QUESTÃO 20 (FCC – Aux Jud/TRT 6ª Região/2006) No almoxarifado de certa empresa há 15 rolos de barbante, cada qual com 0,036km de fio. Se todo o fio desses rolos for cortado em partes que têm, cada uma, 45cm de comprimento, o número de pedaços que serão obtidos é

a) 1.500 b) 1.200 c) 1.080 d) 150 e) 120

RESOLUÇÃO:

Inicialmente vamos passar 0,036km para cm, já que a pergunta foi feita sobre pedaços de 45cm. Como 1km = 100.000cm, podemos resolver a seguinte regra de três:

1km ________ 100000cm

0,036km ________ X cm

Multiplicando as diagonais, obtemos:

X = 100.000 × 0,036 = **3.600cm**

O enunciado informa que existem 15 rolos de barbante com essa quantidade. Logo, vamos encontrar o total de barbantes que existe no almoxarifado.

15 × 3.600 = **54.000cm**

Vamos agora calcular o número de pedaços de 45cm que podem ser obtidos:

$$54.000/45 = \mathbf{1.200}$$

Gabarito: B.

QUESTÃO 21 (CETRO/ANVISA/Téc/2013) A área da superfície de um tanque de 5m de profundidade é de $8km^2$. No tanque, cheio de água, foi dissolvido certo produto, na proporção de 3g do produto por metro cúbico de água. Sabendo que o volume do tanque é dado pelo produto da área de sua superfície por sua profundidade. Assinale a alternativa que apresenta a quantidade total do produto dissolvido nesse tanque.

a) 120.000.000kg.

b) 120.000kg.

c) 120kg.

d) 0,12kg.

e) 0,012kg

RESOLUÇÃO:

O enunciado informa que a **área da superfície de um tanque de 5m de profundidade é de $8km^2$.**

Vamos deixar tudo em metros pra facilitar a conta: $8km^2 = 8.000.000m^2$

Sabendo que o volume é igual o produto da profundidade pela superfície, temos:

$$8.000.000 \times 5 = 40.000.000m^3$$

Como é dito que foi dissolvido certo produto, na proporção de 3g do produto por metro cúbico de água, fazemos a seguinte regra de três:

$$1m^3 - 3g$$

$$40.000.000m^3 - X$$

Multiplicando as diagonais, obtemos

$$X = 40.000.000 \times 3$$

$$X = 120.000.000 \text{ g}$$

Por fim, fazendo a conversão de grama para Kg, temos que a quantidade total do produto dissolvido nesse tanque foi de **120.000 kg.**

Gabarito: B.

CAPÍTULO 3

NÚMEROS PARES E ÍMPARES (PRIMOS E COMPOSTOS)

1. INTRODUÇÃO

No capítulo sobre Operações com números inteiros, fracionários e decimais, estudamos alguns tipos de números existentes, tais como os **inteiros** e os **fracionários**. Vimos várias operações que podem ser realizadas com eles e a importância desses cálculos para a nossa vida cotidiana e para a resolução de problemas matemáticos.

Neste capítulo analisaremos alguns números de natureza bem especial. Trata-se dos números **pares**, dos **ímpares**, dos **primos** e dos **compostos**. Conheceremos o conceito de cada um deles, suas características e a forma correta de reconhecê-los, tudo no âmbito de nosso escopo, que é limitado ao nível de exigência em certames públicos.

Também seremos apresentados a uma importante definição. Estamos falando do **Teorema Fundamental da Aritmética**, cujas aplicações são diversas no estudo da ciência matemática.

Como não poderia deixar de ser, resolveremos diversas questões cobradas em concursos referentes a este tema. Nesse sentido, você poderá verificar que as bancas examinadoras podem exigir o conhecimento de um assunto aparentemente simples de uma forma totalmente sofisticada. Daí, a necessidade de treinarmos bem e termos em mente a teoria de um modo aprofundado e definitivo, a fim de não sermos surpreendidos com uma abordagem diferenciada.

Portanto, nosso objetivo ao final deste capítulo é que você saiba a definição de cada um dos tipos de números que veremos, consiga distingui-los num rol de números apresentados numa eventual questão, aplique com êxito as propriedades que cada um deles possui e tenha êxito na aplicação do procedimento da decomposição de números em fatores primos.

2. NÚMEROS PARES E ÍMPARES

Quem nunca realizou o jogo do par ou ímpar? Esse é um jogo totalmente matemático, pois o vencedor é aquele que, na somatória dos dedos de ambos os jogadores, obtém um número que é par ou ímpar.

Para entender melhor, suponhamos que Carlos e Ana realizarão o jogo do par ou ímpar para decidir quem comerá o último pedaço de pizza. Que delícia! Carlos escolheu par e Ana ficou com o ímpar. Ao mostrar suas mãos, Carlos colocou um dedo, e Ana colocou dois. Como a soma de 1 + 2 = **3**, que é um número ímpar, o vencedor foi Ana. Sendo assim, ela comerá o último pedaço de pizza. Aproveite, Ana!

Fica claro, portanto, que um número pode ser caracterizado como **par** ou **ímpar**. A partir de agora, precisamos saber como fazer essa definição adequadamente.

2.1. Conceito

Consideramos um número como sendo **par** quando o <u>dividimos por dois</u> e seu **resto é zero**. Por sua vez, será **ímpar** aquele número quando, ao dividi-lo por dois, obtém-se um **resto diferente de zero**.

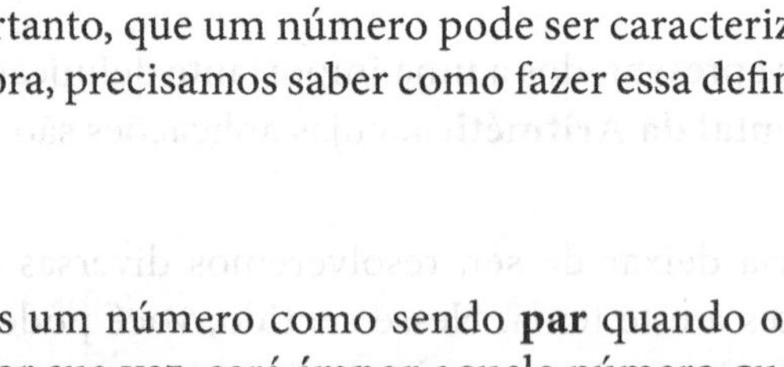

Para exemplificar vamos verificar quais números do conjunto {6, 12, 17, 39} são pares ou ímpares.

Bem, o critério fundamental para determinarmos se um número é par ou ímpar é a sua **divisão por dois**. Vamos aplicar esse procedimento para cada caso.

$$\begin{array}{r|l} 6 & 2 \\ \cline{2-2} -6 & 3 \\ \cline{1-1} 0 & \end{array}$$

Assim, o número **6 é par**, pois seu resto é zero. Da mesma forma, o número **12 é par**, já que o seu resto é zero:

$$\begin{array}{r|l} 12 & 2 \\ \cline{2-2} -12 & 6 \\ \cline{1-1} 00 & \end{array}$$

Analogamente, concluímos que **17 é ímpar**, pois seu resto é diferente de zero.

$$\begin{array}{r|l} 17 & 2 \\ \cline{2-2} -16 & 8 \\ \cline{1-1} 01 & \end{array}$$

Também podemos dizer que **39 é ímpar**, afinal seu resto é diferente de zero.

$$\begin{array}{r|l} 39 & 2 \\ \cline{2-2} -2 & 19 \\ \cline{1-1} 19 & \\ -18 & \\ \cline{1-1} 01 & \end{array}$$

Podemos também utilizar o **método da inferência** para verificar se um número é par ou ímpar. Nesse método, utilizamos o último algarismo que compõe o número para dizer se ele é par ou ímpar. Caso o último dígito do número seja <u>divisível por dois</u> com resto zero, então o número é par; se não, o número é ímpar.

Por exemplo, vamos conferir se o número 345 é ímpar.

$$\begin{array}{r|l} 5 & 2 \\ \hline -4 & 2 \\ \hline 1 & \end{array}$$

Note que o último algarismo do número 345 é o 5. Ao dividirmos cinco por dois, o resto é diferente de zero, logo, **345 é um número ímpar**.

Similarmente, podemos verificar se o número 1246 é par.

$$\begin{array}{r|l} 6 & 2 \\ \hline -6 & 3 \\ \hline 0 & \end{array}$$

Repare que o último algarismo do número 1246 é o 6. Quando dividimos seis por dois, seu resto é igual a zero, logo, **1246 é par**.

Por fim, ainda é possível descobrir se um número é par ou ímpar pelo seguinte critério: todo número cujo último algarismo for **0, 2, 4, 6 e 8** será **par**, e todo o número que o último digito for **1, 3, 5, 7, 9** será **ímpar**.

Por exemplo, utilizando o critério descrito anteriormente, verifiquemos quais números do conjunto {56, 23, 88, 12014} são pares:

a) O número **56 é par**, porque termina com 6;

b) O número **23 não é par**, ou seja, é ímpar, pois o último algarismo é 3;

c) O número 88 é par, pois o último algarismo é 8;

d) O número 12014 é par, pois seu último dígito é 4.

2.2. Propriedades

Qualquer número **par x** pode ser escrito na forma **2n**, pois:

$$\begin{array}{r|l} x & 2 \\ \hline 0 & n \end{array} \Rightarrow \mathbf{X = 2.n}$$

Por exemplo o número **8**, que é **par**, pode ser escrito como **2 x 4**.

Por sua vez, qualquer número **ímpar y** pode ser escrito na forma **2n + 1**, pois:

$$\begin{array}{r|l} y & 2 \\ \hline 1 & n \end{array} \Rightarrow \mathbf{X = 2.n + 1}$$

Exemplificando, o número 7, que é considerado **ímpar**, corresponde a **2 x 3 + 1**.

Partindo desse princípio, os números pares e ímpares possuem **propriedades** usadas para avaliar se algumas operações básicas entre eles resultam em números pares ou ímpares. Vejamos!

1) A soma ou subtração de dois números pares resulta em um novo número par.

Façamos a soma entre os números pares **2a** e **2b**, diferentes entre si:

$$2a + 2b = 2(a + b)$$

Fazendo **(a + b) = m**, teremos:

$$2(a + b) = 2m$$

Ora, **2m**, que é o resultado da soma de dois números pares quaisquer, compartilha a fórmula acima e por isso também é um número **par**.

2) A soma ou subtração de dois números ímpares resulta em um número par.

Tome dois números ímpares quaisquer, **2a + 1** e **2b + 1**, e some-os para observar os resultados:

$$(2a + 1) + (2b + 1) =$$

$$2a + 1 + 2b + 1 =$$

$$2(a + b) + 2$$

Fazendo **(a + b) = c**, teremos:

$$2c + 2 = 2(c + 1)$$

Fazendo **c + 1 = m**, teremos:

$$2(c + 1) = 2m$$

Portanto, somando dois números **ímpares**, o resultado será um número **par**.

3) A multiplicação de dois números pares terá como resultado um número par.

Considere dois números pares quaisquer **2a** e **2b** e multiplique-os:

$2a \times 2b = 4ab$

Fazendo **ab = n**, teremos $2a \times 2b = \mathbf{2n}$, que é um número **par**.

4) A soma de um número par com um número ímpar tem como resultado um número ímpar.

Para demonstrar essa propriedade, considere **2a** um número par qualquer e **2b + 1** um número ímpar qualquer e some-os:

$$2a + 2b + 1 = 2(a + b) + 1$$

Fazendo **(a + b) = n**, teremos:

$$2n + 1$$

Note que essa é a fórmula que representa um número **ímpar** qualquer.

5) A multiplicação entre dois números ímpares tem como resultado outro número ímpar.

Considere os números ímpares quaisquer **2a + 1** e **2b + 1**. Façamos o produto entre eles:

$$(2a + 1) * (2b + 1) = 4ab + 2a + 2b + 1$$

Observe que, independentemente dos valores de **a** e de **b**, no final existe a parcela "+1", o que configura esse resultado como ímpar.

ATENÇÃO!

Você **não** precisa decorar todas essas regras! Na verdade, geralmente será suficiente supor dois números pequenos, como 1 e 2, e fazer as contas.

Veja como esse assunto já foi cobrado!

QUESTÃO 01 (FCC/BB/Escriturário/2011) Se x e y são números inteiros tais que x é par e y é ímpar, considere as seguintes afirmações:

I. x + y é ímpar.

II. x – 2y é ímpar.

III. (3x) . (5y) é impar.

É correto afirmar que

a) I, II e III são verdadeiras.

b) I, II e III são falsas.

c) apenas I é verdadeira.

d) apenas I e II são verdadeiras.

e) apenas II e III são verdadeiras.

RESOLUÇÃO:

Inicialmente, o enunciado deixa claro que o número **x é par**, enquanto que y **é ímpar**. Com essas informações em mente, vamos analisar cada afirmação apresentada na questão separadamente.

I. x + y é ímpar.

A primeira afirmação nos diz que **a soma de um número par com um número ímpar dá origem a um número ímpar**. Será mesmo?

Ora, isso é exatamente o que estabelece a quarta propriedade aplicada aos números pares e ímpares. Para exemplificar, ao somarmos 1 (ímpar) e 2 (par) obtemos como resultado 3, que é um número ímpar. Logo, esta afirmação é **verdadeira**.

II. x – 2y é ímpar.

Primeiramente precisamos observar que o segundo termo da subtração é um número **par**, pois se trata de um número ímpar sendo multiplicado por **2.**

Assim, estamos diante de uma subtração entre dois números pares, o que resultará em um número **par**, conforme indica a primeira propriedade.

De fato, vamos utilizar como exemplo os números 8 (par) e 3 (ímpar) na operação indicada: $8 - 2 . 3 = 8 - 6 = 2$, que é um número par, ao contrário do que afirma o item. Logo, esta afirmação é **falsa.**

III. (3x) . (5y) é impar.

Agora precisamos saber qual o resultado da multiplicação de um número par (1º termo) com um número ímpar (2º termo). Na verdade, essa operação dará origem a um número **par**, o que fica evidenciado por sua própria estrutura geral: **2.n.**

Por exemplo, supondo que x = 2 (par) e y = 1 (ímpar), temos:

$$(3 . 2) . (5 . 1) = 6 . 5 = \mathbf{30}$$

Confirmamos, assim, que a afirmação também é **falsa.**

Gabarito: C.

QUESTÃO 02 (Objetiva/Pref de Chapecó – SC/Ass Social/2008) Ao somar todos os números ímpares de **um** algarismo e diminuir a soma de todos os números pares de **um** algarismo, obtém-se:

a) 6 b) 3 c) 5 d) 0

RESOLUÇÃO:

O nosso objetivo consiste em obtermos a seguinte subtração:

$$(soma\ dos\ ímpares\ de\ 1\ algarismo) - (soma\ dos\ pares\ de\ 1\ algarismo) =$$

$$(1+3+5+7+9)-(2+4+6+8)=25-20=5$$

Gabarito: C.

QUESTÃO 03 (COPEVE-UFAL/IF-AL/2011) Seja G o número obtido da seguinte forma: some três números pares consecutivos e em seguida subtraia desta soma a sua terça parte. Não é correto afirmar:

a) se G = 24, então os números pares consecutivos são 10, 12 e 14.

b) G é um número ímpar.

c) se G = 100, então os números pares consecutivos são 48, 50 e 52.

d) G é um múltiplo de 4.

e) G é um número inteiro.

RESOLUÇÃO:

Pela primeira propriedade, a soma e a subtração de números pares só pode resultar num número par, de modo que seria errado afirmar que o número **G** é um número ímpar, o que torna a **alternativa B** a opção correta. Pronto, já "matamos" a questão! De toda forma, vamos fazer os cálculos que comprovam isso.

O enunciado afirma que o número G é obtido somando três números pares consecutivos e em seguida subtraindo desta soma a sua terça parte. Ou seja, o número G equivale a dois terços da soma descrita:

$$\boldsymbol{G}=\frac{2}{3}\times\left[(2n)+(2n+2)+(2n+4)\right]=\frac{2}{3}\times(6n+6)$$

$$\boldsymbol{G}=2\times(2\boldsymbol{n}+2)\ (\mathbf{I})$$

Por fim, fazendo **2n + 2 = m** em (I), temos:

$$G=2m$$

Assim, fica claro, que, realmente, o número **G** certamente não é um número ímpar. Por outro lado, é possível verificar que as demais afirmações podem ser aplicadas a **G**.

Para exemplificar, podemos demonstrar a veracidade do que é dito na opção **D: G é um múltiplo de 4**. De fato:

$$G = 2\times(2n+2) = 4n+4 = 4\times(\boldsymbol{n}+1)$$

Gabarito: B.

3. NÚMEROS PRIMOS

Um número natural é **primo** quando possui **apenas dois divisores diferentes: ele mesmo e o número 1** (unidade).

Veja alguns exemplos:

a) O número **19 é primo**, pois existem exatamente **dois divisores** positivos, que são 1 e 19;

b) Já o número **91 não é primo**, pois tem **quatro divisores** positivos, que são 1, 7, 13 e 91;

c) Por sua vez, o **2 é o único número primo que é par**, porque possui **dois divisores** positivos (1 e 2);

d) O número **1 não é primo**, porque possui somente **um divisor** positivo, que é ele próprio;

e) O número **zero não é primo**, já que apresenta **infinitos divisores** positivos.

3.1. Reconhecimento de Números Primos

Para reconhecer se um número inteiro **n** é **primo** ou não, utilizamos o seguinte método:

1º) Dividimos n por todos os números primos positivos cujos quadrados sejam menores que o módulo de n;

↓

2º) Concluímos que o número n será primo se, e somente se, nenhuma dessas divisões for exata.

Por exemplo, vamos investigar se o número **119** é primo.

Primeiro, notamos que os números primos positivos cujos quadrados são menores que 119 são: 2, 3, 5 e 7. Pronto, agora dividimos tais números por 119:

119	2	119	3	119	5	119	7
19	59	29	39	19	23	49	17
1		2		4		0	

Assim, o número **119 não é primo**, pois a última divisão foi **exata** (119 ÷ 7 = 17).

Outra estratégia que pode ser aplicada para verificar se um número é **primo** (por sinal bem parecida com a anterior), consiste em **dividi-lo pela sucessão dos números primos até que o quociente seja menor ou igual ao divisor e o resto diferente de zero.**

Para exemplificar vamos conferir se o número 103 é primo.

Inicialmente fazemos as divisões pela sucessão de números primos:

103	2	103	3	103	5	103	7	103	**11**
03	51	13	34	03	20	33	14	04	**9**
1		1				5			

Assim, o número **103 é primo**, pois na última divisão o quociente (9) é menor que o divisor (11) e a divisão não foi exata.

3.2. Números Primos entre si

Dizemos que dois números são **coprimos** ou **primos entre si** quando **admitem como divisor comum apenas o número 1**.

Por exemplo, os números **9** e **10** são **primos entre si** já apresentam como divisor comum apenas o número 1:

D^{9} = {**1**, 3, 9}

D^{10} = {**1**, 2, 5, 10}

Por sua vez, concluímos que os números **10** e **12 não são coprimos** porque admitem outro divisor comum além do 1:

D^{10} = {**1**, **2**, 5, 10}

D^{12} = {**1**, **2**, 3, 4, 6, 12}

Além disso, podemos destacar algumas **propriedades** que os números primos entre si possuem:

1. Dois números inteiros **consecutivos** são sempre **primos entre si**.

Para exemplificar, são primos entre si os números **9** e **10** assim como **20** e **21** ou como **34** e **35**.

2. Se **p** é um número **primo**, então todos os números naturais menores que o módulo de **p** são **coprimos** com **p**.

Por exemplo, os número naturais menores que **11** e que são **coprimos** com ele são: 1, 2, 3, 4, 5, 6, 7, 8, 9 e 10.

3. Considere **n = pk** uma potência do número primo **p**. Nesse caso, existem exatamente **pk – 1 x (p – 1)** números naturais menores que o módulo de **n** e que são **coprimos** com **n**.

Nesse sentido, o total de números naturais menores que 3^2 = **9** e que são **coprimos** com **9** é igual a 3^{2-1} x (3 – 1) = 3 x 2 = **6.** E quem são eles? Ora, podemos verificar que são: 1, 2, 4, 5, 7 e 8.

4. O total de números naturais menores que o módulo de um número inteiro **n** que são **coprimos** com **n** pode ser obtido por meio da **função φ de Euler**, em que **p1**, **p2**, ..., **pk** são todos os **k** fatores primos distintos que compõem o número **n**:

$$\varphi(\boldsymbol{n}) = \boldsymbol{n} \times \frac{(\boldsymbol{p}_1 - 1) \times (\boldsymbol{p}_2 - 1) \times \ldots \times (\boldsymbol{p}_k - 1)}{\boldsymbol{p}_1 \times \boldsymbol{p}_2 \times \ldots \times \boldsymbol{p}_k}$$

Para exemplificar, podemos calcular o total de números naturais coprimos com **120** = 2^3 x 3^1 x 5^1:

$$\varphi(120) = 120 \times \frac{(2-1) \times (3-1) \times \ldots \times (5-1)}{2 \times 3 \times 5}$$

$$\varphi(120) = 120 \times \frac{8}{30} = 32$$

4. NÚMEROS COMPOSTOS

São chamados de **compostos** os números que possuem **mais de dois divisores positivos**, de modo que **podem ser expressos como um produto de dois ou mais fatores**, todos primos. Isso vai ser bastante utilizado quando estudarmos o capitulo de MMC e MDC.

Veja os exemplos a seguir:

a) O número **4 é composto**, pois possui **três divisores** (1, 2 e 4);

b) O número **18 é composto**, pois, além de ter **mais de dois divisores**, pode ser expresso como um **produto de dois ou mais fatores primos** (18 = 2 x 3 x 3).

4.1. Teorema Fundamental da Aritmética

O **Teorema Fundamental da Aritmética** afirma que **todos os números inteiros positivos maiores que 1 podem ser decompostos num produto de números primos**, por meio do processo de fatoração que estudaremos no tópico a seguir.

4.2. Decomposição em fatores primos

Todo número inteiro, não primo, maior que 1, pode ser decomposto ou reduzido de forma única como um **produto de fatores primos**. Para isso, existe uma regra prática, que consiste nos seguintes passos:

1º) Dividimos o número pelo seu menor divisor primo;

2º) A seguir, dividimos o quociente obtido pelo menor divisor primo desse quociente e assim sucessivamente até obter o quociente 1;

3º) O produto indicado da sucessão de primos obtidos á a decomposição em questão.

Muito fácil, não é mesmo? Para ajudar ainda mais, basta colocar à direita de um traço vertical os divisores primos, e à esquerda, os quocientes encontrados.

Para exemplificar, vamos decompor em fatores primos o número **360**:

360	2
180	2
90	2
45	3
15	3
5	5
1	

Então, a decomposição de **360** em fatores primos resulta em:

$$2 \times 2 \times 2 \times 3 \times 3 \times 5 = \mathbf{2^3 \times 3^2 \times 5}.$$

5. RESUMO

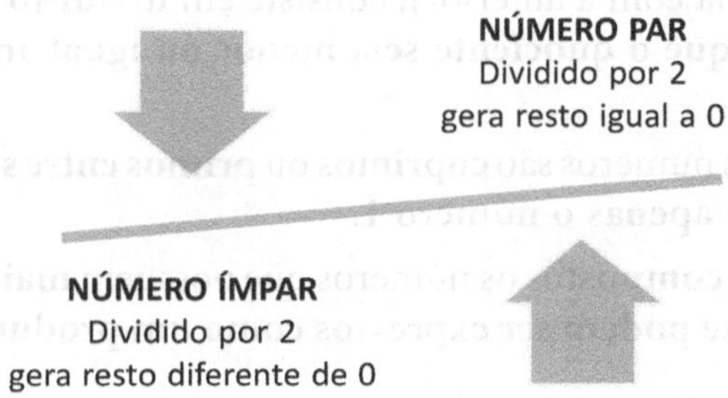

Qualquer número **par x** pode ser escrito na forma **2n**, e qualquer número **ímpar y** pode ser escrito na forma **2n + 1.**

PROPRIEDADES

1) A soma ou subtração de dois números pares resulta em um novo número par.
2) A soma ou subtração de dois números ímpares resulta em um número par.
3) A multiplicação de dois números pares terá como resultado um número par.
4) A soma de um número par com um número ímpar tem como resultado um número ímpar.
5) A multiplicação entre dois números ímpares tem como resultado outro número ímpar.

Um número natural é **primo** quando possui **apenas dois divisores diferentes: ele mesmo e o número 1** (unidade).

Para reconhecer se um número inteiro **n** é **primo** ou não, utilizamos o seguinte método:

1º) Dividimos n por todos os números primos positivos cujos quadrados sejam menores que o módulo de n;

2º) Concluímos que o número n será primo se, e somente se, nenhuma dessas divisões for exata.

Outra estratégia que pode ser aplicada para verificar se um número é **primo** (por sinal bem parecida com a anterior), consiste em **dividi-lo pela sucessão dos números primos até que o quociente seja menor ou igual ao divisor e o resto diferente de zero**.

Dizemos que dois números são **coprimos** ou **primos entre si** quando **admitem como divisor comum apenas o número 1**.

São chamados de **compostos** os números que possuem **mais de dois divisores positivos**, de modo que **podem ser expressos como um produto de dois ou mais fatores**, todos primos.

O **Teorema Fundamental da Aritmética** afirma que **todos os números inteiros positivos maiores que 1 podem ser decompostos num produto de números primos**, por meio do processo de fatoração que estudaremos no tópico a seguir.

DECOMPOSIÇÃO EM FATORES PRIMOS

1º) Dividimos o número pelo seu menor divisor primo;

2º) A seguir, dividimos o quociente obtido pelo menor divisor primo desse quociente e assim sucessivamente até obter o quociente 1;

3º) O produto indicado da sucessão de primos obtidos á a decomposição em questão.

6. MAIS QUESTÕES COMENTADAS

QUESTÃO 04 (FGV – Ana Jud/TJ-PI/2015) Odete tem algumas manias, entre as quais, sapatos e uma preferência por números ímpares. Assim, ela resolveu etiquetar sua coleção de pares de sapatos usando a sequência dos números naturais ímpares. O primeiro par de sapatos foi etiquetado com o número 1 e o último par de sapatos que ela comprou recebeu o número 47. A quantidade de pares de sapatos que Odete possui é:

a) 47 b) 25 c) 24 d) 23 e) 22.

RESOLUÇÃO:

Observe que de 1 até 47 temos exatamente **47 números**, dos quais:

- 23 são números pares; e
- **24 são números ímpares.**

Por que tivemos mais números ímpares do que pares? Ora, isso acontece porque a contagem apresentada inicia (1) e termina (47) com um número **ímpar**.

Assim, considerando que Odete etiqueta sua coleção de pares de sapatos usando a sequência dos números naturais ímpares, podemos concluir que ela possui **24 pares de sapatos.**

Gabarito: C.

QUESTÃO 05 (CETAP/MPCM/Téc em Info/2015) Um número primo é um número que pode ser dividido somente por 1 e por ele mesmo. Segundo esse critério, selecione a alternativa na qual se listem somente números primos.

a) 2, 3, 27, 511.

b) 3, 8, 57, 201.

c) 2, 5, 7, 99.

d) 5,17, 29, 61.

e) 5, 23, 57, 73.

RESOLUÇÃO:

Inicialmente, o enunciado apresenta o conceito de número primo: "número que pode ser dividido somente por 1 e por ele mesmo". Perfeito!

Em seguida, a questão pergunta qual das alternativas propostas contém **apenas números primos.**

Perceba que já podemos eliminar de imediato algumas alternativas, por incluir em seu rol **números compostos**. Esse é o caso da **letra A** (27 pode ser dividido por 3 e por 9), da **letra B** (o número 8 é par) e a **letra C** (o número 99 também pode ser dividido por 3 e outros números).

Por sua vez, as alternativas **D** e **E** apresentam números que precisam de uma análise mais detalhada. Assim, vamos recorrer ao método que consiste em **dividir o número em consideração pela sucessão dos números primos até que o quociente seja menor ou igual ao divisor e o resto diferente de zero.**

Alternativa d) 5, 17, 29, 61.

Os números **5**, **17** e **29** são **primos** bem conhecidos. Então, vamos aplicar o procedimento ao número **61**. Inicialmente fazemos as divisões pela sucessão de números primos:

61	2		61	3		61	5
01	30		01	20		11	12
1			1			1	

Assim, o número **61 é primo**, pois na última divisão o quociente (2) é menor que o divisor (5) e a divisão não foi exata. Dessa maneira, todos os números da opção D são primos, de modo que esse é o nosso gabarito. Mas vamos aproveitar e treinar analisando a opção **E**.

Alternativa e) 5, 23, 57, 73.

Os números **5** e **23** são **primos** bem conhecidos. Então, vamos aplicar o procedimento apenas aos números **57** e **73**:

57	2		57	3
17	28		27	19
1			0	

Assim, o número **57 não é primo**, pois a última divisão foi **exata** (57 ÷ 3 = 9). Vejamos agora a classificação de **73**:

73 ÷ 2	73 ÷ 3	73 ÷ 5	73 ÷ 7	73 ÷ 11
73 | 2	73 | 3	73 | 5	73 | 7	73 | **11**
13 36	13 24	23 14	03 10	7 **6**
1	1	3	3	

Assim, concluímos que **73 é primo**, pois na última divisão o quociente (6) é menor que o divisor (11) e a divisão não foi exata.

Gabarito: D.

QUESTÃO 06 (FCC – Adm/DPE-RR/2015) Um número natural é primo se é diferente de 1 e possui exatamente dois divisores, que são o 1 e o próprio número. Afirma-se que "se n é um número natural primo menor do que 12, então $n^2 + 2$ é natural primo".

O total de contraexemplos possíveis para a implicação da afirmação é igual a

a) 1. b) 2. c) 3. d) 4. e) 5.

RESOLUÇÃO:

Note que os números primos menores que 12 são: 2, 3, 5, 7, 11. Nesse sentido, o enunciado afirma que "se n é um número natural primo menor do que 12, então $n^2 + 2$ é natural primo".

Na realidade, essa afirmação NÃO é verdade para os seguintes casos:

- **n = 2** → $2^2 + 2 =$ **6**. Ora, **6 não é primo**, já que o único número natural par é 2.
- **n = 5** → $5^2 + 2 =$ **27**. Sabemos que **27 não é primo**, pois é divisível também por 3 e por 9.
- **n = 7** → $7^2 + 2 =$ **51**. Mais uma vez temos um número que **não é primo**, já que **51** pode ser dividido também por 3.
- **n = 11** → $11^2 + 2 =$ **123**, que **não é primo**, pois também pode ser dividido por 3,e não apenas por 1 e ele mesmo.

Por outro lado, o único natural primo menor que 12 para o qual a afirmação do enunciado é verdadeira é o **3**. Isso ocorre porque $3^2 + 2 =$ **11**, que é um número **primo** bem conhecido. Assim, temos **4 contraexemplos** para a afirmação apresentada.

Gabarito: D.

QUESTÃO 07 (FCC/TRF – 3ª REGIÃO/Téc Jud/2016) A diferença entre o menor número natural ímpar com cinco divisores positivos distintos e o menor número natural par, também com cinco divisores positivos distintos, é igual a

a) 39. b) 27. c) 83. d) 65. e) 41.

RESOLUÇÃO:

Inicialmente é preciso sabermos que números com **5** divisores são valores do tipo **p4**, em que **p** é um fator **primo**.

Nesse sentido, a fim de que um número com **5** divisores seja **par** e o menor possível, é necessário que o fator primo **p** seja igual a **2**, pois é o único primo par. Logo:

$$2^4 = 16$$

Além disso, para obtermos um número com **5** divisores sendo **ímpar** e o menor possível, é preciso que o fator primo **p** seja igual a **3**, já que é o menor primo ímpar. Logo:

$$3^4 = 81$$

A diferença entre os dois números obtidos é:

$$81 - 16 = 65$$

Gabarito: D.

QUESTÃO 08 (UPENET-IAUPE/Pref Carnaíba – PE/2019) A soma dos primeiros n números ímpares positivos, (a começar de 1),

A) possui sempre raiz quadrada inteira.

B) é sempre um número par.

C) é sempre um número ímpar.

D) nunca é um múltiplo de 7.

E) é sempre um número primo.

RESOLUÇÃO:

Inicialmente, precisamos destacar que a redação do enunciado não está muito boa. Esclarecemos que o nosso objetivo consiste em trabalhar com a sequência dos números ímpares nas somas e ao mesmo tempo de forma **cumulativa**.

Vamos analisar cada opção de resposta.

A) possui sempre raiz quadrada inteira.

Certo. Os números ímpares positivos são 1, 3, 5, 7, 9, 11, 13, 15, ...

Veja o que acontece ao somarmos alguns deles:

$$1 + 3 = 4\ (2 \times 2 = 4)$$

$$1 + 3 + 5 = 9\ (3 \times 3 = 9)$$

$$1 + 3 + 5 + 7 = 16\ (4 \times 4 = 16)$$

Logo, independentemente de somar dois números ímpares ou mais, sempre dará uma **raiz quadrada exata**.

B) é sempre um número par.

Errado. Note que ao somarmos 1 + 3 + 5 = 9, que é um número **ímpar**.

C) é sempre um número ímpar.

Errado. Repare que a soma dos ímpares 1 + 3 = 4, que é um número **ímpar**.

D) nunca é um múltiplo de 7.

Errado. Observe que a soma 1 + 3 + 5 + 7 + 9 + 11 + 13 = 49, que é um **múltiplo de 7**.

E) é sempre um número primo.

Errado. Repare que a soma dos números 1 + 3 = 4, que **não** é um número **primo**.

Gabarito: A.

QUESTÃO 09 (GUALIMP/Fiscal/Pref CL Gasparian/2021) Analise as afirmações abaixo:

I. A soma de três números naturais consecutivos é um número par.

II. A soma de três números naturais consecutivos é um número primo.

III. A soma de três números naturais consecutivos é um número ímpar.

IV. A soma de três números naturais consecutivos é um número múltiplo de três.

Sobre as afirmações acima, podemos afirmar que:

a) Estão corretas as afirmações I e IV.

b) Estão corretas as afirmações II e III.

c) Apenas a afirmação I está correta.

d) Apenas a afirmação IV está correta.

RESOLUÇÃO:

Vamos analisar as afirmativas.

I. *A soma de três números naturais consecutivos é um número par.* **Errada**, pois nem sempre isso vai acontecer. Por exemplo, ao somarmos os números naturais 2, 3, 4 obtemos como resultado um número ímpar (9).

II. *A soma de três números naturais consecutivos é um número primo.* **Errada**, pois nem sempre isso vai acontecer. Por exemplo, ao somarmos os números naturais 1, 2, 3 obtemos como resultado um número composto (6).

III. *A soma de três números naturais consecutivos é um número ímpar.* **Errada**, pois nem sempre isso vai acontecer. Por exemplo, ao somarmos 1, 2, 3 obtemos como resultado um número par (6).

IV. *A soma de três números naturais consecutivos é um número múltiplo de três.* **Certo**. Suponha que os três números naturais consecutivos são: n, n+1 e n+2. A soma entre eles é dada por:

$$\begin{aligned} & n + n + 1 + n + 2 \\ & = 3n + 3 \\ & = 3(n+1) \end{aligned}$$

Veja que, realmente, o resultado da soma sempre será um número **múltiplo de três**.

Gabarito: B.

QUESTÃO 10 (FAUEL - Aux Leg/CM Douradina/2022) O número a seguir é:

$$\sqrt[3]{2^6 . 5^9}$$

a) primo b) par c) ímpar d) negativo

RESOLUÇÃO:

Nem precisamos calcular o valor da raiz cúbica para saber que o número resultante será **par**. Como chegamos a essa conclusão?

Veja que no radicando da raiz temos um produto entre uma **potência de 5** (que sempre resulta num número **ímpar**) e uma **potência de 2** (que sempre resulta num número **par**). O resultado da multiplicação entre um número **par** e qualquer outro número natural (seja ele par ou ímpar) sempre será um número **par**.

Gabarito: B.

7. QUESTÃO-DESAFIO

QUESTÃO 11 (FUMARC/CBTU/Ass Oper/2016) Três amigos, ao conversar em um restaurante, descobriram uma interessante relação entre suas idades. Se colocadas em ordem crescente, seriam números ímpares consecutivos, sendo que a soma dessas idades excede a maior delas em 24 anos. Então, se eles calculassem o produto das três idades, encontrariam como resultado o número

a) 693 b) 1 287 c) 2 145 d) 3 315

RESOLUÇÃO:

Inicialmente é dito que as idades dos três amigos são **números ímpares consecutivos**. Logo:

- **Idade do 1º**: 2n + 1
- **Idade do 2º**: (2n +1) + 2
- **Idade do 3º**: (2n + 1) + 4

Em seguida temos a informação de que a soma dessas idades excede a maior delas em 24 anos. Assim:

$$idade\,do\,1^o + idade\,do\,2^o + idade\,do\,3^o = idade\,do\,3^o + 24$$

$$(2n+1)+\left[(2n+1)+2\right]+\left[(2n+1)+4\right]=\left[(2n+1)+4\right]+24$$

$$6n+9=2n+29$$

$$4n=20$$

$$n=5$$

Substituindo o valor de **n** na idade do primeiro amigo, obtemos:

$$2\times 5+1=11$$

Assim, a idade do amigo mais novo é **11**. Como se tratam de números ímpares consecutivos, podemos concluir que as idades dos demais amigos serão **13** e **15**.

Todavia, o objetivo da questão consiste em determinarmos o **produto das três idades**:

$$11\times 13\times 15=2.145$$

Gabarito: C.

CAPÍTULO 4

MMC E MDC

1. INTRODUÇÃO

Nos capítulos anteriores analisamos os alicerces da matemática básica, culminando na apresentação do Teorema Fundamental da Aritmética.

Neste capítulo, faremos pleno uso das ferramentas até aqui apresentadas, analisadas e aprendidas. Isso acontecerá porque estudaremos os tópicos **Mínimo Múltiplo Comum** (MMC) e **Máximo Divisor Comum** (MDC), em que os cálculos matemáticos elementares serão imprescindíveis, em especial quanto à decomposição de um número em fatores primos.

Nesse sentido, abordaremos o conceito de MMC e MDC, os métodos aplicados para a sua determinação, as propriedades envolvidas e, principalmente, as aplicações que esses números apresentam na resolução de problemas da matemática, funcionando como verdadeira ferramenta estratégica para encontrar a saída adequada para desafios presentes em nosso cotidiano.

Em cada tópico abordado, solucionaremos exercícios para um melhor entendimento e fixação da matéria. Além disso, resolveremos diversas questões que já foram cobradas em concursos públicos, do nível mais básico até os de maior dificuldade. Dessa forma, você será capaz de perceber como o tema pode ser exigido nas provas e terá sucesso ao enfrentar tais questões.

2. MÍNIMO MÚLTIPLO COMUM (MMC)

Sejam **m** e **n** dois números inteiros. Dizemos que **n** é **múltiplo** de **m** se existir um número **k**, inteiro, tal que:

$$n = k \, . \, m$$

Em outras palavras, os **múltiplos** de um número **X** são aqueles valores que **podem ser obtidos multiplicando X por outro número natural**. Por exemplo, os múltiplos de 3 são: 3, 6, 9, 12, 15 etc. Repare que esses números podem ser obtidos multiplicando 3 por, respectivamente, 1, 2, 3, 4 e 5.

Quando temos 2 números X e Y, e listamos os múltiplos de cada um deles, podemos ter **múltiplos em comum** entre os dois. Exemplificando, vamos listar alguns múltiplos de 8 e de 12:

- Múltiplos de 8: 8, 16, 24, 32, 40, 48, 56, 64, 72 etc.
- Múltiplos de 12: 12, 24, 36, 48, 60, 72 etc.

Observe que os seguintes números são múltiplos de 8 e também de 12: 24, 48, 72. Isto é, são múltiplos em comum desses 2 números. O menor deles, neste caso o 24, é chamado de **Mínimo Múltiplo Comum (MMC)** entre 8 e 12.

ANOTE!!!

Denominamos **Mínimo Múltiplo Comum (MMC)** de dois ou mais números inteiros e não nulos ao **menor número positivo que seja múltiplo de todos os números dados**.

2.1. Métodos para determinar o MMC

Existem basicamente dois métodos para se calcular o **MMC** entre **n** números.

1° Método: decomposição isolada em fatores primos

Neste método, cumpriremos basicamente duas etapas:

1º) Decompor cada número em uma **multiplicação de fatores primos**

↓

2º) Multiplicar os fatores **comuns e não comuns** de maior expoente

Por exemplo, vamos encontrar o MMC entre 36, 45 e 60.

Para determinar o MMC entre dois ou mais números por meio **do método da decomposição isolada em fatores primos** cumprimos as seguintes etapas:

1º passo: Decompor cada número em uma multiplicação de fatores primos.

36	2
18	2
9	3
3	3
1	
	36= $\mathbf{2^2 \times 3^2}$

45	3
15	3
5	5
1	
	45= $\mathbf{3^2 \times 5}$

60	2
30	2
15	3
5	5
1	
	60 = $\mathbf{2^2 \times 3 \times 5}$

2º passo: O MMC será formado pela multiplicação dos fatores comuns e não comuns dos números, de maior expoente.

- $36 = (2^2) \times (3^2)$
- $45 = 3^2 \times 5$
- $60 = 2^2 \times 3 \times (5)$

Assim, temos que o MMC (36, 45, 60) = $2^2 \times 3^2 \times 5 = 180$.

BIZU!

Lembre-se de que no **MMC** não tem conversa: **Todo mundo entra e com o maior expoente**!

Agora, vamos encontrar o MMC entre 16.500, 368.550, 3.583.125. Inicialmente fazemos a decomposição de cada número:

16500	2
8250	2
4125	3
1375	5
275	5
55	5
11	11
1	
	= $2^2 \times 3 \times 5^3 \times 11$

368550	2
184275	3
61425	3
20475	3
6825	3
2275	5
455	5
91	7
13	13
1	
	$2 \times 3^4 \times 5^2 \times 7 \times 13$

3583125	3
1194375	3
398125	5
79625	5
15925	5
3185	5
637	7
91	7
13	13
1	
	$3^2 \times 5^4 \times 7^2 \times 13$

Em seguida, multiplicamos os fatores comuns e não comuns dos dois números, de maior expoente:

16500 = (2^2) x 3 x 5^3 x (11)
368550 = 2^2 x (3^4) x 5^2 x 7 x (13)
3583125 = 3^2 x (5^4) x (7^2) x 13

Assim, temos que o MMC (16500, 368550, 3583125) = 2^2 x 3^4 x 5^4 x 7^2 x 11 x 13.

2º método: decomposição simultânea em fatores primos (processo simplificado)

Este é o principal, mais simplificado e prático método para determinar o **MMC** entre dois ou mais números. Basicamente, aplicaremos os seguintes passos:

1º) Decompor todos os números em fatores primos **simultaneamente até achar tudo 1**

2º) Multiplicar **todos os fatores primos** utilizados

Por exemplo, vamos calcular o Mínimo Múltiplo Comum (MMC) entre 15, 24 e 60.

Para determinar o MMC entre dois ou mais números por meio **do método da decomposição simultânea em fatores primos** cumprimos as seguintes etapas:

1º) fazer a decomposição em fatores primos simultaneamente, até achar tudo 1.

Para este procedimento, decompomos, simultanemente, os números, dividindo sucesivamente pelo menor fator primo e, no caso de algum dos números não ser divisível pelo fator primo, ele deve ser repetido no algoritmo.

15,	24,	60	2
15,	12,	30	2
15,	6,	15	2
15,	3,	15	3
5,	1,	5	5
1,	1,	1	

2º) Depois é só multiplicar os fatores, pois o MMC será o produto de todos os números primos encontrados à direita.

Portanto, o MMC (15, 24, 60) = 2^3 x 3 x 5 = **120**

Agora, seja x um número natural de três algarismos que deixa o mesmo resto 3 nas divisões por 6, por 8 e por 10. Qual é o menor valor possível para x?

Sabendo que x deixa resto 3 nas três divisões, concluímos que x – 3 é divisível por 6, por 8 e por 10. Assim, x – 3 é um múltiplo comum de 6, 8 e 10, e que tem três algarismos.

Então, vamos calcular o **Mínimo Múltiplo Comum** entre 6, 8 e 10:

6,	8,	10	2
3,	4,	5,	2
3,	2,	5,	2
3,	1,	5,	3
1,	1,	5,	5
1,	1,	1,	

Dessa forma, o MMC (6, 8, 10) = 2^3 x 3 x 5 = **120**, que possui três algarismos.

Portanto, o menor valor possível para **x** é 120 + 3 = **123**.

Vamos a mais um exemplo: Obtenha o mínimo múltiplo comum entre 6, 10 e 15.

Podemos resolver aplicando os dois métodos que foram apresentados.

1º Método: decomposição em fatores primos.

1º passo: Decompor cada número em uma multiplicação de fatores primos:

6	2
3	3
1	
	6 = 2 x 3

10	2
5	5
1	
	10 = 2 x 5

15	3
5	5
1	
	15 = 3 x 5

2º passo: O MMC será formado pela multiplicação dos fatores comuns e não comuns dos dois números, de maior expoente.

6 = ②x③

10 = 2x⑤

15 = 3x5

Assim, **MMC(6, 10, 15) = 2 x 3 x 5 = 30.**

2º método: decomposição simultânea em fatores primos (processo simplificado)

Fazemos a decomposição em fatores primos simultaneamente, até achar tudo 1. Depois, é só multiplicar os fatores, pois o MMC será o **produto de todos os números primos encontrados á direita.**

6	**10**	**15**	2
3	**5**	**15**	3
1	**5**	**5**	5
1	**1**	**1**	
			MMC = 2 x 3 x 5 = 30

Veja como esse assunto já foi cobrado!

QUESTÃO 01 (AVANÇA SP/Pref Pereiras-SP/2021) Assinale a alternativa que apresenta o MMC para 100, 22 e 10:

a) 810. b) 1.100. c) 1.400. d) 1.520. e) 2.100.

RESOLUÇÃO:

Para reforçar o nosso treinamento, aplicaremos os dois métodos que foram apresentados.

1º Método: decomposição em fatores primos.

1º passo: Decompor cada número em uma multiplicação de fatores primos:

100	2
50	2
25	5
5	5
1	
	$100 = 2^2 \times 5^2$

10	2
5	5
1	
	10 = 2 x 5

22	2
11	11
1	
	22 = 2x 11

2º passo: O MMC será formado pela multiplicação dos fatores comuns e não comuns dos dois números, de maior expoente.

Assim, **MMC(10, 22, 100) = $2^2 \times 5^2 \times 11$= 1.100.**

2º método: decomposição simultânea em fatores primos (processo simplificado)

Fazemos a decomposição em fatores primos simultaneamente, até achar tudo 1. Depois, é só multiplicar os fatores, pois o MMC será o **produto de todos os números primos encontrados à direita.**

100	**22**	**10**	2
50	**11**	**5**	2
25	**11**	**5**	5
5	**11**	**1**	5
1	**11**	**1**	11
1	**1**	**1**	
			MMC = $2^2 \times 5^2 \times 11$ = **1.100**

Gabarito: B.

QUESTÃO 02 (FGV/SEE-PE/2016) Seja N o menor número natural de quatro algarismos que é divisível por 2, 3, 4, 5, 6 e 7. A soma dos algarismos de N é

a) 9. b) 10. c) 12. d) 15. e) 16.

RESOLUÇÃO:

O menor número natural que é divisível pelos números apresentados é o **MMC** entre eles:

2,	**3,**	**4,**	**5,**	**6,**	**7**	2
1,	3,	2,	5,	3,	7	2
1,	3,	1,	5,	3,	7	3
1,	1,	1,	5,	1,	7	5
1,	1,	1,	1,	1,	7	7
1,	1,	1,	1,	1,	1	= $2^2 \times 3 \times 5 \times 7$ = **420**

E, levando em conta que o enunciado exigiu que **N** tenha quatro algarismos, então precisamos analisar os múltiplos de 420: 420, 840, 1.260,...; pronto, como é o MENOR, então concluímos que **N = 1.260.**

Todavia, o nosso objetivo consiste em obter a **soma dos algarismos de N**. Logo:

$$1+2+6+0=9$$

Gabarito: A.

QUESTÃO 03 (IBFC/Emdec/Ass Adm/2016) Sabendo que o menor múltiplo comum entre dois números naturais é igual a 24, então o produto entre os dois números, sendo que um deles é o número 6, é igual a:

a) 30 b) 48 c) 36 d) 42

RESOLUÇÃO:

O enunciado afirma que o **MMC (6, x) = 24**. Então, precisamos determinar o valor de **x**. Para isso, vamos fatorar o número 24:

24	2
12	2
6	2
3	3
1	
	= 2^3 x 3

Por sua vez, o número 6 é igual a **2 x 3**. Assim, considerando que o MMC é obtido pelo produto dos numeros primos presentes tomados em seu **maior expoente**, o outro número necessariamente será um dos seguintes:

$$\mathbf{x = 2^3 = 8} \text{ ou } \mathbf{x = 2^3 \times 3 = 24}$$

Logo, o **produto entre os dois números** pode ser:

$$6 \times 8 = \mathbf{48} \text{ ou } 6 \times 24 = \mathbf{144}$$

Visto que entre as opções de resposta não temos 144, então concluímos que a alternativa correta é a **letra B.**

Gabarito: B.

3. MÁXIMO DIVISOR COMUM (MDC)

Os **divisores** de um número são **todos aqueles números que ao dividirem tal número, deixam resto "0"**. Por exemplo, 5 é divisor de 25, pois 25 ÷ 5 = 5 e resto 0. É uma **divisão exata**.

Para saber a **quantidade de divisores** de um número qualquer, **basta fazer a multiplicação de todos os expoentes da sua decomposição em fatores primos, adicionando cada um de + 1.**

Assim, o número total de divisores de 4.200 é (3 + 1) x (1 + 1) x (2 + 1) x (1 + 1) = **48**, pois 4.200 = 2^3 x 3 x 5^2 x 7.

ANOTE!!!

Denominamos **Máximo Divisor Comum (MDC)** de dois ou mais números inteiros e não nulos ao **maior dos divisores comum a todos eles**.

3.1. Métodos para determinar o MDC

Existem basicamente três métodos para se calcular o **MDC** entre **n** números.

1º Método: decomposição isolada em fatores primos

Neste método, cumpriremos basicamente duas etapas:

1º) Decompor cada número em uma **multiplicação de fatores primos**

2º) Multiplicar os fatores **comuns** de **menor expoente**

Para exemplificar, vamos encontrar o MDC entre 120, 140 e 200.

1º passo: Decompor cada número em uma multiplicação de fatores primos:

120	2
60	2
30	2
15	3
5	5
1	
	120 = $\mathbf{2^3 \times 3 \times 5}$

140	2
70	2
35	5
7	7
1	
	140 = $\mathbf{2^2 \times 5 \times 7}$

200	2
100	2
50	2
25	5
5	5
1	
	200 = $\mathbf{2^3 \times 5^2}$

2º passo: O MDC será formado pela multiplicação dos fatores comuns de menor expoente.

- $120 = 2^3 \times 3 \times 5$
- $140 = \boxed{2^2} \times \boxed{5} \times 7$
- $200 = 2^3 \times 5^2$

Portanto, o **MDC (120, 140, 200) = 22 x 5 = 20.**

BIZU!

Lembre-se de que no **MDC** só entram os **fatores comuns** e com o **menor expoente**!

Agora, podemos calcular o MDC entre 16.500, 368.550 e 3.583.125.

Inicialmente decompomos os números em uma multiplicação de fatores primos:

6500	2
8250	2
4125	3
1375	5
275	5
55	5
11	11
1	
	$\mathbf{= 2^2 \times 3 \times 5^3 \times 11}$

368550	2
184275	3
61425	3
20475	3
6825	3
2275	5
455	5
91	7
13	13
1	
	$\mathbf{= 2 \times 3^4 \times 5^2 \times 7 \times 13}$

3583125	3
1194375	3
398125	5
79625	5
15925	5
3185	5
637	7
91	7
13	13
1	
	$\mathbf{= 3^2 \times 5^4 \times 7^2 \times 13}$

Na sequência multiplicamos apenas os **fatores comuns** de **menor expoente**:

16500 = $2^2 \times (3) \times 5^3 \times 11$

368550 = $2^2 \times 3^4 \times (5^2) \times 7 \times 13$

3583125 = $3^2 \times 5^4 \times 7^2 \times 13$

Pronto! Assim, o **MDC (16500, 368550, 3583125) = 3 x 5²**.

FIQUE LIGADO!!!

O MMC é o produto de **todos os fatores** com os maiores expoentes.

O MDC é o produto dos **fatores comuns** com os menores expoentes.

2º método: decomposição simultânea em fatores primos (processo simplificado)

O **método da decomposição simultânea em fatores primos** é a principal e mais prática forma para determinar o **MDC** entre dois ou mais números, razão pela qual também é conhecido por **processo simplificado**. Basicamente, aplicaremos os seguintes passos:

1º) Decompor todos os números em fatores primos **simultaneamente até achar tudo 1**

↓

2º) Multiplicar os fatores nas linhas onde houve **divisão em TODOS os elementos**

Para exemplificar, podemos encontrar o MDC entre 360, 420 e 600.

Vamos decompor os números em fatores primos, simultaneamente:

360, 420, 600	2
180, 210, 300	2

90, 105, 150	3
30, 35, 50	3
10, 35, 50	2
5, 35, 25	5
1, 7, 5	5
1, 7, 1	7
1, 1, 1	

Em seguida, precisamos verificar em quais linhas houve divisão em todos os elementos:

360, 420, 600	**2** ←
180, 210, 300	**2** ←
90, 105, 150	**3** ←
30, 35, 50	3
10, 35, 50	2
5, 35, 25	**5** ←
1, 7, 5	5
1, 7, 1	7
1, 1, 1	

Muito bem, agora basta multiplicarmos os fatores presentes nessas linhas, encontrando o MDC:

MDC (360, 420, 600) = 2 x 2 x 3 x 5 = 60

Agora, vamos calcular os menores números naturais pelos quais devem ser divididos os números 72 e 120 de forma a se obter divisões exatas com quocientes iguais.

O quociente comum às duas divisões propostas corresponde ao **Máximo Divisor Comum** entre os números envolvidos. Logo:

72, 120	2
36, 60	2
18, 30	2
9, 15	3
3, 5	5
1, 1	

Dessa maneira, o MDC (72, 120) = 2 x 2 x 2 x 3 = **24.**

Agora, dividimos o MDC por 72 e por 120:

72 ÷ 24 = **3** e 120 ÷ 24 = **5**

Portanto, os números procurados são 3 e 5.

Veja como esse assunto já foi cobrado!

QUESTÃO 04 (CAIP-IMES/Câm Mun de São C. do Sul/Ag Adm/2012) Considere M o menor múltiplo comum e D o maior divisor comum dos números 30 e 70. O quociente da divisão de M por D é:

a) 32. b) 10. c) 50. d) 21.

RESOLUÇÃO:

Fazendo a decomposição em fatores primos de 30 e 70, temos:

30, 70	2
15, 35	3
5, 35	5
1, 7	7
1, 1	
	= 2 x 3 x 5 x 7

- **M** = MMC (30, 70) = 2 x 3 x 5 x 7 = **210** (produto de <u>todos</u> os fatores)
- **D** = MDC (30, 70) = 2 x 5 = **10** (produto dos fatores <u>comuns</u>)

Agora dividimos **M** por **D**:

$$\frac{M}{D} = \frac{210}{10} = 21$$

Gabarito: D.

4. PROPRIEDADES

Existem **propriedades do MDC e do MMC** que podem facilitar o seu cálculo em diversas situações, razão pela qual se torna importante que estejamos familiarizados com tais relações.

1) O MDC entre dois ou mais números primos entre si será sempre igual a 1.

Por exemplo, ao calcularmos o MDC (25, 36) encontramos como resultado 1. Assim, os números **25 e 36 são primos entre si**.

Similarmente, concluímos que os números **49 e 64 são primos entre si**, pois o MDC (49,64) = 1

2) O MMC de dois ou mais números primos entre si será sempre igual ao produto entre eles.

Por exemplo, ao determinarmos o MMC (4, 5, 9) obtemos o resultado 180. Note que esse valor corresponde ao produto entre os números envolvidos. (4 x 5 x 9 = 180). Podemos, então, concluir que 4, 5 e 9 são primos entre si. Isso fica especialmente evidente no método da decomposição simultânea em fatores primos, pois em nenhuma das operações realizadas o fator primo dividirá mais de um dos números.

Pela mesma razão, encontramos que o MMC (2,5,7) = 2 x 5 x 7 = 70, de modo que 2, 5 e 7 são primos entre si.

FIQUE ATENTO!

O **MDC** entre números primos é igual a 1.

O **MMC** entre números primos é igual ao produto entre eles.

3) Dados dois ou mais números naturais deferentes de 0, se o maior deles é o múltiplo dos outros, então esse número será o MMC dos números dados.

MMC (a, n x a) = n x a

Por exemplo:

- **MMC (20, 40) = 40**, pois 40 = 2 x 20.
- **MMC (8, 16) = 16**, já que 16 = 2 x 8.

4) Dados dois números naturais deferentes de 0, se o menor deles é divisor do maior, então o menor número será o MDC dos números dados.

MDC (b, n x b) = b

Por exemplo:

- **MDC (20, 40) = 20**, pois 40 = 2 x 20.
- **MDC (8, 16) = 8**, pois 16 = 2 x 8.

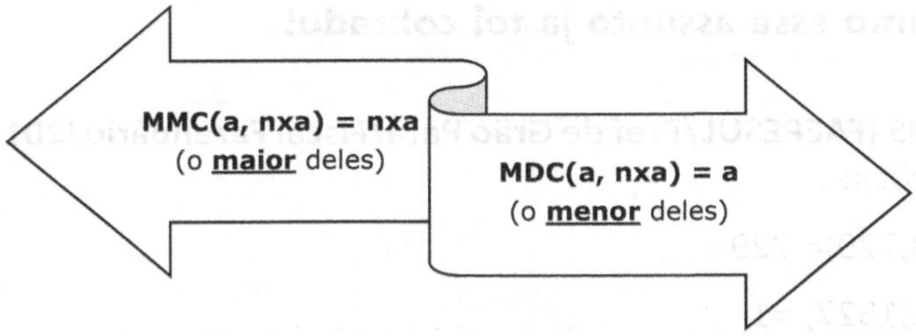

5) O produto do MDC pelo MMC de dois números deferentes de 0 é igual ao produto desses mesmos números. Ou seja:

MDC (a, b) x MMC (a, b) = a x b.

Por exemplo, o MMC (57, 60) é igual a 1.140 e o MDC (57, 60) é 3. Por sua vez, o produto entre MMC (57, 60) e o MDC (57, 60) corresponde ao produto entre 57 e 60, ou seja, 3.420. Veja que esse é o mesmo resultado se eu tivesse multiplicado os resultados individuais do MMC e do MDC.

Da mesma forma, temos que MMC (19, 88) x MDC (19, 88) = 19 x 88 = 1.672.

6) O resultado do MMC e do MDC é afetado pelas operações de multiplicação e de divisão efetuadas nos valores iniciais.

MDC (a,b) = y então MDC (qa, qb) = qy (q ≠ 0)

MMC (c, d) = w, então MMC (qc, qd) = qw (q ≠ 0)

Para exemplificar, se sabemos que o MMC entre 8 e 12 é igual a 24, então não precisaríamos efetuar o cálculo para determinar o MMC entre 80 (= 8 x 10) e 120 (= 12 x 10), pois pela propriedade que estamos analisando concluímos que o resultado seria 240, que é o cálculo de 24 x 10.

De modo similar, sabendo que o MDC (6,8) = 2, afirmamos que o MDC (60,80) = 20 (que é o cálculo de 2 x 10).

7) Dois números consecutivos são sempre primos entre si. Logo:

MDC (a, a + 1) = 1

MMC (a, a + 1) = a x (a + 1)

Por exemplo:

- MDC (9, 10) = 1
- MMC (9, 10) = 9 x 10 = 90

Veja como esse assunto já foi cobrado!

QUESTÃO 05 (FAEPESUL/Pref de Grão Pará/Fiscal Fazendário/2016) Considere as proposições:

I) mmc (3,729)= 729

II) mmc (1,1527) =1

III) mdc(1,25) = 1

IV) mdc(12,18) = 6

Assinale a alternativa que apresenta a quantidade de assertiva(s) CORRETA(S)

a) 4 b) 0 c) 1 d) 2 e) 3

RESOLUÇÃO:

Já sabemos que o **MMC** de dois ou mais números inteiros é o menor múltiplo inteiro positivo comum a todos eles. Por sua vez, o **MDC** de dois ou mais números inteiros é o maior divisor inteiro comum a todos eles.

A presente questão trata da aplicaçao das propriedades que acabamos de estudar. Então, vamos analisar cada alternativa, julgando o seu conteúdo.

I) mmc (3,729)= 729. **Certa**, pois o MMC entre números múltiplos entre si é o maior deles.

II) mmc (1,1527) = 1. **Errada**, visto que o MMC entre números múltiplos entre si é o maior deles.

III) mdc (1,25) = 1. **Certa**, pois o MMC entre números múltiplos entre si é o menor deles.

IV) mdc (12,18) = 6. **Certa**, já que realmente o máximo divisor comum entre 12 e 18 é realmente 6.

Gabarito: E.

QUESTÃO 06 (MS CONCURSOS/Pref de Tanguá – RJ/Ag Adm/2017) Tomando três números primos entre si, é obtido o mínimo múltiplo comum desses números como sendo 435. Sabendo que dois desses números são 3 e 5, qual é o valor do número que falta?

a) 37 b) 29 c) 23 d) 31

RESOLUÇÃO:

Aplicando a propriedade que afirma que o **MMC** de dois ou mais **números primos entre si** será sempre igual ao **produto** entre eles, temos:

$$MMC(3,5,x) = 3 \times 5 \times x = 435$$

$$x = \frac{435}{15} = 29$$

Assim, **29** é o número primo que falta e atende às condições estabelecidas no enunciado.

Gabarito: B.

QUESTÃO 07 (CESGRANRIO/BNDES/Téc Adm/2013) Seja x um número natural tal que o mínimo múltiplo comum entre x e 36 é 360, e o máximo divisor comum entre x e 36 é 12. Então, a soma dos algarismos do número x é

a) 3 b) 5 c) 9 d) 16 e) 21

RESOLUÇÃO:

Aos números naturais se aplica a seguinte propriedade: o **produto do MDC pelo MMC** de dois números deferentes de 0 é igual ao **produto** desses mesmos números. Ou seja:

MDC (a, b) x MMC (a, b) = a x b

Dessa maneira, ao aplicarmos essa propriedade aos números apresentados no enunciado, obtemos:

$$MDC(x,36) \times MMC(x,36) = x \times 360$$

$$12 \times 360 = x \times 360$$

$$x = \frac{12 \times 360}{360} = 12$$

E, por fim, a soma dos algarismos de **x** é 1 + 2 = **3**.

Gabarito: A.

5. APLICAÇÕES

Até aqui aprendemos a efetuar o cálculo do MDC e do MMC e vimos algumas propriedades envolvidas. Entretanto, tarefa ainda mais importante é conseguir aplicar esse conhecimento a casos concretos, cobrados em provas de concursos públicos. Isto é, diante de uma questão proposta, quando se deve usar o MMC ou o MDC?

Assim, torna-se necessário sabermos as principais características dos valores a que estão relacionados o MMC e o MDC, as quais detalharemos a partir de agora.

Em relação ao **Máximo Divisor Comum (MDC)**, é possível perceber que nos seus valores está presente a **ideia de divisão**. Além disso, o objetivo da questão consistirá em **repartir uma quantidade em partes iguais** ou determinar o **maior tamanho possível** de determinado item.

Por sua vez, nos números relativos ao **Mínimo Multiplo Comum (MMC)** é marcante a **ideia de tempo** ou período. De fato, é comum que os enunciados exijam do condidato o reconhecimento de **coincidência temporal** ou mesmo **quando determinado evento irá acontecer novamente**.

MDC	MMC
Ideia de divisão	Ideia de tempo
Repartir em partes iguais	Coincidência
Maior tamanho possível!	Quando irá acontecer novamente?

A fim de esquematizar o que foi analisado e propor um roteiro a ser observado diante de uma questão, apresentamos o diagrama a seguir:

1º passo) Analisar as informações do enunciado

↓

2º passo) Verificar se a questão é de MDC ou de MMC

↓

3º Passo) Efetuar os cálculos necessários

Suponha que dois colegas de trabalho, João e José, gostam de realizar festas em suas casas periodicamente. João costuma realizar festas de 9 em 9 dias, enquanto José costuma realizar festas de 15 em 15 dias. Sabendo que hoje houve festa na casa de ambos, daqui a quanto tempo as datas das festas de ambos coincidirão novamente?

Ora, se João dá festas de 9 em 9 dias, sua próxima festa será daqui a 9 dias, a seguinte daqui a 18, a outra daqui a 27, e assim por diante.

Já a próxima festa de José será daqui a 15 dias, depois daqui a 30, depois 45 etc.

Observe que os dias em que ambos darão festas devem ser um múltiplo de 9 e também de 15, isto é, múltiplos comuns de 9 e 15. Ou seja, estamos diante da necessidade de reconhecer uma **coincidência temporal** ou **quando determinado evento irá acontecer novamente**, de modo que a estratégia de resolução envolve uma aplicação do MMC.

De fato, a próxima festa ocorrerá no menor desses múltiplos, isto é, no mínimo múltiplo comum entre 9 e 15, que é **135**.

Portanto, a próxima vez em que as festas coincidirão ocorrerá daqui a **135 dias**.

Agora, digamos que temos um conjunto de 20 cães e 30 gatos. Queremos criar grupos de gatos e grupos de cães, sem misturá-los, porém todos os grupos devem ter o mesmo número de integrantes. Qual o menor número de grupos possível?

Para obter o menor número de grupos possível, precisamos dividir 20 e 30 pelo maior número possível.

Note que o objetivo da questão consiste em **repartir uma quantidade em partes iguais** ou determinar o **maior tamanho possível** de determinado item, de forma que a estratégia de resolução envolve uma aplicação do MDC.

Realmente, este maior número que divide tanto 20 quanto 30, sem deixar resto, é justamente o **Máximo Divisor Comum** entre 20 e 30.

Decompondo 20 em fatores primos, temos que $20 = 2^2 \times 5$. Temos também que $30 = 2 \times 3 \times 5$. Portanto, MDC $(20,30) = 2 \times 5 = 10$.

Portanto, devemos formar grupos de 10 elementos. Isto é, 2 grupos com 10 cães em cada, e 3 grupos com 10 gatos em cada. Assim, **o menor número de grupos possível é 5.**

Considere que uma indústria de tecidos fabrica retalhos de mesmo comprimento. Após realizarem os cortes necessários, verificou-se que duas peças restantes tinham as seguintes medidas: 156 centímetros e 234 centímetros. O gerente de produção ao ser informado das medidas, deu a ordem para que o funcionário cortasse o pano em partes iguais e de maior comprimento possível. Como ele poderá resolver essa situação?

Foi dito que o funcionário deveria cortar o pano em **partes iguais** e de **maior comprimento possível**. Fica claro, portanto, que precisamos encontrar o MDC entre 156 e 234, pois tal valor corresponderá à medida do comprimento desejado.

156	2	234	2
78	2	117	3
39	3	39	3
13	13	13	13
1			

Então, a decomposição em fatores primos fica:

- 234 = 2 * 3 * 3 * 13
- 156 = 2 * 2 * 3 * 13

Assim, o **MDC (156, 234)** = 2 * 3 * 13 = **78**

Portanto, os retalhos podem ter **78 cm** de comprimento.

Veja como esse assunto já foi cobrado!

QUESTÃO 08 (VUNESP/Pref de Barretos – SP/Agente Admin/2018) Em um tanque há 3 torneiras, A, B e C, todas com defeito e que pingam sem parar. A torneira A pinga a cada 20 segundos, a torneira B pinga a cada 35 segundos e a torneira C pinga a cada 15 segundos. Sabendo que as 3 torneiras pingaram juntas às 8 horas e 54 minutos, e que permaneceram assim o dia todo, sem que alguém tivesse mexido nelas, então, o próximo horário em que as 3 torneiras voltarão a pingar juntas será às

A) 8 horas e 58 minutos.

B) 9 horas e 01 minuto.

C) 9 horas e 06 minutos.

D) 9 horas e 12 minutos.

E) 9 horas e 15 minutos.

RESOLUÇÃO:

O nosso objetivo consiste em determinar quando as 3 torneiras voltarão a pingar juntas. Ou seja, estamos diante da necessidade de reconhecer uma **coincidência temporal** ou **quando determinado evento irá acontecer novamente**, de modo que a estratégia de resolução envolve uma aplicação do **MMC**.

Assim, o MMC entre os valores das frequências que cada torneira pinga é dado por:

15, 20, 35	2
15, 10, 35	2
15, 5, 35	3
5, 5, 35	5
1, 1, 7	7
1, 1, 1	MMC (15, 20, 35) = $2^2 \times 3 \times 5 \times 7$ = **420**

Ou seja, as três torneiras voltarão a pingar juntas 420 segundos ou 7 minutos após a primeira vez em que isso ocorre. Dessa forma, o próximo horário em que as 3 torneiras voltarão a pingar juntas será às:

8h e 54 min + 7 minutos= **9 h e 01 min**

Gabarito: B.

QUESTÃO 09 (CESPE/IFF/2018) Uma companhia aérea fixou rodízio entre duas cidades para seus comissários de bordo de determinado voo diário. A escala estabelece que o comissário A trabalhe nesse voo a cada 8 dias; o comissário B, a cada 10 dias; e o comissário C, a cada 12 dias. Nesse caso, se os três tiverem trabalhado juntos no voo do dia de hoje, então a próxima vez em que eles trabalharão novamente juntos nesse voo ocorrerá daqui a

A) 30 dias. B) 74 dias. C) 120 dias. D) 240 dias. E) 960 dias.

RESOLUÇÃO:

Estamos diante da necessidade de reconhecer uma **coincidência temporal**, de modo que a estratégia de resolução envolve uma aplicação do **MMC**.

Assim, o MMC entre os valores dos tempos em que cada comissário trabalha no voo é dado por:

8, 10, 12	2
4, 5, 6	2
2, 5, 3	2
1, 5, 3	3
1, 5, 1	5
1, 1, 1	MMC (2, 3, 4) = 2^3 X 3 X 5 = **120**

Assim, após **120 dias** os comissários trabalharão juntos novamente.

Gabarito: C.

QUESTÃO 10 (VUNESP/IPSM/Ana de Gestão Mun/2018) Participarão de um congresso 256 funcionários da empresa A, 416 funcionários da empresa B e 656 funcionários da empresa C. Esses funcionários serão divididos em grupos, de modo que, em cada grupo:

- haja o mesmo número de participantes;
- haja o maior número possível de participantes;
- sejam todos da mesma empresa.

Divididos dessa maneira, o total de grupos obtidos será

A) 48. B) 54. C) 75. D) 83. E) 96.

RESOLUÇÃO:

O nosso objetivo consiste em formar grupos com a mesma quantidade de pessoas, mas que haja o maior número possível de pessoas em cada um deles. Ou seja, estamos diante da necessidade de **repartir uma quantidade em partes iguais** ou determinar o **maior tamanho possível** de determinado item, de forma que a estratégia de resolução envolve uma aplicação do **MDC**.

Assim, o MDC entre as quantidades dos funcionários é dado por:

256, 416, 656	**2**
128, 208,328	**2**
64, 104, 164	**2**
32, 52, 82	**2**
16, 26, 41	2
8, 13, 41	2
4, 13, 41	2
2, 13, 41	2
1, 13, 41	13
1, 1, 41	41
1, 1, 1	

Agora, multiplicamos os fatores em que houve divisão em todos os elementos, encontrando o **MDC (256, 416, 656)** = 2^4 = **16.**

Dessa maneira, teremos no máximo **16 pessoas em cada grupo**.

Como cada grupo terá funcionários de uma mesma empresa, dividimos a quantidade de pessoas de cada empresa pelo número máximo de pessoas que pode haver em cada grupo:

– A: 256 ÷ 16 = 16

– B: 416 ÷ 16 = 26

– C: 656 ÷ 16 = 41

Portanto, serão formados 16 + 26 + 41 = **83 grupos.**

Gabarito: D.

QUESTÃO 11 (VUNESP/Pref de Guarulhos/Ag Esc/2016) Um total de 100 crianças, sendo 40 meninos e as demais meninas, será dividido em grupos, todos com o mesmo número total de crianças e compostos por um número mínimo de meninos e um número mínimo de meninas, de modo que cada uma das 100 crianças participe apenas de um grupo. Dessa forma, o número total de grupos que será formado é

a) 4. b) 5. c) 10. d) 20. e) 25.

RESOLUÇÃO:

Inicialmente a questão informa que temos 100 crianças, sendo 40 meninos e 60 meninas, que serão divididos em grupos, com o mínimo de crianças possível em cada um. Então, como se trata de uma divisão, precisamos calcular o **MDC**:

40, 60	2
20, 30	2
10, 15	2
5, 15	3
5, 5	5
1, 1	

Agora, multiplicamos os fatores em que houve divisão em todos os elementos, encontrando o MDC:

MDC (40, 60) = 2 x 2 x 5 = **20**

Dessa maneira, teremos no máximo **20 grupos**, com 2 meninos (40/20 = 2) e 3 meninas (60/20 = 3) em cada um deles.

Gabarito: D.

QUESTÃO 12 (IBGP/Pref Uberaba/Guarda Municipal/2019) Três pedaços de tecido deverão ser cortados do mesmo tamanho e ter o maior tamanho possível. O primeiro tecido possui 150 metros, o segundo 98 metros e o terceiro, 90 metros. Assinale a alternativa que apresenta CORRETAMENTE o tamanho em que esses tecidos deverão ser cortados.

A) 1 metro B) 2 metros C) 3 metros D) 5 metros

RESOLUÇÃO:

Ora, precisamos achar um número que divida 90, 98 e 150, e que seja o maior possível. Estamos falando do... **MDC**!

90, 98, 150	**2**
45, 49, 75	3
15, 49, 25	3
5, 49, 25	5
1, 49, 5	**5**
1, 49, 1	**7**
1, 7, 1	**7**
1, 1, 1	

Daí, o ***MDC (90, 98, 150) = 2***, que corresponde ao tamanho máximo em que esses tecidos deverão ser cortados.

Gabarito: B.

QUESTÃO 13 (VUNESP –Engenheiro/Pref Campinas/2022) Uma máquina recebe manutenção de 3 especialistas diferentes. Um dos especialistas realiza sua manutenção a cada 4 dias, outro a cada 12 dias e o terceiro a cada 27 dias. Se no dia 1 de abril de determinado ano esses 3 especialistas realizaram a manutenção nessa máquina, a próxima vez, nesse mesmo ano, em que os 3 especialistas realizaram a manutenção no mesmo dia foi

a) 30 de julho. b) 18 de julho. c) 4 de agosto. d) 20 de agosto. e) 16 de setembro.

RESOLUÇÃO:

O nosso objetivo consiste em determinar a próxima vez em que os 3 especialistas realizaram a manutenção no mesmo dia. Assim, estamos diante da necessidade de reconhecer uma **coincidência temporal ou quando determinado evento irá acontecer novamente**, de modo que a estratégia de resolução envolve uma aplicação do **Mínimo Múltiplo Comum (MMC)**.

O MMC entre os valores das frequências de cada encontro é dado por:

4, 12, 27	2
2, 6, 27	2
1, 3, 27	3
1, 1, 9	3
1, 1, 3	3
1, 1, 1	

MMC(4,12,27) = 22 x 33 = 108

Com isso, percebemos que os especialistas se encontrarão novamente após 108 dias após a primeira vez que isso acontece (1º de abril).

Os 108 dias cairão em:

– abril: 29 dias (não conta o dia do último encontro)

– maio: 31 dias

– junho:30 dias

– **julho: 18 dias** (= 108 - 29 - 31 - 30)

Portanto, o próximo encontro dos especialistas acontecerá no dia **18 de julho**.

Gabarito: B.

QUESTÃO 14 (FCC - Assist Leg/AL-AP/2020) Marcelo viaja ao exterior uma vez a cada 15 meses. A última vez que Marcelo viajou ao exterior foi em agosto de 2019. A próxima vez em que Marcelo viajará ao exterior em agosto se dará no ano de

a) 2027 b) 2023 c) 2024 d) 2026 e) 2025

RESOLUÇÃO:

O enunciado determina que Marcelo viajará novamente ao exterior em um **agosto**. Para que isso seja possível, deverá decorrer um tempo que seja múltiplo dos intervalos entre dois agostos consecutivos (12 meses) e dos intervalos entre suas viagens (15 meses). Ora, essa **coincidência temporal** é obtida por meio do cálculo do **MMC**:

12, 15	2
6, 15	2
3, 15	3
1, 5	5
1, 1	
	2 x 2 x 3 x 5 = **60**

Portanto, Marcelo viajará novamente em agosto após 60 meses (5 anos). Já que ele viajou em 2019, viajará novamente em **2024**.

Gabarito: C.

QUESTÃO 15 (CESGRANRIO/IBGE/Recenseador/2006) Da rodoviária de uma cidade partem três linhas de ônibus. Os horários de cada linha são apresentados na tabela abaixo.

Linha	1º horário	Saídas a cada
1	6h	12min
2	6h 30min	15min
3	7h	10min

Observando-se as informações da tabela, é correto concluir que ônibus das três linhas partirão juntos do terminal às:

a) 7h 30min b) 8h c) 9h 36min d) 10h 45min e) 11h 30min

RESOLUÇÃO:

Primeiramente, temos que calcular o intervalo de tempo em que os ônibus das três linhas saem juntos. Para determinar essa coincidência, recorremos ao **MMC** entre os momentos de saída de cada linha de ônibus:

15, 12, 10	2
15, 6, 5	2
15, 3, 5	3
5, 1, 5	5
1, 1, 1	$= 2^2 \times 3 \times 5 =$ **60**

Assim, a cada **60 minutos** ou **1 hora** os três ônibus saem juntos do terminal. E, visto que o ônibus da linha 3 é o último a sair, e isso ocorre às 7h, então podemos concluir que o próximo encontro para eles sairem simultaneamente é às **8h**.

Gabarito: B.

6. RESUMO

MMC

Denominamos **Mínimo Múltiplo Comum (MMC)** de dois ou mais números inteiros e não nulos ao menor número positivo que seja múltiplo de todos os números dados.

1º Método: decomposição isolada em fatores primos

Neste método, cumpriremos basicamente duas etapas:

1º) Decompor cada número em uma **multiplicação de fatores primos**

2º) Multiplicar os fatores **comuns e não comuns** de **maior expoente**

BIZU!

Lembre-se de que no **MMC** não tem conversa: **Todo mundo entra e com o maior expoente**!

2º método: decomposição simultânea em fatores primos (processo simplificado)

Este é o principal, mais simplificado e prático método para determinar o **MMC** entre dois ou mais números. Basicamente, aplicaremos os seguintes passos:

1º) Decompor todos os números em fatores primos **simultaneamente até achar tudo 1**

2º) Multiplicar **todos os fatores primos** utilizados

MDC

Denominamos **Máximo Divisor Comum (MDC)** de dois ou mais números inteiros e não nulos ao maior dos divisores comum a todos eles.

1º Método: decomposição isolada em fatores primos

Neste método, cumpriremos basicamente duas etapas:

1º) Decompor cada número em uma **multiplicação de fatores primos**

↓

2º) Multiplicar os fatores **comuns** de **menor expoente**

BIZU!

Lembre-se de que no **MDC** só entram os **fatores comuns** e com o **menor expoente**!

FIQUE LIGADO!!!

O MMC é o produto de **todos os fatores** com os maiores expoentes.

O MDC é o produto dos **fatores comuns** com os menores expoentes.

2º método: decomposição simultânea em fatores primos (processo simplificado)

O **método da decomposição** simultânea **em fatores primos** é a principal e mais prática forma para determinar o **MDC** entre dois ou mais números, razão pela qual também é conhecido por **processo simplificado**. Basicamente, aplicaremos os seguintes passos:

1º) Decompor todos os números em fatores primos **simultaneamente até achar tudo 1**

↓

2º) Multiplicar os fatores nas linhas onde houve **divisão em TODOS os elementos**

FIQUE ATENTO!

O **MDC** entre números primos é **igual a 1**.

O **MMC** entre números primos é **igual ao produto entre eles.**

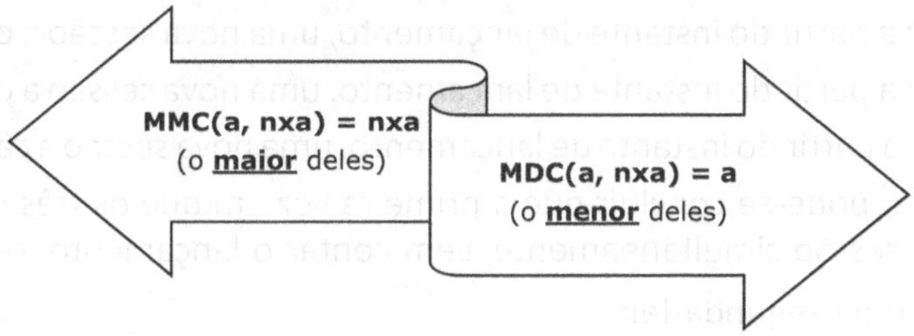

MDC	MMC
Ideia de divisão	Ideia de tempo
Repartir em partes iguais	Coincidência
Maior tamanho possível!	Quando irá acontecer novamente?

A fim de esquematizar o que foi analisado e propor um roteiro a ser observado diante de uma questão, apresentamos o diagrama a seguir:

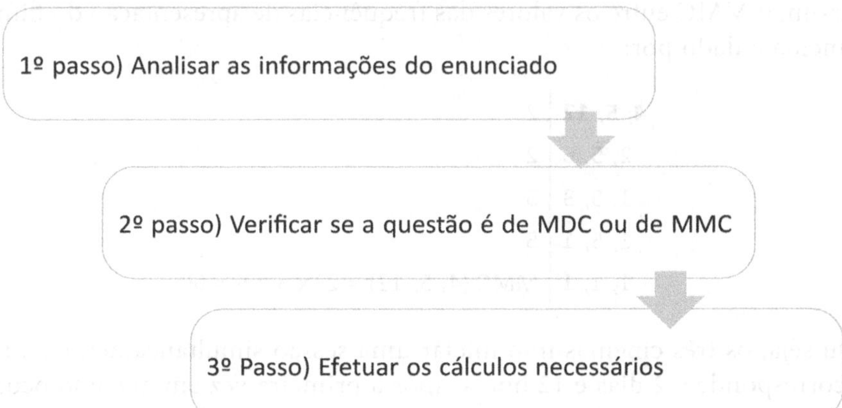

7. MAIS QUESTÕES COMENTADAS

QUESTÃO 16 (FCC/SABESP/Analista de Gestão/2018) Um novo filme será lançado em 3 cinemas de uma cidade do oeste paulista. Devido à popularidade mundial do filme, os 3 cinemas irão exibir sessões continuamente pelos próximos dias, inclusive de madrugada e de manhã, assim como nos domingos e feriados.

O lançamento ocorre simultaneamente nos 3 cinemas, às 23h de um sábado. A partir daí as próximas exibições seguem o seguinte padrão:

- Cinema A: a partir do instante de lançamento, uma nova sessão a cada 4 horas;
- Cinema B: a partir do instante de lançamento, uma nova sessão a cada 5 horas;
- Cinema C: a partir do instante de lançamento, uma nova sessão a cada 12 horas.

Dessa forma, pode-se concluir que a primeira vez em que os três cinemas irão iniciar uma sessão simultaneamente, sem contar o lançamento, se dará às

A) 23h de uma segunda-feira.

B) 23h de uma terça-feira.

C) 11h de uma terça-feira.

D) 16h de um domingo.

E) 11h de uma quarta-feira.

RESOLUÇÃO:

Estamos diante da necessidade de reconhecer uma **coincidência temporal** ou **quando determinado evento irá acontecer novamente**, de modo que a estratégia de resolução envolve uma aplicação do **MMC.**

Assim, o MMC entre os valores das frequências de apresentação do filme em cada cinema é dado por:

4, 5, 12	2
2, 5, 6	2
1, 5, 3	3
1, 5, 1	5
1, 1, 1	MMC (4, 5, 12) = $2^2 \times 3 \times 5$ = **60**

Ou seja, os três cinemas irão iniciar uma sessão simultaneamente 60 horas, o que corresponde a 2 dias e 12 horas, após a primeira vez em que isso ocorre.

Dessa forma, como o lançamento ocorre concomitantemente nos 3 cinemas às 23h de um sábado, a próxima exibição simultânea será às **11h de uma terça-feira**.

Gabarito: C.

QUESTÃO 17 (VUNESP/PM-SP/Soldado/2018) Uma pessoa toma 3 medicamentos diferentes: A, B e C. O medicamento A ela toma a cada 4 horas, o medicamento B, a cada 6 horas, e o medicamento C, a cada 12 horas. Sabendo que às 9 horas do dia 1º de agosto essa pessoa tomou os 3 medicamentos juntos, o próximo dia e horário em que essa pessoa tomará esses 3 medicamentos juntos novamente será em

(A) 1º de agosto, às 12 horas.

(B) 2 de agosto, às 12 horas.

(C) 1º de agosto, às 24 horas.

(D) 2 de agosto, às 09 horas.

(E) 1º de agosto, às 21 horas.

RESOLUÇÃO:

A questão envolve uma aplicação de **MMC**, por tratar de coincidência entre determinados eventos.

Repare que 12 é múltiplo de 4 e 6, de modo que o mmc(4, 6, 12) = 12.

Assim, a pessoa toma os três medicamentos juntos a cada 12 horas.

A pessoa tomou os três medicamentos às 9 horas do dia 1º de agosto. Ela tomará os três remédios juntos 12 horas depois: às **21 horas do dia 1º de agosto.**

Gabarito: E.

QUESTÃO 18 (MPE-GO/Secretário Auxiliar/2018) Três pessoas decidiram caminhar no parque. Elas saíram às 9 horas, do mesmo ponto de partida. Considerando que elas levam, respectivamente, 10, 12 e 15 minutos para dar uma volta completa na pista, pode-se afirmar com correção que elas se encontrarão novamente às:

A) 9h30min. B) 9h37min. C) 9h45min. D) 10h. E) 11h15min.

RESOLUÇÃO:

O nosso objetivo consiste em determinar quando as 3 pessoas se encontrarão novamente. Ou seja, estamos diante da necessidade de reconhecer uma **coincidência temporal**, de modo que a estratégia de resolução envolve uma aplicação do **MMC**.

Assim, o MMC entre os valores dos tempos que cada pessoa leva para concluir uma volta completa é dado por:

10, 12, 15	2
5, 6, 15	2
5, 3, 15	3
5, 1, 5	5
1, 1, 1	MMC (10, 12, 15) = $2^2 \times 3 \times 5 =$ **60**

Ou seja, as três pessoas voltarão a se encontrar 60 minutos ou 1 hora após a primeira vez em que isso ocorre. Dessa forma, o próximo horário em que os três corredores se encontrarão novamente será às:

9h + 1h= **10h**

Gabarito: D.

QUESTÃO 19 (Quadrix/CRP – 2ª Região/Ass Adm/2018) Três assistentes administrativos deverão digitar prontuários de pacientes. Esses três assistentes concluem a digitação de um prontuário exatamente a cada 29, 44 e 59 minutos e fazem uma pausa de um minuto antes de iniciar a digitação do próximo prontuário.

Com base nessa situação hipotética, assinale a alternativa que apresenta o número mínimo de minutos transcorridos para que os três assistentes iniciem simultaneamente a digitação de um prontuário.

A) 60 B) 120 C) 180 D) 210 E) 240

RESOLUÇÃO:

O nosso objetivo consiste em determinar quanto tempo levará para que os três assistentes voltem a iniciar as atividades juntos. Ou seja, estamos diante da necessidade de reconhecer uma **coincidência temporal**, de modo que a estratégia de resolução envolve uma aplicação do **MMC.**

Repare que antes de iniciar a digitação do próximo prontuário os assistentes fazem uma pausa de 1 minuto, de modo que aos seus tempos deve ser acrescido 1 minuto. Assim, o MMC entre os valores informados é dado por:

30, 45, 60	2
15,45,30	2
15, 45, 15	3
5, 15, 5	3
5, 5, 5	5
1, 1, 1	MMC (30, 45, 60) = $2^2 \times 3^2 \times 5 =$ **180**

Portanto, após **180 minutos** os três assistentes começaram a digitar um prontuário juntos.

Gabarito: C.

QUESTÃO 20 (FUNDEP/CODEMIG/Analista de Sistemas/2018) As irmãs Mariana, Elisa e Amanda estão andando de patins em uma praça. Para dar uma volta na praça, Mariana gasta 2 minutos, Elisa gasta 3 minutos e Amanda, 4 minutos.

Partindo ao mesmo tempo de um determinado ponto da praça, depois de quantos minutos elas se encontrarão nesse mesmo ponto?

A) 8 minutos. B) 9 minutos. C) 11 minutos. D) 12 minutos.

RESOLUÇÃO:

Estamos diante da necessidade de reconhecer uma **coincidência temporal**, de modo que a estratégia de resolução envolve uma aplicação do MMC.

Assim, o MMC entre os valores dos tempos em que cada irmã realiza uma volta na praça é dado por:

2, 3, 4	2
1, 3, 2	2
1, 3, 1	3
1, 1, 1	MMC (2, 3, 4) = 2^2 x 3 = **12**

Assim, após **12 minutos** elas se encontrarão no mesmo ponto.

Gabarito: D.

QUESTÃO 21 (VUNESP/Pref de Suzano/Prof Educ Básica/2015) O máximo divisor comum de 18 e N é 6. Sabendo-se que o mínimo múltiplo comum de 18 e N é 36, é correto afirmar que o produto 18N é igual a

a) 162. b) 180. c) 198. d) 216. e) 234.

RESOLUÇÃO:

Aos números naturais se aplica a seguinte propriedade: o **produto do MDC pelo MMC** de dois números deferentes de 0 é igual ao **produto** desses mesmos números. Ou seja:

$$MDC(a, b) \times MMC(a, b) = a \times b$$

Dessa maneira, ao aplicarmos essa propriedade aos números apresentados no enunciado, obtemos:

$$MDC(18,N)\times MMC(18,N)=18\times N$$

$$6\times 36=18N$$

$$18N=216$$

Gabarito: D.

QUESTÃO 22 (FCC/MPU/Téc Adm/2007) Em uma sede da Procuradoria da Justiça serão oferecidos cursos para a melhoria do desempenho pessoal de seus funcionários. Considere que:

– essa sede tem 300 funcionários, 5/12 dos quais são do sexo feminino;

– todos os funcionários deverão fazer um único curso e, para tal, deverão ser divididos em grupos, cada qual composto com pessoas de um mesmo sexo;

– todos os grupos deverão ter o mesmo número de funcionários;

– cada grupo formado terá seu curso em um dia diferente dos demais grupos.

Diante disso, a menor quantidade de cursos que deverão ser oferecidos é

a) 25 b) 20 c) 18 d) 15 e) 12

RESOLUÇÃO:

Sejam:

- Quantidade de mulheres: (5/12)x300 = **125**
- Quantidade de homens: 300 - 125 = **175**

Assim, a empresa é composta por 300 funcionários, dois quais 125 são mulheres e 175 são homens. Precisamos dividi-los em grupos, cada qual composto com pessoas de um mesmo sexo e cujo número de funcionários deve ser o maior possível em cada um deles. Então, precisamos calcular o **MDC**:

175, 125	**5**
35, 25	**5**
7, 5	

Note que já podemos parar a fatoração porque a partir desse ponto não haverá mais fatores que dividam simultaneamente todos os números. Daí, o **MDC (175, 125) = 25**, que corresponde à quantidade máxima de pessoas por curso.

Todavia, o nosso objetivo consiste em calcular quantos cursos deverão ser oferecidos, sendo que os funcionários deverão fazer um único curso. Para isso, basta dividir a quantidade de pessoas pelo MDC:

$$\frac{300}{25} = \textbf{12 cursos}$$

Gabarito: E.

QUESTÃO 23 (FGV -Aux Pol/PC-RJ/2022) A médica do hospital da corporação recebeu um lote de comprimidos de complementos vitamínicos que estimou ter mais que 150 e menos que 200 comprimidos. Ela decidiu separá-los em grupos pequenos e percebeu que, separando em grupos de 7 sobravam 3 comprimidos e, separando em grupos de 12 sobravam, também, 3 comprimidos.

O número de comprimidos desse lote era:

a) 164; b) 168; c) 171; d) 177; e) 182.

RESOLUÇÃO:

Como a divisão dos comprimidos em grupos de 7 e de 12 resultam na mesma sobra (3), isso indica que cada grupo possui o **mesmo número** de comprimidos. E esse número é um **múltiplo de 7 e de 12.**

Podemos descobrir qual é esse número por meio do **Mínimo Múltiplo Comum (MMC)** entre 7 e 12. Fazendo isso, encontramos que **MMC(7,12) = 84.**

O 84 corresponde ao menor valor que divide tanto 7 como 12. Mas, ele ainda não é o número que estamos procurando, pois é exigido que o lote tenha **mais que 150 e menos que 200** comprimidos.

Então, vamos analisar os próximos múltiplos de 7 e de 12: **84, 168, 252**...

Repare que dos múltiplos apenas o 168 se enquadra na exigência apresentada. Como ainda sobram mais 3 comprimidos nas divisões por grupos, temos que a quantidade total de comprimidos é de 168 + 3 = **171.**

Gabarito: C.

QUESTÃO 24 (FCC – Ana Jud/TRT 9ª Região/2015) Para um evento promovido por uma determinada empresa, uma equipe de funcionários preparou uma apresentação de slides que deveria transcorrer durante um momento de confraternização. Tal apresentação é composta por 63 slides e cada um será projetado num telão por exatos 10 segundos. Foi ainda escolhida uma música de fundo, com duração de 4min40s para acompanhar a apresentação dos slides.

Eles planejam que a música e a apresentação dos slides comecem simultaneamente e "rodem" ciclicamente, sem intervalos, até que ambas finalizem juntas. A fim de estudar a viabilidade desse plano, eles calcularam que a quantidade de vezes que a música teria de tocar até que seu final coincidisse, pela primeira vez depois do início, com final da apresentação seria

a) 5. b) 42. c) 12. d) 35. e) 9.

RESOLUÇÃO:

Se a apresentação é composta por 63 **slides** e cada um será projetado por 10 segundos, então toda a apresentação vai durar 63 x 10 = **630 segundos.**

Por sua vez, a **música de fundo** que vai acompanhar a a apresentação dos slides tem a duração de 4min40s, ou 4min + 40s = **280 segundos.**

Em seguida, é dito que a equipe de funcionários planeja que a música e a apresentação dos slides comecem simultaneamente e "rodem" ciclicamente, sem intervalos, até que ambas finalizem juntas.

Para isso, precisamos descobir o **Mínimo Múltiplo Comum** entre 630 (tempo da apresentação) e 280 (tempo da música):

630, 280	2
315, 140	2
315, 70	2
315, 35	3
105, 35	3
35, 35	5
7, 7	7
1, 1	$= 2^3 \times 3^2 \times 5 \times 7 = 2.520$

Assim, após **2.520 segundos** haverá **coincidência** entre o final da música e o final da apresentação dos slides pela primeira vez.

Agora, para descobrirmos quantas vezes terá de tocar a música neste intervalo de tempo, basta dividirmos o MMC pelo tempo da música:

$$\frac{2.520}{280} = 9$$

Gabarito: E.

QUESTÃO 25 (COPESE UFPI - Consultor Leg/ALEPI/2020) Em uma mesa há nove cartões numerados de 1 a 9. Ricardo e Emília pegam dois cartões cada um. O produto dos números dos cartões de Ricardo é 15 e o produto dos números dos cartões de Emília é 12. A soma dos números dos cinco cartões deixados sobre a mesa é:

a) 26 b) 27 c) 28 d) 29 e) 30

RESOLUÇÃO:

O enunciado informa que o produto dos números dos cartões de **Ricardo** é **15**. Ora, a única decomposição possível em fatores primos para esse número é **3** × **5**. Assim, Ricardo retirou os cartões **3** e **5**.

Também é dito que o produto dos números dos cartões de **Emília** é **12**. Já que são dois cartões, a fatoração desse número só poderia nos levar a **2 × 6** ou **3 × 4**. Ocorre que o número 3 já foi retirado por Ricardo, de modo que Emília só pode ter retirado os cartões **2** e **6**.

O nosso objetivo consiste em obter a soma dos números dos cinco cartões deixados sobre a mesa, a qual é dada por:

$$1 + 4 + 7 + 8 + 9 = \mathbf{29}$$

Gabarito: D.

QUESTÃO 26 (VUNESP/TJ-SP/Escrevente/2015) Para a montagem de molduras, três barras de alumínio deverão ser cortadas em pedaços de comprimento igual, sendo este o maior possível, de modo que não reste nenhum pedaço nas barras. Se as barras medem 1,5 m, 2,4 m e 3 m, então o número máximo de molduras quadradas que podem ser montadas com os pedaços obtidos é

a) 3 b) 6 c) 4 d) 5 e) 7

RESOLUÇÃO:

A questão exige a formação de barras com <u>tamanhos iguais e o maior possível</u>. Logo, estamos diante de um caso de **MDC**.

Então, vamos fatorar os números envolvidos:

- 15 = **3** x 5
- 24 = 2 x 2 x 2 x **3**
- 30 = 2 x **3** x 5

Assim, o MDC = 3, que corresponde ao tamanho das barras, de modo que:

- 15/3 = 5 barras
- 24/3 = 8 barras
- 30/3 = 10 barras

Somando os resultados, obtemos 5 + 8 + 10 = **23 barras**. E, visto que as molduras são quadradas, precisamos dividir esse valor por quatro. Ao fazermos isso, teremos **5 molduras**, restando ainda 3 barras.

Gabarito: D.

QUESTÃO 27 (VUNESP/UNESP/Ass Adm/2016) Gilberto e Guilherme treinam bicicleta juntos em um circuito de 3240 metros de extensão. Após o aquecimento, saem juntos do início do trajeto às 9:00h e encerram o treinamento após se encontrarem outras seis vezes no início do trajeto. Supondo que durante todo o treinamento, a cada segundo, Gilberto e Guilherme percorrem 6 metros e 9 metros, respectivamente, então é correto afirmar que o treino se encerrará às

a) 11h. b) 10h 48min. c) 10h 32min. d) 10h 25min. e) 10h 04min.

RESOLUÇÃO:

A extensão do circuito é de **3.240 metros**. Foi dito que, a cada segundo, Gilberto e Guilherme percorrem 6 metros e 9 metros, respectivamente. Logo, o tempo que cada um leva para dar uma volta completa fica:

- **Gilberto**: 3.240 / 6 = 540 segundos.
- **Guilherme**: 3.240 / 9 = 360 segundos.

Agora vamos calcular de quanto em quanto tempo os dois se encontram na largada, por meio do **MMC**:

540, 360	2
270, 180	2
135, 90	2
135, 45	3
45, 15	3
15, 5	3
5, 5	5
1, 1	
	$= 2^3 \times 3^3 \times 5 =$ **1.080**

Então, a cada 1.080 segundos ou **18 minuntos** (1.080 ÷ 60 = 18) eles se encontram no início do trajeto.

Além disso, temos a informação de que eles fazem isso **seis vezes**, gastando no total **1 hora e 48 min** (18 min x 6 = 108 min).

E, por fim, considerando que Gilberto e Guilherme saem juntos do início do trajeto às 9:00h, podemos concluir que o treino se encerrará às:

$$9h + 1h\ 48' = \mathbf{10h\ e\ 48\ min}$$

Gabarito: B.

QUESTÃO 28 (FCC/METRÔ-SP/Ofic Man Ind/2014) Na linha 1 de um sistema de Metrô, os trens partem de 2,4 em 2,4 minutos. Na linha 2 desse mesmo sistema, os trens partem de 1,8 em 1,8 minutos. Se dois trens partem, simultaneamente das linhas 1 e 2 às 13 horas, o próximo horário desse dia em que partirão dois trens simultaneamente dessas duas linhas será às 13 horas,

a) 10 minutos e 48 segundos.

b) 7 minutos e 12 segundos.

c) 6 minutos e 30 segundos.

d) 7 minutos e 20 segundos.

e) 6 minutos e 48 segundos.

RESOLUÇÃO:

Queremos descobrir o próximo horário em que partirão dois trens simultaneamente das linhas 1 e 2. Logo, precisamos calcular o **MMC** entre 144 (tempo da partida de cada trem da linha 1, em segundos) e 108 (tempo da partida de cada trem da linha 2, em segundos):

144, 108	2
72, 54	2
36, 27	2
18, 27	2
9, 27	3
3, 9	3
1, 3	3
1,1	= $2^4 \times 3^3$ = **432**

Assim, após **432 segundos** ou **7 minutos e 12 segundos** sairão dois trens ao mesmo tempo das linhas 1 e 2.

Gabarito: B.

QUESTÃO 29 (VUNESP/TJM-SP/Escrevente/2017) Em um pequeno mercado, o dono resolveu fazer uma promoção. Para tanto, cada uma das 3 caixas registradoras foi programada para acender uma luz, em intervalos de tempo regulares: na caixa 1, a luz acendia a cada 15 minutos; na caixa 2, a cada 30 minutos; e na caixa 3, a luz acendia a cada 45 minutos. Toda vez que a luz de uma caixa acendia, o cliente que estava nela era premiado com um desconto de 3% sobre o valor da compra e, quando as 3 luzes acendiam, ao mesmo tempo, esse desconto era de 5%. Se, exatamente às 9 horas de um determinado dia, as luzes das 3 caixas acenderam ao mesmo tempo, então é verdade que o número máximo de premiações de 5% de desconto que esse mercado poderia ter dado aos seus clientes, das 9 horas às 21 horas e 30 minutos daquele dia, seria igual a

a) 8. b) 10. c) 21. d) 27. e) 33.

RESOLUÇÃO:

A questão trata da coincidência do acendimento de luzes em três caixas registradoras de um mercado, conforme o tempo que cada uma foi programada, que a depender da combinação envolvida serão disponibilizados descontos aos clientes.

Daí, a princípio precisamos calcular o **MMC** entre os intervalos de acendimento das luzes de cada caixa:

45, 30, 15	2
45, 15, 15	3
15, 5, 5	3
5, 5, 5	5
1, 1, 1	$= 2 \times 3^2 \times 5 =$ **90**

Assim, a cada **90 minutos** ou **1 hora e meia** as lâmpadas dos três caixas se acendem ao mesmo tempo. E, visto que a primeira vez que isso acontece é às 9h e o mercado funciona até às 21h30, temos as seguintes ocorrências da premiação de 5% de desconto:

- 09h00min – 1ª premiação
- 10h30min – 2ª premiação
- 12h00min – 3ª premiação
- 13h30min – 4ª premiação
- 15h00min – 5ª premiação
- 16h30min – 6ª premiação
- 18h00min – 7ª premiação
- 19h30min – 8ª premiação
- 21h00min – 9ª premiação

Desse modo, no período informado as três luzes se acenderam simultanemanente **9 vezes.**

E, por fim, considerando que temos três em funcionamento, o **número máximo de premiações de 5% de desconto** que esse mercado poderia ter dado aos seus clientes foi de 3 x 9 = **27.**

Gabarito: D.

QUESTÃO 30 (VUNESP - Ana Prev/PERUÍBEPREV/2022) Em 2020, no dia 8 de fevereiro, André começou a ler um livro com 288 páginas; no dia 11 de fevereiro, Bianca começou a leitura de um livro de 279 páginas; no dia 2 de fevereiro, Carlos iniciou um livro com 315 páginas. Esses três amigos combinaram antecipadamente que, até terminarem seus respectivos livros, leriam um mesmo número de páginas por dia, sendo esse número o maior possível. Quando Carlos terminou de ler o seu livro, os números de dias que ainda faltavam para André e Bianca terminarem os seus livros eram, respectivamente,

a) 1 e 2. b) 1 e 3. c) 2 e 3. d) 3 e 3. e) 3 e 5.

RESOLUÇÃO:

Inicialmente, precisamos descobrir o número de páginas que cada amigo leu por dia.

O enunciado informa que leriam um mesmo número de páginas por dia, sendo esse número o maior possível. Então, trata-se de uma aplicação do **Máximo Divisor Comum (MDC)** entre as quantidades de páginas dos livros a serem lidos por cada amigo.

O MDC entre 288, 279 e 315 é igual a 9. Isso significa que diariamente os amigos leem 9 páginas dos seus livros.

Vamos descobrir a data em que cada um deles terminará de ler seus livros. Lembre-se que o ano de 2020 é bissexto, de modo que o mês de fevereiro possui 29 dias.

- André (iniciou em 8/2): 288 páginas÷ 9 páginas por dia = 32 dias → concluirá em 10/3.
- Bianca (iniciou em 11/2): 279 páginas÷9 páginas por dia = 31 dias → concluirá em 12/3.
- Bianca (iniciou em 11/2): 315 páginas÷9 páginas por dia = 35 dias → concluirá em 7/3.

Portanto, quando Carlos terminou de ler seu livro, faltavam para **André** 10 - 7 = **3 dias** e para **Bianca,** 12 - 7 = **5 dias.**

Gabarito: E.

8. QUESTÕES-DESAFIO

QUESTÃO 31 (VUNESP/São J dos Campos/Ana Gest Mun/2015) Antônio criou uma senha com dois números inteiros positivos A e B, nessa ordem, ambos com dois dígitos. Para a criação da senha, ele utilizou os seguintes critérios:

- A razão entre o mínimo múltiplo comum de A e B e o máximo divisor comum de A e B é 30;
- O mínimo múltiplo comum de A e B supera o máximo divisor comum de A e B em 145 unidades;
- A é menor que B, e a diferença B – A é mínima.

Conhecidos esses critérios, pode-se concluir corretamente que a soma A + B dos números utilizados por Antônio para a criação dessa senha é igual a

a) 45. b) 55. c) 65. d) 75. e) 85.

RESOLUÇÃO:

Conforme as informações do enunciado, temos:

$$\frac{MMC(A,B)}{MDC(A,B)} = 30 \rightarrow MMC(A,B) = 30MDC(A,B) \ (\mathbf{I})$$

$$MMC(A,B) = MDC(A,B) + 145 \ (\mathbf{II})$$

Agora, vamos substituir (II) em (I):

$$MDC(A,B) + 145 = 30MDC(A,B)$$

$$\boldsymbol{MDC(A, B)} = \frac{145}{29} = 5$$

E, para encontrarmos o MMC entre A e B, substituímos o MDC em (II):

$$\boldsymbol{MMC(A, B)} = 5 + 145 = 150$$

Fatorando este MMC de 150, temos: **2 x 3 x 5 x 5.**

Levando em conta que o MDC é 5, o fator comum na fatoração destes dois números é o próprio número 5. Já o outro 5, o 2 e o 3 vão aparecer na fatoração de apenas um deles, de forma que a diferença entre eles seja **mínima** segundo informação do enunciado. Então, a fatoração deles deve ficar assim:

- **A** = 25 = 5 x 5 = **25**
- **B** = 2 x 3 x 5 = **30**

Assim, garantimos que **B seja maior que A** e que haja uma **mínima diferença** entre os dois números.

Por fim, a soma dos dois números que formam a senha de Antônio fica:

$$A + B = 25 + 30 = \mathbf{55}$$

Gabarito: B.

QUESTÃO 32 (VUNESP/UNESP/Ass Adm/2016) Sejam x e y dois números naturais tais que MDC(x,105) = 1, o MMC(x,21) = 168 e o MDC (x, y) = 4. Então, sabendo que y é maior que x, porém é menor que o dobro de x, pode-se afirmar que y é igual a

a) 4. b) 8. c) 12. d) 16. e) 20.

RESOLUÇÃO:

Foi dito que o **MMC (x,21) = 168**. Então, ao fazermos a multiplicação entre **x** e **21**, devemos encontrar **168**:

$$x \times 21 = 168$$

$$x = \frac{168}{21} = 8$$

Perceba que esse resultado respeita a condição de que o **MDC (x, 105) = 1**, pois **8** e **105** são números primos entre si.

Em seguida o enunciado afirma que o **MDC (x, y) = 4**, especificando que **y** é maior que **x**, porém é menor que o dobro de **x**. Logo, o valor de **y** está entre 9 e 15.

Bem, o MDC entre dois números envolve decompô-los e pegar os fatores repetidos de menor expoente. Assim, como o resultado do **MDC entre x e y é 4**, necessariamente na fatoração do número **y** devemos ter $\mathbf{2^2}$. Assim, vamos analisar os números que estão no intervalo de interesse:

- **Não** pode ser o 9, porque é 3^2;
- **Não** pode ser o 10, porque fica 2 x 5;
- **Não** pode ser 11, pois é primo;

- **Pode ser o 12**, já que é 2^2 x 3;
- **Não** pode ser 13, visto que é primo;
- **Não** pode ser 14, pois é 2 x 7;
- **Não** pode ser 15, já que é 3 x 5;

Portanto, o número **y** só pode ser **12**.

Gabarito: C.

CAPÍTULO 5

DIVISIBILIDADE

Neste capítulo aprenderemos algumas regrinhas básicas para encontrarmos rapidamente se um número natural é múltiplo ou divisor de outro número. Não é comum encontrarmos questões de concursos que envolvem somente esses conceitos, mas eles ajudam muito em diversos outros assuntos da matemática, pois facilitam nossos cálculos.

Os **múltiplos** de um número **X** são aqueles números que **podem ser obtidos multiplicando X por outro número natural**. Por exemplo, os múltiplos de 3 são: 3, 6, 9, 12, 15 etc. Repare que esses números podem ser obtidos multiplicando 3 por 1, 2, 3, 4 e 5, respectivamente.

Os **divisores** de um número são **todos aqueles números que ao dividirem tal número, deixam resto "0"**. Por exemplo, 5 é divisor de 25, pois 25÷5=5 e resto 0. É uma divisão exata.

Para facilitar nossa vida, existem alguns critérios para você bater o olho em um número e afirmar com certeza se ele é ou não divisível por outro. Para a decomposição em fatores primos, é fundamental que você saiba estas regrinhas.

a) Divisibilidade por 2:

Esta regra é a mais fácil de todas, basta verificar se o número é par, ou seja, se ele termina em 0, 2, 4, 6 ou 8, pois se for, logicamente será divisível por 2. Exemplos:

1) 10, 22, 74, 316 e 4.678 são divisíveis por 2, pois todos são números pares.

2) 37 e 49 não são divisíveis por 2, pois são números ímpares.

b) Divisibilidade por 3:

Para que um número seja divisível por 3, a soma de seus algarismos tem que ser um múltiplo de 3. Exemplos:

1) 39 é divisível por 3, pois 3 + 9 = 12, que é múltiplo de 3.

2) 5.736 também é divisível por 3, pois 5+7+3+6 = 21, que é múltiplo de 3.

Caso não saiba de cabeça se 21 é múltiplo de 3, basta repetir a regra, ou seja, 2+1 = 3, que é múltiplo de 3.

3) 143 não é divisível por 3, pois 1+4+3 = 8, que não é múltiplo de 3.

c) Divisibilidade por 4:

Esta regra é uma extensão da regra da divisibilidade por 2. Para sabermos se um número é divisível por 2, basta olharmos se o último algarismo é par, certo? Bem, para sabermos se um número é divisível por 4, basta olhar se seus dois últimos algarismos formam um número múltiplo de 4. Exemplos:

1) 324 é divisível por 4, pois 24 é múltiplo de 4.

2) 12.678.098.340 é divisível por 4, pois 40 é múltiplo de 4.

3) 418 não é divisível por 4, pois 18 não é múltiplo de 4.

Observação: Os números terminados em 00 também são divisíveis por 4. Exemplos: 2.300, 22.000 e 56.321.700 são divisíveis por 4, pois terminam em 00.

d) Divisibilidade por 5:

Esta regra também é fácil, basta verificar se o número termina em 0 ou 5. Exemplos:

1) 10, 450, 325, 17.675 são divisíveis por 5, pois todos terminam em 0 ou 5.

2) 723 e 491 não são divisíveis por 5, pois não terminam em 0 ou 5.

e) Divisibilidade por 6:

Para sabermos se um número é divisível por 6, ele tem que cumprir ambas as regras das divisibilidades por 2 e por 3. Isto é, ele tem que ser par e a soma de seus algarismos tem que ser um múltiplo de 3. Exemplos:

1) 42 é divisível por 6, pois ele é par e 4+2 = 6, que é múltiplo de 3.

2) 40 não é divisível por 6, pois apesar de ser par, 4+0 = 4, que não é múltiplo de 3. Isto é, ele é divisível por 2, mas não é por 3, logo, não é divisível por 6.

3) 39 não é divisível por 6, pois apesar de 3+9 = 12 ser múltiplo de 3, ele não é par. Isto é, ele é divisível por 3, mas não é por 2, logo, não é divisível por 6.

f) Divisibilidade por 7, 11, 13 e 17:

Não existe uma regra simples que facilite nossos cálculos, o jeito é fazer o cálculo da divisão por 7 mesmo.

Também existem critérios para divisibilidade por 11, 13, 17 etc., mas assim como o critério da divisibilidade por sete, não os consideramos úteis para memorizar para suas provas, pois são complicados e facilmente confundidos. É mais simples efetuarmos a divisão diretamente.

g) Divisibilidade por 8:

Pense comigo: se um número é divisível por 2 quando seu último número é par, ou seja, é múltiplo de 2, e é divisível por 4 quando seus dois últimos algarismos formam um múltiplo de 4, então ele será divisível por 8 quando os três últimos algarismos formarem um número múltiplo de 8, certo?

Então não importa quantos algarismos o número tenha, basta olhar se os três últimos podem ser divididos por dois três vezes consecutivas. Para facilitar este cálculo, divida somente duas vezes o número formado pelos três últimos algarismos por 2 e veja se o resultado é par, pois se for, todo o número será divisível por 8, afinal, $8 = 2^3$. Exemplo:

1) Para saber se 816 é divisível por 8, basta dividi-lo duas vezes consecutivas por 2 e conferir se o resultado é um número par, assim:

$816 \div 2 = 408 \rightarrow 408 \div 2 = 204$, que é par, logo, 816 é divisível por 8.

Como verificamos que 816 é divisível por 8 e para saber se um número é divisível por 8 basta verificar se os três últimos algarismos formam um múltiplo de 8, qualquer número que termine em 816 será divisível por 8, pois para esta regra não interessam os algarismos anteriores aos três últimos do número. Logo, 2.816, 43.816, 12.768.816 também serão múltiplos de 8, pois 816 é.

2) 24.412. Analisaremos somente o final 412:

$412 \div 2 = 206 \rightarrow 206 \div 2 = 103$, que é ímpar, logo, 412 não é divisível por 8, nem qualquer outro número que termine em 412.

Bem, a este momento você pode estar se perguntando, e se o número não tiver três algarismos, for o número 48, por exemplo? Basta fazer a mesma coisa, dividi-lo por 2 duas vezes e verificar se o resultado é par.

Exemplo: $48 \div 2 = 24 \rightarrow 24 \div 2 = 12$, que é par, logo, 48 é divisível por 8.

Exemplo: $86 \div 2 = 43$, que é ímpar, então já pode parar por aqui, pois 86 não é divisível por 8.

Observação: Os números terminados em 000 também são divisíveis por 8. Exemplos: 2.000 e 56.321.000 são divisíveis por 8, pois terminam em 000.

h) Divisibilidade por 9:

Segue a mesma receita de bolo da regra da divisibilidade por 3, basta somar seus algarismos e verificar se formam um múltiplo de 9. Caso essa soma resulte em um número grande, basta somar esse resultado de novo e verificar se forma um múltiplo de 9. Exemplos:

1) 27 é divisível por 9, pois $2+7 = 9$, que é múltiplo de 9.

2) 327 não é divisível por 9, pois $3+2+7 = 12$, que não é múltiplo de 9.

3) 3.267 é divisível por 9, pois 3+2+6+7 = 18, que é múltiplo de 9.
4) 5.831.487 é divisível por 9, pois 5+8+3+1+4+8+7 = 36, que é múltiplo de 9. Caso não saiba de cabeça se 36 é múltiplo de 9, basta utilizar a regra de novo: 3+6 = 9.

Um macete para se lembrar da tabuada do nove é montar uma tabela com a primeira coluna com os números 0, 1, 2,...,9 e na segunda coluna fazer o contrário, ou seja, 9, 8,...,0, desta forma:

9 x 1 =	0	9
9 x 2 =	1	8
9 x 3 =	2	7
9 x 4 =	3	6
9 x 5 =	4	5
9 x 6 =	5	4
9 x 7 =	6	3
9 x 8 =	7	2
9 x 9 =	8	1
9 x 10 =	9	0

i) Divisibilidade por 10:

Esta ganha da regra da divisibilidade por 2 na eleição da regra mais fácil de todas, pois basta verificar se o número termina em 0. Exemplos:

1) 30, 450 e 4.870 são divisíveis por 10, pois são terminados em 0.
2) 57 e 498 não são divisíveis por 10, pois não terminam em 0.

j) Divisibilidade por 25:

Este também é bem fácil, basta verificar se o número termina em 00, 25, 50 ou 75. Exemplos:

1) 300, 325, 450 e 117.675 são divisíveis por 25, pois terminam em 00, 25, 50 ou 75.
2) 720 e 2.495 não são divisíveis por 25, pois não terminam em 00, 25, 50 ou 75.

1. RESUMO

a) Divisibilidade por 2: O número é par.

b) Divisibilidade por 3: A soma dos algarismos é um múltiplo de 3.

c) Divisibilidade por 4: Os dois últimos algarismos formam um número múltiplo de 4.

d) Divisibilidade por 5: Termina em 0 ou 5.

e) Divisibilidade por 6: É par e a soma dos algarismos é um múltiplo de 3.

f) Divisibilidade por 7, 11, 13 ou 17: Esqueça!

g) Divisibilidade por 8: Os três últimos algarismos formam um número múltiplo de 8.

h) Divisibilidade por 9: A soma dos algarismos é um múltiplo de 9.

i) Divisibilidade por 10: Termina em 0.

j) Divisibilidade por 25: Termina em 00, 25, 50 ou 75.

2. MAIS QUESTÕES COMENTADAS

QUESTÃO 01 (IBFC/Perito Criminal/PC-PR/2017) Dentre os números descritos nas alternativas, o único que não é divisível por 9 é:

a) 1359 b) 21744 c) 8766 d) 123456 e) 23130

RESOLUÇÃO:

Basta usarmos a regra dos 9 para cada uma das alternativas, que diz que um número é divisível por nove quando a soma dos seus algarismos forma um múltiplo de nove.

a) 1359 = 1+3+5+9 = 18 => múltiplo de 9

b) 21744 = 2+1+7+4+4 = 18 => múltiplo de 9

c) 8766 = 8+7+6+6 = 27=> múltiplo de 9

d) 123456 = 1+2+3+4+5+6 = 21 => NÃO é múltiplo de 9!

e) 23130 = 2+3+1+3+0 = 9 => múltiplo de 9

Gabarito: D.

QUESTÃO 02 (IBFC – Soldado/PM-SE/2018) Um número é composto por 3 algarismos sendo que o algarismo da centena é o 7 e o da unidade é o 4. A soma dos possíveis algarismos da dezena desse número de modo que ele seja divisível por 3 é:

a) 15 b) 18 c) 12 d) 9

RESOLUÇÃO:

Para que um número seja múltiplo de três, a soma dos seus algarismos tem que ser um múltiplo de três. O enunciado forneceu que o número é composto por três algarismos, sendo dois deles iguais a 7 e 4. Logo, temos que analisar cada algarismo entre 0 e 9 e somar a 7 e 4 para ver se é um múltiplo de três. Assim:

704 ⇒ 7+0+4=11 ⇒ não é múltiplo de 3.

714 ⇒ 7+1+4=12 ⇒ é múltiplo de 3.

724 ⇒ 7+2+4=13 ⇒ não é múltiplo de 3.

734 ⇒ 7+3+4=14 ⇒ não é múltiplo de 3.

744 ⇒ 7+4+4=15 ⇒ é múltiplo de 3.

754 ⇒ 7+5+4=16 ⇒ não é múltiplo de 3.

764 ⇒ 7+6+4=17 ⇒ não é múltiplo de 3.

774 ⇒ 7+7+4=18 ⇒ é múltiplo de 3.

784 ⇒ 7+8+4=19 ⇒ não é múltiplo de 3.

794 ⇒ 7+9+4=20 ⇒ não é múltiplo de 3.

Portanto, os possíveis números para o algarismo das dezenas são 1, 4 e 7, que somam 12.

Gabarito: C.

QUESTÃO 03 (FCC – Estagiário/SABESP/2018) Em um mês de 28 dias, Matheus tirou folga apenas nos dias que eram simultaneamente múltiplo de 3 e divisor de 15. A fração de dias desse mês que Matheus folgou é igual a

a) 3/14 b) 5/28 c) 1/7 d) 1/14 e) 3/28

Resolução: Primeiro vejamos os dias múltiplos de 3: 3, 6, 9, 12, 15, 18, 21, 24 e 27.

Depois quais são os divisores de 15: 1, 3, 5 e 15.

Os dias que estão nas duas hipóteses são 3 e 15, ou seja, ele folgou somente dois dias de um total de 28 dias do mês. Rapaz trabalhador esse Matheus.

Gabarito: D.

QUESTÃO 04 (FCC – Téc Jud/TRT-6/2018) Em relação aos 31 dias de um mês, Fernando, Geraldo e Hélio folgaram, respectivamente, nos dias que são "múltiplos de 6", "divisores de 12" e "múltiplos de 3 e divisores de 30". Nesse mês, os três trabalharam juntos em um total de

a) 19 dias. b) 21 dias. c) 23 dias. d) 22 dias. e) 20 dias.

RESOLUÇÃO:

Vejamos quais os dias que eles folgaram, analisando cada uma das três hipóteses:

1ª) Dias múltiplos de 6: 6, 12, 18, 24 e 30.

2ª) Dias divisores de 12, que são: 1, 2, 3, 4, 6 e 12.

3ª) Dias múltiplos de 3 e divisores de 30 ao mesmo tempo. Os divisores de 30 são: 1, 2, 3, 5, 6, 10, 15 e 30. Desses, são múltiplos de 3: 3, 6, 15 e 30.

Agora é juntar os resultados das três hipóteses, excluindo os repetidos: 1, 2, 3, 4, 6, 12, 15, 18, 24 e 30. Esses foram os dias que eles folgaram, ou seja, não trabalharam 10 dias. Logo, dos 31 dias do mês, trabalharam 21 dias.

Gabarito: B.

QUESTÃO 05 (IBADE – Professor/Pref Linhares/2020) O menor valor que devemos subtrair o número 2.240 para torná-lo um número divisível por 3 e 11 é:

a) 29 b) 7 c) 2 d) 27 e) 14

RESOLUÇÃO:

O **teorema fundamental da aritmética** estabelece que, se um número é divisível por **a** e **b** primos, então ele será divisível por **ab**.

Nesse sentido, levando em conta que precisamos subtrair um determinado valor de 2.240 para torná-lo divisível por 3 e por 11, então o resultado deverá ser divisível por 3 × 11 = **33**.

Ao dividirmos 2.240 por 33 e observando o resto da divisão, temos:

$$\begin{array}{r|l} 2.240 & 33 \\ \hline \underline{-2.211} & 67 \\ \mathbf{29} & \end{array}$$

Assim, **deverão ser subtraídas no mínimo 29 unidades**, de modo a termos o número 2.211, cuja divisão por 33 é inteira.

Gabarito: A.

QUESTÃO 06 (INSTITUTO MAIS – Auxiliar/Pró-Sangue/2022) Assinale a alternativa que contém apenas divisores do número 360.

a) 10, 12, 25, 30, 46, 60.

b) 8, 12, 15, 20, 36, 45.

c) 8, 18, 25, 30, 36, 45.
d) 10, 12, 15, 30, 46, 60.
e) 8, 18, 20, 25, 46, 60.

RESOLUÇÃO:

Os divisores de um número natural são todos os números naturais que o dividem numa divisão exata, isto é, cujo resto é zero. No caso do número 360, seus divisores são: **1, 2, 3, 4, 5, 6, 8, 9, 10, 12, 15 ,18, 20, 24, 30, 36, 40, 45, 60, 72, 90, 120, 180 e 360.**

Vamos analisar as opções de resposta em busca daquela que tenha **apenas divisores do número 360**:

a) 10, 12, 25, 30, 46, 60. **Errado**, pois 25 e 46 não são divisores de 360.
b) 8, 12, 15, 20, 36, 45. **Certo**, todos esses números são divisores de 360.
c) 8, 18, 25, 30, 36, 45. **Errado**, pois 25 não é divisor de 360.
d) 10, 12, 15, 30, 46, 60. **Errado**, pois 46 não é divisor de 360.
e) 8, 18, 20, 25, 46, 60. **Errado**, pois 25 e 46 não são divisores de 360.

Gabarito: B.

3. QUESTÃO-DESAFIO

QUESTÃO 07 (CONSULPLAN – Prof/2016) Marcela nasceu no último ano do século 20 cujo número é divisível por 3 e 4 e Paulo nasceu no primeiro ano do século 21 cujo número é divisível por 5 e 6. Assim, a diferença de idade entre Marcela e Paulo é de:

a) 12 anos. b) 14 anos. c) 16 anos. d) 18 anos.

RESOLUÇÃO:

Antes de mais nada, podemos ter a seguinte dúvida: O último ano do século 20 foi 1999 ou 2000? Pense bem, o primeiro ano não foi o ano 0, e sim o ano 1, certo? Logo, o século 1 foi de 01/01/01 a 31/12/100. Dessa forma, o século 20 foi de 01/01/1901 a 31/12/2000.

Sendo assim, Marcela nasceu até o ano 2000 e Paulo nasceu de 2001 em diante.

Se Marcela nasceu no último ano do século 20 cujo número é divisível por 3 e 4, façamos algumas tentativas em cima da última década desse século 20. O último ano múltiplo de 3 foi 1998, pois 1+9+9+8 = 27, que é múltiplo de 3.

Só que 1998 não é múltiplo de 4, pois 98 não é múltiplo de 4, logo, 1998 não pode ser. Se 1998 era múltiplo de 3, vejamos os outros anos múltiplos de 3 abaixo dele, bastando para isso decrescer 1998 de 3 em 3 anos: 1995, 1992, 1989 etc.

Logo de cara vemos que 1995 não pode ser múltiplo de 4, porque nem par ele é. Vamos ver agora se o ano de 1992 é múltiplo de 4, e notamos que é sim, pois 92/4 = 23. Assim, 1992 é o ano de nascimento de Marcela.

Vejamos agora Paulo, que nasceu no primeiro ano do século 21 cujo número é divisível por 5 e 6. Como o século 21 começa em 2001 e para ser múltiplo de 5 tem que terminar em 0 ou 5, poderemos ter os anos de 2005, 2010, 2015, 2020 etc. Para ser múltiplo de 6, o ano tem que ser par e múltiplo de 3 ao mesmo tempo. Se tem que ser par, só poderemos ter como resposta os anos de 2010, 2020, 2030 etc. Desses, o primeiro que é múltiplo de 3 é logo 2010, pois 2+0+1+0 = 3. Logo, Paulo nasceu em 2010.

Não importa em que ano analisarmos, a diferença de idade entre Marcela e Paulo será sempre constante, conforme veremos melhor no capítulo sobre problemas envolvendo idades. Assim: 2010 – 1992 = 18 anos.

Gabarito: D.

CAPÍTULO 6

POTENCIAÇÃO

1. INTRODUÇÃO

No primeiro capítulo desta unidade, tivemos a oportunidade de estudar as operações matemáticas fundamentais: soma, subtração, multiplicação e divisão. Em decorrência delas, várias outras operações foram desenvolvidas, a fim de suprir a necessidade de outros campos do saber.

Neste capítulo analisaremos a operação matemática denominada **potenciação**. Ela é muito importante não só para a nossa disciplina, como também para diversas ciências, como a engenharia, física, astronomia etc.

Em termos de cobrança em concursos públicos, a presente temática tem sido bem explorada pelas bancas examinadoras, seja de maneira isolada, seja em combinação com outros assuntos, como na Matemática Financeira. De toda forma, é essencial que o candidato conheça o conceito de potenciação, os principais casos e as propriedades envolvidas nessa operação matemática.

2. POTENCIAÇÃO

No início do ensino fundamental, você aprendeu que a **multiplicação** nada mais é que uma soma de várias parcelas iguais. Por exemplo:

$$5+5+5+5 = \mathbf{5 \times 4}$$

Da mesma forma, a **potência** é uma forma abreviada para uma multiplicação de vários fatores iguais. Observe:

$$2 \cdot 2 \cdot 2 \cdot 2 = \mathbf{2^4} = 16$$

A potenciação equivale a uma *multiplicação de fatores iguais*.

No caso apresentado, temos uma potência na qual o número **2** é a **base** e **4**, o **expoente**. Logo, a base é o número que está sendo multiplicado, ao passo que o expoente indica quantos fatores iguais a esse número serão usados.

Na potenciação, multiplicamos a base por ela mesma quantas vezes mandar o expoente!

2.1. Propriedades

As propriedades que veremos a partir de agora nos auxiliarão a agilizar os cálculos das potências. Basicamente, temos 3 (três) casos em que toda potência se encaixa. Analisemos cada um separadamente.

2.1.1. Potência de um Número Real com Expoente Natural

De modo geral, sendo **a** um número real e **n** um número natural, tal que **n** > **1**, teremos:

$$a^n = \underbrace{a \, . a \, . a \, ...a}_{(n \text{ vezes})}$$

CUIDADO!

Não se deve multiplicar a base pelo expoente! Na verdade, como já dito, o expoente representa apenas o número de vezes em que a base é tomada como fator, mas não é, ele próprio, um fator.

Perceba que a definição anterior não tem sentido para os casos $\mathbf{a_1}$ e $\mathbf{a_0}$, pois não há como falar em multiplicação de um único fator ou de nenhum. Apesar disso, é bom ter em mente as regras que se aplicam a esses casos:

- **Expoente igual a 1**: A potência será sempre **igual à base**. Exemplo: $8^1 = 8$.
- **Expoente nulo (=0)**: A potência será sempre **igual a 1**. (**Não** se define a potência $\mathbf{0^0}$). Exemplo: $8^0 = 1$.

Outras duas situações que merecem destaque referem-se às potências cujas **bases** são iguais a **0** ou a **1**. Nesses casos, aplicaremos o seguinte:

- **Base igual a 1**: A potência será sempre **igual a 1.** Exemplo: $1^8 = 1$.

o Isto acontece porque o número 1, multiplicado por ele mesmo, sempre dará resultado 1, não importa quantas vezes se realize a multiplicação.

- **Base nula (=0)**: A potência será sempre **igual a 0**. (**Não** se define a potência **0^0**). Exemplo: $0^8 = 0$.

o Chegamos a essa regra porque quando multiplicamos o número 0 por ele mesmo, não importa quantas vezes o façamos, o resultado sempre será 0.

Quanto ao **sinal da potência**, temos as seguintes regras:

1) Quando o **expoente** é um número **par**, a potência será sempre um número **positivo**.

Exemplos

$5^2 = 5 . 5 = 25$

$(-4)^2 = (-4) . (-4) = 16$

(Tudo que está dentro do parêntese está sendo elevado ao quadrado)

2) Quando o **expoente** é um número ímpar, a potência terá sempre o **sinal da base**.

Exemplos:

$2^5 = 2 . 2 . 2 . 2 . 2 = 32$

$(-6)^3 = (-6) . (-6) . (-6) = -216$

3) Quando um número inteiro **negativo** com **expoente** par ou ímpar <u>não estiver entre parênteses</u> a potência será sempre **negativa**.

Exemplo:

$-3^2 = -(3 . 3) = -9$

(Perceba que apenas o número 3 está sendo elevado ao quadrado)

Esta última regra é muito importante. Por isso não esqueça:

Atenção!

$(-a)^n \neq -a^n$

UNIDADE 1 – MATEMÁTICA DE NÍVEL FUNDAMENTAL

RESUMINDO

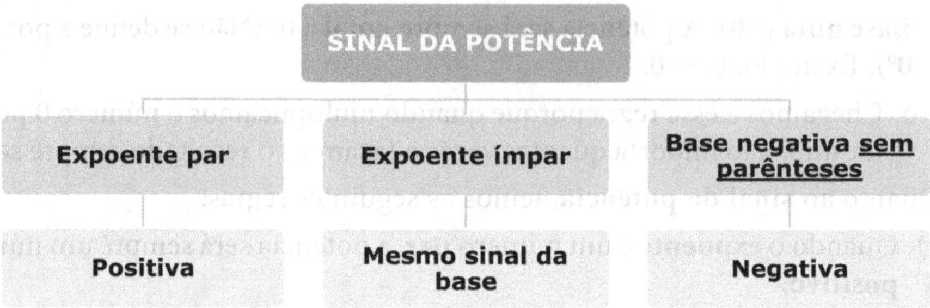

2.1.2. Potência de um Número Real com Expoente Negativo

Considere a um número real (a ≠ 0) e n um número inteiro negativo. Nesse caso, temos:

$$a^{-n} = \frac{1}{a^n}$$

Ou seja, a presente propriedade indica que, se o **expoente** for **negativo**, podemos **inverter a base e trocar o sinal do expoente**.

Exemplo:

$$5^{-2} = \frac{1}{5^2} = \frac{1}{25}$$

2.1.3. Potência com Expoente Racional

Quando tivermos uma potência com expoente fracionário do tipo $a^{\frac{m}{n}}$, com **a** ∈ R_+, **n** ∈ ℵ, **m** > 0, ela pode ser representada na forma:

$$a^{\frac{m}{n}} = \sqrt[n]{a^m}$$

Ou seja, a base torna-se o radicando, o numerador do expoente torna-se o expoente do radicando e o denominador do expoente torna-se o índice do radical.

Exemplo:

$$5^{\frac{2}{3}} = \sqrt[3]{5^2}$$

Veja como esse assunto já foi cobrado!

QUESTÃO 01 (FAUEL/FMSFI/Técnico em Enfermagem/2015) Calcule menos nove elevado a terceira potência.

a) 27 b) 729 c) –729 d) –27

RESOLUÇÃO:

Questão super tranquila, não é mesmo? Bem, precisamos calcular menos nove elevado a terceira potência. Ou seja, a potência descrita no enunciado tem base igual a **-9** e expoente igual a **3**. Logo, multiplicaremos a base por ela mesma três vezes:

$$(-9)^3 = (-9)\,.(-9)\,.(-9) = \mathbf{-729}$$

Gabarito: C.

QUESTÃO 02 (INSTITUTO AOCP/Colégio Pedro II/Aux de Biblioteca/2013) Qual é o resultado de uma potenciação em que o expoente é igual a 3 e a base é o número que, elevado ao quadrado, é igual a 9?

a) 3. b) 9. c) 18. d) 27. e) 81.

RESOLUÇÃO:

Temos a seguinte configuração para a nossa potência:

- Expoente: 3.
- Base: é o número que, elevado ao quadrado, é igual a 9.

Ora, o número que, elevado ao quadrado, é igual a 9 com certeza é **3** ($3^2 = 9$). Com isso, teremos:

$$3^3 = 3\,.3\,.3 = \mathbf{27}$$

Gabarito: D.

QUESTÃO 03 (SHDIAS/CEASA-CAMPINAS/Assist Adm/2014) Calcule as seguintes potências e expressões: a = 3^3, b = $(-2)^3$, c = 3 – 2 e d = (-2) – 3; e em seguida marque a alternativa que representa a ordem correta das letras a, b, c,

a) a > c > d > b. b) b > a > c > d. c) a > b > c > d. d) d > a > b > c.

RESOLUÇÃO:

Vamos efetuar os cálculos:

- **a** = 3^3 = 3 . 3 . 3 = **27**
- **b** = $(-2)^3$ = (-2) . (-2) . (-2) = **-8**
- **c** = 3 - 2 = **1**
- **d** = (-2) - 3 = **-5**

Ordenando os resultados, obtemos:

$$\mathbf{a > c > d > b}$$

Gabarito: A.

QUESTÃO 04 (FCC/METRO-SP/Ass Adm/2014) O resultado da expressão:
$(4 - 7)^2 .(4 - 6)^3 .(4 - 5)^4 - (5 - 8)^2 .(5 - 7)^3 .(5 - 6)^5$
é igual a

a) 144. b) - 192. c) 0. d) - 144. e) 192.

RESOLUÇÃO:

Inicialmente devemos calcular o conteúdo dos parênteses:

$$(4 - 7)^2 .(4 - 6)^3 .(4 - 5)^4 - (5 - 8)^2 .(5 - 7)^3 .(5 - 6)^5$$

$$(-3)^2 .(-2)^3 .(-1)^4 - (-3)^2 .(-2)^3 .(-1)^5$$

Assim, estamos diante de várias potências cujas bases são números inteiros negativos, enquanto os expoentes são números pares oue ímpares. Nesse caso, temos que:

- Quando o **expoente** é um número **par**, a potência será sempre um número **positivo**;
- Quando o **expoente** é um número ímpar, a potência terá sempre o **mesmo sinal da base.**

Aplicando tais propriedades à expressão em análise, obtemos:

$$9 .(-8) .1 - 9 .(-8).(-1) = - 72 -72 = \mathbf{-144}$$

Gabarito: D.

2.2. Operações

1) Multiplicação de potências de mesma base: Conserva-se a base e somam-se os expoentes:

$$a^m . a^n = a^{m+n}$$

Considere a seguinte multiplicação de potências: **(3^3) . (3^2)**. Dentro do primeiro parêntese, devemos repetir a base "3" três vezes. No segundo parêntesis, repetimos a base duas vezes:

$$= (3 . 3 . 3) . (3 . 3)$$
$$= (3 . 3 . 3 . 3 . 3)$$

Agora multiplicamos o "3" por ele mesmo cinco vezes. Isso significa que temos uma potência de base 3 e expoente 5.

$$= \mathbf{3^5}$$

Portanto, o expoente final (=5) foi a soma dos expoentes inicias (2 + 3).

2) Divisão de potências de mesma base: Conserva-se a base e subtraem-se os expoentes:

$$a^m \div a^n = a^{m-n}$$

Considere agora a seguinte divisão de potências: **(5^5)** ÷ (5^3). Dentro do primeiro parêntesis, devemos repetir a base "5" cinco vezes. No segundo parênteses, repetimos a base três vezes:

$$= (5 . 5 . 5 . 5 . 5) \div (5 . 5 . 5)$$
$$= (5 . 5)$$
$$= \mathbf{5^2}$$

Note que o expoente final (2) foi a diferença entre os expoentes iniciais (5 – 3).

3) Potência de potência: Conserva-se a base e multiplicam-se os expoentes:

$$(a^m)^n = a^{m \cdot n}$$

Tomemos o seguinte caso para exemplificar: $(3^2)^3$. Repare que o expoente 3 indica que a base será multiplicada por si mesma três vezes:

$=(3^2) . (3^2) . (3^2)$

Em seguida, utilizamos a 1ª operação. Ou seja, basta conservar a base e somar os expoentes:

$= 3^{2+2+2}$

$= 3^{2.3}$

$= 3^6$

Assim, o expoente final (6) foi o produto dos expoentes iniciais (2 . 3).

Cuidado!

$(a^m)^n \neq a^{m^n}$

4) **Multiplicação de potências de bases diferentes e expoentes iguais**: Conserva-se o expoente e multiplicam-se as bases:

$$a^m . b^m = (a.b)^m$$

Por exemplo, considere a seguinte multiplicação de potências: $3^2 . 2^2$. Nesse caso, teremos:

$= (3 . 3) . (2 . 2)$

$= (3 . 2) . (3 . 2)$

$= (3 . 2)^2$

5) **Divisão de potências de bases diferentes e expoentes iguais**: Conserva-se o expoente e dividem-se as bases:

$$\frac{a^m}{b^m} = \left(\frac{a}{b}\right)^m$$

Por exemplo, considere a seguinte divisão de potências: $1^3 \div 3^3$. Nesse caso, teremos:

$$= (1 . 1 . 1) \div (3 . 3 . 3)$$

$$= (1 \div 3) . (1 \div 3) . (1 \div 3)$$

$$= (1 \div 3)3$$

6) **Soma e subtração de potências: Não** existem regras específicas para esse caso. Assim, simplesmente calcula-se o valor de cada potência e efetuam-se as operações indicadas.

Por exemplo, observe a resolução da seguinte operação entre potências:

$$2^3 + 2^5$$
$$= 8 + 32$$
$$= 40$$

7) **Comparação entre potências**: Temos dois casos a considerar:

- **1º caso**: A base é maior do que um (**a > 1**).
- $a^m > a^n$, se m > n.
- $a^m < a^n$, se m < n.

Exemplos:

$10^4 > 10^2$; $3^6 > 3^3$; $5^5 < 5^7$

- **2º caso**: A base está compreendida entre zero e um (**0 < a < 1**).
- $a^m > a^n$, se m < n.
- $a^m < a^n$, se m > n.

Exemplos:

$$\left(\frac{2}{3}\right)^3 > \left(\frac{2}{3}\right)^5 ; \left(\frac{1}{4}\right)^4 < \left(\frac{1}{4}\right)^2$$

8) **Potência de base 10**: Toda potência de base 10 é igual a 1, seguido de tantos zeros quantas são as unidades do expoente.

Exemplos:

$10^3 = 1.000$; $10^7 = 10.000.000$

9) **Potência de um Número Decimal**: Calcula-se a potência como se fosse um número inteiro e, no resultado, separa-se, da direita para a esquerda, tantas casas decimais quantas forem a do produto do expoente pelo número de casas decimais existentes no número dado.

Por exemplo, vamos calcular a potência **$(1,25)^3$**. Primeiramente elevamos o número 125 à terceira potência, sem nos preocupar com a vírgula, e encontraremos 1.953.125. Em sequência, devemos determinar onde estará posicionada a vírgula, já que a potência é um número decimal. Note que teremos **6 casas decimais**!

Não entendi, professores. Por que seis casas decimais?

Simples, isso decorre do produto de **2** (temos duas casas decimais no número dado) por **3** (expoente da potência). Logo:

$$(1,25)^3 = 1,953125$$

Veja como esse assunto já foi cobrado!

QUESTÃO 05 (CONSESP/Pref de Monte Mor – SP/Recep/2012) Reduzindo em uma só potência $7^8/7$, obtem-se:

a) 1 b) 0 c) -7 d) 7^7

RESOLUÇÃO:

Temos um caso de **divisão de potências de mesma base.** Nessa situação, **conserva-se a base e subtraem-se os expoentes**:

$$\frac{7^8}{7} = 7^{8-1} = 7^7$$

Gabarito: D.

QUESTÃO 06 (COGEPS – Téc/UNIOESTE/2021) Determine o valor da expressão: $(7^2) - (-7^2) = ?$

a) 0 b) 14 c) 81 d) 98

RESOLUÇÃO:

Na expressão apresentada, a **segunda potência** costuma confundir alguns alunos. Ocorre que o expoente 2 está alcançando **apenas** o número 7, e não o -7. Para incluir também o sinal negativo, deveríamos ter **$(-7)^2$**. Essa configuração é diferente da trazida pela questão. Note:

$$(-7^2) \neq (-7)^2$$

Compreendido esse aspecto, vamos resolver a expressão:

$$(7^2) - (-7^2) = 49 - (-49) = 49 + 49 = \mathbf{98}$$

Gabarito: D.

QUESTÃO 07 (FCC/TRF 3ª Região/Téc Jud/2014) O resultado da expressão numérica $5^3 \div 5 \,.\, 5^4 \div 5 \,.\, 5^5 \div 5 \div 5^6 - 5$ é igual a

a) 120. b) 1/5. c) 55. d) 25. e) 620.

RESOLUÇÃO:

A questão cobra o conhecimento da ordem de cálculo das operações e propriedades das potências. Assim, precisamos lembrar que:

- **Produto de potências de mesma base: conserva-se a base e somam-se os expoentes;**
- **Divisão de potências de mesma base: conserva-se a base e subtraem-se os expoentes.**

Vamos efetuar os cálculos, então!

$$5^3 \div 5 \,.5^4 \div 5 \,.5^5 \div 5 \div 5^6 - 5$$

Inicialmente fazemos $5^3 \div 5$, cujo resultado é $\mathbf{5^2}$. Logo:

$$5^2 \,.5^4 \div 5 \,.5^5 \div 5 \div 5^6 - 5$$

Em seguida, temos $5^2 \,.\, 5^4$, que dá $\mathbf{5^6}$:

$$5^6 \div 5 \,.5^5 \div 5 \div 5^6 - 5$$

Agora precisamos efetuar a operação $5^6 \div 5$, que resulta em $\mathbf{5^5}$:

$$5^5 \,.5^5 \div 5 \div 5^6 - 5$$

Logo na sequência, temos $5^5 \,.\, 5^5 = \mathbf{5^{10}}$:

$$5^{10} \div 5 \div 5^6 - 5$$

Fazendo a divisão entre 5^{10} e 5, obtemos $\mathbf{5^9}$:

$$5^9 \div 5^6 - 5$$

Fazendo a divisão entre 5^9 e 5^6, obtemos $\mathbf{5^3}$:

$$5^3 - 5 = 125 - 5 = 120$$

Gabarito: A.

2.3. Notação Científica

A **notação científica** é um modo de representação métrica muito útil porque permite escrever números muito extensos ou muito pequenos de uma maneira mais compacta, tornando os cálculos mais simples. Essa vantagem faz com que a notação científica seja muito utilizada nos ramos da Física, Química e Engenharias.

Ao escrevermos um número em notação científica utilizamos o seguinte formato:

$$a.10^b$$

Em que o coeficiente **a** é um número real denominado **mantissa**, cujo <u>módulo</u> é **igual ou maior que 1 e menor que 10** e o expoente **b**, que corresponde à **ordem de grandeza**, é um **número inteiro**.

2.3.1. Transformação

Uma maneira prática de **transformar um número real em notação científica** consiste em contar o número de casas decimais deslocadas até obter apenas 1 dígito antes da vírgula e usar esse valor como expoente. Caso o deslocamento seja para a **direita**, o expoente será **negativo**; caso seja para **esquerda**, o expoente será **positivo**. Veja alguns exemplos:

$$54321 = 5,4321\ .10^4$$

(O expoente é **4** porque a vírgula foi deslocada 4 posições para a **esquerda**)

$$0,0075 = 7,5\ .10^{-3}$$

(O expoente é **-3** porque a vírgula foi deslocada 3 posições para a **direita**)

TRANSFORMAÇÃO DE UM NÚMERO REAL EM NOTAÇÃO CIENTÍFICA

1) Contar o <u>nº de casas</u> decimais deslocadas até obter **um dígito antes da virgula**

2) Utilizar esse valor como **expoente**

3) Caso o deslocamento seja para a **esquerda**, o expoente será **positivo**; caso seja para a **direita**, o expoente será **negativo**

E o caminho inverso funcionará basicamente da mesma forma. Ou seja, para **transformar uma notação científica em número real** simplesmente deslocamos a vírgula da **mantissa** para a **direita** ou para a **esquerda**, em função da ordem de grandeza ser respectivamente **positiva** ou **negativa**. Veja alguns exemplos:

- $1,4586 \,.10^3 = 1458,6 \longrightarrow$ Com ordem de grandeza **positiva**, deslocamos a vírgula 3 posições para a **direita** e eliminamos a potência.
- $5,789 \,.10^{-2} = 0,05789 \longrightarrow$ Com ordem de grandeza **negativa**, deslocamos a vírgula 2 posições para a **esquerda** e eliminamos a potência.

TRANSFORMAÇÃO DE UMA NOTAÇÃO CIENTÍFICA EM NÚMERO REAL

Deslocar a vírgula da **mantissa** para a **direita**, caso a **ordem de grandeza** seja **positiva**, ou para a **esquerda**, caso a **ordem de grandeza** seja **negativa**.

2.3.2. Operações

2.3.2.1. Adição

A **soma de números em notação científica** só é possível quando todos eles possuem a **mesma ordem de grandeza**. Se houver diferença, deve-se realizar uma conversão para igualar o expoente das potências de **10**.

Para exemplificar, vamos efetuar a seguinte operação:

$$1,7 \,.10^2 + 3,584 \,.10^3 + 2,36 \,.10^{-1}$$

Estamos diante de uma soma de números no formato de notação científica, que, para efetuá-la, faz-se necessário que todas possuam a mesma ordem de grandeza. Então, vamos deixar todas as potências com o expoente **2**.

Perceba que a primeira notação científica já satisfaz o requisito que elegemos, de forma que só precisaremos trabalhar com as demais.

No caso da segunda parcela, precisamos reduzir o expoente de **3** para **2**, então a vírgula na mantissa será deslocada uma posição para a direita:

$$3,584 \,.10^3 = 35,84 \,.10^2$$

A terceira parcela terá o expoente aumentado em **3** unidades e a vírgula da mantissa será deslocada o mesmo número de posições para a esquerda:

$$2,36 \,.10^{-1} = 0,00236 \,.10^2$$

Agora temos todas as parcelas com a mesma ordem de grandeza, então podemos somá-las:

$$1,7 .10^2 + 35,84 .10^2 + 0,00236 .10^2 = (1,7 + 35,84 + 0,00236) .10^2$$

$$= 37,54236 .10^2$$

Como a mantissa não é menor que **10**, precisamos deslocar a vírgula uma posição para a esquerda, acrescentando também uma unidade ao expoente:

$$= 3,754236.10^3$$

2.3.2.2. Subtração

Para a realização da **subtração de números em notação científica** também é necessário que o **minuendo e o subtraendo** possuam a **mesma ordem de grandeza.**

Para exemplificar, vamos efetuar a seguinte subtração:

$$7,860 \ . \ 10^4 - 5,239 \ . \ 10^3$$

Em primeiro lugar, precisamos deixar todas as potências com o **mesmo expoente**. Nesse caso, vamos modificar a ordem de grandeza da primeira parcela para **3**, de forma a não ser necessário manipular também a segunda notação científica:

$$7,860 .10^4 = 78,60 .10^3$$

Pronto, agora podemos realizar a subtração:

$$78,60 .10^3 - 5,239 .10^3 = 73,361 .10^3 = 7,3361.10^4$$

2.3.2.3. Multiplicação

A **multiplicação de números em notação científica** é bastante simples. Basta **multiplicar as mantissas** e **somar as ordens de grandeza.**

Para exemplificar, vamos efetuar a seguinte multiplicação:

$$3,4 \ . \ 10^2 \ . \ 2,1 \ . \ 10^{-4} \ . \ 5,2 \ . \ 10^{-1}$$

No caso de **multiplicação de números em notação científica,** o processo de resolução consiste em **multiplicar as mantissas e somar as ordens de grandeza.**

$$3,4 .10^2 .2,1 .10^{-4} .5,2 .10^{-1} = 3,4 .2,1 .5,2 .10^{2+(-4)+(-1)} = 37,128 .10^{-3} = 3,7128.10^{-2}$$

2.3.2.4. Divisão

No caso da **divisão de números em notação científica**, o caminho adotado na resolução é similar ao da multiplicação: **dividimos as mantissas** e **subtraímos as ordens de grandeza**.

Para exemplificar, vamos efetuar a seguinte divisão:

$$1,6\ .10^{2} \div 2,56\ .10^{3}$$

Dividindo as mantissas e subtraindo os expoentes, temos:

$$(1,6 \div 2,56)\ .10^{2-3} = 0,625\ .10^{-1} = 6,25.10^{-2}$$

2.3.2.5. Potenciação

A última operação que analisaremos é a **potenciação de números em notação científica.** Nessa situação, para elevarmos um número em notação científica a um expoente **n**, devemos **elevar a mantissa a n** e **multiplicar a ordem de grandeza também por n.**

Para exemplificar, vamos resolver a seguinte potência:

$$(3,6\ .10^{-1})^{3}$$

Temos duas tarefas a executar no caso de **potenciação de números em notação científica: 1) elevar a mantissa a n e 2) multiplicar a ordem de grandeza também por n. Logo:**

$$(3,6\ .10^{-1})^{3} = 3,6^{3}\ .10^{(-1).3} = 10,8\ .10^{-3} = 1,08.10^{-2}$$

Veja como esse assunto já foi cobrado!

QUESTÃO 08 (FCC/BB/Escriturário/2011 – *Adaptada*) A seguinte expressão NÃO é equivalente a 0,0000000625:

$$\frac{5}{16}.10^{-6}$$

RESOLUÇÃO:

Vamos escrever 0,0000000625 em notação científica, ou potência de 10. Para isso, basta contar o número de casas decimais deslocadas até obter apenas 1 dígito antes da vírgula e usar esse valor como expoente. Caso o deslocamento seja para a **direita**, o expoente será **negativo**; caso seja para **esquerda**, o expoente será **positivo**. Logo:

$$0,0000000625 = 6,25\ .10^{-8}$$

O nosso objetivo consiste em determinar se esse valor é equivalente a:

$$\frac{5}{16}.10^{-6}$$

Para realizar essa comparação, inicialmente é necessário que as duas parcelas tenham a **mesma grandeza**, nesse caso $\mathbf{10^{-6}}$:

$$6,25.10^{-8} = 0,0625.10^{-6}$$

Em seguida, vamos analisar as mantissas: 5/16 e 0,0625. São valores equivalentes? Com certeza não, já que:

$$\frac{5}{16} = 0,3125 \neq 0,0625$$

Portanto, o item está **certo**, pois realmente as expressões não são equivalentes.

Gabarito: certo.

QUESTÃO 09 (CETRO/ANVISA/Téc Adm/2010) Considere a = 0,00003 e b = 3600000. Desse modo, b/a vale

a) cento e vinte trilhões.

b) cento e vinte bilhões.

c) um bilhão e duzentos milhões.

d) cento e vinte milhões.

e) um milhão, cento e vinte mil.

RESOLUÇÃO:

A divisão solicitada na questão será resolvida de forma simplificada se transformarmos os números decimais apresentados em **notação científica**. Veja:

$$a = 0,00003 = 3\ .10^{-5}$$

$$b = 3600000 = 3,6\ .10^{6}$$

Pronto, agora podemos efetuar a divisão entre b e a:

$$\frac{b}{a} = \frac{3,6\ .10^{6}}{3\ .10^{-5}} = 1,2\ .10^{6}\ .10^{5}$$

Note que, para facilitar as contas, transferimos a potência **10^{-5}** para o numerador. Ao fazer isso, deve-se mudar o sinal do expoente. Agora podemos finalizar o cálculo:

$$\frac{b}{a} = 1,2\ .10^{11} = 120.000.000.000(\textit{\textbf{cento e vinte bilhões}})$$

Gabarito: B.

QUESTÃO 10 (FCC/DPE-SP/Ofic de Def Púb/2013) Escrever um número na notação científica significa expressá-lo como o produto de dois números reais x e y, tais que: 1 ≤ x < 10 e y é uma potência de 10. Assim, por exemplo, as respectivas expressões dos números 0,0021 e 376,4, na notação científica, são 2,1 x 10^{-3} e 3,764 x 10^{2}.

Com base nessas informações, a expressão do número

$$N = \frac{1,2.0,054}{0,64.0,000027}$$

na notação científica é

a) 3,75 x 10^{2}. b) 7,5 x 10^{2}. c) 3,75 x 10^{3}. d) 7,5 x 10^{3}. e) 3,75 x 10^{4}.

RESOLUÇÃO:

Precisamos determinar como ficará o seguinte número em **notação científica**:

$$N = \frac{1,2\ .0,054}{0,64\ .0,000027}$$

Em notação científica, cada item da expressão ficará:

- 1,2 = 1,2 .10^{0}
- 0,054 = 5,4 .10^{-2}
- 0,64 = 6,4 .10^{-1}
- 0,000027 = 2 ,7 .10^{-5}

Substituindo na expressão e aplicando as **propriedades de potências**, temos:

$$N = \frac{1,2\ .10^{0}\ .5,4\ .10^{-2}}{6,4\ .10^{-1}\ .2,7\ .10^{-5}}$$

$$N = \frac{1,2\ .\ 5,4\ .(10^{0}\ .10^{-2})}{6,4\ .2,7\ .(10^{-1}\ .10^{-5})} = \frac{6,48\ .10^{-2}}{17,28\ .10^{-6}} = 0,375\ .10^{4} = 3,75\ .10^{-1}\ .10^{4} = 3,75.10^{3}$$

Gabarito: C.

3. RESUMO

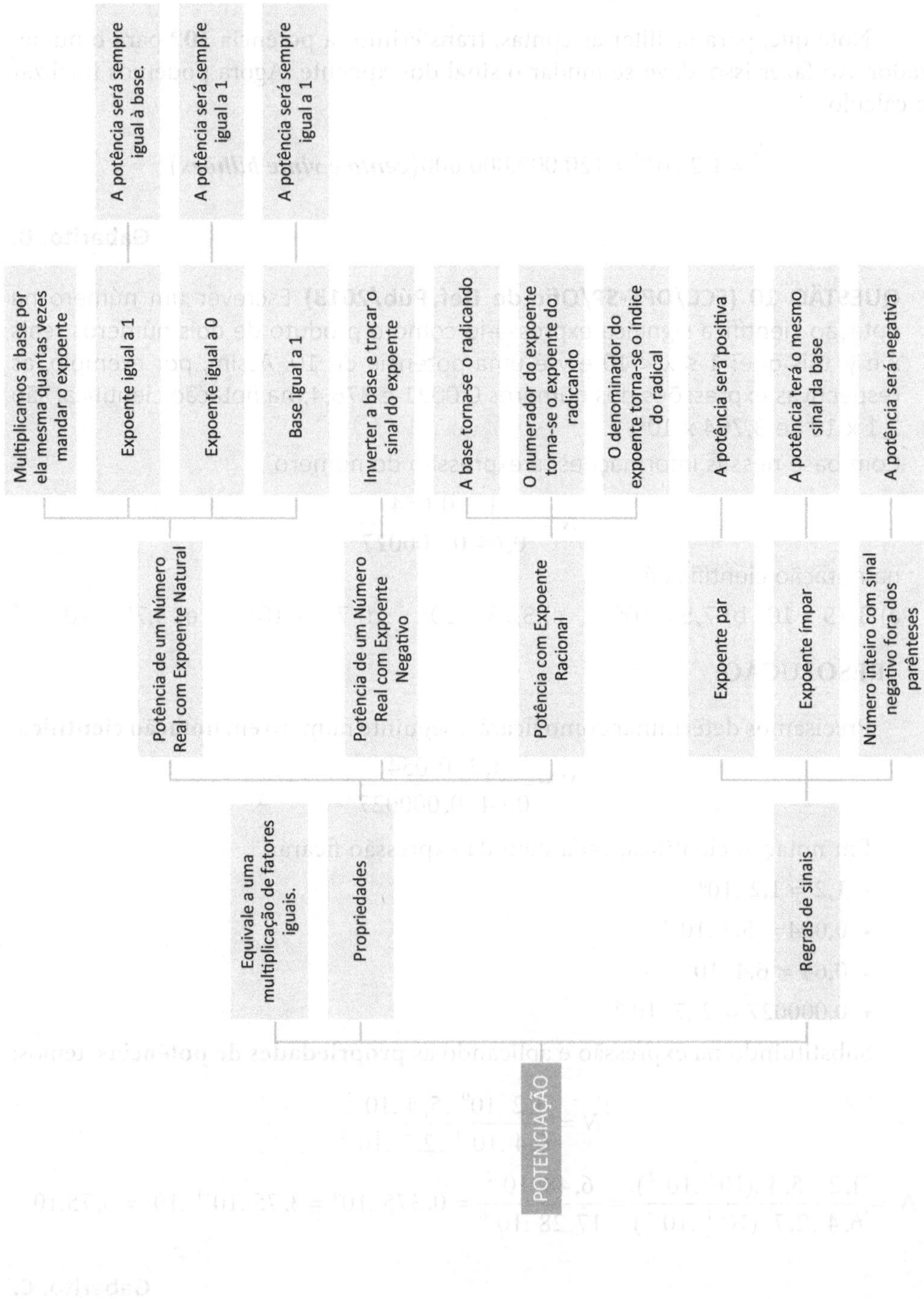
POTENCIAÇÃO
Equivale a uma multiplicação de fatores iguais.
Propriedades
Regras de sinais
Potência de um Número Real com Expoente Natural
Potência de um Número Real com Expoente Negativo
Potência com Expoente Racional
Expoente par
Expoente ímpar
Número inteiro com sinal negativo fora dos parênteses
Multiplicamos a base por ela mesma quantas vezes mandar o expoente
Expoente igual a 1
Expoente igual a 0
Base igual a 1
Inverter a base e trocar o sinal do expoente
A base torna-se o radicando
O numerador do expoente torna-se o expoente do radicando
O denominador do expoente torna-se o índice do radical
A potência será positiva
A potência terá o mesmo sinal da base
A potência será negativa
A potência será sempre igual à base.
A potência será sempre igual a 1
A potência será sempre igual a 1

NOTAÇÃO CIENTÍFICA

$$a \cdot 10^b$$

Em que o coeficiente **a** é um número real denominado **mantissa**, cujo módulo é **igual ou maior que 1 e menor que 10** e o expoente **b**, que corresponde à **ordem de grandeza**, é um **número inteiro.**

TRANSFORMAÇÃO DE UM NÚMERO REAL EM NOTAÇÃO CIENTÍFICA

1) Contar o nº de casas decimais deslocadas até obter **um dígito antes da vírgula**

2) Utilizar esse valor como **expoente**

3) Caso o deslocamento seja para a **esquerda**, o expoente será **positivo**; caso seja para a **direita**, o expoente será **negativo**

TRANSFORMAÇÃO DE UMA NOTAÇÃO CIENTÍFICA EM NÚMERO REAL

Deslocar a vírgula da **mantissa** para a **direita**, caso a **ordem de grandeza** seja **positiva**, ou para a **esquerda**, caso a **ordem de grandeza** seja **negativa**.

4. MAIS QUESTÕES COMENTADAS

QUESTÃO 11 (COPEVE-UFAL/Pref de Feira Grande/Prof/2014) Potenciação de números naturais é uma operação comutativa.

RESOLUÇÃO:

A **comutatividade** é uma propriedade em que a ordem dos fatores não altera o produto. Na verdade, isso **não** ocorre com a potenciação, já que, por exemplo:

$$3^2 \neq 2^3$$

Gabarito: Errado.

QUESTÃO 12 (FGV/SUSAM/Ag Adm/2014 – *Adaptada*) Ângela e Mário trabalham em um posto de coleta de sangue. Em um determinado dia, Ângela e Mário fizeram um total de 57 coletas de sangue. Ângela fez três coletas de sangue a mais do que Mário. O número de coletas de sangue feitas por Mário é uma potência de 3.

RESOLUÇÃO:

Inicialmente somos informados de que, em um determinado dia, Ângela (A) e Mário (M) fizeram um total de 57 coletas de sangue:

$$A + M = 57 \text{ (I)}$$

Em seguida, a questão diz que Ângela fez três coletas de sangue a mais do que Mário:

$$A = M + 3 \text{ (II)}$$

Substituindo (II) em (I), obtemos:

$$M + 3 + M = 57$$

$$2M = 54$$

$$\boldsymbol{M} = 27 = 3\,.3\,.3 = \mathbf{3^3}$$

Gabarito: Certo.

QUESTÃO 13 (FCC/BB/Escriturário/2011) O valor da expressão $\frac{A^2 - B^3}{A^B + B^A}$, para A = 2 e B = –1, é um número compreendido entre

a) –2 e 1. b) 1 e 4. c) 4 e 7. d) 7 e 9. e) 9 e 10.

Gabarito: Errado.

A fim de calcularmos o valor da expressão apresentada na questão quando A = 2 e B = -1, basta substituir esses valores na expressão e fazer os cálculos necessários:

$$\frac{A^2 - B^3}{A^B + B^A} = \frac{2^2 - (-1)^3}{2^{(-1)} + (-1)^2} = \frac{4 - (-1)}{\frac{1}{2} + 1} = \frac{4+1}{\frac{1+2}{2}} = \frac{5}{\frac{3}{2}} = 5\,.\frac{2}{3} = \frac{10}{3} = 3.333\ldots$$

Assim, **o valor da expressão é 3,333...**, que é um número compreendido **entre 1 e 4**.

Gabarito: B.

QUESTÃO 14 (CESGRANRIO/BB/Escriturário/2015) O número natural (2^{103} + 2^{102} + 2^{101} – 2^{100}) é divisível por

a) 6 b) 10 c) 14 d) 22 e) 26

RESOLUÇÃO:

O número natural apresentado no enunciado é uma expressão de potências que possui um **fator comum**. Reescrevendo esse número, isso fica mais evidente:

Colocando o $\mathbf{2^{100}}$ em evidência, temos:

$$2^{100}.\left(2^3+2^2+2^1-2^0\right)=2^{100}.(8+4+2-1)=2^{100}.13=2^{99}.2^1.13=2^{99}.26$$

Assim, certamente esse número é **divisível por 26.**

Gabarito: E.

QUESTÃO 15 (FCC/Copergás – PE/Ana TI/2016) Qual é o resultado da expressão numérica:

$$3-\left(7^{\frac{1}{3}}.49^{\frac{1}{3}}-2^3\right).\frac{1}{4}-\frac{7}{8}$$

a) 7/3. b) 19/8. c) -3/4. d) 13/4. e) 11/6.

RESOLUÇÃO:

Essa questão é muito especial porque nos ajuda a desenvolver estratégias para a escolha do melhor caminho de resolução!

Note que não podemos efetuar nenhum cálculo das operações que estão fora dos parênteses, de modo que iniciaremos por ele.

Inicialmente, perceba que teríamos condições de aplicar a **propriedade da multiplicação de potências de bases diferentes e expoentes iguais** ao produto entre $7^{1/3}$. $49^{1/3}$. Porém, você constatará que será bem mais fácil adotar outra solução. Nesse sentido, vamos tornar a operação uma **multiplicação de potência de mesma base**, sabendo que **49** = 7^2. Logo:

$$3-\left(7^{\frac{1}{3}}.\left(7^2\right)^{\frac{1}{3}}-2^3\right).\frac{1}{4}-\frac{7}{8}$$

Dessa maneira, repare que, em destaque, temos uma **potência de potência**, cuja solução implica **conservar a base e multiplicar os expoentes**:

$$3-\left(7^{\frac{1}{3}}.7^{\frac{2}{3}}-2^{3}\right).\frac{1}{4}-\frac{7}{8}$$

Pronto, chegamos ao resultado esperado, isto é, uma **multiplicação de potência de mesma base**. Agora, basta conservar a base, somar os expoentes e efetuar os demais cálculos necessários à solução de toda a expressão numérica:

$$3-\left(7^{\frac{1}{3}+\frac{2}{3}}-8\right).\frac{1}{4}-\frac{7}{8}$$

$$3-(7-8).\frac{1}{4}-\frac{7}{8}$$

$$3-(-1).\frac{1}{4}-\frac{7}{8}$$

$$3+\frac{1}{4}-\frac{7}{8}$$

$$\frac{24+2-7}{8}=\frac{19}{8}$$

Gabarito: B.

QUESTÃO 16 (FUMARC/CEMIG-TELECOM/Téc Adm/2010) A potência de 10 mais próxima de $(5^4)^2$ é:

a) 10^5 b) 10^4 c) 10^3 d) 10^2

RESOLUÇÃO:

Aplicando a **propriedade de potência de potência**, em que **multiplicamos os expoentes**, temos:

$$\left(5^4\right)^2=5^8=390.625$$

O número de base 10 mais próximo desse valor teria 5 zeros, ou seja: $\mathbf{10^5}$ = **100.000**.

Gabarito: A.

QUESTÃO 17 (IADES/METRO-DF/Ass Adm/2014) Os valores de $(2^2)^3$ e 2^{2^3} apresentam entre si uma diferença igual a

a) 0. b) 64. c) 128. d) 192. e) 256.

RESOLUÇÃO:

Essa questão é interessante para entendermos a seguinte desigualdade:

$$\left(a^{m}\right)^{n} \neq a^{m^{n}}$$

Vamos analisar cada potência separadamente. No caso de $(a^m)^n$ devemos calcular a^m primeiro por causa da precedência dos parênteses, ou seja, o que está entre parênteses deve ser calculado primeiro.

Já no caso de a^{m^n} devemos calcular m^n primeiro, pois neste caso a precedência consiste no cálculo do expoente mais externo para o mais interno.

Muito bem! Agora vamos aplicar tais informações ao caso da presente questão. Primeira potência: $(2^2)^3$. Temos dois passos a cumprir: 1º) Resolver o que está no parênteses e 2º) resolver a potência.

$(2^2)^3 = 4^3 = \mathbf{64}$

Segunda potência: 2^{2^3}. Igualmente temos duas etapas ordenadas: 1ª) Calcular 2^3, devido à precedência do expoente mais externo para o mais interno, e 2ª) Resolver a potência.

$2^{2^3} = 2^8 = \mathbf{256}$

Por fim, calculamos a diferença entre esses dois valores:

$256 - 64 = \mathbf{192}$

Gabarito: D.

QUESTÃO 18 (UFMT/TJ-MT/Oficial de Justiça/2012 – *Adaptada*) Se a = -2, então $2^a = a^{-2}$.

RESOLUÇÃO:

Considerando que a = -2, temos:

I) $2^a = 2^{-2}$

Perceba que estamos diante de uma potência com expoente negativo. Nesse caso, invertemos a base e trocamos o sinal do expoente:

$$2^{-2} = \frac{1}{2^2} = \frac{1}{4}$$

II) $a^{-2} = (-2)^{-2} = \frac{1}{(-2)^2} = \frac{1}{4}$

Dessa forma, podemos concluir que, de fato, **se a = -2, então $2^a = a^{-2}$.**

Gabarito: Certo.

QUESTÃO 19 (IBADE/Pref Linhares – ES/Agente Adm/2020) O último digito do número 2^{99} é:

A) 2 B) 8 C) 6 D) 7 E) 4

RESOLUÇÃO:

Poderíamos solucionar a questão fazendo as contas, mas isso daria um trabalho enorme e tomaria um tempo que você não dispõe no dia da prova. Então, é melhor verificar se existe um **padrão** na formação dos números.

Nesse sentido, observe as potências de 2:

$$2^1 = \mathbf{2} \ ; \ 2^2 = \mathbf{4} \ ; \ 2^3 = \mathbf{8} \ ; \ 2^4 = 1\mathbf{6}$$

$$2^5 = 3\mathbf{2} \ ; \ 2^6 = 6\mathbf{4} \ ; \ 2^7 = 12\mathbf{8} \ ; \ 2^8 = 25\mathbf{6}$$

$$2^9 = 51\mathbf{2} \ ; \ 2^{10} = 102\mathbf{4} \ ; \ 2^{11} = 204\mathbf{8} \ ; \ 2^{12} = 409\mathbf{6}$$

Veja que há uma sequência de números que se repetem no algarismo das unidades: **2, 4, 8, 6.**

O nosso objetivo consiste em determinar $\mathbf{2^{99}}$. Então, podemos dividir 99 por 4, que é a quantidade de números da sequência que se repete. O resultado da divisão é 24 com resto igual a 3.

Ora, esse resto significa que o expoente 99 da potência de 2 os leva a um número que tem como algarismo das unidades o terceiro termo da sequência que se repete, isto é, **8.**

Gabarito: B.

5. QUESTÕES-DESAFIO

QUESTÃO 20 (FCC/TRF 4ª Região/Ana Jud/2014) Na expressão $\left(\frac{x-y}{z}\right)^w$ as letras x, y, z e w podem ser substituídas por qualquer número inteiro de −3 a 3, sem que se possa repetir um mesmo número na mesma expressão, e desde que se possa calcular o valor numérico da expressão com as substituições feitas. Sendo M o maior valor numérico possível dessa expressão, e m o menor valor numérico possível, então M − m é igual a

a) 125/2 b) 124. c) 0. d) 287/8. e) 250.

RESOLUÇÃO:

O enunciado informa que as letra **x, y, w** e **z são números inteiros que pertencem ao intervalor de -3 a 3**, de forma que, para chegarmos ao maior/menor número inteiro na expressão apresentada pela questão, o valor de **z** (denominador) deve ser **1**. Já o valor de w (expoente) deve corresponder a **3**.

Dessa maneira, a fim de obtermos o **maior número possível** com a expressão, devemos utilizar os números restantes (-3, -2, -1, 0 e 2) para encontrar o **maior valor para o numerador**. Logo, assumindo x = 2 e y = -3, teremos:

$$M = \left(\frac{x-y}{z}\right)^w = \left(\frac{2-(-3)}{1}\right)^3 = 5^3 = 125$$

Do mesmo modo, a fim de obtermos o **menor número possível**, devemos utilizar os números restantes (-3, -2, -1, 0 e 2) para encontrar o **menor valor para o numerador**. Logo, assumindo x = -3 e y = 2, teremos:

$$m = \left(\frac{x-y}{z}\right)^w = \left(\frac{-3-2}{1}\right)^3 = (-5)^3 = -125$$

No entanto, o nosso objetivo consiste em obter o valor da subtração entre M e m:

$$M - m = 125 - (-125) = \mathbf{250}$$

Gabarito: E.

QUESTÃO 21 (UFG/Pref CN/Prof/2014) O algarismo das unidades do número $(198325474)^{642}$ é:

a) 2 b) 4 c) 5 d) 6

RESOLUÇÃO:

Não precisam se assustar com o tamanho da conta envolvida nessa potência. Sem dúvida há um caminho de resolução que facilitará a nossa vida!

Perceba que a questão exige que determinemos o algarismo das unidades. Assim, iremos focar nossos esforços no algarismo das unidades!

Visto que a expressão trazida pelo enunciado é uma potência, então o algarismo das unidades será sempre o **4**. Logo:

- $4^2 = 4 . 4 = 16$ → algarismo das unidades igual a **6**;

- $4^3 = 4 . 4 . 4 = 64$ → algarismo das unidades igual a **4**;
- $4^4 = 4 . 4 . 4 . 4 = 256$ → algarismo das unidades igual a **6**;
- $4^5 = 4 . 4 . 4 . 4 . 4 = 1024$ → algarismo das unidades igual a **4**;

(...)

A que conclusão podemos chegar? Ora, podemos concluir que o algarismo das unidades **varia entre 4 e 6**. Sendo ainda mais específico, temos condições de afirmar que, se o expoente for **par**, o algarismo das unidades será **6**, ao passo que se o expoente for **ímpar**, o algarismo das unidades será **4**.

Dessa forma, já que na potência $\mathbf{(198325474)^{642}}$ o expoente é **par**, então o algarismo das unidades do resultado será **6**.

Gabarito: D.

QUESTÃO 22 (UFG/Pref CN/Prof/2014) Quando $10^{98} - 98$ é desenvolvido, a soma dos seus algarismos é igual a:

a) 864 b) 866 c) 868 d) 962

RESOLUÇÃO:

Inicialmente devemos notar que a potência $\mathbf{10^{98}}$ corresponde ao número **1 acompanhado de 98 zeros.**

Em seguida, para solucionarmos a operação $\mathbf{10^{98} - 98}$, faz-se necessária a realização de alguns testes a fim de encontrarmos um padrão na formação numérica envolvida na expressão. Veja:

- 1.000 - 98 = 902 → 1.000 possui 3 zeros e o resultado deu 3 algarismos (9, 0 e 2);
- 10.000 - 98 = 9.902 → 10.000 possui 4 zeros e o resultado deu 4 algarismos (9, 9, 0 e 2);
- 100.000 - 98 = 99.902 → 100.000 possui 5 zeros e o resultado deu 5 algarismos (9, 9, 9, 0 e 2);
- 1.000.000 - 98 = 999.902 → 1.000.000 possui 6 zeros e o resultado deu 6 algarismos (9, 9, 9, 9, 0 e 2);

(...)

A que conclusão podemos chegar? Ora, podemos concluir que assim como $\mathbf{10^{98}}$ possui **98 zeros** o resultado da subtração tem **98 algarismos**, que são 96 números 9 e um zero e um dois. Assim, a **soma dos algarismos do resultado** será:

$$96 . 9 + 0 + 2 = 866$$

Gabarito: B.

CAPÍTULO 7

RADICIAÇÃO

1. INTRODUÇÃO

Neste capítulo estudaremos o tema **Radiciação**, que é uma continuação natural da Potenciação, analisado no capítulo anterior.

Trata-se de assunto de fácil entendimento e sem grandes surpresas nas provas de concursos. Geralmente costuma ser cobrado associado a outras operações matemáticas. Então, é mais provável que este tópico apareça em sua prova numa expressão numérica cuja solução exige não só o conhecimento das técnicas da radiciação, mas também da potenciação, das frações e assim por diante.

Por exemplo, imagine que está fazendo uma prova de Estatística, que em um concurso veio junto com a de Matemática Financeira, e que tem que tirar no mínimo 40% de suas 15 questões para não ser eliminado, ou seja, tem que acertar no mínimo 6 das 15. Isso para não ser eliminado, e não para ser aprovado, claro, então quantos mais pontos fizermos, mais perto estará nossa vaga. Essa prova possui 60 questões no total, com muito pouco tempo para resolver todas, tarefa considerada impossível na época, até pelo Deme e pelos professores. E aparecem três questões nas quais, após feitos alguns cálculos iniciais, as contas finais chegam ao seguinte, respectivamente:

$$\sqrt{29{,}24}$$

$$S_A = \sqrt{\frac{1}{6} \times \left(8481 - \frac{(241)^2}{7} \right)}$$

$$r_{xy} = \frac{10 \times 3940 - 171 \times 221}{\sqrt{10 \times 3171 - (171)^2} \times \sqrt{10 \times 5069 - (221)^2}}$$

Pode parecer brincadeira ou exagero nosso, mas não é. Essas três questões caíram na prova para o cargo de Auditor-Fiscal da Receita Federal em 2005. Das sete questões de Estatística, no final de três tínhamos que calcular essas 'belezuras' para acertá-las, sabendo que as alternativas tinham valores bem próximos, não nos deixando abusar muito nos arredondamentos nas contas intermediárias. Portanto, fica claro que é super importante saber bem operar radiciações.

Iniciaremos apresentando o conceito e as propriedades da radiciação e os elementos que compõem uma raiz. Em seguida, partimos para o estudo das operações que podem ser realizadas entre raízes. Depois, veremos um aspecto específico deste assunto, que diz respeito à racionalização de denominadores. E, por fim, estudaremos métodos matemáticos para extrair a raiz quadrada de qualquer número.

Portanto, nosso objetivo ao final deste capítulo é que você conheça bem o conceito, elementos e principais propriedades da radiciação, desenvolva habilidade na aplicação das operações entre raízes e consiga determinar a raiz quadrada dos números que lhe forem apresentados.

2. CONCEITO

A **radiciação** é uma operação **inversa à potenciação.** É muito utilizada na obtenção de solução de equações e na simplificação de expressões aritméticas e algébricas. Vamos definir essa operação e analisar suas propriedades.

Um número **b** é chamado de **raiz enésima exata** de um número **a**, se, e somente se:

$$\sqrt[n]{a} = b \Leftrightarrow a = b^n$$

Por exemplo, a <u>raiz quadrada</u> de 49 é igual a 7 ($\sqrt[2]{49} = 7$) porque 49 corresponde a 7 elevado a dois ($7^2 = 7 \times 7 = 49$).

Então, para saber o resultado de determinada raiz basta pensarmos num número que **deve ser multiplicado pela quantidade de vezes descrita pelo índice do radical e que esse produto tenha como resultado o valor do radicando.** Nesse sentido, afirmamos que a <u>raiz cúbica</u> de 8 é igual a 2 ($\sqrt[3]{8} = 2$) já que 8 corresponde a 2 multiplicado por ele mesmo três vezes ($2^3 = 2 \times 2 \times 2 = 8$).

Como foi possível observar, algumas raízes recebem denominações específicas:

Raiz	Denominação específica
$\sqrt[2]{a}$	Raiz quadrada de a
$\sqrt[3]{a}$	Raiz cúbica de a
$\sqrt[n]{a}$	Raiz enésima de a

Além disso, é preciso tomarmos cuidado com algo que é frequentemente cobrado em provas, que diz respeito ao valor da raiz. Por exemplo, qual é o valor da raiz quadrada de 36? Ora, certamente é **6**. Ocorre que algumas questões apresentam ao candidato a seguinte opção de resposta para essa pergunta: ±6.

No entanto, tal opção deve ser **descartada**, pois a raiz quadrada de 36 é 6, não havendo a possibilidade de ter como resultado o 6 negativo. Na verdade, buscam confundir o candidato com ideia da **equação do 2º grau**, em que teríamos:

$$x^2 = 36 \rightarrow x = \pm 6$$

Ocorre que, nesse caso, estamos diante de uma equação do segundo grau (ou quadrática), que necessariamente exige que se tenha duas soluções para ela, de modo que x seria igual a 6 ou a -6.

Por outro lado, é possível que nos deparemos na prova com a seguinte raiz:

$$-\sqrt{4}$$

Ora, perceba que o sinal negativo nada tem a ver com a raiz quadrada de 4, por ser externo a ela. Assim, o resultado da operação seria:

$$-\sqrt{4} = -2$$

Por fim, chamamos a sua atenção quanto correto resultado para a $\sqrt{x^2}$ (lê-se *raiz quadrada de x ao quadrado*). Bem, necessariamente o resultado é um valor **maior que zero**, de forma que seria incorreto que a resposta fosse simplesmente **x**. Na verdade, para garantir que o resultado seja **positivo**, a expressão adequada é $|x|$ (Lê-se *módulo de x*).

Para exemplificar, considere que tenhamos $\sqrt{(-3)^2}$. Nesse caso, o seu resultado **não** é **-3** (menos três), e sim o **módulo de** **-3**, que é três positivo. Logo:

$$\sqrt{(-3)^2} = |-3| = 3$$

Isso fica ainda mais claro quando resolvemos primeiro a potência que está dentro do radical:

$$\sqrt{(-3)^2} = \sqrt{(-3) \times (-3)} = \sqrt{9} = 3$$

UNIDADE 1 – MATEMÁTICA DE NÍVEL FUNDAMENTAL

3. ELEMENTOS

A seguir estão descritos os **elementos** que compõem uma raiz:

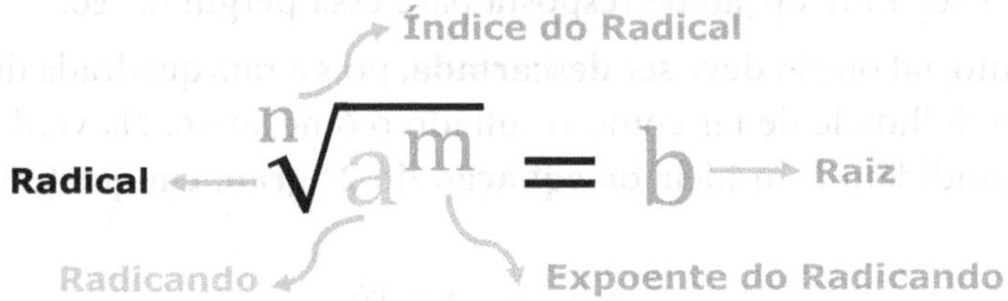

O **radical** indica que se trata de uma radiciação, e o **índice** caracteriza a operação, isto é, o tipo de raiz que estamos trabalhando. Em geral, o **radicando**, junto de seu **expoente**, é o número sobre o qual somos questionados, e a **raiz** é o resultado.

Vale salientar, meus amigos, que no caso de **n = 2**, isto é, da raiz quadrada, **não** se escreve o índice do radical, por convenção.

4. PROPRIEDADES

Chegamos ao **principal tópico** deste capítulo, já que a maioria das questões cobradas em concursos públicos explorando a radiciação são resolvidas por meio da aplicação das **propriedades** que estudaremos a seguir. Vamos verificar como funciona cada uma delas.

1ª propriedade: Todo radical pode ser transformado numa potência com expoente fracionário, em que a base será o próprio radicando e o expoente é formado pelo **quociente** entre o expoente do radicando e o índice do radical:

$$\sqrt[n]{a^m} = a^{m/n}$$

Exemplos:

a) $\sqrt[3]{5} = 5^{1/3}$ b) $\sqrt{7} = 7^{1/2}$ c) $\sqrt{10^3} = 10^{3/2}$ d) $\sqrt[2]{3^8} = 3^{8/2} = 3^4 = 81$

E, caso o radical possua **índice igual ao expoente do radicando**, a raiz será igual à base do radicando.

$$\sqrt[n]{a^n} = a^{n/n} = a$$

Exemplos:

a) $\sqrt[3]{5^3} = 5$ b) $\sqrt{10^2} = 10$ c) $\sqrt[5]{0,9^5} = 0,9$

Podemos afirmar que essa propriedade será válida sempre que **n** for um número **natural** e **a** for um número real **não negativo**. Para exemplificar, considere que desejamos saber qual é o valor da $\sqrt{-4}$. Ora, isso não é possível, pois não conseguimos pensar num número que elevado ao quadrado resulte em **-4**.

Apesar disso, quando houver um radicando **negativo** (a < 0) e o índice do radical (n) for ímpar, a propriedade também será válida. Nesse sentido, suponha que você queira determinar a $\sqrt[3]{-8}$. Bem, precisamos pensar num número que multiplicado por ele mesmo três vezes resulte em **-8**. Existe essa possibilidade? Sim, com certeza. Estamos falando do **-2**, pois:

$$(-2)\times(-2)\times(-2) = -8$$

Assim, podemos concluir que:

$$(-2)\times(-2)\times(-2) = -8$$

Exemplos:

a) $\sqrt{-6} = \nexists$ b) $\sqrt[3]{(-1)^3} = -1$

Portanto, não se esqueça de que:

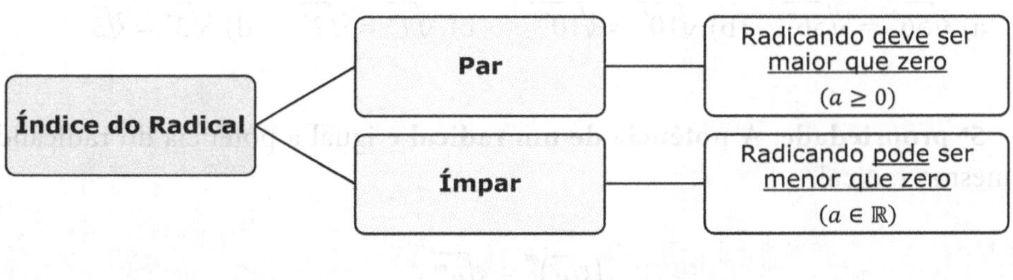

2ª propriedade: A **raiz do produto** de **n** elementos é sempre igual ao **produto das raízes** desses mesmos elementos.

$$\sqrt[n]{a.\,b} = \sqrt[n]{a}\,.\sqrt[n]{b}$$

Ressaltamos que esta propriedade é válida desde que **n** seja um número **natural maior do que 1** e **a** e **b** sejam números **reais**. Exemplos:

a) $\sqrt{40} = \sqrt{4} \times \sqrt{10} = 2\sqrt{10}$ b) $\sqrt[4]{360} = \sqrt[4]{4} \times \sqrt[4]{9} \times \sqrt[4]{10} = \sqrt{2} \times \sqrt{3} \times \sqrt[4]{10}$

3ª propriedade: A **raiz do quociente** entre dois elementos é sempre igual ao **quociente entre as raízes** desses mesmos elementos.

$$\sqrt[n]{\frac{a}{b}} = \frac{\sqrt[n]{a}}{\sqrt[n]{b}}$$

A terceira propriedade é válida desde que **n** seja **maior do que 1**. Além disso, **a** e **b** devem ser **reais**, de forma que **a** seja **maior do que zero**, e **b**, **maior do que 1**.

Exemplos:

a) $\sqrt{\frac{10}{3}} = \frac{\sqrt{10}}{\sqrt{3}}$ b) $\sqrt[5]{\frac{9}{40}} = \frac{\sqrt[5]{9}}{\sqrt[5]{40}}$

4ª propriedade: A raiz **não** sofre alteração se **multiplicarmos ou dividirmos o índice do radical** e o expoente do radicando por um **mesmo valor**.

$$\sqrt[n]{a^m} = \sqrt[n \cdot p]{a^{m \cdot p}} = \sqrt[n \div q]{a^{m \div q}}$$

Ressalto que esta propriedade é válida desde que **n**, **p** e **q** sejam números **naturais maiores do que 1** e que **q** seja <u>divisor</u> de **n** e **m**.

Exemplos:

a) $\sqrt[3]{56^2} = \sqrt[12]{56^8}$ b) $\sqrt{10^5} = \sqrt[4]{10^{10}}$ c) $\sqrt[10]{7^6} = \sqrt[5]{7^3}$ d) $\sqrt[15]{3^5} = \sqrt[3]{3}$

5ª propriedade: A **potência de um radical** é igual à potência do radicando de mesmo radical.

$$\left(\sqrt[n]{a}\right)^m = \sqrt[n]{a^m}$$

Exemplos:

a) $\left(\sqrt{2}\right)^3 = \sqrt{2^3} = \sqrt{2^2} \times \sqrt{2} = 2\sqrt{2}$

b) $\left(\sqrt[4]{5}\right)^8 = \sqrt[4]{5^8} = 5^{8/4} = 5^2 = 25$

c) $\left(\sqrt{3\sqrt{2}}\right)^4 = \sqrt{3^4\sqrt{2^4}} = 3^2 \times \sqrt{2^2} = 9 \times 2 = 18$

d) $\left(\dfrac{\sqrt{2}}{2}\right)^5 = \dfrac{\sqrt{2^5}}{2^5} = \dfrac{2^2\sqrt{2}}{2^5} = \dfrac{\sqrt{2}}{8}$

6ª propriedade: A **raiz de uma raiz** é igual à raiz do mesmo radicando, em que o índice será o **produto** entre os índices anteriores.

$$\sqrt[n]{\sqrt[m]{a}} = \sqrt[n \cdot m]{a}$$

Exemplos:

a) $\sqrt[3]{\sqrt{5}} = \sqrt[3\times 2]{5} = \sqrt[6]{5}$ b) $\sqrt{\sqrt{\sqrt{2}}} = \sqrt[2\times 2\times 2]{2} = \sqrt[8]{2}$

c) $\sqrt{\sqrt[4]{2^6}} \times \sqrt[4]{\sqrt{2^{10}}} = \sqrt[2\times 4]{2^6} \times \sqrt[4\times 2]{2^{10}} = 2^{6/8} \times 2^{10/8} = 2^{\frac{6}{8}+\frac{10}{8}} = 4$

Esquematizando todas as **propriedades** que estudamos:

1ª Propriedade

• $\sqrt[n]{a^m} = a^{m/n}$

2ª Propriedade

• $\sqrt[n]{a \cdot b} = \sqrt[n]{a}\ \sqrt[n]{b}$.

3ª Propriedade

• $\sqrt[n]{a/b} = \sqrt[n]{a}/\sqrt[n]{b}$

4ª Propriedade

• $\sqrt[n]{a^m} = \sqrt[n \cdot p]{a^{m \cdot p}} = \sqrt[n \div q]{a^{m \div q}}$

5ª Propriedade

• $\left(\sqrt[n]{a}\right)^m = \sqrt[n]{a^m}$

6ª Propriedade

$\sqrt[n]{\sqrt[m]{a}} = \sqrt[n \cdot m]{a}$

Veja como esse assunto já foi cobrado!

QUESTÃO 01 (MGA/Pref de Pelotas/Cons Tut/2015) A $\left(\sqrt{5}\right)^3$ é igual a:

a) $2\sqrt{5}$. b) $3\sqrt{5}$. c) $5\sqrt{5}$. d) $5\sqrt{15}$.

RESOLUÇÃO:

Devemos aplicar a propriedade da **potência de um radical**, a qual é igual à potência do radicando de mesmo radical. Ou seja:

$$\left(\sqrt[n]{a}\right)^m = \sqrt[n]{a^m}$$

Assim, temos:

$$\left(\sqrt{5}\right)^3 = \sqrt{5^3}$$

Agora, sabemos que a **raiz do produto** de **n** elementos é sempre igual ao **produto das raízes** desses mesmos elementos:

$$\sqrt[n]{a.\,b} = \sqrt[n]{a}.\sqrt[n]{b}$$

Ao aplicarmos essa propriedade, obtemos:

$$\sqrt{5^3} = \sqrt{5^2 \times 5^1} = \sqrt{5^2} \times \sqrt{5} = 5\sqrt{5}$$

Gabarito: C.

QUESTÃO 02 (IBFC/CM Franca/Esc Leg/2012 – *Adaptada*) Está correto o que se afirma a seguir:

$$\sqrt{25^3} = 75$$

RESOLUÇÃO:

Considerando que $\mathbf{25 = 5^2}$, temos:

$$\sqrt{\left(5^2\right)^3} = \sqrt{5^6}$$

Aplicando a 1ª **propriedade** estudada, chegamos ao seguinte resultado:

$$\sqrt{5^6} = 5^{6/2} = 5^3 = 125$$

Ora, logicamente $125 \neq 75$.

Gabarito: Errado.

QUESTÃO 03 (ZAMBINI/Itatiba/Guarda Mun/2011) O valor de $\sqrt[3]{8^{-2}}$ é igual a:

a) 4 b) 2 c) 0,25 d) 0,05

RESOLUÇÃO:

Sabendo que **8 = 2³**, temos:

$$\sqrt[3]{\left(2^3\right)^{-2}}$$

Mais uma vez, aplicamos a **1ª propriedade**:

$$\left(\left(2^3\right)^{-2}\right)^{1/3}$$

Agora aplicamos uma das **propriedades das potências, mantendo a base e multiplicando os expoentes:**

$$2^{3\times(-2)\times 1/3} = 2^{-2} = \frac{1}{2^2} = \frac{1}{4} = 0,25$$

Gabarito: C.

5. OPERAÇÕES

Agora que estudamos as propriedades da radiciação estamos em condições de analisar as **operações** relacionadas.

1) Adição e subtração: Somamos ou subtraímos os **coeficientes** dos radicais e juntamos ao resultado o **radical comum**.

Exemplos:

a) $2\sqrt{a} + 6\sqrt{a} - 3\sqrt{a} = 5\sqrt{\boldsymbol{a}}$ b) $3\sqrt{b} - 2\sqrt{a} + 2\sqrt{b} - 4\sqrt{a} = 5\sqrt{\boldsymbol{b}} - 6\sqrt{\boldsymbol{a}}$

Note que no caso da adição e da subtração, é necessário termos índice e radicando semelhantes.

Nesse sentido, qual será o resultado da soma $\sqrt{2}+\sqrt{3}$? Seria errado afirmar que o resultado é $\sqrt{5}$. Na verdade, teremos simplesmente $\sqrt{2}+\sqrt{3}$. Não é possível efetuar nenhuma operação, tendo em vista que não há um radical comum.

2) Multiplicação ou divisão: Para multiplicar ou dividir dois ou mais radicais de mesmo índice, basta **multiplicar ou dividir os radicandos** e colocar o produto ou quociente obtido sob um **radical de mesmo índice dos radicais** dos fatores.

Exemplos:

a) $\sqrt{2}\,.\sqrt{3}\,.\sqrt{6}=\sqrt{36}=\sqrt{6^2}=6$

b) $\sqrt[3]{2}\,.\sqrt[3]{3}\,.\sqrt[3]{4}=\sqrt[3]{24}=\sqrt[3]{3\,.8}=\sqrt[3]{3}\,.\sqrt[3]{8}=2\sqrt[3]{3}$

c) $\sqrt[3]{81}\div\sqrt[3]{3}=\sqrt[3]{27}=3$

d) $\sqrt{16}\div\sqrt{4}=\sqrt{4}=2$

Note que só podemos multiplicar ou dividir **radicais semelhantes**, isto é, aqueles que possuem o **mesmo índice**. Diferentemente da soma e subtração, que exige também que os radicandos sejam iguais!

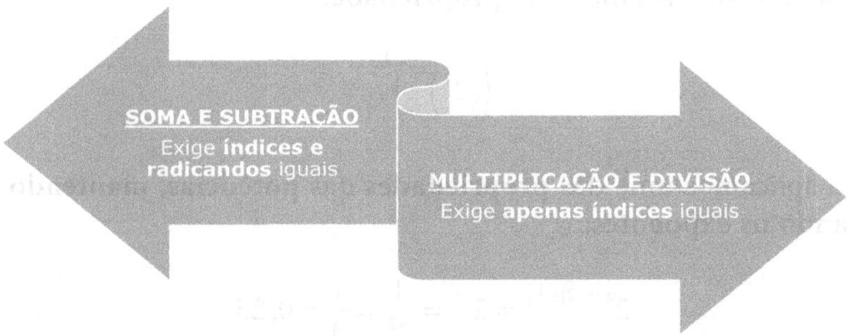

Caso sejam diferentes, devemos reduzi-los a um índice comum. Como faremos isso?

Para exemplificar, considere a seguinte multiplicação: Como os radicais envolvidos na operação são diferentes, inicialmente achamos o **MMC dos índices** dos radicais, que será o **índice comum**. Bem, o MMC entre 2 e 3 é **6**.

Muito bem. Agora **dividimos o índice comum (6) pelo índice de cada radical, multiplicando-se os quocientes obtidos pelos expoentes** dos respectivos radicandos. Logo:

$$\sqrt{5} \times \sqrt[3]{3}$$

x 3 | x 2

$$\sqrt[6]{5^3} \times \sqrt[6]{3^2}$$

Para finalizar, efetuamos a multiplicação:

$$\sqrt[6]{5^3} \times \sqrt[6]{3^2} = \sqrt[6]{125} \times \sqrt[6]{9} = \sqrt[6]{1125}$$

REDUÇÃO DE RADICAIS A UM MESMO ÍNDICE

1º passo) Acha-se o **MMC dos índices** dos radicais, que será o **índice comum**

2º passo) Divide-se o índice comum pelo índice de cada radical, multiplicando-se os quocientes obtidos pelos expoentes dos respectivos radicandos.

Para exemplificar, vamos reduzir os radicais $\sqrt[3]{a^2}$, $\sqrt{a}$ e $\sqrt[4]{a^3}$ a um mesmo índice.

Inicialmente, precisamos encontrar o **índice comum**, por meio do **MMC** entre os índices dos radicais:

MMC(3, 2, 4) = **12**

Agora **dividimos** 12 por cada índice e **multiplicamos os quocientes** pelos expoentes de cada radicando, obtendo: $\sqrt[12]{\boldsymbol{a}^8}$, $\sqrt[12]{\boldsymbol{a}^6}$ e $\sqrt[12]{\boldsymbol{a}^9}$.

Veja como esse assunto já foi cobrado!

QUESTÃO 04 (Consulplan/CBTU/Ana Gestão/2014 – *Adaptada*) Sejam os números irracionais: $x = \sqrt{3}$, $y = \sqrt{6}$, $z = \sqrt{12}$ e $w = \sqrt{24}$. A expressão $yw - xz$ apresenta como resultado um número natural.

RESOLUÇÃO:

Considerando os dados informados e a operação descrita no enunciado, temos:

$$\sqrt{6} \times \sqrt{24} - \sqrt{3} \times \sqrt{12}$$

Visto que os radicais possuem mesmo índice, podemos efetuar os produtos indicados:

$$\sqrt{144}-\sqrt{36}=12-6=6$$

Portanto, o resultado da operação é realmente um **número natural.**

Gabarito: Certo.

QUESTÃO 05 (IBFC/Pref Petrópolis/Prof/2015) Calcule o valor da radiciação $V=\dfrac{10\sqrt{6}}{5\sqrt{3}}$. Assinale a alternativa que apresenta o resultado correto.

a) $5\sqrt{6}$. b) $2\sqrt{2}$. c) $7\sqrt{3}$. d) $9\sqrt{6}$.

RESOLUÇÃO:

Precisamos determinar o valor da seguinte fração:

$$V=\frac{10\sqrt{6}}{5\sqrt{3}}$$

Basicamente efetuaremos duas operações. A primeira envolve 10 e 5, os quais serão divididos, com resultado igual a 2. Em seguida, faremos a divisão entre $\sqrt{6}$ e $\sqrt{3}$. Já que os dois radicais possuem **índices semelhantes**, podemos **dividir os radicandos**. Logo:

$$V=\frac{10}{5}\times\frac{\sqrt{6}}{\sqrt{3}}=2\sqrt{2}$$

Gabarito: B.

6. RACIONALIZAÇÃO DE DENOMINADORES

A **racionalização de denominadores** refere-se ao método para obter uma fração com denominador racional, equivalente a uma anterior, que possuía um ou mais radicais em seu denominador.

Para racionalizar o denominador de uma fração devemos multiplicar os termos desta fração por uma expressão com radical, denominado **fator racionalizante**, de modo a obter uma nova fração equivalente com **denominador sem radical**.

Conseguimos isto realizando algumas operações que eliminam o radical do denominador. Iremos analisar três casos em particular.

6.1. Quando o Denominador é uma Raiz Quadrada

Este é o caso mais simples e com maior frequência, quando tratamos radicais com **índice igual a dois.**

Vamos analisar a fração $\frac{1}{\sqrt{5}}$. É sabido que podemos eliminar o radical se multiplicarmos $\sqrt{5}$ por ele mesmo. Partimos de $\sqrt{5}\times\sqrt{5}$ e chegamos a **5**.

Então quando temos um radical de índice dois, podemos eliminá-lo **multiplicando-o por ele mesmo**, pois $\sqrt{5}\times\sqrt{5}=5$ e além disto, para que a nova fração seja equivalente à fração original, também precisamos multiplicar o numerador pelo mesmo valor:

$$\frac{1}{\sqrt{5}}=\frac{1}{\sqrt{5}}\times\frac{\sqrt{5}}{\sqrt{5}}=\frac{\sqrt{5}}{5}$$

Neste nosso exemplo, $\sqrt{5}$ é o **fator racionalizante da fração**, pois a racionalizamos multiplicando ambos os seus termos por tal fator.

Genericamente, o **fator racionalizante** de um denominador $\sqrt{a}$ é o próprio $\sqrt{a}$.

Para exemplificar, vamos racionalizar o denominador da expressão $\frac{1}{\sqrt{7}}$. Se multiplicarmos o denominador $\sqrt{7}$ pelo número $\sqrt{7}$, teremos:

$$\sqrt{7}\times\sqrt{7}=\sqrt{7^2}=7$$

Com isso, dizemos que $\sqrt{7}$ é o **fator racionalizante** da expressão $\frac{1}{\sqrt{7}}$.

Em seguida, devemos multiplicar o numerador e o denominador da fração em análise por esse fator:

$$\frac{1}{\sqrt{7}}=\frac{1}{\sqrt{7}}\times\frac{\sqrt{7}}{\sqrt{7}}=\frac{\sqrt{7}}{7}$$

Desse modo, concluímos que $\frac{\sqrt{7}}{7}$ é equivalente à expressão $\frac{1}{\sqrt{7}}$, mas com denominador racional.

Suponha que agora o nosso objetivo consiste em racionalizar o denominador da seguinte expressão:

$$\frac{5}{3\sqrt{10}}$$

Ao multiplicarmos $3\sqrt{10}$ por $\sqrt{10}$, obtemos:

$$3\sqrt{10} \times \sqrt{10} = 3\sqrt{10^2} = 3 \times 10 = 30$$

Então, $\sqrt{10}$ é o **fator racionalizante** da fração, de modo que:

$$\frac{5}{3\sqrt{10}} = \frac{5}{3\sqrt{10}} \times \frac{\sqrt{10}}{\sqrt{10}} = \frac{5\sqrt{10}}{3\sqrt{10^2}} = \frac{5\sqrt{10}}{3 \times 10} = \frac{\sqrt{10}}{6}$$

Outro exemplo interessante é a expressão $\sqrt{\frac{2}{7}}$. Aplicando a **3ª propriedade** estudada, obtemos:

$$\sqrt{\frac{2}{7}} = \frac{\sqrt{2}}{\sqrt{7}}$$

Já sabemos que o **fator racionalizante** para a nova fração é $\sqrt{7}$. Logo:

$$\frac{\sqrt{2}}{\sqrt{7}} = \frac{\sqrt{2}}{\sqrt{7}} \times \frac{\sqrt{7}}{\sqrt{7}} = \frac{\sqrt{14}}{7}$$

Por fim, destacamos que quando no denominador estiver presente uma **raiz que pode ser simplificada**, precisamos fazer isso antes de proceder à racionalização.

Para exemplificar, considere a fração $\frac{3}{\sqrt{12}}$, em que $\sqrt{12}$ pode ser simplificada, pois:

$$\sqrt{12} = \sqrt{4 \times 3} = \sqrt{4} \times \sqrt{3} = 2\sqrt{3}$$

Agora podemos efetuar a racionalização:

$$\frac{3}{\sqrt{12}} = \frac{3}{2\sqrt{3}} \times \frac{\sqrt{3}}{\sqrt{3}} = \frac{3\sqrt{3}}{2 \times 3} = \frac{\sqrt{3}}{2}$$

6.2. Quando o Denominador é uma Raiz Não Quadrada

Agora vamos tratar um caso cujo índice seja diferente de dois, ou seja, um caso em que **não temos uma raiz quadrada.**

Observe a fração a seguir:

$$\frac{1}{\sqrt[3]{5}}$$

Neste caso de nada adianta multiplicarmos o radical por ele mesmo, pois não conseguiremos eliminá-lo. Veja o que acontece quando o fazemos:

$$\sqrt[3]{5} \times \sqrt[3]{5} = \sqrt[3]{5^2}$$

Perceba que no caso anterior havíamos partido de $\sqrt{5} \times \sqrt{5}$ e passamos por **51**, o que nos permitiu chegarmos a **5**.

Note que neste caso, porém, partindo-se de $\sqrt[3]{5} \times \sqrt[3]{5}$ chegamos a $5^{\frac{2}{3}}$ e como **2 não é divisível por 3**, não conseguimos eliminar o radical.

Então o que precisamos fazer? Obviamente devemos multiplicar o radical, por um outro fator de sorte que consigamos chegar a $5^{\frac{3}{3}}$ e não a $5^{\frac{2}{3}}$. Que fator é este?

É muito simples. Veja a interrogação em destaque:

$$\sqrt[3]{5^{1+?}}$$

Qual é o número que somado a **1** dá **3**? É **dois**, pois **3 – 1 = 2**.

Então o **fator racionalizante** da fração é $\sqrt[3]{5^2}$, pois:

$$\frac{1}{\sqrt[3]{5}} = \frac{1}{\sqrt[3]{5}} \times \frac{\sqrt[3]{5^2}}{\sqrt[3]{5^2}} = \frac{\sqrt[3]{5^2}}{\sqrt[3]{5^3}} = \frac{\sqrt[3]{5^2}}{5}$$

Portanto, podemos concluir que o **fator racionalizante** de um denominador $\sqrt[n]{a^m}$ é igual a $\sqrt[n]{a^{n-m}}$.

Por exemplo, vamos racionalizar o denominador da expressão $\frac{1}{\sqrt[5]{a^2}}$, com a > 0.

Nesse caso, o **fator racionalizante** será $\sqrt[5]{a^{5-2}} = \sqrt[5]{\boldsymbol{a}^3}$, de modo que:

$$\frac{1}{\sqrt[5]{\boldsymbol{a}^2}} = \frac{1}{\sqrt[5]{a^2}} \times \frac{\sqrt[5]{a^3}}{\sqrt[5]{a^3}} = \frac{\sqrt[5]{a^3}}{\sqrt[5]{a^2 \times a^3}} = \frac{\sqrt[5]{a^3}}{\sqrt[5]{a^5}} = \frac{\sqrt[5]{\boldsymbol{a}^3}}{\boldsymbol{a}}$$

Outro exemplo é a fração $\frac{2}{3\sqrt[5]{2^3}}$, que para racionalizá-la devemos multiplicar o numerador e o denominador por $\sqrt[5]{2^2}$:

$$\frac{2}{3\sqrt[5]{2^3}} = \frac{2}{3\sqrt[5]{2^3}} \times \frac{\sqrt[5]{2^2}}{\sqrt[5]{2^2}} = \frac{2\sqrt[5]{2^2}}{3\sqrt[5]{2^5}} = \frac{2\sqrt[5]{4}}{3 \times 2} = \frac{\sqrt[5]{4}}{3}$$

Veja como esse assunto já foi cobrado!

QUESTÃO 06 (Pref do Rio de Janeiro/Prof/2016) Se $\sqrt[6]{16} = n$, o valor da fração $\frac{6}{\sqrt[3]{2}}$ corresponde a:

a) n^3 b) 3n c) $\sqrt[3]{n}$ d) 3/n

RESOLUÇÃO:

Temos no denominador da fração apresentada uma raiz cúbica. Nesse caso, aplicamos o seguinte **fator racionalizante**:

$$\frac{6}{\sqrt[3]{2}} = \frac{6}{\sqrt[3]{2}} \times \frac{\sqrt[3]{2^{3-1}}}{\sqrt[3]{2^{3-1}}} = \frac{6\sqrt[3]{2^2}}{\sqrt[3]{2 \times 2^2}} = \frac{6\sqrt[3]{2^2}}{\sqrt[3]{2^3}} = 3\sqrt[3]{2^2}$$

Mas a questão determina que a resposta deve ser em função de **n**, que possui o seguinte valor:

$$\sqrt[6]{16} = \boldsymbol{n}$$

$$\sqrt[6]{2^4} = n$$

$$\boldsymbol{n} = 2^{4/6} = 2^{2/3} = \sqrt[3]{2^2}$$

Dessa forma, em função de **n** a fração tem o seguinte valor:

$$\frac{6}{\sqrt[3]{2}} = 3\boldsymbol{n}$$

Gabarito: B.

6.3. Quando o Denominador é uma Soma ou Diferença de Dois Quadrados

Agora no último caso a ser tratado, veremos como proceder quando no denominador da fração temos uma soma ou diferença de um ou dois radicais com índice igual a **2**.

Vejamos a seguinte fração:

$$\frac{1}{\sqrt{3}+\sqrt{5}}$$

Repare que os métodos analisados acima não nos permitem racionalizar este tipo de fração. Para fazê-lo precisamos recorrer a um **produto notável**, mais especificamente ao **produto da soma pela diferença de dois termos**, que é igual ao quadrado do primeiro termo, menos o quadrado do segundo termo. Algebricamente, temos:

$$(a+b)\times(a-b)=a^2-b^2$$

Conseguiu perceber como podemos utilizar este conceito para racionalizarmos a fração proposta?

Bem, vamos ver o que acontece quando substituímos **a** por $\sqrt{3}$ e **b** por $\sqrt{5}$:

$$\left(\sqrt{3}+\sqrt{5}\right)\times\left(\sqrt{3}-\sqrt{5}\right)=\left(\sqrt{3}\right)^2-\left(\sqrt{5}\right)^2=3-5=-2$$

Percebeu agora? Observe que originalmente tínhamos a expressão $\left(\sqrt{3}+\sqrt{5}\right)$ que multiplicamos por $\left(\sqrt{3}-\sqrt{5}\right)$. Assim, invertemos o sinal, trocamos "+" por "-". Logicamente se tivéssemos "-", o teríamos trocado por "+". E, visto que elevamos os termos ao quadrado, eliminamos os radicais.

Como nos casos anteriores, devemos multiplicar ambos os termos da fração pelo **fator racionalizante**, que neste exemplo é $\left(\sqrt{3}-\sqrt{5}\right)$:

$$\frac{1}{\sqrt{3}+\sqrt{5}}=\frac{1}{\sqrt{3}+\sqrt{5}}\times\frac{\left(\sqrt{3}-\sqrt{5}\right)}{\left(\sqrt{3}-\sqrt{5}\right)}=\frac{\left(\sqrt{3}-\sqrt{5}\right)}{-2}=\frac{\sqrt{5}-\sqrt{3}}{2}$$

Portanto, fica claro que o **fator racionalizante** de um denominador do tipo $\sqrt{a}+\sqrt{b}$ será $\sqrt{a}-\sqrt{b}$ e vice-versa.

Para exemplificar, vamos racionalizar o denominador da expressão $\frac{2}{3\sqrt{2}-2\sqrt{3}}$.

Seja a expressão . O objetivo é racionalizar o seu denominador.

Nessa situação, o **fator racionalizante** será $3\sqrt{2}+2\sqrt{3}$, de modo que:

$$\frac{2}{3\sqrt{2}-2\sqrt{3}}$$

$$=\frac{2}{3\sqrt{2}-2\sqrt{3}}\times\frac{3\sqrt{2}+2\sqrt{3}}{3\sqrt{2}+2\sqrt{3}}$$

$$=\frac{2\times\left(3\sqrt{2}+2\sqrt{3}\right)}{\left(3\sqrt{2}-2\sqrt{3}\right)\times\left(3\sqrt{2}+2\sqrt{3}\right)}$$

$$= \frac{2\times\left(3\sqrt{2}+2\sqrt{3}\right)}{\left(3\sqrt{2}\right)^2-\left(2\sqrt{3}\right)^2}$$

$$= \frac{2\times\left(3\sqrt{2}+2\sqrt{3}\right)}{18-12}$$

$$= \frac{\left(3\sqrt{2}+2\sqrt{3}\right)}{3}$$

7. MÉTODOS PARA EXTRAIR RAIZ QUADRADA

A ideia básica da **extração da raiz quadrada** é **pensar em um número que multiplicado por ele mesmo resulta no radicando.**

Por exemplo, para encontrar a raiz quadrada de 81, pensamos num número que multiplicado por ele mesmo resulta em 81. Ora, esse número é o 9. Observe: $9^2 = 9 \text{ x } 9 = 81$. Em notação de raiz quadrada, temos:

$$\sqrt{81} = \sqrt{9^2} = 9$$

Do mesmo modo, a raiz quadrada de 121 corresponde ao número que, elevado ao quadrado, é igual a 121. Bem, esse número é o 11, visto que $11^2 = 11 \text{ x } 11 = 121$. Utilizando a estrutura de raiz quadrada, temos:

$$\sqrt{121} = \sqrt{11^2} = 11$$

No entanto, por vezes os números que precisamos extrair a raiz quadrada são grandes ou não possuem raiz exata. Diante dessas situações, precisamos recorrer a métodos mais eficientes, os quais analisaremos a seguir.

7.1. Método da decomposição em fatores primos

Na verdade, existem diversos métodos para extrair a raiz quadrada de um número, sendo que o mais conhecido de todos é o da **decomposição em fatores primos**. Inclusive já o estudamos no capítulo sobre Números Primos.

Para exemplificar, vamos extrair a raiz quadrada de 576. Primeiramente, fazemos a decomposição em fatores primos:

576	2
288	2
144	2
72	2
36	2
18	2
9	3
3	3
1	

Em seguida, **unimos os termos semelhantes dois a dois, formando quadrados**:

576	2	2^2
288	2	
144	2	2^2
72	2	
36	2	2^2
18	2	
9	3	3^2
3	3	
1		

Dessa forma, podemos reescrever a raiz quadrada de 576 na forma do seguinte **produto**:

$$\sqrt[2]{576} = \sqrt[2]{2^2 \times 2^2 \times 2^2 \times 3^2}$$

Por fim, efetuamos uma **simplificação**, por **retirar da raiz os radicandos cujo expoente é igual ao índice**:

$$\sqrt[2]{576} = \sqrt[2]{2^2 \times 2^2 \times 2^2 \times 3^2} = 2 \times 2 \times 2 \times 3 = 24$$

Portanto, a raiz quadrada de 576 é 24, pois $24^2 = 24 \times 24 = 576$.

De forma semelhante, podemos extrair a raiz quadrada de 3.375. Já sabemos que vamos decompor o número em fatores primos, **formando quadrados com os termos semelhantes dois a dois:**

3375	3	
		3^2
1125	3	
375	**3**	
125	5	
		5^2
25	5	
5	**5**	
1		

Na sequência, reescrevemos a raiz quadrada de 3.375 na forma de um **produto**, simplificando os radicandos cujo expoente é igual ao índice:

$$\sqrt{3375} = \sqrt[2]{3^2 \times 5^2 \times 3 \times 5} = 3 \times 5 \times \sqrt{3 \times 5} = 15\sqrt{15}$$

Perceba que só retiramos do radical os termos que estão elevados ao quadrado, permanecendo nele os demais (3 e 5).

Para finalizar, repare que a decomposição em fatores primos é aplicável a qualquer tipo de raiz, não apenas à raiz quadrada. Nessa situação, ajustamos somente a forma de unir os termos primos semelhantes, a depender do índice do radical. Para exemplificar, considere a $\sqrt[3]{216}$:

216	2	
108	2	2^3
54	2	
27	3	
9	3	3^3
3	3	
1		

Note que a separação dos fatores primos ocorreu de três em três termos iguais, pois estamos lidando com uma raiz cúbica (índice igual a 3). Obviamente, caso fosse uma raiz com índice 5, separaríamos de cinco em cinco fatores primos iguais. Desse modo, o que precisa ficar claro para você é que essa estratégia (aglutinação de fatores primos iguais) para o cálculo de uma raiz depende diretamente do índice do radical que estivermos trabalhando.

Assim, o resultado será:

$$\sqrt[3]{216} = \sqrt[3]{2^3 \times 3^3} = 2 \times 3 = 6$$

Veja como esse assunto já foi cobrado!

QUESTÃO 07 (Objetiva/Pref de Tramandaí/Aux Leg/2015) O número √243 é igual a:

a) $3\sqrt{3}$ b) $9\sqrt{3}$ c) $18\sqrt{3}$ d) $27\sqrt{3}$

RESOLUÇÃO:

Primeiramente, fazemos a decomposição em fatores primos, unimos os termos semelhantes dois a dois, **formando quadrados**:

243	3	3^2
81	3	
27	3	3^2
9	3	
3	3	
1		

Dessa forma, podemos reescrever a raiz quadrada de 243 na forma do seguinte **produto**:

$$\sqrt[2]{243} = \sqrt[2]{3^2 \times 3^2 \times 3} = 3 \times 3 \times \sqrt{3} = 9\sqrt{3}$$

Gabarito: B.

QUESTÃO 08 (REIS & REIS/Pref de Cipotânea/Atend/2016) A raiz quadrada de √12,25 é:

a) 6,5 b) 3,5 c) 3,3 d) 125

RESOLUÇÃO:

É melhor reescrevermos o **número decimal** presente no radicando como uma fração cujo denominador seja um **quadrado perfeito**:

$$\sqrt{12,25} = \sqrt{\frac{1225}{100}} = \frac{\sqrt{1225}}{\sqrt{100}} = \frac{\sqrt{1225}}{10}$$

Agora fazemos a decomposição em fatores primos:

1225	5	**5^2**
245	5	
49	7	**7^2**
7	7	
1		

Assim, ficamos com:

$$\sqrt{12,25} = \frac{\sqrt{5^2 \times 7^2}}{10} = \frac{35}{10} = 3,5$$

Gabarito: B.

7.2. Método dos Quadrados Perfeitos

Este é um método **muito eficiente**, pois além de ser de fácil aplicabilidade, ele é especialmente adequado quando não temos a raiz exata para o número em consideração e quando estão envolvidos números grandes. Isso é importante em diversos tópicos da matemática, inclusive na Estatística.

A maioria das questões de concursos nos ajuda inserindo somente raízes quadradas perfeitas em seus cálculos, contudo, algumas vezes o examinador é mais cruel, exigindo que você calcule uma raiz quadrada por aproximação.

Como exemplo, para resolver três questões de Estatística que caíram na prova para Auditor-Fiscal da Receita Federal em 2005, precisávamos calcular as raízes de 29,24; 30,62 e 2.469. Esses números não possuem raízes exatas, então saber como encontrar um valor aproximado era imprescindível para a resolução das questões.

Para a execução deste método, você precisa conhecer os **quadrados perfeitos de 11 a 20**, que são:

$11^2 = 121$	**$16^2 = 256$**
$12^2 = 144$	**$17^2 = 289$**
$13^2 = 169$	**$18^2 = 324$**
$14^2 = 196$	**$19^2 = 361$**
$15^2 = 225$	**$20^2 = 400$**

"Professores, preciso mesmo decorar os quadrados perfeitos de 11 a 20?" Só se quiser acertar a questão! Então sim, realmente é necessário ter na ponta da língua esses valores. Mas tem uma dica!

Na verdade, você só precisa saber que **$11^2 = 121$**, já que a partir dele os quadrados crescem obedecendo a um **padrão**! De fato, adicionando **23** ao 121, chegamos ao 144. Do mesmo modo, somando **25** ao 144, chegamos ao 169, e acrescentando a este **27** obtemos o 196, e assim por diante.

Ou seja, a partir do 121, basta acrescentar 23, 25, 27, 29..., isto é, números ímpares consecutivos, e chegamos a cada um dos quadrados perfeitos subsequentes. Note:

11^2 = 121
↲ **+ 23**
12^2 = 144
↲ **+ 25**
13^2 = 169
↲ **+ 27**
14^2 = 196
↲ **+ 29**
15^2 = 225
↲ **+ 31**
16^2 = 256
↲ **+ 33**
17^2 = 289
↲ **+ 35**
18^2 = 324
↲ **+ 38**
19^2 = 361
↲ **+ 39**
20^2 = 400

Muito bem. Superada essa primeira etapa, vamos colocar a mão na massa! Suponhamos que o nosso objetivo consiste em determinar a raiz quadrada de 150.

Inicialmente, analisamos qual é o **quadrado perfeito mais próximo** de 150. Conseguiu descobrir? Isso mesmo, é o 144, cuja **raiz quadrada** é 12.

Em seguida, precisamos ter em mente que trabalharemos com **três valores**: 1) o próprio 150, 2) o quadrado perfeito mais próximo dele, que é 144, e 3) a raiz quadrada desse quadrado perfeito.

Agora faremos um cálculo, com base numa fração, em que no numerador teremos sempre uma soma, cujas parcelas são o número que buscamos extrair a raiz quadrada e o quadrado perfeito mais próximo dele. Logo:

$$\frac{150+144}{n}$$

Já o denominador começará sempre com 2 multiplicando um determinado número:

$$\frac{150+144}{2\times ?}$$

E quem será o número faltante? Exatamente, a raiz quadrada do quadrado perfeito:

$$\frac{150+144}{2\times 12}=\frac{294}{24}=12,25$$

Portanto, a raiz quadrada de 150 é igual a 12,25. Se você conferir na sua calculadora, encontrará 12,247, então concluirá que chegamos a um resultado bem razoável, com uma aproximação muito boa.

BIZU!

Basta encontrar a segunda casa decimal da resposta e arredondar a resposta para uma casa decimal, pois isso é mais do que suficiente para resolvermos as questões de prova. Raramente precisamos de duas casas decimais.

Exemplo: Se encontrássemos 7,683, não precisava ter calculado até a terceira casa decimal ou mais, bastaria ir até o 7,68 e arredondar para 7,7. Se tivéssemos encontrado 7,62, arredondaria para 7,6.

O que vai determinar quantas casas decimais você vai precisar na prova são as respostas das alternativas. Se elas estiverem com mais de duas casas decimais e muito próximas umas das outras, algo como 5,23 e 5,32, aí não tem jeito, terá que calcular com duas casas decimais mesmo, mas saiba que raramente isso acontece. Geralmente aparece algo como 5,2 e 5,8 ou diferença ainda maior, então uma casa decimal bastará.

Vamos a mais um caso para ganharmos agilidade e confiança na prática do método. Suponha que precisamos extrair a raiz quadrada de 250.

Ora, já sabemos a primeira pergunta que devemos nos fazer: qual é o quadrado perfeito mais próximo de 250? É 256, cuja raiz quadrada é 16. Pronto, já temos todos os elementos de que precisamos e podemos prosseguir efetuando o seguinte cálculo:

$$\frac{250+256}{2\times 16}$$

$$\frac{506}{32}=15,81$$

Dessa maneira, a raiz quadrada de 250 é 15,81. Na calculadora, encontrará 15,811, provando mais uma vez que o resultado usando o macete é muito bom.

Então, podemos generalizar o cálculo que estamos executando para qualquer número **X**, por meio da seguinte fórmula:

$$\sqrt{X}=\frac{(X+Q)}{2\times\sqrt{Q}}$$

Em que **Q** corresponde ao quadrado mais próximo do número **X** que buscamos extrair a raiz quadrada.

Para finalizar, é possível que você tenha se perguntado se esse método funciona para o caso de números que não estão compreendidos entre os quadrados perfeitos que examinamos, ou seja, se precisarmos extrair a raiz quadrada de números menores que 121 ou maiores que 400.

Bem, a boa notícia é que o método também funciona nesses casos! Vejamos alguns exemplos.

Vamos extrair a raiz quadrada de 45. Obviamente, não teria como usar o 121 como quadrado perfeito mais próximo, já que na verdade está bem distante!

Então, vamos simplesmente usar o quadrado perfeito mais próximo dele, embora não esteja no intervalo que adotamos até agora. Nesse caso, o que mais se aproxima é 49, cuja raiz quadrada é 7. Pois bem, já temos todos os dados de que precisamos para aplicar a fórmula:

$$\sqrt{X}=\frac{(X+Q)}{2\times\sqrt{Q}}$$

$$\sqrt{45}=\frac{(45+49)}{2\times 7}=\frac{94}{14}=6,714$$

Assim, a raiz quadrada de 45 é 6,71. Observe em sua calculadora como o resultado obtido (6,714) é super próximo do real (6,708).

Agora, imagine que em sua prova você precisa calcular a raiz quadrada de 2.485. Mais uma vez estamos diante de um caso em que está totalmente fora do intervalo padrão. Além disso, não temos ideia de qual seria o quadrado perfeito que está mais perto desse número tão grande. Então, o que faremos?

Simples, aplicaremos uma das **propriedades da radiciação**! Para isso, reescrevemos o 2.485 de forma a surgir um quadrado perfeito numa multiplicação. Por exemplo, concordam que **2.485** é o mesmo que **24,85 x 100**? Com certeza sim. Logo:

$$\sqrt{2485} = \sqrt{24,85 \times 100}$$

É nesse momento que entra a propriedade da **raiz do produto** de **n** elementos, que é sempre igual ao **produto das raízes** desses mesmos elementos, de sorte que:

$$\sqrt{2485} = \sqrt{24,85 \times 100} = \sqrt{24,85} \times \sqrt{100} = 10 \times \sqrt{24,85}$$

Pronto, após esse pequeno ajuste, podemos aplicar o método para obter a raiz de 24,85. Nesse sentido, observamos que o quadrado perfeito mais próximo é 25, cuja raiz quadrada é 5. Assim:

$$\sqrt{24,85} = \frac{(24,85 + 25)}{2 \times 5} = \frac{49,85}{10} = 4,985$$

Perfeito, encontramos a raiz quadrada de 24,85. Terminamos? Não, o nosso objetivo é determinar a raiz quadrada de 2.485, que será:

$$\sqrt{2485} = 10 \times \sqrt{24,85} = 10 \times 4,985 = 49,85$$

Vamos praticar com mais três exemplos:

$$1)\ \sqrt{29} = ?$$

1º) qual o quadrado perfeito mais próximo de 29? É 25.

2º) qual sua raiz? 5.

Agora, basta somar os 29 aos 25 e dividir pelo dobro de 5, assim:

$$\sqrt{29} = \frac{29 + 25}{2.5} = \frac{54}{10} = 5,4.$$

Na calculadora, a raiz de 29 é 5,385, ou seja, novamente nossa aproximação ficou muito boa.

$$2)\ \sqrt{31} = ?$$

1º) qual o quadrado perfeito mais próximo de 31? É 36.

2º) qual sua raiz? 6.

Agora, basta somar os 31 aos 36 e dividir pelo dobro de 6, assim:

$$\sqrt{31} = \frac{31+36}{2.6} = \frac{67}{12} = 5,583.$$

Na calculadora, a raiz de 31 é 5,568, ou seja, novamente nossa aproximação ficou muito boa. Perceba que tanto 5,583 quanto 5,568 você arredondaria para 5,6 em sua prova.

$$3)\ \sqrt{2469} = ?$$

1º) qual o quadrado perfeito mais próximo do 2.469? Vemos que ele está fora da lista dos quadrados de 1 a 20, logo, precisaremos encontrar quadrados perfeitos ainda maiores. O quadrado de 50 é 2.500, que já está bem próximo de 2.469. Já dá para usá-lo sem nem testar outro número, mas se quiser ter certeza de que ele é mesmo o mais próximo, podemos calcular o quadrado de 49, que é $49^2 = 2.401$, que é mais distante de 2.469 que o 2.500. Então usaremos os 2.500 mesmo, que vai deixar mais fácil ainda nossos cálculos.

2º) qual sua raiz? 50.

Agora, basta somar os 2.469 aos 2.500 e dividir pelo dobro de 50, assim:

$$\sqrt{2469} = \frac{2469+2500}{2.50} = \frac{4969}{100} = 49,69.$$

Na calculadora, a raiz de 2.469 é 49,689, ou seja, novamente nossa aproximação ficou muito boa.

Agora, responda: lá no início deste tópico quais foram as três raízes que precisávamos calcular na prova do AFRFB de 2005? Foram 29,24; 30,62 e 2.469, certo? Repare quais foram nossos três últimos exemplos: 29, 31 e 2.469.

Na prova, para achar uma aproximação da raiz de 29,24, bastava encontrar a raiz de 29 que já estaria bom. A raiz exata de 29,24 é 5,407, ou seja, nosso cálculo de 5,4 seria mais do que suficiente para prosseguir na questão.

E a de 30,62? Mesma coisa, encontrar a raiz aproximada de 31 já seria suficiente, pois encontramos 5,58 para a raiz de 31, certo? Sabe quanto é o valor real da raiz de 30,62? É 5,53, ou seja, o erro está na segunda casa decimal, que quase nunca precisa para encontrar a resposta da questão, como não precisou naquela prova.

Agora tente calcular essas três raízes chutando diversos valores aproximados, como seria o caso de tentar resolver na prova sem o uso do nosso querido macete, e depois me conte quanto tempo levaria para chegar a um valor razoável.

Em uma prova que tinha 15 questões de Exatas, tendo que acertar no mínimo seis das 15 para não ser eliminado, deixar três questões para trás por não saber este macete complicaria suas chances de aprovação, concorda?

Então não tenha mais nenhuma dúvida: aprenda este macete de uma vez por todas.

8. RESUMO

A **radiciação** é uma operação **inversa à potenciação**. Um número **b** é chamado de **raiz enésima exata** de um número **a**, se, e somente se:

$$\sqrt[n]{a} = b \iff a = b^n$$

Para saber o resultado de determinada raiz basta pensarmos em um número que **deve ser multiplicado pela quantidade de vezes descrita pelo índice do radical e que esse produto tenha como resultado o valor do radicando.**

Elementos que compõem uma raiz:

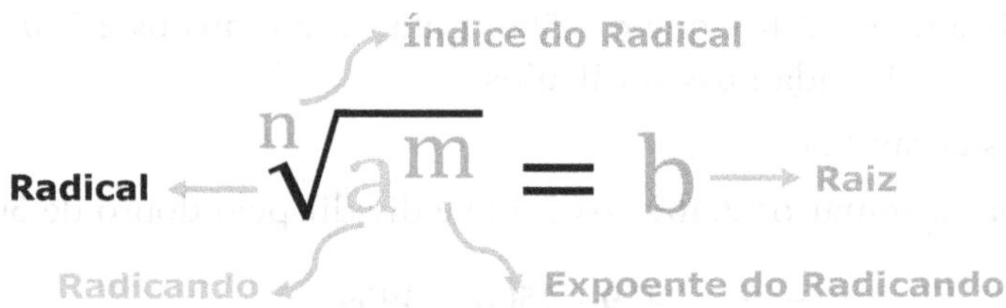

O **radical** indica que se trata de uma radiciação, e o **índice** caracteriza a operação, isto é, o tipo de raiz que estamos trabalhando. Em geral, o **radicando**, junto de seu **expoente**, é o número sobre o qual somos questionados, e a **raiz** é o resultado.

PROPRIEDADES DA RADICIAÇÃO

- 1ª Propriedade: $\sqrt[n]{a^m} = a^{m/n}$
- 2ª Propriedade: $\sqrt[n]{a.\,b} = \sqrt[n]{a}\,.\sqrt[n]{b}$
- 3ª Propriedade: $\sqrt[n]{a/b} = \sqrt[n]{a}/\sqrt[n]{b}$

- 4ª Propriedade: $\sqrt[n]{a^m} = \sqrt[n \cdot p]{a^{m \cdot p}} = \sqrt[n \div q]{a^{m \div q}}$
- 5ª Propriedade: $\left(\sqrt[n]{a}\right)^m = \sqrt[n]{a^m}$
- 6ª Propriedade: $\sqrt[n]{\sqrt[m]{a}} = \sqrt[n \cdot m]{a}$

OPERAÇÕES COM RADICAIS

1) Adição e subtração: Somamos ou subtraímos os **coeficientes** dos radicais e juntamos ao resultado o **radical comum.**

2) Multiplicação ou divisão: Para multiplicar ou dividir dois ou mais radicais de mesmo índice, basta **multiplicar ou dividir os radicandos** e colocar o produto ou quociente obtido sob um **radical de mesmo índice dos radicais** dos fatores.

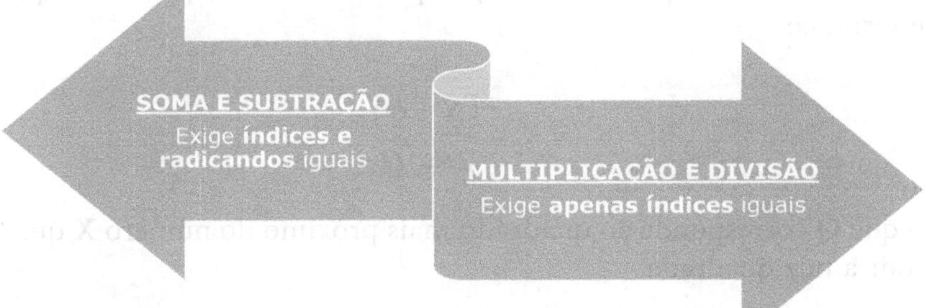

REDUÇÃO DE RADICAIS A UM MESMO ÍNDICE

1º passo) Acha-se o **MMC dos índices** dos radicais, que será o **índice comum**

2º passo) Divide-se o índice comum pelo índice de cada radical, multiplicando-se os quocientes obtidos pelos expoentes dos respectivos radicandos.

A **racionalização de denominadores** refere-se ao método para obter uma fração com denominador racional, equivalente a uma anterior, que possua um ou mais radicais em seu denominador.

Para racionalizar o denominador de uma fração devemos multiplicar os termos dessa fração por uma expressão com radical, denominado **fator racionalizante**, de modo a obter uma nova fração equivalente com **denominador sem radical**.

Quando temos um radical de índice dois, podemos eliminá-lo multiplicando-o por ele mesmo. Genericamente, o fator racionalizante de um denominador $\sqrt{a}$ é o próprio $\sqrt{a}$.

Por outro lado, no caso em que **não temos uma raiz quadrada**, o **fator racionalizante** de um denominador $\sqrt[n]{a^m}$ é igual a $\sqrt[n]{a^{n-m}}$.

Finalizando, quando no denominador da fração temos uma soma ou diferença de um ou dois radicais com índice igual a **2**, o **fator racionalizante** de um denominador do tipo $\sqrt{a}+\sqrt{b}$ será $\sqrt{a}-\sqrt{b}$ e vice-versa.

Para extrair a raiz quadrada de qualquer número **X**, pode ser aplicada a seguinte fórmula:

$$\sqrt{X} = \frac{(X+Q)}{2\times\sqrt{Q}}$$

Em que **Q** corresponde ao quadrado mais próximo do número **X** que buscamos extrair a raiz quadrada.

9. MAIS QUESTÕES COMENTADAS

QUESTÃO 09 (Faepesul/Pref Araranguá/Aux Adm/2016–*Adaptada*) A proposição a seguir é verdadeira.

$$\sqrt{\sqrt[3]{x^9}} = x\sqrt{x}$$

RESOLUÇÃO:

Temos uma raiz cúbica dentro de uma raiz quadrada. Inicialmente, fazemos a **divisão entre o expoente do radicando e o índice do radical**:

$$\sqrt{x^{9/3}} = \sqrt{x^3}$$

Agora aplicamos a **propriedade da raiz do produto**:

$$\sqrt{x^3} = \sqrt{x^2 \times x} = x\sqrt{x}$$

Gabarito: Certo.

QUESTÃO 10 (Faepesul/Pref Nova Veneza/Psicólogo/2016-*Adaptada*) A proposição a seguir é verdadeira:

$$\sqrt{\sqrt{\sqrt{\sqrt{256}}}} = \sqrt{2}$$

RESOLUÇÃO:

A **raiz de uma raiz** é igual à raiz do mesmo radicando, em que o índice será o **produto** entre os índices anteriores.

$$\sqrt[n]{\sqrt[m]{a}} = \sqrt[n \cdot m]{a}$$

Ao aplicarmos essa propriedade à proposição apresentada no enunciado, obtemos:

$$\sqrt{\sqrt{\sqrt{\sqrt{256}}}} = \sqrt[2\times2\times2\times2]{256} = \sqrt[16]{256}$$

Por sua vez, o número 256 decomposto em fatores primos resulta em 2^8. Logo:

$$2^{8/16} = 2^{1/2} = \sqrt{2}$$

Gabarito: Certo.

QUESTÃO 11 (ESAF/EPPGG/MPOG/2013) Se a operação πy é definida como o triplo do cubo de y, então o valor da expressão representada pelo produto entre $\pi 2^{1/3}$ e $\pi 2^{0,5}$ é igual a:

a) $18\sqrt{2}$ b) $36\sqrt{2}$ c) $\sqrt{2}$ d) 0 e) 1

RESOLUÇÃO:

O enunciado informa que a operação π consiste em pegar o número, elevá-lo ao cubo e triplicá-lo. Assim:

$$\pi y = 3y^3$$

Então, vamos analisar cada fator da expressão apresentada separadamente.

❖ **1º fator: $\pi 2^{1/3}$**

Aplicando a estrutura da operação π, obtemos:

$$\pi 2^{1/3} = 3 \times \left(2^{1/3}\right)^3 = 3 \times 2 = 6$$

❖ **2º fator: π2^{0,5}**

Mais uma vez, iremos realizar o cálculo indicado na operação π:

$$\pi 2^{0,5} = 3 \times \left(2^{0,5}\right)^3$$

Repare que elevar um número a 0,5 equivale a extrair sua raiz quadrada:

$$3 \times \left(\sqrt{2}\right)^3 = 3 \times \sqrt{2^3} = 3 \times 2\sqrt{2} = 6\sqrt{2}$$

Por fim, fazemos o **produto** entre os dois fatores:

$$6 \times 6\sqrt{2} = 36\sqrt{2}$$

Gabarito: B.

QUESTÃO 12 (Acaplam/Pref Macau/2014) A expressão $\sqrt{\dfrac{25^8 + 5^{18}}{25^4 + 5^{10}}}$ é igual a:

a) 5 b) 25 c) 625 d) 125 e) 35

RESOLUÇÃO:

Esta questão envolve a aplicação de **propriedades da potenciação**. Veja:

$$\sqrt{\frac{25^8 + 5^{18}}{25^4 + 5^{10}}} = \sqrt{\frac{\left(5^2\right)^8 + 5^{18}}{\left(5^2\right)^4 + 5^{10}}} = \sqrt{\frac{5^{16} + 5^{18}}{5^8 + 5^{10}}}$$

Agora, vamos colocar em evidência no numerador e no denominador uma potência que nos permita fazer **simplificações** na expressão:

$$\sqrt{\frac{5^{14} \times \left(5^2 + 5^4\right)}{5^6 \times \left(5^2 + 5^4\right)}} = \sqrt{\frac{5^{14}}{5^6}} = \sqrt{5^8} = 5^{8/2} = 5^4 = 625$$

Gabarito: C.

QUESTÃO 13 (FCC/DPE-RS/Ana Proc/2013) A soma S é dada por:

$$S = \sqrt{2} + \sqrt{8} + 2\sqrt{2} + 2\sqrt{8} + 3\sqrt{2} + 3\sqrt{8} + 4\sqrt{2} + 4\sqrt{8} + 5\sqrt{2} + 5\sqrt{8}$$

Dessa forma, S é igual a

a) $\sqrt{90}$ b) $\sqrt{405}$ c) $\sqrt{900}$ d) $\sqrt{4050}$ e) $\sqrt{9000}$

RESOLUÇÃO:

Para efetuar a **soma entre radicais**, é necessário que todas as parcelas tenham o **mesmo índice e o mesmo radicando.**

No caso da soma S, todos os radicais possuem o mesmo índice, restando ajustar os radicandos. Sabendo que $\sqrt{8} = \sqrt{4} \times \sqrt{2} = 2\sqrt{2}$, temos:

$$S = \sqrt{2} + 2\sqrt{2} + 2\sqrt{2} + 4\sqrt{2} + 3\sqrt{2} + 6\sqrt{2} + 4\sqrt{2} + 8\sqrt{2} + 5\sqrt{2} + 10\sqrt{2}$$

$$S = (1+2+2+4+3+6+4+8+5+10) \times \sqrt{2}$$

$$S = 45\sqrt{2} = \sqrt{45^2 \times 2} = \sqrt{4.050}$$

Gabarito: D.

QUESTÃO 14 (FCC/SEDU-ES/Prof/2016) Sendo $A = \sqrt{14}$, $B = \sqrt{7}$ e $C = \sqrt{2}$, o valor da expressão numérica $\frac{A \times B}{C}$ é igual a

a) $\frac{\sqrt{98}}{2}$. b) $\frac{\sqrt{7}}{7}$. c) 7. d) $2\sqrt{7}$. e) 24,5.

RESOLUÇÃO:

Considerando os dados informados e a operação descrita no enunciado, temos:

$$\frac{\sqrt{14} \times \sqrt{7}}{\sqrt{2}}$$

Sabendo que 2 x 7 corresponde a 14, fazemos a seguinte substituição:

$$\frac{\sqrt{2 \times 7} \times \sqrt{7}}{\sqrt{2}}$$

Aplicando a **propriedade do produto de raízes**, obtemos:

$$\frac{\sqrt{2}\times\sqrt{7}\times\sqrt{7}}{\sqrt{2}}=\sqrt{49}=7$$

Gabarito: C.

QUESTÃO 15 (CETRO/TCM-SP/Aux Tec Fis/2006) Sendo

$$A=\sqrt{\left(4\frac{1}{4}+\frac{21}{12}\right)^2\left(1\frac{7}{20}\div 2,7\right)}$$

$$B=\left[\left(1-\frac{1-0,111\ldots}{0,666\ldots}\right)\div\left(-\frac{2}{3}\right)\right]^{-\frac{1}{2}}$$

pode-se afirmar corretamente que

a) A – B = 4

b) A + B = √20

c) A . B = 6

d) A : B = 3√2

e) 2A + B = 6 + √2

RESOLUÇÃO:

Inicialmente, vamos efetuar as operações apresentadas em **A** e **B**.

$$A=\sqrt{\left(4\frac{1}{4}+\frac{21}{12}\right)^2\left(1\frac{7}{20}\div 2,7\right)}$$

$$\boldsymbol{A}=\sqrt{\left(\frac{17}{4}+\frac{7}{4}\right)^2\left(\frac{27}{20}\div\frac{27}{10}\right)}=\sqrt{6^2\times\frac{1}{2}}=\sqrt{18}$$

$$B=\left[\left(1-\frac{1-0,111\ldots}{0,666\ldots}\right)\div\left(-\frac{2}{3}\right)\right]^{-\frac{1}{2}}$$

$$\boldsymbol{B}=\left[\left(1-\frac{1-\frac{1}{9}}{\frac{6}{9}}\right)\div\left(-\frac{2}{3}\right)\right]^{-\frac{1}{2}}=\left[\left(1-\frac{4}{3}\right)\div\left(-\frac{2}{3}\right)\right]^{-\frac{1}{2}}=\left[\left(-\frac{1}{3}\right)\div\left(-\frac{2}{3}\right)\right]^{-\frac{1}{2}}=\left(\frac{1}{2}\right)^{-\frac{1}{2}}=\frac{1}{\frac{1}{\sqrt{2}}}=\sqrt{2}$$

As alternativas de resposta disponíveis são baseadas em operações com A e B. Vamos testá-las:

a) $A-B=4 \to \sqrt{18}-\sqrt{2}=3\sqrt{2}-\sqrt{2}=2\sqrt{2}$ **ERRADA**

b) $A+B=\sqrt{20} \to \sqrt{18}+\sqrt{2}=3\sqrt{2}+\sqrt{2}=4\sqrt{2}=\sqrt{32}$ **ERRADA**

c) $A\times B=6 \to \sqrt{18}\times\sqrt{2}=\sqrt{36}=6$ **CERTA**

d) $A\div B=3\sqrt{2} \to \sqrt{18}\div\sqrt{2}=\sqrt{9}=3$ **ERRADA**

e) $2A+B=6+\sqrt{2} \to 2\sqrt{18}+\sqrt{2}=2\times3\sqrt{2}+\sqrt{2}=6\sqrt{2}+\sqrt{2}=7\sqrt{2}$ **ERRADA**

Gabarito: C.

QUESTÃO 16 (FCC/TRF 2ª Região/Téc Jud/2012) Considere as seguintes afirmações:

I. Para todo número inteiro x, tem-se $\dfrac{4^{x-1}+4^{x}+4^{x+1}}{4^{x-2}+4^{x-1}}=16,8$

II. $\left(8^{1/3}+0,4444\ldots\right)\div\dfrac{11}{135}=30\cdot$

III. Efetuando-se $\left(\sqrt[4]{6+\sqrt[2]{5}}\right)\times\left(\sqrt[4]{6-\sqrt[2]{5}}\right)$ obtém-se um número maior que 5.

Relativamente a essas afirmações, é certo que

a) I, II e III são verdadeiras.

b) apenas I e II são verdadeiras.

c) apenas II e III são verdadeiras.

d) apenas uma é verdadeira.

e) I, II e III são falsas.

RESOLUÇÃO:

Precisamos analisar a veracidade das expressões apresentadas nos itens I, II e III. Então, vamos lá!

No item I, iremos deixar cada parcela das somas com o $\mathbf{4^x}$ em evidência:

$$\frac{4^{x-1}+4^{x}+4^{x+1}}{4^{x-2}+4^{x-1}}=\frac{\frac{4^x}{4}+4^x+4^x\times4}{\frac{4^x}{4^2}+\frac{4^x}{4}}=\frac{4^x\times\left(\frac{1}{4}+1+1\times4\right)}{4^x\times\left(\frac{1}{16}+\frac{1}{4}\right)}=\frac{\frac{21}{4}}{\frac{5}{16}}=\frac{21}{4}\times\frac{16}{5}=16,8$$

Dessa forma, concluímos que o item I está correto. Agora, vamos analisar a segunda afirmação:

$$\left(8^{1/3} + 0,4444\ldots\right) \div \frac{11}{135} = 30$$

O primeiro passo é substituir a **dízima periódica** 0,444... por sua **fração geratriz**. Como fazemos isso? Seja:

$$x = 0,444\ldots$$

Multiplicamos os dois lados por 10:

$$10x = 4,444\ldots$$

Agora subtraímos as duas equações:

$$10x - x = 4,444\ldots - 0,444\ldots$$

$$9x = 4$$

$$\boldsymbol{x} = \frac{4}{9}$$

Então, a expressão que iremos calcular é:

$$\left(8^{1/3} + \frac{4}{9}\right) \div \frac{11}{135}$$

Bem, elevar um número a 1/3 corresponde a tirar sua raiz cúbica. Logo:

$$\left(\sqrt[3]{8} + \frac{4}{9}\right) \div \frac{11}{135} = \left(2 + \frac{4}{9}\right) \div \frac{11}{135} = \left(\frac{2 \times 9 + 4}{9}\right) \div \frac{11}{135} = \left(\frac{22}{9}\right) \div \frac{11}{135}$$

Para dividir duas frações, repetimos a primeira e multiplicamos pelo inverso da segunda:

$$\frac{22}{9} \times \frac{135}{11} = 2 \times 15 = 30$$

Logo, o **item II** também está **correto.**

Por fim, no item III o nosso objetivo consiste em calcular:

$$\left(\sqrt[4]{6 + \sqrt[2]{5}}\right) \times \left(\sqrt[4]{6 - \sqrt[2]{5}}\right)$$

Vamos chamar essa quantia de x. Adicionalmente, para diminuir um pouco a quantidade de raízes, vamos elevar à potência 4:

$$x^4 = \left(6 + \sqrt[2]{5}\right) \times \left(6 - \sqrt[2]{5}\right)$$

Agora, aplicamos a propriedade distributiva da multiplicação:

$$x^4 = 6 \times 6 - 6\sqrt{5} + 6\sqrt{5} - \sqrt{5}^5$$

$$\boldsymbol{x}^4 = 36 - 5 = 31$$

Ora, sabemos que $5^4 = 625$. Visto que $x^4 < 625$, então concluímos que $\mathbf{x < 5}$, de modo que o **item III** está **errado**.

Gabarito: B.

QUESTÃO 17 (Vunesp/Sargento/PM-SP/2014) Três equipes, A, B e C, participam de uma competição promovida por um colégio. Uma das tarefas dessas equipes é resolver a seguinte expressão matemática:

$$E = \sqrt{\left(\frac{(-2)^3 + 5^2}{2^{-1}}\right) \times \left(\frac{3^0 \times \sqrt{144}}{6}\right) - 2^2}$$

A equipe vencedora receberá uma pontuação que corresponde ao valor da expressão E elevado ao cubo.

O número de pontos que a equipe vencedora receberá será

a) 512. b) 256. c) 128. d) 64.

RESOLUÇÃO:

Precisamos resolver a expressão apresentada e, sem seguida, elevá-la ao cubo, a fim de determinar o número de pontos que a equipe vencedora receberá. Logo:

$$E = \sqrt{\left(\frac{(-2)^3 + 5^2}{2^{-1}}\right) \times \left(\frac{3^0 \times \sqrt{144}}{6}\right) - 2^2}$$

$$\boldsymbol{E} = \sqrt{\left(\frac{-8 + 25}{\frac{1}{2}}\right) \times \left(\frac{1 \times 12}{6}\right) - 4} = \sqrt{(17 \times 2) \times 2 - 4} = \sqrt{64} = 8$$

Terminamos? Não! O enunciado exige que o resultado da expressão **E** seja **elevado ao cubo**:

$$8^3 = 512$$

Gabarito: A.

QUESTÃO 18 (IBADE – Técnico/Pref Linhares/2020) Considere as sentenças.

I. $(\sqrt{3} - \sqrt{5})^2 = 2(4 - \sqrt{15})$

II. $-5^2 = 25$

III. $\sqrt[3]{4^5} = 8\sqrt[3]{2}$

A alternativa que apresenta a resposta correta é:

a) apenas a sentença I.

b) apenas as sentenças I e II.

c) apenas as sentenças I e III.

d) apenas as sentenças II e III.

e) as sentenças I, II e III.

RESOLUÇÃO:

Vamos analisar cada sentença separadamente.

Na **sentença I**, temos no lado esquerdo da igualdade uma potência cuja base é uma subtração de raízes. Vamos resolver:

$$(\sqrt{3} - \sqrt{5})^2 = (\sqrt{3} - \sqrt{5}) \times (\sqrt{3} - \sqrt{5})$$

$$(\sqrt{3})^2 - \sqrt{3} \times \sqrt{5} - \sqrt{3} \times \sqrt{5} + (\sqrt{5})^2$$

$$= 3 - 2\sqrt{15} + 5$$

$$= 8 - 2\sqrt{15}$$

$$\mathbf{= 2(4 - \sqrt{15})}$$

Assim, a igualdade é **verdadeira**.

Já a **sentença II** apresenta o negativo do quadrado de cinco, que resulta em:

$$-5^2 = -(5 \times 5) = -25$$

Repare que o resultado somente seria 25 se a potência envolvesse o sinal de menos:

$$(-5)^2 = (-5) \times (-5) = 25$$

Logo, a igualdade é **falsa.**

Por fim, na **sentença III** aplicamos uma das propriedades da radiciação que estabelece: $\sqrt[n]{a^m} = a^{m/n}$. Dessa forma, temos:

$$\sqrt[3]{4^5} = 4^{5/3}$$

$$= (2^2)^{5/3}$$

$$= 2^{10/3}$$

Note que no outro lado da igualdade temos 8 $\sqrt[3]{2}$, que, pela propriedade apresentada, é igual a $8\times 2^{1/3}$. Podemos reescrever 8 como 2^3:

$$2^3 \times 2^{1/3}$$

Sabemos que no produto de potências de mesma base, mantemos a base e somamos os expoentes:

$$2^{3+1/3}$$

$$= 2^{10/3}$$

Assim, a igualdade é **verdadeira.**

Gabarito: C.

QUESTÃO 19 (IDECAN– Soldado/CBM-ES/2022 - *Adaptada*) A raiz cúbica de oito não pertence ao conjunto dos irracionais.

RESOLUÇÃO:

O número trazido no enunciado corresponde a um número inteiro. Para verificar isso, basta resolver a radiciação, obtendo como resultado 2.

Gabarito: certo.

10. QUESTÕES-DESAFIO

QUESTÃO 20 (IBFC/TCM-RJ/Téc Cont Ext/2016) O resultado da raiz cúbica do número quatro ao quadrado é um número entre:

a) 1 e 2 b) 3 e 4 c) 2 e 3 d) 1,5 e 2,3

RESOLUÇÃO:

O número quatro ao quadrado é 16, que está entre 8 e 27 ($8 < 16 < 27$). Logo, a raiz cúbica de 16 está entre $\sqrt[3]{8}$ e $\sqrt[3]{27}$:

$$\sqrt[3]{8} < \sqrt[3]{16} < \sqrt[3]{27}$$

Levando em conta que $8 = 2^3$, então $\sqrt[3]{8} = 2$. Além disso, como $27 = 3^3$, então $\sqrt[3]{27} = 3^{\frac{3}{3}} = 3$.

Assim, a que conclusão chegamos? Ora, que podemos definir que **a raiz cúbica de 16 é um número entre 2 e 3**:

$$\sqrt[3]{8} < \sqrt[3]{16} < \sqrt[3]{27}$$

$$2 < \sqrt[3]{16} < 3$$

Gabarito: C.

QUESTÃO 21 (CESPE/Pref SL/Prof/2017) O número $\frac{100 \times \left(\sqrt{18} + 1\right)}{\sqrt{2} - 1}$ é

a) superior a 1.000 e inferior a 1.500.

b) superior a 1.500 e inferior a 2.000.

c) superior a 2.000.

d) inferior a 500.

e) superior a 500 e inferior a 1.000.

RESOLUÇÃO:

Inicialmente, perceba que

$$\sqrt{18} = \sqrt{2 \times 3 \times 3} = \sqrt{2 \times 3^2} = 3\sqrt{2}$$

Além disso, podemos eliminar a raiz quadrada contida no denominador:

$$\frac{100 \times \left(3\sqrt{2} + 1\right)}{\sqrt{2} - 1} \times \frac{\sqrt{2} + 1}{\sqrt{2} + 1}$$

Veja que estamos multiplicando a raiz original por 1, o que não muda o resultado.

No denominador temos o produto notável:

$$(a+b)\times(a-b)=a^2-b^2$$

Dessa maneira, ficamos com:

$$\frac{100\times\left(3\sqrt{2}+1\right)\times\left(\sqrt{2}+1\right)}{2-1}=\left(300\sqrt{2}+100\right)\times\left(\sqrt{2}+1\right)$$

Mais uma vez aplicamos a propriedade distributiva:

$$300\sqrt{2}\times\sqrt{2}+100\sqrt{2}+300\sqrt{2}+100$$

$$=300\times 2+400\sqrt{2}+100$$

$$=700+400\sqrt{2}$$

Colocando 100 em evidência, fica:

$$100\times\left(7+4\sqrt{2}\right)$$

Ao extrairmos a raiz quadrada de 2, obtemos 1,414. Logo:

$$100\times(7+4\times 1{,}414)$$

$$=100\times(7+5{,}656)$$

$$=100\times 12{,}656$$

$$=1.265{,}6$$

Portanto, o número apresentado no enunciado é **superior a 1.000 e inferior a 1.500.**

Gabarito: A.

QUESTÃO 22 (FUNDEP/Ibirité/Prof/2016) Considere as igualdades a seguir, em que a é um número real maior do que zero e b e c são números inteiros positivos.

I. $\sqrt{a^2}=\pm a$

II. $a^{-\frac{b}{c}}=\sqrt[b]{\left(\frac{1}{a}\right)^c}$

III. $\sqrt[b^2]{a^{b\,.\,c}} = \sqrt[b]{a^c}$

Baseando-se nessas informações, estão incorretas as igualdades:

a) I e II, apenas. b) I e III, apenas. c) II e III, apenas. d) I, II e III.

RESOLUÇÃO:

Vamos analisar cada item individualmente.

- Item I: $\sqrt{a^2} = \pm a$

O enunciado informa que **a** é um número real **maior do que zero**. Ora, da definição, sabemos que a raiz de um número real e positivo é um número igualmente real e positivo.

Desse modo, a raiz de **a²** é igual a **a**, que é um número real e **maior do que zero**, não podendo assumir também o valor negativo (-a). Logo:

$$\sqrt{a^2} = a$$

Assim, a igualdade apresentada neste item está <u>incorreta</u>.

- Item II: $a^{-\frac{b}{c}} = \sqrt[b]{\left(\frac{1}{a}\right)^c}$

Neste item precisamos relembrar as seguintes propriedades da potenciação:

Propriedade	Exemplo
$a^{b\times c} = \left(a^b\right)^c$	$5^{2\times 3} = \left(5^2\right)^3$
$a^{-1} = \frac{1}{a}$	$3^{-1} = \frac{1}{3}$
$a^{b/c} = \sqrt[c]{a^b}$	$2^{1/2} = \sqrt{2}$

A potência que temos a analisar é a seguinte:

$$a^{-1\times\frac{b}{c}}$$

Ao aplicarmos a primeira propriedade, obtemos:

$$\left(a^{-1}\right)^{\frac{b}{c}}$$

Em seguida, aplicamos a segunda propriedade:

$$\left(\frac{1}{a}\right)^{\frac{b}{c}}$$

Para finalizar, aplicamos a terceira propriedade:

$$\sqrt[c]{\left(\frac{1}{a}\right)^{b}}$$

Dessa forma, a igualdade que consta neste item está **incorreta**, pois:

$$a^{-\frac{b}{c}} = \sqrt[c]{\left(\frac{1}{a}\right)^{b}}$$

- Item II: $\sqrt[b^2]{a^{b\times c}} = \sqrt[b]{a^c}$

Na raiz apresentada, aplicamos a terceira propriedade da potenciação:

$$\sqrt[b^2]{a^{b\times c}} = a^{b\times c/b^2} = a^{c/b}$$

Com esse resultado, voltamos a aplicar a terceira propriedade:

$$\sqrt[b]{a^c}$$

Dessa maneira, a igualdade de que trata este item está **correta**.
Portanto, estão incorretas as igualdades I e II.

Gabarito: A.

CAPÍTULO 8

DÍZIMAS

1. INTRODUÇÃO

O tópico **Dízimas Periódicas** é uma sequência natural do que estudamos no primeiro capítulo, especialmente do tema **frações**, em que analisamos sua estrutura, processo de simplificação e operações relacionadas, bem como do tópico **números decimais.**

Nesse sentido, veremos que se trata de assunto de fácil compreensão e exigido pelas bancas examinadoras nos mais diversos certames no âmbito do tópico Aritmética.

Nosso principal objetivo ao final deste capítulo é que você consiga distinguir dízimas simples das compostas e, principalmente, tenha condições de obter corretamente a **fração geratriz** de qualquer dízima periódica, seja ela simples ou composta, pois esse é o procedimento disparadamente mais cobrado nas provas de concursos públicos!

2. DÍZIMAS PERIÓDICAS

Observe os números a seguir:

a) $2,13 = \dfrac{213}{100}$

b) $3,4 = \dfrac{34}{10}$

c) $1,1717 = \dfrac{11.717}{10.000}$

Tratam-se de **dízimas finitas**, já que podem ser facilmente transformadas em uma divisão de dois números inteiros. Logo, pertencem aos **números racionais**.

Contudo, existe ainda outro grupo de números que pertence aos racionais, denominado **dízimas infinitas periódicas**, da forma:

A,ppp... OU A,Bppp...

Em que:

- ***A*** é uma sequência de algarismos que ocorre antes da vírgula;
- ***p*** é uma sequência de algarismos que vem depois da vírgula e **se repete infinitamente**, sendo chamada **período da dízima**;
- ***B*** é uma sequência de algarismos que vem depois da vírgula, mas **não se repete infinitamente**.

Podemos representar uma dízima periódica infinita das seguintes maneiras:

1) **Reticências** ao final do período: 0,555...

2) Uma barra acima do período: $0,\overline{123}$ → perceba que o travessão está somente sobre o "123", para indicar que apenas esse termo que se repetirá continuamente.

Eis alguns exemplos:

$$\text{a) } 0,333\ldots = 0,\overline{3} = \frac{1}{3}$$

$$\text{b) } 0,363636\ldots = 0,\overline{36} = \frac{4}{11}$$

$$\text{c) } 2,666\ldots = 2,\overline{6} = \frac{5}{3}$$

Além disso, existem ainda números que possuem uma parte decimal e infinita, mas sem nenhum período, ou seja, não há uma parte que se repete. São chamados de **dízimas infinitas não periódicas** e são considerados **números irracionais**, pois não podem ser transformados em uma divisão de dois números inteiros. Às vezes quando esses números são importantes para a Matemática, são representados por letras gregas e chamados de constantes irracionais. Um exemplo bem famoso é o número pi (π), muito utilizado na Geometria, que é igual a (3,14159265358979...). Outro exemplo desses números é o número de Euler ou de Neper, representado por "e", bastante utilizado no estudo dos logaritmos, que é igual a (2,71828182845...). Perceba que não há uma sequência que se repete nesses números. Outros exemplos de números irracionais são $\sqrt{2}$ (= 1,414213...) e $\sqrt{3}$ (= 1,732050...).

Por fim, salientamos que tanto os números racionais quanto os irracionais pertencem ao conjunto dos **números reais**.

Em forma de diagrama, podemos e ntender tudo isso do seguinte modo:

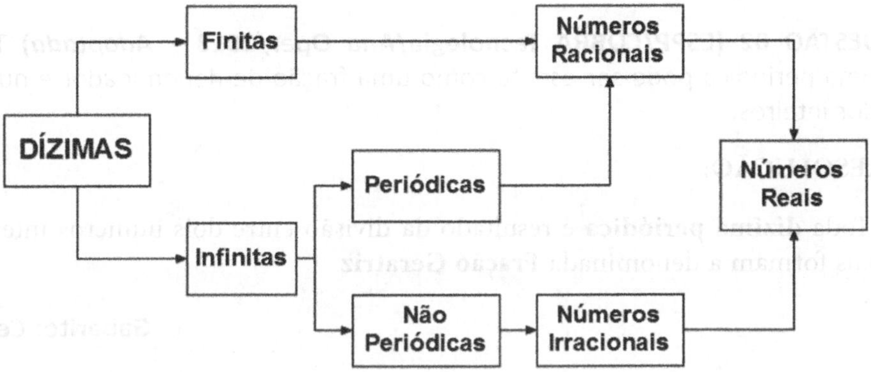

Veja como este assunto já foi cobrado!

QUESTÃO 01 (CESPE/SEE-AL/2013) Sabendo que os números racionais são, precisamente, as dízimas periódicas, julgue o item seguinte acerca de números e dízimas periódicas e não periódicas. Um número é irracional se, e somente se pode ser representado por uma dízima não periódica.

RESOLUÇÃO:

Os **números irracionais** correspondem a **dízimas infinitas não periódicas**, possuindo uma parte decimal e infinita, mas não há uma parte que se repete. Não podem ser transformados em uma divisão de dois números inteiros.

Um exemplo bem famoso é o número ***pi*** (π), muito utilizado na Geometria, que é igual a (3,14159265358979...).

Gabarito: Certo.

2.1. Geratriz de uma dízima periódica

A fração (número racional) que deu origem a uma dízima periódica é denominada **fração geratriz.** Isto é, precisamos descobrir quais os dois números inteiros que ao serem divididos um pelo outro resultam na dízima.

Para isso, inicialmente precisamos saber que as dízimas são classificadas em **simples** e **compostas**, pois o procedimento que adotaremos para encontrar a fração geratriz será específico para cada caso.

Veja como este assunto já foi cobrado!

QUESTÃO 02 (ESPP/COBRA Tecnologia/Ana Oper/2013 – *Adaptada*) Toda dízima periódica pode ser escrita como uma fração de denominador e numerador inteiros.

RESOLUÇÃO:

Toda **dízima periódica** é resultado da divisão entre dois números inteiros, os quais formam a denominada **Fração Geratriz**.

Gabarito: Certo.

2.1.1. Dízima Simples

Dizemos que a dízima periódica é **simples** quando o **período aparece imediatamente após a vírgula**. Exemplos:

a) 0,777...

b) 2,3333...

c) 0,535353...

d) $3.\overline{17}$

A **fração geratriz de uma dízima periódica simples** é facilmente obtida. E para te ajudar, vamos apresentar dois métodos!

- **1º Método: Somas de partes.**

Note que uma dízima periódica simples é composta por duas partes, um número inteiro que se encontra antes da vírgula e o período da dízima, que é a parte que se repete logo após a vírgula. Logo, para obtermos a fração geratriz, precisamos **somar** essas duas partes.

A primeira parte é ridiculamente fácil, pois é o número que está antes da vírgula. A segunda parcela é que deu origem à dízima propriamente dita. Para calcular essa parte, dividimos o período por tantos noves quanto for o número de algarismos do período.

FRAÇÃO GERATRIZ DE UMA DÍZIMA PERIÓDICA SIMPLES
Método das Somas das Partes

$$\text{Número antes da vírgula} + \frac{\text{Período}}{\text{Tantos noves quanto for o número de algarismos do período}}$$

Tome como exemplo o número **0,777...** . Notamos que se trata de uma **dízima periódoca simples**, de modo que, para obtermos a fração que deu origem a esse número, isto é, a **fração geratriz**, basta somar o número antes da vírgula ("0") com a razão cujo numerador é a parte que se repete (período) e o denominador é formado pelo valor "9" para cada item que se repete (visto que temos apenas "7", então vai ser um "9"). Assim:

$$0,777\ldots = 0 + \frac{7}{9} = \frac{7}{9}$$

Considere agora a dízima simples **1,2323...** . Nesse caso, temos um número diferente de zero antes da vírgula, além de dois itens que se repetem no período (os números "2" e "3"). Consequentemente, o denominador terá a presença de dois "9". Logo, a **fração geratriz** será:

$$1,2323\ldots = 1 + \frac{23}{99} = \frac{(99 \text{x} 1) + 23}{99} = \frac{122}{99}$$

- **2º Método: Multiplicação de potências de 10.**

Trata-se de método bem prático e que auxilia bastante na agilidade de cálculos.

Suponhamos que precisamos determinar a fração geratriz da dízima periódica simples **2,354...**

De acordo com esse método, primeiro chamamos o número original de *A*:

A = 2,354...

Em seguida ***multiplicamos cada lado por tantas potências de 10 quantos forem os algarismos do período, a fim de andarmos com a vírgula***. Nesse caso, como o período é composto por três números (3, 5 e 4), vamos multiplicar por 1.000:

$$1000 \times A = 2354,354\ldots$$

Por fim, subtraímos as duas quantias anteriores:

$$1000A - A = 2354,354\ldots - 2,354\ldots$$

$$999A = 2352$$

$$A = \frac{2352}{999}$$

Esquematizando as informações, temos:

FRAÇÃO GERATRIZ DE UMA DÍZIMA PERIÓDICA SIMPLES
Método da Multiplicação de Potências de 10

⇩

1º passo) Chamamos o número original de **A**.

⇩

2º passo) Multiplicamos cada lado por tantas **potências de 10** quantos forem os algarismos do período.

⇩

3º passo) **subtraímos** as duas quantias anteriores

Veja como este assunto já foi cobrado!

QUESTÃO 03 (CESPE – ATA/MIN/2013) Se A = 1,232323... e B = 0,434343..., então A + B = $\frac{165}{99}$.

RESOLUÇÃO:

Inicialmente precisamos determinar a **fração geratriz** de cada dízima periódica apresentada. Para isso, vamos utilizar o **método da multiplicação de potências de 10**!

Primeiro chamamos o número original de *A*:

$$A = 1{,}232323...$$

Agora ***multiplicamos cada lado por tantas potências de 10 quantos forem os algarismos do período, a fim de andarmos com a vírgula***. Nesse caso, como o perído é composto por dois números (2 e 3), vamos multiplicar por 100:

$$100.A = 123{,}2323\ldots$$

Em seguida, subtraímos as duas quantias acima:

$$100.A - A = 123,23... - 1,23...$$

$$99.A = 122$$

$$\boldsymbol{A} = \frac{122}{99}$$

Seguindo o mesmo raciocínio, temos:

$$B = 0,434343...$$

Vamos multiplicar por 100:

$$100.B = 43,4343...$$

Subtraindo as duas quantias:

$$100.B - B = 43,43... - 0,43...$$

$$99B = 43$$

$$\boldsymbol{B} = \frac{43}{99}$$

Voltando ao enunciado, percebemos que o nosso objetivo consiste em encontrar a **soma entre A e B**. Logo:

$$\boldsymbol{A} + \boldsymbol{B} = \frac{122}{99} + \frac{43}{99} = \frac{165}{99}$$

Gabarito: Certo.

Questão 04 (FCC/DPE-SP/Oficial de Defensoria Pública/2008) Sendo x e y números naturais, o resultado da divisão de x por y, obtido com auxílio de uma calculadora, foi a dízima periódica 3,333... Dividindo-se y por x nessa calculadora, o resultado obtido será igual a

a) 1,111... b) 0,9 c) 0,333... d) 0,3 e) 0,111...

RESOLUÇÃO:

O enunciado apresenta a dízima periódica simples 3,333..., cuja fração geratriz é:

$$A = 3,333\ldots$$

$$10A = 33,333\ldots$$

$$10A - A = 33,333\ldots - 3,333\ldots$$

$$9A = 30$$

$$A = \frac{30}{9} = \frac{10}{3}$$

O nosso objetivo consiste em inverter os termos da fração que deu origem à dízima em consideração. Logo:

$$\frac{3}{10} = 0,3$$

Gabarito: D.

2.1.2. Dízima Composta

Dizemos que a dízima periódica é **composta** quando o **período não aparece imediatamente após a vírgula**, ou seja, existe pelo menos um algarismo entre a vírgula e o período. Exemplos:

a) 2,13333...

b) 0,2535353...

c) $3,25\overline{17}$

Assim como no caso anterior, a **fração geratriz** será obtida ao somarmos a parte que está antes da vírgula com a que se encontra depois da vírgula, só que neste caso **o que está após a vírgula não é somente o período**, pois há um ou mais algarismos antes dele.

Bem, a primeira parte é fácil, basta pegar o número que está antes da vírgula. A segunda é que tem que memorizar a seguinte regra:

1º) O NUMERADOR será formado pela **parte não periódica seguida do período** <u>subtraída</u> da **parte não periódica**. Ou seja, basta escrever tudo na ordem, sem vírgula e sem repetir, e depois subtrair tudo o que não se repete, na ordem e sem vírgula Exemplos:

a) se a parte decimal for 0,2777, o numerador será: 27 – 2 = 25

b) se a parte decimal for 0,2656565, o numerador será: 265 – 2 = 263

2º) O DENOMINADOR será formado por tantos ***noves*** quantos forem os algarismos do **período** seguidos por tantos ***zeros*** quanto forem os algarismos da **parte não periódica**. Exemplos:

a) se a parte decimal for 0,2777, o denominador será: 90

b) se a parte decimal for 0,2656565, o denominador será: 990

FRAÇÃO GERATRIZ DE UMA DÍZIMA PERIÓDICA COMPOSTA

$$\frac{\text{[parte não periódica][período] - parte não periódica}}{\begin{array}{c}\text{[tantos noves quanto for o número de algarismos do período]}\\ \text{[tantos zeros quanto for o número de algarismos da parte não periódica]}\end{array}}$$

Em outras palavras, no NUMERADOR, escrevemos tudo na ordem, sem vírgula e sem repetir. Em seguida, **subtraímos** tudo o que não se repete, na ordem e sem vírgula. Já no DENOMINADOR colocamos o valor "9" para cada item que se repete e inserimos o valor "0" para os **intrusos**, isto é, os algarismos da parte não periódica.

Mais uma vez, é mais fácil entendermos todo o processo analisando alguns exemplos:

a) 2,13333... → $\frac{213-21}{90}=\frac{192}{90}=\frac{32}{15}$

b) 0,2535353... → $\frac{253-2}{990}=\frac{251}{990}$

c) $3,25\overline{17}$ → $\frac{32517-325}{9900}=\frac{32192}{9900}=\frac{8048}{2475}$

Veja como este assunto já foi cobrado!

QUESTÃO 05 (ITAME – Assist Adm/Pref Edéia/2020) A geratriz da dízima periódica $0,8\overline{3}$ pode ser representada geometricamente como:

a) 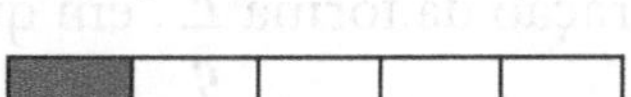

b) 

c) 

d) 

RESOLUÇÃO:

Veja que estamos diante de uma dízima composta, pois o seu período não aparece imediatamente após a vírgula.

De início, vamos determinar a **geratriz da dízima**. Sabemos que se trata de uma fração da forma $^n/_d$, em que:

- **n** é a parte não periódica seguida do período, **menos** a parte não periódica.
- **d** corresponde a **tantos noves** quantos forem os algarismos do período seguidos de **tantos zeros** quantos forem os algarismos da parte não periódica.

Logo:

$$0{,}8\overline{3} = \mathbf{0{,}833...} = \frac{83-8}{90} = \frac{75}{90}$$

Podemos simplificar a fração encontrada, o que resulta em:

$$= \frac{75^{\div 3}}{90_{\div 3}} = \frac{25^{\div 5}}{30_{\div 5}} = \frac{\mathbf{5}}{\mathbf{6}}$$

Assim, a fração geratriz desta dízima é 5/6. Geometricamente, é o que temos na última alternativa.

Gabarito: D.

QUESTÃO 06 (IDECAN/AGU/Adm/2013) A geratriz da dízima periódica 0,2333... é uma fração do tipo p/q , em sua forma irredutível. O valor de p + q é

a) 37. b) 38. c) 39. d) 40. e) 41.

RESOLUÇÃO:

A **geratriz de uma dízima composta** é uma fração da forma $\frac{p}{q}$, em que:

- **p** é a parte não periódica seguida do período, **menos** a parte não periódica.
- **q** corresponde a **tantos noves** quantos forem os algarismos do período seguidos de **tantos zeros** quantos forem os algarismos da parte não periódica.

Logo:

$$0,233\ldots = \frac{23-2}{90} = \frac{21}{90} = \frac{7}{30}$$

A questão exige o valor da soma entre **p** e **q**:

$$p+q = 7+30 = 37$$

Gabarito: A.

3. RESUMO

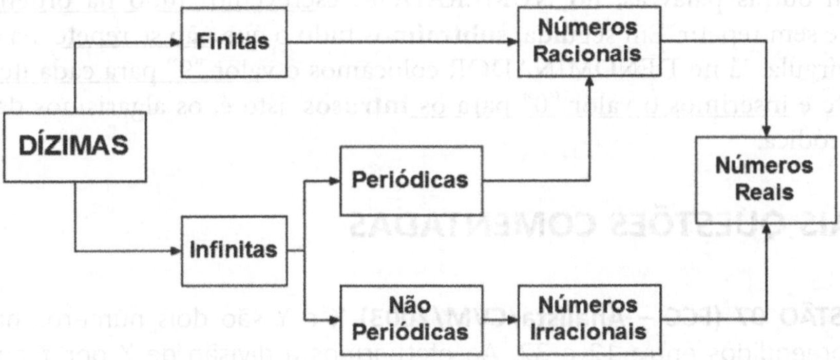

O **período da dízima** é uma sequência de algarismos que vem depois da vírgula e **se repete infinitamente**.

A fração (número racional) que deu origem a uma dízima periódica é denominada **fração geratriz**.

As dízimas são classificadas em:

- **Simples**: o período aparece imediatamente após a vírgula;
- **Compostas**: o período não aparece imediatamente após a vírgula.

FRAÇÃO GERATRIZ DE UMA DÍZIMA PERIÓDICA SIMPLES
Método das Somas das Partes

$$\text{Número antes da vírgula} + \frac{\text{Período}}{\text{Tantos noves quanto for o número de algarismos do período}}$$

FRAÇÃO GERATRIZ DE UMA DÍZIMA PERIÓDICA COMPOSTA

$$\frac{\text{[parte não periódica][período] - parte não periódica}}{\text{[tantos noves quanto for o número de algarismos do período]}\text{[tantos zeros quanto for o número de algarismos da parte não periódica]}}$$

Em outras palavras, no NUMERADOR, escrevemos tudo na ordem, sem vírgula e sem repetir. Em seguida, **subtraímos** tudo o que não se repete, na ordem e sem vírgula. Já no DENOMINADOR colocamos o valor "9" para cada item que se repete e inserimos o valor "0" para os **intrusos**, isto é, os algarismos da parte não periódica.

4. MAIS QUESTÕES COMENTADAS

QUESTÃO 07 (FCC – Analista/CVM/2003) X e Y são dois números naturais compreendidos entre 12 e 32. Ao efetuarmos a divisão de X por Y em uma calculadora obtivemos como resultado o número 1,1818182. Podemos afirmar então que o valor de X+Y é igual a

a) 25 b) 29 c) 48 d) 52 e) 53

RESOLUÇÃO:

O número **1,1818182** é, na verdade, a seguinte **dízima periódica simples** (a calculadora arredonda o último número a partir de uma determinada quantidade de algarismos, por isso aparecer o 2 ao final):

1,18...

Vamos encontrar a **fração geratriz** dessa dízima. Seja:

$$A = 1{,}18\ldots$$

Multiplicamos por 100:

$$100.A = 118{,}18\ldots$$

Subtraímos as duas quantias:

$$100.A - A = 118{,}18\ldots - 1{,}18\ldots$$

$$99.A = 117$$

$$A = \frac{117}{99}$$

Mas, de acordo com a questão, **x e y devem estar entre 12 e 32**. Vamos tentar simplificar a fração acima. Veja que os dois números (99 E 117) são ***divisíveis por 3***, pois a soma entre eles resulta em um número que é múltiplo de 3, conforme estudamos no capítulo de Divisibilidade. Logo:

$$A = 1{,}18\ldots = \frac{117}{99} = \frac{39}{33}$$

Ainda temos dois números fora do intervalo definido pela questão. E eles continuam sendo ***divisíveis por 3***. Então:

$$A = 1{,}18\ldots = \frac{117}{99} = \frac{39}{33} = \frac{13}{11}$$

Agora um deles está dentro do intervalo exigido, e o outro não. Teremos de ***multiplicar em cima e em baixo por 2***. Veja:

$$A = 1{,}18\ldots = \frac{117}{99} = \frac{39}{33} = \frac{13}{11} = \frac{26}{22}$$

Pronto! ***x = 26 e y = 22***. Fazendo a soma, temos:

$$x + y = 26 + 22 = 48$$

Gabarito: C.

QUESTÃO 08 (CESPE –Prof/SEDUC-AL/2021) O número 12,07777... tem infinitos algarismos, portanto é um número irracional.

RESOLUÇÃO:

Observe que o número 12,07777... é uma **dízima periódica**, que por definição é um número **racional**, ou seja, pode ser colocado na forma de uma fração.

Para provarmos isso, vamos encontrar a **fração geratriz** da dízima apresentada no item. Suponha que

$$x = 12{,}0777...$$

Podemos multiplicar cada lado dessa equação por 10:

$$10x = 120{,}777...$$

Agora, multiplicamos cada lado da equação por 100:

$$100x = 1207{,}777...$$

Por fim, para eliminarmos o **período da dízima** (parte que se repete após a vírgula), podemos subtrair as duas equações, obtendo:

$$90x = 1087$$

$$\mathbf{x = 1087/90}$$

Portanto, concluímos que o item está **incorreto** por afirmar que o número 12,07777... é irracional.

Gabarito: Errado.

QUESTÃO 09 (Cesgranrio/IBGE/Tecnologista/2013) As representações decimais dos números a e b são dízimas periódicas cujos períodos são 3 e 7, respectivamente. Isto é, $a = a_0, a_1 ... a_m 333...$ e $b = b_0, b_1 ... b_n 777...$. Então, a + b é um(a)

a) número inteiro

b) número racional, não inteiro, com representação decimal finita

c) dízima periódica cujo período é 1

d) dízima periódica cujo período é 10

e) número irracional

RESOLUÇÃO:

O enunciado informa que os números **a** e **b são dízimas periódicas** cujos períodos são **3** e **7**. Então, suponhamos que **a** seja equivalente a **0,333...** e **b** seja equivalente a **0,777....**

Como a questão exige a soma entre **a** e **b**, temos:

$$0{,}333... + 0{,}777... = 1{,}111...$$

Assim, ficamos com uma dízima periódica simples, cujo período é **1**.

Gabarito: C.

QUESTÃO 10 (Cesgranrio/Liquigás/Ass Adm/2015) A fração $\frac{2}{13}$ pode ser representada pela dízima periódica $0,\overline{153846}$ na qual o traço acima dos algarismos indica que 1, 5, 3, 8, 4, 6 repetem-se infinitamente nessa ordem após a vírgula.

Se a dízima fosse escrita sem usar a notação do traço, ou seja, repetindo-se três vezes o período e indicando a continuação por reticências, qual seria o décimo algarismo após a vírgula?

a) 8 b) 6 c) 5 d) 4 e) 3

RESOLUÇÃO:

Como a sequência é uma dízima que se repete infinitamente, basta reescrevê-la e verificar qual o **décimo termo**. Fica assim:

0,153846153846153846...

Dessa forma, é fácil perceber que **o décimo termo da dízima periódica é 8.**

Gabarito: A.

QUESTÃO 11 (FCC/TRT – 15ª Região/Oficial de Justiça Avaliador/2013) Renato dividiu dois números inteiros positivos em sua calculadora e obteve como resultado a dízima periódica 0,454545... . Se a divisão tivesse sido feita na outra ordem, ou seja, o maior dos dois números dividido pelo menor deles, o resultado obtido por Renato na calculadora teria sido

a) 0,22. b) 0,222... c) 2,22. d) 2,222... e) 2,2.

RESOLUÇÃO:

A dízima periódica simples **0,454545...** corresponde à fração **45/99.**

Como a questão pede o resultado da divisão realizada da maneira inversa, chegamos a:

$$\frac{99}{45} = \frac{11}{5} = 2,2$$

Gabarito: E.

QUESTÃO 12 (CESPE - Aux Judic/TJ-PA/2020) Dois colaboradores do setor de informática de uma empresa são responsáveis por fazer a manutenção dos computadores da empresa. Durante certo período de tempo, um dos colaboradores fez manutenção em $0,\overline{26} = 0,262626$ da quantidade total de computadores da empresa e, nesse mesmo período de tempo, o outro colaborador fez manutenção em $0,\overline{18} = 0,181818$ dessa quantidade total de computadores, tendo restado 110 computadores sem manutenção. Nessa situação, a quantidade total de computadores dessa empresa é igual a

a) 130 b) 139 c) 155 d) 159 e) 198

RESOLUÇÃO:

O enunciado informa que um dos colaboradores fez manutenção em $0,\overline{26}$ da quantidade total de computadores, ou seja:

$$X = 0,262626\ ...$$

$$100X = 26,262626\ ...$$

$$100X - X = 26,262626\ ... - 0,262626\ ...$$

$$99X = 26$$

$$X = \frac{26}{99} \text{ de todos os computadores}$$

Já o outro fez manutenção em:

$$Y = 0,181818\ ...$$

$$100Y = 18,181818\ ...$$

$$100Y - Y - 18,181818\ ... - 0,181818\ ...$$

$$99Y = 18$$

$$Y = \frac{18}{99} \text{ dos computadores}$$

Os 110 computadores sem manutenção correspondem a:

$$\frac{99}{99} - \frac{26}{99} - \frac{18}{99} = \frac{55}{99} \text{ do total } T \text{ de computadores}$$

Portanto, o total de computadores dessa empresa é igual a:

$$\frac{55}{99} \times T = 110$$

$$55T = 10.890$$

$$T = \frac{10.890}{55} = \mathbf{198}$$

Gabarito: E.

5. QUESTÃO-DESAFIO

QUESTÃO 13 (IMA/Pref Canavieira/2015) Dada a dízima 0,30654765476547..., o algarismo 121 após a vírgula é:

a) 3 b) 0 c) 5 d) 4

RESOLUÇÃO:

Observe a dízima composta:

0,30 6547 6547 6547

Assim, antes do **período** (6547), que é a parte que se repete, existe a **parte não periódica** (30). A questão nos pede o termo de ordem 121 APÓS A VÍRGULA.

Nesse sentido, os dois primeiros termos são **3** e **0**. Logo, precisamos saber quais são os outros 119.

Para isso, basta dividir 119 por 4, pois a sequência se repete de 4 em 4 termos. Teremos como resultado 29 e sobrará resto 3. Isto significa que temos 29 sequências completas com estes 4 algarismos e ela se iniciará de novo. Dessa forma, contando mais três algarismos na ordem em que aparecem chegaremos ao 4:

6 5 **4** 7

Gabarito: D.

CAPÍTULO 9

CONJUNTOS

1. INTRODUÇÃO

Dificilmente você achará um edital de concurso público em que a disciplina de Matemática tenha sido cobrada e cujo conteúdo programático não esteja presente o tópico **Conjuntos**.

Trata-se de assunto da mais alta importância para o entendimento da ciência matemática.

Ao fazer um apanhado das questões de concursos públicos que cobram Conjuntos, notamos que existem basicamente **dois tipos de questões**:

1) As que exploram a **teoria de conjuntos**;
2) As que exigem a representação de determinados grupos por meio de diagramas, a fim de descobrirmos a **quantidade de elementos** em cada conjunto apresentado.

Convém, portanto, que nos dediquemos a relembrar os principais conceitos relacionados à teoria de conjuntos. Daí, observaremos como essa temática tem sido explorada pelas bancas examinadoras.

Logo em seguida, você me acompanhará à parte mais importante deste estudo, em que utilizaremos as operações fundamentais aplicáveis aos conjuntos com a finalidade de descobrirmos o número de elementos que compõe determinados conjuntos.

Por fim, analisaremos a composição dos conjuntos numéricos fundamentais e abordaremos os intervalos numéricos, ferramentas importantes na resolução de diversas questões.

Portanto, nosso objetivo ao final deste capítulo é que você conheça bem a teoria fundamental dos conjuntos, desenvolva habilidade na aplicação das operações entre conjuntos, consigam determinar com precisão a quantidade de elementos que fazem parte dos conjuntos apresentados nas questões de concursos e relembre a composição dos conjuntos numéricos fundamentais.

2. CONCEITO

Os conceitos de **conjunto**, de **elemento** e de **relação de pertinência** são considerados **conceitos primitivos** em Matemática. O que isso significa? Isso quer dizer que tais termos **não têm uma definição formal** e devem ser entendidos de modo intuitivo.

Apesar disso, a ideia que devemos ter de conjunto é a da linguagem corrente, que é associada à de coleção, elenco, lista, etc. Ou seja, trata-se de um **agrupamento de objetos com características ou propriedades comuns.**

Conjuntos → **É uma *coleção* de objetos ou elementos *bem definidos* que possuem *características em comum.***

Por sua vez, **cada um dos membros integrantes de um conjunto** é denominado **elemento.** Nesse sentido, veja a seguir alguns conjuntos conhecidos e seus respectivos elementos:

Conjuntos	Elementos
Conjunto das letra do nosso alfabeto	a, b, c, d, ...,z
Conjunto das vogais	a, e, i, o, u
Conjunto dos meses que têm somente 30 dias	Abril, junho, setembro, novembro

No geral, os **conjuntos** são indicados por **letras maiúsculas** (A, B, C, ...), ao passo que os **elementos** considerados distintos dois a dois entre si são indicados por **letras minúsculas** (a, b, c, ...).

3. RELAÇÃO DE PERTINÊNCIA

Aqui estamos falando da **relação dos elementos com os conjuntos.** Assim, fica claro que **não** se trata de relações entre conjuntos.

Desse modo, se **x** é de elemento de um conjunto **A**, então dizemos que **x pertence ao conjunto A** e podemos indicar isso como:

$$x \in A$$

Por outro lado, se **x** não é um elemento de A, então dizemos que **x não pertence ao conjunto A** e podemos indicar isso como:

$$x \notin A$$

Por exemplo, sendo I o conjunto dos números ímpares compreendidos entre 1 e 10.

Bem, o número 5 é um elemento do conjunto I, pois satisfaz as duas condições impostas, ou seja, ele é ímpar e está compreendido entre 1 e 10. Logo:

$$5 \in I$$

Todavia, os números 4 e 13 não são elementos do conjunto I, já que 4 não é ímpar e 13, embora seja ímpar, não está compreendido entre 1 e 10. Assim:

$$4 \notin I \text{ e } 10 \notin I$$

4. REPRESENTAÇÃO DE UM CONJUNTO E DE SEUS ELEMENTOS

Há vários modos de descrever os elementos que fazem parte de um conjunto. Neste tópico vamos conhecer as principais, quais sejam:

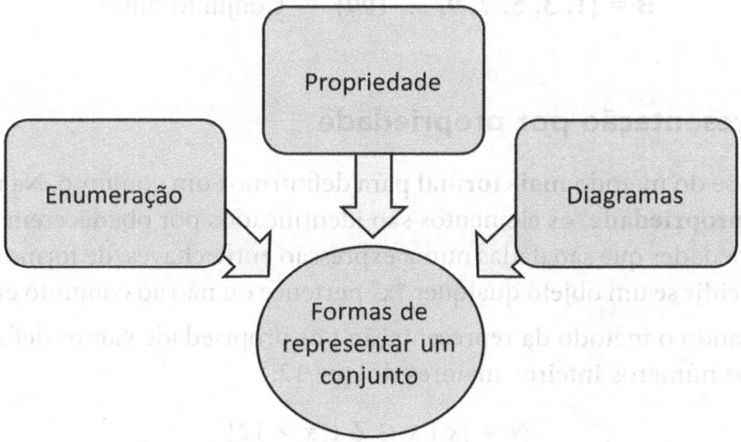

4.1. Representação por enumeração

Na **representação por enumeração** são alistados os elementos de um conjunto que possuem um atributo comum, apresentados, um após o outro, separados por vírgula e entre chaves.

Recorrendo à técnica da representação por enumeração, podemos descrever os seguintes conjuntos e seus respectivos elementos:

a) Conjunto R dos símbolos usados como algarismos romanos: R = {I, V, X, L, C, D, M};

b) Conjunto V das vogais: V = {a, e, i, o, u};

c) Conjunto das cores da bandeira nacional: {branco, azul, verde, amarelo}.

Esclarecemos, porém, que por vezes a representação por enumeração **não** permite alistar um a um todos os elementos de um conjunto. Por qual razão? Ora, isso acontece quando o número de elementos de um conjunto é muito grande ou quando o conjunto possui infinitos elementos. O que faremos nessas situações?

Muito simples, basta apresentarmos alguns dos elementos numa sequência, sugerindo, pela lei de sua formação, os demais elementos, que serão substituídos por **reticências**. Caso se trate de um conjunto finito, após as reticências, indica-se o último elemento.

Por exemplo:

1) O conjunto A dos números pares maiores do que 100:

A = {102, 104, 106, 108, ...} → Conjunto infinito

2) O conjunto B dos números ímpares positivos menores do que 200:

B = {1, 3, 5, 7, 9, ..., 199} → Conjunto finito

4.2. Representação por propriedade

Trata-se do método **mais formal** para definirmos um conjunto. Na **representação por propriedade**, os elementos são identificados por obedecerem a uma ou mais propriedades que são dadas numa expressão entre chaves, de forma que torne possível decidir se um objeto qualquer "x" pertence ou não ao conjunto em análise.

Utilizando o método da representação por propriedade vamos definir o conjunto N dos números inteiros maiores do que 12:

N = {x | x ∈ Z e x > 12}

Perceba que usamos uma linguagem bem formal, própria da matemática, que pode ser lida como: "**N** é o conjunto dos elementos de **x**, tal que **x** pertence ao conjunto dos números inteiros e **x** é maior do que 12".

Veja mais alguns exemplos:

A = {x | x é divisor positivo de 6}

Podemos ler assim: **A** é o conjunto dos elementos **x** tal que cada **x** é divisor positivo de 6.

B = {y | y é um algarismo romano}

Podemos ler assim: **B** é o conjunto dos elementos **y** tal que cada **y** é um algarismo romano.

4.3. Representação por diagrama

Sem sombra de dúvida esta será a forma de representar um conjunto mais utilizada por nós na resolução de questões. De fato, ela simplesmente despenca nas provas! Então, amigos, atenção total.

Na realidade, este método é bem similar à representação por enumeração. O que vai mudar é que, ao invés de utilizarmos chaves para definir o conjunto, vamos fazer uso dos **diagramas de Venn-Euler**.

Nesta representação, indicaremos cada conjunto por meio de **regiões do plano limitadas por curvas ou linhas poligonais fechadas**. Assim, os elementos de um conjunto são os pontos que estão **dentro** do contorno que o representa, ao passo que todos os pontos que estão **fora** da mesma região são considerados objetos que não são elementos daquele conjunto.

Vamos representar, por meio de um **diagrama**, o conjunto **I** dos números ímpares menores do que 10:

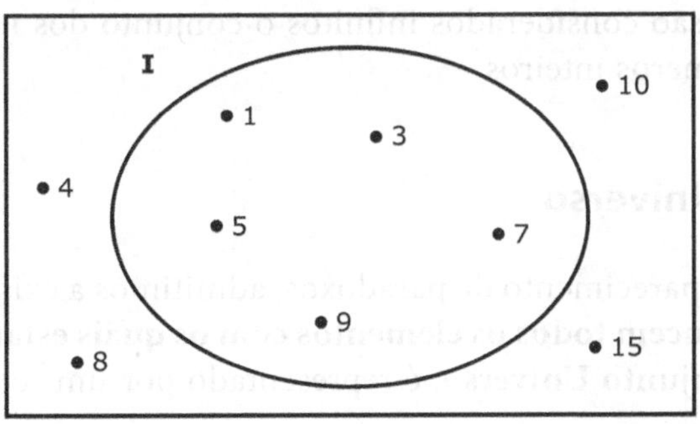

Note que temos alguns elementos que não pertencem ao conjunto I, por não obedecerem à lei de formação dele. Nesse sentido, estão foram do diagrama que representa o conjunto I.

5. TIPOS DE CONJUNTOS

A depender da quantidade de elementos que agrupam, surgem os seguintes **tipos de conjuntos**:

5.1. Conjunto Finito

Um **conjunto finito** possui uma **quantidade limitada de elementos**. Na verdade, a maioria dos conjuntos que lidaremos são deste tipo, de modo que teremos condições de determinar a quantidade de seus elementos.

Para exemplificar, considere os seguintes conjuntos:

- O conjunto que representa a quantidade de funcionários registrada em uma empresa;
- O conjunto dos números inteiros que estão entre – 8 e 2 = {-7,-6,-5,-4,-3,-2,-1,0,1}.

5.2. Conjunto Infinito

Um **conjunto infinito** possui uma **quantidade ilimitada de elementos**, de forma que não podemos determinar quantos termos ele possui.

Por exemplo, são considerados infinitos o conjunto dos números naturais e o conjunto dos números inteiros.

5.3. Conjunto Universo

Para evitar o aparecimento de paradoxos, admitimos a existência de um conjunto ao qual **pertencem todos os elementos com os quais estamos trabalhando**. Ele é chamado **Conjunto Universo**, é representado por um retângulo e indicado pela letra **U**.

Assim, fica claro que teremos os mais diferentes Conjuntos Universo tantas forem as situações que surgem.

Por exemplo, de pesquisamos o MDC ou o MMC de determinados números, então o Conjunto Universo é composto pelos números naturais. Por outro lado, caso estejamos interessados em formar o conjunto S das capitais dos Estados da Região Sul do Brasil, então o Conjunto Universo correspondente terá como elementos todas as capitais brasileiras:

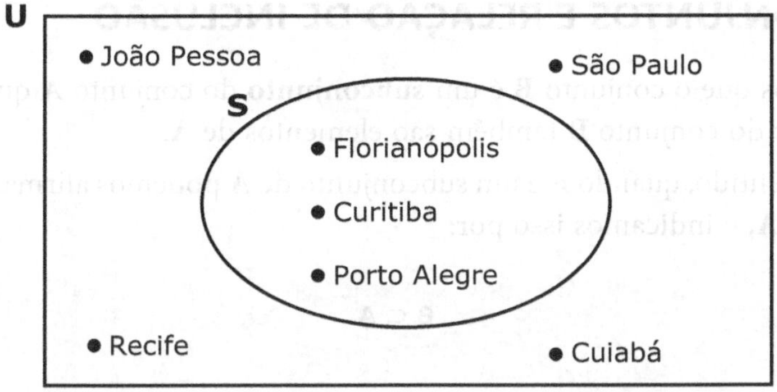

5.4. Conjunto Vazio

Ao conjunto que **não possui elementos** damos o nome de **conjunto vazio** e é representado por ∅ ou por { }.

Inclusive, cabe destacar que não existe representação do conjunto vazio num diagrama de Venn-Euler.

Por fim, é importante termos em mente que obtemos um conjunto vazio quando descrevemos um conjunto por meio de uma regra logicamente falsa. Veja alguns exemplos:

- $A = \{x \mid x \neq x\} = \emptyset$
- $B = \{y \mid y$ é ímpar e múltiplo de $2\} = \emptyset$

FIQUE ATENTO!

Nunca confunda o conjunto vazio com o conjunto unitário {∅}, pois, nesse caso, o símbolo de vazio passa a ser um elemento. Assim, **não se escreve ∅ = {∅}**. Além disso, é um erro confundir também o conjunto vazio com o conjunto unitário {0}, cujo único elemento é o zero, de modo que **não escrevemos ∅ = {0}**.

5.5. Conjunto Unitário

Mais uma vez o entendimento do conceito é bem intuitivo. Dizemos que um conjunto é **unitário** quando **possui apenas um elemento**. São exemplos:

Na verdade, podem existir uma infinidade de conjuntos unitários: {6}, {3}, {laranja}, etc.

6. SUBCONJUNTOS E RELAÇÃO DE INCLUSÃO

Dizemos que o conjunto **B** é um **subconjunto** do conjunto **A** quando todos os elementos do conjunto **B** também são elementos de **A**.

Nesse sentido, quando **B** é um subconjunto de **A** podemos afirmar que **B está contido em A**, e indicamos isso por:

$$B \subset A$$

Além disso, dizer que **B** está contido em **A** é o mesmo que afirmar que **A contém B**. Nesse caso, usamos a seguinte notação:

$$A \supset B$$

Dessa maneira, podemos concluir que:

$$B \subset A \leftrightarrow A \supset B$$

"B está contido em A" ↔ "A contém B"

Por exemplo, o conjunto **B = {3, 4}** é um **subconjunto** do conjunto **A = {1, 2, 3, 4, 5}** e podemos anotar isso como **B ⊂ A** ou **A ⊃ B**, pois todos os elementos de **B** também são elementos de **A**.

No entanto, meu caro, se **pelo menos um** dos elementos de **B não pertencer** ao conjunto **A**, então **B não será um subconjunto** de **A** e diremos que **B não está contido em A** ou que **A não contém B**, simbolizando por:

$$B \not\subset A \text{ ou } A \not\supset B$$

Veja o caso do conjunto **M = {3, 4}**. Ele não é subconjunto do conjunto **N = {2, 4, 6, 8, 10}** e podemos anotar isso como **M ⊄ N**, pois alguns dos elementos de **M** não pertencem a **N**.

FIQUE ATENTO!

Note que na **relação de pertinência** temos uma correspondência **entre elemento e conjunto**, ao passo que na **relação de inclusão** há uma correspondência **entre conjuntos**.

6.1. Propriedades da relação de inclusão

A relação de inclusão tem algumas **propriedades**, as quais esquematizamos a seguir:

PROPRIEDADES DA INCLUSÃO	
O conjunto vazio é subconjunto de qualquer conjunto	$\emptyset \subset A$, para qualquer conjunto A
Qualquer conjunto é subconjunto de si mesmo	$A \subset A$, para qualquer conjunto A
Conjuntos iguais são subconjuntos um do outro	Para $A = B$, temos: $A \subset B$ e $B \subset A$
Todo conjunto A é subconjunto do conjunto universo	$A \subset U$, para qualquer conjunto A
Relação transitiva	Se $A \subset B$ e $B \subset C$, então A C

6.2. Quantidade de subconjuntos

Se um conjunto **A** possui **n** elementos, então ele possui $\mathbf{2^n}$ **subconjuntos.**

Considere o conjunto **A = {1}**. Bem, esse conjunto só possui um único elemento (e já sabemos que ele é um conjunto unitário), então o número de subconjuntos é igual a:

$\mathbf{2^1 = 2}$

Quais seriam esses subconjuntos?

- Subconjunto 1 = Ø
- Subconjunto 2 = {1}

TOME NOTA!

Todo conjunto possuirá o **conjunto vazio** e **ele mesmo** como subconjuntos.

Agora, considere o conjunto **B = {1, 2}**. Levando em conta que esse conjunto possui dois elementos, então o número de subconjuntos é igual a:

$$\mathbf{2^2 = 4}$$

Nesse caso, os subconjuntos de **B** são os seguintes:

- Subconjunto 1 = {}
- Subconjunto 2 = {1}

- Subconjunto 3 = {2}
- Subconjunto 4 = {1, 2}

Por fim, tome o conjunto **C** = { }. Isso mesmo, quantos subconjuntos possui o **conjunto vazio**? Bem, esse conjunto não possui nenhum elemento, então o número de subconjuntos é igual a:

$$2^0 = 1$$

E qual seria esse subconjunto?

- Subconjunto 1 = { }

Exatamente, apenas ele mesmo, o conjunto vazio. Talvez você diga:

Isso jamais cairia num concurso; é muito fácil!

Concordo com você que descobrir a quantidade de subconjuntos de um conjunto é realmente muito fácil, pois basta utilizar uma fórmula de fácil aplicabilidade. Porém, a boa notícia é que isso pode sim ser cobrado no seu concurso; aliás, veja algumas questões exigidas por algumas das principais bancas examinadoras do país!

Veja como esse assunto já foi cobrado!

QUESTÃO 01 (IBADE - Téc Defesa Agrop/IDAF-AC/2020) Quantos subconjuntos possui o conjunto das vogais?

a) 10 b) 25 c) 32 d) 50 e) 56

RESOLUÇÃO:

O conjunto das vogais é dado por: {a, e, i, o, u}.

A **quantidade de subconjuntos de um conjunto é dada por 2^n**, em que **n** corresponde ao número de elementos do conjunto.

No caso desta questão, o conjunto apresentado possui **cinco elementos**, então o número de subconjuntos é igual a:

$$2^5 = 32$$

Gabarito: C.

QUESTÃO 02 (CESPE/TC-DF/Ana Cont Ext/2012) Em um conjunto E de empresas, indica-se por Ex o subconjunto de E formado pelas empresas que já participaram de pelo menos x procedimentos licitatórios, em que x = 0, 1, 2, ..., e por Nx a quantidade de elementos do conjunto Ex. Julgue o item seguinte, a respeito desses conjuntos.

Se x e y forem números inteiros não negativos e x < y, então Ey ⊂ Ex.

RESOLUÇÃO:

Vamos trabalhar com um exemplo a fim de facilitar o entendimento. Suponhamos que $\mathbf{x = 1}$ e $\mathbf{y = 2}$, de forma que $\mathbf{x \leq y}$.

Bem, $\mathbf{E_y}$ representa as empresas que participaram de pelo menos dois procedimentos {2, 3, 4, 5, ...}, enquanto que $\mathbf{E_x}$ representa as empresas que participaram de pelo menos um procedimento {1, **2, 3, 4, 5, ...**}.

Assim, o conjunto de quem participou de PELO MENOS 1 procedimento licitatório **contém** aqueles que fizeram PELO MENOS 2. Em outras palavras, o conjunto de quem participou de PELO MENOS 2 procedimentos licitatórios **está contido** no conjunto daqueles que fizeram PELO MENOS 1, de modo que $\mathbf{E_y \subset E_x}$.

Gabarito: Certo.

QUESTÃO 03 (CESPE/ANATEL/Téc Adm/2012) Para cada x = 0, 1, 2, 3 ou 4, a partir de um conjunto E de pessoas, Ex corresponde ao conjunto de indivíduos do conjunto E que são clientes de pelo menos x operadoras de telefonia móvel e Nx, à quantidade de elementos de Ex. Considerando essas informações, julgue o item que se segue.

Para cada x do conjunto {0, 1, 2, 3, 4}, tem-se que N4 > Nx.

RESOLUÇÃO:

Sejam $\mathbf{E_4}$ e $\mathbf{E_3}$ os conjuntos das pessoas que são clientes de pelo menos 4 operadoras e de pelo menos 3 operadoras, respectivamente.

Ora, todo mundo que é elemento de $\mathbf{E_4}$ também é elemento de $\mathbf{E_3}$. Isso acontece porque para quem é cliente de 4 operadoras (elemento de E_4), é correto afirmar que também é cliente de pelo menos 3 operadoras. Assim, $\mathbf{E_4}$ **está contido em** $\mathbf{E_3}$.

Seguindo o mesmo raciocínio, descobrimos que $\mathbf{E_3}$ **está contido em** $\mathbf{E_2}$; e que $\mathbf{E_2}$ **está contido em** $\mathbf{E_1}$.

Dessa forma, considerando que $\mathbf{N_4}$ é a quantidade de indivíduos que é cliente de pelo menos 4 operadoras, essa quantia é **menor ou igual** a qualquer outro valor de $\mathbf{N_x}$, justamente porque $\mathbf{E_4}$ é o menor dos conjuntos.

Gabarito: Errado.

6.3. Conjunto das partes de um conjunto

Dado um conjunto **A** qualquer, chamamos de **conjunto das partes de A** o conjunto que **reúne todos os subconjuntos possíveis de A**, sendo simbolizado por **P(A)**.

P (A) = {x | x ⊂ A}

Por exemplo, seja **A** = **{1, 2, 3}**. O conjunto das partes de **A** é:

P(A) = **{∅; {1}; {2}; {3}; {1; 2}; {1; 3}; {2; 3}; A}**

TOME NOTA!

Cada um dos elementos de **P(A)** é um dos subconjuntos de **A**. Portanto, ***o número de elementos de P(A) é sempre igual ao total de subconjuntos possíveis de A***, ou seja: $\mathbf{2}^n$.

7. RELAÇÃO DE IGUALDADE

Dizemos que dois conjuntos **A** e **B** são **iguais** quando **todos os elementos de A pertencem ao conjunto B e, reciprocamente, todos os elementos de B pertencem ao conjunto A.**

A = B ⟷ A ⊂ B e B ⊂ A

Caso tenhamos **pelo menos um elemento que não pertence a ambos conjuntos**, dizemos que os conjuntos são **diferentes**, e denotamos isso por:

A ≠ B

Por exemplo, considere os conjuntos **A = {1, 3, 5, 7, 9, ...}** e **B = {x | x é inteiro, positivo e ímpar}**. Daí, concluímos que **A = B.**

Por outro lado, os conjuntos **A = {1, 2, X}** e **B = {1, 2, 3, X}** são **diferentes** entre si, já que nem todos os elementos coincidem.

ESCLARECENDO!

Na definição de **igualdade entre conjuntos** a ordem entre os elementos não interfere em nada.

Por exemplo, os conjuntos **{a; b; c; d}** e **{d; c; b; a}** são iguais.

7.1. Propriedades da relação de igualdade

A relação de igualdade tem algumas **propriedades**, as quais esquematizamos a seguir:

PROPRIEDADES DA IGUALDADE	
Reflexiva	**Todo conjunto é igual a ele próprio (A = A)**
Simétrica	**Na igualdade entre dois conjuntos não importa a ordem (A = B ↔ B = A)**
Transitiva	**Se A = B e B = C, então A = C**

8. OPERAÇÕES ENTRE CONJUNTOS

Uma operação entre dois conjuntos é uma regra capaz de estabelecer um conjunto como resultado da operação para aquele par de conjuntos dados.

Na realidade, pessoal, poderíamos criar inúmeras operações diferentes bastando, para tanto, estabelecer uma regra nova para cada operação desejada. Na prática, porém, é possível fazer quase tudo com umas poucas operações convenientemente escolhidas que estudaremos a seguir.

8.1. União de Conjuntos

A **união** entre dois conjuntos, **A ∪ B**, é o conjunto formado pela **reunião dos elementos de A e de B**. Simbolicamente temos:

$$A \cup B = \{x \mid x \in A \text{ ou } x \in B\}$$

Note que todo elemento **x** compreendido pelo conjunto união deve pertencer a **pelo menos um dos conjuntos**.

A **representação gráfica** da união entre dois conjuntos é dada pelo seguinte diagrama:

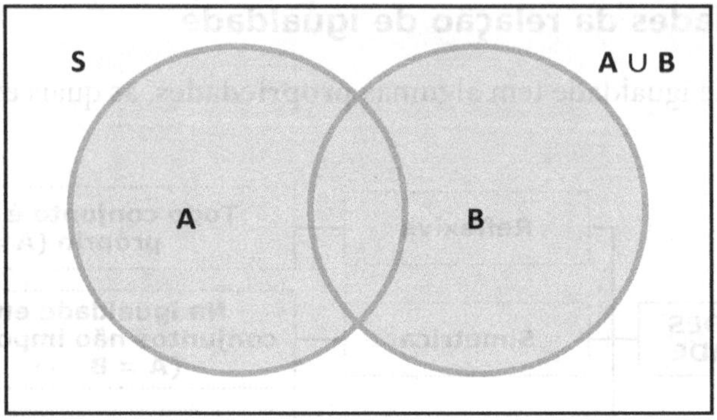

Sejam dois conjuntos **A = {0, 2, 4, 6}** e **B = {0, 1, 2, 3, 4, 5}**. Vamos determinar o conjunto **C**, formado pelos elementos que pertencem a **A** ou a **B**.

Note que **C** corresponde à **união** entre os conjuntos **A** e **B**, uma vez que se trata da reunião dos elementos de **A** e de **B**. Logo:

C = A ∪ B = {0, 1, 2, 3, 4, 5, 6}

8.1.1. Propriedades da União

A operação de igualdade entre conjuntos possui algumas **propriedades**, as quais esquematizamos a seguir:

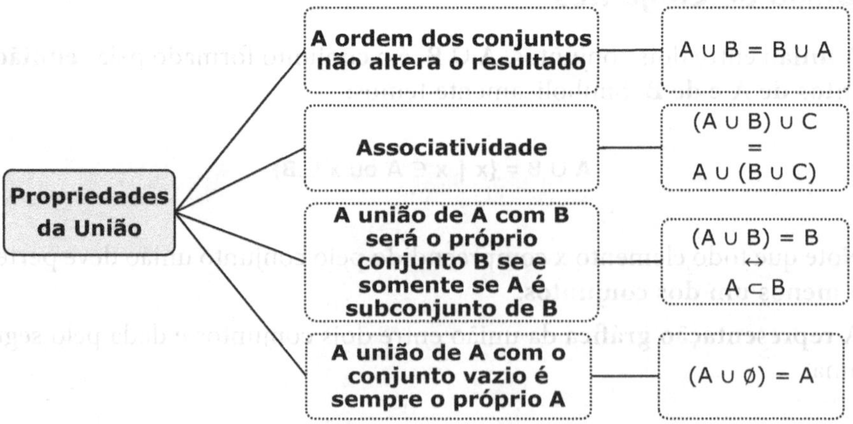

8.2. Interseção de Conjuntos

A interseção entre dois conjuntos, **A ∩ B**, é o conjunto formado pelos **elementos que são comuns aos dois conjuntos**. Simbolicamente temos:

A ∩ B = {x | x ∈ A e x ∈ B}

A **representação gráfica** da interseção entre dois conjuntos é dada pelo seguinte desenho:

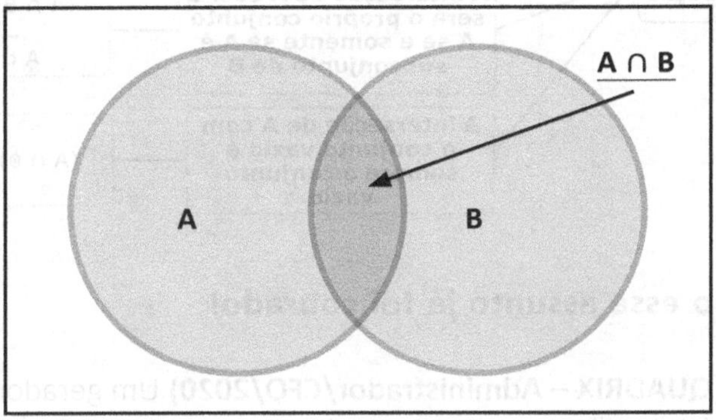

Sejam dois conjuntos **A = {0, 1, 3, 5, 7}** e **B = {4, 5, 6}**. Vamos determinar o conjunto **C**, formado pelos elementos que pertencem a **A** e a **B**, simultaneamente.

Note que **C** corresponde à **interseção** entre os conjuntos **A** e **B**, uma vez que se trata dos elementos comuns a **A** e **B**. Logo:

C = A ∩ B = {5}

8.2.1. Conjuntos Disjuntos

Dois conjuntos quaisquer são chamados **disjuntos** se e somente se sua **interseção é o conjunto vazio.**

A e B são disjuntos ↔ A ∩ B = ∅

Para exemplificar, considere os conjuntos **A = {0, 1, 2, 3, 4}** e **B = {6, 7, 8}**. Repare que a interseção entre **A** e **B não possui nenhum elemento, o que nos possibilita concluir que eles são disjuntos entre si.**

8.2.2. Propriedades da Interseção

A operação de interseção entre conjuntos possui algumas **propriedades**, as quais esquematizamos a seguir:

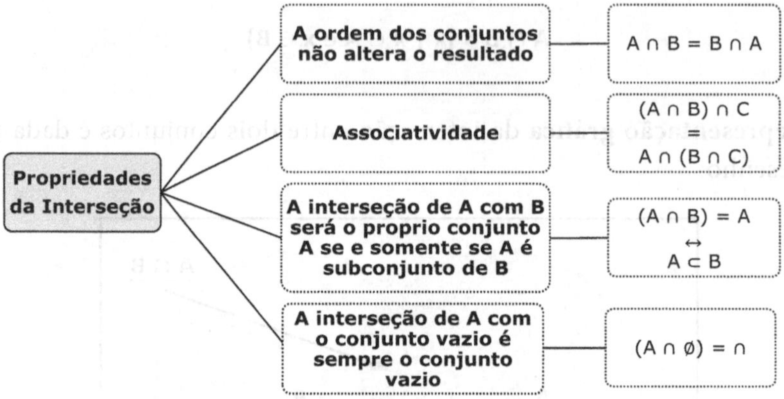

Veja como esse assunto já foi cobrado!

QUESTÃO 04 (QUADRIX – Administrador/CFO/2020) Um gerador automático de números aleatórios utiliza os seguintes conjuntos ao gerar os números: R o conjunto de todos os números inteiros divisíveis por 2; S o conjunto de todos os números inteiros divisíveis por 3; e T o conjunto de todos os números inteiros divisíveis por 6. Esse gerador possui algumas afirmações verdadeiras sobre esses conjuntos.

Com base nessa situação hipotética, julgue o item.

A intersecção de R e S é o conjunto vazio.

RESOLUÇÃO:

Inicialmente, percebemos que os conjuntos **R** e **S** foram definidos pela **representação por propriedade**. Assim, podemos representá-los **por enumeração** da seguinte forma:

$$R = \{0, 2, 4, 6, 8, \ldots\}$$

$$S = \{0, 3, 6, 9, 12, \ldots\}$$

O nosso objetivo consiste em determinar a **intersecção entre R e S**, a qual contempla todos os inteiros divisíveis tanto por 2 quanto por 3, ou seja, os inteiros divisíveis por 6:

$$R \cap S = \{0, 6, 12, 18, \ldots\}$$

Veja que esse é justamente o conjunto **T**, de modo que:

$$R \cap S = T$$

Gabarito: Errado.

8.3. Diferença de Conjuntos

A diferença entre dois conjuntos, **A – B**, é o conjunto formado pelos **elementos de A que não pertencem a B**. Simbolicamente temos:

$$A - B = A \setminus B = \{x \mid x \in A \text{ e } x \notin B\}$$

A **representação gráfica** da diferença entre dois conjuntos (A – B) é dada pelo seguinte desenho:

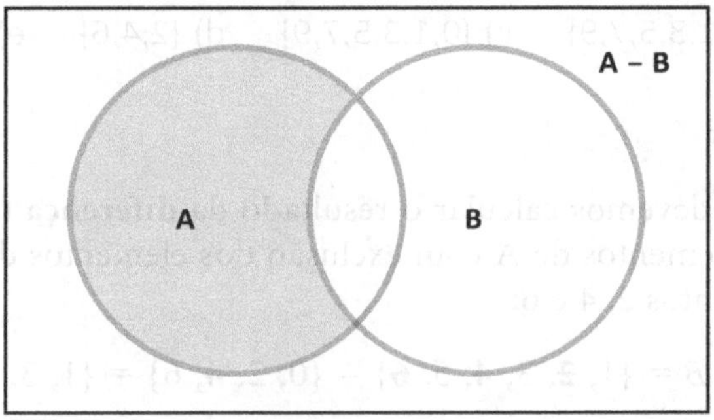

Sejam dois conjuntos **A = {1, 2, 3, 4, 5}** e **B = {2, 4, 6, 8}**. Vamos determinar o conjunto **C**, formado pelos elementos que pertencem a **A** e não pertencem a **B**.

Note que **C** é o **conjunto diferença** entre **A** e **B**, uma vez que se trata dos elementos de **A** que não pertencem a **B**. Logo:

$$C = A - B = \{1, 3, 5\}$$

8.3.1. Propriedades da Diferença

A operação de diferença entre conjuntos possui algumas **propriedades**, as quais esquematizamos a seguir:

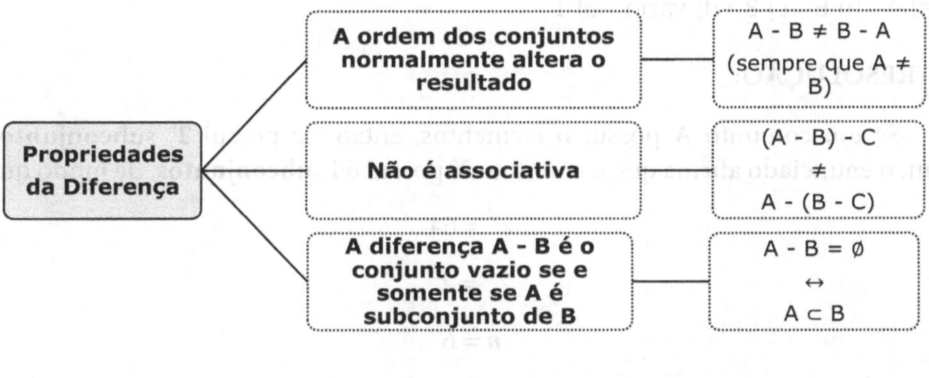

Veja como esse assunto já foi cobrado!

QUESTÃO 05 (IBADE - Condutor de Veículos/Pref Linhares/2020) Dados os três conjuntos numéricos:

A = {1,2,3,4,5,6}

B = {0,2,4,6,}

C = {1,3,5,7,9}

O resultado de (A-B) ∩ C é igual a:

a) {1,3,5} b) {1,3,5,7,9} c) {0,1,3,5,7,9} d) {2,4,6} e) {0}

RESOLUÇÃO:

Inicialmente, devemos calcular o resultado da **diferença** (A – B), de modo a obter todos os elementos de A com exclusão dos elementos de B. Assim, serão excluídos os elementos 2, 4 e 6:

$$A - B = \{1, \not{2}, 3, \not{4}, 5, \not{6}\} - \{0, 2, 4, 6\} = \{1, 3, 5\}$$

Por fim, a **intersecção** (A – B) ∩ C resulta apenas nos elementos comuns entre (A – B) e C:

$$(\boldsymbol{A} - \boldsymbol{B}) \cap \boldsymbol{C} = \{\mathbf{1, 3, 5}\} \cap \{\mathbf{1, 3, 5}, 7, 9\} = \{\mathbf{1, 3, 5}\}$$

Gabarito: A.

QUESTÃO 06 (ESAF – Téc Adm/ANEEL/2006) X e Y são dois conjuntos não vazios. O conjunto X possui 64 subconjuntos. O conjunto Y, por sua vez, possui 256 subconjuntos. Sabe-se, também, que o conjunto Z = X ∩ Y possui 2 elementos. Desse modo, conclui-se que o número de elementos do conjunto P = Y – X é igual a:

a) 4 b) 6 c) 8 d) vazio e) 1

RESOLUÇÃO:

Se um conjunto **A** possui **n** elementos, então ele possui **2^n subconjuntos.** Bem, o enunciado afirma que o conjunto **X** possui **64 subconjuntos**, de modo que:

$$2^n = 64$$

$$2^n = 2^6$$

$$\boldsymbol{n} = 6$$

Dessa maneira, o conjunto **X** possui **6 elementos.**

Em seguida, a questão diz que o conjunto **Y** tem **256 subconjuntos**. Logo:

$$2^n = 256$$

$$2^n = 2^8$$

$$n = 8$$

Assim, concluímos que o conjunto **Y** possui **8 elementos.**

Além disso, foi dito que a **interseção** entre **X** e **Y** tem 2 elementos. Suponhamos que tais elementos sejam **a** e **b**:

$$X \cap Y = \{a, b\}$$

Bem, o conjunto **X** tem ao todo 6 elementos, de modo que ele possui 4 elementos além de **a** e **b**:

$$X = \{a, b, c, d, e, f\}$$

De modo similar, o conjunto **Y** possui 6 elementos além de **a** e **b**, pois é composto por 8 elementos. Todavia, esses outros elementos são diferentes dos adicionais que o conjunto **X** possui, caso contrário haveria mais de 2 elementos em comum. Logo:

$$Y = \{a, b, g, h, i, j, k, l\}$$

Agora, a diferença Y – X corresponde ao conjunto dos elementos de Y que não pertencem a X, isto é:

$$\boldsymbol{Y - X = \{g, h, i, j, k, l\}}$$

Portanto, o número de elementos do conjunto **Y – X é igual a 6**, o que torna a **letra B** a alternativa correta.

Gabarito: B.

8.3.2. Complementar de um conjunto

O complementar de um conjunto é um caso particular da diferença entre dois conjuntos. Assim, dados dois conjuntos **A** e **B**, com **B ⊂ A, a diferença A – B chama-se complementar de B em relação a A**. Simbolizamos como:

$$\boldsymbol{C_A^B = \overline{B} = A - B}$$

A **representação gráfica** do complemento do conjunto **B** em relação ao conjunto **A** é dada pelo seguinte desenho:

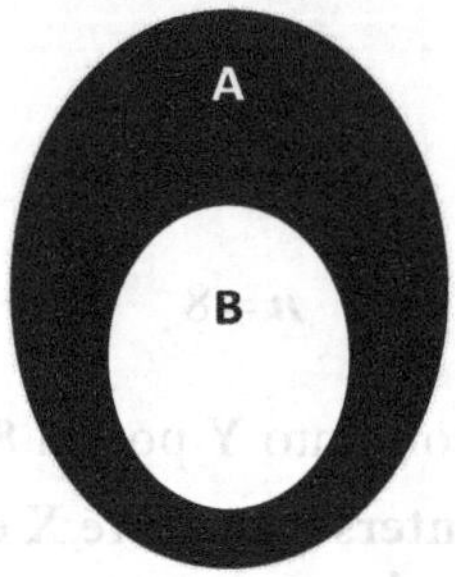

Dados os conjuntos **A = {0, 1, 2, 3, 4}** e **B = {2, 3}**, vamos determinar o **conjunto complementar** de B em relação a A.

Bem, o conjunto complementar é um caso particular da diferença entre conjuntos. Nessa situação, o complementar de B em relação a A é, na verdade, **o que falta para o conjunto B ficar igual ao conjunto A**. Logo:

$$C_A^B = A - B = \{0, 1, 4\}$$

Agora, é apropriado fazermos um destaque para um caso especial. Trata-se do **complementar de um conjunto A em relação ao conjunto universo U**. Batizamos este conjunto de **A'**, que é formado por **todos os elementos que não pertencem ao conjunto A**, ou seja:

$$C_U^A = A' = U - A = \{x \mid x \notin A\}$$

A **representação gráfica** do complemento do conjunto **A** em relação ao conjunto Universo é dada pelo seguinte desenho:

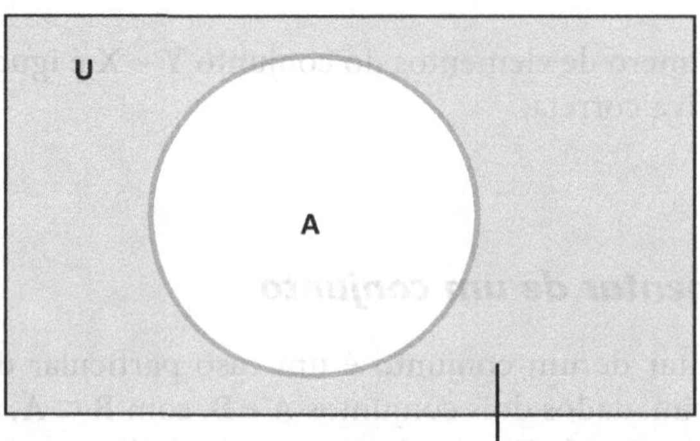

8.3.2.1. Propriedades do Complementar de um Conjunto

A operação de complementar de um conjunto possui algumas **propriedades**, as quais esquematizamos a seguir:

PROPRIEDADES DO COMPLEMENTO

Propriedade	Notação
O complemento de um conjunto A em relação a ele próprio é o conjunto vazio	$C_A^A = \emptyset$
O complemento do conjunto vazio em relação a um conjunto A é o próprio conjunto A	$C_A^\emptyset = A$
O complemento do complemento de um conjunto A é o próprio conjunto	$\bar{\bar{A}} = A$
<u>1ª Lei de Morgan</u> O complementar da União de dois ou mais conjuntos é a Interseção dos complementares desses mesmos conjuntos	$(\overline{A \cup B}) = \bar{A} \cap \bar{B}$
<u>2ª Lei de Morgan</u> O complementar da Interseção de dois ou mais conjuntos é a União dos complementares desses mesmos conjuntos	$(\overline{A \cap B}) = \bar{A} \cup \bar{B}$

9. NÚMERO DE ELEMENTOS DOS CONJUNTOS

As informações deste tópico são as mais importantes deste capítulo! Na verdade, podemos dizer que tudo o que estudamos até o momento no capítulo foi para nos preparar para ter sucesso no que veremos agora. Isso acontece porque a esmagadora maioria das questões de concursos que tratam de conjuntos tomam por base o conhecimento do que abordaremos a seguir. Portanto, atenção total!

Consideremos dois conjuntos **A** e **B**, de modo que o **número de elementos** (também chamado de **cardinal**) do conjunto **A** seja **n(A)** e o número de elementos do conjunto **B** seja **n(B)**. Agora, tomemos o número de elementos da interseção **A ∩ B** por **n(A ∩ B)** e o número de elementos da união **A ∪ B** por **n(A ∪ B)**. Assim, podemos definir a seguinte equação:

$$n(A \cup B) = n(A) + n(B) - n(A \cap B)$$

Como dissemos, **essa equação é a parte mais importante deste capítulo**, de modo que a chamaremos de **equação fundamental dos conjuntos**. Nesse sentido, você verá como ela é útil na resolução de diversas questões. Portanto, fica claro que essa <u>vale a pena decorar</u>!

Aliás, nem precisa decorar, é melhor entendê-la. De fato, o conceito de União de conjuntos indica que estamos reunindo ou adicionando os elementos dos conjuntos envolvidos na operação, de modo que:

$$\mathbf{n(A \cup B) = n(A) + n(B)\ (I)}$$

Entretanto, é preciso eliminar aqueles elementos que fazem parte, simultaneamente, dos dois conjuntos. E é justamente por isso que existe a subtração da **interseção** na equação apresentada. Todavia, caso os conjuntos em análise sejam **disjuntos** entre si, isto é $\mathbf{A \cap B = \emptyset}$, então utilizaremos a equação (I).

Além disso, caso tenhamos 3 (três) conjuntos, adicionando-se um conjunto **C** por meio do seu cardinal **n(c)**, a quantidade de elementos da união entre eles é dada pela seguinte equação:

$$\mathbf{n(A \cup B \cup C) = n(A) + n(B) + n(C) - n(A \cap B) - n(B \cap C) - n(A \cap C) + n(A \cap B \cap C)}$$

Por fim, trazemos para você a seguinte equação que pode ser bastante útil na resolução das questões de concursos públicos, por meio da qual obtemos a **quantidade de elementos do conjunto diferença**:

$$\mathbf{n(A - B) = n(A) - n(A \cap B)}$$

Por exemplo, de um grupo de 300 alunos de línguas, somente 170 estudam inglês e somente 180 estudam espanhol, Considerando que, nesse grupo, ninguém estude qualquer outro idioma, quantos alunos dedicam-se tanto ao estudo da língua de Shakespare quanto ao da de Cervantes?

Este é um típico modelo das questões que veremos a seguir e que você se deparará na sua prova. Diante da importância deste tópico, mostraremos **três formas diferentes de resolver este exercício**. Ficará a seu critério escolher qual o mais apropriado, sendo que haverá casos que poderemos aplicar até mais de um desses métodos. Ok? Vamos lá!

1º modo: uso de diagramas

Considere o diagrama a seguir em que **I** representa o conjunto de todos os alunos que estudam Inglês e **E**, o de todos os alunos que estudam Espanhol. O **x** representa o número de alunos que estudam os dois idiomas.

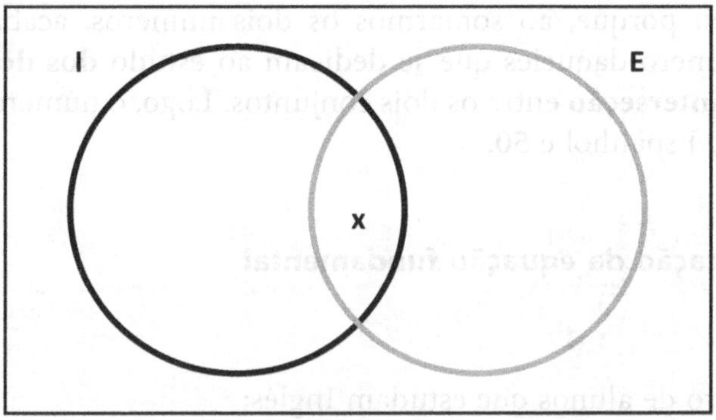

Uma vez que **x** representa uma parte dos 170 alunos que estudam Inglês, restam **170 – x** que estudam Inglês, mas que não estudam Espanhol.

Do mesmo modo, **x** também representa parte dos 180 alunos que estudam Espanhol, restando **180 – x** que estudam Espanhol, mas não estudam Inglês.

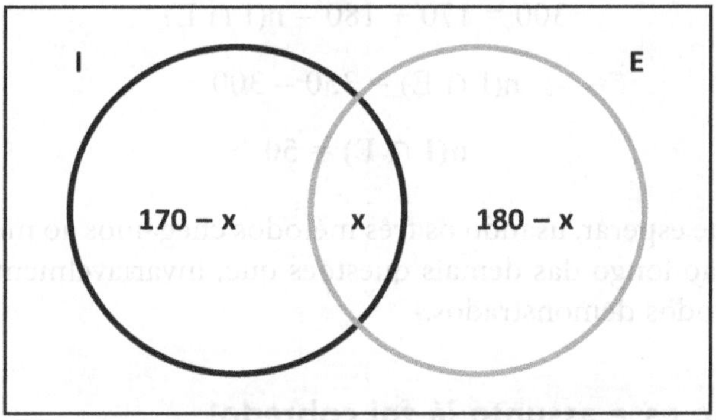

Como a soma dos três números deve dar 300, fazemos:

$$(170 - x) + x + (180 - x) = 300$$

$$170 + 180 - x = 300$$

$$350 - x = 300$$

$$X = 50$$

2º modo: análise da interseção

Se somarmos o número de alunos de inglês (170) com o de alunos de Espanhol (180), teremos 170 + 180 = 350, ou seja, **50 alunos a mais** do que o total de alunos de línguas do grupo, que é 300.

Isso ocorreu porque, ao somarmos os dois números, acabamos tomando duas vezes o número daqueles que se dedicam ao estudo **dos dois idiomas**, ou seja, trata-se de **interseção** entre os dois conjuntos. Logo, o número de alunos que estudam Inglês e Espanhol é **50**.

3º modo: aplicação da equação fundamental

Sejam:

n(I): número de alunos que estudam Inglês;

n(E): número de alunos que estudam Espanhol.

Temos os seguintes dados: **n(I) = 170; n(E) = 180; n(I ∪ E) = 300.**

Aplicando a fórmula do **número de elementos da união**:

$$\mathbf{n(I \cup E) = n(I) + n(E) - n(I \cap E)}$$

$$300 = 170 + 180 - n(I \cap E)$$

$$n(I \cap E) = 350 - 300$$

$$\mathbf{n(I \cap E) = 50}$$

Como era de esperar, usando os três métodos chegamos ao mesmo resultado. Você perceberá ao longo das demais questões que, invariavelmente, utilizaremos um dos três métodos demonstrados.

Veja como esse assunto já foi cobrado!

QUESTÃO 07 (FCC/TRT-PE/Ana Jud/2018) Em uma empresa com 120 funcionários, 42 recebem vale-transporte e 95 recebem vale-refeição. Sabendo que todos os funcionários da empresa recebem ao menos um desses dois benefícios, o total de funcionários que recebem ambos os benefícios é igual a

(A) 25. (B) 17. (C) 15. (D) 19. (E) 20.

RESOLUÇÃO:

Podemos resolver essa questão usando o macete para problemas com 2 conjuntos em que é solicitada a interseção. Basta somar as quantidades de elementos dos dois conjuntos (42 + 95 = 137) e subtrair o total (120), ficando com 137 - 120 = **17 pessoas** na interseção, ou seja, pessoas que recebem os dois benefícios.

Gabarito: B.

QUESTÃO 08 (FCC/CL-DF/Téc Leg/2018) Em uma escola com 150 alunos, são oferecidos cursos de Inglês e Francês. Conforme um levantamento, 15 alunos desta escola não estão frequentando estes cursos e 90 frequentam o curso de Inglês. Se 72 alunos frequentam o curso de Francês, então o número de alunos que frequenta um e somente um dos cursos é igual a

a) 126 b) 144 c) 138 d) 132 e) 108

RESOLUÇÃO:

O enunciado informa que o total de pessoas que frequenta pelo menos um curso é 150 – 15 = 135.

Como 90 alunos frequentam o curso de inglês e 72, o de francês, temos:

$$n(F \text{ ou } I) = n(F) + n(I) - n(F \text{ e } I)$$

$$135 = 72 + 90 - n(F \text{ e } I)$$

$$\mathbf{n(F \text{ e } I) = 27}$$

Assim, há 27 pessoas que frequentam os dois cursos.

Portanto, concluímos que 135 – 27 = 108 pessoas frequentam apenas um curso. Isso já nos permite marcar a letra E como opção correta. Mas, vamos prosseguir para detalhar o número de alunos que frequentam apenas o curso de francês e apenas o curso de inglês.

Já que 72 pessoas estudam francês, então 72 - 27 = 45 frequentam apenas o curso de francês.

Como 90 estudam inglês, então 90 - 27 = 63 frequentam apenas o curso de inglês.

Dessa forma, confirmamos que o total de pessoas que frequenta apenas um curso é igual a 45 + 63 = **108**.

Gabarito: E.

QUESTÃO 09 (FCC/Detran-MA/Ass de Trânsito/2018) Em relação a todos os agentes de trânsito de uma cidade, 40% possuem diploma de curso superior e 15% pretendem se aposentar nos próximos dois anos. Sabe-se ainda que os agentes com diploma de curso superior que pretendem se aposentar nos próximos dois anos representam 10% do total de agentes. Dessa forma, o percentual de agentes de trânsito dessa cidade que não possuem diploma de curso superior nem pretendem se aposentar nos próximos dois anos é igual a

(A) 35%. (B) 40%. (C) 45%. (D) 50%. (E) 55%.

RESOLUÇÃO:

Sejam **A** e **B**, respectivamente, o grupo de pessoas com diploma de curso superior e o grupo que pretende se aposentar nos próximos dois anos. É dito que **n(A) = 40%** e **n(B) = 15%.**

É dito que os agentes com diploma de curso superior e que pretendem se aposentar nos próximos dois anos representam 10% do total, ou seja, **n (A ∩ B) = 10%.**

No diagrama a seguir estão descritas essas informações:

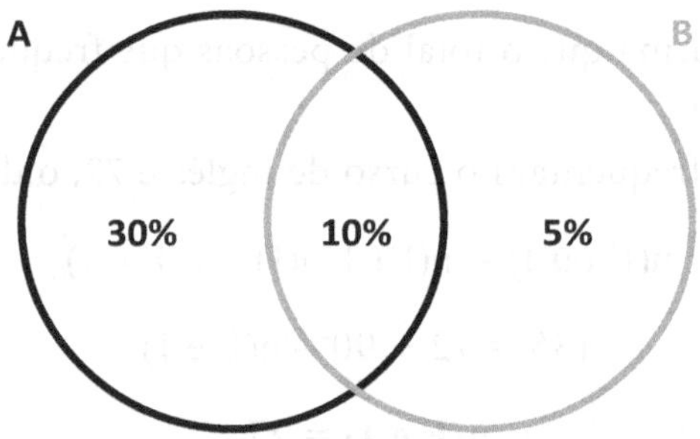

Assim, fica claro que o total de pessoas com curso superior ou que pretendem se aposentar nos próximos dois anos é de 45% (30% + 10% + 5%), de modo que 100 – 45 = 55% não atendem a nenhum desses dois critérios.

Gabarito: E.

QUESTÃO 10 (FCC/TRT 11ª Região/Téc Adm/2017) Uma construtora convoca interessados em vagas de pedreiros e de carpinteiros. No dia de apresentação, das 191 pessoas que se interessaram, 113 disseram serem aptas para a função pedreiro e 144 disseram serem aptas para a função carpinteiro. A construtora contratou apenas as pessoas que se declararam aptas em apenas uma dessas funções. Agindo dessa maneira, o número de carpinteiros que a construtora contratou a mais do que o número de pedreiros foi igual a

(A) 19. (B) 12. (C) 65. (D) 47. (E) 31.

RESOLUÇÃO:

Se somarmos as quantidades dos que se declararam pedreiros com os que se declararam carpinteiros, temos 113 + 144 = **257**. Obviamente, isso é MAIS do que **191**, que é o total de pessoas.

Na realidade, a diferença 257 – 191 = **66** é o número de pessoas aptas às duas profissões, ou seja, corresponde à quantidade de pessoas que se encontram na **interseção**!

Assim, os que são APENAS **pedreiros** somam 113 – 66 = **47**, e os que são APENAS **carpinteiros são 144 – 66 = 78.**

Todavia, o objetivo da questão consiste em obtermos o número de carpinteiros que a construtora contratou A MAIS do que o número de pedreiros, de modo que a diferença é de 78 – 47 = **31**.

Gabarito: E.

QUESTÃO 11 (FCC/TRT 11ª Região/Ana Adm/2017) Para um concurso foram entrevistados 970 candidatos, dos quais 527 falam inglês, 251 falam francês, 321 não falam inglês nem francês. Dos candidatos entrevistados, falam inglês e francês, aproximadamente,

(A) 11%. (B) 6%. (C) 13%. (D) 18%. (E) 9%.

RESOLUÇÃO:

Somando as pessoas que falam inglês (572), as que falam francês (251) e as que não falam nenhum dos idiomas (321), temos 527 + 251 + 321 = **1.099** pessoas.

Veja que esse número é superior ao total (970) em 1.099 – 970 = **129** pessoas. Bem, essa diferença é justamente a **intersecção**, de modo que temos **129 pessoas falando ambas as línguas.**

Agora, em relação ao total, essas pessoas representam, aproximadamente:

$$\frac{129}{970} = 0{,}132 \approx 13\%$$

Gabarito: C.

QUESTÃO 12 (CESPE – Ana/INSS/2016) Uma população de 1.000 pessoas acima de 60 anos de idade foi dividida nos seguintes dois grupos:

A: aqueles que já sofreram infarto (totalizando 400 pessoas); e

B: aqueles que nunca sofreram infarto (totalizando 600 pessoas).

Cada uma das 400 pessoas do grupo A é ou diabética ou fumante ou ambos (diabética e fumante).

A população do grupo B é constituída por três conjuntos de indivíduos: fumantes, ex-fumantes e pessoas que nunca fumaram (não fumantes).

Com base nessas informações, julgue o item.

Se, das pessoas do grupo A, 280 são fumantes e 195 são diabéticas, então 120 pessoas desse grupo são diabéticas e não são fumantes.

RESOLUÇÃO:

Considere o diagrama a seguir em que **D** representa o conjunto dos **diabéticos** no grupo **A** e **F**, o dos **fumantes** no grupo **A.** O **x** corresponde ao número de pessoas que são **diabéticos e fumantes.**

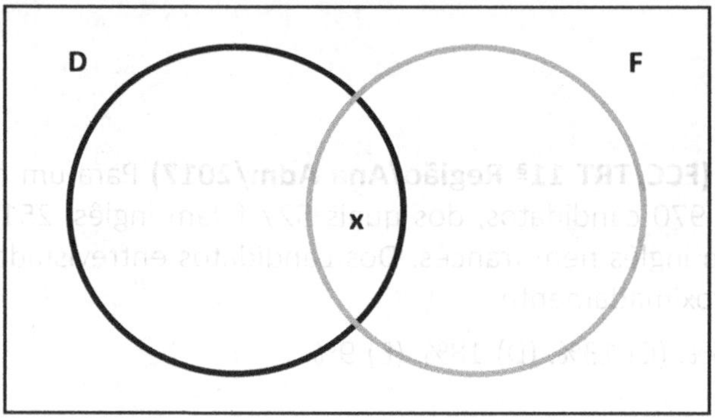

Uma vez que **x** representa uma parte dos 195 diabéticos, restam **195 – x** que têm diabetes, mas que não fumam.

Do mesmo modo, **x** também representa parte dos 280 fumantes, restando **280 – x** que fumam, mas não têm diabetes.

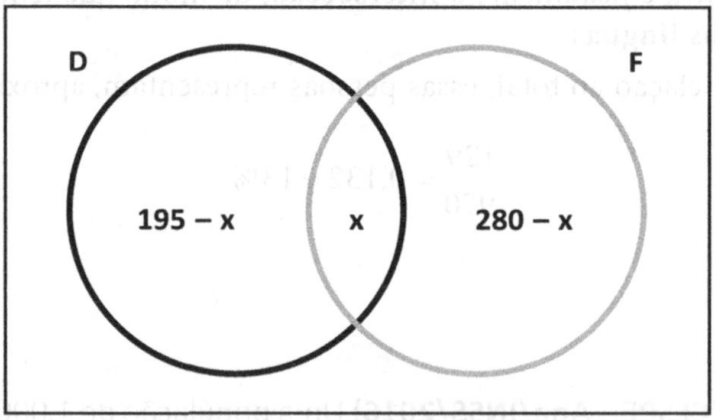

Como a soma dos três números deve dar 400, fazemos:

$$(195 - x) + x + (280 - x) = 400$$

$$475 - x = 400$$

$$X = 75$$

Portanto, temos que 195 – 75 = **120** pessoas do grupo **A são diabéticas e não são fumantes.**

Gabarito: Certo.

QUESTÃO 13 (CESPE – Ag Adm/Polícia Federal/2014) A partir de uma amostra de 1.200 candidatos a cargos em determinado concurso, verificou-se que 600 deles se inscreveram para o cargo A, 400 se inscreveram para o cargo B e 400, para cargos distintos de A e de B. Alguns que se inscreveram para o cargo A também se inscreveram para o cargo B.

A respeito dessa situação hipotética, julgue o item subsecutivo.

Menos de 180 candidatos se inscreveram no concurso para os cargos A e B.

RESOLUÇÃO:

Definiremos os seguintes conjuntos:

A = conjuntos dos candidatos que se inscreveram para o cargo A;

B = conjuntos dos candidatos que se inscreveram para o cargo B.

Representaremos por um retângulo o **conjunto universo** da questão, que é formado por todos os candidatos ao concurso. E dentro dele, desenharemos os conjuntos **A** e **B**. Já o número 400, fora dos círculos, indica o número de candidatos que não se inscreveram a nenhum dos cargos **A** e **B**.

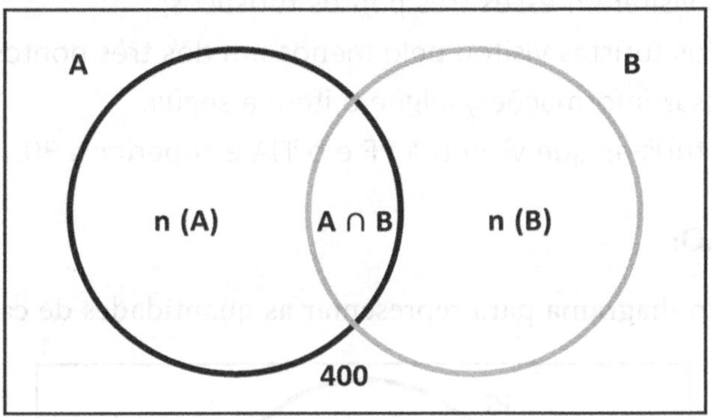

Ora, se são 1.200 candidatos no total e 400 deles se inscreveram para outros cargos, então:

$$\mathbf{1.200 - 400 = 800}$$

Isso significa que 800 candidatos se inscreveram para **A ou B**, de forma que:

$$\mathbf{n(A \cup B) = 800}$$

Aplicando a fórmula do **número de elementos da união**:

$$\mathbf{n(A \cup B) = n(A) + n(B) - n(A \cap B)}$$

$$800 = n(A) + n(B) - n(A \cap B)$$

$$800 = 600 + 400 - n(A \cap B)$$

$$\mathbf{n(A \cap B) = 600 + 400 - 800 = 200}$$

Portanto, **200** candidatos se inscreveram para A e B.

Gabarito: Errado.

QUESTÃO 14 (CESPE – PT/PM-CE/2014) Uma pesquisa realizada com um grupo de turistas que visitaram, em Fortaleza, a praia do Futuro (PF), o teatro José Alencar (TJA) e a catedral Metropolitana (CM) apresentou as seguintes informações:

- 70 turistas visitaram a PF;
- 80 turistas visitaram o TJA;
- 70 turistas visitaram a CM;
- 30 turistas visitaram apenas a PF;
- 50 turistas visitaram a CM e o TJA;
- 25 turistas visitaram a PF e a CM;
- 20 turistas visitaram esses três pontos turísticos;
- cada um dos turistas visitou pelo menos um dos três pontos turísticos.

Com base nessas informações, julgue o item a seguir.

O número de turistas que visitou a PF e o TJA é superior a 30.

RESOLUÇÃO:

Façamos um diagrama para representar as quantidades de cada conjunto.

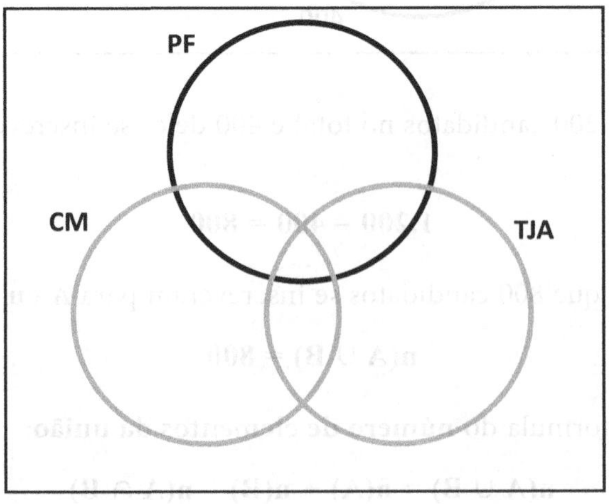

O enunciado afirma que 20 turistas visitaram os três pontos turísticos:

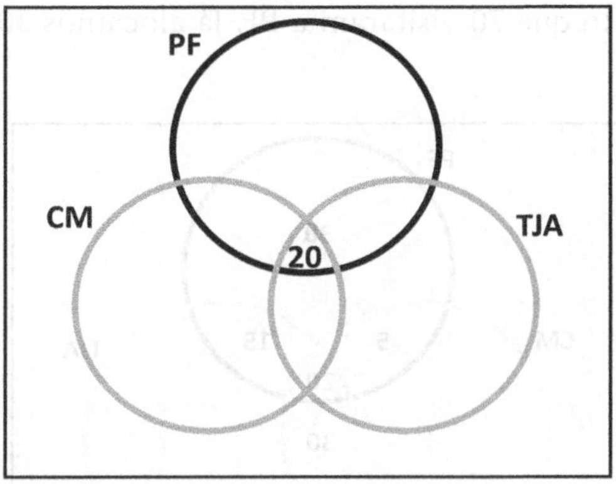

Em seguida, é dito que 25 turistas visitaram PF e CM. Utilizando a técnica descrita no 1º método de resolução, precisamos subtrair a interseção (isto é, 20), a fim de encontrar turistas que visitaram exclusivamente PF e CM. Logo:

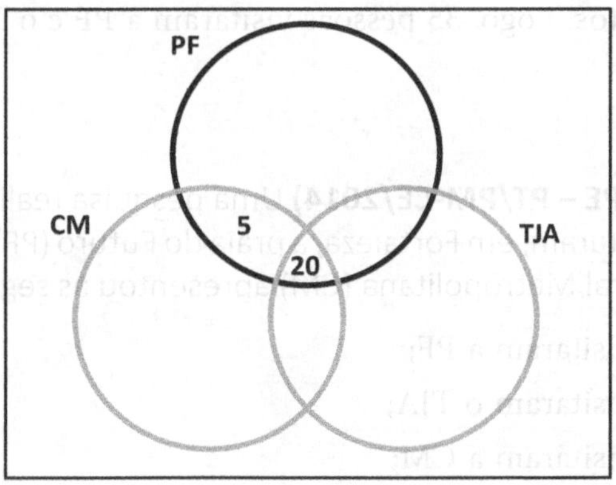

Também foi informado que 50 turistas visitaram CM e TJA. Com a interseção já foram alocados 20 destes 50, de modo que faltam 30.

30 turistas visitaram apenas a PF. Assim:

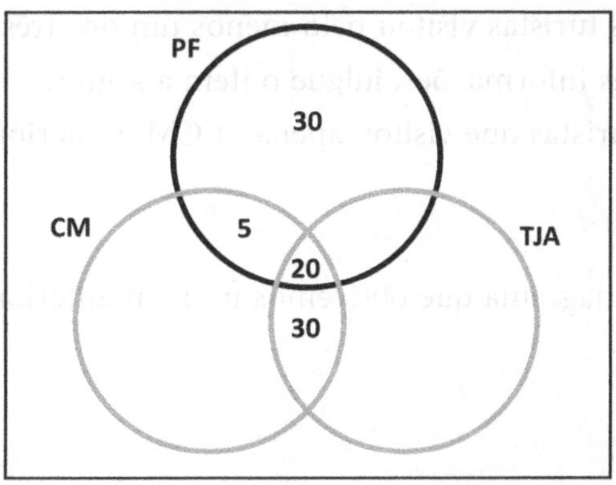

Além disso, é dito que 70 visitaram a PF. Já alocamos 30 + 20 + 5 = 55. Faltam 15:

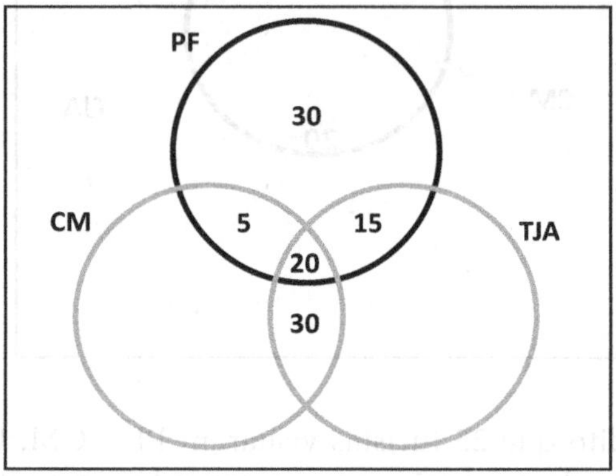

A interseção entre os conjuntos dos turistas que visitaram PF e TJA apresenta 20 + 15 = 35 elementos. Logo, 35 pessoas visitaram a PF e o TJA.

Gabarito: Certo.

QUESTÃO 15 (CESPE – PT/PM-CE/2014) Uma pesquisa realizada com um grupo de turistas que visitaram, em Fortaleza, a praia do Futuro (PF), o teatro José Alencar (TJA) e a catedral Metropolitana (CM) apresentou as seguintes informações:

- 70 turistas visitaram a PF;
- 80 turistas visitaram o TJA;
- 70 turistas visitaram a CM;
- 30 turistas visitaram apenas a PF;
- 50 turistas visitaram a CM e o TJA;
- 25 turistas visitaram a PF e a CM;
- 20 turistas visitaram esses três pontos turísticos;
- cada um dos turistas visitou pelo menos um dos três pontos turísticos.

Com base nessas informações, julgue o item a seguir.

O número de turistas que visitou apenas a CM é inferior a 10.

RESOLUÇÃO:

Bem, o último diagrama que obtivemos no item anterior indica:

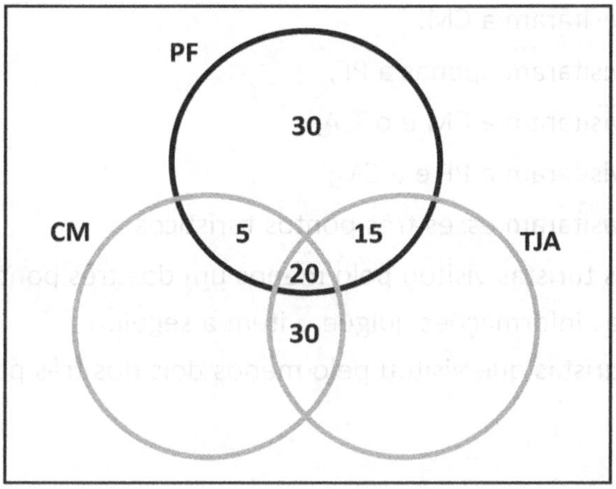

O enunciado também nos informa que ***70 turistas visitaram a CM.*** Já alocamos 30 + 20 + 5 = 55. Para completar 70, faltam ***15***. Logo:

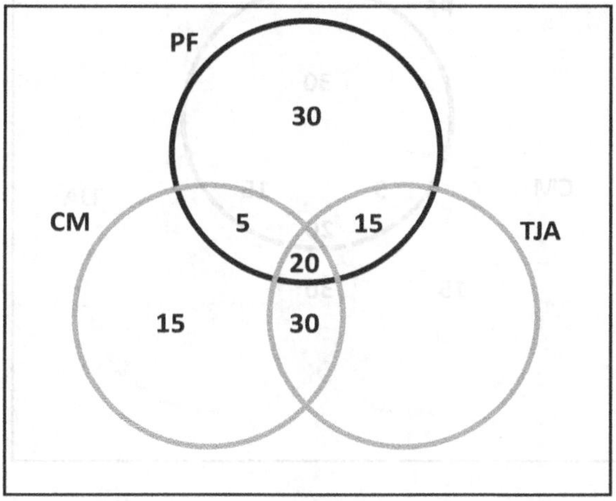

Perceba, meu caro aluno, que **15** turistas visitaram apenas a CM.

Gabarito: Errado.

QUESTÃO 16 (CESPE – PT/PM-CE/2014) Uma pesquisa realizada com um grupo de turistas que visitaram, em Fortaleza, a praia do Futuro (PF), o teatro José Alencar (TJA) e a catedral Metropolitana (CM) apresentou as seguintes informações:

- 70 turistas visitaram a PF;
- 80 turistas visitaram o TJA;

- 70 turistas visitaram a CM;
- 30 turistas visitaram apenas a PF;
- 50 turistas visitaram a CM e o TJA;
- 25 turistas visitaram a PF e a CM;
- 20 turistas visitaram esses três pontos turísticos;
- cada um dos turistas visitou pelo menos um dos três pontos turísticos.

Com base nessas informações, julgue o item a seguir.

O número de turistas que visitou pelo menos dois dos três pontos turísticos é superior a 75.

RESOLUÇÃO:

O diagrama a que chegamos no item anterior demonstra o seguinte:

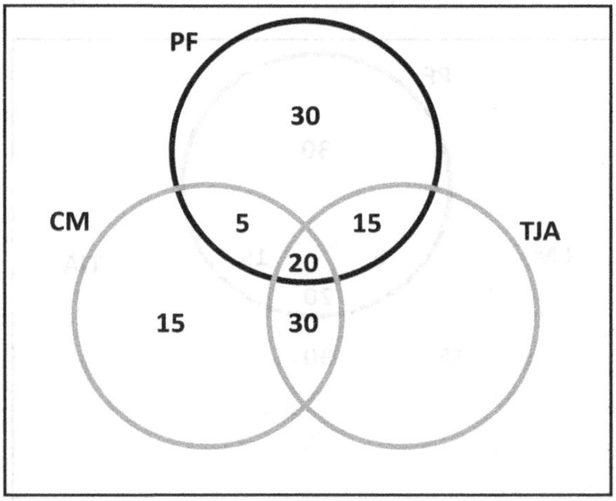

Considerando apenas as interseções, temos: 15 + 20 + 30 + 5 = 70 pessoas. Logo, **70** turistas visitaram dois ou mais pontos turísticos.

Portanto, o item está ***errado*** ao afirmar que o número de turistas que visitou pelo menos dois dos três pontos turísticos é superior a 75.

Gabarito: Errado.

QUESTÃO 17 (IADES - Aux Fisc/CAU-SE/2022) Em determinado dia, o Conselho de Arquitetura e Urbanismo do Brasil (CAU/BR) recebeu 40 solicitações de emissão da Certidão de Acervo Técnico (CAT) ou da Certidão Negativa de Débito (CND). Sabe-se que 34 empresas solicitaram a CAT e 16 empresas solicitaram a CND. Quantas empresas solicitaram simultaneamente os dois tipos de certidões?

a) 10 b) 11 c) 14 d) 15 e) 16

RESOLUÇÃO:

O **número de elementos da união** de dois conjuntos é dado por:

$$n(A \cup B) = n(A) + n(B) - n(A \cap B)$$

$$40 = 34 + 16 - n(A \cap B)$$

$$n(A \cap B) = 50 - 40 = \mathbf{10}$$

Portanto, **10 empresas** solicitaram simultaneamente os dois tipos de certidões.

Gabarito: A.

QUESTÃO 18 (FUNCERN – Téc/SESCOOP-RN/2022) Uma pesquisa foi realizada com 1.200 pessoas, sendo 650 homens e 550 mulheres. Do total de entrevistados identificou-se que 750 estão trabalhando; 500 têm ensino médio completo e, 400 estão trabalhando e têm ensino médio completo. Dentre as mulheres entrevistadas foi identificado que 350 estão trabalhando; 200 têm o ensino médio completo e, 100 estão trabalhando e têm ensino médio completo. Considerando essas informações, a quantidade de homens que não estão trabalhando e não têm o ensino médio completo é de

a) 100. b) 150. c) 250. d) 200.

RESOLUÇÃO:

O enunciado informa que *do total de entrevistados (incluindo mulheres e homens) identificou-se que 750 estão trabalhando; 500 têm ensino médio completo e, 400 estão trabalhando e têm ensino médio completo.*

Em seguida, é dito que *dentre as* mulheres *entrevistadas foi identificado que 350 estão trabalhando; 200 têm o ensino médio completo e, 100 estão trabalhando e têm ensino médio completo.*

Então, fazendo a **subtração** entre os termos respectivos do total e das mulheres encontramos as informações relativas aos homens entrevistados:

– Conjunto 1) Homens trabalhando: Total - Mulheres = 750 - 350 = 400

– Conjunto 2) Homens com ensino médio completo: Total - Mulheres = 500 - 200 = 300

– Interseção de 1 e 2) Homens trabalhando e com ensino médio completo: Total - Mulheres = 400 - 100 = 300

Observe que dos conjuntos 1 e 2 **precisa ser subtraída a interseção** entre eles para obter a quantidade de elementos que fazem parte **exclusivamente** dele. Logo, temos:

- Conjunto 1 sem interseção) Homens trabalhando e **não têm** ensino médio completo: 400 - 300 = 100
- Conjunto 2 sem interseção) Homens que **não estão** trabalhando e **têm** ensino médio completo: 300 - 300 = 0

Assim, somando todos os homens até aqui, são:

300 (interseção 1 e 2) + 100 (Conjunto 1) + 0 (Conjunto 2) = 400

Como foram entrevistados no total 650 homens, concluímos que os **homens que não estão trabalhando e não têm o ensino médio completo** é de 650 - 400 = **250.**

Gabarito: C.

QUESTÃO 19 (FGV - Professor/Pref Salvador/2019) O número de estudantes, de uma determinada classe, que gostam de Matemática é igual ao número de estudantes dessa classe que gostam de Português. Juntando os estudantes que gostam de Matemática com os estudantes que gostam de Português, forma-se um grupo de 24 estudantes. O grupo de estudantes que gostam de Matemática e também de Português tem 6 estudantes. Nessa classe, o número de estudantes que gostam de Matemática e não gostam de Português é

a) 18. b) 15. c) 12. d) 9. e) 6.

RESOLUÇÃO:

Vamos chamar de M e P os conjuntos dos estudantes que gostam de Matemática e de Português, respectivamente.

O enunciado informa que o grupo tem 24 estudantes, de modo que $n(M \cup P) = 24$.

É dito que o número de estudantes que gostam de Matemática é igual ao número de estudantes que gostam de Português, de forma que $n(M) = n(P)$.

Além disso, temos que o número de estudantes que gostam de Matemática e também de Português é igual a 6: $n(M \cap P) = 6$.

Assim, o número de elementos da união dos conjuntos será dado por:

$$n(M \cup P) = n(M) + n(P) - n(M \cap P)$$

$$24 = 2n(M) - 6$$

$$n(M) = \frac{30}{2} = 15$$

Dessa maneira, fica claro que os que gostam de Matemática mas não gostam de Português é de n(M) – n(M ∩ P) = 15 – 6 = **9 estudantes.**

Gabarito: D.

10. CONJUNTOS NUMÉRICOS

Chamamos de **conjuntos numéricos** aqueles em que todos os seus elementos são números, de modo que existem infinitas possibilidades de formação para tais conjuntos. Todavia, neste capítulo vamos focar nos **conjuntos numéricos fundamentais.**

É muito provável que você já tenha visto o conteúdo a seguir há muuuuito tempo atrás, ainda nos primeiros anos do Ensino Fundamental. Entretanto, cabe relembrá-los agora!

10.1. Números Naturais

Os **números naturais** têm esse nome por serem aqueles mais intuitivos, de "contagem natural". Simbolizamos por um **N** (**n** maiúsculo). Ele é formado por todos os números inteiros não negativos, tendo como primeiro elemento o número zero:

N = {0, 1, 2, 3, 4, 5, 6,...}

Na descrição anterior, as **reticências** que aparecem à direita indicam que o conjunto dos números naturais possui **infinitos** elementos.

Um importante **subconjunto de N** é chamado de **N*** e é dado por todos os **números naturais estritamente positivos**, ou seja, o conjunto N excluindo-se o zero.

N* = {1, 2, 3, 4, 5, 6,...}

Em relação aos números naturais, é muito importante que tenhamos em mente os seguintes conceitos básicos:

a) **Sucessor**: é o **próximo número natural.** Isto é, o sucessor de 2 é 3, e o sucessor de 21 é 22. Genericamente falando, o sucessor do número "n" é o número "n + 1".

Inclusive, podemos afirmar que **todo número natural possui um sucessor**!

b) **Antecessor**: é o **número natural anterior.** Isto é, o antecessor de 2 é 1, e o antecessor de 21 é 20. Genericamente falando, o antecessor do número "n" é o número "n – 1".

Observe que o número natural **zero não possui antecessor**, pois é o primeiro número desse conjunto.

c) **Números consecutivos**: são **números em sequência**. Assim, {2,3,4} são números consecutivos, porém {2, 5, 4} não são. Em termos genéricos, {n-1, n e n+1} são números consecutivos.

d) **Números naturais pares**: {0, 2, 4...}. Número par é aquele que, **ao ser dividido por 2, não deixa resto**. Por isso o zero também é par.

e) **Números naturais ímpares**: {1, 3, 5...}. **Ao serem divididos por 2, deixam resto 1.**

10.2. Números Inteiros

Os **números inteiros** são os **números naturais e seus respectivos opostos** (negativos). Simbolizamos por um **Z** (z maiúsculo).

Z = {...,-4,-3,-2,-1, 0, 1, 2, 3, 4...}

Observe que todos os elementos do conjunto dos números naturais também pertencem ao conjunto Z, de modo que **N é um subconjunto de Z**:

N ⊂ Z

Além disso, na tabela a seguir destacamos importantes **subconjuntos de Z**:

Conjunto	Descrição
Z* = {..., -4, -3, -2, -1, 1, 2, 3, 4...}	Conjunto dos números inteiros não nulos
Z+ = {0, 1, 2, 3, 4...} = N	Conjunto dos números inteiros não negativos
Z– = {..., -4, -3, -2, -1, 0}	Conjunto dos números inteiros não positivos
$\mathbf{Z}_{+}^{*}$ = {1, 2, 3, 4...} = N*	Conjunto dos números inteiros positivos
$\mathbf{Z}_{-}^{*}$ = {..., -4, -3, -2, -1}	Conjunto dos números inteiros negativos

Por fim, trazemos a sua atenção um conceito básico, mas cujo entendimento é de grande importância. Estamos falando da **relação de ordem** no âmbito do conjunto **Z**, que consiste em **comparar dois números inteiros** a fim de decidir qual é o **maior** e qual é o <u>menor</u> entre eles.

Assim, dados dois números inteiros distintos, **x** e **y**, <u>uma e somente uma</u> das duas situações seguintes será verdadeira:

X < Y (X é menor do que Y)	OU	X > Y (X é maior do que Y)

Nesse sentido, algumas **regras** deverão ser observadas para determinar a ordem entre os números inteiros:

- Qualquer número positivo é maior do que zero;
- Qualquer número negativo é menor do que zero;
- O número zero não é positivo nem negativo;
- Entre dois **números positivos**, o **menor** é sempre o de **menor valor absoluto** (valor sem sinal). Por exemplo, temos que 2 < 5 e 9 > 4.
- Entre dois **números negativos**, o **menor** é sempre o de **maior valor absoluto** (valor sem sinal). Por exemplo, temos que -1 > -4 e -7 < -6.

10.3. Números Racionais

O conjunto dos **números racionais** abrange os **quocientes** ou resultados de divisões entre números inteiros, daí a origem do seu símbolo **Q** (**q** maiúsculo).

Dessa maneira, os elementos deste conjunto podem ser representados na forma da divisão de dois números inteiros. Isto é, são aqueles números que podem ser escritos na forma $\frac{\mathbf{a}}{\mathbf{b}}$ (lê-se: a dividido por b), em que a e b são números inteiros.

Observe que todos os elementos do conjunto dos números inteiros também pertencem ao conjunto Q, de modo que **Z é um subconjunto de Q**:

$$Z \subset Q$$

Inclusive, salientamos que o zero também faz parte dos Números Racionais, pois é plenamente possível escrever $\frac{0}{1}$. Porém, quando escrevemos um número racional na forma $\frac{a}{b}$, o denominador (isto é, o número B) nunca é zero.

Porque isso acontece mesmo, professores?

Isso ocorre porque a divisão de um número por zero é impossível (exceto $\frac{0}{0}$, cujo valor é indeterminado).

Portanto, agora podemos definir formalmente o conjunto dos números racionais:

$$\mathbf{Q} = \left\{ \mathbf{x} \mid \mathbf{x} = \frac{\mathbf{a}}{\mathbf{b}}, \text{ em que a e b} \in \mathbf{Z}, \text{ com b} \neq 0 \right\}$$

Além disso, destacamos que no conjunto dos números racionais temos basicamente 4 tipos de números:

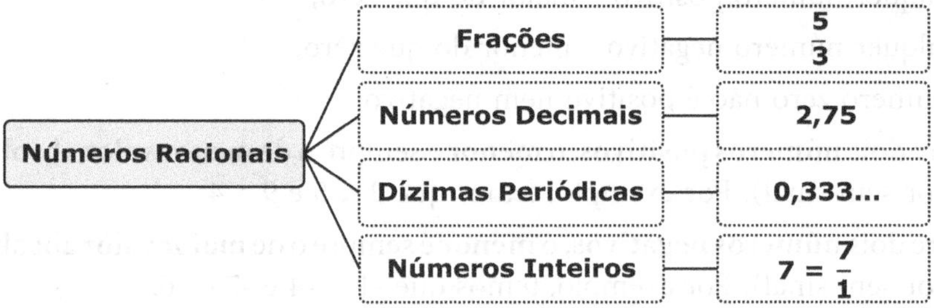

Assim, toda **fração**, todo **número decimal**, toda **dízima periódica** e todo **número inteiro** pertencem ao conjunto **Q**.

Por fim, similarmente ao que fizemos para os números inteiros, apresentamos importantes subconjuntos de **Q**:

Conjunto	Descrição
Q* = {x ∈ Q | x ≠ 0}	Conjunto dos números racionais não nulos
Q+ = {x ∈ Q | x ≥ 0}	Conjunto dos números racionais não negativos
Q– = {x ∈ Q | x ≤ 0}	Conjunto dos números racionais não positivos
Q^*_+ = {x ∈ Q | x > 0}	Conjunto dos números racionais positivos
Q^*_- = {x ∈ Q | x < 0}	Conjunto dos números racionais negativos

10.4. Números Irracionais

Os **Números Irracionais**, simbolizados por **I** (**i** maiúsculo), são aqueles que, ao contrário dos Racionais, não podem ser obtidos da divisão de dois inteiros e são formados por uma **seqüência infinita de algarismos**. Tratam-se, portanto, de **dízimas não periódicas**, ou seja, números decimais com infinitas casas decimais que não se repetem.

Para exemplificar, na obtenção da raiz quadrada do algarismo 2 e do algarismo 3, nos deparamos com números irracionais:

$$\sqrt{2} = 1,414213562373095\ldots$$

$$\sqrt{3} = 1,732050807568877\ldots$$

Da mesma forma, o conhecido número π ("pi"), muito utilizado na trigonometria, possui infinitas casas decimais que não se repetem como em uma dízima periódica, o que faz dele um número irracional:

$$\pi = 3,1415926535\ldots$$

10.5. Números Reais

O conjunto dos **Números Reais**, simbolizado por um **R** (**r** maiúsculo), é formado pela **união dos números Racionais e Irracionais:**

$$\mathbf{R} = \{\mathbf{x} \in \mathbf{R} \mid \mathbf{x} = \mathbf{Q} \text{ ou } \mathbf{x} = \mathbf{I}\}$$

Desta forma, podemos dizer que o conjunto dos Números Naturais está contido no dos Inteiros, que está contido no dos Racionais, que está contido no dos Reais:

$$N \subset Z \subset \mathbf{Q} \subset \mathbf{R}$$

Além disso, também afirmamos que o conjunto dos Números Irracionais está contido no dos Números Reais:

$$I \subset \mathbf{R}$$

Por fim, apresentamos importantes subconjuntos dos números reais:

Conjunto	Descrição
R* = R – {0}	Conjunto dos números reais não nulos
R+ = {x ∈ R | x ≥ 0}	Conjunto dos números reais não negativos
R– = {x ∈ R | x ≤ 0}	Conjunto dos números reais não positivos
$\mathbf{R}^*_+$ = {x ∈ R | x > 0}	Conjunto dos números reais positivos
$\mathbf{R}^*_-$ = {x ∈ R | x < 0}	Conjunto dos números reais negativos

Veja como esse assunto já foi cobrado!

QUESTÃO 20 (CONSULPLAN – Fiscal/Pref Guaxupé/2010) Marque a afirmativa verdadeira:

a) Todo número real é racional.

b) Todo número inteiro não é natural.

c) Todo número irracional é real.

d) Todo número racional não é inteiro.

e) Todo número racional é natural.

RESOLUÇÃO:

Em cada alternativa é apresentada uma afirmação a respeito de possíveis associações entre os conjuntos numéricos. Nesse sentido, precisamos ter em mente as seguintes relações:

$$\mathbf{N} \subset \mathbf{Z} \subset \mathbf{Q} \subset \mathbf{R}$$

$$\mathbf{I} \subset \mathbf{R}$$

Agora precisamos analisar cada alternativa:

a) Todo número real é racional. ⇒ **Errado**, na verdade todos os **racionais** pertencem ao conjunto dos números **reais**, mas o contrário sem sempre é verdade.

b) Todo número inteiro não é natural. ⇒ **Errado**, todos os **naturais** pertencem ao conjunto dos números **inteiros**.

c) Todo número irracional é real. ⇒ **Certo**, esse é o nosso gabarito, pois todo **irracional** pertence ao conjunto dos números **reais**.

d) Todo número racional não é inteiro. ⇒ **Errado**, o conjunto dos números **inteiros** está contido no conjunto dos números **racionais**.

e) Todo número racional é natural. ⇒ **Errado**, já que existem **racionais** que não são **naturais**.

Gabarito: C.

QUESTÃO 21 (FUNDATEC – Assistente/Pref Pinheiro Preto/2019) Assinale a alternativa que apresenta apenas números irracionais.

a) 4, 2, 1 b) $\sqrt{2}$, $3/2$, π c) $\sqrt{2}$, $\sqrt{5}$, π d) $\sqrt{9}$, $\sqrt{81}$, $\sqrt{100}$ e) $\sqrt{2}$, $\sqrt[3]{8}$, π

RESOLUÇÃO:

Os **Números Irracionais** são aqueles que não podem ser obtidos da divisão de dois inteiros e são formados por uma **sequência infinita de algarismos**.

Um dos principais membros dessa classe é o conhecido número π ("pi"), que possui infinitas casas decimais que não se repetem como em uma dízima periódica, o que faz dele um número irracional:

$$\pi = \mathbf{3.1415926535...}$$

Além disso, vale recordar que as raízes não-exatas, como é o caso da raiz quadrada de dois, também são números irracionais.

Tendo isso em mente, vamos analisar as alternativas.

a) 4, 2, 1

Errado. Pois 4, 2 e 1 são números naturais.

b) $\sqrt{2}$, $3/2$, π

Errado. Já que 3/2 é número racional.

c) $\sqrt{2}$, $\sqrt{5}$, π

Certo. Todos os números apresentados pertencem ao conjunto dos números irracionais.

d) $\sqrt{9}$, $\sqrt{81}$, $\sqrt{100}$

Errado. Pois os três números são raízes exatas ($\sqrt{9}$ – 3, $\sqrt{81}$ – 9, $\sqrt{100}$ – 10).

e) $\sqrt{2}$, $\sqrt[3]{8}$, π

Errado. Porque $\sqrt[3]{8}$ é uma raiz exata, que resulta em 2.

Gabarito C.

QUESTÃO 22 (CESPE – Cons/SEFAZ-ES/2008) Sejam A = {n ∈ N_+; n é par}, B = {n ∈ N_+;n é ímpar} e C = {n ∈ N_+; n é primo}, em que N_+ é o conjunto dos números naturais estritamente positivos.

Com base nesses dados, julgue o item a seguir.

O conjunto N_+ | (A U B) é vazio.

RESOLUÇÃO:

Note que a **união** entre os conjuntos **A** e **B** abrange todos os números naturais positivos que são pares ou ímpares. Logo:

$$\mathbf{A \cup B = N_+}$$

Por sua vez, a **diferença** entre tais conjuntos é dada por:

$$\mathbf{N}_+ - (\mathbf{A} \cup \mathbf{B}) = \mathbf{N}_+ - \mathbf{N}_+ = \varnothing$$

Gabarito: Certo.

11. RESUMO

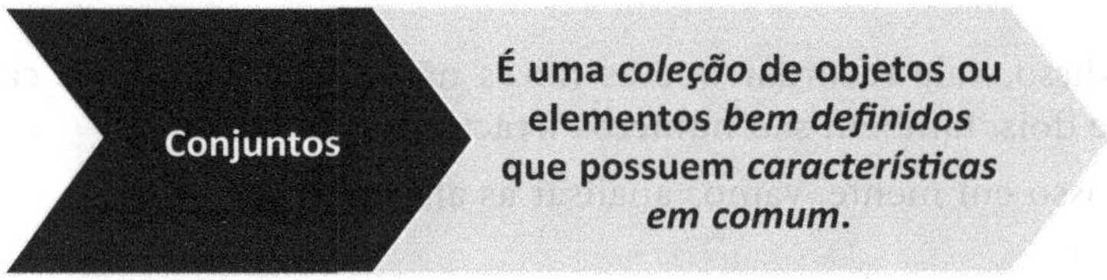

Se **x** é de elemento de um conjunto **A**, então dizemos que **x pertence ao conjunto A** e podemos indicar isso como:

$$x \in A$$

Por outro lado, se **x** não é um elemento de **A**, então dizemos que **x não pertence ao conjunto A** e podemos indicar isso como:

$$x \notin A$$

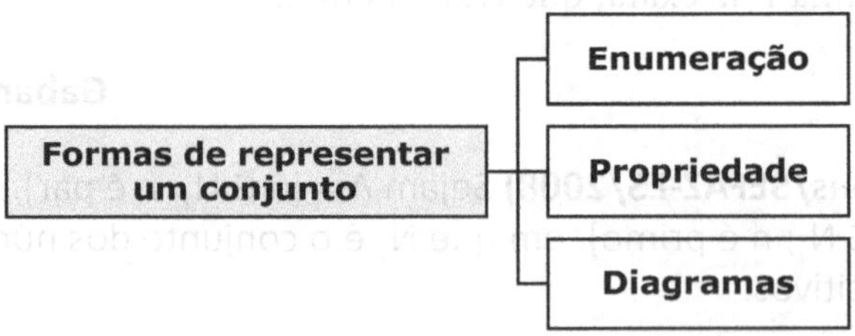

Dizemos que o conjunto **B** é um **subconjunto** do conjunto **A** quando todos os elementos do conjunto **B** também são elementos de **A**.

Nesse sentido, quando **B** é um subconjunto de **A** podemos afirmar que **B está contido em A**, e indicamos isso por:

$$B \subset A$$

Além disso, dizer que **B** está contido em **A** é o mesmo que afirmar que **A contém B**. Nesse caso, usamos a seguinte notação:

$$A \supset B$$

Se um conjunto **A** possui **n** elementos, então ele possui **2^n subconjuntos.**

Dado um conjunto **A** qualquer, chamamos de **conjunto das partes de A** o conjunto que **reúne todos os subconjuntos possíveis de A**, sendo simbolizado por **P(A)**.

$$P(A) = \{x \mid x \subset A\}$$

TOME NOTA!

Cada um dos elementos de P(A) é um dos subconjuntos de A. Portanto, o número de elementos de P(A) é sempre igual ao total de subconjuntos possíveis de A, ou seja: 2^n.

A **união** entre dois conjuntos, **A ∪ B**, é o conjunto formado pela **reunião dos elementos de A e de B**. Simbolicamente, temos:

$$A \cup B = \{x \mid x \in A \text{ ou } x \in B\}$$

A interseção entre dois conjuntos, **A ∩ B**, é o conjunto formado pelos **elementos que são comuns aos dois conjuntos**. Simbolicamente, temos:

$$A \cap B = \{x \mid x \in A \text{ e } x \in B\}$$

A diferença entre dois conjuntos, **A – B**, é o conjunto formado pelos **elementos de A que não pertencem a B**. Simbolicamente, temos:

$$A - B = A \setminus B = \{x \mid x \in A \text{ e } x \notin B\}$$

Consideremos dois conjuntos **A** e **B**, de modo que o **número de elementos** (também chamado de **cardinal**) do conjunto **A** seja **n(A)** e o número de elementos do conjunto **B** seja **n(B)**. Agora, tomemos o número de elementos da interseção **A ∩ B** por **n(A ∩ B)** e o número de elementos da união **A ∪ B** por **n(A ∪ B)**. Assim, podemos definir a seguinte equação:

$$n(A \cup B) = n(A) + n(B) - n(A \cap B)$$

12. MAIS QUESTÕES COMENTADAS

QUESTÃO 23 (CESPE/ANATEL/Téc Adm/2012) Para cada x = 0, 1, 2, 3 ou 4, a partir de um conjunto E de pessoas, Ex corresponde ao conjunto de indivíduos do conjunto E que são clientes de pelo menos x operadoras de telefonia móvel e Nx, à quantidade de elementos de Ex. Considerando essas informações, julgue o item que se segue.

Se x e y forem elementos do conjunto {0, 1, 2, 3, 4} e $x \leq y$, então, E_y será um subconjunto de E_x.

RESOLUÇÃO:

A resolução inicial é idêntica à questão anterior. Sejam:

- E_4: conjunto das pessoas clientes de pelo menos 4 operadoras;
- E_3: conjunto das pessoas clientes de pelo menos 3 operadoras;

Ora, todo mundo que é elemento de $\mathbf{E_4}$ também é elemento de $\mathbf{E_3}$. Isso acontece porque para quem é cliente de 4 operadoras (elemento de E_4), é correto afirmar que também é cliente de pelo menos 3 operadoras. Assim, **E_4 está contido em E_3**.

Seguindo o mesmo raciocínio, descobrimos que **E_3 está contido em E_2**; e que **E_2 está contido em E_1**.

Bem, é dito que $x \leq y$. Então, como vimos, **E_y é subconjunto de E_x**. Por exemplo, se **x = 3** e **y = 4**, obtemos **E_4** e **E_3**. E, como já constatamos **E_4 é subconjunto de E3**.

Gabarito: Certo.

QUESTÃO 24 (FGV - Analista/MPE-RJ/2019) Sobre os conjuntos A e B, sabe-se que:

A – B tem 7 elementos;

A tem 28 elementos;

A união de A e B tem 38 elementos.

O número de elementos do conjunto B é:

a) 10 b) 18 c) 21 d) 31 e) 35

RESOLUÇÃO:

O enunciado informa que A – B possui 7 elementos, de modo que existem 7 elementos apenas em A.

É dito que A tem 28 elementos. Com isso, existem 28 – 7 = 21 elementos na intersecção A ∩ B.

Já que a união tem 38 elementos, então o conjunto B possui 38 – 7 – 21 = 10 elementos:

Essa distribuição é evidenciada no diagrama a seguir:

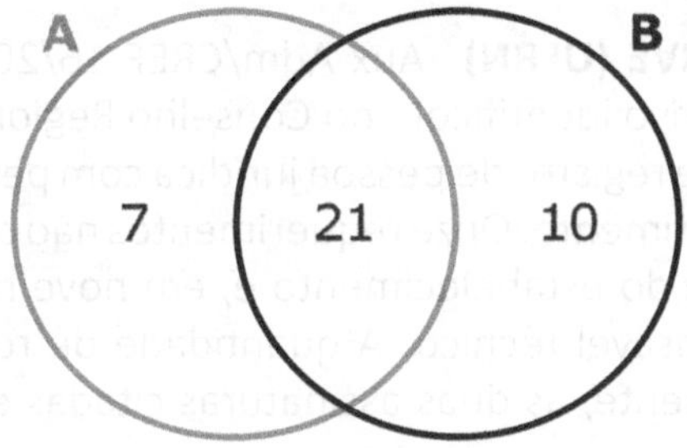

Desse modo, concluímos que o conjunto B tem 21 + 10 = **31 elementos.**

Gabarito: D.

QUESTÃO 25 (CESPE/SEGER-ES/2008) Uma conferência internacional reunirá representantes dos seguintes países: Alemanha, Argentina, Bolívia, Brasil, Canadá, Chile, Colômbia, Escócia, Estados Unidos da América, França, Inglaterra, Peru, Suíça, Uruguai e Venezuela. Se B é o conjunto formado pelos países que participarão da conferência e não pertencem à América do Sul, então o número de subconjuntos formados a partir dos elementos de B é igual a 128.

RESOLUÇÃO:

Inicialmente é preciso notar que o **conjunto universo** para o caso desta questão é formado por todos os países que participarão da conferência internacional. Logo:

U = {Alemanha, Argentina, Bolívia, Brasil, Canadá, Chile, Colômbia, Escócia, Estados Unidos da América, França, Inglaterra, Peru, Suíça, Uruguai e Venezuela}.

Além disso, foi informado que o **conjunto B** é formado pelos países que participarão da conferência, mas não pertencem à América do Sul. Logo:

B = {Alemanha, Canadá, Escócia, Estados Unidos da América, França, Inglaterra, Suíça}.

Por fim, o enunciado exige que descubramos o **número de subconjuntos** formados a partir dos elementos de **B**. Bem, para determinarmos essa quantidade basta sabermos quantos elementos possui o conjunto em análise, já que o número de subconjuntos é dado por $\mathbf{2^n}$, em que **n** é o número de elementos do conjunto. Assim, como **B** possui **7 elementos**, o número de subconjuntos de B é igual a:

$$\mathbf{2^7 = 128}$$

Gabarito: Certo.

QUESTÃO 26(COMPERVE (UFRN) - Aux Adm/CREF 16/2022**)** Durante um ano, um auxiliar administrativo identificou, no Conselho Regional de Educação Física (CREF), 18 processos de registro de pessoa jurídica com pendências relacionadas ao formulário de requerimento. Onze requerimentos não continham a assinatura do representante legal do estabelecimento e, em nove requerimentos, faltava a assinatura do responsável técnico. A quantidade de requerimentos em que faltavam, simultaneamente, as duas assinaturas citadas é igual a

a) 2. b) 1. c) 3. d) 4.

RESOLUÇÃO:

O enunciado informa que são 18 processos com pendências relacionadas ao formulário de requerimento.

Dessas pendências, 11 são devido à falta da assinatura do representante legal do estabelecimento e 9 pela ausência de assinatura do responsável técnico.

Somando essas faltas de assinaturas, chegamos a 11 + 9 = 20, que ultrapassa em 20 - 18 = **2** a quantidade total de pendências. Essa é a interseção. Portanto, isso significa que **em 2 requerimentos faltavam simultaneamente as duas assinaturas** citadas.

Gabarito: A.

Enunciado comum às questões 27 a 29:

Determinado porto recebeu um grande carregamento de frango congelado, carne suína congelada e carne bovina congelada, para exportação. Esses produtos foram distribuídos em 800 contêineres, da seguinte forma: nenhum contêiner foi carregado com os três produtos; 300 contêineres foram carregados com carne bovina; 450, com carne suína; 100, com frango e carne bovina; 150, com carne suína e carne bovina; 100, com frango e carne suína.

QUESTÃO 27 (Cespe/EMAP/Ana Portuário/2018) Nessa situação hipotética, 250 contêineres foram carregados somente com carne suína.

RESOLUÇÃO:

No seguinte diagrama iremos inserir a distribuição dos produtos nos contêineres:

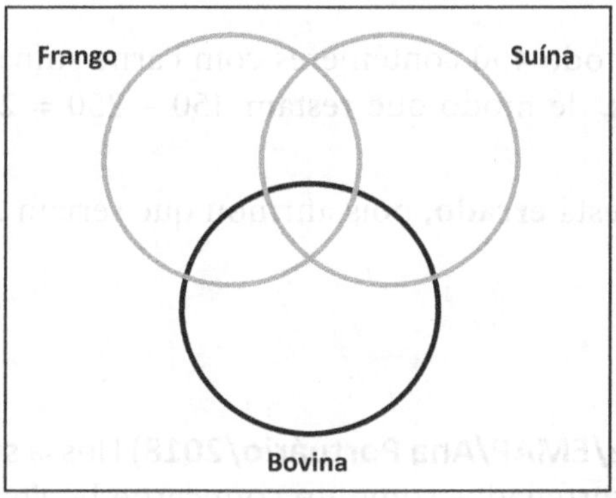

O enunciado informa que nenhum contêiner foi carregado com os três produtos. Logo:

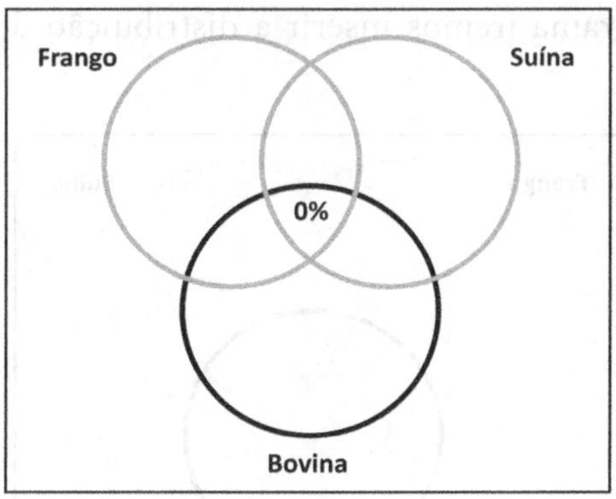

Com relação às interseções de dois conjuntos, o enunciado apresenta as seguintes:

- 100 foram carregados com frango e carne bovina
- 150 foram carregados com carne suína e bovina
- 100 foram carregados com franco e carne suína

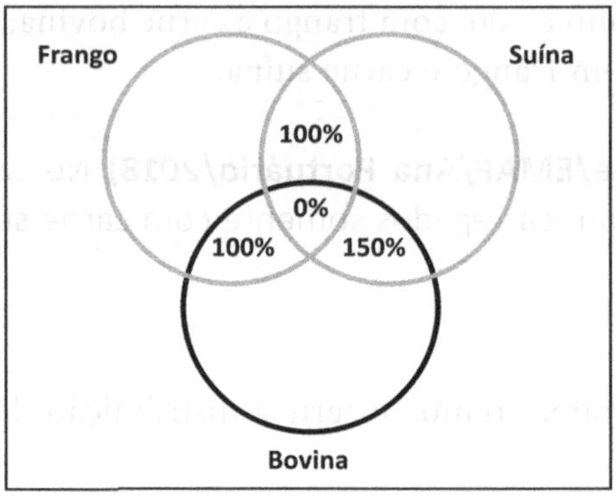

É dito que há ao todo 450 contêineres com carne suína. Porém, já alocamos 100 + 150 = 250 deles, de modo que restam 450 – 250 = **200**, que terão apenas carne **suína**.

Portanto, o item está **errado**, pois afirmou que seriam 250 contêineres nesta situação.

Gabarito: Errado.

QUESTÃO 28 (Cespe/EMAP/Ana Portuário/2018) Nessa situação hipotética, 50 contêineres foram carregados somente com carne bovina.

RESOLUÇÃO:

No seguinte diagrama iremos inserir a distribuição dos produtos nos contêineres:

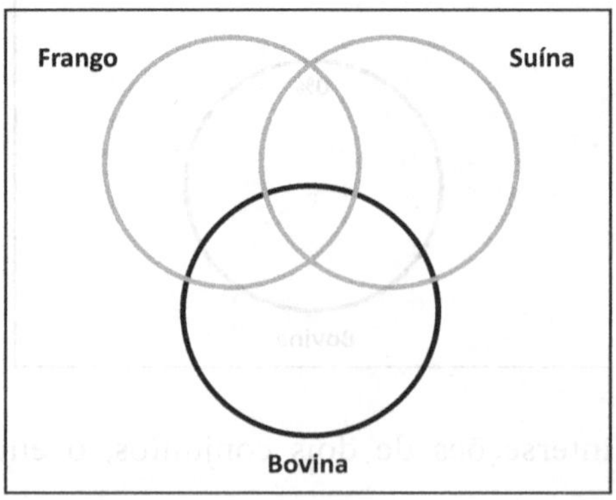

O enunciado informa que nenhum contêiner foi carregado com os três produtos. Logo:

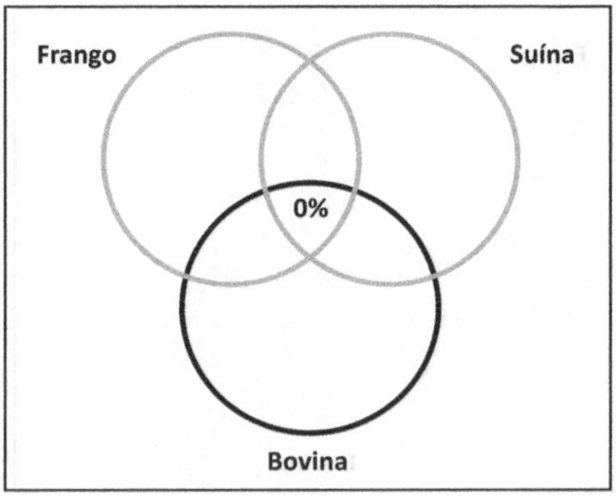

Com relação às interseções de dois conjuntos, o enunciado apresenta as seguintes:

- 100 foram carregados com frango e carne bovina
- 150 foram carregados com carne suína e bovina
- 100 foram carregados com franco e carne suína

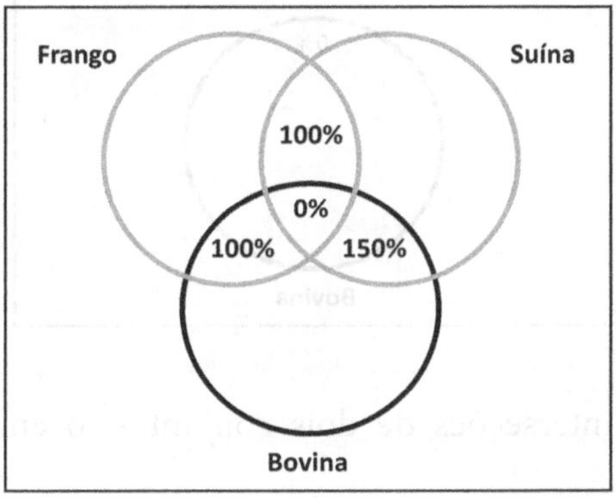

É dito que há ao todo 300 contêineres com carne bovina. Porém, já alocamos 100 + 150 = 250 deles, de modo que restam 300 - 250 = **50**, que terão apenas carne **bovina**.

Gabarito: Certo.

QUESTÃO 29 (Cespe/EMAP/Ana Portuário/2018) Nessa situação hipotética, a carga de 400 contêineres continha frango congelado.

RESOLUÇÃO:

No seguinte diagrama iremos inserir a distribuição dos produtos nos contêineres:

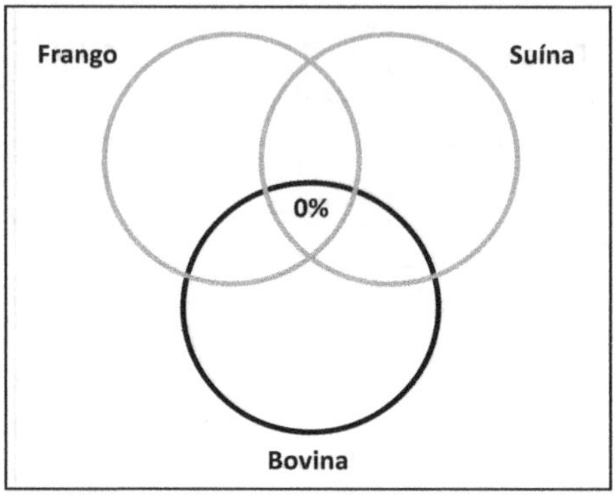

O enunciado informa que nenhum contêiner foi carregado com os três produtos. Logo:

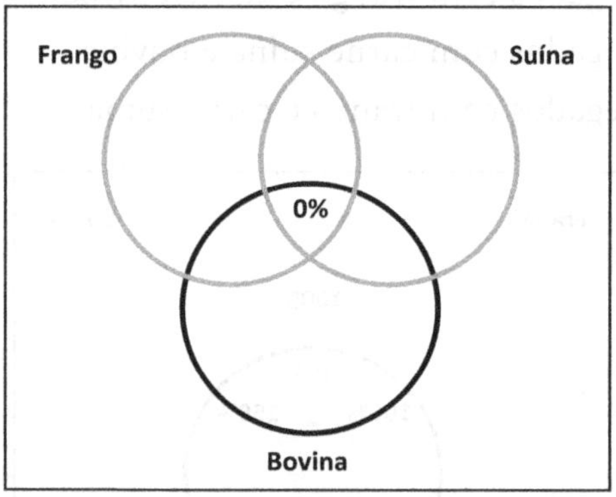

Com relação às interseções de dois conjuntos, o enunciado apresenta as seguintes:

– 100 foram carregados com frango e carne bovina
– 150 foram carregados com carne suína e bovina
– 100 foram carregados com franco e carne suína

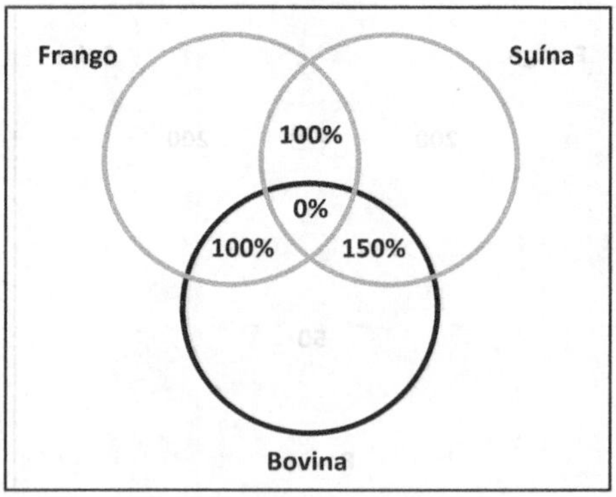

É dito que há ao todo 450 contêineres com carne suína. Porém, já alocamos 100 + 150 = 250 deles, de modo que restam 450 – 250 = **200**, que terão apenas carne **suína**.

Também existem ao todo 300 contêineres com carne bovina. Porém, já alocamos 100 + 150 = 250 deles, de modo que restam 300 – 250 = **50**, que terão apenas carne **bovina**.

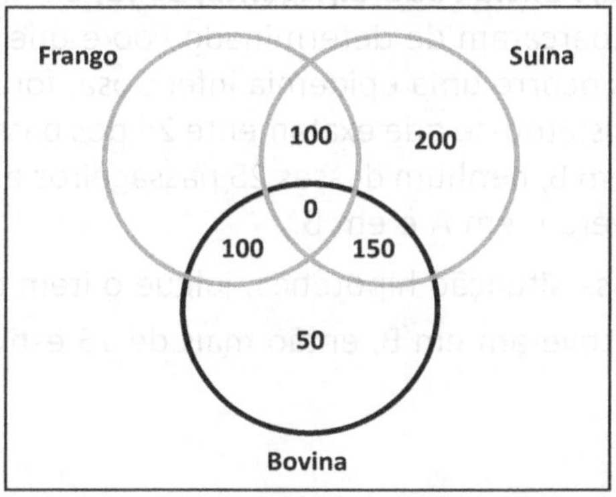

Até agora computamos 100 + 100 + 200 + 150 + 50 = 600 contêineres, de forma que para completar 800, faltam **200**, que terão apenas **frango**.

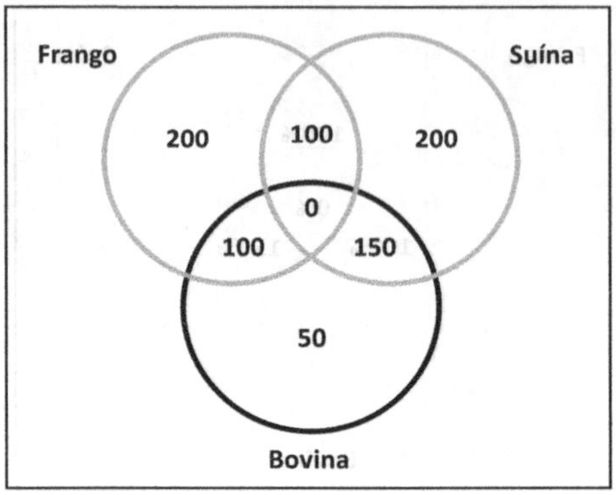

Portanto, o número de contêineres que terão **frango** congelado é dado por:

$$200 + 100 + 100 = \mathbf{400}$$

Gabarito: Certo.

QUESTÃO 30 (CESPE/Polícia Federal/Agente/2018) Em um aeroporto, 30 passageiros que desembarcaram de determinado voo e que estiveram nos países A, B ou C, nos quais ocorre uma epidemia infecciosa, foram selecionados para ser examinados. Constatou-se que exatamente 25 dos passageiros selecionados estiveram em A ou em B, nenhum desses 25 passageiros esteve em C e 6 desses 25 passageiros estiveram em A e em B.

Com referência a essa situação hipotética, julgue o item que se segue.

Se 11 passageiros estiveram em B, então mais de 15 estiveram em A.

RESOLUÇÃO:

Conforme as informações apresentadas no enunciado, temos:

n(A ou B) = 25

n(B) = 11

n(A e B) = 6

Dessa forma, ficamos com:

$$n(A \text{ ou } B) = n(A) + n(B) - n(A \text{ e } B)$$

$$25 = n(A) + 11 - 6$$

$$\mathbf{n(A) = 20}$$

Portanto, se considerarmos que 11 passageiros estiveram no país B, então realmente **mais de 15 estiveram em A.**

Gabarito: Certo.

QUESTÃO 31 (FCC/ALESE/Téc Leg/2018) O diagrama representa algumas informações sobre a escolaridade dos moradores de um município.

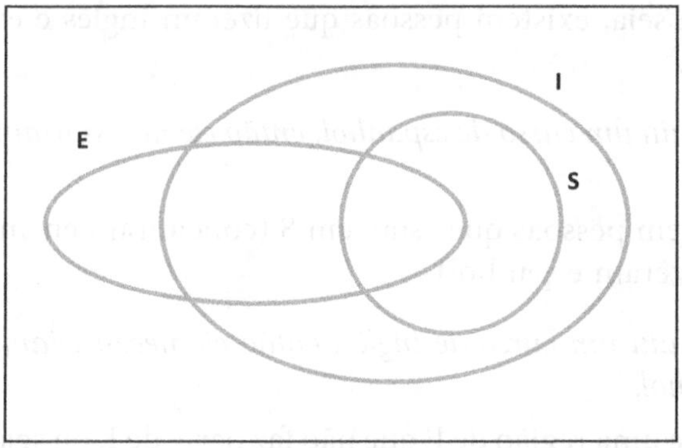

Dados:

I: conjunto de todos os moradores que concluíram um curso de inglês.

E: conjunto de todos os moradores que concluíram um curso de espanhol.

S: conjunto de todos os moradores que concluíram o Ensino Superior.

Em todas as seis regiões do diagrama, há pelo menos um morador representado.

Assim, é correto afirmar que se um morador dessa cidade

(A) concluiu um curso de inglês, então ele necessariamente concluiu um curso de espanhol.

(B) concluiu um curso de inglês e um de espanhol, então ele necessariamente concluiu o Ensino Superior.

(C) não concluiu um curso de espanhol, então ele necessariamente não concluiu o Ensino Superior.

(D) não concluiu um curso de inglês, então ele necessariamente não concluiu um curso de espanhol.

(E) não concluiu um curso de inglês, então ele necessariamente não concluiu o Ensino Superior.

RESOLUÇÃO:

Vamos analisar cada alternativa à luz do diagrama apresentado.

(A) concluiu um curso de inglês, então ele necessariamente concluiu um curso de espanhol.

Errado. Existem pessoas que concluíram o curso de inglês e que não estão dentro do conjunto E, ou seja, não concluíram espanhol.

(B) concluiu um curso de inglês e um de espanhol, então ele necessariamente concluiu o Ensino Superior.

Errado. Repare que a interseção entre E e I não está completamente dentro do conjunto S. Ou seja, existem pessoas que fizeram inglês e espanhol, mas não têm nível superior.

(C) não concluiu um curso de espanhol, então ele necessariamente não concluiu o Ensino Superior.

Errado. Existem pessoas que estão em S (concluíram ensino superior) e não estão em E (não fizeram espanhol).

(D) não concluiu um curso de inglês, então ele necessariamente não concluiu um curso de espanhol.

Errado. Existe uma região de E que não faz parte de I, ou seja, existem pessoas que não concluíram o curso de inglês mas concluíram o de espanhol.

(E) não concluiu um curso de inglês, então ele necessariamente não concluiu o Ensino Superior.

Certo. O conjunto S está contido no conjunto I. Ou seja, todo mundo que concluiu ensino superior também concluiu inglês. Se alguém não concluiu o curso de inglês, certamente também não concluiu o ensino superior.

Gabarito: E.

QUESTÃO 32 (FCC/TRT 2ª Região/Ana Jud/2018) Considere os conjuntos, suas respectivas intersecções e a existência de elementos em todas as regiões do diagrama.

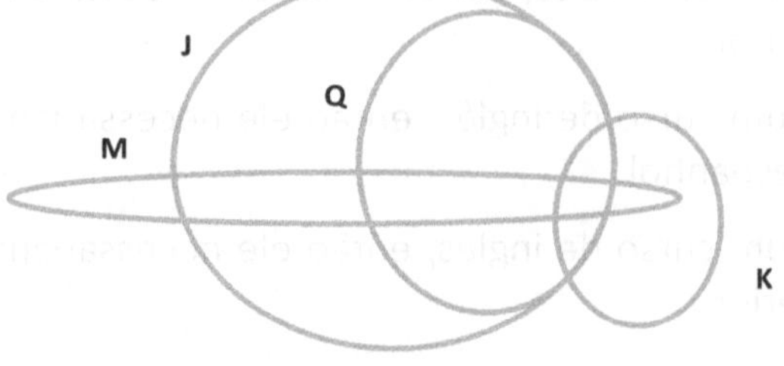

A partir dessas informações é correto concluir que

(A) há elemento de M que seja elemento apenas de M e Q.

(B) qualquer elemento de J que não seja elemento de Q é elemento de M.

(C) há elemento de K que, além de ser de K, é também elemento de J, mas apenas de J.

(D) os elementos de M, que também são elementos de Q, não são apenas elementos desses dois conjuntos.

(E) todo e qualquer elemento de Q é elemento de pelo menos mais dois conjuntos.

RESOLUÇÃO:

Vamos analisar cada alternativa, com base no diagrama apresentado:

(A) *há elemento de M que seja elemento apenas de M e Q.* **ERRADO**, não há região que pertença apenas a M e Q.

(B) *qualquer elemento de J que não seja elemento de Q é elemento de M.* **ERRADO**, existem elementos de J que não são de Q e nem são de M (estão em K).

(C) *há elemento de K que, além de ser de K, é também elemento de J, mas apenas de J.* **ERRADO**, a interseção entre K e J também faz parte de Q.

(D) *os elementos de M, que também são elementos de Q, não são apenas elementos desses dois conjuntos.* **CERTO**. Os elementos de M que também fazem parte de Q são também elementos de J.

(E) *todo e qualquer elemento de Q é elemento de pelo menos mais dois conjuntos.* **ERRADO**, pois existe uma região de Q que faz parte de apenas mais um conjunto: J.

Gabarito: D.

QUESTÃO 33 (FCC/SEFAZ-SC/Auditor Fiscal/2018) Em uma pesquisa sobre a preferência dos consumidores, quatro fragrâncias de um detergente foram apresentadas a um grupo de 200 pessoas:

- lavanda
- coco
- limão
- maçã

Cada pessoa entrevistada teve de escolher as fragrâncias que julgava agradáveis, escolhendo, no mínimo, uma e, no máximo, as quatro.

Tabulados os dados da pesquisa, concluiu-se que:

- nenhuma pessoa entrevistada gostou de exatamente duas fragrâncias.

- 120 das pessoas entrevistadas gostaram da fragrância de coco, mas nenhuma delas gostou apenas dessa fragrância.
- 10 pessoas gostaram apenas da fragrância de lavanda e outras 10 gostaram apenas da fragrância de limão.
- 85 das pessoas entrevistadas não gostaram da fragrância de maçã.
- todas as pessoas entrevistadas que gostaram da fragrância de maçã gostaram, também, da fragrância de limão.
- todas as pessoas entrevistadas que gostaram das fragrâncias de lavanda e coco não gostaram da fragrância de maçã.

As duas fragrâncias mais escolhidas pelos entrevistados foram

(A) lavanda e maçã.

(B) limão e lavanda.

(C) limão e coco.

(D) maçã e limão.

(E) lavanda e coco.

RESOLUÇÃO:

Conforme os dados obtidos por meio da entrevista, temos o seguinte diagrama (as letras indicadas representam regiões do diagrama, sendo que onde está marcado "0" é porque não há elementos de acordo com as informações apresentadas):

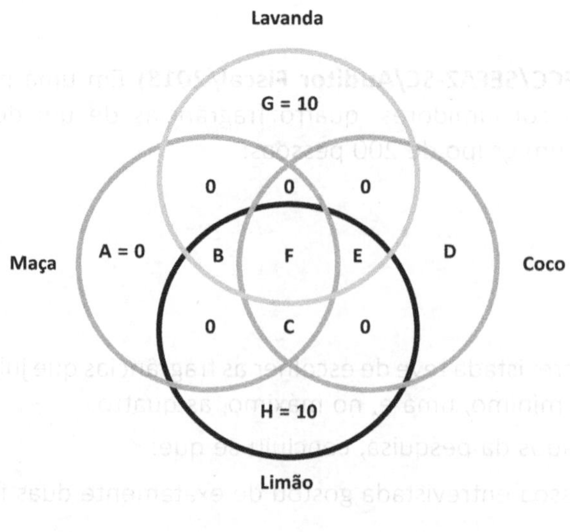

Note que as conclusões obtidas com os entrevistados nos permitem concluir os seguintes dados para as regiões indicadas no diagrama:

F + C + E = 120

B + F + C = 115

D + G + B + H = 80 → D + B = 60

H + D + E + G = 85 → D + E = 65

B + C + D + E + F = 180

Assim, cada fragrância escolhida abrangerá as seguintes regiões:

Lavanda: B + E + F + G = B + E + F + 10

Maçã: B + C + F = 115

Limão: B + C + E + F + H = B + C + E + F + 10

Coco: C + D + E + F = C + F + 65

Veja que **Limão é maior que Maçã e Lavanda** por incluir mais regiões. Logo, limão já é uma das fragrâncias mais escolhidas pelos entrevistados.

Além disso, note que **Lavanda** possui um número maior de regiões abrangidas em comparação a Maçã e Coco.

Gabarito: B.

QUESTÃO 34 (CESPE/SEFAZ-ES/Auditor-Fiscal/2008) Considere que A e B sejam conjuntos finitos e não-vazios e sejam s_1, s_2, s_3, s_4, s_5 e s_6 os seguintes números inteiros:

- s_1: quantidade de elementos do conjunto A;
- s_2: quantidade de elementos do conjunto B;
- s_3: quantidade de elementos do conjunto A ∪ B;
- s_4: quantidade de elementos do conjunto A ∩ B;
- s_5: quantidade de elementos do conjunto A\B;
- s_6: quantidade de elementos do conjunto B\A.

Com base nessas informações, julgue o item seguinte.

Para quaisquer conjuntos A e B nas condições especificadas, $s_3 = s_1 + s_6$.

RESOLUÇÃO:

Vamos indicar por **n(x)** o número de elementos de um conjunto qualquer **x**. O item afirma que:

$$\mathbf{n(A \cup B) = n(A) + n(B - A)}$$

A **representação gráfica** dos conjuntos é a seguinte:

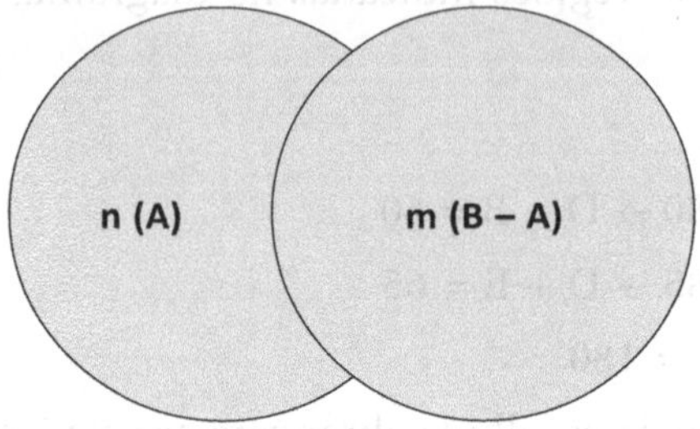

Repare que em azul temos o conjunto **A**. Os elementos que estão nessa região correspondem a **n(A)**. Já em cinza temos a área correspondente a **n(B – A)**, isto é, elementos que pertencem a **B** e não pertencem a **A**.

Somando as duas quantidades, de fato, temos **a quantidade de elementos da união de A ou de B**.

Gabarito: Certo.

QUESTÃO 35 (CESPE/SEFAZ-ES/Auditor-Fiscal/2008) Considere que A e B sejam conjuntos finitos e não-vazios e sejam s_1, s_2, s_3, s_4, s_5 e s_6 os seguintes números inteiros:

- s_1: quantidade de elementos do conjunto A;
- s_2: quantidade de elementos do conjunto B;
- s_3: quantidade de elementos do conjunto A ∪ B;
- s_4: quantidade de elementos do conjunto A ∩ B;
- s_5: quantidade de elementos do conjunto A\B;
- s_6: quantidade de elementos do conjunto B\A.

Com base nessas informações, julgue o item seguinte.

Para quaisquer conjuntos A e B nas condições especificadas, $s_3 + s_4 = s_1 + s_2$.

RESOLUÇÃO:

O item afirma que:

$$\mathbf{n(A \cup B) + n(A \cap B) = n(A) + n(B)}$$

Passando para o outro lado o número de elementos da interseção entre os conjuntos **A** e **B**, chegamos à equação do **número de elementos da união**:

$$\mathbf{n(A \cup B) = n(A) + n(B) - n(A \cap B)}$$

Assim, o item está certo ao apresentar uma equação que se aplica para quaisquer conjuntos **A** e **B**.

Gabarito: Certo.

QUESTÃO 36 (CESPE/SEFAZ-ES/Auditor-Fiscal/2008) Considere que A e B sejam conjuntos finitos e não-vazios e sejam s_1, s_2, s_3, s_4, s_5 e s_6 os seguintes números inteiros:

- s_1: quantidade de elementos do conjunto A;
- s_2: quantidade de elementos do conjunto B;
- s_3: quantidade de elementos do conjunto A ∪ B;
- s_4: quantidade de elementos do conjunto A ∩ B;
- s_5: quantidade de elementos do conjunto A\B;
- s_6: quantidade de elementos do conjunto B\A.

Com base nessas informações, julgue o item seguinte.

Para quaisquer conjuntos A e B nas condições especificadas, $s_3 = s_5 + s_6$.

RESOLUÇÃO:

Neste item afirmou-se que:

$$n(A \cup B) = n(A - B) + n(B - A)$$

Vamos representar os dois conjuntos no seguinte diagrama

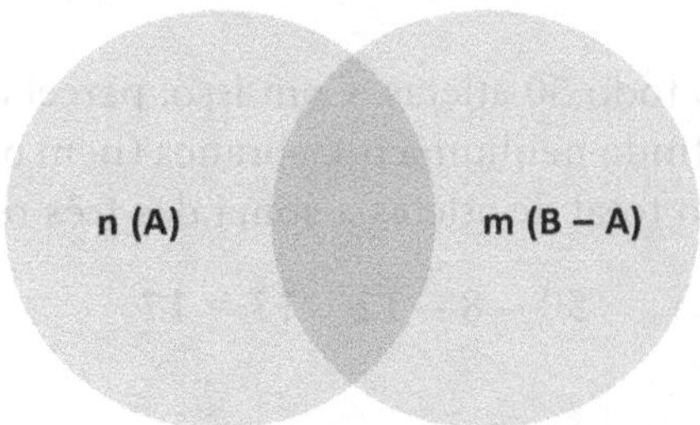

Em azul temos a região correspondente a **A – B**, isto é, elementos que pertencem a **A** e não pertencem a **B**. Já em verde claro temos a região correspondente a **B – A**, isto é, elementos que pertencem a **B** e não pertencem a **A**.

Note que, somando as duas quantidades, não temos o número de elementos da união, pois faltou incluir a região de cor verde escuro, composta pela **interseção** dos conjuntos.

Gabarito: Errado.

QUESTÃO 37 (FGV - Agente Fisc Mun/Pref Salvador/2019) 50 atletas estão treinando e todos usam bermuda e camiseta do mesmo modelo, mas com cores diversas. Entre esses atletas há 20 com bermudas brancas, 25 com camisetas brancas e 12 com bermudas e camisetas brancas. Assinale a opção que indica o número de atletas que não estão vestindo nenhuma peça branca.

a) 5. b) 13. c) 15. d) 17. e) 20.

RESOLUÇÃO:

O enunciado informa que há 20 atletas com bermudas brancas e 12 com bermudas brancas e camisetas brancas. Então, existem 20 – 12 = 8 apenas com bermudas brancas.

É dito que há 25 atletas com camisetas brancas, de modo que há 25 – 12 = 13 apenas com camisetas brancas.

Essa distribuição é evidenciada no diagrama a seguir:

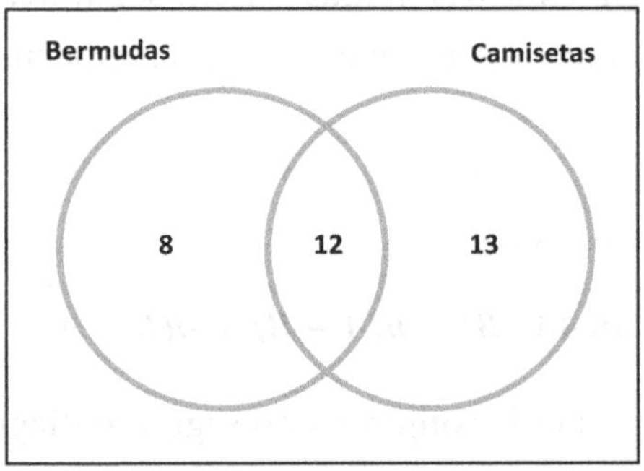

Sabemos que há ao todo 50 atletas. Com isso, percebemos que o número de atletas que não estão vestindo nenhuma peça branca (nem bermuda nem camiseta) é dado pela subtração do total de atletas a soma das três regiões da figura:

$$50 - 8 - 12 - 13 = \mathbf{17}$$

Gabarito: D.

QUESTÃO 38 (ESAF – TSIET/DNIT/2013) Uma escola oferece reforço escolar em todas as disciplinas. No mês passado, dos 100 alunos que fizeram reforço escolar nessa escola, 50 fizeram reforço em Matemática, 25 fizeram reforço em Português e 10 fizeram reforço em Matemática e Português. Então, é correto afirmar que, no mês passado, desses 100 alunos, os que não fizeram reforço em Matemática e nem em Português é igual a:

a) 15 b) 35 c) 20 d) 30 e) 25

RESOLUÇÃO:

Sejam:

M: conjunto dos alunos que fizeram reforço em matemática;

P: conjunto dos alunos que fizeram reforço em português.

Vamos ainda considerar que:

n(M): número de alunos que fizeram reforço em matemática;

n(P): número de alunos que fizeram reforço em português.

Temos os seguintes dados: **n(M) = 50; n(P) = 25; n(M ∩ P) = 10.**

A última quantidade indica o número de elementos na interseção. Ou seja, a quantidade de alunos que fizeram reforço nas duas disciplinas.

Aplicando a fórmula do **número de elementos da união**:

$$\mathbf{n(M \cup P) = n(M) + n(P) - n(M \cap P)}$$

$$n(M \cup P) = 50 + 25 - 10$$

$$\mathbf{n(M \cup P) = 65}$$

Assim, 65 alunos fizeram reforço em matemática ou português. Logo, 100 - 65 = **35** não fizeram reforço em matemática nem em português.

Gabarito: B.

QUESTÃO 39(FGV – Auditor Fiscal/SEFAZ-MG/2023) Sobre 3 conjuntos A, B e C, sabe-se que:

A tem 16 elementos;

B tem 24 elementos;

C tem 18 elementos;

A ∩ B tem 5 elementos;

B ∩ C tem 7 elementos;

A ∩ B ∩ C tem 3 elementos;

A- (B ∪ C) tem 8 elementos.

O número de elementos do conjunto A ∪ B ∪ C é igual a

A) 35. B) 43. C) 47. D) 48. E) 58.

RESOLUÇÃO:

Como a interseção entre os três conjuntos possui **3** elementos, concluímos que:

$$A \cap B = 5 - 3 = \mathbf{2}$$

$$B \cap C = 7 - 3 = \mathbf{4}$$

É dito que o conjunto B possui 24 elementos. Como já foram alocados 3 + 2 + 4 = 9 nas interseções, concluímos que fazem parte exclusivamente de B 24 – 9 = **15** elementos.

O enunciado também informa que a diferença entre A e a união entre B e C possui 8 elementos. Isso significa que fazem parte de A exclusivamente **8** elementos.

Veja que até o momento estão relacionados ao conjunto A e suas interseções 8 + 2 + 3 = 13 elementos. Assim, para completar seus 16 elementos, restam 16 – 13 = **3**, que são os elementos que fazem parte da interseção entre A e C.

Em relação ao conjunto C, as suas interseções somam 3 + 3 + 4 = 10 elementos. Como ele possui ao todo 18 elementos, concluímos que fazem parte exclusivamente dele 18 – 10 = **8** elementos.

Portanto, somando todos os elementos que fazem parte exclusivamente de seus respectivos conjuntos e interseções, chegamos à conclusão que a união entre A, B e C é igual a 8 + 2 + 3 + 3 + 4 + 15 + 8 = **43** elementos.

Gabarito: B.

QUESTÃO 40 (CESPE – Agente/Polícia Federal/2012) Em uma página da Polícia Federal, na Internet, é possível denunciar crimes contra os direitos humanos. Esses crimes incluem o tráfico de pessoas – aliciamento de homens, mulheres e crianças para exploração sexual – e a pornografia infantil – envolvimento de menores de 18 anos de idade em atividades sexuais explícitas, reais ou simuladas, ou exibição dos órgãos genitais do menor para fins sexuais.

Com referência a essa situação hipotética e considerando que, após a análise de 100 denúncias, tenha-se constatado que 30 delas se enquadravam como tráfico de pessoas e como pornografia infantil; outras 30 não se enquadravam em nenhum desses dois crimes e que, em relação a 60 dessas denúncias, havia apenas a certeza de que se tratava de pornografia infantil, julgue o item subsequente, acerca dessas 100 denúncias analisadas.

Dez denúncias foram classificadas apenas como crime de tráfico de pessoas.

RESOLUÇÃO:

Inicialmente, definiremos os seguintes **conjuntos**:

P: conjunto das denúncias que se enquadram como pornografia infantil;

T: conjunto das denúncias que se enquadram como tráfico de pessoas.

Em seguida, montamos um **diagrama** para indicar as quantidades de crimes de cada tipo:

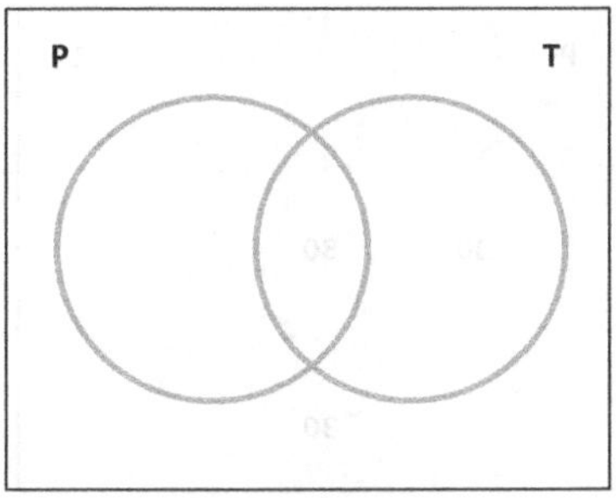

Bem, o enunciado afirma que 30 denúncias se enquadravam como tráfico de pessoas **e** como pornografia infantil;

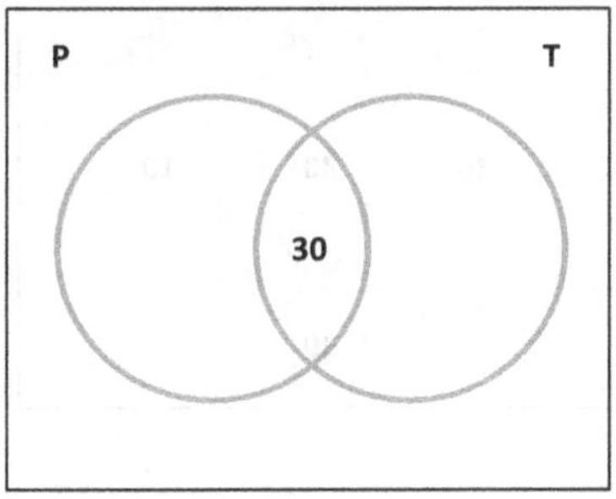

Além disso, foi informado que 60 denúncias se referem à pornografia infantil. Utilizando a técnica descrita no 1º método de resolução, precisamos subtrair a interseção (isto é, 30), a fim de encontrar as denúncias que se enquadram exclusivamente como pornografia infantil. Logo:

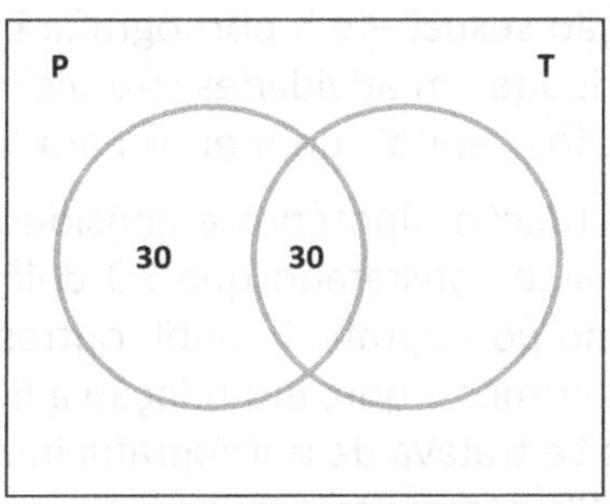

Ademais, sabemos que 30 denúncias não se enquadram em nenhum dos casos acima:

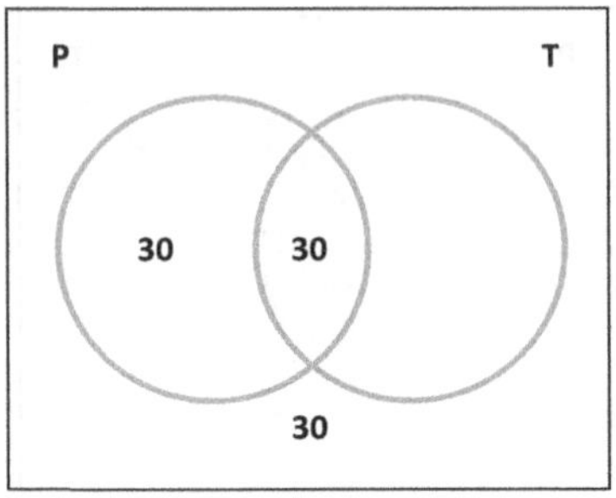

Por fim, para completar as 100 denúncias, faltam 10 crimes, que só podem ocupar a única região restante do diagrama:

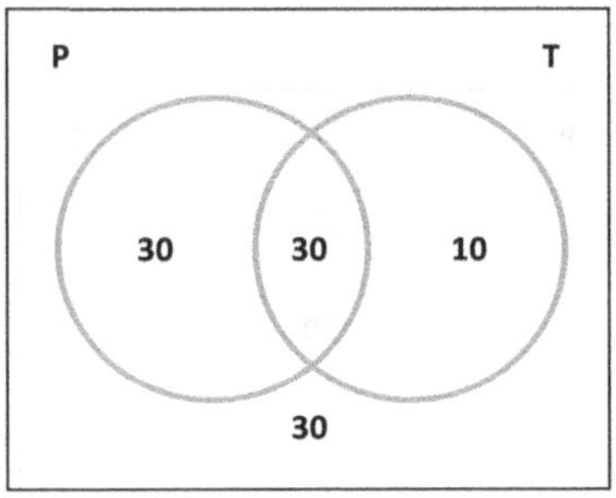

Portanto, **10** denúncias se referem a crimes classificados apenas como tráfico de pessoas.

Gabarito: Certo.

QUESTÃO 41 (CESPE – Agente/Polícia Federal/2012) Em uma página da Polícia Federal, na Internet, é possível denunciar crimes contra os direitos humanos. Esses crimes incluem o tráfico de pessoas - aliciamento de homens, mulheres e crianças para exploração sexual - e a pornografia infantil - envolvimento de menores de 18 anos de idade em atividades sexuais explícitas, reais ou simuladas, ou exibição dos órgãos genitais do menor para fins sexuais.

Com referência a essa situação hipotética e considerando que, após a análise de 100 denúncias, tenha-se constatado que 30 delas se enquadravam como tráfico de pessoas e como pornografia infantil; outras 30 não se enquadravam em nenhum desses dois crimes e que, em relação a 60 dessas denúncias, havia apenas a certeza de que se tratava de pornografia infantil, julgue o item subsequente, acerca dessas 100 denúncias analisadas.

Os crimes de tráfico de pessoas foram mais denunciados que os de pornografia infantil.

RESOLUÇÃO:

Conforme vimos no item anterior, existem 10 + 30 = **40** denúncias que se enquadram como tráficos de pessoas, enquanto que 30 + 30 = **60** denúncias se enquadram como pornografa infantil.

Portanto, os crimes de tráfico de pessoas não foram mais denunciados que os de pornografia infantil.

Gabarito: Errado.

QUESTÃO 42 (CESPE – Inspetor/Polícia Civil-CE/2012) Dos 420 detentos de um presídio, verificou-se que 210 foram condenados por roubo, 140, por homicídio e 140, por outros crimes. Verificou-se, também, que alguns estavam presos por roubo e homicídio. Acerca dessa situação, julgue o item seguinte.

Menos de 60 dos detentos estavam presos por terem sido condenados por roubo e homicídio.

RESOLUÇÃO:

Sejam:

R: conjunto dos detentos condenados por roubo;

H: conjunto dos detentos condenados por homicídio.

Vamos ainda considerar que:

n(R): número dos detentos condenados por roubo;

n(H): número dos detentos condenados por homicídio.

Devemos ter em mente que o número de roubos OU homicídio é dado pelo número total de detentos subtraído do número de detentos que não cometeram nenhum dos dois crimes. Logo:

$$\mathbf{n(R\ ou\ H) = 420 - 140 = 280}$$

Aplicando a fórmula do **número de elementos da união**:

$$\mathbf{n(R \cup H) = n(R) + n(H) - n(R \cap H)}$$

$$280 = 210 + 140 - n(R \cap H)$$

$$\mathbf{n(R \cap H) = 70}$$

Visto que 70 é maior que 60, o item está **errado**.

Gabarito: Errado.

QUESTÃO 43 (IDECAN/Ministério da Saúde/ATPS/2017) Certo clube fez um questionário com seus associados a fim de saber a finalidade dos mesmos em pertencerem ao clube. Após a pesquisa, os associados foram divididos em: praticantes de esportes, interessados em lazer e frequentadores da piscina. Assim a pesquisa constatou que: 68% dos associados eram frequentadores da piscina; 44% dos associados estavam interessados em lazer; 41% dos associados eram praticantes de esportes; 18% dos associados estavam interessados em lazer e eram praticantes de esportes; 24% dos associados eram frequentadores da piscina e eram praticantes de esportes; e, 25% dos associados eram frequentadores da piscina e estavam interessados em lazer. Sabendo que o número de associados que eram frequentadores da piscina, praticantes de esportes e que estavam interessados em lazer é 252, então o número de associados desse clube é:

A) 1.400 B) 1.500 C) 1.600 D) 1.700 E) 1.800

RESOLUÇÃO:

Sejam **A**, **B** e **C** os conjuntos que representam, respectivamente, os praticantes, os interessados e os frequentadores.

Assim, podemos aplicar a fórmula do **número de elementos da união**:

$$\boldsymbol{n(A\cup B\cup C)=n(A)+n(B)+n(C)-n(A\cap B)-n(B\cap C)-n(A\cap C)+n(A\cap B\cap C)}$$

$$100\%=68\%+44\%+41\%-18\%-24\%-25\%+n(A\cap B\cap C)$$

$$100\%=86\%+n(A\cap B\cap C)$$

$$\boldsymbol{n(A\cap B\cap C)=14\%}$$

Então, concluímos que 14% dos associados correspondem aos 252 que fazem parte dos 3 conjuntos simultaneamente. Assim, o total de associados (100%) é:

14% __________ 252

100% __________ x

Agora multiplicamos os termos diagonais, obtendo:

$$14\%\times x=252\times 100\%$$

$$x=\frac{252\times 100}{14}=100\times 18=1.800$$

Gabarito: E.

QUESTÃO 44 (CESPE – Cons/SEFAZ-ES/2008) Sejam A = {n ∈ N^+; n é par}, B = {n ∈ N^+;n é ímpar} e C = {n ∈ N^+; n é primo}, em que N^+ é o conjunto dos números naturais estritamente positivos.

Com base nesses dados, julgue o item a seguir.

O conjunto C ∩ A é vazio.

RESOLUÇÃO:

O conjunto **A** abrange todos os números naturais que são **pares** e positivos. Já o conjunto **C** é formado por todos números **primos.** O item afirma que a interseção entre tais conjuntos não possui elementos.

Para demonstrar que isso é falso, basta conseguir um exemplo que nega o contido na afirmação. Nesse sentido, temos o **número 2** que pertence tanto ao conjunto **A**, pois é natural positivo e par, como ao conjunto **C**, visto que é primo. Desse modo, existe pelo menos um elemento comum aos conjuntos A e C.

Gabarito: Errado.

13. QUESTÕES-DESAFIO

QUESTÃO 45 (CESPE – Técnico/INSS/2016) Se A, B e C forem conjuntos quaisquer tais que A, B ⊂ C, então (C\A) ∩ (A ∪ B) = C ∩ B.

RESOLUÇÃO:

O enunciado apresenta a seguinte relação:

$$(C \backslash A) \cap (A \cup B) = C \cap B$$

$$(C - A) \cap (A \cup B) = C \cap B$$

Aplicando a **propriedade distributiva**, temos:

$$[C \cap (A \cup B)] - [A \cap (A \cup B)] = C \cap B$$

Considerando que B está contido em C, então C ∩ B = B. Além disso, visto que A ∪ B está contido em C, então C ∩ (A ∪ B) = (A ∪ B). Ademais, levando em conta que A está contido em A ∪ B, temos que A ∩ (A ∪ B) = A.

Assim, tais operações resultam:

$$(A \cup B) - A = B$$

$$B - (B \cap A) = B$$

Bem, essa igualdade só será válida no caso de a interseção entre A e B for nula, o que não foi dito no enunciado.

Gabarito: Errado.

QUESTÃO 46 (ESAF – Ana Téc/SUSEP/2010) Sejam A e B dois conjuntos quaisquer e sejam A ∩ B, A ∪ B e A\B, respectivamente, as operações de interseção, união e diferença entre eles. Seja ∅ o conjunto vazio, U o conjunto universo e seja $A^c = U \setminus A$. A opção correta é:

a) $(A \cap B) \cup (A^c \cup B^c)^c = U$.

b) $(A \cap B) \cap (A^c \cup B^c)^c = \varnothing$.

c) $(A \cap B) \cap (A^c \cup B^c) = \varnothing$.

d) $(A \cap B) \cup (A^c \cup B^c) = A \cup B$.

e) $(A \cup B) \cup (A^c \cup B^c)^c = U$.

RESOLUÇÃO:

Com a finalidade analisarmos adequadamente as alternativas apresentadas, precisamos considerar alguns conjuntos específicos que nos permitam abranger todas as situações tratadas nas opções de resposta, ou seja, que não sejam complementares, que não sejam mutuamente excludentes e que não estejam contido em outro. Nesse sentido, sejam:

- **A** = {1,2,3,4}
- **B** = {3,4,5,6}
- **U** = {1,2,3,4,5,6,7,8,9}

Dessa maneira, para os conjuntos estabelecidos, temos:

- $\mathbf{A^C}$ = {5,6,7,8,9}
- $\mathbf{B^C}$ = {1,2,7,8,9}

Muito bem, agora estamos com os recursos necessários para analisarmos as alternativas:

a) $(A \cap B) \cup (A^c \cup B^c)^c = U$.

Inicialmente calculamos a interseção entre A e B:

$$A \cap B = \{3,4\}$$

Em seguida, vamos determinar o segundo conjunto apresentado:

$$(A^c \cup B^c) = \{1,2,5,6,7,8,9\}$$

$$(A^c \cup B^c)^c = \mathbf{\{3,4\}}$$

Por fim, fazemos a união entre os dois conjuntos:

$$\{3,4\} \cup \{3,4\} = \mathbf{\{3,4\}}$$

Assim, o resultado não coincide com o conjunto universo, de modo que a alternativa está **errada.**

b) $(A \cap B) \cap (A^c \cup B^c)^c = \varnothing$.

Já sabemos que:

$$A \cap B = \mathbf{\{3,4\}}$$
$$(A^c \cup B^c)^c = \mathbf{\{3,4\}}$$

Desse modo, entre esses dois conjuntos é **{3,4}**, que não coincide com o conjunto vazio, tornando a alternativa **errada**.

c) $(A \cap B) \cap (A^c \cup B^c) = \varnothing$.

Da análise da opção "A", obtivemos que:

$$A \cap B = \mathbf{\{3,4\}}$$

$$(A^c \cup B^c) = \mathbf{\{1,2,5,6,7,8,9\}}$$

Observe que os dois conjuntos não possui elementos comuns, de modo que realmente a interseção entre ambos é **vazia**, tornando a alternativa **correta**.

d) $(A \cap B) \cup (A^c \cup B^c) = A \cup B$.

Mais uma vez precisamos analisar relações entre os seguintes conjuntos:

$$A \cap B = \mathbf{\{3,4\}}$$

$$(A^c \cup B^c) = \mathbf{\{1,2,5,6,7,8,9\}}$$

A **união** entre esses conjuntos resulta no conjunto universo. Porém, esta alternativa afirma que a união resultaria na união entre **A** e **B**, de modo que está **errada,** já que tais conjuntos são diferentes entre si.

e) $(A \cup B) \cup (A^c \cup B^c)^c = U$.

Temos os seguintes conjuntos:

$$(A \cup B) = \{1,2,3,4,5,6\}$$

$$(A^c \cup B^c)^c = \{3,4\}$$

A união entre ambos dá origem ao conjunto **{1,2,3,4,5,6}**, que corresponde à união entre **A** e **B**, e não ao conjunto universo, contrariando o que afirma esta alternativa e, consequentemente, tornando-a **incorreta**.

Gabarito: C.

QUESTÃO 47 (CESPE – Ag Adm/DPU/2016) Na zona rural de um município, 50% dos agricultores cultivam soja; 30%, arroz; 40%, milho; e 10% não cultivam nenhum desses grãos. Os agricultores que produzem milho não cultivam arroz e 15% deles cultivam milho e soja.

Considerando essa situação, julgue o item que se segue.

Em exatamente 30% das propriedades, cultiva-se apenas milho.

RESOLUÇÃO:

O diagrama a seguir representa a situação exposta no enunciado, sendo que os valores estão em termos percentuais:

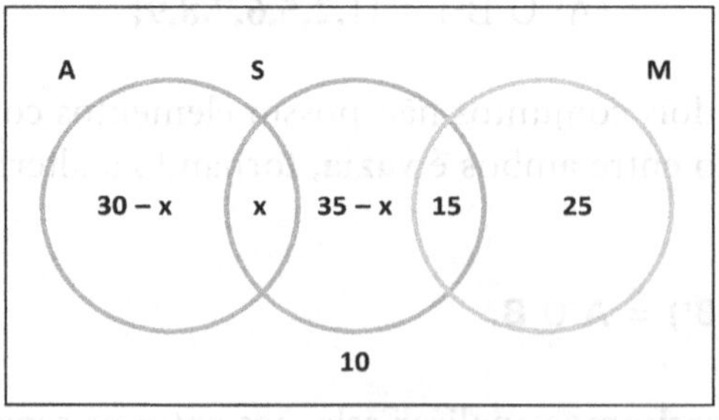

Como chegamos a esses valores? Bem, vamos detalhar os cálculos:

- Os conjuntos **A** e **M não se tocam**, porque foi dito que os agricultores que produzem milho não cultivam arroz;
- Existem 10% fora dos círculos relativos àqueles que não cultivam nenhum dos grãos;
- Há 15% na interseção entre **M** e **S**, correspondentes aos que cultivam milho **e** soja;

- Visto que o total de milho é 40%, e como já foram alocados 15% na interseção com o conjunto **S**, então restam 40 - 15 = 25% que plantam apenas milho;
- Seja **x** o percentual de agricultores que plantam arroz **e** soja. A fim de completar os 30% que cultivam arroz, faltam **30 - x por cento**;
- Em soja há 50% e já foram alocados **15 + x por cento**, faltando **35 - x** para completar.

Muito bem, agora precisamos calcular o valor de x, sabendo que a soma de todos os percentuais deve resultar em 100%:

$$25+15+(35-x)+x+(30-x)+10=100$$

$$115-x=100$$

$$x=15$$

Assim, podemos ajustar o nosso diagrama:

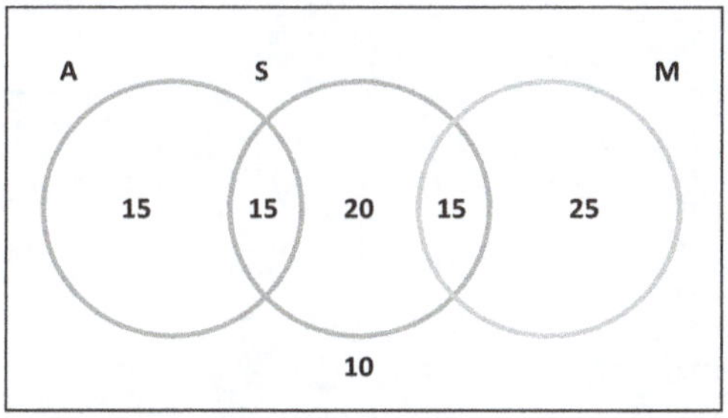

Portanto, temos cultivo de milho em apenas 25% dos casos, e não em exatamente 30% das propriedades, como informou o enunciado.

Gabarito: Errado.

CAPÍTULO 10

MÉDIAS: ARITMÉTICA, GEOMÉTRICA E HARMÔNICA

1. INTRODUÇÃO

Neste capítulo, estudaremos um assunto que possui forte relação com a **Estatística**, que é uma parte da Matemática Aplicada que fornece métodos para a **coleta, organização, descrição, análise e interpretação de dados** para utilização na tomada de decisões. É possível resumir tais dados por meio de tabelas e gráficos estatísticos. Porém, também é interessante resumir todas as informações que temos em **um número**.

Uma forma utilizada para tanto são as famosas **medidas de posição**! Como o nome já diz, elas nos fornecem informações acerca de posições que os dados ocupam, sendo que as que mais nos interessam são as **medidas de tendência central**. Elas **indicam valores aproximados em torno dos quais as observações se agrupam**. Um exemplo é a média aritmética. Se dissermos que o peso médio de um grupo de pessoas é 80 kg, é razoável esperar que os pesos "giraram" em torno de 80. Uma ou outra pessoa deve ter uns 90 ou 100 quilos. Um ou outro deve ter 50 ou 60 quilos. Mas a maioria deve ter um peso intermediário, girando em torno de 80 kg.

2. MÉDIA ARITMÉTICA

A **Média Aritmética** de um conjunto de dados é obtida somando todos os valores e dividindo-se pela quantidade de dados desse conjunto.

$$\textit{Média} = \frac{\textbf{\textit{Soma de todos os valores}}}{\textbf{\textit{Quantidade de valores}}}$$

Por exemplo, suponha que em uma sala de aula tem 5 alunos, com as seguintes idades: 14, 12, 15, 18 e 16. Qual a idade média dos alunos dessa sala?

Ora, basta somarmos todas as idades e dividirmos pelo total de alunos. Logo:

$$M = \frac{14+12+15+18+16}{5} = \frac{75}{5} = 15$$

Pronto! Esse é o conceito de média aritmética! Além disso, é importante termos em mente que **a média sempre existe e é única**.

Geralmente, utiliza-se o símbolo $\overline{X}$ para denotar a média aritmética. Leia-se "X barra".

Veja como esse assunto já foi cobrado!

QUESTÃO 01 (VUNESP - Agente Adm/VALIPREV/2020) A tabela apresenta algumas informações sobre o número de unidades vendidas de um produto em 5 dias de uma semana.

Dia da semana	Nº de unidades vendidas
2ª feira	X
3ª feira	13
4ª feira	15
5ª feira	25
6ª feira	28

Sabendo que o número de unidades vendidas na 2ª feira foi igual à metade da média diária do número de unidades vendidas nesses 5 dias, então, a média diária do número de unidades vendidas nesses 5 dias foi

a) 21 b) 18 c) 15 d) 12 e) 9

RESOLUÇÃO:

A **média aritmética** é dada pela divisão entre a soma dos valores de um determinado conjunto de medidas e a quantidade dos valores que foram somados.

Para os valores contidos na tabela apresentada, temos:

$$Média = \frac{x + 13 + 15 + 25 + 28}{5} = \frac{x + 81}{5}$$

O enunciado informa que o número de unidades vendidas na 2ª feira foi igual à metade da média diária do número de unidades vendidas nesses 5 dias. Logo:

$$Média = \frac{\frac{Média}{2} + 81}{5}$$

$$5Média = \frac{Média}{2} + 81$$

$$10Média = Média + 162$$

$$9Média = 162$$

$$\boldsymbol{Média} = \frac{162}{9} = \mathbf{18}$$

Gabarito: B.

QUESTÃO 02 (FAFIPA - Auditor Fiscal/Pref Itapoá/2022) Os jogadores de uma equipe de basquete apresentaram as seguintes idades: 19, 22, 26, 18 e 28.Qual a média de idade, aproximadamente, dessa equipe de basquete?

a) 28 anos. b) 18 anos. c) 19 anos. d) 26 anos. e) 23 anos.

RESOLUÇÃO:

A **média** é da pela divisão entre a soma de termos e a quantidade de termos:

Média = Soma ÷Quantidade

Média = (19+22+26+18+28) ÷5 = **22,6**

Portanto, a média de idade da equipe é de aproximadamente **23 anos**.

Gabarito: E.

QUESTÃO 03 (FCC – Escriturário/Banco do Brasil/2011) Palmira faz parte de um grupo de 10 funcionários do Banco do Brasil cuja média das idades é 30 anos. Se Palmira for excluída do grupo, a média das idades dos funcionários restantes passa a ser 27 anos. Assim sendo, a idade de Palmira, em anos, é

a) 60. b) 57. c) 54. d) 52. e) 48.

RESOLUÇÃO:

Vamos chamar de P a idade de Palmira e de S a soma das idades dos outros 9 funcionários do grupo, excluindo Palmira.

Como é dito que a **média** de idade do grupo dos **10** funcionários é de **30 anos**, temos:

$$\overline{X} = 30$$

$$\frac{P+S}{10} = 30$$

$$P+S = 30\ .10$$

$$\boldsymbol{P} = 300 - \boldsymbol{S}(\text{I})$$

Daí, o enunciado vem nos dizer que, se **Palmira** for <u>excluída</u> do grupo, a **média** das idades dos funcionários restantes passa a ser **27** anos. Nessa situação, teremos:

$$\overline{S} = 27$$

$$\frac{S}{9} = 27$$

$$\boldsymbol{S} = 27\ .9 = 243(\text{II})$$

Substituindo (II) em (I), temos:

$$P = 300 - 243 = 57$$

Portanto, **Palmira tem 57 anos de idade.**

Gabarito: B.

2.1. Propriedades da Média Aritmética

Vamos agora conhecer algumas **propriedades** importantíssimas sobre média aritmética para que possamos garantir alguma eventual questão teórica sobre este assunto, bem como ganhar tempo na resolução de tantas outras.

1ª PROPRIEDADE

•**Somando ou subtraindo** uma constante **c** de cada elemento do conjunto, a média do novo conjunto fica aumentada ou diminuída de **c**.

2ª PROPRIEDADE

•**Multiplicando ou dividindo** cada elemento do conjunto de dados por uma constante **c**, a média do novo conjunto fica multiplicada ou dividida por **c**.

3ª PROPRIEDADE

•A **soma dos desvios** tomados em relação à média é igual a zero.

4ª PROPRIEDADE

•A **soma dos quadrados dos desvios** tomados em relação à média aritmética é um valor mínimo.

5ª PROPRIEDADE

•A média é influenciada por **valores extremos**.

6ª PROPRIEDADE

•Quando acrescentamos um elemento de valor igual à média, a média aritmética do novo conjunto não muda.

Das duas primeiras propriedades, concluímos que **a média aritmética sofre influência das quatro operações**! Para exemplificar, suponha que um aluno tenha as notas 6,0, 5,5 e 7,5, o que resulta na média 6,3. Devido a um trabalho escolar que fez, a professora presenteia o aluno com um ponto a ser adicionado em cada uma das suas notas individuais, passando a ter o seguinte desempenho escolar: 7,0, 6,5 e 8,5. Qual será a nova média? Nem precisamos fazer contas para saber que será 7,3, pois a média é influenciada pelo valor somado aos itens que a compõe. O mesmo raciocínio valeria se tivéssemos subtraído, multiplicado ou dividido todos os elementos por um mesmo valor.

Com relação à terceira e à quarta propriedades, vamos verificá-las por meio de um exemplo. Consideremos a sequência de dados (3, 5, 6, 7, 8 , 10, 12, 15 e 15). Calculemos sua média aritmética:

$$\bar{X} = \frac{\sum Xi}{n}$$

$$\bar{X} = \frac{81}{9} = 9$$

Denominamos **desvio em relação à média** a diferença entre cada elemento de um conjunto de valores e a média aritmética. Para o exemplo dado, temos:

$$d_1 = x_1 - \overline{X} = 3 - 9 = -6$$

$$d_2 = x_2 - \overline{X} = 5 - 9 = -4$$

$$d_3 = x_3 - \overline{X} = 6 - 9 = -3$$

$$d_4 = x_4 - \overline{X} = 7 - 9 = -2$$

$$d_5 = x_5 - \overline{X} = 8 - 9 = -1$$

$$d_6 = x_6 - \overline{X} = 10 - 9 = 1$$

$$d_7 = x_7 - \overline{X} = 12 - 9 = 3$$

$$d_8 = x_8 - \overline{X} = 15 - 9 = 6$$

$$d_9 = x_9 - \overline{X} = 15 - 9 = 6$$

Facilmente verificamos que a soma dos desvios em relação à média é igual a **zero**. De fato:

$$\sum d_i = (-6) + (-4) + (-3) + (-2) + (-1) + 1 + 3 + 6 + 6 = 0$$

Dessa forma, a veracidade da 3ª propriedade fica comprovada! Por fim, verifiquemos a 4ª propriedade.

Calculemos **a soma dos quadrados dos desvios** em relação à média aritmética:

$$\sum d_i^2 = (-6)^2 + (-4)^2 + (-3)^2 + (-2)^2 + (-1)^2 + 1^2 + 3^2 + 6^2 + 6^2 = 148$$

A propriedade nos diz que, para o conjunto de dados considerado, o valor 148 é um **valor mínimo**. O que isso significa? Bem, se construirmos um conjunto dos desvios **di'** formado pela diferença entre os elementos **xi** do conjunto e uma constante que não seja a média, ou seja, um conjunto dos desvios em torno de um valor qualquer diferente da média e, feito isso, acharmos o conjunto **(di')2** e em seguida calcularmos o seu somatório, este último valor será maior do que 148.

Por exemplo, calculemos a soma dos quadrados dos desvios em relação ao número 5 (diferente da média aritmética 9):

$$\sum (d_i')^2 = (-2)^2 + 0^2 + 1^2 + 2^2 + 3^2 + 5^2 + 7^2 + 10^2 + 10^2 = 292$$

Daí, temos que:

$$\Sigma(d_i')^2 > \Sigma d_i^2$$

Dessa maneira, também conseguimos comprovar a veracidade da 4ª propriedade!

E a quinta propriedade, o que se quer dizer ao afirmar que **a média é influenciada por valores extremos**? Considere o conjunto {1, 3, 5, 7, 9}. Bem, a sua média é **5**. Mas, e se trocarmos o valor extremo 9 por 900? Ora, o conjunto ficaria totalmente diferente: {1, 3, 5, 7, 900}. Além disso, a própria média desse **novo** conjunto seria alterada. Para quanto? Feitos os cálculos, a nova média é **183,2**.

Realmente a diferença entre as duas médias é imensa. Isso ocorre por que *a média* sofre influência de valores extremos.

Por fim, quanto à sexta propriedade, suponha um rol composto pelos seguintes valores: 10, 20, 30, 40. Repare que a sua média aritmética é igual a (10 + 20 + 30 + 40) ÷ 4 = 25. Entretanto, o que acontece com a média se acrescentarmos o valor 25 a esse conjunto? Ora, não acontece nada, pois a média não será alterada: (10 + 20 + 30 + 40 + 25) ÷ 5 = 25. Assim, concluímos que, de fato, quando adicionamos um elemento de valor igual à média ao conjunto de dados, a média aritmética do novo conjunto não se altera.

Veja como esse assunto já foi cobrado!

QUESTÃO 04 (FCC/SEFAZ-BA/2004) Uma administradora de locação de imóveis, com o objetivo de analisar o mercado em sua região, procedeu às seguintes operações:

I. Multiplicou por dois os valores de todos os alugueis de sua carteira

II. Subtraiu R$ 1.200,00 de cada valor encontrado no item I.

III. Dividiu por R$ 1.000,00 cada valor encontrado no item II

IV. Calculou a média aritmética de todos os valores apurados no item III.

Se o valor encontrado no item IV foi de 3/10, então a média aritmética dos valores dos alugueis em reais é:

a) 2300 b) 1700 c) 1500 d) 1300 e) 750

RESOLUÇÃO:

Seja $\overline{X}$ a média dos aluguéis da carteira de imóveis da administradora de locação.

Primeiro, todos os valores são multiplicados por dois. De acordo com a **primeira propriedade**, a média desses novos valores também será dobrada:

Média dos valores obtidos no item I: $2\overline{X}$

Depois, todos os valores são subtraídos por R$ 1.200,00. De acordo com a **primeira propriedade**, a média desses novos valores também será reduzida de R$ 1.200,00:

$$\text{Média dos valores obtidos no item II: } 2\bar{X} - 1200$$

Por fim, todos os valores são divididos por R$ 1.000,00. De acordo com a **segunda propriedade**, a média também ficará dividida por mil:

$$\text{Média dos valores obtidos em III: } \frac{2\bar{X} - 1200}{1000}$$

Por fim, o enunciado afirma que a média dos valores obtidos no item III é de 3/10. Logo:

$$\frac{2\bar{X} - 1200}{1000} = \frac{3}{10}$$

$$2\bar{X} - 1200 = \frac{3000}{10}$$

$$2\bar{X} = 1200 + 300$$

$$\bar{X} = 750$$

Gabarito: E.

QUESTÃO 05 (VUNESP – Analista/Pref SP/2015) A tabela apresenta informações relacionadas ao número de obras adquiridas por uma biblioteca, nos meses de fevereiro a maio do corrente ano.

Mês	Número de obras
Fevereiro	12
Março	15
Abril	10
Maio	13

Sabendo-se que a média aritmética mensal do número de obras adquiridas nos cinco primeiros meses de 2015 é igual à média aritmética mensal do número de obras adquiridas nos seis primeiros meses do mesmo ano, é correto afirmar que o número de obras adquiridas em junho de 2015 corresponde, em relação à janeiro do mesmo ano, a necessariamente

a) dois quintos mais 8 unidades.

b) três quintos mais 6 unidades.

c) um quinto mais 10 unidades.

d) quatro quintos mais 4 unidades.

e) um inteiro mais 2 unidades.

RESOLUÇÃO:

Vamos chamar de **a** o número de obras no mês de janeiro.

Com isso, a média dos cinco primeiros meses fica:

$$\bar{X} = \frac{a+12+15+10+13}{5} = \frac{a+50}{5} = \frac{a}{5} + 10$$

Agora, vamos chamar de **b** o valor de junho.

O enunciado informa que a média aritmética mensal do número de obras adquiridas nos cinco primeiros meses de 2015 é igual à média aritmética mensal do número de obras adquiridas nos seis primeiros meses do mesmo ano. Ou seja, introduzindo **b** no conjunto em análise, a média não se altera, de modo que b é justamente igual à média anterior, conforme aponta a **6ª propriedade**:

$$b = \bar{X}$$

$$\boldsymbol{b} = \frac{\boldsymbol{a}}{5} + 10$$

Portanto, temos que a quantidade adquirida em junho corresponde a 1/5 da quantidade de janeiro, mais dez unidades.

Gabarito: C.

QUESTÃO 06 (FCC – Analista/Banco Central/2006) A média aritmética dos salários dos 100 empregados em uma empresa é de R$ 1.500,00. Na hipótese de serem demitidos 20 empregados, que ganham cada um o salário de R$ 2.500,00, e ser concedido, posteriormente, um aumento de 10% em todos os salários dos remanescentes, a nova média aritmética dos salários será de

a) R$ 1.375,00 b) R$ 1.350,00 c) R$ 1.345,00 d) R$ 1.320,00 e) R$ 1.300,00

RESOLUÇÃO:

O enunciado informa que a média aritmética dos salários dos 100 empregados em uma empresa é de R$ 1.500,00. Com isso, temos que a soma dos salários era igual a 1.500 × 100 = 150.000.

Em seguida, foram demitidos 20 funcionários, com salários de 2.500,00. Nesse caso, a soma dos salários de todos os funcionários passou a ser de 150.000 – 20 × 2.500 = 100.000.

Após isso, é concedido um aumento de 10% a todos os salários. Aplicando a propriedade da média aritmética, temos que a soma de todos os salários, após o aumento, também será acrescida em 10%, ou seja:

$$100.000 \times 1{,}1 = 110.000$$

Repare que aumentar algo em 10% é o mesmo que multiplicar por 1,1.

Dessa forma, a soma dos salários será R$110.000,00. E teremos 80 funcionários (=100-20). A nova média corresponde a 110.000 ÷ 80 = **1.375,00.**

Gabarito: A.

3. MÉDIA PONDERADA

Nos cálculos envolvendo média aritmética simples, todas as ocorrências têm exatamente a mesma importância. Dizemos, então, que elas têm o mesmo peso relativo.

No entanto, existem casos em que as ocorrências têm importância relativa diferente. Nesses casos, o cálculo da média deve levar em conta esse peso relativo, e estaremos diante da chamada **média aritmética ponderada**.

Muito provavelmente você já utilizou a média ponderada para calcular suas notas finais na escola ou na faculdade.

TOME NOTA!

A **média ponderada** é uma variação da média aritmética. Trata-se da situação em que cada um dos elementos do conjunto de dados possui um **peso**.

Para um conjunto de dados $x_1, x_2, \ldots x_n$ afetados por pesos $p_1, p_2, \ldots, p_n$, respectivamente, tem-se que a **média aritmética ponderada** é definida por:

$$\overline{X}_p = \frac{x_1 \cdot p_1 + x_2 \cdot p_2 + \ldots + x_n \cdot p_n}{p_1 + p_2 + \ldots + p_n}$$

Para exemplificar, considerando as notas e os respectivos pesos de cada uma delas contidos na tabela a seguir, indique qual a média que o aluno obteve no curso.

Disciplina	Nota	Peso
Biologia	8,2	3
Filosofia	10,0	2
Física	9,5	4
Geografia	7,8	2

História	10,0	2
Língua Portuguesa	9,5	3
Matemática	6,7	4

Como cada média tem um peso específico, precisamos calcular a média aritmética ponderada:

$$\overline{X}_p = \frac{8{,}2.\ 3+10.\ 2+9{,}5.4+7{,}8.2+10.2+9{,}5.3+6{,}7.4}{3+2+4+2+2+3+4}$$

$$\overline{X}_p = \frac{24{,}6+20+38+15{,}6+20+28{,}5+26{,}8}{20} = \frac{173{,}5}{20} = 8{,}7$$

Veja como esse assunto já foi cobrado!

QUESTÃO 07 (FGV – Analista/TJ-SC/2018) Uma pequena empresa tem 10 funcionários. A média salarial dos 6 funcionários com menores salários é R$ 2600,00 e a média salarial dos 4 funcionários com maiores salários é R$ 4200,00. A média salarial dos 10 funcionários dessa empresa é:

a) R$ 3.480,00 b) R$ 3.440,00 c) R$ 3.400,00 d) R$ 3.360,00 e) R$ 3.240,00

RESOLUÇÃO:

Para calcular a média salarial de todos os funcionários, basta fazer a **média ponderada** entre 2.600 e 4.200. Os pesos de ponderação são as quantidades correspondentes de funcionários, ou seja, 6 e 4.

$$\overline{X}_p = \frac{2600.6+4200.4}{6+4} = \frac{15600+16800}{10} = \frac{32400}{10} = 3.240$$

Gabarito: E.

QUESTÃO 08 (VUNESP – Professor/Pref Sertãozinho/2018) Em determinada escola, a nota final é calculada por meio da média aritmética ponderada das notas que o aluno tirou nos quatro bimestres, sendo que o primeiro e o segundo bimestres têm peso 1, cada um; o terceiro bimestre tem peso 3; e o quarto bimestre tem peso 5. Se, no ano passado, as notas de um aluno foram 5, 7, 3 e

8, nos primeiro, segundo, terceiro e quarto bimestres, respectivamente, então a nota final desse aluno foi

a) 8,7 b) 8,1 c) 7,6 d) 6,9 e) 6,1.

RESOLUÇÃO:

A **média aritmética ponderada** de n números é a soma dos produtos de cada um multiplicados por seus respectivos pesos, dividida pela soma dos pesos.

Aplicando isso aos dados apresentados no enunciado, teremos:

$$\bar{X}_p = \frac{5.1+7.1+3.3+8.5}{1+1+3+5} = \frac{5+7+9+40}{10} = \frac{61}{10} = 6{,}1$$

Gabarito: E.

QUESTÃO 09 (VUNESP – Técnico/CRBio/2017) Uma empresa tem 120 funcionários no total: 70 possuem curso superior e 50 não possuem curso superior. Sabe-se que a média salarial de toda a empresa é de R$ 5.000,00, e que a média salarial somente dos funcionários que possuem curso superior é de R$ 6.000,00. Desse modo, é correto afirmar que a média salarial dos funcionários dessa empresa que não possuem curso superior é de

a) R$ 4.000,00 b) R$ 3.900,00 c) R$ 3.800,00 d) R$ 3.700,00 e) R$ 3.600,00

RESOLUÇÃO:

O enunciado informa que a média geral (5.000) corresponde a uma **média ponderada** entre 6.000 e x. Já os pesos de ponderação são as quantidades de funcionários (70 e 50). Logo:

$$5.000 = \frac{6.000.70 + x.50}{70+50}$$

$$5.000 = \frac{420.000 + 50x}{120}$$

$$5.000 = \frac{42.000 + 5x}{12}$$

$$60.000 - 42.000 = 5x$$

$$x = \frac{18.000}{5} = 3.600$$

Portanto, concluímos que a média salarial dos funcionários dessa empresa que não possuem curso superior é de 3.600.

Gabarito: E.

4. MÉDIA GEOMÉTRICA

Na matemática, a **Média Geométrica** é um tipo de média ou aproximação que indica a tendência central ou o valor típico de um conjunto de números usando o **produto** dos seus valores (ao contrário da média aritmética, que usa a soma dos valores).

A **média geométrica** é definida como **n-ésima raiz da multiplicação dos termos**, em que **n** é a quantidade de termos. Logo:

$$G = \sqrt[n]{X_1 \, . \, X_2 \, . \, X_3 \ldots X_n}$$

Assim, para calcularmos a média geométrica entre números devemos realizar a multiplicação entre eles e, logo em seguida, extrair a raiz com índice igual ao número de fatores utilizados na multiplicação.

Por exemplo, ao calcular a **média geométrica** dos números 2, 4 e 6, efetuamos o seguinte cálculo:

$$G = \sqrt[3]{2.4.6} = \sqrt[3]{48} \cong 3,63$$

A média geométrica é muito utilizada nas situações envolvendo **aumentos sucessivos.**

Por exemplo, vamos considerar um aumento de salário sucessivo de 15% no primeiro mês, 12% no segundo mês e 21% no terceiro mês.

Vamos determinar a **média geométrica** dos aumentos. Antes, as taxas percentuais devem ser transformadas em **taxas unitárias**. Logo:

$$G = \sqrt[3]{1,15.1,12.1,21} = \sqrt[3]{1,55848} = 1,1594$$

O valor 1,1594 corresponde a taxa média de 15,94% de todos os aumentos sucessivos. Isso indica que se aplicarmos três vezes consecutivas a taxa de 15,94% corresponderá ao aumento sucessivo dos percentuais de 15%, 12% e 21%.

Veja como esse assunto já foi cobrado!

QUESTÃO 10 (FCC – Analista/DPE-RS/2013) A média geométrica dos números 4, 8 e 16 é

a) maior que a respectiva média aritmética.

b) inferior a 6.

c) igual a 8.

d) igual a 4.

e) superior a 9.

RESOLUÇÃO:

A **média geométrica** é definida como **n-ésima raiz da multiplicação dos termos**, em que **n** é a quantidade de termos. Logo:

$$G = \sqrt[n]{X_1 . X_2 . X_3 ... X_n}$$

$$G = \sqrt[3]{4 .8 .16} = \sqrt[3]{512} = 8$$

Gabarito: C.

QUESTÃO 11 (AOCP – Prof/Pref Feira de Santana/2018) A diferença entre a média aritmética e a média geométrica, nessa ordem, entre os números 81 e 49, é igual a

a) 2. b) 4. c) 6. d) 8. e) 10.

RESOLUÇÃO:

A **média aritmética** é obtida dividindo-se a soma dos números pela sua quantidade. Para os números fornecidos, temos:

$$\bar{X} = \frac{81+49}{2} = \frac{130}{2} = 65$$

Por sua vez, a **média geométrica** de um conjunto de **n** números positivos é definida como n-ésima raíz do produto de todos os membros do conjunto de números. Aplicando isso aos dados apresentados, temos:

$$G = \sqrt[2]{81.49} = \sqrt{81} . \sqrt{49} = 9.7 = 63$$

A diferença entre as duas médias é igual a 65 – 63 = **2.**

Gabarito: A.

5. MÉDIA HARMÔNICA

Em Matemática, a média harmônica (às vezes chamado de média subcontrária) é um dos vários métodos de calcular uma média.

Definimos a **Média Harmônica** entre os números reais e positivos x_1, x_2, x_3, ..., x_n como sendo **o inverso da média aritmética do inverso desses números.**

Como sabemos, a média aritmética dos números x_1, x_2, x_3, ..., x_n é dada por:

$$\frac{x_1 + x_2 + x_3 + \ldots + x_n}{n}$$

Só que no caso da **Média Harmônica** estamos falando do inverso desses números, então teríamos a seguinte média aritmética:

$$\frac{\frac{1}{x_1} + \frac{1}{x_2} + \frac{1}{x_3} + \ldots + \frac{1}{x_n}}{n}$$

Além disto, como vimos que a **Média Harmônica** é o inverso da média aritmética do inverso dos referidos números, então finalmente temos:

$$H = \frac{n}{\frac{1}{x_1} + \frac{1}{x_2} + \ldots + \frac{1}{x_n}}$$

A média harmônica é utilizada quando estamos trabalhando com grandezas **inversamente** proporcionais.

Um exemplo clássico é aquele no qual estamos trabalhando com **velocidade e tempo**, pois ao aumentarmos a velocidade diminuímos o tempo necessário para percorrer um determinado trajeto e vice-versa.

Para exemplificar, suponha que, em uma determinada viagem, um carro desenvolva duas velocidades distintas, durante a metade do percurso ele manteve a velocidade de 20 km/h e durante a metade restante sua velocidade foi de 60 km/h. Vamos determinar a velocidade média do veículo durante o percurso.

De acordo com a **média harmônica** temos a seguinte relação:

$$H = \frac{n}{\frac{1}{x_1} + \frac{1}{x_2} + \ldots + \frac{1}{x_n}}$$

$$H = \frac{2}{\frac{1}{20} + \frac{1}{60}} = \frac{2}{\frac{3+1}{60}} = 2 \cdot \frac{60}{4} = \frac{120}{4} \cong 30$$

A velocidade média do veículo durante todo o percurso será de aproximadamente 30 km/h.

Caso calculássemos a velocidade média utilizando a média aritmética, chegaríamos facilmente ao resultado de 40 km/h, mas estaria errado. Esse valor demonstra que a velocidade e o tempo de percurso nos dois trechos seriam iguais. Mas precisamos considerar que no primeiro trecho o automóvel levou um tempo maior para o percurso, pois a velocidade era de 20 km/h e no segundo trecho o tempo decorrido foi menor, devido à velocidade de 60 km/h.

Nesse momento, observamos a relação inversa entre velocidade e tempo e, para que não ocorra erro, nessas condições precisamos utilizar a média harmônica.

Cuidado para não errar esse tipo de questão, pois seria muito fácil achar que bastaria calcular a média aritmética das velocidades, enquanto que o correto seria calcular a média harmônica.

Como sabemos que provavelmente você não está convencido disso, vamos brincar de voltar aos nossos velhos tempos de estudo da Física do primeiro ano de ensino médio.

$$\text{Lembra que } velocidade = \frac{espaço}{tempo}\ ?$$

Assim, chamando cada metade do percurso de S, teremos:

$$\textbf{\textit{Na primeira metade do percurso}} = v_1 = \frac{S}{t_1} \rightarrow t_1 = \frac{S}{v_1} = \frac{S}{20}$$

$$\textbf{\textit{Na segunda metade do percurso}} = v_2 = \frac{S}{t_2} \rightarrow t_2 = \frac{S}{v_2} = \frac{S}{60}$$

$$\textbf{\textit{No percurso todo}} = v_m = \frac{S+S}{t_1+t_2} = \frac{2S}{\frac{S}{20}+\frac{S}{60}} = \frac{2S}{\frac{4S}{60}} = 30km/h$$

Então, pare de duvidar dos autores, porque até os físicos concordam com a gente, incluindo o Einstein.

Enfim, se a questão envolver duas medidas inversamente proporcionais, use a média harmônica, e não a aritmética.

Veja como esse assunto já foi cobrado!

QUESTÃO 12 (FCC/SEFAZ-GO/Auditor-Fiscal/2018) Os matemáticos definem diferentes tipos de médias entre dois números positivos e, para cada aplicação, escolhem qual o tipo mais adequado a ser utilizado. A média harmônica H entre os números positivos a e b, por exemplo, é definida como o inverso da média aritmética dos inversos desses números, ou seja,

$$H = \frac{1}{\frac{\frac{1}{a}+\frac{1}{b}}{2}}$$

A média aritmética dos números 5 e 20 supera a média harmônica desses mesmos números em

a) 4,75 unidades.

b) 5 unidades.

c) 4 unidades.

d) 4,25 unidades.

e) 4,5 unidades.

RESOLUÇÃO:

A **média aritmética** é dada por:

$$\bar{X} = \frac{5+20}{2} = 12,5$$

Em relação, à média a **média harmônica**, o próprio enunciado apresenta a sua definição: "*inverso da média aritmética dos inversos desses números.*" Então, vamos calculá-la:

$$H = \frac{1}{\left[\frac{\left(\frac{1}{a}+\frac{1}{b}\right)}{2}\right]}$$

$$\boldsymbol{H} = \frac{1}{\left[\frac{\left(\frac{1}{5}+\frac{1}{20}\right)}{2}\right]} = \frac{1}{\left(\frac{\frac{5}{20}}{2}\right)} = \frac{1}{\left(\frac{1}{8}\right)} = 8$$

Assim, a média aritmética supera a média harmônica em 12,5 – 8 = **4,5 unidades.**

Gabarito: E.

QUESTÃO 13 (FCC – Nível Superior/ELETROSUL/2016) A média harmônica dos números 3, 4 e 6

a) está entre 2,5 e 2,9, inclusive.

b) é inferior a 2,5.

c) está entre 3,5 e 4,0, inclusive.

d) é superior a 4,0.

e) está entre 3 e 3,4, inclusive.

RESOLUÇÃO:

A **Média Harmônica** entre os números que compõem um conjunto de dados corresponde ao **inverso da média aritmética do inverso desses números.** Ou seja:

$$H = \frac{n}{\frac{1}{x_1} + \frac{1}{x_2} + \ldots + \frac{1}{x_n}}$$

$$H = \frac{3}{\frac{1}{3} + \frac{1}{4} + \frac{1}{6}} = \frac{3}{\frac{4+3+2}{12}} = 3 \div \frac{9}{12} = 3 \times \frac{12}{9} = 4$$

Veja que a **alternativa C** é a única que inclui o 4.

Gabarito: C.

6. COMPARAÇÃO ENTRE AS MÉDIAS

Para qualquer conjunto de **n** números positivos, **a média harmônica é menor ou igual à média geométrica e esta é menor ou igual à média aritmética.** A igualdade só ocorre se **todos** os números forem iguais entre si.

COMPARAÇÃO DAS MÉDIAS

$$H \leq G \leq \overline{X}$$

(a igualdade só ocorre se todos os dados forem iguais)

Vamos testar isso com um exemplo numérico, calculando essas três médias para os números 1, 4 e 16:

$$\bar{X} = \frac{1+4+16}{3} = \frac{21}{3} = 7$$

$$G = \sqrt[3]{1.4.16} = \sqrt[3]{64} = 4$$

$$H = \frac{3}{\frac{1}{1}+\frac{1}{4}+\frac{1}{16}} = \frac{3}{\frac{16+4+1}{16}} = 3 \div \frac{21}{16} = 3 \times \frac{16}{21} = \frac{16}{7} \cong 2,3$$

$$2,3 < 4 < 7 \rightarrow H \leq G \leq \bar{X}$$

Veja como esse assunto já foi cobrado!

QUESTÃO 14 (ESAF – AFRFB/Receita Federal do Brasil/2005) Assinale a opção que expresse a relação entre as médias aritmética $\bar{X}$, geométrica (G) e harmônica (H), para um conjunto de n valores positivos (X_1, X_2, ..., X_n):

a) G ≤ H ≤ $\bar{X}$, com G = H = $\bar{X}$ somente se os n valores forem todos iguais.

b) G ≤ $\bar{X}$ ≤ H, com G = $\bar{X}$ =H somente se os n valores forem todos iguais.

c) $\bar{X}$ ≤ G ≤ H, com $\bar{X}$ = G = H somente se os n valores forem todos iguais.

d) H ≤ G ≤ $\bar{X}$, com H = G = $\bar{X}$ somente se os n valores forem todos iguais.

e) $\bar{X}$ ≤ H ≤ G, com $\bar{X}$ = H = G somente se os n valores forem todos iguais.

RESOLUÇÃO:

A questão cobra o conhecimento da relação existente entre os tipos de médias.

Para qualquer conjunto de **n** números positivos, **a média harmônica é menor ou igual à média geométrica e esta é menor ou igual à média aritmética.**

Por outro lado, tais médias terão valores iguais se todos os números também forem iguais entre si.

Note que a alternativa D contempla essa relação.

Gabarito: D.

QUESTÃO 15 (FGV/IBGE/Tecnologista/2016) As médias harmônica (H), geométrica (G) e aritmética (A) de dois números x_1 e x_2 positivos quaisquer mantem entre si uma relação. Nesse sentido, pode-se garantir que:

A) $A \geq H \geq G$

B) $G = H.\ A^2$

C) as raízes do polinômio $x^2 - 2Ax + G^2$ são x_1 e x_2

D) $H = G/A$

E) $G \leq A \leq H$.

RESOLUÇÃO:

Existe uma **relação entre as médias**, que é dada por:

$$H \leq G \leq A$$

Assim, já **eliminamos as alternativas A e E.**

Para analisarmos as demais opções de resposta, temos que as médias entre dois números x_1 e x_2 positivos quaisquer são dadas por:

$$A = \frac{x_1 + x_2}{2}$$

$$G = \sqrt{x_1 \cdot x_2}$$

$$H = \frac{2}{\frac{1}{x_1} + \frac{1}{x_2}} = \frac{2x_1 \cdot x_2}{x_1 + x_2}$$

Em relação à alternativa B, podemos manipular as médias G e H para verificar a igualdade apresentada:

$$G^2 = x_1 \cdot x_2 \ (I)$$

$$H \cdot (x_1 + x_2) = 2x_1 \cdot x_2 \rightarrow H \cdot \frac{(x_1 + x_2)}{2} = x_1 \cdot x_2 \rightarrow H \cdot A = x_1 \cdot x_2 \ (II)$$

Substituindo II em I, obtemos:

$$G^2 = H \cdot A$$

$$\mathbf{G = \sqrt{H \cdot A}}$$

Assim, fica claro que a **opção B está errada.**

Agora vamos testar a alternativa C, que apresenta a seguinte equação:

$$x^2 - 2Ax + G^2$$

Genericamente, numa equação do tipo $ax^2 + bx + c = 0$, a soma das raízes vale **–b/a** e o produto das raízes vale **c/a.**

Aplicando isso ao nosso caso, a soma das raízes será:

$$2A$$

$$= 2.\frac{x_1 + x_2}{2}$$

$$= x_1 + x_2$$

Já o produto é dado por:

$$G^2$$

$$(\sqrt{x_1 . x_2})^2$$

$$= x_1 . x_2$$

Dessa maneira, fica claro que as raízes são justamente x_1 e x_2, de modo que a soma das raízes será $x_1 + x_2$ e o produto será $x_1 . x_2$.

Portanto, a **opção C está correta.**

Por fim, a **alternativa D está errada**, conforme explicação da opção B.

Gabarito: C.

7. MÉDIA DAS MÉDIAS

Suponha que uma sala de aula tenha 15 meninos com altura média de 1,60m, ao passo que existem 20 meninas com 1,50m de altura média. Qual será a altura média de toda a classe?

Perceba que estamos diante de dois conjuntos menores (meninos e meninas) com suas respectivas médias, de modo que precisamos uni-los formando um conjunto maior. Em seguida, calculamos a **Média das Médias** apresentadas ou **Média Global.**

Para isso, aplicamos a seguinte fórmula:

$$\bar{X} = \frac{n_A \times \bar{X}_A + n_B \times \bar{X}_B + \ldots + n_K \times \bar{X}_K}{n_A + n_B + \ldots + n_K}$$

Em que:

- n_A é o número de elementos do primeiro conjunto menor
- n_B é o número de elementos do segundo conjunto menor
- n_K é o número de elementos do k-ésimo conjunto menor
- $\bar{X}_A$ é a média dos elementos do primeiro conjunto menor
- $\bar{X}_B$ é a média dos elementos do segundo conjunto menor
- $\bar{X}_K$ é a média dos elementos do k-ésimo conjunto menor

Note que a Média das Médias nada mais é que uma aplicação da **Média Ponderada**, em que a média de cada conjunto é multiplicada pela quantidade de elementos.

Dessa maneira, utilizando a fórmula indicada ao caso dos alunos, temos:

$$\bar{X} = \frac{(n_A \times \bar{X}_A) + (n_B \times \bar{X}_B)}{(n_A + n_B)}$$

$$\bar{X} = \frac{(15 \times 1,60) + (20 \times 1,50)}{(15 + 20)} = \frac{24 + 30}{35} = 1,54$$

Assim, a altura média dos alunos da classe em consideração é 1,54m.

8. RESUMO

Para efetuarmos o cálculo da **média**, basta somar todos os valores observados e dividirmos esse somatório pela quantidade total de observações:

$$\textit{Média} = \frac{\textit{Soma de todos os valores}}{\textit{Quantidade de valores}}$$

Além disso, é importante termos em mente que **a média sempre existe e é única**!

PROPRIEDADES DA MÉDIA ARITMÉTICA

1ª PROPRIEDADE

• **Somando ou subtraindo** uma constante **c** de cada elemento do conjunto, a média do novo conjunto fica aumentada ou diminuída de **c**.

2ª PROPRIEDADE

• **Multiplicando ou dividindo** cada elemento do conjunto de dados por uma constante **c**, a média do novo conjunto fica multiplicada ou dividida por **c**.

3ª PROPRIEDADE

• A **soma dos desvios** tomados em relação à média é igual a zero.

4ª PROPRIEDADE

• A **soma dos quadrados dos desvios** tomados em relação à média aritmética é um valor mínimo.

5ª PROPRIEDADE

• A média é influenciada por **valores extremos**.

6ª PROPRIEDADE

• Quando acrescentamos um elemento de valor igual à média, a média aritmética do novo conjunto não muda.

Para um conjunto de dados x_1, x_2, ... x_n afetados por pesos p_1, p_2, ..., p_n, respectivamente, tem-se que a **média aritmética ponderada** é definida por:

$$\overline{X}_p = \frac{x_1 \cdot p_1 + x_2 \cdot p_2 + \ldots + x_n \cdot p_n}{p_1 + p_2 + \ldots + p_n}$$

A **média geométrica é definida como n-ésima raiz da multiplicação dos termos, em que n é a quantidade de termos**. Logo:

$$G = \sqrt[n]{X_1 . X_2 . X_3 ... X_n}$$

Definimos a **Média Harmônica** entre os números reais e positivos x_1, x_2, x_3, ..., x_n como sendo **o inverso da média aritmética do inverso desses números.**

$$H = \frac{n}{\frac{1}{x_1} + \frac{1}{x_2} + \ldots + \frac{1}{x_n}}$$

COMPARAÇÃO DAS MÉDIAS

$$H \leq G \leq \overline{X}$$

(a igualdade só ocorre se todos os dados forem iguais)

CÁLCULO DA MÉDIA DAS MÉDIAS OU MÉDIA GLOBAL

$$\overline{X} = \frac{n_A \times \overline{X}_A + n_B \times \overline{X}_B + \ldots + n_K \times \overline{X}_K}{n_A + n_B + \ldots + n_K}$$

9. MAIS QUESTÕES COMENTADAS

QUESTÃO 16 (VUNESP/PM-SP/Soldado/2018) Uma pessoa comprou 4 camisetas de valores diferentes, conforme mostra a tabela.

Camiseta	Valor
Estampada	R$ 45,00
Básica	R$ 30,00
Regata	R$ 25,00
Polo	?

Sabendo que, em média, o valor de cada camiseta foi R$ 40,00, a diferença entre o valor da camiseta mais cara e o da mais barata foi

(A) R$ 35,00. (B) R$ 20,00. (C) R$ 30,00. (D) R$ 15,00. (E) R$ 25,00.

RESOLUÇÃO:

O enunciado informa que a média dos valores das camisetas é de R$40,00. Então, o valor total das 4 camisetas é 4 x 40 = 160 reais.

Dessa maneira, de acordo com a tabela apresentada, o valor da camisa polo é 160 – 45 – 30 – 25 = 60 reais.

A camiseta mais cara custou 60 reais. A camiseta mais barata custou 25 reais.

Assim, a diferença entre a mais cara e a mais barata foi 60 – 25 = **35 reais.**

Gabarito: A.

QUESTÃO 17 (CESGRANRIO – PETROBRÁS – 2018) Em uma avaliação na qual é atribuído grau de zero a dez, um hotel obteve média 8 em quarenta e nove avaliações. O avaliador seguinte atribuiu ao hotel nota zero. Para que a média de notas do hotel passe a ser maior que 8, será necessário, no mínimo, a avaliação de mais quantos hóspedes?

(A) 1 (B) 2 (C) 3 (D) 4 (E) 5

RESOLUÇÃO:

O enunciado informa que até a 49ª nota a média era 8.

Com o objetivo de que a média de notas volte a superar 8, precisamos que a média das "n" notas dadas a partir da 49ª seja maior do que 8.

Suponhamos que, além da nota 0, os demais hóspedes deram nota 10. Ou seja, tivemos um cliente dando nota 0 e (n – 1) clientes dando nota 10. Como a média deve ser 8, podemos dizer que:

$$\text{Média} = \text{soma} / \text{quantidade}$$

$$8 = (1.0 + (n - 1).10)/n$$

$$8n = 0 + 10n - 10$$

$$10 = 10n - 8n$$

$$10 = 2n$$

$$n = 5$$

Gabarito: E.

QUESTÃO 18 (VUNESP/PAULIPREV/Controlador Interno/2018) A média aritmética simples dos salários de 30 funcionários de uma empresa era R$ 1.610,00. Esses funcionários tiveram um aumento em seus salários de maneira que os que recebiam R$ 1.500,00 ou mais tiveram um acréscimo de R$ 20,00, e os que recebiam menos de R$ 1.500,00 tiveram um acréscimo de R$ 50,00. Após esse reajuste, a média dos salários dos 30 funcionários passou a ser R$ 1.641,00; logo o número de funcionários que tiveram um aumento de R$ 50,00 é um número entre

(A) 25 e 30. (B) 19 e 24. (C) 13 e 18. (D) 7 e 12. (E) 1 e 6.

RESOLUÇÃO:

O enunciado informa que a média da soma dos salários desses funcionários é de R$ 1.610,00. Logo:

Soma dos salários = Média x Nº funcionários = 1.610 x 30 = 48.300

Foram dados aumentos para os funcionários. Vamos chamar de **Y** o número de funcionários que recebem R$1.500,00 ou mais (esses receberam R$20,00 de aumento) e de **Z** o número de funcionários que recebem menos de R$1.500,00 (receberam R$50,00 de aumento).

Após o ajuste, a média passou a ser de R$1.641,00. Então:

Soma após aumento = Nova média x Nº funcionários

$$48300 + Y.20 + Z.50 = 1641 \times 30$$
$$20Y + 50Z = 49230 - 48300$$
$$20Y + 50Z = 930$$
$$2Y + 5Z = 93$$

Como o total de funcionários é 30, temos:

$$Y + Z = 30$$
$$Y = 30 - Z$$

Substituindo esse valor na equação anterior, temos:

$$2 \times (30 - Z) + 5Z = 93$$
$$60 - 2Z + 5Z = 93$$
$$3Z = 33$$
$$\mathbf{Z = 11}$$

Gabarito: D.

QUESTÃO 19 (FCC – ATARH/SERGAS/2013) A tabela mostra o número de funcionários de uma empresa presentes ao trabalho durante os cinco dias de uma semana.

Dias da Semana	Funcionários Presentes
2ª Feira	216
3ª Feira	204
4ª Feira	228
5ª Feira	240
6ª Feira	180

Na 5ª feira não houve faltas. A média diária de faltas de funcionários, nessa semana, foi, aproximadamente:

a) 18. b) 12. c) 26. d) 30. e) 20.

RESOLUÇÃO:

A questão afirma que na quinta-feira nenhum funcionário faltou ao trabalho e nesse dia estiveram presentes 240 funcionários. Sendo assim, concluímos que **o total de funcionários na empresa é justamente 240.**

Se, de segunda-feira a sexta-feira, todos os 240 funcionários comparecessem ao trabalho, teríamos o seguinte total ao longo da semana:

$$5.240 = 1200$$

Porém, não foi isso o que ocorreu. De acordo com a tabela apresentada pelo enunciado, o total de funcionários presentes foi de:

$$216 + 204 + 228 + 240 + 180 = 1068$$

Assim, a quantidade de ausências durante a semana foi de:

$$1200 - 1068 = 132$$

Por fim, já que tivemos 132 ausências nos 5 dias úteis da semana, a **média diária de faltas de funcionários** foi de:

$$\frac{132}{5} = 26,4$$

Gabarito: C.

QUESTÃO 20 (VUNESP/Diretor/CM 2 Córregos/2018) Em uma empresa na qual são comercializados produtos natalinos, a média aritmética das receitas mensais do 4º trimestre de 2016 foi igual ao triplo da média aritmética das receitas mensais do trimestre imediatamente anterior. Se a receita total do segundo semestre de 2016 foi igual a 9 milhões de reais, então a receita total do 3o trimestre desse mesmo ano foi, em milhões de reais, igual a

a) 2,0. b) 2,25. c) 2,75. d) 3,0. e) 3,25.

RESOLUÇÃO:

No terceiro trimestre, a receita mensal vale **a**, em média. No total, os 3 meses do terceiro trimestre somam **3a** de receita. No quarto trimestre, a receita mensal vale, em média, 3a, ou seja, o triplo da receita mensal média do terceiro trimestre. No total, temos para o quarto trimestre uma receita de 3 × 3a = **9a**.

O enunciado informa que a soma da receita do terceiro trimestre com a receita do quarto trimestre é igual a 9 milhões de reais. Logo:

$$3a + 9a = 9 \text{ milhões de reais}$$

$$12a = 9 \text{ milhões de reais}$$

Dividindo cada lado da equação por 4:

$$3a = 94 \text{ milhões de reais.}$$

$$3a = 2,25 \text{ milhões de reais}$$

Isso significa que a receita do terceiro trimestre (3a) foi de **2,25 milhões de reais.**

Gabarito: B.

QUESTÃO 21 (ESAF – ACF/SEFAZ-CE/2007) Indicando por:

– $\bar{X}$: a média aritmética de uma amostra;

– mg: a média geométrica da mesma amostra; e

– mh: a média harmônica também da mesma amostra.

E desde que todos os valores da amostra sejam positivos e diferentes entre si, é verdadeiro afirmar que a relação entre estas médias é:

a) $\bar{X}$< mg < mh.

b) $\bar{X}$> mg > mh.

c) mg <$\bar{X}$< mh.

d) $\bar{X}$< mg = mh.

e) $\bar{X}$= mg = mh.

RESOLUÇÃO:

No caso de todos os valores da amostra serem **diferentes** entre si (conforme afirma a questão), teremos que **a média harmônica é menor que a geométrica, que é menor que a aritmética.**

Já na situação de termos todos os valores da amostra **iguais** entre si, as **médias coincidem.**

Gabarito: B.

QUESTÃO 22 (CESGRANRIO/BASA/Téc Banc/2018) Sabe-se que 30% dos clientes de um banco são do sexo masculino e os 70% restantes são do sexo feminino. Entre os clientes do sexo masculino, a média do tempo de vínculo com o banco é igual a 4 anos e, entre os clientes do sexo feminino, é igual a 6 anos. Considerando-se todos os clientes, de ambos os sexos, qual é a média do tempo de vínculo de cada um com o banco?

(A) 6 anos (B) 5,7 anos (C) 5 anos (D) 5,3 anos (E) 5,4 anos

RESOLUÇÃO:

Podemos calcular a **média** rapidamente assim:

Média = 30%.4 + 70%.6 = 0,30×4 + 0,70×6 = 1,2 + 4,2 = **5,4 anos**

Gabarito: E.

QUESTÃO 23 (FGV/CGM-Niteroi/APPGG/2018) Um casal pesou suas quatro malas no aeroporto para o embarque. As três primeiras malas pesaram 8 kg, 12 kg e 9 kg. Sabe-se que a média dos pesos das quatro malas foi de 11 kg. O peso da quarta mala é

(A) 12 kg. (B) 13 kg. (C) 14 kg. (D) 15 kg. (E) 16 kg.

RESOLUÇÃO:

Inicialmente, é preciso ter em mente que a soma dos pesos corresponde ao produto da média dos pesos pela quantidade de malas. Logo:

Soma dos pesos = Média x quantidade

Soma dos pesos = 11 x 4 = 44

O enunciado informa que as três primeiras malas pesaram 8kg, 12kg e 9kg, cuja soma dos pesos é 8 + 12 + 9 = 29kg.

Assim, a última mala deve pesar 44 – 29 = **15kg.**

Gabarito: D.

QUESTÃO 24 (CESPE – Ana Jud/TST/2008) Considere que, em um ambiente de trabalho industrial, as seguintes medições acerca da poluição do ar tenham sido observadas: 1, 6, 4, 3, 2, 3, 1, 5, 1, 4. Nessa situação, julgue o item que se segue.

As médias harmônica e geométrica são ambas inferiores a 3.

RESOLUÇÃO:

A **média geométrica** é definida como **n-ésima raiz da multiplicação dos termos**, em que **n** é a quantidade de termos. Logo:

$$G = \sqrt[n]{X_1 . X_2 . X_3 ... X_n}$$

$$G = \sqrt[10]{1 .6 .4 .3 .2 .3 .1 .5 .1 .4} = \sqrt[10]{8640} = 2,47$$

Já a **Média Harmônica** é o inverso da média aritmética do inverso dos referidos números. Vamos efetuar os cálculos com os valores apresentados na questão:

$$H = \frac{n}{\frac{1}{x_1} + \frac{1}{x_2} + ... + \frac{1}{x_n}}$$

$$H = \frac{10}{\frac{1}{1} + \frac{1}{6} + \frac{1}{4} + \frac{1}{3} + \frac{1}{2} + \frac{1}{3} + \frac{1}{1} + \frac{1}{5} + \frac{1}{1} + \frac{1}{4}}$$

$$H = \frac{10}{\frac{60+10+15+20+30+20+60+12+60+15}{60}}$$

$$H = \frac{10}{\frac{302}{60}} = 10 \div \frac{302}{60} = 10 . \frac{60}{302} = \frac{600}{302} = 1,99$$

Dessa forma, as médias harmônica e geométrica são ambas inferiores a 3.

Gabarito: Certo.

QUESTÃO 25 (ESAF – ATRFB/2006) Um motorista de táxi faz 10 viagens ida-e-volta do aeroporto Santos Dumont ao aeroporto do Galeão, no Rio de Janeiro. Ele calcula e anota a velocidade média, em quilômetros por hora, em cada uma dessas viagens. O motorista quer, agora, saber qual a velocidade média do táxi para aquele percurso, em quilômetros por hora, considerando todas as 10 viagens ida-e-volta. Para tanto, ele deve calcular a média

a) aritmética dos inversos das velocidades médias observadas.

b) geométrica das velocidades médias observadas.

c) aritmética das velocidades médias observadas.

d) harmônica das velocidades médias observadas.

e) harmônica dos inversos das velocidades médias observadas.

RESOLUÇÃO:

Sejam:

d: A distância de cada viagem;

ti: tempo de percurso da i-ésima viagem;

vi: velocidade média da i-ésima viagem.

Após as 10 viagens, a distância total será de ***10d***. Por sua vez, o tempo total gasto será de:

$$\sum_{i=1}^{10} t_i$$

Sabemos que a **velocidade média** é dada pela divisão entre a distância total percorrida e o tempo total do percurso:

$$v_m = \frac{10d}{\sum_{i=1}^{10} t_i}$$

Fazendo o inverso, temos:

$$\frac{1}{v_m} = \frac{\sum_{i=1}^{10} t_i}{10d}$$

$$\frac{1}{v_m} = \left(\frac{t_1}{d} + \frac{t_2}{d} + \ldots + \frac{t_{10}}{d}\right) \div 10$$

$$\frac{1}{v_m} = \left(\frac{1}{v_1} + \frac{1}{v_2} + \ldots + \frac{1}{v_{10}}\right) \div 10$$

$$\boldsymbol{v_m} = \frac{1}{\dfrac{\dfrac{1}{v_1} + \dfrac{1}{v_2} + \ldots + \dfrac{1}{v_{10}}}{10}}$$

Dessa equação, concluímos que a velocidade média é o inverso da média aritmética dos inversos das velocidades observadas, o que torna **vm** a **média harmônica** de tais velocidades.

Gabarito: D.

QUESTÃO 26 (CESPE - Auxiliar Adm/IFF/2018) Considere que o peso de 5 pessoas, juntas em um elevador, seja de 340 kg. Se, em determinado andar, mais um indivíduo entrar no elevador, sem que dele ninguém desça, e a média aritmética dos pesos dessas 6 pessoas passar a ser de 70 kg, esse sexto indivíduo pesa

a) 68,3 kg. b) 69 kg. c) 70 kg. d) 80 kg. e) 82 kg.

RESOLUÇÃO:

Para calcular a média, dividimos a soma dos dados pelo número de observações:

$$\textit{Média} = \frac{\textit{Soma de todos os valores}}{\textit{Quantidade de valores}}$$

Se passarmos a quantidade multiplicando, temos:

$$\textit{Soma de todos os valores} = \textit{Média} \times \textit{Quantidade de valores}$$

Portanto, se tomarmos o tamanho da amostra e multiplicarmos pela média, temos a soma dos dados. Sabendo disso, vemos que:

i) Na primeira situação a soma dos pesos vale 340 kg (informação dada no enunciado)

ii) Na segunda situação a soma dos pesos vale $6 \times 70 = 420$ kg (basta multiplicar número de pessoas pelo peso médio).

iii) A diferença entre os dois pesos corresponde ao último indivíduo que entrou: $420 - 340 = 80$ kg.

Gabarito: D.

10. QUESTÕES-DESAFIO

QUESTÃO 27 (FCC/TRT-PE/Téc Jud/2018) Amanda, Manuela, Patrícia, Olívia e Daniela fizeram uma mesma prova, cuja nota mais alta, dentre elas, foi 18. Amanda obteve a metade da nota conquistada por Manuela. Patrícia tirou nota equivalente à média aritmética das notas de Daniela e Manuela. Olívia obteve a mesma nota que Daniela, e o triplo da nota de Amanda. A segunda maior nota dentre as cinco pessoas foi igual a

a) 15 e obtida por Patrícia

b) 16,5 e obtida por Patrícia.

c) 12 e obtida por Manuela.

d) 16,5 e obtida por Manuela.

e) 15 e obtida por Olívia e Daniela.

RESOLUÇÃO:

Sejam A, M, D, O e P as notas de cada mulher.

Conforme as informações apresentadas no enunciado, temos:

- Amanda obteve a metade da nota conquistada por Manuela: $A = M/2$, ou seja, $M = 2A$.
- Patrícia tirou nota equivalente à média aritmética das notas de Daniela e Manuela: $P = (D+M)/2$
- Olívia obteve a mesma nota que Daniela, e o triplo da nota de Amanda: $O = D = 3A$.

Da segunda equação, obtemos:

$$\mathbf{P = (D+M)/2 = (3A + 2A)/2 = 5A/2 = 2{,}5A}$$

Portanto, temos notas de valores: 3A; 2,5A; 2A; A.

Note que a maior nota é 3A, que vale 18, ou seja:

$$3A = 18$$

$$\mathbf{A = 6}$$

Assim, a segunda maior nota dentre as cinco pessoas foi igual a $2{,}5A = 2{,}5 \times 6 = \mathbf{15}$, que é a nota de **Patrícia**.

Gabarito: A.

QUESTÃO 28 (ESAF/Pref Recife/2003) Em uma amostra, realizada para se obter informação sobre a distribuição salarial de homens e mulheres, encontrou-se que o salário médio vale R$ 1.200,00. O salário médio observado para os homens foi de R$ 1.300,00 e para as mulheres foi de R$ 1.100,00. Assinale a opção correta.

a) O número de homens na amostra é igual ao de mulheres.

b) O número de homens na amostra é o dobro do de mulheres.

c) O número de homens na amostra é o triplo do de mulheres.

d) O número de mulheres é o dobro do número de homens.

e) O número de mulheres é o quádruplo do número de homens.

RESOLUÇÃO:

A questão afirma que o salário médio observado para os homens foi de R$1.300,00 e para as mulheres foi de R$1.100,00.

Você concorda que, se no conjunto houvesse mais homens, a média geral estaria mais próxima de R$1.300,00?

Certamente, professor!

Logicamente, se houvesse mais mulheres, a média geral estaria mais próxima de R$1.100.

Porém, o fato é que o enunciado nos disse que a média geral foi de R$1.200,00. Ou seja, exatamente no meio! E o que isso significa? Ora, que **a quantidade de mulheres é igual à de homens**.

Com isso, já encontramos que a alternativa correta é a **letra A**. De toda forma, vamos fazer os cálculos.

O desenho que representa a situação descrita no enunciado é o seguinte:

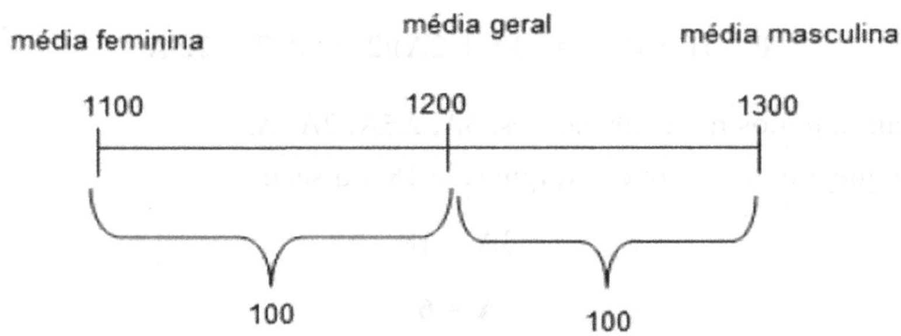

Dessa maneira, obtemos os percentuais de homens e de mulheres:

$$perc\_de\_homens = \frac{100}{200} = 50\%$$

$$perc\_de\_mulheres = \frac{100}{200} = 50\%$$

Gabarito: A.

UNIDADE 2

ARITMÉTICA

CAPÍTULO 11

RAZÃO E PROPORÇÃO

1. INTRODUÇÃO

São bastante frequentes em concursos públicos as questões referentes ao tópico **Razão e Proporção.** De fato, em quase todos os certames em que a disciplina Matemática Básica é cobrada, as bancas examinadoras apresentam pelo menos uma questão abordando a temática deste capítulo!

Entretanto, a abrangente teoria que apresentaremos a seguir, aliada à vasta quantidade de questões minuciosamente comentadas, serão suficientes para que você tenha sucesso em qualquer questão tratando de Razão ou Proporção.

2. RAZÃO

Inicialmente, é de grande importância conhecermos o conceito de **Razão**:

> A **razão** entre dois números é o quociente do primeiro pelo segundo.

> **FIQUE ESPERTO!**
>
> Quando aparecer a palavra **razão**, devemos sempre nos lembrar de que haverá uma **divisão**!

A razão de **a** para **b** é representada como:

$$\frac{a}{b} \; ou \; a : b(\text{com } \mathbf{b} \neq 0)$$

Em que **a** é chamado **antecedente** e **b** é chamado **consequente** da razão dada.

Razão
$\frac{\text{antecedente}}{\text{consequente}}$

Como você pode perceber, uma razão é também representada por uma **fração.** Porém, não deve ser lida como se fosse um número racional. Observe:

Número racional (representado por fração)	Razão (representado por fração)
$\frac{1}{3}$ lê-se: um terço	$\frac{1}{3}$ lê-se: um para três ou um está para três
$\frac{9}{5}$ lê-se: nove quintos	$\frac{9}{5}$ lê-se: nove para cinco ou nove está para cinco
$\frac{4}{10}$ lê-se: quatro décimos	$\frac{4}{10}$ lê-se: quatro para dez ou quatro está para dez

Dessa maneira, percebemos que Razão, em matemática, é uma forma utilizada para **comparar grandezas** com a <u>mesma unidade</u> de medida, o que a torna uma grandeza adimensional.

Veja como esse assunto já foi cobrado!

QUESTÃO 01 (FEPESE – Contador/Pref Concórdia/2022) Na plateia de um show, a razão entre o número de mulheres e o número de homens é 20:44. Se o número de mulheres e homens na plateia do show é igual a 192, então o número de mulheres na plateia deste show é:

a) Menor que 57.

b) Maior que 57 e menor que 62.

c) Maior que 62 e menor que 67.

d) Maior que 67 e menor que 72.

e) Maior que 72.

RESOLUÇÃO:

Sejam **h** e **m** o número de, respectivamente, homens e mulheres. O enunciado informa que a razão entre o número de mulheres e o número de homens é **20:44,** ou seja:

$$m \div h = 20 \div 44$$

$$44m = 20h$$

$$h = 44m \div 20 = 11m \div 5$$

É dito que o número de mulheres e homens na plateia do show é igual a 192, logo:

$$h + m = 192$$

$$(11m \div 5) + m = 192$$

$$16m \div 5 = 192$$

$$m = (192 \,.\, 5) \div 16 = \mathbf{60}$$

Portanto, estavam presentes no show **60 mulheres**, que é um número **maior que 57 e menor que 62**.

Gabarito: B.

QUESTÃO 02 (TJ-SC/Téc Jud/2011) Se b é diferente de zero e se a/b = 5, então a razão de 4a – b para a, em valores percentuais é igual a:

a) 380% b) 3,8% c) 26,3% d) 20% e) 420%

RESOLUÇÃO:

O enunciado afirma que a/b = 5. Dessa relação, tiramos que:

$$a = 5.\,b \text{ (I)}$$

Em seguida, a questão pede o valor percentual da razão:

$$\frac{4a - b}{a} \text{ (II)}$$

Substituindo (I) em (II), teremos:

$$\frac{4.(5.\,b) - b}{5.\,b} = \frac{20b - b}{5b} = \frac{19b}{5b} = 3,8$$

Visto que queremos o valor percentual, basta multiplicar tanto o numerador quanto o denominador por 100, obtendo:

$$\frac{\boldsymbol{4a - b}}{\boldsymbol{a}} = 380\%$$

Gabarito: A.

UNIDADE 2 – ARITMÉTICA

2.1. Razões Iguais

Razões iguais são aquelas em que seus termos foram multiplicados ou divididos por um **mesmo número** (diferente de zero), existindo uma relação de equivalência entre elas. Ou seja, razões iguais são originadas de **frações equivalentes**.

Veja o exemplo a seguir, em que temos algumas razões iguais:

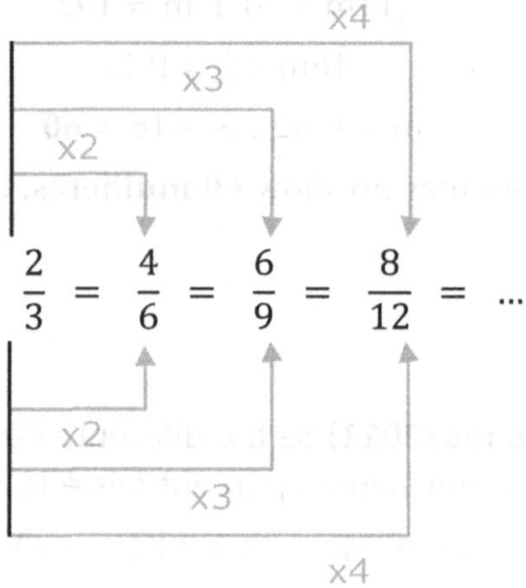

2.2. Razão Inversa

Vejamos as seguintes razões:

$$\frac{2}{5} \textbf{ e } \frac{5}{2}$$

Elas são tidas como **razões inversas** ou recíprocas, pois o antecedente de uma é o consequente da outra e vice-versa. Assim, a **razão inversa** de **a** para **b** é:

$$\frac{b}{a} \text{ ou } b:a$$

Além disso, uma propriedade das razões inversas é que **o produto delas é sempre igual a 1**. Isto se deve ao fato de uma ser o inverso multiplicativo da outra.

Esse é o caso, por exemplo, de 3/5 e 10/6, pois:

$$\frac{3}{5}\,x\,\frac{10}{6}=1$$

Daí, podemos dizer que **3 está para 5 na razão inversa de 10 para 6.**

2.3. Simplificação de uma razão

Ao representar uma razão frequentemente **simplificamos** os seus termos, procurando, quando possível, torná-los ***inteiros***.

Observe um exemplo:

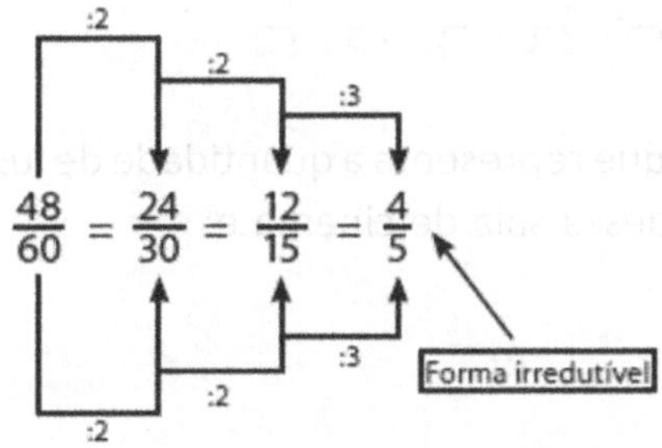

Note que a razão $\frac{4}{5}$ é a forma mais simples de $\frac{48}{60}$ e não é possível simplificá-la ainda mais. Portanto, é chamada de **irredutível**.

Veja mais alguns exemplos:

- A razão entre 16 e 20 é:

$$\frac{16}{20}=\frac{16\div 4}{20\div 4}=\frac{4}{5}\;(4\;para 5)$$

- A razão entre 0,25 e 2 é:

$$\frac{0,25}{2}=\frac{\frac{1}{4}}{2}=\frac{1}{4}\cdot\frac{1}{2}=\frac{1}{8}\;(1\;para 8)$$

Veja como esse assunto já foi cobrado!

QUESTÃO 03 (ENDEMIAS) Numa sala de cinema, as poltronas são organizadas conforme a figura abaixo. As poltronas marcas com "x" já foram vendidas, enquanto as demais ainda estão a venda.:

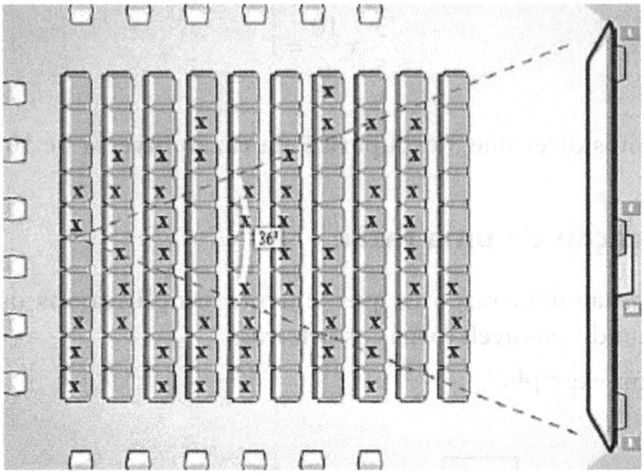

Nesse sentido, a razão que representa a quantidade de lugares vagos, em relação ao total de poltronas dessa sala de cinema é:

a) 23/50

b) 27/100

c) 23/100

d) 54/100

e) 27/50

RESOLUÇÃO:

Observe que há um total de 100 cadeiras e 46 delas estão vagas. Assim, a razão que representa a quantidade de lugares vagos, em relação ao total de poltronas é dada por:

46/100

Veja que essa razão não consta entre as alternativas. Isso acontece porque ainda devemos **simplificá-la**. Para isso, basta dividir o numerador e o denominador por 2:

23/50

Gabarito: A.

2.4. Razões Especiais

Cabe destacar algumas **razões especiais** que geralmente são cobradas em provas de concursos públicos, merecendo a abordagem em tópicos específicos.

2.4.1. Velocidade Média

Você deve lembrar-se de suas aulas de Física no ensino médio que **Velocidade Média** é a ***razão*** entre a distância percorrida (d) e o tempo gasto (t) para percorrê-lo:

$$V = \frac{d}{t}$$

Veja como esse assunto já foi cobrado!

QUESTÃO 04 (IDECAN – Soldado/CBM-ES/2022) Carlos voltou a correr e no começo ele corria a uma velocidade de 5km/h. Em 30 minutos ele corria 2,5km. Se ele aumentar a velocidade para 8km/h, ele vai percorrer o mesmo percurso em quanto tempo?

a) 1147 segundos

b) 1125 segundos

c) 1159 segundos

d) 1168 segundos

e) 1173 segundos

RESOLUÇÃO:

A velocidade é dada pela razão entre a distância (d) e o tempo (t):

$$v = d \div t$$

Assim, para uma velocidade de 8 km/h num percurso de 2,5km, o tempo será de:

$$t = d \div v$$

$$t = 2{,}5 \div 8 = 0{,}3125 \text{ h}$$

Como a resposta deve ser em **segundos**, basta multiplicar o tempo obtido em **hora** por 3.600 (1h = 3.600s):

$$t = 0{,}3125 \times 3600 = \mathbf{1125\ segundos}$$

Gabarito: B.

QUESTÃO 05 (VUNESP/SEJUS-ES/Ag Pen/2013) Para ir de casa ao trabalho, de porta a porta, Elis percorre de bicicleta 3.600 metros a uma velocidade média de 300 metros por minuto. Se esse mesmo percurso fosse efetuado utilizando-se uma moto a uma velocidade média de 30 quilômetros por hora, levaria a menos que de bicicleta

a) 4 min 48 s b) 4 min 8 s c) 5 min 18 s d) 6 min 8 s e) 7 min 2 s

RESOLUÇÃO:

A funcionária Elis dispõe de duas formas para ir ao trabalho: de bicicleta ou de moto. Ora, certamente ela chegará mais rápido caso opte por ir trabalhar de moto, concorda? Mas quão rápido seria, ou seja, quanto tempo ela economizaria por escolher esse meio de transporte? Bem, é exatamente isso que o enunciado deseja que calculemos! Vamos lá, então.

Iniciemos calculando qual o tempo gasto para Elis ir ao trabalho **de bicicleta**, lembrando que a distância será a mesma independentemente do método utilizado para ela chegar ao seu destino:

$$V_{bic} = \frac{d}{t_{bic}}$$

$$t_{bic} = \frac{d}{V_{bic}}$$

$$t_{bic} = \frac{3600\ m}{300\ m/min} = 12\,\boldsymbol{min}$$

Agora, façamos o mesmo para a realização do mesmo trajeto (3600 metros = 3,6 quilômetros) utilizando uma **moto** como meio de transporte:

$$V_{moto} = \frac{d}{t_{moto}}$$

$$t_{moto} = \frac{d}{V_{moto}}$$

$$t_{moto} = \frac{3{,}6\ h}{30\ km/h} = 0{,}12\,\boldsymbol{h} = 7{,}2\,\boldsymbol{min}$$

O nosso objetivo consiste em obter a diferença entre os tempos gastos para Elis ir ao trabalho de bicicleta e de moto. Logo:

$$\Delta t = t_{moto} - t_{bic} = 7{,}2\ min - 12\ min$$

$$\boldsymbol{\Delta t = -4{,}8 min = -4\,min\,48\,s.}$$

Assim, caso opte ir ao trabalho de moto, Elis levaria 4 minutos e 48 segundos a menos que de bicicleta!

Gabarito: A.

QUESTÃO 06 (CONSULPLAN/Correios/Atend Com/2008) Daniel é um dos funcionários da Agência dos Correios de uma certa cidade. Neste mês ele entrou de férias e foi viajar com a família. A viagem foi feita de carro, em 4 dias, viajando-se 9 horas por dia a uma velocidade média de 75 km/h. Se Daniel tivesse viajado a uma velocidade de 90km/h e andado 5h por dia, teria gasto quantos dias nessa viagem?

a) 6 dias b) 2 dias c) 5 dias d) 10 dias e) 3 dias

RESOLUÇÃO:

Quem não gosta de férias, não é mesmo?! Daniel, funcionário dos Correios, adora viajar com a família durante o seu merecido descanso. No entanto, ele está com uma dúvida:

"*Para chegar ao meu destino, devo empreender uma viagem com uma maior velocidade, gastando menos tempo, ou percorrer o trajeto de forma mais tranquila apreciando a paisagem, mais comprometendo uma parcela maior do meu tempo de lazer?*"

Bem, podemos ajudar o Daniel calculando a diferença de tempo gasto em relação às opções que estão à disposição dele, lembrando que a distância será a mesma independentemente do método utilizado para ela chegar ao seu destino. Vamos lá!

- **Primeira situação**: 4 dias, viajando-se 9 horas por dia a uma velocidade média de 75 km/h.

$$V_1 = \frac{d}{t_1}$$

$$d = V_1 . t_1$$

$$d = 75.(4.9) = 2700\,\boldsymbol{km}$$

- **Segunda situação**: X dias, viajando-se 5 horas por dia a uma velocidade média de 90 km/h.

$$V_2 = \frac{d}{t_2}$$

$$t_2 = \frac{d}{V_2}$$

$$t_2 = \frac{2700\ km}{90\ km/h} = 30\boldsymbol{h}$$

UNIDADE 2 – ARITMÉTICA

Assim, conforme os dados da segunda situação, Daniel gastaria **30 horas** para percorrer o seu trajeto. Visto que ele viaja **5 horas por dia**, então ele utilizará **6 dias** das suas férias dirigindo na estrada!

Gabarito: A.

2.4.2. Densidade Demográfica

Densidade demográfica é a **razão** entre o número de habitantes de uma região e a área dessa região.

Por exemplo, se uma região de 300km2 tem 15.000 habitantes, então a densidade demográfica dessa região é igual a:

$$\frac{15.000\ hab}{300\ km^2} = \frac{150\ hab}{3\ km^2} = 50\,\boldsymbol{hab / km^2}$$

Veja como esse assunto já foi cobrado!

QUESTÃO 07 (CESPE/TJ-PA/2006 – *Adaptada*) A extensão do estado do Pará, que é de 1.248.042km^2, corresponde a 16,66% do território brasileiro e 26% da Amazônia. O estado do Pará, cortado pela linha do Equador no seu extremo norte, é dividido em 143 municípios, onde vivem cerca de seis milhões de pessoas.

Com base no texto acima, julgue o item seguinte.

No estado do Pará, há exatamente 6 habitantes por km^2.

RESOLUÇÃO:

No estado do Pará há cerca de seis milhões de pessoas em 1.248.042km^2 de extensão.

Ora, acabamos de aprender que **densidade demográfica** é a **razão** entre o número de habitantes de uma região e a área dessa região. Logo:

$$\frac{6.000.000\ hab}{1.248.042\ km^2} = 4,81\ hab / km^2$$

Bem, esse valor é diferente do proposto pelo enunciado.

Gabarito: Errado.

OBS: Perceba que os valores percentuais e o número de municípios não serviram para nada na resolução da questão; foram fornecidos somente para confundir o candidato.

2.4.3. Escalas

As questões de concursos públicos envolvendo escalas são bem simples e objetivas. Tratam também de <u>conversão de unidades de medida</u>, pois as distancias em um mapa geralmente são dadas em cm e as distâncias na vida real são dadas em km.

Chamamos de **escala** a **razão constante** entre qualquer medida de comprimento em um <u>modelo</u> (desenho, mapa ou maquete) e a medida correspondente no <u>objeto real</u> representado pelo modelo, sendo ambas as medidas tomadas na mesma unidade. Assim:

$$Escala = \frac{\textit{Medida de comprimento no desenho}}{\textit{Medida de comprimento no objeto real}}$$

Dessa forma, teremos que:

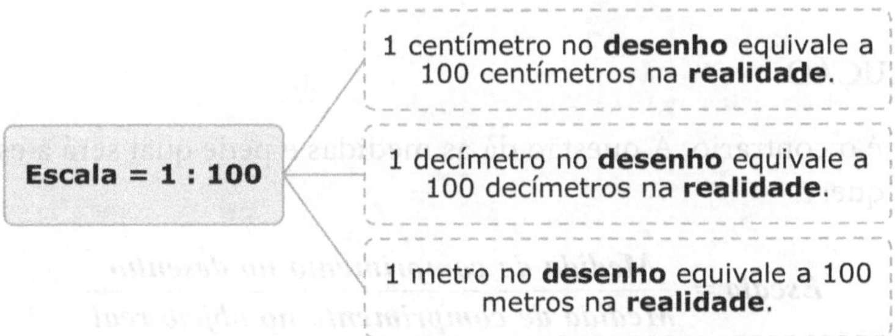

Veja como esse assunto já foi cobrado!

QUESTÃO 08 (CESPE/INPI/Téc Prop Ind/2013) Em um processo de pedido de patentes de um novo equipamento consta um desenho esquemático, desse mesmo equipamento, na escala 1:200.

Com base nessa informação, julgue o item a seguir.

Se o raio do parafuso no referido desenho for 0,05cm, então o raio do parafuso real será 1cm.

RESOLUÇÃO:

Como a escala é de 1 para 200, cada 1 cm do parafuso medido no desenho corresponderá a 200cm no objeto real.

Assim:

$$\frac{1}{200}=\frac{0,05}{x}$$

Multiplicando em "cruz credo", temos:

$$1.x = 200.0,05$$
$$\boldsymbol{x = 10cm}$$

Gabarito: errado.

QUESTÃO 09 (FCC/TRT-15ª Região/Ana Jud/2013) O terreno de uma casa possui 32 metros de frente. Na planta dessa casa, a frente do terreno tem 8 cm, o que implica dizer que a escala da planta é de:

a) 1:4 b) 1:25 c) 1:250 d) 1:40 e) 1:400

RESOLUÇÃO:

Agora é o contrário. A questão dá as medidas e pede qual será a escala. Ora, já sabemos que:

$$\boldsymbol{Escala = \frac{Medida\ de\ comprimento\ no\ desenho}{Medida\ de\ comprimento\ no\ objeto\ real}}$$

Substituindo os valores fornecidos pelo enunciado, teremos:

$$Escala = \frac{8cm}{32m}$$

Simplificando em cima e embaixo por 8, teríamos:

$$Escala = \frac{1}{4}$$

Temos uma resposta? É claro que sim! No entanto, isso está ***errado.***

Mas, por que, professores?

Simples: as medidas inseridas na fórmula da escala **devem estar na mesma unidade de comprimento**! Perceba que no numerador tínhamos um valor em centímetros, ao passo que o denominador estava em metros.

Daí, teremos que converter as duas medidas para a mesma unidade.

Basta lembrar que:

1 metro = 100 centímetros

Logo, para converter uma medida de metro para centímetros, basta multiplicar por 100. Vamos fazer isso!

32 metros** = 32 x 100 centímetros = **3.200 centímetros

Agora sim. Trabalhemos com a fórmula da escala novamente.

$$Escala = \frac{Medida\ de\ comprimento\ no\ desenho}{Medida\ de\ comprimento\ no\ objeto\ real}$$

$$Escala = \frac{8\ cm}{3200\ cm}$$

Simplificando em cima e embaixo por 8, teríamos:

$$\boldsymbol{Escala} = \frac{1}{400}$$

Gabarito: E.

QUESTÃO 10 (FCC/TJ-SP/Téc Jud/2006) Na maquete de uma praça pública construída na escala 1:75, o edifício da prefeitura, de 13,5m de altura, está representado com uma altura de

a) 16cm b) 18cm c) 20cm d) 22cm e) 24cm

RESOLUÇÃO:

Como a escala é de 1 para 75, cada 1 metro da praça pública medido na maquete corresponderá a 75 metros no objeto real. Assim:

$$\frac{1}{75} = \frac{x}{13,5}$$

Multiplicando em "cruz credo", temos:

$$75.x = 13,5.1$$

$$x = 0,18\,m = 18\,cm$$

Gabarito: B.

2.4.3.1. Propriedades das escalas

Conforme já vimos, toda escala é uma razão entre duas medidas de **comprimento.**

Algumas vezes, porém, precisamos comparar uma escala com a razão entre duas medidas de área ou entre duas medidas de volume.

Nesses casos, as relações a seguir nos permitem comparar as razões entre duas áreas (A1 e A2) ou entre dois volumes (V1 e V2) com dois comprimentos de uma escala (C1 e C2):

$$\frac{A_1}{A_2} = \left(\frac{C_1}{C_2}\right)^2 = (escala)^2$$

$$\frac{V_1}{V_2} = \left(\frac{C_1}{C_2}\right)^3 = (escala)^3$$

3. PROPORÇÃO

Proporção é a relação de <u>igualdade</u> entre duas ou mais ***razões***.

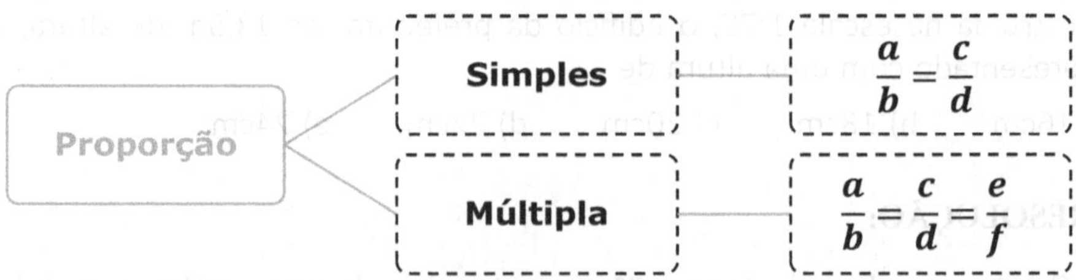

Então, $\frac{60}{40} = \frac{30}{20}$ é uma proporção que se lê: sessenta está para quarenta, assim como trinta está para vinte.

Uma **proporção simples** pode ser denotada das seguintes formas:

- **1ª forma:**

$$\frac{a}{b} = \frac{c}{d}$$

Nesse caso, dizemos que ***a*** e ***c*** são os **antecedentes;** ***b*** e ***d*** são os **consequentes.**

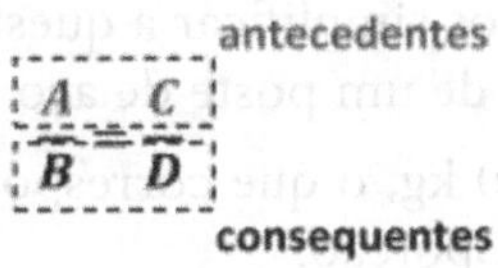

- **2ª forma:**

$$a : b = c : d$$

Nesse caso, dizemos que ***a*** e ***d*** são os **extremos; b** e **c** são os **meios.**

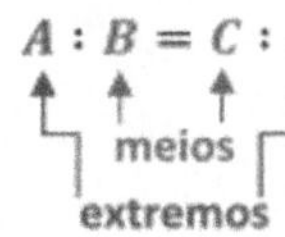

- **3ª forma:**

Os números ***a*****, b, c** e **d** são chamados, respectivamente, **1º, 2º, 3º** e **4º** termos:

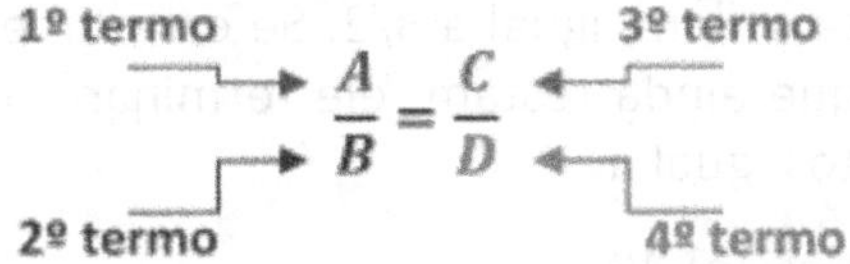

Visto que uma razão é uma grandeza adimensional, **uma proporção também não possui unidade de medida.** Com isso, não faria sentido dizer que uma proporção entre 4m, 7m, 12m e 21m será representada em metros!

Veja como esse assunto já foi cobrado!

QUESTÃO 12 (CESGRANRIO – Téc/FINEP/2011) Uma empresa desenvolveu postes de iluminação elétrica feitos de fibra de vidro, mais flexíveis e mais leves do que os postes tradicionalmente usados no Brasil. Cada poste de fibra de vidro tem 120 kg, o que corresponde a 1/3, 2/3 e 1/8, respectivamente, das massas dos postes de madeira, aço e concreto. Qual é, em kg, a massa de um poste de aço?

a) 80 b) 150 c) 180 d) 270 e) 360

RESOLUÇÃO:

Sabemos que nas provas de concursos públicos temos que ser rápidos, pois o tempo urge! Dessa forma, vamos simplificar a questão. Perceba que o nosso objetivo consiste em obter a massa de um poste de aço. O enunciado afirma que cada poste de fibra de vidro tem 120 kg, o que corresponde a $\frac{2}{3}$ da massa do poste de aço. Logo, temos a seguinte proporção:

$$120 = \frac{2}{3} . x$$

$$x = 120 . \frac{3}{2} = 180 \, \textbf{kg}$$

Gabarito: C.

QUESTÃO 13 (VUNESP – Aux/MPE-SP/2014) Em um campeonato de futebol, cada time ganha 3 pontos por vitória, 1 ponto por empate e, obviamente, nenhum ponto em caso de derrota. Nesse campeonato, o time WM já disputou 15 partidas e não teve nenhuma derrota, sendo a razão entre o número de vitórias e o de empates, nessa ordem, igual a 3/2. Se esse time vencer 3 e empatar 1 das quatro partidas que ainda restam, ele terminará o campeonato com um número total de pontos igual a

a) 39 b) 43 c) 46 d) 36 e) 40

RESOLUÇÃO:

A questão nos apresenta o time WM, invicto num campeonato de futebol. Isso mesmo, das 15 partidas que disputou, o WM **não perdeu nenhuma**! Dessa forma, sendo $\boldsymbol{x}$ o número de vitórias, podemos afirmar que o número de empates será **15 – x**.

Em seguida, é dito que a razão entre o número de vitórias e o de empates, nessa ordem, igual a $\frac{3}{2}$. Com isso, podemos montar a seguinte proporção:

$$\frac{x}{15-x}=\frac{3}{2}$$

$$2x=45-3x$$

$$5x=45$$

$$\boldsymbol{x=9}$$

Logo, ***o time WM teve 9 vitórias e 6 empates***, o que totaliza:

$$9.3+6.1=33 \textbf{ pontos}$$

Daí, se esse time **vencer 3 jogos e empatar 1** das quatro partidas restantes, ele somará:

$$3.3+1.1=10 \textbf{ pontos}$$

Isso indica que o time WM terminará o campeonato com o seguinte total de pontos:

$$33+10=43 \textbf{pontos}$$

Gabarito: B.

QUESTÃO 14 (FUNDATEC – Ana Inf/CREA-PR/2010) Em uma biblioteca, há **m** livros de matemática e ***f*** livros de física, totalizando 120 livros dessas duas matérias. Sabendo-se que a quantidade de livros de matemática está para a quantidade de livros de física assim como sete está para cinco, então o produto de ***m*** por ***f*** vale

a) 2880 b) 3500 c) 12000 d) 28800 e) 35000

RESOLUÇÃO:

Sejam:

- **m**: quantidade de livros de matemática;
- **f**: quantidade de livros de física.

O enunciado afirma que o total de livros de matemática e de física totaliza 120. Logo:

$$m+f=120\,(\mathbf{I})$$

Em seguida, é dito que a quantidade de livros de matemática está para a quantidade de livros de física assim como 7 está para 5. Assim:

$$\frac{m}{f}=\frac{7}{5}$$

Isolando a incógnita "m", obtemos:

$$m=\frac{7}{5}.f\ (\mathbf{II})$$

Substituindo (II) em (I), temos:

$$\frac{7}{5}.f+f=120$$

$$\frac{12}{5}.f=120$$

$$f=50$$

Dessa forma, já podemos concluir que **m vale 70**. No entanto, a questão quer que obtenhamos o ***produto de m por f***. Logo:

$$m.f=70.50=3500$$

Gabarito: B.

QUESTÃO 15 (VUNESP – Ana Adm/FAPESP/2012) Em uma fundação, verificou-se que a razão entre o número de atendimentos a usuários internos e o número de atendimento total aos usuários (internos e externos), em um determinado dia, nessa ordem, foi de 3/5. Sabendo que o número de usuários externos atendidos foi 140, pode-se concluir que, no total, o número de usuários atendidos foi

a) 84 b) 100 c) 217 d) 280 e) 350

RESOLUÇÃO:

Sejam:

- **I**: número de atendimentos a usuários internos;
- **E**: número de atendimentos a usuários externos.

O enunciado afirma que a razão entre o número de atendimentos a usuários internos e o número de atendimento total aos usuários (internos e externos), em um determinado dia, nessa ordem, foi de $\frac{3}{5}$. Com isso, podemos montar a seguinte proporção:

$$\frac{I}{I+E}=\frac{3}{5}$$

Agora repare que foi-nos fornecida a informação de que **o número de usuários externos atendidos foi 140**. Substituindo isso na proporção, obtemos:

$$\frac{I}{I+140}=\frac{3}{5}$$

$$5I=3.I+420$$

$$I=\frac{420}{2}=210$$

Dessa forma, pode-se concluir que, no total, o número de usuários atendidos foi:

$$I+E=210+140=350$$

Gabarito: E.

QUESTÃO 16 (FCC – Agente/SEDU-ES/2022) Dona Paula pediu aos alunos de sua turma que formassem dois grupos. Ao final, ela percebeu que o grupo A ficou formado por 12 rapazes e 6 moças e o grupo B ficou com 18 moças. Para que a proporção de rapazes fique a mesma nos dois grupos e apenas retirando rapazes do grupo A e os colocando no grupo B, o número de rapazes que devem ir para o grupo B é:

a) 8. b) 5. c) 6. d) 3. e) 9.

RESOLUÇÃO:

O nosso objetivo consiste em retirar rapazes do grupo A para o grupo B com a finalidade de a proporção de rapazes ficar a mesma nos dois grupos, ou seja:

$$\frac{Rapazes\ A}{Moças\ A}=\frac{Rapazes\ B}{Moças\ B}$$

Inicialmente, essa proporção possui a seguinte composição:

$$\frac{12}{6}=\frac{0}{18}$$

UNIDADE 2 – ARITMÉTICA

Veja que as razões estão totalmente **desproporcionais**. A ideia é diminuir certa quantidade do numerador da primeira razão, levando-a para o numerador da segunda razão, de modo que tenhamos uma proporção **equivalente**. Isso será possível ao **retirarmos 9 rapazes do grupo A e alocando-os no grupo B**. Veja:

$$\frac{12-9}{6} = \frac{0+9}{18}$$

$$\frac{3}{6} = \frac{9}{18}$$

$$\frac{1}{2} = \frac{1}{2}$$

Gabarito: E.

3.1. Propriedades das Proporções

O estudo das proporções é bastante facilitado por meio de algumas **propriedades**, as quais auxiliam nos cálculos necessários à resolução das questões cobradas em concursos públicos. Vamos estudá-las!

➢ **Propriedade Fundamental:**

O produto dos meios é igual ao produto dos extremos.

$$\frac{a}{b} = \frac{c}{d} \Leftrightarrow b \,.\, c = a \,.\, d$$

Por exemplo, na proporção simples $\frac{2}{7} = \frac{12}{42}$, temos:

- Produto dos meios: 7 x 12 = 84

- Produto dos extremos: 2 x 42 = 84

➢ **Propriedade da soma ou da diferença:**

A soma ou a diferença entre os dois primeiros termos de uma proporção está para o primeiro termo, assim como a soma ou a diferença entre os dois últimos está para o terceiro termo.

$$\frac{a+b}{a} = \frac{c+d}{c}$$

$$\frac{a-b}{a}=\frac{c-d}{c}$$

A soma ou a diferença entre os dois primeiros termos de uma proporção está para o segundo termo, assim como a soma ou a diferença entre os dois últimos está para o quarto termo.

$$\frac{a+b}{b}=\frac{c+d}{d}$$

$$\frac{a-b}{b}=\frac{c-d}{d}$$

- **Propriedade da soma ou diferença dos antecedentes e consequentes:**

A soma ou a diferença dos antecedentes está para a soma ou a diferença dos consequentes, assim como qualquer antecedente está para o seu consequente.

$$\frac{a+c}{b+d}=\frac{a}{b}=\frac{a-c}{b-d}$$

$$\frac{a+c}{b+d}=\frac{c}{d}=\frac{a-c}{b-d}$$

Por exemplo:

$$\frac{4}{6}=\frac{8}{12}=\frac{4+8}{6+12}=\frac{12}{18}$$

Ou seja, podemos "prolongar" toda proporção, somando os numeradores das frações e somando os denominadores. Você perceberá que essa propriedade será utilizada diversas vezes na resolução de questões envolvendo divisão proporcional. Aliás, que tal já resolvermos algumas questões de concursos em que aplicaremos isso? Vamos lá!

Veja como esse assunto já foi cobrado!

QUESTÃO 17 (CESGRANRIO – Ana Amb/INEA/2008) Dada a proporção:

$$\frac{15}{20}=\frac{60}{X}$$

UNIDADE 2 – ARITMÉTICA

O valor de X na proporção é

a) 15 b) 20 c) 65 d) 68 e) 80

RESOLUÇÃO:

O enunciado apresenta a seguinte proporção, a fim de encontrarmos o valor da incógnita:

$$\frac{15}{20} = \frac{60}{X}$$

Aplicando a **propriedade fundamental das proporções**, teremos:

$$15.X = 60.20$$

$$X = \frac{1200}{15}$$

$$X = 80$$

Gabarito: E.

QUESTÃO 18 (IBADE – Técnico/Pref Linhares/2020) Numa festa há 198 pessoas. Sabe-se que para cada 8 homens há 10 mulheres. O número de mulheres e homens nesta festa é:

a) 80, 118 b) 70, 128 c) 100, 98 d) 110, 88 e) 58, 148

RESOLUÇÃO:

Sejam **H** e **M** o número de **homens** e **mulheres** na festa, respectivamente.

O enunciado afirma que há 198 pessoas na festa. Logo:

$$H + M = 198 \text{ (I)}$$

Em seguida, é dito que para cada 8 homens há 10 mulheres. Isso significa que a razão entre o número de homens e o número de mulheres é igual **8/10**. Ou seja:

$$\frac{H}{M} = \frac{8}{10}$$

Aplicando a **propriedade fundamental das proporções**, teremos:

$$8 \times M = 10 \times H$$

Isolando a incógnita "M", obtemos:

$$M = \frac{10 \times H}{8} \quad \textbf{(II)}$$

Substituindo (II) em (I), temos:

$$H + \frac{10 \times H}{8} = 198$$

$$\frac{18}{8} \times H = 198$$

$$\boldsymbol{H = 88}$$

Dessa forma, podemos concluir que **M vale 198 – 88 = 110.**

Gabarito: D.

QUESTÃO 19 (VUNESP – Ag EVP/SAP SP/2013) A razão entre o número de litros de óleo de milho e o número de litros de óleo de soja vendidos por uma mercearia, nessa ordem, foi de 5/7. Se o número total de litros de óleo vendidos (soja + milho) foi 288, então o número de litros de óleo de soja vendidos foi

a) 170 b) 176 c) 174 d) 168 e) 172

RESOLUÇÃO:

Sejam:

- **M**: número de litros de óleo de milho;
- **S**: número de litros de óleo de soja.

O enunciado afirma que o número total de litros de óleo vendidos (soja + milho) foi 288. Logo:

$$M + S = 288\,(\mathbf{I})$$

Além disso, temos a informação de que a razão entre o número de litros de óleo de milho e o número de litros de óleo de soja vendidos por uma mercearia, nessa ordem, foi de $\frac{5}{7}$. Com isso, podemos montar a seguinte proporção:

$$\frac{M}{S} = \frac{5}{7}$$

Ou

$$\frac{M}{5}=\frac{S}{7}$$

Aplicando a **propriedade da soma dos antecedentes e consequentes**, obtemos:

$$\frac{M+S}{5+7}=\frac{M}{5}=\frac{S}{7}$$

Além disso, como $M + S = 288$, ficamos com:

$$\frac{288}{12}=\frac{M}{5}=\frac{S}{7}$$

Por fim, visto que o nosso objetivo consiste em obter o número de litros de óleo de soja vendidos, fazemos:

$$\frac{288}{12}=\frac{S}{7}$$

$$12.S=288.7$$

$$S=\frac{2016}{12}=168 \textbf{ litros}$$

Gabarito: D.

QUESTÃO 20 (VUNESP – TSA/PROCON SP/2013) Em um escritório, a razão entre o número de pastas novas e o número de pastas usadas, nessa ordem, é 2/5. Se o total de pastas (novas + usadas) é 84, então, o número de pastas usadas, que precisariam ser inutilizadas para que a razão entre o número de pastas novas e o número de pastas usadas fosse 3/7, é

a) 3 b) 4 c) 5 d) 6 e) 7

RESOLUÇÃO:

Sejam:

- **N**: número de pastas novas;
- **U**: número de pastas usadas.

O enunciado afirma que a razão entre o número de pastas novas e o número de pastas usadas, nessa ordem, é $\frac{2}{5}$. Com isso, podemos montar a seguinte proporção:

$$\frac{N}{U}=\frac{2}{5}$$

Aplicando a **propriedade da soma de termos** na proporção apresentada, obtemos:

$$\frac{N+U}{N}=\frac{2+5}{2}$$

Além disso, como $N + U = 84$, ficamos com:

$$\frac{84}{N}=\frac{7}{2}$$

Agora, aplicamos a **propriedade fundamental das proporções:**

$$7.N=84.2$$

$$N=\frac{168}{7}=24$$

Dessa forma, já podemos concluir que **U vale 60.**

No entanto, a questão quer o número de pastas usadas que precisariam ser inutilizadas para que a razão entre o número de pastas novas e o número de pastas usadas seja $\frac{3}{7}$. Ou seja:

$$\frac{N}{U}=\frac{3}{7}$$

Na verdade, já sabemos que N corresponde a 24. Assim, para a nova proporção, precisamos descobrir o ***novo*** número de pastas usadas e, depois compará-lo com o número anterior para sabermos quantas precisarão ser ***descartadas***. Entendido? Então, vamos lá!

$$\frac{24}{U}=\frac{3}{7}$$

Mais uma vez usamos a **propriedade fundamental das proporções:**

$$3.U=24.7$$

$$U=\frac{168}{3}=56$$

UNIDADE 2 – ARITMÉTICA

Ora, anteriormente o escritório possuía ***60 pastas usadas***. Agora, ele tem 56, de forma que precisariam ser inutilizadas 4 pastas usadas.

Gabarito: B.

3.2. Terceira Proporcional

Em uma proporção, em que os **meios são iguais**, um dos extremos é a **terceira proporcional** do outro extremo. Assim, temos a seguinte representação:

$$\frac{a}{b} = \frac{b}{\boldsymbol{x}}$$

Logo, a terceira proporcional entre **a** e **b** é **x**.

Por exemplo, a terceira proporcional entre os números 4 e 5 será:

$$\frac{4}{5} = \frac{5}{x}$$

Aplicando a **propriedade fundamental das proporções**, teremos:

$$4.x = 5.5$$

$$\boldsymbol{x} = 6,25$$

3.3. Quarta Proporcional

Um número é chamado de **Quarta Proporcional** de três outros números, dados numa certa ordem, quando **forma com eles uma proporção**. Assim, temos a seguinte representação:

$$\frac{a}{b} = \frac{c}{\boldsymbol{x}}$$

Logo, a quarta proporcional entre **a**, **b** e **c**, nessa ordem, é **x**.

Por exemplo, a quarta proporcional entre os números 6, 8 e 12 será:

$$\frac{6}{8} = \frac{12}{x}$$

Aplicando a **propriedade fundamental das proporções**, teremos:

$$6.x = 12.8$$

$$\boldsymbol{x} = 16$$

3.4. Proporção Contínua

Proporção Contínua *é toda proporção* **simples,** *formada por* **números positivos,** *na qual* **os meios ou os extremos são iguais.**

$$a : \boldsymbol{b} :: \boldsymbol{b} : c$$

ou

$$\frac{a}{\boldsymbol{b}} = \frac{\boldsymbol{b}}{c}$$

Exemplo: Se 9, x e 49 formam, nessa ordem, uma proporção contínua, calcule o valor de x.

Visto que é informado que os números dados formam uma proporção contínua, então, os meios ou os extremos são iguais. Logo, teremos:

$$\frac{9}{x} = \frac{x}{49}$$

Aplicando a **propriedade fundamental das proporções**, teremos:

$$x^2 = 9.49$$

$$x = \sqrt{441} = 21$$

4. RESUMO

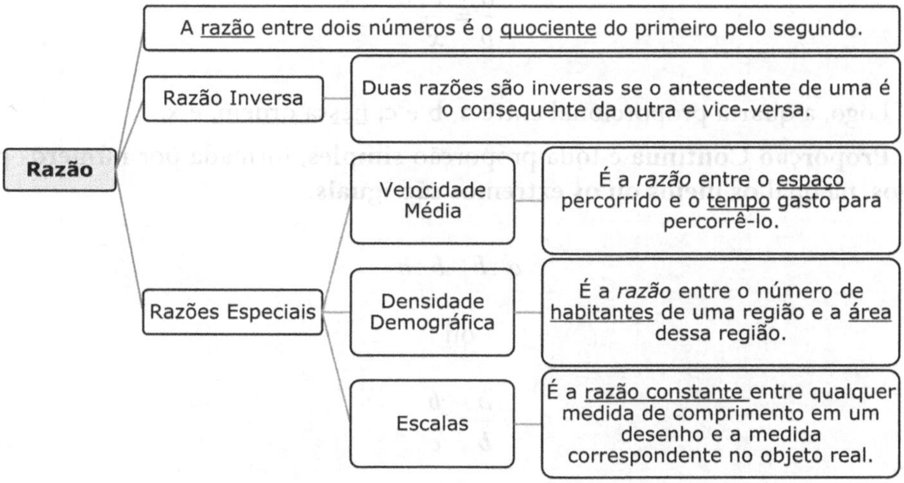

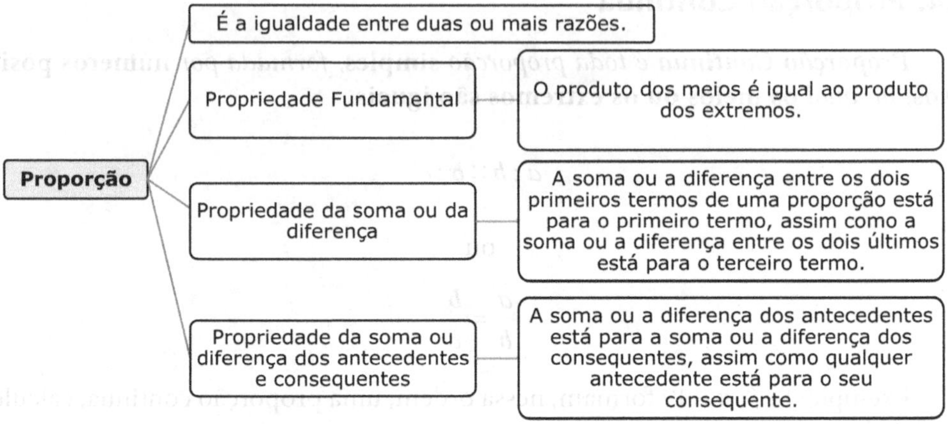

TERCEIRA PROPORCIONAL

Em uma proporção, em que os **meios são iguais**, um dos extremos é a **terceira proporcional** do outro extremo. Assim, temos a seguinte representação:

$$\frac{a}{b} = \frac{b}{\mathbf{x}}$$

Logo, a terceira proporcional entre **a** e **b** é **x**.

QUARTA PROPORCIONAL

Um número é chamado de **Quarta Proporcional** de três outros números, <u>dados numa certa ordem</u>, quando **forma com eles uma proporção**. Assim, temos a seguinte representação:

$$\frac{a}{b} = \frac{c}{\mathbf{x}}$$

Logo, a quarta proporcional entre **a**, **b** e **c**, <u>nessa ordem</u>, é **x**.

Proporção Contínua é toda proporção **simples**, formada por **números positivos**, na qual **os meios ou os extremos são iguais**.

$$a : \mathbf{b} :: \mathbf{b} : c$$

ou

$$\frac{a}{\mathbf{b}} = \frac{\mathbf{b}}{c}$$

5. MAIS QUESTÕES COMENTADAS

QUESTÃO 21 (FCC/TRF 2ª REGIÃO/Téc Jud/2007) Pelo controle de entrada e saída de pessoas em uma Unidade do Tribunal Regional Federal, verificou-se em certa semana que o número de visitantes na segunda-feira correspondeu a 3/4 do da terça-feira e este correspondeu a 2/3 do da quarta-feira. Na quinta feira e na sexta-feira houve igual número de visitantes, cada um deles igual ao dobro do da segunda-feira. Se nessa semana, de segunda à sexta-feira, o total de visitantes foi 750, o número de visitantes na:

(A) segunda-feira foi 120.

(B) terça-feira foi 150.

(C) quarta-feira foi igual ao da quinta-feira.

(D) quinta-feira foi igual ao da terça-feira.

(E) sexta-feira foi menor do que o da quarta-feira.

RESOLUÇÃO:

Vamos chamar 2ª a 6ª feiras de a, b, c, d, e. Conforme os dados fornecidos no enunciado, temos:

$$a = \frac{3b}{4} \Rightarrow b = \frac{4a}{3}; b = \frac{2c}{3} = \frac{4a}{3} \Rightarrow c = 2a; d = e = 2a = c$$

Assim, como c = d, podemos concluir que **o número de visitantes na quarta-feira foi igual ao da quinta-feira.**

Gabarito: C.

QUESTÃO 22 (FGV/SUSAM/Ag Adm/2014) No salão de entrada de um hospital há um mapa na escala de 1:300, que representa esse hospital. O hospital tem um corredor que mede 12 m de comprimento. A medida do comprimento desse corredor no mapa, em milímetros, é

a) 25 b) 30 c) 36 d) 40 e) 48

RESOLUÇÃO:

Questão bem tranquila.

$$Escala = \frac{Medida\ de\ comprimento\ no\ desenho}{Medida\ de\ comprimento\ no\ objeto\ real}$$

$$\frac{1}{300} = \frac{x}{12\ m}$$

Multiplicando em "cruz credo", temos:

$$300.x = 12.1$$

$$x = \frac{12}{300} m$$

Simplificando em cima e em baixo por 12, teremos:

$$x = \frac{1}{25} m$$

Perceba que encontramos uma medida em metros, ao passo que a questão pede claramente em milímetros. Então, deveremos fazer uma conversão. Logo:

1 metro = 1.000 milímetro

Assim, para converter uma medida de metro para milímetro, basta multiplicar por 1.000. Vamos fazer isso!

1/25 metros = 1/25 x 1.000 milímetros = **40 milímetros**

Portanto, a medida do comprimento do corredor no mapa é de **40 milímetros**.

Gabarito: D.

QUESTÃO 23 (FUNDATEC – TTRE/SEFAZ-RS/2014) Se o número de candidatos inscritos para o concurso A estivesse para o número de candidatos inscritos para o concurso B, nesta ordem, na razão inversa de 0,8 e se 1.600 pessoas tivessem se inscrito para o concurso B, o número de inscritos para o concurso A.

a) seria inferior a 1.500.

b) estaria entre 1.500 e 1.800.

c) seria exatamente 2.000.

d) estaria entre 2.100 e 3.000.

e) seria superior a 3.000.

RESOLUÇÃO:

Sejam:

A: número de candidatos inscritos para o concurso A;

B: número de candidatos inscritos para o concurso B.

Conforme os dados apresentados no enunciados podemos montar a seguinte proporção:

$$\frac{A}{B} = \frac{1}{0,8}$$

Como é dito que **1.600** pessoas se inscreveram para o concurso B, temos:

$$\frac{A}{1600} = \frac{1}{0,8}$$

$$A = \frac{1600}{0,8} = 2.000 \; \textbf{\textit{pessoas}}$$

Gabarito: C.

QUESTÃO 24 (IADES - Soldado/PM-DF/2018) Uma mistura A contém água, clorofórmio e benzeno na proporção 1:2:3. Na mistura B, há as mesmas substâncias, na proporção 3:4:5. Considerando essas informações, qual é a fração de clorofórmio presente em uma terceira mistura composta de 1 L da mistura A e de 2 L da mistura B?

a) 3/4 b) 1/3 c) 1/2 d) 1/4 e) 2/3

RESOLUÇÃO:

O enunciado apresenta algumas proporções, as quais podemos organizar numa tabela:

Mistura	Água	Clorofórmio	Benzeno
A	1	2	3
B	3	4	5

É dito que na terceira mistura há 2L da mistura B, de modo que devemos multiplicar por 2 todos os valores de B. Similarmente, fala-se que há 1L da mistura A, então podemos manter como estão os coeficientes de A. Em seguida, somamos os coeficientes de A e B para obtermos a proporção dos elementos na mistura C:

UNIDADE 2 - ARITMÉTICA

Mistura	Água	Clorofórmio	Benzeno	Total
A	1	2	3	**6**
2 × B	6	8	10	**24**
C	**7**	**10**	**13**	**30**

O nosso objetivo consiste em obter a fração de clorofórmio presente na terceira mistura. Assim, podemos fazer a **razão** entre a porção de clorofórmio e a quantidade total da mistura:

$$\frac{10}{30} = \frac{\mathbf{1}}{\mathbf{3}}$$

Gabarito: B.

QUESTÃO 25 (CESPE/Pref Aracaju/Guarda Mun/2004) Se uma corda de 30 metros de comprimento é dividida em duas partes, cujos comprimentos estão na razão 2/3, então o comprimento da menor parte é inferior a 14.

RESOLUÇÃO:

Vamos chamar cada uma das partes de x e y.

Lembrando que dividir em partes **não** significa dividir em dois **pedaços iguais**. Na verdade, significa que simplesmente teremos dois pedaços que, não necessariamente, serão do mesmo tamanho.

O enunciado fala que a corda mede 30 metros. Logo:

$$x + y = 30\,(\mathrm{I})$$

Em seguida, o item menciona que os comprimentos das duas partes estão na razão de 2 para 3:

$$\frac{x}{y} = \frac{2}{3}$$

$$3.x = 2.y$$

$$x = \frac{2.y}{3}\,(\mathrm{II})$$

Vamos substituir (II) em (I), obtendo:

$$\frac{2.y}{3}+y=30$$

$$2.y+3.y=90$$

$$y=\frac{90}{5}=18$$

Substituindo o valor que encontramos de Y em (II), temos:

$$x=\frac{2.18}{3}=12$$

Sendo assim, temos que o comprimento da menor parte da corda realmente é inferior a 14.

Gabarito: Certo.

QUESTÃO 26 (CESGRANRIO – Ass/FINEP/2014) Maria tinha 450mL de tinta vermelha e 750mL de tinta branca. Para fazer tinta rosa, ela misturou certa quantidade de tinta branca com os 450mL de tinta vermelha na proporção de duas partes de tinta vermelha para três partes de tinta branca. Feita a mistura, quantos mL de tinta branca sobraram?

a) 75 b) 125 c) 175 d) 375 e) 675

RESOLUÇÃO:

Sejam:

B: quantidade de tinta branca;

V: quantidade de tinta vermelha.

Vamos traduzir as informações presentes no enunciado para a linguagem matemática:

... na proporção de **duas partes de tinta vermelha** para **três partes de tinta branca**.

Ou seja:

$$\frac{B}{3}=\frac{V}{2}$$

Para fazer tinta rosa, ela misturou **certa quantidade de tinta branca** com os **450 ml de tinta vermelha.**

A equação anterior ficará:

$$\frac{B}{3}=\frac{450}{2}$$

$$B = 225\,.3 = 675\ \boldsymbol{ml}$$

Logo, a **quantidade de tinta branca usada na mistura foi de 675 ml.**

Mas a questão quer saber depois de feita a mistura, quantos ml de tinta branca sobraram. Ora, visto que Maria tinha à sua disposição 750 ml de tinta branca e foram usados 675 ml, sobraram 750 – 675 = **75 ml de tinta branca.**

Gabarito: A.

QUESTÃO 27 (VUNESP – Guarda Mun/Pref SP/2013) Em determinado evento, a razão entre o número de homens e o número de mulheres, nessa ordem, pode ser representada por 0,2. Sabendo-se que o número total de pessoas presentes nesse evento é 3.000, pode-se afirmar, corretamente, que o número de mulheres é

a) 750 b) 1.175 c) 1.500 d) 2.395 e) 2.500

RESOLUÇÃO:

Sejam:

H: Número de **homens**;

M: Número de **mulheres**.

O enunciado afirma que o número total de pessoas (homens + mulheres) presentes nesse evento é 3.000. Logo:

$$H + M = 3000(\mathbf{I})$$

Além disso, é dito que a razão entre o número de homens e o número de mulheres, nessa ordem, pode ser representada por 0,2. Ou seja:

$$\frac{H}{M} = 0,2$$

Aplicando a **propriedade fundamental das proporções**, teremos:

$$H = 0,2 \,.\, M(\mathbf{II})$$

Substituindo (II) em (I), temos:

$$0,2 \,.\, M + M = 3000$$

$$1,2 \,.\, M = 3000$$

$$\boldsymbol{M = 2500}$$

Gabarito: E.

QUESTÃO 28 (VUNESP – Esc/TJ-SP/2011) Uma empresa comprou 30 panetones iguais da marca K e 40 panetones iguais da marca Y, pagando um total de R$ 1.800,00. Sabendo-se que a razão entre os preços unitários dos panetones K e Y é de 2 para 3, nessa ordem, pode-se afirmar que se essa empresa tivesse comprado todos os 70 panetones somente da marca Y, ela teria gasto, a mais,

a) R$ 600,00 b) R$ 500,00 c) R$ 400,00 d) R$ 300,00 e) R$ 200,00

RESOLUÇÃO:

Sejam:

k: preço unitário do panetone da marca K;

y: preço unitário do panetone da marca Y.

O enunciado afirma que a empresa comprou 30 panetones iguais da marca K e 40 panetones iguais da marca Y, pagando um total de R$ 1.800,00. Logo:

$$30 \,.\, k + 40 \,.\, y = 1800(\mathbf{I})$$

Além disso, é dito que a razão entre os preços unitários dos panetones K e Y é de 2 para 3, nessa ordem. Ou seja:

$$\frac{k}{y} = \frac{2}{3}$$

Aplicando a **propriedade fundamental das proporções**, teremos:

$$2 \,.\, y = 3 \,.\, k$$

$$k = \frac{2 \,.\, y}{3}(\mathbf{II})$$

UNIDADE 2 – ARITMÉTICA

Substituindo (II) em (I), temos:

$$30 . \left(\frac{2 . y}{3} \right) + 40 . y = 1800$$

$$60 . y = 1800$$

$$y = 30$$

Assim, se a empresa tivesse comprado 70 panetones da marca Y, teria gasto:

$$30 . 70 = 2100$$

Por fim, concluímos que a quantia acima supera os 1800 em:

$$2100 - 1800 = 300 \textbf{ reais}$$

Gabarito: D.

QUESTÃO 29 (FGV – Ass Leg/ALEMA/2013) Na família de Márcia, para cada dois homens há três mulheres e na família de Mauro, para cada três homens há cinco mulheres. A família de Márcia tem 25% a mais de pessoas do que a família de Mauro. No Natal do ano passado, as duas famílias se reuniram integralmente para a ceia no dia 24 de dezembro. Nesse dia, a razão entre as quantidades de homens e de mulheres foi

a) 5/8 b) 4/9 c) 7/11 d) 9/13 e) 8/15

RESOLUÇÃO:

Sejam:

X_h: número de homens na família de Márcia;

X_m: número de mulheres na família de Márcia;

Y_h: número de homens na família de Mauro;

Y_m: número de mulheres na família de Mauro.

Vamos supor que a família de Mauro tenha 3 homens e 5 mulheres, totalizando 8 pessoas. Perceba que essa hipótese respeita a proporção 3:5. Ok? Adiante!

Temos a informação de que a família de Márcia tem 25% a mais de pessoas do que a família de Mauro. Logo:

$$8 . 1,25 = 10$$

Dessa forma, a família de Márcia tem **10** pessoas, sendo $\mathbf{X_h}$ homens e $\mathbf{X_m}$ mulheres.

Além disso, o enunciado afirma que na família de Márcia, para cada dois homens há três mulheres. Logo:

$$\frac{X_h}{X_m} = \frac{2}{3}$$
$$x_m = 1{,}5\ .x_h\ (\mathbf{I})$$

Visto que o total de pessoas na família de Márcia é 10, temos:

$$x_h + x_m = 10$$
$$x_h = 10 - x_m\ (\mathbf{II})$$

Substituindo (II) em (I), obtemos:

$$x_m = 1{,}5\ .(10 - x_m)$$
$$x_m = 15 - 1{,}5\ .x_m$$
$$2{,}5\ .x_m = 15$$
$$\boldsymbol{x_m = 6}$$

Substituindo o resultado obtido em (II), encontraremos:

$$x_h = 10 - 6 = 4$$

Assim, chegamos aos seguintes resultados:

Família	Número de homens	Número de mulheres
Márcia	**4**	**6**
Mauro	**3**	**5**
Total	**7**	**11**

Dessa maneira, concluímos que, **no geral, a proporção é de 7:11.**

Gabarito: C.

QUESTÃO 30 (CETRO – Adm/Pref Campinas/2012) Dois números x e y diferem entre si em 36 unidades, x está para y, assim como 1.650 está para 1.254. O valor do menor número é

a) 112 b) 114 c) 149 d) 150

RESOLUÇÃO:

O enunciado afirma que dois números x e y diferem entre si em 36 unidades. Logo:

$$x - y = 36$$

$$x = 36 + y(\mathbf{I})$$

Além disso, é dito que x está para y, assim como 1.650 está para 1.254. Ou seja:

$$\frac{x}{y} = \frac{1650}{1254}$$

Concorda que os números são bem grandes? Então, vamos simplificar por 6:

$$\frac{x}{y} = \frac{275}{209}(\mathbf{II})$$

Substituindo (I) em (II), obtemos:

$$\frac{36 + y}{y} = \frac{275}{209}$$

$$275 \,.\, y = 7524 + 209 \,.\, y$$

$$66 \,.\, y = 7524$$

$$\mathbf{y = 114}$$

Substituindo o resultado obtido em (I), encontraremos:

$$x = 36 + 114$$

$$\mathbf{x = 150}$$

Com isso, o valor do número menor é **114**.

Gabarito: B.

QUESTÃO 31 (VUNESP – Aux Nec/PC-SP/2014) A razão entre o número de homens e o número de mulheres de uma família é de 9 para 10. Após o nascimento de duas meninas, a razão passou a ser de 9 para 11, e a diferença entre o número de mulheres e o de homens passou a ser de

a) 2 b) 3 c) 5 d) 6 e) 4

RESOLUÇÃO:

Sejam:

H: Número de **homens**;

M: Número de **mulheres.**

O enunciado afirma que a razão entre o número de homens e o número de mulheres de uma família é de 9 para 10. Ou seja:

$$\frac{H}{M}=\frac{9}{10}$$

Ou:

$$\frac{H}{9}=\frac{M}{10}(\mathbf{I})$$

Em seguida, é dito que, após o nascimento de duas meninas, a razão passou a ser de 9 para 11. Logo:

$$\frac{H}{M+2}=\frac{9}{11}$$

Ou:

$$\frac{H}{9}=\frac{M+2}{11}(\mathbf{II})$$

Substituindo (I) em (II), obtemos:

$$\frac{M}{10}=\frac{M+2}{11}$$

Aplicando a **propriedade fundamental das proporções**, teremos:

$$11\,.M=10\,.M+20$$

$$\boldsymbol{M}=20$$

Substituindo o resultado obtido acima em (I), encontraremos:

$$\frac{H}{9}=\frac{20}{10}$$

$$\boldsymbol{H}=18$$

Tenho certeza que muito candidatos terminaram a resolução aqui. No entanto, os valores que encontramos dizem respeito à quantidade de membros que ***a família tinha antes do nascimento das duas meninas***. Com isso, a família passou a ter:

- 22 mulheres;
- 18 homens.

Assim, a diferença entre o número de mulheres e o de homens passou a ser de:

$$22-18=4$$

Gabarito: E.

6. QUESTÃO-DESAFIO

QUESTÃO 32 (FCC/TRF 4ª REGIÃO/Téc Jud/2004) Num dado momento, no almoxarifado de certa empresa, havia dois tipos de impressos: A e B. Após a retirada de 80 unidades de A, observou-se que o número de impressos B estava para o de A na proporção de 9 para 5. Em seguida, foram retiradas 100 unidades de B e a proporção passou a ser de 7 de B para cada 5 de A. Inicialmente, o total de impressos dos dois tipos era

(A) 780 (B) 800 (C) 840 (D) 860 (E) 920

RESOLUÇÃO:

Inicialmente somos informados que, após a retirada de 80 unidades do impresso A, o número de impressos B estava para o de A na proporção de 9 para 5. Logo:

$$\frac{B}{(A-80)}=\frac{9}{5}$$

Aplicando a **propriedade fundamental das proporções**, temos:

$$5B=9A-720$$

$$9A-5B=720(\mathrm{I})$$

Em seguida, o enunciado afirma que, foram retiradas 100 unidades de B e a proporção passou a ser de 7 de B para cada 5 de A. Assim:

$$\frac{(B-100)}{(A-80)}=\frac{7}{5}$$

$$7A - 560 = 5B - 500$$

$$7A - 5B = 60(\text{II})$$

Multiplicando (II) por -1 resulta:

$$-7A + 5B = -60(III)$$

Somando (I) e (III), temos:

$$\begin{cases} 9A - 5B = 720 \\ -7A + 5B = -60 \end{cases}$$

$$2A = 660$$

$$\boldsymbol{A} = 330$$

Encontramos a quantidade inicial de impressos A. Agora, vamos substituir esse valor em (II) para determinar a quantidade inicial de impressos B:

$$7.330 - 5B = 60$$

$$5B = 2310 - 60$$

$$\boldsymbol{B} = 450$$

Por fim somamos A e B a fim de obter o total de impressos dos dois tipos:

$$A + B = 330 + 450 = 780$$

Gabarito: A.

CAPÍTULO 12

NÚMEROS E GRANDEZAS PROPORCIONAIS

1. INTRODUÇÃO

No capítulo anterior, pudemos obter conhecimentos que serão cada vez mais necessários à medida que avançarmos em nossa matéria. Agora, estudaremos um tópico presente em praticamente todos os editais de concursos públicos que cobram matemática básica, qual seja: **Números e Grandezas Proporcionais**. Trata-se de assunto de fácil assimilação, com teoria bastante resumida. Assim, não temos dúvidas de que, com a prática exaustiva da resolução de diversas questões, você estará adequadamente preparado para enfrentar e ter sucesso ao buscar solucionar quaisquer exercícios da presente temática!

2. GRANDEZAS DIRETAMENTE PROPORCIONAIS

Chamamos de **Grandeza** a todos os valores que **podem ser medidos e estão relacionados a algum outro valor**. Ou seja, se houver variação em um valor, o outro também irá variar. Como exemplo, citamos: comprimento, tempo, preço, idade etc.

A relação de dependência entre duas grandezas, dependendo da condição apresentada, pode ser classificada como **Diretamente** proporcional ou **Inversamente** proporcional.

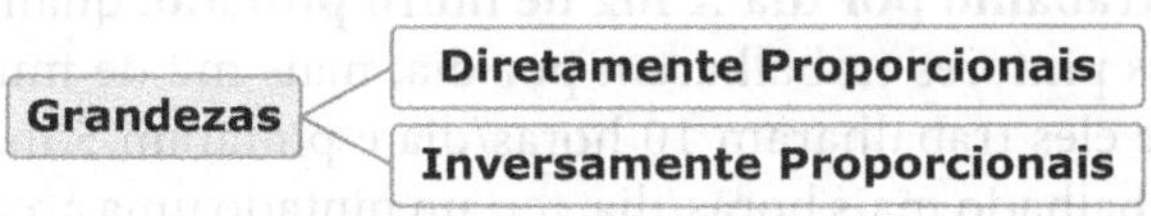

Dizemos que duas grandezas são **diretamente proporcionais** quando, **AUMENTANDO** uma delas, a outra também **AUMENTA** na mesma proporção, ou, **DIMINUINDO** uma delas, a outra também **DIMINUI** na mesma proporção.

Falando de uma maneira mais informal, são grandezas que **crescem** juntas e **diminuem** juntas.

Por exemplo, considere um automóvel que percorre 80 Km em 1 hora, 160 Km em 2 horas e 240 Km em 3 horas. A tabela a seguir representa essa situação hipotética:

Distância (Km)	Tempo (h)
80	**1**
160	**2**
240	**3**

O que podemos concluir? Bem, notamos que quando duplica o intervalo de tempo, duplica também a distância percorrida e quando o intervalo de tempo é triplicado, a distância também é triplicada, ou seja, quando o intervalo de tempo aumenta, a distância percorrida também aumenta na mesma proporção. Portanto, **distância e tempo são grandezas diretamente proporcionais**!

Veja outros exemplos de números e grandezas diretamente proporcionais a seguir:

- **Público X bilheteria**: quanto maior o público de um show, maior será a arrecadação da bilheteria. Isto é, se 300 pessoas foram a um show e deu uma bilheteria de R$ 6.000,00, se tivessem ido mais pessoas, a bilheteria teria sido maior.
- **Horas de trabalho por dia X m2 de muro pintado**: quanto mais horas de trabalho os pintores trabalharem por dia, mais m2 de muro eles pintarão. Ou seja, se eles trabalharam 10 horas/dia e pintaram 5 m2 de muro, se tivessem trabalhado mais horas/dia, teriam pintado uma área maior do muro.

Por fim, é importante destacar outra característica marcante das **grandezas diretamente proporcionais: a razão entre elas é constante.**

$$\frac{a}{b} = k$$

Os números **a** e **b** são chamados **termos da proporção**. O resultado constante das razões entre dois termos correspondentes, **k**, é chamado de **constante de proporcionalidade**.

Por exemplo, os valores 6, 7, 10 e 15, nessa ordem, são diretamente proporcionais aos valores 12, 14, 20 e 30, respectivamente, pois as razões 6/12, 7/14, 10/20 e 15/30 são todas iguais, sendo 1/2 o fator de proporcionalidade da primeira para a segunda.

Inclusive, perceba que as sucessões de números diretamente proporcionais formam **proporções múltiplas**.

Veja como esse assunto já foi cobrado!

QUESTÃO 01 (CESPE – AJ/TST/2008) Os números 135, 189 e 297 são diretamente proporcionais aos números 5, 7 e 11, respectivamente.

RESOLUÇÃO:

Vimos que a característica marcante das grandezas **diretamente proporcionais** consiste no fato que a **razão** entre elas é **constante**.

Assim, nossa tarefa é analisar se as razões 135/5, 189/7 e 297/11 fornecem o mesmo resultado. Logo:

$$\frac{135}{5} = 27$$

$$\frac{189}{7} = 27$$

$$\frac{297}{11} = 27$$

Portanto, 135, 189 e 297 são **diretamente** proporcionais a 5, 7 e 11.

Gabarito: Certo.

QUESTÃO 02 (INSTITUTO MAIS – Aux/Pró-Sangue/2022) Um composto de óleos essenciais tem 120 gramas de massa e é feito dos óleos de alecrim, de calêndula e de gergelim, em quantidades diretamente proporcionais aos números 6, 8 e 10, respectivamente. Então, a quantidade de óleo de gergelim presente nesse composto excede a quantidade de óleo de calêndula nele presente em

a) 10 gramas. b) 8 gramas.c) 6 gramas.d) 3 gramas.e) 2 gramas.

RESOLUÇÃO:

Sejam **a**, **c** e **g** as quantidades dos óleos, respectivamente, de alecrim, de calêndula e de gergelim.

O enunciado informa que *o composto de óleos essenciais tem 120 gramas e é feito dos óleos de alecrim, de calêndula e de gergelim, em quantidades* ***diretamente*** *proporcionais aos números 6, 8 e 10, respectivamente*, ou seja:

$$\frac{a}{6} = \frac{c}{8} = \frac{g}{10} = \frac{a + c + g}{6 + 8 + 10}$$

$$\frac{a}{6} = \frac{c}{8} = \frac{g}{10} = \frac{120}{24} = 5$$

Podemos encontrar a parte referente a cada tipo de óleo:

$$\frac{c}{8} = 5 \rightarrow c = 5.8 = \mathbf{40}$$

$$\frac{g}{10} = 5 \rightarrow g = 5.10 = \mathbf{50}$$

Dessa maneira, a quantidade de óleo de gergelim (g) presente nesse composto excede a quantidade de óleo de calêndula (c) nele presente em 50 - 40 = **10 gramas**.

Gabarito: A.

3. GRANDEZAS INVERSAMENTE PROPORCIONAIS

Podemos afirmar que duas grandezas são **inversamente proporcionais** quando, **AUMENTANDO** uma delas, a outra **DIMINUI** na mesma proporção, ou, **DIMINUINDO** uma delas, a outra **AUMENTA** na mesma proporção.

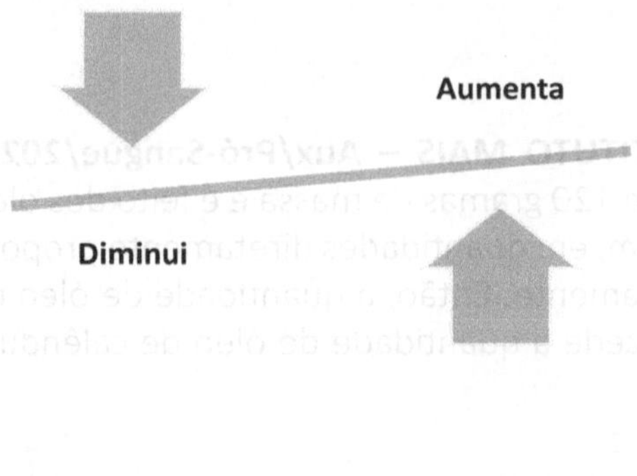

Falando de modo informal, são grandezas que, **quando uma aumenta, a outra diminui**.

Por exemplo, suponha que um carro realiza um percurso em 1 hora com velocidade de 90km/h, em 2 horas com velocidade de 45km/h e em 3 horas com velocidade de 30km/h. Nessa situação, verifica-se que **tempo e velocidade são grandezas inversamente proporcionais**, pois quanto **menor** é a velocidade que o veículo desenvolve **maior** será o tempo necessário para que ele chegue ao destino.

Veja outros exemplos de números e grandezas inversamente proporcionais a seguir:

- **Horas por dia de trabalho X dias trabalhados**: se aumentarmos o número de horas que trabalhamos diariamente, em menos dias terminaremos um determinado serviço.
- **Dias trabalhados X número de operários**: se nós aumentarmos o número de operários para realizar uma obra, ela será feita em menos tempo (menos dias).

Uma das principais etapas na resolução de questões envolvendo o tema deste capítulo e dos próximos consiste em determinar se duas ou mais grandezas são entre si direta ou inversamente proporcionais. Assim, o treinamento é muito importante. Nesse sentido, a prática obtida por meio do exemplo seguinte será bastante útil!

Para treinarmos[1], coloque D ou I nos parênteses abaixo, caso a relação entre as grandezas seja diretamente ou inversamente proporcional:

a) ( ) quantidade de produtos X preço
b) ( ) dias X operários
c) ( ) horas/dia X dias
d) ( ) horas/dia X operários
e) ( ) dias X tamanho da obra
f) ( ) horas/dia X tamanho da obra
g) ( ) tamanho da obra X operários
h) ( ) velocidade X tempo
i) ( ) velocidade X espaço
j) ( ) espaço X tempo
k) ( ) volume de um reservatório X tempo para enchê-lo
l) ( ) quantidade de comida X trabalhadores
m) ( ) salário X dias trabalhados

1. Gabarito: a) D, b) I, c) I, d) I, e) D, f) D, g) D, h) I, i) D, j) D, k) D, l) D, m) D, n) I, o) D, p) I, q) I, r) D, s) D, t) D, u) D, v) I, w) D

n) ( ) número de linhas por página X número de páginas de um livro

o) ( ) dificuldade de uma tarefa X tempo para executá-la

p) ( ) facilidade de uma tarefa X tempo para executá-la

q) ( ) máquinas X dias

r) ( ) máquinas X peças produzidas

s) ( ) m^2 de muro pintado X número de pintores

t) ( ) m^2 de muro pintado X horas/dia

u) ( ) m^2 de muro pintado X dias

v) ( ) percentual de desconto de um produto X preço final a ser pago

w) ( ) horas/dia X quantidade de páginas estudadas

Além disso, vimos que duas grandezas são diretamente proporcionais quando a razão entre elas é constante. Pois bem, qual é o inverso da divisão? É a multiplicação!

Assim, quando o **produto entre duas grandezas é constante**, dizemos que tais grandezas são **inversamente proporcionais.**

$$a.b = k$$

Veja como esse assunto já foi cobrado!

QUESTÃO 03 (CESPE/SEAD-SE/Aux Necr/2009) A viagem de ônibus entre duas cidades a uma velocidade média de 90 km/h dura 6 horas — a velocidade média de um objeto é igual à razão entre a distância percorrida por esse objeto e o tempo gasto no percurso. Pretende-se instalar nos próximos anos um trem-bala ligando essas duas cidades. O trem-bala percorrerá a mesma distância entre as duas cidades, porém a uma velocidade média de 360 km/h. A respeito dessa situação, julgue o item seguinte.

A grandeza tempo é inversamente proporcional à velocidade média e diretamente proporcional à distância percorrida.

RESOLUÇÃO:

As grandezas diretamente proporcionais são aquelas que **crescem juntas e diminuem juntas.**

Por outro lado, as grandezas inversamente proporcionais são aquelas que, **quando uma aumenta, a outra diminui.**

O item que está em análise busca saber como se comporta a grandeza **tempo** em relação às grandezas **velocidade** e **distância** percorrida. Ora, na verdade, temos:

- **Tempo é grandeza inversamente proporcional à velocidade média**, pois se aumentar o tempo diminui a velocidade média.
- **Tempo é grandeza diretamente proporcional à distância percorrida**, pois se aumentar o tempo aumenta a distância percorrida.

Gabarito: certo.

QUESTÃO 04 (Quadrix/COBRA Tecnologia/Téc Oper/2015) Assinale a alternativa que contenha 2 grandezas que são inversamente proporcionais.

a) Área de uma parede e a quantidade de tinta necessária para pintar essa parede.

b) Tempo de uma lâmpada acesa e consumo de energia elétrica.

c) Tempo para percorrer um determinado trajeto e velocidade utilizada para percorrer esse mesmo trajeto.

d) Volume de uma caixa d'água e a quantidade de água que cabe nessa caixa.

e) Tamanho de um saco de feijão e o peso desse saco de feijão.

RESOLUÇÃO:

Grandezas inversamente proporcionais são aquelas que, **quando uma aumenta, a outra diminui.**

Dessa maneira, "**Tempo** para percorrer um determinado trajeto e **velocidade** utilizada para percorrer esse mesmo trajeto" são grandezas inversas pois quanto maior for a velocidade menor será o tempo gasto.

Gabarito: C.

QUESTÃO 05 (CESPE – Ag Adm/MDIC/2014) Caso toda a produção de uma fábrica seja destinada aos públicos infantil, jovem e adulto, de modo que as porcentagens da produção destinadas a cada um desses públicos sejam inversamente proporcionais, respectivamente, aos números 2, 3 e 6, então mais de 30% da produção dessa fábrica destinar-se-á ao público jovem.

RESOLUÇÃO:

Sejam:

a: porcentagem referente ao público infantil;

b: porcentagem referente ao público jovem;

c: porcentagem referente ao público adulto.

O enunciado nos fornece seguinte informação: "As porcentagens da produção destinadas a cada um desses públicos são **inversamente proporcionais**, respectivamente, aos números 2, 3 e 6".

Ou seja, como são **grandezas inversamente proporcionais**, as mesmas devem ser diretamente proporcionais a 1/2, 1/3 e 1/6:

$$\frac{a}{\frac{1}{2}} = \frac{b}{\frac{1}{3}} = \frac{c}{\frac{1}{6}} \ \textbf{(I)}$$

Aplicando a **propriedade da soma dos antecedentes e consequentes** em (I), e considerando que o nosso objetivo consiste em obter porcentagem referente ao público jovem (b), temos:

$$\frac{a+b+c}{\frac{1}{2}+\frac{1}{3}+\frac{1}{6}} = \frac{b}{\frac{1}{3}}$$

Se somarmos todas as porcentagens (a, b e c), resultará **100%**. Logo:

$$a+b+c = \frac{b}{\frac{1}{3}} = 100\%$$

$$\frac{b}{\frac{1}{3}} = 100\%$$

$$\mathbf{b} = 33{,}333\ldots\%$$

Gabarito: Certo.

QUESTÃO 06 (IBFC/ILSL/Téc Rad/2013) Se os números da sucessão x, y ,8 são inversamente proporcionais aos da sucessão 16,8,6 então a soma entre x e y é igual a:

a) 9 b) 10 c) 8 d) 12

RESOLUÇÃO:

A questão informa que os números de uma determinada sucessão de valores são **inversamente** proporcionais aos de outra sucessão. Logo:

$$\frac{x}{\frac{1}{16}} = \frac{y}{\frac{1}{8}} = \frac{8}{\frac{1}{6}}$$

$$\frac{x}{\frac{1}{16}} = \frac{y}{\frac{1}{8}} = 48$$

Assim, temos:

$$\mathbf{x} = \frac{48}{16} = 3$$

$$\mathbf{y} = \frac{48}{8} = 6$$

No entanto, o enunciado é claro ao exigir de nós o valor da **soma entre x e y:**

$$\mathbf{x + y = 3 + 6 = 9}$$

Gabarito: A.

QUESTÃO 07 (CESPE – TBN/CEF/2014) Em uma agência bancária, os clientes são atendidos da seguinte maneira: todos os clientes a serem atendidos em determinado dia comparecem à agência no período compreendido entre 10 horas da manhã e meio-dia; ao chegar à agência, o cliente recebe uma senha para o posterior atendimento, que corresponde à sua ordem de chegada, ou seja, o primeiro cliente a chegar à agência recebe a senha 1, o segundo recebe a senha 2, e assim por diante; ao meio-dia, quando é encerrada a distribuição de senhas, os clientes que as receberam começam a ser atendidos, na ordem estabelecida por elas, ou seja, na ordem de chegada do cliente à agência, no horário entre 10 horas e meio-dia. Depois que o atendimento efetivamente começa, o tempo que um cliente espera para ser atendido é diretamente proporcional ao número de clientes que chegaram antes dele e inversamente proporcional ao número de atendentes.

Durante o mês de janeiro de 2014, essa agência trabalhou diariamente com um quadro de 10 atendentes, que levavam exatos 15 minutos para atender 25 clientes. No dia 30/1/2014, 200 clientes foram atendidos nessa agência, ao passo que, no dia 31/1/2014, esse número subiu para 800 clientes. Preocupado com essa situação e prevendo que a quantidade de clientes que procurariam a agência no dia 3/2/2014 seria ainda maior, o gerente decidiu que, durante o mês de fevereiro, o número de atendentes cresceria em 20% em relação ao número de atendentes de janeiro, assegurando que o nível de eficiência dos novos atendentes fosse idêntico ao nível dos que já estavam atuando. Sua decisão foi implementada já em 3/2/2014.

Com base nas informações do texto acima, julgue o item seguinte.

O tempo de espera do 60.º cliente que compareceu à agência no dia 3/2/2014 diminuiu em relação ao tempo de espera do 60.º cliente que compareceu à agência no dia 30/1/2014.

RESOLUÇÃO:

Pelas regras do enunciado, concluímos que o tempo de espera para determinado cliente depende de dois itens:

- Quantidade de clientes que chegaram antes dele;
- Quantidade de atendentes.

Visto que estamos comparando o 60º cliente do dia 30/01 com o 60º cliente do dia 03/02, em ambos os casos há exatos 59 clientes que vêm antes dele na fila. Ou seja, para esta comparação a quantidade de clientes que chegou antes não irá influenciar, pois é a mesma nos dois casos.

Pelo outro fator (quantidade de atendentes), percebemos que, quanto mais atendentes, menor é o tempo de espera. Ou seja, são grandezas **inversamente proporcionais.**

Como o número de atendentes foi aumentado em fevereiro, então o tempo de espera logicamente irá diminuir.

Gabarito: Certo.

QUESTÃO 08 (CETRO – Auditor-Fiscal/Pref-SP/2014) Com o intuito de gratificar, por mérito, os funcionários de uma repartição pública, o valor a ser repartido com os 3 funcionários mais assíduos é de R$ 54.500,00. O maior prêmio será pago àquele que menos faltas tiver, e o menor ao terceiro com menor número de ausências, proporcionalmente. João faltou 1 dia, Angélica 3 e Samuel 5. O valor recebido por Samuel será de (em R$)

a) 7.512,30 b) 7.108,70 c) 7.006,90 d) 6.987,30 e) 6.807,50

RESOLUÇÃO:

Estamos diante de uma questão de **grandezas inversamente proporcionais**, pois é informado que o MAIOR prêmio será pago àquele que MENOS faltas tiver.

Sejam:

A: Angélica;

J: João;

S: Samuel.

Vamos analisar cada frase do enunciado, transformando-a para a linguagem matemática:

O valor a ser repartido com os 3 funcionários mais assíduos é de R$ 54.500,00.

Ou seja:

$$\mathbf{A + J + S = 54.500\ (I)}$$

Além disso:

João faltou 1 dia, Angélica 3 e Samuel 5.

Podemos, então, montar a seguinte proporção:

$$\frac{A}{\frac{1}{3}} = \frac{J}{\frac{1}{1}} = \frac{S}{\frac{1}{5}}\ \textbf{(II)}$$

Aplicando a **propriedade da soma dos antecedentes** em (II), temos:

$$\frac{A+J+S}{\frac{1}{3}+\frac{1}{1}+\frac{1}{5}} = \frac{S}{\frac{1}{5}}$$

Substituindo (I) na proporção acima, encontramos:

$$\frac{54.500}{\frac{23}{15}} = \frac{S}{\frac{1}{5}}$$

Aplicando a propriedade fundamental da proporção, temos:

$$\frac{23}{15}.S = 54500.\frac{1}{5}$$

$$\frac{23}{15}.S = 10900$$

$$S = 10900.\frac{15}{23} = 7108,7$$

UNIDADE 2 – ARITMÉTICA

Portanto, **Samuel recebeu R$ 7.108,70.**

Gabarito: B.

4. RESUMO

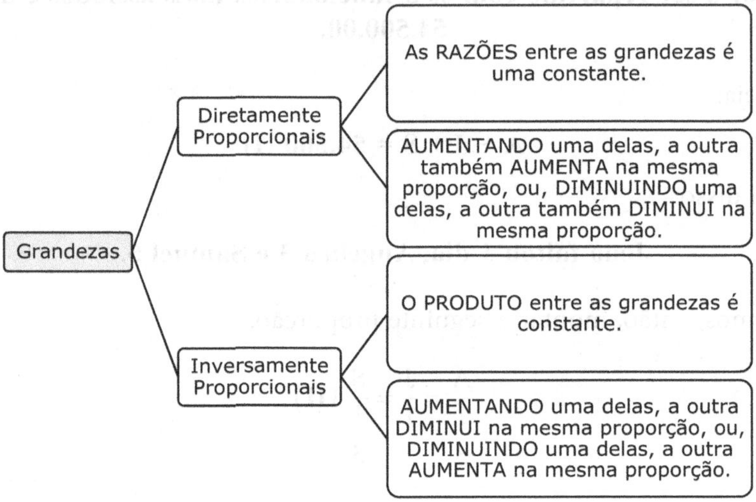

5. MAIS QUESTÕES COMENTADAS

QUESTÃO 09 (FGV – AB/BNB/2014) Três grandezas A, B e C, são tais que A é diretamente proporcional a B e inversamente proporcional ao quadrado de C. Quando B = 6 e C = 3 tem-se A = 1. Quando A = 3 e C = 2, o valor de B é:

a) 1 b) 2 c) 4 d) 6 e) 8

RESOLUÇÃO:

O enunciado informa que A é diretamente proporcional a B e inversamente proporcional ao quadrado de C. Ou seja:

$$\frac{A \text{ x } C^2}{B} = K\ldots$$

É dito que, quando B = 6 e C = 3, tem-se A = 1. Logo:

$$\frac{1 \text{ x} 3^2}{6} = K$$

$$K = \frac{3}{2}$$

Ótimo! Conseguimos a informação de que a constante k = 3/2. Prossigamos! Agora, buscamos saber o valor de B quando A = 3 e C = 2. Então:

$$\frac{A \times C^2}{B} = K\ldots$$

$$\frac{3 \times 2^2}{B} = \frac{3}{2}$$

$$3B = 24$$

$$\mathbf{B} = 8$$

Gabarito: E.

DICA

Pessoal, essa questão poderia ser solucionada de forma ainda mais ágil. Perceba que o enunciado afirma que A é diretamente proporcional a B, ou seja, se A aumenta, B também aumenta. Daí, foram apresentados os seguintes valores:

A = 1 → B = 6

A = 3 → B = X

Logo, X tem que ser maior do que 6, o que sobra somente a alternativa E.

Com isso, fica claro que em questões de múltipla escolha, deve-se ficar atento para uma solução que leve o candidato ao ganho de tempo!

QUESTÃO 10 (VUNESP - Agente Fiscal/Pref Piracicaba/2022) Adão, Bianca e Cléber são servidores públicos e, ao final de 2021, receberam bonificações cujos valores foram diretamente proporcionais aos seus respectivos tempos de serviço, expressos em anos. Na ocasião, Adão contava com 15 anos de serviço, Cléber, com 9 anos, e o tempo de serviço de Bianca correspondia à média aritmética simples dos números de anos de serviço de Adão e de Cléber. Se a soma das bonificações recebidas pelos três servidores foi igual a R$ 12.000,00, é correto afirmar que a diferença entre os valores das bonificações recebidas por Adão e por Bianca é igual a (em R$)

a) 750,00. b) 1.000,00. c) 1.500,00. d) 2.000,00. e) 3.000,00.

RESOLUÇÃO:

Sejam **a**, **b** e **c** as bonificações devidas a, respectivamente, Adão, Bianca e Cléber.

UNIDADE 2 – ARITMÉTICA

Como as bonificações foram **diretamente** proporcionais aos seus respectivos tempos de serviço, temos:

$$\frac{a}{15} = \frac{b}{(15+9)/_2} = \frac{c}{9} = \frac{a+b+c}{15+12+9} = \frac{12000}{36} = \frac{1000}{3}$$

Vamos calcular as bonificações de Adão e Bianca:

$$\frac{a}{15} = \frac{1000}{3} \rightarrow a = 15\,.\frac{1000}{3} = \mathbf{5.000}$$

$$\frac{b}{(15+9)/_2} = \frac{1000}{3} \rightarrow b = 12\,.\frac{1000}{3} = \mathbf{4.000}$$

Portanto, é de 5.000 - 4.000 = **1.000reais** a diferença entre os valores das bonificações recebidas por Adão e por Bianca.

Gabarito: B.

QUESTÃO 11 (CESPE – AJ/TST/2008) Para emitir parecer sobre 70 processos da área administrativa, 3 analistas foram convocados, sendo que os números de processos que cada um recebeu eram diretamente proporcionais aos números 2, 3 e 5.

Com base nessa situação hipotética, julgue o item a seguir.

A um dos analistas foram destinados menos de 12 processos.

RESOLUÇÃO:

Sejam:

a: quantidade de processos recebida pelo primeiro analista;

b: quantidade de processos recebida pelo segundo analista;

c: quantidade de processos recebida pelo terceiro analista;

O enunciado informa que os números de processos que cada um recebeu eram diretamente proporcionais aos números 2, 3 e 5. Ou seja:

$$\frac{a}{2} = \frac{b}{3} = \frac{c}{5} = k$$

Pela **Propriedade da soma dos antecedentes e consequentes**, se somarmos os numeradores, somarmos os denominadores e fizermos a divisão, o resultado não se altera. Logo:

$$\frac{a+b+c}{2+3+5}=k$$

$$k=\frac{70}{10}=7$$

Substituindo o valor da constante de proporcionalidade em cada parcela, temos:

$$\frac{a}{2}=7\rightarrow \mathbf{a}=14$$

$$\frac{b}{3}=7\rightarrow \mathbf{b}=21$$

$$\frac{c}{5}=7\rightarrow \mathbf{c}=35$$

Portanto, na realidade, todos receberam mais de 12 processos.

Gabarito: Errado.

QUESTÃO 12 (CESPE – AJ/TST/2008) Para emitir parecer sobre 70 processos da área administrativa, 3 analistas foram convocados, sendo que os números de processos que cada um recebeu eram diretamente proporcionais aos números 2, 3 e 5.

Com base nessa situação hipotética, julgue o item a seguir.

Um dos analistas recebeu mais de 33 processos.

RESOLUÇÃO:

Pela resolução do item anterior, percebemos que, de fato, **um dos analistas recebeu mais de 33 processos**, pois a ele foram distribuídos 35 processos.

Gabarito: certo.

QUESTÃO 13 (CESPE – AJ/TST/2008) Para emitir parecer sobre 70 processos da área administrativa, 3 analistas foram convocados, sendo que os números de processos que cada um recebeu eram diretamente proporcionais aos números 2, 3 e 5.

Com base nessa situação hipotética, julgue o item a seguir.
Um dos analistas recebeu entre 15 e 20 processos.

RESOLUÇÃO:

Já sabemos que cada analista recebeu:

$$\frac{a}{2} = 7 \rightarrow \mathbf{a = 14}$$

$$\frac{b}{3} = 7 \rightarrow \mathbf{b = 21}$$

$$\frac{c}{5} = 7 \rightarrow \mathbf{c = 35}$$

Logo, **nenhum desses valores está no intervalo entre 15 e 20.**

Gabarito: errado.

QUESTÃO 14 (CESPE – Téc/IBAMA/2012) Um órgão de controle, ao aplicar sanções contra empresas petroleiras cujas atividades resultem em agressão ao meio ambiente, determina o valor da multa, em reais, de modo proporcional ao volume de petróleo derramado, em barris, ao tempo de duração do derramamento, em semanas, e à área da região afetada, em quilômetros quadrados. Assim, se determinada empresa petroleira deixar vazar, por três semanas, quatro mil barris de petróleo bruto, causando a contaminação de 950 km2 de superfície marítima, será, em decorrência disso, multada em R$ 5.000.000,00. Com base nessas informações, julgue o item seguinte.

Caso, depois de estancado um vazamento, o petróleo derramado avance por uma área correspondente a 10% da área inicialmente afetada, o valor da multa recebida pela empresa aumentará 10% em relação ao valor que seria estabelecido no momento do estanque.

RESOLUÇÃO:

De acordo com as informações fornecidas pelo enunciado, percebemos que, depois que o vazamento é contido, temos as seguintes consequências:

- A quantidade de barris vazando é mantida constante;
- A quantidade de semanas de derramamento para de aumentar;
- A única grandeza que continua aumentando é a área afetada.

Observe que a área afetada é diretamente proporcional à multa aplicada, de modo que, se a área é aumentada em 10%, então a multa cresce na mesma proporção. Logo, aumentará em 10%.

Gabarito: certo.

QUESTÃO 15 (FCC/TRF – 4ª Região/Téc Jud/2010) Sejam x, y e z três números inteiros e positivos, tais que x < y < z. Sabe-se que o maior é a soma dos outros dois, e que o menor é um sexto do maior. Nessas condições, x, y e z são, nesta ordem, diretamente proporcionais a

a) 1, 3 e 6. b) 1, 4 e 6. c) 1, 5 e 6. d) 1, 6 e 7. e) 1, 7 e 8.

RESOLUÇÃO:

Você já sabe que duas grandezas são **diretamente** proporcionais quando a razão entre elas é constante, de modo que:

$$\frac{\mathbf{x}}{\mathbf{a}}=\frac{\mathbf{y}}{\mathbf{b}}=\frac{\mathbf{z}}{\mathbf{c}}=\mathbf{k}$$

O nosso objetivo consiste em achar o valor dos números a, b e c.

Inicialmente, é dito que $x < y < z$.

Também é dito que o maior é a soma dos outros dois:

$$z = x + y$$

Além disso, o enunciado descreve que o menor número é um sexto do maior:

$$x = \frac{1}{6}.z = \frac{z}{6}$$

Ótimo! Acabamos de encontrar dois dos valores necessários à montagem de proporção desejada: **a = 1** e **c = 6**, que são os denominadores da equação $\frac{x}{1}$ e $\frac{z}{6}$. Resta-nos a tarefa de determinar o valor de **b**.

Ora, se **x** corresponde a um sexto do número **z**, então **y** corresponde a:

$$x + y = z$$

$$\frac{z}{6} + y = z$$

$$y = \frac{5}{6}.z$$

Substituindo a informação acima na proporção, temos:

$$\frac{y}{b} = \frac{z}{c}$$

$$\frac{\frac{5}{6}.z}{b} = \frac{z}{6}$$

Aplicando a **propriedade fundamental das proporções**, obtemos:

$$\frac{5}{\cancel{6}}.\cancel{z}.\cancel{6} = b.\cancel{z}$$

$$\mathbf{b = 5}$$

Assim, temos que os números **x, y e z são diretamente proporcionais a 1, 5 e 6.**

Gabarito: C.

QUESTÃO 16 (Cespe/Correios/Atend Com/2011) O trajeto de 5 km percorrido por um carteiro é formado por 2 trechos. Sabe-se que os comprimentos desses trechos, em metros, são números diretamente proporcionais a 2 e 3. Nesse caso, a diferença, em metros, entre os comprimentos do maior trecho e do menor trecho é igual a

a) 600 b) 1.400 c) 1.200 d) 1.000 e) 800

RESOLUÇÃO:

Sejam x e y os dois trechos que formam o trajeto percorrido pelo carteiro.

O enunciado informa que o trajeto de 5 km percorrido por um carteiro é formado por 2 trechos. Ou seja:

$$x + y = 5 \text{ quilômetros} = 5.000 \text{ metros}$$

Também é dito que os comprimentos desses trechos, em metros, são números diretamente proporcionais a 2 e 3. Com isso, e considerando que duas grandezas são **diretamente proporcionais** quando a razão entre elas é constante, temos:

$$\frac{x}{2} = \frac{y}{3}$$

Aplicando a propriedade da soma dos antecedentes e consequentes, fica:

$$\frac{x+y}{2+3}=\frac{x}{2}=\frac{y}{3}$$

$$\frac{5000}{5}=\frac{x}{2}=\frac{y}{3}$$

$$\frac{x}{2}=\frac{y}{3}=1000$$

Dessa maneira estamos em plenas condições de determinar a medida de cada trecho percorrido pelo carteiro:

$$\frac{x}{2}=1000 \Rightarrow \mathbf{x=2.000\,metros}$$

$$\frac{y}{3}=1000 \Rightarrow \mathbf{y=3.000\,metros}$$

Terminamos a questão? Não! Na verdade, o nosso objetivo consiste em obter a **diferença**, em metros, entre os comprimentos do maior trecho e do menor trecho:

$$y-x=3000-2000=1.000\,\mathbf{metros}$$

Gabarito: D.

QUESTÃO 17 (FCC/TRT – 21ª Região/Téc Jud/2003) Certo mês, os números de horas extras cumpridas pelos funcionários A, B e C foram inversamente proporcionais aos seus respectivos tempos de serviço na empresa. Se A trabalha há 8 meses, B há 2 anos, C há 3 anos e, juntos, os três cumpriram um total de 56 horas extras, então o número de horas extras cumpridas por B foi

a) 8 b) 12 c) 18 d) 24 e) 36

RESOLUÇÃO:

Sejam:

a: número de horas extras cumpridas pelo funcionário A;

b: número de horas extras cumpridas pelo funcionário B;

c: número de horas extras cumpridas pelo funcionário C.

UNIDADE 2 – ARITMÉTICA

O enunciado informa que os números de horas extras cumpridas pelos funcionários A, B e C foram **inversamente proporcionais** aos seus respectivos tempos de serviço na empresa. Se A trabalha há 8 meses, B há 2 anos, C há 3 anos, então:

$$8a = 24b = 36c = k$$

$$8a = 24b \Rightarrow a = 3b$$

$$24b = 36c \Rightarrow c = \frac{2}{3} . b$$

Além disso, é dito que juntos, os três cumpriram um total de 56 horas extras. Ou seja:

$$a + b + c = 56$$

Visto que o nosso objetivo consiste em obter **o número de horas extras cumpridas por B**, vamos deixar todas as incógnitas em função de **b** na equação anterior, obtendo:

$$3b + b + \frac{2}{3} . b = 56$$

$$\frac{14}{3} . b = 56$$

$$b = 56 . \frac{3}{14} = 12$$

Gabarito: B.

6. QUESTÕES-DESAFIO

QUESTÃO 18 (UFES/Eng/2015) Uma grandeza Z é diretamente proporcional ao produto de uma grandeza positiva X pela raiz quadrada de uma grandeza positiva Y. Se o valor de X tem uma redução percentual de 10% e, simultaneamente, o valor de Y tem um aumento percentual de 21%, então o valor de Z

a) tem uma redução percentual de 1%.

b) tem um aumento percentual de 1%.

c) tem uma redução percentual de 2%.

d) tem um aumento percentual de 2%.

e) permanece inalterado.

RESOLUÇÃO:

O enunciado nos informa que a grandeza Z é **diretamente** proporcional ao produto da grandeza X pela raiz quadrada da grandeza Y. Logo:

$$\mathbf{Z = x . \sqrt{Y}}$$

Em seguida, a questão afirma que X diminui 10% e Y aumenta 21%. Assim, teremos:

$$X' = X - 0{,}1.\ X = 0{,}9X$$

$$Y' = Y + 0{,}21.\ Y = 1{,}21Y$$

Com isso, o novo Z será:

$$Z' = 0{,}9X.\sqrt{1{,}21Y}$$

$$Z' = 0{,}9X.1{,}1\sqrt{Y}$$

$$Z' = 0{,}99X\ .\sqrt{Y}$$

Dessa forma, é possível perceber que a grandeza Z' corresponde a 99% de Z, indicando que **Z teve uma redução de 1%.**

Gabarito: A.

QUESTÃO 19 (IBADE – Recenseador/IBGE/2020) As duas sucessões numéricas a seguir são diretamente proporcionais: (8, x, y) e (12, 15, 21), onde x e y representam números inteiros desconhecidos. Quais os valores de x e y respectivamente?

a) 10 e 12 b) 12 e 14 c) 12 e 16 d) 10 e 14 e) 14 e 16

RESOLUÇÃO:

Quando duas grandezas são **diretamente** proporcionais, a **razão** entre elas é **constante**.

O enunciado informa que os números 8, x e y são diretamente proporcionais a 12, 15 e 21. Logo:

$$\frac{8}{12} = \frac{x}{15} = \frac{y}{21}$$

Agora igualamos as razões duas a duas para determinar os valores das incógnitas na **proporção múltipla**:

$$\frac{x}{15} = \frac{8}{12}$$

$$12x = 8.15$$

$$x = \frac{120}{12} = \mathbf{10}$$

Similarmente, determinamos o valor de y:

$$\frac{y}{21} = \frac{8}{12}$$

$$12y = 168$$

$$y = \frac{168}{12} = \mathbf{14}$$

Gabarito: D.

CAPÍTULO 13

DIVISÃO PROPORCIONAL

1. INTRODUÇÃO

O tema **Divisão Proporcional** é bastante recorrente nos mais diversos certames, consistindo em sequência natural dos tópicos abordados nos capítulos anteriores e de fundamental importância para o bom entendimento do conteúdo dos próximos capítulos.

Como de costume, iremos expor uma teoria sólida aliada à resolução de várias questões cobradas em concursos públicos, o que ajudará o leitor a sedimentar o conhecimento obtido!

2. CONCEITO

Podemos definir Divisão Proporcional como sendo a partição de um determinado valor em partes **diretamente ou inversamente proporcionais** a um grupo de números. Temos também o **caso misto**, em que um valor pode ser dividido em partes diretamente proporcionais a um grupo de números e em partes inversamente proporcionais a um outro grupo de números.

Dessa forma, inicialmente estudaremos o caso da divisão em números **diretamente** proporcionais. Em seguida, faremos a análise da situação em que estará presente a divisão inversamente proporcional. E, por fim, veremos problemas em que a divisão ocorrerá de modo **misto**, sendo o valor fracionado em partes diretamente e inversamente proporcionais, simultaneamente.

3. DIVISÃO EM NÚMEROS DIRETAMENTE PROPORCIONAIS

A divisão de um valor em partes **diretamente** proporcionais a outros números dados, consiste em se determinar as parcelas que são diretamente proporcionais a cada um dos números dados e que somadas, totalizam o valor original.

De fato, dividir um número **T** em **n** partes **diretamente proporcionais** a um grupo de números dados, $\mathbf{a_1}$, $\mathbf{a_2}$, $\mathbf{a_3}$, ... $\mathbf{a_n}$, significa encontrar um outro grupo, $\mathbf{X_1}$, $\mathbf{X_2}$, $\mathbf{X_3}$, ..., $\mathbf{X_n}$, que satisfaz o seguinte:

1º) As **razões** entre cada uma das partes procuradas e os respectivos membros do grupo proporcional devem ser **todas iguais**:

$$\frac{\mathbf{X_1}}{\mathbf{a_1}} = \frac{\mathbf{X_2}}{\mathbf{a_2}} = \frac{\mathbf{X_3}}{\mathbf{a_3}} = \ldots = \frac{\mathbf{X_n}}{\mathbf{a_n}} = \mathbf{k}$$

2º) A **soma das partes** procuradas seve ser **igual ao valor original**:

$$\mathbf{X_1 + X_2 + X_3 + \ldots + X_n = T}$$

Depois de calculado o valor da constante **k**, basta substituí-lo nas igualdades da proporção e realizar as contas para descobrir o valor de cada uma das partes.

BIZU!

Se o enunciado da questão só mencionar a palavra "proporcional", sem afirmar se é diretamente ou inversamente proporcional, assuma sempre que é **diretamente proporcional**!

Por exemplo, vamos dividir o número 72 em três partes diretamente proporcionais aos números 3, 4 e 5.

Sejam, **a**, **b** e **c** as três partes procuradas. Visto que a **razão** entre grandezas **diretamente proporcionais** é uma constante, chamada **constante de proporcionalidade k**, podemos escrever:

$$\frac{a}{3} = \frac{b}{4} = \frac{c}{5} = k$$

Daí, teremos que:

$$a = 3k$$

$$b = 4k$$

$$c = 5k$$

Como a soma das três partes deve ser 72, temos:

$$a + b + c = 72$$

$$3k + 4k + 5k = 72$$

$$12k = 72$$

$$\boldsymbol{k} = 6$$

Agora que encontramos o valor da **constante de proporcionalidade** basta substituí-lo nas igualdades da proporção e realizar as contas para descobrir o valor de cada uma das partes:

- **Valor de a**: 3k = 3.6 = 18
- **Valor de b**: 4k = 4.6 = 24
- **Valor de c**: 5k = 5.6 = 30

Agora, vamos dividir o número 320 em três partes diretamente proporcionais a 4, 12 e 16.

Sejam, **A**, **B** e **C** as três partes procuradas. Vamos adotar um outro caminho de resolução, que chamaremos de **método simplificado**. Como funciona? Bem, na divisão diretamente proporcional, a grosso modo, basta **pegar o valor total e dividir pela soma das partes, comparando com cada incógnita dividida pela sua parte**.

Talvez pareça um pouco complicado olhando tão somente a definição, mas ficará mais claro aplicando o método a um caso prático. E é isso o que vamos fazer agora!

Primeiramente, pegamos o valor total, que é 320, e dividimos pela soma das partes, ou seja, 4 + 12 + 16, igualando à proporção formada por cada incógnita dividida pela sua parte:

$$\frac{320}{4+12+16} = \frac{A}{4} = \frac{B}{12} = \frac{C}{16}$$

Simplificando a primeira fração da proporção anterior:

$$\frac{320}{4+12+16} = \frac{320}{32} = 10$$

UNIDADE 2 – ARITMÉTICA

Agora é só comparar 10 com cada uma das igualdades $\frac{A}{4}$, $\frac{B}{12}$ e $\frac{C}{16}$, encontrando A, B e C um de cada vez:

- **Valor de A**: $10 = \frac{A}{4} \Rightarrow \mathbf{A} = 40$
- **Valor de B**: $10 = \frac{B}{12} \Rightarrow \mathbf{B} = 120$
- **Valor de C**: $10 = \frac{C}{16} \Rightarrow \mathbf{C} = 160$

Assim, fica claro que temos **dois caminhos de resolução** para as questões de divisão diretamente proporcional:

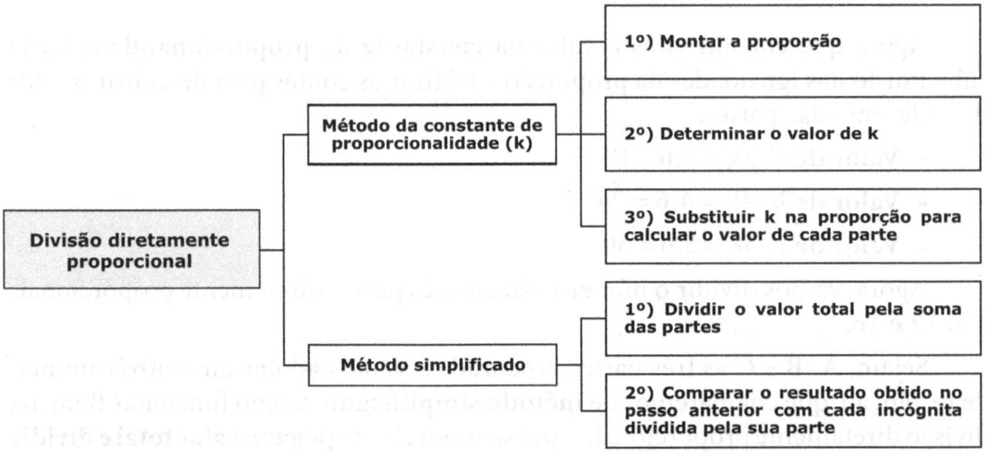

Por fim, considere que três sócios devem dividir proporcionalmente o lucro de R$ 30.000,00. O sócio A investiu R$ 60.000,00, o sócio B R$ 40.000,00 e o sócio C R$ 50.000,00. Qual a parte correspondente de cada um?

Primeiramente, pegamos o valor total, que é R$ 30.000, e dividimos pela soma das partes, ou seja, 60 + 40 + 50, igualando à proporção formada por cada incógnita dividida pela sua parte. Para simplificar, vamos esquecer os zeros dos milhares.

$$\frac{30}{60+40+50} = \frac{A}{60} = \frac{B}{40} = \frac{C}{50}$$

Simplificando a primeira fração da proporção anterior:

$$\frac{30}{60+40+50} = \frac{30}{150} = \frac{1}{5}$$

Agora é só comparar $\frac{1}{5}$ com cada uma das igualdades $\frac{A}{60}$, $\frac{B}{40}$ e $\frac{C}{50}$, encontrando A, B e C um de cada vez:

- **Parte de A:** $\frac{1}{5}=\frac{A}{60} \Rightarrow \mathbf{A}=12$
- **Parte de B:** $\frac{1}{5}=\frac{B}{40} \Rightarrow \mathbf{B}=8$
- **Parte de C:** $\frac{1}{5}=\frac{C}{50} \Rightarrow \mathbf{C}=10$

Portanto, ao sócio A coube R$ 12.000,00; ao sócio B, R$ 8.000,00; e ao sócio C, R$ 10.000,00.

TOME NOTA!

Para ter mais certeza dos seus cálculos, **a soma das partes tem que dar o todo**, ou seja, 12.000 + 8.000 + 10.000 tem que ser igual aos 30.000 que foram divididos.

UNIDADE 2 – ARITMÉTICA

Veja como esse assunto já foi cobrado!

QUESTÃO 01 (FGV/CAERN/Ag Adm/2010) Dividindo-se 11.700 em partes proporcionais a 1, 3 e 5, a diferença entre a maior das partes e a menor delas é

a) 6.500 b) 5.500 c) 5.800 d) 5.200 e) 5.000

RESOLUÇÃO:

Sejam, **a**, **b** e **c** as três partes procuradas. Visto que a **razão** entre grandezas **diretamente proporcionais** é uma constante, temos:

$$\frac{a}{1}=\frac{b}{3}=\frac{c}{5}=k(\boldsymbol{I})$$

Além disso, como a soma das três partes deve ser 11700, temos:

$$a+b+c=11700(\boldsymbol{II})$$

Aplicando a **propriedade da soma dos antecedentes** em (I), obtemos:

$$\frac{a+b+c}{1+3+5}=k$$

Substituindo (II) na igualdade acima, encontramos:

$$k=\frac{11700}{9}=1300$$

Agora que encontramos o valor da **constante de proporcionalidade** basta substituí-lo nas igualdades da proporção e realizar as contas para descobrir o valor de cada uma das partes:

- **Valor de a**: $1k = 1.1300 = 1300$
- **Valor de b**: $3k = 3.1300 = 3900$
- **Valor de c**: $5k = 5.1300 = 6500$

Questão concluída? Com certeza não, pois o nosso objetivo consiste em obter a **diferença entre a maior e a menor parte**. Logo:

$$c-a=6500-1300=5200$$

Gabarito: D.

QUESTÃO 02 (IBADE – Recenseador/IBGE/2020) Fernanda e Daniel jogaram juntos na loteria e acertaram cinco números, gerando um prêmio de R$ 750.000,00. Fernanda investiu R$ 80,00 e Daniel R$ 70,00 sobre o total do valor apostado, por isso o prêmio foi dividido em partes diretamente proporcionais à participação de cada um na aposta. Qual a parte que coube a Daniel?

a) R$300.000,00

b) R$315.000,00

c) R$325.000,00

d) R$330.000,00

e) R$350.000,00

RESOLUÇÃO:

Sejam **f** e **d** as quantias devidas a Fernanda e Daniel, respectivamente.

Já sabemos que a **razão** entre duas grandezas **diretamente** proporcionais é uma **constante**. Como Fernanda investiu R$ 80,00 e Daniel R$ 70,00, podemos escrever:

$$\frac{f}{80} = \frac{d}{70} = k$$

Assim, podemos concluir que:

f = 80k

d = 70k

Como o prêmio é no valor de R$ 750.000,00, temos:

$$80k + 70k - 750000$$

$$k = \frac{750000}{150} = 5000$$

Portanto, a parte que coube a Daniel é dada por:

$$\boldsymbol{d} = 70\text{k} = 70 \;.\; 5000 = \mathbf{350.000}$$

Gabarito: E.

QUESTÃO 03 (FEPESE – Contador/CASAN/2022) Uma quantia (em Reais) foi repartida em partes proporcionais a 4, 5 e 9. Se a maior parte excede a menor parte em R$ 300, então a quantia inicial é:

a) Maior que R$ 1125.

b) Maior que R$ 1100 e menor que R$ 1125.

c) Maior que R$ 1075 e menor que R$ 1100.

d) Maior que R$ 1050 e menor que R$ 1075.

e) Menor que R$ 1050.

RESOLUÇÃO:

Sejam **A, B** e **C** as partes em que foi dividida a quantia total **T**, na ordem **crescente** de valores.

Como a quantia foi repartida em partes **proporcionais** a 4, 5 e 9, temos:

$$\frac{A}{4} = \frac{B}{5} = \frac{C}{9} = k$$

Em que **k** é uma constante de proporcionalidade.

O enunciado informa que *a maior parte (C) excede a menor parte (A) em R$ 300*, ou seja:

$$C = A + 300$$

Substituindo isso na proporção anterior, obtemos:

$$\frac{A}{4} = \frac{A + 300}{9}$$

$$9A = 4A + 1200$$

$$A = 240$$

Com isso, vemos que:

$$C = 240 + 300$$

$$C = 540$$

Voltando à proporção, temos:

$$\frac{240}{4} = \frac{B}{5}$$

$$B = 60 . 5 = 300$$

A quantia inicial é dada pela soma das três partes:

$$T = A + B + C$$

$$T = 240 + 300 + 540 = \mathbf{1.080}$$

Gabarito: C.

QUESTÃO 04 (VUNESP/SEJUS-ES/Ag/2013) Os 250 trabalhadores de uma instituição serão distribuídos em frentes de trabalho, em 3 grupos de x, y e z pessoas. O número de trabalhadores x, y e z desses grupos será diretamente proporcional a 10, 15 e 25. Nesse caso, a diferença entre a frente com maior e a frente com menor número de trabalhadores será

a) 50 b) 100 c) 75 d) 45 e) 25

RESOLUÇÃO:

Já sabemos que a **razão** entre grandezas **diretamente proporcionais** é uma constante. Com isso, podemos montar a seguinte proporção:

$$\frac{x}{10} = \frac{y}{15} = \frac{z}{25} = k\ (I)$$

Além disso, como a soma das três partes deve ser 250, temos:

$$x+y+z=250\,(II)$$

Aplicando a **propriedade da soma dos antecedentes** em (I), obtemos:

$$\frac{x+y+z}{10+15+25}=k$$

Substituindo (II) na igualdade acima, encontramos:

$$\frac{250}{50}=k$$

$$\boldsymbol{k}=5$$

Por fim, vamos substituir o valor da **constante de proporcionalidade** nas parcelas da proporção:

- Valor de x: $10k=10.5=50$
- Valor de y: $15k=15.5=75$
- Valor de z: $25k=25.5=125$

Terminamos a questão? Não meus amigos, pois o nosso objetivo consiste em obter **a diferença entre a frente com maior e a frente com menor número de trabalhadores**. Logo:

$$z-x=125-50=75$$

Gabarito: C.

QUESTÃO 05 (OBJETIVA/CISVALE/Cont/2015) Em um escritório de contabilidade, quatro Contadores precisam elaborar 1.260 balanços. Sabendo-se que eles resolveram dividir essa quantidade entre eles de forma diretamente proporcional aos tempos em que eles trabalham nesse escritório, que são 12, 14, 16 e 18 meses, respectivamente, assinalar a alternativa CORRETA:

a) O Contador que trabalha há 12 meses nesse escritório elaborará 254 balanços.

b) O Contador que trabalha há 14 meses nesse escritório elaborará 296 balanços.

UNIDADE 2 – ARITMÉTICA

c) O Contador que trabalha há 16 meses nesse escritório elaborará 336 balanços.

d) O Contador que trabalha há 18 meses nesse escritório elaborará 387 balanços.

RESOLUÇÃO:

Sejam a, b, c e d as quantidades de balanços elaborados pelo contador que trabalham há, respectivamente, 12, 14, 16 e 18 meses no escritório de contabilidade.

Já sabemos que a **razão** entre grandezas **diretamente proporcionais** é uma constante. Com isso, podemos montar a seguinte proporção:

$$\frac{a}{12}=\frac{b}{14}=\frac{c}{16}=\frac{d}{18}=k\left(\boldsymbol{I}\right)$$

Além disso, como a soma de todos os balanços elaborados é 1260, temos:

$$a+b+c+d=1260\left(\boldsymbol{II}\right)$$

Aplicando a **propriedade da soma dos antecedentes** em (I), obtemos:

$$\frac{a+b+c+d}{12+14+16+18}=k$$

Substituindo (II) na igualdade acima, encontramos:

$$\frac{1260}{60}=k$$

$$\boldsymbol{k}=21$$

Por fim, vamos substituir o valor da **constante de proporcionalidade** nas parcelas da proporção:

- Valor de a: $12k=12.21=252$
- Valor de b: $14k=14.21=294$
- Valor de c: $16k=16.21=336$
- Valor de d: $18k=18.21=378$

Portanto, o Contador que trabalha há 16 meses nesse escritório elaborará 336 balanços.

Gabarito: C.

QUESTÃO 06 (FCC/METRÔ-SP/Téc/2014) Anita e Carla trabalham em um restaurante e decidiram repartir R$ 480,00 arrecadados com gorjetas usando um critério nada usual. Atribuindo-se numeração crescente às letras do nosso alfabeto (A-1, B-2, C-3, ..., Y-25, Z-26), cada uma receberia a parcela dos R$ 480,00 diretamente proporcional à soma numérica das letras do seu primeiro nome (Anita e Carla). Por esse acordo, a diferença de valores na partilha entre as duas será de

a) R$ 64,00 b) R$ 60,00 c) R$ 58,00 d) R$ 70,00 e) R$ 68,00

RESOLUÇÃO:

O enunciado cita que Anita e Carla decidiram repartir R$ 480,00 arrecadados com gorjetas num restaurante em que trabalham. No entanto, o critério adotado para a divisão foi bem diferenciado, qual seja, atribuindo-se numeração crescente às letras do nosso alfabeto. Logo, temos:

$$A+N+I+T+A=1+14+9+20+1=45$$
$$C+A+R+L+A=3+1+18+12+1=35$$

Em seguida, temos a informação de que cada uma receberia a parcela dos R$ 480,00 diretamente proporcional à soma numérica das letras do seu primeiro nome. Com isso, sendo a e b as parcelas que cabem, respectivamente, a Anita e Carla, podemos montar a seguinte proporção:

$$\frac{a}{45}=\frac{b}{35}=k\,(\boldsymbol{I})$$

Além disso, como o valor total das gorjetas a ser repartido entre as garçonetes é de R$ 480,00, temos:

$$a+b=480\,(\boldsymbol{II})$$

Aplicando a **propriedade da soma dos antecedentes** em (I), obtemos:

$$\frac{a+b}{80}=\mathrm{k}$$

Substituindo (II) na igualdade acima, encontramos:

$$\frac{480}{80}=k$$

$$\boldsymbol{k}=6$$

Por fim, vamos substituir o valor da **constante de proporcionalidade** nas parcelas da proporção:

- Valor de a: $45k = 45.6 = 270$
- Valor de b: $35k = 35.6 = 210$

O nosso objetivo consiste em obter **a diferença de valores na partilha entre as duas.** Logo:

$$a - b = 270 - 210 = R\$60$$

Gabarito: B.

QUESTÃO 07 (FGV/BNB/Ana Banc/2014) Francisco não tinha herdeiros diretos e assim, no ano de 2003, no dia do seu aniversário, fez seu testamento. Nesse testamento declarava que o saldo total da caderneta de poupança que possuía deveria ser dividido entre seus três sobrinhos em partes proporcionais às idades que tivessem no dia de sua morte. No dia em que estava redigindo o testamento, seus sobrinhos tinham 12, 18 e 20 anos. Francisco morreu em 2013, curiosamente, no dia do seu aniversário e, nesse dia, sua caderneta de poupança tinha exatamente R$ 300.000,00. Feita a divisão de acordo com o testamento, o sobrinho mais jovem recebeu:

a) R$ 72.000,00

b) R$ 82.500,00

c) R$ 94.000,00

d) R$ 112.500,00

e) R$ 120.000,00

RESOLUÇÃO:

Atenção total, meu amigo! Note que que às idades dos sobrinhos anunciadas no texto da questão precisaram ser adicionados 10 anos, pois Francisco fez o testamento em 2003, mas só morreu em 2013. Ou seja, passaram 10 anos entre o momento em que elaborou o testamento e o momento em que faleceu. Logo:

Idade inicial	Idade final
12	22
18	28
20	30

No seu testamento, Francisco declarava que o saldo total da caderneta de poupança que possuía deveria ser dividido entre seus três sobrinhos em partes proporcionais às idades que tivessem no dia de sua morte. Com isso, sendo a, b e c as parcelas que cabem a cada um dos sobrinhos, podemos montar a seguinte proporção:

$$\frac{a}{22}=\frac{b}{28}=\frac{c}{30}=k\,(\boldsymbol{I})$$

Além disso, como o valor total da caderneta de poupança de Francisco possuía um saldo de R$ 300.000,00, temos:

$$a+b+c=300000\,(\boldsymbol{II})$$

Aplicando a **propriedade da soma dos antecedentes** em (I), obtemos:

$$\frac{a+b+c}{80}=k$$

Substituindo (II) na igualdade acima, encontramos:

$$\frac{300000}{80}=k$$

$$\boldsymbol{k}=3750$$

Por fim, vamos substituir o valor da **constante de proporcionalidade** nas parcelas da proporção:

- Valor de a: $22k=22.3750=82500$
- Valor de b: $28k=28.3750=105000$
- Valor de c: $30k=30.3750=112500$

Dessa forma, o sobrinho mais jovem (22 anos de idade) recebeu a título de herança o valor de **R$ 82.500.**

Gabarito: B.

4. DIVISÃO EM NÚMEROS INVERSAMENTE PROPORCIONAIS

A divisão de um valor em partes **inversamente** proporcionais a outros números dados consiste em se determinar as parcelas que são inversamente proporcionais a cada um dos números dados e que somadas, totalizam o valor original.

De fato, dividir um número **T** em **n** partes **inversamente** proporcionais a um grupo de números dados, $\mathbf{a_1}$, $\mathbf{a_2}$, $\mathbf{a_3}$, ... $\mathbf{a_n}$, significa encontrar um outro grupo, $\mathbf{X_1}$, $\mathbf{X_2}$, $\mathbf{X_3}$, ..., $\mathbf{X_n}$, que satisfaz o seguinte:

UNIDADE 2 – ARITMÉTICA

1º) As **razões** de cada uma das partes procuradas pelos respectivos **inversos** dos membros do grupo proporcional devem ser **todos iguais**:

$$\frac{X_1}{\frac{1}{a_1}} = \frac{X_2}{\frac{1}{a_2}} = \frac{X_3}{\frac{1}{a_3}} = \ldots = \frac{X_n}{\frac{1}{a_n}} = k$$

Repare que isso equivale a afirmar que os **produtos** de cada uma das partes procuradas pelos respectivos membros do grupo proporcional devem ser **todos iguais**:

$$a_1 . X_1 = a_2 . X_2 = a_3 . X_3 = \ldots = a_n . X_n = k$$

2º) A **soma das partes** procuradas deve ser **igual ao valor original**:

$$X_1 + X_2 + X_3 + \ldots + X_n = T$$

Assim como o caso da divisão diretamente proporcional, após calcularmos o valor da constante **k**, basta substituí-lo nas igualdades da proporção e realizar as contas para descobrir o valor de cada uma das partes.

Note que a diferença entre a divisão diretamente proporcional e a inversamente proporcional é que nesta temos de utilizar, como quantidade de parcelas a que cada parte tem direito, o **inversamente** proporcional do valor atribuído à parte. Assim, por exemplo, se a quantidade de parcelas for 4, então à parte caberá 1/4.

Além disso, na **divisão diretamente proporcional**, a parte que tem direito ao **menor** número de parcelas fica com a **menor** parte da divisão. Por sua vez, na divisão **inversamente** proporcional, temos o contrário, ou seja, a parte que tem direito ao **maior** número de parcelas é que fica com a **menor** parte da divisão.

Por exemplo, vamos dividir o número 72 em três partes inversamente proporcionais aos números 3, 4 e 12.

Sejam, **a**, **b** e **c** as três partes procuradas. Visto que o **produto** entre grandezas **inversamente** proporcionais é uma constante, chamada **constante de proporcionalidade k**, podemos escrever:

$$\frac{a}{\frac{1}{3}} = \frac{b}{\frac{1}{4}} = \frac{c}{\frac{1}{12}} = k$$

Daí, teremos que:

$$a = \frac{k}{3}$$

$$b=\frac{k}{4}$$

$$c=\frac{k}{12}$$

Como a soma das três partes deve ser 72, temos:

$$a+b+c=72$$

$$\frac{k}{3}+\frac{k}{4}+\frac{k}{12}=72$$

$$\frac{4k+3k+k}{12}=72$$

$$k=\frac{72.12}{8}=108$$

Agora que encontramos o valor da **constante de proporcionalidade** basta substituí-lo nas igualdades da proporção e realizar as contas para descobrir o valor de cada uma das partes:

- Valor de a: $\frac{k}{3}=\frac{108}{3}=36$
- Valor de b: $\frac{k}{4}=\frac{108}{4}=27$
- Valor de c: $\frac{k}{12}=\frac{108}{12}=9$

Agora, vamos decompor o número 120 em duas partes A e B inversamente proporcionais a 2 e 3.

Podemos utilizar este exemplo para demonstrar a você que também há um **método simplificado** de resolução no caso de questões de divisão inversamente proporcional. É feito de modo bem parecido com o da divisão diretamente proporcional, mas como o próprio nome diz, em vez de colocarmos diretamente os valores das partes na equação, colocamos os **inversos** destes valores.

Assim, na divisão **inversamente** proporcional, basta **pegar o valor total e dividir pelo inverso da soma das partes, comparando com cada incógnita dividida pelo inverso da sua parte.**

Vamos aplicar isso em nosso exemplo. Tudo ficará mais claro!

UNIDADE 2 – ARITMÉTICA

Primeiramente, pegamos o valor total, que é 120, e dividimos pelo inverso da soma das partes, ou seja, $\frac{1}{2}+\frac{1}{3}$, igualando à proporção formada por cada incógnita dividida pelo inverso da sua parte:

$$\frac{120}{\frac{1}{2}+\frac{1}{3}}=\frac{A}{\frac{1}{2}}=\frac{B}{\frac{1}{3}}$$

Simplificando a primeira fração da proporção anterior:

$$\frac{120}{\frac{1}{2}+\frac{1}{3}}=\frac{120}{\frac{5}{6}}=120.\frac{6}{5}=144$$

Agora é só comparar 144 com cada uma das igualdades $\frac{A}{\frac{1}{2}}$ e $\frac{B}{\frac{1}{3}}$, encontrando A e B um de cada vez:

- Parte A: $144=\frac{A}{\frac{1}{2}} \Rightarrow \boldsymbol{A}=72$
- Parte B: $144=\frac{B}{\frac{1}{3}} \Rightarrow \boldsymbol{B}=48$

Note que a soma das partes também tem que dar o todo, ou seja, 72 + 48 = 120.

Assim, fica claro que temos **dois caminhos de resolução** para as questões de divisão inversamente proporcional:

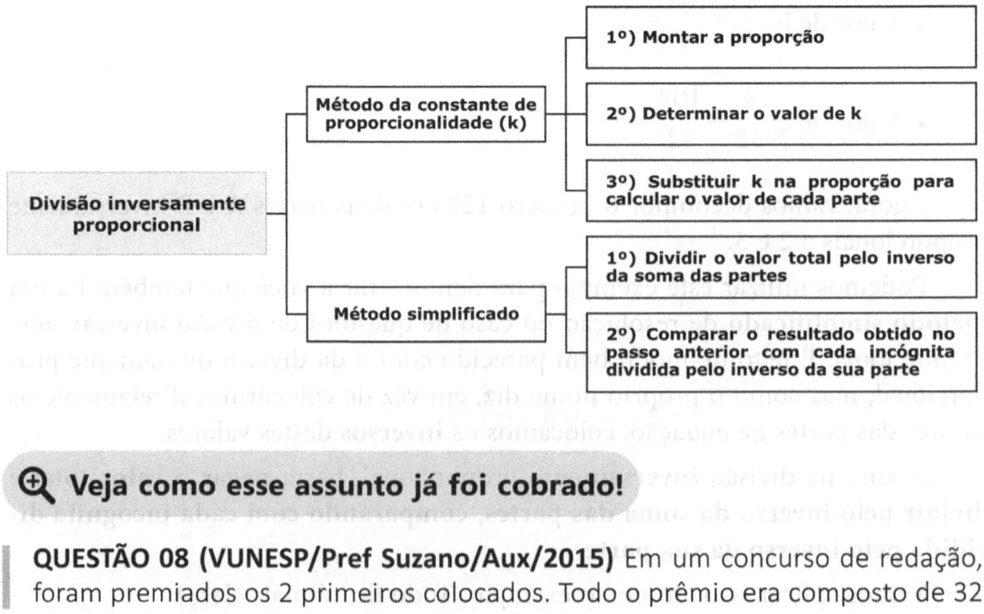

Veja como esse assunto já foi cobrado!

QUESTÃO 08 (VUNESP/Pref Suzano/Aux/2015) Em um concurso de redação, foram premiados os 2 primeiros colocados. Todo o prêmio era composto de 32 livros, repartidos entre os dois finalistas em partes inversamente proporcionais ao número de erros que tiveram na redação. Sabendo-se que o primeiro colocado teve 3 erros, e o segundo, 5 erros, o número de livros recebidos pelo primeiro colocado foi

a) 24 b) 21 c) 20 d) 19 e) 18

RESOLUÇÃO:

Sejam:

a: Número de livros que caberá ao primeiro colocado;

b: Número de livros que caberá ao segundo colocado.

O enunciado informa que a divisão de livros no concurso de redação foi realizada entre os dois finalistas em partes **inversamente** proporcionais ao número de erros que tiveram na redação. Logo:

$$\frac{a}{\frac{1}{3}} = \frac{b}{\frac{1}{5}} = k\,(\boldsymbol{I})$$

Além disso, como a quantia total de livros a ser dividida é 32, temos:

$$a + b = 32\,(\boldsymbol{II})$$

Aplicando a **propriedade da soma dos antecedentes** em (I), obtemos:

$$\frac{a+b}{\frac{1}{3}+\frac{1}{5}} = k$$

$$\frac{32}{\frac{1}{3}+\frac{1}{5}} = k$$

Visto que o **MMC** entre 3 e 5 é **15**, obtemos:

$$\frac{32}{\frac{5+3}{15}} = k$$

$$k = 32.\frac{15}{8} = 60$$

Agora que encontramos o valor da **constante de proporcionalidade** basta substituí-lo na igualdade da proporção referente ao número de livros recebidos pelo primeiro colocado:

$$a = \frac{1}{3}.k = \frac{1}{3}.60 = 20$$

Gabarito: C.

QUESTÃO 09 (FCC/TRE-PE/Téc Jud/2004) Um total de 141 documentos devem ser catalogados por três técnicos judiciários. Para cumprir a tarefa, dividiram os documentos entre si, em partes inversamente proporcionais às suas respectivas idades: 24, 36 e 42 anos. Nessas condições, o número de documentos que coube ao mais jovem foi

a) 78 b) 63 c) 57 d) 42 e) 36

RESOLUÇÃO:

Sejam:

a: Número de documentos que coube ao servidor com 24 anos de idade;

b: Número de documentos que coube ao servidor com 36 anos de idade;

c: Número de documentos que coube ao servidor com 42 anos de idade;

O enunciado informa que a divisão de documentos a serem catalogados foi realizada em partes **inversamente** proporcionais às idades dos servidores, o que significa que dividiremos a quantidade total de documentos pelo **inverso** das idades de cada uma dos técnicos judiciários. Logo:

$$\frac{a}{\frac{1}{24}} = \frac{b}{\frac{1}{36}} = \frac{c}{\frac{1}{42}} = k\,(\boldsymbol{I})$$

Além disso, como o número total de documentos a serem catalogados é 141, temos:

$$a + b + c = 141\,(\boldsymbol{II})$$

Aplicando a **propriedade da soma dos antecedentes** em (I), obtemos:

$$\frac{a+b+c}{\frac{1}{24}+\frac{1}{36}+\frac{1}{42}} = k$$

$$\frac{141}{\frac{1}{24}+\frac{1}{36}+\frac{1}{42}}=k$$

Visto que o **MMC** entre 24, 36 e 42 é **504**, obtemos:

$$\frac{141}{\frac{21+14+12}{504}}=k$$

$$\frac{141}{\frac{47}{504}}=k$$

$$k=141.\frac{504}{47}=1512$$

Agora que encontramos o valor da **constante de proporcionalidade** basta substituí-lo na igualdade da proporção referente à idade do **servidor mais jovem** (a), pois a questão é clara ao exigir que encontremos o número de documentos que coube a ele:

$$a=\frac{1}{24}.\,k=\frac{1}{24}.1512=63$$

Gabarito: B.

QUESTÃO 10 (FCC/DNOCS/Adm/2010) Certa quantia foi dividida entre 3 pessoas em partes inversamente proporcionais às suas idades, ou seja, 20, 25 e 32 anos. Se a pessoa mais nova recebeu R$ 200.000,00, então a mais velha recebeu

a) R$ 180.000,00.

b) R$ 160.000,00.

c) R$ 128.000,00.

d) R$ 125.000,00.

e) R$ 120.000,00.

RESOLUÇÃO:

Sejam:

a: Quantia que coube à pessoa com 20 anos de idade;

b: Quantia que coube à pessoa com 25 anos de idade;

c: Quantia que coube à pessoa com 32 anos de idade.

O enunciado informa que a divisão da quantia foi realizada em partes **inversamente proporcionais** às idades das pessoas envolvidas, o que significa que dividiremos a quantidade total pelo **inverso** das idades de cada um dos beneficiados. Logo:

$$\frac{a}{\frac{1}{20}} = \frac{b}{\frac{1}{25}} = \frac{c}{\frac{1}{32}} = k$$

A seguir, a questão afirma que a pessoa mais nova recebeu R$ 200.000,00, de forma que:

$$\frac{a}{\frac{1}{20}} = k$$

$$\frac{200000}{\frac{1}{20}} = k$$

$$\boldsymbol{k} = 4.000.000$$

Agora que encontramos o valor da **constante de proporcionalidade** basta substituí-lo na igualdade da proporção referente à idade da pessoa mais velha (c), pois a questão é clara ao exigir que encontremos a quantia que coube a ela:

$$\frac{c}{\frac{1}{32}} = k$$

$$c = \frac{1}{32}.4000000 = 125000$$

Gabarito: D.

QUESTÃO 11 (FCC/TRF – 5ª REGIÃO/Téc Jud/2008) Certa noite, dois técnicos em segurança vistoriaram as 130 salas do edifício de uma Unidade de um Tribunal, dividindo essa tarefa em partes inversamente proporcionais às suas respectivas idades: 31 e 34 anos. O número de salas vistoriadas pelo mais jovem foi

a) 68 b) 66 c) 64 d) 62 e) 60

RESOLUÇÃO:

Sejam:

a: Número de salas vistoriadas pelo técnico em segurança com 31 anos de idade;

b: Número de salas vistoriadas pelo técnico em segurança com 34 anos de idade.

O enunciado informa que a divisão de salas a serem vistoriadas foi realizada em partes **inversamente** proporcionais às idades dos servidores, o que significa que dividiremos a quantidade total de salas pelo **inverso** das idades de cada um dos técnicos em segurança. Logo:

$$\frac{a}{\frac{1}{31}} = \frac{b}{\frac{1}{34}} = k\,(\boldsymbol{I})$$

Além disso, como o número total de salas a serem vistoriadas é 130, temos:

$$a + b = 130\,(\boldsymbol{II})$$

Aplicando a **propriedade da soma dos antecedentes** em (I), obtemos:

$$\frac{a+b}{\frac{1}{31} + \frac{1}{34}} = k$$

$$\frac{130}{\frac{1}{31} + \frac{1}{34}} = k$$

Visto que o **MMC** entre 31 e 34 é **1.054**, obtemos:

$$\frac{130}{\frac{34+31}{1054}} = k$$

$$\frac{130}{\frac{65}{1054}} = k$$

$$k = 130.\frac{1054}{65} = 2108$$

Agora que encontramos o valor da **constante de proporcionalidade** basta substituí-lo na igualdade da proporção referente à idade do **servidor mais jovem** (b), pois a questão é clara ao exigir que encontremos o número de salas que coube a ele:

$$a = \frac{1}{31}.k = \frac{1}{31}.2108 = 68$$

Gabarito: A.

5. CONCEITO MISTO – DIVISÃO DIRETA E INVERSAMENTE PROPORCIONAL

O **conceito misto** implica a divisão de um número em certa quantidade de partes, de tal forma que cada uma dessas partes seja, **ao mesmo tempo**, diretamente proporcional a pelo menos uma sucessão de números dados e inversamente proporcional a pelo menos uma outra.

Assim, a fim de dividirmos um número **T** em **n** partes que sejam **diretamente** proporcionais à sucessão (a_1, a_2, ..., a_n) e, ao mesmo tempo, inversamente proporcional à sucessão (b_1, b_2, ..., b_n), devemos encontrar a sucessão de números (x_1, x_2, ..., x_n), de tal forma que:

$$\frac{x_1}{a_1 / b_1} = \frac{x_2}{a_2 / b_2} = \ldots = \frac{x_n}{a_n / b_n} = k$$

Dessa maneira, fica claro que dividir um número, **ao mesmo tempo**, de forma direta e inversamente proporcional a outros significa dividi-lo de forma **diretamente proporcional** ao produto entre as parcelas diretas e as parcelas inversas de cada uma das partes.

Em outras palavras, no numerador de cada igualdade da proporção ficarão as partes procuradas, e no denominador teremos uma fração, em que a parte dividida diretamente proporcional (DP) de cada um fica "em cima" e a inversamente proporcional (IP) fica "embaixo":

$$\frac{\textit{Parte procurada}}{\dfrac{\textit{Parte DP}}{\textit{Parte IP}}}$$

Este assunto pode parecer complicado quando tentamos entender as definições que acabaram de ser expostas. Entretanto, bastará a resolução de algumas questões para vermos que não é difícil como aparenta.

Por exemplo, vamos dividir o número 160 em duas partes que sejam, ao mesmo tempo, diretamente proporcionais aos números 6 e 10 e inversamente proporcionais aos números 2 e 5.

Sejam **a** e **b** as partes procuradas. Daí, devemos ter:

$$\frac{a}{6/2}=\frac{b}{10/5}=k$$

$$\frac{a}{3}=\frac{b}{2}=k\left(\boldsymbol{I}\right)$$

Além disso, como o número total a ser fracionado é 160, temos:

$$a+b=160\left(\boldsymbol{II}\right)$$

Aplicando a **propriedade da soma dos antecedentes** em (I), obtemos:

$$\frac{a+b}{3+2}=k$$

$$\frac{160}{5}=k$$

$$\boldsymbol{k}=32$$

Agora que encontramos o valor da **constante de proporcionalidade** basta substituí-lo nas igualdades da proporção e realizar as contas para descobrir o valor de cada uma das partes:

- Valor de a: $3k=3.32=96$
- Valor de b: $2k=2.32=64$

Portanto, na divisão proposta 96 unidades caberão a **a**, enquanto **b** receberá 64 das 160 unidades.

Agora, vamos dividir o número 115 em três partes que devem ser diretamente proporcionais aos números 1, 2 e 3 e, ao mesmo tempo, inversamente proporcionais aos números 4, 5 e 6, sempre respectivamente.

Sejam **a, b** e **c** as três partes procuradas. Daí, devemos ter:

$$\frac{a}{1/4}=\frac{b}{2/5}=\frac{c}{3/6}=k\left(\boldsymbol{I}\right)$$

Além disso, como o número total a ser fracionado é 115, temos:

$$a+b+c=115\left(\boldsymbol{II}\right)$$

Aplicando a **propriedade da soma dos antecedentes** em (I), obtemos:

$$\frac{a+b+c}{\frac{1}{4}+\frac{2}{5}+\frac{3}{6}}=k$$

$$\frac{115}{\frac{15+24+30}{60}}=k$$

$$k=115.\frac{20}{23}$$

$$\boldsymbol{k}=100$$

Agora que encontramos o valor da **constante de proporcionalidade** basta substituí-lo nas igualdades da proporção e realizar as contas para descobrir o valor de cada uma das partes:

- Valor de a: $\frac{1}{4}.\,k=\frac{1}{4}.100=25$
- Valor de b: $\frac{2}{5}.\,k=\frac{2}{5}.100=40$
- Valor de c: $\frac{3}{6}.\,k=\frac{3}{6}.100=50$

Portanto, na divisão proposta 25 unidades caberão a **a**, enquanto **b** receberá 40 e **c** terá 50 das 115 unidades.

Veja como esse assunto já foi cobrado!

QUESTÃO 12 (FCC/CL-DF/Téc Leg/2018) Miguel, Otávio e Pedro foram convocados para realizar um trabalho emergencial. Para recompensá-los posteriormente, decide-se dividir uma quantia em reais entre os 3 em partes diretamente proporcionais ao tempo dedicado de cada um para realizar o trabalho e inversamente proporcionais às respectivas idades. Sabe-se que Miguel dedicou 4 horas para o trabalho e sua idade é igual a 30 anos, Otávio dedicou 8 horas e sua idade é igual a 40 anos e Pedro dedicou 15 horas e sua idade é igual a 60 anos. Se a menor parte correspondente a esta divisão foi de 4.800, então a maior parte foi igual a

a) R$ 7.200,00

b) R$ 9.000,00

c) R$ 6.000,00

d) R$ 12.000,00

e) R$ 8.400,00

RESOLUÇÃO:

Vamos chamar de **M**, **T** e **P** as partes que caberão, respectivamente, a Miguel, Otávio e Pedro.

É dito que a divisão da recompensa será realizada em partes **diretamente** proporcionais ao **tempo** dedicado e **inversamente** proporcionais às respectivas **idades**.

Conforme os dados do enunciado, montamos a proporção:

$$\mathbf{M/(4/30) = T/(8/40) = P/(15/60)} = k$$

Em que k é a constante de proporcionalidade.

Podemos simplificar as frações:

$$M/(2/15) = T/(1/5) = P/(1/4) = k$$

Como o mínimo múltiplo comum dos denominadores é mmc(15, 5, 4) = 60, podemos multiplicar todas as frações dos denominadores por 60:

$60 \times (2/15) = 8$

$60 \times (1/5) = 12$

$60 \times (1/4) = 15$

Assim, a proporção inicial fica:

$$M/8 = T/12 = P/15 = k$$

Dessa forma, cada um receberá:

- Miguel: 8k
- Otávio: 12k
- Pedro: 15k

Note que a menor parte foi recebida por Miguel, a qual corresponde a 4.800 reais. Logo:

$$8k = 4.800$$
$$\mathbf{k = 600}$$

Por fim, a maior parte foi recebida por Pedro, que ficou com 15k = 15 × 600 = **9.000 reais.**

Gabarito: B.

QUESTÃO 13 (ESAF – Ana Tec/SUSEP/2010) Um pai deseja dividir uma fazenda de 500 alqueires entre seus três filhos, na razão direta da quantidade de filhos que cada um tem e na razão inversa de suas rendas. Sabendo-se que a renda do filho mais velho é duas vezes a renda do filho mais novo e que a renda do filho do meio é três vezes a renda do mais novo, e que, além disso, o filho mais velho tem três filhos, o filho do meio tem dois filhos e o filho mais novo tem dois filhos, quantos alqueires receberá o filho do meio?

a) 80 b) 100 c) 120 d) 160 e) 180

RESOLUÇÃO:

Sejam:

a: A quantidade de alqueires que cabe ao filho mais novo;

b: A quantidade de alqueires que cabe ao filho do meio;

c: A quantidade de alqueires que cabe ao filho mais velho.

A fim de facilitar a resolução, a seguinte tabela será de auxílio, ressaltando que a sua montagem é resultado das informações fornecidas pelo enunciado:

Grandeza	Proporção	Mais novo	Do meio	Mais velho
Renda	Direta	1	3	2
Filhos	Inversa	2	2	3

O enunciado afirma que o pai dividirá a fazenda de 500 alqueires entre seus três filhos, na razão **direta** da quantidade de filhos que cada um tem e na razão **inversa** de suas rendas. Daí, devemos ter:

$$\frac{a}{\frac{2}{1}} = \frac{b}{\frac{2}{3}} = \frac{c}{\frac{3}{2}} = k \, (\boldsymbol{I})$$

Além disso, como a fazenda é composta por 500 alqueires, temos:

$$a + b + c = 500 \, (\boldsymbol{II})$$

Aplicando a **propriedade da soma dos antecedentes** em (I), obtemos:

$$\frac{a+b+c}{2+\frac{2}{3}+\frac{3}{2}} = k$$

$$\frac{\dfrac{500}{12+4+9}}{6}=k$$

$$k=500.\frac{6}{25}=120$$

Agora que encontramos o valor da **constante de proporcionalidade** basta substituí-lo na igualdade da proporção referente à quantidade de alqueires que receberá o filho do meio (b):

$$b=\frac{2}{3}.\,k=\frac{2}{3}.120=80$$

Gabarito: A.

QUESTÃO 14 (FCC/SEAD-AP/Ag Pen/2002) Na tabela abaixo têm-se as idades e os tempos de serviço de três soldados na corporação, que devem dividir entre si um certo número de fichas cadastrais para verificação.

Soldado	Idade, em anos	Tempo de serviço, em anos
Abel	20	3
Daniel	24	4
Manoel	30	5

Se o número de fichas for 504 e a divisão for feita em partes diretamente proporcionais às suas respectivas idades, mas inversamente proporcionais aos seus respectivos tempos de serviço na corporação, o número de fichas que caberá a

a) Daniel é 180.

b) Manoel é 176.

c) Daniel é 170.

d) Manoel é 160.

e) Daniel é 162.

RESOLUÇÃO:

Sejam

a: Número de fichas que caberá a Abel;

d: Número de fichas que caberá a Daniel;

m: Número de fichas que caberá a Manoel.

O enunciado afirma que as fichas são divididas entre os três soldados em partes **diretamente** proporcionais às suas respectivas idades, mas **inversamente** proporcionais aos seus respectivos tempos de serviço na corporação. Daí, devemos ter:

$$\frac{a}{\frac{20}{3}} = \frac{d}{\frac{24}{4}} = \frac{m}{\frac{30}{5}} = k$$

$$\frac{a}{\frac{20}{3}} = \frac{d}{6} = \frac{m}{6} = k\,(\boldsymbol{I})$$

Além disso, como a quantidade total de fichas a serem divididas é 504, temos:

$$a + d + m = 504\,(\boldsymbol{II})$$

Aplicando a **propriedade da soma dos antecedentes** em (I), obtemos:

$$\frac{a+d+m}{\frac{20}{3}+6+6} = k$$

$$\frac{504}{\frac{20+18+18}{3}} = k$$

$$k = 504.\frac{3}{56}$$

$$\boldsymbol{k} = 27$$

Agora que encontramos o valor da **constante de proporcionalidade** basta substituí-lo nas igualdades da proporção e realizar as contas para descobrir o valor de cada uma das partes:

- Valor de a: $\frac{20}{3}.\,k = \frac{20}{3}.27 = 180$
- Valor de d: $6.\,k = 6.27 = 162$
- Valor de m: $6.\,k = 6.27 = 162$

Assim, a divisão proposta terá os seguintes dados:

Soldado	Número de fichas
Abel	**180**
Daniel	**162**
Manoel	**162**

Gabarito: E.

6. RESUMO

DIVISÃO EM NÚMEROS DIRETAMENTE PROPORCIONAIS

Dividir um número **T** em **n** partes **diretamente** proporcionais a um grupo de números dados, $\mathbf{a_1}$, $\mathbf{a_2}$, $\mathbf{a_3}$, ... $\mathbf{a_n}$, significa encontrar um outro grupo, $\mathbf{X_1}$, $\mathbf{X_2}$, $\mathbf{X_3}$, ..., $\mathbf{X_n}$, que satisfaz o seguinte:

1º) As **razões** entre cada uma das partes procuradas e os respectivos membros do grupo proporcional devem ser **todas iguais:**

$$\frac{X_1}{a_1} = \frac{X_2}{a_2} = \frac{X_3}{a_3} = \ldots = \frac{X_n}{a_n} = k$$

2º) A **soma das partes** procuradas seve ser **igual ao valor original**:

$$X_1 + X_2 + X_3 + \ldots + X_n = T$$

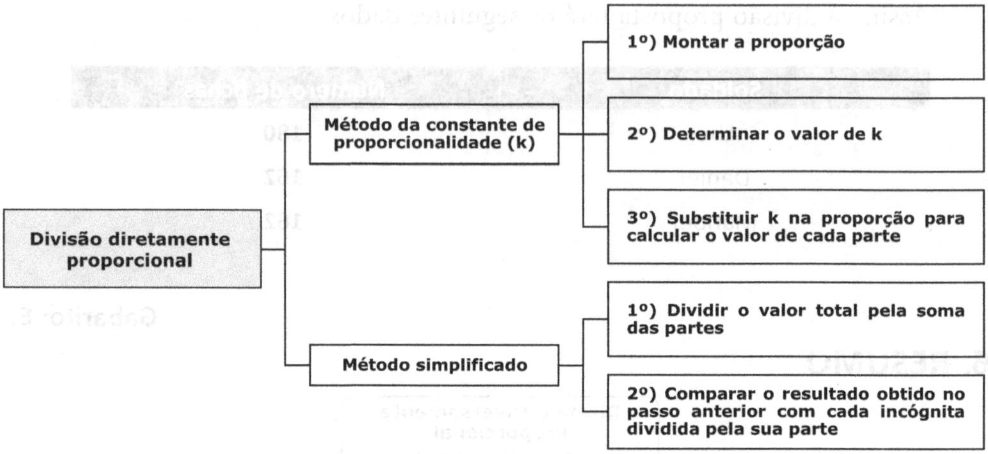

DIVISÃO EM NÚMEROS INVERSAMENTE PROPORCIONAIS

Dividir um número **T** em **n** partes **inversamente** proporcionais a um grupo de números dados, **a1**, **a2**, **a3**, ... **an**, significa encontrar um outro grupo, **X1**, **X2**, **X3**, ..., **Xn**, que satisfaz o seguinte:

1º) As **razões** de cada uma das partes procuradas pelos respectivos **inversos** dos membros do grupo proporcional devem ser **todos iguais**:

$$\frac{X_1}{\frac{1}{a_1}} = \frac{X_2}{\frac{1}{a_2}} = \frac{X_3}{\frac{1}{a_3}} = \ldots = \frac{X_n}{\frac{1}{a_n}} = k$$

2º) A **soma das partes** procuradas seve ser **igual ao valor original**:

$$X_1 + X_2 + X_3 + \ldots + X_n = T$$

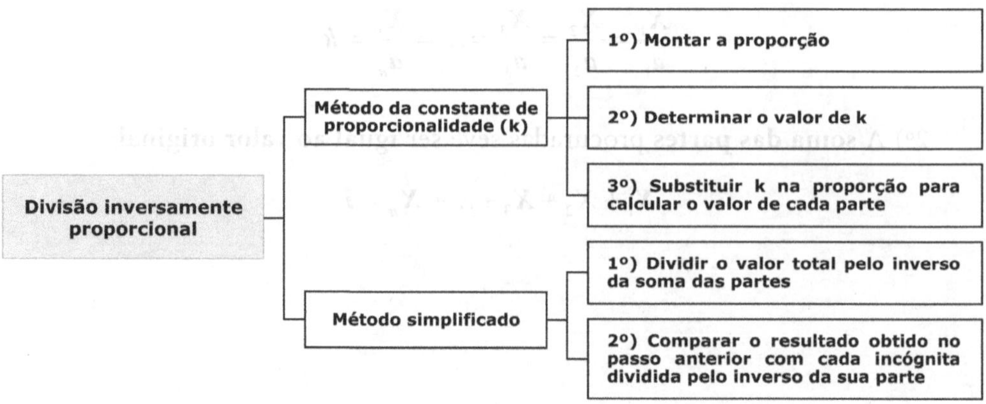

DIVISÃO EM NÚMEROS DIRETA E INVERSAMENTE PROPORCIONAIS

Dividir um número **T** em **n** partes que sejam **diretamente proporcionais** à sucessão (a_1, a_2, ..., a_n) e, ao mesmo tempo, **inversamente proporcional** à sucessão (b_1, b_2, ..., b_n), implica encontrar a sucessão de números (x_1, x_2, ..., x_n), de tal forma que:

$$\frac{x_1}{a_1/b_1} = \frac{x_2}{a_2/b_2} = \dots = \frac{x_n}{a_n/b_n} = k$$

7. MAIS QUESTÕES COMENTADAS

QUESTÃO 15 (IADES - Controlador Serv Púb/ARCON-PA/2018) Três irmãos, João, Luiz e Olavo, ganharam R$ 2.000,00 de herança. João tem 2 filhos; Luiz, 3 filhos e Olavo, 5 filhos. Eles resolveram dividir a herança de modo proporcional ao número de filhos de cada um. Assim, as partes da herança, em reais, que ficaram para João, Luiz e Olavo são iguais, respectivamente, a

a) 400, 700 e 900

b) 200, 600 e 1.200

c) 300, 500 e 1.200

d) 200, 300 e 500

e) 400, 600 e 1.000

RESOLUÇÃO:

O enunciado informa que a herança foi dividida proporcionalmente ao número de filhos dos irmãos. Com isso, podemos concluir que quanto maior o número de filhos de determinado herdeiro, maior será sua parte da herança.

É dito que a soma do número de filhos dos três irmãos perfaz 10 filhos. Logo:

- **João**, tendo 2 filhos, ganhou 2/10 da herança; portanto, ganhou 2/10 × R$ 2.000 = **R$ 400**
- **Luiz**, tendo 3 filhos, ganhou 3/10 da herança; portanto, ganhou 3/10 × R$ 2.000 = **R$ 600**
- **Olavo**, tendo 5 filhos, ganhou 5/10 da herança; portanto, ganhou 5/10 × R$ 2.000 = **R$ 1.000**

Portanto, João, Luiz e Olavo receberam, respectivamente, R$ 400, R$ 600 e R$ 1000.

Gabarito: E.

UNIDADE 2 – ARITMÉTICA

QUESTÃO 16 (OBJETIVA/CISVALE/Aux Adm/2015) Em determinado dia de trabalho, três Auxiliares Administrativos arquivaram 1.324 processos ao todo. Sabendo-se que a quantidade de processos que cada Auxiliar arquivou é inversamente proporcional às suas idades, que são 28, 30 e 54 anos, respectivamente, assinalar a alternativa CORRETA:

a) O Auxiliar Administrativo com 28 anos arquivou 542 processos.

b) O Auxiliar Administrativo com 30 anos arquivou 504 processos.

c) O Auxiliar Administrativo com 54 anos arquivou 282 processos.

d) O Auxiliar Administrativo com 28 anos arquivou 544 processos.

RESOLUÇÃO:

Sejam:

a: Número de processos arquivados pelo servidor com 28 anos de idade;

b: Número de processos arquivados pelo servidor com 30 anos de idade;

c: Número de processos arquivados pelo servidor com 54 anos de idade.

O enunciado informa que a divisão de processos a serem arquivados foi realizada em partes **inversamente** proporcionais às idades dos servidores, o que significa que dividiremos a quantidade total de processos pelo **inverso** das idades de cada um dos Auxiliares Administrativos. Logo:

$$\frac{a}{\frac{1}{28}} = \frac{b}{\frac{1}{30}} = \frac{c}{\frac{1}{54}} = k\,(\boldsymbol{I})$$

Além disso, como o número total de processos a serem arquivados é 1324, temos:

$$a + b + c = 1324\,(\boldsymbol{II})$$

Aplicando a **propriedade da soma dos antecedentes** em (I), obtemos:

$$\frac{a+b+c}{\frac{1}{28}+\frac{1}{30}+\frac{1}{54}} = k$$

$$\frac{1324}{\frac{1}{28}+\frac{1}{30}+\frac{1}{54}} = k$$

Precisamos calcular o **MMC** entre 28, 30 e 54:

28, 30, 54	2
14, 15, 27	2
7, 15, 27	3
7, 5, 9	3
7, 5, 3	3
7, 5, 1	5
7, 1, 1	7
1, 1, 1	2 x 2 x 3 x 3 x 3 x 5 x 7 = **3.780**

Assim, já que o **MMC** entre 28, 30 e 54 é **3780**, obtemos:

$$\frac{1324}{\frac{135+126+70}{3780}}=k$$

$$\frac{1324}{\frac{331}{3780}}=k$$

$$k=1324.\frac{3780}{331}=15120$$

Agora que encontramos o valor da **constante de proporcionalidade** basta substituí-lo nas igualdades da proporção, a fim de encontrar quantos processos foram arquivados por cada um dos três Auxiliares Administrativos:

- Valor de a: $\frac{1}{28}.k=\frac{1}{28}.15120=540$
- Valor de b: $\frac{1}{30}.k=\frac{1}{30}.15120=504$
- Valor de c: $\frac{1}{54}.k=\frac{1}{54}.15120=280$

Gabarito: B.

QUESTÃO 17 (FUNCAB/POLITEC-MT/Per Crim/2013) Maria, Júlia e Carla dividirão R$ 72.000,00 em partes inversamente proporcionais às suas idades. Sabendo que Maria tem 8 anos, Júlia,12 e Carla, 24, determine quanto receberá quem ficar com a maior parte da divisão.

a) R$ 36.000,00

b) R$ 60.000,00

c) R$ 48.000,00

d) R$ 24.000,00

e) R$ 30.000,00

RESOLUÇÃO:

Sejam:

c: Parcela do dinheiro que caberá a Carla;

j: Parcela do dinheiro que caberá a Júlia;

m: Parcela do dinheiro que caberá a Maria.

O enunciado informa que a divisão do dinheiro foi realizada em partes **inversamente** proporcionais às idades de Carla, Júlia e Maria. Logo:

$$\frac{c}{\frac{1}{24}} = \frac{j}{\frac{1}{12}} = \frac{m}{\frac{1}{8}} = \mathrm{k}\,(\boldsymbol{I})$$

Além disso, como a quantia total a ser dividida é R$ 72.000,00, temos:

$$c + j + m = 72000\,(\boldsymbol{II})$$

Aplicando a **propriedade da soma dos antecedentes** em (I), obtemos:

$$\frac{c + j + m}{\frac{1}{24} + \frac{1}{12} + \frac{1}{8}} = k$$

$$\frac{72000}{\frac{1}{24} + \frac{1}{12} + \frac{1}{8}} = k$$

Visto que o **MMC** entre 8, 12 e 24 é **24**, obtemos:

$$\frac{72000}{\frac{1+2+3}{24}} = k$$

$$k = 72000.\frac{24}{6} = 288000$$

Agora que encontramos o valor da **constante de proporcionalidade** basta substituí-lo nas igualdades da proporção, a fim de encontrar a quantia que caberá a cada uma das mulheres:

- Valor de c: $\frac{1}{24}.k = \frac{1}{24}.288000 = 12000$
- Valor de j: $\frac{1}{12}.k = \frac{1}{12}.288000 = 24000$
- Valor de m: $\frac{1}{8}.k = \frac{1}{8}.288000 = 36000$

Assim, a mulher que receberá a maior parte da divisão será **Maria**, com **R$ 36.000,00.**

Gabarito: A.

QUESTÃO 18 (FGV – ATM/Pref Recife/2014) Suponha que uma herança de R$ 1 milhão deva ser repartida entre três filhas em partes proporcionais a suas idades, que são de 70, 85 e 95 anos. Da mais nova para a mais velha, as heranças recebidas serão, respectivamente (em milhares de R$):

a) 270, 350 e 380.

b) 280, 320 e 400.

c) 280, 340 e 380.

d) 290, 350 e 380.

e) 290, 340 e 370.

RESOLUÇÃO:

Sejam

Sejam **a, b** e **c** cada parte que será dividida **diretamente** proporcional a 70, 85 e 95, respectivamente. Daí, teremos:

$$\frac{a}{70} = \frac{b}{85} = \frac{c}{95} = k$$

Aplicando a **propriedade da soma dos antecedentes e consequentes, temos:**

$$\frac{a+b+c}{70+85+95}=k$$

$$\frac{1.000.000}{250}=k\rightarrow \boldsymbol{k}=4.000$$

Nosso objetivo consiste em obter a parte da herança que coube a cada filha. Daí:

- a = 70 x 4.000 = **280.000**
- b = 85 x 4.000 = **340.000**
- c = 95 x 4.000 = **380.000**

Gabarito: C.

QUESTÃO 19 (CAIP-IMES/UNIFESP/Ass Adm/2013) Reservei R$ 15.756,00 para viajar de férias com minha família. O valor que gastei com translado, hospedagem e compras foi inversamente proporcional a 4, 3 e 2, respectivamente. Com as compras gastei ________ a________ do que gastei com hospedagem.

a) RS 2424,00 – menos

b) RS 2424,00 – mais

c) RS 1750,66 – mais

d) RS 1750,66 – menos

RESOLUÇÃO:

Sejam:

a: Parcela do dinheiro gasta com translado;

b: Parcela do dinheiro gasta com hospedagem;

c: Parcela do dinheiro gasta com compras;

O enunciado informa que o valor que foi gasto com translado, hospedagem e compras foi **inversamente** proporcional a 4, 3 e 2, respectivamente. Logo:

$$\frac{a}{\frac{1}{4}}=\frac{b}{\frac{1}{3}}=\frac{c}{\frac{1}{2}}=k\,(\boldsymbol{I})$$

Além disso, como a quantia total a ser dividida é R$ 15.756,00, temos:

$$a+b+c=15756\,(\boldsymbol{II})$$

Aplicando a **propriedade da soma dos antecedentes** em (I), obtemos:

$$\frac{a+b+c}{\frac{1}{4}+\frac{1}{3}+\frac{1}{2}}=k$$

$$\frac{15756}{\frac{1}{4}+\frac{1}{3}+\frac{1}{2}}=k$$

Visto que o **MMC** entre 2, 3 e 4 é **12**, obtemos:

$$\frac{15756}{\frac{3+4+6}{12}}=k$$

$$k=15756.\frac{12}{13}=14544$$

Agora que encontramos o valor da **constante de proporcionalidade** basta substituí-lo nas igualdades da proporção, a fim de encontrar a quantia gasta em cada tipo de despesa realizada nas férias da família:

- Valor de a: $\frac{1}{4}.k=\frac{1}{4}.14544=3636$
- Valor de b: $\frac{1}{3}.k=\frac{1}{3}.14544=4848$
- Valor de c: $\frac{1}{2}.k=\frac{1}{2}.14544=7272$

Assim, com as compras foram gastos **R$ 2.424,00** a **mais** do que gastou-se com hospedagem.

Gabarito: B.

QUESTÃO 20 (FCC/Sergipe Gás/Adm/2013) O gerente de uma empresa decide dividir uma quantia em dinheiro entre 3 de seus funcionários, em partes inversamente proporcionais ao número de erros que eles tiveram na elaboração de uma determinada tarefa. O número de erros registrados para estes funcionários foram exatamente 2, 3 e 5. Se o funcionário que recebeu o maior valor apresentou um valor de R$ 540,00 a mais que o funcionário que recebeu o menor valor, então o funcionário que teve 3 erros recebeu, em reais,

a) 540,00 b) 720,00 c) 600,00 d) 840,00 e) 450,00

RESOLUÇÃO:

Seja **x** a quantia total a ser dividida entre três funcionários da empresa. Daí, teremos:

- Funcionário 1 recebe 1/2 do valor total: **x/2**
- Funcionário 2 recebe 1/3 do valor total: **x/3**
- Funcionário 3 recebe 1/5 do valor total: **x/5**

O enunciado informa que o valor recebido pelo funcionário 1 corresponde a R$ 540 a mais do que a quantia destinada ao funcionário 3, logo:

Valor do funcionário 1 – 540 = Valor do funcionário 3

$$\frac{x}{2} - 540 = \frac{x}{5}$$

$$\frac{x}{2} - \frac{x}{5} = 540$$

$$\frac{5x}{10} - \frac{2x}{10} = 540$$

$$\frac{3x}{10} = 540$$

$$x = \frac{5400}{3} = 1800$$

Por fim, sabemos que o funcionário 2 recebeu $\frac{x}{3}$. Assim:

$$\frac{x}{3} = \frac{1800}{3} = 600$$

Gabarito: C.

8. QUESTÕES-DESAFIO

QUESTÃO 21 (ESAF/MPOG/APO/2015) A fração x/y é equivalente a 3/5 e (x + y)=16. Três números, p, q e r são proporcionais aos números 1, 2/3 e 5/3, respectivamente. Sabendo-se que p + q + r = 40, então:

a) x = 2 ; y = 14 ; p +q = 20

b) x = 4 ; y = 12 ; p – q = 4

c) x = 6 ; y = 10 ; q – r =-12

d) x = 7 ; y = 9 ; p + q = 20

e) x = 3 ; y = 13 ; r + q = 32

RESOLUÇÃO:

O enunciado inicia afirmando que a fração x/y é equivalente a 3/5 e (x + y)=16. Logo, podemos montar a seguinte proporção:

$$\frac{x}{y}=\frac{3}{5}$$

Aplicando a **propriedade fundamental das proporções**, obtemos:

$$5.x=3.y$$

$$x=\frac{3y}{5}\,(\boldsymbol{I})$$

Além disso, como (x + y) = 16, fazemos:

$$\frac{3y}{5}+y=16$$

$$\frac{8y}{5}=16$$

$$y=10$$

Substituindo o valor de y em (I), temos:

$$x=\frac{3.10}{5}=6$$

Assim, tendo encontrado que **x = 6 e y = 10**, já poderíamos marcar a alternativa correta, pois a **letra C** é a única que satisfaz esse resultado. No entanto, vamos prosseguir, a fim de resolvermos a questão por completo!

Em seguida, a questão informa que três números, p, q e r são proporcionais aos números 1, 2/3 e 5/3, respectivamente. Opa! Já sabemos que a **razão** entre grandezas **diretamente** proporcionais é uma constante. Ou seja:

$$\frac{p}{1}=\frac{q}{\frac{2}{3}}=\frac{r}{\frac{5}{3}}=k\,(\boldsymbol{II})$$

Além disso, como o somatório dos três números (p, q e r) corresponde a 40, temos:

$$p+q+r=40\,(\mathbf{III})$$

Aplicando a **propriedade da soma dos antecedentes** em (II), obtemos:

$$\frac{p+q+r}{1+\frac{2}{3}+\frac{5}{3}}=k$$

Substituindo **(III)** na igualdade acima, encontramos:

$$\frac{40}{\frac{10}{3}}=k$$

$$\mathbf{k}=12$$

Por fim, vamos substituir o valor da **constante de proporcionalidade** nas parcelas da proporção:

- Valor de p: $1k=1.12=12$
- Valor de q: $\frac{2}{3}.k=\frac{2}{3}.12=8$
- Valor de r: $\frac{5}{3}.k=\frac{5}{3}.12=20$

Não terminamos a questão ainda, já que o nosso objetivo consiste em obter uma soma ou subtração entre dois dos três números que esteja de acordo com as alternativas disponíveis. Todavia, como sabemos que a única opção que satisfaz os valores que encontramos para x e y é a letra C, precisaremos confirmar apenas o valor da seguinte operação:

$$q-r=8-20=-12$$

Gabarito: C.

QUESTÃO 22 (FCC/TRT – 3ª Região/Téc Jud/2009) Quatro técnicos em contabilidade, A, B, C e D, vão repartir entre si um total de 220 processos trabalhistas, para conferir os cálculos. Os dois primeiros receberam 2/5 do total de processos e os repartiram em partes inversamente proporcionais às suas respectivas idades. Os dois últimos repartiram o restante dos processos em partes diretamente proporcionais às suas respectivas idades. Se as idades de A, B, C e D são, respectivamente, 24, 20, 34 e 32 anos, o número de processos recebidos por

a) A foi 44 b) B foi 48 c) C foi 58 d) D foi 60 e) D foi 68

RESOLUÇÃO:

Iremos resolver a questão por meio de duas divisões proporcionais independentes: a primeira de forma inversamente proporcional e a segunda de maneira diretamente proporcional.

O total de processos para a primeira divisão é de 2/5 do total, ou seja, os técnicos A e B vão dividir entre si, inversamente proporcionais às suas idades, $\frac{2}{5}.220 = 88$ processos.

Em seguida, pegamos esse valor, e dividimos pelo inverso da soma das partes, ou seja, $\frac{1}{24}+\frac{1}{20}$:

$$\frac{88}{\frac{1}{24}+\frac{1}{20}} = \frac{A}{\frac{1}{24}} = \frac{B}{\frac{1}{20}}$$

Simplificando a primeira fração da proporção anterior:

$$\frac{88}{\frac{1}{24}+\frac{1}{20}} = \frac{88}{\frac{11}{120}} = 88.\frac{120}{11} = 960$$

Agora é só comparar 960 com cada uma das igualdades $\frac{A}{\frac{1}{24}}$ e $\frac{B}{\frac{1}{20}}$, encontrando A e B um de cada vez:

- Processos de A: $960 = \frac{A}{\frac{1}{24}} \Rightarrow \mathbf{A} = 40$

- Processos de B: $960 = \frac{B}{\frac{1}{20}} \Rightarrow \mathbf{B} = 48$

Assim, o funcionário A receberá 40 processos e o B, 48.

Perceba que apenas com a primeira parte da resolução da questão efetuada já poderíamos identificar a alternativa correta (B). Apesar disso, vamos até o final!

Você certamente concordará que, se os dois primeiros técnicos em contabilidade receberam 88 processos, então aos outros dois couberam 220 – 88 = 132 processos, os quais serão divididos entre eles diretamente proporcionais às suas idades (34 e 32 anos). Assim, temos:

$$\frac{132}{\frac{1}{34}+\frac{1}{32}}=\frac{C}{\frac{1}{34}}=\frac{D}{\frac{1}{32}}$$

Simplificando a primeira fração da proporção anterior:

$$\frac{132}{\frac{1}{34}+\frac{1}{32}}=\frac{132}{\frac{33}{544}}=132.\frac{544}{33}=2176$$

- Processos de C: $2176=\frac{C}{\frac{1}{34}} \Rightarrow \mathbf{C}=64$
- Processos de D: $2176=\frac{D}{\frac{1}{32}} \Rightarrow \mathbf{D}=68$

Dessa maneira, o funcionário C receberá 64 processos e o D, 68.

Gabarito: B.

CAPÍTULO 14

REGRA DE SOCIEDADE

1. INTRODUÇÃO

No capítulo anterior, estudamos o tema **Divisão Proporcional**, no qual tivemos oportunidade de resolver diversas questões de concursos públicos anteriores, demonstrando a importância de termos bem em mente o procedimento a ser adotado quando nos for apresentada uma situação em que é exigida a divisão de determinado valor em partes direta ou inversamente proporcionais a uma sucessão de valor, e às vezes até pelas duas formas ao mesmo tempo (conceito misto).

Neste capítulo, veremos um caso particular da divisão proporcional, que é a famigerada **Regra de Sociedade,** sendo aplicado quando dois ou mais sócios querem dividir o lucro ou o prejuízo, após um determinado período de funcionamento da empresa.

Talvez possa parecer que vai ser mais complicado, mas você notará que Regra de Sociedade nada mais é que uma aplicação simples da **divisão diretamente proporcional**.

2. CONCEITO

Uma sociedade empresarial tem como principal objetivo a conquista de **lucros** por meio dos negócios que a constituem. No entanto, devido a diversos fatores, existe a possibilidade de que, ao invés de lucro, as operações da empresa tenham como resultado o **prejuízo**! Ora, nada mais justo do que o lucro ou o prejuízo sejam distribuídos entre os sócios que integram a sociedade em partes proporcionais aos capitais empregados por cada sócio, como também aos tempos durante os quais esses capitais permaneceram empregados na constituição do negócio.

A depender da formação específica de determinada empresa descrita na questão, a Regra de Sociedade pode ser:

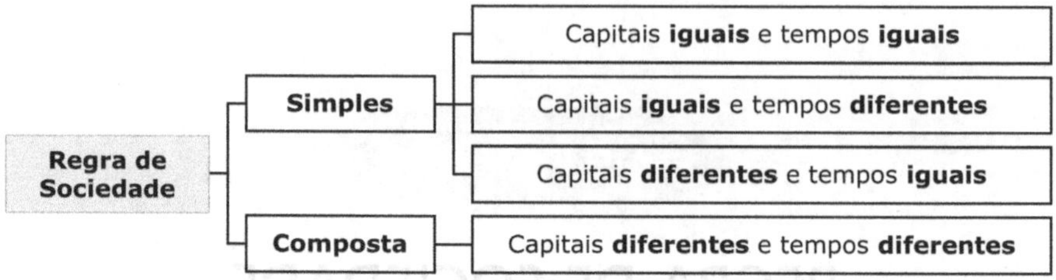

Dessa maneira, **quatro casos** podem ocorrer:

1º CASO

Os capitais investidos são iguais e os tempos de permanência dos sócios na empresa são iguais.

Nessa situação, o lucro/prejuízo será dividido pelo **número de sócios da empresa.**

Na verdade, trata-se do caso mais óbvio e fácil, de forma que não costuma ser cobrado em provas.

Por exemplo, considere que três amigos se associaram num certo negócio entrando, cada um, com um capital de R$ 2.000,00. No fim de 5 meses de atividades empresariais verificou-se um lucro de R$ 3.600,00. Calcule o lucro de cada sócio.

Não há dúvida que estamos diante de uma questão de **Regra de Sociedade**, pois é descrita a formação de uma empresa, é mencionado o lucro advindo de suas atividades e, por fim, pede-se para calcularmos quanto caberá desse lucro a cada sócio.

Bem, a primeira análise que temos de fazer diz respeito a como se deu o investimento dos sócios na empresa. Note que o enunciado afirma que cada um deles aplicou R$ 2.000,00 para a constituição da sociedade. Assim, **os capitais dos sócios são iguais**!

A seguir, devemos verificar o tempo em que os sócios permaneceram na empresa. Percebemos que a questão apresenta um caso em que cada sócio manteve-se os mesmos 5 meses trabalhando na empresa. Dessa forma, **os tempos de permanência dos sócios são iguais**!

Consequentemente, visto que os capitais e os tempos são os mesmos, divide-se o lucro pelo número de sócios:

$$\frac{\text{Lucro}}{\text{N}^\text{o}\text{ de sócios}} = \frac{3600}{3} = \mathbf{R\$}1.200,00$$

Portanto, **cada sócio receberá R$ 1.200,00 a título de lucro**.

Agora, suponha que cinco pessoas fundaram uma sociedade, cujo capital de R$ 10.000,00 foi realizado em partes iguais. Após sete meses verificou-se um lucro de R$ 9.000,00. Calcule o lucro de cada sócio.

Temos mais uma questão de **Regra de Sociedade**, em que tanto os **capitais** como os **tempos** de permanência de cada pessoa na empresa foram **iguais**! Daí, para descobrirmos o quanto do lucro caberá a cada sócio faremos:

$$\frac{\text{Lucro}}{\text{N}^{\text{o}}\text{ de sócios}} = \frac{9000}{5} = \mathbf{R}\$1.800,00$$

Portanto, **cada sócio receberá R$ 1.800,00 a título de lucro.**

2º CASO

Os capitais dos sócios são iguais e os tempos de permanência de cada um na empresa são diferentes.

Nessa situação, a divisão do lucro/prejuízo será **diretamente proporcional aos tempos de cada um**.

Por exemplo, considere que três amigos constituíram uma empresa, entrando cada um com o capital de R$ 1.500,00. No entanto, tiveram um prejuízo de R$ 750,00. O primeiro ficou na sociedade durante 8 meses; o segundo, 7 meses; e o terceiro, 9 meses. Determine o prejuízo do terceiro.

Primeiramente, pegamos o prejuízo total, que é R$ 750,00, e dividimos pela soma das partes, que são os tempos de permanência de cada sócio na empresa, ou seja, 8 + 7 + 9, igualando à proporção formada por cada incógnita dividida pela sua parte:

$$\frac{A}{8} = \frac{B}{7} = \frac{C}{9} = \frac{750}{8+7+9}$$

$$\frac{A}{8} = \frac{B}{7} = \frac{C}{9} = \frac{125}{4}$$

Agora é só comparar $\frac{125}{4}$ com a igualdade da proporção referente ao terceiro sócio, a fim de determinar a parte que lhe coube do prejuízo total:

$$\frac{C}{9} = \frac{125}{4} \Rightarrow \mathbf{C} = 281,25$$

Portanto, o **terceiro** sócio amargará um prejuízo de **R$ 281,25.**

Agora, suponha que Adriel, Fernando e Tiago são sócios de uma empresa há 10, 8 e 4 meses, respectivamente. Calcule a quantia que caberá a cada um dos sócios se o lucro obtido foi de R$ 26.620,00.

Primeiramente, pegamos o lucro total, que é R$ 26.620,00, e dividimos pela soma das partes, que são os tempos de permanência de cada sócio na empresa, ou seja, 10 + 8 + 4, igualando à proporção formada por cada incógnita dividida pela sua parte:

$$\frac{A}{10}=\frac{F}{8}=\frac{T}{4}=\frac{26620}{10+8+4}$$

$$\frac{A}{10}=\frac{F}{8}=\frac{T}{4}=1210$$

Agora é só comparar 1210 com cada uma das igualdades, a fim de determinar a parte do lucro total que coube a cada um dos sócios:

- Lucro de A: $1210=\frac{A}{10}\Rightarrow \mathbf{A}=12100$
- Lucro de F: $1210=\frac{F}{8}\Rightarrow \mathbf{F}=9680$
- Lucro de T: $1210=\frac{T}{4}\Rightarrow \mathbf{T}=4840$

Portanto, Adriel receberá R$ 12.100,00; Fernando, R$ 9.680,00 e Tiago ficará com R$ 4.840,00.

3º CASO

Os capitais investidos são diferentes e os tempos de permanência dos sócios na empresa são iguais.

Nessa situação, a divisão do lucro/prejuízo será **diretamente proporcional aos valores dos capitais.**

Por exemplo, dois sócios constituem uma sociedade, com o primeiro investindo um capital de R$ 3.000,00, e o segundo com R$ 2.000,00. Ao final de certo tempo, a sociedade apresentou um lucro de R$ 1.500,00. Calcule o lucro a que teve direito cada sócio.

Primeiramente, pegamos o lucro total, que é R$ 1.500,00, e dividimos pela soma das partes, que são os capitais investidos por cada sócio na empresa, igualando à proporção formada por cada incógnita dividida pela sua parte:

$$\frac{A}{3000}=\frac{B}{2000}=\frac{1500}{3000+2000}$$

$$\frac{A}{3000}=\frac{B}{2000}=\frac{3}{10}$$

Agora é só comparar $\frac{3}{10}$ com cada uma das igualdades, a fim de determinar a parte do lucro total que coube a cada um dos sócios:

- Lucro de A: $\frac{3}{10}=\frac{A}{3000} \Rightarrow \mathbf{A}=900$
- Lucro de B: $\frac{3}{10}=\frac{B}{2000} \Rightarrow \mathbf{B}=600$

Portanto, o primeiro sócio receberá R$ 900,00 e o segundo ficará com R$ 600,00.

Agora suponha que três pessoas A, B e C constituíram uma sociedade com capitais de R$ 2.000,00, R$ 3.000,00 e R$ 5.000,00 respectivamente. No final a sociedade apresentou um prejuízo de R$ 4.000,00. Calcule os prejuízos dos sócios B e C.

Primeiramente, pegamos o prejuízo total, que é R$ 4.000,00, e dividimos pela soma das partes, que são os capitais investidos por cada sócio na empresa, igualando à proporção formada por cada incógnita dividida pela sua parte. Para simplificar, vamos esquecer os zeros dos milhares:

$$\frac{A}{2}=\frac{B}{3}=\frac{C}{5}=\frac{4}{2+3+5}$$

$$\frac{A}{2}=\frac{B}{3}=\frac{C}{5}=\frac{2}{5}$$

Agora é só comparar $\frac{2}{5}$ com cada uma das igualdades, a fim de determinar a parte do prejuízo total que coube aos sócios B e C:

- Prejuízo de B: $\frac{2}{5}=\frac{B}{3} \Rightarrow \mathbf{B}=1,2$
- Prejuízo de C: $\frac{2}{5}=\frac{C}{5} \Rightarrow \mathbf{C}=2$

Portanto, o sócio B amargará um prejuízo de R$ 1.200,00 e o sócio C, R$ 2.000,00.

4º CASO

Os capitais e os tempos de permanência são diferentes.

Nessa situação, estamos diante da **Regra de Sociedade Composta**, em que a divisão do lucro/prejuízo será **diretamente proporcional ao produto dos capitais pelos tempos.**

Por exemplo, considere que três sócios lucraram, juntos, R$ 38.000,00. O primeiro investiu R$ 5.000,00 durante 1 ano, o segundo investiu R$ 4.000,00 durante 6 meses e o terceiro empregou R$ 6.000,00 durante 5 meses. Que parte do lucro cabe a cada um dos três sócios?

Sejam **A, B** e **C** os lucros de cada sócio.

Primeiramente, pegamos o lucro total, que é R$ 38.000,00, e dividimos pela soma das partes, igualando à proporção formada por cada incógnita dividida pelo produto do capital investido por cada sócio na empresa e o respectivo tempo de permanência. Para simplificar, vamos esquecer os zeros dos milhares:

$$\frac{A}{5.12}=\frac{B}{4.6}=\frac{C}{6.5}=\frac{38}{114}$$

$$\frac{A}{60}=\frac{B}{24}=\frac{C}{30}=\frac{1}{3}$$

- Lucro de A: $\frac{1}{3}=\frac{a}{60} \Rightarrow \mathbf{A}=20$
- Lucro de B: $\frac{1}{3}=\frac{B}{24} \Rightarrow \mathbf{B}=8$
- Lucro de C: $\frac{1}{3}=\frac{C}{30} \Rightarrow \mathbf{C}=10$

Portanto, o primeiro sócio recebeu R$ 20.000,00; o segundo, R$ 8.000,00 e o terceiro teve direito a R$ 10.000,00.

Agora, suponha que Almeida, Batista e Carlos constituem uma sociedade. Almeida entrou com um capital de R$ 3.000 durante 2 meses; Batista, com um capital de R$ 4.000,00 durante 3 meses e Carlos investiu R$ 2.000,00 durante 4 meses. Sabendo-se que, ao findar a sociedade, Batista recebeu R$ 3.200,00 de lucro mais do que Carlos, calcule o lucro de Almeida.

Sejam **A, B** e **C** os lucros de cada sócio.

Repare que neste exemplo não foi fornecido o lucro/prejuízo total. Assim, utilizaremos outro caminho de resolução.

Primeiramente, montamos a proporção, eliminando os zeros dos milhares para simplificar:

$$\frac{A}{3.2}=\frac{B}{4.3}=\frac{C}{2.4}=k$$

$$\frac{A}{6}=\frac{B}{12}=\frac{C}{8}=k(\mathbf{I})$$

Note que o enunciado nos informa que, ao findar a sociedade, Batista recebeu R$ 3.200,00 de lucro mais do que Carlos. Logo:

$$B=C+3,2(\mathbf{II})$$

Substituindo (II) nas igualdades da proporção (I) referente aos lucros de B e C, temos:

$$\frac{C+3,2}{12}=\frac{C}{8}$$

$$C+3,2=\frac{12C}{8}$$

$$2C+6,4=3C$$

$$\mathbf{C}=6,4$$

Todavia, nosso objetivo consiste em determinar o **lucro de Almeida**. Assim:

$$\frac{A}{6}=\frac{C}{8}$$

$$\frac{A}{6}=\frac{6,4}{8}$$

$$\frac{8A}{6}=6,4$$

$$A=\frac{6,4.3}{4}=4,8$$

Portanto, o lucro de Almeida foi de **R$ 4.800,00**.

Resumindo os **quatro casos** que estudamos:

CAPITAIS (C)	TEMPOS (T)	A divisão é diretamente proporcional a:
=	=	Nº de sócios
=	≠	T
≠	=	C
≠	≠	C . T

Veja como esse assunto já foi cobrado!

QUESTÃO 01 (FCC/TRT – 9ª REGIÃO/Téc Jud/2015) Para proceder à fusão de suas empresas, os proprietários A, B e C decidem que as partes de cada um, na nova sociedade, devem ser proporcionais ao faturamentos de suas empresas no ano de 2014, que foram, respectivamente, de R$ 120.000,00; R$ 135.000,00 e R$ 195.000,00. Então, se a empresa resultante da fusão lucrar R$ 240.000,00 em 2016, a parte desse lucro devida ao sócio A foi de

a) R$ 110.000,00.

b) R$ 72.000,00.

c) R$ 64.000,00.

d) R$ 60.000,00.

e) R$ 80.000,00.

RESOLUÇÃO:

O enunciado afirma que as partes de cada sócio no resultado da empresa devem ser proporcionais aos faturamentos no ano de 2014.

Assim, basta pegar o lucro obtido e dividi-lo pela soma das partes, que são os faturamentos alcançados por cada sócio antes da fusão, igualando à proporção formada por cada incógnita dividida pela sua parte. Para simplificar, vamos esquecer os zeros dos milhares:

$$\frac{A}{120} = \frac{B}{135} = \frac{C}{195} = \frac{240.000}{120+135+195}$$

$$\frac{A}{120} = \frac{B}{135} = \frac{C}{195} = \frac{1600}{3}$$

Agora é só comparar $\frac{1600}{3}$ com a igualdade relativa à parte do lucro devida ao sócio A:

$$\frac{A}{120}=\frac{1600}{3} \Rightarrow \mathbf{A}=64.000$$

Gabarito: C.

QUESTÃO 02 (FCC/TRE-PI/Téc Jud/2002) Dois sócios constituíram uma empresa com capitais iguais, sendo que o primeiro fundou a empresa e o segundo foi admitido 4 meses depois. No fim de um ano de atividades, a empresa apresentou um lucro de R$ 20 000,00. Eles receberam, respectivamente,

a) R$ 10 500,00 e R$ 9 500,00

b) R$ 12 000,00 e R$ 8 000,00

c) R$ 13 800,00 e R$ 6 200,00

d) R$ 15 000,00 e R$ 5 000,00

e) R$ 16 000,00 e R$ 4 000,00

RESOLUÇÃO:

Com **capitais iguais** e **tempos de permanência de cada sócio na empresa diferentes**, o **lucro deverá ser dividido proporcionalmente ao tempo.**

Inicialmente somos informados de que o primeiro fundou a empresa e o segundo foi admitido 4 meses depois. Isso significa que se, por exemplo, a atividade empresarial foi iniciada há 1 ano, então o primeiro sócio possui 12 meses de permanência na empresa, enquanto o segundo tem 8. Vamos então considerar esses dados hipotéticos, já que eles respeitam a situação exposta no enunciado!

Sabemos que o lucro total foi de R$ 20.000,00. Daí, basta dividi-lo pela soma das partes, que são os tempos de permanência de cada sócio na empresa, ou seja, 12 + 8, igualando à proporção formada por cada incógnita dividida pela sua parte:

$$\frac{A}{12}=\frac{B}{8}=\frac{20000}{12+8}$$

$$\frac{A}{12}=\frac{B}{8}=1000$$

Agora é só comparar 1000 com cada uma das igualdades, a fim de determinar a parte do lucro total que coube a cada um dos sócios:

- Lucro de A: $1000=\frac{A}{12} \Rightarrow \mathbf{A}=12.000$
- Lucro de B: $1000=\frac{B}{8} \Rightarrow \mathbf{B}=8.000$

UNIDADE 2 - ARITMÉTICA

Portanto, o primeiro sócio recebeu R$ 12.000,00 e o segundo sócio teve direito a R$ 8.000,00.

Gabarito: B.

QUESTÃO 03 (CETAP –Assistente/JUCEPA/2021) Uma empresa de pequeno porte criada por 3 sócios, João, Paulo e Renato, conseguiu ao longo do último ano um faturamento líquido de R$ 385.000,00. Considere que para abrirem a empresa, João investiu R$ 11.000,00, Paulo R$ 18.000,00 e Renato R$ 21.000,00. Em relação ao valor recebido por cada um dos sócios do lucro, é correto afirmar que:

a) Paulo receberá mais do que Renato.

b) João receberá R$ 10.000,00 a menos do que Renato.

c) Renato receberá R$ 23.100,00 a mais do que Paulo.

d) Cada um receberá R$ 128.333,33.

RESOLUÇÃO:

Sejam **J, P e R** os valores que receberão, respectivamente, João, Paulo e Renato.

O enunciado informa que serão distribuídas R$ 385.000 de faturamento entre os três sócios, ou seja:

$$J + P + R = 385.000$$

Em seguida, é dito que a divisão desse faturamento será feita de maneira **diretamente** proporcional ao investimento inicial que cada sócio efetuou na empresa, sendo que João investiu R$ 11.000,00, Paulo R$ 18.000,00 e Renato R$ 21.000,00. Então, temos:

$$\frac{J}{11.000} = \frac{P}{18.000} = \frac{R}{21.000} = \frac{J + P + R}{11.000 + 18.000 + 21.000} = \frac{385.000}{50.000} = 7,7$$

Aplicando essa constante de proporcionalidade para cada razão, obtemos:

$$\frac{J}{11.000} = 7,7 \rightarrow J = 7,7 \,.\, 11.000 = 105.875$$

$$\frac{P}{18.000} = 7,7 \rightarrow P = 7,7 \,.\, 18.000 = 138.600$$

$$\frac{R}{21.000} = 7{,}7 \rightarrow R = 7{,}7 \,.\, 21.000 = 161.700$$

Agora, vamos analisar as afirmações contidas nas opções de resposta.

a) Paulo receberá mais do que Renato. **Errado**, pois Paulo receberá R$ 138.600 ao passo que Renato receberá 161.700. Assim, Renato fará jus a uma quantia maior que Paulo.

b) João receberá R$ 10.000,00 a menos do que Renato. **Errado**, pois João receberá a menos 161.700 - 84.700 = R$ 77.000,00.

c) Renato receberá R$ 23.100,00 a mais do que Paulo. **Certo**, já que Renato receberá, de fato, 161.700 - 138.600 = R$ 23.100 a mais do que Paulo.

d) Cada um receberá R$ 128.333,33. **Errado**, pois como cada sócio fez um investimento inicial diferente, suas respectivas partes do faturamento serão proporcionalmente diferentes.

Gabarito: C.

QUESTÃO 04 (CESPE/MDIC/Ag Adm/2014) Lúcio, Breno, Cláudia e Denise abriram a loja virtual Lik, para a qual, no ato de abertura, Lúcio contribuiu com R$ 10.000,00; Breno, com R$ 15.000,00; Cláudia, com R$ 12.000,00; e Denise, com R$ 13.000,00. Os lucros obtidos por essa loja serão distribuídos de forma diretamente proporcional à participação financeira de cada um dos sócios no ato de abertura da loja.

A partir dessas informações, julgue o item a seguir.

Se o lucro obtido ao final de determinado mês for igual a R$ 7.000,00, então a parcela de Cláudia no lucro será superior a R$ 1.700,00 nesse mês.

RESOLUÇÃO:

Sejam:

B: parcela do lucro destinada a Breno;

C: parcela do lucro destinada a Cláudia;

D: parcela do lucro destinada a Denise;

L: parcela do lucro destinada a Lúcio.

O enunciado informa que os lucros obtidos serão distribuídos de forma **diretamente** proporcional à participação financeira de cada um dos sócios. Ou seja:

$$\frac{B}{15.000}=\frac{C}{12.000}=\frac{D}{13.000}=\frac{L}{10.000}=k$$

Aplicando a **propriedade da soma dos antecedentes e consequentes** e esquecendo do os zeros dos milhares **para simplificar, obtemos:**

$$\frac{B}{15}=\frac{C}{12}=\frac{D}{13}=\frac{L}{10}=\frac{7}{15+12+13+10}$$

$$\frac{B}{15}=\frac{C}{12}=\frac{D}{13}=\frac{L}{10}=\frac{7}{50}$$

Bem, o nosso objetivo consiste em obter a parcela de Cláudia no lucro. Daí:

$$\frac{C}{12}=\frac{7}{50}$$

$$C=\frac{12.7}{50}=1,68$$

No entanto, precisamos acrescentar os zeros dos milhares que havíamos suprimido para facilitar os cálculos. Com isso, o lucro de Cláudia será de **R$ 1.680,00**, o que não é superior a R$ 1.700,00.

Gabarito: errado.

QUESTÃO 05 (FCC/Câm Mun-SP/Téc Adm/2014) Uma empresa foi constituída por três sócios, que investiram, respectivamente, R$ 60.000,00, R$ 40.000,00 e R$ 20.000,00. No final do primeiro ano de funcionamento, a empresa obteve um lucro de R$ 18.600,00 para dividir entre os sócios em quantias diretamente proporcionais ao que foi investido. O sócio que menos investiu deverá receber

a) R$ 2.100,00.

b) R$ 2.800,00.

c) R$ 3.400,00.

d) R$ 4.000,00.

e) R$ 3.100,00.

RESOLUÇÃO:

Sejam:

A: parcela do lucro destinada ao primeiro sócio;

B: parcela do lucro destinada ao segundo sócio;

C: parcela do lucro destinada ao terceiro sócio.

Primeiramente, pegamos o lucro total e dividimos pela soma das partes, que são os capitais investidos por cada sócio na empresa, igualando à proporção formada por cada incógnita dividida pela sua parte. Para simplificar, vamos esquecer os zeros dos milhares:

$$\frac{A}{60}=\frac{B}{40}=\frac{C}{20}=\frac{18600}{60+40+20}$$

$$\frac{A}{60}=\frac{B}{40}=\frac{C}{20}=155$$

Agora é só comparar 155 com a igualdade relativa à parte do lucro total que coube ao sócio que menos investiu (C):

$$\frac{C}{20}=155 \Rightarrow \boldsymbol{C}=3.100$$

Gabarito: E.

QUESTÃO 06 (IBADE –Téc/Pref Linhares/2020) Três pessoas formaram uma sociedade. A primeira entrou com R$ 40.000,00, a segunda, com R$ 100.000,00 e a terceira, com R$ 50.000,00. No balanço final de ano houve um lucro de R$ 90.000,00. A quantia aproximada, em reais, que cada sócio recebeu na ordem em que aparecem foi de:

a) 10.000,00; 50.000,00; 30.000,00.

b) 40.000,00; 100.000,00; 50.000,00.

c) 10.500,00; 49.700,00; 29.800,00.

d) 20.000,00; 45.800,00; 24.200,00.

e) 18.900,00; 47.700,00; 23.400,00.

RESOLUÇÃO:

Percebemos que os **capitais investidos são diferentes** ao passo que os **tempos de permanência de cada sócio na empresa são iguais**! Nesse caso, o **terreno deverá ser dividido proporcionalmente aos capitais.**

Considerando que **A**, **B** e **C** representam, respectivamente, a parcela do lucro destinada ao primeiro, segundo e terceiro sócio, temos:

$$\frac{A}{4} = \frac{B}{10} = \frac{C}{5} = \frac{90.000}{4+10+5}$$

$$\frac{A}{4} = \frac{B}{10} = \frac{C}{5} = \frac{90.000}{19}$$

Agora é só comparar a constante de proporcionalidade com a igualdade relativa ao lucro que caberia a cada sócio:

$$\frac{A}{4} = \frac{90.000}{19} \rightarrow A \approx \mathbf{18.900}$$

$$\frac{B}{10} = \frac{90.000}{19} \rightarrow B \approx \mathbf{47.700}$$

$$\frac{C}{5} = \frac{90.000}{19} \rightarrow C \approx \mathbf{23.400}$$

Gabarito: E.

QUESTÃO 07 (FCC – Esc/BB/2013) Uma empresa obteve um lucro líquido de R$ 263.500,00. Esse lucro será dividido proporcionalmente às cotas da sociedade que cada um dos seus quatro sócios possui. O sócio majoritário detém 9 das cotas e os outros três sócios possuem, respectivamente, 1, 3 e 4 cotas da sociedade. A quantia, em reais, que o sócio que possui 3 cotas receberá nessa divisão é igual a

a) 15.500,00.

b) 139.500,00.

c) 46.500,00.

d) 62.000,00.

e) 31.000,00.

RESOLUÇÃO:

Considerando que **A**, **B**, **C** e **D** representam, respectivamente, a parcela do lucro destinada ao sócio que possui 1, 3, 4, e 9 cotas, temos:

$$\frac{A}{1}=\frac{B}{3}=\frac{C}{4}=\frac{D}{9}=\frac{263500}{1+3+4+9}$$

$$\frac{A}{1}=\frac{B}{3}=\frac{C}{4}=\frac{D}{9}=15500$$

Agora é só comparar 15.500 com a igualdade relativa à parte do lucro líquido que caberá ao sócio que possui 3 cotas (B):

$$\frac{B}{3}=15500 \Rightarrow \boldsymbol{B}=46.500$$

Gabarito: C.

QUESTÃO 08 (FCC/MPE-RS/Ag Adm/2010) A tabela a seguir mostra as participações dos três sócios de uma empresa na composição de suas ações.

Sócio	Total de ações
Paulo Silva	15.000
Maria Oliveira	10.000
Carlos Braga	7.000

Os lucros da empresa em determinado ano, que totalizaram R$ 560.000,00, foram divididos entre os três sócios proporcionalmente à quantidade de ações que cada um possui. Assim, a sócia Maria Oliveira recebeu nessa divisão

a) R$ 17.500,00.

b) R$ 56.000,00.

c) R$ 112.000,00.

d) R$ 140.000,00.

e) R$ 175.000,00.

RESOLUÇÃO:

Considerando que **P**, **M** e **C** representam as parcelas do lucro destinadas, respectivamente, a Paulo Silva, Maria Oliveira e Carlos Braga, **e** esquecendo dos zeros dos milhares **para simplificar os cálculos**, temos:

$$\frac{P}{15}=\frac{M}{10}=\frac{C}{7}=\frac{560}{15+10+7}$$

$$\frac{P}{15}=\frac{M}{10}=\frac{C}{7}=\frac{35}{2}$$

Agora é só comparar $\frac{35}{2}$ com a igualdade relativa à parte do lucro que coube à sócia Maria Oliveira (M) nessa divisão:

$$\frac{M}{10}=\frac{35}{2}$$

$$M=10.\frac{35}{2}=175$$

No entanto, precisamos acrescentar os zeros dos milhares que havíamos suprimido para facilitar os cálculos. Com isso, **o lucro de Maria Oliveira foi de R$ 175.000,00.**

Gabarito: E.

QUESTÃO 09 (UFF/ANCINE/Ana Adm/2009) Três pessoas A, B e C constituíram uma empresa e tiveram as seguintes participações:

A) Capital de R$ 5000,00, durante 20 meses

B) Capital de R$ 6000,00, durante 30 meses

C) Capital de R$ 3000,00, durante 40 meses

Após 40 meses do início da empresa, foi calculado um lucro de R$ 8500,00 que foi repartido entre os sócios. A parte desse lucro que coube ao sócio minoritário foi de:

a) R$ 3825,00 b) R$ 2125,00 c) R$ 2550,00 d) R$ 1890,00 e) R$ 2350,00

RESOLUÇÃO:

Agora tanto os capitais quanto os tempos de aplicação são diferentes. Nessa situação, a divisão do lucro será **diretamente proporcional ao produto dos capitais pelos tempos.**

Assim, primeiro vamos calcular a quantia que cada sócio contribuiu para construir a empresa fazendo a **multiplicação entre capital e tempo** de cada um deles:

- **Sócio A**: R$ 5.000 . 20 = **R$ 100.000**
- **Sócio B**: R$ 6.000 . 30 = **R$ 180.000**
- Sócio C: R$ 3.000 . 40 = **R$ 120.000**

R$ 400.000

Em seguida, montamos a proporção, esquecendo dos zeros dos milhares **para simplificar os cálculos**:

$$\frac{A}{100}=\frac{B}{180}=\frac{C}{120}=\frac{8500}{100+180+120}$$

$$\frac{A}{100}=\frac{B}{180}=\frac{C}{120}=\frac{85}{4}$$

Agora é só comparar $\frac{85}{4}$ com a igualdade relativa à parte do lucro que coube ao sócio minoritário (A):

$$\frac{A}{100}=\frac{85}{4}$$

$$A=100.\frac{85}{4}=2125$$

Gabarito: B.

QUESTÃO 10 (CESPE/FUB/Adm de Edif/2009) Na formação de uma microempresa, os dois sócios integralizaram os capitais de R$ 6.000,00 e R$ 9.000,00, respectivamente. Após 9 meses, esses sócios aceitaram outra pessoa na sociedade, que integralizou o capital de R$ 12.000,00. Ao final do 1.º ano, a firma apresentou um lucro de R$ 13.200,00, que foi dividido em partes proporcionais ao capital e tempo de integralização. Nesse caso, coube ao 3.º sócio uma importância superior a R$ 2.000,00.

RESOLUÇÃO:

Nesta questão, estamos diante do caso em que tanto os capitais quanto os tempos de aplicação são diferentes, de forma que a divisão do lucro será **diretamente proporcional ao produto dos capitais pelos tempos**, tendo em mente que o terceiro sócio passou a fazer parte da microempresa 9 meses após a sua formação:

$$\frac{A}{6.12}=\frac{B}{9.12}=\frac{C}{12.3}=\frac{13200}{72+108+36}$$

$$\frac{A}{72}=\frac{B}{108}=\frac{C}{36}=\frac{550}{9}$$

Agora é só comparar $\frac{550}{9}$ com a igualdade relativa à parte do lucro que coube ao 3º sócio (C):

$$\frac{C}{36}=\frac{550}{9}$$

$$C=36.\frac{550}{9}=2200$$

Portanto, a quantia a que o 3º sócio teve direito foi **superior a R$ 2.000,00.**

Gabarito: Certo.

QUESTÃO 11 (FCC/TRT 24ª Região/2003) Caetano fundou uma empresa com um capital de R$ 300.000,00 e após 8 meses admitiu Milton como sócio, com R$ 120.000,00 de capital. Ao completar 1 ano de atividade da empresa, houve um lucro de R$ 170.000,00. Na divisão proporcional desse lucro, a parte que coube a Milton foi:

a) R$ 20.000,00

b) R$ 40.000,00

c) R$ 50.000,00

d) R$ 60.000,00

e) R$ 80.000,00

RESOLUÇÃO:

Nesta questão, estamos diante do caso em que tanto os capitais quanto os tempos de aplicação são diferentes. Nessa situação, a divisão do lucro será **diretamente proporcional ao produto dos capitais pelos tempos**.

Assim, primeiro vamos calcular a quantia que cada sócio contribuiu para construir a empresa fazendo a **multiplicação entre capital e tempo** de cada um deles:

- **Caetano (C):** R$ 300.000 . 12 = **R$ 3.600.000**
- **Milton (M):** R$ 120.000 . 4 = **R$ 480.000**

R$ 4.080.000

Em seguida, montamos a proporção:

$$\frac{C}{3600}=\frac{M}{480}=\frac{170.000}{4080}$$

$$\frac{C}{3600}=\frac{M}{480}=\frac{2125}{51}$$

Agora é só comparar $\frac{2125}{51}$ com a igualdade relativa à parte que coube a Milton:

$$\frac{M}{480} = \frac{2125}{51}$$

$$M = 480.\frac{2125}{51} = 20.000$$

Gabarito: A.

3. RESUMO

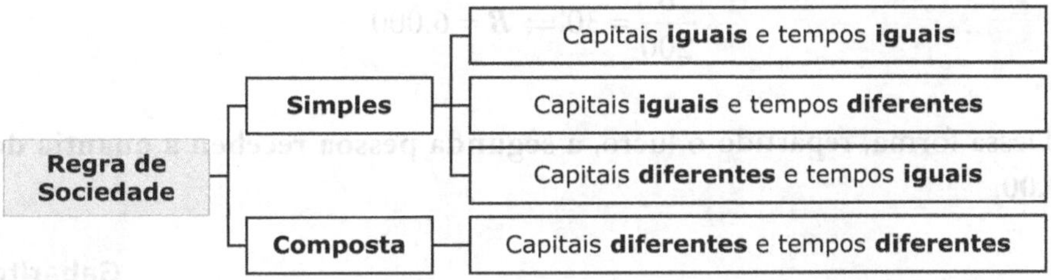

CAPITAIS (C)	TEMPOS (T)	A divisão é diretamente proporcional a:
=	=	Nº de sócios
=	≠	T
≠	=	C
≠	≠	C . T

4. MAIS QUESTÕES COMENTADAS

QUESTÃO 12 (FJG/Pref RJ/Fiscal de Rendas/2002) Duas pessoas investiram, em um negócio, R$300,00, a primeira delas com R$100,00. Obtiveram um lucro de R$9.000,00. Repartido o lucro, a segunda pessoa recebeu a seguinte quantia:

a) R$ 5.000,00 b) R$ 6.000,00 c) R$ 7.000,00 d) R$ 8.000,00

RESOLUÇÃO:

Mais uma questão em que os **capitais investidos são diferentes** ao passo que os **tempos de permanência de cada sócio na empresa são iguais**! Nesse caso, o **lucro deverá ser dividido proporcionalmente aos capitais.**

Primeiramente, pegamos o lucro total, que é R$ 9.000,00, e dividimos pela soma das partes, que são os capitais investidos por cada sócio na empresa, igualando à proporção formada por cada incógnita dividida pela sua parte:

$$\frac{A}{100} = \frac{B}{200} = \frac{9000}{100+200}$$

$$\frac{A}{100} = \frac{B}{200} = 30$$

Agora é só comparar 30 com a igualdade relativa à parte que coube à segunda pessoa (B):

$$\frac{B}{200} = 30 \Rightarrow \boldsymbol{B} = 6.000$$

Dessa forma, repartido o lucro, **a segunda pessoa recebeu a quantia de R$ 6.000,00.**

Gabarito: B.

QUESTÃO 13 (CESPE/PRF/Ana Adm/2012) Paulo, Maria e Sandra investiram, respectivamente, R$ 20.000,00, R$ 30.000,00 e R$ 50.000,00 na construção de um empreendimento. Ao final de determinado período de tempo, foi obtido o lucro de R$ 10.000,00, que deverá ser dividido entre os três, em quantias diretamente proporcionais às quantias investidas.

Considerando a situação hipotética acima, julgue o item que se segue.

Paulo e Maria receberão, juntos, mais do que Sandra.

RESOLUÇÃO:

Note que os **capitais investidos são diferentes** ao passo que os **tempos de permanência de cada sócio na empresa são iguais**! Nesse caso, o **lucro deverá ser dividido proporcionalmente aos capitais.**

Considerando que **P**, **M** e **S** representam as parcelas do lucro destinadas, respectivamente, a Paulo, Maria e Sandra, **e** esquecendo dos zeros dos milhares **para simplificar os cálculos,** temos:

$$\frac{P}{20} = \frac{M}{30} = \frac{S}{50} = \frac{10.000}{20+30+50}$$

$$\frac{P}{20} = \frac{M}{30} = \frac{S}{50} = 100$$

Agora é só comparar 100 com cada uma das igualdades, a fim de determinar a parte do lucro total que coube a cada um dos sócios:

- Lucro de P: $100 = \frac{P}{20} \Rightarrow \boldsymbol{P} = 2.000$
- Lucro de M: $100 = \frac{M}{30} \Rightarrow \boldsymbol{M} = 3.000$
- Lucro de S: $100 = \frac{S}{50} \Rightarrow \boldsymbol{S} = 5.000$

A que conclusão é possível chegarmos? Bem, na verdade, **Paulo e Maria receberam juntos R$ 5.000, mesma quantia a que teve direito a sócia Sandra.**

Gabarito: Errado.

QUESTÃO 14 (CESPE/STJ/Téc Jud/2004) Três amigos decidiram constituir uma empresa, em sociedade, para a prestação de serviços técnicos nas áreas de contabilidade, informática e telefonia. O contador contribuiu com R$ 2.000,00, o técnico em informática, com R$ 3.000,00 e o técnico em telefonia, com R$ 4.000,00. Ao final de um ano de serviços, a empresa obteve um lucro de R$ 5.400,00 para ser dividido em partes proporcionais aos valores empenhados por cada sócio.

Com base nessas informações, julgue o item seguinte.

O técnico em informática deve receber uma quantia inferior a R$ 1.840,00.

RESOLUÇÃO:

Percebemos que os **capitais investidos são diferentes** ao passo que os **tempos de permanência de cada sócio na empresa são iguais**! Nesse caso, o **lucro deverá ser dividido proporcionalmente aos capitais.**

Considerando que **C, I** e **T** representam as parcelas do lucro destinadas, respectivamente, ao contador, ao técnico em informática e ao técnico em telefonia, **e** esquecendo dos zeros dos milhares **para simplificar os cálculos**, temos:

$$\frac{C}{2} = \frac{I}{3} = \frac{T}{4} = \frac{5400}{2+3+4}$$

$$\frac{C}{2} = \frac{I}{3} = \frac{T}{4} = 600$$

Agora é só comparar 600 com a igualdade relativa à parte que coube ao técnico em informática (I):

$$\frac{I}{3} = 600 \Rightarrow \boldsymbol{I} = 1.800$$

Dessa forma, **o técnico em informática recebeu R$ 1.800,00 que é uma quantia inferior a R$ 1.840,00.**

Gabarito: Certo.

QUESTÃO 15 (ITAME - Analista de TI/Pref Edéia/2020) Dois advogados deverão analisar 45 processos, e resolveram dividir essa quantidade em partes inversamente proporcional ao respectivo tempo de trabalho de ambos na empresa. Se o primeiro que trabalha na empresa há 28 anos analisar 25 dos processos. Quantos anos de trabalho o segundo tem na empresa?

a) 32 b) 33 c) 34 d) 35

RESOLUÇÃO:

Temos uma situação de divisão em partes **inversamente** proporcionais, de modo que dividiremos o total de processos em duas partes que são inversamente proporcionais ao tempo de serviço de cada um deles. Para isso, o produto de qualquer número da primeira sequência com o seu correspondente na segunda sequência é constante:

$$\boldsymbol{A \cdot X = B \cdot Y = k}$$

Em que **k** é a constante de proporcionalidade.

O enunciado informa que o primeiro irá analisar 25 processos, sendo esta quantidade inversamente proporcional a 28, e o segundo analisará os demais 20 processos, quantidade inversamente proporcional a X:

$$28 \cdot 25 = 20 \cdot \boldsymbol{X}$$

$$X = \frac{28 \cdot 25}{20} = 7 \cdot 5 = 35$$

Portanto, concluímos que **o segundo tem 35 anos de trabalho.**

Gabarito: D.

QUESTÃO 16 (FCC) Uma empresa teve um lucro de R$ 441.600,00. O primeiro sócio empregou R$ 100.000,00 durante 1 ano e 6 meses; o segundo, R$ 120.000,00 por 1 ano e 4 meses; e o terceiro, R$ 150.000,00, durante 1 ano. Qual o lucro do sócio com maior parcela nessa sociedade?

a) R$ 175.800,00

b) R$ 172.000,00

c) R$ 160.200,00

d) R$ 153.600,00

e) R$ 144.000,00

RESOLUÇÃO:

Agora tanto os capitais quanto os tempos de aplicação são diferentes. Nessa situação, a divisão do lucro será **diretamente proporcional ao produto dos capitais pelos tempos.**

Assim, primeiro vamos calcular a quantia que cada sócio contribuiu para construir a empresa fazendo a **multiplicação entre capital e tempo** de cada um deles:

- **Sócio 1 (A):** R$ 100.000 . 18 = **R$ 1.800.000**
- **Sócio 2 (B):** R$ 120.000 . 16 = **R$ 1.920.000**
- **Sócio 3 (C):** R$ 150.000 . 12 = **R$ 1.800.000**

R$ 5.520.000

Em seguida, montamos a proporção:

$$\frac{A}{1800} = \frac{B}{1920} = \frac{C}{1800} = \frac{441600}{1800+1920+1800}$$

$$\frac{A}{1800} = \frac{B}{1920} = \frac{C}{1800} = 80$$

Agora é só comparar 80 com a igualdade relativa ao sócio com maior parcela nessa sociedade (B):

$$\frac{B}{1920} = 80 \Rightarrow \boldsymbol{B} = 153.600,00$$

Gabarito: D.

QUESTÃO 17 (ESAF – AFC/STN/2008) Uma empresa (S/A) obteve resultado positivo no ano, que gerou um dividendo de R$ 150.000,00, a ser rateado entre os 4 (quatro) sócios. Como cada sócio possui o dobro de ações do sócio anterior, os valores a serem distribuídos são respectivamente de:

a) R$ 37.500,00 para cada sócio.

b) R$ 15.000,00; R$ 30.000,00; R$ 45.000,00; R$ 60.000,00.

c) R$ 10.000,00; R$ 20.000,00; R$ 40.000,00; R$ 80.000,00.

d) R$ 5.000,00; R$ 25.000,00; R$ 45.000,00; R$ 75.000,00.

e) R$ 10.000,00; R$ 25.000,00; R$ 45.000,00; R$ 70.000,00.

RESOLUÇÃO:

O enunciado informa que cada sócio possui o dobro de ações do sócio anterior. Supondo que o sócio minoritário tenha 1 ação, o segundo sócio tem 2 ações (dobro do anterior), ao passo que o sócio seguinte tem 4 ações. Por fim, o último sócio tem 8 ações. Assim, o total de ações é:

$$1+2+4+8=15$$

Também é dito que foi gerado um dividendo de R$ 150.000,00, a ser rateado entre os 4 (quatro) sócios. Ou seja:

$$\frac{150.000}{15}=10.000$$

Logo, cada sócio recebe R$ 10.000,00 por ação, de tal modo que as quantias recebidas serão:

- R$ 10.000,00
- R$ 20.000,00
- R$ 40.000,00
- R$ 80.000,00

Gabarito: C.

QUESTÃO 18 (FUNCAB/CRF-RO/2015) David, Ruan e Leonardo são os únicos sócios de uma farmácia. David tem 60% do valor da sociedade e Ruan possui o triplo do percentual de Leonardo. No ano de 2014, Leonardo recebeu de lucro R$24.000,00. O valor do lucro recebido por David em 2014 foi:

a) R$100.000,00.

b) R$172.000,00.

c) R$120.000,00.

d) R$160.000,00.

e) R$144.000,00.

RESOLUÇÃO:

Sejam **CD, CL** e **CR** o valor do capital investido, respectivamente, por David, Leonardo e Ruan. Além disso, vamos considerar que **D, L** e **R** simbolizam a parcela do lucro que coube, respectivamente, a David, Leonardo e Ruan.

Vamos supor que o capital investido pelos três sócios juntos seja de R$ 100.000,00. Bem, David investiu 60% do valor da sociedade. Logo:

$$\boldsymbol{C_D} = \frac{60}{100}.100000 = 60.000$$

Em seguida, a questão informa que Ruan possui o triplo do percentual de Leonardo. Ou seja:

$$C_R = 3.\ C_L\ (\boldsymbol{I})$$

No entanto, visto que o capital total é de R$ 100.000,00 e já que o valor do investimento de David foi de R$ 60.000,00, então Ruan e Leonardo investiram juntos R$ 40.000,00:

$$C_R + C_L = 40.000$$

$$3.\ C_L + C_L = 40.000$$

$$\boldsymbol{C_L} = 10.000(\boldsymbol{II})$$

Substituindo (II) em (I), encontramos o capital investido por Ruan:

$$\boldsymbol{C_R} = 3.10000 = 30.000$$

E agora vem o "pulo do gato" da resolução dessa questão. Sabemos que os lucros a serem repartidos aos sócios devem ser diretamente proporcionais aos capitais investidos. Bem, como o capital de Ruan é o triplo de Leonardo, então seu lucro seguirá essa proporção. Logo:

$$\boldsymbol{R} = 3.\ L = 3.24000 = 72.000$$

Além disso, note que o capital investido por David é exatamente o dobro de Ruan. Assim:

$$D = 2.R = 2.72000 = 144.000$$

Portanto, o valor do **lucro recebido por David foi de R$ 144.000,00.**

Gabarito: E.

QUESTÃO 19 (FCC/TRF – 1ª REGIÃO/Ana Jud/2014) Alberto é um dos quatro sócios de uma empresa e participa com 35% das cotas. Bruno, o segundo sócio participa com 20% das cotas. Carlos, o terceiro sócio participa com 81 cotas. Na distribuição de 258 mil reais de lucro, realizada de forma diretamente proporcional ao número de cotas de cada sócio, coube a Durval, o quarto sócio, a quantia 46,44 mil reais. A diferença entre o número de cotas de Bruno e Durval é igual a

a) 12 b) 21 c) 24 d) 6 e) 2

RESOLUÇÃO:

Vamos montar uma tabela para organizar os dados fornecidos pela questão:

Sócio	Número de contas	Porcentagem de cotas
A		**35%**
B		**20%**
C	**81**	
D		
Total		**100%**

A seguir, o enunciado afirma que, na distribuição de 258 mil reais de lucro, realizada de forma diretamente proporcional ao número de cotas de cada sócio, coube a Durval, o quarto sócio, a quantia 46,44 mil reais. Com isso, precisamos nos perguntar: a parte do lucro recebida por Durval representa quanto do lucro total? Isso é fácil responder, basta dividir a parte pelo todo! Logo:

$$\frac{46.440}{258000} = 0,18 = 18\%$$

Assim, se o lucro de Durval corresponde a 18% do lucro total, então podemos concluir que ele participa com 18% das cotas da empresa! Vamos colocar essa informação na nossa tabela:

Sócio	Número de contas	Porcentagem de cotas
A		35%
B		20%
C	81	
D		18%
Total		100%

Note que falta apenas um valor percentual para fecharmos a última coluna da tabela. Assim, Carlos possui o restante das cotas em termos percentuais:

$$100 - 35 - 20 - 18 = 27\%$$

Sócio	Número de contas	Porcentagem de cotas
A		35%
B		20%
C	81	27%
D		18%
Total		100%

Sabendo que 27% corresponde a 81 Cotas, chegamos à conclusão que o total geral das Cotas (X) é:

$$\frac{27}{100}.X = 81 \Rightarrow \boldsymbol{X} = 81.\frac{100}{27} = 300$$

Agora é possível determinar a quantidade de cotas que cada sócio possui. No entanto, o nosso foco é calcular apenas o número de cotas de Bruno e Durval:

Cotas de Bruno: 20% de 300 = 60

Cotas de Durval: 18% de 300 = 54

Assim, **a diferença entre o número de cotas de Bruno e Durval é igual a 6** (60 – 54).

Gabarito: D.

5. QUESTÕES-DESAFIO

QUESTÃO 20 (FCC) Três sócios lucraram R$ 350.000,00. Sabendo-se que o lucro do primeiro está para o do segundo, assim como 2 : 3; e que o lucro do segundo está para o do terceiro, assim como 4 : 5. A diferença entre o maior e o menor lucro vale:

a) R$ 55.800,00

b) R$ 62.300,00

c) R$ 70.000,00

d) R$ 75.000,00

e) R$ 80.000,00

RESOLUÇÃO:

Sejam **X**, **Y** e **Z** os lucro obtidos, respectivamente, pelo primeiro, segundo e terceiro sócio.

A questão inicialmente afirma que três sócios lucraram R$ 350.000,00. Ou seja:

$$X+Y+Z=350.000\,(\boldsymbol{I})$$

A seguir, o enunciado informa que o lucro do primeiro está para o do segundo, assim como 2 : 3; e que o lucro do segundo está para o do terceiro, assim como 4 : 5. Logo:

$$\frac{X}{Y}=\frac{2}{3}\rightarrow X=\frac{2Y}{3}\,(\boldsymbol{II})$$

$$\frac{Y}{Z}=\frac{4}{5}\rightarrow Z=\frac{5Y}{4}\,(\boldsymbol{III})$$

Substituindo (II) e (III) na equação (I), obtemos:

$$\frac{2Y}{3}+Y+\frac{5Y}{4}=350.000$$

$$\frac{8Y+12Y=15Y}{12}=\frac{4.200.000}{12}$$

$$35Y=4.200.000$$

$$\boldsymbol{Y}=\boldsymbol{R}\$120.000,00$$

Por fim, substituindo o valor que acabamos de encontrar para **y** em (II) e (III), teremos:

$$X=\frac{2.120000}{3}\rightarrow X=R\$80.000,00$$

$$Z = \frac{5.120000}{4} \rightarrow Z = R\$150.000,00$$

Dessa forma, a diferença entre o maior e o menor lucro vale:

$$150.000 - 80.000 = \boldsymbol{R}\$70.000,00$$

Gabarito: C.

QUESTÃO 21 (FCC/CNMP/Ana/2015) Luiz Silva, Ana Kan e uma terceira pessoa investiram, juntos, 180 mil reais em uma sociedade. Coincidentemente, a quantia investida por cada um, nessa sociedade, foi diretamente proporcional ao número de letras do seu nome e sobrenome, contando também as letras repetidas. Se a terceira pessoa investiu 72 mil reais na sociedade, e se seu nome e sobrenome estão assinalados em apenas uma das alternativas abaixo, então, a terceira pessoa é

a) Ida Lopes.

b) Davi Santos.

c) Caio Teixeira.

d) Beatriz Borges.

e) Cristiana Dutra.

RESOLUÇÃO:

A questão informa que a quantia investida por Luiz Silva, Ana Kan e uma terceira pessoa, numa sociedade, foi diretamente proporcional ao número de letras do seu nome e sobrenome, contando também as letras repetidas. Isso significa que a **razão** entre a quantidade que cada um investiu pelo número de letras do seu nome é igual! Ou seja:

Pessoa	Letras	Quanto investiu	É diretamente proporcional a	Razão resultante
Luiz Silva	9	x	9	**x/9**
Ana Kan	6	y	6	**y/6**
Terceira pessoa	?	R$ 72.000,00	z	**72000/z**

Bem, visto que essas razões são iguais, então formarão a proporção a seguir:

$$\frac{x}{9}=\frac{y}{6}=\frac{72.000}{z}$$

Ora, sabemos que o nosso objetivo consiste em determinar o valor de z, ou seja, a quantidade de letras do nome da terceira pessoa. Dessa forma, aplicando a **propriedade da soma dos antecedentes e consequentes na proporção acima, teremos:**

$$\frac{x+y+72.000}{9+6+z}$$

Sabendo que as três pessoas investiram, juntos, 180 mil reais na sociedade, temos:

$$\frac{180.000}{15+z}$$

Igualando essa razão ao último membro da proporção inicial, obtemos:

$$\frac{72.000}{z}=\frac{180.000}{15+z}$$

Aplicando a **Propriedade Fundamental das Proporções**:

$$\frac{15+z}{z}=\frac{180.000}{72000}$$

Simplificando, teremos:

$$\frac{15+z}{z}=\frac{5}{2}$$

$$30+2z=5z$$

$$30=3z$$

$$z=10 \textit{ letras}$$

Assim, a terceira pessoa se chama **Davi Santos.**

Gabarito: B.

QUESTÃO 22 (FCC/BB/Esc/2006) Três pessoas formaram, na data de hoje, uma sociedade com a soma dos capitais investidos igual a R$ 100 000,00. Após um ano, o lucro auferido de R$ 7 500,00 é dividido entre os sócios em partes diretamente proporcionais aos capitais iniciais investidos. Sabendo-se que o valor da parte do lucro que coube ao sócio que recebeu o menor valor é igual ao módulo da diferença entre os valores que receberam os outros dois, tem-se que o valor do capital inicial do sócio que entrou com maior valor é

a) R$ 75 000,00

b) R$ 60 000,00

c) R$ 50 000,00

d) R$ 40 000,00

e) R$ 37 500,00

RESOLUÇÃO:

Sejam:

X: O maior capital investido;

Y: O capital médio investido;

Z: O menor capital investido;

L_X: O Lucro relativo ao maior capital investido;

L_Y: O Lucro relativo ao capital médio investido;

L_Z: O Lucro relativo ao menor capital investido.

A questão inicialmente afirma que três pessoas formaram uma sociedade com a soma dos capitais investidos igual a R$ 100.000,00. Ou seja:

$$\boldsymbol{X + Y + Z = 100.000}$$

A seguir, o enunciado informa que, após um ano, o lucro auferido de **R$ 7.500,00** é dividido entre os sócios em partes diretamente proporcionais aos capitais iniciais investidos. Logo:

$$\frac{L_X}{X} = \frac{L_Y}{Y} = \frac{L_Z}{Z} = \frac{7500}{X+Y+Z}$$

$$\frac{L_X}{X} = \frac{L_Y}{\text{Y}} = \frac{L_Z}{Z} = \frac{7500}{100.000}$$

$$\frac{L_X}{X} = \frac{L_Y}{Y} = \frac{L_Z}{Z} = \frac{7500}{100.000}$$

$$\frac{L_X}{X} = \frac{L_Y}{Y} = \frac{L_Z}{Z} = \frac{3}{40}$$

Em seguida, a questão diz que o valor da parte do lucro que coube ao sócio que recebeu o menor valor é igual ao módulo da diferença entre os valores que receberam os outros dois. Isso significa que:

$$L_X - L_Y = L_Z$$

$$L_X = L_Y + L_Z$$

Adicionando **LX** em ambos os lados dessa equação, teremos:

$$L_X + L_X = L_X + L_Y + L_Z$$

$$2L_X = 7500$$

$$\boldsymbol{L_X} = 3750$$

Por fim, o enunciado é claro ao nos questionar a respeito do valor do capital inicial do sócio que entrou com maior valor. Assim, devemos calcular **X**:

$$\frac{L_X}{X} = \frac{3}{40}$$

$$\frac{3750}{X} = \frac{3}{40}$$

$$\mathbf{X} = \frac{3750.40}{3} = 50.000$$

Portanto, **o maior capital investidor por um dos sócios foi R$ 50.000,00.**

Gabarito: C.

QUESTÃO 23 (FDC/MAPA/Ana Sist/2010) Os sócios A e B constituíram uma sociedade, participando respectivamente com R$ 2.000,00 e R$ 3.000,00. Dois meses após o início, o sócio A retirou R$ 1.000,00 e seis meses depois desta data, o sócio B retirou R$ 2.000,00. Após um ano do início do empreendimento, a sociedade teve um lucro de R$ 6.300,00, e a parte do sócio A nesse lucro deve ser de:

a) R$ 2 100,00

b) R$ 4 200,00

c) R$ 2 000,00

d) R$ 2 400,00

e) R$ 3 100,00

RESOLUÇÃO:

Nesta questão precisamos tratar os investimentos de cada sócio de modo individual. Nesse sentido, a tabela seguinte esquematiza a situação descrita no enunciado:

Sócio	Situação inicial		Situação final	
	Capital (R$)	**Tempo (meses)**	**Capital (R$)**	**Tempo (meses)**
A	2.000	2	1.000	10
B	3.000	8	1.000	4

Dessa forma, além de termos capitais investidos e tempos de permanência na sociedade diferentes, cada sócio altera a sua participação na empresa no decorrer do ano de atividades. Assim, esquecendo dos zeros dos milhares para facilitar os cálculos, a proporção será:

$$\frac{A}{[(2.2)+(1.10)]}=\frac{B}{[(3.8)+(1.4)]}=\frac{6300}{42}$$

$$\frac{A}{14}=\frac{B}{28}=150$$

Agora é só comparar 150 com a igualdade relativa à parte do lucro que coube ao A:

$$\frac{A}{14}=150 \Rightarrow \mathbf{A}=2.100$$

Gabarito: A.

QUESTÃO 24 (ESAF/TTN – Atual ATRFB/1994) Duas pessoas devem dividir entre si a importância de R$ 180.000. A primeira pretende receber 2/3 da importância total e a segunda acha que tem direito a receber R$ 72.000. Por fim concordaram em dividir a importância total proporcionalmente às respectivas pretensões. Quanto recebeu cada uma?

a) R$ 120.000 e R$ 60.000

b) R$ 115.500 e R$ 64.500

c) R$ 122.500 e R$ 67.500

d) R$ 108.000 e R$ 72.000

e) R$ 96.000 e R$ 84.000

RESOLUÇÃO:

Sejam **A** e **B** a importância recebida, respectivamente, pela primeira e pela segunda pessoa.

O enunciado afirma que a primeira pretende receber 2/3 da importância total, que é **R$ 180.000,00**. Ou seja, a pretensão de A é receber:

$$\frac{2}{3}.180000 = \mathbf{R}\$120.000,00$$

Já a segunda pessoa tem por objetivo receber **R$ 72.000,00.**

Ora, estamos diante de um problema, pois a quantia total é de R$ 180.000,00 ao passo que as pretensões de A e de B ultrapassam (120.000 + 72.000 = 192.000) esse valor.

Assim, a solução para o dilema consiste em dividir a importância total proporcionalmente às respectivas pretensões de cada pessoa. Logo:

$$\frac{A}{\frac{120}{180}} = \frac{B}{\frac{72}{180}} = \frac{180}{\frac{192}{180}}$$

Agora é só comparar $\frac{180}{\frac{192}{180}}$ com cada uma das igualdades, a fim de determinar a quantia recebida por cada pessoa:

- Parte de A: $\frac{180}{\frac{192}{180}} = \frac{A}{\frac{120}{180}} \Rightarrow \mathbf{A} = 180.\frac{180}{192}.\frac{120}{180} = \frac{16}{15}.120 = 112,5$

- Parte de B: $\frac{180}{\frac{192}{180}} = \frac{B}{\frac{72}{180}} \Rightarrow \mathbf{B} = 180.\frac{180}{192}.\frac{72}{180} = \frac{16}{15}.72 = 67,5$

Assim, **a primeira pessoa recebeu R$ 112.500,00 e a segunda, R$ 67.500,00.**

Gabarito: C.

CAPÍTULO 15

REGRA DE TRÊS SIMPLES E COMPOSTA

1. INTRODUÇÃO

No capítulo anterior estudamos um caso particular da Divisão Proporcional: a **Regra de Sociedade**! Pudemos verificar que se trata de um tópico altamente "concursável".

Por sua vez, neste capítulo teremos a oportunidade de estudar de forma aprofundada um dos temas mais interessantes e mais práticos da matemática básica, qual seja: **Regra de Três Simples e Composta**! A bem da verdade, não estamos diante de um tema totalmente novo, pois constitui uma continuidade do que estudamos nas páginas anteriores, de forma que você que chegou até aqui terá grande sucesso no aprendizado das informações a seguir.

Preparem-se, nossos amigos, pois a partir de agora estudaremos um conteúdo com fortíssimas chances de aparecer na sua prova!

2. REGRA DE TRÊS

Regra de Três é a operação de cálculo utilizada para resolver problemas em que estão envolvidas duas ou mais grandezas direta ou inversamente proporcionais. Por exemplo, tanto na Física quanto na Química recorre-se constantemente à Regra de Três para o cálculo de conversão de grandezas, tais como velocidade, massa, volume, comprimento, área.

No entanto, não é somente nas ciências que se nota a funcionalidade essencial do conhecimento da Regra de Três. De fato, podemos dizer que a regra de três é primordial a nossa vida, pois soluciona questões corriqueiras com muita simplicidade e economia de tempo.

Vejam abaixo alguns problemas envolvendo regra de três, direta e inversamente proporcionais:

1) Um quilo (usaremos "quilo" simplificadamente para representar quilograma (Kg)) de farinha de trigo é suficiente para fazer 12 pães. De quanta farinha necessito para fazer 18 pães?

2) Quatro pedreiros constroem uma pequena casa em 90 dias. Dois pedreiros construirão a mesma casa em quanto tempo?

3) Se 8 homens levam 12 dias montando 16 máquinas, então, nas mesmas condições, 15 homens levarão quantos dias para montar 50 máquinas?

4) Trabalhando 6 dias, 5 operários produzem 400 peças. Quantas peças desse mesmo tipo serão produzidas por 7 operários em 9 dias de trabalho?

Notem que, embora as situações descritas sejam fictícias, vez por outra as pessoas se deparam com elas no seu cotidiano. Assim, o conhecimento da técnica envolvida na Regra de Três será fundamental não apenas para os certames que você enfrentará, mas também para a sua vida diária!

Bem, existem dois tipos de regras de três: a **simples** e a **composta**.

Em qualquer das duas, porém, seguiremos os seguintes **passos** com vistas a solucionar a questão proposta:

1º) Construir uma tabela, agrupando as grandezas em colunas, mantendo a grandeza da incógnita na coluna mais à esquerda e relacionando cada valor a sua grandeza;

2º) Verificar as grandezas em relação à grandeza da variável que se deseja obter, identificando se são direta ou inversamente proporcionais;

3º) Inverter os valores das grandezas inversamente proporcionais à grandeza da variável, *caso seja necessário*;

4º) Montar a proporção, com somente a razão da incógnita à esquerda da igualdade, e resolver a equação.

RELEMBRANDO

Duas grandezas são **diretamente proporcionais** quando, **aumentando** uma delas, a outra também **aumenta** na mesma proporção, ou, **diminuindo** uma delas, a outra também **diminui** na mesma proporção.

Duas grandezas são **inversamente proporcionais** quando, **aumentando** uma delas, a outra também **diminui** na mesma proporção, ou, **diminuindo** uma delas, a outra também **aumenta** na mesma proporção.

É muito importante que você consiga diferenciar corretamente a relação existente entre as grandezas que o problema vier a apresentar! Destacamos a seguir a tabela produzida pelos autores Luiz Cláudio Cabral e Mauro César Nunes[2], na qual demonstram algumas **relações diretas** ou **inversas** entre grandezas comumente cobradas em provas de concursos públicos:

Grandezas	Relação	Descrição
Nº de funcionário X Serviço	**Direta**	***Mais*** funcionários contratados demanda ***mais*** serviço produzido
Nº de funcionário X Tempo	**Inversa**	***Mais*** funcionários contratados exigem ***menos*** tempo de trabalho
Nº de funcionário X Eficiência	**Inversa**	***Mais*** eficiência (dos funcionários) exige ***menos*** funcionários contratados
Nº de funcionário X Grau de dificuldade	**Direta**	Quanto ***maior*** o grau de dificuldade de um serviço, ***mais*** funcionários deverão ser contratados
Serviço X Tempo	**Direta**	***Mais*** serviço produzido exige ***mais*** tempo para realizá-lo
Serviço X Eficiência	**Direta**	Quanto ***maior*** for a eficiência dos funcionários, ***mais*** serviço será produzido
Serviço X Grau de dificuldade	**Inversa**	Quanto ***maior*** for o grau de dificuldade de um serviço, ***menos*** serviços serão produzidos
Tempo X Eficiência	**Inversa**	Quanto ***maior*** for a eficiência dos funcionários, ***menos*** tempo será necessário para realizar um determinado serviço
Tempo X Grau de dificuldade	**Direta**	Quanto ***maior*** o grau de dificuldade de um serviço, ***mais*** tempo será necessário para realizá-lo

2. CABRAL, Luiz Cláudio; NUNES, Mauro César. Matemática Básica Explicada Passo a Passo. Rio de Janeiro: Elsevier, 2013.

Às vezes temos dificuldade para decidirmos se duas grandezas são direta ou indiretamente proporcionais. Experimente trocar as grandezas. Por exemplo, queremos saber a relação entre tempo e grau de dificuldade. Tentamos imaginar se aumentarmos o tempo se o grau de dificuldade vai aumentar ou diminuir e não conseguimos. Tente trocar a ordem, imagine que se aumentar o grau de dificuldade, o tempo aumentará ou diminuirá. Enfim, experimente nos dois sentidos que garantimos que um deles você chegará a uma conclusão. Tanto faz a ordem que escolher para relacionar duas grandezas, a relação entre elas terá que ser a mesma.

2.1. Regra de Três Simples

Regra de Três Simples é o método que utilizaremos quando estiverem envolvidas apenas **duas grandezas**, onde o objetivo consiste em achar a variável faltante.

Vale salientar que a regra de três simples possui duas **subdivisões**, a depender da relação de proporção existente entre as grandezas envolvidas na questão:

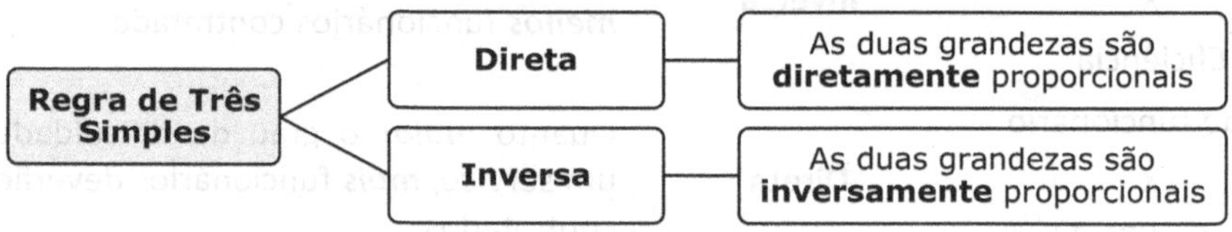

Veja como esse assunto já foi cobrado!

QUESTÃO 01 (FCC/Câm Mun-SP/Téc Adm/2014) Uma receita para fazer 35 bolachas utiliza 225 gramas de açúcar. Mantendo-se as mesmas proporções da receita, a quantidade de açúcar necessária para fazer 224 bolachas é

a) 14,4 kg b) 1,8 kg c) 1,44 kg d) 1,88 kg e) 0,9 kg

RESOLUÇÃO:

É muito fácil reconhecer uma questão de **regra de três simples**, pois são fornecidos **três valores** relacionados a **duas grandezas**, e em seguida a questão solicita que encontremos o **valor faltante**, que completa a proporção (direta ou inversa). Note que é exatamente isso o que ocorre nesta questão!

Identificado o assunto, basta que sigamos os passos do caminho da resolução de uma questão de regra de três.

1º) **Construir uma tabela**, agrupando as grandezas em colunas e relacionando cada valor a sua grandeza. E facilitará a nossa vida se colocarmos a coluna referente à incógnita mais à esquerda na tabela:

Quantidade de Açúcar	Quantidade de Bolachas
225 gramas	35
x	224

Note que utilizamos "**x**" para representar o valor faltante, isto é, a quantidade de açúcar necessária para produzir 224 bolachas. Entendido até aqui? Espero que sim! Vamos adiante.

2º) **Verificar as grandezas** em relação à grandeza da variável que se deseja obter, identificando se são direta ou inversamente proporcionais.

Inicialmente escolhemos uma coluna como referência. Geralmente (não é obrigatório) a coluna escolhida é aquela que contém a <u>incógnita</u>. No caso, nossa referência passa a ser a quantidade de açúcar.

Em seguida, analisamos como a outra grandeza se comporta quando variamos a quantidade de açúcar. Porém, é preciso esclarecer que <u>não</u> precisamos utilizar os valores apresentados. Na verdade, basta testar o aumento de uma grandeza em relação ao aumento ou à diminuição da outra.

Inclusive, podemos indicar o comportamento das grandezas por meio de **setas** nas colunas da tabela, a fim de facilitar os cálculos. Assim, fixamos a seta cuja grandeza possui a incógnita <u>para cima</u>, indicando um <u>aumento</u>:

Quantidade de Açúcar		Quantidade de Bolachas
⇧	225 gramas	35
	x	224

Logo em seguida, verificamos como se comporta a outra grandeza em relação ao aumento da grandeza da incógnita. Para isso, no caso da presente questão, precisamos nos perguntar:

"Se **aumenta** *a quantidade de açúcar,* **aumenta** *ou* **diminui** *a quantidade de bolachas produzidas?"*

Ora, se **aumentarmos** a quantidade de açúcar, então **mais** bolachas serão produzidas. Logo, as grandezas são **diretamente** proporcionais!

Graficamente, temos:

Quantidade de Açúcar		Quantidade de Bolachas	
⇧	225 gramas	35	⇧
	x	224	

Vamos ao passo seguinte.

3º) **Inverter os valores** das grandezas inversamente proporcionais à grandeza da variável, *caso seja necessário*:

Bem, como as grandezas são diretamente proporcionais, não há valores para inverter.

4º) **Montar** a proporção, com somente a razão da incógnita à esquerda da igualdade, e **resolver** a equação, multiplicando nas diagonais os valores das grandezas envolvidas:

$$\frac{225}{x} = \frac{35}{224}$$

$$35.x = 225.224$$

$$x = \frac{50400}{35} = 1440 \text{ gramas} = 1,44\,\textbf{quilogramas}$$

Gabarito: C.

QUESTÃO 02 (FCC/SABESP/Técnico ST/2014) A propaganda de uma tinta para paredes anuncia que uma lata de 3,6 litros de tinta é suficiente para fazer a pintura de uma superfície de 120 m². Supondo verdadeira a informação da propaganda, a quantidade de tinta, em litros, para fazer a pintura de 50 m² é igual a

a) 1,2. b) 2,4. c) 1,5. d) 0,5. e) 0,36.

RESOLUÇÃO:

Mais uma questão de **regra de três simples**. Já sabemos que deveremos seguir os 4 (quatro) passos do caminho de resolução! Vamos lá.

1º) **Construir uma tabela**, agrupando as grandezas em colunas e relacionando cada valor a sua grandeza:

	Quantidade de Tinta	Área da parede
⇧	3,6 litros	**120 m²**
	x	**50 m²**

2º) **Verificar as grandezas** em relação à grandeza da variável que se deseja obter, identificando se são direta ou inversamente proporcionais.

Para isso, no caso da presente questão, precisamos nos perguntar:

*"Se **aumenta** a quantidade de tinta, **aumenta** ou **diminui** a área da parede pintada?"*

Ora, se **aumentarmos** a quantidade de tinta, então uma área **maior** da parede será pintada. Logo, as grandezas são **diretamente** proporcionais!

Graficamente, temos:

Quantidade de Tinta		Área da parede	
⇧	3,6 litros	**120 m²**	⇧
	x	**50 m²**	

3º) **Inverter os valores** das grandezas inversamente proporcionais à grandeza da variável, *caso seja necessário.*

Bem, como as grandezas são diretamente proporcionais, não há valores para inverter.

4º) **Montar** a proporção, com somente a razão da incógnita à esquerda da igualdade, e **resolver** a equação, multiplicando nas diagonais os valores das grandezas envolvidas:

$$\frac{3,6}{x} = \frac{120}{50}$$

$$120 . x = 3,6 . 50$$

$$x = \frac{180}{120} = 1,5 \, \textbf{litros}$$

Gabarito: C.

QUESTÃO 03 (FCC/TRT 16ª Região/Ana Jud/2014) André pensou que realizaria uma tarefa em 20 dias, porém, levou 20 dias a mais porque trabalhou 3 horas a menos por dia. Se a produtividade de André por hora se manteve sempre a mesma durante a realização da tarefa, o número de horas diárias que André dedicou à realização da tarefa foi igual a

a) 6. b) 5. c) 5,5. d) 3,5. e) 3.

RESOLUÇÃO:

Meus amigos, é bem possível que você já tenha notado que a atividade principal na resolução de uma questão de regra de três é a **montagem da tabela**, pois é necessário relacionar corretamente as grandezas envolvidas aos seus respectivos valores e determinar acertadamente a variável faltante. Se você não tiver sucesso nessa etapa, certamente errará a questão!

UNIDADE 2 – ARITMÉTICA

Sendo assim, o enunciado do presente exercício exige bastante atenção na montagem da tabela. Muita atenção! Vamos lá.

1º) **Construir uma tabela**, agrupando as grandezas em colunas e relacionando cada valor a sua grandeza:

Tempo	Quantidade de dias	
x	20	⇧
x − 3	40	

2º) **Verificar as grandezas** em relação à grandeza da variável que se deseja obter, identificando se são direta ou inversamente proporcionais.

Para isso, no caso da presente questão, precisamos nos perguntar:

*"Se **aumenta** o tempo gasto na realização da tarefa, **aumenta** ou **diminui** a quantidade de dias para realizá-la?"*

Ora, se **aumentarmos** o tempo diário gasto na realização da tarefa, então precisaremos de **menos** dias para conclui-la. Logo, as grandezas são **inversamente** proporcionais! Ou seja, para André levar **mais** 20 dias para concluir a tarefa, ele teve que trabalhar **menos** tempo por dia! Graficamente, temos:

Tempo		Quantidade de dias	
⇧	x	20	⇩
	x − 3	40	

3º) **Inverter os valores** das grandezas inversamente proporcionais à grandeza da variável, *caso seja necessário*:

De fato, as setas precisam estar no mesmo sentido! Para isso, basta inverter os valores da grandeza "quantidade de dias":

Tempo		Quantidade de dias	
⇧	x	40	⇧
	x − 3	20	

4º) **Montar** a proporção e **resolver** a equação:

$$\frac{x}{x-3} = \frac{40}{20}$$

$$20.x = 40.(x-3)$$

$$20.x = 40.x - 120$$

$$x = \frac{120}{20} = 6\,\boldsymbol{horas}$$

Terminamos a questão? Não! Na verdade, o "x" representa o **tempo** que André teria que trabalhar para executar a tarefa em **20 dias**. Contudo, o enunciado deixou claro que ele **trabalhou 3 horas a menos por dia**. Assim, André dedicou à realização da tarefa 6 – 3 = **3 horas.**

Gabarito: E.

QUESTÃO 04 (CESPE/TRE-GO/Téc Jud/2015) André, Bruno e Carlos, técnicos de um TRE, começaram a analisar, no mesmo instante e individualmente, as prestações de contas das campanhas de três candidatos, compostas de 60 documentos cada uma. Cada um dos técnicos deveria analisar as contas de um candidato. Ao terminar a análise de sua parte, Carlos, sem perda de tempo, passou a ajudar Bruno e, quando os dois terminaram a parte de Bruno, eles se juntaram, imediatamente, a André, até que os três juntos terminaram todo o trabalho, cada um mantendo o seu ritmo até o final.

Com relação a essa situação hipotética, julgue o item seguinte, considerando que em 10 minutos de trabalho, André analise 2 documentos, Bruno, 3 documentos e Carlos, 5.

A análise de todos os documentos foi feita em mais de 5 horas.

RESOLUÇÃO:

O enunciado da questão afirma que cada prestação de contas, dos três candidatos, é composta por 60 documentos cada uma. Assim, o número total de documentos é de 60 . 3 = 180.

Juntos, os três técnicos do TRE, analisam em 10 minutos 2 + 3 + 5 = 10 processos.

Em **x** minutos eles analisam 180 processos. Montando as frações da regra de três, obteremos:

$$\frac{10\,min}{x\,min} = \frac{10\,processos}{180\,processos}$$

Resolvendo a regra de três, por meio da aplicação das propriedades das proporções, teremos:

$$10x = 180.10 \Rightarrow \boldsymbol{x = 180}$$

Logo, a tarefa foi realizada em **180 min = 3 horas.**

Gabarito: Errado.

UNIDADE 2 – ARITMÉTICA

QUESTÃO 05 (VUNESP – Professor/Pref Piracicaba/2020) Um lote de um mesmo livro será impresso em uma gráfica que possui várias máquinas impressoras iguais, de mesmo rendimento. Pelos cálculos efetuados, 6 dessas máquinas, trabalhando simultaneamente durante todo o expediente diário, poderão imprimir todo o lote em 12 dias. Entretanto, para imprimir todo o lote em 8 dias, nas mesmas condições operacionais, será necessário utilizar, das mesmas máquinas, mais

a) 2 unidades b) 3 unidades c) 4 unidades d) 5 unidades e) 6 unidades

RESOLUÇÃO:

O enunciado informa que 6 máquinas imprimem o lote em 12 dias. Logo, **x** máquinas imprimem o lote em 8 dias:

Máquinas	Dias
6	12
x	8

Observe que, quanto maior o número de máquinas, menor é o tempo necessário para a impressão dos lotes. Assim, máquinas e dias são grandezas **inversamente** proporcionais, de modo que inverteremos os valores da segunda coluna.

Agora, montamos a proporção e resolvemos a equação:

$$\frac{6}{x} = \frac{8}{12}$$

$$8x = 12 \times 6$$

$$x = \frac{12 \times 6}{8} = \boldsymbol{9\ máquinas}$$

Portanto, são necessárias 9 máquinas para a impressão em 8 dias. Visto que 6 máquinas já são utilizadas, são necessárias mais 9 – 6 = **3 máquinas.**

Gabarito: C.

QUESTÃO 06 (RBO – Contador/IPMO Ourinhos/2021) Na linha de produção de um fábrica de papel, há 40 máquinas, que, quando trabalhando juntas, produzem 15.000 folhas de papel por dia. Na semana passada, 25% das máquinas pararam para manutenção e não funcionaram. Então, a produção semanal, ou seja, dos sete dias desta semana foi de

a) 78.750 folhas b) 52.390 folhas c) 45.987 folhas d) 30.800 folhas

RESOLUÇÃO:

O enunciado informa que, em um dia, 40 máquinas produzem 15.000 folhas de papel. Assim, em 7 dias elas produzem $7 \times 15.000 = 105.000$ folhas.

Em seguida, é dito que, na semana passada, 25% das máquinas pararam para manutenção, de modo que permaneceram funcionando 75% das 40 máquinas, ou seja, $0,75 \times 40 = 30$ máquinas.

Com esses dados, podemos montar uma regra de três simples, identificando a quantidade de folhas semanais produzidas pelas 30 máquinas:

$$\frac{x}{105.000} = \frac{30}{40}$$

$$x = 105.000 \cdot \frac{3}{4} = 78.750$$

Gabarito: A.

QUESTÃO 07 (VUNESP/PM-SP/Soldado/2014) Com um pote de sal um restaurante prepara vários pratos de sopa, cada um deles contendo 3 g de sal. Sabendo que o sal desse pote é utilizado somente no preparo da sopa, então, se em cada prato de sopa forem colocados apenas 2 g de sal, então, com a mesma quantidade de sal do pote será possível preparar 100 pratos de sopa a mais. A quantidade total de pratos que poderão ser preparados com apenas 2 g de sal em cada um é:

a) 200. b) 150. c) 350. d) 250. e) 300.

RESOLUÇÃO:

Seja **x** o número de pratos de sopa preparados com **3 gramas** de sal, de tal sorte que, com **3 gramas** de sal em cada prato, são preparados **x** pratos de sopa.

Daí, a questão afirma que se forem colocados apenas **2 gramas** de sal, será possível preparar **x + 100** pratos de sopa:

$$\frac{x}{x+100} = \frac{3\,g}{2\,g}$$

No entanto, precisamos analisar as grandezas envolvidas, a fim de determinar qual o tipo de **Regra de Três Simples** que trabalharemos, se **Direta** ou **Inversa**. Ora, quanto **menor** for a quantidade de sal, **maior** será o número de pratos preparados. Assim, estamos diante de grandezas **inversamente** proporcionais!

Dessa forma, torna-se necessário inverter os valores das grandezas inversamente proporcionais à grandeza da variável:

$$\frac{x}{x+100}=\frac{2\,g}{3\,g}$$

$$2x+200=3x$$

$$x=200\,\textbf{pratos}$$

Muito cuidado agora! O valor que acabamos de encontrar diz respeito ao **número de pratos** que podem ser preparados com **3 gramas** de sal! Porém, a questão quer que calculemos a quantidade total de pratos que poderão ser preparados com apenas ***2 gramas*** de sal em cada um. Ora, já sabemos que isso corresponde a ***x + 100*** pratos. Logo:

$$x+100=200+100=300\ \textbf{pratos}$$

Gabarito: E.

2.2. Regra de Três Composta

Na **Regra de Três Composta**, é seguido o mesmo raciocínio da Regra de Três Simples, mudando apenas o fato de que **mais de duas grandezas** estarão abrangidas no enunciado da questão.

Esquematizando a diferença entre Regra de Três Simples e Regra de Três Composta:

Veja como esse assunto já foi cobrado!

QUESTÃO 08 (FCC/Câmara Municipal-SP/Téc Adm/2014) O trabalho de varrição de 6.000 m^2 de calçadas é feita em um dia de trabalho por 18 varredores trabalhando 5 horas por dia. Mantendo-se as mesmas proporções, 15 varredores varrerão 7.500 m^2 de calçadas, em um dia, trabalhando por dia, o tempo de

a) 8 horas e 15 minutos. b) 9 horas. c) 7 horas e 45 minutos.

d) 7 horas e 30 minutos. e) 5 horas e 30 minutos.

RESOLUÇÃO:

É muito fácil reconhecer uma questão de **regra de três composta**, pois são fornecidos no mínimo **cinco valores** relacionados a no mínimo **três grandezas**, e em seguida a questão solicita que encontremos o **valor faltante**, que completa a proporção (direta ou inversa). Note que é exatamente isso o que ocorre nesta questão!

Identificado o assunto, basta que sigamos os passos do caminho da resolução de uma questão de regra de três.

1º) **Construir uma tabela**, agrupando as grandezas em colunas e relacionando cada valor a sua grandeza. E facilitará a nossa vida se colocarmos a coluna referente à incógnita mais à esquerda na tabela:

Tempo	Quantidade de trabalhadores	Área
5 horas	18	6000 m^2
x	15	7500 m^2

2º) **Verificar as grandezas** em relação à grandeza da variável que se deseja obter, identificando se são direta ou inversamente proporcionais:

- Se **aumentarmos** o número de horas trabalhadas, **aumenta** a área a ser varrida.
- Se **aumentarmos** o número de horas trabalhadas, **diminui** o número de varredores.

Esquematizando, temos:

Tempo		Quantidade de trabalhadores		Área	
⇧	**5 horas**	⇩	18	⇧	**6000 m^2**
	x		15		**7500 m^2**

3º) **Inverter os valores** das grandezas inversamente proporcionais à grandeza da variável, *caso seja necessário*:

De fato, as setas precisam estar no mesmo sentido! Para isso, basta inverter os valores da grandeza "quantidade de trabalhadores":

Tempo		Quantidade de trabalhadores		Área	
⇧	**5 horas**	⇧	15	⇧	6000 m^2
	x		18		7500 m^2

4º) **Montar** a proporção, com somente a razão da incógnita à esquerda da igualdade, e **resolver** a equação, multiplicando nas diagonais os valores das grandezas envolvidas:

$$\frac{5}{x} = \frac{15}{18} \cdot \frac{6000}{7500}$$

$$x = \frac{7500.18.5}{6000.15} = 7{,}5\,\mathbf{horas}$$

Assim, levará **7 horas e 30 minutos** para a conclusão do serviço.

Gabarito: D.

QUESTÃO 09 (FCC/AL-PB/Ass Leg/2013) Oito pessoas conseguem produzir 32 brinquedos em 6 dias de trabalho. Considerando a mesma produtividade, o número de pessoas necessárias para que se possam produzir 48 brinquedos em 3 dias é

a) 12. b) 16. c) 24. d) 18. e) 4.

RESOLUÇÃO:

Mais uma questão de **regra de três composta**. Já sabemos que deveremos seguir os 4 (quatro) passos do caminho de resolução! Vamos lá.

Sabemos que o primeiro passo consiste em **construir uma tabela**, agrupando as grandezas em colunas e relacionando cada valor a sua grandeza. Logo:

Nº de pessoas	Quantidade de brinquedos	Tempo
8	32	6 dias
x	48	3 dias

Agora, vamos **verificar as grandezas** em relação à grandeza da variável que se deseja obter, identificando se são direta ou inversamente proporcionais:

- Se **aumentarmos** o número de pessoas trabalhando, **aumenta** o número de brinquedos.
- Se **aumentarmos** o número de pessoas trabalhando, **diminui** o número de dias necessários para concluir o serviço.

Esquematizando, temos:

Nº de pessoas		Quantidade de brinquedos		Tempo	
⇧	8	⇧	32	⇩	6 dias
	x		48		3 dias

Em seguida, devemos **inverter os valores** das grandezas inversamente proporcionais à grandeza da variável:

Quantidade de brinquedos		Nº de pessoas		Tempo	
⇧	32	8	⇧	3 dias	⇧
	48	x		6 dias	

Por fim, vamos **montar** a proporção e **resolver** a equação:

$$\frac{8}{x} = \frac{32}{48} \cdot \frac{3}{6}$$

$$x = \frac{8.48.6}{32.3} = 24\,\textbf{pessoas}$$

Gabarito: C.

QUESTÃO 10 (IBADE - Agente Farmácia/Pref Vila Velha/2020) Em um consultório com dois profissionais de saúde, 48 pacientes são atendidos em 6h de jornada de trabalho. Um novo profissional irá se juntar à equipe desse consultório. Considerando o mesmo ritmo de atendimento, o tempo que precisarão adicionar à jornada para que consigam atender o dobro de pacientes será:

a) 1 hora b) 1 hora e 30 minutos c) 2 horas d) 2 horas e 30 minutos e) 3 horas

RESOLUÇÃO:

O enunciado informa que 2 profissionais atendem 48 pacientes em 6 horas. Proporcionalmente, 3 profissionais atenderão 96 pacientes em x horas:

Nº de Horas	Profissionais	Pacientes
6	2	48
X	3	96

Vamos **verificar as grandezas** em relação à grandeza da variável que se deseja obter:

- Se **aumentarmos** o número de horas disponíveis, **aumenta** o número de pacientes atendidos (**diretamente** proporcionais);
- Se **aumentarmos** o número de horas disponíveis, **diminui** a quantidade de profissionais necessários para o serviço (**inversamente** proporcionais).

	Nº de Horas	Profissionais		Pacientes	
⇧	6	2	⇩	48	⇧
	X	3		96	

Invertendo a fração correspondente ao número de profissionais, temos:

$$\frac{6}{x} = \frac{3}{2} \cdot \frac{48}{96}$$

$$\frac{6}{x} = \frac{3}{4}$$

$$3x = 24$$

$$\mathbf{x = 8}$$

Portanto, o tempo que os profissionais precisarão adicionar à jornada será de **2 horas**, passando de 6 horas para 8 horas.

Gabarito: C.

QUESTÃO 11 (VUNESP - Assist Gestão/CMBP/2020) Determinado tipo de máquina, trabalhando sem interrupção, produz 340 peças em 1 hora e 42 minutos. O número de máquinas, de mesmo rendimento e eficiência que esta, todas trabalhando sem interrupções, que são necessárias para que se possa produzir 900 peças em 54 minutos, é igual a

a) 2 b) 3 c) 4 d) 5 e) 6

RESOLUÇÃO:

O enunciado informa que 1 máquina produz 340 peças em 60 + 42 = 102 minutos. Proporcionalmente, x máquinas produzem 900 peças em 54 minutos:

Máquinas	Nº de peças	Tempo
1	340	102
X	900	54

Vamos **verificar as grandezas** em relação à grandeza da variável que se deseja obter:

- Se **aumentarmos** o número de máquinas trabalhando, **aumenta** o número de peças produzidas (**diretamente** proporcionais);
- Se **aumentarmos** o número de máquinas trabalhando, **diminui** o tempo necessário para concluir o serviço (**inversamente** proporcionais).

Máquinas		Nº de peças		Tempo	
⇧	1	340	⇧	102	⇩
	X	900		54	

Invertendo a fração correspondente ao tempo, temos:

$$\frac{1}{x} = \frac{340}{900} \cdot \frac{102}{54}$$

$$x = \frac{1 \cdot 900 \cdot 54}{340 \cdot 102}$$

$$\boldsymbol{x = 5}$$

Portanto, são necessárias **5 máquinas** trabalhando.

Gabarito: D.

3. PROCEDIMENTO PRÁTICO

Após aprendermos a forma padrão para resolvermos as questões de regra de três composta, conheceremos um procedimento prático, o qual facilitará muito a nossa vida. Será mais fácil percebermos a forma de aplicá-lo por meio da resolução de algumas questões.

QUESTÃO 12 (FGV/AL-RO/Analista Legislativo/2018) Três analistas analisam doze processos em dois dias. Com a mesma eficiência, em quantos dias dois analistas analisarão vinte e quatro processos?

a) Doze. b) Dez. c) Oito. d) Seis. e) Quatro.

RESOLUÇÃO:

Repare que no enunciado estão presentes as seguintes grandezas: 1) quantidade de analistas, 2) número de processos analisados e 3) quantidade de dias de trabalho.

Agora, é fundamental perceber que em toda questão de regra de três composta teremos a presença de grandezas que fazem parte do **processo** ou das atividades da operação descrita na questão e da grandeza correspondente ao **produto** final ou ao resultado da mesma operação.

No nosso caso, o produto final da operação diz respeito aos processos analisados; as demais grandezas (analistas e dias de trabalho) fazem parte do processo.

Assim, o **primeiro passo** para aplicação deste procedimento prático é identificar na questão quais são as grandezas relacionadas ao processo e qual é a grandeza referente ao produto da operação.

Em seguida, o **segundo passo** consiste em fazer o **desenho** da resolução da questão de regra de três composta, que possui a forma de **X**. Nele, inserimos à esquerda os valores das grandezas do processo, enquanto na direita ficam os valores da grandeza do produto da operação. Desse modo, ficamos com:

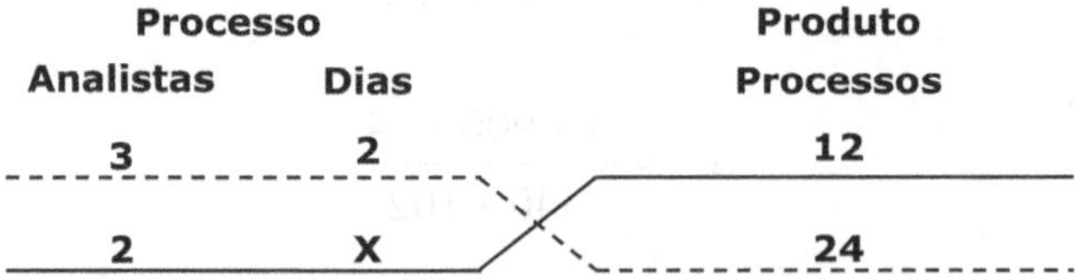

Veja que fizemos as linhas do **X** em formatos diferentes, em que uma delas é tracejada. Isto foi proposital. Agora entra em cena o **terceiro passo** do nosso procedimento prático. Iremos multiplicar entre si todos os valores da linha tracejada e igualar com a multiplicação dos valores contidos na outra linha:

$$3 \,.\, 2 \,.\, 24 = 2 \,.\, X \,.\, 12$$

$$\mathbf{X} = (3 \,.\, 24) / 12 = \mathbf{6}$$

Portanto, serão necessários **6 dias** para a conclusão da tarefa.

Gabarito: D.

Note que a praticidade deste macete reside no fato de que não precisamos nos preocupar em verificar se as grandezas são direta ou inversamente proporcionais em relação à grandeza de referência, como fazemos no método padrão. E isso representa um ganho enorme de tempo na hora de resolvermos questões de regra de três composta, não é mesmo?

Mas vamos solucionar mais questões aplicando este macete. Precisamos ganhar agilidade, confiança e prática na sua utilização!

QUESTÃO 13 (VUNESP/Câmara de Nova Odessa/Ass Leg/2018) Em uma indústria, 15 máquinas iguais, de mesmo rendimento, produzem 22500 unidades de certa peça em 5 horas de funcionamento simultâneo e ininterrupto. Desse modo, para produzir 12000 unidades dessa mesma peça em 10 horas de funcionamento simultâneo e ininterrupto, será necessário utilizar uma quantidade, das mesmas máquinas, igual a

a) 4. b) 5. c) 6. d) 7. e) 8.

RESOLUÇÃO:

Primeiramente, devemos identificar a grandeza que representa o **produto** final da operação descrita no enunciado. Nesse caso, ela está relacionada ao que a indústria produz, que são **peças**. As demais grandezas fazem parte do processo para a fabricação dessas peças, ou seja, as máquinas e as suas horas de funcionamento.

Assim, podemos montar nosso esquema, sabendo que nosso objetivo consiste em obter a quantidade de máquinas (nossa incógnita):

Processo		**Produto**
Máquinas	**Horas**	**Peças**
15	2	22500
X	10	12000

Por fim, fazemos a multiplicação dos valores contidos na linha tracejada, igualando-os ao produto entre os valores presentes na outra linha:

$$X \;.\; 10 \;.\; 22500 = 15 \;.\; 2 \;.\; 12000$$

$$X = (15 \;.\; 2 \;.\; 120) \;/\; (10 \;.\; 225) = \mathbf{4}$$

Assim, serão necessárias **4 máquinas** para a realização da tarefa.

Gabarito: A.

QUESTÃO 14 (FEPESE/CELESC/Téc ST/2018) Em uma linha de montagem, 32 pessoas produzem 120 unidades do produto "A" a cada 6 dias. Logo, quantas pessoas são necessárias para produzir 320 unidades do produto "A" a cada 2 dias?

a) Menos do que 260.

b) Mais do que 260 e menos que 290.

c) Mais do que 290 e menos que 330.

d) Mais do que 330 e menos que 370.

e) Mais do que 370.

RESOLUÇÃO:

A grandeza relacionada ao resultado final da operação é a quantidade de produtos produzidos, as demais grandezas (pessoas e dias) fazem parte do processo. Queremos descobrir quantas pessoas serão alocadas na nova tarefa. Logo:

Processo		**Produto**
Pessoas	**Dias**	**Produção**
32	**6**	**120**
X	**2**	**320**

Agora multiplicamos os valores contidos na linha tracejada, igualando-os ao produto entre os valores presentes na outra linha:

$$X \cdot 2 \cdot 120 = 32 \cdot 6 \cdot 320$$

$$\mathbf{X} = (32 \cdot 6 \cdot 320) / (2 \cdot 120) = \mathbf{256}$$

Assim, deverão ser destinadas **256 pessoas** para a nova tarefa, que corresponde a uma quantidade menor que 260.

Gabarito: A.

4. RESUMO

Regra de Três é a operação de cálculo que utilizaremos para resolver problemas em que estão envolvidas duas ou mais grandezas direta ou inversamente proporcionais.

Existem dois tipos de regras de três: a **simples** e a **composta**.

Em qualquer das duas, seguiremos os seguintes **passos** com vistas a solucionar a questão proposta:

1º) Construir uma tabela, agrupando as grandezas em colunas, mantendo a grandeza da incógnita na coluna mais à esquerda e relacionando cada valor a sua grandeza;

2º) Verificar as grandezas em relação à grandeza da variável que se deseja obter, identificando se são direta ou inversamente proporcionais;

3º) Inverter os valores das grandezas inversamente proporcionais à grandeza da variável, *caso seja necessário*;

4º) Montar a proporção, com somente a razão da incógnita à esquerda da igualdade, e resolver a equação.

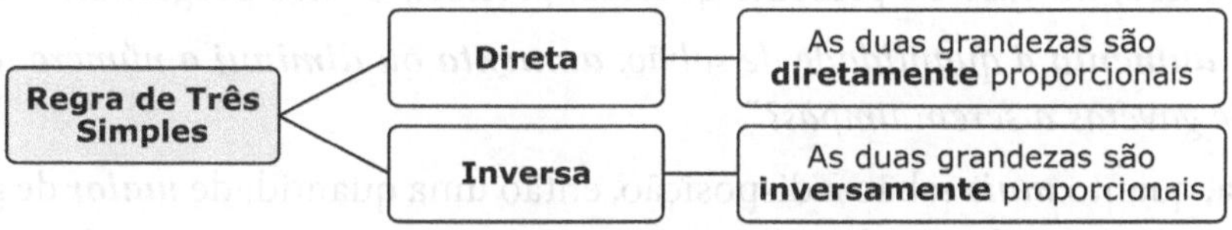

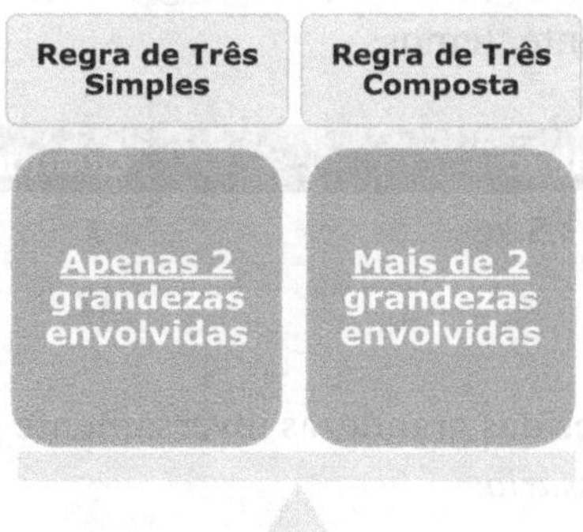

5. MAIS QUESTÕES COMENTADAS

QUESTÃO 15 (FUNIVERSA/SPTC-GO/Aux de Autópsia/2015) A geladeira, para conservação de cadáveres, do necrotério de determinada cidade possui 12 gavetas de mesma medida. Para a limpeza de 7 dessas gavetas, o auxiliar de autópsia gasta 3,5 kg de sabão. Então, para a limpeza das 12 gavetas, ele gastará

a) 5 kg de sabão. b) 6 kg de sabão. c) 7 kg de sabão.

d) 8 kg de sabão. e) 9 kg de sabão.

RESOLUÇÃO:

Estamos diante de uma questão de **Regra de Três Simples**, em que são apresentados 3 dados e é solicitado que calculemos o **valor faltante**! Vamos lá, então.

1º) **Construir uma tabela**, agrupando as grandezas em colunas e relacionando cada valor a sua grandeza. E facilitará a nossa vida se colocarmos a coluna referente à incógnita mais à esquerda na tabela:

	Quantidade de sabão	Quantidade de gavetas
⇧	**3,5 kg**	7
	x	12

2º) **Verificar as grandezas** em relação à grandeza da variável que se deseja obter, identificando se são direta ou inversamente proporcionais.

Para isso, no caso da presente questão, precisamos nos perguntar:

*"Se **aumenta** a quantidade de sabão, **aumenta** ou **diminui** o número a quantidade de gavetas a serem limpas?"*

Ora, quanto ***mais*** sabão à disposição, então uma quantidade ***maior*** de gavetas poderá ser limpa pelo auxiliar de autópsia. Logo, as grandezas são **diretamente proporcionais**! Graficamente, temos:

Quantidade de sabão		Quantidade de gavetas	
⇧	3,5 kg	**7**	⇧
	x	**12**	

3º) **Inverter os valores** das grandezas inversamente proporcionais à grandeza da variável, *caso seja necessário*:

Bem, como as grandezas são diretamente proporcionais, não há valores para inverter.

4º) **Montar** a proporção e **resolver** a equação:

$$\frac{3,5}{x} = \frac{7}{12}$$

$$7 . x = 3,5 . 12$$

$$x = \frac{42}{7} = 6\,\mathbf{kg}$$

Gabarito: B.

QUESTÃO 16 (FCC/CNMP/Téc Seg/2015) Um livro foi impresso de modo que seu texto ocupou 420 páginas. Cada página foi impressa com 30 linhas. Para uma versão mais compacta foi planejado que em cada página seriam impressas 35 linhas. Desta maneira, a diferença entre o número de páginas da primeira versão e o número de páginas da versão compacta é igual a

a) 80. b) 50. c) 90. d) 30. e) 60.

RESOLUÇÃO:

Bem, já sabemos que temos alguns passos a cumprir...

1º) **Construir uma tabela**, agrupando as grandezas em colunas e relacionando cada valor a sua grandeza. E facilitará a nossa vida se colocarmos a coluna referente à incógnita mais à esquerda na tabela:

Quantidade de páginas		Quantidade de linhas
⇧	420	**30**
	x	**35**

2º) **Verificar as grandezas** em relação à grandeza da variável que se deseja obter, identificando se são direta ou inversamente proporcionais.

Para isso, no caso da presente questão, precisamos nos perguntar:

*"Se **aumenta** a quantidade de páginas do livro, **aumenta** ou **diminui** o número de linhas impressas em cada páginas?"*

Ora, se **aumentarmos** o número de páginas do livro, então teremos uma quantidade menor de linhas por página. Logo, as grandezas são **inversamente** proporcionais!

Dito de outra forma: com **menos** linhas por página é necessário **mais** páginas para imprimir todo o livro!

Graficamente, temos:

Quantidade de páginas		Quantidade de linhas	
⇧	420	**30**	⇩
	x	**35**	

3º) **Inverter os valores** das grandezas inversamente proporcionais à grandeza da variável, *caso seja necessário*:

De fato, as setas precisam estar no mesmo sentido! Para isso, basta inverter os valores da grandeza "quantidade de linhas":

	Quantidade de páginas	Quantidade de linhas	
⇧	420	35	⇧
	x	30	

4º) **Montar** a proporção e **resolver** a equação:

$$\frac{420}{x} = \frac{35}{30}$$

$$35.x = 420.30$$

$$x = \frac{12600}{35} = 360\,\textbf{páginas}$$

Terminamos a questão? Não! Na verdade, o "**x**" representa a quantidade de páginas que terá a **nova versão** compacta do livro. Porém, o enunciado quer a diferença entre o número de páginas da primeira versão e o número de páginas da versão compacta:

$$420 - 360 = 60\ \textbf{páginas}$$

Gabarito: E.

QUESTÃO 17 (FGV – Aux/PC-RJ/2022) Uma delegacia possui 12 carros para as patrulhas diárias e a garagem tem combustível suficiente para todos por 42 dias. Entretanto, soube-se que 2 carros estão com problemas mecânicos e não serão utilizados durante dois meses. O combustível que a garagem possui poderá abastecer todos os carros restantes por, no máximo:

a) 35 dias b) 42 dias c) 45 dias d) 50 dias e) 55 dias

RESOLUÇÃO:

Como 2 carros estão com problemas mecânicos, então serão utilizados no serviço 12 - 2 = 10 carros. Se os 12 carros estivessem disponíveis, o combustível seria suficiente para 42 dias. Agora, para descobrir quantos dias o combustível atenderá 10 carros, montamos uma **regra de três simples**:

Dias	Carros
42	12
x	10

Veja que se **diminuo** o número de carros a serem abastecidos, **aumentará** a quantidade de dias que o combustível atenderá a frota. Logo, estamos diante de grandezas **inversamente** proporcionais, de modo que devemos inverter uma das frações antes de efetuar as operações:

$$\frac{x}{42} = \frac{12}{10}$$

$$10x = 12 \,.\, 42$$

$$x = \frac{504}{10} = 50{,}4\,dias$$

Portanto, o combustível que a garagem possui poderá abastecer todos os carros restantes por, no máximo, **50 dias.**

Gabarito: D.

QUESTÃO 18 (CESPE/TRE-GO/Téc Jud/2015) André, Bruno e Carlos, técnicos de um TRE, começaram a analisar, no mesmo instante e individualmente, as prestações de contas das campanhas de três candidatos, compostas de 60 documentos cada uma. Cada um dos técnicos deveria analisar as contas de um candidato. Ao terminar a análise de sua parte, Carlos, sem perda de tempo, passou a ajudar Bruno e, quando os dois terminaram a parte de Bruno, eles se juntaram, imediatamente, a André, até que os três juntos terminaram todo o trabalho, cada um mantendo o seu ritmo até o final.

Com relação a essa situação hipotética, julgue o item seguinte, considerando que em 10 minutos de trabalho, André analise 2 documentos, Bruno, 3 documentos e Carlos, 5.

Carlos concluiu a análise de sua parte dos documentos em menos de 90 minutos.

RESOLUÇÃO:

O enunciado afirma que Carlos analisa 5 documentos em 10 minutos. Já para executar a análise dos 60 documentos que lhe cabe, ele gasta ***x*** minutos.

Montando as frações da regra de três, obteremos:

$$\frac{10\ min}{x\ min} = \frac{5\ documentos}{60\ documentos}$$

UNIDADE 2 - ARITMÉTICA

Resolvendo a regra de três, por meio da aplicação das propriedades das proporções, teremos:

$$5x = 60.10 \Rightarrow x = 120$$

Logo, Carlos concluiu a análise de sua parte dos documentos em **120 min = 2 horas.**

Gabarito: Errado.

QUESTÃO 19 (FCC/SEFAZ-PE/JATTE/2015) Márcia e Lúcio trabalham como digitadores em uma empresa de telemarketing. Márcia, mais experiente, consegue digitar o cadastro de um cliente em 3 minutos, enquanto Lúcio leva 5 minutos para realizar a mesma tarefa. Trabalhando juntos, o tempo mínimo que os dois gastarão para digitar o cadastro de um grupo de 120 clientes é igual a

a) 5 horas. b) 1 hora e 4 minutos. c) 4 horas e 15 minutos.

d) 6 horas. e) 3 horas e 45 minutos.

RESOLUÇÃO:

Vamos raciocinar. Ora, se Márcia digita **1** cadastro em **3** minutos, então em 1 minuto, ela digita **1/3** do cadastro.

Seguindo o mesmo pensamento, se Lúcio digita **1** cadastro em **5** minutos, então, em 1 minuto, ele digita **1/5** do cadastro.

Dessa forma, em 1 minuto, os dois digitam juntos:

$$\frac{1}{3} + \frac{1}{5} = \frac{8}{15} \textbf{ do cadastro}$$

Com isso, surge o seguinte problema:

Se em 1 minuto Márcia e Lúcio digitam 8/15 de um cadastro, então em quanto tempo eles digitarão 120 cadastros?

Ah, meus amigos! Estamos diante de uma **regra de três simples**! Logo, vamos resolver de uma forma mais rápida, a fim de ganharmos tempo!

Repare que, se **aumentarmos** o tempo, então **mais** cadastros poderão ser concluídos. Logo, as grandezas são **diretamente** proporcionais:

	Tempo	Quantidade de cadastros	
⇧	1 minuto	8/15	⇧
	x	120	

Dessa maneira, <u>não</u> há valores para inverter. Vamos direto à montagem da proporção e resolução da equação:

$$\frac{1}{x}=\frac{\frac{8}{15}}{120}$$

$$\frac{8}{15}.x=120.1\Rightarrow \boldsymbol{x}=225\,\textbf{minutos}$$

Visto que cada hora tem 60 minutos, 225 minutos corresponde a:

$$225\ \textbf{minutos}=60+60+60+45=(3.60)+45=3\ \textbf{horas e}\,45\ \textbf{minutos}$$

Gabarito: E.

QUESTÃO 20 (VUNESP/FUNDUNESP/Téc Adm/2014) Das peças produzidas em uma máquina, sabe-se que 5/6 são perfeitas e que as restantes possuem algum tipo de defeito. Sabe-se também que 3/5 das peças com defeito podem ser retificadas e aproveitadas, sendo as peças restantes com defeitos descartadas. Se em certo lote produzido foram descartadas 220 peças, então o número de peças perfeitas desse lote foi igual a

a) 1 980. b) 2 540. c) 2 680. d) 2 750. e) 3 300.

RESOLUÇÃO:

Inicialmente, o enunciado afirma que das peças produzidas em uma máquina **5/6** são **perfeitas** e que as restantes possuem algum tipo de defeito. Consequentemente, **1/6** das peças possuem algum **defeito**!

A seguir, é dito que **3/5** das peças com **defeito** podem ser <u>retificadas</u> e aproveitadas, sendo as peças restantes com defeitos <u>descartadas</u>. Consequentemente, **2/5** das peças com **defeito** são <u>descartadas</u>!

Assim, visto que a questão nos informa que **220** peças foram <u>descartadas</u>, podemos usar uma **Regra de Três Simples** para descobrir o **número total** de peças com **defeito**:

$$\frac{220}{x}=\frac{\frac{2}{5}}{1}$$

$$\frac{2x}{5}=220\Rightarrow \boldsymbol{x}=\mathbf{550}$$

Dessa maneira, temos um total de **550** peças com **defeito**. E já sabemos que elas correspondem a **1/6** do total! Por fim, considerando que o número de **peças perfeitas** equivale a **5/6** do total, utilizaremos uma **Regra de Três Simples** a fim de calcular o número de **peças perfeitas** desse lote:

$$\frac{550}{x} = \frac{\frac{1}{6}}{\frac{5}{6}}$$

$$\frac{x}{6} = \frac{550.5}{6} \Rightarrow x = 2.750$$

Assim, o número de **peças perfeitas** desse lote foi igual a **2.750** peças!

Gabarito: D.

QUESTÃO 21 (CESGRANRIO/BNDES/Téc Adm/2013) O gráfico abaixo apresenta o consumo médio de oxigênio, em função do tempo, de um atleta de 70 kg ao praticar natação.

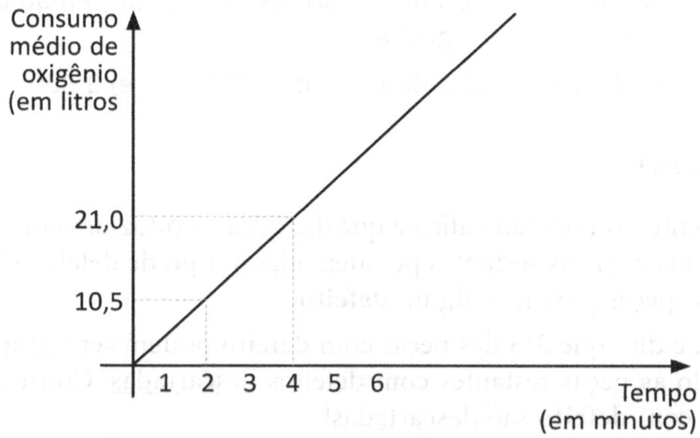

Considere que o consumo médio de oxigênio seja diretamente proporcional à massa do atleta. Qual será, em litros, o consumo médio de oxigênio de um atleta de 80 kg, durante 10 minutos de prática de natação?

a) 50,0 b) 52,5 c) 55,0 d) 57,5 e) 60,0

RESOLUÇÃO:

Note que o gráfico apresentado pela questão refere-se ao consumo médio de oxigênio, em função do tempo, de um atleta de **70 kg**. No entanto, a questão quer que calculemos o consumo médio de oxigênio de um atleta de **80 kg**, durante **10 minutos** de prática de natação. Assim, primeiramente será preciso determinar, por meio de uma **Regra de Três Simples**, a quantidade de litros consumidos por um atleta de **70 kg** durante **10 minutos**, conforme os dados do gráfico:

$$\frac{x}{10} = \frac{10,5}{2}$$

$$x = \frac{10,5.10}{2} = 52,5\,\textbf{litros}$$

Por fim, utilizando mais uma vez **Regra de Três Simples**, pode-se calcular o consumo de um atleta de **80 kg**:

$$\frac{y}{80} = \frac{x}{70}$$

$$y = \frac{52,5.80}{70} = 60\,\textbf{litros}$$

Gabarito: E.

QUESTÃO 22 (FCC/CNMP/Téc Seg/2015) Com um saco de 10 kg de farinha uma padaria faz 132 pãezinhos e 22 bisnagas. Essa padaria quer produzir pacotes que tenham 6 pãezinhos e uma bisnaga em cada um desses pacotes. Mantendo essa proporção e utilizando ao máximo a farinha disponível, o número máximo desses pacotes que essa padaria conseguirá produzir com 4 sacos de 10 kg de farinha é igual a

a) 76 b) 80 c) 84 d) 88 e) 92

RESOLUÇÃO:

Meus amigos, o enunciado afirma que com **1** saco de **10 kg** de farinha a padaria faz **132 pãezinhos** e **22 bisnagas**, os quais serão colocados em pacotes que conterão 6 pãezinhos e 1 bisnaga. Logo:

$$132 \div 6 = 22\,\textbf{pacotes}$$

Note que o valor acima é o mesmo número de bisnagas que temos para colocar **1** bisnaga em **cada** pacote!

Com isso, surge o seguinte problema:

Se com 1 saco de 10 kg de farinha a padaria consegue produzir 22 pacotes, então com 4 sacos de 10 kg de farinha a padaria produzirá quantos pacotes?

Ah, meus amigos! Estamos diante de uma **regra de três simples**! E não somente isso: a regra de três simples é **direta**, uma vez que quanto **mais** farinha tivermos, **mais** pacotes poderão ser produzidos! Logo, temos grandezas **diretamente** proporcionais.

Vamos **montar** a proporção e **resolver** a equação:

$$\frac{22}{x} = \frac{1}{4} \Rightarrow x = 88 \textbf{ pacotes}$$

Gabarito: D.

QUESTÃO 23 (CESPE/Polícia Rodoviária Federal/2013) Considerando que uma equipe de 30 operários, igualmente produtivos, construa uma estrada de 10 km de extensão em 30 dias, julgue o próximo item.

Se a tarefa estiver sendo realizada pela equipe inicial de 30 operários e, no início do quinto dia, 2 operários abandonarem a equipe, e não forem substituídos, então essa perda ocasionará atraso de 10 dias no prazo de conclusão da obra.

RESOLUÇÃO:

A equipe inicial, composta por 30 operários, trabalhou por 4 dias. Isso corresponde a 4/30 do período previsto. Assim, terá construído:

$$\frac{4}{30}.10 = \frac{4}{3}$$

Ainda restam:

$$10 - \frac{4}{3} = \frac{26}{3}$$

A questão também nos informa que 30 operários conseguem construir 10 km em 10 dias. Por sua vez, 28 operários (2 operários abandonarem a equipe) construirão 26/3 km em quantos dias?

Bem, para descobrirmos essa informação, resolveremos uma regra de três, com a seguinte tabela:

Dias	Km	Operários
30	10	30
x	26/3	28

Vamos agora analisar a proporcionalidade das grandezas envolvidas:

- ***Aumentando*** o comprimento da estrada (km), precisaremos de ***mais*** operários. Logo, grandezas diretamente proporcionais;
- ***Aumentando*** o comprimento da estrada (km), precisaremos de ***mais*** tempo (dias). Logo, grandezas diretamente proporcionais;

O próximo passo é montar as frações da regra de três. De um lado da igualdade fica a grandeza de referência; do outro lado ficam as demais, multiplicando. Logo:

$$\frac{30.30}{28.x} = \frac{10}{26/3}$$

$$\frac{900}{28x} = 10.\frac{3}{26}$$

$$\frac{900}{28x} = \frac{30}{26}$$

$$28x.30 = 26.900$$

$$x = \frac{26.900}{28.30}$$

$$\boldsymbol{x \approx 27{,}85}$$

Isso significa que eles levarão mais 27,85 dias para concluir. Logo, no total, serão gastos 27,85 + 4 = 31,85 dias. Assim, **houve um atraso de 1,85 dias** em relação aos 30 dias inicialmente previstos.

Gabarito: Errado.

QUESTÃO 24 (CESPE/MDIC/Ag Adm/2014) Se 8 alfaiates que trabalham em um mesmo ritmo confeccionarem 36 blusas em 9 horas de trabalho, então 10 alfaiates, com a mesma produtividade dos outros 8, confeccionarão, em 8 horas de trabalho, mais de 45 blusas.

RESOLUÇÃO:

Adotemos a quantidade de alfaiates como referência, para fins de montagem de nossa regra de três composta:

Blusas	Alfaiates	Horas
36	8	9
x	10	8

Vamos agora analisar a proporcionalidade das grandezas envolvidas:

- ***Aumentando*** o número de alfaiates, confeccionamos ***mais*** blusas. Logo, grandezas diretamente proporcionais;
- ***Aumentando*** o número de alfaiates, precisaremos de ***menos*** horas de trabalho. Logo, grandezas inversamente proporcionais.

O próximo passo é montar as frações da regra de três. De um lado da igualdade fica a grandeza de referência; do outro lado ficam as demais, multiplicando. Atente-se para o fato de precisarmos inverter as frações em que verificamos inicialmente que as grandezas são inversamente proporcionais! Logo:

$$\frac{36.8}{x.9} = \frac{8}{10}$$

$$\frac{288}{9x} = \frac{8}{10}$$

$$9x.8 = 288.10$$

$$72x = 2880$$

$$x = \frac{2880}{72} = 40$$

Portanto, o item está **errado** ao afirmar que serão confeccionadas mais de 45 blusas.

Gabarito: Errado.

QUESTÃO 25 (FCC/SEFAZ-PE/JATTE/2015) O gerente de produção de uma gráfica verificou que, para imprimir a encomenda de uma empresa em um prazo de 8 dias, poderia utilizar 9 máquinas idênticas, do tipo X, cada uma trabalhando 10 horas por dia. A empresa, porém, não aceitou o prazo proposto e declarou que só contrataria a gráfica se a encomenda ficasse pronta em 3 dias. Para atender o pedido da empresa, o gerente decidiu colocar as máquinas para trabalhar 15 horas por dia. Mesmo assim, percebeu que teria de utilizar, no mínimo,

a) 15 máquinas do tipo X.

b) 12 máquinas do tipo X.

c) 18 máquinas do tipo X.

d) 16 máquinas do tipo X.

e) 10 máquinas do tipo X.

RESOLUÇÃO:

Sabemos que o primeiro passo para a resolução de uma questão de **regra de três composta** consiste em **construir uma tabela**, agrupando as grandezas em colunas e relacionando cada valor a sua grandeza. Logo:

Quantidade de máquinas	Jornada diária	Tempo
9	10	8 dias
x	15	3 dias

Agora, vamos **verificar as grandezas** em relação à grandeza da variável que se deseja obter, identificando se são direta ou inversamente proporcionais:

- Se **aumentarmos** o número de máquinas trabalhando, **diminui** o tempo de conclusão da obra.
- Se **aumentarmos** o número de máquinas trabalhando, **diminui** o número de horas (jornada diária) necessárias para concluir o serviço.

Esquematizando, temos:

Quantidade de máquinas		Jornada diária		Tempo	
⇧	9	**10**	⇩	**8 dias**	⇩
	x	**15**		**3 dias**	

Em seguida, devemos **inverter os valores** das grandezas inversamente proporcionais à grandeza da variável:

Quantidade de máquinas		Jornada diária		Tempo	
⇧	9	**15**	⇧	**3 dias**	⇧
	x	**10**		**8 dias**	

Por fim, vamos **montar** a proporção e **resolver** a equação:

$$\frac{9}{x} = \frac{15}{10} \cdot \frac{3}{8}$$

$$x = \frac{10.8.9}{15.3} = 16\,\textbf{máquinas}$$

Gabarito: D.

QUESTÃO 26 (VUNESP/TJ-SP/ContJ/2015) Baseado em um trabalho que fora realizado no ano anterior, Clóvis montou uma tabela com o objetivo de planejar quantos funcionários serão necessários para realizar o mesmo trabalho no final deste ano. A tabela montada é a seguinte:

	Número de funcionários envolvidos	Carga horária diária (Por funcionários)	Produção diária (Em unidades)
2014	30	8 horas	500
2015	X	6 horas	400

Considerando-se idênticas, de 2014 para 2015, as condições de trabalho e a produtividade da mão de obra, o valor de X, indicado na tabela, quando comparado ao número de funcionários envolvidos em 2014, deverá ser

a) aumentado em 12 unidades.

b) aumentado em 7 unidades.

c) aumentado em 2 unidades.

d) diminuído em 12 unidades.

e) diminuído em 2 unidades.

RESOLUÇÃO:

A questão foi muito boazinha ao fornecer para nós a tabela necessária para a resolução do problema! Não vá se acostumando; isso não é normal.

Inicialmente, vamos **construir uma tabela**, agrupando as grandezas em colunas e relacionando cada valor a sua grandeza. Logo:

Quantidade de funcionários	Tempo	Produção diária
30	8 horas	500
x	6 horas	400

Agora, vamos **verificar as grandezas** em relação à grandeza da variável que se deseja obter, identificando se são direta ou inversamente proporcionais:

- Se **aumentarmos** o número de funcionários trabalhando, **aumenta** a produção diária;
- Se **aumentarmos** o número de funcionários trabalhando, **diminui** o número de horas necessárias para concluir o serviço.

Esquematizando, temos:

Quantidade de funcionários		Tempo		Produção diária	
⇧	30	8 horas	⇩	500	⇧
	x	6 horas		400	

Em seguida, devemos **inverter os valores** das grandezas inversamente proporcionais à grandeza da variável:

Quantidade de funcionários		Tempo		Produção diária	
⇧	30	6 horas	⇧	500	⇧
	x	8 horas		400	

Por fim, vamos **montar** a proporção e **resolver** a equação:

$$\frac{30}{x} = \frac{6}{8} \cdot \frac{500}{400}$$

$$x = \frac{30.8.400}{6.500} = 32\,\textbf{funcionários}$$

Assim, quando comparado ao número de funcionários envolvidos em 2014, que eram 30, no ano de 2015 esse quantitativo deverá ser **aumentado em 2 unidades**, uma vez que serão necessários 32 colaboradores!

Gabarito: C.

QUESTÃO 27 (FCC/METRÔ-SP/Advogado Jr/2014) Para inaugurar no prazo a estação XYZ do Metrô, o prefeito da cidade obteve a informação de que os 128 operários, de mesma capacidade produtiva, contratados para os trabalhos finais, trabalhando 6 horas por dia, terminariam a obra em 42 dias. Como a obra tem que ser terminada em 24 dias, o prefeito autorizou a contratação de mais operários, e que todos os operários (já contratados e novas contratações) trabalhassem 8 horas por dia. O número de operários contratados, além dos 128 que já estavam trabalhando, para que a obra seja concluída em 24 dias, foi igual a

a) 40 b) 16 c) 80 d) 20 e) 32

RESOLUÇÃO:

Sabemos que o primeiro passo para a resolução de uma questão de **regra de três composta** consiste em **construir uma tabela**, agrupando as grandezas em colunas e relacionando cada valor a sua grandeza. Logo:

Quantidade de operários	Jornada diária	Tempo
128	6	42 dias
x	8	24 dias

Agora, vamos **verificar as grandezas** em relação à grandeza da variável que se deseja obter, identificando se são direta ou inversamente proporcionais:

- Se **aumentarmos** o número de operários trabalhando, **diminui** o tempo de conclusão da obra.
- Se **aumentarmos** o número de operários trabalhando, **diminui** o número de horas (jornada diária) necessárias para concluir o serviço.

Esquematizando, temos:

Quantidade de operários		Jornada diária		Tempo	
⇧	128	**6**	⇩	**42 dias**	⇩
	x	**8**		**24 dias**	

Em seguida, devemos **inverter os valores** das grandezas inversamente proporcionais à grandeza da variável:

Quantidade de operários		Jornada diária		Tempo	
⇧	128	**8**	⇧	**24 dias**	⇧
	x	**6**		**42 dias**	

Por fim, vamos **montar** a proporção e **resolver** a equação:

$$\frac{128}{x} = \frac{8}{6} \cdot \frac{24}{42}$$

$$x = \frac{6.42.128}{24.8} = 168\,\textbf{operários}$$

Terminamos a questão? Não! Na verdade, o "**x**" representa a **quantidade total** de operários. Porém, a questão quer o número de operários contratados, além dos

128 que já estavam trabalhando. Assim, para realizar a obra no tempo previsto, o prefeito contratou mais 168 – 128 = **40 operários.**

Gabarito: A.

QUESTÃO 28 (FCC/DPE-RS/Téc Adm/2013) Para produzir 60% de uma encomenda, os oito funcionários de uma empresa gastaram um total de 63 horas. Como dois ficaram doentes, os outros seis funcionários terão de produzir sozinhos os 40% restantes da encomenda. Considerando que todos eles trabalham no mesmo ritmo e executam as mesmas tarefas, pode-se estimar que o restante da encomenda será produzido em

a) 42 horas. b) 56 horas. c) 60 horas. d) 70 horas. e) 84 horas.

RESOLUÇÃO:

Sabemos que o primeiro passo para a resolução de uma questão de **regra de três composta** consiste em **construir uma tabela**, agrupando as grandezas em colunas e relacionando cada valor a sua grandeza. Logo:

Tempo	Quantidade de funcionários	Encomenda
63 horas	8	60%
x	6	40%

Agora, vamos **verificar as grandezas** em relação à grandeza da variável que se deseja obter, identificando se são direta ou inversamente proporcionais:

- Se **aumentarmos** o tempo para entregar a encomenda, **diminui** a quantidade de funcionários necessários para efetuar o serviço.
- Se **aumentarmos** o tempo para entregar a encomenda, **aumenta** o tamanho da encomenda que pode ser entregue.

Esquematizando, temos:

Tempo		Quantidade de funcionários		Encomenda	
⇧	63 horas	⇩	8	⇧	60%
	x		6		40%

Em seguida, devemos **inverter os valores** das grandezas inversamente proporcionais à grandeza da variável:

Tempo		Quantidade de funcionários		Encomenda	
⇧	63 horas	⇧	6	⇧	60%
	x		8		40%

Por fim, vamos **montar** a proporção e **resolver** a equação:

$$\frac{63}{x}=\frac{6}{8}\cdot\frac{\frac{60}{100}}{\frac{40}{100}}$$

$$x=\frac{8.0,4.63}{6.0,6}=56\,\textbf{horas}$$

Gabarito: B.

QUESTÃO 29 (FCC/CNMP/Ana/2015) Para montar 800 caixas com produtos, uma empresa utiliza 15 funcionários que trabalham 6 horas por dia. Esse trabalho é realizado em 32 dias. Para atender um pedido de 2.000 caixas com produtos, iguais às anteriores, a empresa recrutou mais 5 funcionários, de mesma produtividade, além dos 15 funcionários já alocados para a função. O número de horas de trabalho por dia foi aumentado para 8 horas. Nessas condições, o número de dias necessários para montagem dessas 2.000 caixas é igual a

a) 18. b) 60. c) 36. d) 45. e) 25.

RESOLUÇÃO:

Sabemos que o primeiro passo para a resolução de uma questão de **regra de três composta** consiste em **construir uma tabela**, agrupando as grandezas em colunas e relacionando cada valor a sua grandeza. Logo:

Tempo	Quantidade de funcionários	Jornada diária	Nº de caixas
32 dias	15	6	800
x	20	8	2000

Agora, vamos **verificar as grandezas** em relação à grandeza da variável que se deseja obter, identificando se são direta ou inversamente proporcionais:

- Se **aumentarmos** o tempo para concluir o trabalho, **diminui** a quantidade de funcionários.

- Se **aumentarmos** o tempo para concluir o trabalho, **diminui** o número de horas (jornada diária) necessárias.
- Se **aumentarmos** o tempo para concluir o trabalho, **aumenta** o número de caixas montadas.

Esquematizando, temos:

Tempo		Quantidade de funcionários		Jornada diária		Nº de caixas	
⇧	32 dias	⇩	15	⇩	6	⇧	800
	x		20		8		2000

Em seguida, devemos **inverter os valores** das grandezas inversamente proporcionais à grandeza da variável:

Tempo		Quantidade de funcionários		Jornada diária		Nº de caixas	
⇧	32 dias	⇧	20	⇧	8	⇧	800
	x		15		6		2000

Por fim, vamos **montar** a proporção e **resolver** a equação:

$$\frac{32}{x}=\frac{20}{15}.\frac{8}{6}.\frac{800}{2000}$$

$$x=\frac{15.6.2000.32}{20.8.800}=45\,\textbf{dias}$$

Gabarito: D.

QUESTÃO 30 (CESPE/CBM-CE/Soldado/2014) Em um programa de treinamento, cada soldado recebe uma arma de determinado tipo, desmontada e desmuniciada. Após o treinamento, todos os soldados participantes do programa montam e municiam a arma em um mesmo espaço de tempo. Com referência a essa situação hipotética, julgue o item a seguir.

Considere-se que os soldados de uma corporação montem e municiem armas em um mesmo ritmo. Nessa situação, se 30 soldados dessa corporação montarem e municiarem 30 armas em 30 segundos, então, para montar e municiar 60 armas em um minuto, serão necessários 60 soldados da referida corporação.

RESOLUÇÃO:

Adotemos a quantidade de soldados como referência, para fins de montagem de nossa regra de três composta:

Soldados	Segundos	Armas
30	30	30
x	60	60

Vamos agora analisar a proporcionalidade das grandezas envolvidas:

- ***Aumentando*** o número de soldados, precisaremos de ***menos*** tempo para montar as armas. Logo, grandezas inversamente proporcionais;
- ***Aumentando*** o número de soldados, ***mais*** armas serão montadas. Logo, grandezas diretamente proporcionais.

O próximo passo é montar as frações da regra de três. De um lado da igualdade fica a grandeza de referência; do outro lado ficam as demais, multiplicando. Atente-se para o fato de precisarmos inverter as frações em que verificamos inicialmente que as grandezas são inversamente proporcionais! Logo:

$$\frac{30}{x} = \frac{60.30}{30.60}$$

$$\frac{30}{x} = 1 \Rightarrow x = 30$$

Portanto, o item está **errado** ao afirmar que serão necessários 60 soldados.

Gabarito: Errado.

QUESTÃO 31 (CESPE/ANATEL/Espec em Regul/2014) Para construir um prédio de 25 andares são necessários 50 operários trabalhando 6 horas por dia, durante 150 dias. Os operários trabalham com a mesma eficiência e o tempo para a construção de cada andar é o mesmo. Com base nessas informações, julgue o item abaixo.

Se a carga horária de trabalho dos operários fosse ampliada para 9 horas por dia, então 60 operários levariam 50 dias para construir 3/5 do referido prédio.

RESOLUÇÃO:

Adotemos a quantidade de andares como referência, para fins de montagem de nossa regra de três composta:

Andares	Operários	Horas/dia	Dias
25	50	6	150
15	60	9	50

Vamos agora analisar a proporcionalidade das grandezas envolvidas:

- ***Aumentando*** o número de andares, precisaremos de ***mais*** operários. Logo, grandezas diretamente proporcionais.
- ***Aumentando*** o número de andares, necessitaremos de ***mais*** horas/dia. Logo, grandezas diretamente proporcionais;
- ***Aumentando*** o número de andares, ***mais*** dias levaremos. Logo, grandezas diretamente proporcionais.

O próximo passo é montar as frações da regra de três. De um lado da igualdade fica a grandeza de referência; do outro lado ficam as demais, multiplicando. Logo:

$$\frac{25}{15} = \frac{50.6.150}{60.9.50}$$

$$\frac{5}{3} = \frac{5}{3}$$

A igualdade acima logicamente é **verdadeira**. O que concluímos a partir disso? Que a montagem da nossa tabela, com os dados inseridos nelas, está correta.

Gabarito: Certo.

QUESTÃO 32 (CESPE/SEFAZ-RS/Auditor-Fiscal/2019) Em uma fábrica de doces, 10 empregados igualmente eficientes, operando 3 máquinas igualmente produtivas, produzem, em 8 horas por dia, 200 ovos de Páscoa. A demanda da fábrica aumentou para 425 ovos por dia. Em razão dessa demanda, a fábrica adquiriu mais uma máquina, igual às antigas, e contratou mais 5 empregados, tão eficientes quanto os outros 10. Nessa situação, para atender à nova demanda, os 15 empregados, operando as 4 máquinas, deverão trabalhar durante

A) 8 horas por dia.

B) 8 horas e 30 minutos por dia.

C) 8 horas e 50 minutos por dia.

D) 9 horas e 30 minutos por dia.

E) 9 horas e 50 minutos por dia.

RESOLUÇÃO:

Trata-se de questão clássica de regra de três composta, para a qual podemos aplicar um procedimento prático para facilitar a resolução.

Primeiramente, devemos identificar a grandeza que representa o **produto** final da operação descrita no enunciado. Neste caso, ela está relacionada ao que é produzido, que são **ovos de Páscoa**. As demais grandezas fazem parte do processo para o transporte dessas caixas, ou seja, os empregados, as máquinas e a quantidade de horas.

Assim, podemos montar o seguinte esquema, sabendo que nosso objetivo consiste em obter a quantidade de horas para atender à nova demanda (nossa incógnita):

	Processo		**Produto**
Empregados	**Máquinas**	**Horas**	**Ovos**
10	**3**	**8**	**200**
15	**4**	**X**	**425**

Por fim, fazemos a multiplicação dos valores contidos na linha tracejada, igualando-os ao produto entre os valores presentes na outra linha:

$$10 \;.\; 3 \;.\; 8 \;.\; 425 = 15 \;.\; 4 \;.\; X \;.\; 200$$
$$\mathbf{X = 8{,}5\ horas}$$

Assim, serão necessárias **8,5 horas** ou **8 horas e 30 minutos** para que a fábrica atenda à nova demanda.

Gabarito: B.

QUESTÃO 33 (FCC/TRT 2ª Região/Ana Jud/2018) Em um julgamento sobre danos ambientais, a acusação apresentou o dado de que os 5 fornos de uma olaria consumiam 50 toneladas de carbono trabalhando 10 horas diárias por 15 dias. A defesa propõe reduzir as atividades da olaria para 3 fornos trabalhando 9 horas diárias por 18 dias. Comparando o consumo de carbono da situação apresentada pela acusação (15 dias, 5 fornos, 10 horas diárias) com a situação proposta pela defesa (18 dias, 3 fornos, 9 horas diárias), houve uma redução do consumo de carbono, em toneladas, de

(A) 12,4 (B) 17,6 (C) 32,4 (D) 28,6 (E) 20,4

RESOLUÇÃO:

De acordo com os dados apresentados pelo enunciado, temos a seguinte tabela:

Toneladas de carbono	Fornos	Horas diárias	Dias
50	5	10	15
T	3	9	18

Para termos MAIS toneladas de carbono, precisamos de MAIS fornos trabalhando MAIS horas diárias por MAIS dias. Todas as grandezas são diretamente proporcionais. Podemos montar a proporção:

$$50/T = (5/3) \times (10/9) \times (15/18)$$

$$50/T = (5/3) \times (10/9) \times (5/6)$$

$$1/T = (5/3) \times (1/9) \times (1/6)$$

$$1 \times 3 \times 9 \times 6 = 5 \times 1 \times 1 \times T$$

$$T = 32{,}4 \text{ toneladas}$$

Portanto, a redução foi de 50 – 32,4 = **17,6 toneladas.**

Gabarito: B

QUESTÃO 34 (FCC/TRT 2ª Região/Ana Jud/2018) Para preparar um certo número de caixas, 15 funcionários de uma empresa trabalharam durante 8 horas, cada um preparando 7 caixas a cada 20 minutos. Já cansados, três dos funcionários foram embora e os que ficaram trabalharam por mais 6 horas, mais lentos, cada um deles preparando 7 caixas a cada 40 minutos. Ao todo, nessas 14 horas os funcionários conseguiram preparar um número de caixas

(A) entre 3350 e 3400

(B) entre 3150 e 3200

(C) entre 3200 e 3250

(D) entre 3250 e 3300

(E) entre 3300 e 3350

RESOLUÇÃO:

Conformo dito pelo enunciado, na primeira etapa do trabalho cada funcionário monta 7 caixas em 20 minutos. Em 8 horas, ou seja, 8 × 60 = 480 minutos, cada funcionário monta:

7 caixas ——— 20 minutos

C caixas ——— 480 minutos

Resolvendo a proporção:

$$7 \times 480 = C \times 20$$

$$C = 7 \times 24 = \mathbf{168\ caixas}$$

Levando em conta que são 15 funcionários, temos 15 x 168 = 2520 caixas na primeira etapa.

Por sua vez, na segunda etapa, cada funcionário monta 7 caixas em 40 minutos. Trabalhando 6 horas (6 x 60 = 360 minutos), temos:

7 caixas ——— 40 minutos

N caixas ——— 360 minutos

Resolvendo a proporção:

$$7 \times 360 = N \times 40$$

$$N = 7 \times 9 = \mathbf{63\ caixas}$$

Visto que são 15 – 3 = 12 funcionários, temos 12 x 63 = 756 caixas, de modo que ao todo, temos 2520 + 756 = **3276 caixas.**

Gabarito: D

QUESTÃO 35 (FCC/TRT 2ª Região/Téc Jud/2018) Quinze fiscais iam vistoriar todos os estabelecimentos comerciais da zona sul da cidade em 25 dias, trabalhando 8 horas por dia cada um e todos com mesma produtividade. Depois de 5 dias completos desse serviço, a superintendência regional solicitou, em regime de urgência e com pagamento de hora extra, que os 15 funcionários passassem a trabalhar 10 horas por dia para finalizar a vistoria em menos dias do que os 25. Considerando que a solicitação foi atendida e que os funcionários continuaram o trabalho com mesma produtividade, a vistoria completa dos estabelecimentos comerciais da zona sul ocorreu em um total de

(A) 20 dias. (B) 17 dias. (C) 19 dias. (D) 21 dias. (E) 18 dias.

RESOLUÇÃO:

O enunciado informa que em 25 dias seriam realizadas todas as vistorias (100%). Assim, o percentual de vistorias feitas nos primeiros 5 dias é obtido por uma regra de três simples:

100% das vistorias _________ 25 dias

P das vistorias _________ 5 dias

Multiplicando cruzado, fica:

25.P = 5.100%

5.P = 100%

P = 20%

Assim, já foram feitas 20% das vistorias, faltando realizar 80% delas. Agora vamos trabalhar com todas as grandezas. Sabemos que 100% das vistorias seriam feitas em 25 dias pelos 15 fiscais trabalhando 8 horas por dia. Queremos saber em quanto tempo faremos as 80% das vistorias restantes com os mesmos 15 fiscais trabalhando 10 horas por dia. Temos:

Dias	Fiscais	Vistorias	Horas por dia
25	15	100%	8
D	15	80%	10

Quanto MAIS dias disponíveis, precisamos de MENOS fiscais para fazer MAIS vistorias, trabalhando MENOS horas por dia. Invertendo as grandezas inversamente proporcionais:

Dias	Fiscais	Vistorias	Horas por dia
25	15	100%	10
D	15	80%	8

Montando a proporção:

25/D = (15/15) x (100% / 80%) x 10/8

25/D = 1 x (10/8) x (10/8)

1/D = 1 x (2/8) x (2/8)

1/D = 1 x (1/4) x (1/4)

1/D = 1/16

D = 16 dias

Portanto, precisamos dos 5 dias iniciais e mais 16 dias, totalizando **21 dias.**

Gabarito: D

UNIDADE 2 – ARITMÉTICA

QUESTÃO 36 (FCC/TRT-PE/Anal Jud/2018) Uma equipe de 25 trabalhadores foi contratada para realizar uma obra em 14 dias. Passados 9 dias, a equipe só havia realizado 3/7 da obra. O coordenador da obra decidiu que irá contratar mais trabalhadores, com o mesmo ritmo de trabalho dos 25 que já estão na obra, para dar conta de terminá-la exatamente no prazo contratado. Sendo assim, o coordenador deve contratar um número mínimo de trabalhadores igual a

(A) 36. (B) 28. (C) 32. (D) 42. (E) 35

RESOLUÇÃO:

A equipe de 25 trabalhadores deveria finalizar a obra de 14 dias. Porém, após 9 dias só foram concluídos 3/7 do trabalho.

Daí, o nosso objetivo consiste em obter a quantidade de trabalhadores (T) que são necessários para fazer os 4/7 restantes do trabalho no prazo restante de 14 - 9 = 5 dias. Para isso, montamos a seguinte proporção:

Trabalhadores	Dias	Obra
25	9	3/7
T	5	4/7

Sabemos que quanto MAIS trabalhadores, conseguimos fazer MAIS obras em MENOS dias. Assim, a grandeza "dias" é inversamente proporcional às demais, de modo que devemos inverter a sua coluna, obtendo:

Trabalhadores	Dias	Obra
25	5	3/7
T	9	4/7

Resolvendo a regra de três:

$$25/T = (5/9) \times (3/4)$$

$$5/T = (1/9) \times (3/4)$$

$$5/T = (1/3) \times (1/4)$$

$$5/T = 1/12$$

$$5 \times 12 = T \times 1$$

$$\mathbf{T = 60 \text{ trabalhadores}}$$

Levando em conta que já temos 25 trabalhadores, resta contratar 60 – 25 = **35.**

Gabarito: E.

QUESTÃO 37 (FCC/CL-DF/Téc Leg/2018) Suponha que todos os funcionários de uma repartição pública escalados para realizar uma tarefa apresentam desempenhos iguais e constantes. Em 12 dias, 15 funcionários conseguiram fazer 75% da tarefa. Para terminar o restante da tarefa em 3 dias, o número de funcionários que deverá ser utilizado a partir do 13º dia é de:

a) 21 b) 24 c) 18 d) 20 e) 15

RESOLUÇÃO:

Inicialmente, vamos **construir uma tabela**, agrupando as grandezas em colunas e relacionando cada valor a sua grandeza. Logo:

Quantidade de funcionários	Dias	Produção
15	12	75%
x	3	25%

Agora, vamos **verificar as grandezas** em relação à grandeza da variável que se deseja obter, identificando se são direta ou inversamente proporcionais:

- Se **aumentarmos** o número de funcionários trabalhando, **aumenta** a produção diária;
- Se **aumentarmos** o número de funcionários trabalhando, **diminui** o número de dias necessários para concluir o serviço.

Em seguida, devemos **inverter os valores** das grandezas inversamente proporcionais à grandeza da variável. Por fim, vamos **montar** a proporção e **resolver** a equação:

$$\frac{15}{x}=\frac{3}{12}\cdot\frac{75/100}{25/100}\Rightarrow x=\frac{15\times 4}{3}=20\,\textbf{funcionários}$$

Gabarito: D.

QUESTÃO 38 (FCC/TRT Pernambuco/Téc Jud/2018) Em uma obra de construção civil, 12 operários com a mesma velocidade de trabalho, azulejaram x m^2 de paredes em 2 horas e 45 minutos. No dia seguinte, 3 dentre os 12 operários do dia anterior, azulejarão x/3 m^2 de paredes em um tempo igual a

a) 4 horas e 10 minutos.

b) 2 horas e 55 minutos.

c) 3 horas e 15 minutos.

d) 4 horas e 30 minutos.

e) 3 horas e 40 minutos.

RESOLUÇÃO:

Como 1 hora corresponde a 60 minutos, então:

- 2 horas correspondem a 2 × 60 = 120 minutos.
- 2 horas e 45 minutos correspondem a 120 + 45 = 165 minutos.

Organizando os dados em uma tabela:

Tempo (minutos)	Operários	Área (m2)
165	12	X
y	3	x/3

A primeira linha da tabela mostra que 12 operários azulejam **x** m^2 em 165 minutos. Já a segunda linha da tabela mostra que 3 operários azulejam **x/3** m^2 em **y** minutos.

Precisamos escolher alguma grandeza como referência. Escolhemos a grandeza "área". Vamos comparar as demais grandezas com a nossa referência:

- Quanto mais operários, maior área é azulejada em uma quantidade de tempo fixa. Então, "operários" e "área" são grandezas diretamente proporcionais.
- Quanto mais tempo, maior área é azulejada por uma quantidade de operários fixa. Então, "tempo" e "área" são grandezas diretamente proporcionais.

Agora, montamos as frações. Deixamos a grandeza de referência do lado esquerdo da igualdade. Do outro lado ficam as demais, multiplicando.

$$\frac{12}{3} \times \frac{165}{y} = \frac{x}{x \div 3}$$

Não foi preciso inverter nenhuma fração, pois todas as grandezas são diretamente proporcionais à grandeza de referência. Então:

$$4 \times \frac{165}{y} = 3$$

$$y = 220 \textbf{\textit{ minutos}}$$

Como 3 horas correspondem a 3 × 60 = 180 minutos, então 220 minutos correspondem a 3 horas e 220 − 180 = 40 minutos. Portanto, 3 operários azulejam x/3 m^2 em **3 horas e 40 minutos.**

Gabarito: E.

QUESTÃO 39 (FCC/TRT 11ª Região/Téc Jud/2017) Um ciclista cumpriu seu trajeto de treinamento com uma velocidade média de 20 km/h e um tempo de 6 horas e 24 minutos. No dia seguinte, ao voltar, o ciclista cumpriu o mesmo trajeto em exatamente 8 horas. Nesse dia sua velocidade média caiu, em relação ao treinamento do dia anterior, um valor igual a

(A) 1,5 km/h. (B) 3 km/h. (C) 7 km/h. (D) 4 km/h. (E) 6 km/h.

RESOLUÇÃO:

Conforme as informações presentes no enunciado, e sabendo que 6 horas e 24 minutos correspondem a 384 minutos e 8 horas equivalem a 480 minutos, temos:

20km/h ———— 384 min

V km/h ———— 480 min

Quanto MAIOR a velocidade, MENOR o tempo. Assim, estamos diante de grandezas inversamente proporcionais, de modo que devemos inverter uma das colunas para efetuar os cálculos:

V km/h ———— 384 min

20 km/h ———— 480 min

$$V \times 480 = 20 \times 384$$

$$V \times 24 = 384$$

$$V = 384 / 24 = \mathbf{16\ km/h}$$

Portanto, a queda na velocidade foi de 20 – 16 = **4 km/h.**

Gabarito: D.

QUESTÃO 40 (CESPE/SEFAZ-RS/Téc Trib/2018) Dois marceneiros e dois aprendizes, cada um trabalhando durante quatro dias, seis horas por dia, constroem três cadeiras e uma mesa. Os marceneiros trabalham com a mesma eficiência, mas a eficiência dos aprendizes é igual a 75% da eficiência dos marceneiros. Para construir uma mesa, gasta-se 50% a mais de tempo que para construir uma cadeira. Nesse caso, para construírem doze cadeiras e duas mesas em oito dias, dois marceneiros e quatro aprendizes com eficiências iguais às daqueles citados anteriormente devem trabalhar

A) 4,2 h/dia. B) 6 h/dia. C) 6,3 h/dia. D) 7 h/dia. E) 7,5 h/dia.

UNIDADE 2 – ARITMÉTICA

RESOLUÇÃO:

O enunciado informa que a eficiência dos aprendizes é igual a 75% da eficiência dos marceneiros, ou seja, um aprendiz corresponde a 0,75 marceneiro apenas.

Também é dito que a construção de uma mesa demanda 50% a mais de tempo que para construir uma cadeira, ou seja, uma mesa corresponde a 1,5 cadeira.

Dessa forma, na primeira situação a força de trabalho é composta por 2 marceneiros e mais 2 × 0,75 marceneiro, o que totaliza 2 + 1,5 = 3,5 marceneiros. Já o trabalho produzido é de 3 cadeiras + 1,5 cadeira = 4,5 cadeiras.

Por sua vez, na segunda situação há 12 cadeiras + 2×1,5 cadeira = 15 cadeiras a serem produzidas, e a força de trabalho corresponde a 2 + 4×0,75 = 5 marceneiros.

Podemos montar a seguinte regra de três composta:

Horas por dia	Marceneiros	Cadeiras	Dias
6	3,5	4,5	4
h	5	15	8

Precisamos analisar se as grandezas são direta ou inversamente proporcionais entre si. Quanto MAIS horas por dia de trabalho, MENOS dias são necessários, e é possível produzir MAIS cadeiras utilizando MENOS marceneiros. Então, devemos inverter as colunas dos dias e dos marceneiros:

Horas por dia	Marceneiros	Cadeiras	Dias
6	5	4,5	8
h	3,5	15	4

Por fim, montamos e resolvemos a proporção:

$$\frac{6}{h}=\frac{5}{3,5}\times\frac{4,5}{15}\times\frac{8}{4}$$

$$\frac{6}{h}=\frac{1}{3,5}\times\frac{4,5}{3}\times 2$$

$$\frac{3}{h}=\frac{1}{3,5}\times 1,5$$

$$\frac{1}{h}=\frac{1}{3,5}\times 0,5$$

$$h = \frac{3,5}{0,5} = 7 \textit{ horas por dia}$$

Gabarito: D.

QUESTÃO 41 (COSEAC/ISS Maricá/Fiscal de Tributos/2018) Um caminhoneiro, com velocidade constante de 80 km/h, percorreu uma certa distância em 10 dias, viajando 6 horas por dia. Se repetir o mesmo percurso, com velocidade constante de 60 km/h, viajando 5 horas por dia, ele levará:

(A) 12 dias. (B) 14 dias. (C) 15 dias. (D) 16 dias. (E) 18 dias

RESOLUÇÃO:

Temos uma questão de regra de três composta. Podemos aplicar um macete que em muito facilita a nossa vida.

Primeiramente, devemos identificar a grandeza que representa o **produto** final da operação descrita no enunciado. Neste caso, ela está relacionada à distância percorrida pelo caminhoneiro. As demais grandezas fazem parte do **processo** para a realização desse percurso, ou seja, a velocidade, quantidade de dias e de horas da viagem.

Note que não foram apresentados os valores relativos à distância percorrida, de modo que podemos considerar que o percurso era de 1km.

Desse modo, podemos fazer o **desenho** da resolução da questão de regra de três composta, que possui a forma de **X**. Nele, inserimos à esquerda os valores das grandezas do processo, enquanto na direita ficam os valores da grandeza do produto da operação. Desse modo, ficamos com:

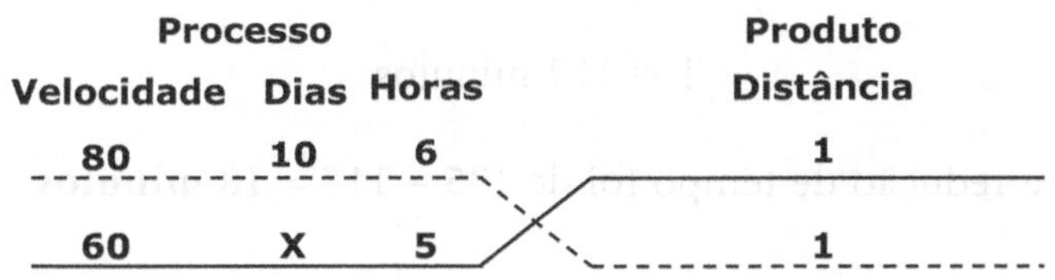

Por fim, fazemos a multiplicação dos valores contidos na linha tracejada, igualando-os ao produto entre os valores presentes na outra linha:

$$60 \,.\, X \,.\, 5 \,.\, 1 = 80 \,.\, 10 \,.\, 6 \,.\, 1$$

$$\mathbf{X = (4800) / (300) = 16}$$

Assim, serão necessários **16 dias** para terminar a viagem.

Gabarito: D.

QUESTÃO 42 (VUNESP – TJ-SP/Enfermeiro/2019) Considere apenas os dados a seguir para resolver a situação. Suponha que viajando a 65 km/h minha viagem durou exatamente 2 horas e 15 minutos. Suponha também que essa mesma viagem fosse feita a 75 km/h. Nesse caso, o tempo de viagem diminuiria em

(A) 18 minutos.

(B) 28 minutos.

(C) 15 minutos.

(D) 13 minutos.

(E) 35 minutos.

RESOLUÇÃO:

Viajando a 65km/h, a viagem durou 2h15min = 2 × 60 + 15 = 135 minutos. Podemos montar a proporção para obter o tempo a 75km/h:

135 min ------ 65km/h

T min ------ 75km/h

Quanto MAIOR a velocidade, MENOR é o tempo. Podemos **inverter** uma das colunas, ficando:

135 min ------ 75km/h

T min ------ 65km/h

Montando a proporção:

$$75 \times T = 65 \times 135$$

$$T = 117 \text{ minutos}$$

Portanto, a redução de tempo foi de 135 – 117 = **18 minutos.**

Gabarito: A.

6. QUESTÕES-DESAFIO

QUESTÃO 43 (FCC/SABESP/Téc em Gestão/2014) Para catalogar um lote de processos 7 funcionários, trabalhando continuamente, gastariam 12 horas e 24 minutos. Após trabalharem metade desse tempo, mais 5 funcionários foram agregados ao trabalho. Supondo que todos apresentem o mesmo desempenho e que o trabalho não seja interrompido, o tempo total gasto na catalogação do lote é igual a

a) 6 horas e 43 minutos.

b) 6 horas e 12 minutos.

c) 9 horas e 49 minutos.

d) 8 horas e 36 minutos.

e) 10 horas e 15 minutos.

RESOLUÇÃO:

Meus amigos, o enunciado afirma que o tempo que 7 funcionários levam para catalogar **1 lote** de processos é de **12 horas e 24 minutos.** Em seguida, a questão informa que esses 7 funcionários trabalharam por **6 horas e 12 minutos**, ou seja, eles catalogaram a **metade** do lote.

Bem, ainda falta catalogar a outra metade. Porém, eis que surge o reforço de **mais 5 funcionários**! Com isso, surge o seguinte problema:

Se 7 funcionários catalogam a metade do lote em 6 horas e 12 minutos, então 12 funcionários vão catalogar a outra metade do lote em quanto tempo?

Ah, meus amigos! Estamos diante de uma **regra de três simples**! Logo, sigamos os passos necessários à correta resolução. Antes, porém, vamos converter as horas em minutos, a fim de facilitar os cálculos:

$$6 \text{ horas e } 12 \text{ minutos} = 6 \cdot 60 + 12 = 372 \text{ minutos}$$

1º) **Construir uma tabela**, agrupando as grandezas em colunas e relacionando cada valor a sua grandeza:

	Tempo	Quantidade de funcionários
⇧	372 minutos	7
	x	12

2º) **Verificar as grandezas** em relação à grandeza da variável que se deseja obter, identificando se são direta ou inversamente proporcionais.

Precisamos nos perguntar:

*"Se **aumenta** o tempo necessário para catalogar metade do lote, **aumenta** ou diminui a quantidade de funcionários para executar a tarefa?"*

Ora, se **aumentarmos** o tempo necessário para executar a tarefa, então precisaremos de uma quantidade menor de trabalhadores. Logo, as grandezas são **in-**

versamente proporcionais! Dito de outra forma: com **mais** funcionários, o serviço vai levar **menos** tempo para ser concluído! Graficamente, temos:

Tempo		Quantidade de funcionários	
⇧	372 minutos	7	⇩
	x	12	

3º) **Inverter os valores** das grandezas inversamente proporcionais à grandeza da variável, *caso seja necessário*:

De fato, as setas precisam estar no mesmo sentido! Para isso, basta inverter os valores da grandeza "quantidade de funcionários":

Tempo		Quantidade de funcionários	
⇧	372 minutos	12	⇧
	x	7	

4º) **Montar** a proporção e **resolver** a equação:

$$\frac{372}{x} = \frac{12}{7}$$

$$12 \,.\, x = 372 \,.\, 7$$

$$x = \frac{2604}{12} = 217\,\mathbf{minutos}$$

No entanto, **217 minutos** equivale a:

$$(180+37)\,minutos = (3 \,.\, 60+37)\,minutos = 3\boldsymbol{horas\ e\ }37\boldsymbol{minutos}$$

Logo, o **tempo total** (ou seja, as duas metades) gasto na catalogação do lote é igual a:

$$6horas\ e\ 12minutos + 3horas\ e\ 37minutos = 9\,\mathbf{horas\ e}\ 49\,\mathbf{minutos}$$

Gabarito: C.

QUESTÃO 44 (FUNDATEC/SEFAZ-RS/AFRE/2014) Uma equipe formada por 20 funcionários de uma repartição pública trabalhou 3,3h por dia, durante 9 dias, para analisar 300 processos, contendo 80 páginas cada um, em média. O número mínimo de dias de trabalho necessários para que 80% desses funcionários analisem 450 processos, contendo, em média, 3/4 do número de páginas dos outros processos, trabalhando 4h por dia, mantendo as mesmas condições e ritmo de trabalho, é:

a) 8. b) 9. c) 10. d) 11. e) 12.

RESOLUÇÃO:

Sabemos que o primeiro passo para a resolução de uma questão de **regra de três composta** consiste em **construir uma tabela**, agrupando as grandezas em colunas e relacionando cada valor a sua grandeza. Logo:

Tempo	Quant. de funcionários	Jornada diária	Quant. de processos	Quant. de páginas
9 dias	20	3,3 horas	300	80
x	16	4 horas	450	60

Vale a pena ressaltar que, para a montagem da tabela, conforme os dados da questão, fizemos:

- 80% de 20 = 0,8 . 20 = **16**
- 3/4 de 80 = 3/4 . 80 = **60**

Agora, vamos **verificar as grandezas** em relação à grandeza da variável que se deseja obter, identificando se são direta ou inversamente proporcionais:

- Se **aumentarmos** o tempo para concluir o trabalho, **diminui** a quantidade de funcionários → Grandezas inversamente proporcionais.
- Se **aumentarmos** o tempo para concluir o trabalho, **diminui** o número de horas (jornada diária) necessárias → Grandezas inversamente proporcionais.
- Se **aumentarmos** o tempo para concluir o trabalho, **aumenta** a quantidade de processos que poderão ser analisados → Grandezas diretamente proporcionais.
- Se os processos tiverem menos páginas, serão precisos menos dias para analisá-los → Grandezas diretamente proporcionais.

Esquematizando, temos:

	Tempo		Quant. de funcionários		Jornada diária		Quant. de processos		Quant. de páginas
⇧	9 dias	⇩	**20**	⇩	**3,3 horas**	⇧	**300**	⇧	**80**
	x		**16**		**4 horas**		**450**		**60**

Em seguida, devemos **inverter os valores** das grandezas inversamente proporcionais à grandeza da variável:

	Tempo		Quant. de funcionários		Jornada diária		Quant. de processos		Quant. de páginas
⇧	9 dias	⇧	**16**	⇧	**4 horas**	⇧	**300**	⇧	**80**
	x		**20**		**3,3 horas**		**450**		**60**

Por fim, vamos **montar** a proporção e **resolver** a equação:

$$\frac{9}{x} = \frac{16}{20} \cdot \frac{4}{3,3} \cdot \frac{300}{450} \cdot \frac{80}{60}$$

$$\frac{9}{x} = \frac{1536}{1782}$$

$$x = \frac{1782 \,.\, 9}{1536}$$

$$\boldsymbol{x \approx 10,44\,\text{dias}}$$

Assim, **o número mínimo de dias de trabalho necessários é 11 dias.**

Gabarito: D.

CAPÍTULO 16

PORCENTAGEM

1. INTRODUÇÃO

Com certeza você já viu o símbolo de **Porcentagem** antes: **%**. Ele aparece bastante em prova, sobretudo em matemática financeira, além de estar presente em vários aspectos da nossa vida cotidiana.

Neste capítulo estudaremos o conceito da operação de porcentagem, conheceremos as várias formas de representar o número percentual, aprenderemos como calcular a porcentagem de um número, analisaremos como este assunto está relacionado a operações sobre mercadorias e trataremos de formas práticas para determinar aumentos e descontos percentuais.

Buscamos apresentar o maior número possível de questões comentadas deste assunto a fim de que você possa perceber o enorme grau de incidência dele nas provas dos mais diversos concursos públicos. Logicamente, cada um desses exercícios será minuciosamente comentado, proporcionando a você o entendimento correto da matéria.

Adicionalmente, preparamos diversos esquemas que facilitarão não só a sua aprendizagem do conteúdo, mas também será de grande importância nas suas revisões!

2. PORCENTAGEM

Inicialmente, precisamos compreender a **ideia da porcentagem**. Entender bem isso vai ser fundamental no seu progresso deste assunto. A boa notícia é que se trata de um conceito simples e prático. Bem, imagine uma notícia num jornal televisivo informando que o custo de vida no Brasil aumentou 16%. Ora, isso indica que a cada R$ 100,00 houve um aumento de R$ 16,00. Da mesma forma, a cada R$ 200,00 existe um acréscimo de R$ 32,00. E assim por diante. Desse modo, temos que a expressão 16% significa 16 a cada 100.

Da mesma forma, suponha, agora, que uma loja está oferecendo um desconto de 12% em todas as suas mercadorias. Isso significa que a cada R$ 100,00 em compras o cliente terá um desconto de R$ 12,00.

BIZU!

A expressão p% significa p a cada 100.

2.1. Formas de representação

Podemos dizer que **Porcentagem** é toda **razão** cujo consequente é 100, conhecida como **razão centesimal**. De fato, a expressão **por cento** quer dizer **dividido por cem**.

Além disso, o símbolo **%** sempre vem depois de um número. Ele quer dizer apenas que este número está dividido por 100.

Por exemplo, se escrevemos 20%, que é uma **taxa percentual**, isto significa que o número 20 está sendo dividido por 100, ou seja, 20% é igual a $\frac{20}{100}$, que também pode ser escrito na **forma unitária** 0,20.

Assim, fica claro que toda fração com denominador igual a **100** pode ser lida na forma de **porcentagem**. Para exemplificar, a fração $\frac{27}{100}$ corresponde a 0,27 e em termos percentuais fica 27%. Similarmente, temos que:

$$\frac{53}{100} = 0,53 = 53\%$$

$$\frac{237}{100} = 2,37 = 237\%$$

Portanto, existem três maneiras de **representar** o número percentual:

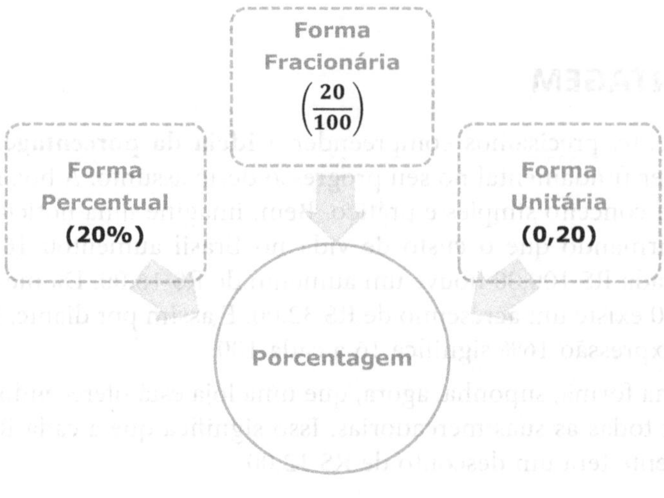

Agora que conhecemos as principais maneiras de representar o valor percentual, é muito importante também que saibamos **transformar uma forma de representação em outra**!

- **Transformação da forma fracionária para a percentual**:

Suponha que num bairro a cada 4 meninos, 3 jogam futebol. Vamos determinar a porcentagem de meninos que jogam futebol.

Perceba que temos uma **razão**, em que no denominador sempre vai estar representado o total (4) e no numerador ficará a quantidade de partes do total que estamos lidando (3):

$$\frac{3}{4}$$

Agora queremos saber a qual porcentagem corresponde essa fração. Neste caso, basta formar uma ***proporção*** na qual a <u>primeira razão</u> é igual à própria fração dada e a <u>segunda razão</u> é igual a $\frac{\boldsymbol{x}}{100}$, em que $\boldsymbol{x}$ será a porcentagem procurada. Logo:

$$\frac{3}{4}=\frac{x}{100}$$

Multiplicando cruzado, obtemos:

$$4x=100\times 3 \Rightarrow \boldsymbol{x}=\frac{300}{4}=75\%$$

Portanto, 75% dos meninos do bairro gostam de jogar futebol.

Veja outros exemplos a seguir:

$$\frac{1}{4}\ \textbf{\textit{(fracionária)}} \rightarrow \frac{1}{4}=\frac{\boldsymbol{x}}{100} \rightarrow \boldsymbol{x}=\frac{100}{4} \rightarrow \boldsymbol{x}=25\%\ \textbf{\textit{(percentual)}}$$

$$\frac{2}{25}\ \textbf{\textit{(fracionária)}} \rightarrow \frac{2}{25}\times 100=2\times 4=8\%\ \textbf{\textit{(percentual)}}$$

- **Transformação da forma percentual para a fração:**

Esta conversão é bem mais simples. Digamos que o nosso objetivo consiste em transformar a taxa 45% em uma fração. Neste caso, basta lembrar que uma porcentagem corresponde a uma razão centesimal, ou seja, trata-se de uma fração com denominador igual a 100 e numerador igual à porcentagem apresentada. Assim, ficamos com:

$$45\%=\frac{45}{100}$$

Assim, **da forma percentual para a fracionária**, basta tornar a própria porcentagem o **numerador** da fração, ao passo que 100 será o **denominador**. Em seguida, simplificamos a fração resultante, caso seja necessário.

$$35\ \%\ \text{(percentual)} \rightarrow \frac{35}{100} = \frac{7}{20}\ \text{(fracionária)}$$

$$4\ \%\ \text{(percentual)} \rightarrow \frac{4}{100} = \frac{1}{25}\ \text{(fracionária)}$$

- **Transformação da forma percentual para a decimal**:

Esta conversão é ainda mais fácil. Suponha que queiramos saber qual é o número decimal correspondente à taxa de 21%. Ora, simplesmente fazemos a divisão de 21 por 100, que não requer cálculo, isto é, basta eu movimentar a vírgula duas casas para a esquerda:

$$21\% = \frac{21}{100} = 0{,}21$$

2.2. Cálculo da porcentagem de um número

Apresentaremos a seguir formas práticas de resolução para determinar o **cálculo da porcentagem de um número.**

Imagine uma prova com 40 questões, sendo que cada uma delas vale 1 ponto. Se fiz 18 pontos, qual foi o meu desempenho em termos percentuais?

Vamos aplicar na resolução deste problema um artifício interessante, simples e bem objetivo para obtermos um **percentual**. Consiste em dividir a **parte** pelo **todo** e multiplicar o resultado pelo **total**:

$$\frac{\textbf{Parte}}{\textbf{Todo}} \times \textbf{Total} = \textbf{Percentual}$$

Aplicando isso ao caso que estamos tratando, o "todo" é a quantidade máxima de pontos que alguém pode conseguir na prova. Por sua vez, a "parte" é o quanto acertei do "todo". E o "total" é 100%, já que o enunciado não impôs limite quanto ao número de questões que estamos lidando. Logo:

$$\frac{18}{40} \times 100\% = \frac{18}{40} \times 1 = 0{,}45 = 45\%$$

Assim, nessa prova consegui acertar **45%** dos pontos possíveis.

Dado o **percentual**, para achar a quantidade referente à **parte,** basta multiplicar o percentual pelo **todo.**

Parte = Todo x Percentual

Embora não seja a única, essa comparação de **parte** e **todo** é a utilização mais frequente da porcentagem.

Agora vamos determinar quanto é 45% de R$ 5.000,00.

Inicialmente, perceba que 45% é igual a 45/100. Em seguida, note que a expressão "DE" corresponde a uma **multiplicação**. Assim, temos:

$$45\% \text{ de R\$ } 5.000 = \frac{45}{\cancel{100}} \times 5.0\cancel{00} = \text{R\$ } 2.250,00$$

Desse modo, dizemos que R$ 2.250,00 representam 45% de R$ 5.000,00.

TOME NOTA!

Dados dois números, ***A*** e ***B***, dizemos que ***A*** é igual a ***p%*** de ***B*** quando o valor ***A*** é igual a ***p/100*** de ***B***.

A é p% de B $\leftrightarrow A = \frac{p}{100}.B$

Também poderíamos solucionar o problema por meio de uma regra de três:

Quantia	Porcentagem
R$ 5.000,00	100%
x	45%

Multiplicando as diagonais, obtemos:

$$100X = 5.000 \times 45 \Rightarrow \mathbf{X} = \frac{225.000}{100} = \mathbf{R\$ 2.250,00}$$

Adicionalmente, precisamos saber efetuar o **cálculo de um número dada uma porcentagem**. Neste sentido, imagine uma prova em que 9 alunos reprovaram, os quais representam 36% do total de alunos. Esta turma é composta por quantos alunos?

Um caminho de resolução consiste no uso de uma **regra de três simples**, em que 9 corresponde a 36% e o total de alunos (T) refere-se a 100%:

Alunos	Porcentagem
9	36%
T	100%

Multiplicando as diagonais, obtemos:

$$36T = 100 \times 9 \Rightarrow \boldsymbol{T} = \frac{900}{36} = 25$$

Assim, há 25 alunos na turma.

Outra maneira de resolvermos o problema é por meio do conceito de porcentagem. De acordo com as informações apresentadas, temos que 36% do total de alunos corresponde a 9 alunos. Ou seja:

$$\frac{36}{100} \times T = 9$$

Passando o número 100 multiplicando para o outro lado, obtemos:

$$36T = 9 \times 100 \Rightarrow \boldsymbol{T} = \frac{900}{36} = 25$$

Chegamos ao <u>mesmo resultado</u>, mas a aplicação dos nossos conhecimentos de porcentagem mostra-se **bem mais prática** quando comparada ao artifício da regra de três.

Veja como esse assunto já foi cobrado!

QUESTÃO 01 (CESGRANRIO – Liquigás/Ass Adm/2013) Em janeiro de 2013, uma empresa demitiu 12 de seus 150 empregados e teve 3 empregados licenciados por motivos de saúde. Qual o índice de desligamentos do mês?

a) 15% b) 12% c) 10% d) 8% e) 5%

RESOLUÇÃO:

Temos que a razão entre os desligamentos e o total de empregados é igual a:

$$\frac{12}{150} = 0,08$$

E podemos escrever esse número decimal encontrado como:

$$0,08 = 0,08 \times \frac{100}{100} = \frac{8}{100} = 8\%$$

Gabarito: D.

OBSERVAÇÃO: Apesar da questão ser simples, há uma pegadinha aqui. Poderíamos ficar tentados a considerar que houve 12 + 3 = 15 desligamentos, mas não podemos fazer isso! Afinal, os 3 funcionários em licença saúde não foram desligados da empresa.

QUESTÃO 02 (COSEAC – UFF/Aux Adm/2014) Uma loja de sapatos ofereceu um desconto de 40% na compra de qualquer produto. O valor do desconto de um sapato de R$ 560,00 é de:

a) R$ 210,00. b) R$ 224,00. c) R$ 404,00. d) R$ 336,00. e) R$ 260,00.

RESOLUÇÃO:

O desconto, D, será dado por:

$$D = 560 \times 40\% \quad \rightarrow \quad D = \frac{560 \times 40}{100} \quad \rightarrow \quad \mathbf{D = R\$224,00}$$

Gabarito: B.

QUESTÃO 03 (FAFIPA –Contador/RPPS Palmeira/2022) Para ser classificado e prosseguir nas etapas de um determinado concurso, é necessário que na prova objetiva, o número de questões incorretas seja inferior a 12%. Sabendo que o número total de questões dessa prova é 75, o que podemos afirmar de um candidato que respondeu corretamente 67 questões?

a) Foi aprovado, com 9% de questões incorretas.
b) Foi aprovado, com aproximadamente 11% de questões incorretas.
c) Foi reprovado, com aproximadamente 11% de questões incorretas.
d) Foi reprovado, com 15% de questões incorretas.

RESOLUÇÃO:

O enunciado informa que o candidato acertou 67 das 75 questões, de modo que ele **errou** 75 - 67 = **8 questões**. Isso corresponde ao seguinte **percentual de questões incorretas**:

$$\frac{8}{75} = 0{,}1067 = \mathbf{10{,}67\%}$$

Como o candidato é classificado se o número de questões incorretas for inferior a 12%, concluímos que esse candidato **foi aprovado, com aproximadamente 11% de questões incorretas.**

Gabarito: B.

UNIDADE 2 – ARITMÉTICA

QUESTÃO 04 (Unifil- Fiscal de Tributos/PrefParanacity/2022) Em uma festa tem 240 pessoas, entre adultos e crianças. Sabendo que 15% das pessoas na festa são crianças, qual a quantidade de pessoas adultas presente?

a) 204 b) 210 c) 218 d) 225

RESOLUÇÃO:

Como 15% das pessoas na festa são crianças, então 100% - 15% = **85%** das pessoas são adultas. Isso corresponde a:

$$240 \times 85\% = 240 \times 0{,}85 = 204$$

Portanto, havia **204 pessoas adultas** na festa.

Gabarito: A.

QUESTÃO 05 (CESPE – Ana Adm/IBAMA/2013) Uma extensa região de cerrado é monitorada por 20 fiscais do IBAMA para evitar a ação de carvoeiros ilegais. Dessa região, a vegetação de 87 km^2 foi completamente arrancada e transformada ilegalmente em carvão vegetal. Os 20 fiscais, trabalhando 8 horas por dia, conseguem monitorar toda a região em 7 dias.

A partir dessa situação hipotética, julgue o item seguinte, considerando que os 20 fiscais são igualmente eficientes.

Se a parte devastada por carvoeiros ilegais corresponder a 15% da área da referida região, então a região tem mais de 575 km^2 de área.

RESOLUÇÃO:

Seja x a área total da região de cerrado.

O enunciado afirma que a parte devastada por carvoeiros ilegais, 87 km^2, corresponde a 15% de x. Ou seja:

$$\frac{15}{100}.x = 87$$

$$x = \frac{87\ .100}{15} = 580$$

Assim, a área total da região de cerrado é de 580 km^2, o que é superior a 575 km^2.

Gabarito: Certo.

2.3. Operações sobre mercadorias

Suponha que o dono de uma fábrica de sapatos receba de um comerciante uma encomenda de 1.000 pares. Como fazer para calcular o preço de *um par*?

Ora, sabemos que para fabricar pares temos que levar em consideração as matérias primas (couro, linha, tinta e outras), os salários dos funcionários, a energia consumida e outras despesas.

Portanto, se dividirmos o capital gasto com esses itens por 1.000 pares de sapatos, então teremos o *custo de um par* de sapatos.

Na hora de vender esses sapatos, obviamente terá que ser acrescentada sobre o preço de custo certa porcentagem, pois nas transações comerciais podem ocorrer 3 situações:

Lucro	•Valor da venda (V) é **maior** que o custo (C) para produzir a mercadoria (**V > C**)
Prejuízo	•Valor da venda (V) é **menor** que o custo (C) para produzir a mercadoria (**V < C**)
Sem lucro ou prejuízo	•Valor da venda é igual ao custo para produzir a mercadoria (**V = C**)

Em qualquer caso, a venda será calculada com base na seguinte fórmula:

$$V = C \pm L$$

Em que o **lucro** ou o **prejuízo** será uma porcentagem calculada sobre o preço de **custo** ou sobre o preço de **venda**.

Como assim, professores?

É que diversas questões de prova (e mesmo nas atividades comerciais) abordam esse lucro ou esse prejuízo ocorrendo nessas duas situações percentuais diferentes: sobre a **venda** ou sobre o **custo**. Esta distinção é muito importante, porque caso apliquemos a taxa indicada sobre a grandeza errada, encontraremos como resultado um valor incorreto.

Nesse sentido, se o lucro ou o prejuízo ocorre **sobre a venda**, então o percentual incide sobre a **venda**:

$$V = C \pm i\% \times V$$

Além disso, a venda corresponderá aos **100%** na configuração de uma regra de três.

Por outro lado, se o lucro ou o prejuízo for sobre o custo do produto, o percentual incide sobre o **custo**:

$$\mathbf{V = C \pm i\% \times C}$$

Similarmente, dizemos que o custo corresponderá aos **100%** na montagem de uma regra de três.

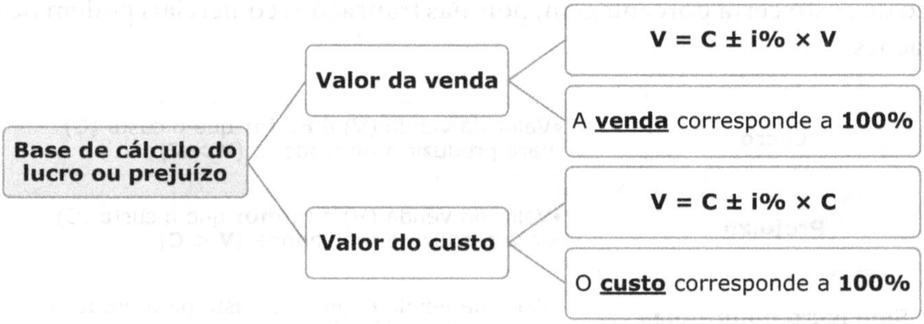

Essas definições ficarão bem mais fáceis de entender ao resolvermos os exemplos a seguir.

Digamos que certa mercadoria custa R$ 9.000,00. Qual seria o preço da venda para que haja um lucro de 10% sobre o mesmo?

Note que a incidência da taxa de lucro ocorre sobre a venda. Então, temos:

$$\mathbf{V = C + i\% \times V}$$

$$V = 9.000 + 10\% \times V \Rightarrow V - 0{,}1V = 9.000 \Rightarrow 0{,}9V = 9.000$$

$$\mathbf{V} = \frac{9.000}{0{,}9} = \mathbf{R\$10.000{,}00}$$

Portanto, a venda deve ser realizada por **R$ 10.000,00.**

Suponha que um comerciante vendeu uma mercadoria por R$ 120,00, tendo um lucro de 20% sobre a venda. Qual é o preço de custo dessa mercadoria?

Como a venda foi de R$ 120,00 e o lucro foi de R$ 20% sobre a venda, temos:

$$120 = \text{Custo} + \frac{20}{100} \times 120$$

$$\textbf{Custo} = 120 - 24 = \textbf{R\$}96,00$$

Assim, o **custo** da mercadoria foi de **96 reais**.

Outra forma de resolvermos o problema é utilizando o artifício da regra de três. Veja que o **lucro** incidiu sobre a **venda**, de modo que ela será a nossa base de cálculo (100%). E se estou vendendo por 100 e tive lucro de 20, então comprei por 80. Logo:

	Quantias	Percentuais
Custo	x	80%
Venda	120	100%

$$100x = 120 \times 80 \Rightarrow \boldsymbol{x} = \frac{120 \times 80}{100} = \textbf{R\$}96,00$$

Qual seria a diferença se a incidência do lucro fosse sobre o **custo** do produto? Vamos calcular:

$$120 = \text{Custo} + \frac{20}{100} \times \text{Custo}$$

$$120 = \text{Custo} + 0,2 \times \text{Custo}$$

$$120 = 1,2\text{Custo}$$

$$\textbf{Custo} = \frac{120}{1,2} = \textbf{R\$}100,00$$

Repare que encontramos valores distintos. No lucro sobre a **venda**, o valor referente ao lucro é sempre MAIOR que no lucro sobre o **custo**. De fato, no primeiro exemplo, o comerciante comprou por R$ 96,00 e vendeu por R$ 120,00, tendo um lucro de R$ 24,00. Ao passo que no segundo, comprou por R$ 100,00 e vendeu pelos mesmos R$ 120,00, obtendo um lucro de apenas R$ 20,00.

Agora imagine que uma mercadoria foi vendida por R$ 120,00 com um prejuízo de 20% sobre o custo. Nessa situação, qual é o preço da mercadoria?

O cenário mudou. Infelizmente, o empresário teve um **prejuízo**, que está sendo aplicado sobre o **custo** da mercadoria. Se o caminho adotado para a resolução do problema for regra de três, então o custo será a nossa base de cálculo (100%). E como estou comprando por 100 e tive um prejuízo de 20, então é porque vendi por 80. Logo:

	Quantias	Percentuais
Custo	x	100%
Venda	120	80%

$$80x = 120 \times 100$$

$$x = \frac{12000}{80} = \mathbf{R\$150,00}$$

Assim, o **custo** da mercadoria foi de **150 reais**.

No entanto, é bem mais simples recorrermos à porcentagem para solucionarmos o problema. De fato, como a venda foi de R$ 120,00 e o prejuízo foi de R$ 20% sobre o custo, temos:

$$120 = \text{Custo} - \frac{20}{100} \times \text{Custo}$$

$$120 = \text{Custo} - 0,2 \times \text{Custo}$$

$$120 = 0,8\text{Custo}$$

$$\mathbf{Custo} = \frac{120}{0,8} = \mathbf{R\$150,00}$$

E se a incidência do prejuízo fosse sobre a venda da mercadoria?

Aí o preço do produto seria bem diferente. Veja:

$$120 = \text{Custo} - \frac{20}{100} \times 120$$

$$120 = \text{Custo} - 24$$

$$\mathbf{Custo} = 120 + 24 = \text{R\$144,00}$$

Assim, o **custo** da mercadoria seria de **144 reais.**

Perceba que prejuízo sobre a venda e prejuízo sobre o custo são situações diferentes. No prejuízo sobre o **custo**, o valor referente ao prejuízo é sempre MAIOR que no prejuízo sobre a **venda**. De fato, no primeiro caso, o comerciante comprou por R$ 150,00 e vendeu por R$ 120, tendo um **prejuízo de R$ 30,00**. Já no segundo, comprou por R$ 144,00 e vendeu pelos mesmos R$ 120,00, mas teve um **prejuízo de R$ 24,00**.

⇧ **LUCRO**

- É sempre MAIOR quando a referência é a **VENDA**

⇩ **PREJUÍZO**

- É sempre MAIOR quando a referência é o **CUSTO**

Por fim, considere que um produto custa R$ 200,00 para ser fabricado e é vendido por R$ 250,00. Qual é a taxa percentual de lucro para o preço da venda e o preço do custo?

Primeiramente, vamos determinar o valor do lucro:

$$\mathbf{Venda} = \mathbf{Custo} + \mathbf{Lucro}$$

$$250 = 200 + \text{Lucro}$$

$$\mathbf{Lucro} = 250 - 200 = \mathbf{R\$50,00}$$

Agora para calcularmos as taxas percentuais de lucro para o preço da **venda** (i_V) e o preço de **custo** (i_C), basta resolvermos as seguintes razões:

$$\mathbf{i_V} = \frac{\text{Lucro}}{\text{Venda}} = \frac{50}{250} = 0,20 = 20\%$$

$$\mathbf{i_C} = \frac{\text{Lucro}}{\text{Custo}} = \frac{50}{200} = 0,25 = 25\%$$

Veja como esse assunto já foi cobrado!

QUESTÃO 06 (FCC/FUNAPE/Ana em Gestão Prev/2017) Uma motocicleta foi vendida por R$ 18.500,00, com lucro de 8% sobre a venda. O custo desta motocicleta foi de

a) R$ 16.480,00.

b) R$ 17.340,00.

c) R$ 18.010,00.

d) R$ 16.760,00.

e) R$ 17.020,00.

RESOLUÇÃO:

Note que o lucro ocorre **sobre a venda**, então o percentual incide sobre a **venda**:

$$\mathbf{V = C + i\% \times V}$$

$$18.500 = C + 0{,}08 \times 18.500 \Rightarrow \mathbf{C} = 18.500 - 1.480 = \mathbf{R\$}17.020{,}00$$

Repare que para saber o **custo** da motocicleta reduzimos do valor de venda a porcentagem referente ao **lucro**.

Gabarito: E.

QUESTÃO 07 (FUNIVERSA – ADASA/Advogado – 2009) Uma revendedora de automóveis usados tem a política de revender o veículo adquirido com 15% de lucro sobre o valor da venda. Um veículo foi adquirido por R$ 24.000,00. Assinale a alternativa que apresenta o intervalo em que está o valor, em reais, de venda do veículo.

a) 24.000 – 25.000

b) 25.000 – 26.000

c) 26.000 – 27.000

d) 27.000 – 28.000

e) 28.000 – 29.000

RESOLUÇÃO:

Fique muito atento à referência sobre a qual vamos calcular a porcentagem!! Aqui, a questão nos pede o lucro sobre o **preço de venda**!

$$\mathbf{V = C + i\% \times V}$$

$$V = 24.000 + 0{,}15V \Longrightarrow 0{,}85V = 24.000 \Longrightarrow \mathbf{V} = \frac{24.000}{0{,}85} = \mathbf{R\$\ 28.235{,}29}$$

Gabarito: E.

QUESTÃO 08 (Quadrix – SERPRO/Técnico – 2014) A Distribuidora de Automóveis “Pé na Tábua” vendeu um automóvel por R$ 31.050,00, obtendo um lucro correspondente a 15%. Qual foi o custo desse automóvel?

a) R$ 25.785,00

b) R$ 26.392,50

c) R$ 27.000,00

d) R$ 27.607,50

e) R$ 28.215,00

RESOLUÇÃO:

Como a seguradora teve um lucro de 15%, o preço de venda foi 15% superior ao preço de custo. Assim, a nossa base de cálculo (100%) é o custo da mercadoria. Logo:

$$\mathbf{V = C + i\% \times C}$$

$$31{,}050 = C + 0{,}15 \times C \Rightarrow \mathbf{C} = \frac{31.050}{1{,}15} = \mathbf{R\$27.000{,}00}$$

Outra forma de resolver a questão é por observar que para **aumentar** um preço em **15%** basta **multiplicá-lo por (1+15%)**. Assim,

$$P.(1+15\%) = 31.050 \quad \rightarrow \quad P.(1+0{,}15) = 31.050$$

$$P.1{,}15 = 31.050 \quad \rightarrow \quad P = \frac{31.050}{1{,}15} \quad \rightarrow \quad \boldsymbol{P = R\$}27.000{,}00$$

Gabarito: C.

2.4. Aumentos e descontos percentuais

Suponha que uma loja queira fazer uma queima de estoque e decida reduzir os preços de suas mercadorias. Imagine que ela faça a divulgação da promoção da seguinte forma: **"20 reais de desconto em todos os produtos"**. Você acha que essa é uma boa oportunidade para comprar ou não?

Fica difícil de falar qualquer coisa, não é mesmo? Se for uma loja que vende carros de luxo, de R$ 500.000,00 a R$ 1.000.000,00 cada um, um desconto de 20 reais não é lá grandes coisas, concordam? Mas se for uma loja que vende livros, com preços em torno de 50 a 100 reais, já fica mais interessante. Por que isso?

Porque estamos interessados em valores relativos e não em valores absolutos. Analisamos os **descontos** – e os **aumentos** – com base no valor inicial do produto para sabermos se é um **desconto** – ou um **aumento** – alto ou baixo.

Uma maneira de passar todas as informações necessárias para analisarmos a situação é usando a **porcentagem** para representar os descontos e os aumentos, pois ela guarda a relação de **proporção** com o preço inicial do produto.

> Quando você recebe a notícia de que seu salário terá um aumento de 20% você certamente fica feliz, não? ☺

E como trabalhar com essas porcentagens então? Digamos que um produto vale 100 reais e sofrerá um **reajuste** de 10% em seu valor. Qual será esse novo valor?

Vamos calcular primeiro o valor do reajuste:

$$100 \times 10\% = 100 \times 0{,}10 = 10 \text{ reais}$$

Assim, o valor após o **reajuste** será igual ao seu valor inicial (100) mais o valor do reajuste (10), ou seja, será de:

$$100 + 10 = 110 \text{ reais}$$

Essa foi fácil! Será que conseguimos fazer isso de uma forma genérica? Seja **Vi** o valor inicial do produto e considere que esse valor será reajustado em **X%**. Qual será o valor final **Vf**?

Primeiro, calculamos o valor do **reajuste**:

$$V_i . X\%$$

Em seguida, somamos ao valor inicial o valor do **reajuste** para obter o valor final:

$$V_f = V_i + V_i . X\%$$

$$\boldsymbol{V_f = V_i . (1 + X\%)}$$

Ou seja, para **aumentarmos um valor em X%**, basta multiplicar esse valor por **(1 + X%)**. Vamos testar no nosso exemplo anterior?

$$100 \times (1 + 10\%) = 100 \times 1{,}10 = 110 \text{ reais}$$

Fantástico, funcionou! E perceba um detalhe que ajuda ainda mais. **Aumentar algo em 10% é o mesmo que multiplicar por 1,1**. E isso vale para qualquer outro aumento. Aumentar algo em 30% é o mesmo que multiplicar por 1,3. E assim por diante.

Tenho certeza que você já está imaginando como seria a situação contrária, ou seja, e se a grandeza sofrer uma redução no seu valor em **X%**? Como fazer?

Digamos que um produto vale 100 reais e sofrerá um **desconto** de 10%. Qual será seu novo valor? Vamos calcular primeiro o valor do desconto:

$$100 \times 10\% = 100 \times 0{,}10 = 10 \text{ reais}$$

Assim, o valor **após o desconto** será igual ao seu valor inicial menos o valor do desconto, ou seja, será de:

$$100 - 10 = 90 \text{ reais}$$

Será que conseguimos fazer isso de uma forma genérica, como fizemos para o aumento?

Seja **Vi** o valor inicial do produto e considere que esse valor será **descontado** em **X%**. Qual será o valor final **Vf**?

Bem, primeiro calculamos o valor do **desconto**:

$$V_i . X\%$$

Em seguida, o subtraímos do valor inicial para obter o valor final:

$$V_f = V_i - V_i . X\%$$

$$V_f = V_i . (1 - X\%)$$

Ou seja, para **reduzirmos um valor em X%**, basta multiplicar esse valor por **(1-X%)**. Vamos testar no nosso exemplo anterior?

$$100 \times (1 - 10\%) = 100 \times 0{,}9 = 90 \text{ reais}$$

Agora observe que **diminuir algo em 10% é o mesmo que multiplicar por 0,9**. E isso vale para qualquer outro desconto. Logo, diminuir algo em 45% é o mesmo que multiplicar por 0,55 (= 1 – 0,45).

Os valores **(1 + X%)** e **(1 – X%)** que usamos para aplicar os aumentos e descontos são chamados **fator multiplicativo de aumento** e **fator multiplicativo de desconto**, respectivamente.

Resumindo:

Valor Inicial V_i

- **Aumento** de **X%** → $V_f = V_i . (1 + X\%)$
- **Desconto** de **X%** → $V_f = V_i . (1 - X\%)$

Vamos ver alguns casos importantes:

	Aumentar em	Equivale a	Multiplicar por	
	10%	→	1,10	
	20%	→	1,20	
	25%	→	1,25	
⇧	**50%**	→	1,50	×
	100%	→	2	
	200%	→	3	
	300%	→	4	
	400%	→	5	
	500%	→	6	

	Reduzir em	Equivale a	Multiplicar por	
	10%	→	0,90	
	20%	→	0,80	
⇩	**25%**	→	0,75	×
	50%	→	0,50	
	100%	→	0	

Veja como esse assunto já foi cobrado!

QUESTÃO 09 (VUNESP – Orientador/Pref Piracicaba/2022) A nutricionista de uma escola revisou as quantidades de proteína e carboidrato presentes na porção da merenda escolar e sugeriu que a quantidade de proteína fosse aumentada em 25%, e a quantidade de carboidrato, diminuída em 30%. Se as quantidades atuais de proteína e carboidrato por porção de merenda são de 3 g e 28 g, respectivamente, então, para atender à sugestão da nutricionista, as quantidades de proteína e carboidrato devem passar a ser, respectivamente, de

a) 3,25 g e 19,6 g.

b) 3,50 g e 25,0 g.

c) 3,75 g e 27,7 g.

d) 3,25 g e 27,7 g.

e) 3,75 g e 19,6 g.

RESOLUÇÃO:

O enunciado informa que *a quantidade inicial de **proteína** será **aumentada** em 25%*, passando para:

$$3\,.\,(1 + 0{,}25) = 3\,.\,1{,}25 = 3{,}75 \text{ gramas}$$

Por sua vez, *a quantidade de **carboidrato** deve ser **diminuída** em 30%*, passando para:

$$28\,.\,(1 - 0{,}30) = 28\,.\,0{,}70 = 19{,}6 \text{ gramas}$$

Gabarito: E.

QUESTÃO 10 (RBO – Contador/IPMO Ourinhos/2021) Um comerciante reajustou os preços de suas mercadorias para compensar possíveis perdas com as oscilações financeiras. Um produto que custava R$ 250,00 passou a custar R$ 360,00. Neste caso, o aumento foi de

a) 12% b) 25% c) 44% d) 50%

RESOLUÇÃO:

O preço do produto foi reajustado de R$ 250,00 para R$ 360,00, de modo que houve um **aumento** de 360 - 250 = R$ 110,00.

Em termos de **porcentagem**, esse valor representa:

$$250 \text{ \_\_\_\_\_\_\_\_ } 100\%$$

$$110 \text{ \_\_\_\_\_\_\_\_ } x$$

$$250\,.\,x = 110 \times 100$$

$$x = 11000 \div 250 = 44\%$$

Portanto, foi aplicado um aumento de 44% em relação ao preço original do produto.

Gabarito: C.

QUESTÃO 11 (FCC – Tec Adm/Cam Mun-SP/2014) O preço de uma mercadoria, na loja J, é de R$ 50,00. O dono da loja J resolve reajustar o preço dessa mercadoria em 20%. A mesma mercadoria, na loja K, é vendida por R$ 40,00. O dono da loja K resolve reajustar o preço dessa mercadoria de maneira a igualar o preço praticado na loja J após o reajuste de 20%. Dessa maneira o dono da loja K deve reajustar o preço em

a) 20%. b) 50%. c) 10%. d) 15%. e) 60%.

RESOLUÇÃO:

Como os valores são simples, a maneira mais fácil de resolver a questão é calculando o preço final da mercadoria na loja J ($P^{f,J}$). Como o reajuste é para ***aumento***, consideraremos uma taxa ***positiva*** (+20%):

$$P_{f,J} = 50 \cdot (1 + 0{,}20) = 50 \cdot 1{,}2 = 60$$

Agora, basta calcularmos qual a taxa de ***aumento*** suficiente para fazer o preço na loja K sair do valor inicial (40) para o mesmo valor da loja J (60):

$$P_f = P_i \cdot (1 + i) \Rightarrow 60 = 40 \cdot (1 + i) \Rightarrow (1 + i) = \frac{60}{40} = 1{,}5 \Rightarrow i = 0{,}5 = 50\%$$

Gabarito: B.

QUESTÃO 12 (CESPE/TCE-PB/Auditor/2018) Em novembro de 2016, João comprou 10 kg de uma mercadoria e, um ano depois, ele comprou 11 kg dessa mesma mercadoria, mas pagou 21% a mais que em 2016. Se a inflação do período tiver sido a única responsável pelo aumento de preço da mercadoria, então a inflação desse período foi de

A) 7,9%. B) 10,0%. C) 11,0%. D) 12,1%. E) 18,9%.

RESOLUÇÃO:

Vamos chamar de **Q** a quantia gasta por João em novembro de **2016.**

De acordo com as informações do enunciado, o preço da mercadoria em 2016 fica:

$$\mathbf{P_{2016}} = \text{quantia gasta/quilos comprados} = \mathbf{Q/10}$$

Já em 2017, o preço da mercadoria teve um aumento devido à inflação no período, passando para:

$$\mathbf{P_{2017}} = \text{quantia gasta/quilos comprados} = 1{,}21Q/11 = 0{,}11Q$$

Como 0,11 = 1,1/10, temos:

$$P_{2017} = 1{,}1Q/10 = 1{,}1 \times P_{2016} = \mathbf{(1 + 10\%) \times P_{2016}}$$

Assim, houve **aumento de 10%** no preço da mercadoria.

Gabarito: D.

2.5. Aumentos e descontos percentuais sucessivos

Suponha que uma mercadoria de R$ 100,00 teve aumentos sucessivos de 20%, 10% e 5%. Qual será o valor final dessa mercadoria?

Observe que temos aumentos que acontecem sucessivamente sobre o valor da mercadoria. Quando tivermos **acréscimos ou descontos sucessivos**, basta multiplicarmos o valor da grandeza inicial por cada **fator de multiplicação** obtidos a partir de cada taxa de **aumento** ou **redução**, assim:

$$V_f = V_i.(1 \pm i_1).(1 \pm i_2).(1 \pm i_3)...$$

Em que o valor de ***i*** deve ser **positivo** (+) quando temos uma taxa de **aumento** e deve ser **negativo** (-) quando temos uma taxa de **desconto**.

Esquematizando, temos:

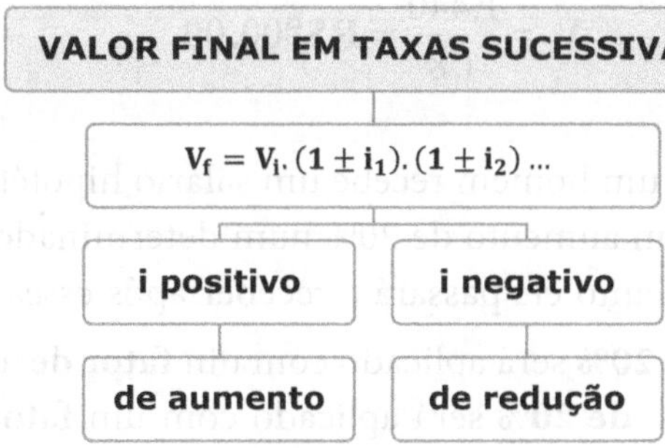

Aplicando isso ao nosso problema, obtemos:

$$V_f = 100 \times (1 + 0{,}2) \times (1 + 0{,}1) \times (1 + 0{,}05) = 100 \times 1{,}2 \times 1{,}1 \times 1{,}05 = \mathbf{R\$\ 138{,}60}$$

Portanto, a mercadoria passou a custar **R$ 138,60**, de modo que incidiu sobre o seu valor inicial um aumento total de **38,6%**, que é a **taxa resultante** da operação.

Note que essa taxa (38,6%) é diferente do simples somatório das taxas de aumentos sucessivos aplicadas sobre a mercadoria (20% + 10% + 5% = 35%). Qual é a razão para essa diferença? É porque cada uma dessas taxas individuais tem como valor de referência quantias diferentes!

De fato, a primeira taxa (20%) está relacionada ao valor inicial da mercadoria, resultando em 100 x 1,2 = R$ 120,00. Por sua vez, a segunda taxa (10%) não deve mais ser aplicada sobre os R$ 100,00 iniciais, mas sim incidir sobre o novo valor de R$ 120,00. Similarmente, a última taxa deve ser aplicada sobre outra quantia.

Fique ligado!

Quando uma porcentagem se refere a um número que está relacionado com *outra porcentagem*, **não podemos adicionar as porcentagens**. Devemos primeiro aplicar uma porcentagem e, sobre o resultado obtido, aplicar a outra.

Imagine que um objeto de arte teve seu preço aumentado, sucessivamente, em 20% e 50%, passando a custar R$ 1.440,00. Qual era o preço desse objeto antes desses aumentos?

Mais uma vez temos operações sucessivas. Porém, nesse caso precisamos obter o **valor inicial** conhecendo o valor final, após a incidência dos acréscimos. Logo:

$$1.440 = V_i \times (1+0,2) \times (1+0,5) \Rightarrow 1.440 = V_i \times 1,2 \times 1,5 \Rightarrow 1.440 = V_i \times 1,8$$

$$\mathbf{V_i} = \frac{1.440}{1,8} = \mathbf{R\$800,00}$$

Agora digamos que um homem recebe um salário hipotético de R$ 1.000,00. Em seguida, ele recebe um aumento de 20% num determinado mês e no seguinte um desconto de 20%. Quanto ele passará a receber após esses dois meses?

Bem, o **aumento de 20%** será aplicado com um **fator de aumento (1 + 0,20)**, enquanto que o **desconto de 20%** será aplicado com um **fator de desconto (1 – 0,20)**. Podemos aplicar os fatores sucessivamente, multiplicando o valor inicial do salário (R$ 1.000,00) por ambos os fatores:

$$V_F = 1000 \times (1+0,20) \times (1-0,20) = 1000 \times 1,2 \times 0,8 = \mathbf{R\$960}$$

Portanto, o salário final será de **R$ 960,00**.

Fique ligado!

Aumentar algo em i% e depois reduzir em i% do novo valor, **não dá na mesma**!

Temos outro meio para realizar esse cálculo, de forma que em uma situação envolvendo ***aumentos*** ou ***descontos sucessivos***, podemos calcular o ***aumento*** (ou ***desconto***) resultante. Assim:

$$(1+i_R)=(1\pm i_1).(1\pm i_2).(1\pm i_3)\ldots$$

Se o resultado de ***iR*** for ***positivo***, teremos um ***aumento***. Por outro lado, se o resultado der um número ***negativo***, trata-se de um ***desconto***.

Assim, podemos substituir na equação vista anteriormente:

$$V_F = V_I.\underbrace{(1\pm i_1).(1\pm i_2)\ldots}$$

$$V_F = V_I.(1+i_R)$$

Esquematizando, temos:

AUMENTO OU REDUÇÃO RESULTANTE

$(1+i_R) = (1 \pm i_1).(1 \pm i_2)\ldots$

i positivo	**i negativo**
de aumento	**de redução**

Veja como esse assunto já foi cobrado!

QUESTÃO 13 (CESPE/TCE-PB/Auditor/2018) Se um lojista aumentar o preço original de um produto em 10% e depois der um desconto de 20% sobre o preço reajustado, então, relativamente ao preço original, o preço final do produto será

A) 10% inferior.

B) 12% inferior.

C) 18% inferior.

D) 8% superior.

E) 15% superior.

RESOLUÇÃO:

Seja **P** o preço original do produto. Após o aumento, ele passará a ser de (1 + 0,10) × P = **1,10P**.

Todavia, o enunciado informa que o preço reajustado foi **reduzido em 20%**. Então, em relação ao preço inicial, o **preço final** será:

$$(1 - 0{,}20) \times 1{,}10P = 0{,}80 \times 1{,}10P = 0{,}88P = \mathbf{(1\text{-}0{,}12)P}$$

Assim, a redução final foi de **12%**.

Gabarito: B.

QUESTÃO 14 (ESAF – Ag Faz/Pref RJ/2010) O PIB de um país que entrou em recessão no fim de 2008 tinha crescido 10% no primeiro trimestre de 2008, 5% no segundo trimestre, tinha ficado estável no terceiro trimestre e tinha caído 10% no último trimestre daquele ano. Calcule a taxa de crescimento do PIB desse País, em 2008.

a) 1,25%. b) 5%. c) 4,58%. d) 3,95%. e) -5%.

RESOLUÇÃO:

Suponha que o PIB era inicialmente de 100,00. Primeiro ele aumentou 10%. Logo:

$$100 \times 1{,}1 = 110$$

Depois aumentou 5%. Daí:

$$110 \times 1{,}05 = 115{,}5$$

Depois caiu 10%:

$$115{,}5 \times (1 - 0{,}1) = 115{,}5 \times 0{,}9 = \mathbf{103{,}95}$$

Assim, no geral, o ***PIB aumentou de 100 para 103,95***. Trata-se de um aumento (taxa de crescimento) de ***3,95%***.

Gabarito: D.

QUESTÃO 15 (VUNESP/TCE-SP/AGENTE DE FISC/2017) O aumento na produção da empresa A, em 2015, foi de 20% em relação ao ano anterior, e, em 2016, foi de 30% em relação ao ano anterior. O aumento na produção da empresa B, em 2015, foi de 28% em relação ao ano anterior. Para que o aumento na produção da empresa B superasse em 4 pontos percentuais o aumento obtido pela empresa A, nesses dois anos, ao final de 2016, essa empresa B deveria apresentar, em relação ao ano anterior, um aumento de

a) 25%. b) 27%. c) 22%. d) 21%. e) 24%.

RESOLUÇÃO:

Suponha que ambas as empresas produziam 100 unidades em 2015. Com isso, temos:

Empresa A: com o primeiro aumento de 20%, ela foi para **120** unidades. Com o segundo aumento de 30%, ela foi para 1,30 × 120 = **156**.

Empresa B: com o aumento de 28%, ela chegou a **128**. Precisamos que ela chegue a 160, para superar em 4 pontos percentuais a empresa A. Portanto, o aumento percentual "p" deve ser tal que:

$$128 \times (1+p) = 160$$

$$1+p = 1,25$$

$$p = 0,25 = 25\%$$

Gabarito: A

QUESTÃO 16 (CESPE – FUB/Administrador – 2009) Em uma concessionária de veículos o preço de determinado modelo é R$ 32.000,00. Com a queda nas vendas, o proprietário da concessionária criou vários planos de venda para atrair novos clientes e tentar vendê-lo. A partir dessa situação, julgue os itens a seguir.

Considere que um comercial de TV anunciava a venda daquele modelo com 20% de desconto se o pagamento fosse à vista, mas que o proprietário havia aumentado seu preço de forma que, mesmo vendendo com o desconto anunciado, ele ainda obteria os R$ 32.000,00. Nesse caso, o proprietário aumentou o preço do modelo em 20%.

RESOLUÇÃO:

Pelo que acabamos de ver, já poderíamos ter **marcado direto a resposta ERRADO**, não é mesmo? A questão diz, em resumo, que o aumento de 20% compensou o desconto de 20%, o que já sabemos que não ocorre. Na hora da prova é importante fazer esse tipo de análise.

De qualquer forma, vamos calcular qual deveria ter sido o aumento prévio que o proprietário deveria ter aplicado no preço do carro para compensar o desconto de 20%.

Vamos considerar que um **aumento** inicial de **X%**, seguido de um **desconto** de **20%**, mantiveram o preço do carro inalterado, ou seja, igual a 32.000. Assim, temos que:

$$P' = (1 + X\%).(1 - 20\%).P \Rightarrow 32.000 = (1 + X\%).(1 - 20\%).32.000$$

$$32.000 = (1 + X\%).0,8.32.000 \Rightarrow (1 + X\%) = 1,25$$

$$X\% = 0,25 \Rightarrow \boldsymbol{X\% = 25\% \neq 20\%}$$

Gabarito: Errado.

QUESTÃO 17 (FGV/Auditor do Estado/Controladoria Geral-MA/2014) O prefeito de certo município exerceu seu mandato nos anos de 2009 a 2012. Em cada um dos anos de 2010, 2011 e 2012 as despesas de custeio da administração municipal aumentaram em 20% em relação ao ano anterior. Então, as despesas em 2012 superaram as de 2009 em, aproximadamente,

A) 60%. B) 68%. C) 73%. D) 80%. E) 107%.

RESOLUÇÃO:

Pelo exposto no enunciado, vemos que houve 3 aumentos (em 2010, 2011 e 2012), sendo que cada um deles foi de 20% em relação ao ano anterior. Logo, estamos diante de um caso de ***aumentos sucessivos***, em que nosso objetivo consiste em saber qual foi o aumento resultante, ou seja, o aumento do último ano (2012) em relação ao ano inicial (2009).

Utilizando a fórmula vista anteriormente, temos:

$$(1 + \boldsymbol{i_R}) = (1 + \boldsymbol{i_1}).(1 + \boldsymbol{i_2}).(1 + \boldsymbol{i_3})\ldots$$

Em que $i_1 = i_2 = i_3 = 0,2$. Substituindo esses valores, temos:

$$(1 + \boldsymbol{i_R}) = (1 + 0,2).(1 + 0,2).(1 + 0,2) = 1,2.1,2.1,2$$

$$(1 + i_R) = 1,728 \approx 1,73$$

$$i_R = 1,73 - 1$$

$$\boldsymbol{i_R = 0,73 = 73\%}$$

Gabarito: C.

2.6. Percentual incluído

Digamos que um produto foi comprado por R$ 134.400,00, incluindo despesas no valor percentual de 12%. Qual é o valor do produto sem as despesas?

Perceba que o problema indica que no valor que o produto foi vendido está **incluído** um percentual referente a algumas despesas. O que isso significa?

Ora, isso quer dizer que nesse valor estão incluídos não só os 100% do valor sem as despesas, mas também o referido valor percentual.

Assim, para quaisquer casos em que tivermos um percentual incluído relacionado a impostos, taxas ou despesas, teremos a seguinte configuração do valor:

Valor com percentual = Valor sem o percentual + Valor percentual

Aplicando isso ao nosso problema, sabendo que a **base de cálculo** para a incidência da taxa de despesas é **valor do produto sem as despesas** (100%), ficamos com:

$$134.400 = X + 12\%X \Rightarrow 134.400 = 1{,}12X \Rightarrow X = \frac{134.400}{1{,}12} = \textbf{R\$}120.000$$

Dessa maneira, o valor da mercadoria sem as despesas é de **R$ 120.000,00.**

Todavia, na hora da prova é mais fácil você resolver este tipo de questão aplicando o **fator multiplicativo**. Note:

$$\mathbf{V_f = V_i \times (1 + i\%)}$$

$$\mathbf{134.400 = V_i \times (1 + 12\%) \Rightarrow V_i = \frac{134.400}{1{,}12} = R\$120.000}$$

2.7. Variação Percentual

Suponha que o número de acidentes de carro por mês em um determinado trecho de uma rodovia tenha subido de 10 para 12 acidentes. Qual foi a variação percentual desse aumento?

Intuitivamente, faríamos a seguinte conta: temos 2 acidentes a mais, frente aos 10 que tínhamos inicialmente. Logo,

$$\frac{2}{10} = 0{,}2 \times 100\% = 20\%$$

UNIDADE 2 – ARITMÉTICA

O que fizemos, afinal, foi calcular, em percentual, a razão entre os novos acidentes e o total de acidentes na rodovia.

Assim, podemos definir a variação percentual como sendo:

$$\textbf{Variação Percentual} = \frac{\textbf{Valor Final} - \textbf{Valor Inicial}}{\textbf{Valor Inicial}} \times 100\%$$

No nosso exemplo, teríamos:

$$\textbf{Variação Percentual} = \frac{12-10}{10} \times 100\% = 20\%$$

Podemos simplificar ainda mais nossos cálculos aplicando o seguinte procedimento prático:

$$\textbf{Variação Percentual} = \frac{\textbf{Valor Final}}{\textbf{Valor Inicial}} - 1$$

Por exemplo, imagine que o aluguel que uma pessoa paga por um apartamento passou de R$ 500,00 para R$ 700,00. Vamos determinar a porcentagem de aumento e o índice de atualização do aluguel da época.

O aumento foi de:

$$\frac{V_f}{V_i} - 1 = \frac{700}{500} - 1 = 1,4 - 1 = 0,4 = 40\%$$

Dessa maneira, concluímos que o aumento do aluguel foi de **40%**.

Quanto ao **índice de atualização (I_a)**, para obtê-lo basta dividir o valor final pelo valor inicial:

$$I_a = \frac{V_f}{V_i}$$

$$I_a = \frac{700}{500} = 1,40 = 140\%$$

E se em vez de um aumento tivéssemos uma redução do valor do aluguel?

Certamente tudo mudaria! Digamos que a pessoa fez uma excelente negociação com a proprietária do imóvel, de modo que o aluguel passou de R$ 700,00 para R$ 500,00. Nesse caso, a **redução percentual** foi de:

$$\frac{500}{700}-1=0,174-1=-0,286=-28,6\%$$

Qual o índice de atualização aplicado? Foi o seguinte:

$$I_a=\frac{500}{700}=0,714=71,4\%$$

Portanto, se aplicássemos essa taxa ao valor inicial do aluguel, chegaríamos ao novo valor que a pessoa pagaria, isto é, R$ 500,00.

Veja como esse assunto já foi cobrado!

QUESTÃO 18 (IBADE - Agente Censitário/IBGE/2020) A empresa de ônibus numa cidade aumentou o preço da passagem em 100%. Como tal percentual de aumento não estava previsto em contrato, o valor da passagem retornou ao valor antes do aumento. Com relação ao valor aumentado aconteceu a seguinte percentagem de redução:

a) 75% b) 50% c) 100% d) 0% e) 2%

RESOLUÇÃO:

Suponhamos que o preço inicial da passagem era de R$ 100,00.

O enunciado informa que houve um aumento de 100%, de modo que a passagem passou a custar R$ 200,00.

O nosso objetivo consiste em determinar qual o percentual relativo à redução que leva esse valor voltar a ser igual a R$ 100,00. Para isso, basta calcular:

$$\frac{VF}{VI} - 1$$

$$=\frac{100}{200} - 1$$

$$- 0,5 - 1$$

$$= - 0,5 = - 50\%$$

Portanto, em relação ao valor aumentado foi aplicada uma **redução de 50%.**

Gabarito: B.

UNIDADE 2 - ARITMÉTICA

QUESTÃO 19 (VUNESP - Assist Social/AVAREPREV/2020) Considere a tabela a seguir:

Ano	Taxa de mortalidade infantil no Brasil (por mil)
1940	146,6
2018	12,4

Com relação a 1940, em 2018 houve uma diminuição percentual na taxa de mortalidade infantil de, aproximadamente,

a) 91,5% b) 84,4% c) 46,8% d) 9,2% e) 8,5%

RESOLUÇÃO:

Veja que a redução na taxa de mortalidade infantil foi de 146,6 (valor inicial) para 12,4 (valor final). Percentualmente, isso representa:

$$\frac{12{,}4}{146{,}6} - 1$$

$$\approx 0{,}085 - 1$$

$$\approx -0{,}915 \approx \mathbf{-91{,}5\%}$$

Portanto, a redução da mortalidade foi de, aproximadamente, **91,5%**.

Gabarito: A.

3. RESUMO

A expressão p% significa p a cada 100.

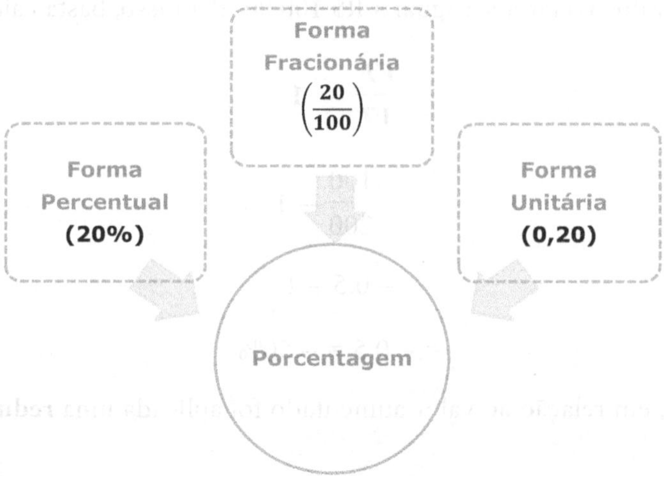

CÁLCULO DA PORCENTAGEM DE UM NÚMERO

$$\frac{\textbf{Parte}}{\textbf{Todo}} \times \textbf{Total} = \textbf{Percentual}$$

Dados dois números, ***A*** e ***B***, dizemos que ***A*** é igual a ***p%*** de ***B*** quando o valor ***A*** é igual a ***p/100*** de ***B***.

$$A \text{ é } p\% \text{ de } B \leftrightarrow A = \frac{p}{100}.B$$

OPERAÇÕES SOBRE MERCADORIAS

Lucro	•Valor da venda (V) é **maior** que o custo (C) para produzir a mercadoria (**V > C**)
Prejuízo	•Valor da venda (V) é **menor** que o custo (C) para produzir a mercadoria (**V < C**)
Sem lucro ou prejuízo	•Valor da venda é igual ao custo para produzir a mercadoria (**V = C**)

Em qualquer caso, a venda será calculada com base na seguinte fórmula:

V = C ± L

Em que o **lucro** ou o **prejuízo** será uma porcentagem calculada sobre o preço de **custo** ou sobre o preço de **venda**.

- **Base de cálculo do lucro ou prejuízo**
  - **Valor da venda**
    - **V = C ± i% × V**
    - A **venda** corresponde a **100%**
  - **Valor do custo**
    - **V = C ± i% × C**
    - O **custo** corresponde a **100%**

⇧ **LUCRO**

• É sempre MAIOR quando a referência é a **VENDA**

⇩ **PREJUÍZO**

• É sempre MAIOR quando a referência é o **CUSTO**

AUMENTOS E DESCONTOS PERCENTUAIS

Valor Inicial V_i

- **Aumento** de **X%** → $V_f = V_i \cdot (1 + X\%)$
- **Desconto** de **X%** → $V_f = V_i \cdot (1 - X\%)$

AUMENTOS E DESCONTOS PERCENTUAIS SUCESSIVOS

VALOR FINAL EM TAXAS SUCESSIVAS

$$V_f = V_i \cdot (1 \pm i_1) \cdot (1 \pm i_2) \ldots$$

- **i positivo** → **de aumento**
- **i negativo** → **de redução**

Quando uma porcentagem se refere a um número que está relacionado com *outra porcentagem*, não podemos adicionar as porcentagens. Devemos primeiro aplicar uma porcentagem e, sobre o resultado obtido, aplicar a outra.

Aumentar algo em i% e depois reduzir em i% do novo valor, não dá na mesma!

AUMENTO OU REDUÇÃO RESULTANTE

$$(1 + i_R) = (1 \pm i_1) \cdot (1 \pm i_2) \ldots$$

- **i positivo** → **de aumento**
- **i negativo** → **de redução**

PERCENTUAL INCLUÍDO

Valor com percentual = Valor sem o percentual + Valor percentual

VARIAÇÃO PERCENTUAL

$$\textbf{Variação Percentual} = \frac{\textbf{Valor Final}}{\textbf{Valor Inicial}} - 1$$

4. MAIS QUESTÕES COMENTADAS

QUESTÃO 20 (CESPE – Aux Jud/TRT 6/2002) Se um trabalhador ganha R$ 800,00 líquidos por mês, gasta 25% de seu salário em alimentação, 30% em aluguel, 25% em outras despesas e aplica o restante em uma caderneta de poupança, então o valor aplicado mensalmente é maior que R$ 150,00.

RESOLUÇÃO:

Se somarmos aluguel, alimentação e outras despesas, teremos:

$$25\% + 30\% + 25\% = 80\%$$

Assim, sobram apenas 20% de seu salário. Ou seja:

$$20\% \, x 800 = 160$$

Logo, ele aplica por mês R$ 160,00.

Gabarito: Certo.

QUESTÃO 21 (VUNESP/TCE-SP/AGENTE DE FISC/2017) Uma enquete demonstrou que 17% das empresas devem algum tipo de imposto do ano anterior, e, desse grupo, são 13% que devem algum tipo de imposto dos últimos dois anos. Em relação ao total de empresas da enquete, a porcentagem das empresas que devem apenas os impostos do ano anterior é de, aproximadamente,

a) 14,8. b) 13,7. c) 14,3. d) 15,6. e) 13,9.

RESOLUÇÃO:

Das 17% de empresas que devem algum imposto do ano anterior, sabemos que 13% devem imposto dos últimos dois anos. Assim, 87% das 17% devem impostos apenas do ano anterior:

$$0,87 \, x 17\% = 14,79\%$$

Gabarito: A

QUESTÃO 22 (FCC – CETAM/Técnico TI – 2014) Com sua promoção no trabalho, Renato teve um aumento de 16% no seu salário, passando a receber R$ 2.807,20. O salário, em reais, que Renato recebia antes do aumento era um valor compreendido entre

a) 2.350,00 e 2.360,00.

b) 2.415,00 e 2.425,00.

c) 2.395,00 e 2.415,00.

d) 2.375,00 e 2.395,00.

e) 2.425,00 e 2.440,00.

RESOLUÇÃO:

Vamos chamar de **S** o salário de Renato antes do aumento. Sabemos que **aumentar um valor em 16%** significa multiplicá-lo pelo fator de aumento **1,16**, resultando no novo salário de Renato (S'). Logo:

$$S' = S \times 1{,}16$$

$$2.807{,}20 = S \times 1{,}16 \Rightarrow \boldsymbol{S} = \frac{2.807{,}20}{1{,}16} = 2.420$$

Gabarito: B.

QUESTÃO 23 (FGV – COMPESA/Aux de Saneamento – 2014) Em certa loja, um forno elétrico custa R$ 300,00 e está sendo anunciado, com desconto, pelo preço de R$ 255,00. O percentual de desconto é de

a) 12%. b) 15%. c) 18%. d) 20%. e) 25%.

RESOLUÇÃO:

Sabemos que dar um **desconto de X%** significa multiplicar o valor pelo fator de desconto **(1 - X%)**. Assim, temos que:

$$300 \times (1 - X\%) = 255 \rightarrow 1 - X\% = \frac{255}{300} \rightarrow 1 - X\% = 0{,}85$$

$$X\% = 0{,}15 \rightarrow X\% = 0{,}15 \times 100\% \rightarrow X\% = 15\%$$

Gabarito: B.

QUESTÃO 24 (CESPE – ATA/MIN/2013) Determinada construtora emprega 200 empregados na construção de cisternas em cidades assoladas por seca prolongada. Esses empregados, trabalhando 8 horas por dia, durante 3 dias, constroem 60 cisternas. Com base nessas informações e considerando que todos os empregados sejam igualmente eficientes, julgue o item que segue.

Considere que, de 1.250 cisternas construídas, 8% delas tiveram de ser refeitas por apresentarem defeitos de várias naturezas. Considere, ainda, que, das cisternas que apresentaram defeitos, 15% foram refeitas por terem apresentado vazamentos. Em face dessa situação, é correto afirmar que, das 1.250 cisternas construídas, menos de 1,3% delas foram refeitas por apresentarem vazamentos.

RESOLUÇÃO:

Sabemos que foram 1.250 cisternas construídas. No entanto, 8% tiveram defeito:

$$0,08\,x1.250 = 100$$

Assim, havia **100 cisternas com defeito**. Dessas, 15% tiveram vazamento:

$$0,15\,x100 = 15$$

Logo, foram 15 cisternas com vazamento.

A fim de calcularmos quantos por cento essas 15 representam em relação ao total, basta dividirmos as duas quantias (parte pelo todo):

$$\frac{15}{1.250} = 0,012 = 1,2\%$$

De fato é um **valor inferior a 1,3%.**

Gabarito: Certo.

QUESTÃO 25 (MS Concursos – IF-AC/Aux Adm/2014) Um determinado produto sofreu duas variações de preços sucessivas, na primeira, desconto de 15%; na segunda, um aumento de 15%. Analise cada uma das afirmações a seguir e marque a alternativa correta.

I – O produto voltou ao preço original.

II – Após as variações, o produto ficou 2,25% mais caro.

III – O produto passou a custar 2,25% a menos.

UNIDADE 2 – ARITMÉTICA

a) I, II e III são verdadeiras.

b) Somente a I é verdadeira.

c) Somente I e II são verdadeiras.

d) Somente a III é verdadeira.

RESOLUÇÃO:

Já podemos **descartar a afirmativa I**, pois sabemos que um aumento de 15% não anula um desconto de 15%. E isso já seria o suficiente para marcarmos a **alternativa D**, pois é a única que não contém a afirmativa I como verdadeira. Mas vamos às contas!

Temos um **aumento** inicial de **15%**, seguido de um **desconto** de **15%**. Vamos usar a técnica que aprendemos e considerar o preço inicial do produto igual a 100 reais. Logo:

$$P' = (1+15\%).(1-15\%).100 \Rightarrow P' = 1{,}15.0{,}85.100 \Rightarrow P' = 97{,}75 \ reais$$

Ou seja, houve uma variação de 97,75 - 100 = **- 2,25 reais**. O que corresponde a uma **redução de 2,25%** no preço do produto.

Gabarito: D.

QUESTÃO 26 (FCC/Ana Leg – ALERN/2013) O preço de uma mercadoria é controlado pelo governo. Durante um mês esse preço só pode ser reajustado em 22%. Na primeira semana de um determinado mês, um comerciante reajustou o preço em 7%. Após cinco dias, o mesmo comerciante queria reajustar o preço novamente de forma a chegar ao limite permitido de reajuste no mês. O reajuste pretendido pelo comerciante é de aproximadamente

A) 15%. B) 12%. C) 19%. D) 13%. E) 14%.

RESOLUÇÃO:

Lembrando que se tivermos **variações sucessivas**, basta multiplicarmos os ***fatores de multiplicação*** para obtermos a variação resultante, assim:

$$(1+i_R) = (1+i_1).(1+i_2)$$

$$(1+0{,}22) = (1+0{,}07).(1+i_2) \Rightarrow (1+i_2) = \frac{1{,}22}{1{,}07} = 1{,}14 \Rightarrow i_2 = 0{,}14 = 14\%$$

Gabarito: E.

QUESTÃO 27 (ESAF – AFRFB/2009) Em uma repartição, 3/5 do total dos funcionários são concursados, 1/3 do total dos funcionários são mulheres e as mulheres concursadas correspondem a 1/4 do total dos funcionários dessa repartição. Assim, qual entre as opções abaixo, é o valor mais próximo da porcentagem do total dos funcionários dessa repartição que são homens não concursados?

a) 21% b) 19% c) 42% d) 56% e) 32%

RESOLUÇÃO:

Suponhamos que a repartição tem ***60 pessoas***.

Vamos às traduções das informações do enunciado:

3/5 dos funcionários são concursados.

Ou seja:

$$\frac{3}{5}\times 60 = 36$$

Logo, 36 funcionários são concursados.

1/3 do total de funcionários são mulheres.

$$\frac{1}{3}\times 60 = 20$$

Logo, 20 funcionários são mulheres. Consequentemente, o número de homens é 40, visto que o total de pessoas é 60.

1/4 dos funcionários são mulheres concursadas.

$$\frac{1}{4}\times 60 = 15$$

Logo, 15 mulheres são concursadas. Já sabemos que o total de concursados é 36. Assim, o número de homens concursados é 21 (=36 – 15).

Como temos 40 homens e, desses, 21 são concursados, então 19 homens não são concursados.

O percentual de homens não concursados, em relação ao total de funcionários, é (dividindo a parte pelo todo):

$$\frac{19}{60} = 31,66\%$$

Portanto, **31,66% dos funcionários são homens não concursados.**

Gabarito: E.

QUESTÃO 28 (CESPE – ANAC/Ana Adm/2009) A taxa percentual de aumento sobre o preço original de um produto que foi submetido a um aumento de 30% seguido de um desconto de 20% é superior a 5%.

RESOLUÇÃO:

Vamos representar por P o preço original do produto. Inicialmente esse preço sofreu um aumento de 30%. Como sabemos que **aumentar 30%** é o mesmo que **multiplicar por (1 + 30%)**, temos:

$$P' = P.(1+30\%) \Rightarrow P' = P.(1+0,30) \Rightarrow \boldsymbol{P' = 1,3.P}$$

Após esse aumento, o preço sofreu um desconto de 20%. Também sabemos que **reduzir em 20%** é o mesmo que **multiplicar por (1-20%)**. Assim,

$$P'' = P'.(1-20\%) \Rightarrow P'' = 1,3.P.(1-0,20) \Rightarrow P'' = 1,3.P.0,8 \Rightarrow \boldsymbol{P'' = 1,04.P}$$

Como vimos antes, poderíamos ter chegado a esse valor multiplicando diretamente o preço inicial pelos dois fatores de aumento e desconto, ou seja:

$$P'' = (1+30\%).(1-20\%).P \Rightarrow P'' = 1,3.0,8.P \Rightarrow \boldsymbol{P'' = 1,04.P}$$

Mas, e agora? Sabemos que o preço final corresponde a 1,04 vezes o preço inicial, mas quanto é isso em percentual? Podemos notar que:

$$1,04.P = (1+0,04).P = \left(1+\frac{4}{100}\right).P = (1+4\%).P$$

Ou seja, multiplicar por 1,04 o preço original corresponde a um **aumento de 4%**, pois o estamos multiplicando por (1+4%). Como 4% < 5%, a afirmativa está **ERRADA.**

Gabarito: Errado.

QUESTÃO 29 (CESPE – TRT 17/Ana Jud/2009) Se, ontem, um produto custava X reais e hoje o preço desse produto sofreu um aumento de 60%, então, para comprá-lo hoje pelo mesmo preço de ontem – X –, será preciso que esse produto sofra um desconto superior a 40%.

RESOLUÇÃO:

Precisamos achar o valor de **p%** que faz com que o valor final do produto fique igual ao inicial. Vamos usar a técnica de considerar o preço inicial do produto igual a 100. Como não queremos que haja variação, o preço final também será igual a 100. Assim,

$$100.(1+60\%).(1-p\%)=100$$

$$1,6.(1-p\%)=1$$

$$1-p\%=\frac{1}{1,6} \Rightarrow 1-p\%=0,625 \Rightarrow p\%=0,375 \Rightarrow p\%=37,5\%<40\%$$

Gabarito: Errado.

QUESTÃO 30 (FGV – Pref. Paulínia/Guarda Municipal – 2015) Francisco compra e vende terrenos em um determinado condomínio. Certa semana ele comprou dois terrenos, um por 15.000 reais e outro por 25.000 reais, e, na semana seguinte, Francisco vendeu o primeiro com lucro de 40% e o segundo com lucro de 8%.

Em toda a operação, o lucro de Francisco em relação ao capital investido foi de:

a) 20%; b) 22%; c) 24%; d) 26%; e) 28%.

RESOLUÇÃO:

Para nos ajudar a resolver essa questão, vamos construir a seguinte tabela:

Terreno	Valor de Compra	Lucro	Valor de Venda
A	15.000	40%	15.000.(1+40%) = 21.000
B	25.000	8%	25.000.(1+8%) = 27.000
Total	**40.000**	**L%**	**48.000**

Da tabela, podemos ver que o valor total de venda dos terrenos foi de 48.000 reais. Para calcular o lucro percentual de Francisco, fazemos:

$$40.000\times(1+L\%)=48.000$$

$$1+L\% = \frac{48.000}{40.000} \Rightarrow 1+L\% = 1,20 \Rightarrow \boldsymbol{L\%} = 0,20 = 20\%$$

Também poderíamos resolver a questão calculando o lucro total e dividindo-o pela valor de compra, ou seja:

$$\boldsymbol{L\%} = \frac{15.000 \times 40\% + 25.000 \times 8\%}{40.000} = 20\%$$

Gabarito: A.

QUESTÃO 31 (VUNESP - Inspetor de Alunos/Pref São Roque/2020) Rafael contratou um pedreiro para realizar uma pequena obra em sua casa. O pedreiro cobrou R$ 200,00 por dia de serviço e trabalhou durante 40 dias na obra. Sabendo-se que o gasto total dessa obra foi de R$ 20.000,00, a porcentagem que Rafael gastou com pedreiro corresponde a

a) 25% do total da obra.

b) 30% do total da obra.

c) 35% do total da obra.

d) 40% do total da obra.

e) 42% do total da obra.

RESOLUÇÃO:

O enunciado informa que o pedreiro cobrou R$ 200,00 por dia de serviço e trabalhou durante 40 dias. Então, ele recebeu ao todo 40 × 200 = 8.000 reais.

É dito que o total gasto por Rafael na obra foi R$ 20.000,00. Logo, a porcentagem gasta com o pedreiro é dada pela divisão entre o valor gasto com ele e o valor total da obra:

$$\frac{8.000}{20.000} = 0,4 = \mathbf{40\%}$$

Gabarito: D.

QUESTÃO 32 (VUNESP – Engenheiro/Pref Campinas/2022) Em uma empresa, todos os funcionários são fluentes em inglês, sendo que 32% deles são fluentes em espanhol. Sabendo que 40% dos que são fluentes em inglês são homens e que entre os fluentes em espanhol 30 são mulheres e 26 são homens, o número de mulheres fluentes em inglês é

a) 90. b) 100. c) 85. d) 105. e) 95.

RESOLUÇÃO:

O enunciado informa que *todos os funcionários são fluentes em inglês e que 40% dos que são fluentes em inglês são homens*, então concluímos que o restante, isto é, 60%, dos funcionários dos fluentes em inglês são mulheres. E é justamente a quantidade correspondente a esse percentual que queremos descobrir.

É dito que *32% do total **T** de funcionários são fluentes em espanhol e que entre os fluentes em espanhol 30 são mulheres e 26 são homens*, ou seja:

$$32\%\ de\, T = 30 + 26$$

$$0{,}32\,.\,T = 56$$

$$T = 175$$

Assim, concluímos que a empresa possui 175 funcionários.Como desse total 60% é relativa a mulheres que falam inglês (M_i), temos:

$$M_i = 60\%\ de\, T$$

$$M_i = 0{,}6\,.\,175 = 105$$

Portanto, trabalham na empresa **105 mulheres fluentes em inglês.**

Gabarito: D.

QUESTÃO 33 (CESGRANRIO – Petrobrás/Téc Adm/2012) Considere que carros novos, 0 km, desvalorizam 20% no primeiro ano e 10% nos anos seguintes. Uma pessoa comprou dois carros, um básico 0 km e um completo com 1 ano de uso. Daqui a dois anos, ela deve vender os dois carros pelo mesmo preço. Qual a razão entre o preço do carro 0 km e o preço do carro usado comprado por essa pessoa?

a) 8/9 b) 9/8 c) 7/8 d) 8/7 e) 13/12

RESOLUÇÃO:

Temos a seguinte situação:

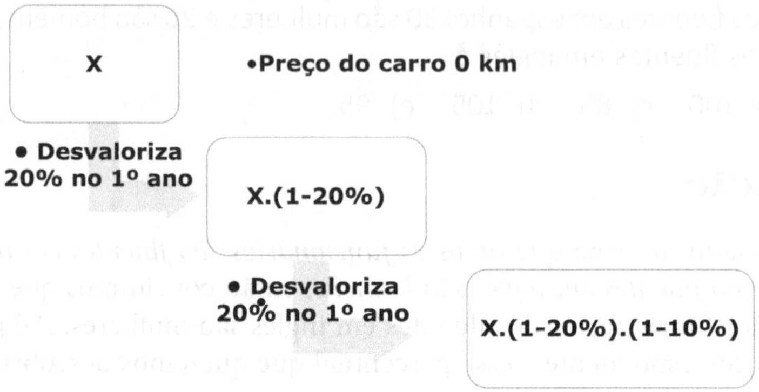

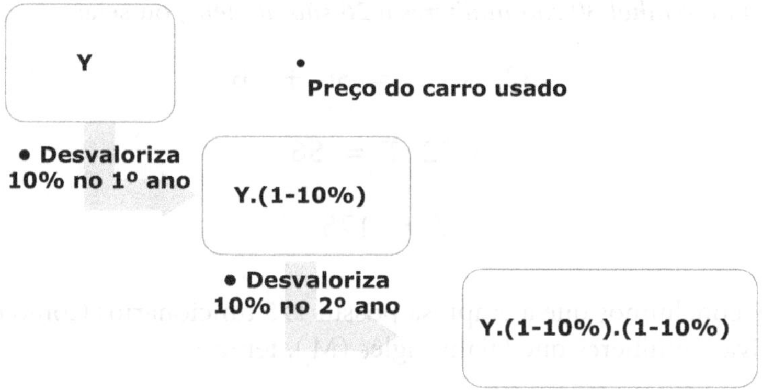

O enunciado nos diz ainda que o preço dos dois carros, ao final de dois anos, é o mesmo. Assim,

$$X.(1-20\%).(1-10\%)=Y.(1-10\%).(1-10\%)$$

$$0,8.X=0,9.Y \quad \rightarrow \quad \frac{X}{Y}=\frac{0,9}{0,8} \quad \rightarrow \quad \frac{\boldsymbol{X}}{\boldsymbol{Y}}=\frac{9}{8}$$

Gabarito: B.

QUESTÃO 34 (CESGRANRIO – Petrobrás/Téc Adm/2012) Uma churrascaria oferece desconto de 10% nos jantares em relação ao preço do almoço. Nessa churrascaria, aniversariantes têm desconto de 20% no almoço ou jantar. Fábio foi comemorar seu aniversário no fim de semana seguinte ao seu aniversário com um almoço nessa churrascaria e, como não era o dia do seu aniversário, pagou o preço integral. Se Fábio tivesse comemorado no dia de seu aniversário com um jantar nessa churrascaria, teria economizado quantos por cento do preço que pagou?

a) 32 b) 30 c) 28 d) 18 e) 15

RESOLUÇÃO:

Fábio pagou o preço integral do almoço. Caso tivesse comemorado seu aniversário, teria um desconto de 20%. Se fosse num jantar, ainda teria um desconto de 10%. Ou seja,

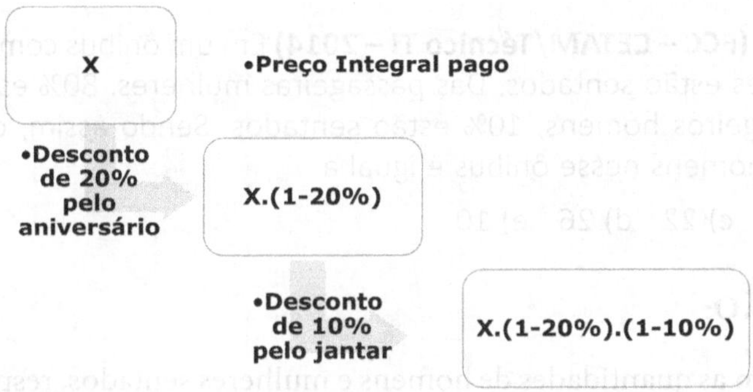

Fábio teria pago, então:

$$X.0,80.0,90 = 0,72.X = (1-28\%).X$$

Ou seja, Fábio teria um desconto de 28%.

Gabarito: C.

QUESTÃO 35 (FGV – SEFAZ-RJ/Analista – 2011) Um indivíduo apresenta um valor X na sua conta corrente, que não rende juros nem paga taxas. Desse valor, ele retira em um dia 20%. Do valor resultante, ele retira 30%. O valor restante, como percentual do valor original X, é

a) 45%. b) 46%. c) 50%. d) 54%. e) 56%.

RESOLUÇÃO:

Temos a seguinte situação:

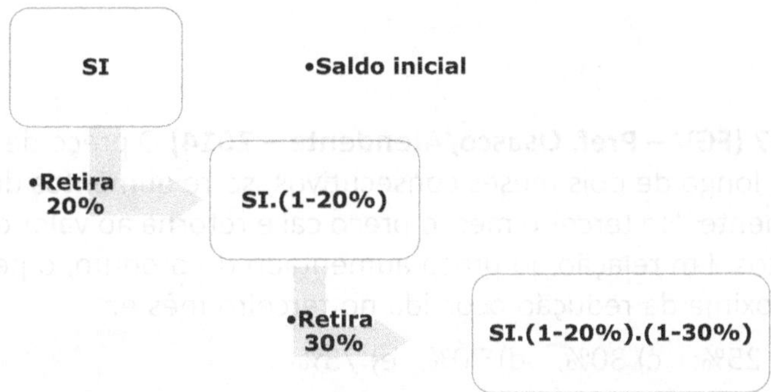

Logo, seu saldo final (SF) será de:

$$SF = SI \times 0,8 \times 0,7 \quad \rightarrow \quad SF = 0,56.SI \quad \rightarrow \quad \boldsymbol{SF = 56\%.SI}$$

Gabarito: E.

QUESTÃO 36 (FCC – CETAM/Técnico TI – 2014) Em um ônibus com 70 passageiros, 70% deles estão sentados. Das passageiras mulheres, 80% estão sentadas e, dos passageiros homens, 10% estão sentados. Sendo assim, o número de passageiros homens nesse ônibus é igual a

a) 12 b) 15 c) 22 d) 26 e) 10

RESOLUÇÃO:

Sejam **h** e **m** as quantidades de homens e mulheres sentados, respectivamente.

Total de passageiros sentados: 70 x 70% = 49

Total de mulheres sentadas: m x 80% = 0,8.m

Total de homens sentados: h x 10% = 0,1.h

Assim, temos que:

$$m + h = 70 \quad \text{(há 70 passageiros no ônibus)}$$

$$0,8m + 0,1h = 49 \quad \text{(há 49 passageiros no ônibus)}$$

Multiplicando a primeira equação por 0,8, temos:

$$0,8m + 0,8h = 56$$

$$0,8m + 0,1h = 49$$

Subtraindo uma equação da outra, temos:

$$0,7h = 7 \quad \rightarrow \quad \mathbf{h = 10\ homens}$$

Gabarito: E.

QUESTÃO 37 (FGV – Pref. Osasco/Atendente – 2014) O preço de determinado produto, ao longo de dois meses consecutivos, sofre aumentos de 10% e 20%, respectivamente. No terceiro mês, o preço cai e retorna ao valor original, antes dos aumentos. Em relação ao preço aumentado do produto, o percentual que mais se aproxima da redução ocorrida no terceiro mês é:

a) 20%; b) 25%; c) 30%; d) 70%; e) 75%.

RESOLUÇÃO:

Vamos considerar o preço inicial do produto igual a P. Como o enunciado nos diz que o preço final é igual ao preço inicial, temos:

$$P = (1+10\%).(1+20\%).(1-x\%).P$$

$$1 = 1{,}10.1{,}20.(1-x\%) \Rightarrow 1-x\% = \frac{1}{1{,}10.1{,}20} = 0{,}7575 \Rightarrow \boldsymbol{x\% = 0{,}2425 = 24{,}25\%}$$

Gabarito: B.

QUESTÃO 38 (IADES – SEAP-DF/2014) Uma enchente reduziu em 25% a área de uma lavoura, restando 75.000 hm^2. A área inicial da lavoura, em hm^2, é

a) menor que 82.000.

b) maior que 82.000 e menor que 92.000.

c) maior que 92.000 e menor que 102.000.

d) maior que 102.000 e menor que 112.000.

e) maior que 112.000.

RESOLUÇÃO:

Sabemos que **reduzir** uma quantidade em **25%** é o mesmo que multiplicá-la por **(1 - 25%)**. Logo, chamando a área inicial da lavoura de A, temos:

$$A.(1-25\%) = 75.000$$

$$0{,}75.A = 75.000 \quad \rightarrow \quad \boldsymbol{A = 100.000\,hm^2}$$

Gabarito: C.

QUESTÃO 39 (CS/UFG – CELG/Administrador – 2014) Segundo a FAO, a produção mundial de alimentos terá que crescer bastante até 2050 para suprir as crescentes necessidades da população mundial. A entidade estima que haverá 2,3 bilhões de pessoas a mais para alimentar em 2050. Por exemplo, a produção de carne terá que ser elevada de 270 milhões de toneladas para 470 milhões de toneladas.

Disponível em: <http ://economia.estadao.com.br/noticias/geral,producaomundial-de-alimentos>. Acesso em: 6 set. 14. (Adaptado).

UNIDADE 2 – ARITMÉTICA

Segundo o texto, a taxa de crescimento da produção de carne dos dias atuais até 2050 será, aproximadamente, igual a:

a) 70% b) 74% c) 170% d) 174% e) 200%

RESOLUÇÃO:

A taxa de crescimento, ou taxa de variação, será dada por:

$$\frac{valor\ final}{valor\ inicial}-1=\frac{470}{270}-1=1,74-1=0,74=74\%$$

Gabarito: B.

QUESTÃO 40 (VUNESP – Câmara Jaboticabal/Servente – 2015) Uma criança ganhou um pacote com 60 balas. Comeu 4 balas e deu 25% das balas restantes para seu irmão. Retirou 5/6 das balas que ainda ficaram no pacote para comer mais tarde. O número de balas que sobrou dentro do pacote foi

a) 5. b) 6. c) 7. d) 8. e) 9.

RESOLUÇÃO:

Após comer 4 balas, sobram no pacote 60 – 4 = 56 balas. Dessas 56 balas, a criança tirou 25% para dar a seu irmão, ou seja, ficou com 75% x 56 = 0,75 x 56 = 42 balas.

Por fim, retirou 5/6 das 42 balas do pacote, ou seja, restaram **1/6 x 42 = 7 balas** no pacote.

Gabarito: C.

QUESTÃO 41 (IBFC – SAEB-BA/Analista de Registro de Comércio – 2015) Maurício gastou 3/7 de 42% de seu salário em compras no shopping e 5/41 do restante com alimentação e ainda lhe restaram R$ 1.800,00. Nessas condições, o valor do salário de Maurício é igual a:

a) R$3.700,00

b) R$2.500,00

c) R$ 1.800,00

d) R$2.578,00

e) R5 3.400,00

RESOLUÇÃO:

Seja S o salário de Maurício. Assim, temos que 3/7 de 42% de seu salário é igual a:

$$\frac{3}{7}.42\%.S = 18\%.S$$

Essa foi a quantia gasta por Maurício com compras. Assim, restaram 100%-18%=82% de seu salário, ou seja, **82%.S.**

Desse valor, Maurício gastou 5/41 com alimentação. Restaram, então 36/41. Assim,

$$\frac{36}{41}.82\%.S = 1.800 \Rightarrow 72\%.S = 1.800 \Rightarrow \boldsymbol{S = R\$2.500,00}$$

Gabarito: B.

QUESTÃO 42 (UTFPR – UTFPR/Assistente – 2015) Comprando à vista uma televisão que custa R$ 1.500,00, obtém-se um desconto de 20%. O valor desse eletrodoméstico à vista, em reais, é de:

a) 1.200,00. b) 630,00. c) 1.480,00. d) 300,00. e) 1.900,00.

RESOLUÇÃO:

Dar um **desconto de 20%** corresponde a multiplicar o preço do produto por **(1 - 20%)**. Assim,

$$P = (1 - 20\%).1.500$$

$$P = 0,8.1.500 \quad \rightarrow \quad \boldsymbol{P = 1.200\ reais}$$

Gabarito: A.

QUESTÃO 43 (IADES – EBSERH/Engenheiro – 2015) Uma loja possui duas unidades (pontos) de venda. Em determinado momento, o gerente percebeu que o mesmo produto era vendido, na unidade 1, com preço 50% superior ao da unidade 2. Com o objetivo de vender o produto com o preço da unidade 2, o desconto a ser concedido, no preço da unidade 1, deve ser

a) maior que 55%.

b) entre 55% e 45%.

c) entre 45% e 35%.

d) entre 35% e 25%.

e) menor que 25%.

RESOLUÇÃO:

Sejam P_1 e P_2 os preços do produto nas unidades 1 e 2, respectivamente. Como o preço na unidade 1 era 50% superior, temos:

$$P_1 = (1+50\%).P_2$$

Temos que achar o valor de um desconto (x%) que, aplicado ao preço P_1, faça-o igualar-se a P_2, ou seja:

$$(1-\boldsymbol{x\%}).P_1 = P_2$$

Substituindo o valor de P_1 da primeira equação na segunda, temos:

$$(1-x\%).(1+50\%).P_2 = P_2 \Rightarrow (1-x\%).1,5=1 \Rightarrow 1-x\% = \frac{1}{1,5} \Rightarrow \boldsymbol{x\%=33,3\%}$$

Gabarito: D.

5. QUESTÕES-DESAFIO

QUESTÃO 44 (UTFPR – UTFPR/Assistente – 2015) Num colégio, o fluxo de alunos, numa série do ensino médio, é calculado ao final de cada ano letivo, dividindo-se o número de alunos aprovados pelo número total de alunos matriculados naquela série, multiplicando-se o resultado obtido por 100%. Em 2013, naquele colégio, o fluxo da 1ª série do ensino médio foi de 60%, o da 2ª série foi de 70% e o da 3ª série foi de 80%. Em relação ao ensino médio daquele colégio, em 2013, pode-se afirmar que:

a) o fluxo médio foi de 72%.

b) o fluxo médio foi de 70%.

c) o fluxo médio foi um valor entre 70% e 80%.

d) o fluxo médio é igual à média dos fluxos.

e) o fluxo médio é igual à média dos fluxos, somente se o número de alunos matriculados na 1ª, na 2ª e na 3ª séries do ensino médio daquele colégio for igual.

RESOLUÇÃO:

Ficamos tentados a fazer **a média aritmética dos fluxos** das séries para calcularmos o fluxo do colégio:

$$Média\,dos\,fluxos = \frac{60\% + 70\% + 80\%}{3} = 70\%$$

Mas como sabemos que se trata de valores expressos em porcentagem, **isso não pode ser feito**, pois não resultará no fluxo do colégio.

Sejam A, B e C as quantidades de alunos na 1ª, 2ª e 3ª séries, respectivamente. Assim, temos que a quantidade de alunos nas 3 séries é igual a: A + B + C.

A quantidade de alunos aprovados nas 3 séries será dada por:

$$60\%.A + 70\%.B + 80\%.C = 0,6.A + 0,7.B + 0,8.C$$

Assim, o fluxo do colégio será dado pela razão entre o número de alunos aprovados pelo número de alunos total, ou seja:

$$Fluxo = \frac{0,6.A + 0,7.B + 0,8.C}{A + B + C}$$

Note que se não soubermos a quantidade de alunos em cada série, não conseguimos calcular o fluxo médio.

No entanto, caso a quantidade de alunos fosse igual em cada série, teríamos A = B = C:

$$\boldsymbol{Fluxo} = \frac{0,6.A + 0,7.A + 0,8.A}{A + A + A} = \frac{2,1.A}{3.A} = 70\%$$

Ou seja, o fluxo médio é igual à média dos fluxos, somente se o número de alunos matriculados na 1ª, na 2ª e na 3ª séries do ensino médio daquele colégio for igual.

Gabarito: E.

QUESTÃO 45 (ESAF/ATRFB/2009) Em um determinado período de tempo, o valor do dólar americano passou de R$ 2,50 no início para R$ 2,00 no fim do período. Assim, com relação a esse período, pode-se afirmar que:

a) O dólar se desvalorizou 25% em relação ao real.

b) O real se valorizou 20% em relação ao dólar.

c) O real se valorizou 25% em relação ao dólar.

d) O real se desvalorizou 20% em relação ao dólar.

e) O real se desvalorizou 25% em relação ao dólar.

RESOLUÇÃO:

Sabemos que:

$$Variação\,Percentual = \frac{Valor\,Final - Valor\,Inicial}{Valor\,Inicial} \times 100\%$$

$$Variação\,do\,dólar = \frac{2,00 - 2,50}{2,50} \times 100\% = -20\%$$

O sinal negativo nos indica uma redução. Assim, podemos dizer que **o dólar se desvalorizou 20%** frente ao real.

Como não há nenhuma opção com essa resposta, o que fazemos? Será que posso dizer que o real se valorizou em 20% frente ao dólar? **NÃO!!!!**

Muito cuidado com esse raciocínio, pois os percentuais não seguem essa lógica. Veja:

$$1\,dólar = 2,00\,reais \quad \rightarrow \quad \frac{1}{2,00}\,dólares = 1\,real$$

$$1\,dólar = 2,50\,reais \quad \rightarrow \quad \frac{1}{2,50}\,dólares = 1\,real$$

Logo,

$$Variação\,do\,real = \frac{\frac{1}{2,00} - \frac{1}{2,50}}{\frac{1}{2,50}} \times 100\% = 25\%$$

O sinal positivo nos indica um aumento. Assim, podemos dizer que **o real se valorizou em 25% frente ao dólar**.

Gabarito: C.

QUESTÃO 46 (ESAF – RFB/ATRFB – 2009) Em um determinado curso de pós-graduação, 1/4 dos participantes são graduados em matemática, 2/5 dos participantes são graduados em geologia, 1/3 dos participantes são graduados em economia, 1/4 dos participantes são graduados em biologia e 1/3 dos participantes são graduados em química. Sabe-se que não há participantes do curso com outras graduações além dessas, e que não há participantes com três ou mais graduações. Assim, qual é o número mais próximo da porcentagem de participantes com duas graduações?

a) 25% b) 33% c) 40% d) 50% e) 57%

RESOLUÇÃO:

Vamos chamar de N o número de estudantes do curso de pós-graduação. Assim, se somarmos os estudantes de cada um dos 5 cursos, teremos:

$$\frac{N}{4}+\frac{2N}{5}+\frac{N}{3}+\frac{N}{4}+\frac{N}{3}=\frac{15N}{60}+\frac{24N}{60}+\frac{20N}{60}+\frac{15N}{60}+\frac{20N}{60}=\frac{94N}{60}$$

Note que o valor que achamos é **maior do que N**, o número de alunos total. Isso se deve ao fato de que **há alunos matriculados em mais de um curso**. Como o problema nos diz que não há alunos com 3 ou mais graduações, concluímos que **o excesso que observamos é devido aos alunos que estão matriculados em exatamente 2 cursos**, ou seja, podemos determinar a quantidade de alunos inscritos em dois cursos fazendo:

$$\frac{94N}{60}-N=\frac{94N}{60}-\frac{60N}{60}=\frac{34N}{60}=0,57.N=57\%.N$$

Gabarito: E.

QUESTÃO 47 (ESAF – SEFAZ-SP/Ana de Fin e Con/2009) Suponha que um carro perde por ano 20% de seu valor em relação ao ano anterior, uma moto perde por ano 30% de seu valor em relação ao ano anterior e uma bicicleta perde por ano 10% de seu valor em relação ao ano anterior. Além disso, suponha que o carro custa o dobro de uma moto e uma moto o dobro de uma bicicleta. Sendo assim, ao final de 5 anos:

a) nenhum dos 3 valerá nada.

b) o carro valerá mais que a moto e a moto valerá mais que a bicicleta.

c) apenas a bicicleta valerá algo.

d) a bicicleta valerá mais que o carro.

e) a bicicleta valerá mais que a moto.

RESOLUÇÃO:

Vamos chamar de **P** o preço da **bicicleta**. Assim, o preço da **moto** será igual a **2.P** e o preço do **carro** será igual a **4.P**. Após 5 anos, os novos preços serão:

$$P'_{bicicleta}=(1-10\%).(1-10\%)\ldots(1-10\%).P=(1-10\%)^5.P$$

$$P'_{bicicleta}=0,9^5.P\approx 0,59.P$$

$$P'_{moto} = (1-30\%)^5.2P = 0,7^5.2P \approx 0,34.P$$

$$P'_{carro} = (1-20\%)^5.4P = 0,8^5.4P \approx 1,31.P$$

Vemos então que os preços estão na seguinte ordem:

$$0,34.P < 0,59.P < 1,31.P$$

Ou seja, o preço da **moto** é menor do que o preço da **bicicleta** que, por sua vez, é menor do que o preço do **carro**.

Gabarito: E.

CAPÍTULO 17

JUROS SIMPLES

1. INTRODUÇÃO

Neste capítulo estudaremos o assunto **Juros Simples**, o qual tem forte relação com a **Matemática Financeira**, razão pela qual destinamos um tópico específico para falar um pouco sobre essa disciplina, de modo a te proporcionar uma verdadeira introdução ao mundo financeiro.

Veremos como o dinheiro se comporta ao longo do tempo, conheceremos os elementos presentes numa operação de juros simples, as equações relacionadas e os principais tipos de taxas presentes neste regime de capitalização e a regra universal da matemática financeira. Finalizaremos apresentando temas específicos do assunto para que você tenha uma visão bastante ampla dele.

Como não poderia deixar de ser, resolveremos dezenas de questões cobradas em concursos, o que trará uma visão prática do assunto, e traremos diversos esquemas didáticos para tornar mais fácil a visualização do que é estudado.

Nosso objetivo é que ao final deste capítulo você consiga aplicar corretamente as equações dos juros simples, sabendo identificar numa questão de prova a qual elemento cada dado se refere, entender bem a diferenciação entre os regimes de capitalização existentes e analisar adequadamente os tipos de juros e taxas que lhe forem apresentados.

2. A MATEMÁTICA FINANCEIRA

O tema deste capítulo é estudado numa área denominada **matemática financeira.** Ela tem por função analisar as várias formas de **evolução do valor do dinheiro no tempo**. A partir dela podemos gerar análise e comparações que nos permitam definir as melhores alternativas para a aplicação ou obtenção de recursos financeiros. Sim, meus amigos, mais do que em qualquer outro momento de nosso curso, trabalharemos com "finanças", com valores monetários. Não encontraremos uma só questão dessa matéria em que não esteja envolvido DINHEIRO ou TÍTULOS, como uma duplicata, uma nota promissória, um cheque, etc.

Imagine, caro concurseiro, que você deseje adquirir alguns livros e não disponha de dinheiro (o que é muito normal nessa fase momentânea da vida rsrs). Nessas condições você pode efetuar a compra a prazo ou tentar um empréstimo em uma instituição financeira.

Bem, em qualquer um desses casos você geralmente pagará também uma quantia ao seu **credor**, a título de **juros**. A cobrança é justificada pelo **prazo** obtido para o pagamento ou pelo "aluguel" do **capital** emprestado. À soma desses dois valores dá-se o nome de **Montante.**

Da mesma forma que na operação de crédito, os juros podem se aplicar a uma operação de **investimento**. Quando você realiza uma aplicação financeira, o capital investido gera juros, produzindo um montante ao final do período de investimento.

Como os juros são a remuneração do capital, é comum dizer-se que os juros formam o **custo do capital**. É quanto o **credor quer receber** para deixar de usar aquele capital pelo prazo do empréstimo e quanto o **tomador aceita pagar** para fazer o uso de um determinado capital.

Juros

Remuneração ou **custo** do capital

Por exemplo, suponha que uma pessoa pegue 1.000 reais emprestados em um banco. Depois de algum tempo, quita essa dívida pagando ao banco 1.010 reais. Quais foram os juros dessa operação?

Vimos que o Montante (M) é igual à soma do Capital (C) e dos Juros (J), ou seja:

$$M = C + J$$

Nessa operação, C = 1.000 e M = 1.010, logo:

$$1.010 = 1.000 + J$$

$$\boldsymbol{J = 10\, reais}$$

Muito tranquilo, não é mesmo?

Será que conseguimos determinar o valor percentual a que esses juros correspondem em relação ao capital? Para isso, fazemos:

$$\frac{J}{C} = \frac{10}{1.000} = 0,01 = 1\%$$

Ou seja, os juros pagos no nosso exemplo corresponderam a **1% do capital.**

Vocês saberiam dizer se esses juros são altos ou baixos? Reflitam um pouco sobre isso.

Refletiram? Altos ou baixos? Acertou quem disse que **depende do prazo**. Para ver isso, vamos imaginar duas situações:

(a) o empréstimo teve prazo de **1 ano**;

(b) o empréstimo teve prazo de **1 dia**.

Tenho certeza que no caso "a" todos considerariam os juros bem baixos, mas que no caso "b" os considerariam bem elevados. Estou certo?

No caso "a" tivemos juros de **1% ao ano**; no caso "b" tivemos juros de **1% ao dia**. Vemos, então, que para avaliar os juros é preciso conhecer o prazo a que se referem.

Os juros de uma operação podem, portanto, serem expressos como um percentual do capital em um determinado prazo. A essa forma de expressar os juros chamamos de **TAXA DE JUROS**.

Daí meus amigos, podemos concluir que na matemática financeira **o dinheiro está sempre vivo**!

Em todas as questões de matemática financeira uma característica é marcante, aliás é uma verdadeira **Lei: o dinheiro está sempre em movimento**!

Qual é a consequência disso?

Ora, isso significa que se hoje tenho R$ 100,00 guardado numa poupança, amanhã já possuirei um valor um pouco (bem pouco mesmo) maior que isso! Por outro lado, se hoje devo R$ 100,00 no cheque especial da minha conta, a minha dívida amanhã já será outra! Nessa operação o seu banco calcula os juros todo mês e incorpora-o ao montante que você vai resgatar ao final da aplicação. A essa operação, damos o nome de **capitalização.**

Na capitalização, os juros são calculados a cada período de tempo decorrido e adicionados ao montante. Na situação descrita acima, os juros são anuais e a capitalização é mensal. Ela também poderia ser uma capitalização diária, semestral, bimestral etc.

Os **Regimes de Capitalização** determinam a forma como os juros são calculados nos períodos de capitalização, ou seja, são os **métodos pelos quais os capitais são remunerados.**

Até aqui tudo bem? Espero que sim! Então, vamos adiante.

2.1. Os Regimes da Matemática Financeira

Podemos comparar a matemática financeira ao que aconteceu com países como a Coreia, que foi dividida em duas: Coreia do Norte e Coreia do Sul. De fato, a nossa disciplina também é dividida, só que em dois blocos, denominados **regimes de capitalização: Regime Simples** e **Regime Composto.**

Sim, toda e qualquer questão de matemática financeira inevitavelmente se enquadrará em um desses regimes. Daí o primeiro passo que daremos nos exercícios que solucionaremos é **definir em qual dos regimes estamos trabalhando**, se no regime simples ou no composto!

E se eu não der atenção a isso?

Simples, errará a questão, pois quando o enunciado for de Juros, por exemplo, se esta operação estiver no regime simples, encontraremos uma resposta para o problema; se estiver no regime composto, a resposta será diferente!

Ok, professores. Entendi isso. Mas, o que diferencia um regime do outro?

Bem, na **capitalização simples somente o valor principal rende juros**, ou seja, o percentual de juros incidirá apenas sobre o capital inicial, e nunca sobre os juros que são produzidos a cada período de aplicação. Em outras palavras, não é gerado juro sobre juro.

Já na **capitalização composta, o percentual de juros incidirá sobre o capital inicial acrescido dos juros** que são produzidos a cada período de aplicação, **gerando assim juro sobre juro.**

TOME NOTA

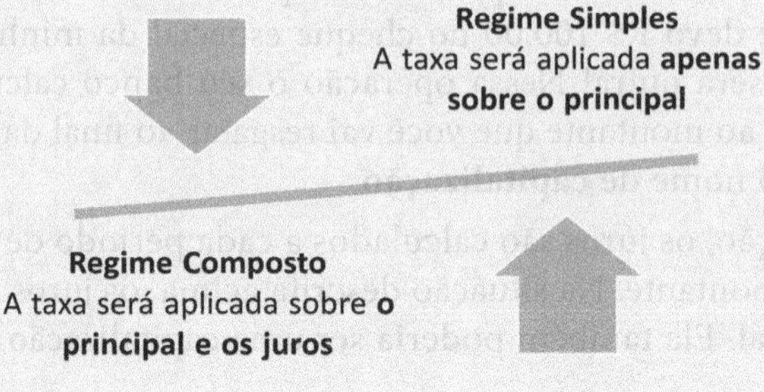

Neste capítulo, nos concentraremos no regime simples.

Veja como esse assunto já foi cobrado!

QUESTÃO 01 (CESPE – FUB/Contador – 2011) No regime de juros simples, não ocorre capitalização.

RESOLUÇÃO:

A **capitalização** é a incorporação do juros ao capital. Há dois regimes de capitalização: **simples** e **composto**.

No regime **simples**, os juros são calculados sempre sobre o valor inicial, não ocorrendo qualquer alteração da base de cálculo durante o período de cálculo dos juros.

No regime **composto**, os juros produzidos num período serão acrescidos ao valor aplicado (sofrerão capitalização) e no próximo período também produzirão juros, formando os 'juros sobre juros".

Portanto, capitalização acontece em Juros Compostos, apenas.

Gabarito: Certo.

2.2. Fluxo de Caixa

O **fluxo de caixa** é uma representação de **entradas** e **saídas** de recursos em **diferentes instantes de tempo**. Pode ser apresentado em forma de uma **tabela** ou por meio de uma representação gráfica.

Uma tabela que representa um fluxo de caixa deve conter as **datas** das movimentações financeiras e os **valores** das **entradas** e **saídas** correspondentes. Exemplo:

Data	Fluxo
01/01/2017	-100,00
01/02/2017	+50,00
01/03/2017	+60,00

A tabela nos mostra que no dia primeiro de janeiro houve um desembolso (saída) de 100 reais. Em compensação, em primeiro de fevereiro houve um recebimento (entrada) de 50 reais e em primeiro de março outra entrada de 60 reais.

UNIDADE 2 – ARITMÉTICA

A representação gráfica do **fluxo de caixa** utiliza uma linha do tempo, com **setas para cima** indicando **entradas** de recursos e **setas para baixo** indicando **saída** de recursos. Os tamanhos das setas são proporcionais aos valores correspondentes. O fluxo da tabela acima ficaria representado assim:

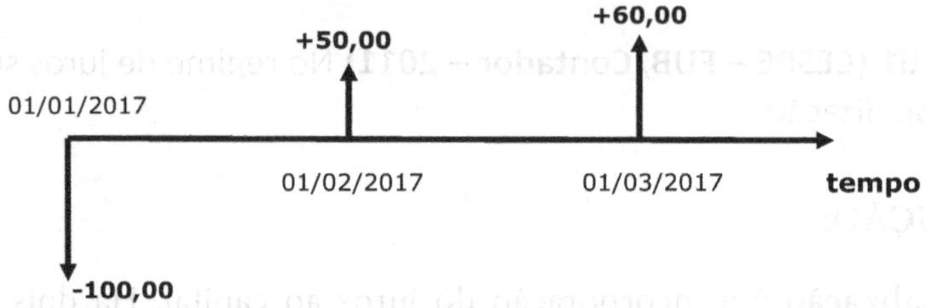

Quando falarmos de equivalência financeira (ou de capitais), séries de pagamentos e análise de investimentos, usaremos bastante essa representação.

Uma operação simples de crédito, em que uma pessoa toma emprestados 1.000 reais e paga ao banco 1.100 reais após 1 ano, pode ser representada pelo seguinte fluxo de caixa:

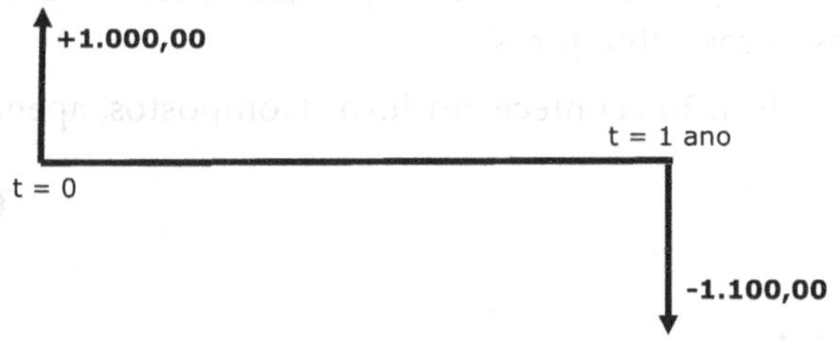

Notem que no instante inicial (t=0) a pessoa recebe um capital de 1.000 reais (entrada de 1.000 reais) e ao final da operação, paga o montante de 1.100 reais ao banco para quitar a dívida (saída de 1.100 reais). Qual o valor dos juros pagos? Qual a taxa de juros?

$$M = C + J$$

$$1.100 = 1.000 + J$$

$$J = 100 \ reais$$

Para calcular a taxa de juros da operação, fazemos:

$$i = \frac{J}{C}$$

$$i = \frac{100}{1.000} = 0{,}10 = 10\% \ a.a.$$

Lembre sempre que a taxa de juros precisa fazer referência a um período! Nesse caso, como a operação teve um prazo de 1 ano, a taxa de juros estará expressa ao ano (a.a.).

Analise agora o seguinte fluxo de caixa. O que ele representa, na sua opinião?

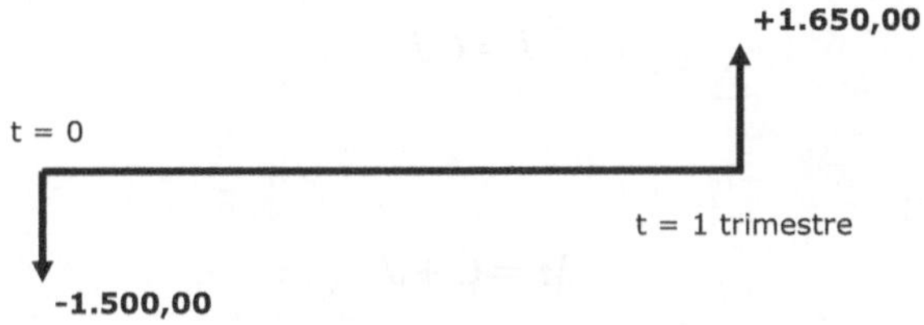

Vemos que no instante inicial, houve um desembolso (saída) de 1.500 reais, com um recebimento (entrada) de 1.650 reais 3 meses (1 trimestre) depois. Podemos interpretar esse fluxo como uma aplicação financeira, em que o desembolso inicial corresponde ao capital aplicado pelo investidor e o recebimento 3 meses depois corresponde ao montante resgatado da aplicação.

Quais são os juros e qual a taxa de juros dessa aplicação?

$$M = C + J$$

$$1.650 = 1.500 + J$$

$$J = 150 \text{ } reais$$

Para calcular a taxa de juros da operação, fazemos:

$$i = \frac{J}{C}$$

$$i = \frac{150}{1.500} = 0{,}10 = 10\% \text{ } a.t.$$

Notem que agora a taxa de juros está expressa ao trimestre (a.t.), pois foi esse o prazo da aplicação.

Tanto essa taxa de juros quanto a que calculamos no exemplo anterior são de 10%, porém **são taxas diferentes, pois uma está expressa ao ano e a outra está expressa ao trimestre**.

Vamos a um último exemplo. Analise o seguinte fluxo de caixa:

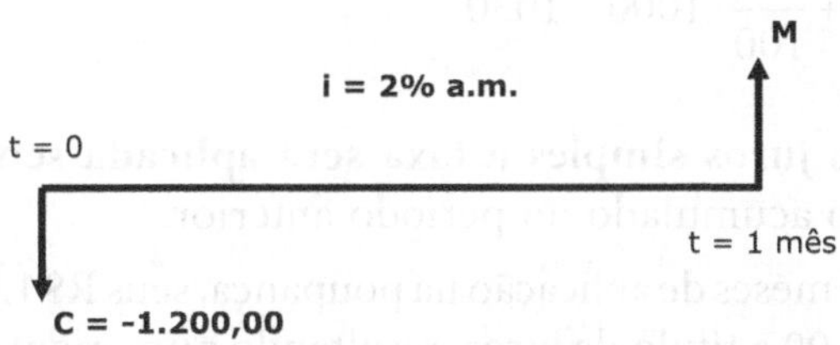

Será que conseguimos calcular o Montante (M) com os dados fornecidos na figura? Sabemos que o Montante (M) é igual à soma do Capital (C) e dos juros (J). O Capital é dado na figura e vale 1.200 reais. Os juros nós podemos calcular, pois conhecemos a taxa de juros (i). Assim, temos:

$$J = C.i$$

Logo,

$$M = C + J$$

$$M = C + C.i$$

$$M = C.(1+i)$$

$$M = 1.200.(1+2\%) = 1.224\ reais$$

Entendido até aqui? Esperamos que sim. Vamos seguir adiante para obtermos uma visão clara da definição dos juros simples.

Imagine que você finalmente foi aprovado, nomeado e empossado no cargo público pelo qual tanto lutou! E mais, "caiu na conta" o seu primeiro salário. Que maravilha!!!

Bem, agora você pode até se dar ao luxo de economizar uma graninha. Suponha que logo nesse primeiro mês você depositou R$ 1.000,00 na poupança, que o rendimento desse valor seja de 1% ao mês e que você deseja saber quanto terá após 3 meses.

Passado o primeiro mês, você confere o saldo da conta e surpresa: você já não tem mais apenas os R$ 1.000,00 iniciais. De fato, o valor acumulado a cada período será de:

- 1º mês: $1000 + \frac{1}{100}.1000 = 1010$
- 2º mês: $1010 + \frac{1}{100}.1000 = 1020$
- 3º mês: $1020 + \frac{1}{100}.1000 = 1030$

Repare que **nos juros simples a taxa será aplicada sempre sobre o valor inicial**, e não sobre o acumulado no período anterior.

Portanto, após 3 meses de aplicação na poupança, seus R$ 1.000,00 iniciais terão rendido a você R$ 30,00 a título de juros, resultando num montante de R$ 1.030,00.

2.3. Elementos de uma operação de juros

Uma operação de juros é formada pelos seguintes **elementos**:

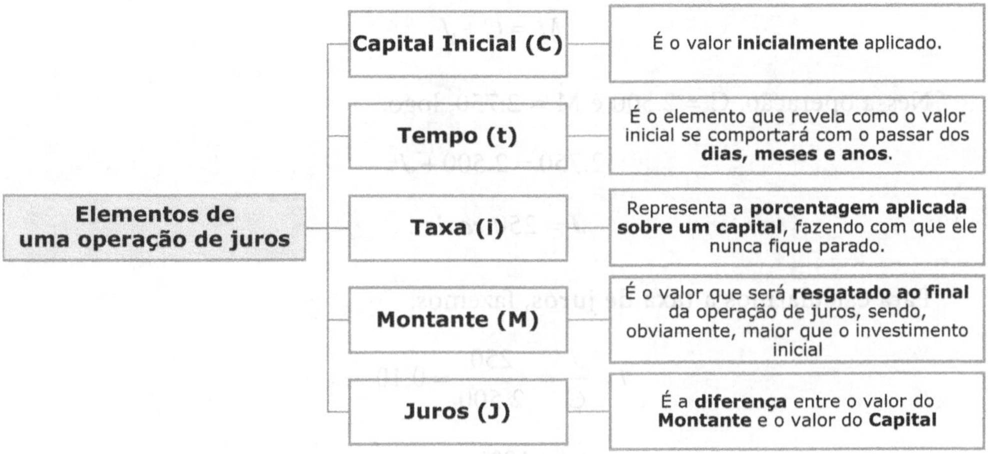

2.3.1. Taxa de Juros

Definimos **Taxa de Juros** (i – do inglês ***interest rate***) como sendo a **razão entre os Juros e o Capital**, expressa em porcentagem e referida a um determinado prazo:

$$i = \frac{J}{C}$$

Os prazos mais comuns a que se refere a taxa de juros podem ser:

Prazo	Abreviação
ao dia	a.d.
ao mês	a.m.
ao bimestre	a.b.
ao trimestre	a.t.
ao quadrimestre	a.q.
ao semestre	a.s.
ao ano	a.a.
ao período	a.p.

Essa última se refere a um período genérico qualquer em que a operação é realizada. Fiquem atentos às abreviações, pois as usaremos bastante de agora em diante.

Por exemplo, suponha que um investidor aplicou 2.500 reais em um CDB e resgatou, 1 ano após a aplicação, 2.750 reais. Quais os **juros** dessa operação? Qual a **taxa de juros** dessa operação? Bem, os **juros** podem ser obtidos fazendo-se:

$$M = C + J$$

Nessa operação, C = 2.500 e M = 2.750, logo:

$$2.750 = 2.500 + J$$

$$\boldsymbol{J = 250\ reais}$$

Para calcularmos a **taxa de juros**, fazemos:

$$i = \frac{J}{C} = \frac{250}{2.500} = 0{,}10$$

$$\boldsymbol{i = 10\%a.a.}$$

A taxa de juros fica expressa ao ano, pois o período da aplicação foi de 1 ano.

Repare que há uma distinção entre Juros e Taxa de Juros! Como vimos, eles não são a mesma coisa. Os **juros** são expressos em **unidades monetárias**: reais, dólares, euros etc. Já as **taxas de juros** são expressas em **percentual** e referidas a um **período** (ao dia, ao mês, ao ano etc.).

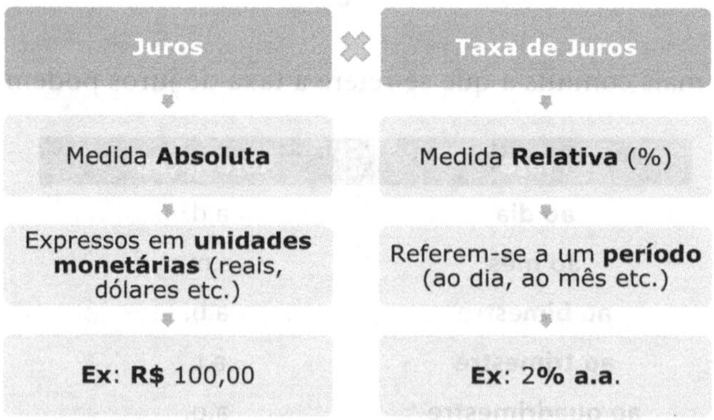

Para exemplificar, imagine que você foi ao banco solicitar um empréstimo de 1.000 reais por 1 mês e o banco cobrou uma taxa de juros de 1,5% a.m. Quanto você pagará de juros nessa operação?

Sabemos que a taxa de juros é obtida fazendo-se:

$$i = \frac{J}{C}$$

Mas também podemos escrever:

$$J = C.i$$

Como, no nosso exemplo, C = 1.000 reais e i =1,5% a.m., temos:

$$J = 1.000.1,5\% = 1.000.0,015$$

$$\boldsymbol{J = 15\,reais}$$

Lembre-se bem dessa última expressão $(\boldsymbol{J = C.i})$, pois voltaremos a ela em breve. Essa expressão nos diz que para calcular os juros de uma operação, basta aplicar a Taxa de Juros ao Capital.

Como foi dito anteriormente, a taxa de juros é normalmente expressa em percentual, mas também pode ser expressa na sua forma unitária, sendo denominada de **taxa de juros unitária**. Ela recebe esse nome, pois representa os juros gerados por 1 unidade de capital. Por exemplo:

Taxa Percentual	Taxa Unitária
10% a.m.	0,10 a.m.
2% a.b.	0,02 a.b.
0,1% a.d.	0,001 a.d.

Em todas as fórmulas que estamos utilizando, sempre converteremos a taxa de juros percentual para sua forma unitária quando fizermos as contas.

Veja como esse assunto já foi cobrado!

QUESTÃO 02 (CESGRANRIO – BB/Escriturário – 2010) Uma empresa oferece aos seus clientes desconto de 10% para pagamento no ato da compra ou desconto de 5% para pagamento um mês após a compra. Para que as opções sejam indiferentes, a taxa de juros mensal praticada deve ser, aproximadamente,

a) 5,6%. b) 5,0%. c) 4,6%. d) 3,8%. e) 0,5%.

RESOLUÇÃO:

Para resolver essa questão, vamos assumir que o preço da mercadoria vendida pela empresa seja igual a 100 reais. O cliente pode pagar:

À vista com 10% de desconto:	100.(1-10%) = 90 reais
Em 1 mês, com 5% de desconto:	100.(1-5%) = 95 reais

Para que as duas opções sejam indiferentes, a taxa de juros tem que ser tal que, ao investir um capital de 90 reais por 1 mês, o montante final seja igual a 95 reais. Logo,

$$M = C + J$$

$$95 = 90 + J \quad \rightarrow \quad J = 5 \textit{ reais}$$

$$i = \frac{J}{C}$$

$$\boldsymbol{i} = \frac{5}{90} = 0,056 = 5,6\% \boldsymbol{a.m.}$$

Gabarito: A.

QUESTÃO 03 (IBFC – HEMOMINAS/Tec. Enfermagem – 2013) Carlos comprou um produto e pagou R$ 144,00 já incluso um desconto de 20% sobre o preço à vista do produto. Se preferisse poderia ter pago o produto após 30 dias da compra com juros de 5% sobre o preço à vista. O valor que Carlos pagaria pelo produto se optasse por pagá-lo após 30 dias seria de:

a) R$ 151,20 b) R$ 120,96 c) R$ 181,44 d) R$ 189,00

RESOLUÇÃO:

Seja **P** o preço do produto. Com um desconto de 20%, Carlos pagou 144 reais, ou seja:

$$P.(1 - 20\%) = 144$$

$$0,8.P = 144 \quad \rightarrow \quad \boldsymbol{P = 180 \, reais}$$

Se pagasse 30 dias depois, Carlos pagaria esse preço, acrescido de juros de 5%. Vamos calcular os juros:

$$J = C.i$$

$$J = 180.5\% = 180.0,05 = 9 \textit{ reais}$$

Assim, Carlos teria pago:

$$180 + 9 = 189 \, \boldsymbol{reais}$$

Gabarito: D.

2.4. Equações dos Juros Simples

Apresentamos a seguir uma equação vital para o estudo deste capítulo e recorreremos a ela para a solução de diversas questões. Ela valerá para toda e qualquer operação de juros, seja ela no regime simples ou no regime composto:

$$M = C + J$$

No entanto, a fórmula que mais usaremos para resolvermos as questões de juros simples é outra. Veja:

$$J = C \cdot i \cdot t$$

Perceba que ainda podemos achar uma outra equação (que será muito utilizada!) para o **cálculo do Montante**:

$$M = C \cdot (1 + i \cdot t)$$

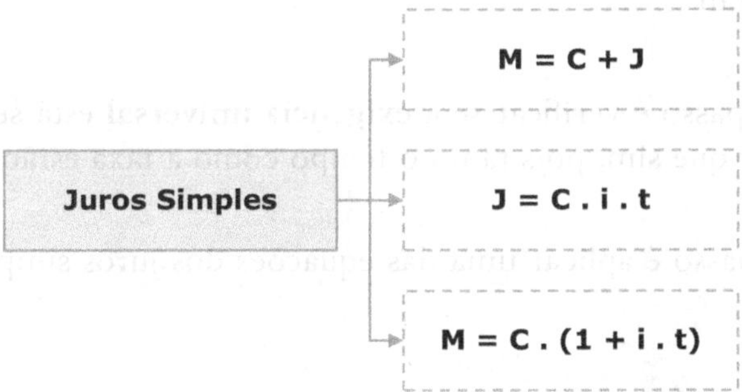

3. EXIGÊNCIA UNIVERSAL

Existe uma exigência que devemos cumprir para usarmos qualquer uma das equações apresentadas. Ela é tão importante que pode ser considerada **universal**, visto que **terá de ser sempre observada**! É a seguinte:

IMPORTANTE!

Taxa e **tempo** devem estar na **mesma unidade**!

Com isso, meus amigos, se as unidades de taxa e tempo forem diferentes, não podemos sequer dar início à resolução da questão. Deveremos antes de tudo colocá-las ambas na mesma unidade.

Como faremos isso, professores?

Calma, daqui a pouco veremos. Acreditamos que já temos condições de resolvermos as primeiras questões de juros simples. Que tal?

Veja como esse assunto já foi cobrado!

QUESTÃO 04 (ESAF – Inspetor/CVM/2010) Qual o valor mais próximo do montante que atinge uma dívida de R$ 2.000,00, quatro meses e meio depois, a uma taxa de juros simples de 1,5% ao mês?

a) R$ 2.115,00 b) R$ 2.092,00 c) R$ 2.090,00 d) R$ 2.105,00 e) R$ 2.120,00

RESOLUÇÃO:

A primeira coisa a ser feita é separar os dados fornecidos pela questão:

- C = 2.000
- t = 4,5 meses
- i = 1,5% a.m
- M = ?

O segundo passo é verificar se a **exigência universal** está sendo respeitada. Podemos afirmar que sim, pois tanto o tempo como a taxa estão na mesma unidade (mês).

O terceiro passo é aplicar uma das equações dos juros simples. Usaremos a seguinte:

$$M = C\ .\ (1 + i\ .\ t)$$

Porém, antes de substituirmos os dados, preciso chamar a sua atenção para uma informação importante. Geralmente os enunciados das questões nos fornecem a taxa na **notação percentual**, ou seja, 10%, 15%, 5,5%, e assim por diante.

O outro tipo de taxa que difere da percentual é a **notação unitária**. Neste tipo de notação, se a taxa é 10%, usamos 0,10 na equação; se a taxa é 15%, usamos 0,15; se a taxa é 5%, usamos 0,05. E assim por diante. Utilizaremos esse tipo de notação – a taxa unitária – tanto nos juros simples quanto nos juros compostos. Ok?

Continuando a resolução da questão, vamos substituir os dados fornecidos na fórmula dos juros simples:

$$M = 2000.(1+0,015.4,5) = 2000.1,0675 = \boldsymbol{R}\$2.135,00$$

Você também não encontrou essa resposta entre as alternativas, não é mesmo? Pois é, a questão foi anulada. Tudo indica que o examinador confundiu o valor do tempo, considerando-o como sendo 4 meses em vez de 4 meses e meio, conforme o enunciado.

Gabarito: Anulada.

QUESTÃO 05 (CESPE/SEFAZ-RS/Téc Trib/2018) Carla tomou R$ 4.000 emprestados em um banco que retém, no ato da negociação, 5% a título de taxa de administração e cobra 1% de juros simples ao mês sobre a quantia efetivamente entregue a Carla. Nesse caso, ao final do quinto mês, o valor a ser recebido pelo banco, correspondente às taxas sobre o empréstimo concedido a Carla, será igual a

A) R$ 190. B) R$ 200. C) R$ 250. D) R$ 390. E) R$ 400.

RESOLUÇÃO:

O enunciado informa que o banco retém 5% dos 4000 reais emprestados, o que corresponde a 0,05 × 4000 = 200 reais.

Desse modo, Carla recebe efetivamente 4000 – 200 = 3800 reais.

É dito que este valor rende juros simples à taxa de i = 1%am durante t = 5 meses. Logo:

$$J = C \times i \times t$$

$$\mathbf{J} = 3800 \times 0{,}01 \times 5 = 38 \text{ x } 5 = \mathbf{190\ reais}$$

Gabarito: A.

QUESTÃO 06 (COSEAC – UFF/Aux Adm/2015) Um empréstimo de R$ 2.000,00 a ser pago em dois anos, a juros simples de 15% ao ano, terá como valor final a ser pago:

a) R$ 1.400,00. b) R$ 2.645,00. c) R$ 2.600,00. d) R$ 2.800,00. e) R$ 3.200,00.

RESOLUÇÃO:

Para juros simples, temos que:

$$M = C.(1 + i.t)$$

No enunciado, são dados:

C = 2.000

i = 15% a.a. = 0,15

n = 2 anos

Como ambos, i e t estão expressos na mesma unidade de tempo, podemos substituir seus valores na expressão e obtemos o seguinte **montante**:

$$M = 2.000.(1+0,15.\ 2)$$
$$M = 2.000.1,30$$
$$M = R\$2.600,00$$

Gabarito: A.

QUESTÃO 07 (FEPESE – SEFAZ-SC/Ana Fin/2010) Um Capital de $ 5.000,00, aplicado a juros simples de 60% ao ano, rendeu $ 1.250,00. Assinale a alternativa que indica quanto tempo (em meses) esse capital ficou aplicado.

a) 3 meses b) 5 meses c) 7 meses d) 9 meses e) 12 meses

RESOLUÇÃO:

Para juros simples, temos que:

$$J = C.i.t$$

No enunciado, são dados:

C = 5.000

i = 60% a.a. = 0,60

J = 1.250

Logo, substituindo na expressão, temos:

$$1.250 = 5.000.0,60.\ t$$

$$t = \frac{1.250}{5.000.0,60} = \frac{5}{12}\ anos$$

Como a taxa de juros estava expressa ao ano, obtivemos o número de períodos também em anos. Para calcular o período em meses, basta multiplicarmos o valor obtido por 12:

$$t = \frac{5}{12} \times 12 = 5\ meses$$

Gabarito: B.

3.1. Taxas Proporcionais e Equivalentes

Dizemos ainda que duas taxas de juros são **proporcionais** quando **apresentam a mesma proporção em relação ao prazo.**

$$\frac{i_1}{i_2} = \frac{t_1}{t_2}$$

Por exemplo, a taxa 12% ao ano é proporcional à taxa 6% ao semestre, e também é proporcional à taxa 1% ao mês.

Nesse sentido, para obter taxas proporcionais com segurança, basta efetuar uma **regra de três simples.**

Vamos obter a taxa de juros bimestral que é proporcional à taxa de 12% ao ano:

12% ao ano ________ 1 ano

Taxa bimestral ________ 2 meses

Substituindo 1 ano por 12 meses, para deixar os valores da coluna da direita na mesma unidade temporal, temos:

12% ao ano ________ 12 meses

Taxa bimestral ________ meses

Efetuando a multiplicação cruzada, temos:

12% x 2 = Taxa bimestral x 12

Taxa bimestral = 2% ao bimestre

Outra forma de efetuarmos a conversão das taxas é:

BIZU

↳ De taxa com unidade de tempo **menor para maior**, **multiplica-se**;

↳ De taxa com unidade de tempo **maior para menor**, **divide-se**;

Multiplica-se ou divide-se por quanto? Pelo **nº de vezes que o período menor cabe no maior**.

Um conceito ainda mais importante do que taxas proporcionais é o conceito de **taxas equivalentes.** Duas taxas são **equivalentes** quando, aplicadas ao mesmo capital (C) durante o mesmo prazo (t), **produzem o mesmo montante.**

UNIDADE 2 – ARITMÉTICA

Por exemplo, uma taxa de juros simples de 1% a.m., aplicada a um capital de 100 reais por 3 meses, produz um montante de:

$$M = C.(1+i.t)$$

$$\boldsymbol{M} = 100.(1+1\%.3) = 103\,\textbf{reais}$$

De modo similar, uma taxa de juros simples de 3% a.t., aplicada a um capital de 100 reais por 3 meses, produz um montante de:

$$M = C.(1+i.t)$$

$$\boldsymbol{M} = 100.(1+3\%.1) = 103\,\textbf{reais}$$

Como as duas taxas, aplicadas ao **mesmo capital** de 100 reais, pelo **mesmo período** de 3 meses, produziram o **mesmo montante**, dizemos que **a taxa de juros simples de 1% a.m. é equivalente a uma taxa de juros simples de 3% a.t.**

Por fim, é fundamental termos em mente que, **quando trabalhamos com juros simples, taxas proporcionais são também taxas equivalentes.** Essa informação é importantíssima, pois em muito simplifica o cálculo de taxas equivalentes quando estamos no regime de juros simples. Isto é, neste regime de juros, 1% ao mês, 6% ao semestre ou 12% ao ano são proporcionais, e levarão o mesmo capital inicial C ao mesmo montante M após o mesmo período de tempo.

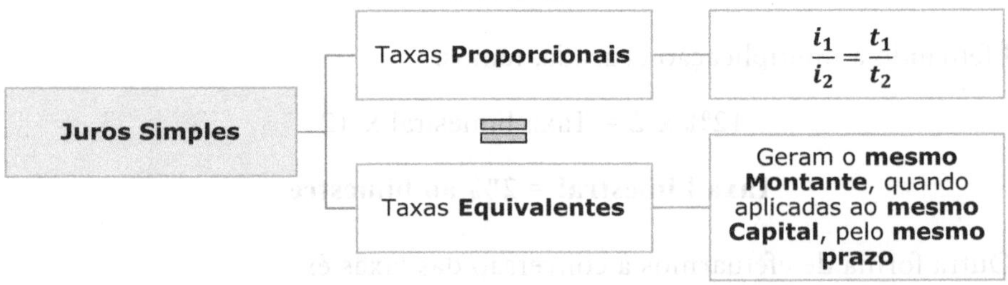

Veja como esse assunto já foi cobrado!

QUESTÃO 08 (Cespe/STM/Ana Judic/2018) Uma pessoa atrasou em 15 dias o pagamento de uma dívida de R$20.000, cuja taxa de juros de mora é de 21% ao mês no regime de juros simples.

Acerca dessa situação hipotética, e considerando o mês comercial de 30 dias, julgue o item subsequente.

No regime de juros simples, a taxa de 21% ao mês é equivalente à taxa de 252% ao ano.

RESOLUÇÃO:

No regime simples, sabemos que taxas proporcionais são também equivalentes. A taxa anual proporcional a 21%am é, simplesmente:

$$21\% \times 12 = 252\% \text{ ao ano}$$

Gabarito: Certo.

QUESTÃO 09 (ESAF – ERSPE/ANEEL/2004) O pai de João emprestou-lhe a quantia de R$ 8.000,00 pelo prazo de dois anos, cobrando-lhe apenas juros de 11% ao ano, em regime de juros simples. Assinale a opção que apresenta uma taxa de juros proporcional à taxa de juros paga por João.

a) 0,03% ao dia

b) 0,90% ao mês

c) 2,70% ao trimestre

d) 3,60% ao quadrimestre

e) 5,50% ao semestre

RESOLUÇÃO:

O nosso objetivo consiste em obter uma taxa de juros proporcional a 11% ao ano.

Perceba que dentre as alternativas apresentadas a mais fácil de testar é a letra E, cuja unidade de tempo é o semestre. Ora, para determinar a taxa semestral, basta pegar a taxa anual e dividir por 2, visto que um ano tem dois semestres:

$$i_s = \frac{11\%}{2} = 5{,}5\%$$

Assim, **a taxa anual de 11% é proporcional à taxa semestral de 5,5%.**

Gabarito: E.

QUESTÃO 10 (FGV – SEFAZ-RJ/Fiscal de Rendas/2008) A taxa de juros simples de 0,05% ao dia equivale à taxa semestral de:

a) 15,00%. b) 1,50%. c) 18,00%. d) 9,00%. e) 12,00%.

RESOLUÇÃO:

Temos que:

$$\frac{i_d}{i_s} = \frac{1\ dia}{180\ dias}$$

$$\frac{0,05\%}{i_s} = \frac{1}{180}$$

$$i_s = \frac{180}{1} \times 0,05\% = 9\% \boldsymbol{a.s.}$$

Gabarito: D.

3.2. Juros Simples Exatos

Juros Exatos é aquele em que **se consideram os meses do ano com o número de dias do nosso calendário** comum e o **ano com 365 dias.**

- janeiro com 31 dias;
- fevereiro com 28 (ou 29, se for ano bissexto);
- março com 31;
- abril com 30;
- maio com 31;
- junho com 30;
- julho com 31;
- agosto com 31;
- setembro com 30;
- outubro com 31;
- novembro com 30; e
- dezembro com 31 dias.

Assim, a questão de **juros simples exatos** vai querer saber se você sabe **contar os dias!**

Veja como esse assunto já foi cobrado!

QUESTÃO 11 (CESPE – Contador/PF/2004) Considerando os conceitos de matemática financeira relativos ao cálculo de juros, descontos e taxas, julgue o seguinte item.

No cálculo de juros exatos, considera-se a média de trinta dias para cada mês.

RESOLUÇÃO:

Agora ficou fácil! Acabamos de ver que no cálculo de **juros exatos** a contagem de prazo é feita de acordo com o **calendário comum**.

Gabarito: Errado.

QUESTÃO 12 (FJG – ACE/TCM-RJ/2003) Marcos fez uma aplicação de R$10.000,00, a uma taxa de juros simples exatos de 18,25% ao ano, do dia 15 de março ao dia 25 de abril do mesmo ano. Ao final desse prazo, o saldo de Marcos, desprezando os centavos, era de:

a) R$10.200,00 b) R$10.202,00 c) R$10.205,00 d) R$10.207,00

RESOLUÇÃO:

Dados:

C = 10.000,00

i = 18,25% a.a

M = ?

A primeira coisa que faremos é converter a taxa ao ano em ao dia:

$$18,25\% \text{ ao ano} \xrightarrow{\quad} \div 365 \xrightarrow{\quad} \text{taxa ao dia}$$

$$\frac{18,25\%}{365} = 0,05\%\ \boldsymbol{a.d}$$

Vamos agora calcular o prazo da aplicação que Marcos realizou. Ora, o enunciado é claro quando afirma que os juros simples são **exatos**. Daí, devemos fazer a contagem dos dias como se estivéssemos olhando um calendário:

Março	Abril
16	25

O período total, então, é de 16 + 25 = **41 dias**. Agora podemos aplicar uma das equações dos juros simples:

$$\boldsymbol{M} = \boldsymbol{C}.(1+\boldsymbol{i}.\boldsymbol{t})$$

$$M = 10000.(1+0,0005.41)$$

$$\boldsymbol{M} = 10000.1,0205 = \boldsymbol{R}\$10.205,00$$

Logo, o saldo de aplicação de Marcos é de **R$ 10,205,00.**

Gabarito: C.

QUESTÃO 13 (FEPESE – SEFAZ-SC/Ana Financ/2010) Um capital de $ 2.000,00 foi aplicado no dia 24 de abril a juros simples de 0,3% ao dia. Seu resgate ocorreu no dia 24 de setembro do mesmo ano.

UNIDADE 2 – ARITMÉTICA

Considerando o ano civil (365 dias), assinale a alternativa que indica o valor final do título resgatado.

a) $ 2.008,00 b) $ 2.098,00 c) $ 2.189,00 d) $ 2.918,00 e) $ 3.819,00

RESOLUÇÃO:

A questão foi explícita em nos mandar considerar o ano com 365 dias, ou seja, tratam-se de **juros exatos**. A contagem de dias, então fica assim:

Abril:	6 dias
Maio:	31 dias
Junho:	30 dias
Julho:	31 dias
Agosto:	31 dias
Setembro:	24 dias
Total:	**153 dias**

Logo, temos:

$$M = C.(1 + i.t)$$

$$M = 2.000.(1 + 0,003.153)$$

$$M = \$2.918,00$$

Gabarito: D.

3.3. Juros Comerciais

Juros Comerciais ou Ordinários é aquele que considera que **todos os meses do ano têm trinta dias** (1m = 30d). Portanto, segundo essa mesma consideração, o **ano inteiro terá trezentos e sessenta dias** (1a = 360d).

Essa é a regra! Ou seja, caso o enunciado de uma questão não disponha de modo contrário, ou se a questão não disser nada sobre isso, devemos considerar o mês (qualquer que seja) com 30 dias e o ano inteiro com 360 dias.

Resumindo, então:

Contagem de Dias		
	Juros **Exatos**	**Ano** tem **365** dias e **meses** têm **28**, **30** ou **31** dias
	Juros **Comerciais** ou **Ordinários**	**Ano** tem **360** dias e **meses** têm **30** dias

Veja como esse assunto já foi cobrado!

QUESTÃO 14 (CESPE – Contador/Polícia Federal/2004) Considerando os conceitos de matemática financeira relativos ao cálculo de juros, descontos e taxas, julgue o seguinte item.

Para o cálculo de juros ordinários, utiliza-se o ano de 365 dias, desconsiderando-se anos bissextos.

RESOLUÇÃO:

Nos **juros ordinários** (comerciais) consideramos que **cada mês tem 30 dias** (ainda que seja fevereiro), e que o **ano tem 360 dias.**

Gabarito: Errado.

QUESTÃO 15 (FEPESE – SEFAZ-SC/Auditor Fiscal/2010) Um Capital de $ 1.000,00 ficou aplicado durante 135 dias, alcançando no final deste período o montante de $ 1.450,00.

Calcule a taxa mensal de juros simples que esse capital rendeu e assinale a alternativa que indica a resposta correta.

a) 10,00%. b) 12,00%. c) 15,00%. d) 17,00%. e) 21,00%.

RESOLUÇÃO:

A questão nos pede a taxa mensal, porém nos dá um prazo em dias. Como nada foi dito sobre as datas, assumimos juros comerciais, ou ordinários. Nesse caso 1 mês corresponde a 30 dias.

Para juros simples, temos que:

$$M = C.(1 + i.t)$$

No enunciado, são dados:

C = 1.000

M = 1.450

t = 135 dias = 135/30 = 4,5 meses

Como, agora, o tempo está expresso em meses, podemos substituir seus valores na expressão para calcularmos a taxa mensal:

$$1.450 = 1.000.(1 + i.4,5)$$

$$1+i.4,5=1,45$$

$$i.4,5=0,45$$

$$\boldsymbol{i=10\%a.m.}$$

Gabarito: A.

QUESTÃO 16 (FGV – SEFAZ-RJ/Fiscal de Rendas – 2008) Um capital é aplicado durante 120 dias, a uma taxa de juros simples ordinário de 15% ao ano, produzindo um montante de R$ 8.400,00. Nessas condições, o capital aplicado, desprezando os centavos, é:

a) R$ 6.500,00 b) R$ 7.850,00 c) R$ 8.017,00 d) R$ 8.820,00 e) R$ 8.000,00.

RESOLUÇÃO:

Nos juros ordinários, ou **comerciais**, um **ano** possui **360 dias**. Para juros simples, temos que:

$$M=C.(1+i.t)$$

No enunciado, são dados:

M = 8.400

i = 15% a.a. = 0,15

t = 120 dias = 120/360 = 1/3 ano

Como, agora, i e t estão expressos em anos, podemos substituir seus valores na expressão para calcularmos o Capital:

$$8.400=C.\left(1+0,15.\frac{1}{3}\right)$$

$$1,05.C=8.400$$

$$C=\frac{8.400}{1,05}$$

$$\boldsymbol{C=R\$8.000,00}$$

Gabarito: E.

3.4. Prazo Médio, Taxa Média e Capital Médio

Os enunciados destas questões começarão nos fornecendo conjuntos de aplicações de juros. Cada conjunto será formado por um valor de Capital, uma taxa de juros simples e um tempo de aplicação. Em seguida, a questão pergunta:

- "Qual é o prazo médio desses conjuntos de aplicações?", ou:
- "Qual é a taxa média desses conjuntos de aplicações?", ou ainda:
- "Qual é o capital médio desses conjuntos de aplicações?".

3.4.1. Prazo Médio

O **Prazo Médio** (PM) corresponde a um **novo tempo de aplicação**, que substituirá os tempos fornecidos pelo enunciado da questão, e será calculado de acordo com a seguinte fórmula:

$$PM = \frac{(C_1.i_1.t_1)+(C_2.i_2.t_2)+(C_3.i_3.t_3)}{(C_1.i_1)+(C_2.i_2)+(C_3.i_3)}$$

3.4.2. Taxa Média

Encontrar a **Taxa Média** significa calcular uma nova taxa, que irá substituir as taxas originais, i_1, i_2 e i_3.

A questão de Taxa Média começa com os mesmos dados da questão de prazo médio. O que muda, apenas, é que a pergunta agora será sobre a **Taxa Média**, e não mais sobre o Prazo Médio daquelas aplicações. Será calculada de acordo com a seguinte fórmula:

$$TM = \frac{(C_1.i_1.t_1)+(C_2.i_2.t_2)+(C_3.i_3.t_3)}{(C_1.t_1)+(C_2.t_2)+(C_3.t_3)}$$

3.4.3. Capital Médio

Encontrar o **Capital Médio** significa calcular um novo capital, que irá substituir os capitais originais, C_1, C_2 e C_3.

Será calculado de acordo com a seguinte fórmula:

$$CM = \frac{(C_1.i_1.t_1)+(C_2.i_2.t_2)+(C_3.i_3.t_3)}{(i_1.t_1)+(i_2.t_2)+(i_3.t_3)}$$

UNIDADE 2 – ARITMÉTICA

RESUMO

Taxa Média	$TM = \dfrac{C_1.i_1.t_1 + C_2.i_2.t_2 + C_3.i_3.t_3}{C_1.t_1 + C_2.t_2 + C_3.t_3}$
Prazo Médio	$PM = \dfrac{C_1.i_1.t_1 + C_2.i_2.t_2 + C_3.i_3.t_3}{C_1.i_1 + C_2.i_2 + C_3.i_3}$
Capital Médio	$CM = \dfrac{C_1.i_1.t_1 + C_2.i_2.t_2 + C_3.i_3.t_3}{i_1.t_1 + i_2.t_2 + i_3.t_3}$

Veja como esse assunto já foi cobrado!

QUESTÃO 17 (ESAF – AFRFB/2002) Os capitais de R$ 2.000,00, R$ 3.000,00, R$ 1.500,00 e R$ 3.500,00 são aplicados à taxa de 4% ao mês, juros simples, durante dois, três, quatro e seis meses, respectivamente. Obtenha o prazo médio de aplicação destes capitais.

a) quatro meses

b) quatro meses e cinco dias

c) três meses e vinte e dois dias

d) dois meses e vinte dias

e) oito meses

RESOLUÇÃO:

Dados:

- $C_1 = 2.000,00$
- $C_2 = 3.000,00$
- $C_3 = 1.500,00$
- $C_4 = 3.500,00$
- $t_1 = 2$ meses
- $t_2 = 3$ meses
- $t_3 = 4$ meses
- $t_4 = 6$ meses
- i = 4% a.m
- PM = ?

Sabemos que o **Prazo Médio** é uma média ponderada dos prazos individuais. Os pesos de ponderação são os produtos **i.C.**

Percebam que as taxas de aplicação são todas iguais entre si (i = 4% a.m). Daí, os pesos de ponderação ficam reduzidos aos capitais:

$$PM = \frac{(C_1.t_1)+(C_2.t_2)+(C_3.t_3)+(C_4.t_4)}{(C_1)+(C_2)+(C_3)+(C_4)}$$

$$PM = \frac{2000.2+3000.3+1500.4+3500.6}{2000+3000+1500+3500} = \frac{4000+9000+6000+21.000}{10000}$$

$$PM = 4 \text{ meses}$$

Gabarito: A.

QUESTÃO 18 (CONSULPLAN – Banestes/Assist Securitário – 2013) Para diluir o risco do investimento, seguindo a máxima do mercado financeiro "nunca coloque todos os ovos na mesma cesta", um investidor aplicou seu capital disponível a juros simples, distribuindo-o em três aplicações com taxas e prazos, conforme evidenciado no quadro abaixo.

Valor	Taxa	Prazo
R$ 10.000,00	6% a.a.	4 anos
R$ 12.000,00	10% a.a.	5 anos
R$ 20.000,00	12% a.a	3 anos

Nessa situação, a taxa média e o prazo médio aproximado do investimento são, respectivamente,

a) 9,6% a.a. e 3,8 anos.

b) 9,6% a.a. e 4,0 anos.

c) 9,45% a.a. e 4,2 anos.

d) 9,75% a.a. e 3,8 anos.

e) 9,75% a.a. e 4,0 anos.

RESOLUÇÃO:

Podemos aplicar diretamente as fórmulas:

$$TM = \frac{C_1.i_1.t_1 + C_2.i_2.t_2 + C_3.i_3.t_3}{C_1.n_1 + C_2.n_2 + C_3.n_3}$$

$$TM = \frac{10.000.0,06.4+12.000.0,10.5+20.000.0,12.3}{10.000.4+12.000.5+20.000.3}$$

UNIDADE 2 - ARITMÉTICA

$$TM = \frac{2.400 + 6.000 + 7.200}{160.000} = 9,75\% \boldsymbol{a.a.}$$

$$PM = \frac{C_1.i_1.t_1 + C_2.i_2.t + C_3.i_3.t_3}{C_1.i_1 + C_2.i_2 + C_3.i_3}$$

$$PM = \frac{10.000.0,06.4 + 12.000.0,10.5 + 20.000.0,12.3}{10.000.0,06 + 12.000.0,10 + 20.000.0,12}$$

$$PM = \frac{2.400 + 6.000 + 7.200}{4.200} = 3,8\boldsymbol{anos}$$

Gabarito: D.

4. RESUMO

Montante é a soma entre o capital inicial e os juros da operação.

A matemática financeira é dividia em **regimes de capitalização**: **Regime Simples** (taxa será aplicada apenas sobre o principal) e **Regime Composto (taxa será aplicada sobre o principal e os juros)**.

Elementos de uma operação de juros:

- **Capital Inicial (C)**: valor **inicialmente** aplicado.
- **Tempo (t)**: elemento que revela como o valor inicial se comportará com o passar dos **dias, meses e anos.**
- **Taxa (i)**: **porcentagem aplicada sobre um capital**, fazendo com que ele nunca fique parado. Corresponde à razão entre os Juros e o Capital, expressa em porcentagem e referida a um determinado prazo.
- **Montante (M)**: valor que será **resgatado ao final** da operação de juros, sendo, obviamente, maior que o investimento inicial.
- **Juros (J)**: **diferença** entre o valor do **Montante** e o valor do **Capital**.

Equações dos Juros Simples (Taxa e **tempo** devem estar na **mesma unidade):**

- **M = C + J**
- **J = C . i . t**
- **M = C . (1 + i . t)**

Duas taxas de juros são **proporcionais** quando **apresentam a mesma proporção em relação ao prazo.**

$$\frac{i_1}{i_2} = \frac{t_1}{t_2}$$

Duas taxas são **equivalentes** quando, aplicadas ao mesmo capital durante o mesmo prazo, **produzem o mesmo montante.**

Juros Exatos é aquele em que **se consideram os meses do ano com o número de dias do nosso calendário** comum e o **ano com 365 dias.**

Juros Comerciais ou Ordinários é aquele que considera que **todos os meses do ano têm trinta dias** (1m = 30d), de modo que o **ano inteiro terá trezentos e sessenta dias** (1a = 360d).

Taxa Média $$TM = \frac{C_1.i_1.t_1 + C_2.i_2.t_2 + C_3.i_3.t_3}{C_1.t_1 + C_2.t_2 + C_3.t_3}$$

Prazo Médio $$PM = \frac{C_1.i_1.t_1 + C_2.i_2.t_2 + C_3.i_3.t_3}{C_1.i_1 + C_2.i_2 + C_3.i_3}$$

Capital Médio $$CM = \frac{C_1.i_1.t_1 + C_2.i_2.t_2 + C_3.i_3.t_3}{i_1.t_1 + i_2.t_2 + i_3.t_3}$$

5. MAIS QUESTÕES COMENTADAS

QUESTÃO 19 (CESGRANRIO - Profissional/LIQUIGÁS/2018) Um funcionário da Liquigás pretende fazer uma pequena reforma em sua casa daqui a 1 ano e gostaria de ter, em sua conta investimento, R$ 3.000,00 no momento de iniciar a reforma. Considerando que suas economias rendem juros de 20% a.a., quanto ele deveria ter hoje, em sua conta investimento, para ter exatamente a quantia desejada daqui a 1 ano, sem que seja feito nenhum depósito?

a) R$ 2.800,00 b) R$ 2.600,00 c) R$ 2.500,00 d) R$ 2.400,00 e) R$ 2.333,33

RESOLUÇÃO:

Suponhamos que o funcionário investirá uma quantia igual a C.

O enunciado informa que depois de 1 ano de investimento essa quantia terá rendido 20%.

Ora, sabemos que aumentar um valor em 20% corresponde a multiplicá-lo por **1 + 0,2**. Logo, o capital passa a valer **1,2C**. É dito que essa expressão deve corresponder a 3.000 reais:

$$1{,}2C = 3.000$$
$$C = 3.000 \div 1{,}2 = 2.500 \; reais$$

Portanto, concluímos que a aplicação deve ser de **2.500 reais.**

Gabarito: C.

QUESTÃO 20 (CESPE/MPU/Analista/2015) Considerando que um investidor tenha aplicado R$ 50.000,00 à taxa de juros simples de 15% ao mês, julgue o item que se segue.

Se, em um mês de 30 dias, o capital ficar aplicado por 23 dias, então o montante a ser auferido será superior a R$ 55.500,00.

RESOLUÇÃO:

Dados:

t = 23 dias = 23/30 mês

M = ?

C = 50.000,00

i = 15% ao mês

Vamos aplicar a fórmula do **montante** nos juros simples:

$$M = C.(1 + i.\ t)$$

$$\boldsymbol{M} = 50000.\left(1 + 0{,}15.\frac{23}{30}\right) = 50000.(1 + 0{,}115) = \boldsymbol{R}\$55.750{,}00$$

Gabarito: Certo.

QUESTÃO 21 (CESPE – MPU/Ana Atuarial/2015) Considerando que um investidor tenha aplicado R$ 50.000,00 à taxa de juros simples de 15% ao mês, julgue o item que se segue.

Suponha que o montante auferido após n meses nessa aplicação tenha sido aplicado por 4 meses à taxa de juros simples de 20% ao mês. Nessa situação, se o montante apurado ao final dos 4 meses for de R$ 117.000,00, então n > 3.

RESOLUÇÃO:

Após **t** meses da primeira aplicação, o investidor terá um montante de:

$$M_1 = 50.000.(1 + 0{,}15.\ t)$$

Esse será o Capital aplicado na segunda operação, gerando um **montante** igual a:

$$M_2 = M_1.(1 + 0{,}20.4)$$

$$117.000 = 50.000.(1 + 0{,}15.\ t).(1 + 0{,}20.4)$$

$$117.000 = 50.000.(1+0,15.\ t).1,80$$

$$1+0,15.t = \frac{117.000}{50.000.1,80}$$

$$1+0,15.t = 1,3$$

$$0,15.t = 0,3$$

$$t = 2\,\boldsymbol{meses} < 3\,\boldsymbol{meses}$$

Gabarito: Errado.

QUESTÃO 22 (CESPE – TJ-SE/Ana Jud/2014) Uma empresa de construção civil tem 8 pedreiros no seu quadro de empregados que recebem, atualmente, R$ 1.500,00 de salário base, R$ 350,00 de auxílio alimentação e R$ 150,00 de auxílio transporte. O salário bruto de cada um deles corresponde à soma desses três valores e, a partir do próximo mês, o salário base e o auxílio alimentação desses empregados serão reajustados em 15%.

Diante da situação apresentada acima e considerando que o total dos descontos legais com previdência e imposto de renda corresponda a 30% do salário bruto e que todos os pedreiros da construção civil trabalhem com a mesma eficiência, julgue os seguintes itens.

Após o reajuste salarial, se um dos pedreiros aplicar 30% de seu salário líquido em um investimento que rende 5% ao mês no regime de juros simples, ele terá, ao final do sexto mês de aplicação, um montante superior a R$ 600,00.

RESOLUÇÃO:

Após os reajustes, os novos valores que compõem a remuneração dos pedreiros serão iguais a:

Salário base:	1.500.(1+15%) = 1.725,00
Auxílio Alimentação:	350.(1+15%) = 402,50
Auxílio Transporte:	150,00
Novo Salário Bruto:	2.277,50
Descontos:	30% . 2.277,50 = (683,25)
Salário Líquido:	**1.594,25**

UNIDADE 2 – ARITMÉTICA

Na tabela acima, calculamos o salário bruto somando as componentes do salário base, auxílio alimentação e auxílio transporte. O salário líquido foi obtido subtraindo-se os descontos do salário bruto.

O pedreiro irá aplicar 30% de seu salário líquido, a uma taxa de juros simples de 5% ao mês por 6 meses.

Para juros simples, temos que:

$$M = C.(1 + i.t)$$

Os dados são:

C = 30% x 1.594,25 = 478,28

i = 5% a.m. = 0,05

t = 6 meses

Logo,

$$M = 478,28.(1 + 0,05.6) = 621,76 > 600 \textbf{\textit{ reais}}$$

Gabarito: Certo.

QUESTÃO 23 (CESPE – SEAD-SE/Aux de Necrópsia/2009) Uma pessoa aplicou 2/5 de seu capital, no regime de juros simples, à taxa de 8% ao ano e o restante de seu capital foi aplicado à taxa de juros simples de 10% ao ano. Ao fim de um ano, as duas aplicações renderam, juntas, R$ 460,00. Nessas condições, julgue o item subsequente.

A taxa de 10% ao ano corresponde à taxa de $\frac{5}{6}\%$ ao mês.

RESOLUÇÃO:

Em juros simples, taxas proporcionais são taxas equivalentes. Assim, para determinarmos a taxa de juros simples mensal que corresponde a 10% a.a., fazemos:

$$\frac{i_m}{i_a} = \frac{1 \; mês}{12 \; meses}$$

$$\frac{i_m}{10\%} = \frac{1}{12}$$

$$i_m = \frac{1}{12} \times 10\% = \frac{5}{6}\% \boldsymbol{a.m.}$$

Gabarito: Certo.

QUESTÃO 24 (CESPE – Contador/Polícia Federal/2014) Considerando que uma pessoa tenha aplicado um capital pelo período de 10 anos e que, ao final do período, ela tenha obtido o montante de R$ 20.000,00, julgue o item a seguir.

Se o montante resultou da aplicação de um capital inicial à taxa mensal de juros simples de 0,5%, então o capital inicial era superior a R$ 10.000,00.

RESOLUÇÃO:

Dados:

- t = 10 anos
- M = R$ 20.000,00
- i = 0,5% a.m
- C = ?

Note que o tempo e a taxa não estão na mesma unidade. Daí, vamos converter o prazo que se encontra em anos para meses. Recorreremos a uma regra de três simples:

1 ano ________ 12 meses

10 anos ________ x meses

$$1.x = 10\ .12$$

$$\boldsymbol{x = 120\ meses}$$

Agora podemos aplicar uma das equações dos juros simples:

$$\boldsymbol{M = C.(1 + i.t)}$$

$$20000 = C.(1 + 0,005.120)$$

$$20000 = 1,6C$$

$$\boldsymbol{C} = \frac{20000}{1,6} = \boldsymbol{R}\$12.500,00$$

Logo, o capital inicialmente aplicado era **superior** a R$ 10.000,00.

Gabarito: Certo.

UNIDADE 2 – ARITMÉTICA

QUESTÃO 25 (CESPE/MPU/Analista/2015) Considerando que um investidor tenha aplicado R$ 50.000,00 à taxa de juros simples de 15% ao mês, julgue o item que se segue.

Suponha que o montante auferido após n meses nessa aplicação tenha sido aplicado por 4 meses à taxa de juros simples de 20% ao mês. Nessa situação, se o montante apurado ao final dos 4 meses for de R$ 117.000,00, então n > 3.

RESOLUÇÃO:

Na primeira aplicação, um capital de R$ 50.000,00 foi aplicado a uma taxa de 15% ao mês, durante **n** meses. Com isso, tem-se o seguinte montante (M^1):

$$\boldsymbol{M_1 = C.(1+i.t)}$$

$$M_1 = 50000.(1+0{,}15.t)(\mathbf{I})$$

Em seguida, o investidor tomou esse valor e fez uma segunda aplicação, a uma taxa de 20% ao mês, durante 4 meses, apurando um montante de R$ 117.000,00. Logo:

$$\boldsymbol{M_2 = M_1.(1+i.t)}$$

$$117000 = M_1.(1+4.0{,}2)$$

$$M_1 = \frac{117000}{1{,}8} = 65000$$

Substituindo esse resultando na equação I, obtemos:

$$65000 = 50000.(1+0{,}15.t)(\mathbf{I})$$

$$1+0{,}15.t = \frac{65000}{50000}$$

$$1+0{,}15.t = 1{,}3$$

$$0{,}15.t = 0{,}3$$

$$\boldsymbol{t} = \frac{0{,}3}{0{,}15} = 2$$

Assim, o tempo de aplicação **não é maior que 3.**

Gabarito: Errado.

QUESTÃO 26 (CESPE – EPC/PREVIC/2011) Considere que um terreno seja vendido por R$ 50.000,00 à vista, mas seu proprietário aceite dividir o pagamento em duas parcelas, sendo R$ 10.000,00 no ato da compra e R$ 44.000,00 a vencer em dois meses. Acerca dessa situação, julgue o seguinte item.

A taxa de juros simples mensal envolvida na compra a prazo desse terreno é de 5%.

RESOLUÇÃO:

O valor à vista do terreno é de R$ 50.000,00. O comprador paga R$ 10.000,00 no ato e financia o restante (R$ 40.000,00).

Dois meses depois, o montante gerado por esse capital é de R$ 44.000,00. Logo, o juro foi de:

$$J = 44.000 - 40.000 = 4.000$$

Vamos aplicar a **fórmula dos juros simples:**

$$\boldsymbol{J = C.i.t}$$

$$4000 = 40000.\ i.2$$

$$4000 = 80000.i$$

$$i = \frac{4000}{80000} = 0,05 = 5\%$$

Logo, a taxa de juros simples mensal envolvida na compra a prazo desse terreno é de 5%.

Gabarito: Certo.

QUESTÃO 27 (CESPE – SEFAZ-ES/Auditor/2013) No regime de capitalização simples, o valor J dos juros recebidos por um aplicador é diretamente proporcional ao capital inicial C aplicado e ao período de tempo T dessa aplicação. A constante de proporcionalidade I, chamada taxa de juros, fornece uma medida da rentabilidade da aplicação. Considere que, sob certas condições conjunturais, essa rentabilidade seja o quociente entre a margem R de risco de perdas — que diz respeito à probabilidade de o aplicador perder alguma parte de seu capital no período da aplicação — e a liquidez L da aplicação — variável cuja unidade é o inverso do tempo e que mede a facilidade com que o aplicador, sem perdas, converte novamente sua aplicação em dinheiro vivo.

No regime de capitalização simples, a fórmula que relaciona o valor dos juros a ser recebido com o capital inicial aplicado, o tempo da aplicação, sua liquidez e margem de risco será:

a) $J = C \times (1 + R/L)^T$.

b) $J = C \times (1 + L/R)^T$.

c) $J = C \times T \times L \times R$.

d) $J = C \times T \times L/R$.

e) $J = C \times T \times R/L$.

RESOLUÇÃO:

De tudo o que está escrito, podemos resumir assim: Se considerarmos que i = R/L e t =T, qual a expressão que nos fornece juros simples? Moleza, não?

$$J = C.i.t$$

$$J = C.\frac{R}{L}.T = C.T.\frac{R}{L}$$

A resposta correta seria a **letra E.** No entanto, sabe-se lá por que, a banca anulou essa questão.

Gabarito: Anulada.

QUESTÃO 28 (CESPE – SEFAZ-ES/Auditor/2013) Um cliente, que tinha R$ 500,00 em sua conta corrente especial, emitiu um cheque de R$ 2.300,00 que foi imediatamente compensado. O cliente só tomou conhecimento do saldo devedor 11 dias após a compensação do cheque. Nessa situação, sabendo que, para períodos inferiores a 30 dias, o banco cobra juros simples, diários, à taxa mensal de 4,8%, para cobrir o débito no banco relativo a esses 11 dias, o cliente deverá depositar, imediatamente, o montante de:

a) R$ 2.750,40 b) R$ 1.800,00 c) R$ 1.831,68 d) R$ 1.886,40 e) R$ 2.300,00

RESOLUÇÃO:

Como o cliente tinha um saldo de 500 reais, ao ser debitado de 2.300 reais, ficou com saldo de:

$$500 - 2.300 = -1.800 \; reais$$

Sobre esse saldo negativo incidem juros simples de 4,8% a.m. e sabemos que para juros simples, temos:

$$M = C.(1 + i.t)$$

Sabemos que:

C = 1.800 (saldo negativo)

i = 4,8% a.m. = 0,048

t = 11 dias = 11/30 meses

Logo,

$$M = 1.800.\left(1 + 0,048.\frac{11}{30}\right) = 1.831,68$$

Gabarito: C.

QUESTÃO 29 (CESPE – Banco da Amazônia/ Téc Cient/2010) No que diz respeito às taxas de juros praticadas no mercado financeiro, julgue o item a seguir.

As taxas proporcionais e as taxas equivalentes, divulgadas em unidades de tempo diferentes, quando aplicadas ao mesmo capital, pelo mesmo período, produzem o mesmo montante.

RESOLUÇÃO:

É exatamente isso o que acontece. Por exemplo, uma taxa de juros simples de 1% a.m. e outra de 3% a.t., aplicada a um capital de 100 reais por 3 meses, produzem o mesmo montante de R$ 103,00.

Gabarito: Certo.

QUESTÃO 30 (CESPE – Correios/Agente/2011) O piso de uma sala retangular, medindo 3,52 m × 4,16 m, será revestido com ladrilhos quadrados, de mesma dimensão, inteiros, de forma que não fique espaço vazio entre ladrilhos vizinhos. Os ladrilhos serão escolhidos de modo que tenham a maior dimensão possível.

Suponha que a despesa com mão de obra e materiais necessários para assentar os ladrilhos tenha sido orçada em R$ 1.000,00 o m^2 e que o proprietário da sala disponha de apenas R$ 10.000,00. Nesse caso, o proprietário poderá obter o montante necessário aplicando o capital disponível à taxa de juros simples de 8% ao mês durante

a) 6 meses. b) 7 meses. c) 8 meses. d) 4 meses. e) 5 meses.

RESOLUÇÃO:

A área total da sala será dada por:

$$A = 3,52 \times 4,16 = 14,6432\ m^2$$

Se cada metro quadrado foi orçado em 1.000 reais, serão necessários, para revestir a sala:

$$1.000 \times 14,6432 = 14.643,20 \; reais$$

Aplicando os 10.000 reais de que dispõe a uma taxa de juros simples de 8% ao mês, podemos calcular o tempo necessário para que o proprietário da sala obtenha o montante necessário à obra pela seguinte equação:

$$M = C.(1 + i.t)$$

$$14.643,20 = 10.000.(1 + 0,08.t)$$

$$1 + 0,08.t = 1,46432$$

$$\boldsymbol{t} = \frac{1,46432 - 1}{0,08} = 5,804 \, \mathbf{meses}$$

Assim, ele precisará esperar 6 meses, que é o menor valor inteiro maior do que 5,804.

Gabarito: A.

QUESTÃO 31 (CESPE – PC-ES/Perito/2011) Uma dívida de R$ 8.000,00, contraída em um banco que pratica taxas de juros nominais anuais com capitalização mensal, no regime de juros compostos, foi paga em um ano, por R$ 12.800,00.

Tomando 1,04 como o valor aproximado de $1,6^{1/12}$ julgue os itens seguintes.

O valor dessa dívida, aplicado por um ano a determinada taxa de juros simples mensais, produziria a mesma quantia a ser paga pelo devedor. Nesse caso, essa taxa de juros simples seria inferior a 4,8% ao mês.

RESOLUÇÃO:

Para juros simples, temos que:

$$M = C.(1 + i.t)$$

Foram dados:

M = 12.800

C = 8.000

t = 12 meses

Logo,

$$12.800 = 8.000.(1 + i.12)$$

$$1 + i.12 = \frac{12.800}{8.000}$$

$$1 + i.12 = 1,6$$

$$i = \frac{1,6 - 1}{12} = 0,05 = 5\% a.m. > 4,8\% a.m.$$

Gabarito: Errado.

QUESTÃO 32 (CESPE – FUB/Contador/2011) Com relação ao regime de juros simples, julgue o item a seguir.

Uma aplicação de R$ 1.000,00 à taxa de 1,2% ao mês, durante 24 dias, rende juros de R$ 10,00.

RESOLUÇÃO:

Como o enunciado não especifica o mês, assumimos **juros comerciais**, em que 1 mês tem 30 dias.

Para juros simples, temos que:

$$J = C.i.t$$

Foram dados:

C = 1.000

i = 1,2% a.m. = 0,012

t = 24 dias = 24/30 meses

Logo,

$$J = 1.000.0,012.\frac{24}{30} = 9,6 \; \textbf{\textit{reais}} < 10 \; \textbf{\textit{reais}}$$

Gabarito: Errado.

QUESTÃO 33 (CESPE – FUB/Contador/2011) Um capital de R$ 10.000,00 aplicado durante três períodos sucessivos, à taxa de 15% ao período, gerará um juro final igual à metade desse capital.

UNIDADE 2 – ARITMÉTICA

RESOLUÇÃO:

Para juros simples, temos que:

$$J = C.i.t$$

Foram dados:

C = 10.000

i = 15% a.p. = 0,15

t = 3 períodos

Logo,

$$J = 10.000.0,15.3 = 4.500 < \frac{10.000}{2}$$

Gabarito: Errado.

QUESTÃO 34 (CESPE – Inmetro/Assist Exec/2010) Considere que um consumidor tenha contratado empréstimo de R$ 1.000,00, por 6 meses, no regime de juros simples. Considere, ainda, que o contrato preveja capitalização mensal, taxa de juros de 2% ao mês e que tanto o juro quanto o principal só sejam pagos ao fim do contrato. Nessa situação, o consumidor pagará, de juros, a quantia de

a) R$ 120,00. b) R$ 150,00. c) R$ 200,00. d) R$ 220,00. e) R$ 600,00.

RESOLUÇÃO:

Para juros simples, temos que:

$$J = C.i.t$$

Foram dados:

C = 1.000

i = 2% a.m. = 0,02

t = 6 meses

Logo,

$$J = 1.000.0,02.6 = 120,00$$

Gabarito: A.

QUESTÃO 35 (CESPE – Abin/Ag Téc de Inteligência/2010) O montante obtido por um investimento de R$ 5.000,00, aplicado por 10 meses, a juros simples mensais de 1,8% será superior a R$ 5.850,00.

RESOLUÇÃO:

Para juros simples, temos que:

$$M = C.(1 + i.t)$$

Foram dados:

C = 5.000

i = 1,8% a.m. = 0,018

t = 10 meses

Logo,

$$M = 5.000.(1 + 0,018.10) = 5.900,00 > 5.850,00$$

Gabarito: Certo.

QUESTÃO 36 (CESPE – Abin/Ag Téc de Inteligência/2010) Considere que três amigos tenham aplicado quantias diretamente proporcionais aos números 3, 5 e 7, em um banco que pague juros simples de 3% ao mês, e que os montantes dessas aplicações, ao final de 6 meses, tenham somado R$ 35.400,00. Com base nessas informações, julgue o item a seguir.

A maior quantia aplicada foi superior a R$ 14.200,00.

RESOLUÇÃO:

Sejam A, B e C os montantes de cada um dos 3 amigos ao final da aplicação. Como essas quantias são diretamente proporcionais a 3, 5 e 7, temos:

$$\frac{A}{3} = \frac{B}{5} = \frac{C}{7} = \frac{A + B + C}{3 + 5 + 7}$$

$$\frac{A}{3} = \frac{B}{5} = \frac{C}{7} = \frac{35.400}{15} = 2.360$$

$$\frac{A}{3} = 2.360 \quad \rightarrow \quad A = 7.080$$

$$\frac{B}{5} = 2.360 \quad \rightarrow \quad B = 11.800$$

$$\frac{C}{7} = 2.360 \quad \rightarrow \quad C = 16.520$$

Esses valores correspondem aos montantes individuais após os 6 meses de aplicação. Para calcular os valores inicialmente investidos, vamos usar a fórmula dos juros simples:

$$M = C.(1 + i.t)$$

Para o montante A:

$$7.080 = C_A.(1 + 0,03.6)$$

$$C_A = \frac{7.080}{1 + 0,03.6} = 6.000$$

Para o montante B:

$$11.800 = C_B.(1 + 0,03.6)$$

$$C_B = \frac{11.800}{1 + 0,03.6} = 10.000$$

Para o montante C:

$$16.520 = C_C.(1 + 0,03.6)$$

$$C_C = \frac{16.520}{1 + 0,03\ .6} = 14.000 < 14.200$$

Gabarito: Errado.

QUESTÃO 37 (CESPE – Abin/Ag Téc de Inteligência/2010) Considere que três amigos tenham aplicado quantias diretamente proporcionais aos números 3, 5 e 7, em um banco que pague juros simples de 3% ao mês, e que os montantes dessas aplicações, ao final de 6 meses, tenham somado R$ 35.400,00. Com base nessas informações, julgue o item a seguir.

A menor quantia aplicada foi inferior a R$ 5.800,00.

RESOLUÇÃO:

Sejam A, B e C os montantes de cada um dos 3 amigos ao final da aplicação. Como essas quantias são diretamente proporcionais a 3, 5 e 7, temos:

$$\frac{A}{3}=\frac{B}{5}=\frac{C}{7}=\frac{A+B+C}{3+5+7}$$

$$\frac{A}{3}=\frac{B}{5}=\frac{C}{7}=\frac{35.400}{15}=2.360$$

$$\frac{A}{3}=2.360 \quad \rightarrow \quad A=7.080$$

$$\frac{B}{5}=2.360 \quad \rightarrow \quad B=11.800$$

$$\frac{C}{7}=2.360 \quad \rightarrow \quad C=16.520$$

Esses valores correspondem aos montantes individuais após os 6 meses de aplicação. Para calcular os valores inicialmente investidos, vamos usar a fórmula dos juros simples:

$$M=C.(1+i.t)$$

Para o montante A:

$$7.080=C_A.(1+0,03.6)$$

$$C_A=\frac{7.080}{1+0,03\ .6}=6.000>5.800$$

Para o montante B:

$$11.800=C_B.(1+0,03.6)$$

$$C_B=\frac{11.800}{1+0,03.6}=10.000$$

Para o montante C:

$$16.520=C_C.(1+0,03.6)$$

$$C_C=\frac{16.520}{1+0,03.6}=14.000$$

Gabarito: Errado.

QUESTÃO 38 (CESPE – TCU/Ana de Controle Externo/2009) Se um capital de R$ 10.000,00 for aplicado pelo período de 1 ano à taxa de juros simples de 6% ao mês, então, ao término desse período, o montante existente nessa aplicação será superior a R$ 17.400,00.

RESOLUÇÃO:

Para juros simples, temos que:

$$M = C.(1+i.t)$$

Foram dados:

C = 10.000

i = 6% a.m. = 0,06

t = 12 meses

Logo,

$$M = 10.000.(1+0,06.12) = 17.200 < 17.400 \textit{ reais}$$

Gabarito: Errado.

QUESTÃO 39 (CESPE – SEAD-SE/Aux de Necrópsia/2009) Uma pessoa aplicou 2/5 de seu capital, no regime de juros simples, à taxa de 8% ao ano e o restante de seu capital foi aplicado à taxa de juros simples de 10% ao ano. Ao fim de um ano, as duas aplicações renderam, juntas, R$ 460,00. Nessas condições, julgue o item subsequente.

O juro produzido pelos 2/5 do capital foi de R$ 160,00.

RESOLUÇÃO:

Seja C o capital da pessoa.

1ª Aplicação:

$$J_1 = \frac{2C}{5}.0,08.1 = 0,032.C$$

2ª Aplicação:

$$J_2 = \frac{3C}{5}.0,10.1 = 0,06.C$$

O enunciado ainda nos diz que:

$$J_1 + J_2 = 460$$

$$0,032.C + 0,06.C = 460$$

$$0,092.C = 460$$

$$C = \frac{460}{0,092} = 5.000\ reais$$

Assim,

$$J_1 = 0,032.C = 0,032.5.000$$

$$\boldsymbol{J_1 = 160\,reais}$$

Gabarito: Certo.

QUESTÃO 40 (CESPE – SEAD-SE/Aux de Necrópsia/2009) Uma pessoa aplicou 2/5 de seu capital, no regime de juros simples, à taxa de 8% ao ano e o restante de seu capital foi aplicado à taxa de juros simples de 10% ao ano. Ao fim de um ano, as duas aplicações renderam, juntas, R$ 460,00. Nessas condições, julgue o item subsequente.

Os juros gerados pelas duas aplicações correspondem a 10% do capital inicial aplicado.

RESOLUÇÃO:

Seja C o capital da pessoa.

1ª Aplicação:

$$J_1 = \frac{2C}{5}.0,08.1 = 0,032.C$$

2ª Aplicação:

$$J_2 = \frac{3C}{5}.0,10.1 = 0,06.C$$

O enunciado ainda nos diz que:

$$J_1 + J_2 = 460$$

$$0,032.C + 0,06.C = 460$$

$$0,092.C = 460$$

$$C = \frac{460}{0,092} = 5.000\ reais$$

Dez por cento do capital aplicado é igual a:

$$10\%.5.000 = 500\ \boldsymbol{reais} \neq 460\ \boldsymbol{reais}$$

Gabarito: Errado.

QUESTÃO 41 (CESPE – MPU/Analista/2015) Considerando que um investidor tenha aplicado R$ 50.000,00 à taxa de juros simples de 15% ao mês, julgue o item que se segue.

Se, em um mês de 30 dias, o capital ficar aplicado por 23 dias, então o montante a ser auferido será superior a R$ 55.500,00.

RESOLUÇÃO:

Para juros simples, temos que:

$$M = C.(1 + i.t)$$

Foram dados:

C = 50.000

i = 15% a.m. = 0,15

t = 23 dias = 23/30 meses

Logo,

$$M = 50.000.\left(1 + 0,15.\frac{23}{30}\right) = \boldsymbol{R}\$55.750,00 > \boldsymbol{R}\$55.500,00$$

Gabarito: Certo.

QUESTÃO 42 (CESPE – MTE/Contador/2014) Se R$ 40.000,00 aplicados por 5 meses no regime de juros simples produzir um montante superior a R$ 45.000,00, então a taxa anual de juros dessa aplicação terá sido superior a 30%

RESOLUÇÃO:

No problema, são dados:

M > 45.000

C = 40.000

t = 5 meses = 5/12 anos

Logo, temos:

$$40.000.\left(1+i.\frac{5}{12}\right)>45.000$$

$$1+i.\frac{5}{12}>1{,}125$$

$$i>\frac{1{,}125-1}{\frac{5}{12}}=0{,}30>30\%\boldsymbol{a.a.}$$

Gabarito: Certo.

QUESTÃO 43 (CESPE/SEFAZ-ES/AFRE/2013) Um cliente, que tinha R$ 500,00 em sua conta corrente especial, emitiu um cheque de R$ 2.300,00 que foi imediatamente compensado. O cliente só tomou conhecimento do saldo devedor 11 dias após a compensação do cheque. Nessa situação, sabendo que, para períodos inferiores a 30 dias, o banco cobra juros simples, diários, à taxa mensal de 4,8%, para cobrir o débito no banco relativo a esses 11 dias, o cliente deverá depositar, imediatamente, o montante de

a) R$ 2.750,40 b) R$ 1.800,00 c) R$ 1.831,68 d) R$ 1.886,40 e) R$ 2.300,00

RESOLUÇÃO:

Inicialmente o enunciado informa que o cliente tinha R$ 500,00 em sua conta, de forma que o valor que ficou negativo foi de:

$$2.300-500=\boldsymbol{R}\$1.800{,}00$$

Assim, aplicando a fórmula do **montante** nos juros simples, temos:

$$M = C.(1 + i.t)$$

$$M = 1800.\left(1 + 0,048.\frac{11}{30}\right) = 1800.(1 + 0,0176) = 1.831,68$$

Gabarito: C.

QUESTÃO 44 (IDECAN – Soldado/CBM-ES/2022) Uma conta poupança com R$ 60.000,00 rende mensalmente R$ 240,00. Com R$ 110.000,00, qual seria o rendimento?

a) R$ 400,00 b) R$ 420,00 c) R$ 440,00 d) R$ 460,00 e) R$ 480,00

RESOLUÇÃO:

Para saber qual a **taxa** de aumento aplicada, utilizamos a fórmula:

$$j = c.i.t$$

Substituindo os dados apresentados, obtemos:

$$240 = 60000.i.1$$

$$i = \frac{240}{60000} = 0,004 = 0,4\%\ ao\ mês$$

Assim, a taxa de rendimento da poupança é de 0,4% ao mês. Podemos utilizá-la na mesma fórmula para determinar os **juros** do novo capital:

$$j = 110000.0,004.1 = 440\ reais$$

Portanto, concluímos que R$ 110.000,00 proporciona um rendimento mensal de **R$ 440,00**.

Gabarito: C.

QUESTÃO 45 (ESAF/SEFAZ-SP/2009) Um capital unitário aplicado a juros gerou um montante de 1,1 ao fim de 2 meses e 15 dias. Qual a taxa de juros simples anual de aplicação deste capital?

a) 4% b) 10% c) 60% d) 54% e) 48%

RESOLUÇÃO:

Dados:

- t = 2,5 MESES
- C = 1
- M = 1,1
- i = ?

Podemos aplicar uma das equações dos juros simples, sabendo que encontraremos uma taxa mensal:

$$\boldsymbol{M} = \boldsymbol{C}.(1+\boldsymbol{i}.\,\boldsymbol{t})$$

$$1{,}1 = 1.(1+i.2{,}5)$$

$$2{,}5i = 1{,}1 - 1$$

$$2{,}5i = 0{,}1$$

$$\boldsymbol{i} = 0{,}04 = 4\%$$

Assim, a taxa mensal é de 4%. Logo, a taxa anual é de 4% × 12 = **48%.**

Gabarito: E.

QUESTÃO 46 (ESAF – ERSPE/ANEEL/2006) Indique qual o valor do capital que, aplicado à taxa de 2,4% ao mês, juros simples, rende R$ 176,00 de juros em 100 dias.

a) R$ 2.200,00 b) R$ 2.100,00 c) R$ 2.000,00 d) R$ 1.900,00 e) R$ 1.800,00

RESOLUÇÃO:

Dados:

- t = 100 dias
- i = 2,4% a.m
- J = 176,00
- C = ?

Note que o tempo e a taxa não estão na mesma unidade. Daí, vamos converter o prazo que se encontra em dias para meses. Recorreremos a uma regra de três simples:

1 mês _______ 30 dias

x meses _______ 100 dias

$$30.x = 100.1$$

$$x = \frac{100}{30} = \frac{10}{3}\textbf{ meses}$$

Agora podemos aplicar uma das equações dos juros simples:

$$J = C.i.t$$

$$176 = C.0{,}024.\frac{10}{3}$$

$$176 = C.0{,}08$$

$$C = \frac{176}{0{,}08} = 2.200$$

Gabarito: A.

QUESTÃO 47 (ESAF – ERSPE/ANEEL/2004) O pai de João emprestou-lhe a quantia de R$ 8.000,00 pelo prazo de dois anos, cobrando-lhe apenas juros de 11% ao ano, em regime de juros simples. Ao final do prazo combinado, se João quiser quitar a dívida com seu pai, ele deverá pagar-lhe uma quantia

a) inferior a R$ 9.100,00.

b) superior a R$ 9.100,00 e inferior a R$ 9.300,00.

c) superior a R$ 9.300,00 e inferior a R$ 9.500,00.

d) superior a R$ 9.500,00 e inferior a R$ 9.700,00.

e) superior a R$ 9.700,00.

RESOLUÇÃO:

Dados:

- t = 2 anos
- C = 8.000
- i = 11% a.a
- M = ?

Note que o tempo e a taxa estão na mesma unidade (anos). Podemos, então, aplicar uma das equações dos juros simples:

$$\boldsymbol{M = C.(1 + i.t)}$$

$$M = 8000.(1 + 0{,}11.2) = 8000.1{,}22 = R\$9.760{,}00$$

Logo, se João quiser quitar a dívida (capital inicial) com seu pai, ele deverá pagar-lhe uma quantia (montante) superior a R$ 9.700,00.

Gabarito: E.

QUESTÃO 48 (ESAF – ATRFB/2006) Um indivíduo devia R$ 1.200,00 três meses atrás. Calcule o valor da dívida hoje considerando juros simples a uma taxa de 5% ao mês, desprezando os centavos.

a) R$ 1.380,00 b) R$ 1.371,00 c) R$ 1.360,00 d) R$ 1.349,00 e) R$ 1.344,00

RESOLUÇÃO:

Dados:

- t = 3 meses
- C = 1.200,00
- i = 5% a.m
- M = ?

Note que o tempo e a taxa estão na mesma unidade (meses). Podemos, então, aplicar uma das equações dos juros simples:

$$M = C.(1 + i.t)$$

$$M = 1200.(1 + 0{,}05.3) = 1200.1{,}15 = R\$1.380{,}00$$

Logo, o valor da dívida (montante) hoje transcorridos 4 meses) é de R$ 1.380,00, tendo havido um acréscimo (juros), portanto, de R$ 180,00.

Gabarito: E.

QUESTÃO 49 (ESAF – SEFAZ-CE/Auditor Fiscal/2006) Qual o capital que aplicado a juros simples à taxa de 2,4% ao mês rende R$ 1.608,00 em 100 dias?

a) R$ 20 000,00.

b) R$ 20 100,00.

c) R$ 20 420,00.

d) R$ 22 000,00.

e) R$ 21 400,00.

RESOLUÇÃO:

Para juros simples, temos que:

$$J = C.i.t$$

São dados:

J = 1.608

i = 2,4% a.m. = 0,024

t = 100 dias = 100/30 meses

Logo,

$$1.608 = C.0,024.\frac{100}{30}$$

$$0,08.C = 1.608$$

$$C = \frac{1.608}{0,08} = \boldsymbol{R}\$20.100,00$$

Gabarito: B.

QUESTÃO 50 (ESAF – SUSEP/Ag Execut/2006) Três capitais nos valores de 250, 350 e 400 unidades monetárias são aplicados às taxas de juros simples mensais de 4%, 3% e 2%, respectivamente, durante o mesmo prazo. Obtenha a média aritmética ponderada das taxas de juros mensais de aplicação destes capitais usando os valores dos capitais aplicados como pesos.

a) 3% b) 2,95% c) 2,9% d) 2,85% e) 2,8%

RESOLUÇÃO:

A **taxa média** será dada por:

$$TM = \frac{250 \times 4\% + 350 \times 3\% + 400 \times 2\%}{250 + 350 + 400}$$

$$\boldsymbol{TM} = \frac{10 + 10,50 + 8}{1.000} = \frac{28,50}{1.000} = 2,85\%\boldsymbol{a.m.}$$

Gabarito: D.

QUESTÃO 51 (ESAF – SEFA-PA/Fiscal de Tributos Estadual/2002) Três capitais nos valores de R$ 1.000,00, R$ 2.000,00 e R$ 4.000,00 são aplicados respectivamente às taxas de 5,5%, 4% e 4,5% ao mês, durante o mesmo número de meses. Obtenha a taxa média mensal de aplicação destes capitais.

a) 3,5% b) 4% c) 4,25% d) 4,5% e) 5%

RESOLUÇÃO:

A **taxa média** é dada por:

$$TM = \frac{C_1.i_1.t_1 + C_2.i_2.t_2 + C_3.i_3.t_3}{C_1.t_1 + C_2.t_2 + C_3.t_3}$$

Como todos os 3 períodos são iguais, temos:

$$TM = \frac{C_1.i_1.t + C_2.i_2.t + C_3.i_3.t}{C_1.t + C_2.t + C_3.t}$$

$$TM = \frac{C_1.i_1 + C_2.i_2 + C_3.i_3}{C_1 + C_2 + C_3}$$

Essa última expressão é justamente a média ponderada das taxas pelos capitais.

$$TM = \frac{1.000.5,5\% + 2.000.4\% + 4.000.4,5\%}{1.000 + 2.000 + 4.000}$$

$$TM = \frac{55 + 80 + 180}{7.000} = \frac{315}{7.000} = 4,5\% a.m.$$

Gabarito: D.

QUESTÃO 52 (ESAF – SEFAZ-PI/Ag Tributário/2002) Durante o mês de maio, um capital de R$ 2.000,00 foi aplicado no open market (sistema de juros simples) a uma taxa de 30% ao mês, tendo produzido um montante de R$ 2.240,00. O número de dias a que esse capital esteve aplicado foi de:

a) 8 b) 10 c) 12 d) 13 e) 15

RESOLUÇÃO:

Para juros simples, temos que:

$$M = C.(1 + i.t)$$

São dados:

M = 2.240

C = 2.000

i = 30% a.m. = 0,30

$$2.240 = 2.000.(1 + 0,30.\,t)$$

$$1 + 0,30.t = \frac{2.240}{2.000}$$

$$1 + 0,30.t = 1,12$$

$$t = \frac{1,12 - 1}{0,30} = 0,4\,\textbf{meses}$$

Como o enunciado foi omisso, assumimos **juros comerciais**, ou seja, **1 mês tem 30 dias**. Assim,

$$t = 0,4 \times 30 = 12\,\textbf{dias}$$

Gabarito: C.

QUESTÃO 53 (ESAF – IRB/Ana/2006) Um capital de 1000 unidades monetárias foi aplicado durante um mês a 3% ao mês, tendo o montante ao fim do mês sido reaplicado no segundo mês a 4% ao mês e o montante ao fim do segundo mês sido reaplicado no terceiro mês a 5% ao mês. Indique o montante ao fim do terceiro mês.

a) 1.170 b) 1.124,76 c) 1.120 d) 1.116,65 e) 1.110

RESOLUÇÃO:

Esse capital irá render juros sucessivos de 3%, 4% e 5%. Logo, o **montante** ao final do 3º mês será dado por:

$$M = 1.000.(1+3\%).(1+4\%).(1+5\%) = 1.000\ .1,03\ .1,04\ .1,05 = \boldsymbol{R\$}1.124,76$$

Gabarito: B.

QUESTÃO 54 (ESAF – BACEN/Ana Cont/2001) Uma pessoa recebeu um empréstimo de um banco comercial de R$10.000,00 para pagar R$12.000,00 ao final de cinco meses, mas foi obrigada a manter R$2.000,00 de saldo em sua conta durante a vigência do empréstimo. Considerando que a pessoa retirou os

R$2.000,00 do empréstimo recebido e os utilizou para pagamento do montante no final, indique a taxa real de juros paga.

a) 20% ao semestre

b) 4% ao mês, considerando juros simples

c) 10% ao mês, considerando juros simples

d) 20% no período

e) 5% ao mês, juros simples

RESOLUÇÃO:

Se a pessoa teve que manter os 2.000 reais na conta, então, na verdade, o empréstimo que recebeu foi de 10.000 – 2.000 = 8.000 reais.

Além disso, como os 2.000 reais que permaneceram na conta foram utilizados para quitar a dívida, a pessoa teve que pagar, ao final do empréstimo 12.000 – 2.000 = 10.000 reais.

Para juros simples, temos:

$$M = C.(1+i.t)$$

No problema, temos:

M = 10.000

C = 8.000

t =5 meses

Logo,

$$10.000 = 8.000.(1+i.5)$$

$$1+i.5 = \frac{10.000}{8.000}$$

$$1+i.5 = 1,25$$

$$i = \frac{1,25-1}{5} = 0,05 = 5\%\ a.m.$$

Gabarito: E.

QUESTÃO 55 (ESAF – Pref. Recife/Contador/2003) Um capital é aplicado a juros simples a uma taxa de 3% ao mês. Em quanto tempo este capital aumentaria 14% em relação ao seu valor inicial?

a) 3 meses e meio

b) 4 meses

c) 4 meses e 10 dias

d) 4 meses e meio

e) 4 meses e 20 dias

RESOLUÇÃO:

Para juros simples, temos:

$$M = C.(1+i.t)$$

No problema, temos:

M = C.(1+14%) = 1,14.C

i = 3% a.m. = 0,03

Logo,

$$1,14.C = C.(1+0,03\ .t)$$

$$1+0,03.t = 1,14$$

$$t = \frac{1,14-1}{0,03} = \frac{14}{3}\text{ meses} = 4\,\textbf{meses e}\,\frac{2}{3}$$

Como 1 mês tem 30 dias, 2/3 de mês terá 20 dias. Logo,

$$\boldsymbol{n = 4\ meses\ e 20\ dias}$$

Gabarito: E.

QUESTÃO 56 (ESAF – Pref. Recife/Contador/2003) Indique a taxa de juros simples mensal que é equivalente à taxa de 9% ao trimestre.

a) 2% b) 3% c) 4% d) 4,5% e) 6%

RESOLUÇÃO:

Para juros simples, as taxas equivalentes são proporcionais, logo:

$$\frac{i_m}{i_t} = \frac{1\,mês}{3\,meses}$$

$$\frac{i_m}{9\%} = \frac{1\,mês}{3\,meses}$$

$$\boldsymbol{i_m = 3\%\ a.m.}$$

Gabarito: B.

QUESTÃO 57 (ESAF – ATRFB/2006) Três capitais nos valores respectivos de 100, 250 e 150 são aplicados a juros simples no mesmo prazo às taxas de 3%, 4% e 2% ao mês, respectivamente. Obtenha a taxa média mensal de aplicação desses capitais.

a) 3,4% b) 3,2% c) 3,0% d) 2,8% e) 2,6%

RESOLUÇÃO:

Dados:

- $C_1 = 100{,}00$
- $C_2 = 250{,}00$
- $C_3 = 150{,}00$
- $i_1 = 3\%$ a.m
- $i_2 = 4\%$ a.m
- $i_3 = 2\%$ a.m
- TM = ?

Sabemos que a **Taxa Média** é uma média ponderada das taxas individuais. Os pesos de ponderação são os produtos **t.C.**

Perceba que os prazos de aplicação são todos iguais entre si. Daí, os pesos de ponderação ficam reduzidos aos capitais:

$$\boldsymbol{TM = \frac{(C_1.i_1)+(C_2.i_2)+(C_3.i_3)}{(C_1)+(C_2)+(C_3)}}$$

$$TM = \frac{100.0,03+250.0,04+150.0,02}{100+250+150} = \frac{3+10+3}{500} = \frac{16}{500} = 0,032 = 3,2\%\ \boldsymbol{a.m}$$

Gabarito: B.

QUESTÃO 58 (ESAF – ATI/SEFAZ-CE/2007) Uma pessoa aplicou um capital a juro simples exato a uma taxa de 20% ao ano e ele cresceu 8% ao fim do prazo. Qual foi o prazo de aplicação do capital?

a) 144 dias b) 146 dias c) 150 dias d) 153 dias e) 155 dias

RESOLUÇÃO:

Dados:

i = 20% a.a

t = ?

Vamos supor que o Capital inicial é de R$ 100,00. Dessa forma, o montante será de:

$$\boldsymbol{M} = C + 8\% \times C = 100 + 8 = 108$$

Sabemos que o Juro (J) é obtido por meio da diferença entre o montante (M) e o Capital (C):

$$\boldsymbol{J} = 108 - 100 = 8$$

Podemos usar uma das equações dos **juros simples**:

$$\boldsymbol{J = C.i.t}$$

$$8 = 100.0,2.t$$

$$8 = 20t$$

$$t = \frac{8}{20} = 0,4 \; \boldsymbol{anos}$$

Precisamos converter o prazo que encontramos em **anos para dias**, já que é nessa unidade de tempo que se encontram todas as alternativas de resposta. Porém, o enunciado é claro ao afirmar que estamos trabalhando com **juros simples exatos**. Daí, devemos considerar que o ano possui 365 dias. Logo:

1 ano _______ *365 dias*

0,4 anos _______ *x dias*

Multiplicando cruzado, teremos:

$$x \,.\, 1 = 365 \,.\, 0,4$$

$$\boldsymbol{x = 146 \; dias}$$

Gabarito: B.

QUESTÃO 59 (ESAF – AFRFB/2003) Os capitais de R$ 2.500,00, R$ 3.500,00, R$ 4.000,00 e R$ 3.000,00 são aplicados a juros simples durante o mesmo prazo às taxas mensais de 6%, 4%, 3% e 1,5%, respectivamente. Obtenha a taxa média mensal de aplicação destes capitais.

a) 2,9% b) 3% c) 3,138% d) 3,25% e) 3,5%

RESOLUÇÃO:

Dados:

- $C_1 = 2.500,00$
- $C_2 = 3.500,00$
- $C_3 = 4.000,00$
- $C_4 = 3.000,00$
- $i_1 = 6\%$
- $i_2 = 4\%$
- $i_3 = 3\%$
- $i_4 = 1,5\%$
- TM = ?

Sabemos que a **Taxa Média** é uma média ponderada das taxas individuais. Os pesos de ponderação são os produtos **t.C.**

Percebam que os prazos de aplicação são todos iguais entre si. Daí, os pesos de ponderação ficam reduzidos aos capitais:

$$TM = \frac{(C_1.i_1)+(C_2.i_2)+(C_3.i_3)+(C_4.i_4)}{(C_1)+(C_2)+(C_3)+(C_4)}$$

$$TM = \frac{2500.0,06+3500.0,04+4000.0,03+3000.0,015}{2500+3500+4000+3000}$$

$$TM = \frac{150+140+120+45}{13000} = \frac{455}{13000} = 0,035 = 3,5\%\ a.m$$

Gabarito: E.

QUESTÃO 60 (FCC – TRT-13/Ana Jud/2014) A aplicação a juros de um capital de R$ 3.000,00 resultou em um montante de R$ 3.300,00 ao final do período de 2 meses e meio. A taxa de juros simples anual desse investimento, em %, foi de

a) 4. b) 48. c) 10. d) 60. e) 38.

RESOLUÇÃO:

Para juros simples, temos que:

$$M = C.(1 + i.t)$$

Foram dados:

M = 3.300

C = 3.000

t = 2,5 meses = 2,5/12 anos

Como queremos uma taxa de juros anual, colocamos t expresso em anos. Logo,

$$3.300 = 3.000 \, . \left(1 + i.\frac{2,5}{12}\right)$$

$$1 + i.\frac{2,5}{12} = \frac{3.300}{3.000}$$

$$1 + i.\frac{2,5}{12} = 1,1$$

$$\boldsymbol{i} = \frac{1,1 - 1}{\frac{2,5}{12}} = 0,48 = 48\% \ \boldsymbol{a.a.}$$

Gabarito: B.

QUESTÃO 61 (FCC – DPE-RS/Ana Econ/2013) Uma pessoa aplicou um determinado capital a uma taxa de juros simples de 10% ao ano durante 18 meses, obtendo ao final do período um determinado montante. Se ela tivesse aplicado o mesmo capital por um período de 24 meses, obteria R$ 6.250,00 a mais de juros em relação à primeira hipótese. O capital empregado por essa pessoa equivaleu, em R$, a

a) 125.000,00.

b) 115.000,00.

c) 130.000,00.

d) 122.500,00.

e) 135.000,00.

RESOLUÇÃO:

1ª aplicação:

i = 10% a.a. = 0,10

t = 18 meses = 18/12 anos = 1,5 anos

$$J_1 = C.0,10.1,5 = 0,15.C$$

2ª aplicação:

i = 10% a.a. = 0,10

t = 24 meses = 24/12 anos = 2 anos

$$J_2 = C.0,10.2 = 0,20.C$$

O enunciado nos diz ainda que:

$$M_2 = M_1 + 6.250$$

$$0,20.C = 0,15.C + 6.250$$

$$0,05.C = 6.250$$

$$C = 125.000$$

Gabarito: A.

QUESTÃO 62 (FCC – Pref. São Paulo/Auditor Fiscal/2012) Em 05 de janeiro de certo ano, uma pessoa tomou R$ 10.000,00 emprestados por 10 meses, a juros simples, com taxa de 6% ao mês. Após certo tempo, encontrou um outro credor que cobrava taxa de 4% ao mês. Tomou, então, R$ 13.000,00 emprestados do segundo credor pelo resto do prazo e, no mesmo dia, liquidou a dívida com o primeiro. Em 05 de novembro desse ano, ao liquidar a segunda dívida, havia pago um total de R$ 5.560,00 de juros aos dois credores. O prazo do segundo empréstimo foi

a) 4 meses.

b) 4 meses e meio.

c) 5 meses.

d) 5 meses e meio.

e) 6 meses.

RESOLUÇÃO:

Esta questão é muito interessante! Vejamos o que aconteceu na linha do tempo.

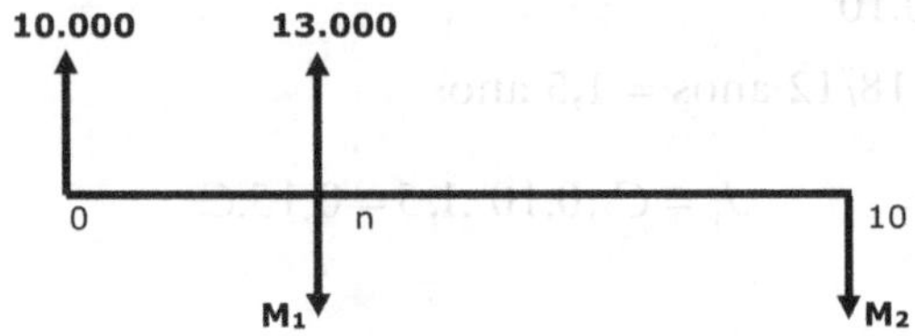

Primeiramente, a pessoa tomou 10.000 emprestados a uma taxa de juros simples de 6% ao mês. Algum tempo depois (t meses depois) quitou essa dívida pagando o montante M1 e tomou novo empréstimo de 13.000 reais a uma taxa de 4% ao mês, pagando um montante M2 ao final do período de 10 meses após o primeiro empréstimo. Assim, cada um dos empréstimos gerou os seguintes juros:

$$J_1 = 10.000 \,.\, 0,06 \,.\, t$$

$$J_2 = 13.000 \,.\, 0,04 \,.\, (10 - t)$$

Como sabemos que:

$$J_1 + J_2 = 5.560$$

Então, substituindo os valores de J^1 e J^2, temos:

$$10.000 \,.\, 0,06 \,.\, t + 13.000 \,.\, 0,04 \,.\, (10 - t) = 5.560$$

$$600.t + 5.200 - 520.t = 5.560$$

$$80.t = 360$$

$$\mathbf{t = 4,5\,meses}$$

Muita atenção, pois não é essa a pergunta da questão! O enunciado nos pede o prazo do segundo empréstimo, que é igual a **10 – t = 5,5 meses.**

Gabarito: D.

QUESTÃO 63 (FCC – SEFAZ-SP/Fiscal de Rendas/2013) Em 17/01/2012, uma pessoa tomou R$ 20.000,00 emprestados do Banco A, por um ano, a juro simples, à taxa de 4% ao mês. Após certo tempo, soube que o Banco B emprestava, a juros simples, à taxa de 3% ao mês. Tomou, então, R$ 20.000,00 emprestados do Banco B até 17/01/2013 e no mesmo dia liquidou sua dívida com o Banco

A. Em 17/01/2013, os juros pagos aos Bancos A e B totalizaram R$ 8.200,00. O número de meses correspondente ao prazo de segundo empréstimo é

a) 4 b) 5 c) 6 d) 7 e) 8

RESOLUÇÃO:

Vejamos o que aconteceu na linha do tempo.

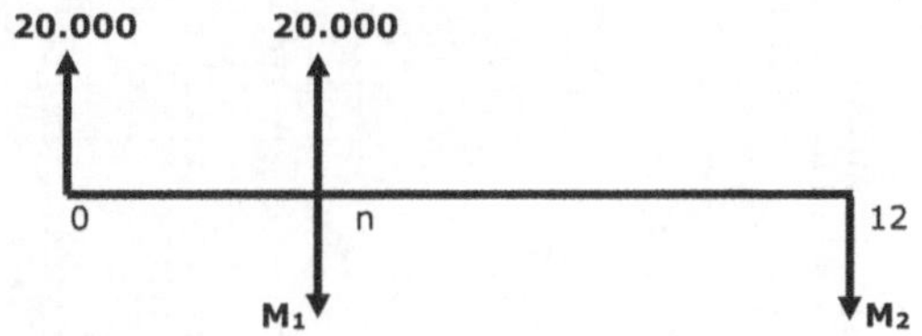

Primeiramente, a pessoa tomou 20.000 emprestados a uma taxa de juros simples de 4% ao mês. Algum tempo depois (t meses depois) quitou essa dívida pagando o montante M^1 e tomou novo empréstimo de 20.000 reais a uma taxa de 3% ao mês, pagando um montante M^2 ao final do período de 12 meses após o primeiro empréstimo. Assim, cada um dos empréstimos gerou os seguintes juros:

$$J_1 = 20.000\ .0,04\ .\ t$$

$$J_2 = 20.000\ .0,03\ .(12-t)$$

Como sabemos que:

$$J_1 + J_2 = 8.200$$

Então, substituindo os valores de J^1 e J^2, temos:

$$20.000\ .0,04\ .\ t + 20.000\ .0,03\ .(12-t) = 8.200$$

$$800.t + 7.200 - 600.t = 8.200$$

$$200.t = 1.000$$

$$\mathbf{t = 5\,meses}$$

Muita atenção, pois não é essa a pergunta da questão! O enunciado nos pede o prazo do segundo empréstimo, que é igual a **12 – t = 7 meses.**

Gabarito: D.

QUESTÃO 64 (FCC – TRF 2ª Região/Téc Jud/2012) Um capital de R$ 25 000,00, aplicado a juros simples e à taxa anual de 12%, ao final de um período de 15 meses produzirá o montante de

a) R$ 37 000,00.

b) R$ 37 250,00.

c) R$ 32 500,00.

d) R$ 28 750,00.

e) R$ 25 250,00.

RESOLUÇÃO:

Para juros simples, temos que:

$$M = C.(1+i.t)$$

Foram dados:

C = 25.000

i = 12% a.a. = 0,12

t = 15 meses = 15/12 anos

Como a taxa de juros é anual, colocamos t expresso em anos. Logo,

$$\boldsymbol{M} = 25.000\ .\left(1+0{,}12\ .\frac{15}{12}\right) = \boldsymbol{R\$}28.750{,}00$$

Gabarito: D.

QUESTÃO 65 (FCC – TCE-PR/Ana Cont/2011) Uma pessoa aplica 25% de seu capital a juros simples, durante 15 meses, a uma taxa de 9,6% ao ano. O restante do capital aplica também a juros simples, durante 16 meses, a uma taxa de 12% ao ano. Se a soma dos montantes destas duas aplicações é igual a R$ 57.500,00, então o montante de maior valor supera o de menor em

a) R$ 28.750,00.

b) R$ 29.125,00.

c) R$ 29.500,00.

d) R$ 30.000,00.

e) R$ 32.500,00.

RESOLUÇÃO:

Seja X o capital da pessoa.

1ª Aplicação:

C = 25%.X = 0,25.X

i = 9,6% a.a. = 0,096

t = 15 meses = 15/12 anos

$$M_1 = 0,25.X \cdot \left(1 + 0,096 \cdot \frac{15}{12}\right) = 0,28.X$$

2ª Aplicação:

C = 75%.X = 0,75.X

i = 12% a.a. = 0,12

t = 16 meses = 16/12 anos

$$M_2 = 0,75.X.\left(1 + 0,12 \cdot \frac{16}{12}\right) = 0,87.X$$

O enunciado ainda nos diz que:

$$M_1 + M_2 = 57.500$$

$$0,28.X + 0,87.X = 57.500$$

$$1,15.X = 57.500$$

$$X = \frac{57.500}{1,15} = 50.000\,reais$$

Assim, temos que:

$$M_1 = 0,28.X = 0,28 \cdot 50.000 = 14.000$$

$$M_2 = 0,87.X = 0,87 \cdot 50.000 = 43.500$$

Então:

$$\boldsymbol{M_2 - M_1} = 43.500 - 14.000 = 29.500$$

Gabarito: C.

QUESTÃO 66 (FCC – TRT 4ª Região/Téc Jud/2011) Na compra de um par de sapatos, Lucimara pode optar por duas formas de pagamento:

– à vista, por R$ 225,00;

– R$ 125,00 no ato da compra mais uma parcela de R$ 125,00, um mês após a compra.

Se Lucimara optar por fazer o pagamento parcelado, a taxa mensal de juros simples cobrada nesse financiamento é de

a) 10%. b) 20%. c) 25%. d) 27%. e) 30%.

RESOLUÇÃO:

Ao pagar 125 reais no ato da compra, Lucimara ainda teria a pagar 225 - 125 = 100 reais. Esse valor é financiado e gera um montante de 125 reais a ser pago 1 mês depois. Logo,

$$M = C + J$$

$$125 = 100 + J$$

$$J = 25 \, reais$$

Para calcular a taxa de juros, fazemos:

$$i = \frac{J}{C} = \frac{25}{100} = 25\% \ \boldsymbol{a.m.}$$

Gabarito: C.

QUESTÃO 67 (FCC – BB/Escriturário/2011) Um capital de R$ 10 500,00 foi aplicado a juros simples. Sabendo que a taxa de juros contratada foi de 42% ao ano, então, não tendo sido feito qualquer depósito ou retirada, o montante de R$ 11 725,00 estará disponível a partir de quanto tempo da data de aplicação?

a) 4 meses.

b) 3 meses e 20 dias.

c) 3 meses e 10 dias.

d) 3 meses.

e) 2 meses e 20 dias.

RESOLUÇÃO:

Para juros simples, temos que:

$$M = C.(1 + i.t)$$

Foram dados:

M = 11.725

C = 10.500

i = 42% a.a. = 0,42

Como a taxa de juros é anual, acharemos n expresso em anos. Logo,

$$11.725 = 10.500\ .(1 + 0,42.t)$$

$$1 + 0,42.t = \frac{11.725}{10.500}$$

$$1 + 0,42.t = 1,1167$$

$$t = \frac{1,1167 - 1}{0,42} = 0,278\,anos$$

Multiplicando por 12, acharemos t expresso em meses:

$$t = 12 \times 0,278 = 3,336\,meses$$

Multiplicando a parte decimal de t por 30, acharemos o número de dias além de 3 meses.

$$30 \times 0,336 = 10\,dias$$

Logo,

$$\mathbf{n = 3\,meses\,e\,10\,dias}$$

Gabarito: C.

QUESTÃO 68 (FCC – Sergipe Gás/Economista/2010) A soma dos valores de dois capitais é igual a R$ 32.000,00. O primeiro capital foi aplicado durante 16 meses, apresentando um total de juros igual a R$ 3.600,00. O segundo capital foi aplicado durante 20 meses, apresentando um total de juros igual a R$ 5.100,00. Se ambos foram aplicados a juros simples, à mesma taxa, o capital de maior valor apresentou um montante igual a

a) R$ 22.100,00.

b) R$ 23.900,00.

c) R$ 24.200,00.

d) R$ 24.700,00.

e) R$ 24.900,00.

RESOLUÇÃO:

1ª aplicação:

C^1

$J^1 = 3.600$

i

t = 16 meses

$$3.600 = C_1 .i .16$$

$$C_1 .i = 225$$

2ª aplicação:

C^2

$J^2 = 5.100$

i

t = 20 meses

$$5.100 = C_2 .i .20$$

$$C_2 .i = 255$$

Dividindo uma equação pela outra, temos:

$$\frac{C_1.i}{C_2.i} = \frac{225}{255}$$

$$\frac{C_1}{C_2} = \frac{15}{17}$$

Dessa relação, vemos que C^2 é o maior dos capitais.

$$C_1 = \frac{15.C_2}{17}$$

O enunciado nos diz ainda que:

$$C_1 + C_2 = 32.000$$

Logo,

$$\frac{15.C_2}{17} + C_2 = 32.000$$

$$\frac{15.C_2}{17}+\frac{17.C_2}{17}=32.000$$

$$\frac{32.C_2}{17}=32.000$$

$$C_2=17.000$$

Para acharmos o **montante** gerado por esse capital, fazemos:

$$M_2=C_2+J_2$$

$$M_2=17.000+5.100$$

$$\boldsymbol{M_2=R\$22.100,00}$$

Gabarito: A.

QUESTÃO 69 (FCC – Sergipe Gás/Contador/2010) Um banco remunera as aplicações de seus clientes a uma taxa de juros simples de 18% ao ano. Uma pessoa aplicou um capital neste banco, em uma determinada data, e verificou que no final do período de aplicação o total de juros correspondia a 21% do valor do capital aplicado.

O prazo dessa aplicação foi de

a) 14 meses. b) 15 meses. c) 16 meses. d) 18 meses. e) 20 meses.

RESOLUÇÃO:

Para juros simples, temos que:

$$J=C.i.t$$

Foram dados:

J = 21%.C = 0,21.C

i = 18% a.a. = 0,18

Logo,

$$0,21.C=C\ .0,18\ .t$$

$$t=\frac{0,21.C}{0,18.C}=\frac{7}{6}anos$$

Como a taxa de juros estava expressa ao ano, achamos t expresso em anos. Se quisermos passar para meses, devemos multiplicar por 12. Assim,

$$t = 12 \times \frac{7}{6} = 14 \, \mathbf{meses}$$

Gabarito: A.

QUESTÃO 70 (FCC – SEFAZ-SP/APOFP/2010) Um capital no valor de R$ 12.500,00 é aplicado a juros simples, durante 12 meses, apresentando um montante igual a R$ 15.000,00. Um outro capital é aplicado, durante 15 meses, a juros simples a uma taxa igual à da aplicação anterior, produzindo juros no total de R$ 5.250,00. O valor do segundo capital supera o valor do primeiro em

a) R$ 5.850,00 b) R$ 6.000,00 c) R$ 7.500,00 d) R$ 8.500,00 e) R$ 10.000,00

RESOLUÇÃO:

1ª Aplicação:

M = 15.000

C = 12.500

t = 12 meses

$$15.000 = 12.500 \, .(1 + i \, .12)$$

$$1 + i.12 = \frac{15.000}{12.500}$$

$$1 + i.12 = 1,2$$

$$i = \frac{1,2 - 1}{12} = \frac{1}{60}$$

2ª Aplicação:

J = 5.250

i = 1/60

t = 15 meses

$$5.250 = C \, .\frac{1}{60} .15$$

$$\frac{C}{4} = 5.250$$

$$C = 21.000$$

Assim, a diferença entre os dois capitais será de:

$$21.000-12.500=\boldsymbol{R\$}8.500,00$$

Gabarito: D.

QUESTÃO 71 (FCC – SEFIN-RO/Auditor Fiscal/2010) Dois capitais foram aplicados a uma taxa de juros simples de 2% ao mês. O primeiro capital ficou aplicado durante o prazo de um ano e o segundo, durante 8 meses. A soma dos dois capitais e a soma dos correspondentes juros são iguais a R$ 27.000,00 e R$ 5.280,00, respectivamente. O valor do módulo da diferença entre os dois capitais é igual a

a) R$ 5.000,00 b) R$ 4.000,00 c) R$ 3.000,00 d) R$ 2.500,00 e) R$ 2.000,00

RESOLUÇÃO:

1º Capital:

$$J_1 = C_1 \ .0,02 \ .12$$

$$J_1 = 0,24 \ .C_1$$

2º Capital:

$$J_2 = C_2 \ .0,02 \ .8$$

$$J_2 = 0,16 \ .C_2$$

O enunciado ainda nos diz que:

$$J_1 + J_2 = 5.280$$

$$C_1 + C_2 = 27.000$$

Assim, substituindo os valores de J_1 e J_2 na primeira equação, temos o seguinte sistema:

$$0,24.C_1 + 0,16.C_2 = 5.280$$

$$C_1 + C_2 = 27.000$$

Dividindo a primeira equação por 0,16, temos:

$$1,5.C_1 + C_2 = 33.000$$

$$C_1 + C_2 = 27.000$$

Subtraindo a segunda equação da primeira, temos:

$$0,5.C_1 = 6.000$$

$$C_1 = 12.000$$

Podemos agora calcular o valor de C_2:

$$C_1 + C_2 = 27.000$$

$$12.000 + C_2 = 27.000$$

$$C_2 = 15.000$$

A diferença entre os dois fica:

$$\boldsymbol{C_2 - C_1} = 15.000 - 12.000 = 3.000 \textbf{\textit{ reais}}$$

Gabarito: C.

QUESTÃO 72 (FCC – Metrô-SP/Ana Adm/2010) Um capital aplicado a juros simples durante 24 meses rendeu R$ 7.396,00 de juros. Se o dobro desse capital fosse aplicado a juros simples, com a mesma taxa de juros, geraria no final de três anos um montante igual a R$ 82.988,00. O valor do capital aplicado na primeira situação era, em R$, de

a) 15.200,00.

b) 60.800,00.

c) 41.344,00.

d) 30.400,00.

e) 20.672,00.

RESOLUÇÃO:

Para juros simples, temos que:

$$M = C.(1 + i.t)$$

$$J = C.i.t$$

De forma a simplificar as contas, vamos considerar os prazos em anos.

1º Capital:

$$7396 = C\,.\,i\,.2$$

$$C\,.\,i = 3698$$

2º Capital:

$$82.988 = 2C.(1+\ i.3)$$

$$2C + 6.C.i = 82.988$$

$$2C + 6\ .\ 3698\ =\ 82.988$$

$$C = \frac{82.988 - 6\ .\ 3698}{2}\ =\ R\$30.400,00$$

Gabarito: D.

QUESTÃO 73 (FCC – TJ-SE/Ana Jud/2009) Um capital foi aplicado, a juros simples, durante um período de 20 meses. Sabendo-se que o valor do montante no final do período foi igual a 5/4 do valor do capital inicial, tem-se que a taxa de juros anual correspondente foi de

a) 15% b) 18% c) 20% d) 24% e) 27%

RESOLUÇÃO:

Para juros simples, temos que:

$$M = C.(1 + i.t)$$

Foram dados:

M = 5C/4

t = 20 meses = 20/12 anos

Como queremos achar a taxa de juros anual, precisamos expressar o prazo t em anos.

$$\frac{5C}{4} = C.\left(1+\ i.\frac{20}{12}\right)$$

UNIDADE 2 – ARITMÉTICA

$$\frac{5}{4} = 1 + \frac{5i}{3}$$

$$\frac{5i}{3} = \frac{1}{4}$$

$$\boldsymbol{i} = \frac{3}{20} = 15\%\boldsymbol{a.a.}$$

Gabarito: A.

QUESTÃO 74 (FCC – SEFAZ-SP/Agente Fiscal de Rendas/2009) Uma pessoa aplicou um capital em um Banco que remunera os depósitos de seus clientes a uma taxa de juros simples de 12% ao ano. Completando 6 meses, ela retirou o montante correspondente a esta aplicação e utilizou R$ 20.000,00 para liquidar uma dívida nesse valor. O restante do dinheiro, aplicou em um outro Banco, durante um ano, a uma taxa de juros simples de 1,5% ao mês. No final do período, o montante da segunda aplicação apresentou um valor igual a R$ 28.933,60. A soma dos juros das duas aplicações é igual a

a) R$ 10.080,00

b) R$ 8.506,80

c) R$ 7.204,40

d) R$ 6.933,60

e) R$ 6.432,00

RESOLUÇÃO:

Para juros simples, temos que:

$$M = C.(1 + i.t)$$

<u>1ª Aplicação</u>:

$C_1 = C$

$i_1 = 12\%$ a.a. $= 0{,}12$

$t_1 = 6$ meses $= 1/2$ ano

$$M_1 = C.\left(1 + 0{,}12.\frac{1}{2}\right)$$

$$M_1 = 1{,}06.C$$

2ª Aplicação:

$M_2 = 28.933{,}60$

$C_2 = M_1 - 20.000 = 1{,}06.C - 20.000$

$i_2 = 1{,}5\%$ a.m. $= 0{,}015$

$t_2 = 12$ meses

$$M_2 = M_1.(1 + i_2 . t_2)$$

$$28.933{,}60 = (1{,}06.C - 20.000).(1 + 0{,}015.12)$$

$$1{,}06.C - 20.000 = \frac{28.933{,}60}{1 + 0{,}015.12}$$

$$1{,}06.C - 20.000 = 24.520$$

$$C = \frac{24.520 + 20.000}{1{,}06}$$

$$C = R\$42.000{,}00$$

Para calcular os juros da primeira aplicação, fazemos:

$$J_1 = C_1 .i_1 . n_1$$

$$\boldsymbol{J_1} = 42.000 .0{,}12 .\frac{1}{2} = 2.520$$

Para calcular os juros da segunda aplicação, fazemos:

$$J_2 = C_2 .i_2 . n_2$$

$$J_2 = (1{,}06.C - 20.000).0{,}015.12$$

$$J_2 = (1{,}06.42.000 - 20.000).0{,}015.12$$

$$\boldsymbol{J_2} = 4.413{,}60$$

Assim, a soma dos juros será dada por:

$$\boldsymbol{J_1} + \boldsymbol{J_2} = 2.520{,}00 + 4.413{,}60 = 6.933{,}60$$

Também poderíamos calcular o valor total dos juros fazendo a seguinte operação:

$$J_1 + J_2 = M_2 + 20.000 - C$$

$$\boldsymbol{J_1 + J_2} = 28.933,60 + 20.000 - 42.000 = 6.933,60$$

Gabarito: D.

QUESTÃO 75 (FCC – TRT 15ª Região/Téc Jud/2009) Romualdo recebeu R$ 15 000,00, referentes a uma indenização trabalhista. Dessa quantia, retirou 20% para o pagamento dos honorários de seu advogado e o restante aplicou em um investimento a juros simples, à taxa anual de 18,75%. Quantos meses Romualdo deverá esperar até que possa retirar R$ 15 000,00 dessa aplicação?

a) 16 b) 15 c) 14 d) 13 e) 12

RESOLUÇÃO:

Retirando 20% da quantia que recebeu, sobraram para Romualdo:

$$C = 15.000.(1 - 20\%) = 12.000$$

Para juros simples, temos que:

$$M = C.(1 + i.t)$$

Foram dados:

M = 15.000

C = 12.000

i = 18,75% a.a. = 0,1875

Como queremos a taxa de juros é anual, acharemos o prazo t em anos. Para passar para meses, basta multiplicarmos por 12.

$$15.000 = 12.000.(1 + 0,1875.t)$$

$$1 + 0,1875.t = \frac{15.000}{12.000}$$

$$1 + 0,1875.t = 1,25$$

$$t = \frac{1,25 - 1}{0,1875} = \frac{4}{3}\ anos$$

Para acharmos o prazo em meses, basta multiplicarmos o valor acima por 12:

$$t = \frac{4}{3} \times 12 = 16 \textbf{ meses}$$

Gabarito: A.

QUESTÃO 76 (FCC – TRT 15ª Região/Ana Jud/2009) Um analista deve efetuar dois pagamentos, um de R$ 1.500,00 daqui a 4 meses e outro, de R reais, daqui a 6 meses. Para isso, ele vai:

- aplicar R$ 2.000,00 hoje, a juros simples, à taxa de 4% ao mês;
- retirar todo o montante dessa aplicação daqui a 4 meses e, no mesmo dia, efetuar o pagamento de R$ 1.500,00 e aplicar o restante a juros simples, à taxa de 5% ao mês por 2 meses;
- retirar, daqui a 6 meses, todo o montante da segunda aplicação e efetuar o pagamento de R reais, não ficando com sobras.

Dessa forma, o valor de R é

a) 902 b) 910 c) 915 d) 918 e) 920

RESOLUÇÃO:

Para juros simples, temos que:

$$M = C.(1 + i.t)$$

<u>1ª Aplicação</u>:

$C_1 = 2.000$

$i_1 = 4\%$ a.m. $= 0{,}04$

$t_1 = 4$ meses

Logo,

$$M_1 = 2.000.(1 + 0{,}04.4) = 2.320$$

<u>2ª Aplicação</u>:

$M_2 = R$

$C_2 = 2.320 - 1.500 = 820$

$i_2 = 5\%$ a.m. $= 0{,}05$

$t_2 = 2$ meses

UNIDADE 2 – ARITMÉTICA

Logo,

$$R = 820.(1 + 0,05.2) = R\$902,00$$

Gabarito: A.

QUESTÃO 77 (FCC – TRT 15ª Região/Ana Jud/2009) Uma pessoa aplicou 2/3 de C reais à taxa mensal de 1,5% e, após 3 meses da data desta aplicação, aplicou o restante à taxa mensal de 2%. Considerando que as duas aplicações foram feitas em um regime simples de capitalização e que, decorridos 18 meses da primeira, os montantes de ambas totalizavam R$ 28 800,00, então o valor de C era

a) R$ 24 000,00

b) R$ 24 200,00

c) R$ 24 500,00

d) R$ 22 800,00

e) R$ 22 500,00

RESOLUÇÃO:

Na primeira aplicação, 2/3 do capital ficaram aplicados por 18 meses a uma taxa de juros simples igual a 1,5% ao mês. Na segunda aplicação, o 1/3 restante ficou aplicado durante 18 – 3 = 15 meses a uma taxa de juros mensal igual a 2%.

Para juros simples, temos que:

$$M = C.(1 + i.t)$$

<u>1ª Aplicação</u>:

C_1 = 2C/3

i_1 = 1,5% a.m. = 0,015

t_1 = 18 meses

Logo,

$$M_1 = \frac{2C}{3}.(1 + 0,015.18)$$

$$M_1 = \frac{2,54.C}{3}$$

2ª Aplicação:

$C_2 = C/3$

$i_2 = 2\%$ a.m. $= 0,02$

$t_2 = 15$ meses

$$M_2 = \frac{C}{3}.(1+0,02.15)$$

$$M_2 = \frac{1,30.C}{3}$$

Somando os dois montantes temos:

$$M_1 + M_2 = 28.800$$

$$\frac{2,54.C}{3} + \frac{1,30.C}{3} = 28.800$$

$$\frac{3,84.C}{3} = 28.800$$

$$C = R\$22.500,00$$

Gabarito: E.

QUESTÃO 78 (FCC – Infraero/Auditor/2009) Uma pessoa tomou dinheiro emprestado a juros simples durante 18 meses, tendo pago, ao final do período, o principal e mais R$ 14.400,00 a título de juros. Se ela tivesse tomado emprestado um capital duas vezes maior, à mesma taxa de juros e no mesmo período, ela teria pago um montante de R$ 80.000,00. O valor do capital que ela efetivamente tomou emprestado na operação correspondeu a, em R$,

a) 51.200,00 b) 40.000,00 c) 28.800,00 d) 25.600,00 e) 20.520,00

RESOLUÇÃO:

Para juros simples, temos que:

$$M = C.(1+i.t)$$

$$J = C.i.t$$

1ª Aplicação:

$J_1 = 14.400$

$C_1 = C$

$i_1 = i$

$t_1 = 18$ meses

Logo,

$$14.400 = C.i.18$$

$$C.i = 800$$

2ª Aplicação:

$M_2 = 80.000$

$C_2 = 2C$

$i_2 = i$

$t_2 = 18$ meses

$$80.000 = 2C.(1 + i.18)$$

$$C.(1 + i.18) = 40.000$$

$$C + C.i.18 = 40.000$$

$$C + (800).18 = 40.000$$

$$C + 14.400 = 40.000$$

$$\boldsymbol{C = R\$25.600,00}$$

Gabarito: D.

QUESTÃO 79 (FCC – AFTE/SEFAZ-PB/2006) Certas operações podem ocorrer por um período de apenas alguns dias, tornando conveniente utilizar a taxa diária e obtendo os juros segundo a convenção do ano civil ou do ano comercial. Então, se um capital de R$ 15.000,00 foi aplicado por 5 dias à taxa de juros simples de 9,3% ao mês, em um mês de 31 dias, o módulo da diferença entre os valores dos juros comerciais e dos juros exatos é

a) R$ 7,50 b) R$ 15,00 c) R$ 22,50 d) R$ 30,00 e) R$ 37,50

RESOLUÇÃO:

Dados:

- C = 15.000,00
- t = 5 dias

- i = 9,3% a.m
- J_c = ?
- J_e = ?

Acabamos de ver que nos **juros comerciais** consideramos que o mês tem 30 dias. Logo, 5 dias corresponde a 5/30 de um mês. Assim, os juros serão:

$$J_c = C.i.t$$

$$J_c = 15000.0,093.\frac{5}{30} = 232,50$$

Já nos **juros exatos**, contamos os dias como se estivéssemos olhando para um calendário, de forma que se um mês tem 31 dias, temos de fazer os cálculos com esse valor. Logo, 5 dias corresponde a 5/31 de um mês. Assim, os juros serão:

$$J_e = C.i.t$$

$$J_e = 15000.0,093.\frac{5}{31} = 225,00$$

Porém, a questão quer saber a **diferença entre os valores dos juros comerciais e dos juros exatos**:

$$232,50 - 225,00 = 7,50$$

Gabarito: A.

QUESTÃO 80 (FCC – TRT 19ª Região/Ana Jud/2014) No regime de juros simples e pelo prazo de 24 meses são realizadas as seguintes aplicações financeiras:

I. R$ 3.000,00, à taxa de 3,00% ao mês.

II. R$ 4.000,00, à taxa de 1,50% ao mês.

III. R$ 6.000,00, à taxa de 2,25% ao mês.

IV. R$ 7.000,00, à taxa de 4,50% ao mês.

A taxa média proporcional anual dessas quatro aplicações é, em %, igual a

a) 22,50. b) 24,00. c) 36,00. d) 11,25. e) 18,00.

RESOLUÇÃO:

Adaptando a fórmula para 4 capitais, temos:

$$TM = \frac{C_1.i_1.t_1 + C_2.i_2.t_2 + C_3.i_3.t_3 + C_4.i_4.t_4}{C_1.t_1 + C_2.t_2 + C_3.t_3 + C_4.t_4}$$

UNIDADE 2 – ARITMÉTICA

$$TM = \frac{3.000.0,03.24 + 4.000.0,015.24 + 6.000.0,0225.24 + 7.000.0,045.24}{3.000.24 + 4.000.24 + 6.000.24 + 7.000.24}$$

Como o prazo de 24 meses aparece em todos os termos, podemos simplificá-lo:

$$TM = \frac{3.000.0,03 + 4.000.0,015 + 6.000.0,0225 + 7.000.0,045}{3.000 + 4.000 + 6.000 + 7.000}$$

$$TM = \frac{90 + 60 + 135 + 315}{20.000} = 3\% \ a.m.$$

Como queremos a taxa anual correspondente, devemos multiplicar a taxa média mensal por 12:

$$\boldsymbol{TM = 3\% \times 12 = 36\% \ a.a.}$$

Gabarito: C.

QUESTÃO 81 (VUNESP – Aux Adm/FUNDUNESP/2014) Por um empréstimo com período de 45 dias foram pagos R$ 18,75 de juros. Se o capital emprestado foi de R$ 1.500,00, então é verdade que a taxa anual correspondente de juros simples cobrada foi de

a) 8,35%. b) 9,0%. c) 9,5%. d) 10%. e) 10,37%.

RESOLUÇÃO:

Dados:

t = 45 dias

J = 18,75

C = 1.500,00

i = ?

Podemos aplicar uma das equações dos juros simples, sabendo que a taxa que encontraremos será <u>ao dia</u>:

$$\boldsymbol{J = C.i.t}$$

$$18,75 = 1500.\ i.45$$

$$18,75 = 67500.i$$

$$i = \frac{18,75}{67500} = 0,0278\% \ \boldsymbol{a.d}$$

Precisamos converter a taxa ao dia em ao ano:

$$0,0278\%.360 = 10\%\ \boldsymbol{a\ a}$$

Gabarito: D.

QUESTÃO 82 (VUNESP/CM Caieiras/Aux Adm/2015) Uma pessoa aplicou um capital a juro simples com taxa de 1,5% ao mês, durante 6 meses, e recebeu R$ 45,00 de juros. Se essa pessoa tivesse colocado R$ 200,00 a mais nessa mesma aplicação, pelo mesmo tempo, o juro recebido superaria o juro anterior em

a) R$ 20,00 b) R$ 18,00 c) R$ 16,00 d) R$ 14,00 e) R$ 12,00

RESOLUÇÃO:

A **diferença no juro** corresponde à incidência da **taxa** de 1,5% sobre o **capital adicional** (R$ 200,00), durante o **prazo** especificado (t = 6 m). Assim, no regime de juros simples, temos:

$$J = C\,.\,i\,.\,t$$

$$\boldsymbol{J} = 200.0,015.6 = \boldsymbol{R}\$18,00$$

Gabarito: B.

QUESTÃO 83 (VUNESP/MPE-SP/Oficial de Promotoria/2016) Gabriel aplicou R$ 3.000,00 a juro simples, por um período de 10 meses, que resultou em um rendimento de R$ 219,00. Após esse período, Gabriel fez uma segunda aplicação a juro simples, com a mesma taxa mensal da anterior, que após 1 ano e 5 meses resultou em um rendimento de R$ 496,40. O valor aplicado por Gabriel nessa segunda aplicação foi

a) R$ 4.500,00 b) R$ 5.000,00 c) R$ 4.000,00 d) R$ 6.000,00 e) R$ 5.500,00

RESOLUÇÃO:

Vamos aplicar a **fórmula dos juros simples na primeira operação financeira, a fim de calcular o valor da taxa**:

$$\boldsymbol{J = C.i.t}$$

$$219 = 3000.\ i.10$$

$$219 = 30000.i$$

$$i = \frac{219}{30000} = 0,0073 = 0,73\%\ \boldsymbol{a.m}$$

UNIDADE 2 – ARITMÉTICA

Logo, a taxa de juros simples mensal envolvida na primeira aplicação feita por Gabriel foi de **0,73%**.

Todavia, o jovem rapaz fez uma segunda aplicação que durou 17 meses (1 ano e 5 meses), com a mesma taxa de 0,73%, e obteve juros de R$ 496,40, de forma que o **novo capital** aplicado será:

$$J' = C'.\,i.\,t'$$

$$496,40 = C'.0,0073.17$$

$$C' = \frac{496,40}{0,0073.17} = 4000$$

Gabarito: C.

QUESTÃO 84 (FGV/SSP-AM/TNS/2015) Jorge comprou uma televisão que custava R$ 4.000,00 à vista, pagando em duas parcelas:

– a primeira, no ato da compra, no valor de R$ 2.200,00;

– a segunda, um mês após a compra, no valor de R$ 2.250,00.

A taxa mensal de juros cobrada de Jorge nessa compra foi de:

a) 5% b) 10% c) 15% d) 20% e) 25%

RESOLUÇÃO:

O enunciado afirma que inicialmente a TV custava R$ 4.000,00 à vista. No entanto, Jorge deu uma entrada de R$ 2.200,00. Daí, o valor financiado foi de:

$$4.000 - 2.200 = \boldsymbol{R}\$1.800,00$$

Um mês depois, esse capital de R$ 1.800,00 se transforma em R$ 2.250,00. Com isso, o aumento foi de:

$$\frac{2250}{1800} - 1 = 0,25 = 25\%$$

Assim, o aumento foi de 25% em um mês, isto é, **a taxa foi de 25% ao mês.**

Gabarito: E.

QUESTÃO 85 (FGV – SUSAM/Economista/2014) Um cliente vai até o banco e solicita um empréstimo de R$ 10.000,00. Esse empréstimo é concedido a uma taxa de 2% ao mês e o mesmo será pago integralmente após 2 anos.

Considerando o regime de juros simples, assinale a opção que indica o valor a ser pago para quitar o empréstimo após 2 anos.

a) R$ 4.800,00.

b) R$ 11.200,00.

c) R$ 12.400,00.

d) R$ 14.800,00.

e) R$ 15.000,00.

RESOLUÇÃO:

Para juros simples, temos que:

$$M = C.(1 + i.t)$$

Foram dados:

C = 10.000

i = 2% a.m. = 0,02

t = 2 anos = 2 x 12 meses = 24 meses

Como a taxa de juros é mensal, colocamos t expresso em meses. Logo,

$$\boldsymbol{M} = 10.000.(1 + 0{,}02.24) = \boldsymbol{R}\$14.800{,}00$$

Gabarito: D.

QUESTÃO 86 (FGV – SEFAZ-RJ/Ana de Controle Interno/2011) Dada uma taxa de juros de 1% ao dia e um período de 20 meses (sendo cada mês com 30 dias), o montante final, se o valor presente é R$ 2.000, é

a) R$ 4.000,00.

b) R$ 6.000,00.

c) R$ 10.000,00.

d) R$ 12.000,00.

e) R$ 14.000,00.

RESOLUÇÃO:

Para juros simples, temos que:

$$M = C.(1 + i.t)$$

Foram dados:

C = 2.000

i = 1% a.d. = 0,01

t = 20 meses = 20 x 30 dias = 600 dias

Como a taxa de juros é diária, colocamos t expresso em dias. Logo,

$$M = 2.000.(1 + 0{,}01.600)$$

$$\boldsymbol{M = R\$14.000{,}00}$$

Gabarito: E.

QUESTÃO 87 (FGV – SEFAZ-RJ/Auditor Fiscal/2011) Um indivíduo deixa de pagar um título no valor de R$ 2.000,00, atrasando o pagamento em três meses. A taxa de juros, juros simples, é de 35% ao ano. Ao pagar o título, seu valor é

a) R$ 2.250,00 b) R$ 2.325,00 c) R$ 2.175,00 d) R$ 2.155,00 e) R$ 4.100,00

RESOLUÇÃO:

Para juros simples, temos que:

$$M = C.(1 + i.t)$$

Foram dados:

C = 2.000

i = 35% a.a. = 0,35

t = 3 meses = 3/12 anos

Como a taxa de juros é anual, colocamos t expresso em anos. Logo,

$$M = 2.000.\left(1 + 0{,}35.\frac{3}{12}\right)$$

$$\boldsymbol{M = R\$2.175{,}00}$$

Gabarito: C.

QUESTÃO 88 (FGV – SEFAZ-RJ/Auditor Fiscal/2011) O número de anos para que um capital quadruplique de valor, a uma taxa de 5% ao mês, juros simples, é de

a) 7,50. b) 3,80. c) 4,50. d) 5,00. e) 6,00.

RESOLUÇÃO:

Para juros simples, temos que:

$$M = C.(1 + i.t)$$

Foram dados:

M = 4.C

i = 5% a.m. = 0,05

Como a taxa é mensal, acharemos t expresso em meses. Teremos então que converter para anos, dividindo por 12.

$$4.C = C.(1 + 0,05.n)$$

$$1 + 0,05.n = 4$$

$$n = \frac{4-1}{0,05} = 60 \; meses$$

$$\boldsymbol{n = \frac{60}{12} = 5 \, anos}$$

Gabarito: D.

QUESTÃO 89 (FGV – CAERN/Ag Adm/2010) Leandro aplicou a quantia de R$ 200,00. Ao final do período, seu montante era de R$ 288,00. Se a aplicação de Leandro se deu em regime de juros simples, durante 8 meses, a taxa mensal de juros foi

a) 5,0%. b) 5,5%. c) 6,5%. d) 7,0%. e) 6,0%.

RESOLUÇÃO:

Para juros simples, temos que:

$$M = C.(1 + i.t)$$

Foram dados:

M = 288

C = 200

t = 8 meses

Logo,

$$288 = 200.(1 + i.8)$$

$$1 + i.8 = 1,44$$

$$\boldsymbol{i} = \frac{1,44 - 1}{8} = 0,055 = 5,5\%\boldsymbol{a.m.}$$

Gabarito: B.

QUESTÃO 90 (FGV – SEFAZ-RJ/Fiscal de Rendas/2009) O valor a ser pago por um empréstimo de R$ 4.500,00, a uma taxa de juros simples de 0,5% ao dia, ao final de 78 dias, é de:

a) R$ 6.255,00 b) R$ 5.500,00 c) R$ 6.500,00 d) R$ 4.855,00 e) R$ **4.675,50**

RESOLUÇÃO:

Para juros simples, temos que:

$$M = C.(1 + i.t)$$

Foram dados:

C = 4.500

i = 0,5% a.d. = 0,005

t = 78 dias

Logo,

$$\boldsymbol{M} = 4.500.(1 + 0,005.78) = \boldsymbol{R}\$6.255,00$$

Gabarito: A.

QUESTÃO 91 (FGV – SEFAZ-RJ/Fiscal de Rendas/2009) Um montante inicial foi aplicado a uma taxa de juros simples de 5% ao mês durante 2 meses e depois reaplicado a uma taxa de juros simples de 10% ao mês durante 2 meses, resultando em R$ 13.200,00. O valor do montante inicial era de:

a) R$ 18.500,00.

b) R$ 13.000,00.

c) R$ 12.330,00.

d) R$ 11.000,00.

e) R$ 10.000,00.

RESOLUÇÃO:

Atenção para não se deixar confundir pela nomenclatura do enunciado. Apesar de pedir o montante inicial, na verdade precisamos calcular o **capital** inicialmente investido.

1ª Aplicação:

$C_1 = C$

$i_1 = 5\%$ a.m. $= 0,05$

$t_1 = 2$ meses

$$M_1 = C.(1+0,05.2)$$

$$M_1 = 1,1.C$$

2ª Aplicação:

$M_2 = 13.200$

$C_2 = M_1 = 1,1.C$

$i_2 = 10\%$ a.m. $= 0,10$

$t_2 = 2$ meses

$$M_2 = M_1.(1+i_2 . t_2)$$

$$13.200 = 1,1.C.(1+0,10.2)$$

$$1,32.C = 13.200$$

$$C = R\$10.000,00$$

Gabarito: E.

QUESTÃO 92 (FGV – SEFAZ-RJ/Fiscal de Rendas/2008) Os valores de R$ 50.000 e R$ 100.000 foram aplicados à mesma taxa de juros simples durante 12 e 6 meses, respectivamente. O prazo médio da aplicação conjunta desses capitais, em meses é:

a) 12. b) 8. c) 10. d) 9,2. e) 7,5.

RESOLUÇÃO:

O prazo médio, PM, será dado por:

$$PM = \frac{C_1.i_1.t_1 + C_2.i_2.t_2}{C_1.i_1 + C_2.i_2}$$

Como a taxa de juros i é a mesma para as duas aplicações, temos:

$$PM = \frac{C_1.i.t_1 + C_2.i.t_2}{C_1.i + C_2.i} = \frac{C_1.t_1 + C_2.t_2}{C_1 + C_2}$$

$$\boldsymbol{PM} = \frac{50.000 \times 12 + 100.000 \times 6}{50.000 + 100.000} = \frac{1.200.000}{150.000} = 8\,\textbf{meses}$$

Gabarito: B.

QUESTÃO 93 (FGV – Pref. Cuiabá-MT/Auditor Fiscal/2014) O número de meses necessários para que um investimento feito na poupança triplique de valor (assumindo que esta remunere à taxa de 6% ao ano, no regime de juros simples) é de

a) 34. b) 200. c) 333. d) 400. e) 500.

RESOLUÇÃO:

Para juros simples, temos que:

$$M = C.(1 + i.t)$$

Foram dados:

M = 3.C

i = 6% a.a. = 6%/12 a.m. = 0,5% a.m. = 0,005

Logo,

$$3.C = C.(1 + 0,005.t)$$

$$1 + 0,005.t = 3$$

$$t = \frac{3-1}{0,005} = 400\,\textbf{meses}$$

Como queríamos calcular o número de meses, precisamos primeiro converter a taxa de juros, que estava expressa ao ano, para uma taxa de juros mensal equivalente (proporcional).

Gabarito: D.

QUESTÃO 94 (CONSULPLAN – Banestes/Assist Securitário/2013) Um capital C aplicado a uma taxa de juros simples rende juros mensais de R$80,00. Sabendo – se que em 5 anos o montante é igual a quatro vezes o valor do capital aplicado, então a taxa de juros mensal e o capital são, respectivamente,

a) 5% e R$1.600,00.
b) 8% e R$1.000,00.
c) 6,5% e R$1.800,00.
d) 5,55% e R$1.440,00.
e) 6,67% e R$1.200,00.

RESOLUÇÃO:

Para juros simples, temos que:

$$M = C.(1 + i.t)$$

$$J = C.i.t$$

Se o Capital C gera juros mensais de 80 reais, temos que:

$$80 = C.i.1$$

$$C.i = 80$$

O enunciado fornece ainda:

M = 4.C

t = 5 anos = 5 x 12 meses = 60 meses

Logo,

$$4.C = C.(1 + i.60)$$

$$4 = 1 + i.60$$

$$\boldsymbol{i} = \frac{4-1}{60} = 5\%\boldsymbol{a.m.}$$

Como,

$$C.i = 80$$

Temos que:

$$C.5\% = 80$$

$$C.0,05 = 80$$

$$\boldsymbol{C} = \frac{80}{0,05} = \boldsymbol{R}\$1.600,00$$

Gabarito: A.

QUESTÃO 95 (CONSULPLAN – Banestes/Assist Securitário/2013) O cliente de uma loja efetuou a compra de alguns produtos pagando 10% de entrada e parcelou o restante em 6 vezes a juros simples de 2% ao mês. Se os juros totalizaram R$108,00, e o valor pago por um dos produtos correspondeu a 30% do total pago pela compra, então o valor pago pelo restante da compra foi

a) R$723,80. b) R$735,30. c) R$758,40. d) R$775,60. e) R$785,20.

RESOLUÇÃO:

Vamos chamar de X o valor à vista da compra. Para juros simples, temos que:

$$J = C.i.t$$

São dados:

C = X.(1-10%) = 0,9.X

i = 2% a.m. = 0,02

t = 6 meses

J = 108

$$108 = 0{,}9.X.0{,}02.6$$

$$0{,}108.X = 108$$

$$X = R\$1.000{,}00$$

Ou seja, o cliente pagou o valor à vista de 1.000 reais mais juros de 108 reais, totalizando 1.108 reais pagos pelas compras. Se um dos produtos custou 30% desse valor, o restante das compras custou 100% – 30% = 70%, logo:

$$70\% \times 1.108 = 0{,}70 \times 1.108 = 775{,}60 \textbf{ reais}$$

Gabarito: D.

QUESTÃO 96 (CONSULPLAN – Correios/Atend Com/2008) Felipe aplicou uma quantia de R$1.200,00 à taxa de juros simples de 1,5% ao mês durante 1 ano e 4 meses. Passado esse período, ele aplicou o montante produzido e fez uma nova aplicação, à taxa de 1,8% ao mês por 2 meses e 20 dias. Com estas aplicações, quanto Felipe obteve de juros?

a) R$ 1.382,24 b) R$ 359,42 c) R$ 414,72 d) R$ 2.142,72 e) R$ 71,42

RESOLUÇÃO:

Para juros simples, temos que:

$$M = C.(1 + i.t)$$

1ª Aplicação:

$C_1 = 1.200$

$i_1 = 1,5\%$ a.m. $= 0,015$

$t_1 = 1$ ano e 4 meses = 16 meses

Logo,

$$M_1 = 1.200.(1 + 0,015.16) = 1.488,00$$

2ª Aplicação:

$C_2 = M_1 = 1.488$

$i_2 = 1,8\%$ a.m. $= 0,018$

$t_2 = 2$ meses e 20 dias = 2 + 20/30 meses = 8/3 meses

Logo,

$$M_2 = 1.488.\left(1 + 0,018.\frac{8}{3}\right) = 1.559,42$$

Como Felipe investiu 1.200 reais e obteve um montante final de 1.559,42,os **juros** que obteve foram de:

$$J = 1.559,42 - 1.200,00 = 359,42$$

Gabarito: B.

QUESTÃO 97 (IDECAN/INMETRO/Ass Exec/2015) Um capital C é aplicado, hoje, a uma taxa de juros simples pelo prazo de 40 meses e rende juros mensais de R$ 108,75. Considerando que, ao final desse prazo, o montante da aplicação será igual ao quádruplo do valor do capital aplicado, então a taxa de juros mensal é

A) 6,2%. B) 6,5%. C) 7,2%. D) 7,5%. E) 8,2%.

RESOLUÇÃO:

Total de **juros**: J = 40 x 108,75 = 4350 reais

O enunciado afirma que, ao final do prazo, o **montante** da aplicação será igual ao quádruplo do valor do capital aplicado. Logo:

$$M = C + J$$

$$C + J = 4xC$$

$$C + 4350 = 4xC$$

$$4350 = 3C$$

$$\mathbf{1.450\ reais = C}$$

A **taxa mensal de juros** é tal que:

$$1450\ x\ i = 108{,}75$$

$$i = 108{,}75\ /\ 1450$$

$$\mathbf{i = 0{,}075 = 7{,}5\%\ ao\ mês}$$

Gabarito: D.

6. QUESTÕES-DESAFIO

QUESTÃO 98 (CESPE – TJ-RR/Contador/2012) Marcos, um assalariado que ganha R$ 3.000,00 mensais, resolveu começar a poupar um terço de seu salário todo mês e, para tanto, planeja realizar aportes em uma aplicação que paga juros mensais de 0,7%. O objetivo de Marcos é poupar R$ 25.000,00 para iniciar a operar um novo negócio. Ele espera, com isso, fazer uma retirada mensal fixa de R$ 2.000,00, a título de pró-labore, e projeta que a empresa tenha um lucro líquido mensal (resultado do confronto entre o faturamento e as despesas e custos, incluídos os salários de todos os funcionários e o seu pró-labore) de R$ 1.200,00.

Tomando 1,0873 e 24,8609 como valores aproximados para $1{,}007^{12}$ e $(1{,}007^{23} - 1)/0{,}007$, respectivamente, e desconsiderando os efeitos inflacionários e os impostos incidentes sobre a renda, julgue os itens seguintes, com base nessas informações.

Caso o regime de capitalização da aplicação à qual Marcos aderiu seja o simples, imediatamente após o vigésimo terceiro aporte o montante acumulado pelas aplicações será inferior a quantia necessária para iniciar a operar seu negócio.

RESOLUÇÃO:

Note que temos 23 aportes. Vamos ao fluxo:

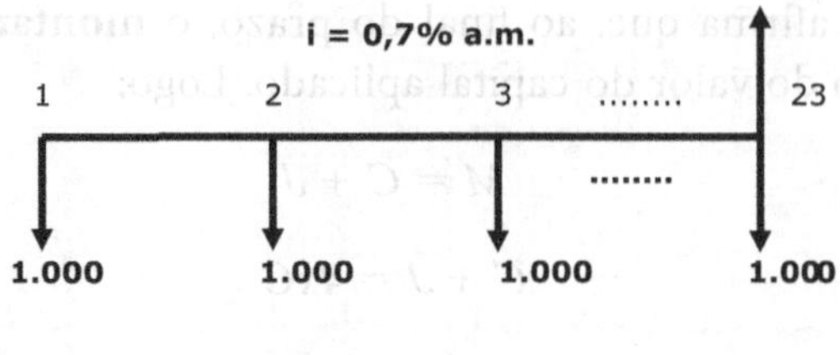

Como Marcos poupa 1/3 do seu salário de 3.000 reais, os aportes mensais são de 1.000 reais. Cada um desses aportes irá render juros simples de 0,7% ao mês, até a data do 23º aporte.

Antes de fazermos as contas, vamos lembrar que no regime de capitalização simples, somente o capital inicial rende juros, ou seja, apenas os aportes de 1.000 reais rendem juros. E quanto de juros eles rendem a cada mês?

$$J = C.i$$

$$J = 1.000 \times 0,007 = 7 \textit{ reais}$$

O primeiro aporte irá render 7 reais de juros a cada mês, por 22 meses. O segundo aporte, irá render 7 reais a cada mês, por 21 meses e assim por diante, ou seja, o total de juros pode ser obtido fazendo-se:

1º aporte:	$J_1 = 7 \times 22$
2º aporte:	$J_2 = 7 \times 21$
3º aporte:	$J_3 = 7 \times 20$
4º aporte:	$J_4 = 7 \times 19$
...	...
21º aporte:	$J_{21} = 7 \times 2$
22º aporte:	$J_{22} = 7 \times 1$
23º aporte:	$J_{23} = 0$

A soma de todos os juros será igual a:

$$J = 7.(22 + 21 + \ldots + 2 + 1)$$

A soma dentro dos parênteses é a soma dos termos de uma P.A.. Lembrando da fórmula:

$$S_n = \frac{(a_1 + a_n).n}{2}$$

Onde a_1 e a_n são o primeiro e último termos da P.A.; n é o número de termos e S_n é a soma dos n primeiros termos da P.A. Logo,

$$J = 7.\left[\frac{(22+1).22}{2}\right]$$

$$J = 7.253 = 1.771 \textit{ reais}$$

Como foram feitos 23 aportes de 1.000 reais cada um, o Montante na data do 23º aporte será de:

$$M = 23 \times 1.000 + 1.771 = 24.771 < 25.000 \; reais$$

Gabarito: Certo.

QUESTÃO 99 (FCC/SEFAZ-PI/Ana Tes Est/2015) Se Ricardo aplicar 75% de seu capital, durante 6 meses, poderá resgatar no final de 6 meses o montante correspondente a R$ 16.302,00. Se ele aplicar o restante do capital, durante 8 meses, poderá resgatar no final de 8 meses o montante correspondente a R$ 5.512,00. Ricardo, então, decide aplicar todo o capital, durante 10 meses, resgatando todo o montante no final de 10 meses. Considerando que as aplicações são realizadas sob o regime de capitalização simples e com a mesma taxa de juros, o montante que ele resgatará no final de 10 meses será de

a) R$ 21.500,00

b) R$ 22.037,50

c) R$ 22.198,75

d) R$ 22.360,00

e) R$ 23.650,00

RESOLUÇÃO:

Sabemos que a fórmula utilizada para o cálculo do **montante** no âmbito dos juros simples é a seguinte:

$$\boldsymbol{M = C.(1 + i.t)}$$

O enunciado trata de dois investimentos feitos por Ricardo. Na **primeira aplicação**, temos:

$$16302 = 0,75C.(1 + 6.i)(\mathbf{I})$$

Por sua vez, a **segunda aplicação** resulta:

$$5512 = 0,25C.(1 + 8.i)(\mathbf{II})$$

Dividindo as duas equações, poderemos encontrar a **taxa** utilizada:

$$\frac{16302}{5512} = \frac{0,75C.(1 + 6.i)}{0,25C.(1 + 8.i)}$$

$$\frac{16302}{5512}=\frac{3.(1+6.i)}{1+8.i}$$

$$\frac{5434}{5512}=\frac{1+6.i}{1+8.i}$$

$$5434+5434.8i=5512+5512.6i$$

$$i.(8.5434-6.5512)=5512-5434$$

$$10400i=78$$

$$\boldsymbol{i}=0,0075$$

Substituindo esse resultado na equação I, acharemos o **capital** investido por Ricardo:

$$16302=0,75C.(1+6.0,0075)$$

$$0,75C=\frac{16302}{1+6.0,0075}$$

$$0,75C=15600$$

$$\boldsymbol{C}=\frac{15600}{0,75}=\boldsymbol{R}\$20.800,00$$

Por fim, aplicando esse capital durante 10 meses, o **montante** será:

$$\boldsymbol{M}=\boldsymbol{C}.(1+\boldsymbol{i}.\boldsymbol{t})$$

$$\boldsymbol{M}=20800.(1+0,0075.10)=20800.1,075=\boldsymbol{R}\$22.360,00$$

Gabarito: D.

CAPÍTULO 18

PROBLEMAS ENVOLVENDO TORNEIRAS E CAPACIDADE PESSOAL

1. INTRODUÇÃO

Vamos estudar agora como se resolvem problemas envolvendo torneiras e capacidade pessoal, muito comuns em concursos públicos e vestibulares.

Chamamos de "**problemas de torneiras**" aqueles que envolvem cálculos para saber em quanto tempo um tanque estará cheio ou vazio, com torneiras jogando água no tanque, ralos escoando a água etc.

TOME NOTA!

Para resolvermos esse tipo de problema, adotaremos:

Ralo = saída da água = ladrão = válvula

Tanque = caixa d'água = recipiente = reservatório

E designamos por "**problemas de capacidade pessoal**" aqueles que envolvem quanto tempo dois ou mais trabalhadores completam determinada tarefa trabalhando juntos, sabendo em quanto tempo cada um realiza a tarefa sozinho. Seguirão a mesma receita de bolo das torneiras.

2. PROBLEMAS ENVOLVENDO TORNEIRAS

Existem dois métodos mais comuns para resolver este tipo de problema: por regra de três ou por fórmulas envolvendo os conceitos de média harmônica e harmônico global. Neste texto não utilizaremos o que envolve regra de três, por achá-lo bem mais difícil para compreensão e gastar mais tempo para resolução.

Acredito que você nunca tenha visto o que aprenderá aqui em outro material, mas acredite nesses autores, é muito mais fácil resolver estes tipos de questões aplicando o conceito de **harmônico global**, que é de onde veio o conceito de *média harmônica.*

Resolveremos facilmente as questões de torneiras usando a fórmula do harmônico global ("h"):

$$\frac{1}{h}=\frac{1}{x_1}+\frac{1}{x_2}+\ldots+\frac{1}{x_n}$$

Agora, conhecendo essa fórmula, e sabendo que nos problemas de cálculo de tempo envolvendo torneiras nós a utilizaremos, é só substituirmos h por t e x_1, x_2, ..., x_n por t_1, t_2, ..., t_n.

Eis a fórmula do harmônico global adaptada para usarmos em problemas envolvendo tempo com torneiras:

$$\frac{1}{t}=\frac{1}{t_1}+\frac{1}{t_2}+\ldots+\frac{1}{t_n}$$

Não, não estamos loucos ao comentarmos anteriormente que utilizando este método é mais fácil resolver estes tipos de questões do que usando a regra de três. Confie na gente, que ao solucionarmos os problemas a seguir terá a certeza de que usando esta fórmula os problemas serão resolvidos facilmente.

Assim, assuma que *t* é o tempo necessário para encher ou esvaziar determinado tanque e t_1, t_2,..., t_n os tempos que cada torneira ou ralo levam para encher ou esvaziar o mesmo trabalhando isoladamente dos demais.

Fique atento aos sinais, pois, quando for o tempo de um ralo, adotaremos o sinal negativo. Por exemplo, se um ralo leva 3h para esvaziar um tanque, o tempo dele será "–3".

Vamos praticar um pouco, para facilitar a compreensão.

Exemplo 1) Uma torneira enche uma caixa d'água em 4 horas e outra torneira enche a mesma caixa em 6 horas. Abrindo-se as duas torneiras ao mesmo tempo, qual será o tempo necessário para encher a caixa?

RESOLUÇÃO:

Basta aplicarmos a fórmula:

$$\frac{1}{t}=\frac{1}{t_1}+\frac{1}{t_2}$$

Substituindo $t_1 = 4$ e $t_2 = 6$, teremos:

$$\frac{1}{t}=\frac{1}{4}+\frac{1}{6}$$

$$\frac{1}{t}=\frac{3+2}{12}$$

$$5t=12 \Rightarrow \boldsymbol{t}=\frac{12}{5}=2,4h=\boldsymbol{2h24min}$$

Exemplo 2) Uma torneira enche um tanque em 4 horas e um ralo o esvazia em 6 horas. Abrindo-se os dois simultaneamente, quanto tempo será necessário para encher o tanque, supondo o tanque vazio?

RESOLUÇÃO:

Mais uma vez podemos aplicar a fórmula:

$$\frac{1}{\boldsymbol{t}}=\frac{1}{\boldsymbol{t}_1}+\frac{1}{\boldsymbol{t}_2}$$

Como o enunciado informa que há um ralo, adotaremos seu tempo como negativo, ou seja, – 6 no exemplo dado.

Substituindo $t_1 = 4$ e $t_2 = -6$, teremos:

$$\frac{1}{t}=\frac{1}{4}-\frac{1}{6}$$

$$\frac{1}{t}=\frac{3-2}{12}$$

$$\boldsymbol{t=12h}$$

Exemplo 3) Uma torneira enche um reservatório em 3 horas e outra torneira enche o mesmo tanque em 6 horas. Mas, ao ligarmos as duas juntas, abriu um buraco no fundo do tanque capaz de esvaziá-lo em 4 horas, caso o tanque estivesse cheio e as torneiras não estivessem ligadas. Supondo o tanque vazio e com o buraco aberto no fundo, em quanto tempo o tanque encheria caso abríssemos as torneiras?

RESOLUÇÃO:

Sendo $t_1 = 3$, $t_2 = 6$ e $t_3 = -4$, teremos:

$$\frac{1}{t}=\frac{1}{3}+\frac{1}{6}-\frac{1}{4}$$

$$\frac{1}{t}=\frac{4+2-3}{12}$$

$$3t=12 \Rightarrow \boldsymbol{t=4h}$$

Exemplo 4) Duas torneiras jogam água em um reservatório na razão de $1m^3$ por hora e a outra na razão de $1m^3$ a cada 5 horas. Se o reservatório tem 12 m^3, em quantas horas ele estará cheio?

RESOLUÇÃO:

Podemos resolver a questão de duas formas.

1ª resolução: Primeiramente deveremos calcular em quanto tempo cada torneira sozinha encheria o tanque. Ora, se a 1ª torneira tem vazão de $1m^3$ por hora e o reservatório tem $12m^3$, ela encheria o tanque sozinha em 12h.

Do mesmo jeito concluímos que se a 2ª torneira tem vazão de $1m^3$ a cada 5h, para ela encher o tanque de 12 m^3, gastaria 12 x 5 = 60 horas.

Agora é só utilizarmos a fórmula de sempre, com $t_1 = 12$ e $t_2 = 60$:

$$\frac{1}{t} = \frac{1}{12} + \frac{1}{60}$$

$$\frac{1}{t} = \frac{5+1}{60}$$

$$6t = 60 \Rightarrow \boldsymbol{t = 10h}$$

2ª resolução) Poderíamos resolver este problema de outro jeito, calculando quanto cada torneira despeja de água por hora:

a) a 1ª torneira despeja $1m^3$ por hora.

b) a 2ª torneira despeja $1m^3$ a cada 5h, então em uma hora ela solta $0,2m^3$.

Logo, em uma hora as duas juntas jorram 1 + 0,2 = 1,2 m^3 de água.

Agora é só resolvermos esta regra de três:

1h --- $1,2m^3$ ⇒ x.1,2 = 1.12 ∴ x = 12 / 1,2 = **10 horas.**

x --- $12m^3$

Exemplo 5) Três torneiras juntas enchem um tanque em 8 horas. A 1ª e a 2ª sendo capazes de enchê-lo em 18 e 24 horas, respectivamente, pergunta-se o número de horas que a terceira levará para, sozinha, encher o tanque.

RESOLUÇÃO:

Trata-se de simples aplicação da fórmula, prestando atenção que a incógnita do problema é t_3, e não t, pois ele pede o tempo da 3ª torneira, e não o tempo delas trabalhando juntas (t), que foi dado.

$$\frac{1}{\boldsymbol{t}} = \frac{1}{\boldsymbol{t_1}} + \frac{1}{\boldsymbol{t_2}} + \frac{1}{\boldsymbol{t_3}}$$

Substituindo t = 8, t_1 = 18 e t_2 = 24, teremos:

$$\frac{1}{8}=\frac{1}{18}+\frac{1}{24}+\frac{1}{t_3}$$

$$\frac{1}{t_3}=\frac{1}{8}-\frac{1}{18}-\frac{1}{24}$$

$$\frac{1}{t_3}=\frac{9-4-3}{72}$$

$$2t=72 \Rightarrow t=36h$$

3. PROBLEMAS ENVOLVENDO CAPACIDADE PESSOAL

Seguirão a mesma receita de bolo da fórmula vista no caso das torneiras. É a mesmíssima coisa.

Exemplo 1) Um pedreiro é capaz de construir um muro em 6 horas e outro tem a capacidade de trabalho para construir este mesmo muro em 9 horas. Pondo-se as duas pessoas trabalhando em conjunto, em quanto tempo o muro estará pronto?

RESOLUÇÃO:

Fórmula:

$$\frac{1}{t}=\frac{1}{t_1}+\frac{1}{t_2}$$

Substituindo t_1 = 6 e t_2 = 9, teremos:

$$\frac{1}{t}=\frac{1}{6}+\frac{1}{9}$$

$$\frac{1}{t}=\frac{3+2}{18}$$

$$5t=18 \Rightarrow t=3,6h=3h36min$$

Exemplo 2) Dois operários juntos podem fazer uma obra em 6 dias. Um deles, sozinho, seria capaz de realizá-la em 8 dias. Quantos dias levaria o outro para fazer a mesma obra?

RESOLUÇÃO:

Simples aplicação da fórmula, prestando atenção que a incógnita do problema é t_2, e não t, pois é pedido o tempo do 2º operário, e não o tempo do trabalho conjunto (t), que foi dado. Logo:

$$\frac{1}{6}=\frac{1}{8}+\frac{1}{t_2}$$

$$\frac{1}{t_2}=\frac{1}{6}-\frac{1}{8}$$

$$\frac{1}{t_2}=\frac{4-3}{24}$$

$$t_2=24\ dias$$

Exemplo 3) Três operários são capazes de realizar, individualmente e respectivamente, uma obra em 10, 15 e 20 dias. Mas o tempo está chuvoso, e a chuva seria capaz de destruir a obra em 12 dias, caso ela estivesse pronta. Começando a obra os três operários juntos, com tempo chuvoso, em quanto tempo ela ficará pronta?

RESOLUÇÃO:

A chuva atua atrasando a obra, de modo que seu tempo será negativo.

Substituindo $t_1 = 10$; $t_2 = 15$; $t_3 = 20$; $t_4 = -12$, e sabendo que o nosso objetivo consiste em determinar o valor de t, teremos:

$$\frac{1}{t}=\frac{1}{t_1}+\frac{1}{t_2}+\frac{1}{t_3}+\frac{1}{t_4}$$

$$\frac{1}{t}=\frac{1}{10}+\frac{1}{15}+\frac{1}{20}-\frac{1}{12}$$

O MMC (10, 15, 20, 12) = 60, então:

$$\frac{1}{t}=\frac{6+4+3-5}{60}$$

$$8t=60 \Rightarrow t=\frac{60}{8}=7,5\ dias=7\ dias\ e\ 12\ horas$$

Veja como esse assunto já foi cobrado!

QUESTÃO 01 (ESAF/ATA-MF/2009) Existem duas torneiras para encher um tanque vazio. Se apenas a primeira torneira for aberta, ao máximo, o tanque encherá em 24 horas. Se apenas a segunda torneira for aberta, ao máximo, o tanque encherá em 48 horas. Se as duas torneiras forem abertas ao mesmo tempo, ao máximo, em quanto tempo o tanque encherá?

a) 12 horas b) 30 horas c) 20 horas d) 24 horas e) 16 horas

RESOLUÇÃO:

Podemos aplicar a fórmula:

$$\frac{1}{t} = \frac{1}{t_1} + \frac{1}{t_2}$$

Substituindo $t_1 = 24$ e $t_2 = 48$, teremos:

$$\frac{1}{t} = \frac{1}{24} + \frac{1}{48}$$

$$\frac{1}{t} = \frac{2+1}{48}$$

$$3t = 48 \Rightarrow t = 16h$$

Gabarito: E.

QUESTÃO 02 (ESAF/ATRFB/2012) Em um tanque há 3 torneiras. A primeira enche o tanque em 5 horas, a segunda, em 8 horas, já a terceira o esvazia em 4 horas. Abrindo-se as 3 torneiras ao mesmo tempo e estando o tanque vazio, em quanto tempo o tanque ficará cheio?

a) 10 horas e 40 minutos

b) 13 horas e 20 minutos

c) 14 horas e 30 minutos

d) 11 horas e 50 minutos

e) 12 horas e 10 minutos

RESOLUÇÃO:

Substituindo na fórmula $t_1 = 5$, $t_2 = 8$ e $t_3 = -4$, teremos:

$$\frac{1}{t} = \frac{1}{t_1} + \frac{1}{t_2} + \frac{1}{t_3}$$

$$\frac{1}{t} = \frac{1}{5} + \frac{1}{8} - \frac{1}{4}$$

$$\frac{1}{t} = \frac{8+5-10}{40}$$

$$3t = 40 \Rightarrow t = \frac{40}{3} = 13,333\ldots horas = 13h20min$$

Gabarito: B.

4. RESUMO

Tanto os problemas envolvendo torneiras quanto os que envolvem capacidade pessoal podem ser resolvidos com a aplicação da seguinte fórmula:

$$\frac{1}{t} = \frac{1}{t_1} + \frac{1}{t_2} + \ldots + \frac{1}{t_n}$$

Em que t é o tempo necessário para encher ou esvaziar determinado tanque e t_1, t_2,..., t_n os tempos que cada torneira ou ralo levam para encher ou esvaziar o mesmo trabalhando isoladamente dos demais.

Lembrando sempre de inserir o sinal de negativo antes das componentes que prejudicam o desempenho das torneiras ou dos operários, tais como ralos e chuva.

5. MAIS QUESTÕES COMENTADAS

QUESTÃO 03) Uma torneira enche um tonel em 10 horas e outra torneira enche o mesmo tonel em 15 horas. Abrindo-se as duas torneiras ao mesmo tempo, qual será o tempo necessário para encher o tonel?

RESOLUÇÃO:

Fórmula:

$$\frac{1}{t} = \frac{1}{t_1} + \frac{1}{t_2}$$

Substituindo $t_1 = 10$ e $t_2 = 15$, teremos:

$\frac{1}{t} = \frac{1}{10} + \frac{1}{15}$ ⇒ Resolvendo, acharemos: t = 6h

QUESTÃO 04) Uma torneira enche um tanque em 6 horas e um ralo o esvazia em 8 horas. Abrindo-se os dois simultaneamente, quanto tempo será necessário para encher o tanque?

RESOLUÇÃO:

Fórmula:

$$\frac{1}{t} = \frac{1}{t_1} + \frac{1}{t_2}$$

Substituindo $t_1 = 6$ e $t_2 = -8$, teremos:

$\frac{1}{t} = \frac{1}{6} - \frac{1}{8}$ ⇒ Resolvendo, acharemos: t = 24h

QUESTÃO 05) Um tanque é alimentado por duas torneiras que podem enchê-lo em 3 e 4 horas, respectivamente. Uma válvula pode esvaziá-lo em 6 horas. Em quantas horas o tanque ficará cheio, se forem abertas as torneiras e a válvula ao mesmo tempo?

RESOLUÇÃO:

$\frac{1}{t} = \frac{1}{t_1} + \frac{1}{t_2} + \frac{1}{t_3}$ Substituindo $t_1 = 3$, $t_2 = 4$ e $t_3 = -6$, teremos:

$\frac{1}{t} = \frac{1}{3} + \frac{1}{4} - \frac{1}{6}$ ⇒ t = 2,4h = 2h24min.

QUESTÃO 06 (IBADE - Agente Adm/Pref Linhares/2020) Uma torneira enche um tanque em 9 horas, uma outra pode fazer o mesmo serviço em 12 horas. Juntando a essas duas torneiras uma terceira, todas trabalhando ao mesmo tempo, o tanque ficará cheio em 4 horas. O tempo que a terceira levaria trabalhando sozinha para encher todo o tanque seria de:

a) 9 horas b) 18 horas c) 36 horas d) 72 horas e) 144 horas

RESOLUÇÃO:

Aplicação da fórmula:

$$\frac{1}{t}=\frac{1}{t_1}+\frac{1}{t_2}+\frac{1}{t_3}$$

Observe que a incógnita do problema é t_3, e não t, pois ele pede o tempo da 3ª torneira, e não o tempo delas trabalhando juntas (t), que foi dado.

Substituindo t = 4, $t_1 = 9$ e $t_2 = 12$, teremos:

$$\frac{1}{4}=\frac{1}{9}+\frac{1}{12}+\frac{1}{t_3}$$

$$\frac{1}{t_3}=\frac{9-4-3}{36}$$

$$2t_3 = 36$$

$$\mathbf{t_3 = 18}$$

Portanto, a terceira torneira levaria **18 horas** para encher o tanque sozinha.

Gabarito: B

QUESTÃO 07) Um operário pode construir um muro em 20 dias e outro em 12 dias. Se os dois trabalhassem juntos, em quantos dias concluiriam o serviço?

RESOLUÇÃO:

Fórmula:

$$\frac{1}{t}=\frac{1}{t_1}+\frac{1}{t_2}$$

Substituindo $t_1 = 20$ e $t_2 = 12$, teremos:

$\frac{1}{t}=\frac{1}{20}+\frac{1}{12} \Rightarrow$ Resolvendo, acharemos: t = 7,5 dias.

QUESTÃO 08) Um reservatório é alimentado por duas torneiras. A primeira gasta o dobro do tempo da segunda para enchê-lo. As duas torneiras juntas enchem o reservatório em 40 minutos. Determine o tempo necessário para que cada uma encha o reservatório, funcionando sozinhas.

RESOLUÇÃO:

Fórmula:

$$\frac{1}{t}=\frac{1}{t_1}+\frac{1}{t_2}$$

Se a segunda leva o dobro do tempo da primeira, então t_2 é igual a $2.t_1$. Substituindo $t = 40$ e $t_2 = 2.t_1$, teremos:

$\frac{1}{40}=\frac{1}{t_1}+\frac{1}{2t_1}\Rightarrow$ Resolvendo, acharemos: $t_1 = 60\text{minutos} = 1\text{h}$ e $t_2 = 2t_1 = 2.1 = 2\text{h}$.

QUESTÃO 09 (IBFC – Soldado da PM-PB/2018) Duas torneiras abertas e com mesma vazão enchem um tanque, que estava vazio, em 18 horas. Se mais uma torneira, idêntica às duas, e com mesma vazão, fosse aberta, então o tanque seria completamente cheio em:

a) 15 horas

b) 12 horas e meia

c) 12 horas

d) 27 horas

RESOLUÇÃO:

Note que as três torneiras são iguais, logo, podemos chamar todas elas de t_1.

Da primeira informação, temos:

$$\frac{1}{18}=\frac{1}{t_1}+\frac{1}{t_1}=\frac{2}{t_1}=>t_1=36h=>t_1=t_2=t_3=36h$$

Assim, se abríssemos as três torneiras ao mesmo tempo, o tanque encheria em:

$$\frac{1}{T}=\frac{1}{t_1}+\frac{1}{t_2}+\frac{1}{t_3}=\frac{1}{36}+\frac{1}{36}+\frac{1}{36}=\frac{3}{36}=\frac{1}{12}=>T=12horas$$

Gabarito: C.

QUESTÃO 10 (VUNESP – Tecnólogo de Adm/PM-SP/2011) Com fluxo constante de água, a torneira A libera 84 litros de água em 6 minutos, e a torneira B libera 105 litros em 7 minutos. O tempo necessário para que as torneiras A e B, juntas, encham sem transbordamento um tanque inicialmente vazio e de capacidade de 1.160 litros é de

a) 35 minutos.

b) 40 minutos.

c) 45 minutos.

d) 50 minutos.

e) 55 minutos.

RESOLUÇÃO:

Nosso objetivo ao inserir essa questão aqui é para que você perceba que nem toda questão sobre torneiras envolve a fórmula mencionada neste capítulo. Essa questão é bem mais simples. Note que o enunciado não fornece quanto tempo elas individualmente enchem um tanque, e sim qual é a vazão delas. Vejamos.

Se a torneira A libera 84 litros em 6 minutos, então por minuto ela libera 84/6 = 14 litros.

Se a torneira B libera 105 litros em 7 minutos, então por minuto ela libera 105/7 = 15 litros.

Assim, se você abrir as duas ao mesmo tempo, você encherá por minuto 14 + 15 = 29 litros.

Logo, se em um minuto as duas torneiras enchem 29 litros, para encher 1.160 litros elas levarão 1.160/29 = 40 minutos, por simples aplicação de regra de três.

Gabarito: B.

QUESTÃO 11 (CESGRANRIO – Técnico de Arquivo/BNDES/2007) Uma torneira enche de água um tanque de 500 litros em 2 horas. Em quantos minutos 3 torneiras idênticas à primeira encherão um tanque de 600 litros, sabendo que todas as torneiras despejam água à mesma vazão da primeira e que, juntamente com as torneiras, há uma bomba que retira desse tanque 2,5 litros de água por minuto?

a) 45 b) 48 c) 56 d) 60 e) 72

RESOLUÇÃO:

Primeiro o enunciado menciona que uma torneira enche um tanque de 500 litros em duas horas, logo, para encher um tanque de 600 litros, ela levaria 2,4 horas, por regra de três simples. Como as três torneiras são iguais, $t_1 = t_2 = t_3 = 2{,}4$ horas.

O problema pede quanto levará para que três dessas torneiras encham um tanque de 600 litros enquanto um ralo o esvazia à vazão de 2,5 litros por minuto.

Se o ralo esvazia à vazão de 2,5 litros por minuto, para esvaziar um tanque de 600 litros, ele levará:

2,5 litros ___________ 1 minuto

600 litros ___________ x

x = 600/2,5 = 240 minutos = 4 horas.

Como ele é um ralo, usaremos t_4 = -4. Agora sim aplicaremos nossa querida fórmula:

$$\frac{1}{t}=\frac{1}{t_1}+\frac{1}{t_2}+\frac{1}{t_3}+\frac{1}{t_4}=\frac{1}{2,4}+\frac{1}{2,4}+\frac{1}{2,4}-\frac{1}{4}$$

Podemos resolver a equação acima convertendo 2,4 para 12/5 ou simplesmente fazendo o MMC entre 2,4 e 4, que é igual a 12. Usando a primeira opção e já passando o 5 para o numerador, deixando o 12 como denominador, teremos:

$$\frac{1}{t}=\frac{5}{12}+\frac{5}{12}+\frac{5}{12}-\frac{1}{4}=\frac{5+5+5-3}{12}=1hora=60\min$$

Gabarito: D.

QUESTÃO 12 (FUNDATEC – Assis Leg/CM Camaquã/2015) Se uma torneira enche completamente uma caixa de água com capacidade para 750 litros em 90 minutos, quantos minutos seriam necessários para encher uma caixa com capacidade para 900 litros utilizando quatro dessas torneiras simultaneamente?

a) 22 b) 27 c) 30 d) 35 e) 42

RESOLUÇÃO:

O enunciado pede em quanto tempo quatro torneiras iguais encheriam um reservatório de 900 litros. Contudo, ele deu o tempo de uma torneira para encher um reservatório de 750 litros. Ora, basta fazer uma regra de três simples para saber em quanto tempo essa torneira encheria o reservatório maior e usar nossa querida fórmula para quatro dessas torneiras.

750 litros ________ 90 minutos

900 litros ________ x

$$x=\frac{900.90}{750}=\frac{8100}{75}=108\min$$

Como as quatro torneiras são iguais, fazemos t_1=t_2=t_3=t_4=108 na fórmula já famosa:

$$\frac{1}{t}=\frac{1}{108}+\frac{1}{108}+\frac{1}{108}+\frac{1}{108}=\frac{4}{108}=\frac{1}{27}\Rightarrow t=27\,\text{min}$$

Gabarito: B.

6. QUESTÕES-DESAFIO

QUESTÃO 13) Um tanque é alimentado por três torneiras A, B e C. Abrindo A e B, o tanque enche em 10 minutos; abrindo B e C, em 20; e abrindo A e C, em 12. Determine o tempo necessário para cada torneira, sozinha, encher o tanque.

RESOLUÇÃO:

O enunciado fez um pouco diferente do que estamos acostumados, pois em vez de apresentar o tempo total que as três torneiras juntas levariam para encherem o tanque, forneceu os tempos que as torneiras levam para encher o tanque em cada dupla possível. Sendo assim, precisaremos utilizar a fórmula três vezes, uma para cada uma das hipóteses de enchimento do tanque em dupla, e resolver o sistema de equações que restar.

É uma questão difícil de aparecer em concursos, até pelo tempo que ela demanda para sua resolução, mas vai servir como um ótimo treino tanto do assunto envolvendo torneiras quanto de resolução sistemas de equações do primeiro grau.

Inicialmente, usaremos nossa querida fórmula para cada uma das três informações do enunciado:

$$\frac{1}{t}=\frac{1}{t_1}+\frac{1}{t_2}$$

1) Torneiras A e B juntas:

$$\frac{1}{10}=\frac{1}{A}+\frac{1}{B}\Rightarrow\frac{AB}{10AB}=\frac{10B}{10AB}+\frac{10A}{10AB}\Rightarrow AB=10B+10A\Rightarrow A=\frac{10B}{B-10}$$

2) Torneiras B e C juntas:

$$\frac{1}{20}=\frac{1}{B}+\frac{1}{C}\Rightarrow\frac{BC}{20BC}=\frac{20C}{20BC}+\frac{20B}{20BC}\Rightarrow BC=20C+20B\Rightarrow C=\frac{20B}{B-20}$$

3) Torneiras A e C juntas:

$$\frac{1}{12}=\frac{1}{A}+\frac{1}{C}=>\frac{AC}{12AC}=\frac{12C}{12AC}+\frac{12A}{12AC}=>AC=12C+12A=>A=\frac{12C}{C-12}$$

Podemos resolver esse sistema de diversas formas. Preferimos igualar as duas expressões de A, assim, se $A=\frac{10B}{B-10}$ e $A=\frac{12C}{C-12}$, então:

$$\frac{10B}{B-10}=\frac{12C}{C-12}=>10B(C-12)=12C(B-10)=>10BC-120B=12BC-120C=>$$

$$2BC=120C-120B=>BC=60C-60B=>BC-60C=-60B=>C=\frac{-60B}{B-60}=\frac{60B}{60-B}$$

Como $C=\frac{20B}{B-20}$ e $C=\frac{60B}{60-B}$, igualaremos as duas expressões para encontrarmos B:

$$\frac{20B}{B-20}=\frac{60B}{60-B}$$

Podemos simplificar ambos os numeradores por 20B, restando:

$$\frac{1}{B-20}=\frac{3}{60-B}=>60-B=3.(B-20)=>60-B=3B-60=>120=4B=>B=30\text{min}$$

Aleluia! Agora que encontramos B, fica fácil encontrar A e C:

$$A=\frac{10B}{B-10}=\frac{10.30}{30-10}=\frac{300}{20}=15\text{min}$$

$$C=\frac{20B}{B-20}=\frac{20.30}{30-20}=\frac{600}{10}=60\text{min}$$

Gabarito: A = 15min, B = 30min e C = 60min.

QUESTÃO 14 (UFMT – Aux Adm/CM Cáceres/2015) Três torneiras, A, B e C, são utilizadas para encher completamente uma caixa com água. A torneira A gasta 3 horas, a torneira B, 4 horas e a torneira C, 6 horas. Admita que nas primeiras 2 horas somente as torneiras B e C foram abertas, enquanto A permaneceu fechada, e que depois B e C foram fechadas e somente a torneira A ficou aberta. Nessa condição, qual é o tempo necessário para que a torneira A complete o volume da caixa?

a) 20 minutos b) 30 minutos c) 40 minutos d) 10 minutos

RESOLUÇÃO:

Questão que envolve nossa querida fórmula, percentuais e algumas regras de três, por isso a enquadramos como um desafio, claro. Vamos a ela.

Nas duas primeiras horas, somente as torneiras B e C ficaram abertas, logo, seria interessante saber o percentual do tanque que elas conseguiram encher. Para isso, precisamos ver quanto tempo as duas encheriam o tanque todo, ou seja, 100% dele.

$$\frac{1}{t}=\frac{1}{t_B}+\frac{1}{t_C}=\frac{1}{4}+\frac{1}{6}=\frac{5}{12}=>t=2,4horas$$

Assim, as duas juntas levariam 2,4horas para encherem 100% da caixa.

Só que as duas juntas só funcionaram por duas horas, ou seja, não conseguiram encher a caixa toda, somente:

100% ________ 2,4h

x % ________ 2h

x = 200/2,4 = 83,33%

Assim, ainda restaram 16,67% (100 – 83,33) do tanque a ser preenchido. Esse restante foi completado somente pela torneira A, conforme o enunciado. Foi dito que a torneira A encheria 100% da caixa em 3 horas, logo, para sabermos quanto tempo levaria para preencher os 16,67% restantes, basta usarmos uma regra de três:

100% ________ 3h

16,67% ________ y

y = 3.16,67/100 = 50/100 = 0,5 horas = 30minutos.

Gabarito: B.

CAPÍTULO 19

QUESTÕES ENVOLVENDO IDADES

Vamos estudar agora como se resolvem problemas de 1º grau envolvendo idades, muito comuns em concursos públicos e vestibulares.

O primeiro passo é saber que a **diferença** das idades entre as pessoas envolvidas é **sempre a mesma.** Para exemplificar, se eu sou mais velho que meu irmão 10 anos, eu também era 10 anos mais velho do que ele há 15 anos, como serei 10 anos mais velho que ele daqui a 50 anos. A diferença entre nossas idades não se altera nunca.

O bom deste tipo de problema é que, ao acharmos a resposta, sempre poderemos conferir facilmente se a resposta está correta, pois é só **substituir as idades no enunciado** do problema e provar se está correto ou não.

Sendo assim, vamos resolver agora cinco problemas envolvendo idades, pois este tópico é mais fácil aprender resolvendo exemplos. Em seguida, vamos encarar uma bateria de questões cobradas em concursos para ficarmos afiados neste assunto!

Exemplo 1) João é mais velho que Ana. Se há 8 anos João tinha o dobro da idade da Ana, e há 13 anos João tinha o triplo da idade da Ana, qual a idade atual deles?

RESOLUÇÃO:

Vamos chamar as idades atuais de João como **J** e de Ana como **A**.

O enunciado informa que há 8 anos João tinha o dobro da idade de Ana. Logo:

$$J - 8 = 2 \times (A - 8)$$

Em seguida, é dito que há 13 anos João tinha o triplo da idade de Ana. Ou seja:

$$J - 13 = 3.(A - 13)$$

No quadro há seguir estão resumidas essas informações:

	Idade Atual	8 anos atrás	13 anos atrás
João	J	J – 8	J – 13
Ana	A	A – 8	A – 13
Relação entre as idades	J > A	J – 8 = 2.(A – 8) (1)	J – 13 = 3.(A – 13) (2)

Agora, basta desenvolvermos as equações (1) e (2):

(1) $J - 8 = 2.(A - 8) \therefore J - 8 = 2A - 16 \therefore J = 2A - 8$

(2) $J - 13 = 3.(A - 13) \therefore J - 13 = 3A - 39 \therefore J = 3A - 26$

Igualando **J** nessas duas equações, teremos:

$$2A - 8 = 3A - 26 \therefore A = 18$$

Mas $J = 2A - 8$, logo: $J = 2.18 - 8 = 36 - 8 = 28$

Portanto, concluímos que João tem 28 anos e Ana, 18.

Como ter a certeza de que a resposta está correta? Basta substituir no problema os valores encontrados:

(1) "há 8 anos João tinha o dobro da idade da Ana"➔ 28 – 8 = 2.(18 – 8) ➔ 20 = 2.10 ➔ OK√

(2) "há 13 anos João tinha o triplo da idade da Ana"➔ 28 – 13 = 3.(18 – 13) ➔ 15 = 3.5 ➔ OK√

Exemplo 2) Se hoje possuo o triplo da idade do meu filho e daqui a 12 anos terei o dobro de sua idade, qual a minha idade hoje?

RESOLUÇÃO:

Vamos chamar minha idade atual de **I** e a do meu filho de **F**.

O enunciado informa que hoje possuo o triplo da idade do meu filho. Logo:

$$I = 3 \times F$$

Também é dito que daqui a 12 anos terei o dobro de sua idade. Ou seja:

$$I + 12 = 2 \times (F + 12)$$

No quadro há seguir estão resumidas essas informações:

	Idade Atual	Daqui a 12 anos
Eu	I	I + 12
Filho	F	F + 12
Relação entre as idades	I = 3 × F (1)	I + 12 = 2.(F + 12) (2)

Sendo assim, é só desenvolvermos agora este sistema de 1º grau, tirado das equações (1) e (2):

$$\begin{cases} I = 3F \\ I + 12 = 2 \times (F + 12) \end{cases}$$

Substituindo **I** por **3F** na segunda equação, teremos:

$$3F + 12 = 2.(F + 12) \therefore 3F + 12 = 2F + 24 \therefore F = 12$$

Mas I = 3F, logo: I = 3.12 = 36

Portanto, eu tenho 36 anos e meu filho, 12.

Prova para conferir se a resposta está correta:

(1) "Hoje possuo o triplo da idade do meu filho" ➔ 36 = 3.12 ➔ OK√

(2) "Daqui a 12 anos terei o dobro de sua idade" ➔ 36 + 12 = 2.(12 + 12) ➔ 48 = 2.24 ➔ OK√

Exemplo 3) A soma das idades de pai e filho é 45 anos. Há 5 anos a idade do pai era 4 vezes a idade do filho. Quais são suas idades atuais?

RESOLUÇÃO:

Desta vez, vamos aplicar uma solução resumida:

$$P + F = 45 \Rightarrow P = 45 - F$$

$$P - 5 = 4.(F - 5) \Rightarrow P = 4F - 20 + 5 = 4F - 15$$

$$45 - F = 4F - 15 \therefore 5F = 60 \therefore F = 12 \therefore$$

Mas P = 45 – F, logo: **P** = 45 – 12 = **33**.

Portanto, as idades atuais são 33 e 12 anos.

Exemplo 4) Um pai tem 32 anos e seu filho, 14. Quando a idade do pai foi ou será o triplo da do filho?

RESOLUÇÃO:

Vamos chamar de **P** a idade atual do pai e **F** a do filho, logo:

$$P = 32 \text{ e } F = 14$$

O nosso objetivo consiste em determinar quando a idade do pai foi ou será o triplo da do filho. Ou seja:

$$P + x = 3.(F + x)$$

Como P = 32 e F = 14, temos:

$$32 + x = 3.(14 + x)$$
$$32 + x = 42 + 3x$$
$$2x = -10$$
$$x = -5$$

O sinal negativo indica que a situação pedida ocorreu há 5 anos.

Portanto, a idade do pai foi o triplo da do filho há 5 anos.

Para provar isso, basta verificar que há 5 anos o pai tinha 27 e o filho 9 anos, ou seja, uma idade o triplo da outra.

Exemplo 5) Há 18 anos a idade de um homem era o dobro da idade de sua esposa. Daqui a 9 anos a idade do marido passará a ser 5/4 da esposa. Quais idades têm o casal atualmente?

RESOLUÇÃO:

Adotando **H** para a idade atual do homem e **M** para a de sua mulher, teremos:

(1) H – 18 = 2.(M – 18)

(2) H + 9 = 5/4 (M + 9)

Resolvendo esse sistema, acharemos H = 36 e M =27.

Portanto, atualmente o casal tem 36 e 27 anos.

Exemplo 6 – Nível Mais Difícil) Eu tenho a idade que tu tinhas quando eu tinha a metade da idade que tu tens. A soma de nossas idades hoje é igual a 35 anos. Qual a minha e a tua idade?

RESOLUÇÃO:

Adotando E para o "eu" e T para o "tu", teremos:

(1) "A soma de nossas idades hoje é igual a 35 anos" ➔ E + T = 35

(2) "Eu tenho a idade que tu tinhas" ➔ T > E ∴E = T – x, sendo "x" a diferença de idade entre os 2

(3) "quando eu tinha a metade da idade que tu tens" ➔ aqui está a grande dificuldade do problema, que é equacionar essa frase, mas vamos lá:

"quando eu tinha" ➔ E – x
"a metade da idade que tu tens"➔ T/2
} E – x = T/2

Temos agora 3 equações:

(1) $E + T = 35$

(2) $E = T - x$

(3) $E - x = T/2$

Substituindo (2) em (3), teremos: $T - x - x = T/2 \therefore T - 2x = T/2 \therefore T = 4x$

Substituindo T por 4x em (2), teremos: $E = T - x = 4x - x = 3x$

Substituindo T por 4x e E por 3x em (1), teremos: $3x + 4x = 35 \therefore 7x = 35 \therefore x = 5$

Logo:

$$E = 3x = 3.5 = 15 \quad \text{e} \quad T = 4x = 4.5 = 20$$

Portanto, a minha idade é 15 e a tua é 20.

1. RESUMO

Você deve sempre ter em mente que a **diferença** das idades entre as pessoas envolvidas é **sempre a mesma.**

Com base nessa informação ou em outras que constem no enunciado, sua missão é montar e resolver um sistema de equações de primeiro grau que atenda ao que é pedido.

2. MAIS QUESTÕES COMENTADAS

QUESTÃO 01 (FGV/PC-RJ/Auxiliar Policial/2022)

João tem hoje 22 anos e lembrou que, há oito anos, nesse mesmo dia do ano, sua irmã Maria disse para ele: "Eu tenho a metade da sua idade". Nesse mesmo dia do ano, quando Maria tiver 35 anos, João terá:

a) 42 anos; b) 43 anos; c) 57 anos; d) 65 anos; e) 70 anos.

RESOLUÇÃO:

Se hoje João tem 22 anos de idade, então há 8 anos ele tinha 14 anos de idade.

Como sua irmã tinha metade da sua idade nesse mesmo dia de 8 anos atrás, então nessa época ela tinha $14 \div 2 = 7$ anos de idade.

Assim, quando Maria tiver 35 anos de idade, terão se passado $35 - 7 = 28$ anos. Por sua vez, João nesse mesmo dia do ano terá $14 + 28 = 42$ anos de idade.

Gabarito: A.

QUESTÃO 02 (FCC – Ana Jud/TRT 6ª Região/2018) Exatamente hoje eu ganhei o meu primeiro neto, filho do meu único filho. Há dois anos, a soma das nossas idades era 60 anos, e a razão entre a minha idade e a dele era 7/3. Daqui a X anos, a razão entre a idade do meu filho e a idade desse meu neto será 5/3. O valor de X é igual a

a) 15. b) 30. c) 21. d) 36. e) 42.

RESOLUÇÃO:

O enunciado informa que há 2 anos a razão entre minha idade e a de meu filho era de 7 para 3.

Dessa forma, para cada grupo de 7 + 3 = 10 anos de existência:

– eu vivi por 7 anos

– meu filho viveu por 3 anos.

Assim, em 10 × 6 = 60 anos de existência:

– eu vivi por 7 × 6 = 42 anos

– meu filho viveu por 3 × 6 = 18 anos.

Visto que a soma de nossas idades é de 60 anos, então eu tinha 42 e meu filho tinha 18 anos.

Mas isso era há 2 anos. Hoje eu tenho 44 anos e meu filho tem 20, e hoje nasce meu neto.

Assim, daqui a **x** anos, meu filho terá **20 + x** anos e meu neto terá **x** anos. A razão entre essas idades é de 5 para 3:

$$(20 + x) / x = 5/3$$

$$60 + 3x = 5x$$

$$2x = 60$$

$$\mathbf{x = 30\ anos}$$

Gabarito: B.

QUESTÃO 03 (VUNESP - Téc Gestão/FITO/2020) Carlos tem a terça parte da idade que tem Clara, e a soma das idades deles é igual a 36 anos. Logo, a diferença entre as idades de Clara e de Carlos é igual a

a) 9 anos b) 15 anos c) 18 anos d) 21 anos e) 27 anos

RESOLUÇÃO:

Vamos chamar de **x** a idade de Clara.

O enunciado informa que Carlos tem a terça parte da idade que tem Clara, ou seja, Carlos tem **x/3** anos.

É dito que a soma das idades vale 36 anos:

$$x + \frac{x}{3} = 36$$

$$3x + x = 108$$

$$4x = 108 \rightarrow \mathbf{x = 27}$$

Assim, concluímos que Clara tem 27 anos e Carlos tem 27/3 = 9 anos, de modo que a diferença entre idades é de 27 – 9 = **18 anos.**

Gabarito: C.

QUESTÃO 04 (FUNDATEC – Agente Legislativo/ALERS/2018) Ana é oito anos mais velha que Carla. A diferença entre o quíntuplo da idade de Ana e o dobro da idade de Carla é 124. A idade de Ana e Carla é respectivamente:

a) 30 e 22. b) 16 e 8. c) 36 e 28. d) 48 e 40. e) 44 e 36.

RESOLUÇÃO:

Vamos chamar de **C** a idade de Carla.

Como Ana é oito anos mais velha que Carla, A idade de Ana é **C + 8.**

O enunciado informa que a diferença entre o quíntuplo da idade de Ana e o dobro da idade de Carla vale 124:

$$5 \times (8 + C) - 2C = 124$$

$$40 + 3C = 124$$

$$3C = 84$$

$$\mathbf{C = 28}$$

Portanto, a idade de Ana vale: C + 8 = 28 + 8 = **36.**

Gabarito: C.

QUESTÃO 05 (VUNESP/TCE-SP/Agente de Fisc/2017) Hoje a razão entre a minha idade e a idade do meu filho é 3/2, e a soma de nossas idades é 120 anos. Já

UNIDADE 2 – ARITMÉTICA

aconteceu de essa razão ser igual a 3, e, nessa ocasião, a idade de meu filho, em anos, era igual a

a) 8. b) 14. c) 16. d) 12. e) 10.

RESOLUÇÃO:

Sendo M a minha idade hoje e F a do meu filho, sabemos que:

$$M + F = 120$$

$$F = 120 - M$$

E também que:

$$M/F = 3/2$$

$$3F = 2M$$

Substituindo F por 120 – M, temos:

$$3.(120 - M) = 2M$$

$$360 - 3M = 2M$$

$$360 = 5M$$

$$M = 72$$

Logo, F = 120 - 72 = 48.

Há X anos, a razão era igual a 3. Nesse caso, a minha idade era 72 – X, e a do meu filho era 48 – X:

$$(72 - X) . (48 - X) = 3$$

$$72 - X = 144 - 3X$$

$$2X = 72$$

$$X = 36$$

Logo, eu tinha 72 - 36 = 36 anos, e meu filho tinha 48 - 36 = 12 anos.

Gabarito: D.

QUESTÃO 06 (VUNESP/TCE-SP/Agente de Fisc/2017) Tenho um filho. Nasci 20 anos antes do que ele. Daqui a dez anos terei o dobro da idade dele. Hoje a razão entre a idade dele e a minha é igual a

a) 1/4 b) 1/3 c) 1/5 d) 1/2 e) 1/6

RESOLUÇÃO:

Como nasci 20 anos antes do meu filho, se ele tem F anos hoje, eu tenho F+20 anos. Daqui a 10 anos ele terá F+10, e eu terei F+30. A minha idade será o dobro da dele:

$$F + 30 = 2.(F + 10)$$

$$F + 30 = 2F + 20$$

$$F=10$$

Assim, hoje meu filho tem 10 anos e eu tenho 10+20 = 30 anos. A razão entre nossas idades é:

10/30=1/3

Gabarito: B.

QUESTÃO 07 (FCC – Auxiliar/TCE-SP/2010) Sabe-se que daqui a 9 anos a soma da idade de Dagoberto com as de seus pais será 155 anos. Assim sendo, há 5 anos atrás quantos anos totalizavam as idades dos três?

a) 96 b) 108 c) 113 d) 117 e) 121

RESOLUÇÃO:

Sejam as idades atuais de Dagoberto e seus pais x, y e z. Daqui a 9 anos serão x + 9, y + 9 e z + 9.

Sabendo que a soma deve resultar 155, temos:

$$\mathbf{(x + 9) + (y + 9) + (z + 9) = 155}$$

$$(x + y + z) + 27 = 155$$

$$x + y + z = 155 - 27 = \mathbf{128}$$

Há 5 anos as idades eram x – 5, y – 5 e z – 5. Somando, temos:

$$(x - 5) + (y - 5) + (z - 5)$$

$$(x + y + z) - 5 - 5 - 5 = 128 - 15 = \mathbf{113}$$

Portanto, há 5 anos as idades dos três totalizavam 113 anos.

Gabarito: C.

3. QUESTÃO-DESAFIO

QUESTÃO 08 (ESAF/MTE/AFT/2003) Três pessoas, Ana, Bia e Carla, têm idades (em número de anos) tais que a soma de quaisquer duas delas é igual ao número obtido invertendo-se os algarismos que formam a terceira. Sabe-se, ainda, que a idade de cada uma delas é inferior a 100 anos (cada idade, portanto, sendo indicada por um algarismo da dezena e um da unidade). Indicando o algarismo da unidade das idades de Ana, Bia e Carla, respectivamente, por A1, B1 e C1; e indicando o algarismo da dezena das idades de Ana, Bia e Carla, respectivamente, por A2, B2 e C2, a soma das idades destas três pessoas é igual a:

a) 3 (A2+B2+C2)

b) 10 (A2+B2+C2)

c) 99 – (A1+B1+C1)

d) 11 (B2+B1)

e) 3 (A1+B1+C1)

RESOLUÇÃO:

De acordo com o informado no enunciado, as idades das três mulheres podem ser escritas da seguinte forma:

$$10 \times A2 + A1$$

$$10 \times B2 + B1$$

$$10 \times C2 + C1$$

Em seguida, é dito que a soma das idades de quaisquer duas delas é igual ao número obtido invertendo-se os algarismos que formam a terceira. Logo, temos as seguintes igualdades:

$$10 \times A2 + A1 + 10 \times B2 + B1 = 10 \times C1 + C2 \text{ (I)}$$

$$10 \times A2 + A1 + 10 \times C2 + C1 = 10 \times B1 + B2 \text{ (II)}$$

$$10 \times B2 + B1 + 10 \times C2 + C1 = 10 \times A1 + A2 \text{ (III)}$$

O nosso objetivo consiste em determinar a soma das três idades, que é dada por:

$$(10 \times A2 + A1) + (10 \times B2 + B1) + (10 \times C2 + C1)$$

Vamos reordenar os termos:

$$(10 \times A2 + A1 + 10 \times C2 + C1) + 10 \times B2 + B1$$

Da equação II, sabemos que a quantia entre parênteses é igual a 10 × B1 + B2. Fazendo a substituição:

$$10B1 + B2 + 10B2 + B1$$

$$= 11B1 + 11B2$$

$$\mathbf{= 11(B1 + B2)}$$

Gabarito: D.

UNIDADE 3

MATEMÁTICA DE NÍVEL MÉDIO

CAPÍTULO 20

EQUAÇÃO DO 1º GRAU

1. CONCEITO

É uma relação de igualdade que possui o formato **ax + b = 0**, com **a** e **b** pertencentes ao conjunto dos números reais e **a diferente de zero**, em que:

a: coeficiente da equação

x: incógnita

b: termo independente

Note que se trata de **equação** devido ao fato de a incógnita estar igualada a um número, que nesse caso corresponde a zero.

Além disso, a equação descrita é do **1º grau** porque a incógnita tem expoente igual a 1.

Enfatizamos a restrição de que o coeficiente da equação deve ser diferente de zero.

Mas, o que aconteceria se tivéssemos a = 0?

Neste caso, ficaríamos com 0 multiplicado por **x**, de modo que a incógnita desapareceria e deixaríamos de ter uma equação!

IMPORTANTE!

Para ser uma **equação do 1º grau**,
a expressão precisa ter o **formato ax + b = 0**, com **a ≠ 0**.

Para exemplificar, vamos identificar os termos das seguintes equações:

a) 3x – 5 = 0

Inicialmente, perceba que estamos diante de uma equação do 1º grau, pois o expoente da incógnita **x** é igual a 1.

Adicionalmente, precisamos ter em mente o significado da igualdade presente na expressão. Ela indica que tudo que está do lado esquerdo (1º membro da equação) é igual ao conteúdo do lado direito (2º membro da equação), que neste exemplo é igual a 0. Assim, substituindo o valor de **x** e fazendo as operações necessárias, devemos ter como resultado o número que está do lado direito da igualdade.

Agora para definirmos os valores dos termos da equação, basta lembrarmos o seu formato genérico: ax + b = 0. Dessa forma, comparando isso com a equação dada, concluímos que:

$\mathbf{a}x + \mathbf{b} = 0$

$3x - \mathbf{5} = 0$

ax	+	**b**	= 0
↓		↓	
3x	–	5	= 0
a = 3	e	**b = -5**	

b) 7 + 2/3x = 0

Mais uma vez temos uma equação do 1º grau.

Note que as parcelas da soma estão em posição inversa quando comparadas com o formato padrão. Apesar disso, podemos concluir que: **a = 2/3** e **b = 7**.

Neste sentido, basta lembrarmos que o coeficiente da equação (a) é sempre o termo que multiplica a incógnita.

c) -8x = 5

Desta vez, precisamos ajustar a estrutura da equação para melhor identificar os seus termos. Para isso, sempre que manipulamos a expressão mudando os números de um lado para outro, devemos **trocar o seu sinal**, ou seja, se está positivo (fazendo a operação de soma) vira negativo e se está negativo (fazendo a operação de subtração) torna-se positivo.

Assim, temos:

$$-8x = 5$$

$$-8x - 5 = 0$$

Portanto, agora podemos concluir que: **a = -8** e **b = -5**.

d) 5x = 0

Talvez você esteja se perguntando se está faltando algo nessa equação. E na verdade, está tudo certo!

O que ocorre neste caso é que o termo independente é nulo, de modo que: **a = 5 e b = 0.**

Portanto, tenha em mente que a equação do 1º grau pode ser apresentada de um modo diferente do padrão (ax + b = 0). O que importa é que o número que multiplica a incógnita seja diferente de 0.

2. RESOLVENDO UMA EQUAÇÃO DO 1º GRAU

O mais importante deste tópico é sabermos determinar o valor da incógnita, que é chamado **raiz da equação.**

Para isso, o nosso objetivo deve ser separar na igualdade a incógnita dos números (coeficiente e termo independente), invertendo a operação caso tenha havido alguma transferência de um lado para outro. Isto é, caso de trate de uma multiplicação passa para o outro lado dividindo, e vice-versa; ao passo que se estiver subtraindo, passa somando, e vice-versa.

Em outras palavras, queremos letras com letras de um lado da equação e números com números do outro lado, mudando a operação caso aconteçam transferências entre lados!

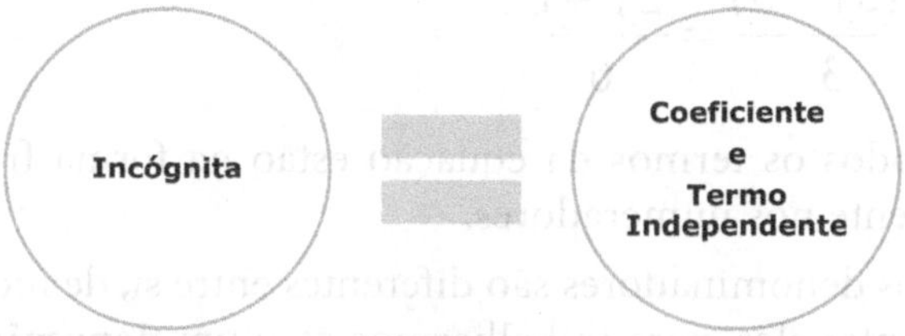

Para exemplificar, vamos solucionar as equações do 1º grau a seguir.

a) 8x – 15 = 3x

Primeiramente, vamos passar o -15 (que é um número) para o outro lado da igualdade. Para isso, devemos alterar o seu sinal de negativo para positivo. Similarmente, passaremos o 3x (que é letra) para o outro lado, mudando seu sinal de positivo para negativo. Logo:

$$8x - 3x = 15$$

$$5x = 15$$

Agora, precisamos passar o 5 (que é número) para o outro lado da igualdade. Qual é a operação que ele está fazendo? Multiplicação, de modo que passará dividindo:

$$x = 15/5$$

$$\mathbf{x = 3}$$

Portanto, **a raiz da equação é 3**. Inclusive, muitas vezes esta solução é representada em forma de conjunto. Assim, teríamos **S** = {3}, ou seja, o conjunto solução é formado pelo elemento 3.

b) 2(3x + 1) – 3(6 – 2x) = 20

Inicialmente aplicamos a propriedade distributiva da multiplicação, destacando que o segundo parêntese está sendo multiplicado por "-3", e não por "3":

$$6x + 2 - 18 + 6x = 20$$

Nesse momento, fazendo a transferência de todos os números para o outro lado da equação e fazemos as operações resultantes:

$$12x = 20 - 2 + 18$$

$$12x = 36$$

Repare que o 12 está multiplicando a incógnita, de modo que deve passar para o outro lado dividindo:

$$x = 36 / 12 \rightarrow \mathbf{x = 3}$$

c) $\dfrac{y-3}{2}+\dfrac{2(3y-5)}{3}=\dfrac{2y-1}{6}$

Neste caso todos os termos da equação estão na forma fracionária, com a incógnita (y) presente nos numeradores.

Além disso, os denominadores são diferentes entre si, de modo que devemos calcular o **MMC** entre eles, para trabalharmos com um **denominador comum**:

$$\begin{array}{r|l} 2,3,6 & 2 \\ 1,3,3 & 3 \\ 1,1,1 & = 2 \text{ x } 3 = 6 \end{array}$$

Assim, o MMC entre 2, 3, 6 é igual a 6, o qual será o denominador comum da equação e deve substituir cada denominador até então existente. Como faremos isso?

Em cada fração, iremos dividir o 6 pelo denominador inicial, e o resultado dessa operação será multiplicado pelo numerador, obtendo o novo numerador. Veja:

$$\frac{3(y-3)}{6}+\frac{2\times2(3y-5)}{6}=\frac{1(2y-1)}{6}$$

$$\frac{3y-9}{6}+\frac{12y-20}{6}=\frac{2y-1}{6}$$

Como os denominadores são todos iguais, podemos simplificar a equação por eliminá-los. Em seguida, continuamos as operações para encontrar a raiz da equação:

$$3y-9+12y-20=2y-1$$

$$3y+12y-2y=-1+9+20$$

$$13y=28 \rightarrow y=\frac{28}{13}$$

Portanto, fica claro que a resolução de uma equação do 1º grau segue um processo prático, composto dos seguintes passos:

1) Eliminar os denominadores (Se as equações possuírem termos fracionários);

2) Isolar num dos lados todos os termos que contém a incógnita e os demais no outro lado;

3) Reduzir todos os termos semelhantes a um só;

4) Passar para o outro lado dividindo ou multiplicando os termos que estão, respectivamente, multiplicando ou dividindo a incógnita;

d) $\frac{3}{4}+\frac{1}{x}=\frac{11}{12}$

Note que a incógnita está no denominador de uma das frações da equação. Nesta situação, dizemos que estamos diante de uma **equação fracionária**.

Mais uma vez, vamos tirar o MMC entre os denominadores:

4, x, 12	2
2, x, 6	2
1, x, 3	3
1, x, 1	x
1, 1, 1	= 2 × 2 × 3 × x= 12x

Agora, fazemos as operações necessárias para trabalharmos com um denominador comum e determinar a solução da equação:

$$\frac{3x \times 3}{12x} + \frac{12 \times 1}{12x} = \frac{x \times 11}{12x}$$

$$9x + 12 = 11x$$

$$9x - 11x = -12$$

$$-2x = -12 \rightarrow x = \frac{-12}{-2} \rightarrow \boldsymbol{x = 6}$$

e) $\frac{2t}{t-3} = \frac{3}{t} + 2$

Repare que temos três frações (sim, mesmo no caso do 2, que é um número inteiro, seu denominador é igual a 1). Como denominador comum, podemos utilizar o produto entre os denominadores, em vez do MMC, ficando com:

$$\frac{2t^2}{t(t-3)} = \frac{3t-9}{t(t-3)} + \frac{2t(t-3)}{t(t-3)}$$

$$2t^2 = 3t - 9 + 2t^2 - 6t$$

Eita, professores. Percebi que a incógnita agora tem expoente igual a 2. O que fazer nesse caso?

Fique tranquilo, caro colega. Na verdade, esses termos serão eliminados entre si, de modo que permaneceremos trabalhando apenas com expoente igual a 1 na incógnita. Veja:

$$2t^2 - 2t^2 - 3t + 6t = -9$$

$$3t = -9 \rightarrow t = \frac{-9}{3} \rightarrow \boldsymbol{t = -3}$$

3. RESOLUÇÃO DE PROBLEMAS POR MEIO DE EQUAÇÃO DO 1º GRAU

Adicionalmente, precisamos conhecer um outro tipo de questão envolvendo este tópico. Trata-se de quando temos um problema cuja solução é obtida por meio da solução de uma equação do 1º grau.

Caro colega, atenção total aqui! Pois é assim que este assunto vai aparecer na sua prova, e isso despenca em concursos!!! Mas fique tranquilo, porque os exemplos e as diversas questões que resolveremos deixarão você altamente preparado.

Neste tipo de questão é fundamental sabermos interpretar corretamente as informações presentes no enunciado de modo a conseguirmos transformá-las em linguagem matemática, identificando os elementos integrantes para construir corretamente a expressão. Em outras palavras, precisamos desenvolver a habilidade de traduzir textos em números!

Para auxiliá-lo, na tabela a seguir estão descritos alguns exemplos de expressões cotidianas que já apareceram em questões de concursos e suas respectivas equivalências matemáticas, considerando a incógnita **x** como o termo desconhecido.

Exemplos de expressões cotidianas e suas equivalentes matemáticas	
Um número mais sete.	$x + 7$
Cinco vezes um determinado número.	$5x$
Metade de certo número.	$\frac{x}{2}$
O quíntuplo de um número mais quatro.	$5x + 4$
A quarta parte de um número mais três.	$\frac{x}{4} + 3$
O triplo de um número somado ao seu quádruplo.	$3x + 4x$
A diferença entre um número e a sua metade.	$x - \frac{x}{2}$
Doze dividido por um certo número.	$\frac{12}{x}$
O consecutivo de um número.	$x + 1$
O dobro do antecessor de um número.	$2(x - 1)$
Somando quatro a um certo número e multiplicando o resultado por 8.	$(x + 4) \times 8$
O quociente entre seis e a soma de um certo número com dois.	$\frac{6}{x+2}$
Três números inteiros, positivos, pares e consecutivos.	$x, x + 2, x + 4$
A diferença entre dois números é 12.	x e $x + 12$
O inverso de um número somado a seis resulta em oito.	$\frac{1}{x} + 6 = 8$
A idade de uma pessoa há dois anos.	$x - 2$

Vamos examinar alguns exemplos.

1) A soma de dois números é 212 e a diferença é 24. Quais são esses números?

RESOLUÇÃO:

Como a diferença entre os números é 24, podemos dizer que o menor é **x** e o maior é **x + 24**.

Em seguida, é dito que a soma entre eles é 212. Logo:

$$x + (x + 24) = 212$$

$$2x + 24 = 212$$

$$2x = 188$$

$$x = 188/2 \rightarrow \mathbf{x = 94}$$

Assim, o número menor é **94**, ao passo que o maior é 94 + 24 = **118**.

2) Lucas tem 28 anos a menos que o seu pai, o qual tem 3 vezes a idade de Lucas. Qual a idade de ambos?

RESOLUÇÃO:

Levando em conta que Lucas tem 28 anos a menos que o seu pai, dizemos que a idade de Lucas é **y** e a de seu pai é **y + 28**. E como o pai de Lucas possui 3 vezes a idade de Lucas, temos:

$$y + 28 = 3y$$

$$3y - y = 28$$

$$y = 28/2 \rightarrow \mathbf{y = 14}$$

3) Francisco tem hoje 46 anos e o seu filho, 10 anos de idade. Daqui a quantos anos a idade do pai será o quádruplo da idade do filho?

RESOLUÇÃO:

Se atualmente Francisco tem 46 anos de idade e o seu filho possui 10 anos, então após certo tempo terão:

- Francisco: 46 + x
- Filho de Francisco: 10 + x

Queremos saber quando a idade de Francisco será o quádruplo da idade de seu filho. Logo:

$$46 + x = 4(10 + x)$$

$$46 + x = 40 + 4x$$

$$4x - x = 46 - 40$$

$$3x = 6 \rightarrow \mathbf{x = 2}$$

Portanto, a idade de Francisco corresponderá a quatro vezes à do seu filho daqui a dois anos.

4) Considere que no mês de outubro, os estudantes Carlos e Artur haviam gastado, respectivamente, dois terços e três quintos de suas mesadas. Embora a mesada de Carlos seja menor, ele gastou R$ 8,00 a mais que Artur. Se a soma dos valores das duas mesadas é R$ 810,00, qual é o valor monetário da diferença entre os valores das duas mesadas?

RESOLUÇÃO:

Veja que o problema diz que Carlos e Artur haviam gastado, respectivamente, dois terços e três quintos de suas mesadas; sendo que Carlos gastou R$ 8,00 a mais que Artur.

Então, chamaremos de **A** e **C** as mesadas de, respectivamente, Artur e Carlos. Daí, teremos:

$$\frac{2}{3}C - \frac{3}{5}A = 8$$

Com essa fórmula, registramos o gasto que cada um dos estudantes tiveram bem como destacamos o fato de as despesas de um deles ter superado a do outro em oito reais. Entendido até aqui?

Mas vamos tentar simplificar um pouco mais a equação a que chegamos por eliminar os denominadores. Sabendo que o MMC entre 3 e 5 é 15, ficamos com:

$$\frac{10}{15}C - \frac{9}{15}A = \frac{120}{15}$$

$$10\boldsymbol{C} - 9\boldsymbol{A} = 120(\boldsymbol{I})$$

Repare que chamamos a equação obtida de (I) apenas para organização dos dados.

Em seguida, o problema diz que a soma das duas mesadas é R$ 810,00. Logo:

$$C + A = 810$$

$$\boldsymbol{A} = 810 - \boldsymbol{C}(\boldsymbol{II})$$

Com a equação (II) obtemos uma equação que nos permite calcular o valor da mesada de Artur em função da quantia de Carlos. Neste sentido, vamos substituir a equação (II) em (I):

$$10C - 9(810 - C) = 120$$

$$10C - 7290 + 9C = 120$$

Perceba que chegamos numa equação do 1º grau com apenas uma incógnita, isto é C, de modo que podemos calcular a sua raiz:

$$19C = 120 + 7290$$

$$C = \frac{7410}{19} \quad \rightarrow \quad C = 390\,\textbf{\textit{reais}}$$

Agora substituímos este valor na equação (II), de forma a determinar a quantia que coube a Artur:

$$A = 810 - 390 \quad \rightarrow \quad A = 420\ \textbf{\textit{reais}}$$

Assim, concluímos que a mesada de Artur é R$ 420,00, ao passo que a de Artur é R$ 390,00. Inclusive tais quantias respeitam a descrição contida no problema, pois realmente a mesada de Carlos é menor que a de Artur.

Mas, terminamos a solução do problema? Não! Pois o enunciado exige o valor da diferença entre o valor das duas mesadas. Logo:

$$A - C = 420 - 390 = 30\ \textbf{\textit{reais}}$$

Veja como esse assunto já foi cobrado!

QUESTÃO 01 (FCC/SEE-MG/Prof/2012) Com o objetivo de ensinar seus alunos a equacionar um problema usando uma equação do 1° grau, um professor expôs a seguinte situação: Um recipiente está cheio de água. Retira-se 5/6 de seu conteúdo e recoloca-se 20 litros de agua, passando o 6 conteúdo a ocupar metade do volume inicial. A equação que representa essa situação é

a) x – 5x/6 + 20 = x/2

b) – 5x/6 + 20 = x/2

c) x/6 – 20 = x/2

d) x = x/2 – 20 + x/6

RESOLUÇÃO:

Vamos chamar de **x** o recipiente cheio de água.

É dito que retira-se 5/6 de seu conteúdo, ou seja: **-5x/6**.

Em seguida, recoloca-se 20 litros no recipiente: **+20**.

Com isso, o conteúdo passa a ter metade do volume inicial: **x/2**.

Dessa forma, juntando tudo ficamos com:

$$x - 5x/6 + 20 = x/2$$

Gabarito: A.

4. SISTEMAS DE EQUAÇÕES DE 1º GRAU

Suponha que a soma dos pontos de dois times num campeonato é igual a 15 e que a diferença é igual a 5.

Considerando que **x** e **y** correspondem às pontuações dos times, podemos representar essa situação por meio de duas equações do 1º grau:

$$\begin{cases} x+y=15 \ (I) \\ x-y=5 \ (II) \end{cases}$$

Dessa forma, temos um sistema de equações do 1º grau de duas incógnitas, cuja solução será um **par ordenado (x, y)** que satisfaça as duas equações.

Repare que o par ordenado (10, 5) satisfaz as duas equações, pois:

(I) 10 +5 = 15 e (II) 10 – 5 = 5

Assim, a solução para este sistema será *um único par ordenado*: (10, 5).

S = {(10, 5)}

Existem alguns métodos para solucionar um sistema de equações de 1º grau com duas incógnitas. Vamos estudar dois deles.

4.1. Método da Substituição

Este método consiste em **isolar uma das incógnitas**, em uma das equações, para depois **substituir** na outra pelo valor encontrado.

Por exemplo, vamos encontrar a solução do sistema de equações:

$$\begin{cases} x + 2y = 5 \\ 4x + 6y = 0 \end{cases}$$

O primeiro passo consiste em isolar uma das incógnitas em uma das equações. Então, vamos isolar a incógnita **x** na primeira equação:

UNIDADE 3 – MATEMÁTICA DE NÍVEL MÉDIO

$$x+2y=5$$

$$x=5-2y\,(\text{I})$$

No segundo passo substituiremos (I) na segunda equação do sistema, a fim de encontrarmos o valor de **y**:

$$4x+6y=0$$

$$4.(5-2y)+6y=0$$

$$20-8y+6y=0$$

$$-2y=-20$$

$$y=10$$

Substituindo **y** em (I), obtemos:

$$x=5-2.10=5-20$$

$$\boldsymbol{x=-15}$$

Portanto, o sistema apresenta uma única solução: **(-15, 10)**.

4.2. Método da Adição

Este método consiste em tornar os coeficientes de uma das incógnitas com o **mesmo módulo**, mas de **sinais contrários**, a fim de eliminar essa incógnita no momento que se faz a soma.

Para exemplificar, vamos encontrar a solução do sistema:

$$\begin{cases} 3x - 3y = 6 \\ -x + 4y = 7 \end{cases}$$

Inicialmente, multiplicaremos os coeficientes e o termo independente da segunda equação por **3**. Logo:

$$\begin{cases} 3x - 3y = 6 \\ -3x + 12y = 21 \end{cases}$$

Somando, membro a membro, as duas equações, a variável **x** será eliminada e ficaremos apenas com a seguinte equação:

$$-3y+12y=27$$

Resolvendo a equação acima, teremos:

$$y = 3$$

Substituindo o valor de **y** encontrado acima em uma das equações, iremos encontrar **x**:

$$3x - 3.3 = 6$$

$$3x = 15$$

$$x = 5$$

Portanto, o sistema apresenta uma única solução: **x = 5** e **y = 3**. Podemos representar a solução pelo par ordenado: **(5, 3)**.

Resumindo, temos:

Solução de um sistema de equações do 1º grau

- **Método da Adição**
  - Tornar os coeficientes de uma das incógnitas com o **mesmo módulo**, mas de **sinais contrários**, a fim de eliminar essa incógnita no momento que se faz a soma
- **Método da Substituição**
  - **Isolar uma das incógnitas** em uma das equações para depois **substituir** na outra equação

Veja como esse assunto já foi cobrado!

QUESTÃO 02 (ESAF/ANAC/Téc Adm/2016) Dado o sistema de equações lineares

$$\begin{cases} 2x + 3y = 10 \\ 3x + 5y = 17 \end{cases}$$

a soma dos valores de *x* e *y* que solucionam o sistema é igual a

a) 4. b) 6. c) 5. d) 7. e) 3.

RESOLUÇÃO:

O sistema apresentado no enunciado é o seguinte:

$$\begin{cases} 2x+3y=10 \\ 3x+5y=17 \end{cases}$$

Na primeira equação, vamos multiplicar todos os seus termos por **2**:

$$\begin{cases} 4x+6y=20 \\ 3x+5y=17 \end{cases}$$

Agora, podemos subtrair as duas equações:

$$(4x-3x)+(6y-5y)=20-17$$

$$x+y=3$$

Dessa forma, soma dos valores de x e y que solucionam o sistema é igual a **3**.

Gabarito: E.

QUESTÃO 03 (CESPE/TRE-MT/Ana Jud/2010) Considere que o responsável pelo almoxarifado de uma empresa tenha encomendado resmas de papel branco, ao preço de R$ 11,00 a resma, e de papel reciclado, ao preço de R$ 13,00 a resma, para uso em impressoras. A encomenda foi de 324 resmas e o valor total a ser pago é de R$ 3.970,00. Nessa situação, é correto afirmar que a quantidade de resmas de papel reciclado encomendada foi

a) inferior a 162.

b) superior a 162 e inferior a 210.

c) superior a 210 e inferior a 305.

d) superior a 305 e inferior a 361.

e) superior a 361.

RESOLUÇÃO:

Vamos chamar de **x** a resma de papel branco e de **y** a resma de papel reciclado.

O enunciado informa que foi realizada uma encomenda de 324 resmas ao todo:

$$x + y = 324 \text{ (I)}$$

Também é dito que cada resma de papel branco custa R$ 11,00, ao passo que cada resma de papel reciclado foi encomendado por R$ 13,00. Logo:

$$11x + 13y = 3970 \text{ (II)}$$

Da equação (I), tiramos que:

$$x = 324 - y$$

Substituindo esse valor de x na equação (II), obtemos:

$$11(324 - y) + 13y = 3970$$

$$3564 - 11y + 13y = 3970$$

$$2y = 406$$

$$\mathbf{y = 203}$$

Portanto, foram encomendadas **203 resmas** de papel reciclado.

Gabarito: B.

QUESTÃO 04 (FJG – Fiscal de Rendas/Pref-RJ/2002) Seja (x,y,z) a solução do sistema:

$$\begin{cases} \frac{1}{x} + \frac{1}{y} = \frac{3}{2} \\ \frac{1}{x} + \frac{1}{z} = \frac{4}{3} \\ \frac{1}{x} + \frac{1}{y} - \frac{1}{z} = \frac{7}{6} \end{cases}$$

O valor de (x.y.z) é igual a:

a) 6 b) 6,5 c) 7,0 d) 7,5

RESOLUÇÃO:

Sejam **a**, **b** e **c** o inverso de, respectivamente, **x**, **y** e **z**.

Daí, as equações do sistema fornecido pelo enunciado ficarão:

$$\begin{cases} a + b = \frac{3}{2} \\ a + c = \frac{4}{3} \\ a + b - c = \frac{7}{6} \end{cases}$$

Substituindo o valor da soma entre **a** e **b** na terceira equação, teremos:

$$(a + b) - c = \frac{7}{6}$$

$$\frac{3}{2} - c = \frac{7}{6}$$

$$c = \frac{3}{2} - \frac{7}{6} = \frac{1}{3}$$

Substituindo o valor de **c** que acabamos de encontrar na segunda equação, teremos:

$$a+c=\frac{4}{3}$$

$$a+\frac{1}{3}=\frac{4}{3}$$

$$\boldsymbol{a}=\frac{4}{3}-\frac{1}{3}=1$$

Por fim, substituindo o valor de **a** que encontramos acima na primeira equação, obteremos:

$$a+b=\frac{3}{2}$$

$$1+b=\frac{3}{2}$$

$$\boldsymbol{b}=\frac{3}{2}-1=\frac{1}{2}$$

Pronto, já temos o valor de **a**, **b** e **c**. No entanto, a questão pede o valor do **produto entre x, y e z**. Logo:

$$x=1 \qquad y=2 \qquad z=3$$

$$x\,.\,y\,.\,z=1\,.\,2\,.\,3=6$$

Gabarito: A.

QUESTÃO 05 (VUNESP/TCE-SP/AGENTE DE FISC/2017) Hoje a razão entre a minha idade e a idade do meu filho é 3/2, e a soma de nossas idades é 120 anos. Já aconteceu de essa razão ser igual a 3, e, nessa ocasião, a idade de meu filho, em anos, era igual a

a) 8. b) 14. c) 16. d) 12. e) 10.

RESOLUÇÃO:

Sendo M a minha idade hoje e F a do meu filho, sabemos que:

$$M + F = 120$$

$$F = 120\text{-}M$$

E também que:

$$3/2 = M/F$$

$$3F=2M$$

Substituindo F por 120 – M, temos:

$$3\times(120 - M) = 2M$$

$$360 - 3M = 2M$$

$$360 = 5M$$

$$M=72$$

Logo, F = 120 – 72 = 48.

Há X anos, a razão era igual a 3. Nesse caso, a minha idade era 72 – X, e a do meu filho era 48 – X:

$$\frac{(72 - X)}{(48 - X)} = 3$$

$$72 - X = 144 - 3X$$

$$2X = 72$$

$$X=36$$

Logo, eu tinha 72 – 36 = 36 anos, e o filho tinha 48 – 36 = 12 anos.

Gabarito: D

QUESTÃO 06 (VUNESP/TCE-SP/AGENTE DE FISC/2017) Tenho um filho. Nasci 20 anos antes do que ele. Daqui a dez anos terei o dobro da idade dele. Hoje a razão entre a idade dele e a minha é igual a

a) 1/4 b) 1/3 c) 1/5 d) 1/2 e) 1/6

RESOLUÇÃO:

Como nasci 20 anos antes do meu filho, se ele tem F anos hoje, eu tenho F+20 anos. Daqui a 10 anos ele terá F+10 e eu terei F+30. A minha idade será o dobro da dele:

$$F + 30 = 2\times(F + 10)$$

$$F + 30 = 2F + 20$$

$$F=10$$

Assim, hoje meu filho tem 10 anos e eu tenho 10+20 = 30 anos. A razão entre nossas idades é:

10/30 = **1/3**

Gabarito: B

QUESTÃO 07 (VUNESP/PAULIPREV/Controlador Interno/2018) Para a realização de uma atividade em um congresso, os 235 participantes foram divididos em grupos com 2 homens e 5 mulheres ou grupos com 3 mulheres e 5 homens. O número de grupos com 8 participantes excedeu o número de grupos com 7 participantes em 5, logo a diferença entre o número de mulheres e o de homens participantes é

(A) 3. (B) 4. (C) 5. (D) 6. (E) 7.

RESOLUÇÃO:

Vamos chamar de **A** o número de grupos com 7 integrantes e de **B** o número de grupos com 8 integrantes.

O enunciado informa que o total de integrantes é 235. Logo:

$$7A + 8B = 235 \text{ (I)}$$

É dito que a quantidade de grupos com 8 integrantes superou os de 7 integrantes em 5. Assim:

$$B - A = 5$$

$$B = 5 + A$$

Substituindo (II) em (I), temos:

$$7A + 8 \times (5 + A) = 235$$

$$7A + 40 + 8A = 235$$

$$15A = 195$$

$$\mathbf{A} = 195/15 = \mathbf{13}$$

Vamos substituir esse valor de A em (II):

$$\mathbf{B} = 5 + 13 = \mathbf{18}$$

Por fim, vamos achar o número de mulheres e homens:

Mulheres = 5 x A + 3 x B = 5 x 13 + 3 x 18 = 65 + 54 = **119**

Homens = 2 x A + 5 x B = 2 x 13 + 5 x 18 = 26 + 90 = **116**

Portanto, a diferença entre mulheres e homens é de 119 – 116 = 3.

Gabarito: A.

5. RESUMO

Equação do 1º grau é uma relação de igualdade que possui o formato **ax + b = 0**, com **a** e **B** pertencente ao conjunto dos números reais e **a diferente de zero**, em que:

a: coefiente da equação **x**: incógnita **b**: termo independente

Passo a passo para a resolução de uma equação do 1º grau:

1) **Eliminar os denominadores** (Se as equações possuírem termos fracionários);
2) **Isolar** num dos lados todos os termos que contém a incógnita e os demais no outro lado;
3) **Reduzir** todos os termos semelhantes a um só;
4) **Passar para o outro lado** dividindo ou multiplicando os termos que estão, respectivamente, multiplicando ou dividindo a incógnita;

Solução de um sistema de equações do 1º grau

- **Método da Adição**
  - Tornar os coeficientes de uma das incógnitas com o **mesmo módulo**, mas de **sinais contrários**, a fim de eliminar essa incógnita no momento que se faz a soma
- **Método da Substituição**
  - **Isolar uma das incógnitas** em uma das equações para depois **substituir** na outra equação

6. MAIS QUESTÕES COMENTADAS

QUESTÃO 08 (VUNESP - Ana Prev/PERUÍBEPREV/2022) Uma cerca foi construída em 3 dias. No primeiro dia, foram construídos 3 \over 8 do comprimento total da cerca, e, no segundo dia, foram construídos 480 metros de cerca. No terceiro dia, a cerca foi finalizada, com os últimos 7 \over 12 do comprimento total construídos. O comprimento dessa cerca, em quilômetros, é igual a

a) 5,76 b) 7,68 c) 8,64 d) 10,56 e) 11,52

RESOLUÇÃO:

Seja **x** o comprimento total da cerca.

Vamos elencar a seguir o que foi construído em cada dia da obra (em km):

1º dia) 3/8 do comprimento total: **3/8x**

2º dia) 480 metros: **0,48 km**

3º dia) 7/12 do comprimento total: **7/12x**

Ao somarmos essas parcelas, encontramos o comprimento total:

$$x = \frac{3}{8}x + 0{,}48 + \frac{7}{12}x$$

$$x - \frac{3}{8}x - \frac{7}{12}x = 0{,}48$$

$$\frac{24x - 9x - 14x}{24} = \frac{11{,}52}{24}$$

$$\boldsymbol{x = 11{,}52\ km}$$

Portanto, concluímos que a cerca possui **11,52 quilômetros** de comprimento.

Gabarito: E.

QUESTÃO 09 (FEPESE–Contador/Pref Concórdia/2022) Cinco amigos decidem comprar um barco e dividir o custo igualmente. Porém, 2 desistem da compra, o que leva a um aumento de R$ 2.500 no valor que cada um dos três amigos remanescentes deve pagar. Quanto custa, em reais, o barco?

a) Menos de 11.000

b) Mais de 11.000 e menos de 11.100

c) Mais de 11.100 e menos de 11.200

d) Mais de 11.200 e menos de 11.300

e) Mais de 11.300

RESOLUÇÃO:

Sejam **x** o custo de cada amigo na compra e **t** o valor total do barco.

O enunciado informa que os cinco amigos compraram o barco e dividiram o custo igualmente, logo:

$$t = 5x$$

Como 2 desistem da compra, houve um aumento de R$ 2.500 no valor que cada um dos três amigos remanescentes deve pagar. Assim:

$$t = 3 \,.\, (x + 2500)$$

$$t = 3x + 7500)$$

Igualando a equação acima com a inicial, temos:

$$5x = 3x + 7500$$

$$2x = 7500$$

$$x = 3750$$

Substituindo isso na equação inicial, temos:

$$t = 5.3750 = 18750 \textit{ reais}$$

Portanto, o custo total do barco foi de **R$ 18.750,00 (superior a R$ 11.300).**

Gabarito: E.

QUESTÃO 10 (FCC – Ana Jud/TRT 6ª Região/2018) A relação entre funcionários homens e funcionárias mulheres em uma repartição pública é de 5 para 4, nessa ordem. Após um concurso, foram admitidos 5 novos funcionários homens e 12 novas funcionárias mulheres nessa repartição. Com o ingresso desses funcionários, a proporção entre funcionários homens e funcionárias mulheres da repartição passou a ser de 9 para 8, nessa ordem. Sendo assim, depois do concurso a repartição passou a ter um total de funcionárias mulheres igual a

a) 64. b) 78. c) 80. d) 72. e) 70.

RESOLUÇÃO:

Vamos chamar de m e h, respectivamente, as quantidades iniciais de homens e de mulheres.

O enunciado informa que inicialmente a razão entre homens e mulheres era de 5 para 4:

$$h/m=5/4$$

$$4h = 5m$$

Multiplicando os dois lados da equação por 2, obtemos:

$$8h = 10m \text{ (I)}$$

É dito que foram admitidos 5 homens e 12 mulheres e a razão entre homens e mulheres passa a ser de 9 para 8:

$$(h+5) / (m+12) = 9/8$$

$$8h + 40 = 9m + 108$$

$$8h = 9m + 68 \text{ (II)}$$

Vamos substituir 8h por 10m (equação 1) na equação II, resultando em:

$$10m = 9m + 68$$

$$m = 68$$

Assim, a quantidade inicial de mulheres era igual a 68. Visto que foram admitidas 12 mulheres, a quantidade final vale 68 + 12 = **80**.

Gabarito: C.

QUESTÃO 11 (FCC – Ana Jud/TRT 6ª Região/2018) Exatamente hoje eu ganhei o meu primeiro neto, filho do meu único filho. Há dois anos, a soma das nossas idades era 60 anos, e a razão entre a minha idade e a dele era 7/3. Daqui a X anos, a razão entre a idade do meu filho e a idade desse meu neto será 5/3. O valor de X é igual a

a) 15. b) 30. c) 21. d) 36. e) 42.

RESOLUÇÃO:

O enunciado informa que há 2 anos a razão entre minha idade e a de meu filho era de 7 para 3.

Dessa forma, para cada grupo de 7 + 3 = 10 anos de existência:

- eu vivi por 7 anos;

- meu filho viveu por 3 anos.

Assim, em $10 \times 6 = 60$ anos de existência:

- eu vivi por $7 \times 6 = 42$ anos;

- meu filho viveu por $3 \times 6 = 18$ anos.

Visto que a soma de nossas idades é de 60 anos, então eu tinha 42 e meu filho tinha 18 anos.

Mas isso era há 2 anos. Hoje eu tenho 44 anos e meu filho tem 20, e hoje nasce meu neto.

Assim, daqui a **x** anos, meu filho terá **20 + x** anos e meu neto terá **x** anos. A razão entre essas idades é de 5 para 3:

$$(20+x) / x = 5/3$$

$$60 + 3x = 5x$$

$$2x = 60$$

$$\mathbf{x = 30\ anos}$$

Gabarito: B.

QUESTÃO 12 (FCC – Ana Jud/TRT 11ª Região/2017) Sérgio e Teodoro disputaram algumas partidas de xadrez. Cada partida de xadrez pode ter um vencedor e um derrotado, ou pode terminar empatada. Das partidas disputadas, Sérgio venceu 3/5, empatou 1/4, e perdeu 6 partidas. Do total de partidas disputadas por Sérgio e Teodoro, terminaram empatadas

a) 5. b) 15. c) 10. d) 30. e) 20.

RESOLUÇÃO:

Vamos chamar de **x** a quantidade total de partidas disputadas.

O enunciado informa que Sérgio venceu 3/5 das **x** partidas, ou seja, Sérgio venceu **3x/5** partidas. Além disso, ele empatou **x/4** partidas e perdeu 6. Assim, a soma das quantidades de partidas que venceu, empatou e perdeu é igual ao número total de partidas disputadas:

$$3x/5 + x/4 + 6 = x$$

Multiplicando cada termo por 20, obtemos:

$$12x + 5x + 120 = 20x$$

$$3x = 120$$

$$\mathbf{x = 40}$$

Assim, foram disputadas 40 partidas.

É dito que Sérgio empatou 1/4 delas, ou seja, tivemos 40/4 = **10 partidas que terminaram empatadas.**

Gabarito: C.

QUESTÃO 13 (FCC – Téc Jud/TRT 11ª Região/2017) Na festa de fim de ano de uma empresa estavam presentes X pessoas. Para agradar os participantes foram encomendados docinhos especiais. A ideia era dar 7 docinhos para cada pessoa presente, mas verificou-se que faltariam 19 docinhos. Se fossem dados

6 docinhos para cada pessoa, sobrariam 98 docinhos. O número de docinhos que haviam sido encomendados para essa festa era igual a

a) 800. b) 750. c) 600. d) 950. e) 100.

RESOLUÇÃO:

Vamos chamar de **n** o número de docinhos.

Conforme informado pelo enunciado, os n docinhos correspondem a 7 docinhos para cada pessoa (totalizando **7x** docinhos) menos os 19 docinhos que ficam faltando:

$$n = 7x - 19 \text{ (I)}$$

Também temos que os n docinhos correspondem a 6 docinhos para cada pessoa mais os 98 docinhos que sobram:

$$n = 6x + 98 \text{ (II)}$$

Igualando as duas equações, obtemos:

$$7x - 19 = 6x + 98$$

$$x = 117$$

Substituindo esse valor de x na equação (II), ficamos com:

$$n = 6 \times 117 + 98$$

$$\mathbf{n = 800}$$

Portanto, foram encomendados **800 docinhos**.

Gabarito: A.

QUESTÃO 14 (VUNESP/PM-SP/Oficial/2017) Para uma atividade curricular, os alunos de certo curso foram divididos em três grupos que, na avaliação do desempenho, receberam, respectivamente, x, y e z pontos. Considere x, y e z três números inteiros distintos, tais que x + y = 50, x + z = 40 e y + z = 42. Considerando-se os três grupos, é correto afirmar que a diferença entre o maior e o menor número de pontos obtidos nessa atividade foi igual a

(A) 8. (B) 9. (C) 10. (D) 12. (E) 16.

RESOLUÇÃO:

A questão apresenta três equações e três incógnitas. Assim:

$$x + y = 50$$

$$\mathbf{y = 50 - x \text{ (I)}}$$

$$x + z = 40$$

$$\mathbf{z = 40 - x\ (II)}$$

Substituindo (I) e (II) na terceira equação do trazida no enunciado, obtemos:

$$y + z = 42$$

$$(50 - x) + (40 - x) = 42$$

$$90 - 2x = 42$$

$$2x = 90 - 42$$

$$2x = 48$$

$$\mathbf{x = 24}$$

Vamos encontrar os valores das outras duas incógnitas:

$$y = 50 - x = 50 - 24 = \mathbf{26}$$

$$z = 40 - x = 40 - 24 = \mathbf{16}$$

A diferença entre o maior e o menor número de pontos obtidos nessa atividade foi igual a 26 - 16 = **10.**

Gabarito: C.

QUESTÃO 15 (VUNESP/TJ-SP/Escrevente/2017) Sabe-se que 16 caixas K, todas iguais, ou 40 caixas Q, todas também iguais, preenchem totalmente certo compartimento, inicialmente vazio. Também é possível preencher totalmente esse mesmo compartimento completamente vazio utilizando 4 caixas K mais certa quantidade de caixas Q. Nessas condições, é correto afirmar que o número de caixas Q utilizadas será igual a

(A) 18. (B) 22. (C) 10. (D) 30. (E) 28.

RESOLUÇÃO:

O enunciado informa que 16 caixas K preenchem totalmente certo compartimento, assim como 40 caixas Q. O que isso significa? Ora, 16 K é igual a 40 Q:

$$16K = 40Q$$

$$\mathbf{4K = 10Q}$$

Se já colocamos 4K no compartimento, isto equivale a ter colocado 10Q. Assim, como no compartimento caberiam originalmente 40 Q, se já colocamos 10Q, faltam colocar 40Q - 10Q = **30Q.**

Gabarito: D.

QUESTÃO 16 (VUNESP/MP-SP/Oficial de promotoria/2016) João e Maria fizeram uma viagem de carro e percorreram um total de 1 304 km. Para cada quilômetro que João dirigiu, Maria dirigiu três quilômetros. Nessa viagem, Maria dirigiu a mais do que João, em quilômetros,

(A) 638. (B) 660. (C) 676. (D) 644. (E) 652.

RESOLUÇÃO:

O enunciado afirma que Para cada quilômetro que João dirigiu, Maria dirigiu três quilômetros. Logo, se João dirigiu J quilômetros, Maria dirigiu 3J. E como o total é de 1304km, temos:

$$J + 3J = 1304$$

$$4J = 1304$$

$$\mathbf{J} = 1304 / 4 = \mathbf{326\ km}$$

Assim, Maria dirigiu a mais do que João:

$$3J - J = 2J = 2 \times 326 = \mathbf{652\ km}$$

Gabarito: E.

QUESTÃO 17 (VUNESP/MP-SP/Oficial de promotoria/2016) Alfredo irá doar seus livros para três bibliotecas da universidade na qual estudou. Para a biblioteca de matemática, ele doará três quartos dos livros, para a biblioteca de física, um terço dos livros restantes, e para a biblioteca de química, 36 livros. O número de livros doados para a biblioteca de física será

(A) 22. (B) 20. (C) 18. (D) 16. (E) 24

RESOLUÇÃO:

Seja **L** o total de livros. De acordo com o informado no enunciado, para a biblioteca de matemática serão doados 3/4 desses livros, sobrando 1/4 deles, ou **L/4** livros. Deste restante, 1/3 vai para a biblioteca de física, sobrando 2/3 de L/4:

23L4=2L12=L6

$$2/3 \times L/4 = 2L/12 = L/6$$

Este restante corresponde aos 36 que vão para a biblioteca de química, portanto:

$$36 = L/6$$

$$L = 36 \times 6$$

$$\mathbf{L = 216\ livros}$$

Os livros doados para a biblioteca de física são:

1/3 x L/4 = L/12 = 216/12 = 18 livros.

Gabarito: C.

QUESTÃO 18 (VUNESP/MP-SP/Oficial de promotoria/2016) Um artesão produz três tipos de peças: A, B e C. Em um mesmo dia ele só produz um desses tipos de peça, sendo que ele consegue produzir, por dia, 7 peças do tipo A, ou 10 peças do tipo B, ou 15 do tipo C. Em 30 dias de trabalho, ele produziu um total de 333 peças. O número de dias que ele trabalhou produzindo peças do tipo B foi 13 a mais do que o número de dias trabalhados produzindo peças do tipo A. Nesses 30 dias, o número de peças do tipo C que ele produziu foi

(A) 165. (B) 150. (C) 120. (D) 180. (E) 135.

RESOLUÇÃO:

O enunciado informa que o número de dias que ele trabalhou produzindo peças do tipo B foi 13 a mais do que o número de dias trabalhados produzindo peças do tipo A. Assim, se ele trabalhou **n** dias fazendo peças A, então ele trabalhou **n + 13** dias fazendo peças B, e trabalhou 30 – n – (n+13) = **17 – 2n** dias produzindo peças C.

O total de peças produzido é dado pela multiplicação do número de dias fazendo cada peça pela respectiva capacidade de produção diária do artesão. Como ele consegue produzir, por dia, 7 peças do tipo A, ou 10 peças do tipo B, ou 15 do tipo C, temos:

$$333 = 7 \times n + 10 \times (n+13) + 15 \times (17 - 2n)$$

$$333 = 7n + 10n + 130 + 255 - 30n$$

$$333 = -13n + 385$$

$$13n = 385 - 333$$

$$\mathbf{n = 52 / 13 = 4}$$

Dessa maneira, o número de peças C produzidas é:

$$(17 - 2n) = 15 \times (17 - 2 \times 4) = 15 \times 9 = \mathbf{135}$$

Gabarito: E.

QUESTÃO 19 (CESPE – Téc/TELEBRAS/2015) A equipe de atendentes de um serviço de telemarketing é constituída por 30 empregados, divididos em 3 grupos, que trabalham de acordo com a seguinte escala.

- Grupo I: 7 homens e 3 mulheres, que trabalham das 6 h às 12 h.

- Grupo II: 4 homens e 6 mulheres, que trabalham das 9 h às 15 h.
- Grupo III: 1 homem e 9 mulheres, que trabalham das 12 h às 18 h.

A respeito dessa equipe, julgue o item que se segue.

Situação hipotética: Durante determinado dia de trabalho foram atendidas 1.400 ligações. Os atendentes do grupo I atenderam, nesse dia, 520 ligações, ao passo que os atendentes do grupo II atenderam 100 ligações a mais que a metade das ligações atendidas pelos atendentes do grupo III.

Assertiva: Nessa situação, os atendentes do grupo III, nesse dia, atenderam mais de 500 ligações.

RESOLUÇÃO:

O enunciado informa que durante determinado dia de trabalho foram atendidas 1.400 ligações. Os atendentes do grupo I atenderam, nesse dia, 520 ligações. Então, para os outros dois grupos sobraram 1.400 – 520 = **880 ligações.**

Em seguida, é dito que os atendentes do grupo II atenderam 100 ligações a mais que a metade das ligações atendidas pelos atendentes do grupo III. Suponha que os atendentes do grupo III ficaram com **x** ligações. Então, os do grupo II ficaram com 100 a mais que a metade de x: **100 + x/2.**

Ao somarmos as duas quantidades, temos 880:

$$100 + x/2 + x = 880$$

$$1{,}5x = 780$$

$$\mathbf{x} = 780/1{,}5 = 1.560/3 = \mathbf{520}$$

Portanto, os atendentes do grupo III ficaram com **520 ligações.**

Gabarito: Certo.

QUESTÃO 20 (CESPE – Ag Adm/MDIC/2014) Se Aldo, Pedro e Júlia confeccionarem, conjuntamente, 50 camisetas em uma semana; se a soma das quantidades confeccionadas por Aldo e Júlia for 2 unidades a mais que o dobro da quantidade confeccionada por Pedro; e se a quantidade confeccionada por Pedro for 3 unidades a menos que a quantidade confeccionada por Júlia, então Pedro confeccionará, nessa semana, mais de 15 camisetas.

RESOLUÇÃO:

Vamos chamar de **a**, **p** e **j** as quantidades confeccionadas, respectivamente, por Aldo, Pedro e Júlia.

Na tabela a seguir consta a tradução de cada informação do enunciado em uma equação:

1) Aldo, Pedro e Júlia confeccionarem, conjuntamente, 50 camisetas em uma semana.	$a + p + j = 50$ $(a + j) + p = 50$ (I)
2) a soma das quantidades confeccionadas por Aldo e Júlia for 2 unidades a mais que o dobro da quantidade confeccionada por Pedro	$a + j = 2 + 2p$ (II)
3) a quantidade confeccionada por Pedro for 3 unidades a menos que a quantidade confeccionada por Júlia	$p = j - 3$ (III)

Nos parênteses da equação (I) temos **a + j**, quantia esta que corresponde a **2 + 2p**, conforme equação (II). Logo:

$$(2 + 2p) + p = 50$$

$$2 + 3p = 50$$

$$3p = 48$$

$$\mathbf{p = 16}$$

Portanto, realmente Pedro confeccionará **mais de 15 camisetas.**

Gabarito: Certo.

QUESTÃO 21 (CESPE – Oficial de Cont Ext/TCE-RS)/2013) Na secretaria de um órgão público, as páginas dos processos, para serem digitalizadas, são separadas e distribuídas entre 7 servidores — 4 servidores recém-contratados e 3 servidores antigos. Julgue o item a seguir, a respeito dessa situação.

Se as 28.000 páginas de um conjunto de processos foram digitalizadas pelos 7 servidores e se os servidores antigos digitalizaram 5.000 páginas a mais que os recém-contratados, então os servidores antigos digitalizaram mais de 18.000 páginas.

RESOLUÇÃO:

Vamos chamar de **a** e **n** as quantidades de páginas digitalizadas pelos antigos e pelos novatos, respectivamente.

O enunciado informa que o total de páginas digitalizadas é 28.000:

$$a + n = 28.000 \text{ (I)}$$

Também é dito que os antigos digitalizaram 5.000 páginas a mais que os novatos:

$$a - n = 5.000 \text{ (II)}$$

Somando as duas equações:

$$(a + n) + (a - n) = 33.000$$

$$2a = 33.000$$

$$\mathbf{a = 16.500}$$

Portanto, os antigos não digitalizaram mais de 18.000 páginas.

Gabarito: Errado.

QUESTÃO 22 (CESPE – Ana Jud/TRE-ES)/2011) Em determinado município, há, cadastrados, 58.528 eleitores, dos quais 29.221 declararam ser do sexo feminino e 93 não informaram o sexo. Nessa situação, julgue o próximo item.

Se, entre os eleitores que não informaram o sexo, o número de eleitores do sexo masculino for o dobro do número de eleitores do sexo feminino, então, nesse município, os eleitores do sexo masculino são maioria.

RESOLUÇÃO:

Inicialmente, vamos trabalhar com as 93 pessoas que não declararam o sexo.

Sendo **x** a quantidade de mulheres que não declarou o sexo, a quantidade de homens que não declarou o sexo é **2x**, pois é o dobro da quantidade de mulheres.

Somando as duas quantias, o resultado é 93:

$$x + 2x = 93$$

$$3x = 93$$

$$\mathbf{x = 31}$$

O enunciado informa que são 29.221 mulheres declaradas, mais 31 não declaradas, de modo que o total de mulheres é 29.221 + 31 = 29.252.

Também é dito que são 58.528 eleitores, dos quais 29.252 são mulheres. O restante corresponde aos homens: 58.528 – 29.252 = 29.276.

Perceba que o número de homens é maior do que o de mulheres. Portanto, os eleitores do sexo masculino realmente são maioria.

Gabarito: Certo.

QUESTÃO 23 (CESPE – Ana Jud/TRE-ES/2011) Se, em um município, as seções eleitorais X, Y e Z têm, juntas, 1.500 eleitores; os tempos médios de votação nessas seções são 1 minuto e 30 segundos, 2 minutos e 1 minuto por eleitor, respectivamente; o tempo médio de votação nas três seções é de 2.175 minutos; e o número de eleitores da seção Y é igual à metade da soma do número de eleitores das seções X e Z, então, nesse caso, a seção eleitoral que tem o maior número de eleitores é a X.

RESOLUÇÃO:

Vamos chamar de **x**, **y** e **z**, o número de eleitores das seções X, Y e Z, respectivamente.

O enunciado informa que as seções eleitorais X, Y e Z têm, juntas, 1.500 eleitores:

$$x + y + z = 1500 \text{ (I)}$$

Também é dito que o tempo médio de votação na seção X é 1 minuto e 30 segundos, na seção Y é 2 minutos e na seção Z é 1 minuto por eleitor. Assim, o tempo total gasto em cada seção foi:

- Seção X → 1,5.x min;
- Seção Y → 2.y min;
- Seção Z → 1.z min;

Mas, o tempo médio de votação nas três seções é de 2.175 minutos. Ou seja, a soma dos tempos médios de votação nas três seções é de 2.175 minutos, então:

$$1{,}5x + 2y + z = 2.175\text{min (II)}$$

Ainda, sabemos que, o número de eleitores da seção Y é igual à metade da soma do número de eleitores das seções X e Z:

$$y = (x + z)/2$$

$$x + z = 2y \text{ (III)}$$

Agora, substituindo a equação (III) na equação (I), teremos:

$$2y + y = 1.500$$

$$3y = 1.500$$

$$\mathbf{y = 500 \text{ eleitores}}$$

Dessa forma, a equação (III), fica:

$$x + z = 2 \times 500$$

$$x + z = 1.000$$

$$z = 1.000 - x$$

Por fim, substituindo os valores de y = 500 e z = 1000 − x na equação (II), ficamos com:

$$1{,}5x + 1.000 + 1.000 - x = 2.175$$

$$0{,}5x + 2.000 = 2.175$$

$$0{,}5x = 175$$

$$\mathbf{x} = 175/0{,}5 = \mathbf{350\ eleitores}$$

Assim, a seção Z tem:

$$\mathbf{z} = 1.000 - x = 1.000 - 350 = \mathbf{650\ eleitores}$$

Portanto, a seção X tem 350 eleitores, a seção Y tem 500 eleitores e a Z tem 650 eleitores, de modo que **a seção com maior número de eleitores é a Z.**

Gabarito: Errado.

QUESTÃO 24 (VUNESP/PAULIPREV/Controlador Interno/2018) Ricardo possui 230 notas, entre notas de R$ 2,00, R$ 5,00 e R$ 10,00, tendo pelo menos uma nota de cada um desses valores. Se, ao todo, essas notas totalizam R$ 500,00, o número de notas de R$ 10,00 que Ricardo possui é

(A) 2. (B) 3. (C) 4. (D) 5. (E) 6.

RESOLUÇÃO:

Vamos chamar de **x**, **y** e **z** a quantidade de notas de R$ 2,00, R$ 5,00 e R$ 10,00, respectivamente.

O enunciado informa que no total Ricardo possui 230 notas:

$$x + y + z = 230$$

$$x + y = 230 - z \text{ (I)}$$

Em seguida, é dito que o valor total das notas é de R$ 500,00. Logo:

$$2x + 5y + 10z = 500$$

$$2x + 5y = 500 - 10z \text{ (II)}$$

Repare que só temos duas equações para 3 incógnitas. Faltaria achar uma terceira equação, mas não temos mais informações no enunciado, de modo que precisamos testar cada alternativa, substituindo o valor de z e verificando se x e y encontrados são números naturais:

A) z = 2.

$$x + y = 228 \text{ (I)}$$

$$x = 228 - y$$

$$2x + 5y = 480 \text{ (II)}$$

$$2.(228 - y) + 5y = 480$$

$$456 - 2y + 5y = 480$$

$$3y = 24$$

$$y = 8$$

$$x = 220$$

Note que aqui já achamos o gabarito. Mas vamos continuar os cálculos.

B) z = 3.

$$x + y = 227 \text{ (I)}$$

$$x = 227 - y$$

$$2x + 5y = 470 \text{ (II)}$$

$$2.(227 - y) + 5y = 470$$

$$454 - 2y + 5y = 470$$

$$3y = 16$$

Aqui, y já não é inteiro, de modo que descartamos a alternativa.

C) z = 4.

$$x + y = 226 \text{ (I)}$$

$$x = 226 - y$$

$$2x + 5y = 460 \text{ (II)}$$

$$2.(226 - y) + 5y = 460$$

$$452 - 2y + 5y = 460$$

$$3y = 8$$

Aqui, y já não é inteiro, de modo que descartamos a alternativa.

D) z = 5.

$$x + y = 225 \text{ (I)}$$

$$x = 225 - y$$

$$2x + 5y = 450 \text{ (II)}$$

$$2.(225 - y) + 5y = 450$$

$$450 - 2y + 5y = 450$$

$$3y = 0$$

$$y = 0$$

Aqui, y é igual a zero. A questão diz que existe pelo menos uma nota de cada valor, de modo que descartamos a alternativa.

E) z = 6.

$$x + y = 224 \text{ (I)}$$

$$x = 224 - y$$

$$2x + 5y = 440 \text{ (II)}$$

$$2.(224 - y) + 5y = 440$$

$$448 - 2y + 5y = 440$$

$$3y = -8$$

Aqui, y é negativo, de modo que descartamos a alternativa.

Gabarito: A.

QUESTÃO 25 (VUNESP/TJ-SP/Escrevente/2018) No posto Alfa, o custo, para o consumidor, de um litro de gasolina é R$ 3,90, e o de um litro de etanol é R$ 2,70. Se o custo de um litro de uma mistura de quantidades determinadas desses dois combustíveis é igual a R$ 3,06, então o número de litros de gasolina necessários para compor 40 litros dessa mistura é igual a

(A) 16. (B) 12. (C) 20. (D) 28. (E) 24.

RESOLUÇÃO:

Suponha que vamos montar 1 litro de mistura. Se usarmos o volume G de gasolina (em litros), devemos utilizar o volume de 1 – G de álcool (também em litros). O preço de 1 litro da mistura é dado somando-se os preços das partes com gasolina e com álcool:

$$G \text{ x } 3,90 + (1 - G) \text{ x } 2,7 = 3,06$$

$$3,9G + 2,7 - 2,7G = 3,06$$

$$1,2G = 0,36$$

$$\mathbf{G} = 0,36/1,2 = 36/120 = 3/10 = \mathbf{0,30 \text{ litro}}$$

Ou seja, em 1 litro da mistura, teremos 0,30 litro de gasolina. Em 40 litros da mistura, teremos 0,3 x 40 = **12 litros de gasolina.**

Gabarito: B.

QUESTÃO 26 (AOCP/EMSERH/Ana/2018) Maria pegou metade das frutas que estavam em uma caixa, em seguida Lucas pegou 3/5 das frutas que ficaram, restando na caixa 6 frutas. Quantas frutas haviam inicialmente na caixa?

(A) 60 (B) 55 (C) 40 (D) 30 (E) 15

RESOLUÇÃO:

Suponha que havia **F** frutas inicialmente. Maria pegou metade (F/2), sobrando a outra metade (F/2). Lucas pegou 3/5 daquelas F/2 frutas que haviam sobrado, de modo que sobraram 2/5 dessas F/2 frutas. Logo:

Sobra após Lucas = 2/5 x (F/2) = **F/5**

Feito isso, sobraram 6 frutas na caixa:

Sobra após Lucas = F/5 = **6**

F/5 = 6

F = 5×6 = **30 frutas**

Gabarito: D.

QUESTÃO 27 (FGV/CGM-NITERÓI/Auditor Cont Int/2018) Henrique, Boris e Bob jogaram várias partidas de xadrez entre si. Boris ganhou 5 partidas e perdeu 3. Bob ganhou 2 partidas e perdeu 2. Henrique ganhou 4 partidas. Não houve empates. Assinale a opção que indica o número de partidas que Henrique perdeu.

(A) 2. (B) 3. (C) 4. (D) 5. (E) 6.

RESOLUÇÃO:

Inicialmente, é preciso observar que a soma das partidas ganhas deve ser igual à soma das partidas perdidas.

Seja x a quantidade de partidas que Henrique perdeu. Logo:

- <u>Ganhas</u> = 5 + 2 + 4 = 11
- <u>Perdidas</u> = 3 + 2 + x = 5 + x

Igualando as duas quantidades, obtemos:

$$5 + x = 11$$

$$\mathbf{x = 6}$$

Portanto, concluímos que Henrique perdeu 6 partidas.

Gabarito: E.

QUESTÃO 28 (IBFC/SEDUC-MT/Téc Adm/2017) Paulo pagou seu aluguel utilizando 3/4 do valor de seu salário e ainda lhe restaram R$ 375,00. Nessas condições, o valor que representa a metade do salário de Paulo é:

a) R$ 562,50 b) R$ 750,00 c) R$ 1125,00 d) R$ 600,00 e) R$ 875,00

RESOLUÇÃO:

Sendo **S** o salário de Paulo, então:

$$S - \text{Aluguel} = 375$$

$$S - 3/4 \times S = 375$$

$$S/4 = 375$$

$$S = 375 \times 4 = 1.500$$

O nosso objetivo consiste em determinar a **metade** do salário de Paulo, ou seja, 1.500 ÷ 2 = **750 reais.**

Gabarito: B.

QUESTÃO 29 (IBFC/PM-PB/Soldado/2018) Sabe-se que dois quadrados têm o mesmo peso que três triângulos. Sabe-se também que dois triângulos têm o mesmo peso de três círculos. Se os objetos de formatos iguais têm o mesmo peso, então é correto afirmar que:

a) quatro quadrados têm o mesmo peso que 9 círculos

b) três quadrados têm o mesmo peso que 7 círculos

c) um quadrado tem o mesmo peso de 2 círculos

d) um triângulo pesa mais que um quadrado

RESOLUÇÃO:

Sejam Q, T e C os pesos de um quadrado, um triângulo e um círculo, respectivamente.

Assim, com base nas informações presentes no enunciado, temos:

- dois quadrados têm o mesmo peso que três triângulos: $2Q = 3T$
- dois triângulos têm o mesmo peso de três círculos: $2T = 3C$

Multiplicando a primeira equação por 2, ficamos com $4Q = 6T$. E multiplicando a segunda equação por 3, ficamos com $6T = 9C$. Note que:

$$4Q = 6T = 9C$$

$$4Q = 9C$$

Ou seja, **quatro quadrados têm o mesmo peso que 9 círculos.**

Gabarito: A.

7. QUESTÕES-DESAFIO

QUESTÃO 30 (VUNESP - Ana Prev/PERUÍBEPREV/2022) Em uma caixa, há bolas azuis, vermelhas e pretas. A razão entre os números de bolas azuis e pretas é igual a 3 \over 5, e a razão entre os números de bolas pretas e vermelhas é igual a 3 \over 2. Se retirarmos 24 bolas azuis da caixa, a razão entre o número de bolas azuis para o número total de bolas na caixa passa a ser de 1 para 6. O total de bolas nessa caixa é

a) 192 b) 198 c) 204 d) 210 e) 216

RESOLUÇÃO:

Na caixa, todas as bolas são azuis (**a**), vermelhas (**v**) ou pretas (**p**), de modo que o total (**t**) de bolas é dado por:

$$t = a + p + v$$

O enunciado informa que *a razão entre os números de bolas azuis e pretas é igual a 3/5*:

$$\frac{a}{p} = \frac{3}{5}$$

$$3p = 5a$$

$$p = \frac{5}{3}a$$

É dito que *a razão entre os números de bolas pretas e vermelhas é igual a 3/2*, ou seja:

$$\frac{p}{v} = \frac{3}{2}$$

$$3v = 2p$$

$$v = \frac{2}{3}p = \frac{2}{3} \cdot \frac{5}{3} \cdot a = \frac{10}{9}a$$

Além disso, temos a informação de que *ao retirar 24 bolas azuis da caixa, a razão entre o número de bolas azuis para o número total de bolas na caixa passa a ser de 1 para 6*. Logo, temos:

$$\frac{a - 24}{t - 24} = \frac{1}{6}$$

$$t - 24 = 6a - 144$$

$$t = 6a - 120$$

Substituindo essas relações na equação inicial, obtemos:

$$6a - 120 = a + \frac{5}{3}a + \frac{10}{9}a$$

$$6a - a - \frac{5}{3}a + \frac{10}{9}a = 120$$

$$\frac{54a - 9a - 15a - 10a}{9} = \frac{1080}{9}$$

$$20a = 1080$$

$$a = 54$$

Assim, há **54 bolas azuis** na caixa. Vamos agora descobrir o total de bolas:

$$t = 6.54 - 120 = 324 - 120 = 204$$

Portanto, concluímos que há **204 bolas** nessa caixa.

Gabarito: C.

QUESTÃO 31 (VUNESP/PAULIPREV/Controlador Interno/2018) André jogou 5 partidas de bolinha de gude. Na primeira, ele perdeu 4 bolinhas; na segunda, ele perdeu dois terços das bolinhas que ainda tinha; na terceira, ele ganhou 2 bolinhas; na quarta, ele perdeu um sexto das bolinhas que ainda tinha; e, na quinta partida, ele ganhou 15 bolinhas. Em relação ao número de bolinhas que André tinha antes do primeiro jogo, ele perdeu 74 bolinhas. Logo, ao fim do último jogo, André ficou com um número de bolinhas que é múltiplo de

(A) 3. (B) 5. (C) 7. (D) 11. (E) 13.

RESOLUÇÃO:

Vamos chamar de **N** o número de bolinhas que André tinha quando começou as partidas.

Na primeira partida ele perdeu 4 bolinhas, ficando com **N - 4.**

Na segunda, ele perdeu 2/3 do que ainda tinha, ficando com **1/3 x (N - 4).**

Na terceira, ele ganhou 2 bolinhas, passando a ficar com:

$$\frac{1}{3}\times(N-4)+2$$

$$=\frac{N}{3}-\frac{4}{3}+\frac{6}{3}$$

$$=\frac{N+2}{3}$$

Na quarta, ele perdeu 1/6 do que tinha, ficando com 5/6:

$$\frac{5}{6}\times\frac{N+2}{3}$$

Na quinta, ele ganhou 15 bolinhas. Ficou, portanto, com:

$$\frac{5}{6}\times\frac{N+2}{3}+15$$

$$=\frac{5N+10}{18}+15 \quad \text{(I)}$$

Também é dito que em relação ao que tinha no início, André perdeu 74 bolinhas:

$$N-\left(\frac{5N+10}{18}+15\right)=74$$

$$N-\frac{5N+10}{18}-15=74$$

$$\frac{18N}{18}-\frac{5N+10}{18}=74+15$$

$$\frac{18N-5N-10}{18}=89$$

$$13N-10=89\times18$$

$$13N=1602+10$$

$$13N=1612$$

$$N=\frac{1612}{13}=124$$

Portanto, substituindo esse valor de N na equação, ficamos com:

$$\frac{5\times124+10}{18}+15=\frac{630}{18}+15=35+15=50$$

Portanto, André ficou com 50 bolinhas. Esse número é **múltiplo de 5**.

Gabarito: B.

CAPÍTULO 21

EQUAÇÃO DO 2º GRAU

1. INTRODUÇÃO

Dando continuidade ao tópico anterior, neste capítulo estudaremos a **equação do 2º grau**, que é caracterizada pelo fato de possuir uma incógnita com o maior **expoente igual a dois**.

A bem da verdade, trata-se de assunto que você certamente já viu durante sua vida estudantil. Entretanto, precisamos examiná-lo sob a ótica dos concursos públicos, o que geralmente difere bastante da forma tradicional de abordar o tópico, seja pelo nível de dificuldade implementado seja pela relação desenvolvida com o cotidiano nas questões de prova.

Conheceremos cada termo que forma uma equação do segundo grau, analisaremos a natureza de suas raízes e mostraremos como resolvê-la, dando especial enfoque a uma das fórmulas matemáticas mais conhecidas do planeta: a fórmula de Bháskara, mas sem esquecer de outros métodos práticos. Tudo isso baseado em diversos exemplos didáticos.

Em seguida, veremos inúmeras aplicações desse assunto que as bancas examinadoras promovem em suas questões, no âmbito da geometria básica, raciocínio matemático e aritmética.

2. CONCEITO

É uma relação de igualdade que possui o formato $\mathbf{ax^2 + bx + c = 0}$, com **a**, **b** e **c** pertencentes ao conjunto dos números reais e **"a" diferente de zero**, em que:

a e b: coeficientes da equação

x: incógnita

c: termo independente

Note que se trata de **equação** devido ao fato de a incógnita estar igualada a um número, que nesse caso corresponde a zero.

Além disso, a equação descrita é do **2º grau** porque a incógnita tem como maior expoente o **2**.

Enfatizo a restrição de que o coeficiente "a" da equação deve ser diferente de zero.

Mas, o que aconteceria se tivéssemos a = 0?

Neste caso, ficaríamos com 0 multiplicado por $\mathbf{x^2}$, de modo que a incógnita desapareceria e deixaríamos de ter uma equação de segundo grau, pois seria de primeiro grau!

IMPORTANTE!

Para ser uma **equação do 2º grau**, a expressão precisa ter o **formato** $\mathbf{ax^2 + bx + c = 0}$, com $\mathbf{a \neq 0}$.

Para exemplificar, vamos identificar os termos das seguintes equações:

a) $\mathbf{2x^2 + 3x - 5 = 0}$

Inicialmente, perceba que estamos diante de uma equação do 2º grau, pois a incógnita **x** possui seu expoente igual a 2.

Adicionalmente, precisamos ter em mente o significado da igualdade presente na expressão. Ela indica que tudo que está do lado esquerdo (1º membro da equação) é igual ao conteúdo do lado direito (2º membro da equação), que nesse exemplo é igual a 0. Assim, substituindo o valor de **x** e fazendo as operações necessárias, devemos ter como resultado o número que está do lado direito da igualdade.

Agora, para definirmos os valores dos termos da equação, basta lembrarmos o seu formato genérico: $ax^2 + bx + c = 0$. Dessa forma, comparando isso com a equação dada, concluímos que:

$$\begin{array}{ccccccc} \mathbf{ax^2} & + & \mathbf{bx} & + & \mathbf{c} & = 0 \\ \downarrow & & \downarrow & & \downarrow & \\ 2x^2 & + & 3x & - & 5 & = 0 \\ \mathbf{a = 2} & & \mathbf{b = 3} & & \mathbf{c = -5} & \end{array}$$

b) $\mathbf{3x - 5x^2 = 0}$

Mais uma vez temos uma equação do 2º grau, já que o maior expoente da incógnita é 2.

Note que as parcelas da soma estão em posição inversa quando comparadas com o formato padrão. Apesar disso, podemos concluir que: $\mathbf{a = -5}$, $\mathbf{b = 3}$ e $\mathbf{c = 0}$.

c) $3x^2 - 2 = 0$

Repare que o termo que multiplica o x^2 é 3, de modo que **a = 3**. Por outro lado, não aparece na equação o termo que multiplica x. Quando isso ocorre não é correto concluir que ele não existe. Na verdade, isso indica apenas que **b = 0**. Por fim, de acordo com o formato padrão, percebemos que o termo independente **c = -2**.

d) $5x^2 = 0$

Talvez você esteja se perguntando se está faltando algo nessa equação. E na realidade, está tudo certo!

O que ocorre nesse caso é que o termo independente e o termo que multiplica o x são nulos, de modo que: **a = 5**, **b = 0** e **c = 0**.

Portanto, tenha em mente que a equação do 2º grau pode ser apresentada de um modo diferente do padrão ($ax^2 + bx + c = 0$). O que importa é que o número que multiplica x^2 seja diferente de 0.

e) $-3x^2 + 2x = -3$

Colocando na ordem correta, teremos:

$$-3x^2 + 2x + 3 = 0$$

Logo, a = -3, b = 2 e c = 3.

Cuidado para não achar que c = -3, pois temos que sempre igualar a equação a zero.

3. RESOLVENDO UMA EQUAÇÃO DO 2º GRAU

O mais importante deste tópico é sabermos determinar os dois valores da incógnita, conhecidos como **raízes da equação.**

E uma maneira de descobrirmos as raízes de uma equação do segundo grau é aplicar a **fórmula de Bháskara**:

$$x = \frac{-b \pm \sqrt{b^2 - 4ac}}{2a}$$

A expressão **b^2 -4ac** é chamada de **Delta** ou **Discriminante** (**Δ**). Assim, a fórmula de Bháskara poderá ser representada simplesmente por:

$$x = \frac{-b \pm \sqrt{\Delta}}{2a}$$

Para exemplificar, considerando o conjunto dos números reais, vamos resolver as seguintes equações:

a) $3x^2 - 12 = 0$

Note que nessa equação, temos que: a = 3, b = 0 e c = -12.

Quando b ou c (ou os dois) é igual a zero, a equação do segundo grau é dita **incompleta**. Nesse caso, é aconselhável resolvê-la **sem** utilizar a fórmula de Bháskara. Como faremos isso? Simples, procederemos como se estivéssemos trabalhando com uma equação do primeiro grau. Logo:

$$3x^2 - 12 = 0$$

$$3x^2 = 12$$

$$x^2 = 12/3$$

$$x^2 = 4$$

$$x = \pm\sqrt{4} = \pm\, \mathbf{2}$$

Portanto, o conjunto solução da equação é formado pelas raízes **-2** e **+2**.

b) $x^2 + 5x = 0$

Para esta equação temos **a = 1**, **b = 5** e **c = o**. Dessa forma, mais uma vez estamos diante de uma equação **incompleta**. E você já sabe que não precisamos aplicar a fórmula de Bháskara. Mas qual será o caminho nesse caso em que o valor de **c** é nulo?

Inicialmente, colocamos o x em evidência:

$$x\,(x + 5) = 0$$

Veja que temos um produto de dois fatores (x e x + 5) cujo resultado é zero. Isso indica que um dos fatores é igual a zero, ou mesmo os dois. Logo:

$$\mathbf{x = 0} \text{ OU } x + 5 = 0 \rightarrow \mathbf{x = -5}$$

Assim, concluímos que o conjunto solução da equação é **S = {-5, 0}**.

TOME NOTA!

Sempre que a equação do 2º grau apresentar **c = 0**, uma das suas raízes será zero.

c) $x^2 - x - 6 = 0$

Perceba que a equação do 2º grau está no seu formato completo. O coeficiente do x^2 está sendo representado pelo valor 1, de modo que **a = 1**. Para o x, existe a multiplicação por -1, isto é, **b = -1**. Por fim, o termo independente corresponde a **c = -6**.

Para determinar as soluções da equação, substituímos cada termo na **fórmula de Bháskara**:

$$x = \frac{-b \pm \sqrt{b^2 - 4ac}}{2a}$$

$$x = \frac{-(-1) \pm \sqrt{(-1)^2 - 4.1.(-6)}}{2.1} = \frac{1 \pm \sqrt{1+24}}{2} = \frac{1 \pm 5}{2}$$

Assim, encontramos duas raízes (x' e x") por aplicar a soma e a subtração:

$$x' = \frac{1+5}{2} = \frac{6}{2} = 3$$

$$x'' = \frac{1-5}{2} = \frac{-4}{2} = -2$$

Portanto, o conjunto solução da equação é dado por **S = {-2, 3}**.

d) $\frac{4}{t-2} + \frac{t}{t-3} = 3$

Às vezes a equação não aparece para nós no formato padrão, mas estará camuflada, de modo que exigirá de nós realizarmos algumas operações para evidenciá-la.

É exatamente isso o que ocorre na presente equação, que num primeiro momento até parece com uma equação fracionária de 1º grau com incógnita t. No entanto, à medida que trabalharmos nessa equação, ficará mais claro qual é seu verdadeiro índice.

Inicialmente, eliminamos a incógnita do denominador. Como faremos isso? Aplicando um denominador comum, que nesse caso será o produto entre (t - 2) e (t - 3):

$$\frac{[4\times(t-3)]+[t\times(t-2)]}{(t-2)\times(t-3)} = \frac{3\times[(t-2)\times(t-3)]}{(t-2)\times(t-3)}$$

Como temos o mesmo denominador nos dois lados da equação, podemos eliminá-lo e prosseguir com as operações:

$$4t - 12 + t^2 - 2t = 3\times(t^2 - 3t - 2t + 6)$$

$$t^2 + 2t - 12 = 3t^2 - 15t + 18$$

$$2t^2 - 17t + 30 = 0$$

Então, desenvolvendo aquela simples equação, chegamos a uma equação do 2º grau. E perceba que você também poderia ter obtido uma equação com todos os termos com sinais contrários e daria o mesmo resultado no fim das contas, isto é: $-2t^2 + 17t - 30 = 0$.

Agora aplicamos a fórmula de Bháskara para encontrar as raízes da equação, para **a = 2**, **b = -17** e **c = 30**:

$$x = \frac{-(-17) \pm \sqrt{(-17)^2 - 4.2.30}}{2.2} = \frac{17 \pm \sqrt{289 - 240}}{4} = \frac{17 \pm 7}{4}$$

$$x' = \frac{17 + 7}{4} = \frac{24}{4} = 6$$

$$x'' = \frac{17 - 7}{4} = \frac{10}{4} = 2,5$$

Portanto, o conjunto solução da equação é dado por **S = {2,5; 6}**.

4. NATUREZA DAS RAÍZES DE UMA EQUAÇÃO DO 2º GRAU

Dependendo do valor do **discriminante** ($\Delta = b^2 - 4ac$), uma equação do segundo grau poderá:

- Ter duas raízes reais e *diferentes*, se $\Delta > 0$;
- Ter duas raízes reais e *iguais*, se $\Delta = 0$; (na verdade, teremos apenas uma raiz);
- *Não* apresentar raízes reais, se $\Delta < 0$. (neste caso, teremos duas raízes imaginárias, no âmbito do conjunto dos números complexos, de modo que não se tratam de raízes reais).

ESQUEMATIZANDO:

$\Delta > 0$	$\Delta = 0$	$\Delta < 0$
A equação terá duas raízes reais e *distintas*	A equação terá duas raízes reais e *iguais*	A equação ***não*** terá raízes reais

Para exemplificar, vamos resolver as seguintes equações no âmbito do conjunto dos números reais:

a) $x^2 + 16 = 8x$

Vamos ajustar a equação para adequá-la ao formato padrão:

$$x^2 - 8x + 16 = 0$$

Nessa situação, temos que **a = 1**, **b = -8** e **c = 16**. Daí, podemos calcular o valor do discriminante:

$$\Delta = b^2 - 4ac$$

$$\Delta = (-8)^2 - 4.1.16 = 64 - 64 = 0$$

Como o discriminante é igual a zero, teremos duas raízes reais e *iguais*. Quais serão elas? Vamos aplicar a fórmula de Bháskara:

$$x = \frac{-b \pm \sqrt{\Delta}}{2a}$$

$$x = \frac{-(-8) \pm \sqrt{0}}{2.1} = \frac{8 \pm 0}{2} = \frac{8}{2} = 4$$

Portanto, concluímos que x' = x" = 4, de forma que o conjunto solução da equação do segundo grau é unitário **S = {4}**.

BIZU!

É uma boa estratégia **calcular o delta antes de partir para a fórmula de Bháskara**, para antecipadamente sabermos a natureza das raízes da equação que estamos considerando.

b) $-3 = \frac{x}{6}\left(1 - \frac{x}{3}\right)$

Vamos organizar a equação apresentada:

$$-3 = \frac{x}{6}\left(1 - \frac{x}{3}\right)$$

$$-3 = \frac{x}{6} - \frac{x^2}{18}$$

$$\frac{-54}{18} = \frac{3x - x^2}{18}$$

$$x^2 - 3x - 54 = 0$$

Dessa forma, estamos diante de uma equação do 2º grau, com **a = 1**, **b = -3** e **c = -54**. Inicialmente, iremos determinar o valor do discriminante:

$$\Delta = b^2 - 4ac$$

$$\Delta = (-3)^2 - 4.1.(-54) = 9 + 216 = 225$$

Assim, $\Delta > 0$ e teremos <u>duas raízes reais e</u> *diferentes*, as quais são obtidas por meio da fórmula de Bháskara:

$$x = \frac{-b \pm \sqrt{\Delta}}{2a}$$

$$x = \frac{-(-3) \pm \sqrt{225}}{2.1} = \frac{3 \pm 15}{2}$$

$$x' = \frac{3+15}{2} = \frac{18}{2} = 9$$

$$x'' = \frac{3-15}{2} = \frac{-12}{2} = -6$$

Portanto, o conjunto solução da equação é dado por **S = {9; -6}**.

c) $-x^2 + 2x = 2$

Trabalhando a equação para chegar no formato padrão, obtemos:

$$-x^2 + 2x - 2 = 0$$

Assim, temos que a = -1, b = 2 e c = -2, de modo que o discriminante será:

$$\Delta = b^2 - 4ac$$

$$\Delta = 2^2 - 4.(-1).(-2) = 4 - 8 = -4$$

Repare que o discriminante é negativo, ou seja, $\Delta < 0$. Nesse caso, **não** existem raízes reais. A solução para a equação será dada por raízes imaginárias, que não fazem parte do conjunto dos números reais, mas sim pertencem ao conjunto dos números complexos, o que foge totalmente ao campo do estudo deste capítulo. Então, resumindo, nos números reais a solução da equação é dada por S = { }.

Veja como esse assunto já foi cobrado!

QUESTÃO 01 (ESAF – TFC/CGU/2001) Determinar a de modo que a equação $4x^2 + (a - 4)x + 1 - a = 0$ tenha duas raízes iguais.

a) a = 0

b) a = – 8 ou a = 0

c) a = 8

d) – 8 < a < 0

e) a < 0 ou a > 8

RESOLUÇÃO:

Dada uma equação do tipo $ax^2 + bx + c$, as raízes são calculadas da seguinte forma:

$$x = \frac{-b \pm \sqrt{\Delta}}{2a}$$

Em que:

$$\Delta = b^2 - 4ac$$

Para que as raízes sejam iguais entre si, devemos ter $\Delta = 0$.

Aplicando este resultado à equação dada no enunciado, temos:

$\Delta = (a - 4)^2 - 4 . (4) . (1 - a)$

$0 = a^2 - 8a + 16 - 16 + 16a$

$a^2 + 8a = 0$

$a . (a + 8) = 0$

Do que resulta:

$$\mathbf{a = 0 \quad OU \quad a = -8}$$

Gabarito: B.

QUESTÃO 02 (CONSULPLAN – Professor/2016) Uma das raízes da equação $x^2 + 3x + c = 0$ é também raiz da equação $4x - 12 = 0$. Assim, o valor de "c" é um número:

a) Positivo e menor que 6.

b) Positivo e maior que 10.

c) Negativo e maior que –15.

d) Negativo e menor que –12.

RESOLUÇÃO:

A raiz da equação **4x – 12 = 0** é o valor de **x** que satisfaz a igualdade. Nessa equação, isolamos **x**:

$$4x = 12$$

$$\mathbf{x = 3}$$

Assim, temos que 3 é a raiz da equação $4x - 12 = 0$.

O enunciado afirma que 3 também é a raiz da equação $\mathbf{x^2 + 3x + c = 0}$.

Portanto, a substituição de x por 3 satisfaz a igualdade:

$$3^2 + 3 \cdot 3 + c = 0$$

Resolvemos a equação:

$$9 + 9 + c = 0$$

$$\mathbf{c = -18}$$

Dessa maneira, concluímos que c é igual a -18. Esse número é **negativo e menor que -12.**

Gabarito: D.

5. UTILIZANDO A SOMA E PRODUTO PARA ENCONTRAR AS RAÍZES

Uma outra maneira de descobrir as raízes da equação do 2º grau é utilizar as fórmulas da **soma (S)** e do **produto (P)** dessas raízes. Ou seja:

$$S = x_1 + x_2 = \frac{-b}{a}$$

$$P = x_1 \cdot x_2 = \frac{c}{a}$$

Vamos considerar alguns exemplos para ver a aplicação deste importante artifício para facilitar a determinação das raízes.

a) $x^2 - 10x + 21 = 0$

Os coeficientes e o termo independente da equação são dados por: **a = 1**, **b = -10** e **c = 21**.

Podemos aplicar as fórmulas da soma e do produto das raízes:

$$S = \frac{-b}{a} = \frac{-(-10)}{1} = 10$$

$$P = \frac{c}{a} = \frac{21}{1} = 21$$

Agora precisamos imaginar dois números que somados resultam em 10 e multiplicados resultam em 21.

Geralmente, é melhor começar pensando no produto das raízes. Quais são os números que surgem à sua mente cujo produto entre eles é 21? Tenho certeza que você pensou no **3** e no 7.

Mas, e no caso da soma? Ora, a adição entre 3 e 7 corresponde a 10. Logo, podemos concluir que o conjunto solução é dado por **S = {3, 7}**.

b) $x^2 + 3x - 10 = 0$

Nesse caso, temos **a = 1, b = 3** e **c = -10.**

Aplicando as fórmulas da soma e do produto das raízes:

$$S = \frac{-b}{a} = \frac{-3}{1} = -3$$

$$P = \frac{c}{a} = \frac{-10}{1} = -10$$

Agora vem aquele teste mental. Quais são os números que multiplicados entre si resulta em -10? Podemos ter -2 e 5 ou 2 e -5. Vamos escolher a primeira opção.

A soma entre -2 e 5 é igual a três *positivo*. Ora, esse resultado não bate com a soma S que corresponde a três *negativo*.

Então, vamos testar a segunda opção (2 e -5). A soma entre esses números resulta em -3. Agora sim! Esse resultado corresponde exatamente ao valor da soma S que havíamos calculado.

Portanto, as raízes da equação são 2 e -5.

6. RESOLUÇÃO DE PROBLEMAS POR MEIO DE EQUAÇÃO DO 2º GRAU

Assim como ocorre no âmbito da equação do 1º grau, a solução de problemas matemáticos pode ser obtida por meio de uma equação do 2º grau. Assim, resolveremos alguns exemplos e questões a fim de perceber uma interessante aplicação do tópico que estamos analisando.

1) O triplo do quadrado do número de filhos de Pedro é igual a 63 menos 12 vezes o número de filhos. Quantos filhos Pedro tem?

Sendo **x** o número de filhos de Pedro, temos que $\mathbf{3x^2}$ equivale ao triplo do quadrado do número de filhos e que **63 - 12x** equivale a 63 menos 12 vezes o número de filhos. Montando a sentença matemática, temos:

$$3x^2 = 63 - 12x$$

$$3x^2 + 12x - 63 = 0$$

Repare que estamos diante de uma equação do segundo grau na forma $ax^2 + bx + c = 0$. Vamos então encontrar as raízes da equação, que será a solução do nosso problema, para **a = 3, b = 12** e **c = -63**. Daí, podemos calcular o valor do discriminante:

$$\Delta = b^2 - 4ac$$

$$\Delta = 12^2 - 4.3.(-63) = 144 + 756 = 900$$

Assim, $\Delta > 0$ e teremos duas raízes reais e *diferentes*, as quais são obtidas por meio da fórmula de Bháskara:

$$x = \frac{-b \pm \sqrt{\Delta}}{2a}$$

$$x = \frac{-12 \pm \sqrt{900}}{2.3} = \frac{-12 \pm 30}{6}$$

$$x' = \frac{-12 + 30}{6} = \frac{18}{6} = 3$$

$$x'' = \frac{-12 - 30}{6} = \frac{-42}{6} = -7$$

A raízes encontradas são 3 e -7, mas como o número de filhos de uma pessoa não pode ser negativo, descartamos então a raiz -7. Portanto, concluímos que **Pedro tem 3 filhos.**

2) Uma tela retangular com área de 9600 cm^2 tem de largura uma vez e meia a sua altura. Quais são as dimensões desta tela?

Se chamarmos de **x** altura da tela, temos que **1,5x** será a sua largura. Sabemos que a área de uma figura geométrica retangular é calculada multiplicando-se a medida da sua largura, pela medida da sua altura. Escrevendo o enunciado na forma de uma sentença matemática temos:

$$x \,.\, 1{,}5x = 9600$$

$$1{,}5x^2 - 9600 = 0$$

Note que temos uma equação do 2° grau incompleta, que como já vimos terá duas raízes reais opostas, situação que ocorre sempre que o coeficiente **b** é igual a zero. Vamos aos cálculos:

$$1{,}5x^2 = 9600$$

$$x^2 = 9600 / 1{,}5$$

$$x^2 = 6400$$

$$x = \pm\sqrt{6400} = \pm 80$$

As raízes reais encontradas são -80 e 80, no entanto como uma tela não pode ter dimensões negativas, devemos desconsiderar a raiz -80.

Como 1,5x representa a largura da tela, temos então que ela será de 1,5 . 80 = 120. Portanto, esta tela tem as dimensões de **80 cm de altura, por 120 cm de largura**.

3) Comprei 4 lanches a um certo valor unitário. De outro tipo de lanche, com o mesmo preço unitário, a quantidade comprada foi igual ao valor unitário de cada lanche. Paguei com duas notas de cem reais e recebi R$ 8,00 de troco. Qual o preço unitário de cada produto?

O enunciado informa que os dois tipos de lanche têm o mesmo valor unitário. Vamos denominá-lo então de **x**.

Ainda segundo o enunciado, de um dos produtos eu comprei 4 unidades e do outro eu comprei **x** unidades.

Sabendo-se que recebi R$ 8,00 de troco ao pagar R$ 200,00 pela mercadoria, temos as informações necessárias para montarmos a seguinte equação:

$$4.x + x.x + 8 = 200$$

$$x^2 + 4x - 192 = 0$$

Como **x** representa o valor unitário de cada lanche, vamos solucionar a equação para descobrimos que valor é este:

$$\boldsymbol{x} = \frac{-\boldsymbol{b} \pm \sqrt{\boldsymbol{b}^2 - 4\boldsymbol{ac}}}{2\boldsymbol{a}}$$

$$\boldsymbol{x} = \frac{-4 \pm \sqrt{4^2 - 4.1.(-192)}}{2.1} = \frac{-4 \pm \sqrt{16 + 768}}{2} = \frac{-4 \pm 28}{2}$$

$$\boldsymbol{x'} = \frac{-4 + 28}{2} = \frac{24}{2} = 12$$

$$\boldsymbol{x''} = \frac{-4 - 28}{2} = \frac{-32}{2} = -16$$

As raízes reais da equação são -16 e 12. Como o preço não pode ser negativo, a raiz igual a -16 deve ser descartada. Assim, **o preço unitário de cada produto é de R$ 12,00.**

Veja como esse assunto já foi cobrado!

QUESTÃO 03 (VUNESP – Oficial de Atendimento/CM 2 Córregos/2018) Para a realização de um plenário, foram disponibilizadas para a plateia 96 cadeiras dispostas em fileiras, de modo que o número de cadeiras de uma fileira corresponde a 2/3 do número de fileiras. O número de cadeiras de uma fileira é

a) 14. b) 12. c) 10. d) 8. e) 6.

RESOLUÇÃO:

Vamos chamar de **n** o número de cadeiras de cada fileira.

As 96 cadeiras são divididas em **n** cadeiras por fileira, resultando em **96/n** fileiras.

O número de cadeiras de uma fileira corresponde a 2/3 do número de fileiras. Isso significa que o número de cadeiras de uma fileira (n) dividido pelo número de fileiras (96/n) é igual a 2/3:

$$\frac{n}{96 \div n} = \frac{2}{3}$$

Resolvendo a equação:

$$3n = \frac{2 \times 96}{n}$$

$$n^2 = \frac{2 \times 96}{3}$$

$$n^2 = 2 \times 32 = 64$$

$$\boldsymbol{n} = \pm\sqrt{64} = \pm 8$$

As raízes reais encontradas são -8 e 8, no entanto como a quantidade de cadeiras não pode ser dada por um número negativo, devemos desconsiderar a raiz -8, de modo que são **8 cadeiras por fileira**.

Gabarito: D.

QUESTÃO 04 (VUNESP/PAULIPREV/Controlador Interno/2018) Em uma empresa, no Dia da Secretária, cada secretária comprou uma flor para cada outra secretária, sendo que nenhuma delas comprou flor para si mesma. Três diretoras compraram, cada uma, duas flores para cada secretária. A presidente da empresa comprou onze flores para apenas uma secretária. Se no total foram compradas 137 flores, o número de secretárias dessa empresa é divisor de

(A) 123. (B) 256. (C) 384. (D) 459. (E) 660.

RESOLUÇÃO:

Vamos chamar de **N** o número de secretárias.

Cada secretária comprou (N – 1) flores para as outras secretárias. Se são **N** secretárias, o total foi de N . (N – 1) = **N² – N.**

Três diretoras compraram duas flores para cada secretária: então, cada diretora comprou **2N** flores. Como são três diretoras, o total foi de 3 . 2N = **6N** flores.

A presidente comprou mais 11 flores para apenas uma secretária. No total foram 137 flores. Então:

$$N^2 - N + 6N + 11 = 137$$

$$N^2 + 5N + 11 - 137 = 0$$

$$N^2 + 5N - 126 = 0$$

$$\Delta = 5^2 - 4.(-126) = 25 + 504$$

$$\Delta = 529$$

$$N = \frac{-5 \pm \sqrt{529}}{2} = \frac{-2+23}{2} = 9$$

Agora é analisar as alternativas. Lembre que todo múltiplo de 9 tem a soma de seus algarismos igual a 9 (Ex: 36 → 3 + 6 = 9).

A **letra D** apresenta o número **459**: 4 + 5 + 9 = 18 → 1 + 8 = 9.

Gabarito: D.

7. RESUMO

Equação do 2º grau é uma relação de igualdade que possui o formato **$ax^2 + bx + c = 0$**, com **a**, **b** e **c** pertencentes ao conjunto dos números reais e **"a" diferente de zero**, em que:

A e **b**: coeficientes da equação **x**: incógnita **c**: termo independente

Uma maneira de descobrirmos as raízes de uma equação do segundo grau é aplicar a **fórmula de Bháskara**:

$$x = \frac{-b \pm \sqrt{b^2 - 4ac}}{2a}$$

Dependendo do valor do **discriminante** ($\Delta = b^2 - 4ac$), uma equação do segundo grau poderá:

- Ter duas raízes reais e *diferentes*, se $\Delta > 0$;
- Ter duas raízes reais e *iguais*, se $\Delta = 0$; (na verdade, teremos apenas uma raiz)
- *Não* apresentar raízes reais, se $\Delta < 0$. (neste caso, teremos duas raízes imaginárias, no âmbito do conjunto dos números complexos, de modo que não se tratam de raízes reais)

Uma outra maneira de descobrir as raízes da equação do 2º grau é utilizar as fórmulas da **soma (S)** e do **produto (P)** dessas raízes. Ou seja:

$$S = x_1 + x_2 = \frac{-b}{a}$$

$$P = x_1 . x_2 = \frac{c}{a}$$

8. MAIS QUESTÕES COMENTADAS

QUESTÃO 05 (VUNESP - Agente Fiscal/Pref Piracicaba/2022)O armário de um escritório deverá acomodar 720 pastas em certo número de prateleiras, com o mesmo número de pastas em todas as prateleiras. Se o número de pastas por prateleira excederá em 6 o número de prateleiras, e se cada pasta tem massa de 180 gramas, então cada prateleira desse armário deverá ser capaz de suportar, no mínimo,

a) 4,6 kg b) 5,0 kg c) 5,4 kg d) 5,8 kg e) 6,2 kg

RESOLUÇÃO:

Não conhecemos o número de prateleiras, então o chamaremos de **x**. Como *o armário deverá acomodar 720 pastas em certo número de prateleiras, com o mesmo número de pastas em todas as prateleiras*, temos:

$$\frac{720}{X} = Pastas$$

É dito que *o número de pastas por prateleira excederá em 6 o número de prateleiras*. Logo, substituímos o número de pastas por **x + 6**:

$$\frac{720}{X} = x + 6$$

$$x^2 + 6x - 720 = 0$$

Chegamos a uma **equação do 2º grau**, que será resolvida por meio da **Fórmula de Bháskara**:

$$x = \frac{-b \pm \sqrt{b^2 - 4ac}}{2a}$$

$$x = \frac{-6 \pm \sqrt{6^2 - 4.1.(-720)}}{2.1} = \frac{-6 \pm \sqrt{36 + 2880}}{2} = \frac{-6 \pm 54}{2}$$

$$x' = \frac{-6 + 54}{2} = \frac{48}{2} = 24$$

$$x'' = \frac{-6 - 54}{2} = \frac{-60}{2} = -30$$

Como o número de prateleiras deve ser um **número positivo**, podemos dispensar a segunda raiz. Então, temos:

$$Pastas = x + 6 = 24 + 6 = 30$$

Já que *cada pasta tem massa de 180 gramas*, concluímos que **cada prateleira suporta**:

$$30 \times 180 = 5.400\ g = \mathbf{5{,}4\ kg}$$

Gabarito: c.

QUESTÃO 06 (ESAF – Ana Adm/ANEEL/2006) Ana foi visitar Bia que mora a uma distância de 150 km de sua casa. Ana percorreu esta distância em seu automóvel, com uma determinada velocidade média, gastando x horas para chegar à casa de Bia. Ana teria percorrido os mesmos 150 km em duas horas a menos, se a velocidade média de seu automóvel fosse aumentada em 20 km/h (quilômetros por hora). Com estas informações, pode-se concluir que Ana percorreu os 150 km a uma velocidade média, em quilômetros por hora, igual a:

a) 25 b) 30 c) 40 d) 35 e) 50

RESOLUÇÃO:

Precisamos lembrar que a velocidade (v) é igual à razão entre distância (s) e tempo (t).

Situação inicial

$$v = \frac{150}{x}$$

Situação final

$$v + 20 = \frac{150}{x - 2}$$

Substituindo v por 150 ÷ x:

$$\frac{150}{x} + 20 = \frac{150}{x - 2}$$

Multiplicando cruzado:

$$150x = (x - 2) \times (150 + 20x)$$

$$150x = 150x + 20x^2 - 300 - 40x$$

$$20x^2 - 40x - 300 = 0$$

$$x^2 - 2x - 15 = 0$$

Chegamos a uma equação do segundo grau, do tipo $ax^2 + bx + c = 0$. As raízes são dadas pela fórmula de Bháskara:

$$x = \frac{-b \pm \sqrt{b^2 - 4ac}}{2a}$$

$$x = \frac{-(-2) \pm \sqrt{(-2)^2 - 4.1.(-15)}}{2.1} = \frac{2 \pm \sqrt{64}}{2} = \frac{2 \pm 8}{2}$$

Como o tempo gasto deve ser positivo, descartamos a raiz negativa, de modo que só aplicaremos a adição:

$$x' = \frac{2+8}{2} = \frac{10}{2} = 5$$

Agora substituímos esse resultado na fórmula relativa à situação inicial:

$$v = \frac{150}{5} = 30\ km/h$$

Gabarito: B.

QUESTÃO 07 (FCC – Estagiário/SABESP/2017) Um grupo de amigos gastou R$ 396,00 em um restaurante. Ao dividirem a conta, decidiram que um deles que fazia aniversário naquele dia não deveria pagar a parte que lhe cabia. Assim, cada um dos outros teve que pagar R$ 3,00 a mais. Se a conta tivesse sido dividida entre todos do grupo, cada um teria pago

a) R$ 32,00. b) R$ 34,00. c) R$ 35,00. d) R$ 33,00. e) R$ 30,00.

RESOLUÇÃO:

Vamos chamar de **n** o número de pessoas do grupo.

Dividindo a conta entre todos do grupo, temos que cada pessoa gastou **396/n** reais.

Uma das pessoas não pagou sua conta. E seu valor de 396/n foi dividido pelas demais **n – 1** pessoas do grupo, dando 3 reais para cada uma:

$$\frac{396 \div n}{n-1} = 3$$

$$396 = 3n.(n-1)$$

$$n.(n-1) = 132$$

Quais dois números naturais consecutivos que, quando multiplicados, resultam em 132? Trata-se dos números 11 e 12. Concluímos que:

- **n = 12**
- **n - 1 = 11**

Outra forma de obter o valor de **n** é aplicando a **fórmula de Bháskara** na equação:

$$n^2 - n - 132 = 0$$

$$\boldsymbol{n} = \frac{-\boldsymbol{b} \pm \sqrt{\boldsymbol{b}^2 - 4\boldsymbol{ac}}}{2\boldsymbol{a}}$$

$$\boldsymbol{n} = \frac{-(-1) \pm \sqrt{(-1)^2 - 4.1.(-132)}}{2.1} = \frac{1 \pm \sqrt{1+528}}{2} = \frac{1 \pm 23}{2}$$

$$\boldsymbol{x}' = \frac{1+23}{2} = \frac{24}{2} = 12$$

$$\boldsymbol{x}'' = \frac{1-23}{2} = \frac{-22}{2} = -11$$

As raízes reais da equação são -11 e 12. Como a quantidade de pessoas não pode ser negativa, a raiz igual -11 deve ser descartada. Assim, a conta é de R$ 396,00 e são 12 pessoas no total. Dividindo a conta igualmente entre todos do grupo, ficaria 396/12 = **33 reais para cada um**.

Gabarito: D.

QUESTÃO 08 (CESPE – Especialista/ANAC/2009) Caso se multiplique um número real x por ele mesmo e, do resultado, ao se subtrair 14, obtenha-se o quíntuplo do número x, então -2 poderá ser um dos possíveis valores de x.

RESOLUÇÃO:

O enunciado informa que ao multiplicar um número real **x** por ele mesmo e, do resultado, ao se subtrair 14, obtém-se o quíntuplo do número **x**. Em linguagem matemática, obtemos a seguinte equação:

$$x.x - 14 = 5x$$

Perceba que estamos diante de uma **equação do 2º grau**, pois:

$$x^2 - 5x - 14 = 0$$

Em seguida, é afirmado que uma das raízes desta equação é −2. Vamos testar:

$$(-2)^2 - 5(-2) - 14 = 0$$

$$4 + 10 - 14 = 0$$

$$0 = 0$$

Como chegamos a uma igualdade válida, concluímos acertadamente que realmente **x = −2 é uma das raízes da equação.**

Gabarito: Certo.

QUESTÃO 09 (CESPE – Policial Rodoviário Federal/2008) No ano de 2006, um indivíduo pagou R$ 4.000,00 pelas multas de trânsito recebidas, por ter cometido várias vezes um mesmo tipo de infração de trânsito, e o valor de cada uma dessas multas foi superior a R$ 200,00. Em 2007, o valor da multa pela mesma infração sofreu um reajuste de R$ 40,00, e esse mesmo indivíduo recebeu 3 multas a mais que em 2006, pagando um total de R$ 6.720,00.

Nessa situação, em 2006, o valor de cada multa era

a) inferior a R$ 750,00.

b) superior R$ 750,00 e inferior a R$ 850,00.

c) superior a R$ 850,00 e inferior a R$ 950,00.

d) superior a R$ 950,00 e inferior a R$ 1.050,00.

e) superior a R$ 1.050,00.

RESOLUÇÃO:

Vamos chamar de **p** o valor da multa em 2006 e de **q** a quantidade de multas em 2006. Assim, o valor total pago foi de R$ 4.000,00:

$$p \times q = 4.000$$

$$q = 4.000/p \text{ (I)}$$

O enunciado informa que em 2007 a multa passou para **p + 40** e quantidade de multas passou para **q + 3**, de modo que o novo total pago foi de R$ 6.720,00:

$$(p + 40) \times (q + 3) = 6.720$$

$$pq + 3p + 40q + 120 = 6.720 \text{ (II)}$$

Substituindo I em II, obtemos:

$$p \times 4.000/p + 3p + 40 \times 4.000/p + 120 = 6.720$$

$$4.000 + 3p + 160.000/p + 120 - 6720 = 0$$

$$3p + 160.000/p - 2.600 = 0$$

Multiplicando os dois lados da igualdade por **p**:

$$3p^2 + 160.000 - 2.600p = 0$$

$$3p^2 - 2.600p + 160.000 = 0$$

Agora aplicamos a fórmula de Bháskara:

$$p = \frac{-b \pm \sqrt{b^2 - 4ac}}{2a}$$

$$p = \frac{-(-2600) \pm \sqrt{(-2600)^2 - 4.3.160000}}{2.3} = \frac{2600 \pm \sqrt{4840000}}{6} = \frac{2600 \pm 2200}{6}$$

Como as multas são superiores a 200, o numerador deve ser calculado com o sinal de adição:

$$p' = \frac{2600 + 2200}{6} = \frac{4800}{6} = 800$$

Portanto, em 2006, o valor de cada multa (p) era de **R$ 800,00.**

Gabarito: B.

QUESTÃO 10 (CESPE – Esc/BB/2007) Um grupo de amigos fez, em conjunto, um jogo em determinada loteria, tendo sido premiado com a importância de R$ 2.800.000,00 que deveria ser dividida igualmente entre todos eles. No momento da partilha, constatou-se que 3 deles não haviam pago a parcela correspondente ao jogo, e, dessa forma, não faziam juz ao quinhão do prêmio. Com a retirada dos 3 amigos que não pagaram o jogo, coube a cada um dos restantes mais R$ 120.000,00.

Considerando a situação hipotética apresentada, julgue o item que se segue.

Cada um dos elementos do "grupo de amigos" que efetivamente pagou a parcela correspondente ao jogo recebeu uma quantia superior a R$ 250.000,00.

RESOLUÇÃO:

O enunciado informa que inicialmente são **x** pessoas dividindo o prêmio de R$ 2.800.000,00. Logo, cada um deles receberá:

$$\frac{2.800.00}{x}$$

No entanto, como 3 deles não pagaram, o prêmio na verdade será dividido entre **x – 3** pessoas. Cada um ficará com:

$$\frac{2.800.000}{x-3}$$

Em seguida é dito que a segunda quantia é R$ 120.000,00 maior que a primeira:

$$\frac{2.800.000}{x-3}=\frac{2.800.00}{x}+120.000$$

Multiplicando todos os termos por **(x – 3)x**:

$$2.800.000x=2.800.000.(x-3)+120.000.(x-3)x$$

Dividindo todos os termos por 40.000:

$$70x=70.(x-3)+3.(x-3)x$$

$$70x=70x-210+3x^2-9x$$

$$3x^2-9x-210=0$$

Ainda podemos dividir tudo por 3:

$$x^2-3x-70=0$$

Agora aplicamos a fórmula de Bháskara:

$$\boldsymbol{x}=\frac{-\boldsymbol{b}\pm\sqrt{\boldsymbol{b}^2-4\boldsymbol{ac}}}{2\boldsymbol{a}}$$

$$x=\frac{-(-3)\pm\sqrt{(-3)^2-4.1.(-70)}}{2.1}=\frac{3\pm\sqrt{289}}{2}=\frac{3\pm17}{2}$$

Como se tratam de pessoas, descartamos a raiz negativa, de modo que só aplicaremos a adição:

$$x' = \frac{3+17}{2} = \frac{20}{2} = 10$$

Desses 10 amigos, 3 não pagaram. Para os outros 7, o prêmio é dividido em partes iguais:

2.800.000 ÷ 7 = **400.000**

Perceba que essa quantia é realmente **maior que 250.000,00.**

Gabarito: Certo.

QUESTÃO 11 (CESPE – Esc/BB/2007) Um grupo de amigos saiu para assistir a um filme no cinema do bairro. Lá chegando, constataram que o preço das entradas para todos, refrigerantes e pipoca era de R$ 585,00. Esse valor deveria ser dividido inicialmente entre todos do grupo, mas, por delicadeza, os integrantes do grupo que moravam nesse bairro revolveram dividir entre eles o valor correspondente ao que cabia aos 4 integrantes que não moravam no bairro, o que acrescentou à despesa de cada um dos primeiros a quantia de R$ 20,00.

Com base nessa situação hipotética, julgue o item que se segue.

No grupo de amigos havia menos de 8 moradores do bairro onde fica o cinema e a cada um deles coube uma despesa superior a R$ 70,00.

RESOLUÇÃO:

Vamos chamar de **x** a quantidade de amigos e de **y** o valor que caberia a cada um, caso não houvesse a citada delicadeza.

Dividindo o valor total gasto (585,00) pela quantidade de pessoas (x), obtemos o valor que cabe a cada um (y):

$$y = \frac{585}{x} \quad \text{(I)}$$

Porém, graças à delicadeza, o valor total será dividido entre **x - 4** pessoas. Isso aumenta em R$ 20,00 o valor que cabe a cada pagante:

$$y + 20 = \frac{585}{x-4}$$

$$(y+20)\times(x-4) = 585$$

$$yx - 4y + 20x - 80 - 585 = 0$$

$$yx - 4y + 20x - 665 = 0 \quad \text{(II)}$$

Substituindo o valor de y encontrado em (I):

$$x \times \frac{585}{x} - 4 \times \frac{585}{x} + 20x - 665 = 0$$

$$585 - \frac{2.340}{x} + 20x - 665 = 0$$

$$20x - 80 - \frac{2.340}{x} = 0$$

Dividindo todos os termos por 20:

$$x - 4 - \frac{117}{x} = 0$$

Multiplicando todos os termos por x:

$$x^2 - 4x - 117 = 0$$

Agora aplicamos a fórmula de Bháskara:

$$\boldsymbol{x} = \frac{-\boldsymbol{b} \pm \sqrt{\boldsymbol{b}^2 - 4\boldsymbol{ac}}}{2\boldsymbol{a}}$$

$$x = \frac{-(-4) \pm \sqrt{(-4)^2 - 4.1.(-117)}}{2.1} = \frac{4 \pm \sqrt{484}}{2} = \frac{4 \pm 22}{2}$$

Como se tratam de pessoas, descartamos a raiz negativa, de modo que só aplicaremos a adição:

$$x' = \frac{4+22}{2} = \frac{26}{2} = 13$$

Assim, são 13 amigos. A quantia inicial que cabe a cada um é:

$$y = \frac{585}{13} = 45$$

Se 4 não pagarem, a quantia sobe para:

$$\frac{585}{9} = 65$$

A quantia aumenta 20,00. Veja que R$ 65,00 não é superior a R$ 70,00. Além disso, havia 13 – 4 = 9 moradores do bairro.

Gabarito: Errado.

QUESTÃO 12 (CESGRANRIO/BASA/Téc Banc/2018) No conjunto dos números reais, considere as seguintes duas inequações:

Inequação 1: $5x - 7 > x^2 - x + 1$

Inequação 2: $x + 6 > -x + 10$

Um número real x, que é solução da inequação 2, também será solução da inequação 1, se, e somente se, for solução da inequação

(A) $x^2 - 16 > 0$

(B) $1/x < 1/4$

(C) $-x < -4$

(D) $4x - 16 < 0$

(E) $x + 1 > x + 9$

RESOLUÇÃO:

Trabalhando com a primeira inequação, temos:

$$5x - 7 > x^2 - x + 1$$

$$0 > x^2 - x + 1 - 5x + 7$$

$$x^2 - 6x + 8 < 0$$

Temos:

Delta = $(-6)^2 - 4.1.8 = 36 - 32 = 4$

A raiz de delta é igual a 2. Logo,

$$x = [-(-6) +/- 2] / (2.1)$$

$$x = [6 +/- 2]/2$$

$$x = 3 +/- 1$$

$$x = 4 \ \ ou \ \ x = 2$$

A função $x^2 - 6x + 8$ é uma parábola com concavidade para cima. Ela será negativa somente entre as duas raízes, ou seja, $2 < x < 4$ é o conjunto solução.

Na segunda inequação, temos:

$$x + 6 > -x + 10$$

$$2x - 4 > 0$$

$$x > 2$$

Os valores de x que atendem à 2ª inequação vão atender também à 1ª inequação se forem menores do que 4, ou seja,

$$x < 4$$

UNIDADE 3 – MATEMÁTICA DE NÍVEL MÉDIO

Olhando as opções de resposta, veja que a solução da inequação 4x – 16 < 0 é exatamente x < 4. Logo, esse é nosso gabarito.

Gabarito: D.

9. QUESTÕES-DESAFIO

QUESTÃO 13 (CESPE – Escriturário/BB/2007) Um grupo de amigos fez, em conjunto, um jogo em determinada loteria, tendo sido premiado com a importância de R$ 2.800.000,00 que deveria ser dividida igualmente entre todos eles. No momento da partilha, constatou-se que 3 deles não haviam pago a parcela correspondente ao jogo, e, dessa forma, não faziam juz ao quinhão do prêmio. Com a retirada dos 3 amigos que não pagaram o jogo, coube a cada um dos restantes mais R$ 120.000,00.

Considerando a situação hipotética apresentada, julgue o item que se segue.

A quantidade de elementos do grupo de amigos que fizeram juz ao prêmio é superior a 11.

RESOLUÇÃO:

O enunciado informa que inicialmente são **x** pessoas dividindo o prêmio de R$ 2.800.000,00. Logo, cada um deles receberá:

$$\frac{2.800.00}{x}$$

No entanto, como 3 deles não pagaram, o prêmio na verdade será dividido entre **x – 3** pessoas. Cada um ficará com:

$$\frac{2.800.000}{x-3}$$

Em seguida é dito que a segunda quantia é R$ 120.000,00 maior que a primeira:

$$\frac{2.800.000}{x-3} = \frac{2.800.00}{x} + 120.000$$

Multiplicando todos os termos por **(x – 3)x**:

$$2.800.000x = 2.800.000.(x-3) + 120.000.(x-3)x$$

Dividindo todos os termos por 40.000:

$$70x = 70.(x-3) + 3.(x-3)x$$

$$70x = 70x - 210 + 3x^2 - 9x$$

$$3x^2 - 9x - 210 = 0$$

Ainda podemos dividir tudo por 3:

$$x^2 - 3x - 70 = 0$$

Agora aplicamos a fórmula de Bháskara:

$$x = \frac{-b \pm \sqrt{b^2 - 4ac}}{2a}$$

$$x = \frac{-(-3) \pm \sqrt{(-3)^2 - 4.1.(-70)}}{2.1} = \frac{3 \pm \sqrt{289}}{2} = \frac{3 \pm 17}{2}$$

Como se tratam de pessoas, descartamos a raiz negativa, de modo que só aplicaremos a adição:

$$x' = \frac{3+17}{2} = \frac{20}{2} = 10$$

Perceba que a quantidade de amigos **não é superior a 11**.

Gabarito: Errado.

QUESTÃO 14 (ESAF – Fiscal de Rendas RJ/2010) Dois números a e b, a ≠ 0, b ≠ 0 e b > a, formam uma razão ϕ tal que ϕ = b/a = (a + b)/b. Calcule o valor mais próximo de ϕ.

a) 1,618 b) 1,732 c) 1,707 d) 1,5708 e) 1,667

RESOLUÇÃO:

O enunciado informa que:

$$\frac{b}{a} = \frac{a+b}{b}$$

Multiplicando cruzado:

$$b^2 = a^2 + ab$$

Agora dividimos todos os termos por a^2, para fazer surgirem várias frações do tipo b/a:

$$\frac{b^2}{a^2} = 1 + \frac{b}{a}$$

Agora, onde tem b/a, basta trocar por φ, pois são expressões equivalentes:

$$\varphi^2 = 1 + \varphi$$

$$\varphi^2 - \varphi - 1 = 0$$

Agora aplicamos a fórmula de Bháskara:

$$\varphi = \frac{-b \pm \sqrt{b^2 - 4ac}}{2a}$$

$$\varphi = \frac{-(-1) \pm \sqrt{(-1)^2 - 4.1.(-1)}}{2.1} = \frac{1 \pm \sqrt{5}}{2} = \frac{1 \pm 2,23}{2}$$

Como se trata de φ = b/a, em que tanto o numerador quanto o denominador são positivos, concluímos que φ também é positivo. Assim, descartamos a raiz negativa, de modo que só aplicaremos a adição:

$$\varphi' = \frac{1 + 2,23}{2} = \frac{3,23}{2} = 1,615$$

Gabarito: A.

CAPÍTULO 22

FUNÇÕES

1. INTRODUÇÃO

A noção de funções pode ser obtida por meio de **conjuntos**. Por exemplo, vamos associar cada elemento do conjunto A = {-1, 0, 2} ao seu dobro em B = {-2, 0,1, 4}.

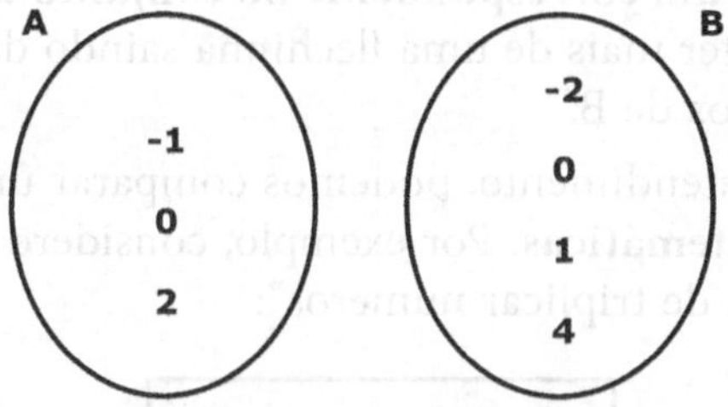

Note que o exercício exige de nós a associação de cada elemento de A com o seu dobro em B. Estamos de diante de uma **lei de correspondência** entre os conjuntos indicados, estabelece uma relação entre eles.

E repare que a função *parte* de A e *chega* em B, razão pela qual o conjunto de onde a função está saindo (neste caso, A) é chamado de **conjunto de partida** ao passo que o segundo (em nosso exemplo, o conjunto B) é conhecido como **conjunto de chegada**.

Então, vamos iniciar a associação conforme o critério indicado. Começando por -1, o seu dobro em B é o elemento -2, de modo que fazemos a associação entre eles:

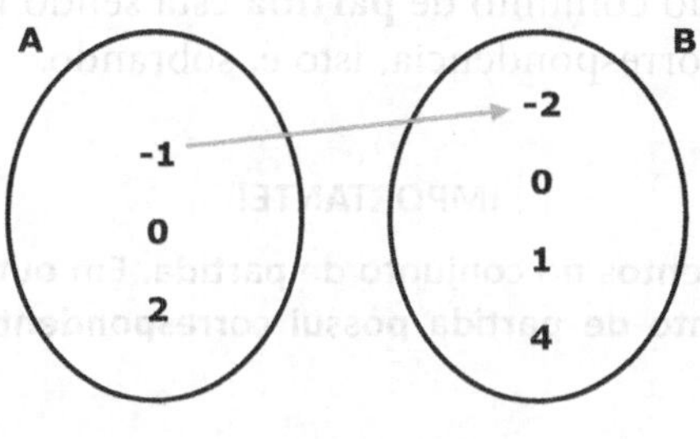

Da mesma forma, no caso do elemento 0, seu dobro em B é 0. Por fim, o dobro de 2 em B é 4. Logo:

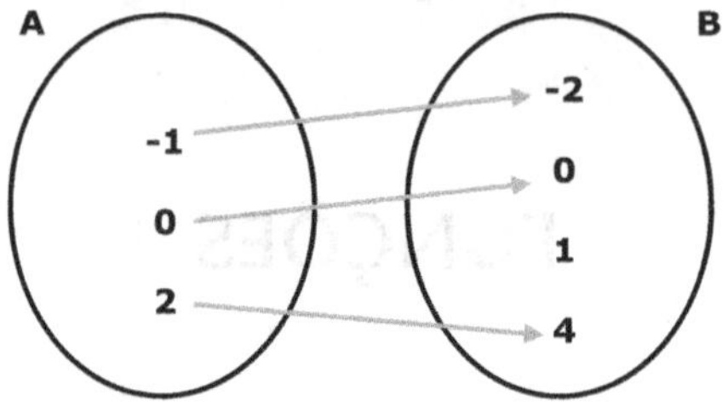

Perceba que todos os elementos de A possuem correspondentes em B. Isso ocorre porque **numa função todos os elementos do conjunto de partida devem estar associados a algum elemento do conjunto de chegada.**

Além disso, repare que cada elemento de A está associado a apenas um elemento de B, indicando que **numa função os elementos do conjunto de partida não podem ter mais de um correspondente no conjunto de chegada**. Em outras palavras, não podemos ter mais de uma flechinha saindo do mesmo elemento de A em direção a elementos de B.

Para um melhor entendimento, podemos comparar uma função a uma **máquina de operações matemáticas**. Por exemplo, considere a relação a seguir que chamamos de "máquina de triplicar números":

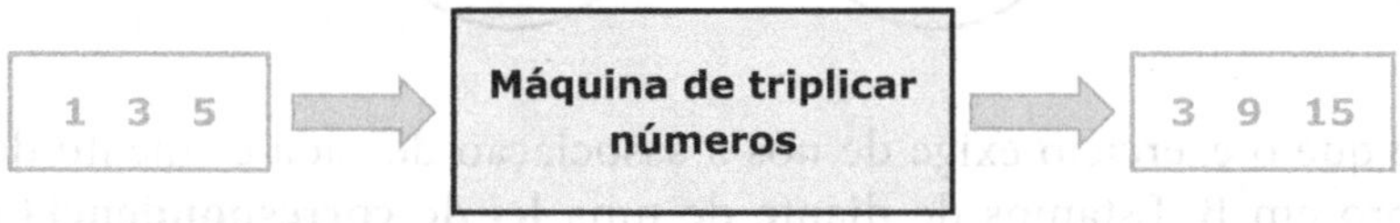

Repare que temos dois conjuntos formados por três elementos cada um, sendo que o da esquerda corresponde ao conjunto de partida e o da direita é o conjunto de chegada. Neste cenário, os elementos do primeiro conjunto estão chegando na máquina, e estão sendo triplicados pela máquina, de modo que o "1" está sendo transformado no "3", o "3" no "9" e o "5" no "15".

Portanto, a máquina atua como função de correspondência entre o conjunto de partida e o conjunto de chegada. Mas cabem duas observações:

1) Todo elemento do conjunto de **partida** está sendo utilizado de modo que não há elementos sem correspondência, isto é, sobrando.

IMPORTANTE!

Nunca sobram elementos no conjunto de partida. Em outras palavras, todo elemento do conjunto de partida possui correspondente no conjunto de chegada.

2) Cada elemento do conjunto de **partida** possui um único correspondente no conjunto de **chegada**.

Veja o caso do número "1", cuja passagem pela máquina de triplicar criou sua relação com o "3" no conjunto de chegada, mas apenas com esse elemento. De fato, o "1" não tem correspondência com nenhum outro elemento do segundo conjunto.

TOME NOTA!

Cada elemento do conjunto de partida possui um único correspondente no conjunto de chegada.

Agora, vamos associar cada elemento do conjuntos A = {1, 3} a um valor maior em B = {2 , 3, 4}.

Representando por meio de diagramas a aplicação da lei de associação estabelecida entre A e B, fica:

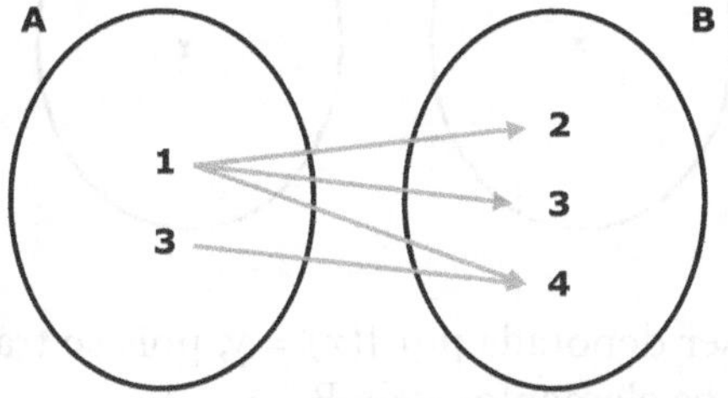

Perceba que, embora não haja elemento no conjunto de partida sem correspondente, o "1" tem relação com três elementos distintos no conjunto de chegada. Ora, isto não pode acontecer, de modo **não temos uma função de A em B**.

Considere os conjuntos A = {0, 1, 2} e B = {1, 2, 3, 4}. Queremos associar cada elemento de A ao seu igual valor em B.

Vamos fazer isso por meio de diagramas:

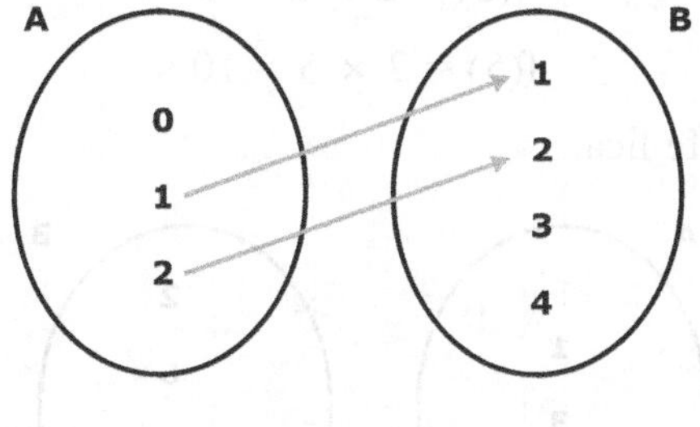

Neste caso, mais uma vez a relação apresentada entre os conjuntos A e B **não satisfaz o conceito de função**, pois existem elementos de A que não possuem correspondente em B.

RESUMINDO!

Uma relação de **A** em **B** recebe o nome de **função** quando obedece às duas condições:

1) **todo** elemento de **A** tem correspondente em **B**;

2) **cada** elemento de **A** tem um único correspondente em **B**.

2. DEFINIÇÃO E NOTAÇÃO

Dados dois conjuntos A e B, uma **função de A em B (f: A → B)** é uma regra que indica como associar cada elemento x ∈ A a um único y ∈ B.

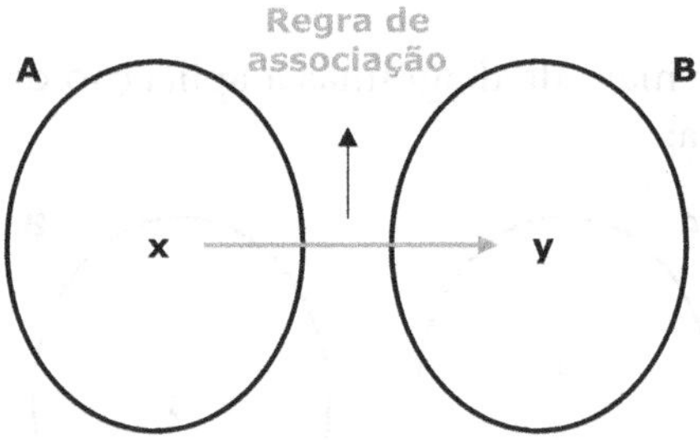

Esta função pode ser denotada por f(x) = y, pois se trata de associação entre cada elemento x de A e os elementos y de B.

Por exemplo, seja a função de A em B que transforma cada elemento do primeiro conjunto no seu dobro em B. A relação estabelecida pode ser denotada por f(x) = 2x, de modo que há um x que pertence ao conjunto A associado a um valor y em B.

Nesta situação, se o conjunto A for formado pelos elementos 1, 3 e 5, temos:

$$f(1) = 2 \times 1 = 2$$

$$f(3) = 2 \times 3 = 6$$

$$f(5) = 2 \times 5 = 10$$

Assim, graficamente fica:

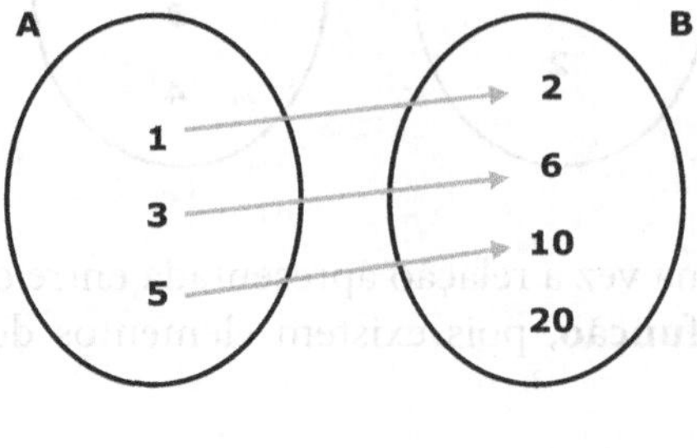

Veja que o conjunto B possui elemento sem correspondente em A. Mas não tem problema. O que importa para o conceito de função é que os elementos do conjunto de partida, e não o de chegada, sejam todos associados a um único elemento no conjunto que a função associa.

3. DOMÍNIO, CONTRADOMÍNIO E IMAGEM

Seja uma função **f** de **A** em **B**. O conjunto **A** é chamado de **Domínio (D)** da função e o conjunto **B** é conhecido como **Contradomínio (CD)** da função.

$$\begin{array}{ccc} \mathbf{f:}\ \mathbf{A} & \rightarrow & \mathbf{B} \\ \downarrow & & \downarrow \\ \mathbf{D} & & \mathbf{CD} \end{array}$$

Por sua vez, **imagem (Im)** de uma função de A em B é o conjunto formado por todos os valores de B (y) que serão associados a algum elemento de A (x).

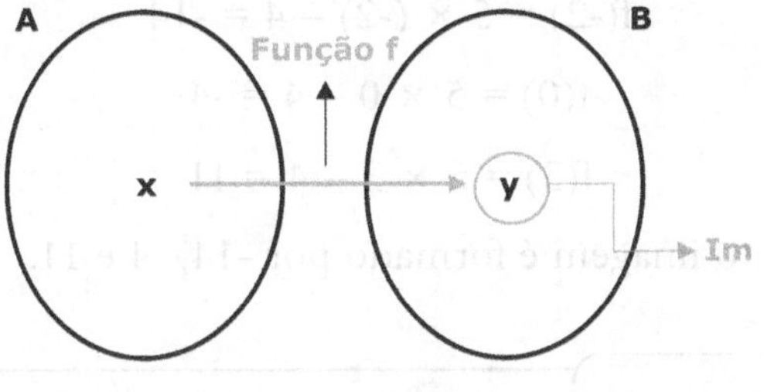

Por exemplo, sejam os conjuntos A = {0, 5, 10} e B = {0, 5, 25, 50, 100} e a função f: A → B que transforma x ∈ A em 5x ∈ B.

Como o conjunto A é formado pelos elementos 0, 5 e 10, temos:

$$f(0) = 5 \times 0 = 0$$

$$f(5) = 5 \times 5 = 25$$

$$f(10) = 5 \times 10 = 50$$

Assim, o elemento 0 de A possui como imagem o elemento 0 de B, assim como 5 tem como imagem 25 e a imagem de 10 é o elemento 50. Isto é:

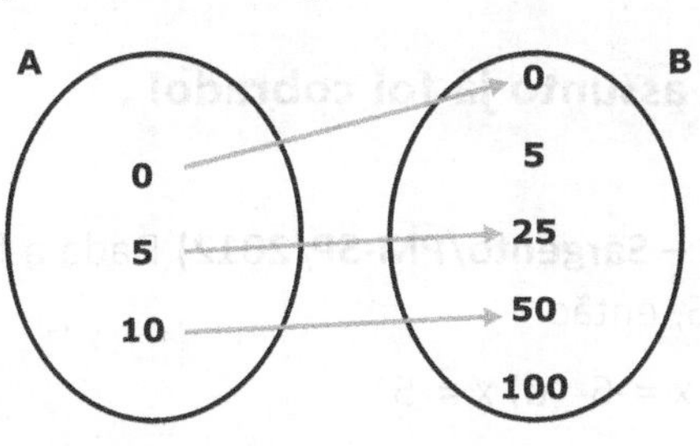

UNIDADE 3 – MATEMÁTICA DE NÍVEL MÉDIO

Dessa maneira, o conjunto A é o Domínio da função (**D = A**), B corresponde ao Contradomínio (**CD = B**) e os elementos 0, 25 e 50 de B formam a imagem da função (**Im(f) = {0, 25, 50}**).

Note que **o conjunto Imagem é um subconjunto do Contradomínio de qualquer função**:

Im(f) ⊂ CD

Agora considere a função f: A → R, tal que f(x) = 5x – 4 e A = {-2, 0, 3}. Vamos determinar o conjunto imagem.

Neste caso, o domínio da função é dado pelo conjunto A, ao passo que o contradomínio é composto pelo conjunto dos números reais.

Note que esta função é definida por uma fórmula matemática, a qual devemos aplicar com os elementos de A para encontrar o conjunto Imagem. Logo:

$$f(-2) = 5 \times (-2) - 4 = -14$$

$$f(0) = 5 \times 0 - 4 = -4$$

$$f(3) = 5 \times 3 - 4 = 11$$

Assim, o conjunto imagem é formado por -14, -4 e 11.

Domínio (D)	•Conjunto formado por todos os elementos do **conjunto de partida** (A).
Contradomínio (CD)	•Conjunto formado por todos os elementos do **conjunto de chegada** (B).
Conjunto Imagem (Im)	•Conjunto formado por todos **os valores de B que serão associados a algum elemento de A**.

Veja como esse assunto já foi cobrado!

QUESTÃO 01 (CETRO – Sargento/PM-SP/2012) Dada a função f(x) = –4x + 15, sabendo que f(x) = 35, então

a) x = 5 b) x = 6 c) x =-6 d) x =-5

RESOLUÇÃO:

O enunciado informa que f(x)=35, de modo que x valerá:

$$f(x) = -4x + 15$$
$$35 = -4x + 15$$
$$20 = -4x$$
$$\mathbf{x = -5}$$

Gabarito: D.

QUESTÃO 02 (FUNCAB – Assist/CRF-RO/2015) Dada a função definida por f(x + 2) = 3x + 5. O valor de f(3) . f(-3) é:

a) 18 b) -80 c) 42 d) -70 e) -56

RESOLUÇÃO:

O nosso objetivo consiste em achar f(3) e f(-3) e depois multiplicar seus resultados.

Agora, para termos 3 dentro dos parênteses de f(x + 2), o x deve valer quanto? Tem que ser 1. Logo:

$$f(x + 2) = 3x + 5$$
$$f(1 + 2) = 3.1 + 5$$
$$\mathbf{f(3) = 8}$$

Da mesma forma, para encontrarmos o -3, devemos ter x = -5:

$$f(-5 + 2) = 3\ .\ (-5) + 5$$
$$\mathbf{f(-3) = -10}$$

Por fim, multiplicamos os resultados:

$$f(3)\ .\ f(-3) = 8\ .\ (-10) = \mathbf{-80}$$

Gabarito: B.

QUESTÃO 03 (FCC – Professor/SEDU-ES/2016) Na função polinomial f(x) = (5 – x)/3, com D = {x ∈ Z | −13 ≤ x ≤ 11} e contradomínio R, o total de números naturais em seu conjunto imagem é igual a

a) 10. b) 6. c) 7. d) 8. e) 9.

RESOLUÇÃO:

O enunciado informa que os valores que **x** assume, isto é, o **domínio** da função, são os números inteiros no intervalo $-13 \leq x \leq 11$.

Para x = −13, temos que **f(-13)** = (5 - (-13)/3 = 18/3 = **6**.

Para x = 11, temos que **f(11)** = (5 - 11)/3 = (-6)/3 = **−2**.

Com relação aos valores intermediários de "x", a função assume valores intermediários entre 6 e -2.

Assim, os valores que f(x) assume, ou seja, a **imagem** da função, são os números inteiros no intervalo **$-2 \leq f(x) \leq 6$**. Nesse intervalo há **7 números naturais**: 0, 1, 2, 3, 4, 5 e 6.

Gabarito: C.

3.1. Determinação do domínio de uma função

Quando é citada uma função f de A em B, já ficam subentendidos o domínio (A) e o contradomínio (B). Todavia, por vezes acontece de o examinador não fornecer o domínio e o contradomínio da função apresentada na questão. Nesta situação, precisamos saber que **o domínio é formado por todos os valores reais para os quais a função poderá assumir algum valor.**

Vamos analisar alguns exemplos em que nos é apresentada apenas a lei da função f, de modo que o nosso objetivo consistirá em descobrir quem é o domínio da função, assumindo que o contradomínio é formado por todos os números reais.

a) f(x) = 2x + 1

Precisamos pensar quais são os valores que x pode assumir de tal modo que a função f exista.

Perceba que não há restrição alguma; x pode corresponder a um número positivo, a um número negativo ou mesmo o zero. O que concluímos? Ora, podemos afirmar que *o domínio da função f é formado pelo conjunto dos números reais*:

$$D = R$$

b) $f(x) = \frac{1}{x-2}$

Temos o x fazendo parte de um denominador. Sabemos que numa fração o denominador deve ser diferente de zero. Logo:

$$x - 2 \neq 0$$

$$x \neq 2$$

Dessa maneira, a função f pode assumir qualquer valor, com exceção do 2. Ou seja:

$$D = \{x \in R \mid x \neq 2\}$$

c) $f(x) = \sqrt{x-3}$

Note que estamos diante de uma raiz quadrada, ou seja, o seu índice é par. Nesse caso, isto é, quando o índice da raiz for um número par, o resultado do radicando deve ser sempre igual ou maior que zero.

$$x - 3 \geq 0$$

$$x \geq 3$$

Assim, o domínio da função é dado por:

$$\mathbf{D = \{x \in R \mid x > 2\} \text{ ou } D = [3, +\infty)}$$

d) $f(x) = \dfrac{2}{\sqrt{x+4}}$

O radicando deve ser maior ou igual a zero. Mas, devido à raiz estar no denominador, seu resultado deve ser diferente de zero. Ou seja, resta ao radicando apenas a possibilidade de ser maior que zero:

$$x + 4 > 0$$

$$\boldsymbol{x > -4}$$

Assim, temos que D = (-4, +∞).

e) $f(x) = \dfrac{\sqrt{5-x}}{\sqrt{x-2}}$

Temos duas raízes quadradas. Para a que se encontra no numerador, o radicando deve ser maior ou igual a zero. Quanto à que se encontra no denominador, seu radicando precisa ser maior que zero. Ou seja:

$$5 - x \geq 0 \;\rightarrow\; \boldsymbol{x \leq 5}$$

$$x - 2 > 0 \;\rightarrow\; \boldsymbol{x > 2}$$

Perceba que ficamos com duas respostas. Então, devemos fazer a interseção entre elas, de modo que o domínio encontrado seja válido tanto para o numerador quanto para o denominador da fração em análise.

Para isso, vamos representar os resultados encontrados por meio de intervalos:

Conjunto	Intervalo
A = {x ∈ R | x ≤ 5}	
B = {x ∈ R | x > 2}	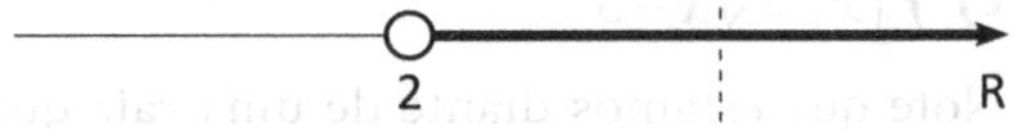
A ∩ B = {x ∈ R | 2 < x ≤ 5}	

Dessa maneira, temos que D = {x ∈ R | 2 < x ≤ 5}.

f) $f(x)=\sqrt[3]{x-1}$

Repare que o índice da raiz é igual a três, ou seja, estamos diante de uma raiz de índice ímpar. Neste caso, é possível que o radicando assuma valores negativos, ao contrário do que ocorre com raízes de índice par.

Assim, o domínio da função em consideração abrange todo o conjunto dos números reais:

$$D = R$$

g) $f(x)=\dfrac{3x-1}{x^2-x}$

No numerador não temos nenhuma limitação para os valores que x pode assumir.

Já o denominador precisa ser diferente de zero. Logo:

$$x^2 - x \neq 0$$

$$x.(x-1) \neq 0$$

Nesta situação, tanto o "x" quanto o "x – 1" devem ser diferentes de zero. Isto é:

$$x \neq 0$$

$$x - 1 \neq 0 \;\rightarrow\; x \neq 1$$

Portanto, o domínio da função corresponde a todos os números reais, exceto em relação ao 0 e ao 1:

$$\mathbf{D = R - \{0, 1\}}$$

ESQUEMATIZANDO!

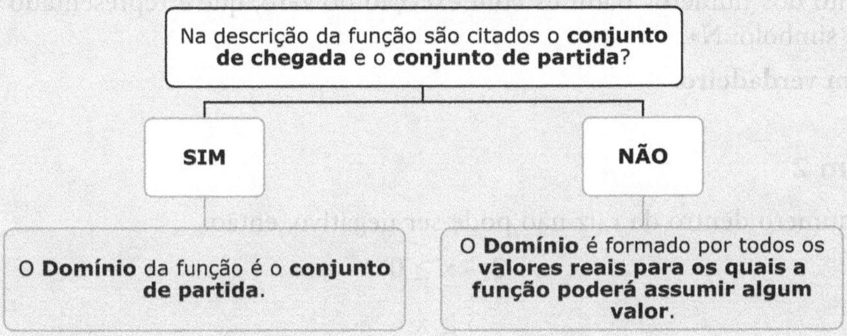

Veja como esse assunto já foi cobrado!

QUESTÃO 04 (CONSULPLAN – Bombeiro/CBM-PA/2016) Analise as afirmativas a seguir, marque V para as verdadeiras e F para as falsas.

( ) Para a função f: N → N definida por f(x) = x + 1, o conjunto imagem é tal que Im(f) = N*.

( ) O domínio da função f: R → R definida por $f(x) = \sqrt{3-x}$ é tal que D(f) = {x∈ R | x < 3}.

( ) Dada a função f: R → R definida por f(x) = x^2 – 4x + 4, seu domínio é tal que D(f) = R.

A sequência está correta em

a) V, F, V. b) V, F, F. c) V, V, F. d) F, V, V. e) F, F, V.

RESOLUÇÃO:

Vamos analisar cada um dos itens apresentados no enunciado.

Item 1

Os valores que x assume, isto é, o domínio da função, são os números naturais (N): {0, 1, 2, 3, 4, 5 ....}.

Para x=0, temos que f(0) = 0 + 1 = 1.

Para x=1, temos que f(1) = 1 + 1 = 2.

Para x=2, temos que f(2) = 2 + 1 = 3.

Assim por diante.

Percebemos que f(x) assume os valores {1, 2, 3, 4, ...}. Ou seja, a imagem é o conjunto dos números naturais com exceção do zero, que é representado pelo seguinte símbolo: **N∗**.

Item verdadeiro.

Item 2

O número dentro da raiz não pode ser negativo, então:

$$3 - x \geq 0$$

$$3 \geq x$$

Assim, o domínio é formado pelos os números reais (R) menores ou iguais a 3 ($x \leq 3$). Logo:

$$\mathbf{D(f) = \{x \in R \mid x \leq 3\}.}$$

O item está **errado** por colocar o símbolo de "menor que" (<) ao invés do símbolo de "menor ou igual a" (≤).

Item **falso.**

Item 3

Aqui não temos qualquer restrição quanto ao valor de "x", de modo que ele pode assumir qualquer valor positivo, negativo ou nulo que sempre haverá um f(x) também pertencente ao conjunto dos números reais. Portanto, **o domínio é todo o conjunto dos números reais**.

Item **verdadeiro.**

Gabarito: A.

4. PLANO CARTESIANO

O **plano cartesiano** é formado por dois eixos, que formam um ângulo de **90º** entre si na origem (0):

- **Eixo horizontal ou eixo das abscissas**, representado pela letra **x**;
- **Eixo vertical ou eixo das ordenadas**, representado pela letra **y**.

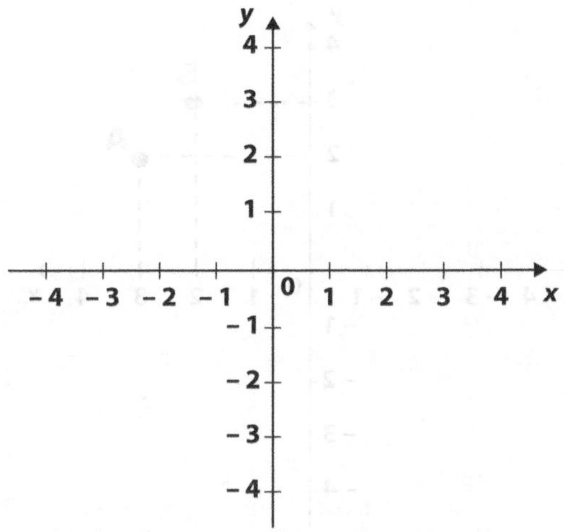

Note que o plano cartesiano é dividido em 4 regiões, conhecidas como **quadrantes**, os quais são ordenados no *sentido anti-horário*:

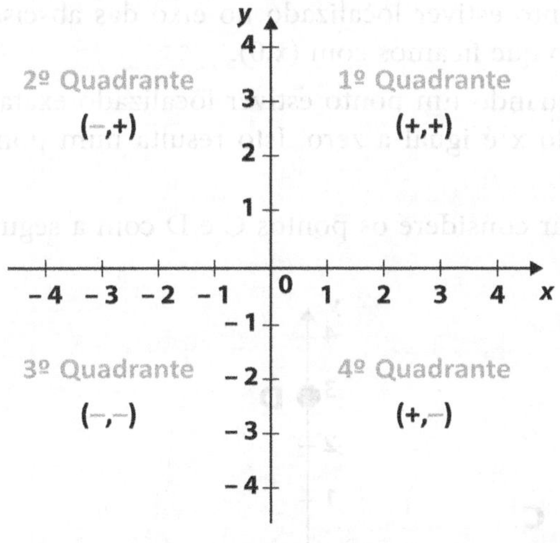

No plano cartesiano podemos representar pontos sobre ele, que são determinados por **pares ordenados**. Eles recebem esse nome devido ao fato de que a ordem em que esses pares são apresentados diferenciam pontos no plano.

Os pares ordenados são denotados da seguinte forma:

Ponto (coordenada x, coordenada y)

Por exemplo, suponha o ponto A (3, 2) e o ponto B (2, 3). Isto significa que o ponto A possui as coordenadas 3 (eixo x) e 2 (eixo y), ao passo que o ponto B possui as coordenadas 2 (eixo x) e 3 (eixo y). Então, vamos representá-los no plano cartesiano:

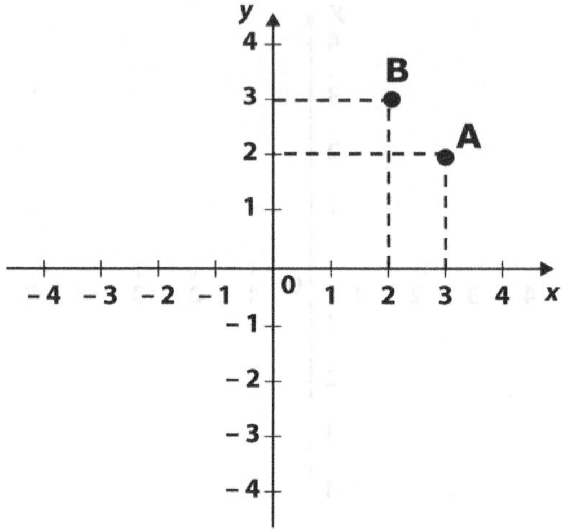

Pode ser que determinado ponto não esteja localizado em nenhum dos quatro quadrantes especificamente, mas sim sobre algum dos eixos.

Quando um ponto estiver localizado no eixo das abscissas, o valor do y é igual a zero, de modo que ficamos com (x,0).

Similarmente, quando um ponto estiver localizado exatamente no eixo das ordenadas, o valor do x é igual a zero. Isto resulta num ponto com a seguinte configuração: (0,y).

Para exemplificar considere os pontos C e D com a seguinte localização no plano cartesiano:

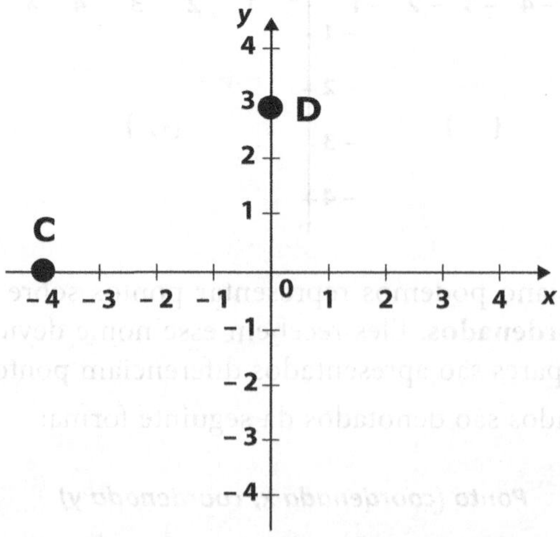

Veja que o ponto C está localizado exatamente em cima do eixo das abscissas, com coordenada x igual a -4. Já em relação ao eixo das ordenadas, o ponto não pegou nem a parte positiva e nem a negativa do eixo, de modo que a coordenada y é igual a 0. Logo, temos: **C(-4,0)**.

Quanto ao ponto D, note que está localizado em sobre o eixo das ordenadas, com coordenada y igual a 3. No eixo das abscissas, o ponto possui coordenada 0. Assim, ficamos com **D(0,3)**.

Para finalizar, precisamos saber que uma reta que divide dois quadrantes ao meio é chamada **bissetriz**. Por exemplo, a seguir está representada a bissetriz dos quadrantes ímpares, que divide ao meio o 1º e o 3º quadrantes:

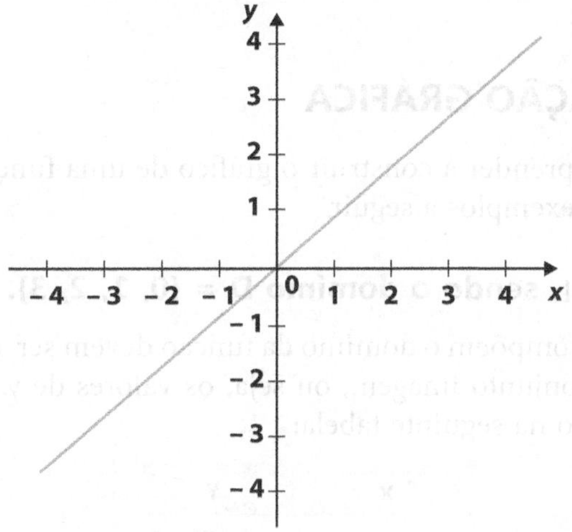

Qualquer ponto localizado exatamente em cima da bissetriz possui coordenadas iguais, isto é, o x e o y terão o mesmo valor (em módulo). É especificado que os valores terão valores iguais em módulo porque pode ser que o ponto esteja localizado num quadrante em que uma ou as duas coordenadas sejam negativas.

PLANO CARTESIANO

EIXOS

- ***x***: eixo das abscissas, posicionado na horizontal;
- ***y***: eixo das ordenadas, posicionado na vertical.

QUADRANTES

- São **quatro**;
- Ordenados no **sentido antihorário** do plano.

PARES ORDENADOS

- Coordenadas de um **ponto** no plano **(x,y)**
- Ponto localizado em cima de:
  - **x**: coordenada y é igual a 0 **(x,0)**
  - **y**: coordenada x é igual a 0 **(0,y)**

BISSETRIZ

- Reta que divide dois quadrantes ao meio;
- Um ponto lozalizado em cima da bissetriz possui coordenadas iguais (em módulo).

BIZU

Em 1984, eu, Alexandre, estudei para concursos militares. Sempre me confundia para decorar qual era o eixo das abscissas e qual o das ordenadas. Até que um amigo me deu a seguinte dica: a **ordenada** adora **obedecer a ordens**, logo, está **sempre de pé** a postos para recebê-las. A tal da **abscissa** é a rainha da **preguiça**, está sempre **deitada**. Nunca mais confundi as duas!

5. REPRESENTAÇÃO GRÁFICA

Agora, vamos aprender a construir o gráfico de uma função no plano cartesiano, por meio dos exemplos a seguir.

a) $f(x)=2x+1$, sendo o domínio D = {0, 1, 2, 3}.

Os valores que compõem o domínio da função devem ser aplicados na função para formarmos o conjunto imagem, ou seja, os valores de y. O resultado dessa operação está contido na seguinte tabela:

x	Y
0	1
1	3
2	5
3	7

Dessa maneira, temos quatro pares ordenados que constituem pontos a serem traçados no gráfico: A(0,1); B(1,3); C(2,5) e D(3,7).

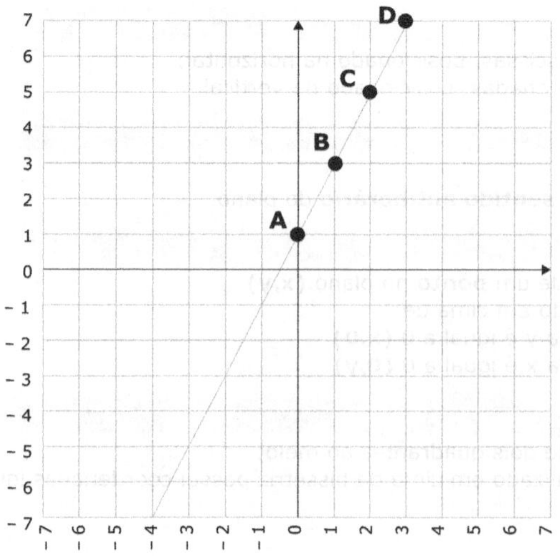

b) $f:\mathbb{R}\rightarrow\mathbb{R}$**, dada por** $f(x)=2x+1.$

Veja que tanto o domínio quanto o contradomínio são formados por todos os números que pertencem ao conjunto dos números reais.

Neste caso, vamos convenientemente escolher alguns valores para x a fim de descobrir quais são os valores de y correspondentes. Daí, traçamos os pontos resultantes do gráfico, formando a reta respectiva.

Então, vamos construir uma tabela com alguns valores para x e seus correspondentes em y:

X	Y
-2	-3
-1	-1
0	1
1	3
2	5

Ficamos com cinco pares ordenados que constituem pontos a serem traçados no gráfico, que podem ser unidos por uma reta:

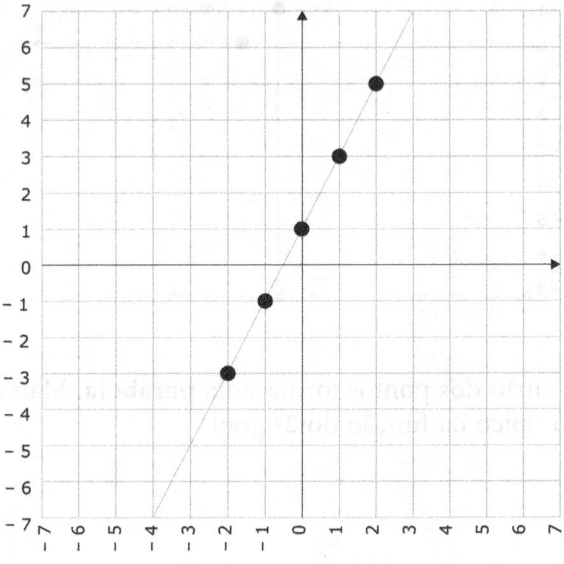

c) $f:\mathbb{R}\rightarrow\mathbb{R}$**, dada por** $f(x)=x^2-2x+1$.

Temos uma equação do 2º grau. Vamos construir uma tabela com alguns valores para x convenientemente escolhidos, e os correspondentes valores de y:

x	Y
-1	4
0	1
1	0
2	1
3	4

Ficamos com cinco pares ordenados que constituem pontos a serem traçados no gráfico:

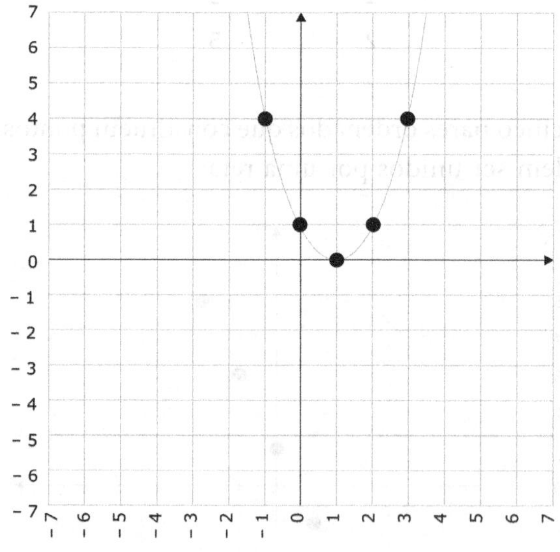

Repare que a união dos pontos forma uma **parábola**. Mais à frente veremos que este é o gráfico típico da função do 2º grau.

REPRESENTAÇÃO GRÁFICA DE UMA FUNÇÃO

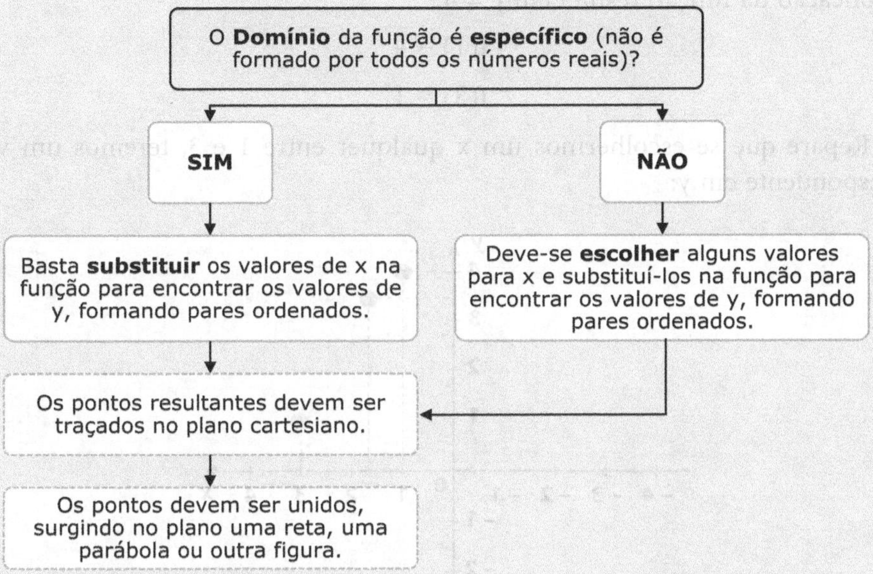

5.1. Determinação do Domínio e da Imagem de uma função por meio do gráfico

Aprendemos a determinar o domínio e a imagem de uma função quando nos é fornecida apenas a fórmula matemática da função. Agora veremos que é possível fazer o mesmo quando temos à disposição somente o gráfico da função. Para isso, consideraremos diversos exemplos.

a)

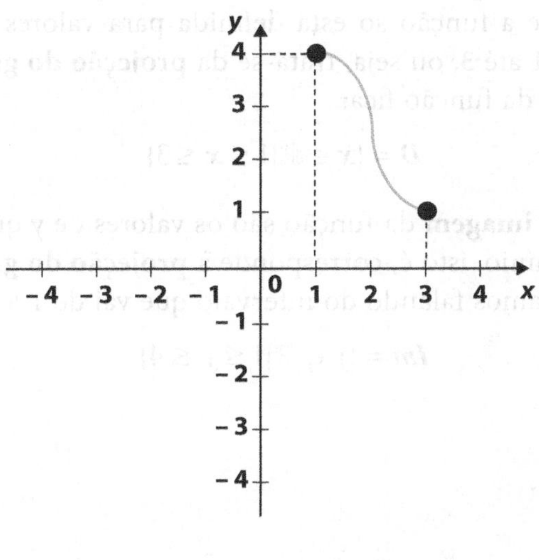

De acordo com o gráfico apresentado, quando x = 1 temos y = 4 e para x = 3 a aplicação da função resulta em y = 4:

$$f(1) = 4$$

$$f(3) = 1$$

Repare que se escolhermos um x qualquer entre 1 e 3, teremos um valor correspondente em y:

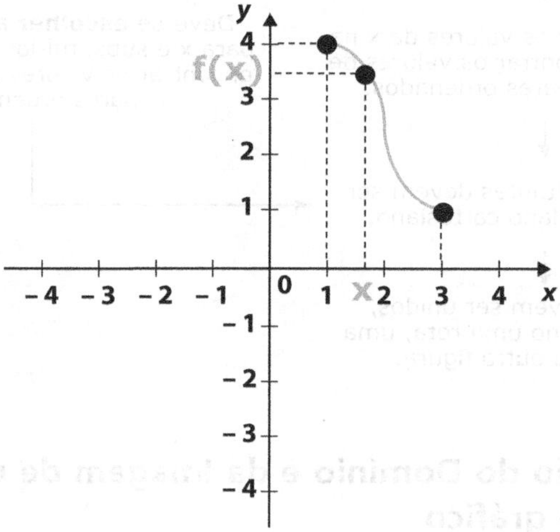

Todavia, ao escolhermos um x maior que 3, por exemplo o número 5, esse valor não vai encontrar o gráfico:

$$f(5) = \nexists$$

O mesmo acontece quanto escolhemos um valor para x menor que 1. Então, podemos afirmar que a função só está definida para valores que pertençam ao intervalo que vai de 1 até 3, ou seja, trata-se da **projeção do gráfico sobre o eixo x**. Assim, o **domínio** da função fica:

$$\boldsymbol{D} = \{\boldsymbol{x} \in \mathbb{R} | 1 \leq \boldsymbol{x} \leq 3\}$$

Similarmente, a **imagem** da função são os valores de y que estão associados aos valores x do domínio, isto é, corresponde à **projeção do gráfico sobre o eixo y**. No nosso caso, estamos falando do intervalo que vai de 1 a 4:

$$\boldsymbol{Im} = \{\boldsymbol{y} \in \mathbb{R} | 1 \leq \boldsymbol{y} \leq 4\}$$

b)

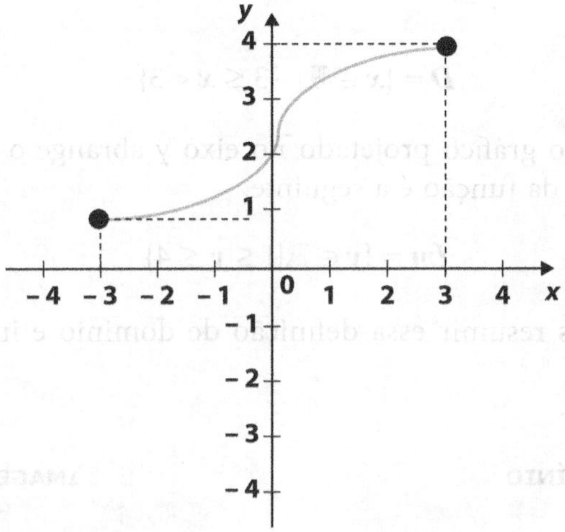

Note que a projeção do gráfico sobre o eixo **x** está concentrada no intervalo entre -3 e 3, de modo que o **domínio** da função fica:

$$\boldsymbol{D} = \{x \in \mathbb{R} | -3 \leq x \leq 3\}$$

Analogamente, o gráfico projetado no eixo y abrange o intervalo de 1 a 4. Com isso, a **imagem** da função é a seguinte:

$$\boldsymbol{Im} = \{y \in \mathbb{R} | 1 \leq y \leq 4\}$$

c)

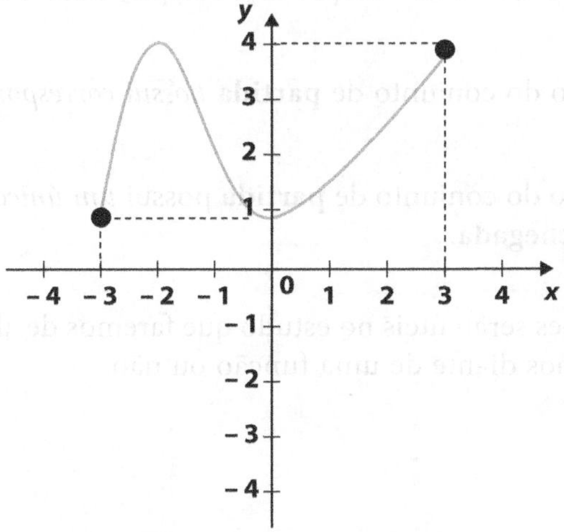

Veja que a projeção do gráfico sobre o eixo **x** está concentrada no intervalo entre -3 e 3, mas sem incluir o e (a bola está aberta). Assim, o **domínio** da função fica:

$$\boldsymbol{D} = \{\boldsymbol{x} \in \mathbb{R} | -3 \leq \boldsymbol{x} < 3\}$$

Analogamente, o gráfico projetado no eixo y abrange o intervalo de 1 a 4. Com isso, a **imagem** da função é a seguinte:

$$\boldsymbol{Im} = \{\boldsymbol{y} \in \mathbb{R} | 1 \leq \boldsymbol{y} \leq 4\}$$

Então, podemos resumir essa definição de domínio e imagem da seguinte maneira:

DOMÍNIO	IMAGEM
Intervalo representado pela **projeção do gráfico sobre o eixo das abscissas** (x).	Intervalo representado pela **projeção do gráfico sobre o eixo das ordenadas** (y).

5.2. Reconhecimento de uma função por meio do gráfico

Agora analisaremos se determinado gráfico que a questão nos apresenta pertence a uma função ou não, já que **nem todo gráfico é uma função.**

Uma função sempre possui três componentes: 1) conjunto de partida, 2) conjunto de chegada e 3) a função de correspondência entre esses dois conjuntos.

Além disso, para que uma relação seja função, duas condições devem ser satisfeitas:

1) *todo* elemento do conjunto de **partida** *possui correspondente* no conjunto de **chegada.**

2) cada elemento do conjunto de **partida** possui *um único correspondente* no conjunto de **chegada.**

Estas informações serão úteis no estudo que faremos de alguns gráficos, para concluirmos se estamos diante de uma função ou não.

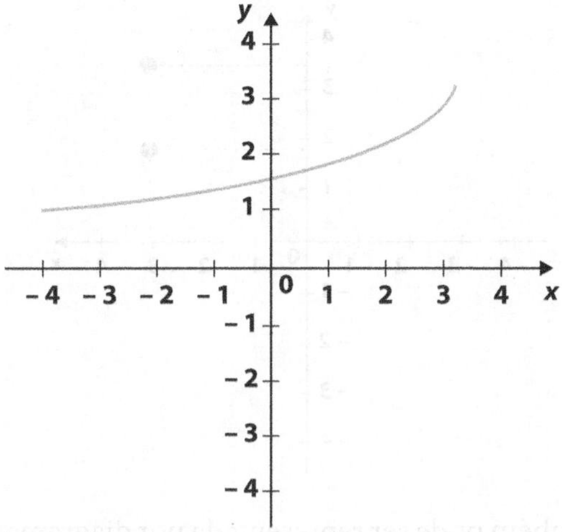

Neste gráfico, todos os valores do domínio (projeção do gráfico em cima do eixo x) possuem correspondente (*um único*, inclusive) em y. Quando isso acontece, afirmamos que **o gráfico representa uma função.**

b)

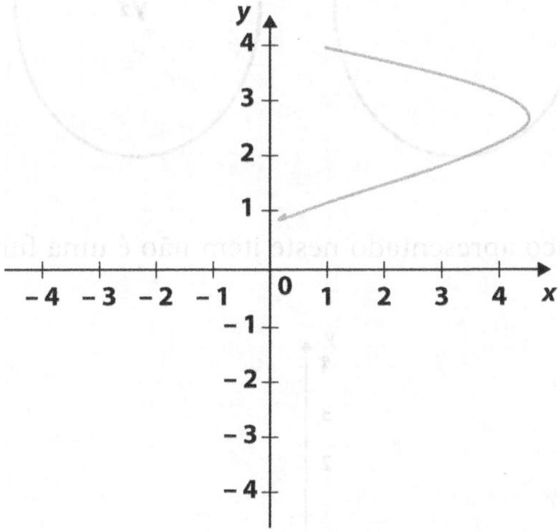

Quando pegamos determinado valor abrangido pela projeção do gráfico sobre o eixo x, percebemos que ele tem dois correspondentes no eixo y:

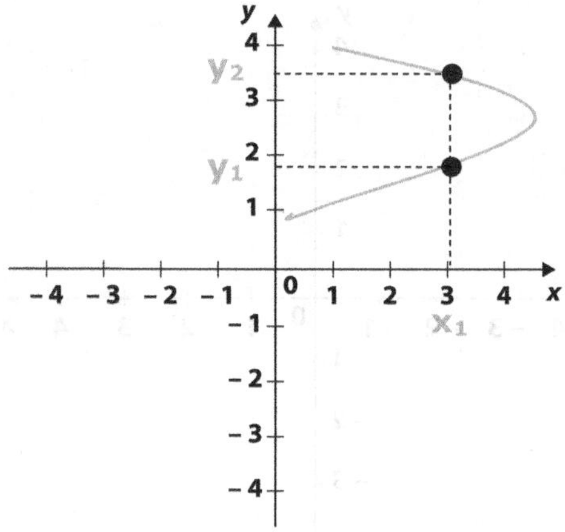

Esta situação também pode ser representada por diagramas, com determinado elemento do conjunto de partida *associado a mais de um elemento* no conjunto de chegada:

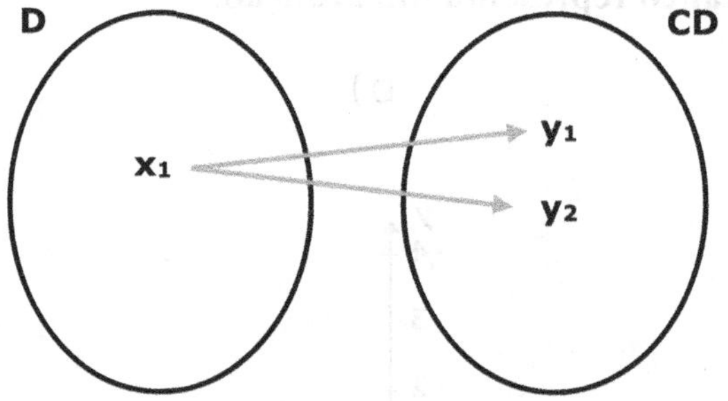

Portanto, o gráfico apresentado neste item não é uma função!

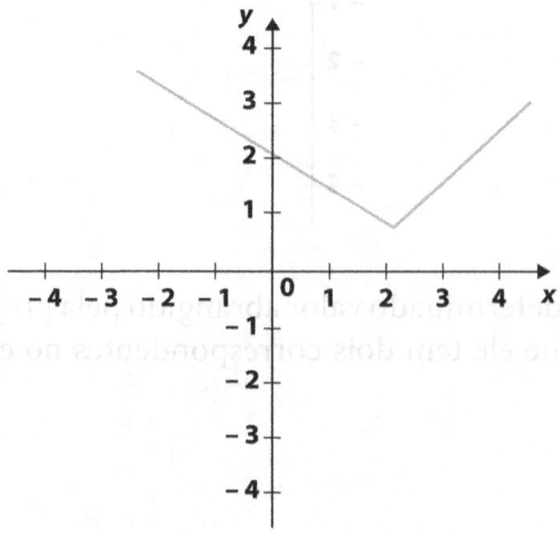

Estamos diante de um gráfico em que existem *elementos de x associados ao mesmo elemento em y*:

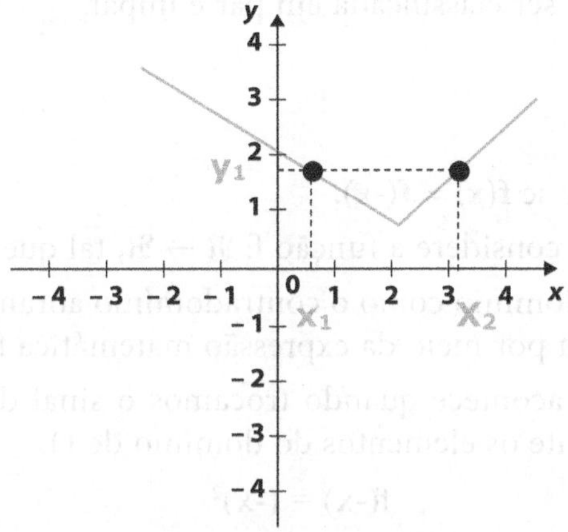

Apesar disso (valores distintos de x relacionados à mesma imagem) as condições para a caracterização de uma função estão presentes. Ou seja, *todo* elemento do conjunto de partida *possui correspondente* no conjunto de chegada e *cada* elemento do conjunto de partida possui *um único correspondente* no conjunto de chegada.

Portanto, concluímos que o gráfico apresentado é de uma função.

Para ajudá-lo a definir se um gráfico representa ou não uma função, compartilho contigo um macete.

> **BIZU**
>
> **Para que um gráfico represente uma fração, toda reta perpendicular ao eixo x (paralela ao eixo y) deve interceptar o gráfico em um único ponto.**

Por exemplo, no gráfico que vimos anteriormente e repetido a seguir, retas verticais traçadas interceptam mais de um ponto, de modo que confirmamos não se tratar de uma função:

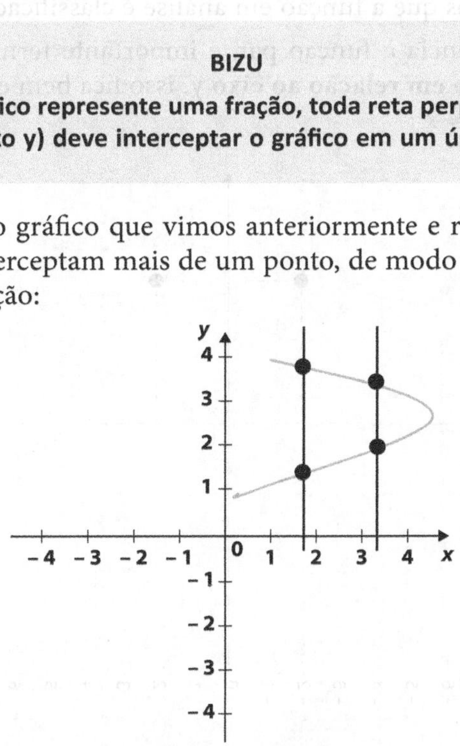

6. FUNÇÃO PAR E FUNÇÃO ÍMPAR

Uma função pode ser classificada em par e ímpar.

6.1. Função Par

Uma função é **Par** se **f(x) = f(-x)**.

Para exemplificar, considere a função f: $\Re \rightarrow \Re$, tal que $f(x) = x^2$.

Veja que tanto o domínio como o contradomínio abrange todos os números reais. A função f é dada por meio da expressão matemática $f(x) = x^2$.

Vamos ver o que acontece quando trocamos o sinal do "x" (elemento que representa genericamente os elementos do domínio de f):

$$f(-x) = (-x)^2$$

Sabemos que qualquer número negativo elevado a um expoente par fica positivo. Logo:

$$f(-x) = x^2$$

Note que **f(-x) ficou exatamente igual a f(x)**. Inclusive, podemos confirmar isso numericamente. Considerando x = 1, temos:

$$\mathbf{f(2) = 2^2 = 4 \qquad f(-2) = (-2)^2 = 4}$$

Assim, concluímos que a função em análise é classificada como **Par**.

Ainda com referência à função par, é importante termos em mente que **o seu gráfico é simétrico em relação ao eixo y**. isso fica bem evidente por meio do gráfico da função $f(x) = x^2$:

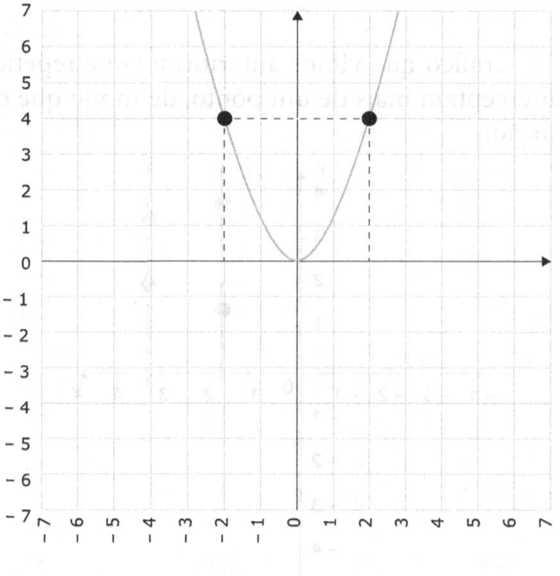

Repare que 2 e -2, elementos do domínio de f, são números simétricos entre si, e que levam à mesma imagem, isto é, 4. Isso valerá para qualquer valor do eixo x, de modo que quando aplicamos ele e seu simétrico em f, obteremos como resultado o mesmo valor em y (imagem de f).

Portanto, **numa função par o eixo y funciona como um espelho**, pois o gráfico à direita dele é o mesmo do contido na esquerda.

6.2. Função Ímpar

Uma função é **Ímpar** se **f(x) = – f(-x)**, que também podemos escrever como **f(-x) = -f(x)**.

Para exemplificar, considere a função f: $\mathfrak{R} \rightarrow \mathfrak{R}$, tal que $f(x) = x^3$.

Veja que a função f é dada por meio da expressão matemática $f(x) = x^3$.

Para testar a paridade, trocamos o sinal do x:

$$f(-x) = (-x)^3$$

Qualquer número negativo elevado a um expoente ímpar permanece negativo. Logo:

$$f(-x) = -x^3$$

Note que **f(-x) corresponde a -f(x)**. Inclusive, podemos confirmar isso numericamente. Considerando x = 3, temos:

$$\mathbf{f(3) = 3^3 = 27} \qquad \mathbf{f(-3) = (-3)^3 = -27}$$

Repare que no primeiro caso o resultado é positivo, enquanto no segundo é negativo. Isso indica que *a imagem resultante da aplicação de elementos simétricos de x numa função ímpar diferencia-se pelo sinal.* Assim, concluímos que a função em análise é classificada como Ímpar.

Também é importante sabermos que **o gráfico da função ímpar é simétrico em relação à origem**. Veja isso no gráfico da função $f(x) = x^3$:

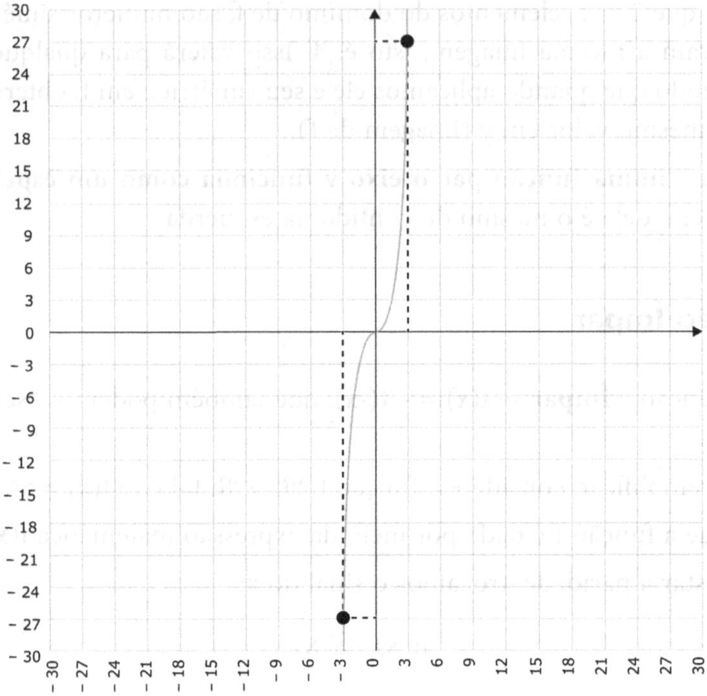

Note que 3 e -3, elementos do domínio de f, são simétricos entre si, e resultam em elementos também simétricos na imagem (27 e -27). Isso garante a simetria do gráfico da função ímpar em relação à origem.

FIQUE ATENTO!

Existem funções que não são pares nem ímpares. É o caso, por exemplo, da função f: ℜ → ℜ, tal que f(x) = 2x – 1.

De fato, trocando x por –x, obtemos:

f(-x) = 2 . (-x) – 1

f(-x) = -2x – 1

Repare que o resultado obtido não indica que f é uma função par [f(x) = f(-x)], pois não chegamos a f(-x) = 2x – 1. Também não estamos diante de uma função ímpar [f(x) = -f(-x)], já que teríamos de obter:

-f(-x) = – [2 . (-x) – 1]

-f(-x) = -(-2x – 1)

-f(-x) = 2x + 1

Assim, concluímos que f(x) = 2x – 1 não pode ser classificada nem como função par e nem como função ímpar.

ESQUEMATIZANDO:

FUNÇÃO PAR

$f(x) = f(-x)$

O gráfico é simétrico em relação ao eixo y

FUNÇÃO ÍMPAR

$f(-x) = -f(x)$

O gráfico é simétrico em relação à origem

7. FUNÇÃO INJETORA, SOBREJETORA E BIJETORA

Uma função pode ser classificada em: injetora, sobrejetora ou bijetora.

7.1. Função Injetora

Uma função f: A → B é **injetora** ou **injetiva** quando **elementos diferentes de A são transformados por f em elementos diferentes de B**. Ou seja, com $x^1 \neq x^2$ em A obtêm-se $f(x^1) \neq f(x^2)$ em B. Em outras palavras, numa função injetora *dois elementos do domínio não podem ter a mesma imagem.*

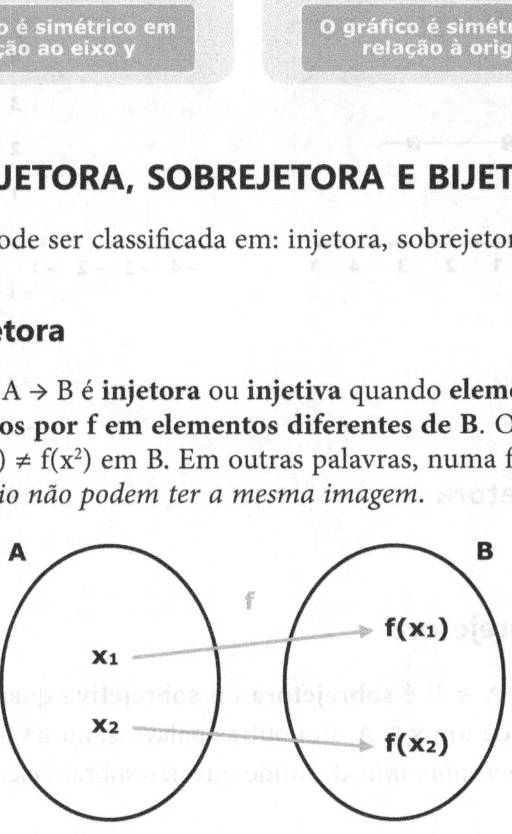

Por exemplo, considere a função f: $\Re \to \Re$, tal que $f(x) = x^2 + 1$.

- Quando x = 2, temos $f(2) = 2^2 + 1 = 5$.

- Quando x = -2, temos $f(-2) = (-2)^2 + 1 = 5$.

Então, **diferentes valores de x resultaram no mesmo f(x)**, de modo que concluímos que a função f **não é injetora**.

Agora, com f: $\Re \to \Re$, tal que $f(x) = 3x$, temos:

- Para x = 4, fica $f(4) = 3 . 4 = 12$

- Para x = -4, fica $f(-4) = 3 . (-4) = -12$

Dessa forma, independentemente dos valores de x que aplicarmos, sempre obteremos diferentes valores em y. isso significa que a função $f(x) = 3x$ é injetora.

Numa função injetora, **linhas imaginárias horizontais só podem cruzar o gráfico uma única vez**, pois elementos diferentes do domínio não podem resultar na mesma imagem.

Por exemplo, repare a seguir que no primeiro caso uma linha horizontal cruza o gráfico em *mais de um ponto*, enquanto no segundo isto não acontece:

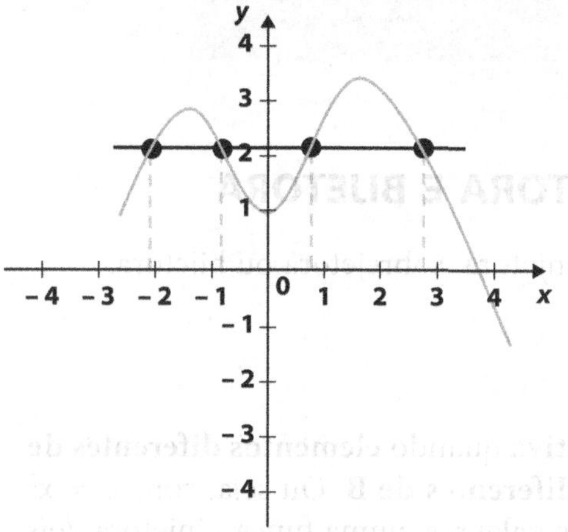

Não é injetora

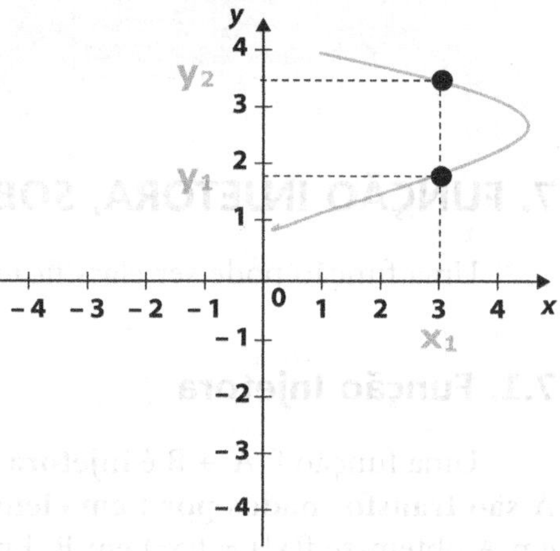

É injetora

7.2. Função Sobrejetora

Uma função f: A → B é **sobrejetora** ou **sobrejetiva** quando **todo elemento de y ∈ B é imagem de um x ∈ A**. Em outras palavras, numa função sobrejetora *a imagem é igual ao contradomínio*, de modo que não sobram elementos no conjunto de chegada.

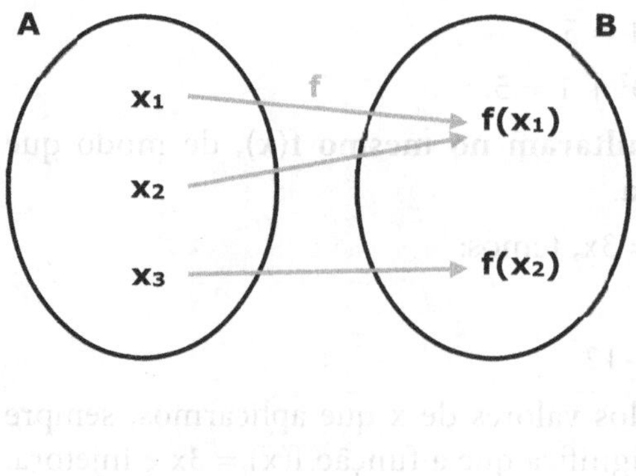

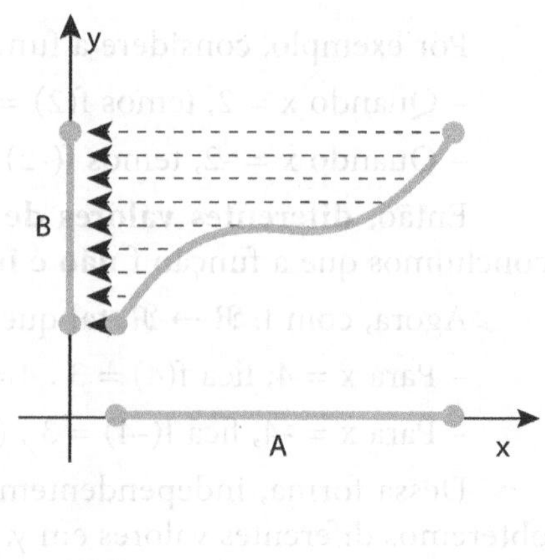

Por exemplo, considere a função f: $\Re \rightarrow \Re$, tal que f(x) = x + 3. Nela, qualquer valor do domínio retornará como resultado um número real, o que caracteriza esta função como sobrejetora.

Já em f: $\Re \rightarrow \Re$, tal que $f(x) = x^2$, temos:

– Para x = 2, fica $f(2) = 2^2 = 4$

– Para x = -2, fica $f(-2) = (-2)^2 = 4$

Ou seja, todo valor do domínio aplicado na função resulta num número real, mas *sempre positivo*. Então, a imagem que é restrita ao campo dos reais positivos (R^+) é diferente do contradomínio que abrange todo o conjunto dos números reais, de modo que a função **f não é sobrejetora** (Im(f) ≠ CD).

7.3. Função Bijetora

Uma função f: A → B é **bijetora** ou **bijetiva** ela é, simultaneamente, injetora e sobrejetora. Isto é, elementos distintos do domínio A se correspondem com todos os elementos distintos do contradomínio B.

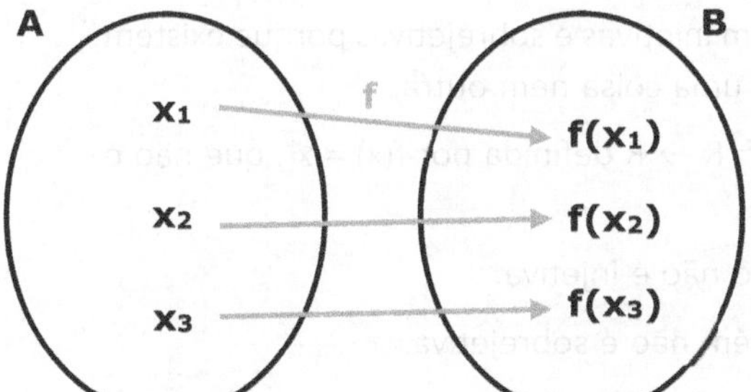

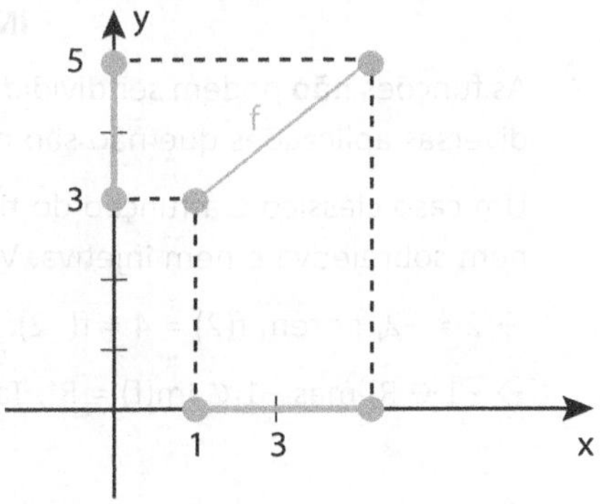

No diagrama acima, notamos que o conjunto-imagem é igual ao contradomínio (não sobram elementos no conjunto de chegada) e, também, que elementos distintos do domínio correspondem a elementos distintos do contradomínio. Assim, por ser uma função ao mesmo tempo sobrejetora e injetora, estamos diante de uma função bijetora.

Para exemplificar, considere a função f: R → R definida pela lei f(x) = 3x + 1, é bijetora, pois:

– Dados $x^1, x^2 \in R$ então vale dizer que:

$$3x^1 + 1 \neq 3x^2 - 1 \Rightarrow f(x1) \neq f(x2)$$

Então f é injetiva.

– Dado y ∈ R então existe x ∈ R em que f(x) = y. Provando isto, temos:

$$3x + 1 = y \Rightarrow x = (y - 1) / 3$$

Note que para qualquer valor de y na igualdade acima existirá um valor real x que satisfaz a condição de sobrejeção, de modo que **a função f(x) = 3x+1 é bijetora.**

Agora, considere a função f: N → N definida por f(x) = 2x.

Essa função relaciona números naturais a números pares. Observe que números naturais distintos possuem resultados pares também distintos, logo, **a função é injetora.**

Entretanto, perceba que nem todos os elementos do contradomínio estão relacionados a elementos do domínio. Sendo assim, o contradomínio e a imagem são conjuntos distintos e, por isso, **a função não é sobrejetora.**

Logo, a função **f(x) = 2x não é bijetora.**

IMPORTANTE!

As funções **não** podem ser divididas em injetivas e sobrejetivas porque existem diversas aplicações que não são nem uma coisa nem outra.

Um caso clássico é a função do tipo f: R → R definida por f(x) = x^2, que não é nem sobrejetiva e nem injetiva. Veja:

→ 2 ≠ −2, porém f(2) = 4 = f(−2). Logo não é injetiva.

→ −1 ∈ R, mas −1 ∉ Im(f) = R^+. Também não é sobrejetiva.

ESQUEMATIZANDO:

INJETORA

Dois elementos do domínio não podem ter a mesma imagem.

Linhas imaginárias horizontais só podem cruzar o seu gráfico *num único ponto.*

SOBREJETORA

A imagem é igual ao contradomínio.

Não sobram elementos no conjunto de chegada.

BIJETORA

É, simultaneamente, injetora e sobrejetora.

Elementos distintos do domínio A se correspondem com todos os elementos distintos do contradomínio B.

8. FUNÇÃO COMPOSTA

Considere as funções f: A → B e g: B → C. Denominamos **função composta** de g e f à função **h: A → C**, tal que **h(x) = (g ○ f)(x) = g(f(x))**, com x ∈ A. Ou seja, a função **h** realiza as mesmas operações que f e g, de modo que *leva um elemento do conjunto A diretamente para C, sem passar por B*, conforme representado no diagrama a seguir:

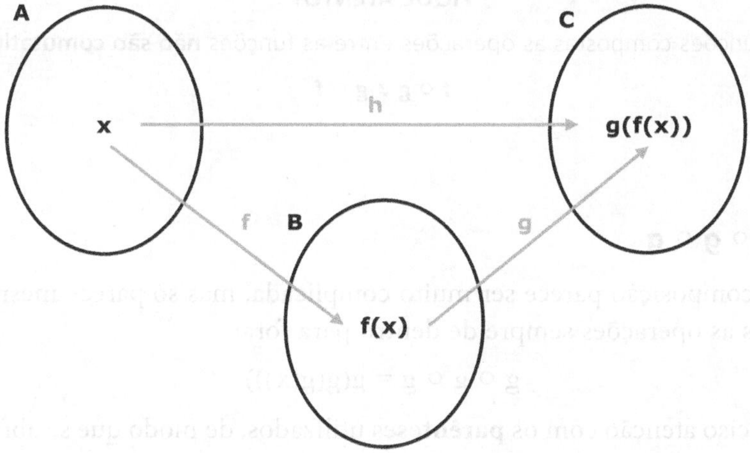

Assim, para determinar a função composta h(x) = g(f(x)), devemos, na função g, substituir x pela função f(x) e resolver as operações necessárias.

Por exemplo, com f: R → R, tal que f(x) = x + 1, e g: R → R, tal que g(x) = 2x, vamos determinar h(x) = (g ○ f)(x).

Como nosso objetivo consiste em calcular h(x) = g(f(x), basta substituirmos, em g, x pela função f(x):

$$g(x) = 2x$$

$$g(f(x)) = 2 \,.\, f(x) = 2 \,.\, (x + 1) = 2x + 2$$

Portanto, obtemos a função composta **h(x) = g(f(x)) = 2x + 2.**

Agora nas funções definidas de R → R, tais que $f(x) = x^3 + 1$ e $g(x) = x/2$, vamos determinar:

a) f ○ g

Veja que (f ○ g)(x) = f(g(x)). Assim, ficamos com:

$$f(x) = x^3 + 1$$

$$\mathbf{f(g(x))} = [g(x)]^3 + 1 = (x/2)^3 + 1 = \mathbf{x^3/8 + 1}$$

b) g ∘ f

Sabemos que $(g \circ f)(x) = g(f(x))$. Dessa maneira, temos:

$$g(x) = x/2$$

$$\mathbf{g(f(x)) = f(x)/2 = (x^3 + 1)/2}$$

FIQUE ATENTO!

Nas funções compostas as operações entre as funções **não são comutativas**.

$$\mathbf{f \circ g \neq g \circ f}$$

c) g ∘ g ∘ g

Esta composição parece ser muito complicada, mas só parece mesmo. Basta aplicarmos as operações sempre de dentro para fora:

$$g \circ g \circ g = g(g(g(x)))$$

É preciso atenção com os **parênteses** utilizados, de modo que se abrimos três deles temos que fechá-los na mesma quantidade. Vamos prosseguir com os cálculos:

$$g(x) = x/2$$

$$g(g(x)) = g(x)/2 = (x/2)/2) = x/4$$

$$\mathbf{g(g(g(x)))} = g(x)/4 = (x/2)/4 = \mathbf{x/8}$$

Dando continuidade aos exemplos, sejam f e g funções reais tais que $f(g(x)) = -10x - 13$ e $g(x) = 2x + 3$. Vamos determinar qual é a lei que define f(x).

Como $f(g(x)) = -10x - 13$ e $g(x) = 2x + 3$, então $f(2x + 3) = -10x - 13$. Vamos chamar $2x + 3$ de y. Logo:

$$2x + 3 = y$$

$$2x = y - 3$$

$$x = (y - 3)/2$$

Então, podemos escrever:

$$\mathbf{f(y)} = -10.[(y - 3)/2] - 13 = -5.(y - 3) - 13 = -5y + 15 - 13 = \mathbf{-5y + 2}$$

Portanto, a função procurada é $\mathbf{f(x) = -5x + 2}$.

ESQUEMATIZANDO:

FUNÇÃO COMPOSTA

Com as funções f: A → B e g: B → C, chamamos de **função composta** de g e f à função **h: A → C**, tal que:

$$h(x) = (g \circ f)(x) = g(f(x))$$

Para determinar a função composta h(x) = g(f(x)), devemos, **na função g, substituir x pela função f(x) e resolver as operações necessárias.**

Não é comutativa: $f \circ g \neq g \circ f$

9. FUNÇÃO INVERSA

Dados os conjuntos A = {2, 4} e B = {5, 9} e f: A → B, tal que f(x) = 2x + 1.

Inicialmente, vamos representar os conjuntos A e B em diagramas, sabendo que A é o conjunto de partida (Domínio da função) e o B é o conjunto de chegada (contradomínio):

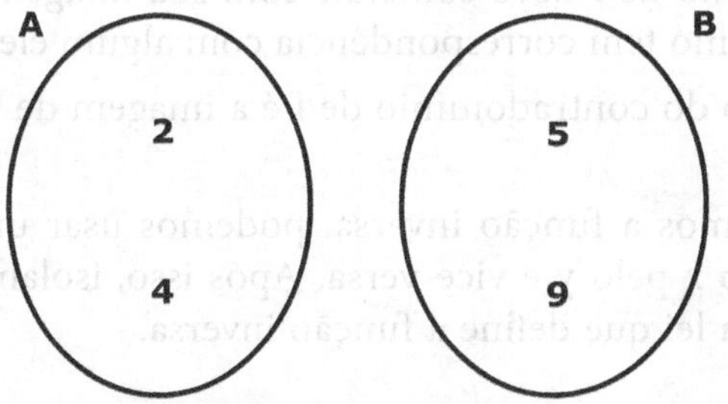

Agora vamos aplicar em f os valores de A:

– Para x = 2, temos: f(2) = 2 . 2 + 1 = 5

– Para x = 4, temos: f(4) = 2 . 4 + 1 = 9

Dessa forma, o nosso diagrama tem a seguinte estrutura:

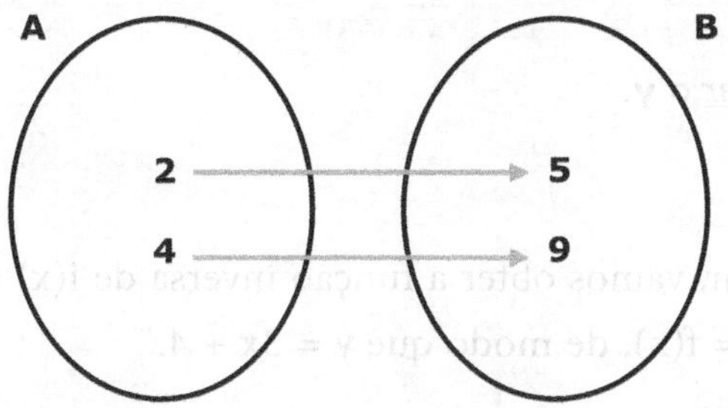

Será que existe uma função que faz o caminho contrário, pegando os elementos do conjunto B (tornando-o domínio) e levando até os elementos do conjunto A (passando a atuar como contradomínio? Sim, existe; esta é a **função inversa**, simbolizada por $\mathbf{f^{-1}}$.

ESCLARECENDO!

A **função inversa** recebe esse nome pois a partir de uma dada função, é possível inverter os elementos correspondentes de outra. Em outros termos, **a função inversa cria funções a partir de outras**.

Sendo assim, o domínio de f corresponde à imagem da função inversa e o domínio da função inversa é a imagem de f. Ou seja:

$$D(f) = Im(f^{-1}) \text{ e } D(f^{-1}) = Im(f)$$

Além disso, é importante sabermos que **só existe função inversa de uma função bijetora**, satisfazendo as condições:

a) o contradomínio de f deve coincidir com sua imagem, ou seja, todo elemento do contradomínio tem correspondência com algum elemento do domínio;

b) cada elemento do contradomínio de f é a imagem de um único elemento do domínio.

Para determinarmos a função inversa, podemos usar um método bastante prático. Basta trocar o x pelo y e vice-versa. Após isso, isolamos o x de um lado da equação, obtendo a lei que define a função inversa.

BIZU!

Regra prática para determinar a função inversa

1. *Trocar* o **x** pelo **y** e **y** por **x**;

2. *Isolar* o **y**.

Para exemplificar, vamos obter a função inversa de f(x) = 3x + 4.

Sabemos que y = f(x), de modo que y = 3x + 4.

Agora aplicamos o primeiro passo da inversão de uma função, substituindo o x pelo y e vice-versa:

$$x = 3y + 4$$

Em seguida, o segundo passo indica que que devemos isolar o y:

$$3y = x - 4$$

$$\mathbf{y = (x - 4)/3}$$

Portanto, a função inversa de f é $\mathbf{f^{-1}(x) = (x - 4)/3}$.

Para um melhor entendimento, vamos supor um **x = 3** pertencente ao domínio da função **f**, o qual resultará em f(3) = 3 . 3 + 4 = **13**, que é imagem de f. Logo:

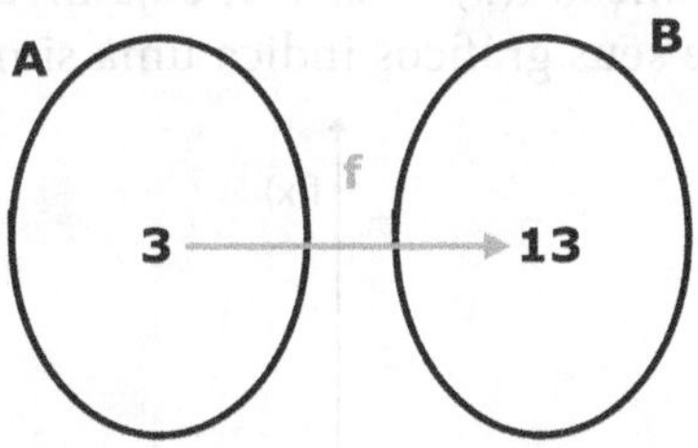

Agora a função inversa surge exatamente do caminho contrário, de modo que aplicando a função inversa no elemento 13 (domínio de f^{-1}), devemos obter como resultado o elemento 3 (que passa a ser imagem de f^{-1}). Vamos conferir?

$$f^{-1}(x) = (x - 4)/3$$

$$\mathbf{f^{-1}(13)} = (13 - 4)/3 = 9/3 = \mathbf{3}$$

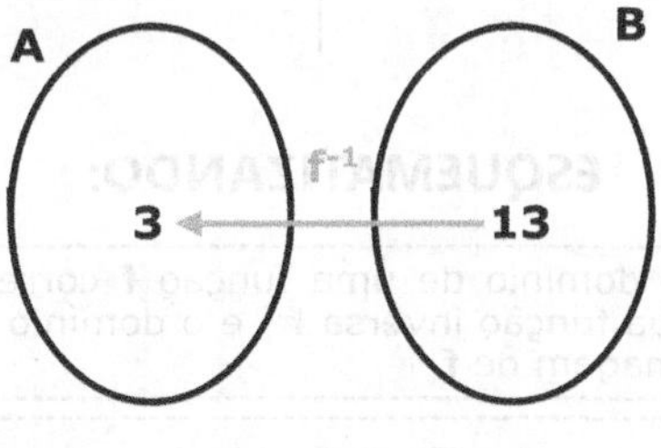

Vamos determinar a inversa da função f(x) = (2x+3) ÷ (3x–5), para x ≠ 5/3. Primeiramente, a troca entre x e y na expressão:

$$y = (2x+3)(3x-5) \rightarrow x = (2y+3)/(3y-5)$$

Após isso, isolamos o y:

$$x = (2y+3) \div (3y-5)$$

$$x \times (3y-5) = 2y+3$$

$$3yx - 5x = 2y + 3$$

$$3yx - 2y = 5x + 3$$

$$y(3x - 2) = 5x + 3$$

$$y = (5x + 3) \div (3x - 2),\ para\ x \neq 2/3.$$

Por fim, precisamos saber que **os gráficos das funções f e f^{-1}** são simétricos em relação à bissetriz (reta que divide o ângulo ao meio) dos quadrantes ímpares. Em outras palavras, a simetria dos gráficos de f e f^{-1} existe em relação à reta em que y = x.

Por exemplo, para a função f(x) = 2x + 1, cuja inversa é dada por f^{-1}(x) = (x – 1)/2, a comparação entre seus gráficos indica uma simetria:

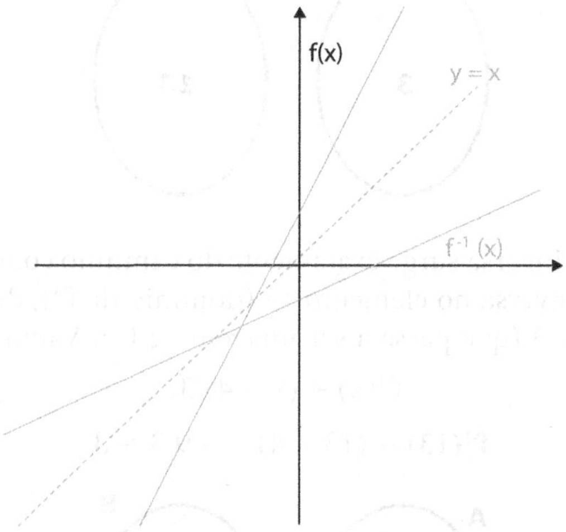

ESQUEMATIZANDO:

FUNÇÃO INVERSA

- O domínio de uma função **f** corresponde à imagem da sua função inversa **f^{-1}** e o domínio da função inversa é a imagem de **f**.
- A função inversa **cria funções** a partir de outras.
- **Só** existe função inversa de função **bijetora**.
- Para determinar a inversa de uma função, basta seguir a seguinte regra prática: **1) trocar o x pelo y e pelo x**; e **2) Isolar o y**.
- Os gráficos das funções f e f^{-1} são **simétricos em relação à bissetriz** (reta que divide o ângulo ao meio) dos **quadrantes ímpares**.

10. FUNÇÃO POLINOMIAL DO 1º GRAU

Chama-se **função polinomial do 1º grau** a função f: R → R, definida por **y = ax + b**, com **a** e **b** pertencentes ao conjunto dos números reais e **a ≠ 0**. Neste caso, **a** é o **coeficiente angular** da reta do gráfico de **f** e determina sua inclinação. Já o número **b** corresponde ao **coeficiente linear** da reta e determina a interseção da reta com o eixo y. Por fim, temos que **x** é a **variável independente**.

Desse modo, são funções polinomiais do 1º grau:

f(x) = 4x – 1 → coeficientes: a = 4 e b = -1.

f(x) = 7/3 – x → coeficientes: a = -1 e b = 7/3.

f(x) = 3 – x/4 → coeficientes: a = -1/4 e b = 3.

f(x) = 5x → coeficientes: a = 5 e b = 0.

EXEMPLIFICANDO!

Sabe-se que numa função do 1º grau que f(2) = 4 e f(-1) = 5. Vamos encontrar a função f e calcular f(1/3).

Como f é uma função polinomial do 1º grau, ela é expressa por: f(x) = ax + b.

De acordo com os dados apresentados, temos:

f(2) = 4. Ou seja: x = 2 e y = 4, de modo que 2a + b = 4 (I)

f(-1) = 5. Isto é: x =-1 e y = 5, então –a + b = 5 (II)

Subtraindo I e II, obtemos:

3a =-1 → a =-1/3

Substituindo este resultado na equação II, ficamos com:

1/3 + b = 5

b = 5 – 1/3 = (15 – 1)/3 = 14/3

Agora, substituímos os valores de a e de b na forma genérica da função polinomial do 1º grau:

f(x) = ax + b

f(x) = -1/3x + 14/3.

Com a definição da função f, podemos calcular f(1/3):

f(1/3) =-1/3 × 1/3 + 14/3

f(1/3) =-1/9 + 14/3 = **41/9**

10.1. Classificação

A função polinomial do 1º grau pode ser classificada de acordo com seus gráficos.

10.1.1. Função Constante

A **função Constante** é aquela em que **a = 0**, de modo que **f(x) = b**, em que **b** pertence ao conjunto dos números reais. Assim, para quaisquer valores de **x**, ou seja, do domínio de **f**, sua imagem será sempre **b**. Com isso, o conjunto imagem será sempre **unitário**.

Por exemplo, f(x) = 4 é uma função constante, pois, para qualquer valor de x, o valor de f(x) será sempre 4.

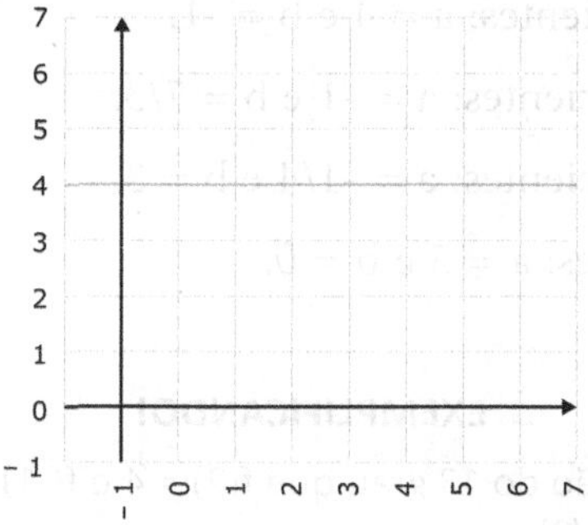

Por fim, destaco que a função constante não é sobrejetora, não é injetora e nem bijetora, de forma que **não** admite a função inversa.

10.1.2. Função Identidade

A **função Identidade** é aquela em que **a = 1** e **b = 0**, de modo que **f(x) = x**. Assim, **x** e **y** têm sempre os mesmos valores.

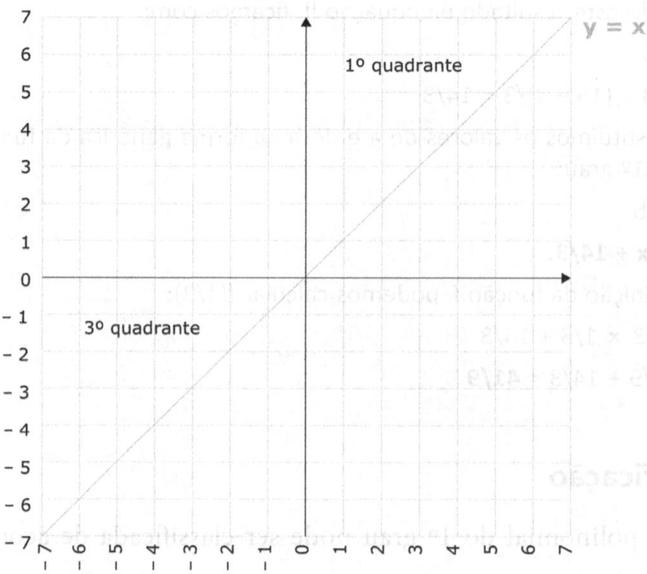

A reta **y = x** é denominada **bissetriz dos quadrantes ímpares.**

Se **a = -1** e **b = 0**, então **y = -x**. Ou seja, **x** e **y** têm valores iguais em módulo, porém com sinais contrários. Neste caso, a reta determinada por essa função é a bissetriz dos quadrantes pares, conforme mostra o gráfico a seguir:

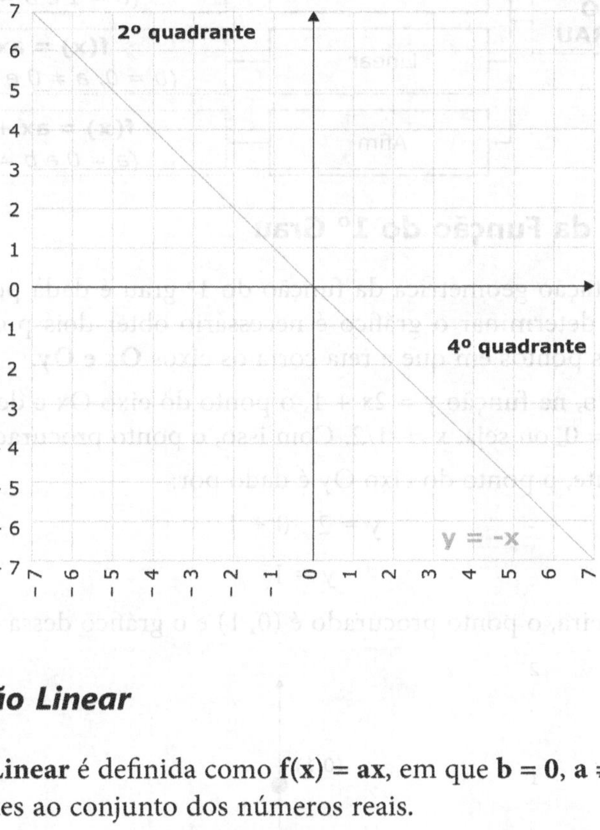

10.1.3. Função Linear

A **função Linear** é definida como **f(x) = ax**, em que **b = 0**, **a ≠ 0** e **a ≠ 1**, com **a** e **b** pertencentes ao conjunto dos números reais.

Exemplos: f(x) = 5x, f(x) = -2x, y = 2/3x.

10.1.4. Função Afim

A **função Afim** é definida como **f(x) = ax + b**, em que **a ≠ 0** e **b ≠ 0**, com **a** e **b** pertencentes ao conjunto dos números reais.

Exemplos: f(x) = 5x + 2, f(x) = 4x – 2, y = -x + 7.

ESQUEMATIZANDO:

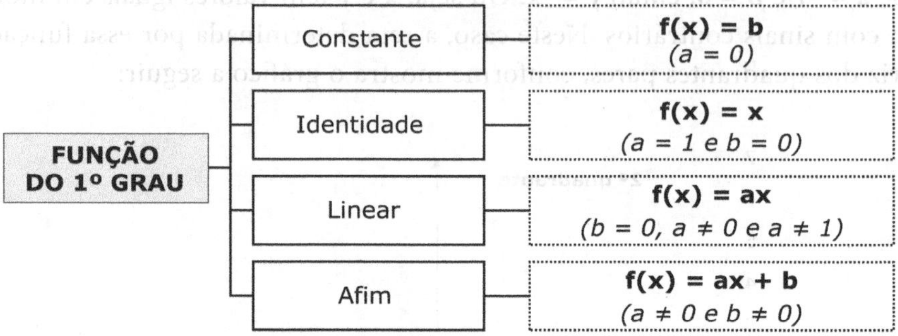

10.2. Gráfico da Função do 1º Grau

A representação geométrica da função do 1º grau é dada por uma **reta**, de modo que para determinar o gráfico é necessário obter dois pontos dessa reta. Procuraremos os pontos em que a reta corta os eixos **Ox** e **Oy**.

Por exemplo, na função y = 2x + 1, o ponto do eixo Ox é determinado pela equação 2x + 1 = 0, ou seja, x = -1/2. Com isso, o ponto procurado é (-1/2, 0).

Similarmente, o ponto do eixo Oy é dado por:

$$y = 2 \cdot 0 + 1$$

$$y = 1$$

Dessa maneira, o ponto procurado é (0, 1) e o gráfico dessa função fica:

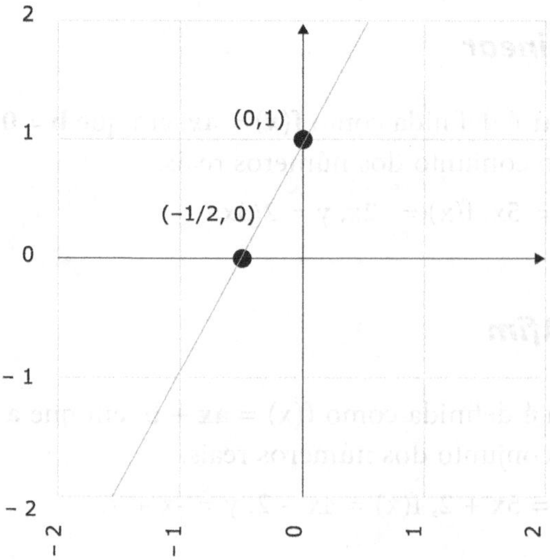

Da mesma forma, na função f(x) = -2x + 4, temos o ponto Ox fica (2, 0), pois:

$$-2x + 4 = 0 \rightarrow x = 2$$

E também com y = -2 . 0 + 4 = 4, de modo que o ponto do eixo Oy é (0, 4).

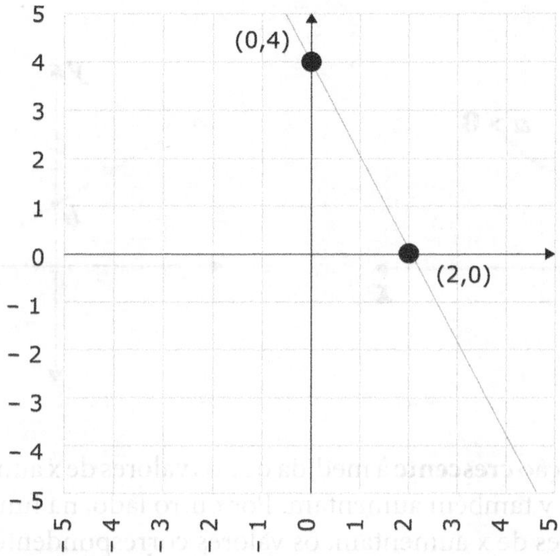

Para determinar a **intersecção da reta com os eixos**, fazemos:

1) **igualamos y a zero**, então ax + b = 0 → x = -b/a, no eixo **Ox** encontramos o ponto **(-b/a, 0)**.

2) **igualamos x a zero**, então f(x) = a . 0 + b → y = b, no eixo **Oy** encontramos o ponto **(0, b)**.

Agora, vamos comparar os dois exemplos anteriores:

– em f(x) = 2x + 1, temos **a = 2**, de modo que o gráfico representa uma função **crescente**;

– em f(x) = -2x + 4, temos **a = -2**, de modo que o gráfico representa uma função **decrescente**.

Assim, o valor de **a** indica se a função é crescente ou decrescente.

Função Crescente	Função Decrescente
a > 0	**a < 0**

Além disso, o valor de **b** indica o **ponto de intersecção da função com o eixo y** no plano cartesiano. Veja:

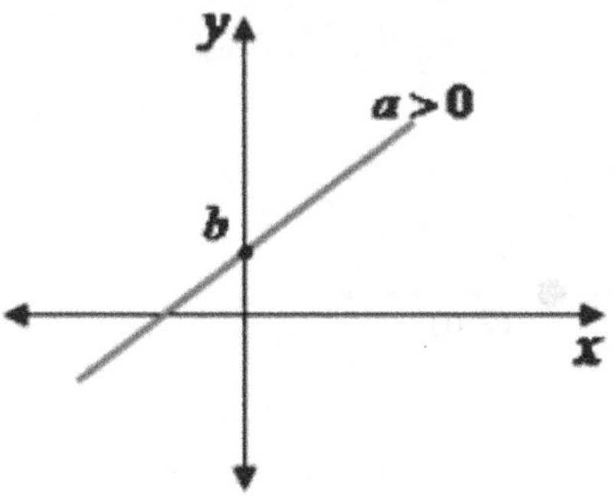

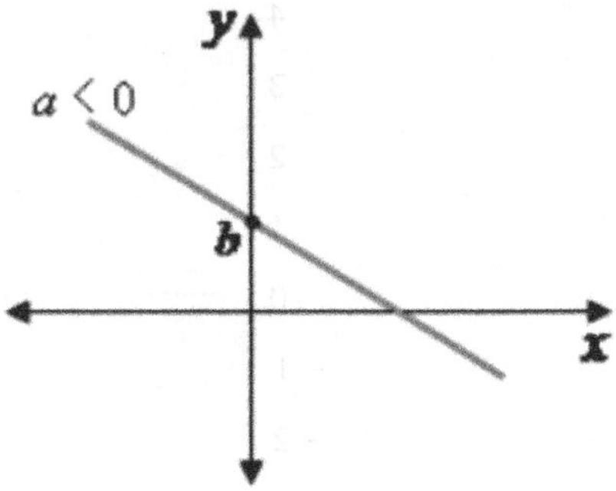

Veja que na função **crescente** à medida que os valores de x aumentam, os valores correspondentes em y também aumentam. Por outro lado, na função **decrescente** à medida que os valores de x aumentam, os valores correspondentes de y diminuem.

Veja como esse assunto já foi cobrado!

QUESTÃO 05 (CONSULPLAN – Ag/Pref Ibiraçu/2015) Analise o gráfico de uma função do primeiro grau.

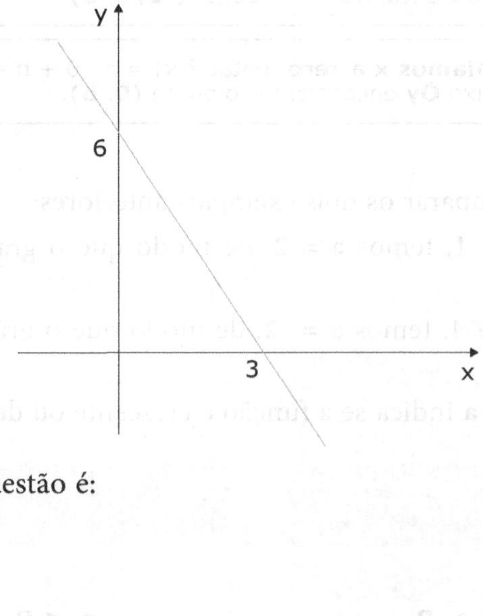

A função em questão é:

a) $y = -2x + 6$.

b) $y = 3x - 2$.

c) $y = 2x - 3$.

d) $y = -3x + 6$.

RESOLUÇÃO:

De acordo com o gráfico apresentado, a função passa pelo ponto (0, 6), ou seja, pelo ponto de coordenadas x = 0 e y = 6.

Além disso, ela passa também pelo ponto (3, 0), com as coordenadas x = 3 e y = 0.

Como as funções de primeiro grau possuem a forma **y = ax + b**, temos:

$$6 = a \times 0 + b$$

$$\mathbf{b = 6}$$

Também:

$$0 = 3a + 6$$

$$\mathbf{a = -2}$$

Portanto, a função de primeiro grau é igual a:

$$\mathbf{y = -2x + 6}$$

Gabarito: A.

QUESTÃO 06 (FAPIPA – Contador/RPPS Palmeira/2022) Uma pequena empresa produz uma determinada peça automotora de modo que sua função de oferta diária seja: y =-5 + 0,6p, onde y é a quantidade de peças ofertadas e p o preço. De acordo com a função, qual deverá ser o preço para que a quantidade de peças ofertadas seja igual a 37?

a) 65 b) 60 c) 42 d) 70

RESOLUÇÃO:

Substituindo **y = 37** na **função de 1º grau** apresentada, obtemos:

$$y = -5 + 0{,}6p$$

$$37 = -5 + 0{,}6p$$

$$0{,}6p = 42$$

$$p = \frac{42}{0{,}6} = \frac{42\,.\,10}{6} = 70$$

Portanto, o preço para essa quantidade de peças é de **R$ 70.**

Gabarito: d.

10.3. Raiz ou Zero da Função do 1º Grau

A **raiz** ou **zero** da função do 1º grau é o valor de **x** para o qual tem-se y = **f(x) = 0**. Graficamente é o ponto em que a reta corta o eixo **Ox**.

Assim, para determinar a raiz da função basta igualá-la a zero, obtendo:

$$f(x) = ax + b$$

$$ax + b = 0$$

$$ax = -b$$

$$\mathbf{x = -b/a}$$

Para exemplificar, vamos determinar a raiz das funções a seguir:

a) y = 4x + 2

Para encontrar a raiz da função do 1º grau, basta igualá-la a zero:

$$4x + 2 = 0$$

$$4x = -2$$

$$\mathbf{x} = -2/4 = \mathbf{-1/2}$$

Graficamente, a reta representada pela função y = 4x + 2 intersecta o eixo **x** no seguinte valor: **-1/2.**

b) y = – 2x + 10

Também podemos encontrar a raiz da função do primeiro grau por aplicar a fórmula:

$$x = -b/a$$

$$\mathbf{x} = -10/-2 = \mathbf{5}$$

Então, no gráfico da função y = – 2x + 10 a reta intersecta o eixo **x** no valor **5.**

c) y = 3x

Vamos igualar a função a zero para encontrar sua raiz:

$$y = 0$$

$$3x = 0$$

$$\mathbf{x = 0}$$

Graficamente, a reta representada pela função y = 3x intersecta o eixo **x** na **origem.**

10.4. Estudo de Sinal da Função do 1º Grau

Estudar o sinal de uma função de 1º grau consiste em **determinar os valores de x para que y seja positivo, negativo ou zero.**

Para exemplificar, vamos estudar o sinal de f: R → R dada por $y = 2x - 1$.

Note que se trata de uma função **crescente**, já que o valor do coeficiente **a** é positivo.

Vamos construir o gráfico da função apresentada:

- Se $x = 0$, então $y = 2 . 0 - 1 \rightarrow y = 1$. Como resultado, obtemos o ponto **(0, -1)**.

- Se $y = 0$, então $2x - 1 = 0 \rightarrow x = 1/2$, de modo que temos o ponto **(1/2, 0)**.

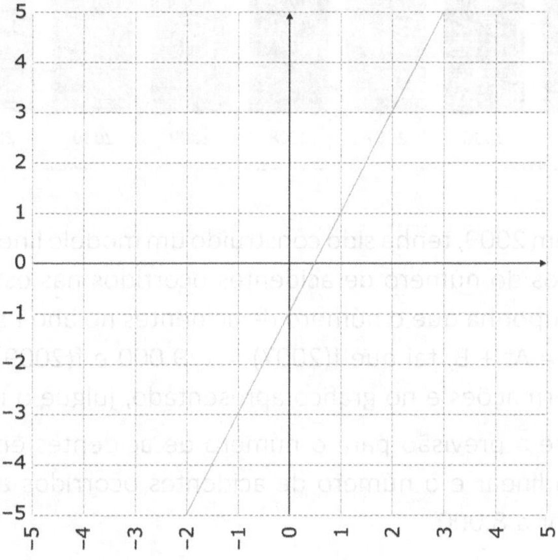

Analisando o gráfico, concluímos que:

- quando $x < 1/2$, temos $y < 0$;

- quando $x > 1/2$, temos $y > 0$;

- quando $x = 1/2$, temos $y = 0$.

Esta análise corresponde ao estudo do sinal da função. Para facilitar, podemos efetuá-la recorrendo apenas a um esboço do gráfico:

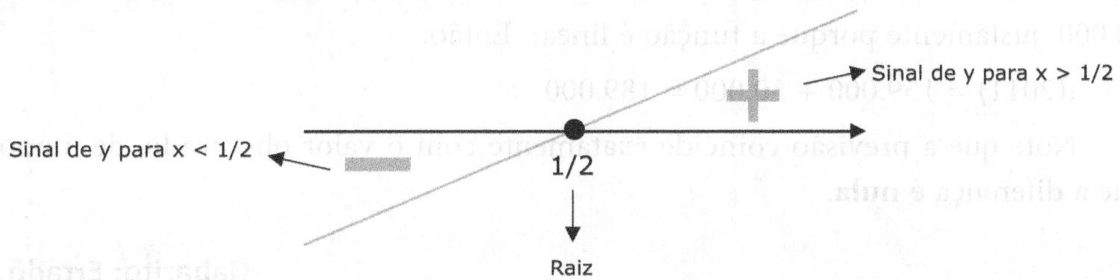

Veja como esse assunto já foi cobrado!

QUESTÃO 07 (CESPE – PRF/2013) Gráfico para o item

Considere que, em 2009, tenha sido construído um modelo linear para a previsão de valores futuros do número de acidentes ocorridos nas estradas brasileiras. Nesse sentido, suponha que o número de acidentes no ano t seja representado pela função f(t) = At + B, tal que f(2007) = 129.000 e f(2009) = 159.000. Com base nessas informações e no gráfico apresentado, julgue o item a seguir.

A diferença entre a previsão para o número de acidentes em 2011 feita pelo referido modelo linear e o número de acidentes ocorridos em 2011 dado no gráfico é superior a 8.000.

RESOLUÇÃO:

O enunciado apresenta a seguinte função: **f(t) = at + b.**

Veja que se trata de uma **função linear**, pois o expoente de **t** vale 1. Isso significa que ela apresenta acréscimos regulares de um ano para o outro.

Conforme o gráfico dado, f(2007) e f(2009) valem 129.000 e 159.000. Ou seja, em dois anos o aumento foi de 30.000. De 2009 a 2011, temos novo aumento de 30.000, justamente porque a função é linear. Então:

f(2011) = 159.000 + 30.000 = 189.000

Note que a previsão coincide exatamente com o valor observado, de modo que a diferença é **nula**.

Gabarito: Errado.

QUESTÃO 08 (CESPE – Ana/SERPRO/2013) Com o lançamento de um novo modelo de telefone celular, a cada dia i do mês de março de determinado ano, i = 1, 2, ..., 31, uma loja dispunha de 4i + 324 unidades desse aparelho para venda e vendia 40i – i2 unidades.

Com base nessas informações, julgue o item que se segue.

Apenas algum dia depois do dia 15 daquele mês é que a loja pode dispor de 400 unidades do aparelho para venda.

RESOLUÇÃO:

O enunciado apresenta a função que dá a quantidade disponível para venda é: **4i + 324.**

Como queremos que a quantidade disponível seja de 400 unidades, fazemos:

$$4i + 324 = 400$$

$$4i = 76$$

$$\mathbf{i = 76/4 = 19}$$

Ou seja, apenas no dia 19 a loja dispõe de 400 unidades para vender, o que realmente ocorre após o dia 15.

Gabarito: Certo.

QUESTÃO 09 (FCC – Estagiário/SABESP/2018) Os taxímetros de uma cidade calculam o valor de cada corrida utilizando a seguinte fórmula: P = 4,55 + 1,35 × k. Nessa fórmula a letra P significa o preço a ser pago, em R$, e a letra k significa a quantidade de quilômetros que o táxi rodou com o passageiro, inclusive com frações de quilômetros. Uma pessoa que utilizou um desses táxis e rodou 3,4 km pagou, pela corrida, a quantia de

a) R$ 20,06 b) R$ 13,12 c) R$ 18,34 d) R$ 9,14 e) R$ 8,92

RESOLUÇÃO:

O enunciado informa que a função por meio da qual se calcula o preço (P) a ser pago é:

$$P = 4{,}55 + 1{,}35k$$

Se uma pessoa rodou k = 3,4 quilômetros, temos:

$$\mathbf{P} = 4{,}55 + 1{,}35 \times 3{,}4 = 4{,}55 + 4{,}59 = \mathbf{R\$\ 9{,}14}$$

Gabarito: D.

QUESTÃO 10 (CESPE – PNS/Pref SL/2017) Se $x \geq 0$ representa a quantidade de quilômetros percorridos por um veículo em determinado dia, então:

- $f(x) = x/12$ representa a quantidade de litros de combustível consumido pelo veículo para percorrer x quilômetros;
- $g(x) = 60 - x/12$ representa a quantidade de litros de combustível que restam no tanque do veículo depois de percorridos x quilômetros.

Tendo como referência as informações acima e considerando que o veículo tenha iniciado o percurso com o tanque de combustível cheio, se, no dia mencionado, o condutor parar o veículo para abastecer quando restarem exatamente 15 litros de combustível no tanque, então, até aquele instante, o veículo terá percorrido

a) mais de 150 km e menos de 300 km.

b) mais de 300 km e menos de 450 km.

c) mais de 450 km e menos de 600 km.

d) mais de 600 km.

e) menos de 150 km

RESOLUÇÃO:

Veja que imediatamente antes de o veículo iniciar a viagem (x=0), o tanque está cheio e possui $g(0) = 60 - 0/12 = 60$ litros.

Em seguida o veículo inicia a viagem. Quando restavam exatamente 15 litros, o enunciado informa que ocorre o abastecimento. Neste instante, haviam sido consumidos $60 - 15 = 45$ litros.

Por sua vez, a função f(x) nos dá a relação entre o consumo de combustível e a distância percorrida. Logo:

$$f(x) = 45$$

$$x/12 = 45$$

$$\mathbf{x = 45 \times 12 = 540}$$

Portanto, podemos afirmar que o veículo tinha percorrido **540 km.**

Gabarito: C.

QUESTÃO 11 (VUNESP – AnaTC/MPE-SP/2016) O gráfico apresenta informações do lucro, em reais, sobre a venda de uma quantidade, em centenas, de um produto em um hipermercado.

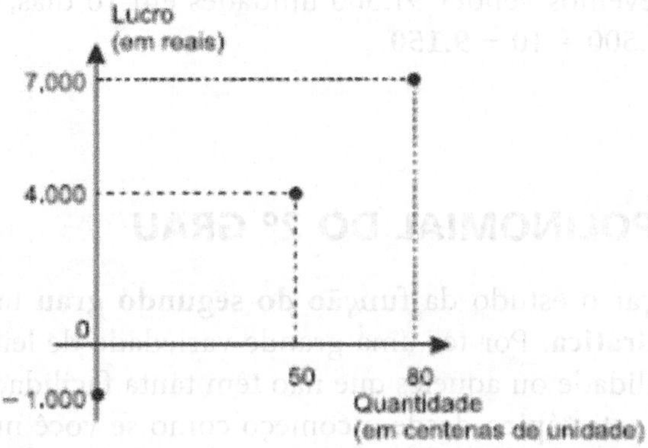

Sabendo-se que é constante a razão entre a variação do lucro e a variação da quantidade vendida e que se pretende ter um lucro total não menor que R$ 90.500,00 em 10 dias de venda desse produto, então a média diária de unidades que deverão ser vendidas, nesse período, deverá ser, no mínimo, de

a) 8 900 b) 8 950 c) 9 000 d) 9 050 e) 9 150

RESOLUÇÃO:

O enunciado informa que é constante a razão entre a variação do lucro e a variação da quantidade vendida. Ou seja, estamos diante de uma **reta** (função de primeiro grau). Esta razão constante, acima mencionada, é justamente o **coeficiente angular**, a que vamos chamar de m

$$m = \frac{\textit{variação no lucro}}{\textit{variação na quantidade}}$$

$$m = \frac{7.000 - 4.000}{8.000 - 5.000} = 1$$

Uma reta, genericamente, é dada por **f(x) = mx + n.**

Em que **m** é o coeficiente angular (que vale 1) e **n** é o coeficiente linear, o qual indica o ponto em que a função cruza o eixo y. No gráfico, está indicado que tal ponto vale -1.000, de modo que n = –1.000.

Dessa forma, a reta fica assim:

$$f(x) = x - 1.000$$

Como queremos um lucro de R$ 90.500,00, então a quantidade vendida fica:

$$90.500 = x - 1.000$$

$$x = 91.500$$

Por fim, se devemos vender 91.500 unidades em 10 dias, então temos uma média diária de 91.500 ÷ 10 = **9.150**.

Gabarito: E.

11. FUNÇÃO POLINOMIAL DO 2º GRAU

Vamos começar o estudo da **função do segundo grau** também conhecida como **função quadrática**. Por ter uma grande variedade de leitores, aqueles que têm que muita facilidade ou aqueles que não têm tanta facilidade com matemática, vamos explicar este tópico desde o começo como se você nunca tivesse visto. Assim, todos os leitores serão abrangidos na explicação, de modo que quando a gente chegar em questões mais complexas você que tiver acompanhado desde o começo terá entendimento adequado sem maior dificuldade. Começaremos por conceitos introdutórios, com a parte mais básica, porém não menos fundamental da função do segundo grau. Vamos começar então? Vem comigo.

Uma função **F**, de reais em reais (esse primeiro conjunto que está sendo representado pelos números reais é o domínio da função, enquanto o segundo conjunto é chamado de contradomínio dessa função), chama-se **quadrática** quando existem números reais **a**, **b**, **c**, com **a diferente de 0**, tal que:

$$f(x) = ax^2 - bx + c$$

Os valores reais a, b, c são os **coeficientes** da função. O coeficiente do x ao quadrado é o **a**, o coeficiente do x nós chamamos de **b** e, por fim, a gente chama **c** de termo independente.

Quando dizemos que o **a** não pode ser 0 é porque do contrário **ax²** vai sumir. Concorda comigo? E a função vai ficar apenas **bx + c**. Assim, não se pode considerar a = 0 porque se não teremos apenas uma função do primeiro grau, descaracterizando uma função quadrática.

Agora, vamos considerar alguns exemplos.

a) $f(x) = 3x^2 - 4x + 2$

Repare que o coeficiente de x ao quadrado é 3, ou seja, o nosso **a** vale 3 enquanto o coeficiente x é o -4 (atenção ao sinal negativo), de modo que o valor do b = -4, enquanto que o c corresponde a 2.

b) $f(x) = x^2 + 3x$

Como na frente do x ao quadrado não está aparecendo nada, concluímos que o valor de a é 1. Já o valor do b é 3 positivo. Por fim, em relação ao termo independente, seu valor é c = 0 (não pense que por não aparecer nada o c não existe; ele existe e vale 0. Beleza?).

c) $y = -x^2 - 5$

Qual é o coeficiente do x ao quadrado? Ele vale a = -1. Repara que nós não temos aqui o termo x, ou seja, como se tivesse 0x, então b é igual a zero. Já o termo independente vale -5.

d) $y = -2x^2$

Note que não temos o termo x, ou seja, é como se tivesse escrito: + 0x. Também não temos o termo independente, de modo que c= 0. Por fim, percebemos que a = -2.

Muito bem, até aqui aprendemos a identificar com certeza qual o valor do a (coeficiente do x ao quadrado), de b (coeficiente do x) e qual o valor de c (termo independente). Isso aqui tem que ficar bem claro para você, ok?

11.1. Raízes ou Zeros da Função do 2º Grau

Chama-se **zeros ou raízes** da função do segundo grau $\mathbf{f(x) = ax^2 + bx + c}$ o número real **x** tal que **f(x) = 0**. Em outras, basta resolver a equação resultante de igualar a zero a função quadrática. E sempre teremos **duas** raízes!

TOME NOTA!

Para descobrir as **duas raízes** de uma função do 2º grau, basta resolver a equação do 2º grau que resulta após **igualar a zero** a função apresentada.

Como gente vai determinar essas raízes? Bem, os zeros da função quadrática são dados pela **fórmula de Bháskara**:

$$x = \frac{-b \pm \sqrt{b^2 - 4ac}}{2a}$$

Repare que o **x** na fórmula é justamente a raiz que desejamos encontrar. Por sua vez, o **b**, o **a** e o **c** nada mais são que os **coeficientes** da equação, de modo que substituindo eles na fórmula de Bháskara nós vamos encontrar as raízes da função.

Para exemplificar, vamos determinar os zeros das funções a seguir:

a) $f(x) = x^2 - 5x + 6$

Veja que estamos diante de uma **função do 2º grau**, devido ao expoente “2” presente na variável **x**.

UNIDADE 3 – MATEMÁTICA DE NÍVEL MÉDIO

Para determinarmos o zero, a gente pega a função e iguala a zero. Daí os coeficientes serão:

a = 1 b = -5 c = 6

Agora substituindo isso na fórmula de Bháskara, teremos:

$$x = \frac{-(-5) \pm \sqrt{(-5)^2 - 4.1.6}}{2.1} = \frac{5 \pm \sqrt{25-24}}{2} = \frac{5 \pm 1}{2}$$

Com isso, podemos descobrir duas raízes, que chamaremos de x' e x" de acordo com a utilização da operação de soma e de subtração contida no numerador da fração acima. Logo, teremos:

$$x' = \frac{5+1}{2} = \frac{6}{2} = 3$$

$$x'' = \frac{5-1}{2} = \frac{4}{2} = 2$$

Assim, ficamos com as duas raízes x' = 3 e x" = 2, as quais correspondem aos valores que fazem a função ser igual a zero.

b) f(x)= – x² + 7x – 12

Para calcularmos as raízes, igualamos a função a zero e aplicamos a fórmula de Bháskara, tendo em mente que a = -1, b = 7 e c = -12:

$$x = \frac{-7 \pm \sqrt{7^2 - 4.(-1).(-12)}}{2.(-1)} = \frac{-7 \pm \sqrt{49-48}}{-2} = \frac{-7 \pm 1}{-2}$$

$$x' = \frac{-7+1}{-2} = \frac{-6}{-2} = 3$$

$$x'' = \frac{-7-1}{-2} = \frac{-8}{-2} = 4$$

c) f(x) = 3x² – 7x +2

Se a gente quer descobrir as raízes, vamos igualar a zero. Para isso, **a** é o coeficiente de **x²**, que vale **3**, **b** é coeficiente de **x**, que corresponde a -7, e **c** é o termo independente que vale **2**.

Substituindo esses números na fórmula de Bháskara, temos:

$$x = \frac{-(-7) \pm \sqrt{(-7)^2 - 4.3.2}}{2.3} = \frac{7 \pm \sqrt{49-24}}{6} = \frac{7 \pm 5}{6}$$

$$x' = \frac{7+5}{6} = 2$$

$$x'' = \frac{7-5}{6} = \frac{1}{3}$$

Então, as raízes dessa função são x = 2 ou x = 1/3.

Repare que até aqui descobrimos os valores do **a**, do **b** e do **c** e substituímos na fórmula de Bháskara a fim de determinar as raízes da função! Além disso, nenhum desses termos assumiram valores iguais a zero.

d) f(x)= x² – 4

Note que não tem o termo **x**, ou seja, de modo que o b (coeficiente de x) só pode ser igual a zero.

Neste caso, para descobrirmos as raízes, igualamos a função a zero. Logo:

$$x^2 - 4 = 0$$

$$x^2 = 4$$

$$x = \pm\sqrt{4}$$

$$x = \pm 2$$

Assim, teremos duas raízes: **x' = 2 e x" = -2.**

e) f(x) = -3x² + 6

Novamente a função do segundo grau está incompleta e o coeficiente de x é igual a zero (b = 0).

Para descobrir as raízes dessa função, o que fazemos? Igualamos a zero:

$$-3x^2 + 6 = 0$$

$$x^2 = \frac{-6}{-3}$$

$$x = \pm\sqrt{2}$$

Portanto, nós vamos ter uma raiz valendo raiz quadrada de 2 positiva e a outra valendo raiz quadrada de 2 negativa.

f) f(x) = x² + 3x

Temos novamente uma função do segundo grau incompleta; agora o que está faltando é o termo independente. Então, **c = 0.**

Para calcularmos as raízes, vamos igualar a zero essa função:

$$x^2 + 3x = 0$$

Reparem que nesses dois termos o **x** é um fator comum, de modo que devemos colocá-lo em evidência:

$$x \cdot (x + 3) = 0$$

Numa multiplicação de dois números em que o resultado é **zero**, um deles deve ser igual a zero. Ou seja:

$$x = 0$$

ou

$$x + 3 = 0 \rightarrow x = -3$$

Portanto, as raízes da função são **x' = 0** e **x" = -3.**

> **BIZU!**
>
> Veja que as raízes de uma função do segundo grau incompleta são mais facilmente determinadas por meio dos métodos que utilizamos nos exemplos anteriores do que aplicando a fórmula de Bháskara.

11.1.1. Determinação dos zeros por meio da soma e produto das raízes

Podemos encontrar as raízes de uma função do segundo grau não só por meio da fórmula de Bháskara e dos métodos que vimos até aqui. Também podemos aplicar a **soma e produto das raízes**, que é um método que vai relacionar os coeficientes **a, b** e **c** com as raízes da função.

> **ESCLARECENDO!**
>
> Há alunos que se sentem mais seguros para encontrar os zeros da função do segundo grau por meio da fórmula de Bháskara. Se este é o seu caso, não tem problema algum. Esclareço, apenas, que muitas vezes a aplicação do método da soma e produto das raízes nos conduz bem mais rapidamente ao resultado desejado!

Sejam **x'** e **x"** os zeros da função do segundo grau $f(x) = ax^2 + bx + c$. Quando **somadas**, as duas raízes da função resultarão na divisão do **b negativo** pelo coeficiente **a.** Já ao **multiplicá-las**, o resultado será sempre **c** dividido pelo a.

ESQUEMATIZANDO:

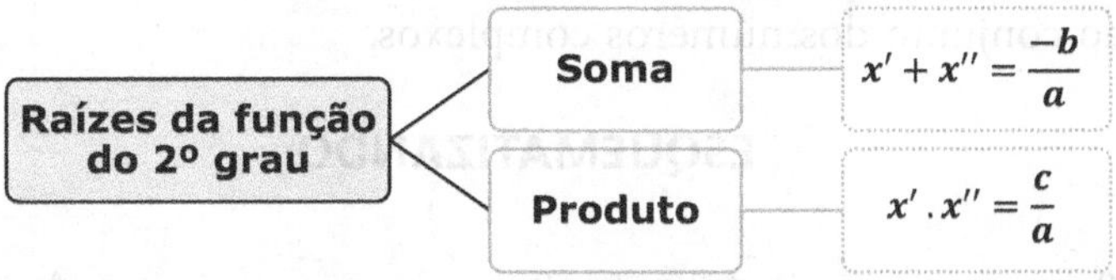

Para exemplificar, vamos determinar os zeros da função **f(x) = x^2 - 3x + 2.**

Não tem muito segredo, devemos aplicar as fórmulas da soma e do produto das raízes. Veja que **a = 1, b = -3** e **c = 2.**

Mas tem uma dica, para descobrirmos as raízes **comece pela multiplicação.** Logo:

$$x' . x'' = c/a$$

$$\mathbf{x' . x''} = 2/1 = \mathbf{2}$$

Então, temos dois números que multiplicados resulta em dois. Quais são eles? Eu tenho certeza que na tua cabeça os dois números que apareceram primeiramente foram **1** e **2**, já que o produto entre eles é dois. Mas isso tem que bater com a soma também. Vamos testar!

A soma das raízes fica:

$$x' + x'' = -b/a$$

$$\mathbf{x' + x''} = -(-3)/1 = \mathbf{3}$$

Assim, a soma das raízes é **3.**

Dessa forma, encontramos as duas raízes: **x' = 1** e **x" = 2**, já que a multiplicação resulta em 2, e a soma dá 3.

11.1.2. Quantidade de raízes reais

A quantidade de raízes reais de uma função quadrática depende do valor obtido para o radicando Δ = **b^2 – 4ac**, chamado **discriminante** da fórmula de Bháskara.

Com isso, três situações podem acontecer:

1) Se o delta for maior que zero, haverá duas raízes reais e distintas:

$$x_1 = \frac{-b+\sqrt{\Delta}}{2a} \quad e \quad x_2 = \frac{-b-\sqrt{\Delta}}{2a}$$

2) Se o delta for igual a zero, haverá duas raízes reais e iguais (raiz dupla):

$$x_1 = x_2 = \frac{-b}{2a}$$

3) Se o delta for <u>menor que zero</u>, ou seja, assumir um valor negativo, **não** haverá raiz real. Também podemos dizer que as duas raízes são **complexas**, por pertencerem ao conjunto dos números complexos.

ESQUEMATIZANDO:

$\Delta > 0$	$\Delta = 0$	$\Delta < 0$
A função terá <u>duas raízes reais e *distintas*</u>	A função terá <u>duas raízes reais e *iguais*</u>	A função ***não*** <u>terá raízes reais</u>

Para exemplificar, vamos determinar, se existirem, os zeros das funções a seguir:

a) f(x) = $x^2 - 2x + 1$

Para determinarmos os zeros dessa função nós temos que igualá-la a zero:

$$x^2 - 2x + 1 = 0$$

Nesta situação, temos que **a = 1**, **b = -2** e **c = 1**. Daí, podemos calcular o valor do discriminante:

$$\Delta = b^2 - 4ac$$

$$\Delta = (-2)^2 - 4.1.1 = 4 - 4 = 0$$

Como o discriminante é igual a zero, teremos <u>duas raízes reais e *iguais*</u>. Quais serão elas? Vamos aplicar a fórmula de Bháskara, sabendo que neste caso ela se reduz a:

$$x = \frac{-b}{2a}$$

$$x = \frac{-(-8)}{2.1} = \frac{8}{2} = 4$$

Portanto, concluímos que x' = x" = 4, de forma que o conjunto solução da equação do segundo grau é unitário **S = {4}**.

> **BIZU!**
>
> É uma boa estratégia **calcular o delta antes de partir para a fórmula de Bháskara** para antecipadamente sabermos a natureza das raízes da equação que estamos considerando.

b) $f(x) = x^2 - x - 2$

Ao igualarmos função a zero, ficaremos diante de uma equação do 2º grau, com **a = 1**, **b = -1** e **c = -2**. Inicialmente, iremos determinar o valor do discriminante:

$$\Delta = b^2 - 4ac$$

$$\Delta = (-1)^2 - 4.1.(-2) = 1 + 8 = 9$$

Assim, $\Delta > 0$ e teremos duas raízes reais e *diferentes*, as quais são obtidas por meio da fórmula de Bháskara:

$$x = \frac{-b \pm \sqrt{\Delta}}{2a}$$

$$x = \frac{-(-1) \pm \sqrt{9}}{2.1} = \frac{1 \pm 3}{2}$$

$$x' = \frac{1+3}{2} = \frac{4}{2} = 2$$

$$x'' = \frac{1-3}{2} = \frac{-2}{2} = -1$$

Portanto, o conjunto solução da equação é dado por **S = {2; -1}**.

c) $f(x) = 2x^2 + 3x + 4$

Temos que **a = 2**, **b = 3** e **c = 4**, de modo que o discriminante será:

$$\Delta = b^2 - 4ac$$

$$\Delta = 3^2 - 4.2.4 = 9 - 32 = -23$$

Repare que o discriminante é **negativo**, ou seja, $\Delta < 0$. Neste caso, **não** existem raízes reais. A solução para a função será dada por raízes imaginárias, mas que não fazem parte do conjunto dos números reais, mas sim pertencem ao conjunto dos números complexos, o que foge totalmente ao campo do estudo aqui abordado. Então, resumindo, nos números reais a solução da equação é dada por **S = { }**.

11.2. Gráfico da Função do 2° Grau

11.2.1. Introdução

O gráfico de uma função quadrática tem o formato de uma curva chamada **parábola**.

Vamos fazer dois exemplos de gráficos.

a) $f(x) = x^2 - 1$.

Vamos utilizar uma tabela para atribuir alguns valores para **x**, começando pelo -2, depois vamos -1, depois o zero, depois para um 1, e por fim para o 2. Ou seja, vamos pegar esses valores de x e substituir na função de modo a descobrir o valor de f(x), o qual é a mesma coisa que y.

Valor de x	Valor de y = f(x)
-2	
-1	
0	
1	
2	

Quando **x** vale -2, temos:

$$f(-2) = (-2)^2 - 1 = [(-2) \times (-2)] - 1 = 4 - 1 = 3$$

Ou seja, se x = -2, então y corresponde a 3.

Fazendo o mesmo com os demais valores, fica:

$$f(-1) = (-1)^2 - 1 = 1 - 1 = 0$$

$$f(0) = (0)^2 - 1 = 0 - 1 = -1$$

$$f(1) = (1)^2 - 1 = 1 - 1 = 0$$

$$f(2) = (2)^2 - 1 = 4 - 1 = 3$$

Vamos colocar esses resultados na nossa tabela:

Valor de x	Valor de y = f(x)
-2	3
-1	0
0	-1
1	0
2	3

Agora, o próximo passo consiste em representar esses pontos no plano cartesiano. Para isso, vamos pegar primeiramente esse par ordenado: x = -2 e y = 3. No eixo x, marcamos o -2 e no y o valor 3, de modo a ter um ponto. Quando o x vale -1 o y vale zero. Neste caso, o ponto nem está na parte superior do eixo Y e nem na parte inferior do eixo Y; ele está sobre o eixo X. No caso de x = 0, y corresponde a -1. Daí, marcamos no eixo y o -1. O zero nas abscissas não está nem na partida direita, nem na esquerda, de modo que o ponto resultante ficará em cima do eixo das ordenadas, exatamente no valor indicado de y. Sendo x = 1 e o y valendo zero, então o ponto estará sobre o eixo x. Por fim, o x valendo 2 e o y = 3, o ponto estará no encontro desses dois valores. Com esses cinco pontos a gente consegue perceber que essa parábola tem o seguinte formato:

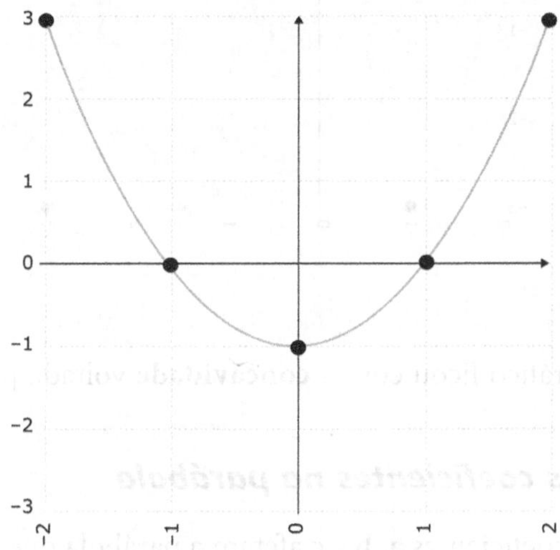

Repare que a **concavidade** dessa parábola está voltada para **cima**.

b) $f(x) = -x^2 + 2x$

Da mesma forma vamos colocar alguns valores para x: -1, 0, 1, 2 e 3, a fim de obtermos cinco pontos por substituir esses números na função dada e encontrando valores de y.

Desta vez, vamos fazer os cálculos mais rapidamente direto na tabela:

Valor de x	Valor de y = f(x)
-1	$f(-1) = -(-1)^2 + 2 \times (-1) = -1 - 2 = -3$
0	$f(0) = -(0)^2 + 2 \times 0 = 0$
1	$f(1) = -(1)^2 + 2 \times 1 = -1 + 2 = 1$
2	$f(2) = -(2)^2 + 2 \times 2 = -4 + 4 = 0$
3	$f(3) = -(3)^2 + 2 \times 3 = -9 + 6 = -3$

Agora inserimos os pontos obtidos no plano cartesiano, O que resulta no seguinte gráfico:

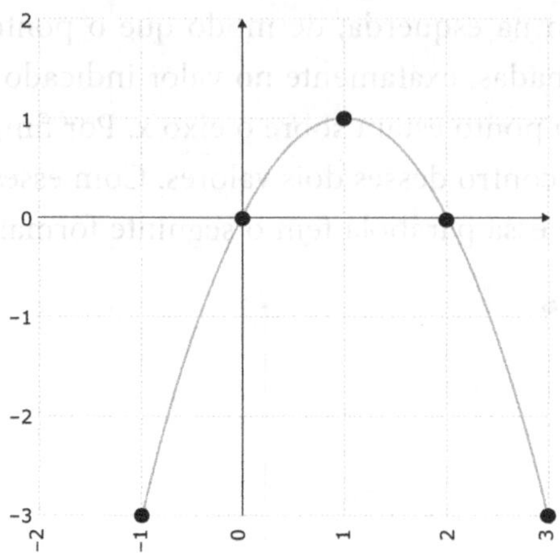

Repara que o gráfico ficou com a **concavidade** voltada para **baixo**.

11.2.2. Efeito dos coeficientes na parábola

Os valores dos coeficientes **a, b** e **c** afetam a parábola que representa a função quadrática, de forma que é importante conhecermos o funcionamento da aplicação de cada um deles.

Vamos começar nossa análise pelo **a**, o coeficiente do $\mathbf{x^2}$. Ele pode ser **positivo** ou **negativo** (não admite valor zero) e indica o sentido da concavidade da parábola.

Quando tivermos **a maior que zero**, a concavidade da parábola estará voltada para **cima**. Do contrário, com **a menor que zero**, a concavidade está voltada para **baixo**.

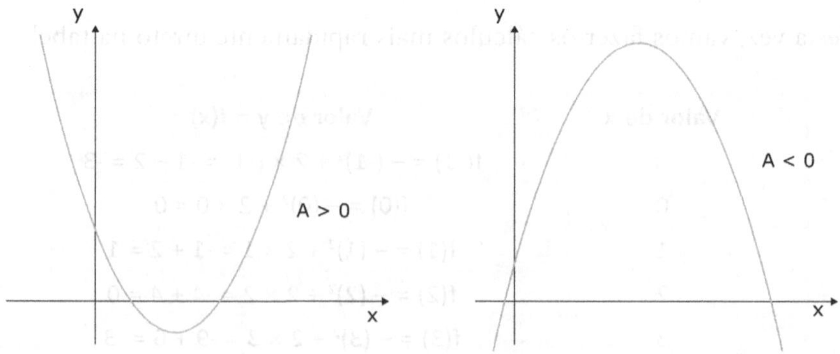

Além disso, o **coeficiente** "a" também é responsável pela "abertura" da parábola. Para perceber isso, considere dois pontos A e B, obtidos pela interseção de uma reta paralela ao eixo x e a parábola. **Quanto maior o valor do** módulo do **coeficiente** a, menor será a distância entre os pontos A e B, como mostra o exemplo da seguinte imagem:

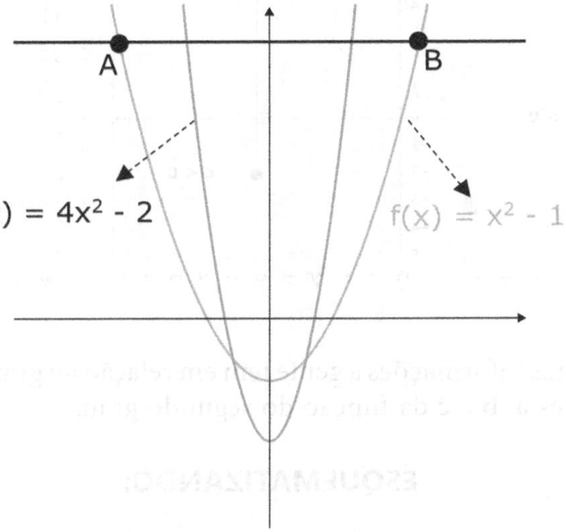

Por sua vez, o parâmetro b, o coeficiente do x na função quadrática, indica a inclinação que a parábola toma após passar o eixo Y, se a parábola intercepta o eixo Y crescendo ou decrescendo.

Se **b for maior que zero**, a parábola intercepta o eixo **Y crescendo** (parábola subindo). Agora se **b for menor que zero**, a parábola intercepta o eixo **Y decrescendo**. Por fim, se **b é igual a zero**, a parábola não vai cruzar o eixo Y crescendo e nem decrescendo, mas sim na horizontal, ou seja, exatamente no **ponto em que o eixo Y é cortado.**

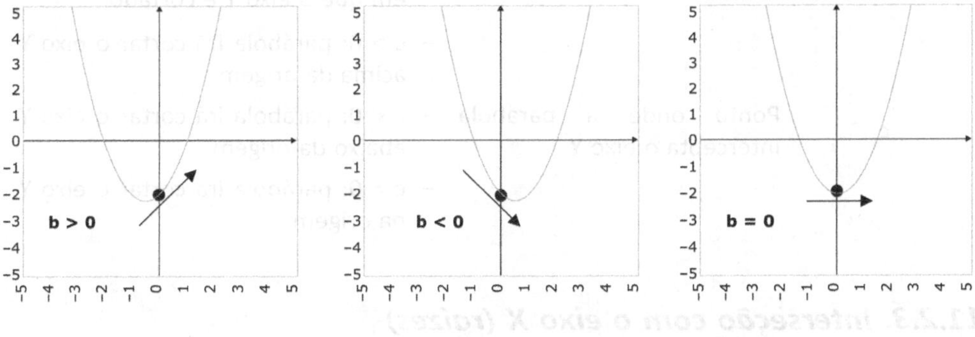

Finalizando, temos o parâmetro **c**, o <u>termo independente</u> da função do segundo grau. Ele indica o ponto onde a parábola intercepta o eixo Y:

– se **c for positivo**, a parábola irá cortar o eixo Y **acima da origem;**

– se **c for negativo**, a parábola irá cortar o eixo Y **abaixo da origem**;
– se **c for igual a zero**, a parábola irá cortar o eixo Y **na origem**.

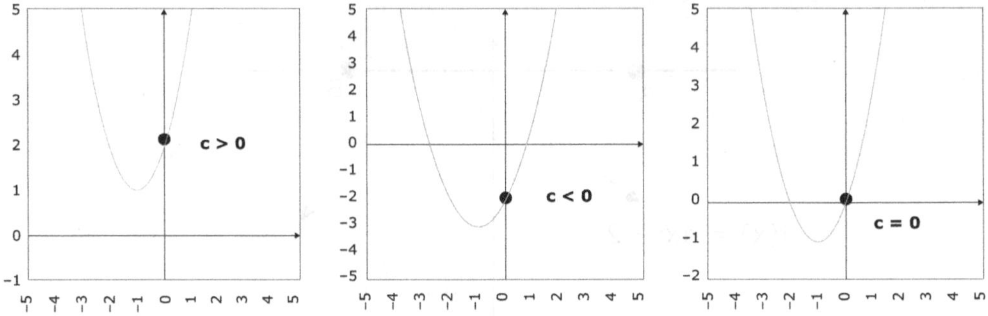

Repare quantas informações a gente tem em relação ao gráfico olhando apenas para os coeficientes **a**, **b** e **c** da função do segundo grau.

ESQUEMATIZANDO:

Coeficiente	O que indica?	Efeitos dos valores no gráfico
a	Sentido da concavidade da parábola.	– a > 0: concavidade para cima – a < 0: concavidade para baixo
b	Inclinação que a parábola toma após passar o eixo Y	– b > 0: parábola corta o eixo Y crescendo – b < 0: parábola corta o eixo Y decrescendo – b = 0: parábola corta o eixo Y na horizontal, exatamente no ponto em que o eixo Y é cortado.
c	Ponto onde a parábola intercepta o eixo Y	– c > 0: parábola irá cortar o eixo Y acima da origem – c < 0: parábola irá cortar o eixo Y abaixo da origem – c = 0: parábola irá cortar o eixo Y na origem.

11.2.3. Interseção com o eixo X (raízes)

Graficamente, as raízes da função do 2º grau são os pontos onde a parábola intercepta o eixo X. Dependendo do valor do $\Delta = b^2 - 4ac$, existem três possibilidades:

– se o **discriminante for maior que zero**, a função possuirá duas raízes reais e distintas, de modo que a parábola corta o eixo X em *dois pontos diferentes*;

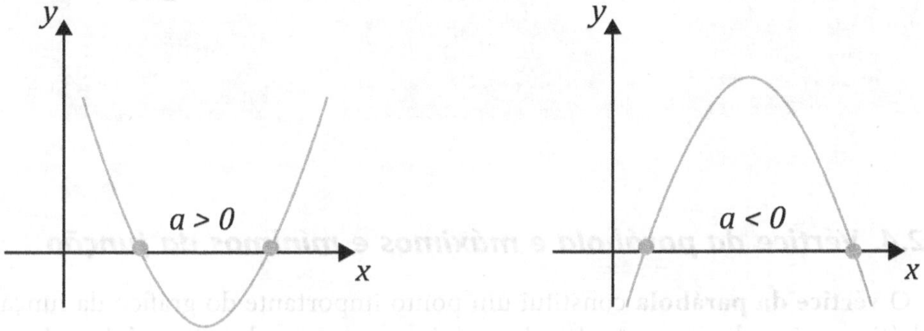

– se o discriminante for igual a zero, a função possuirá duas raízes reais e iguais, de modo que a parábola corta o eixo X em um único ponto;

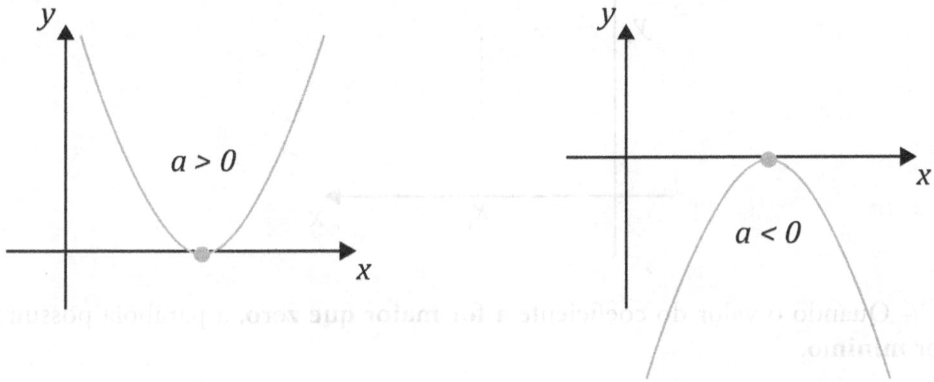

– se o **discriminante for menor que zero**, a função não tem raízes reais, de modo que a parábola *não corta o eixo X*.

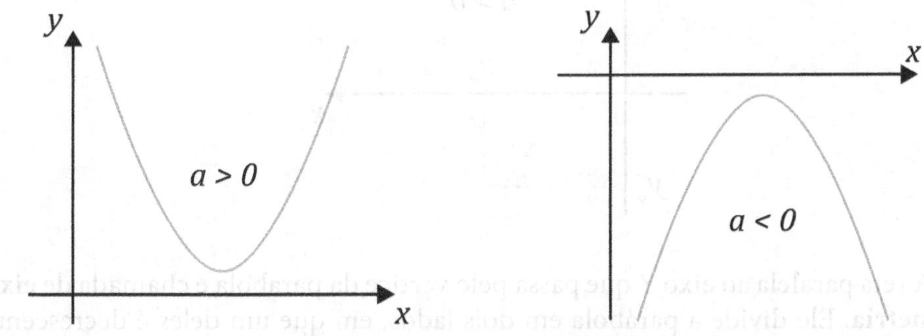

ESQUEMATIZANDO:

$\Delta > 0$	$\Delta = 0$	$\Delta < 0$
A parábola corta o eixo X em *dois pontos diferentes*	A parábola corta o eixo X em *um único ponto*	A parábola **não corta** o eixo X

11.2.4. Vértice da parábola e máximos e mínimos da função

O **vértice da parábola** constitui um ponto importante do gráfico da função quadrática, pois indica o ponto de valor máximo e o ponto de valor mínimo. Logo:

- Quando o valor do coeficiente **a for menor que zero**, o vértice da parábola será o ponto **máximo**.

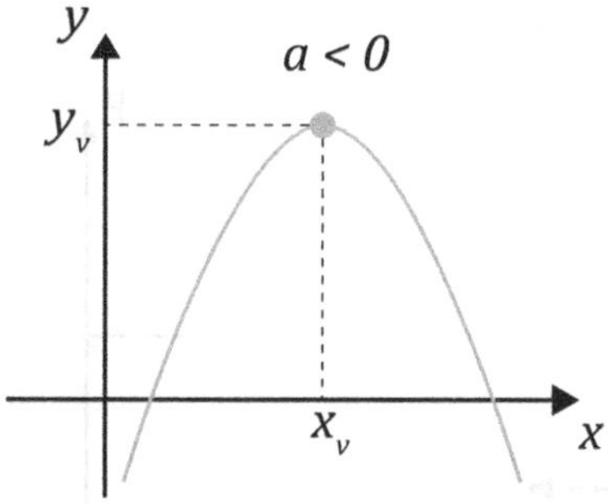

- Quando o valor do coeficiente **a for maior que zero**, a parábola possuirá valor **mínimo**.

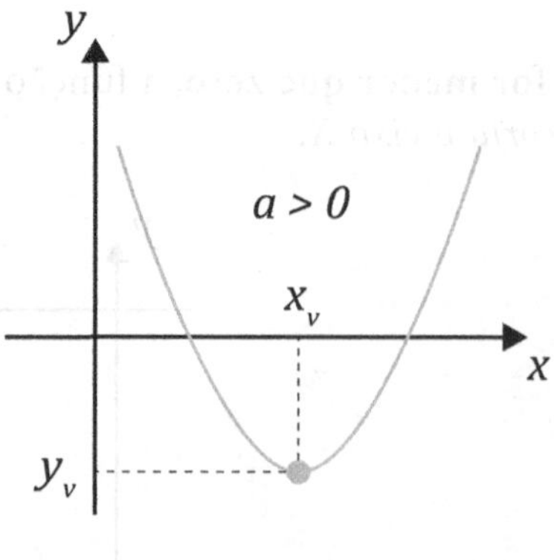

A reta paralela ao eixo Y que passa pelo vértice da parábola é chamada de **eixo de simetria**. Ele divide a parábola em dois lados, em que um deles é decrescente e o outro é crescente.

Para determinarmos o vértice da função do 2º grau, recorremos à relação da soma das raízes:

$$x_1 + x_2 = \frac{-b+\sqrt{\Delta}}{2a} + \frac{-b-\sqrt{\Delta}}{2a} = \frac{-b+\sqrt{\Delta}-b-\sqrt{\Delta}}{2a} = \frac{-2b}{2a} = \frac{-\boldsymbol{b}}{\boldsymbol{a}}$$

Considerando que **xv** é o <u>ponto médio</u> entre as raízes (x^1 e x^2), temos:

$$x_v = \frac{x_1+x_2}{2} = \frac{-b/a}{2} = \frac{-b}{a} \times \frac{1}{2} = \frac{-\boldsymbol{b}}{2\boldsymbol{a}}$$

Uma outra forma de calcular o *x do vértice* é obtida ao notarmos que ele está localizado exatamente no meio, ou seja, entre as duas raízes. Então, podemos concluir que ele corresponde à *média aritmética das duas raízes*:

$$x_v = \frac{x_1+x_2}{2}$$

Agora, para determinarmos o **yv**, substituímos **-b/2a** na forma genérica da função do 2º grau:

$$y = ax^2 + bx + c$$

$$y_v = a \times \left(\frac{-b}{2a}\right)^2 + b \times \left(\frac{-b}{2a}\right) + c = \frac{ab^2}{4a^2} + \left(\frac{-b^2}{2a}\right) + c =$$

$$y_v = \frac{b^2 - 2b^2 + 4ac}{4a} = \frac{-b^2 + 4ac}{4a} = \frac{-\left(b^2 - 4ac\right)}{4a} = \frac{-\Delta}{4\boldsymbol{a}}$$

Dessa forma, concluímos que as **coordenadas do vértice** são:

$$V = \left(x_v, y_v\right) = \left(\frac{-\boldsymbol{b}}{2\boldsymbol{a}}, \frac{-\Delta}{4\boldsymbol{a}}\right)$$

Para exemplificar, vamos determinar o vértice da parábola dada por **f(x) = $\mathbf{x^2}$ - 4x** e construir o gráfico dessa função.

Repare que estamos diante de uma função do segundo grau incompleta, pois ao passo que a = 1 e b = -4 o coeficiente c é igual a zero. Então pegando esses valores, podemos substituir nas fórmulas utilizadas para determinar o vértice:

$$x_v = \frac{-b}{2a} = \frac{-(-4)}{2 \times 1} = \frac{4}{2} = 2$$

$$y_v = \frac{-\Delta}{4a} = \frac{-\left((-4)^2 - 4 \times 1 \times 0\right)}{4 \times 1} = \frac{-16}{4} = -4$$

UNIDADE 3 – MATEMÁTICA DE NÍVEL MÉDIO

Assim, o vértice dessa função é dado por **V = (2, -4)**.

Para construir o gráfico dessa função, devemos calcular as suas raízes. Para isso, vamos igualar a zero essa função:

$x^2 - 4x = 0$

Reparem que nesses dois termos o **x** é um fator comum, de modo que devemos colocá-lo em evidência:

$$x \cdot (x - 4) = 0$$

Numa multiplicação de dois números em que o resultado é **zero**, um deles deve ser igual a zero. Ou seja:

$$x = 0$$

ou

$$x - 4 = 0 \rightarrow x = 4$$

Portanto, as raízes da função são $\mathbf{x_1 = 0}$ e $\mathbf{x_2 = 4}$. Desse modo, a parábola que representa a função quadrática está cruzando o eixo x no 0 e no 4. Além disso, repare que o coeficiente de $\mathbf{x^2}$ é um valor **positivo**, de modo que a concavidade está voltada para **cima**:

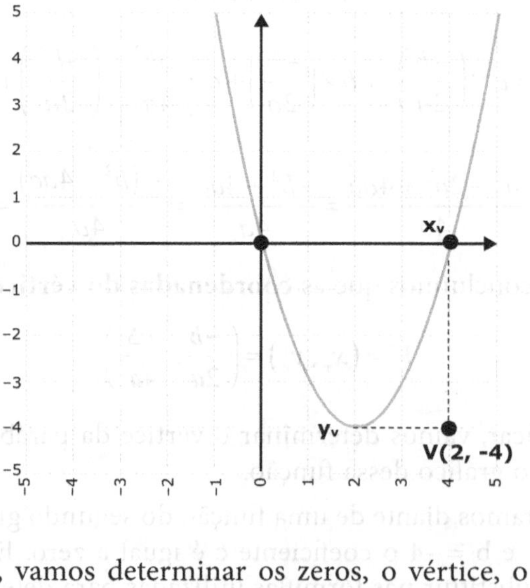

Para arrematar, vamos determinar os zeros, o vértice, o valor máximo ou mínimo da parábola dada pela função do segundo grau $f(x) = -x^2 + 2x + 8$ e construir seu gráfico.

Iniciamos pelo cálculo das raízes da função. Para isso, igualamos a função a zero e aplicamos a fórmula de Bháskara, tendo em mente que a = -1, b = 2 e c = 8:

$$x = \frac{-2 \pm \sqrt{2^2 - 4.(-1).8}}{2.(-1)} = \frac{-2 \pm \sqrt{4+32}}{-2} = \frac{-2 \pm 6}{-2}$$

$$x' = \frac{-2+6}{-2} = \frac{4}{-2} = -2$$

$$x'' = \frac{-2-6}{-2} = \frac{-8}{-2} = 4$$

Com isso, o gráfico vai cruzar o eixo X exatamente nas raízes x_1 = -2 e x_2 = 4. Considerando que **a** é **negativo**, a parábola que representa a função tem a concavidade voltada para **baixo**. E como **c** vale 8, o eixo Y será interceptado exatamente no 8.

Em seguida, vamos achar o vértice da função:

$$x_v = \frac{-b}{2a} = \frac{-2}{2\times(-1)} = \frac{-2}{-2} = 1$$

$$y_v = \frac{-\Delta}{4a} = \frac{-36}{4\times(-1)} = \frac{-36}{-4} = 9$$

Nós calculamos o x do vértice por meio da fórmula, mas também poderíamos calculá-lo utilizando a média das raízes encontrando como resultado 1 também, o qual poderíamos substituir na função para descobrir o y do vértice, que corresponde a 9.

Assim, o gráfico da função apresentada é o seguinte:

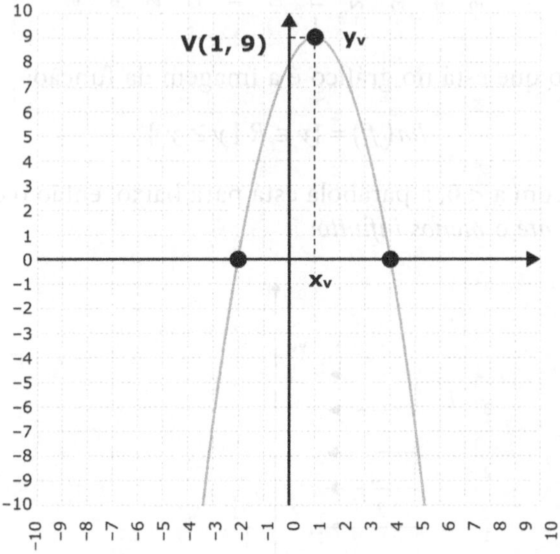

Note que o gráfico tem concavidade voltada para baixo, então aquelas linhas do gráfico vão descer até o menos infinito, de modo que **não há um valor mínimo**. Porém, tem um valor máximo!

E qual o valor máximo que esse gráfico atinge? Isso mesmo, é a coordenada Y do vértice. Portanto, o valor máximo desse gráfico é **Y = 9**.

11.2.5. Imagem da função

O **conjunto imagem** da função $f(x) = ax^2 + bx + c$, com $a \neq 0$, é o conjunto dos valores que Y pode assumir. Para descobrir esses valores, projetamos a parábola no eixo Y, começando pelo vértice.

Com **a > 0**, a parábola está para cima, então o conjunto imagem vai *do y do vértice até o mais infinito*:

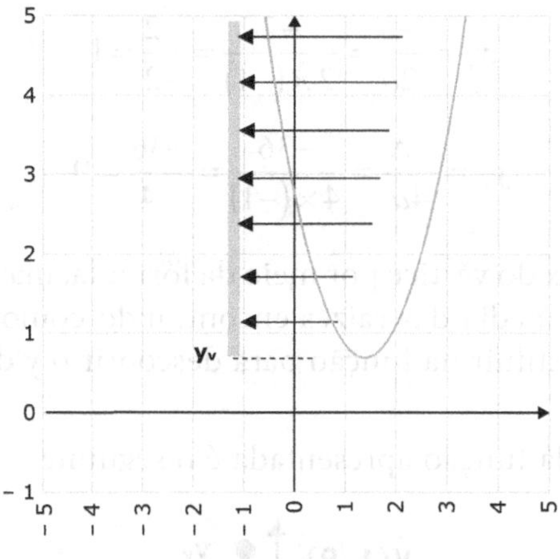

Esse intervalo que está no gráfico é a imagem da função:

$$Im(f) = \{y \in R \mid y \geq y_v\}$$

Por sua vez, com **a < 0**, a parábola está para baixo, então o conjunto imagem vai *do y do vértice até o menos infinito*:

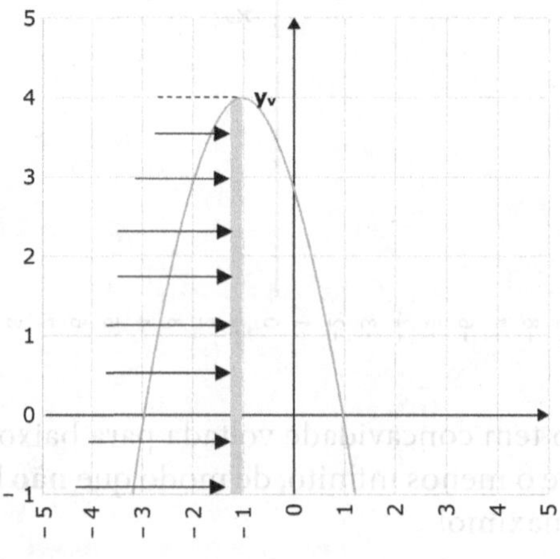

O intervalo que está no gráfico é a imagem da função:

$$Im(f) = \{y \in R \mid y \leq y_v\}$$

11.3. Estudo do Sinal da Função do 2º Grau

Estudar o sinal de uma função quadrática consiste em **determinar os valores de x para os quais y é positivo, negativo ou zero.**

Para fazer essa determinação, iremos contar com a ajuda do gráfico da função do segundo grau, a parábola, e por isso precisamos saber como ela pode nos mostrar todas essas informações.

Então, fica claro que precisamos observar a localização do gráfico da função f(x) com relação ao eixo x, ou eixo das abscissas do plano cartesiano. Uma função é **positiva**, ou maior que zero (f(x) > 0), quando o seu gráfico se encontra **acima do eixo x**, é **negativa**, ou menor que zero (f(x) > 0), quando o seu gráfico se encontra **abaixo do eixo x**, e será **igual a zero**, quando os seus respectivos valores de x forem exatamente iguais as suas duas raízes, de modo que, graficamente, uma função do segundo grau será igual a zero nos pontos **onde o gráfico corta ou intercepta o eixo x**.

Dessa forma, para realizar o estudo do sinal de uma função do 2º grau, é necessário obtermos as duas raízes dessa função, porque elas nos revelarão quando a função é igual a zero (f(x) = 0). Mas nós também vimos que é a forma gráfica da função em relação ao eixo x que nos ajuda a determinar quando a função é positiva e quando ela é negativa. É neste ponto que devemos nos concentrar: *conhecer as raízes de uma função do 2º grau também nos permite desenhar facilmente a sua curva em relação ao eixo x*!

Dependendo da natureza das raízes da função, dada por meio do valor do discriminante, ou delta (Δ), cuja fórmula é apresentada logo abaixo, elas podem se comportar de 3 maneiras diferentes, as quais serão estudadas a partir de agora.

a) quando Δ > 0 e a função possui duas raízes reais e distintas.

Nesta situação, a parábola vai cortar o eixo x em **dois pontos distintos**:

a > 0

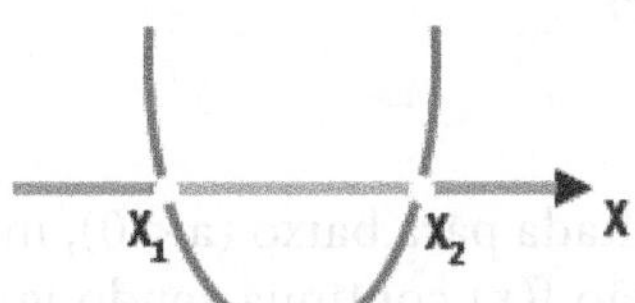

a < 0

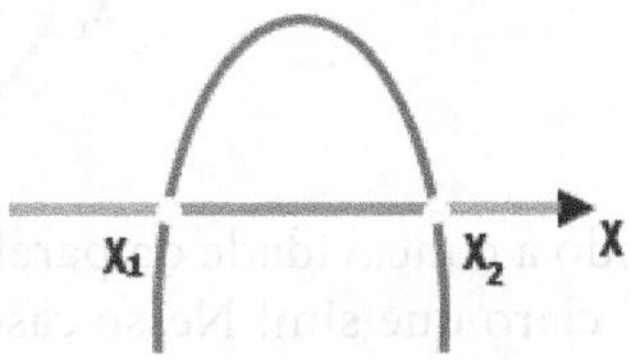

A partir desse momento vamos focar nossa atenção exclusivamente nos valores de x a cada ponto dos gráficos. Começaremos pelo caso em que a concavidade da parábola é voltada para cima (a > 0).

Quando x for exatamente igual a x_1 ou exatamente igual a x_2, a função f(x) será igual a zero, pois é justamente nesses pontos que o gráfico corta o eixo x.

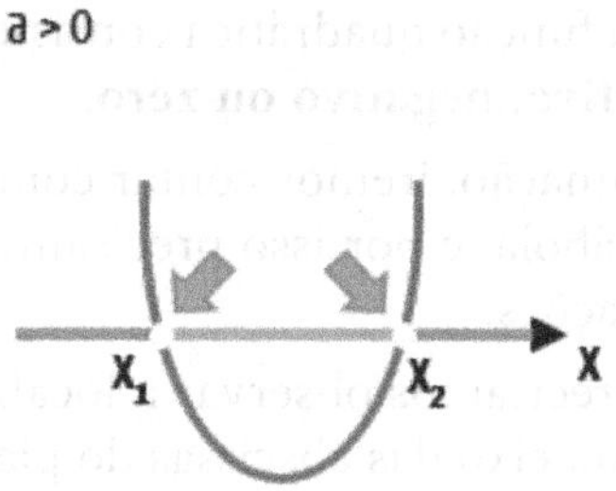

Já se os de x estiverem entre x_1 e x_2, o gráfico se encontra abaixo do eixo x, de modo que esta função é **negativa.**

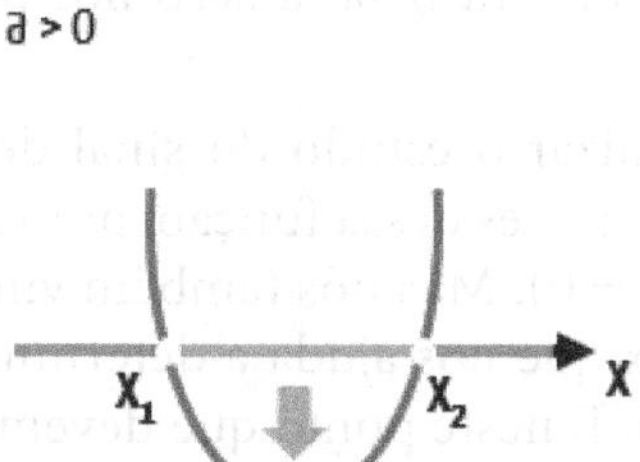

Por sua vez, quando os valores de x são menores do que x_1 e maiores do que x_2, o gráfico se encontra acima do eixo x. Isso significa que para esses valores de x, a função é **positiva.**

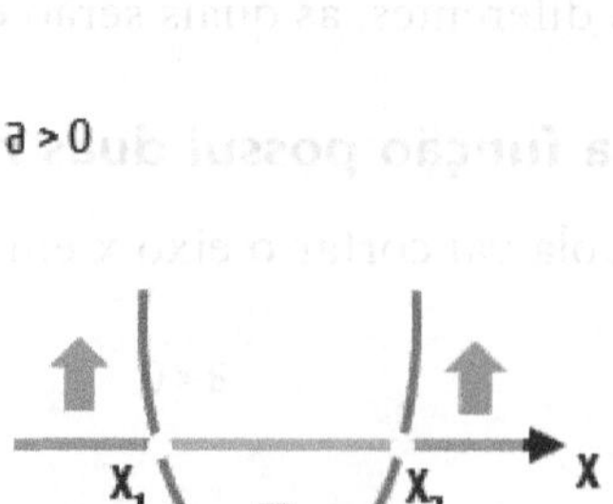

E quando a concavidade da parábola é voltada para baixo (a < 0), muda alguma coisa? É claro que sim! Nesse caso, a função f(x) continua sendo igual a zero quando x for exatamente igual a x_1, ou quando x for exatamente igual a x_2. Mas ao invertermos a concavidade da parábola, para valores de x que se situam entre x_1 e x_2 a função acaba sendo positiva, pois seu gráfico se encontra acima do eixo x. Por outro lado, para valores de x menores que x_1 e maiores que x_2, a função acaba sendo negativa, já que seu gráfico se encontra abaixo do eixo x. Veja:

a<0

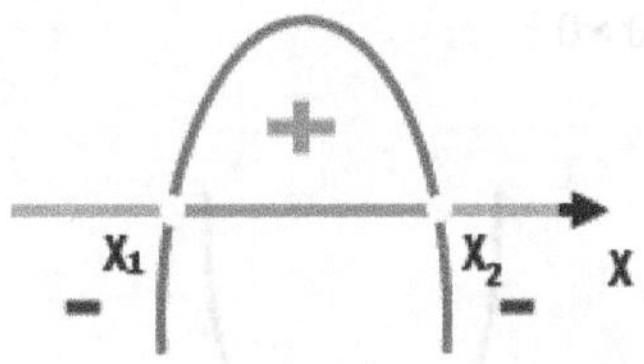

ESQUEMATIZANDO:

ESTUDO DO SINAL DA FUNÇÃO QUADRÁTICA QUANDO Δ > 0			
Valor de *a*	**Quando a função é igual a zero f(x) = 0**	**Quando a função é positiva**	**Quando a função é negativa**
a > 0	$x = x_1$ ou $x = x_2$	$x < x_1$ ou $x > x_2$	$x_1 < x < x_2$
a < 0	$x = x_1$ ou $x = x_2$	$x_1 < x < x_2$	$x < x_1$ ou $x > x_2$

Tranquilo até aqui? A ideia é a mesma para os próximos casos também, o que nos permitirá ser mais breves quanto aos seus estudos.

b) quando Δ = 0 e a função possui duas raízes reais e iguais.

Nesta situação, a parábola irá tocar o eixo x em **um único ponto**:

a>0

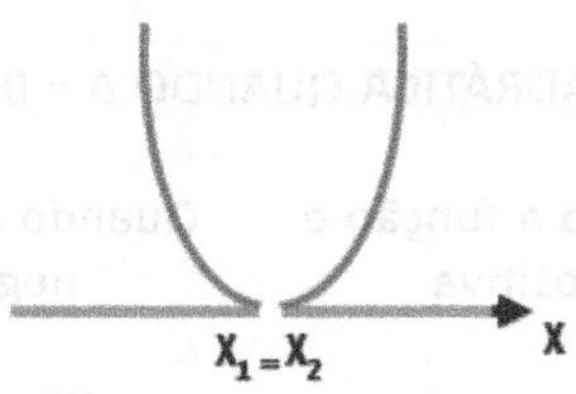

a<0

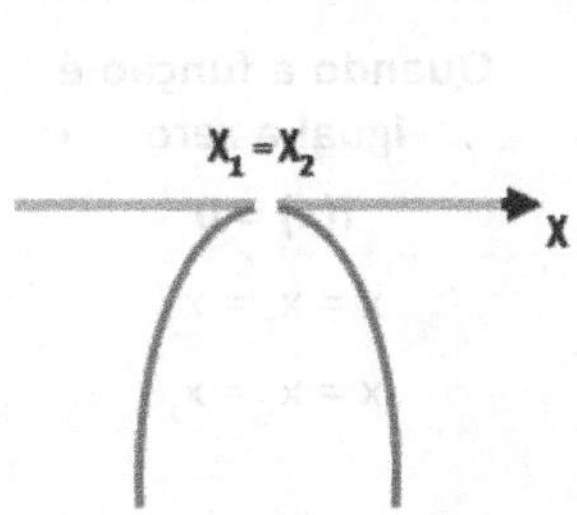

Novamente vamos começar pelo caso em que a concavidade da parábola é voltada para cima (**a > 0**). Como temos duas raízes reais e iguais, existe um único valor de x para o qual a função f(x) é igual a zero, x_1, que é o mesmo valor de x_2. Para qualquer outro valor real de x a função é positiva, porque o seu gráfico está localizado acima do eixo x. Isso significa que **não existe nenhum valor de x que torne a função negativa**, e que **qualquer valor de x diferente do valor das raízes, torna a função positiva.**

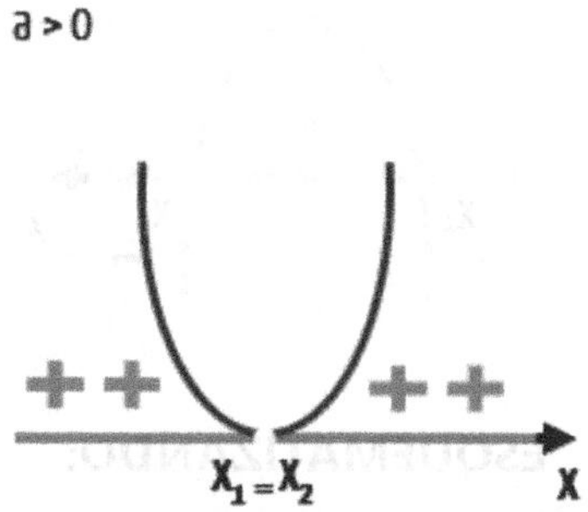

Já se **a < 0**, para qualquer outro valor real de x a função é negativa, porque o seu gráfico está localizado abaixo do eixo x. Isso significa que **não existe nenhum valor de x que torne a função positiva**, e que **qualquer valor de x diferente do valor das raízes, torna a função negativa.**

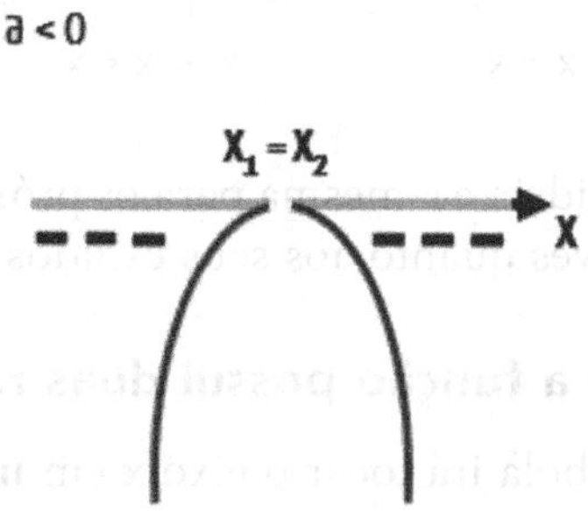

ESQUEMATIZANDO:

ESTUDO DO SINAL DA FUNÇÃO QUADRÁTICA QUANDO Δ = 0			
Valor de *a*	**Quando a função é igual a zero f(x) = 0**	**Quando a função é positiva**	**Quando a função é negativa**
a > 0	$x = x_1 = x_2$	$x \neq x_1$ ou $x \neq x_2$	Não existe
a < 0	$x = x_1 = x_2$	Não existe	$x \neq x_1$ ou $x \neq x_2$

c) quando Δ < 0 e a função possui duas raízes complexas.

Nesta situação, a parábola **não irá sequer encostar no eixo x,** estando totalmente acima dele, ou totalmente abaixo.

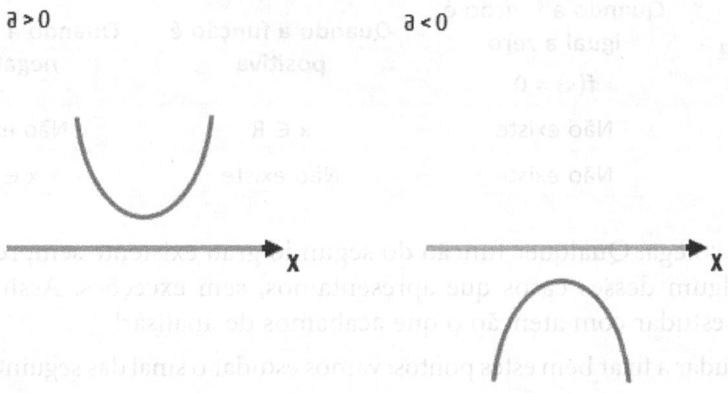

Quando **a > 0**, não existem valores reais de x para os quais a função f(x) seja igual a zero, e nem mesmo valores de x que tornem a função negativa, já que toda a parábola está localizada **acima** do eixo x. Assim, **para qualquer valor real de x, uma função como essa será sempre positiva.**

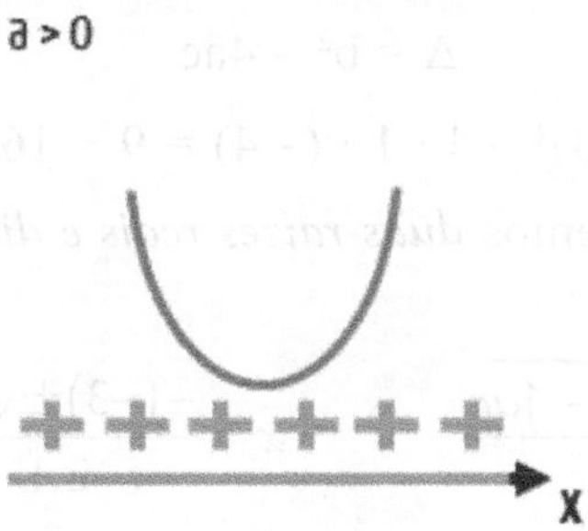

Quando **a < 0**, o que muda é o fato de não existir valores reais de x para os quais a função f(x) seja igual a zero, e nem mesmo valores de x que tornem a função positiva, já que toda a parábola está localizada **abaixo** do eixo x. Assim, **para qualquer valor real de x, uma função como essa será sempre negativa**!

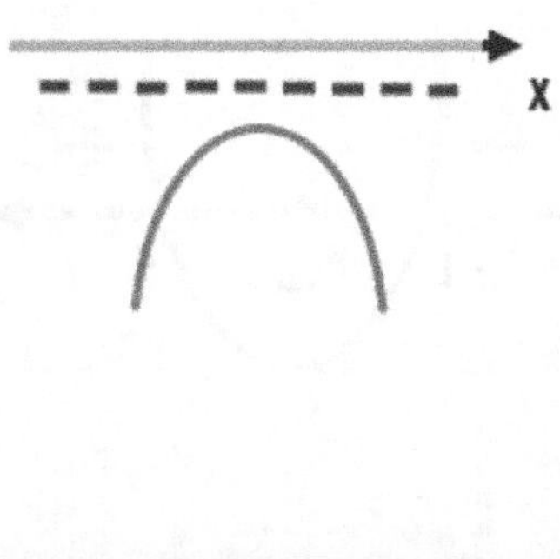

RESUMO

ESTUDO DO SINAL DA FUNÇÃO QUADRÁTICA QUANDO Δ < 0			
Valor de *a*	**Quando a função é igual a zero f(x) = 0**	**Quando a função é positiva**	**Quando a função é negativa**
a > 0	Não existe	x ∈ R	Não existe
a < 0	Não existe	Não existe	x ∈ R

É isso, colega. Qualquer função do segundo grau existente sempre se enquadrará em algum desses casos que apresentamos, sem exceções. Assim, é muito importante estudar com atenção o que acabamos de analisar!

Para ajudar a fixar bem estes pontos, vamos estudar o sinal das seguintes funções:

a) f(x) = x^2 – 3x – 4

Temos que a = 1, b = – 3 e c = – 4. Como **a** é positivo, a concavidade da parábola de f(x) será voltada para cima.

Agora calculamos o discriminante:

$$\Delta = b^2 - 4ac$$

$$\Delta = (-3)^2 - 4 \cdot 1 \cdot (-4) = 9 + 16 = \mathbf{25}$$

Assim, como Δ > 0 teremos *duas raízes reais e distintas*. E quais serão elas? Vamos calcular:

$$x = \frac{-b \pm \sqrt{b^2 - 4ac}}{2a} \qquad x = \frac{-(-3) \pm \sqrt{25}}{2.1} = \frac{3 \pm 5}{2}$$

$$x' = \frac{3+5}{2} = \frac{8}{2} = 4$$

$$x'' = \frac{3-5}{2} = \frac{-2}{2} = -1$$

Pronto, já temos informações suficientes para esboçar o gráfico de f(x) e estudar o seu sinal:

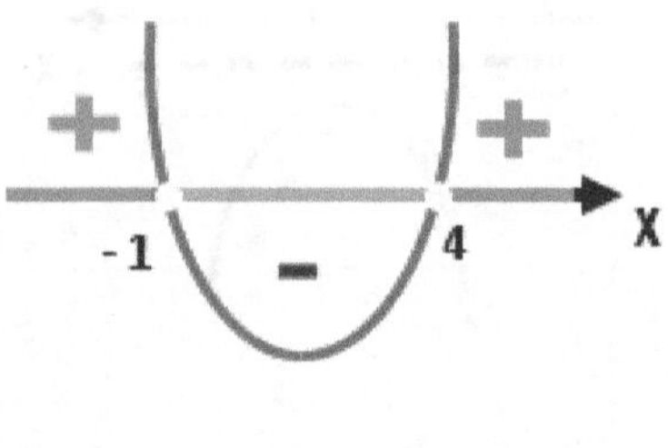

Para valores de x menores do que –1, e maiores do que 4, a função f(x) é **positiva**. Já para valores de x que se situam entre –1 e 4, a função f(x) é **negativa**. E por fim, mas não menos importante, a função f(x) é **igual a zero** quando x é exatamente igual a –1, ou exatamente igual a 4.

$$f(x) = 0 \Longrightarrow x = -1 \text{ ou } x = 4$$

$$f(x) > 0 \Longrightarrow x < -1 \text{ ou } x > 4$$

$$f(x) < 0 \Longrightarrow -1 < x < 4$$

Veja que seguimos os seguintes passos para estudar o sinal da função:

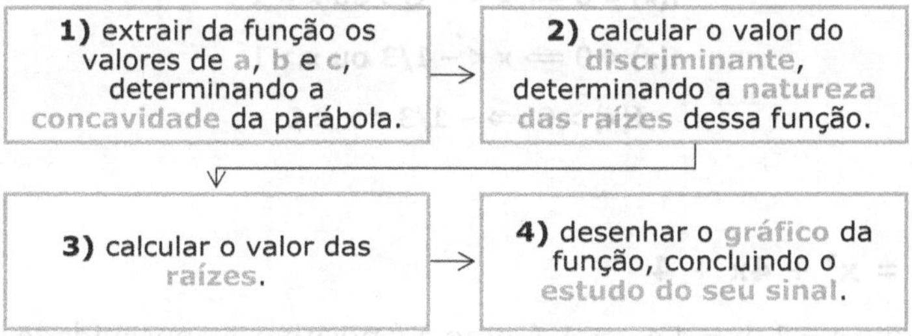

b) f(x) = – 3x² + 2x + 1

Temos que a = – 3, b = 2 e c = 1. Como **a** é negativo, a concavidade da parábola de f(x) será voltada para baixo.

Agora calculamos o discriminante:

$$\Delta = b^2 - 4ac$$

$$\Delta = 2^2 - 4 \cdot (-3) \cdot 1 = 4 + 12 = \mathbf{16}$$

Assim, como $\Delta > 0$ teremos *duas raízes reais e distintas.* Veja:

$$x = \frac{-2 \pm \sqrt{16}}{2.(-3)} = \frac{-2 \pm 4}{-6}$$

$$x' = \frac{-2+4}{-6} = \frac{2}{-6} = -\frac{1}{3}$$

$$x'' = \frac{-2-4}{-6} = \frac{-6}{-6} = 1$$

Por fim, esboçamos o gráfico da função para estudar o seu sinal:

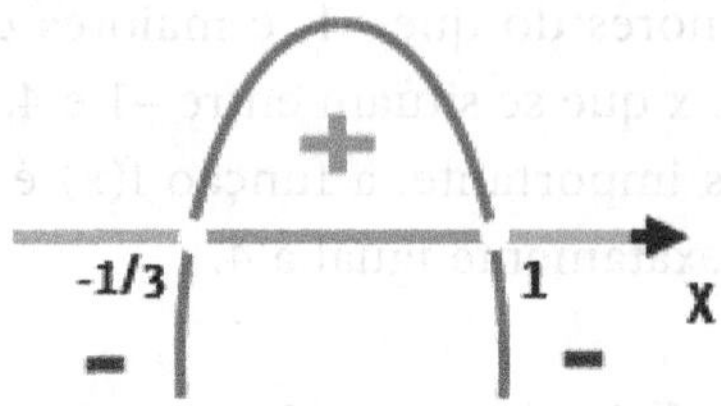

Para valores de x menores do que –1/3, e maiores do que 1, a função f(x) é **negativa**. Já para valores de x que se situam entre –1/3 e 1, a função f(x) é **positiva**. E por fim, a função f(x) só pode ser **igual a zero** quando x for exatamente igual a –1/3 ou exatamente igual a 1.

$$f(x) = 0 \Rightarrow x = -1/3 \text{ ou } x = 1$$
$$f(x) < 0 \Rightarrow x < -1/3 \text{ ou } x > 1$$
$$f(x) > 0 \Rightarrow -1/3 < x < 1$$

c) $f(x) = x^2 + 4x + 4$

Temos que a = 1, b = 4 e c = 4. Como **a** é positivo, a concavidade da parábola de f(x) será voltada para cima.

Agora calculamos o discriminante:

$$\Delta = 4^2 - 4 \cdot 1 \cdot 4 = 16 - 16 = \mathbf{0}$$

Assim, como $\Delta = 0$ teremos *duas raízes reais e iguais*. Veja:

$$x = \frac{-4 \pm \sqrt{0}}{2.1} = \frac{-4}{2}$$

$$x' = x'' = -2$$

Por fim, esboçamos o gráfico da função para estudar o seu sinal:

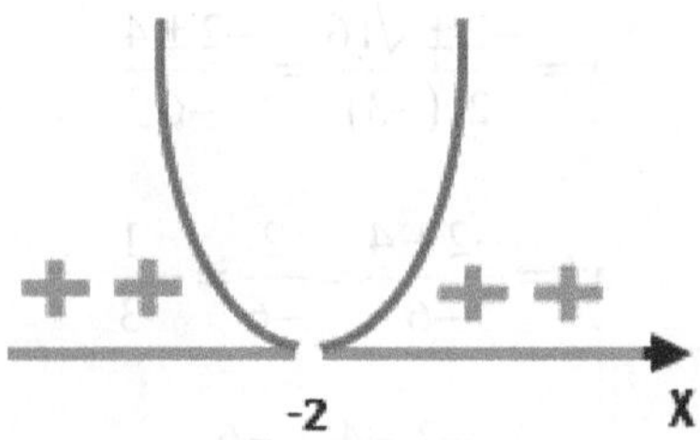

Note que para todo e qualquer valor real de x diferente de –2, a função f(x) é **positiva**. Já se x for exatamente igual a –2, então a função f(x) será exatamente

igual a zero. E o fato de a parábola não possuir parte alguma abaixo do eixo x nos permite concluir que **não existem valores reais de x que possam tornar a função negativa**!

$$f(x) = 0 \Rightarrow x = -2$$

$$f(x) > 0 \Rightarrow x \neq -2$$

d) $f(x) = x^2 + 2x + 8$

Temos que a = 1, b = 2 e c = 8. Como **a** é positivo, a concavidade da parábola de f(x) será voltada para cima.

Agora calculamos o discriminante:

$$\Delta = 2^2 - 4 \cdot 1 \cdot 8 = 4 - 32 = \mathbf{-28}$$

Assim, como $\Delta < 0$ *não teremos raízes reais*, o que nos permite pular o passo do cálculo das raízes, e partir direto para a o esboço do gráfico da função para estudar o seu sinal:

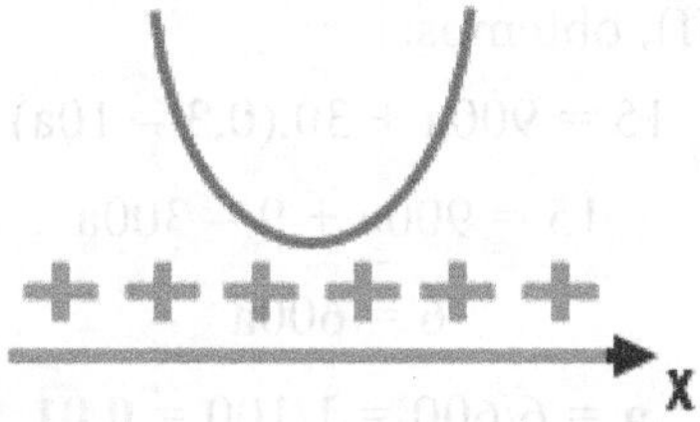

Para qualquer valor real de x, essa função f(x) será sempre **positiva**. Isso porque a parábola está totalmente localizada na parte superior do eixo x, e nem sequer encosta nesse eixo. Assim, **não** há nenhum valor de x que possa tornar a função negativa, ou mesmo igual a zero.

$$f(x) > 0 \Rightarrow x \in R$$

Veja como esse assunto já foi cobrado!

QUESTÃO 12 (CESPE/SEFAZ-RS/Téc Trib/2018) Para a função $f(x) = ax^2 + bx + c$, em que a, b e c são constantes reais, tem-se que: f(0) = 0, f(10) = 3 e f(30) = 15. Nesse caso, f(60) é igual a

A) 18. B) 30. C) 48. D) 60. E) 108.

UNIDADE 3 – MATEMÁTICA DE NÍVEL MÉDIO

RESOLUÇÃO:

Inicialmente a função é dada por $\mathbf{f(x) = ax^2 + bx + c}$. Como f(0) = 0, temos:

$$f(x) = ax^2 + bx + c$$

$$f(0) = a.0^2 + b.0 + c$$

$$0 = 0 + 0 + c$$

$$\mathbf{c = 0}$$

Assim, a função fica apenas $\mathbf{f(x) = ax^2 + bx}$. Como f(10) = 3, temos:

$$f(10) = a.10^2 + b.10$$

$$3 = 100a + 10b$$

$$0{,}3 = 10a + b$$

$$\mathbf{b = 0{,}3 - 10a\ (I)}$$

Como f(30) = 15, temos:

$$f(30) = a.30^2 + b.30$$

$$\mathbf{15 = 900a + 30b\ (II)}$$

Substituindo **b** em (II), obtemos:

$$15 = 900a + 30.(0{,}3 - 10a)$$

$$15 = 900a + 9 - 300a$$

$$6 = 600a$$

$$\mathbf{a} = 6/600 = 1/100 = \mathbf{0{,}01}$$

Agora podemos substituir a em (I):

$$\mathbf{b} = 0{,}3 - 10 \times 0{,}01 = 0{,}3 - 0{,}1 = \mathbf{0{,}2}$$

Assim, ficamos com a função **f(x) = 0,01.x2 + 0,2x**. Como o nosso objetivo em obter o valor de f(60), temos:

$$f(60) = 0{,}01 \times 60^2 + 0{,}2.60$$

$$\mathbf{f(60)} = 0{,}01 \times 3600 + 12 = 36 + 12 = \mathbf{48}$$

Gabarito: C.

12. RESUMO

Uma relação de **A** em **B** recebe o nome de **função** quando obedece às duas condições:

1) **todo** elemento de **A** tem correspondente em **B**;

2) **cada** elemento de **A** tem um único correspondente em **B**.

Dados dois conjuntos A e B, uma **função de A em B (f: A → B)** é uma regra que indica como associar cada elemento x ∈ A a um único y ∈ B.

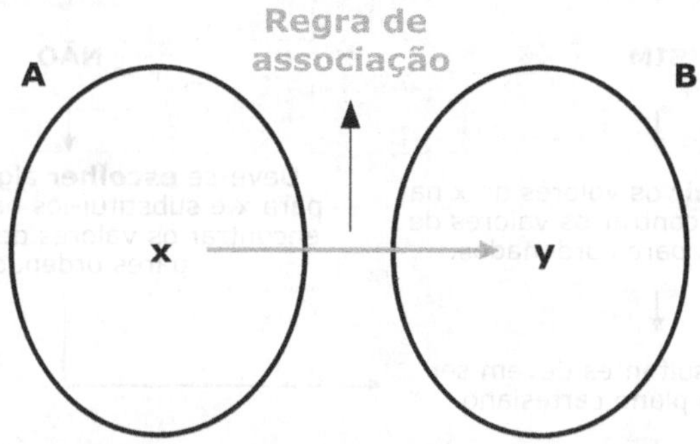

Essa função pode ser denotada por **f(x) = y**, pois se trata de associação entre cada elemento x de A e os elementos y de B.

Domínio (D)	•Conjunto formado por todos os elementos do **conjunto de partida** (A).
Contradomínio (CD)	•Conjunto formado por todos os elementos do **conjunto de chegada** (B).
Conjunto Imagem (Im)	•Conjunto formado por todos **os valores de B que serão associados a algum elemento de A.**

PLANO CARTESIANO

Na descrição da função são citados o **conjunto de chegada** e o **conjunto de partida**?

SIM → O **Domínio** da função é o **conjunto de partida**.

NÃO → O **Domínio** é formado por todos os **valores reais para os quais a função poderá assumir algum valor.**

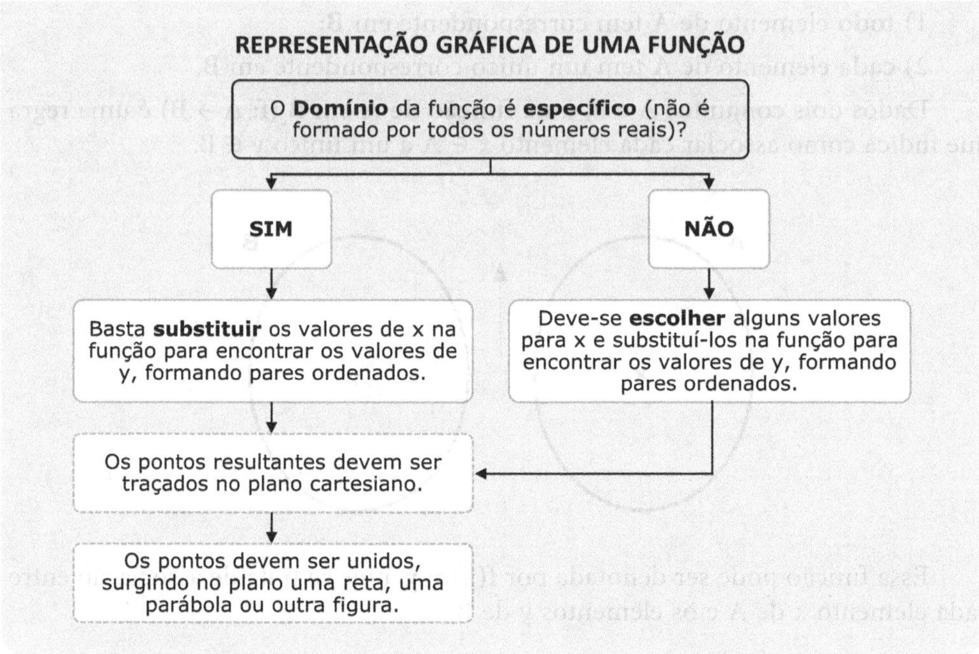

Para que um gráfico represente uma fração, toda reta perpendicular ao eixo x (paralela ao eixo y) deve interceptar o gráfico em um único ponto.

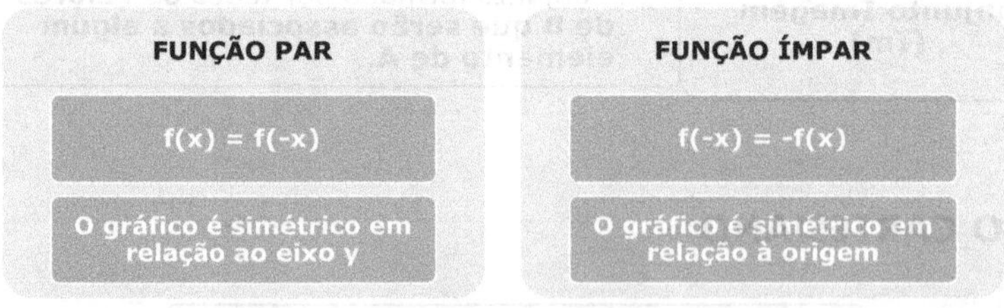

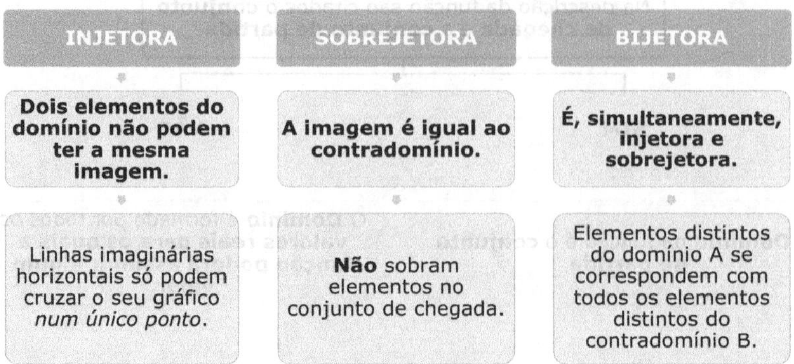

FUNÇÃO COMPOSTA

Com as funções f: A → B e g: B → C, chamamos de **função composta** de g e f à função **h: A → C**, tal que:

h(x) = (g ∘ f)(x) = g(f(x))

Para determinar a função composta h(x) = g(f(x)), devemos, **na função g, substituir x pela função f(x) e resolver as operações necessárias.**

Não é comutativa: f ∘ g ≠ g ∘ f

FUNÇÃO INVERSA

- O domínio de uma função **f** corresponde à imagem da sua função inversa $\mathbf{f^{-1}}$ e o domínio da função inversa é a imagem de **f**.
- A função inversa **cria funções** a partir de outras.
- **Só** existe função inversa de função **bijetora**.
- Para determinar a inversa de uma função, basta seguir a seguinte regra prática: **1) trocar o x pelo y e pelo x**; e **2) Isolar o y**.
- Os gráficos das funções f e f^{-1} são **simétricos em relação à bissetriz** (reta que divide o ângulo ao meio) dos **quadrantes ímpares**.

Chama-se **função polinomial do 1º grau** a função f: R → R, definida por **y = ax + b**, com **a** e **b** pertencentes ao conjunto dos números reais e **a ≠ 0**. Neste caso, **a** é o **coeficiente angular** da reta do gráfico de **f** e determina sua inclinação. Já o número **b** corresponde ao **coeficiente linear** da reta e determina a interseção da reta com o eixo y. Por fim, temos que **x** é a **variável independente**.

FUNÇÃO DO 1º GRAU

Tipo	Forma
Constante	**f(x) = b** *(a = 0)*
Identidade	**f(x) = x** *(a = 1 e b = 0)*
Linear	**f(x) = ax** *(b = 0, a ≠ 0 e a ≠ 1)*
Afim	**f(x) = ax + b** *(a ≠ 0 e b ≠ 0)*

A representação geométrica da função do 1º grau é dada por uma **reta**, de modo que para determinar o gráfico é necessário obter dois pontos dessa reta. Procuraremos os pontos em que a reta corta os eixos **Ox** e **Oy**.

Para determinar a **intersecção da reta com os eixos**, fazemos:

1) **igualamos y a zero**, então ax + b = 0 → x = -b/a, no eixo **Ox** encontramos o ponto **(-b/a, 0)**.

2) **igualamos x a zero**, então f(x) = a . 0 + b → y = b, no eixo **Oy** encontramos o ponto **(0, b)**.

Função Crescente	Função Decrescente
a > 0	**a < 0**

Além disso, o valor de **b** indica o **ponto de intersecção da função com o eixo y** no plano cartesiano.

A **raiz** ou **zero** da função do 1º grau é o valor de **x** para o qual se tem **y = f(x) = 0**. Graficamente é o ponto em que a reta corta o eixo **Ox**.

Assim, para determinar a raiz da função basta igualá-la a zero, obtendo:

$$f(x) = ax + b$$

$$ax + b = 0$$

$$ax = -b$$

$$\mathbf{x = -b/a}$$

Uma função **F**, de reais em reais (esse primeiro conjunto que está sendo representado pelos números reais é o domínio da função, enquanto o segundo conjunto é chamado de contradomínio dessa função), chama-se **quadrática** quando existem números reais **a**, **b**, **c**, com **a diferente de 0**, tal que:

$$\mathbf{f(x) = ax^2 - bx + c}$$

Os valores reais a, b, c são os **coeficientes** da função. O coeficiente do x ao quadrado é o **a**, o coeficiente do x nós chamamos de **b** e, por fim, a gente chama **c** de <u>termo independente</u>.

Para descobrir as **duas raízes** de uma função do 2º grau, basta resolver a equação do 2º grau que resulta após **igualar a zero** a função apresentada.

Raízes da função do 2º grau

- **Soma**: $x' + x'' = \frac{-b}{a}$
- **Produto**: $x' . x'' = \frac{c}{a}$

$\Delta > 0$	$\Delta = 0$	$\Delta < 0$
A função terá duas raízes reais e *distintas*	A função terá duas raízes reais e *iguais*	A função ***não*** terá raízes reais

O gráfico de uma função quadrática tem o formato de uma curva chamada **parábola.**

Coeficiente	O que indica?	Efeitos dos valores no gráfico
a	Sentido da concavidade da parábola.	– a > 0: concavidade para cima – a < 0: concavidade para baixo
b	Inclinação que a parábola toma após passar o eixo Y	– b > 0: parábola corta o eixo Y crescendo – b < 0: parábola corta o eixo Y decrescendo – b = 0: parábola corta o eixo Y na horizontal, exatamente no ponto em que o eixo Y é cortado.
c	Ponto onde a parábola intercepta o eixo Y	– c > 0: parábola irá cortar o eixo Y acima da origem – c < 0: parábola irá cortar o eixo Y abaixo da origem – c = 0: parábola irá cortar o eixo Y na origem.

$\Delta > 0$	$\Delta = 0$	$\Delta < 0$
A parábola corta o eixo X em *dois pontos diferentes*	A parábola corta o eixo X em *um único ponto*	A parábola **não corta** o eixo X

O **vértice da parábola** constitui um ponto importante do gráfico da função quadrática, pois indica o ponto de valor máximo e o ponto de valor mínimo. Logo:

- Quando o valor do coeficiente **a for menor que zero**, o vértice da parábola será o ponto **máximo**.
- Quando o valor do coeficiente **a for maior que zero**, a parábola possuirá valor **mínimo**.

A reta paralela ao eixo Y que passa pelo vértice da parábola é chamada de **eixo de simetria**. Ele divide a parábola em dois lados, em que um deles é decrescente e o outro é crescente.

$$V = (x_v, y_v) = \left(\frac{-b}{2a}, \frac{-\Delta}{4a}\right)$$

ESTUDO DO SINAL DA FUNÇÃO QUADRÁTICA QUANDO Δ > 0			
Valor de *a*	**Quando a função é igual a zero f(x) = 0**	**Quando a função é positiva**	**Quando a função é negativa**
a > 0	$x = x_1$ ou $x = x_2$	$x < x_1$ ou $x > x_2$	$x_1 < x < x_2$
a < 0	$x = x_1$ ou $x = x_2$	$x_1 < x < x_2$	$x < x_1$ ou $x > x_2$

ESTUDO DO SINAL DA FUNÇÃO QUADRÁTICA QUANDO Δ = 0			
Valor de *a*	**Quando a função é igual a zero f(x) = 0**	**Quando a função é positiva**	**Quando a função é negativa**
a > 0	$x = x_1 = x_2$	$x \neq x_1$ ou $x \neq x_2$	Não existe
a < 0	$x = x_1 = x_2$	Não existe	$x \neq x_1$ ou $x \neq x_2$

ESTUDO DO SINAL DA FUNÇÃO QUADRÁTICA QUANDO Δ < 0			
Valor de *a*	**Quando a função é igual a zero f(x) = 0**	**Quando a função é positiva**	**Quando a função é negativa**
a > 0	Não existe	$x \in R$	Não existe
a < 0	Não existe	Não existe	$x \in R$

Passos para estudar o sinal da função:

1) extrair da função os valores de a, b e c, determinando a concavidade da parábola. → **2)** calcular o valor do discriminante, determinando a natureza das raízes dessa função. → **3)** calcular o valor das raízes. → **4)** desenhar o gráfico da função, concluindo o estudo do seu sinal.

13. MAIS QUESTÕES COMENTADAS

QUESTÃO 13 (CESPE – TA/ANAC/2012) Uma agência de turismo verificou que a quantidade — N(p) — de passagens aéreas vendidas varia em função do preço — p, em reais — das passagens, de acordo com a expressão: N(p) = 2.700 – 3p, se 300 < p < 900. Considerando que a receita — R(p) — da agência com a venda de passagens aéreas seja R(p) = p × N(p), se 300 < p < 900, julgue o item seguinte.

Ao preço de R$ 350,00, a agência venderá mais de 1.700 passagens aéreas.

RESOLUÇÃO:

Como o preço de R$ 350,00, devemos aplicar este valor na função dada:

$$N(p) = 2.700 - 3p$$

$$\mathbf{N(350)} = 2.700 - 3 \times 350 = \mathbf{1.650}$$

Veja que esta quantidade é **inferior a 1.700.**

Gabarito: Errado.

QUESTÃO 14 (CESPE – Tec Ge/CPRM/2016) Quando o reservatório de água de determinado município atingiu sua capacidade máxima, iniciou-se um período de seca, sem nenhuma chuva. As autoridades municipais, temendo desabastecimento, estabeleceram que seria iniciado um racionamento quando o nível do reservatório atingisse 20% de sua altura máxima. Decorridos x dias sem chuva, a altura do nível da água no reservatório foi estimada pela função y = -0,1x + 16, em metros. Nesse caso, não havendo chuva por um longo período, o racionamento será iniciado em

a) 128 dias b) 40 dias c) 160 dias d) 158 dias e) 140 dias.

RESOLUÇÃO:

Conforme as informações constantes do enunciado, quando x = 0 estamos na altura máxima do reservatório. Logo:

$$y = -0{,}1 \times 0 + 16 = 16$$

Assim, a altura máxima é 16 metros. Como 20% deste valor corresponde a 0,2 × 16 = 3,2, temos que determinar o valor de **x** que corresponde à altura 3,2:

$$y = -0{,}1x + 16$$

$$3{,}2 = -0{,}1x + 16$$

$$0{,}1x = 16 - 3{,}2$$

$$0{,}1x = 12{,}8$$

$$\mathbf{x = 128}$$

Gabarito: A.

QUESTÃO 15 (CESPE – PRF/2013) Gráfico para o item

Considere que, em 2009, tenha sido construído um modelo linear para a previsão de valores futuros do número de acidentes ocorridos nas estradas brasileiras. Nesse sentido, suponha que o número de acidentes no ano t seja representado pela função F(t) = At + B, tal que F(2007) = 129.000 e F(2009) = 159.000. Com base nessas informações e no gráfico apresentado, julgue o item a seguir.

O valor da constante A em F(t) é superior a 14.500.

RESOLUÇÃO:

O enunciado apresenta a seguinte função: **f(t) = at + b**.

Considerando t = 2007, temos:

$$f(2007) = a \times 2007 + b$$

$$129.000 = 2007a + b$$

Seguindo o mesmo raciocínio em relação a t = 2009, temos:

$$f(2009) = 2009a + b$$

$$159.000 = 2009a + b$$

Agora subtraímos as duas equações:

$$159.000 - 129.000 = (2009a + b) - (2007a + b)$$

$$30.000 = 2a$$

$$\mathbf{a} = 30.000 \div 2 = \mathbf{15.000}$$

Gabarito: Certo.

QUESTÃO 16 (IBFC – Ag Adm/CM Vassouras/2015) Considere os conjuntos A = {0,1,2,3,4} e B = {2,3,4,5}. Dentre as alternativas, a única que não representa uma relação de A em B, é:

a) {(0,2); (1,3);(2,5)}

b) {(1,4);(3,2); (2,5);(0,3)}

c) {(0,5);(2,4)}

d) {(0,2);(1,4);(0,5)}

e) {(1,5);(2,4);(5,2)}

RESOLUÇÃO:

O enunciado fala a respeito de "Relação". Trata-se da correspondência entre um conjunto de partida (A) e um conjunto de chegada (B).

A relação pode ser representada pelos seus pares ordenados. Em uma relação de A em B podemos ter o par ordenado (0,2). O primeiro termo (o número 0) representa um elemento do conjunto de partida A e o segundo termo (o número 2) representa um elemento do conjunto de chegada B. Veja o diagrama:

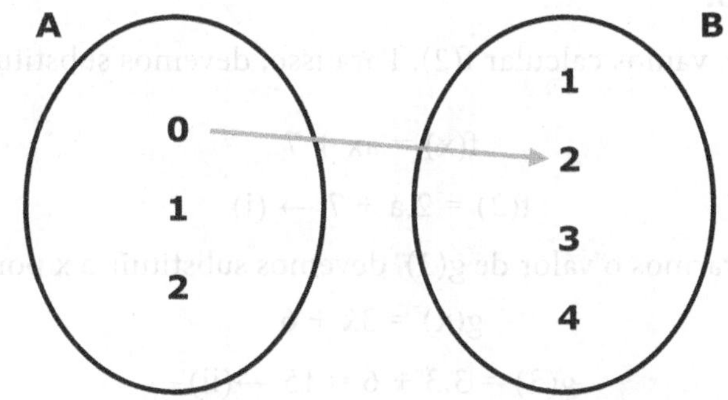

Repare que a ordem é importante: No par ordenado (0,2), o primeiro termo representa um elemento do conjunto A e o segundo termo representa um elemento do conjunto B.

A questão apresenta uma série de pares ordenados e pergunta em qual das alternativas há algum par ordenado que não representa uma relação de A em B.

a) {(0,2); (1,3);(2,5)}

(0,2) representa, sim, uma relação de A em B, porque existe o elemento "0" no conjunto A e existe o elemento "2" no conjunto B.

(1,3) também representa uma relação de A em B, porque existe o elemento "1" no conjunto A e existe o elemento "3" no conjunto B.

(2,5) também representa uma relação de A em B, porque existe o elemento "2" no conjunto A e existe o elemento "5" no conjunto B.

As alternativas b, c e d também apresentam pares ordenados que representam relações de A em B. Agora, vejamos a alternativa E:

e) {(1,5);(2,4);(5,2)}

(1,5) representa uma relação de A em B, porque existe o elemento "1" no conjunto A e existe o elemento "5" no conjunto B.

(2,4) também representa uma relação de A em B, porque existe o elemento "2" no conjunto A e existe o elemento "4" no conjunto B.

Já o par (5,2) não representa uma relação de A em B, porque o conjunto A não possui o elemento 5.

Gabarito: E

QUESTÃO 17 (ESAF – TA/ANAC/2016) Sejam f(x) = ax + 7 e g(x) = 3x + 6 funções do primeiro grau. O valor de a que faz com que f(2) seja igual a g(3) é igual a

a) 6 b) 3 c) 5 d) 4 e) 7

RESOLUÇÃO:

Inicialmente, vamos calcular f(2). Para isso, devemos substituir o x por 2 na função f:

$$f(x) = ax + 7$$

$$f(2) = 2.a + 7 \rightarrow \text{(i)}$$

Para encontrarmos o valor de g(3), devemos substituir o x por 3 na função g:

$$g(x) = 3x + 6$$

$$g(3) = 3.3 + 6 = 15 \rightarrow \text{(ii)}$$

Agora fazemos (i) = (ii) a fim de determinarmos o valor de **a**:

$$2a + 7 = 15$$

$$2a = 8$$

$$\mathbf{a = 4}$$

Gabarito: D.

QUESTÃO 18 (CONSULPLAN – Soldado/CBM-PA/2016) O lucro de uma empresa relacionado ao dia do mês é dado pela função: L(x) = 5.000,00 + 10.000,00(31 – x), sendo x o dia do mês. O dia do mês em que a empresa tem um lucro de R$ 165.000,00 é:

a) 9 b) 12 c) 13 d) 14 e) 15

RESOLUÇÃO:

O nosso objetivo consiste em obter o valor de **x** que resulte em **L(x)** igual a 165.000. Para isso, na função, substituímos L(x) por 165.000:

$$165.000 = 5.000 + 10.000 \times (31 - x)$$

Dividindo cada termo por 5.000, temos:

$$33 = 1 + 2 \times (31 - x)$$

$$32 = 2 \times (31 - x)$$

$$16 = 31 - x$$

$$\mathbf{x} = 31 - 16 = \mathbf{15}$$

Portanto, no dia 15 (x = 15) a empresa obtém um lucro de R$ 165.000,00.

Gabarito: E.

QUESTÃO 19 (CONSULPLAN – Ag/CM-Olinda/2015) O ponto de interseção entre as retas de equações $y = 2x - 3$ e $y = 3x + b$ tem ordenada igual a 5. Assim, o valor de b é igual a

a) −7 b) −5 c) −2 d) −1

RESOLUÇÃO:

Primeiramente, isolamos **x** nas duas funções:

$$x = (y+3)/2$$

$$x = (y-b)/3$$

No ponto de intersecção, as duas funções possuem a mesma abscissa e a mesma ordenada.

Para encontrarmos a ordenada do ponto de intersecção, igualamos as duas funções:

$$(y+3)/2 = (y-b)/3$$

$$3y + 9 = 2y - 2b$$

$$y = -2b - 9$$

O enunciado informa que o ponto de intersecção possui ordenada igual a 5:

$$5 = -2b - 9$$

$$-14 = 2b$$

$$\mathbf{b = -7}$$

Gabarito: A.

QUESTÃO 20 (CONSULPLAN – Aux Adm/Pref Juatuba/2015) Uma reta é indicada pela equação de primeiro grau Y = ax + b. Qual é a equação de 1º grau que indica que a reta Y passa pelos pontos (0, 0) e (1, 2)?

a) Y = 2x b) Y = x + 2 c) Y = 1 + x d) Y = 2x + 1

RESOLUÇÃO:

O enunciado informa que a reta tem a forma: $y = ax + b$. Ela passa pelo ponto (0, 0), ou seja, passa pelo ponto de coordenadas $x = 0$ e $y = 0$. Substituindo esses valores na função, encontramos **b**:

$$0 = a \times 0 + b$$

$$\mathbf{b = 0}$$

Dessa forma, a reta fica $\mathbf{y = ax}$.

Além disso, a reta também passa pelo ponto de coordenadas $x = 1$ e $y = 2$. Substituímos esses valores na função para encontrarmos **a**:

$$2 = a \times 1$$

$$\mathbf{a = 2}$$

Portanto, a função da reta vale $\mathbf{y = 2x}$.

Gabarito: A.

QUESTÃO 21 (CONSULPLAN – Ag Adm/Pref JS de Ubá/2010) Sejam as funções $f(x) = ax + b$ com $a > 0$ e $b < 0$ e $g(x) = cx - d$ com $c < 0$ e $d < 0$. Assim, podemos afirmar que:

a) f(x) é crescente e possui raiz negativa.

b) g(x) é crescente e possui raiz negativa.

c) f(x) é crescente e possui raiz positiva.

d) g(x) é decrescente e possui raiz negativa.

e) f(x) é decrescente e possui raiz positiva.

RESOLUÇÃO:

Para $f(x) = ax + b$ com $a > 0$ e $b < 0$, teremos, por exemplo, $a = 1$ e $b=-2$. Assim, a nossa função vai ficar: $\mathbf{f(x) = x - 2}$.

E para $g(x) = cx - d$, com $c < 0$ e $d < 0$, teremos, por exemplo $c = -1$ e $d = -3$. Assim, a nossa função vai ficar: $g(x)=-x-(-3)$ ou $\mathbf{g(x) = -x + 3}$.

Agora, vamos analisar as alternativas.

a) f(x) é crescente e possui raiz negativa.

Errado. Realmente, f(x) é crescente, pois a > 0, mas sua raiz é positiva: x – 2 = 0 → x = 2.

b) g(x) é crescente e possui raiz negativa.

Errado. A função g(x) é decrescente, pois c < 0 e, sua raiz é positiva: –x + 3 = 0 → x = 3.

c) f(x) é crescente e possui raiz positiva.

Certo. A função f(x) é crescente, pois a > 0 e sua raiz é positiva: x – 2 = 0 → x = 2.

d) g(x) é decrescente e possui raiz negativa.

Errado. A função g(x) é decrescente, pois c < 0 e, sua raiz é positiva: –x + 3 = 0 → x = 3.

e) f(x) é decrescente e possui raiz positiva.

Errado. A função f(x) é crescente, pois a > 0.

Gabarito: C.

QUESTÃO 22 (CONSULPLAN – Fisc/Pref CV/2010) Sejam as funções y = mx + n e y = px + q, cujos gráficos estão representados a seguir:

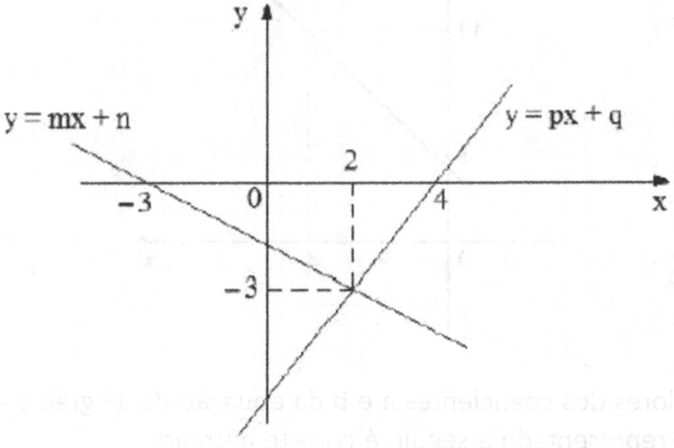

Com base nos gráficos, marque a alternativa correta:

a) n/m=3;q/p=–4

b) n/m=2;q/p=4

c) n/m=–3;q/p=2

d) n/m=2;q/p=–3

e) n/m=4;q/p=3

RESOLUÇÃO:

Observando o gráfico da função **y = mx + n**, temos que, para x = −3, y = 0. Substituindo isso na função, obtemos:

$$0 = -3m + n$$

$$n = 3m$$

$$\mathbf{n/m = 3}$$

Por sua vez, no gráfico da função **y = px + q**, temos que, para x = 4, y = 0. Substituindo isso na função, teremos:

$$0 = 4p + q$$

$$-4p = q$$

$$\mathbf{q/p = -4}$$

Gabarito: A.

QUESTÃO 23 (CONSULPLAN – Ass Leg/CM SAG/2011)

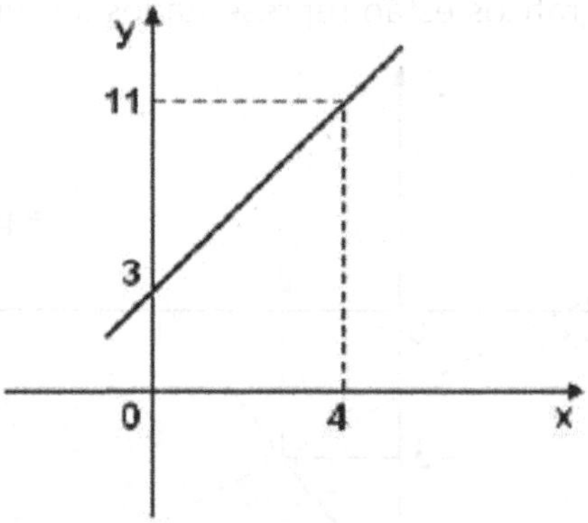

Sobre os valores dos coeficientes a e b da equação do 1º grau y = ax + b, cujo gráfico está representado a seguir, é correto afirmar:

a) Ambos são ímpares.

b) Apenas 1 é inteiro.

c) Apenas 1 é par.

d) Apenas 1 deles é negativo.

e) Ambos são pares.

RESOLUÇÃO:

Sabemos que o valor de **b** (termo independente) é o ponto onde o gráfico da função do 1º grau intercepta o eixo **y**. Logo, temos que **b** = 3, de modo que função do 1º grau y = ax + b, já fica com o seguinte formato:

$$y = ax + 3$$

Pelo gráfico, temos um ponto conhecido: (4, 11). Ou seja, quando x = 4, y = 11. Daí, é só substituir na fórmula da função e encontrar o valor de a:

$$11 = 4a + 3$$

$$4a = 8$$

$$\mathbf{a = 2}$$

Veja que apenas um dos coeficientes (a e b) apresenta valor **par**, de modo que a alternativa correta é a **letra C**.

Gabarito: C.

QUESTÃO 24 (CONSULPLAN – Ass Leg/CM SAG/2011) Qual dos pares de funções do 1º grau apresentam gráficos que interceptam o eixo das ordenadas no mesmo ponto?

a) y = 3x + 4 e y = 3x + 6

b) y = x + 4 e y = x – 4

c) y = 2x + 3 e y = x + 3

d) y = x + 1 e y = – x – 1

e) y = 2x + 4 e y = 4x + 8

RESOLUÇÃO:

Na função do 1º grau, o valor do **termo independente** é o **ponto onde o gráfico da função intercepta o eixo das ordenadas**.

Por exemplo, em y = 3x + 4, o termo independente (número que está sozinho na fórmula da função) é 4. Já em y = 3x + 6, o termo independente é 6. Desse modo, essas duas funções **não** possuem gráficos que interceptam o eixo das ordenadas no mesmo ponto.

Aplicando o mesmo raciocínio, vemos que o gabarito é a **letra C**, já que é a única alternativa que apresenta funções com termos independentes iguais!

Gabarito: C.

QUESTÃO 25 (CONSULPLAN – Ass Leg/CM SAG/2011) As raízes das equações $ax + 12 = 0$ e $2x + b = 0$ são, respectivamente iguais a 6 e – 4. Sobre os valores de a e b é correto afirmar:

a) a > b b) b = a + 8 c) a = b – 4 d) a = b e) b = a + 10

RESOLUÇÃO:

As raízes dessas equações são os valores de **x** que tornam as igualdades verdadeiras. Logo:

– A raiz de $ax + 12 = 0$ é $x = 6$. Então, substituindo, teremos:

$$6a + 12 = 0$$

$$\mathbf{a = -2}$$

– A raiz de $2x + b = 0$ é $x = -4$. Então, substituindo, teremos:

$$2 \cdot (-4) + b = 0$$

$$\mathbf{b = 8}$$

Portanto, podemos concluir que, dentre as opções de resposta disponíveis, a única que apresenta relação correta com os valores de a e de b é a **letra E**.

Gabarito: E.

QUESTÃO 26 (CONSULPLAN – Tec/Pref Sertaneja/2010) Sejam $f(x) = 4x + 2$ e $g(x) = x - 5$. Qual é o valor da soma $m + n$ para que $f(m) = n$ e $g(n) = m$?

a) 3 b) 8 c) 7 d) 4 e) 9

RESOLUÇÃO:

O nosso objetivo consiste em determinar os valores de **m** e de **n**. Para isso, temos:

$$f(m) = n$$

$$4m + 2 = n \text{ (i)}$$

Também temos que:

$$g(n) = m$$

$$n - 5 = m$$

$$n = m + 5 \text{ (ii)}$$

Agora, substituindo (ii) na equação (i), obtemos:

$$4m + 2 = m + 5$$

$$3m = 3$$

$$\mathbf{m = 1}$$

Substituindo o valor de m na equação (ii), teremos:

$$n = m + 5$$

$$n = 1 + 5 = 6$$

Portanto, concluímos que **m + n** = 1 + 6 = 7.

Gabarito: C.

QUESTÃO 27 (CONSULPLAN – Ag Adm/Pref Guaxupé/2010) Sejam duas funções do 1º grau: f(x) crescente e g(x) decrescente. Sabe-se que dois pontos P e Q pertencem ao gráfico de f(x) e outros dois pontos R e S pertencem ao gráfico de g(x). Marque a alternativa que verifica as condições mencionadas:

a) P(1, −1); Q(3, −2)

b) R(2, −5); S(3, 7)

c) P(−1, −7); Q(1, −9)

d) R(−1, 1); S(0, −1)

e) P(2, 2); Q(4, 1)

RESOLUÇÃO:

Sabendo que as funções são do 1º grau e que as coordenadas das abscissas (eixo x) dos pontos dados estão na ordem crescente, quem define se f(x) é crescente e, g(x) é decrescente, são as coordenadas das ordenadas (eixo y).

De fato, se as coordenadas das ordenadas estiverem na ordem crescente, a função é crescente e vice-versa.

Com isso, podemos analisar cada alternativa, lembrando que os pares ordenados que formam os pontos são do tipo (x, y).

a) P(1, −1); Q(3, −2)

Errado. Nesse caso, as ordenadas de P (y = -1) e Q (y = -2) estão na ordem decrescente, logo a f(x) seria decrescente, também.

b) R(2, −5); S(3, 7)

Errado. Nesse caso, as ordenadas de R (y = -5) e S (y = 7) estão na ordem crescente, logo a g(x) seria crescente, também.

c) P(−1, −7); Q(1, −9)

Errado. Nesse caso, as ordenadas de P (y = -7) e Q (y = -9) estão na ordem decrescente, logo a f(x) seria decrescente, também.

d) R(−1, 1); S(0, −1)

Certo. Nesse caso, as ordenadas de R (y = 1) e S (y = -1) estão na ordem decrescente, logo a g(x) seria decrescente, também.

e) P(2, 2); Q(4, 1)

Errado. Nesse caso, as ordenadas de P (y = 2) e Q (y = 1) estão na ordem decrescente, logo a f(x) seria decrescente, também.

Gabarito: D.

14. QUESTÕES-DESAFIO

QUESTÃO 28 (FCC – TGP/SPPREV/2011) Em um lago, a pressão P, na unidade de medida atmosferas (atm), varia com a profundidade h, em metros, de acordo com a fórmula P = 0,1h + 1, com h positivo. De acordo com essa fórmula, é correto afirmar que, a cada

a) 1 metro de profundidade a pressão aumenta 1 atm.

b) 0,1 metro de profundidade a pressão aumenta 1 atm.

c) 10 atm de aumento da pressão, descemos 1 m.

d) 1 atm de diminuição da pressão, subimos 1 m.

e) 1 atm de diminuição da pressão, subimos 10 m.

RESOLUÇÃO:

Se estivermos na superfície, ou seja, **h = 0**, teremos:

$$P = 0{,}1 \times 0 + 1 \rightarrow \mathbf{P = 1\ atm}$$

Agora, se submergimos 1 metro, ou seja, **h = 1 m**, teremos:

$$P = 0{,}1 \times 1 + 1 \rightarrow \mathbf{P = 1{,}1\ atm}$$

Se com 1 metro de profundidade a pressão aumenta em 0,1 atm, então as letras **a** e **b** estão erradas.

Com P = 10 atm, teremos:

$$10 = 0{,}1 \cdot h + 1$$

$$0{,}1h = 9 \rightarrow \mathbf{h = 90\ m}$$

Veja que a letra **c** fica errada.

Sabemos que quando h = 0 m (superfície), a pressão vale 1 atm. Agora, se a P = 2 atm, teremos uma profundidade de:

$$2 = 0,1 . h + 1$$

$$0,1h = 1 \rightarrow \mathbf{h = 10m}$$

Então, com P = 2 atm, estamos à 10 metros de profundidade. Uma diminuição de 1 atm, iremos à superfície, ou seja, subiremos 10 metros.

Gabarito: E.

QUESTÃO 29 (CETRO – Cabo/PM-SP/2012) O gráfico abaixo representa o salário bruto (S) de um policial militar em função das horas (h) trabalhadas em certa cidade. Portanto, o valor que este policial receberá por 186 horas é

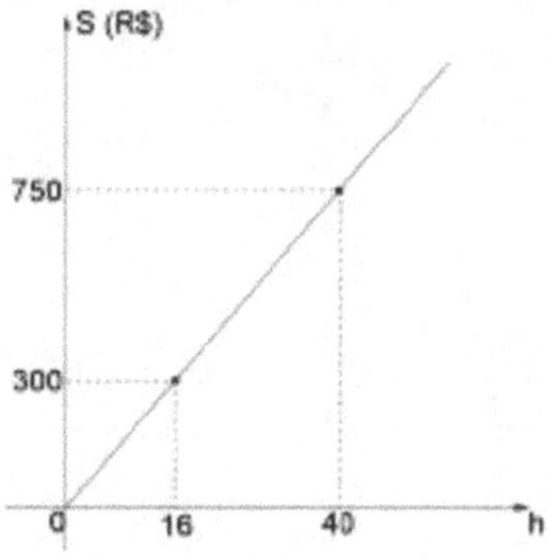

a) R$3.487,50 b) R$3.506,25 c) R$3.534,00 d) R$3.553,00

RESOLUÇÃO:

Veja que o gráfico que representa o salário bruto (S) de um policial militar em função das horas (h) trabalhadas é uma **reta** inclinada. Ou seja, trata-se do gráfico de uma função do 1° grau do tipo **y = ax + b**, em que:

y = S (salário bruto);

x = h (horas de trabalho).

Desse modo, teremos a função **S = ah + b**. Devemos descobrir a lei de formação do salário Bruto do policial militar. Pelo gráfico, se o policial não trabalhar (h=0), ele não receberá salário (S=0), então:

$$0 = a.0 + b$$

$$b = 0$$

Assim, a função fica:

$$S = a.h + 0$$

$$S = a.h$$

UNIDADE 3 – MATEMÁTICA DE NÍVEL MÉDIO

Ainda, pelo gráfico, se o policial trabalhar 16 horas vai receber R$ 300,00:

$$300 = a.16$$

$$a = 300/16 = 75/4$$

Logo, a função que representa o salário bruto (S) de um policial militar pelas horas (h) trabalhadas é **S = 75/4.h**.

Agora, se o policial trabalhou 186 horas, ele vai receber um salário bruto de:

$$S = 75/4 \,.\, 186 = 75 \times 46{,}5 = \mathbf{3.487{,}50\ reais}$$

Gabarito: A.

CAPÍTULO 23

MATRIZES, DETERMINANTES E SOLUÇÃO DE SISTEMAS LINEARES

1. INTRODUÇÃO

Os tópicos que estudaremos neste capitulo fazem parte da denominada Álgebra, comumente cobrada em concursos públicos nas provas de Matemática.

As questões de **Matrizes** geralmente abordam a necessidade de montar uma matriz dada sua lei de formação, o conhecimento dos diversos tipos de matrizes (inclusive isso foi cobrado no concurso para AFRFB de 2014) e a capacidade para realizar operações entre matrizes.

Por sua vez, em **Determinantes**, tópico com menor frequência em provas, é exigido do candidato que consiga efetuar os cálculos para obter o determinante de dada matriz independentemente de qual seja sua ordem, que tenha em mente como aplicar as diversas propriedades pertinentes ao assunto e que saiba pontos específicos, como cofator e menor complementar.

Por fim, em relação a **Sistemas Lineares,** a cobrança das bancas é concentrada em testar a capacidade do concurseiro em solucionar o sistema apresentado, classificá-lo corretamente e analisá-lo com base no determinante da matriz incompleta e dos determinantes das matrizes das incógnitas.

Fique tranquilo que juntos trabalharemos cada um desses aspectos, sempre atentos ao nosso foco: acertar as questões conforme são cobradas em concursos!

2. MATRIZES

Indo bem direto, uma **matriz** nada mais é que uma **tabela**, que serve para a organização de números, sendo limitada por colchetes (ou parênteses).

Foi convencionado que as **linhas** de uma matriz são enumeradas **de cima para baixo**, ao passo que as **colunas, da esquerda para a direita**.

A título de exemplo, considere a matriz A abaixo:

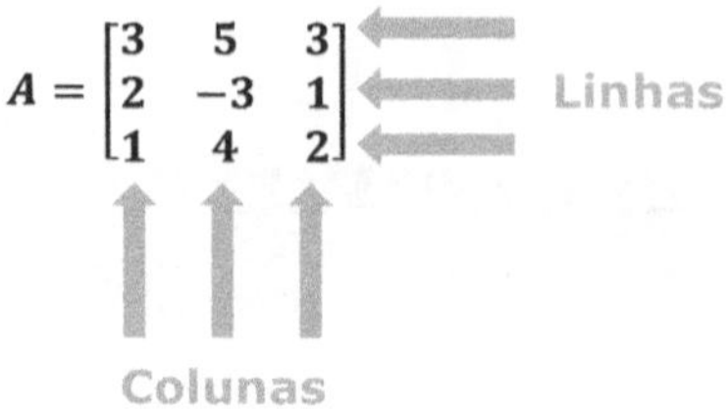

2.1. Ordem de uma matriz

Um conceito que você precisa ter em mente é o de **ordem** de uma matriz. Ela indica o tamanho e o formato de uma matriz, determinando a **quantidade de linhas e de colunas**.

Assim, dizemos que a matriz A do nosso exemplo inicial é de ordem (ou do tipo) **3 x 3** (três por três), porque possui 3 linhas e 3 colunas.

> **IMPORTANTE!**
> Não se esqueça da sequência correta: **linhas x colunas**.

Quando estiver escrito simplesmente que uma matriz é de 2ª, 3ª ou 4ª ordem, por exemplo, ela será do tipo 2x2, 3x3 ou 4x4, respectivamente, ou seja, o número de linhas é igual ao de colunas.

2.2. Elementos de uma matriz

Seja uma matriz A com **m** linhas e **n** colunas, isto é, do tipo **m x n**. Um **elemento** qualquer dessa matriz será representado simbolicamente por $\mathbf{a}_{ij}$, em que os índices **i** e **j** correspondem, respectivamente, à linha e à coluna no qual se encontra tal elemento.

Fica claro, portanto, que, para localizarmos os elementos das matrizes, nós precisamos de duas informações: em que linha este elemento está e em que coluna.

Por exemplo, o elemento $\mathbf{a}_{21}$ (leia: **a**, dois, um) ocupa a primeira linha e a segunda coluna da matriz.

Observação: Algumas bancas, como o Cespe, chama o "elemento" de "entrada".

2.3. Matrizes – representação

Existem basicamente duas **formas de representar uma matriz:**

REPRESENTAÇÃO DE MATRIZES

- **Forma genérica**
- **Lei de formação**

2.3.1. Forma Genérica

Uma matriz A, do tipo m x n, pode ser representada **genericamente** da seguinte forma:

$$\begin{pmatrix} a_{11} & a_{12} & \dots & a_{1n} \\ a_{21} & a_{22} & \dots & a_{2n} \\ a_{31} & a_{32} & \dots & a_{3n} \\ \vdots & \vdots & & \vdots \\ a_{m1} & a_{m2} & \dots & a_{mn} \end{pmatrix}$$

Perceba então que o elemento a_{31}, por exemplo, é o elemento que está na terceira linha, primeira coluna.

2.3.2. Lei de formação de uma matriz

Atenção total aqui! As bancas examinadoras adoram fazer questões tratando deste tópico. Muitas vezes as questões já trazem as matrizes prontas, com seus respectivos valores numéricos. Outras vezes, porém, a questão apresenta apenas uma **lei de formação da matriz**. Nessa situação, cabe a nós construirmos a matriz, obedecendo àquela lei.

Como funciona isso? Vamos praticar, encontrando a matriz do tipo 3 x 3 que possui a seguinte lei de formação:

$$\boldsymbol{X = x_{ij}, tal\ que\ x_{ij} = (i + j)^2}$$

Veja que o nosso objetivo consiste em calcular elemento por elemento (x_{ij}) da matriz X, sempre obedecendo a essa relação apresentada.

Ora, se a questão disse que se trata de uma matriz quadrada de 3ª ordem (3 x 3), seus elementos serão os seguintes:

$$\mathbf{X} = \begin{pmatrix} \mathbf{x_{11}} & \mathbf{x_{12}} & \mathbf{x_{13}} \\ \mathbf{x_{21}} & \mathbf{x_{22}} & \mathbf{x_{23}} \\ \mathbf{x_{31}} & \mathbf{x_{32}} & \mathbf{x_{33}} \end{pmatrix}$$

Tudo certo até aqui? Prossigamos!

Perceba que os índices i e j representam, respectivamente, a linha e a coluna do elemento que será calculado. Assim, teremos que:

$$\mathbf{x_{11}} = (1+1)^2 = 2^2 = \mathbf{4}$$
$$\mathbf{x_{12}} = (1+2)^2 = 3^2 = \mathbf{9}$$
$$\mathbf{x_{13}} = (1+3)^2 = 4^2 = \mathbf{16}$$
$$\mathbf{x_{21}} = (2+1)^2 = 3^2 = \mathbf{9}$$
$$\mathbf{x_{22}} = (2+2)^2 = 4^2 = \mathbf{16}$$
$$\mathbf{x_{23}} = (2+3)^2 = 5^2 = \mathbf{25}$$
$$\mathbf{x_{31}} = (3+1)^2 = 4^2 = \mathbf{16}$$
$$\mathbf{x_{32}} = (3+2)^2 = 5^2 = \mathbf{25}$$
$$\mathbf{x_{33}} = (3+3)^2 = 6^2 = \mathbf{36}$$

Prontinho, finalizamos a construção da matriz X:

$$\mathbf{X} = \begin{pmatrix} \mathbf{4} & \mathbf{9} & \mathbf{16} \\ \mathbf{9} & \mathbf{16} & \mathbf{25} \\ \mathbf{16} & \mathbf{25} & \mathbf{36} \end{pmatrix}$$

A partir daqui podemos fazer com a matriz tudo o que a questão vier a solicitar. Entretanto, nada faríamos se não soubéssemos construí-la, a partir de sua **lei de formação.**

Veja como esse assunto já foi cobrado!

QUESTÃO 01 (GUALIMP – Fiscal/Pref CL Gasparian/2021) Uma matriz 3x3 com seus elementos definidos por aij = 3i + 4j. O elemento a23 é:

a) 12 b) 14 c) 16 d) 18

RESOLUÇÃO:

Como queremos obter o valor do **elemento a23**, então temos que **i = 2** e **j = 3.** Podemos substituir esses valores na **lei de formação** da matriz:

$$a_{ij} = 3i + 4j$$
$$a_{23} = 3 \cdot 2 + 4 \cdot 3$$
$$a_{23} = 6 + 12 = \mathbf{18}$$

Gabarito: D.

QUESTÃO 02 (Quadrix/SERPRO/Ana/2014)

$$\begin{bmatrix} 2 & 4 & 8 & 16 \\ 3 & 9 & 27 & 81 \\ 4 & X & Y & Z \\ 5 & 25 & 125 & 625 \end{bmatrix}$$

Assinale a alternativa que contém os valores que devem ser colocados nas posições X, Y e Z da matriz.

a) X = 8; Y = 16; Z = 32

b) X = 4; Y = 8; Z = 16

c) X = 8; Y = 16; Z = 64

d) X = 16; Y = 64; Z = 128

e) X= 16; Y = 64; Z = 256

RESOLUÇÃO:

Seguindo o mesmo cálculo que foi utilizado para se obter os elementos contidos na 1ª, 2ª e 4ª linhas, que foi o de elevar ao quadrado os múltiplos de 2, 3 e 5, concluímos que, para a 3ª linha, teremos os quadrados de 4:

- ***X*** = 4 x 4 = ***16***
- ***Y*** = 16 x 4 = ***64***
- ***Z*** = 64 x 4 = ***256***

Gabarito: E.

2.4. Tipos de matrizes

Existem diversos **tipos de matrizes**. Veremos os principais e mais conhecidos. Lembre-se: nosso foco é a sua aprovação e não a sua especialização!

2.4.1. Matriz Linha

É aquela **formada por apenas uma linha**! Veja os exemplos a seguir:

a) (2 4 8) é uma **Matriz Linha** do tipo 1 x 3, ou seja, tem 1 linha e 3 colunas;

b) (1 7) é uma **Matriz Linha** do tipo 1 x 2, ou seja, tem uma linha e duas colunas.

2.4.2. Matriz Coluna

É aquela que **apresenta uma única coluna**. Por exemplo, concluímos que é uma $\begin{bmatrix} 4 \\ 8 \\ 9 \end{bmatrix}$ **Matriz Coluna**, do tipo 3x1, ou seja, formada por 3 linhas e uma coluna.

2.4.3. Matriz Nula

É aquela cujos **elementos são TODOS iguais a zero**! Assim, temos que $\begin{bmatrix} 0 & 0 & 0 \\ 0 & 0 & 0 \\ 0 & 0 & 0 \end{bmatrix}$ é uma **Matriz Nula** de 3ª Ordem.

2.4.4. Matriz Retangular

É aquela cujo **número de linhas é diferente do número de colunas**. Por exemplo, percebemos que $\begin{bmatrix} 2 & -4 \\ 1 & 0 \\ -9 & 3 \end{bmatrix}$ é uma **Matriz Retangular** do tipo 3 x 2.

Veja que o desenho dela forma um retângulo, daí vem o nome.

2.4.5. Matriz Quadrada

É aquela que tem o **mesmo número de linhas e de colunas**. Nesse sentido, temos que $\begin{bmatrix} 7 & 6 \\ -1 & 5 \end{bmatrix}$ é uma Matriz 2 x 2, chamada de **Matriz Quadrada** de ordem 2.

Aqui vou abrir um parêntese para falar de algo muito importante, que irá se repetir por várias vezes durante o capítulo.

Diagonais da Matriz Quadrada

Numa matriz quadrada temos duas diagonais: a diagonal **principal** e a diagonal **secundária**.

Os elementos que compõem a diagonal principal no exemplo a seguir são: 3, 5 e 2. Já a diagonal secundária é composta pelos elementos: 0, 5, 4. Observe:

$$\begin{bmatrix} 3 & 6 & 0 \\ -7 & 5 & -1 \\ 4 & 8 & 2 \end{bmatrix}$$

Diagonal Secundária   Diagonal Principal

A diagonal **principal**, portanto, começa do elemento mais à esquerda na primeira linha e vai descendo para o sentido da direita. O inverso ocorre com a diagonal **secundária**.

Perceba que os elementos da diagonal principal possuem índices iguais, ou seja, em uma matriz de terceira ordem, são os elementos a_{11}, a_{22} e a_{33}. O que não ocorre para os elementos da diagonal secundária.

2.4.6. *Matriz Diagonal*

É aquela matriz quadrada cujos **elementos da diagonal principal são diferentes de zero, e todos os demais elementos são iguais a zero**. Veja os exemplos a seguir:

$$\begin{pmatrix} 3 & 0 \\ 0 & 2 \end{pmatrix} \qquad \begin{pmatrix} 2 & 0 & 0 \\ 0 & 3 & 0 \\ 0 & 0 & 4 \end{pmatrix}$$

2.4.7. *Matriz Triangular*

É a matriz quadrada em que todos os **elementos acima ou abaixo da diagonal principal são iguais a zero**. Veja os exemplos a seguir:

a) $\begin{pmatrix} 1 & 3 \\ 0 & 1 \end{pmatrix}$

b) $\begin{pmatrix} 1 & 0 & 0 \\ 3 & 1 & 0 \\ 2 & 5 & 1 \end{pmatrix}$

2.4.8. Matriz Identidade

É aquela cujos **elementos da diagonal principal são todos iguais a 1 e os demais elementos da matriz, iguais a 0 (zero)**. Veja os exemplos a seguir:

a) $\begin{bmatrix} 1 & 0 \\ 0 & 1 \end{bmatrix}$ é uma **Matriz Identidade de 2ª Ordem**, designada por $\mathbf{I_2}$.

b) $\begin{bmatrix} 1 & 0 & 0 \\ 0 & 1 & 0 \\ 0 & 0 & 1 \end{bmatrix}$ é uma **Matriz Identidade de 3ª Ordem**, designada por $\mathbf{I_3}$.

Daqui a pouco, quando estudarmos operações com matrizes, veremos a importância de se reconhecer uma matriz identidade.

2.4.9. Matriz Oposta

É a matriz "negativa" da matriz original. Assim, a oposta da matriz **A** é a matriz **–A**. A matriz oposta é formada **invertendo todos os sinais dos elementos** da matriz A. Veja o exemplo a seguir:

$$A = \begin{bmatrix} 2 & -1 \\ 0 & 7 \\ -3,5 & 1 \end{bmatrix} \qquad -A = \begin{bmatrix} -2 & 1 \\ 0 & -7 \\ 3,5 & -1 \end{bmatrix}$$

2.4.10. Matriz Transposta

Se temos uma matriz **A** qualquer, diremos que a matriz transposta de **A**, designada por **A**^{t}, será aquela que resultar de uma **transposição entre linhas e colunas** da matriz original.

Ou seja, para chegarmos à matriz transposta, tomaremos a matriz original e, nesta última, **quem é linha vai virar coluna**. Simples assim!

Para exemplificar, vamos encontrar a matriz transposta de A = $\begin{bmatrix} 5 & 6 \\ 7 & 8 \end{bmatrix}$.

Quem é a primeira linha da matriz A? Vejamos:

$$A = \begin{bmatrix} \boxed{5 \quad 6} \\ 7 \quad 8 \end{bmatrix}$$

Ela irá se tornar a primeira coluna da transposta. Logo:

$$A^t = \begin{bmatrix} 5 & \\ 6 & \end{bmatrix}$$

Agora, quem é a segunda linha da matriz A? Vejamos:

$$A = \begin{bmatrix} 5 \quad 6 \\ \boxed{7 \quad 8} \end{bmatrix}$$

Ela irá se tornar a segunda coluna da transposta. Logo:

$$A^t = \begin{bmatrix} 5 & 7 \\ 6 & 8 \end{bmatrix}$$

BIZU!

Na **matriz transposta**, quem era **linha virou coluna**!

Perceba que a ordem da matriz transporta será a inversa da matriz original, ou seja, se a matriz original era de ordem 3x2, a da sua transposta será 2x3.

Por último, se fizermos a transposta da matriz transposta, obteremos a matriz original. Isto é:

$$(A^t)^t = A$$

2.4.11. Matriz Simétrica

É aquela que é **igual a sua transposta**, ou seja:

$$A = A^t$$

Dessa maneira, se fizermos a transposta de **A**, obteremos a própria matriz **A**. Veja o exemplo:

$$A = \begin{bmatrix} 1 & -4 & 5 \\ -4 & 3 & 1 \\ 5 & 1 & 8 \end{bmatrix}$$

Note que uma matriz simétrica deverá ser quadrada, caso contrário, a transposta terá uma ordem diferente da original, logo, não serão iguais.

Outro exemplo de matriz simétrica é a **matriz identidade**.

$$I = \begin{bmatrix} 1 & 0 & 0 \\ 0 & 1 & 0 \\ 0 & 0 & 1 \end{bmatrix}$$

É importante destacar que a diagonal principal da matriz simétrica é chamada de **eixo de simetria**.

2.4.12. Matriz Antissimétrica

É a matriz quadrada em que:

$$A^t = -A$$

Ou seja, o que determina uma matriz ser antissimétrica é o fato de que **a sua transposta é igual à sua matriz oposta.** Veja o exemplo:

$$A = \begin{bmatrix} 0 & -5 & -2 \\ 5 & 0 & 6 \\ 2 & -6 & 0 \end{bmatrix}$$

Veja como esse assunto já foi cobrado!

QUESTÃO 03 (ESAF – AFRFB/2014) A matriz quadrada A, definida genericamente por A = a_{ij}, é dada por a_{11} = 0; a_{12} = – 4; a_{13} = 2; a_{21} = x; a_{22} = 0; a_{23} = (1 – z); a_{31} = y; a_{32} = 2z e, por último, a_{33} = 0. Desse modo, para que a matriz A seja uma matriz antissimétrica, os valores de a_{21}, a_{23}, a_{31} e a_{32} deverão ser, respectivamente, iguais a:

a) 4;-2;-2;-2.

b) 4;-2; 2;-2.

c) 4; 2;-2;-2.

d) -4;-2; 2;-2.

e) -4;-2;-2;-2.

RESOLUÇÃO:

Uma matriz é **antissimétrica** quando $A^t = -A$. Vamos montar a matriz **A**, de acordo com os elementos descritos no enunciado:

$$A = \begin{bmatrix} 0 & -4 & 2 \\ x & 0 & 1-z \\ y & 2z & 0 \end{bmatrix}$$

Daí, teremos que a **transposta** e a **oposta** de **A** serão:

$$A^t = \begin{bmatrix} 0 & x & y \\ -4 & 0 & 2z \\ 2 & 1-z & 0 \end{bmatrix} e(-A) = \begin{bmatrix} 0 & 4 & -2 \\ -x & 0 & z-1 \\ -y & -2z & 0 \end{bmatrix}$$

Seguindo a igualdade estabelecida, isto é, **(a_{ij})t = -a_{ij}**, temos:

- $-x = -4 \longrightarrow \boldsymbol{x = 4}$
- $-y = 2 \longrightarrow \boldsymbol{y = -2}$
- $-2z = 1 - z \longrightarrow \boldsymbol{z = -1}$

Agora podemos determinar cada elemento da matriz:

- $\boldsymbol{a_{21}} = x = \boldsymbol{4}$
- $\boldsymbol{a_{23}} = 1 - z = 1 - (-1) = \boldsymbol{2}$
- $\boldsymbol{a_{31}} = y = \boldsymbol{-2}$
- $\boldsymbol{a_{32}} = 2z = 2 \times (-1) = \boldsymbol{-2}$

Gabarito: C.

2.5. Operações com Matrizes

A partir daqui estudaremos as principais operações que podem ser realizadas com as matrizes: igualdade, soma, subtração, multiplicação de um número real por uma matriz e multiplicação entre matrizes.

2.5.1. Igualdade de Matrizes

Duas matrizes serão ditas **iguais** se tiverem o **mesmo** número de linhas e colunas e se todos os seus **elementos foram iguais.**

2.5.2. Adição e Subtração de Matrizes

Para somar ou subtrair matrizes, basta **fazer a operação entre os elementos que estão nas mesmas posições.**

FIQUE ATENTO!

Duas matrizes só podem ser **somadas ou subtraídas** se possuírem o **mesmo número de linhas e de colunas.**

Além disso, o resultado da operação será sempre uma outra matriz de mesma ordem daquelas que foram somadas/subtraídas!

Veja como esse assunto já foi cobrado!

QUESTÃO 04 (ESAF – AFC/CGU/2004) Genericamente, qualquer elemento de uma matriz M pode ser representado por mij, onde "i" representa a linha e "j" a coluna em que esse elemento se localiza. Uma matriz X = x_{ij}, de terceira ordem, é a matriz resultante da soma das matrizes A = (a_{ij}) e B=(b_{ij}). Sabendo-se que $(a_{ij}) = i^2$ e que $b_{ij} = (i-j)^2$, então o produto dos elementos x_{31} e x_{13} é igual a:

a) 16 b) 18 c) 26 d) 65 e) 169

RESOLUÇÃO:

O enunciado é claro ao afirmar que a matriz **X** é o resultado da **soma** entre as matrizes **A** e **B**.

E o nosso objetivo consiste em obter o **produto dos elementos x_{31} e x_{13}**. Assim, o caminho da resolução que adotaremos implicará sabermos quem é x_{31} e x_{13}.

Sabemos que:

$$x_{31} = a_{31} + b_{31}$$

Pela lei de formação da matriz A, temos:

$$a_{31} = 3^2 = 9$$

Pela lei de formação da matriz B, temos:

$$b_{31} = (3-1)^2 = 4$$

Dessa forma, $\mathbf{x_{31} = a_{31} + b_{31} = 9 + 4 = 13}$. Sabemos também que:

$$x_{13} = a_{13} + b_{13}$$

Pela lei de formação da matriz A, temos:

$$a_{13} = 12 = 1$$

Pela lei de formação da matriz B, temos:

$$b_{13} = (1-3)^2 = 4$$

Dessa forma, $\mathbf{x_{13} = a_{13} + b_{13} = 1 + 4 = 5}$. Por fim, efetuando a multiplicação entre $\mathbf{x_{31}}$ e $\mathbf{x_{13}}$, chegamos a:

$$x_{31}.x_{13} = 13.5 = 65$$

Gabarito: D.

QUESTÃO 05 (CETRO – Sargento/PM-SP/2012) Considere a seguinte sentença envolvendo matrizes:

$$\begin{pmatrix} 6 & y \\ 7 & 2 \end{pmatrix} + \begin{pmatrix} 1 & -3 \\ 8 & 5 \end{pmatrix} = \begin{pmatrix} 7 & 7 \\ 15 & 7 \end{pmatrix}$$

Diante do exposto, assinale a alternativa que apresenta o valor de y que torna a sentença verdadeira.

a) 4. b) 6. c) 8. d) 10.

RESOLUÇÃO:

Mais uma vez temos um caso de **soma de matrizes**. Lembrando que só poderemos efetuar essa operação se as matrizes forem de **mesma ordem**, sendo que a soma só ocorre entre os **elementos correspondentes**! Na nossa questão, temos:

$$\begin{pmatrix} 6 & y \\ 7 & 2 \end{pmatrix} + \begin{pmatrix} 1 & -3 \\ 8 & 5 \end{pmatrix} = \begin{pmatrix} 7 & 7 \\ 15 & 7 \end{pmatrix}$$

Perceba que **y** está na posição $\mathbf{a_{12}}$ da matriz **A**, de forma que ele só poderá ser somado com o elemento $\mathbf{b_{12}}$ da matriz **B**, que é igual a **-3**. Logo:

$$y + (-3) = 7$$
$$y - 3 = 7$$
$$y = 10$$

Gabarito: A.

2.5.3. Multiplicação de um Número Real por uma Matriz

Quando tínhamos a soma/subtração, nós só podíamos fazer a operação de uma matriz com outra matriz. Não podíamos, nunca, somar uma matriz com um número real.

Aqui é diferente. Agora nós podemos multiplicar uma matriz por um número real qualquer. Assim, apenas **multiplicaremos o número real fornecido por cada um dos elementos da matriz**, que chegaremos à matriz resultante.

Por exemplo, dada a matriz A a seguir, calcule 3.A:

$$A = \begin{bmatrix} 1 & 0 \\ 3 & -2 \end{bmatrix}$$

$$3.A = 3.\begin{bmatrix} 1 & 0 \\ 3 & -2 \end{bmatrix} = \begin{bmatrix} 3 & 0 \\ 9 & -6 \end{bmatrix}$$

2.5.4. Multiplicação de Matrizes

Efetuar a **multiplicação de matrizes não** é o mesmo que multiplicar os elementos que estão nas mesmas posições. Isso gera muita confusão devido a ser esse o procedimento usado lá na adição e na subtração.

Antes de mais nada você precisa saber que **não são quaisquer duas matrizes que podem ser multiplicadas**. Apenas podemos multiplicar duas matrizes se o **número de colunas da primeira matriz for igual ao número de linhas da segunda**.

Se esse requisito for cumprido, então o produto é possível. Caso contrário, nada feito!

TOME NOTA!

Só podemos multiplicar duas matrizes se o **número de COLUNAS DA PRIMEIRA** for **igual** ao **número de LINHAS DA SEGUNDA**.

Outro aspecto muito importante é sabermos qual será a **ordem** da matriz resultante, ao se multiplicar duas matrizes.

Por exemplo, imagine que desejamos multiplicar a matriz **A**, de ordem **2 x 3**, com a matriz **B**, de ordem **3 x 4**.

Primeiramente, precisamos verificar se o número de colunas de A é igual ao número de linhas de B ("MEIOS"), a fim de constatarmos se a multiplicação é possível. Bem, visto que ambos são iguais a 3, o produto é possível sim!

Agora, para determinarmos a ordem da matriz-resultado, verificaremos os "EXTREMOS"! Ela terá o **mesmo número de linhas de A e o mesmo número de colunas de B**.

BIZU!

A **matriz-produto** terá o **número de LINHAS DA PRIMEIRA** matriz e o **número de COLUNAS DA SEGUNDA**.

Agora, vamos aprender a multiplicar duas matrizes. Dadas duas matrizes, os elementos da matriz resultante do produto dessas duas matrizes são obtidos **multiplicando-se cada elemento de uma linha da primeira matriz pelo elemento correspondente na coluna da segunda matriz e somando-se os valores obtidos.**

Viiiixi! Não entendi nada!

Calma! Quando você menos perceber, esse procedimento já estará automatizado em sua mente! Pode confiar nos tios Alex! E para ajudá-lo, preparamos um **esquema passo a passo de como fazer a multiplicação de matrizes**:

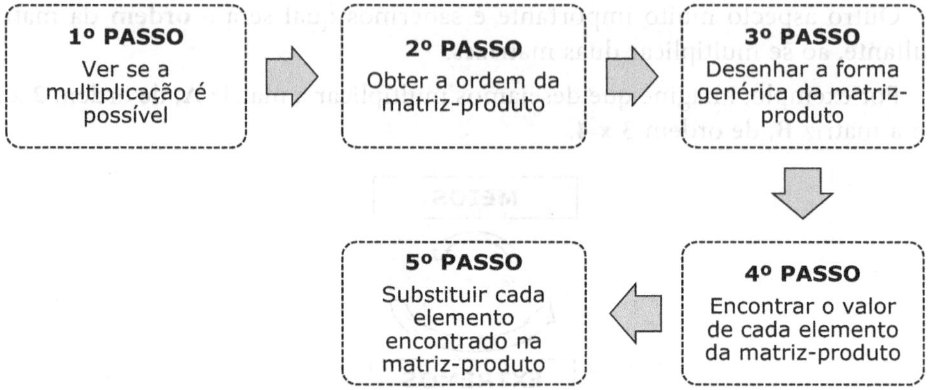

EXEMPLO: Efetue a multiplicação entre as matrizes A e B:

$$\boldsymbol{A} = \begin{bmatrix} 1 & 2 & 3 \\ 4 & 5 & 6 \end{bmatrix} \text{ e } \boldsymbol{B} = \begin{bmatrix} 7 \\ 8 \\ 9 \end{bmatrix}$$

RESOLUÇÃO:

1º e 2º PASSOS: Ver se a multiplicação é possível e obter a ordem da matriz-produto.

Já sabemos que:

- Só podemos multiplicar duas matrizes se o número de COLUNAS DA PRIMEIRA for igual ao número de LINHAS DA SEGUNDA;
- A matriz-produto terá o número de LINHAS DA PRIMEIRA matriz e o número de COLUNAS DA SEGUNDA.

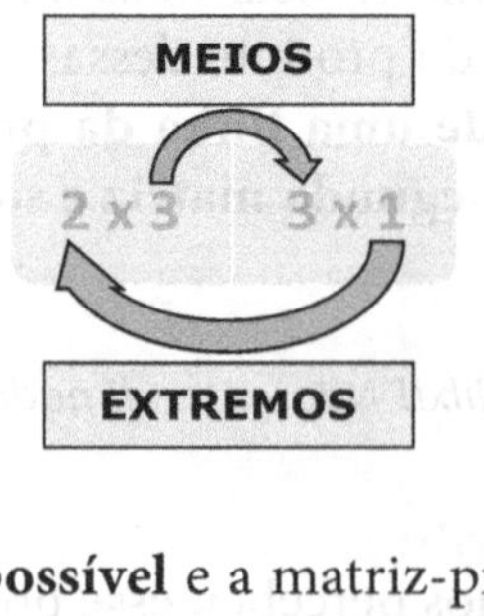

Conclusão: o **produto é possível** e a matriz-produto C terá a **ordem 2 x 1.**

3º PASSO: Desenhar a forma genérica da matriz-produto.

$$\boldsymbol{C} = \boldsymbol{A} \, \boldsymbol{x} \, \boldsymbol{B} = \begin{bmatrix} c_{11} \\ c_{21} \end{bmatrix}$$

4º PASSO: *Encontrar o valor de cada elemento da matriz-produto.*

Aqui teremos um pouco mais de trabalho e é onde a maior parte dos alunos se confundem. Apesar disso, basta que você tenha em mente que, para encontrar um elemento da matriz-produto, iremos multiplicar uma linha da primeira coluna por uma coluna da segunda matriz!

No caso do nosso exemplo, para calcularmos o valor do elemento c_{11}, multiplicaremos o elemento da **primeira linha da primeira matriz** pelo elemento da **primeira coluna da segunda matriz**.

Ou seja:

$$A=\begin{bmatrix}1 & 2 & 3\\ 4 & 5 & 6\end{bmatrix} \text{ e } B=\begin{bmatrix}7\\ 8\\ 9\end{bmatrix}$$

$$C_{11}=(1x7)+(2x8)+(3x9)=7+16+27=50$$

Perceba que multiplicamos o 1º, 2º e 3º elementos da 1ª linha pelo 1º, 2º e 3º elementos da 1ª coluna, e somamos cada um desses produtos.

Prosseguindo, vamos adotar o mesmo procedimento para encontrarmos agora o elemento C_{21}. Logo:

Ou seja:

$$A=\begin{bmatrix}1 & 2 & 3\\ 4 & 5 & 6\end{bmatrix} \text{ e } B=\begin{bmatrix}7\\ 8\\ 9\end{bmatrix}$$

$$C_{11}=(4x7)+(5x8)+(6x9)=28+40+54=122$$

Assim, chegamos ao nosso resultado final, ou seja, à matriz-produto C:

$$C = A \; x \; B = \begin{bmatrix} 50 \\ 122 \end{bmatrix}$$

Ufa! Acostume-se, meu colega, pois utilizaremos sempre esse caminho para fazermos o produto de duas matrizes. Com repetição, dedicação e bastante atenção, logo estará tudo dominado!

Veja como esse assunto já foi cobrado!

QUESTÃO 06 (IDECAN/AGU/Ag Adm/2014) Seja A uma matriz 2 x 3 e B uma matriz 3 x 2. A matriz C resultante do produto da matriz A pela B nesta ordem é uma matriz de ordem

a) 2x2. b) 2 x 3. c) 3x2. d) 3x3. e) Não é possível fazer o produto.

RESOLUÇÃO:

O enunciado apresenta duas matrizes com as seguintes características:

- Matriz A: 2 x 3
- Matriz B: 3 x 2

Em seguida, exige que descubramos a ordem da matriz C resultante do produto da matriz A pela B. Ora, sabemos que a **matriz-produto** terá o **número de LINHAS DA PRIMEIRA** matriz e o **número de COLUNAS DA SEGUNDA.** Ou seja:

Matriz C: 2 x 2

Gabarito: A.

QUESTÃO 07 (ESAF/Técnico/MPU/2004) Sejam as matrizes

$$A = \begin{bmatrix} 1 & 4 \\ 2 & 6 \\ 3 & 3 \end{bmatrix} \; e \; B = \begin{bmatrix} 1 & 3 & 4 & 5 \\ 1 & 2 & 3 & 4 \end{bmatrix}$$

e seja x_{ij} o elemento genérico de uma matriz X tal que X =$(A.B)^t$, isto é, a matriz X é a matriz transposta do produto entre as matrizes A e B. Assim, a razão entre x_{31} e x_{12} é igual a

a) 2 b) 1/2 c) 3 d) 1/3 e) 1

RESOLUÇÃO:

Inicialmente precisamos efetuar a multiplicação entre as matrizes **A** e **B**.

1º e 2º PASSOS: Ver se a multiplicação é possível e obter a ordem da matriz-produto.

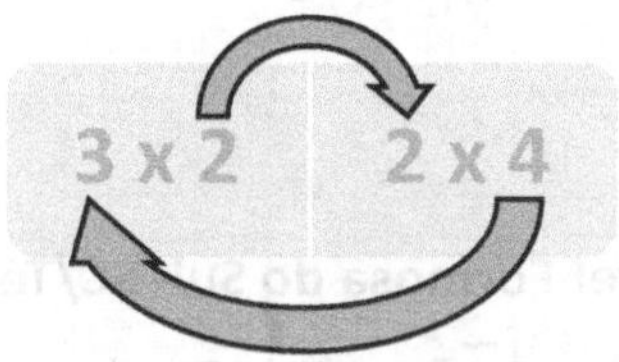

Conclusão: o **produto é possível** e a matriz-produto **X** terá a **ordem 3 x 4**.

3º PASSO: Desenhar a forma genérica da matriz-produto.

$$X = A\ x\ B = \begin{bmatrix} x_{11} & x_{12} & x_{13} & x_{14} \\ x_{21} & x_{22} & x_{23} & x_{24} \\ x_{31} & x_{32} & x_{33} & x_{34} \end{bmatrix}$$

4º PASSO: Encontrar o valor de cada elemento da matriz-produto.

Vamos tentar facilitar a nossa vida aqui! Faremos todos os cálculos já dentro da própria matriz-produto. Logo:

$$A\ x\ B = \begin{bmatrix} 1x1+4x1 & 1x3+4x2 & 1x4+4x3 & 1x5+4x4 \\ 2x1+6x1 & 2x3+6x2 & 2x4+6x3 & 2x5+6x4 \\ 3x1+3x1 & 3x3+3x2 & 3x4+3x3 & 3x5+3x4 \end{bmatrix}$$

$$A\ x\ B = \begin{bmatrix} 5 & 11 & 16 & 21 \\ 8 & 18 & 26 & 34 \\ 6 & 15 & 21 & 27 \end{bmatrix}$$

Feita a multiplicação, a próxima etapa consiste em obter a transposta de AB, invertendo as linhas pelas colunas:

$$X = (A\ x\ B)^t = \begin{bmatrix} 5 & \circled{8} & 6 \\ 11 & 18 & 15 \\ \circled{16} & 26 & 21 \\ 21 & 34 & 27 \end{bmatrix}$$

Assim, a razão entre x_{31} e x_{12} é igual a:

$$\frac{x_{31}}{x_{12}} = \frac{16}{8} = 2$$

Gabarito: A.

QUESTÃO 08 (IOPLAN - Pref Formosa do Sul–SC/Téc Enf/2021) Sendo a matriz $A = \begin{bmatrix} 8 & -5 \\ 3 & 9 \end{bmatrix}$ e a matriz $B = \begin{bmatrix} -2 & 7 \\ 6 & -1 \end{bmatrix}$. O valor de $A \,.\, B$ é:

a) $\begin{bmatrix} -46 & 62 \\ 11 & 48 \end{bmatrix}$ b) $\begin{bmatrix} -86 & -69 \\ 10 & 44 \end{bmatrix}$ c) $\begin{bmatrix} 46 & 60 \\ 12 & 49 \end{bmatrix}$ d) $\begin{bmatrix} -46 & 61 \\ 48 & 12 \end{bmatrix}$

RESOLUÇÃO:

Como se trata de matrizes de ordem 2x2, o produto entre elas é possível. A multiplicação é dada pelo somatório dos produtos das linhas de A pelas colunas de B:

$$8 \times (-2) + (-5) \times 6 = -16 - 30 = \mathbf{-46}$$

$$8 \times 7 + (-5) \times (-1) = 56 + 5 = \mathbf{61}$$

$$3 \times (-2) + 9 \times 6 = -6 + 54 = \mathbf{48}$$

$$3 \times 7 + 9 \times (-1) = 21 - 9 = \mathbf{12}$$

Assim, temos:

$$\boldsymbol{A \,.\, B} = \begin{bmatrix} \mathbf{-46} & \mathbf{61} \\ \mathbf{48} & \mathbf{12} \end{bmatrix}$$

Gabarito: D.

2.5.4.1. Propriedades da Multiplicação de Matrizes

1. **Associativa:** *(A x B) x C = A x (B x C)*
2. **Distributiva:** *A x (B + C) = A x B + A x C*
3. **Elemento Neutro***:* *A x I = I x A = A*, em que ***I*** é a **Matriz identidade.**
4. **$(A \times B)^t = A^t \times B^t$**

5. $A \times A^{-1} = I$

6. $(A \times B)^{-1} = A^{-1} \times B^{-1}$

Veja como esse assunto já foi cobrado!

QUESTÃO 09 (ESAF – AFRE/SEFAZ-MG/2005) A, B e C são matrizes quadradas de mesma ordem, não singulares e diferentes da matriz identidade. A matriz C é igual ao produto A Z B, onde Z é também uma matriz quadrada. A matriz Z, portanto, é igual a:

a) $A^{-1} B C$ b) $A C^{-1} B^{-1}$ c) $A^{-1} C B^{-1}$ d) $A B C^{-1}$ e) $C^{-1} B^{-1} A^{-1}$

RESOLUÇÃO:

Na **multiplicação de matrizes**, não vale a **propriedade comutativa**, ou seja, a ordem em que a multiplicação é efetuada importa.

A igualdade apresenta foi:

$$C = A x Z x B$$

Temos que isolar a matriz **Z**. Para tanto, nessas questões, procuramos multiplicar sempre pela matriz inversa de outras matrizes.

Vamos multiplicar à esquerda, em ambos os lados da igualdade, por $\mathbf{A^{-1}}$:

$$A^{-1} x C = A^{-1} x A x Z x B$$

Pela 5ª propriedade que aprendemos, temos que:

$$A x A^{-1} = I$$

Daí:

$$A^{-1} x C = I x Z x B$$

Pela 3ª propriedade que aprendemos, temos que a **Matriz Identidade é o elemento neutro da multiplicação de matrizes**. Logo:

$$A^{-1} x C = Z x B$$

Agora iremos multiplicar à direita, em ambos os lados da igualdade, por $\mathbf{B^{-1}}$:

$$A^{-1} x C x B^{-1} = Z x B x B^{-1}$$

Pela 5ª propriedade que aprendemos, temos que:

$$B \times B^{-1} = I$$

Daí:

$$A^{-1} x C x B^{-1} = Z x I$$

$$A^{-1} x C x B^{-1} = Z$$

Gabarito: C.

2.6. Matriz Inversa

Você deve ter aprendido que, no caso dos números reais, existe o inverso de um número. Para as matrizes **quadradas** também pode existir a **matriz inversa.**

No caso dos números, o inverso de um número é aquele que multiplicado por esse número resulta na unidade. Assim, dado um número ***x***, dizemos que seu inverso é 1/x ou x^{-1}. Para o inverso isso também é válido:

$$x.x^{-1} = 1$$

Algo similar acontece com as matrizes; isto é, a inversa da matriz quadrada A (chamada de A^{-1}) é uma **matriz quadrada de mesma ordem de A que, multiplicada por ela, resulta na matriz identidade** (I). Logo:

$$A.A^{-1} = A^{-1}.A = I$$

Perceba que tanto $A.A^{-1}$, como $A^{-1}.A$ resultam na matriz identidade.

Porém, tenha em mente que **nem sempre será possível a existência da matriz inversa.** A condição para que a matriz inversa exista é que o **determinante** (assunto a ser abordado mais adiante) de A seja **diferente de zero.**

Aqui podemos estabelecer outro paralelo com os números reais. Pergunto: Sempre existe o inverso de um número? NÃO! Não existe o inverso de zero (1/0 não existe). Com as matrizes é parecido.

FIQUE ATENTO!

Todas as matrizes com **determinante nulo não** possuem **inversa**.

Se **A** é uma matriz que não possui inversa, dizemos que **A** é uma **matriz singular**.

2.6.1. Matriz Inversa de uma Matriz de Primeira Ordem

Uma matriz de primeira ordem (do tipo 1 x 1) possui apenas um elemento, de forma que a sua inversa é **obtida fazendo-se o inverso desse número**. Simples assim!

Por exemplo, vamos encontrar a matriz inversa de B = [3].

Percebemos que a matriz **B** é de primeira ordem. Daí, a matriz $\mathbf{B}^{-1}$ terá como único elemento o inverso de 3. Logo:

$$B^{-1} = [1/3]$$

2.6.2. Matriz Inversa de uma Matriz de Segunda Ordem

Existe um método mais prático de encontrarmos a matriz inversa de uma matriz de segunda ordem, mas que faz uso da teoria dos Determinantes, que veremos daqui a pouco. Por enquanto, por meio do exemplo abaixo, aprenderemos uma outra solução, utilizando apenas os conhecimentos obtidos até o presente momento.

Por exemplo, vamos calcular a inversa da matriz M.

$$\boldsymbol{M} = \begin{bmatrix} \mathbf{0} & \mathbf{-1} \\ \mathbf{5} & \mathbf{1} \end{bmatrix}$$

Nosso objetivo consiste em obter a matriz $\mathbf{M}^{-1}$, representada por:

$$M^{-1} = \begin{bmatrix} a & b \\ c & d \end{bmatrix}$$

Conforme a definição de **matriz inversível**, o produto da matriz **M** pela sua inversa $\mathbf{M}^{-1}$ é igual a matriz identidade. Logo:

$$M^{-1}\,x\,M = I$$

$$\begin{bmatrix} a & b \\ c & d \end{bmatrix} x \begin{bmatrix} 0 & -1 \\ 5 & 1 \end{bmatrix} = \begin{bmatrix} 1 & 0 \\ 0 & 1 \end{bmatrix}$$

Você já sabe como multiplicamos duas matrizes, daí só daremos o resultado do produto M^{-1} x M. Teremos:

$$\begin{bmatrix} 5b & -a+b \\ 5d & -c+d \end{bmatrix} = \begin{bmatrix} 1 & 0 \\ 0 & 1 \end{bmatrix}$$

A fim de que essas duas matrizes sejam efetivamente iguais é necessário que:

- $5b = 1 \Rightarrow \boldsymbol{b = 1/5}$
- $-a+b = 0 \Rightarrow \boldsymbol{a = 1/5}$
- $5d = 0 \Rightarrow \boldsymbol{d = 0}$
- $-c+d = 1 \Rightarrow \boldsymbol{c = -1}$

Daí, a inversa da matriz **M** será:

$$\boldsymbol{M}^{-1} = \begin{bmatrix} 1/5 & 1/5 \\ -1 & 0 \end{bmatrix}$$

3. DETERMINANTES

Para cada **matriz quadrada** podemos associar um único **número real**. Esse número é chamado de **determinante** da matriz e é calculado conforme as regras que vamos aprender.

Um determinante é, por assim dizer, um **resultado de uma matriz quadrada**.

3.1. Determinante de uma Matriz Quadrada de 1ª Ordem

Se a matriz é quadrada de **1ª ordem**, significa que ela tem apenas uma linha e uma coluna, sendo do tipo 1 x 1. Portanto, nessa matriz só há um único elemento, de forma que **seu determinante será o próprio elemento que compõe a matriz.**

Veja os exemplos:

1) Se A=[3], então det A = 3

2) Se B=[-1], então det B = -1

3.2. Determinante de uma Matriz Quadrada de 2ª Ordem

No caso do **determinante de uma Matriz Quadrada de 2ª Ordem**, seu cálculo será efetuado da seguinte forma:

É o produto da **diagonal principal** **menos o produto da diagonal secundária**.

Dessa maneira, se $A = \begin{bmatrix} a & b \\ c & d \end{bmatrix}$, então:

det A = ad – bc

Fica claro, portanto, que, para o cálculo descrito, deveremos seguir os **três passos** seguintes:

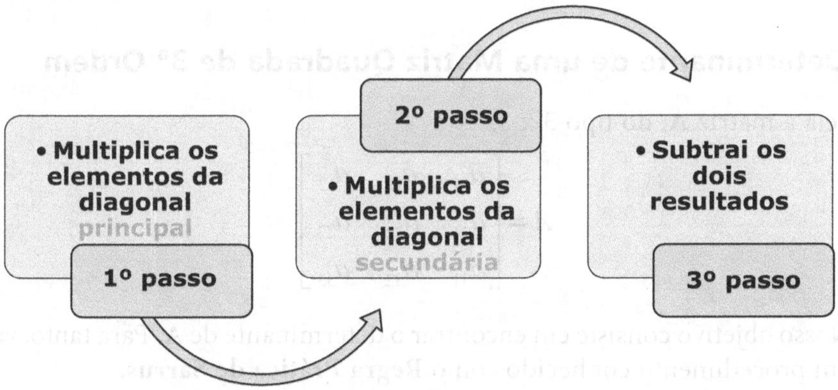

Veja como esse assunto já foi cobrado!

QUESTÃO 10 (CETRO – Sargento/PM-SP/Formação/2012) É correto afirmar que o determinante $\begin{bmatrix} 1 & x \\ -2 & 4 \end{bmatrix}$ é igual a zero para x igual a

a) 1. b) 2. c) -2. d) -1.

RESOLUÇÃO:

Acabamos de aprender que o cálculo do **determinante de uma Matriz Quadrada de 2ª Ordem** é efetuado por meio do produto da diagonal principal menos o produto da diagonal secundária.

Aplicando isso à matriz fornecida pelo enunciado, que chamaremos de **A**, teremos:

$$\det A = 1\,.4 - x\,.(-2) = 4 + 2x$$

Bem, foi dito pela questão que o determinante da matriz **A** é igual a **0**. Logo:

$$0 = 4 + 2x \Rightarrow \boldsymbol{x} = -2$$

Gabarito: C.

3.3. Determinante de uma Matriz Quadrada de 3ª Ordem

Seja a matriz **A**, do tipo 3 x 3:

$$A = \begin{bmatrix} a_{11} & a_{12} & a_{13} \\ a_{21} & a_{22} & a_{23} \\ a_{31} & a_{32} & a_{33} \end{bmatrix}$$

Nosso objetivo consiste em encontrar o determinante de **A**. Para tanto, vamos usar um procedimento conhecido como **Regra Prática de Sarrus**.

Como funcionará, meus amigos? É muito simples! Inicialmente, iremos repetir a primeira e a segunda coluna, na ordem, após a terceira coluna:

$$\left|\begin{array}{ccc|cc} a_{11} & a_{12} & a_{13} & a_{11} & a_{12} \\ a_{21} & a_{22} & a_{23} & a_{21} & a_{22} \\ a_{31} & a_{32} & a_{33} & a_{31} & a_{32} \end{array}\right.$$

Em seguida, multiplicamos as diagonais para a direita e somamos os valores:

$$\left|\begin{array}{ccc|cc} a_{11} & a_{12} & a_{13} & a_{11} & a_{12} \\ a_{21} & a_{22} & a_{23} & a_{21} & a_{22} \\ a_{31} & a_{32} & a_{33} & a_{31} & a_{32} \end{array}\right.$$

$+ \quad + \quad +$

Agora multiplicamos os valores nas diagonais para a esquerda e subtraímos os valores:

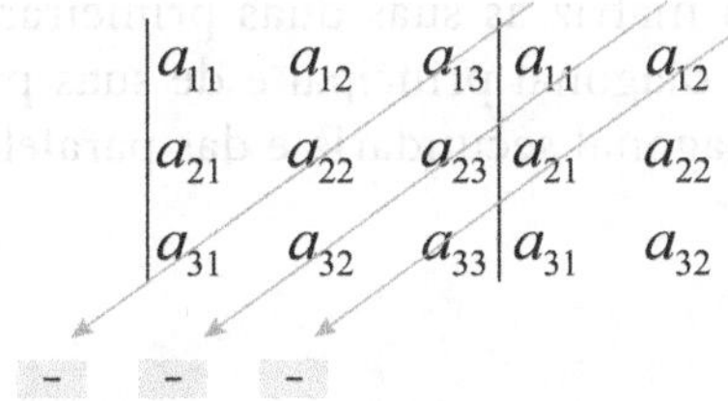

Por fim, basta **somar** as duas parcelas:

$$\det A = a_{11}a_{22}a_{33} + a_{12}a_{23}a_{31} + a_{13}a_{21}a_{32} - a_{13}a_{22}a_{31} - a_{11}a_{23}a_{32} - a_{12}a_{21}a_{33}$$

TOME NOTA!

Determinante de uma Matriz Quadrada de 3ª Ordem

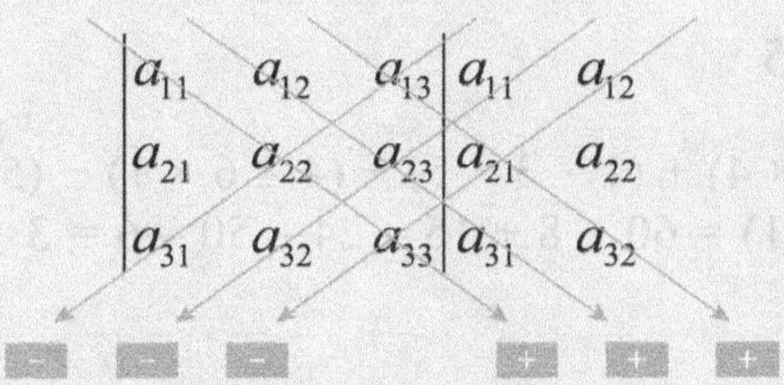

$$\det A = a_{11}a_{22}a_{33} + a_{12}a_{23}a_{31} + a_{13}a_{21}a_{32} - a_{13}a_{22}a_{31} - a_{11}a_{23}a_{32} - a_{12}a_{21}a_{33}$$

Veja como esse assunto já foi cobrado!

QUESTÃO 11 (FAFIPA/Pref Bandeirantes PR/2017) Assinale a alternativa que representa uma matriz cujo determinante é igual a 84.

a) $\begin{pmatrix} 3 & 2 & 5 \\ 6 & 3 & 4 \\ 5 & 6 & 4 \end{pmatrix}$ b) $\begin{pmatrix} 5 & 1 & 1 \\ 3 & 6 & 2 \\ 4 & 5 & 2 \end{pmatrix}$ c) $\begin{pmatrix} 4 & 5 & 3 \\ 1 & 4 & 6 \\ 2 & 3 & 5 \end{pmatrix}$ d) $\begin{pmatrix} 2 & 1 & 5 \\ 6 & 2 & 3 \\ 4 & 5 & 4 \end{pmatrix}$

RESOLUÇÃO:

O enunciado apresenta quatro matrizes quadradas de ordem 3, cujo cálculo de seus determinantes pode ser efetuado com a aplicação da regra de Sarrus. Para isso, replicamos ao final da matriz as suas duas primeiras colunas, calculamos o produto dos termos de sua diagonal principal e de suas paralelas, somando-os, e o produto dos termos da diagonal secundária e das paralelas dela, subtraindo-os.

$$a)\left|\begin{array}{ccc|cc} 3 & 2 & 5 & 3 & 2 \\ 6 & 3 & 4 & 6 & 3 \\ 5 & 6 & 4 & 5 & 6 \end{array}\right.$$

$(3 \times 3 \times 4) + (2 \times 4 \times 5) + (5 \times 6 \times 6) - (5 \times 3 \times 5) - (6 \times 4 \times 3) - (4 \times 6 \times 2) = 36 + 40 + 180 - 75 - 72 - 48 = \mathbf{61}$

$$b)\left|\begin{array}{ccc|cc} 5 & 1 & 1 & 5 & 1 \\ 3 & 6 & 2 & 3 & 6 \\ 4 & 5 & 2 & 4 & 5 \end{array}\right.$$

$(5 \times 6 \times 2) + (1 \times 2 \times 4) + (1 \times 3 \times 5) - (4 \times 6 \times 1) - (5 \times 2 \times 5) - (2 \times 3 \times 1) = 60 + 8 + 15 - 24 - 50 - 6 = \mathbf{3}$

$$c)\left|\begin{array}{ccc|cc} 4 & 5 & 3 & 4 & 5 \\ 1 & 4 & 6 & 1 & 4 \\ 2 & 3 & 5 & 2 & 3 \end{array}\right.$$

$(4 \times 4 \times 5) + (5 \times 6 \times 2) + (3 \times 1 \times 3) - (2 \times 4 \times 3) - (3 \times 6 \times 4) - (5 \times 1 \times 5) = 80 + 60 + 9 - 24 - 72 - 25 = \mathbf{28}$

$$d)\left|\begin{array}{ccc|cc} 2 & 1 & 5 & 2 & 1 \\ 6 & 2 & 3 & 6 & 2 \\ 4 & 5 & 4 & 4 & 5 \end{array}\right.$$

$(2 \times 2 \times 4) + (1 \times 3 \times 4) + (5 \times 6 \times 5) - (4 \times 2 \times 5) - (5 \times 3 \times 2) - (4 \times 6 \times 1) = 16 + 12 + 150 - 40 - 30 - 24 = \mathbf{84}$

Dica: Sempre que uma questão pedir uma resposta que você tem que efetuar os cálculos de cada alternativa até encontrar a resposta, comece das últimas alternativas para as primeiras. Geralmente o examinador não dá o mole de colocar a resposta logo nas primeiras alternativas. Essa dica não funciona muito quando a prova possui diferentes ordens de gabarito, porque as alternativas podem estar trocadas em relação ao padrão que o examinador as elaborou, mas mesmo assim sugerimos que siga essa dica. Note o tempo que teria poupado nesta questão se soubesse disso.

Gabarito: D.

3.4. Propriedades dos Determinantes

A estratégia de conhecermos algumas **propriedades dos determinantes**, como sempre, é facilitar a nossa vida, pois algumas vezes a questão pede apenas a aplicação imediata de uma propriedade conhecida sobre determinantes.

Esboçaremos a seguir as propriedades, em seguida veremos algumas questões que cobraram o conhecimento delas.

- **Propriedade 1: Se uma fila (linha ou coluna) de uma matriz é formada apenas por zeros, seu determinante é nulo.**

$$\text{Exemplo)} \begin{vmatrix} 1 & 0 & -3 \\ 4 & 0 & 2 \\ 1 & 0 & 4 \end{vmatrix} = 0$$

- **Propriedade 2: Se uma fila é proporcional (ou igual) a outra paralela, o determinante é nulo.**

$$\text{Exemplo)} \begin{vmatrix} 1 & 2 & -3 \\ 4 & 5 & 2 \\ 1 & 2 & -3 \end{vmatrix} = 0$$

- **Propriedade 3: Se uma fila é combinação linear de outras paralelas, o determinante é nulo.**

$$a) \begin{vmatrix} 1 & 3 & 4 \\ 2 & 4 & 6 \\ 3 & 2 & 5 \end{vmatrix} = 0$$

$$C_1 + C_2 = C_3$$

$$b)\begin{vmatrix} 3 & 4 & 1 \\ 1 & 2 & 3 \\ 7 & 10 & 5 \end{vmatrix} = 0$$

$$2L_1 + L_2 = L_3$$

– Propriedade 4: O determinante de uma matriz é igual ao de sua transposta: det A = det (At)

$$A = \begin{bmatrix} 2 & 1 \\ 4 & 3 \end{bmatrix} \rightarrow \det A = 2.3 - 1.4 = 6 - 4 = 2$$

$$A^t = \begin{bmatrix} 2 & 4 \\ 1 & 3 \end{bmatrix} \rightarrow \det A^t = 2.3 - 4.1 = 6 - 4 = 2$$

– Propriedade 5: O determinante não se altera se a uma fila somamos outra fila paralela multiplicada por um número qualquer (Teorema de Jacobi).

$$\text{Exemplo)}\begin{vmatrix} 1 & 2 & 3 \\ 2 & 1 & 2 \\ 2 & 4 & 3 \end{vmatrix} = 9$$

Substituindo a 1ª coluna pela soma dessa mesma coluna com o dobro da 2ª, temos:

$$\begin{vmatrix} 1+2.2 & 2 & 3 \\ 2+1.2 & 1 & 2 \\ 2+4.2 & 4 & 3 \end{vmatrix} = \begin{vmatrix} 5 & 2 & 3 \\ 4 & 1 & 2 \\ 10 & 4 & 3 \end{vmatrix} = 9$$

– Propriedade 6: Se trocarmos uma fila de lugar com outra paralela, o determinante muda de sinal.

Exemplo:

$$\begin{vmatrix} 1 & 2 & -3 \\ 4 & 5 & 2 \\ 2 & 4 & -6 \end{vmatrix} = 14$$

$\begin{vmatrix} 2 & 4 & -6 \\ 4 & 5 & 2 \\ 1 & 2 & -3 \end{vmatrix} = -14$, pois é o mesmo exemplo do anterior, mas com a 1ª e a 3ª linhas trocadas.

– Propriedade 7: Se multiplicarmos um fila por um número k, o determinante também é multiplicado por k.

Exemplo:

$$A = \begin{bmatrix} 2 & 1 \\ 4 & 3 \end{bmatrix} \rightarrow \det A = 2.3 - 1.4 = 6 - 4 = 2$$

$B = \begin{bmatrix} 2 & 1 \\ 8 & 6 \end{bmatrix} \rightarrow \det B = 2.6 - 1.8 = 12 - 8 = 4$, pois como a 2ª linha de B é igual à 2ª linha de A multiplicada por 2, o determinante também será multiplicado por 2.

– Propriedade 8: Se multiplicarmos uma matriz por um número k, o determinante é multiplicado por k^n, em que n é a ordem da matriz.

Exemplo:

$$A = \begin{bmatrix} 2 & 1 \\ 4 & 3 \end{bmatrix} \rightarrow \det A = 2.3 - 1.4 = 6 - 4 = 2$$

$$B = \begin{bmatrix} 4 & 2 \\ 8 & 6 \end{bmatrix} \rightarrow \det B = 4.6 - 2.8 = 24 - 16 = 8$$

Como multiplicamos todos os elementos de A por 2, B será 2^2.det A = 4.detA = 4.2 = 8.

– Propriedade 9: O determinante da multiplicação de matrizes é a multiplicação dos determinantes (Teorema de Binet). Assim: det(A.B) = det A . det B

Exemplo:

$$Se\ A=\begin{bmatrix}2 & 1\\ 3 & 4\end{bmatrix}, B=\begin{bmatrix}1 & 0\\ 2 & 2\end{bmatrix} e\ A.B=\begin{bmatrix}4 & 2\\ 11 & 8\end{bmatrix}, então:$$

$$\underbrace{\det(AB)}_{10} = \underbrace{\det A}_{5} . \underbrace{\det B}_{2}$$

– **Propriedade 10: O determinante da inversa é o inverso do determinante:**

$$detA^{-1} = \frac{1}{detA}$$

– **Propriedade 11: Numa matriz triangular ou matriz diagonal, o determinante é igual ao produto dos elementos da diagonal principal.**

Lembre que em uma matriz triangular, os elementos acima ou abaixo da diagonal principal são iguais a zero.

Exemplo) Vamos calcular o determinante da matriz triangular a seguir:

$$\begin{vmatrix}2 & 0 & 0\\ 2 & 3 & 0\\ -4 & 5 & -7\end{vmatrix}\begin{matrix}2 & 0\\ 2 & 3\\ -4 & 5\end{matrix}$$

$$(2\times3\times(-7))+(0\times0\times(-4))+(0\times2\times5)-(0\times2\times(-7))-(2\times0\times5)-(0\times3\times(-4))$$

$$=-42+0+0-0-0-0=-42$$

Repare que nem precisávamos ter aplicado a Regra de Sarrus para calcular o determinante da matriz apresentada. Como ela é uma matriz triangular (ou diagonal), bastaria multiplicarmos os elementos da diagonal principal que encontraríamos o mesmo resultado. De fato:

$$2\times3\times(-7)=-42$$

Veja como esse assunto já foi cobrado!

QUESTÃO 12 (ESAF – AFC/STN/2005) Considere duas matrizes quadradas de terceira ordem, A e B. A primeira, a segunda e a terceira colunas da matriz B são iguais, respectivamente, à terceira, à segunda e à primeira colunas da matriz A. Sabendo-se que o determinante de A é igual a x^3, então o produto entre os determinantes das matrizes A e B é igual a:

a) $-x^{-6}$ b) $-x^6$ c) x^3 d) -1 e) 1

RESOLUÇÃO:

Perceba que **A** é uma matriz quadrada de **terceira ordem**, assim como a matriz **B**. A diferença entre elas é que as colunas estão de trás para frente, ou seja, a terceira coluna de **A** é a primeira de **B**, a segunda de **A** é a segunda de **B** e, por fim, a primeira de **A** é a terceira de **B**. Assim, houve uma simples **troca de colunas** entre a matriz **A** e a matriz **B**. Somente a primeira coluna de A foi trocada pela terceira de B, pois as segundas colunas de cada matriz são iguais.

Nesse caso, faremos uso da **propriedade 6**, a qual afirma que **se trocarmos uma fila (linha ou coluna) de lugar com outra paralela, o determinante muda de sinal**. Ou seja:

$$Det\ B = -DetA$$

Pelo que foi dito no enunciado, temos:

$$Det\ A = x^3$$

$$Det\ B = -Det\ A = -x^3$$

Porém, o nosso objetivo consiste em obter o **produto entre os determinantes das matrizes A e B**. E isso já podemos calcular:

$$\boldsymbol{Det\ A.\ Det\ B = x^3.\left(-x^3\right) = -x^6}$$

Gabarito: B.

QUESTÃO 13 (ESAF/MPOG/2008) Uma matriz X de quinta ordem possui determinante igual a 10. A matriz B é obtida multiplicando-se todos os elementos da matriz X por 10. Desse modo, o determinante da matriz B é igual a:

a) 10^{-6} b) 10^5 c) 10^{10} d) 10^6 e) 10^3

RESOLUÇÃO:

Mais uma questão em que a aplicação direta das propriedades dos determinantes será fundamental.

De fato, a matriz **X** é de **quinta ordem** e tem:

$$\det X = 10$$

Além disso, o enunciado afirma que a matriz **B** é obtida multiplicando-se a matriz **X** por 10:

$$B = 10.X$$

Dessa maneira, podemos recorrer à **propriedade 8**, afirmando que **se multiplicarmos uma matriz por um número k, o determinante é multiplicado por kn, em que n é a ordem da matriz.** Logo:

$$det\, B = 10^5.\det X$$

Substituindo o valor dado para o determinante da matriz **X**, teremos:

$$\det \boldsymbol{B} = 10^5.10 = 10^6$$

Gabarito: D.

QUESTÃO 14 (ESAF/ATRFB/2012) Dada a matriz $A = \begin{pmatrix} 2 & 1 \\ 0 & 1 \end{pmatrix}$, o determinante de A^5 é igual a

a) 20. b) 28. c) 32. d) 30. e) 25.

RESOLUÇÃO:

Aprendemos ao longo do capítulo que, para calcularmos o **determinante de uma matriz quadrada de 2ª ordem**, basta seguir três passos:

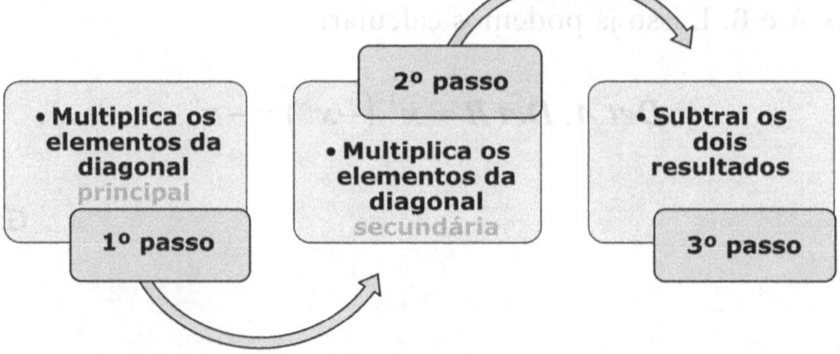

Fazendo isso para a Matriz **A**, teremos:

$$\boldsymbol{det\, A} = 2 \times 1 - 1 \times 0 = \boldsymbol{2}$$

Porém, o nosso objetivo consiste em obter o valor do **determinante de A^5**.

Já sei, professores: alguma propriedade dos determinantes vai nos socorrer.

Perfeito! Sabemos que:

$$det\left(A^5\right) = det\left(A\,x\,A\,x\,A\,x\,A\,x\,A\right)$$

Daí, a **propriedade 9**, também conhecida como **Teorema de Binet**, vem afirmar que o **determinante da multiplicação de matrizes é a multiplicação dos determinantes**. Assim:

det(A.B) = det A . det B

Com isso, temos:

$$\det\left(A^5\right) = \det \boldsymbol{Ax} \det \boldsymbol{Ax} \det \boldsymbol{Ax} \det \boldsymbol{Ax} \det \boldsymbol{A} = 2^5 = 32$$

Gabarito: C.

QUESTÃO 15 (ESAF – APOFP/SEFAZ-SP/2009) O determinante de uma matriz 3X3 é igual a x. Se multiplicarmos os três elementos da 1ª linha por 2 e os três elementos da 2ª coluna por-1, o determinante será:

a) $-x^2$ b) $-2x^2$ c) -2x d) x^2 e) $4x^2$

RESOLUÇÃO:

Essa questão é uma aplicação direta do conteúdo da **propriedade 7**, que diz:

Se multiplicarmos um fila por um número k, o determinante também é multiplicado por k.

Inicialmente, vamos multiplicar os elementos da 1ª linha por **2**. Qual a consequência disso? Ora, o determinante é dobrado. Ele valia **x.** Agora, vale **2x.**

Em seguida, multiplicamos os elementos da 2ª coluna por **-1**. Qual a implicação disso? Bem, o determinante também será multiplicado por **-1**. Logo, **o determinante passa a valer -2x.**

Gabarito: C.

QUESTÃO 16 (ESAF – ERH/ANA/2009) O determinante da matriz

$$B = \begin{bmatrix} 2 & 1 & 0 \\ a & b & c \\ 4+a & 2+b & c \end{bmatrix}$$

é:

a) 2bc + c – a b) 2b – c c) a + b + c d) 6 + a + b + c e) 0

RESOLUÇÃO:

Perceba que a terceira linha é uma combinação linear das duas primeiras linhas.

E o que significa "combinação linear"?

Uma **combinação linear** significa que uma das filas da matriz é igual à soma de outras multiplicadas, cada uma, por algum número real.

No caso da matriz **B** apresentada pelo enunciado, para encontrar a sua combinação linear, basta seguir as seguintes etapas:

- Multiplicamos a primeira linha por 2;
- Multiplicamos a segunda linha por 1 (ou seja, a segunda linha permanece intacta);
- Somamos esses resultados, obtendo a terceira linha.

Daí, a **propriedade 3** afirma que **se uma fila é combinação linear de outras paralelas, o determinante é nulo.**

Agora, se achou complicado encontrar essa combinação linear para aplicar diretamente a propriedade 3, basta usar a regra de Sarrus que você chegará ao mesmo resultado.

Gabarito: E.

QUESTÃO 17 (ESAF/AFRFB/2012) As matrizes, A, B, C e D são quadradas de quarta ordem. A matriz B é igual a 1/2 da matriz A, ou seja: B = 1/2 A. A matriz C é igual a matriz transposta de B, ou seja: $C = B^t$. A matriz D é definida a partir da matriz C; a única diferença entre essas duas matrizes é que a matriz D tem como primeira linha a primeira linha de C multiplicada por 2. Sabendo-se que o determinante da matriz A é igual a 32, então a soma dos determinantes das matrizes B, C e D é igual a

a) 6. b) 4. c) 12. d) 10. e) 8.

RESOLUÇÃO:

O determinante da matriz **A** é igual a **32**. Por sua vez, é dito que:

$$B = \frac{1}{2}A$$

Nesse sentido, a **propriedade 8** diz que **se multiplicarmos uma matriz por um número k, o determinante é multiplicado por k^n, em que n é a ordem da matriz.**

Sabendo que as matrizes são de **quarta ordem**, teremos:

$$det\,B = \left(\frac{1}{2}\right)^4.\det A = \frac{1}{16}.32 = 2$$

Por sua vez, a matriz **D** tem como primeira linha a primeira linha de **C** multiplicada por 2. Logo:

$$\text{Det D} = 2.\text{det C} = 2 \times 2 = 4$$

Porém, o nosso objetivo consiste em obter a **soma dos determinantes das matrizes B, C e D**. Daí:

$$\boldsymbol{det\,B + det\,C + det\,D = 2 + 2 + 4 = 8}$$

Gabarito: E.

QUESTÃO 18 (ESAF – AFC/STN/2013) Os elementos de uma matriz X são representados, genericamente, por x_{ij} – onde i representa a linha e j representa a coluna às quais o elemento x_{ij} pertence. Os valores assumidos pelos elementos da matriz A são: $a_{11} = 1$; $a_{12} = x$; $a_{13} = -3$; $a_{21} = 2$; $a_{22} = 1$; $a_{23} = x$; $a_{31} = a$; $a_{32} = 0$ e $a_{33} = 1$. De modo análogo, os elementos assumidos pela matriz B são: $b_{11} = 2$; $b_{12} = 1$; $b_{13} = x$; $b_{21} = 1$; $b_{22} = x$; $b_{23} = -3$; $b_{31} = a$; $b_{32} = 0$ e $b_{33} = 1$. Sabendo-se que o determinante da matriz inversa de A é igual a 1/7, então a soma entre os determinantes da matriz transposta de A e da matriz B é igual a:

a) -7 b) -14 c) 14 d) 2/7 e) 0

RESOLUÇÃO:

Seguindo a **lei de formação** das matrizes **A** e **B**, teremos:

$$A = \begin{pmatrix} 1 & x & -3 \\ 2 & 1 & x \\ a & 0 & 1 \end{pmatrix}, B = \begin{pmatrix} 2 & 1 & x \\ 1 & x & -3 \\ a & 0 & 1 \end{pmatrix}$$

Note que a matriz **A** é igual à matriz **B** exceto pela ordem da 1ª e 2ª linhas, que estão trocadas. Logo, de acordo com a **propriedade 6**, teremos:

$$det\,A = -\,det\,B$$

UNIDADE 3 – MATEMÁTICA DE NÍVEL MÉDIO

Por sua vez, a **propriedade 10** afirma que **o determinante da inversa é o inverso do determinante:**

$$detA^{-1} = \frac{1}{detA}$$

Além disso, como o determinante da matriz inversa de **A** é igual a **1/7**, temos:

$$detA^{-1} = 1/7 = 1/detA$$
$$detA = 1/\ detA^{-1}$$
$$detA = 1/\ detA^{-1} = 1/(1/7)$$
$$detA = 7;\ detB = -7$$

Por fim, a **propriedade 4** afirma que **o determinante de uma matriz é igual ao de sua transposta:**

$$det\ A = det\ (A^t)$$

Com isso, temos:

$$\det A^t = \det A = 7$$

Porém, o nosso objetivo consiste em obter a **soma entre os determinantes da matriz transposta de A e da matriz B.** Logo:

$$\det A^t + \det B = 7 + (-7) = 0$$

Gabarito: E.

3.5. Menor Complementar

Dada uma matriz quadrada **A**, o **menor complementar** de um elemento de **A** é o **determinante que se obtém quando se extraem a linha e a coluna que contêm aquele elemento.**

Veja como esse assunto já foi cobrado!

QUESTÃO 19 (ESAF – APO/MPOG/2005) O menor complementar de um elemento genérico x_{ij} de uma matriz X é o determinante que se obtém suprimindo a linha e a coluna em que esse elemento se localiza. Uma matriz Y = y_{ij}, de terceira ordem, é a matriz resultante da soma das matrizes A = (a_{ij}) e B = (b_{ij}). Sabendo-se que (a_{ij}) = $(i+j)^2$ e que b_{ij} = i^2 , então o menor complementar do elemento y_{23} é igual a:

a) 0 b) -8 c) -80 d) 8 e) 80

RESOLUÇÃO:

Bem, a questão começa fornecendo uma definição para **Menor Complementar:**

"O menor complementar de um elemento genérico x_{ij} de uma matriz X é o determinante que se obtém suprimindo a linha e a coluna em que esse elemento se localiza".

Com base na **lei de formação** das matrizes **A** e **B**, vamos calcular seus elementos:

$$a_{11} = (1+1)^2 = 4 \quad a_{12} = (1+2)^2 = 9 \quad a_{13} = (1+3)^2 = 16$$

$$a_{21} = (2+1)^2 = 9 \quad a_{22} = (2+2)^2 = 16 \quad a_{23} = (2+3)^2 = 25$$

$$a_{31} = (3+1)^2 = 16 \quad a_{32} = (3+2)^2 = 25 \quad a_{33} = (3+3)^2 = 36$$

Assim, a matriz **A** será:

$$A = \begin{bmatrix} 4 & 9 & 16 \\ 9 & 16 & 25 \\ 16 & 25 & 36 \end{bmatrix}$$

Por sua vez, os elementos de **B** serão:

$$b_{11} = (1)^2 = 1 \quad b_{12} = (1)^2 = 1 \quad b_{13} = (1)^2 = 1$$

$$b_{21} = (2)^2 = 4 \quad b_{22} = (2)^2 = 4 \quad b_{23} = (2)^2 = 4$$

$$b_{31} = (3)^2 = 9 \quad b_{32} = (3)^2 = 9 \quad b_{33} = (3)^2 = 9$$

Montando a matriz **B**, teremos:

$$B = \begin{bmatrix} 1 & 1 & 1 \\ 4 & 4 & 4 \\ 9 & 9 & 9 \end{bmatrix}$$

Além disso, o enunciado informa que a matriz **Y** é resultante da soma das matrizes **A** e **B**. Daí:

$$Y = \begin{bmatrix} 4 & 9 & 16 \\ 9 & 16 & 25 \\ 16 & 25 & 36 \end{bmatrix} + \begin{bmatrix} 1 & 1 & 1 \\ 4 & 4 & 4 \\ 9 & 9 & 9 \end{bmatrix}$$

$$Y = \begin{bmatrix} 5 & 10 & 17 \\ 13 & 20 & 29 \\ 25 & 34 & 45 \end{bmatrix}$$

Ressalto que o nosso objetivo consiste em obter o **menor complementar do elemento y_{23}**, que chamaremos de M_{23}.

Nesse sentido, perceba que o elemento y_{23} é igual a **29**. Bem, o **menor complementar** desse elemento é o **determinante que sobra depois de eliminarmos a linha e a coluna em que esse elemento está**:

$$Y = \begin{bmatrix} 5 & 10 & 17 \\ 13 & 20 & 29 \\ 25 & 34 & 45 \end{bmatrix}$$

A matriz que sobra é:

$$\begin{bmatrix} 5 & 10 \\ 25 & 34 \end{bmatrix}$$

Ficamos com uma matriz do tipo 2 x 2, em que seu **determinante** é a **diferença entre o produto dos elementos da diagonal principal e o produto dos elementos da diagonal secundária**:

$$M_{23} = 5x34 - 10x25 = 170 - 250 = -80$$

Gabarito: C.

3.6. Cofator

O **Cofator** ou **Complemento Algébrico** do elemento $\mathbf{a_{ij}}$ de uma matriz **A** é um número real, indicado por $\mathbf{A_{ij}}$, cujo cálculo é realizado da seguinte forma:

$$A_{ij} = (-1)^{i+j} \,.\, M_{ij}$$

Assim, colega, fica claro que o **cofator deriva do menor complementar**!

Note que, analisando o expoente (i+j), quando a soma da linha (i) e da coluna (j) do elemento que deu origem ao menor complementar for **par**, o cofator **coincide** com o menor complementar. Se a soma da linha e da coluna do elemento for **ímpar**, o cofator é o **oposto** do menor complementar (sinal negativo). Logo:

$$A_{ij} = M_{ij},\ se\ i + j\ for\ par.$$

$$A_{ij} = -M_{ij},\ se\ i + j\ for\ ímpar.$$

Para exemplificar, na matriz $A = \begin{bmatrix} 2 & 3 & 1 \\ 4 & 5 & 6 \\ 1 & 2 & 7 \end{bmatrix}$, calcular os cofatores: a) A_{11}, b) A_{13} e c) A_{32}.

Bem, o **Cofator** é obtido da seguinte forma:

$$A_{ij} = (-1)^{i+j} \, . \, M_{ij}$$

a) Cálculo de A_{11}:

$$A_{11} = (-1)^{1+1} \, . M_{11}$$

$$A_{11} = 1 \, . \begin{bmatrix} 5 & 6 \\ 2 & 7 \end{bmatrix} = 1 \, . (5 \, . 7 - 6 \, . 2) = 23$$

b) Cálculo de A_{13}:

$$A_{13} = (-1)^{1+3} \, . M_{13}$$

$$A_{13} = 1 \, . \begin{bmatrix} 4 & 5 \\ 1 & 2 \end{bmatrix} = 1 \, . (4 \, . 2 - 5 \, . 1) = 3$$

c) Cálculo de A_{32}:

$$A_{32} = (-1)^{3+2} \, . M_{32}$$

$$A_{32} = -1 \, . \begin{bmatrix} 2 & 1 \\ 4 & 6 \end{bmatrix} = -1 \, . (2 \, . 6 - 1 \, . 4) = -8$$

3.7. Teorema de Laplace

A principal funcionalidade do **Teorema de Laplace** consiste em servir de auxílio para calcularmos o determinante de **qualquer matriz quadrada**, de **qualquer ordem**.

A regra é essa:

> **Teorema de Laplace**
>
> - **O determinante é igual à soma dos produtos dos elementos de uma fila (linha ou coluna) pelos respectivos cofatores.**

Talvez pareça um tanto confuso esse procedimento. Porém, na prática, não é tão complicado assim, bastando que você saiba que três passos deverão ser seguidos:

1º passo

Escolher uma fila, de preferência a que tiver *mais zeros*.

2º passo

Multiplicar cada elemento dessa fila pelo seu respectivo cofator.

3º passo

O **determinante** será a **SOMA** dos valores encontrados no 2º passo.

Para exemplificar, dada a matriz quadrada de ordem 3, vamos obter seu determinante usando o Teorema de Laplace.

Para isso, seguiremos os três passos.

1º Passo: escolher uma fila, qualquer uma, tanto faz se linha ou coluna, de preferência a que tiver mais zeros.

Já que não temos fila com o numeral 0, podemos escolher qualquer fila, de modo que optaremos pela 1ª linha.

2º passo: multiplicar cada elemento dessa fila pelo seu respectivo **cofator**.

Inicialmente, vamos, calcular cada um dos **cofatores**:

$$A_{11} = (-1)^{1+1} \cdot \begin{bmatrix} 1 & 4 \\ 5 & -1 \end{bmatrix} = 1 \cdot (-21) = -21$$

$$A_{12} = (-1)^{1+2} \cdot \begin{bmatrix} -2 & 4 \\ 2 & -1 \end{bmatrix} = -1 \cdot (-6) = 6$$

$$A_{13} = (-1)^{1+3} \cdot \begin{bmatrix} -2 & 1 \\ 2 & 5 \end{bmatrix} = 1 \cdot (-12) = -12$$

Agora, podemos multiplicar cada elemento da fila que escolhemos pelo seu cofator:

$$a_{11} \cdot A_{11} = 3 \cdot (-21) = -63$$

$$a_{12} \cdot A_{12} = 2 \cdot 6 = 12$$

$$a_{13} \cdot A_{13} = 1 \cdot (-12) = -12$$

3º passo: O determinante da matriz **A** é a SOMA dos valores encontrados no 2º passo:

$$\det A = -63 + 12 - 12 = -63$$

Veja como esse assunto já foi cobrado!

QUESTÃO 20 (FUNDATEC – AFRE/SEFAZ-RS/2014) O determinante da matriz

$$A = \begin{bmatrix} 1 & 2 & 1 & 0 \\ 2 & 3 & 1 & 0 \\ 2 & -3 & 2 & 1 \\ 2 & 1 & 1 & 4 \end{bmatrix}$$

a)-32. b)-26. c) 14. d) 16. e) 28.

RESOLUÇÃO:

O enunciado é bem sucinto, exigindo de nós o cálculo do determinante de uma matriz de 4ª ordem. Nesse caso, recorreremos ao **Teorema de Laplace.**

1º passo: escolher uma fila, de preferência a que tiver mais zeros.

Vamos escolher a **4ª coluna**, pois é a que tem mais zeros. É claro que poderia ser qualquer outra, mas a opção que fizemos irá facilitar a nossa vida!

2º passo: multiplicar cada elemento dessa fila pelo seu respectivo **cofator**.

O elemento $\mathbf{a_{14}}$ multiplicado pelo seu cofator resulta:

$$0 \, x \, A_{14} = 0$$

Percebeu agora por que escolhemos a fila com mais zeros? Assim, ganhamos tempo. E tempo em prova vale muito dinheiro, que é o da sua futura remuneração.

De modo similar, o elemento $\mathbf{a_{24}}$ multiplicado pelo seu cofator resulta:

$$0 \, x \, A_{24} = 0$$

Por sua vez, o elemento $\mathbf{a_{34}}$ multiplicado pelo seu cofator resulta:

$$1x\,A_{34} = 1x(-1)^{3+4}.M_{34}$$

Em que $\mathbf{M_{34}}$ é o **Menor Complementar** do elemento $\mathbf{a_{34}}$, correspondendo ao determinante que se obtém suprimindo a 3ª linha e a 4ª coluna:

$$M_{34} = \begin{bmatrix} 1 & 2 & 1 \\ 2 & 3 & 1 \\ 2 & 1 & 1 \end{bmatrix}$$

$$M_{34} = -2$$

Voltando ao cálculo, teremos:

$$1x(-1)^7\,x(-2) = 2$$

Por fim, o elemento $\mathbf{a_{44}}$ multiplicado pelo seu cofator resulta:

$$4x\,A_{44} = 4x(-1)^{4+4}.M_{44}$$

Em que $\mathbf{M_{44}}$ é o Menor Complementar do elemento $\mathbf{a_{44}}$, correspondendo ao determinante que se obtém suprimindo a 4ª linha e a 4ª coluna:

$$M_{44} = \begin{bmatrix} 1 & 2 & 1 \\ 2 & 3 & 1 \\ 2 & -3 & 2 \end{bmatrix}$$

$$M_{44} = -7$$

Voltando ao cálculo, teremos:

$$4x(-1)^8\,x(-7) = -28$$

3º passo: o determinante da matriz **A** é a SOMA dos valores encontrados no 2º passo:

$$\det \boldsymbol{A} = 0 + 0 + 2 + (-28) = -26$$

Gabarito: D.

4. SISTEMAS LINEARES

Antes de explicarmos este assunto, faremos um alerta: verifique se ele está realmente no programa do seu concurso, pois a maioria dos editais abrange somente as partes de matrizes e determinantes. Por exemplo, os últimos editais de Analista-Tributário da Receita Federal não cobraram este tópico, mas os de Auditor-Fiscal da Receita Federal cobraram. Feito o alerta, vamos aprender isso de uma vez.

Entendemos por **sistema linear** um **conjunto de equações lineares** reunidas com o objetivo de se obterem soluções comuns a todas essas equações.

Mas, professores, o que é uma equação linear?

Boa pergunta! Uma **equação linear** nas **incógnitas x, y, z, ...** é toda equação do tipo:

$$ax + by + cz + \cdots = k.$$

Os números reais **a**, **b**, **c**, ... (os números que multiplicam as incógnitas) são chamados de **coeficientes** e o número **k** é o **termo independente** da equação.

É importante notar que **os expoentes das incógnitas devem ser todos iguais a 1** para que a equação seja considerada **linear**. Além disso, **não é permitido o produto de duas incógnitas** em algum dos termos da equação.

- São equações lineares:

$$2x + 3y = -5$$

$$-4x + 6y + 7z = 0$$

- Não são equações lineares:

$$2x^3 - 5y^2 = 8$$

$$\sqrt{x} + 6y = 0$$

$$2x + 3xy = 7$$

Vale destacar que, quando uma equação linear apresenta o termo independente igual a **zero**, dizemos que se trata de uma **equação linear homogênea**. Veja os exemplos a seguir:

a) $2x + y - z = 0$ → É uma equação linear homogênea.

b) $4x + y + 3 = 0$ → **Não** é uma equação linear homogênea, já que o seu termo independente é igual a **-3**, que obviamente é diferente de zero!

Por fim, podemos afirmar que a equação linear possui **solução**, que corresponde a uma **sequência ou ênupla ordenada de números reais**, pois substituindo esses valores na equação linear temos uma sentença verdadeira.

Para exemplificar, suponha que num estacionamento há carros e motocicletas, num total de 90 veículos. A soma das rodas desses veículos é 210. Determinar a quantidade de carros e de motocicletas.

Com base nas informações do enunciado, podemos montar um **sistema linear**.

De fato, sejam **x** e **y**, respectivamente, as motocicletas e os carros, obtemos a seguinte equação:

$$x + y = 90(\text{I})$$

Além disso, considerando que as motocicletas têm duas rodas e o carros têm quatro, podemos escrever a equação:

$$2x + 4y = 210(\text{II})$$

Desse modo, as equações I e II formam o seguinte sistema linear:

$$\begin{cases} x + y = 90 \\ 2x + 4y = 210 \end{cases}$$

Logo à frente teremos condições de obter a solução desse sistema, que nos fornecerá o número de automóveis e de motocicletas no estacionamento.

4.1. Representação de um sistema linear na forma matricial

Todo sistema linear pode ser escrito na **forma matricial**, bastando separar seus componentes por uma matriz. De fato, sejam:

- **A**: matriz dos coeficientes;
- **X**: matriz das incógnitas;
- **B**: matriz dos termos independentes.

Daí, teremos:

$$A.X = B$$

$$\begin{bmatrix} a_{11} & a_{12} & a_{13} & \dots & a_{1n} \\ a_{21} & a_{22} & a_{23} & \dots & a_{2n} \\ a_{31} & a_{32} & a_{33} & \dots & a_{3n} \\ \dots & \dots & \dots & \dots & \dots \\ a_{m1} & a_{m2} & a_{m3} & \dots & a_{mn} \end{bmatrix} . \begin{bmatrix} x_1 \\ x_2 \\ x_3 \\ \dots \\ x_n \end{bmatrix} = \begin{bmatrix} b_1 \\ b_2 \\ b_3 \\ \dots \\ b_m \end{bmatrix}$$

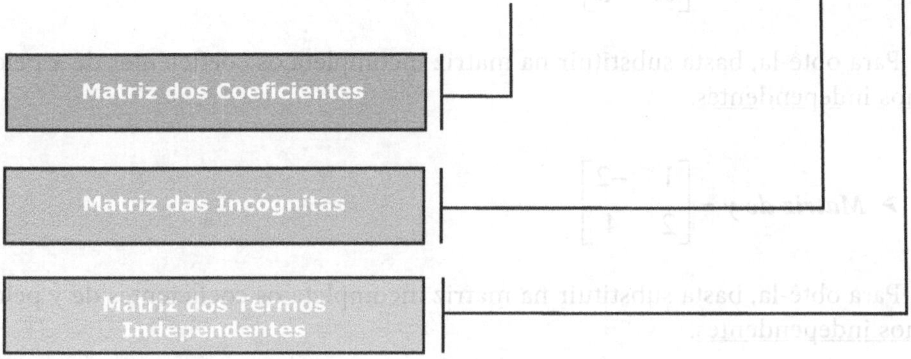

Veja o exemplo a seguir, em que aproveitaremos para mostrar a você como construir a **matriz incompleta** e a **matriz de cada variável** de um sistema linear, as quais serão de fundamental importância para a resolução de diversas questões.

Para exemplificar, vamos representar na forma matricial, discriminando sua matriz incompleta e matriz de cada variável, o sistema a seguir:

$$\begin{cases} \boldsymbol{x + y = -2} \\ \boldsymbol{2x + 3y = 4} \end{cases}$$

$$\begin{cases} x + y = -2 \\ 2x + 3y = 4 \end{cases} \quad \Rightarrow \quad \begin{bmatrix} 1 & 1 \\ 2 & 3 \end{bmatrix} . \begin{bmatrix} x \\ y \end{bmatrix} = \begin{bmatrix} -2 \\ 4 \end{bmatrix}$$

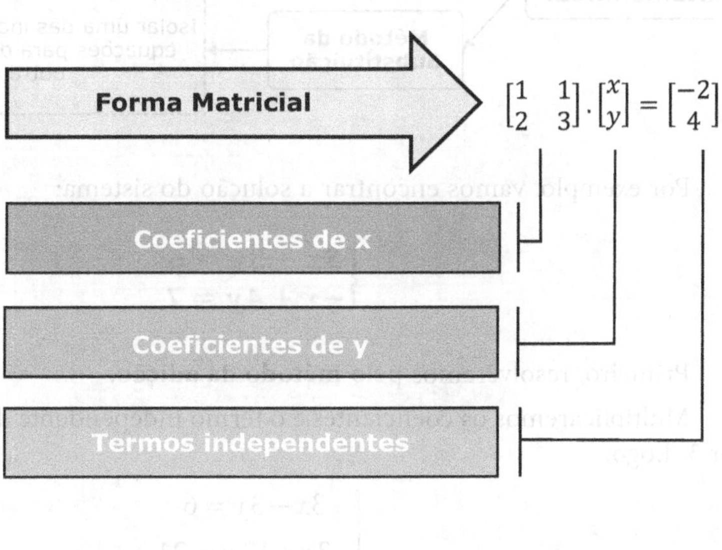

➢ ***Matriz incompleta*** $= \begin{bmatrix} 1 & 1 \\ 2 & 3 \end{bmatrix}$

➢ ***Matriz de x*** $= \begin{bmatrix} -2 & 1 \\ 4 & 3 \end{bmatrix}$

Para obtê-la, basta substituir na matriz incompleta os coeficientes de $\boldsymbol{x}$ pelos termos independentes.

➢ ***Matriz de y*** $= \begin{bmatrix} 1 & -2 \\ 2 & 4 \end{bmatrix}$

Para obtê-la, basta substituir na matriz incompleta os coeficientes de $\boldsymbol{y}$ pelos termos independentes.

4.2. Solução de um sistema linear

Existem **dois métodos** bem conhecidos para solucionar sistemas de equações:

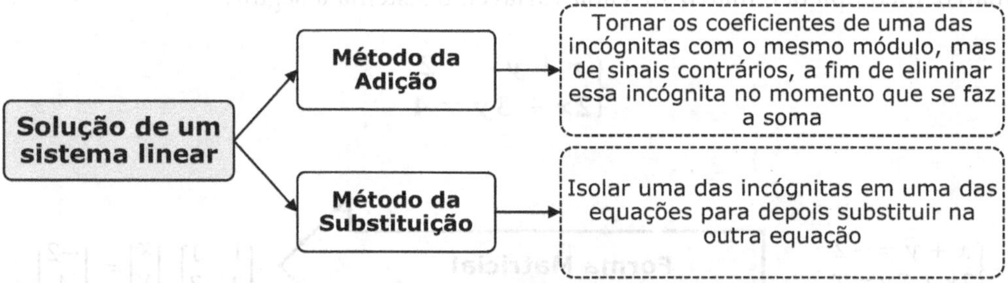

Por exemplo, vamos encontrar a solução do sistema:

$$\begin{cases} 3x - 3y = 6 \\ -x + 4y = 7 \end{cases}$$

Primeiro, resolveremos pelo **método da adição.**

Multiplicaremos os coeficientes e o termo independente da segunda equação por **3**. Logo:

$$\begin{cases} 3x - 3y = 6 \\ -3x + 12y = 21 \end{cases}$$

Somando, membro a membro, as duas equações, a variável **x** será eliminada e ficaremos apenas com a seguinte equação:

$$-3y+12y=27$$

Resolvendo essa equação, teremos:

$$\boldsymbol{y}=3$$

Substituindo o valor de **y** encontrado em uma das equações, encontraremos **x**:

$$3x-3.3=6$$

$$3x=15$$

$$\boldsymbol{x}=5$$

Portanto, o sistema apresenta uma única solução: ***x=5*** e ***y=3***. Podemos representar a solução pelo par ordenado: ***(5, 3)***.

Agora, vamos determinar a solução do sistema de equações:

$$\begin{cases} x+2y=5 \\ 4x+6y=0 \end{cases}$$

Agora aplicaremos o **método da substituição.** O primeiro passo consiste em isolar uma das incógnitas em uma das equações. Então, vamos isolar a incógnita **x** na primeira equação:

$$x+2y=5 \Rightarrow x=5-2y(\text{I})$$

No segundo passo, substituiremos (I) na segunda equação do sistema, a fim de encontrarmos o valor de **y**:

$$4x+6y=0 \Rightarrow 4.(5-2y)+6y=0 \Rightarrow 20-8y+6y=0 \Rightarrow -2y=-20 \Rightarrow \boldsymbol{y}=10$$

Substituindo **y** em (I), obtemos:

$$x=5-2.10=5-20 \Rightarrow \boldsymbol{x}=-15$$

Portanto, o sistema apresenta uma única solução: ***(-15, 10).***

Veja como esse assunto já foi cobrado!

QUESTÃO 21 (ESAF/ANAC/Téc Adm/2016) Dado o sistema de equações lineares

$$\begin{cases} 2x+3y=10 \\ 3x+5y=17 \end{cases}$$

a soma dos valores de x e y que solucionam o sistema é igual a

a) 4. b) 6. c) 5. d) 7. e) 3.

RESOLUÇÃO:

O sistema apresentado no enunciado é o seguinte:

$$\begin{cases} 2x+3y=10 \\ 3x+5y=17 \end{cases}$$

Na primeira equação, vamos multiplicar todos os seus termos por **2**:

$$\begin{cases} 4x+6y=20 \\ 3x+5y=17 \end{cases}$$

Agora, podemos **subtrair** as duas equações:

$$(4x-3x)+(6y-5y)=20-17 \Rightarrow x+y=3$$

Dessa forma, soma dos valores de x e y que solucionam o sistema é igual a **3**.

Gabarito: E.

QUESTÃO 22 (FJG – Fisc Rendas/Pref-RJ/2002) Seja (x,y,z) a solução do sistema:

$$\begin{cases} \frac{1}{x}+\frac{1}{y}=\frac{3}{2} \\ \frac{1}{x}+\frac{1}{z}=\frac{4}{3} \\ \frac{1}{x}+\frac{1}{y}-\frac{1}{z}=\frac{7}{6} \end{cases}$$

O valor de (x.y.z) é igual a:

a) 6 b) 6,5 c) 7,0 d) 7,5

RESOLUÇÃO:

Sejam **a**, **b** e **c** os inversos de, respectivamente, **x**, **y** e **z**. Faremos isso para simplificarmos os cálculos, por que ninguém merece fazer vários cálculos com 1/x, 1/y e 1/z, né?

Daí, as equações do sistema fornecido pelo enunciado ficarão:

$$\begin{cases} a+b=\dfrac{3}{2} \\ a+c=\dfrac{4}{3} \\ a+b-c=\dfrac{7}{6} \end{cases}$$

Substituindo o valor da soma entre **a** e **b** na terceira equação, teremos:

$$(a+b)-c=\frac{7}{6}\Rightarrow\frac{3}{2}-c=\frac{7}{6}\Rightarrow \boldsymbol{c}=\frac{3}{2}-\frac{7}{6}=\frac{1}{3}$$

Substituindo o valor de **c** que acabamos de encontrar na segunda equação, teremos:

$$a+c=\frac{4}{3}\Rightarrow a+\frac{1}{3}=\frac{4}{3}\Rightarrow \boldsymbol{a}=\frac{4}{3}-\frac{1}{3}=1$$

Por fim, substituindo o valor de **a** que encontramos na primeira equação, obteremos:

$$a+b=\frac{3}{2}\Rightarrow 1+b=\frac{3}{2}\Rightarrow \boldsymbol{b}=\frac{3}{2}-1=\frac{1}{2}$$

Pronto, já temos o valor de **a**, **b** e **c**. No entanto, a questão pede o valor do **produto entre x, y e z.** Logo:

x = 1/a = 1 ***y = 1/b = 2*** ***z = 1/c = 3***

x . y . z = 1 . 2 . 3 = 6

Gabarito: A.

4.3. Classificação de um sistema linear

A **classificação de um sistema linear** é realizada de acordo com o **número de soluções** que o sistema possui. Logo:

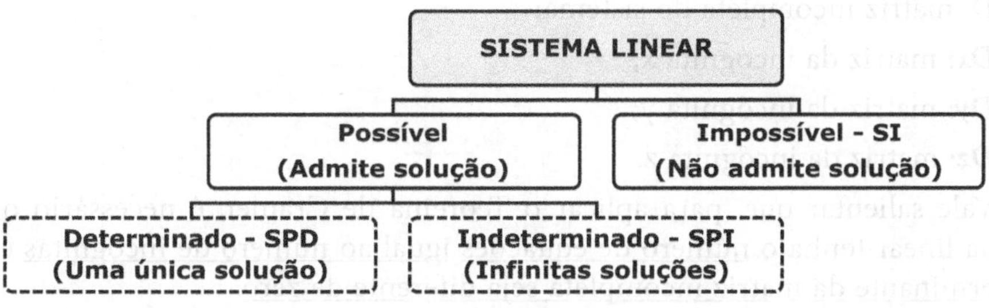

Para quem nunca estudou este assunto, pode parecer um pouco estranho que um sistema linear não possua soluções (impossível) ou que possua infinitas soluções (possível e indeterminado). Porém, as questões que resolveremos ajudará você a entender bem o funcionamento disso.

Cuidado para não confundir essas duas palavras, mas é só pensar no sentido de cada uma para não fazer confusão.

4.4. Sistemas Lineares Homogêneos

Dizemos que um sistema linear é **homogêneo** se os **termos independentes de TODAS as equações são iguais a 0**. Veja alguns exemplos:

$$\begin{cases} 2x + 5y = 0 \\ x - 3y = 0 \end{cases}$$

$$\begin{cases} x + 2y - 3z = 0 \\ 2x - 5y + z = 0 \\ x - 6y + 8z = 0 \end{cases}$$

Observe que ao substituirmos as incógnitas por zero, teremos uma solução para o sistema. Tal solução é chamada de **nula**, **trivial** ou **imprópria**.

Assim, todo sistema linear homogêneo é **sempre possível**. Em breve aprenderemos a classificá-lo em determinado ou indeterminado.

4.5. Teorema de Cramer

O **Teorema de Cramer** nos ensina um método muito prático para encontrarmos a solução de um sistema de equações. Assim, segundo Cramer:

$$x = \frac{D_x}{D}, \qquad y = \frac{D_y}{D}, \qquad z = \frac{D_z}{D}$$

Em que:

D: matriz incompleta do sistema;

Dx: matriz da incógnita x;

Dy: matriz da incógnita y;

Dz: matriz da incógnita z.

Vale salientar que, para aplicar o Teorema de Cramer, é necessário que o sistema linear tenha o número de equações igual ao número de incógnitas e que o determinante da matriz incompleta seja diferente de zero.

Veja como esse assunto já foi cobrado!

QUESTÃO 23 (ESAF/DNIT/Ana Adm/2013) A soma dos valores de x e y que solucionam o sistema de equações

$$\begin{cases} x + 2y = 7 \\ 2x + y = 5 \end{cases}$$

é igual a:

a) 6 b) 4 c) 3 d) 2 e) 5

RESOLUÇÃO:

A matriz incompleta do sistema é formada pelos coeficientes das incógnitas **x** e **y**:

$$\begin{bmatrix} 1 & 2 \\ 2 & 1 \end{bmatrix}$$

O determinante da matriz incompleta será:

$$\boldsymbol{det} = 1.1 - 2.2 = -3$$

Já as matrizes da incógnita **x** e da incógnita **y** são obtidas a partir da matriz incompleta, substituindo a coluna dos coeficientes da incógnita a qual se está construindo a matriz pelos termos independentes do sistema:

$$Matriz\ x = \begin{bmatrix} 7 & 2 \\ 5 & 1 \end{bmatrix} \rightarrow D_x = -3$$

$$Matriz\ y = \begin{bmatrix} 1 & 7 \\ 2 & 5 \end{bmatrix} \rightarrow D_y = -9$$

Podemos aplicar o **Teorema de Cramer** para encontrar a solução do sistema, uma vez que o <u>determinante da matriz incompleta é diferente de zero</u>:

$$\boldsymbol{x} = \frac{\boldsymbol{D_x}}{\boldsymbol{D}} = \frac{-3}{-3} = 1$$

$$\boldsymbol{y} = \frac{\boldsymbol{D_y}}{\boldsymbol{D}} = \frac{-9}{-3} = 3$$

Assim, a solução do sistema é *(1, 3)*, sendo classificado como **possível e determinado (SPD)**.

No entanto, a questão busca saber a **soma dos valores de x e y**. Logo:

$$x + y = 1 + 3 = 4$$

Gabarito: B.

QUESTÃO 24 (ESAF/AFRFB/2012) Considere o sistema de equações lineares dado por:

$$\begin{vmatrix} x + y + z = 0 \\ x - y + rz = 2 \\ rx + 2y + z = -1 \end{vmatrix}.$$

Sabendo-se que o sistema tem solução única para r ≠ 0 e r ≠ 1, então o valor de x é igual a

a) $\frac{2}{r}$. b) $\frac{-2}{r}$. c) $\frac{1}{r}$. d) $\frac{-1}{r}$. e) $2r$.

RESOLUÇÃO:

Essa é uma questão muito simples, que exige de você a aplicação direta do **Teorema de Cramer**.

Perceba que o exercício busca saber tão somente o valor da incógnita **x**. Ora, de acordo com Cramer, temos que:

$$x = \frac{D_x}{D},$$

Logo, só precisamos calcular o valor da matriz incompleta e da incógnita **x**:

$$D_x = \begin{vmatrix} 0 & 1 & 1 \\ 2 & -1 & r \\ -1 & 2 & 1 \end{vmatrix} = -r + 1$$

$$D = \begin{vmatrix} 1 & 1 & 1 \\ 1 & -1 & r \\ r & 2 & 1 \end{vmatrix} = r^2 - r$$

E assim ficamos com:

$$x = \frac{D_x}{D} = \frac{-r+1}{r^2-r} = \frac{-(r-1)}{r(r-1)} = -\frac{1}{r}$$

Gabarito: E.

4.6. Análise do Sistema Linear

A presente análise de sistemas lineares que veremos agora tem por objetivo nos auxiliar a classificar um sistema de acordo com o resultado do determinante da matriz incompleta e dos determinantes das matrizes das incógnitas. Assim, teremos:

1) O sistema será **possível e determinado** se o determinante da matriz incompleta for **diferente de zero.**

2) O sistema será **possível e indeterminado** se o determinante da matriz incompleta E os determinantes das matrizes das incógnitas forem **iguais a zero.**

3) O sistema será **impossível** se o determinante da matriz incompleta for **igual a zero** e **pelo menos um** dos determinantes das matrizes das incógnitas for **diferente de zero.**

Colega, essa análise é de suma importância, conforme veremos nas questões a seguir. Portanto, guarde bem o esquema:

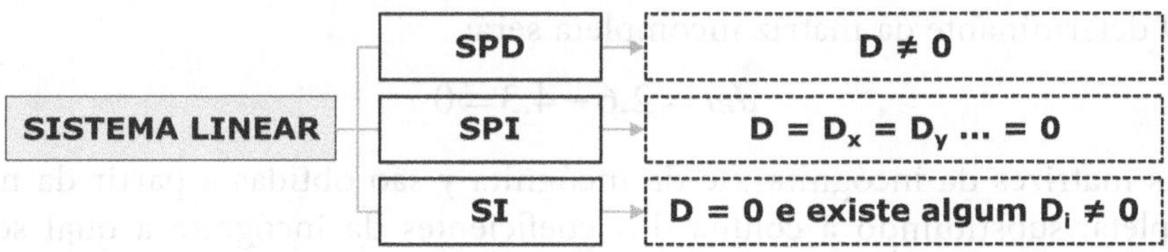

E se o sistema for homogêneo? Vocês disseram que iríamos aprender a classificá-lo em determinado ou indeterminado!

Obrigado por nos lembrar! Ora, já vimos que um sistema linear homogêneo sempre admite solução. Portanto, temos duas possibilidades: ser possível e determinado ou ser possível e indeterminado. A fim de tirar essa dúvida, basta calcular o valor do determinante da matriz incompleta. Daí:

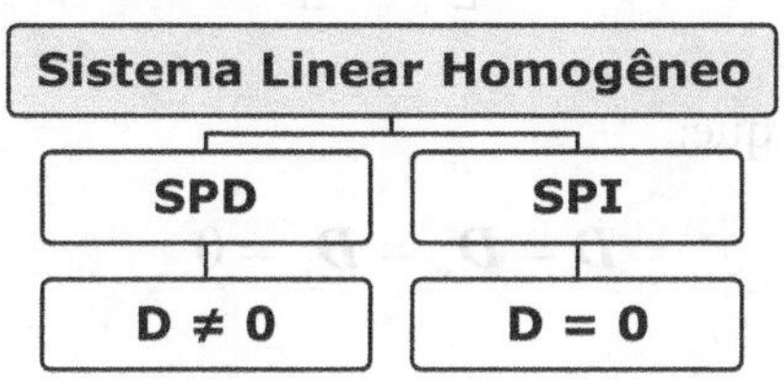

Veja como esse assunto já foi cobrado!

QUESTÃO 25 (ESAF – AFC/STN/2013) Dado o sistema de equações lineares

$$\begin{cases} 2x+4y=6 \\ 3x+6y=9 \end{cases}$$

é correto afirmar que:

a) o sistema não possui solução.

b) o sistema possui uma única solução.

c) x = 1 e y = 2 é uma solução do sistema.

d) o sistema é homogêneo.

e) o sistema possui mais de uma solução.

RESOLUÇÃO:

A matriz incompleta do sistema é formada pelos coeficientes das incógnitas x e y:

$$\begin{bmatrix} 2 & 4 \\ 3 & 6 \end{bmatrix}$$

O determinante da matriz incompleta será:

$$\boldsymbol{det} = 2.6 - 4.3 = 0$$

As matrizes da incógnita **x** e da incógnita **y** são obtidas a partir da matriz incompleta, substituindo a coluna dos coeficientes da incógnita a qual se está construindo a matriz pelos termos independentes do sistema:

$$Matriz\,x = \begin{bmatrix} 6 & 4 \\ 9 & 6 \end{bmatrix} \rightarrow D_x = 0$$

$$Matriz\,y = \begin{bmatrix} 2 & 6 \\ 3 & 9 \end{bmatrix} \rightarrow D_y = 0$$

Com isso, obtemos que:

$$\boldsymbol{D} = \boldsymbol{D_x} = \boldsymbol{D_y} = 0$$

Acabamos de ver que, quando isso acontece, é porque o sistema é **possível e indeterminado (SPI)**, possuindo mais de uma solução.

Gabarito: E.

QUESTÃO 26 (ESAF/AFRFB/2009) Com relação ao sistema,

$$\begin{cases} x+y+z=1 \\ \dfrac{2x-y}{3z+2}=\dfrac{z+1}{2x+y}=1 \end{cases}$$

onde $3z + 2 \neq 0$ e $2x + y \neq 0$, pode-se, com certeza, afirmar que:

a) é impossível.

b) é indeterminado.

c) possui determinante igual a 4.

d) possui apenas a solução trivial.

e) é homogêneo.

RESOLUÇÃO:

Talvez você ache este sistema um pouco estranho. E é mesmo! Sem contar que ele causa uma "ilusão de ótica", pois parece que só tem duas equações e três incógnitas. Mas isso não é verdade! Perceba que na segunda linha do sistema há duas equações. Conseguiu enxergar isso no sistema? Vou dar uma mãozinha:

$$\begin{cases} \dfrac{2x-y}{3z+2}=1 \\ \dfrac{z+1}{2x+y}=1 \end{cases}$$

Precisamos agora desenvolver essas duas equações, a fim de representarmos nosso sistema na **forma matricial**. Vamos fazer isso primeiro com a segunda equação:

$$\frac{2x-y}{3z+2}=1$$

Multiplicando em "cruz credo", teremos:

$$2x-y=3z+2 \Rightarrow \mathbf{2x-y-3z=2}$$

Vamos fazer o mesmo com a terceira equação:

$$\frac{z+1}{2x+y}=1 \Rightarrow z+1=2x+y \Rightarrow \mathbf{2x+y-z=1}$$

Reescrevendo o sistema:

$$\begin{cases} x+y+z=1 \\ 2x-y-3z=2 \\ 2x+y-z=1 \end{cases}$$

Chegou a hora de escrever o sistema na **forma matricial**:

$$\begin{bmatrix} 1 & 1 & 1 \\ 2 & -1 & -3 \\ 2 & 1 & -1 \end{bmatrix} . \begin{bmatrix} x \\ y \\ z \end{bmatrix} = \begin{bmatrix} 1 \\ 2 \\ 1 \end{bmatrix}$$

O determinante da matriz incompleta será, usando nosso querido Sarrus:

$$\left[\begin{array}{ccc|cc} 1 & 1 & 1 & 1 & 1 \\ 2 & -1 & -3 & 2 & -1 \\ 2 & 1 & -1 & 2 & 1 \end{array}\right]$$

$$det = 1.(-1).(-1)+1.(-3).2+1.2.1-1.2.(-1)-1.(-3).1-1.(-1).2 = 1-6+2+2+3+2$$

$$\mathbf{det} = 4$$

Gabarito: C.

Vamos aproveitar para classificar o sistema. Bem, o determinante da matriz incompleta resultou num valor diferente de zero. O que isso significa? Quer dizer que o sistema é **possível e determinado**!

QUESTÃO 27 (ESAF – TFC/CGU/2008) Considerando o sistema de equações lineares

$$\begin{cases} x_1 - x_2 = 2 \\ 2x_1 + px_2 = q \end{cases}$$

pode-se corretamente afirmar que

a) se p =-2 e q ≠ 4, então o sistema é impossível.

b) se p ≠-2 e q = 4, então o sistema é possível e indeterminado.

c) se p =-2, então o sistema é possível e determinado.

d) se p =-2 e q ≠ 4, então o sistema é possível e indeterminado.

e) se p = 2 e q = 4, então o sistema é impossível.

RESOLUÇÃO:

Para que o sistema seja **possível e determinado**, o determinante da matriz incompleta deve ser **diferente de 0**.

$$\begin{vmatrix} 1 & -1 \\ 2 & p \end{vmatrix} \neq 0$$

$$1 \times p - 2 \times (-1) \neq 0 \Rightarrow \boldsymbol{p \neq -2}$$

Para que o sistema seja **possível e indeterminado,** esse determinante deve ser **igual a 0**, ou seja, **p = -2** ; e, além disso, os determinantes das incógnitas devem ser **iguais a 0**. Vamos pegar o caso de $\mathbf{x_2}$:

$$\begin{vmatrix} 1 & 2 \\ 2 & q \end{vmatrix} = 0$$

$$q - 4 = 0 \Rightarrow \boldsymbol{q = 4}$$

Assim, o sistema é **possível e indeterminado** se **p = −2** e **q = 4.**

Perceba que até aqui ainda não encontramos uma de nossas conclusões entre as alternativas. Vamos prosseguir, então, com a análise do sistema.

Para que o sistema seja **impossível**, o determinante dos coeficientes deve ser **igual a 0**, ou seja, **p = −2**; e o determinante de qualquer uma das variáveis deve ser **diferente de 0**, ou seja, **q ≠ 4.**

Gabarito: A.

QUESTÃO 28 (ESAF – TFC/CGU/2001) Um sistema de equações lineares é chamado "possível" ou "compatível" quando admite pelo menos uma solução, e é chamado de "determinado" quando a solução for única e de "indeterminado" quando houver infinitas soluções. A partir do sistema formado pelas equações, X – Y = 2 e 2X + WY = Z, pode-se afirmar que se W =-2 e Z = 4, então o sistema é:

a) impossível e determinado

b) impossível ou determinado

c) impossível e indeterminado

d) possível e determinado

e) possível e indeterminado

RESOLUÇÃO:

De acordo com o enunciado, teremos o seguinte sistema:

$$\begin{cases} x - y = 2 \\ 2x - 2y = 4 \end{cases}$$

Vamos calcular cada um dos determinantes relacionados a esse sistema:

$$D = \begin{vmatrix} 1 & -1 \\ 2 & -2 \end{vmatrix} = 1 \cdot (-2) - (-1) \cdot 2 = -2 + 2 = 0$$

$$D = 0$$

$$D_x = \begin{vmatrix} 2 & -1 \\ 4 & -2 \end{vmatrix} = 2 \cdot (-2) - (-1) \cdot 4 = -4 + 4 = 0$$

$$D_x = 0$$

$$D_y = \begin{vmatrix} 1 & 2 \\ 2 & 4 \end{vmatrix} = 1 \cdot 4 - 2 \cdot 2 = 4 - 4 = 0$$

$$D_y = 0$$

Que interessante! Os determinantes da matriz incompleta e das incógnitas foram todos **iguais a zero**. Temos certeza que você já sabe qual a consequência disso!

Claro! Isso indica que o sistema é ***possível e indeterminado.***

Perfeito, meu colega!

Gabarito: E.

5. RESUMO

Uma **matriz** nada mais é que uma **tabela** que serve para a organização de números, sendo limitada por colchetes (ou parênteses). As **linhas** de uma matriz são enumeradas **de cima para baixo**, ao passo que as **colunas, da esquerda para a direita.**

A **ordem** de uma matriz indica o tamanho e o formato de uma matriz, determinando a **quantidade de linhas e de colunas (nessa ordem).**

Seja uma matriz A com **m** linhas e **n** colunas, isto é, o tipo **m x n**. Um **elemento** (ou "**entrada**") qualquer dessa matriz será representado simbolicamente por **aij**, em que os índices **i** e **j** correspondem, respectivamente, à linha e à coluna no qual se encontra tal elemento.

REPRESENTAÇÃO DE MATRIZES

- **Forma genérica**
- **Lei de formação**

– **Forma Genérica:** Uma matriz A, do tipo m x n, pode ser representada genericamente da seguinte forma:

$$\begin{pmatrix} a_{11} & a_{12} & \cdots & a_{1n} \\ a_{21} & a_{22} & \cdots & a_{2n} \\ a_{31} & a_{32} & \cdots & a_{3n} \\ \vdots & \vdots & & \vdots \\ a_{m1} & a_{m2} & \cdots & a_{mn} \end{pmatrix}$$

– **Lei de formação de uma matriz**: configuração apresentada para a montagem de uma matriz.

TIPOS DE MATRIZES

Tipo	Descrição
Linha	Formada por apenas uma linha
Coluna	Apresenta uma única coluna
Nula	Elementos são todos iguais a zero
Retangular	Número de linhas é diferente do número de colunas
Quadrada	Mesmo número de linhas e de colunas
Diagonal	Apenas os elementos da diagonal principal são diferentes de zero
Triangular	Elementos acima ou abaixo da diagonal principal são iguais a zero
Identidade	Elementos da diagonal principal são todos iguais a 1, e os demais elementos da matriz, iguais a 0
Oposta	Formada invertendo todos os sinais dos elementos da matriz original
Transposta	Resulta de uma transposição entre linhas e colunas da matriz original (quem é linha vai virar coluna)
Simétrica	É igual a sua transposta
Antissimétrica	A sua transposta é igual à sua matriz oposta

Numa matriz quadrada, temos a diagonal principal e a diagonal secundária. A diagonal **principal**, portanto, começa do elemento à esquerda na primeira linha, e vai descendo para o sentido da direita. O inverso ocorre com a diagonal **secundária**.

- **Igualdade de matrizes**: mesmo número de linhas e colunas e todos os seus elementos iguais.
- **Adição e subtração de matrizes**: basta fazer a operação entre os elementos que estão nas mesmas posições. Requisito: possuírem o mesmo número de linhas e de colunas.
- **Multiplicação de um Número Real por uma Matriz**: multiplicaremos o número real fornecido por cada um dos elementos da matriz.
- **Multiplicação de matrizes**: A matriz-produto terá o número de LINHAS DA PRIMEIRA matriz e o número de COLUNAS DA SEGUNDA.

Requisitos: número de colunas da primeira matriz for igual ao número de linhas da segunda e o número de colunas de **A** é igual ao número de linhas de **B**.

PASSO A PASSO DE COMO FAZER A MULTIPLICAÇÃO DE MATRIZES

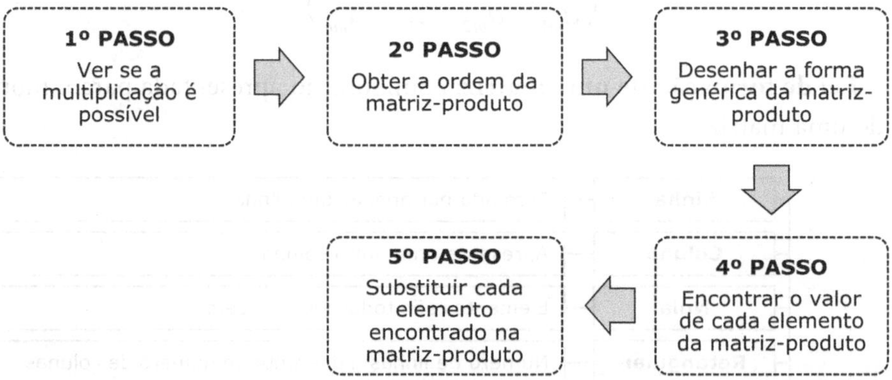

O **Determinante** de uma matriz quadrada é um número real que constitui o resultado da matriz.

- **1ª ordem**: o determinante será o próprio elemento que compõe a matriz.
- **2ª ordem**: é o produto da diagonal principal menos o produto da diagonal secundária.

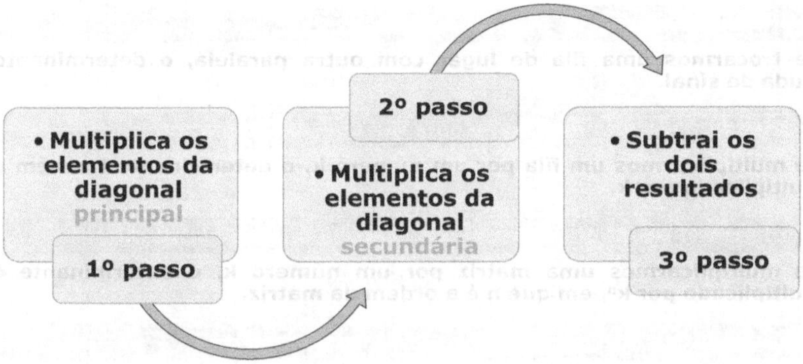

– **3ª ordem**: Regra Prática de Sarrus.

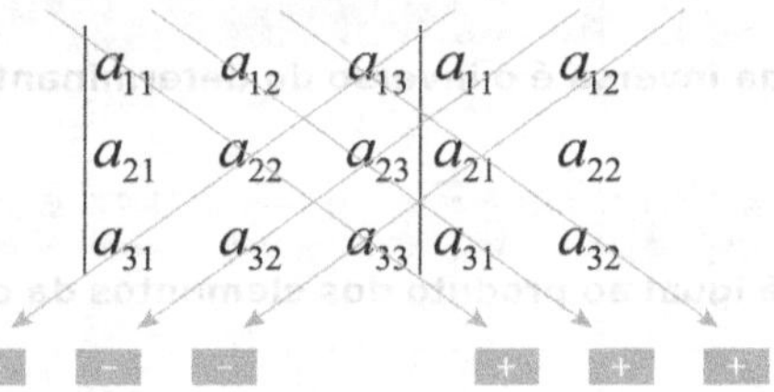

$$\det A = a_{11}a_{22}a_{33} + a_{12}a_{23}a_{31} + a_{13}a_{21}a_{32} - a_{13}a_{22}a_{31} - a_{11}a_{23}a_{32} - a_{12}a_{21}a_{33}$$

PROPRIEDADES DOS DETERMINANTES

Propriedade 1: Fila nula

•Se uma fila (linha ou coluna) de uma matriz é formada apenas por zeros, seu determinante é nulo.

Propriedade 2: Filas paralelas iguais

•Se uma fila é proporcional (ou igual) a outra paralela, o determinante é nulo.

Propriedade 3: Combinação linear de filas paralelas

•Se uma fila é combinação linear de outras paralelas, o determinante é nulo.

Propriedade 4: Determinante da matriz transposta

•O determinante de uma matriz é igual ao de sua transposta:
•det A = det (A^t)

Propriedade 5: Teorema de Jacobi

•O determinante não se altera se a uma fila somamos outra fila paralela multiplicada por um número qualquer.

Propriedade 6: Troca de filas paralelas

- **Se trocarmos uma fila de lugar com outra paralela, o determinante muda de sinal.**

Propriedade 7: Multiplicação de uma fila por uma constante

- **Se multiplicarmos um fila por um número k, o determinante também é multiplicado por k.**

Propriedade 8: Multiplicação de uma matriz por uma constante

- **Se multiplicarmos uma matriz por um número k, o determinante é multiplicado por k^n, em que n é a ordem da matriz.**

Propriedade 9: Teorema de Binet - Produto de matrizes

- **O determinante da multiplicação de matrizes é a multiplicação dos determinantes. Assim:**
- **det(A.B) = det A . det B**

Propriedade 10: Matriz inversa

- **O determinante da inversa é o inverso do determinante:**
- $detA^{-1} = \frac{1}{datA}$

Propriedade 11: Matriz triangular ou matriz diagonal

- **O determinante é igual ao produto dos elementos da diagonal principal.**

– **Menor Complementar**: determinante que se obtém quando se extraem a linha e a coluna que contêm aquele elemento.

– **Cofator** do elemento $\mathbf{a_{ij}}$ de uma matriz **A** é um número real, indicado por $\mathbf{A_{ij}}$, cujo cálculo é realizado da seguinte forma:

$$A_{ij} = (-1)^{i+j} \, . \, M_{ij}$$

Assim, meus amigos, fica claro que o **cofator deriva do menor complementar**!

Note que, analisando o expoente (i+j), quando a soma da linha (i) e da coluna (j) do elemento que deu origem ao menor complementar for **par**, o cofator **coincide** com o menor complementar. Se a soma da linha e da coluna do elemento for **ímpar**, o cofator é o **oposto** do menor complementar (sinal negativo). Logo:

$$A_{ij} = M_{ij}, \; se \; i + j \; for \; par.$$

$$A_{ij} = -M_{ij}, \; se \; i + j \; for \; ímpar.$$

Teorema de Laplace

•O determinante é igual à soma dos produtos dos elementos de uma fila (linha ou coluna) pelos respectivos cofatores.

1º passo

Escolher uma fila, de preferência a que tiver *mais zeros*.

2º passo

Multiplicar cada elemento dessa fila pelo seu respectivo cofator.

3º passo

O **determinante** será a **SOMA** dos valores encontrados no 2º passo.

Todo sistema linear pode ser escrito na **forma matricial**, bastando separar seus componentes por matriz. De fato, sejam:

- **A**: matriz dos coeficientes;
- **X**: matriz das incógnitas;
- **B**: matriz dos termos independentes.

Daí, teremos:

$$A.X = B$$

$$\begin{bmatrix} a_{11} & a_{12} & a_{13} & \dots & a_{1n} \\ a_{21} & a_{22} & a_{23} & \dots & a_{2n} \\ a_{31} & a_{32} & a_{33} & \dots & a_{3n} \\ \dots & \dots & \dots & \dots & \dots \\ a_{m1} & a_{m2} & a_{m3} & \dots & a_{mn} \end{bmatrix} . \begin{bmatrix} x_1 \\ x_2 \\ x_3 \\ \dots \\ x_n \end{bmatrix} = \begin{bmatrix} b_1 \\ b_2 \\ b_3 \\ \dots \\ b_m \end{bmatrix}$$

Matriz dos Coeficientes

Matriz das Incógnitas

Matriz dos Termos Independentes

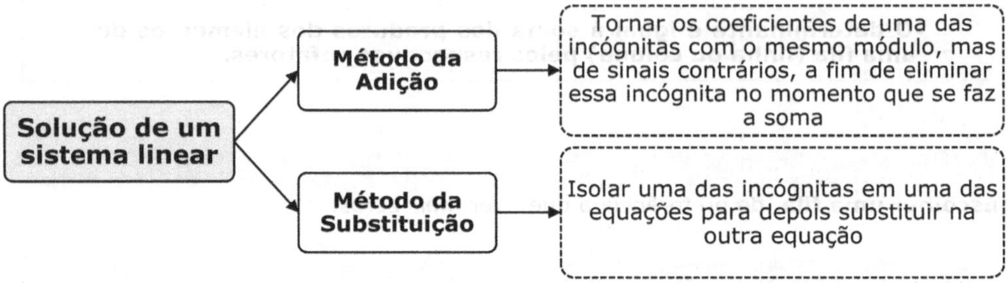

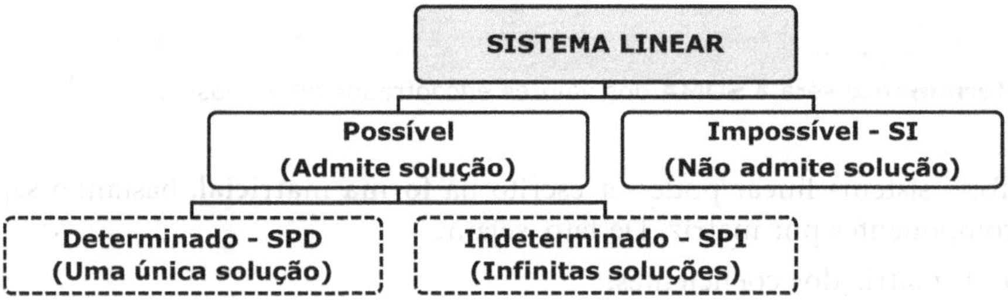

O **Teorema de Cramer** nos ensina um método muito prático para encontrarmos a solução de um sistema de equações. Assim, segundo Cramer:

$$x = \frac{D_x}{D}, \qquad y = \frac{D_y}{D}, \qquad z = \frac{D_z}{D}$$

Em que:

D: matriz incompleta do sistema;

Dx: matriz da incógnita x;

Dy: matriz da incógnita y;

Dz: matriz da incógnita z.

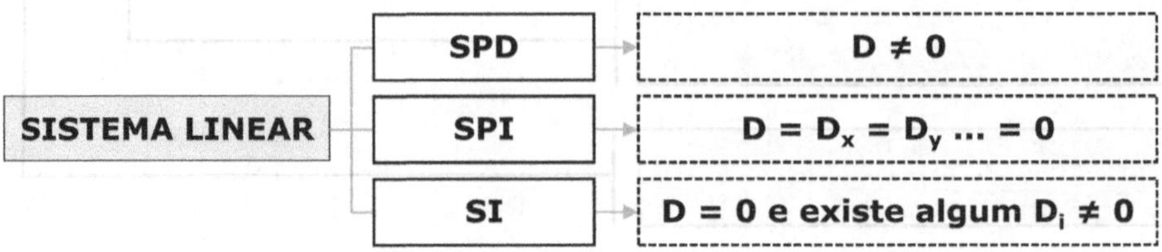

6. MAIS QUESTÕES COMENTADAS

QUESTÃO 29 (FCC – Ana Jud/TRT 11ª Região/2017) Sejam A e B duas matrizes quadradas de ordem 2 em que

$$A = \begin{bmatrix} m^2 & n^2 \\ m^2 - 6m & n^2 + 6 \end{bmatrix} \text{ e } B = \begin{bmatrix} 3m-2 & 2n \\ -5 & 5n \end{bmatrix}$$

Se A = B, então considerando os valores reais de m e n que tornam verdadeira esta igualdade, verifica-se que mn é igual a

a) 3 b) 4 c) 2 d) 6 e) 1

RESOLUÇÃO:

O enunciado informa que A = B. Então, concluímos que os elementos correspondentes das duas matrizes são iguais entre si:

$$a_{11} = b_{11}$$

$$m^2 = 3m - 2$$

$$m^2 - 3m + 2 = 0$$

Agora, aplicamos a fórmula de Bhaskara:

$$\Delta = 9 - 8 = 1$$

$$m = \frac{3 \pm \sqrt{1}}{2}$$

$$m' = 2 \qquad m'' = 1$$

Igualamos os outros dois termos:

$$a_{21} = b_{21}$$

$$m^2 - 6m = -5$$

Pela igualdade anterior, já sabemos que os dois candidatos a valor de m são 2 e 1. Testando ambos, vemos que a única possibilidade que permite fazer $a_{21} = b_{21}$ é **m = 1**.

Continuando com o próximo par:

$$a_{12} = b_{12}$$

$$n^2 = 2n$$

UNIDADE 3 – MATEMÁTICA DE NÍVEL MÉDIO

$$n \times (n - 2) = 0$$

$$n' = 0 \ , \ n'' = 2$$

Finalizando com os últimos termos:

$$a_{22} = b_{22}$$

$$n^2 + 6 = 5n$$

De acordo com a última igualdade, podemos testar os valores 0 e 2. Daí, notamos que o único que garante $a_{22} = b_{22}$ é **n = 2.**

Portanto, temos que m.n = 1 × 2 = **2.**

Gabarito: C.

QUESTÃO 30 (FCC – Ana Jud/TRT 11ª Região/2017) Se A é uma matriz quadrada de ordem 2 tal que $A = \begin{bmatrix} 1 & 3 \\ 2 & 1 \end{bmatrix}$, então o determinante da inversa da matriz transposta de A é igual a

a) −0,20 b) −0,40 c) −0,25 d) −0,50 e) −1,00

RESOLUÇÃO:

Inicialmente, calculamos o determinante de A:

$$\det A = 1 \times 1 - 3 \times 2 = -5$$

O determinante da transposta é igual ao determinante da matriz original, ou seja, $\det A^t = -5$. Vamos chamar essa transposta de matriz B.

$$B = A^t$$

$$\det B = -5$$

Em seguida, queremos o determinante da inversa da transposta, ou seja, o determinante de B^{-1}:

$$\det B^{-1} = 1 / \det B$$

$$= 1 / (-5) = -0{,}2$$

Gabarito: A.

QUESTÃO 31 (CESPE – Prof/SEDF/2017) A matriz $A = \begin{bmatrix} 2 & 0 & 10 \\ 4 & 10 & 20 \\ 0 & 2 & 40 \end{bmatrix}$ é inversível.

RESOLUÇÃO:

Precisamos ter em mente que uma matriz quadrada A é invertível se, e somente se, det(A)≠0. Para calcular o determinante de A, replicamos ao final da matriz suas duas primeiras colunas, calculamos o produto dos termos de sua diagonal principal e de suas paralelas, somando-os, e o produto dos termos da diagonal secundária e das paralelas desta, subtraindo-os:

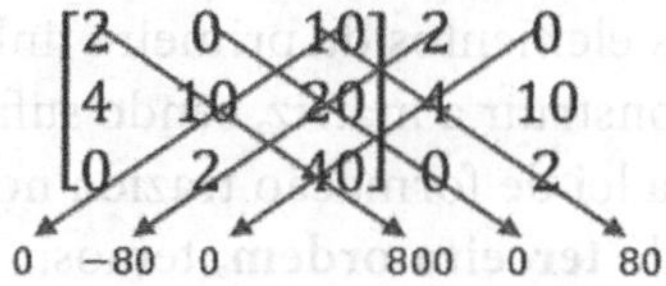

Assim, o determinante da matriz vale −80 + 800 + 80 = **800**. Como o determinante não é nulo, **a matriz é inversível**.

Gabarito: Certo.

QUESTÃO 32 (ESAF – AFC/CGU/2001) A matriz S = s_{ij}, de terceira ordem, é a matriz resultante da soma das matrizes A = (a_{ij}) e B=(b_{ij}). Sabendo-se que (a_{ij}) = $i^2 + j^2$ e que b_{ij} = 2.i.j, então: a soma dos elementos s_{31} e s_{13} é igual a:

a) 12 b) 14 c) 16 d) 24 e) 32

RESOLUÇÃO:

A matriz **S** é resultante da **soma das matrizes A** e **B**. O nosso objetivo consiste em saber a soma dos elementos $\mathbf{s_{31}}$ e $\mathbf{s_{13}}$. Assim, nem precisaremos construir a matriz, sendo suficiente obtermos os valores desses elementos. Logo, pela lei de formação trazida no enunciado, temos:

$$s_{31} = a_{31} + b_{31} = (3^2 + 1^2) + 2.3.1 = 10 + 6 = 16$$

$$s_{13} = a_{13} + b_{13} = \left(1^2 + 3^2\right) + 2.1.3 = 10 + 6 = 16$$

Somando cada elemento, obtemos:

16 + 16 = ***32***

Gabarito: E.

QUESTÃO 33 (ESAF – AFC/CGU/2002) De forma generalizada, qualquer elemento de uma matriz M pode ser representado por m_{ij}, onde i representa a linha e j a coluna em que esse elemento se localiza. Uma matriz S = s_{ij}, de terceira ordem, é a matriz resultante da soma entre as matrizes A = (a_{ij}) e B = (b_{ij}), ou seja, S = A + B. Sabendo-se que $(a_{ij}) = i^2 + j^2$ e que $b_{ij} = (i + j)^2$, então a soma dos elementos da primeira linha da matriz S é igual a:

a) 17 b) 29 c) 34 d) 46 e) 58

RESOLUÇÃO:

A matriz **S** é resultante da **soma das matrizes A** e **B**. O nosso objetivo consiste em calcular a soma dos elementos da primeira linha da matriz s: s_{11}, s_{12} e s_{13}. Assim, nem precisaremos construir a matriz, sendo suficiente obtermos os valores desses elementos. Logo, pela lei de formação trazida no enunciado e sabendo que as matrizes envolvidas são de **terceira ordem**, temos:

- $s_{11} = a_{11} + b_{11} = (1^2+1^2)+(1+1)^2 = 2+4 = 6$
- $s_{12} = a_{12} + b_{12} = (1^2+2^2)+(1+2)^2 = 5+9 = 14$
- $s_{13} = a_{13} + b_{13} = (1^2+3^2)+(1+3)^2 = 10+16 = 26$

Somando cada elemento, obtemos:

$$6 + 14 + 26 = \mathbf{46}$$

Gabarito: D.

QUESTÃO 34 (ESAF – Gestor fazendário/SEFAZ-MG/2005) Considere duas matrizes de segunda ordem, A e B, sendo que

$$B = 2^{1/4} \text{ x } A.$$

Sabendo que o determinante de A é igual a $2^{-1/2}$, então o determinante da matriz B é igual a:

a) $2^{1/2}$ b) 2 c) $2^{-1/4}$ d) $2^{-1/2}$ e) 1

RESOLUÇÃO:

A **propriedade 8** nos diz que **se multiplicarmos uma matriz por um número k, o determinante é multiplicado por k^n**, em que n é a ordem da matriz.

Visto que a matriz é de 2ª ordem, temos:

$$\det \boldsymbol{B} = \left(2^{\frac{1}{4}}\right)^2 x \det A = \left(2^{\frac{1}{4}}\right)^2 x\, 2^{-\frac{1}{2}}$$

Quando temos uma potência elevada a outra potência, mantemos a base e multiplicamos os expoentes. Logo:

$$\det B = 2^{\frac{1}{2}} x\, 2^{-\frac{1}{2}}$$

Quando temos uma multiplicação entre duas potências de mesma base, mantemos a base e somamos os expoentes. Logo:

$$\det \boldsymbol{B} = 2^0 = 1$$

Gabarito: E.

QUESTÃO 35 (ESAF – TFC/CGU/2008) Genericamente, qualquer elemento de uma matriz Z pode ser representado por z_{ij}, onde "i" representa a linha e "j" a coluna em que esse elemento se localiza. Uma matriz A = (a_{ij}), de terceira ordem, é a matriz resultante da soma das matrizes X = (x_{ij}) e Y=(y_{ij}). Sabendo-se que $(x_{ij}) = i^{1/2}$ e que $y_{ij} = (i-j)^2$, então a potência dada por $(a^{22})^{a12}$ e o determinante da matriz X são, respectivamente, iguais a:

a) $\sqrt{2}$ e 2 b) $\sqrt{2}$ e 0 c) $-\sqrt{2}$ e 1 d) 2 e 0 e) $-\sqrt{2}$ e 0

RESOLUÇÃO:

Usando as leis de formação das matrizes **X** e **Y**, teremos:

$$x_{12} = 1^{0,5} = 1$$
$$x_{22} = 2^{0,5} = \sqrt{2}$$
$$y_{12} = (1-2)^2 = 1$$
$$y_{22} = (2-2)^2 = 0$$

Com isso, chegamos a:

$$a_{12} = x_{12} + y_{12} = 1 + 1 = 2$$
$$a_{22} = x_{22} + y_{22} = \sqrt{2} + 0 = \sqrt{2}$$

Dessa forma, já temos condições de calcular o valor de:

$$a_{22}^{a_{12}} = \sqrt{2}^2 = 2$$

Ora, isso já seria suficiente para marcarmos a **alternativa D**, porém, para treinarmos, vamos calcular o determinante da matriz **X**.

Nesse caso, a matriz **X** (de acordo com a sua lei de formação) será:

UNIDADE 3 – MATEMÁTICA DE NÍVEL MÉDIO

$$X = \begin{bmatrix} 1 & 1 & 1 \\ \sqrt{2} & \sqrt{2} & \sqrt{2} \\ \sqrt{3} & \sqrt{3} & \sqrt{3} \end{bmatrix}$$

Seguindo o procedimento que aprendemos, o determinante da matriz **X** será:

$$\left[\begin{array}{ccc} 1 & 1 & 1 \\ \sqrt{2} & \sqrt{2} & \sqrt{2} \\ \sqrt{3} & \sqrt{3} & \sqrt{3} \end{array}\right]\begin{array}{cc} 1 & 1 \\ \sqrt{2} & \sqrt{2} \\ \sqrt{3} & \sqrt{3} \end{array}$$

$$- \quad - \quad - \qquad + \quad + \quad +$$

$$\det X = \left(1.\sqrt{2}.\sqrt{3}\right) + \left(1.\sqrt{2}.\sqrt{3}\right) + \left(1.\sqrt{2}.\sqrt{3}\right) - \left(1.\sqrt{2}.\sqrt{3}\right) - \left(1.\sqrt{2}.\sqrt{3}\right) - \left(1.\sqrt{2}.\sqrt{3}\right)$$

$$\det \boldsymbol{X} = 0$$

Gabarito: D.

QUESTÃO 36 (ESAF – AFC/CGU/2008) Qualquer elemento de uma matriz X pode ser representado por x_{ij}, onde i representa a linha e j a coluna em que esse elemento se localiza. A partir de uma matriz A (a_{ij}), de terceira ordem, constrói-se a matriz B(b_{ij}), também de terceira ordem, dada por:

$$\begin{bmatrix} b_{11} = a_{31} & b_{12} = a_{32} & b_{13} = a_{33} \\ b_{21} = a_{21} & b_{22} = a_{22} & b_{23} = a_{23} \\ b_{31} = a_{11} & b_{32} = a_{12} & b_{23} = a_{13} \end{bmatrix}$$

Sabendo-se que o determinante da matriz A é igual a 100, então o determinante da matriz B é igual a:

a) 50 b) -50 c) 0 d) -100 e) 100

RESOLUÇÃO:

Perceba que, para chegar à matriz **B**, partindo da matriz **A**, houve apenas uma troca entre as posições da primeira e da terceira linhas.

A **propriedade 6** nos diz que **se trocarmos uma fila de lugar com outra paralela, o determinante muda de sinal.**

Assim, o determinante de **B** será:

$$\det \boldsymbol{B} = -\det \boldsymbol{A} = -100$$

Gabarito: D.

QUESTÃO 37 (ESAF – AFC/STN/2000) Uma matriz quadrada X de terceira ordem possui determinante igual a **3**. Sabendo-se que a matriz **Z** é a transposta da matriz X, então a matriz Y = 3 Z tem determinante igual a

a) 1/3 b) 3 c) 9 d) 27 e) 81

RESOLUÇÃO:

A **propriedade 4** dos determinantes afirma que **o determinante de uma matriz é igual ao de sua transposta:**

$$det\ A = det\ (A^t)$$

Logo, a matriz **Z** tem determinante igual ao determinante de **X**:

$$\det Z = \det X = 3$$

Por sua vez, a matriz **Y** é igual a:

$$Y = 3Z$$

Além disso, de acordo com a **propriedade 8**, temos:

$$\det Y = 3^n\, x \det Z$$

Visto que as matrizes são de **3ª ordem**, teremos:

$$\det Y = 3^3\, x \det Z \Rightarrow \det Y = 27\, x\, 3 = 81$$

Gabarito: E.

Observação: O gabarito oficial da ESAF foi a letra D. No entanto, não vimos motivo para tal entendimento, nem ninguém entendeu na época.

QUESTÃO 38 (ESAF – ATA/MF/2009) Seja uma matriz quadrada 4 por 4. Se multiplicarmos os elementos da segunda linha da matriz por 2 e dividirmos os elementos da terceira linha da matriz por-3, o determinante da matriz fica:

a) Multiplicado por-1.

b) Multiplicado por-16/81.

c) Multiplicado por 2/3.

d) Multiplicado por 16/81.

e) Multiplicado por-2/3.

RESOLUÇÃO:

De acordo com a **propriedade 7** dos determinantes, sabemos que **se multiplicarmos uma fila por um número k, o determinante também é multiplicado por k.**

Visto que o enunciado afirma que os elementos da segunda linha da matriz são multiplicados por 2, então o determinante fica dobrado.

Assim, se $\mathbf{D_0}$ for o determinante inicial e $\mathbf{D_1}$ for o determinante após efetuada essa operação, temos:

$$D_1 = 2 \times D_0$$

Em seguida, a questão diz que os elementos da terceira linha da matriz são divididos por -3 (ou: multiplica-se por -1/3), resultando no determinante $\mathbf{D_2}$. Daí:

$$\boldsymbol{D}_2 = -\frac{1}{3} \times D_1 = -\frac{1}{3} \times 2 \times D_0 = -\frac{2}{3} \times \boldsymbol{D}_0$$

Logo, em relação ao determinante original, **houve uma multiplicação por -2/3.**

Gabarito: E.

QUESTÃO 39 (ESAF – ATA/MF/2012) Dadas as matrizes $A = \begin{bmatrix} 2 & 3 \\ 1 & 3 \end{bmatrix}$ e $B = \begin{bmatrix} 2 & 4 \\ 1 & 3 \end{bmatrix}$, calcule o determinante do produto A . B.

a) 8 b) 12 c) 9 d) 15 e) 6

RESOLUÇÃO:

De acordo com a **propriedade 9** (Teorema de Binet), sabemos que **o determinante da multiplicação de matrizes é a multiplicação dos determinantes:**

det (A.B) = det A . det B

- Cálculo do determinante de **A**:

$$\det \boldsymbol{A} = 2 \times 3 - 3 \times 1 = 3$$

- Cálculo do determinante de **B**:

$$\det \boldsymbol{B} = 2 \times 3 - 4 \times 1 = 2$$

Logo:

$$\det(\boldsymbol{A}.\boldsymbol{B}) = 3 \times 2 = 6$$

Gabarito: E.

QUESTÃO 40 (FJG – Fiscal de Rendas/Pref RJ/2002) O valor do determinante

$$\begin{vmatrix} 4 & 0 & 2 & -1 \\ 4 & 0 & 6 & 0 \\ 1 & 5 & 12 & 0 \\ -2 & 0 & 3 & 2 \end{vmatrix}$$

é:

a) 40 b) 30 c) 20 d) 10

RESOLUÇÃO:

O enunciado é bem sucinto, exigindo de nós o cálculo do determinante de uma matriz de 4ª ordem. Nesse caso, recorreremos ao **Teorema de Laplace.**

1º passo: escolher uma fila, de preferência a que tiver mais zeros.

Vamos escolher a **2ª coluna**, pois é a que tem mais zeros. É claro que poderia ser qualquer outra, mas essa opção facilitará a nossa vida.

2º passo: multiplicar cada elemento dessa fila pelo seu respectivo **cofator**.

O elemento $\mathbf{a_{12}}$ multiplicado pelo seu cofator resulta:

$$0 \times A_{12} = 0$$

De modo similar, o elemento $\mathbf{a_{22}}$ multiplicado pelo seu cofator resulta:

$$0 \times A_{22} = 0$$

Por sua vez, o elemento $\mathbf{a_{32}}$ multiplicado pelo seu cofator resulta:

$$5 \times A_{32} = 5 \times (-1)^{3+2} . M_{32}$$

Em que $\mathbf{M_{32}}$ é o **Menor Complementar** do elemento $\mathbf{a_{32}}$, correspondendo ao determinante que se obtém suprimindo a 3ª linha e a 2ª coluna:

$$M_{32} = \begin{bmatrix} 4 & 2 & -1 \\ 4 & 6 & 0 \\ -2 & 3 & 2 \end{bmatrix}$$

$$M_{34} = 8$$

Voltando ao cálculo, teremos:

$$5 \times (-1)^5 \times 8 = -40$$

UNIDADE 3 – MATEMÁTICA DE NÍVEL MÉDIO

Finalizando, o elemento $\mathbf{a}_{42}$ multiplicado pelo seu cofator resulta:

$$0 \times A_{42} = 0$$

3º passo: o determinante da matriz A é a SOMA dos valores encontrados no 2º passo:

$$\det \boldsymbol{A} = 0 + 0 + (-40) + 0 = -40$$

Gabarito: A.

QUESTÃO 41 (ESAF – AFFE/SEFAZ-PI/2001) Se o sistema formado pelas equações:

$$\begin{cases} py + x = 4 \\ y - x = q \end{cases}$$

tem infinitas soluções, então o produto dos parâmetros "p" e "q" é igual a:

a) 4 b) 5 c) 6 d) 8 e) 10

RESOLUÇÃO:

Vamos reescrever o sistema apenas para que as incógnitas **x** e **y** fiquem na sequência a que estamos acostumados:

$$\begin{cases} x + py = 4 \\ x - y = -q \end{cases}$$

Lembre que <u>para um sistema ter infinitas soluções, ele precisa ser possível e indeterminado</u>. E, para que isso ocorra, é necessário que:

$$\boldsymbol{D = Dx = Dy = 0}$$

Vamos, então, calcular os determinantes relacionados a este sistema:

$$\begin{bmatrix} 1 & p \\ 1 & -1 \end{bmatrix} . \begin{bmatrix} x \\ y \end{bmatrix} = \begin{bmatrix} 4 \\ -q \end{bmatrix}$$

$$\boldsymbol{D} = -1 - \boldsymbol{p}$$

$$\boldsymbol{D_x} = -4 + \boldsymbol{pq}$$

$$\boldsymbol{D_y} = -\boldsymbol{q} - 4$$

Igualando esses três resultados a zero, obteremos:

$$0 = -1 - p \rightarrow \boldsymbol{p} = -1$$

$$0 = -4 + pq \rightarrow pq = 4$$

$$0 = -q - 4 \rightarrow \boldsymbol{q} = -4$$

Gabarito: A.

QUESTÃO 42 (ESAF/MPU/Analista/2004) Com relação ao sistema $\begin{cases} ax - y = 0 \\ x + 2a = 0 \end{cases}$ de incógnitas x e y, é correto afirmar que o sistema

a) tem somente a solução trivial para todo valor de a.

b) tem solução não trivial para dois e somente dois valores distintos de a.

c) tem solução não trivial para um único valor real de a.

d) tem solução não trivial para uma infinidade de valores de a.

e) é impossível para qualquer valor real de a.

RESOLUÇÃO:

Da segunda equação já concluímos que:

Substituindo esse valor na primeira equação, obtemos:

$$\boldsymbol{ax - y = 0}$$

$$\boldsymbol{a \cdot (-2a) - y = 0}$$

$$\boldsymbol{-2a^2 - y = 0}$$

$$\boldsymbol{y = -2a^2}$$

Portanto, o sistema possui **solução não-trivial** para uma infinidade de valores de a.

Gabarito: D.

QUESTÃO 43 (ESAF/MPU/Téc/2004) Um sistema de equações lineares é chamado "possível" ou "compatível" quando admite pelo menos uma solução; é chamado de "determinado" quando a solução for única, e é chamado de "indeterminado" quando houver infinitas soluções.

$$\begin{cases} ma + 3mb = 0 \\ 2a + mb = 4 \end{cases}$$

Assim, sobre o sistema formado pelas equações em que a e b são as incógnitas, é correto afirmar que

a) se m≠0 e a=2, qualquer valor de b satisfaz o sistema.

b) se m=0, o sistema é impossível.

c) se m=6, o sistema é indeterminado.

d) se m≠0 e a≠2, qualquer valor de b satisfaz o sistema.

e) se m≠0 e m≠6, o sistema é possível e determinado.

RESOLUÇÃO:

A matriz incompleta do sistema é formada pelos coeficientes das incógnitas **a** e **b**:

$$\begin{bmatrix} m & 3m \\ 2 & m \end{bmatrix}$$

O determinante da matriz incompleta será:

$$\boldsymbol{det} = m^2 - 6m$$

As matrizes da incógnita **a** e da incógnita **b** são obtidas a partir da matriz incompleta, substituindo a coluna dos coeficientes da incógnita a qual se está construindo a matriz pelos termos independentes do sistema:

$$Matriz\ a = \begin{bmatrix} 0 & 3m \\ 4 & m \end{bmatrix} \rightarrow D_a = -12m$$

$$Matriz\ b = \begin{bmatrix} m & 0 \\ 2 & 4 \end{bmatrix} \rightarrow D_b = 4m$$

Um primeiro caso que devemos considerar é quando o determinante da matriz incompleta é **igual a 0**. Vejamos o que ocorre nessa situação:

$$\boldsymbol{D} = 0$$

$$m^2 - 6m = 0$$

$$m = \frac{-(-6) \pm \sqrt{(-6)^2 - 4.1.0}}{2.1}$$

$$m = \frac{6 \pm 6}{2}$$
$$\boldsymbol{m = 6 \ ou \ m = 0}$$

Assim, quando **m ≠ 6** e **m ≠ 0** teremos que o sistema é **possível e determinado.**

Gabarito: E.

QUESTÃO 44 (FGV – Prof/Paulínia/2016) No sistema linear o valor de a é

a) 5 b) 6 c) 7 d) 8 e) 9

RESOLUÇÃO:

Inicialmente, somamos todas as equações:

$$\begin{array}{r} 3a + b + c + d = 43 \\ a + 3b + c + d = 39 \\ a + b + 3c + d = 35 \\ a + b + c + 3d = 33 \\ \hline 6a + 6b + 6c + 6d = 150 \end{array}$$

Podemos dividir cada termo por 6:

$$a + b + c + d = 25$$

Agora, subtraímos essa equação da primeira equação:

$$\begin{array}{r} 3a + b + c + d = 43 \\ a + b + c + d = 25 \\ \hline 2a \qquad\qquad = 18 \end{array}$$

Dividimos cada termo por 2, obtemos **a = 9**.

Gabarito: E.

7. QUESTÕES-DESAFIO

QUESTÃO 45 (FUNDATEC – TTRE/SEFAZ-RS/2014) Sendo $A = \begin{bmatrix} 2 & 1 & 1 \\ 3 & 1 & 2 \\ 1 & -1 & -1 \end{bmatrix}$ e $B = \begin{bmatrix} 2 & 0 \\ 4 & -3 \end{bmatrix}$, o cofator do elemento a_{23} da matriz transposta de A multiplicado pelo determinante da matriz inversa de B corresponde a:

a) -3 b) 1/6 c) 1/4 d) 1/2 e) 2

RESOLUÇÃO:

Vamos chamar de A^t a ***matriz transposta de A***:

$$A^t = \begin{bmatrix} 2 & 3 & 1 \\ 1 & 1 & -1 \\ 1 & 2 & -1 \end{bmatrix}$$

Por sua vez, o **cofator** do elemento $\mathbf{a_{23}}$ da matriz transposta de **A** é:

$$\boldsymbol{A}_{23} = (-1)^{2+3}\,\boldsymbol{M}_{23}$$

Em que $\mathbf{M_{23}}$ é o **Menor Complementar** do elemento $\mathbf{a_{23}}$, correspondendo ao determinante que se obtém suprimindo a 2ª linha e a 3ª coluna:

$$M_{23} = \begin{bmatrix} 2 & 3 \\ 1 & 2 \end{bmatrix}$$

$$M_{23} = 1$$

Voltando ao cálculo, teremos:

$$(-1)^5\,.1 = -1$$

Já o **determinante** da matriz inversa de **B**, de acordo com a **propriedade 10**, é:

$$\det\left(B^{-1}\right) = \frac{1}{\det B}$$

Vamos calcular o **determinante** da matriz **B**:

$$\det \boldsymbol{B} = 2x(-3) - 0x4 = -6$$

$$\det\left(\mathbf{B}^{-1}\right) = -\frac{1}{6}$$

O nosso objetivo consiste em obter o produto entre o cofator do elemento a_{23} da matriz transposta de A e o determinante da matriz inversa de B:

$$\boldsymbol{A}_{23}\ x\det\left(\boldsymbol{B}^{-1}\right) = (-1)x\left(-\frac{1}{6}\right) = \frac{1}{6}$$

Gabarito: B.

QUESTÃO 46 (CESPE – AAmb/IBAMA/2013) Considere que A e B sejam matrizes distintas, de ordem 2 × 2, com entradas reais e, em cada matriz, três das quatro entradas sejam iguais a zero. Além disso, considere também que A × A = B × B = A × B = O, em que O é a matriz nula, isto é, a matriz em que todas as entradas são iguais a zero. Nesse caso, necessariamente, A = O ou B = O.

RESOLUÇÃO:

As principais informações (requisitos) fornecidas pelo enunciado, relativas às matrizes A e B, são:

- Distintas;
- Quadradas;
- Do tipo 2 x 2;
- Em cada uma delas, três das quatro entradas são iguais a 0.

Observação: Lembra que lá no início do capítulo, no item 2.2, dissemos que o Cespe gosta de chamar os elementos de entradas?

A melhor estratégia será utilizarmos um contraexemplo, a fim de verificar a correção do item.

Sejam as matrizes A e B dadas por:

$$A = \begin{bmatrix} 0 & 0 \\ 1 & 0 \end{bmatrix} \text{ e } B = \begin{bmatrix} 0 & 0 \\ 2 & 0 \end{bmatrix},$$

Concorda que as matrizes A e B satisfazem todos os quatro requisitos apresentados? Pois bem, agora vamos verificar se a igualdade **A x A = B x B = A x B = O**, em que **O** é matriz nula, é satisfeita.

$$A \times A = \begin{bmatrix} 0 & 0 \\ 1 & 0 \end{bmatrix} \times \begin{bmatrix} 0 & 0 \\ 1 & 0 \end{bmatrix} \Rightarrow A \times A = \begin{bmatrix} 0 \times 0 + 0 \times 1 & 0 \times 0 + 0 \times 0 \\ 1 \times 0 + 0 \times 1 & 1 \times 0 + 0 \times 1 \end{bmatrix}$$
$$\Rightarrow A \times A = \begin{bmatrix} 0 & 0 \\ 0 & 0 \end{bmatrix}$$

$$B \times B = \begin{bmatrix} 0 & 0 \\ 2 & 0 \end{bmatrix} \times \begin{bmatrix} 0 & 0 \\ 2 & 0 \end{bmatrix} \Rightarrow B \times B = \begin{bmatrix} 0 \times 0 + 0 \times 2 & 0 \times 0 + 0 \times 0 \\ 2 \times 0 + 0 \times 2 & 2 \times 0 + 0 \times 2 \end{bmatrix}$$
$$\Rightarrow B \times B = \begin{bmatrix} 0 & 0 \\ 0 & 0 \end{bmatrix}$$

$$A \times B = \begin{bmatrix} 0 & 0 \\ 1 & 0 \end{bmatrix} \times = \begin{bmatrix} 0 & 0 \\ 2 & 0 \end{bmatrix} \Rightarrow A \times B = \begin{bmatrix} 0 \times 0 + 0 \times 2 & 0 \times 0 + 0 \times 0 \\ 1 \times 0 + 0 \times 2 & 1 \times 0 + 0 \times 0 \end{bmatrix}$$
$$\Rightarrow A \times B = \begin{bmatrix} 0 & 0 \\ 0 & 0 \end{bmatrix}$$

Lembre que:

$$O = \begin{bmatrix} 0 & 0 \\ 0 & 0 \end{bmatrix},$$

Isso significa que, de fato, A x A = B x B = A x B = O, apesar de termos estabelecido que **A ≠ O** e **B ≠ O**. Então não há a obrigatoriedade de A ou B serem iguais a zero, pois supomos A e B diferentes de zero e encontramos A x A = B x B = A x B = O.

Gabarito: Errado.

CAPÍTULO 24

PROGRESSÃO ARITMÉTICA E PROGRESSÃO GEOMÉTRICA

1. PROGRESSÃO ARITMÉTICA

1.1. Conceito

Observe a seguinte sequência numérica:

(4, 7, 10, 13, 16, 19, ...)

Cada número é chamado de **termo da sequência**. O *primeiro* termo, que nesse caso é igual a 4, é normalmente identificado como a_1; o segundo termo é o a_2, assim como o terceiro termo é o a_3, e assim por diante até o mais infinito.

Porém, em relação a essa sequência, o mais importante é que você perceba que a diferença entre os termos é sempre constante. Ou seja, do 4 para o 7, são acrescidas três unidades, assim como do 7 para o 10, do 10 para o 13, e por aí vai. A essa **diferença constante entre dois termos** damos o nome de **razão (r)**.

r = termo atual – termo anterior

Por exemplo, na sequência que estamos analisando a razão é igual a 3 (r = 3).

Dessa maneira, podemos concluir que **Progressão Aritmética (PA)** é uma **sequência em que cada termo, a partir do segundo, é a soma do anterior com uma constante *r* dada, chamada de razão.**

ESCLARECENDO!

A razão tem que ser a mesma para todos os termos da sequência. Se somente em um caso ela não for igual às outras diferenças entre termos seguidos, não teremos uma PA.

Vamos ver alguns exemplos que nos ajudarão a esclarecer os conceitos apresentados.

a) (1, 3, 5, 7, 9, ...)

Repare que estamos diante de uma PA, pois existe uma diferença constante entre os termos da sequência. Mas de qual valor?

Para calcularmos essa diferença, isto é, a razão da PA, basta escolher qualquer um dos termos, a partir do segundo, e subtrair do seu anterior. Para exemplificar, tomando o 5, a razão fica:

$$\mathbf{r} = 5 - 3 = \mathbf{2}$$

b) (0, -2, -4, -6, -8, ...)

Mais uma vez a diferença entre os termos da sequência é constante. Vamos calculá-la?

Pegando o termo "-6", basta subtrair do seu antecedente (-4), ficando com:

$$\mathbf{r} = -6 - (-4) = -6 + 4 = \mathbf{-2}$$

c) (3, 3, 3, 3, 3, ...)

Note que todos os termos são iguais. Nesse caso, a razão da PA é 3 – 3 = 0.

d) (1/4, 5/4, 9/4, 13/4, 17/4, ...)

Temos uma PA em que seus ermos são fracionários. De todo modo, sua razão continua sendo obtida pela diferença entre um termo qualquer e o seu antecedente:

$$r = \frac{9}{4} - \frac{5}{4} = \frac{9-5}{4} = 1$$

Veja como esse assunto já foi cobrado!

QUESTÃO 01 (CESPE – Policial/PRF/2013) Gráfico para o item:

Considerando os dados apresentados no gráfico, julgue o item seguinte.

Os valores associados aos anos de 2008, 2009 e 2010 estão em progressão aritmética.

RESOLUÇÃO:

Numa **progressão aritmética, a diferença entre dois termos seguidos é sempre *constante*.**

Vamos testar se a sequência de números apresentada pelo enunciado obedece a esta regra.

- Diferença entre os dois primeiros termos (2008 e 2009): 159 – 141 = **18**
- Diferença entre os dois termos seguintes (2009 e 2010): 183 – 159 = **24**

A diferença não é constante, de modo que os valores indicados no item não estão numa progressão aritmética.

Gabarito: Errado.

QUESTÃO 02 (CESPE – Téc/INSS/2008) A tabela abaixo mostra, em porcentagens, a distribuição relativa da população brasileira por grupos etários, de acordo com dados dos censos demográficos de 1940 a 2000.

censos	grupos etários		
	até 14 anos	15 a 64 anos	65 anos ou mais
1940	42,7	54,9	2,4
1950	41,8	55,6	2,6
1960	42,7	54,6	2,7
1970	42,6	54,3	3,1
1980	38,2	57,8	4,0
1991	34,7	60,5	4,8
2000	29,6	64,6	5,8

IBGE. Censos demográficos de 1940 a 2000.

Com base nos dados acerca da evolução da população brasileira apresentados na tabela acima, julgue o item subsequente.

De acordo com os dados apresentados na tabela, os percentuais relativos à população brasileira com idade entre 15 e 64 anos formam uma progressão aritmética de razão menor que 1.

RESOLUÇÃO:

Uma sequência de números está em **progressão aritmética (PA)** quando a subtração de quaisquer dois números consecutivos da sequência é constante. A essa constante damos o nome de **razão** da PA.

Assim, os números 11, 14, 17, 20 e 23 estão em PA porque: 14 – 11 = 17 – 14 = 20 – 17 = 23 – 20 = 3. Veja que a razão da PA do exemplo é 3.

A sequência apresentada pelo enunciado são os percentuais relativos à população brasileira com idade entre 15 e 64 anos. Trata-se da terceira coluna da tabela dada. A sequência é: 54,9; 55,6; 54,6; 54,3; 57,8; 60,5 e 64,6.

Usando apenas os três primeiros números da sequência (54,9; 55,6; 54,6), observamos que: $55{,}6 - 54{,}9 \neq 54{,}6 - 55{,}6$.

Assim, levando em conta apenas esses três primeiros números da sequência já podemos provar que a sequência não está em progressão aritmética.

Gabarito: Errado.

1.2. Classificação

A depender do valor da razão, as progressões aritméticas podem ser classificadas em três categorias:

– **Crescente**: a sequência de números vai *aumentando*, de modo que qualquer termo é sempre *maior* que o seu antecedente. Com isso, a razão da PA é maior que zero.

– **Constante ou estacionária**: a sequência permanece *invariável*, de forma que qualquer termo é sempre *igual* aos demais. Nesse caso, a razão é igual a zero.

– **Decrescente**: a sequência vai *diminuindo*, tendo como consequência que cada termo é sempre *menor* que o seu antecedente. Assim, a razão da PA é menor que zero.

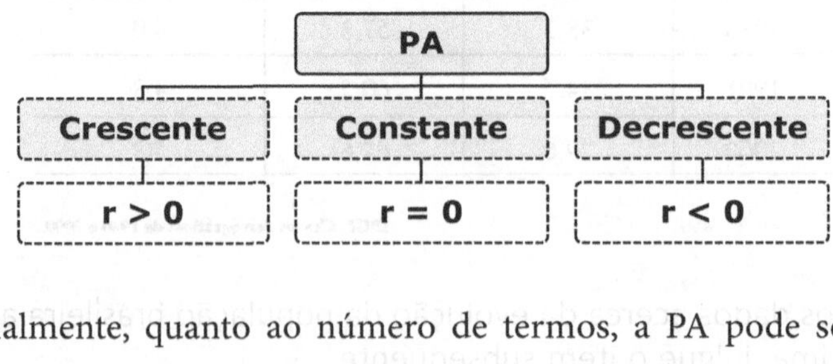

Adicionalmente, quanto ao número de termos, a PA pode ser classificada como:

– **Finita**: a sequência possui um número *limitado* de termos. Ex: (1, 3, 5, 7, 9).

– **Infinita**: a sequência apresenta uma quantidade *ilimitada* de termos. Ex: (4, 8, 12, 16, 20, ...).

1.3. Termo Geral de uma PA

Vamos agora encontrar uma expressão que nos permita obter um termo qualquer de uma PA, conhecendo apenas o 1º termo e a razão.

Seja $(a_1, a_2, a_3, ..., a_n)$ uma PA de razão r. Note que o segundo termo corresponde à soma entre o primeiro e a razão:

$$\mathbf{a_2 = a_1 + r}$$

Similarmente, o terceiro termo nada mais é que o primeiro termo acrescido do dobro da razão:

$$\mathbf{a_3 = a_1 + 2.r}$$

Seguindo a lógica, o $\mathbf{a_4}$ é exatamente igual ao $\mathbf{a_1}$ somado a 3 razões:

$$\mathbf{a_4 = a_1 + 3.r}$$

Perceba que um padrão está sendo formado, em que sempre estará presente na soma o $\mathbf{a_1}$. Também notamos que quando desejamos determinar o $\mathbf{a_3}$, por exemplo, o número que multiplica a razão é de uma unidade a menos, isto é, **2.r**.

Com isso, genericamente indicamos que o **termo geral de uma PA** é dado por:

$$\mathbf{a_n = a_1 + (n - 1).r}$$

Em que:

$\mathbf{a_n}$: termo geral (enésimo termo)

$\mathbf{a_1}$: primeiro termo da PA

n: número de termos da sequência

r: razão da PA

Nesse sentido, considere a progressão aritmética a seguir:

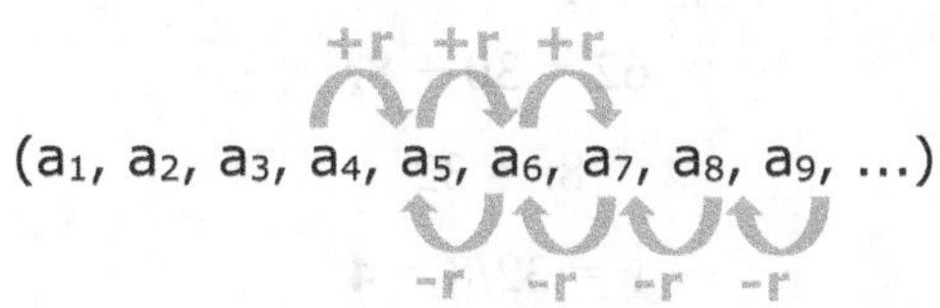

Repare que:

- Para sair do $\mathbf{a_4}$ e chegar ao $\mathbf{a_7}$ precisamos avançar ou *adicionar* 3 razões. Logo: $\mathbf{a_7 = a_4 + 3.r}$.
- Para sair do $\mathbf{a_9}$ e chegar ao $\mathbf{a_5}$, retrocedemos ou *diminuímos* 4 razões. Assim: $\mathbf{a_5 = a_9 - 4.r}$.

Portanto, se desejamos avançar ou **caminhar para a frente** nos termos da sequência, devemos *adicionar* razões. Do contrário, isto é, se quisermos retroceder nos termos da PA, **caminhando para trás** (ir de um termo de maior ordem para um de menor ordem), devemos *subtrair* ou retirar as razões.

Adicionalmente, perceba os números presentes dos dois exemplos. No primeiro caso, temos o $\mathbf{a_7}$ e o $\mathbf{a_4}$, cuja subtração dos índices resulta em 7 – 4 = **3**, que corresponde ao número que multiplica a razão. Analogamente, no segundo exemplo, estamos trabalhando com o $\mathbf{a_5}$ e o $\mathbf{a_9}$, cuja subtração dos índices resulta em 5 – 9 = **-4**, o qual se refere, mais uma vez, ao número que está multiplicando **r**.

E o que isso significa, professores?

Ora, isso indica que podemos estender a definição do termo geral para:

$$\mathbf{a_n = a_k + (n - k).r}$$

Com isso, passamos a ter condições de determinar um certo termo de uma PA ($\mathbf{a_n}$) em função de qualquer outro que se tenha ($\mathbf{a_k}$).

E isto facilita bastante a nossa vida, pois muitas vezes a questão não fornece o valor de $\mathbf{a_1}$, mas apresenta o valor de outro termo qualquer da PA em consideração. Daí, podemos aplicar a **fórmula estendida do termo geral** a fim de determinar um termo específico, conhecida a razão da PA.

Para exemplificar, vamos calcular a razão de uma PA na qual o quarto termo é 30 e o décimo segundo termo é 62.

Note que o problema nos fornece $a_4 = 30$ e $a_{12} = 62$, para exigir o valor de r.

Não foi apresentado o valor de a_1, de modo que utilizaremos a fórmula estendida do termo geral da PA, obtendo:

$$a_{12} = a_4 + (12 - 4).r$$

$$62 = 30 + 8r$$

$$8r = 32$$

$$\mathbf{r} = 32/8 = \mathbf{4}$$

E se tivesse feito ao contrário, com o a_4 antes do a_{12}?

Chegaria ao mesmo resultado. Veja:

$$a_4 = a_{12} + (4 - 12).r$$

$$30 = 62 - 8r$$

$$-8r = -32$$

$$\mathbf{r} = (-32)/(-8) = \mathbf{4}$$

TOME NOTA!

Não importa a **ordem** em que serão inseridos os termos na fórmula estendida do termo geral da PA. O que importa é que **a diferença entre eles multiplica a razão**.

Veja como esse assunto já foi cobrado!

QUESTÃO 03 (FCC – Soldado/PM-AP/2017) As casas do lado esquerdo de uma rua têm numeração par: 2, 4, 6, 8 e assim em diante. Sendo 2 o número da primeira casa desse lado da rua, o número da 64ª casa desse lado da rua será

a) 62. b) 124. c) 32. d) 66. e) 128.

RESOLUÇÃO:

Os números das casas formam uma PA de primeiro termo igual a 2 e razão igual a 2:

$$(2, 4, 6, 8, ...)$$

Assim, o 64º termo é dado por:

$$a_{64} = 2 + (64-1).2 = 2 + 126 = 128$$

Portanto, concluímos que a 64ª casa tem numeração igual a **128**.

Gabarito: E.

QUESTÃO 04 (FCC – Ag OE/Pref Campinas/2016) Em 2016, Celina poupa R$ 5,00 em janeiro, R$ 8,50 em fevereiro, R$ 12,00 em março, R$ 15,50 em abril, R$ 19,00 em maio, e assim sucessivamente. Nos anos subsequentes ao ano de 2016, ela pretende manter o mesmo esquema de poupança, sendo que em janeiro de 2017 ela poupará R$ 3,50 a mais do que havia poupado em dezembro de 2016, e assim sucessivamente. De acordo com o esquema de poupança de Celina, no mês de outubro de 2020 ela terá que poupar

a) R$ 197,50 b) R$ 201,00 c) R$ 204,50 d) R$ 208,00 e) R$ 211,50

RESOLUÇÃO:

Os valores poupados em cada mês formam uma PA de primeiro termo igual a R$5,00 e razão igual a R$3,50.

A poupança ocorreu de janeiro de 2016 até outubro de 2020. Isso corresponde a 5 anos menos dois meses. Ou seja, são 5 × 12 – 2 = 58 meses. No 58º mês (outubro de 2020), o valor poupado foi de:

$$\mathbf{a_{58}} = a_1 + (58 - 1) \times r = 5 + 57 \times 3{,}5 = 5 + 199{,}5 = \mathbf{204{,}5\ reais.}$$

Gabarito: C.

QUESTÃO 05 (CESPE/Câm Dep/Agente Pol Leg/2014) Em determinado colégio, todos os 215 alunos estiveram presentes no primeiro dia de aula; no segundo dia letivo, 2 alunos faltaram; no terceiro dia, 4 alunos faltaram; no quarto dia, 6 alunos faltaram, e assim sucessivamente.

Com base nessas informações, julgue o próximo item, sabendo que o número de alunos presentes às aulas não pode ser negativo.

No vigésimo quinto dia de aula, faltaram 50 alunos.

RESOLUÇÃO:

No primeiro dia, temos 0 faltantes, ou seja: $a_1 = 0$. Nos dias seguintes, a quantidade de faltantes vai aumentando de 2 em 2. Logo, temos uma **progressão aritmética (PA)** de razão r = 2.

Para calcular a quantidade referente ao vigésimo quinto dia, basta aplicar a fórmula do termo geral da PA:

$$a_n = a_1 + (n - 1) \times r$$

$$\mathbf{a_{25}} = 0 + 24 \times 2 = \mathbf{48}$$

Portanto, no vigésimo quinto dia **faltaram 48 alunos.**

Gabarito: Errado.

QUESTÃO 06 (FAUEL - Aux Leg/CM Douradina/2022) Mariana faz caminhada em seu bairro toda segunda- feira. A cada semana, ela aumenta 0,5 km no seu trajeto. Na primeira vez que caminhou, ela percorreu 800 m. Depois de 8 semanas, quantos km Mariana estará caminhando?

a) 2,3 km b) 3,5 km c) 4,3 km d) 8,35 km

RESOLUÇÃO:

A questão aborda uma aplicação da **Progressão Aritmética (PA)**, que é uma sequência de números em que a **diferença entre dois termos consecutivos é sempre a mesma.** Essa diferença constante é chamada de **razão** da PA.

Sendo assim, a partir do segundo elemento da sequência, os números que surgem são resultantes da soma da constante com o valor do elemento anterior.

No nosso caso, é dito que Mariana aumenta a cada semana 0,5km no seu trajeto de caminhada. Então, como ela caminhou 0,8km (800m) na primeira vez, no próximo dia ela caminhará 0,8km + 0,5km = 1,3km. Na terceira oportunidade, ela caminhará 1,3km + 0,5km = 1,8km, e assim sucessivamente.

Veja que estamos diante de uma PA, com razão r = 0,5km e primeiro termo a1 = 0,8km. O nosso objetivo consiste em determinar quantos quilômetros Mariana estará caminhando após 8 semanas, ou seja, queremos saber o valor do **oitavo termo** da PA (a8).

Para isso, utilizamos a **fórmula do Termo Geral** de uma PA:

$$a_n = a_1 + (n - 1) \cdot r$$

$$a_8 = 0{,}8 + (8 - 1) \cdot 0{,}5 = 0{,}8 + 3{,}5 = \mathbf{4{,}3}\ \boldsymbol{km}$$

Gabarito: c.

1.4. Propriedades

1) A diferença entre um termo qualquer, a partir do segundo, e o termo anterior é igual à razão (r) da PA.

$$a_n - a_{n-1} = r$$

Para exemplificar, dada a PA (2, 5, 8, 11, 14, 17), temos que:

- $a_2 - a_1 = r = 5 - 2 = 3$
- $a_3 - a_2 = r = 8 - 5 = 3$
- $a_4 - a_3 = r = 11 - 8 = 3$

Portanto, nessa PA a razão r = 3.

2) Numa PA finita, a soma de dois termos equidistantes (de mesma distância) dos extremos é igual à soma dos extremos.

Vixi! Até que eu estava indo bem, mas agora...

Calma que tudo ficará mais claro com o seguinte exemplo. Considere a progressão aritmética composta pelos termos: 3, 6, 9, 12, 15, 18.

Note que a soma dos termos extremos resulta em 3 + 18 = 21. Similarmente, perceba que 6 e 15 são equidistantes dos extremos. De fato, o que separa esses termos em relação ao respectivo extremo é uma razão. Nessa situação, a soma entre eles também resulta em 6 + 15 = 21.

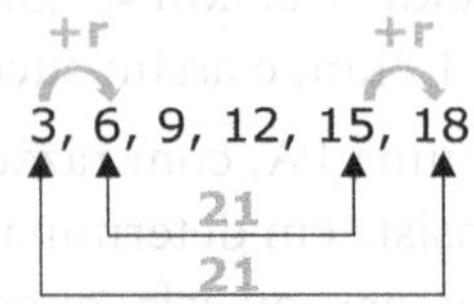

Por fim, o mesmo ocorre com 9 e 12, que são os outros termos equidistantes dos extremos, de forma que sua soma é 9 + 12 = 21.

Agora entendi, mestres, mas qual é a utilidade disso numa prova?

Acontece que em algumas questões o examinador coloca no enunciado uma informação que não corresponde à soma do primeiro com o último termo da PA. Na verdade, será apresentada outra soma cujo resultado é exatamente igual à soma do primeiro com o último termo, que você necessita para continuar as operações.

Por exemplo, numa PA em que n = 20, ou seja, o último termo é o 20º, a soma do 1º e último termos fica: $a_1 + a_{20}$. Se quisermos determinar essa soma em função de a_5, teríamos:

$$\mathbf{a_1 + a_{20} = a_5 + a_{16}}$$

Repare que usamos a_{16} devido a estar quatro razões distantes do a_{20}, assim como a_5 está quatro razões distante do a_1, mantendo a equidistância dos extremos da PA.

3) Numa PA, tomando-se três termos consecutivos, o termo central é a média aritmética dos seus vizinhos.

Suponha a PA: 1, 5, 9, 13, 17, 21, 25. Vamos pegar três termos consecutivos. Por exemplo, 9, 13 e 17. Repare que o termo central (13) corresponde à média dos seus vizinhos (9 e 17):

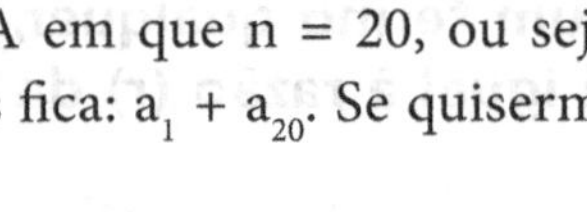

A partir daí, o mesmo vai acontecer para os demais termos equidistantes desses três termos consecutivos.

4) A soma dos extremos (primeiro e último termos) de uma PA é igual ao dobro do termo médio, quando houver.

Repare que para existir termo médio numa sequência, ela deverá ser formada por um número ímpar de termos.

Por exemplo, dada a PA: (2, 5, 8, 11, 14, 17, 20), temos que:

$$a_1 + a_7 = 2 \times a_4$$

$$2 + 20 = 2 \times 11 = 22$$

1.5. Notações Especiais

Quando procuramos obter uma PA com três, quatro ou cinco termos, é muito prática a seguinte notação:

- Para **três** termos:

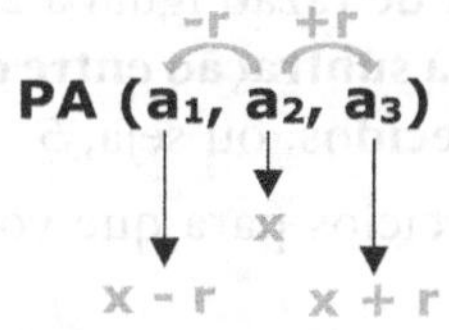

A vantagem dessa notação especial consiste em sair de uma situação com *três* incógnitas (a_1, a_2, a_3) e chegar a um cenário com apenas *duas* (x e r).

- Para **quatro** termos:

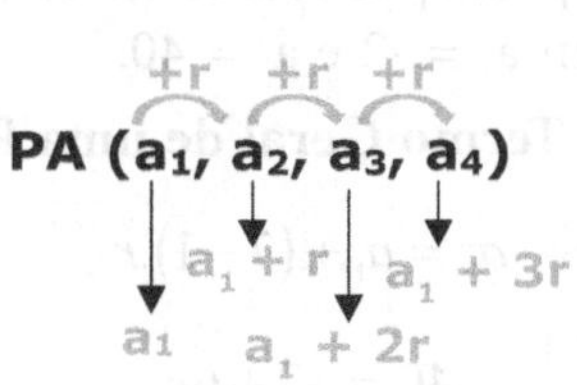

Dessa vez alcançamos um resultado ainda mais satisfatório, tendo em vista que saímos do uso de quatro incógnitas (a_1, a_2, a_3, a_4) para apenas duas (a_1 e r).

- Para **cinco** termos:

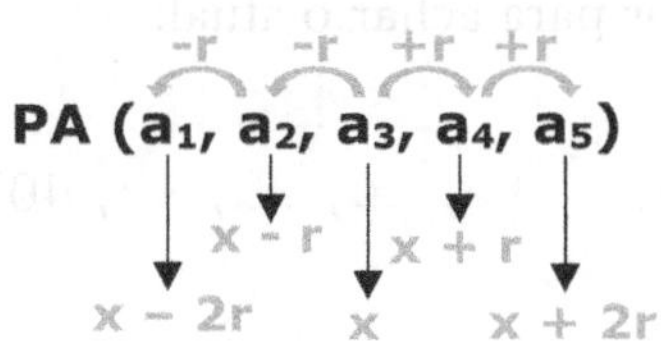

O que era bom ficou melhor! Veja que reduzimos consideravelmente a quantidade de incógnitas ao lidar com uma PA com cinco termos.

Portanto, aplicando essa técnica facilitamos muito o nosso trabalho na resolução de algumas questões!

1.6. Interpolação Aritmética

Interpolar meios aritméticos entre dois números dados significa **inserir números de tal forma que a sequência gerada seja uma progressão aritmética.**

Considere a seguinte sequência:

(2, __, __, __, 10)

Note que só conhecemos o primeiro (a_1) e o último (a_5) termos. Já que temos três espaços vazios, há três meios aritméticos a interpolar formando uma PA. Nesse caso, é fácil perceber que os termos são 4, 6 e 8:

(2, **4**, **6**, **8**, 10)

Então ficamos com uma PA de razão igual a 2. Além disso, **a quantidade de itens interpolados corresponde à subtração entre o total de termos da sequência e a quantidade de termos conhecidos**, ou seja, 5 – 2 = 3.

Vamos resolver alguns exercícios para que você fique altamente qualificado no uso desta ferramenta.

1) Interpolar 5 meios aritméticos entre -2 e 40.

Como são cinco meios aritméticos entre -2 e 40, a PA terá o seguinte formato:

(-2, __, __, __, __, __, 40)

Assim, a sequência é composta por **sete** termos, de modo que o nosso objetivo consiste em obter uma PA com a_1 = -2 e a_7 = 40.

Aplicando a **fórmula do Termo Geral de uma PA**, ficamos com:

$$a_7 = a_1 + (7-1).r$$

$$40 = -2 + 6r$$

$$\boldsymbol{r} = \frac{42}{6} = 7$$

Agora ficou tranquilo determinar os termos faltantes da PA. Basta acrescentar 7 unidades ao termo anterior para achar o atual:

+r +r +r +r +r

(-2, 5, 12, 19, 26, 33, 40)

2) Quando inserimos 10 meios aritméticos entre 2 e 79, qual é a razão da PA obtida?

Visto que são dez meios aritméticos e levando em conta que foram apresentados o primeiro e o último termos da sequência, então temos 12 termos, com $a_1 = 2$ e $a_{12} = 79$.

$$(2, \underbrace{\qquad\qquad\qquad}_{\text{10 termos}}, 79)$$

Daí, ficamos com:

$$a_{12} = a_1 + (12-1).r$$

$$79 = 2 + 11r$$

$$r = \frac{77}{11} = 7$$

Portanto, com os dados fornecidos, a razão da PA é igual a 7.

3) Inscrevendo-se nove meios aritméticos entre 15 e 45, qual é o sexto termos da PA?

A PA terá a seguinte estrutura:

$$(\underset{\substack{\downarrow \\ a_1}}{15}, \underbrace{\qquad\qquad\qquad}_{\text{9 termos}}, \underset{\substack{\downarrow \\ a_{11}}}{45})$$

$$a_{11} = a_1 + 10.r$$

$$45 = 15 + 10r$$

$$r = \frac{30}{10} = 3$$

Mas como o nosso objetivo consiste em obter o 6º termo, temos:

$$a_6 = a_1 + 5 \times 3 = 15 + 15 = 30$$

4) Quantos números inteiros e positivos, formados com 3 algarismos, são múltiplos de 13?

Inicialmente, perceba que os múltiplos de 13 são: 13, 26, 39, 52, ... Mas o enunciado exige que eles tenham três algarismos. Por exemplo, o **130** é múltiplo de

13, já que 13 × 10 = 130. Mas antes dele têm 130 – 13 = **117** e 117 – 13 = **104**. Por outro lado, o múltiplo anterior ao 104 não interessa a nós por ter dois algarismos.

Assim, a nossa PA terá como primeiro termo a_1 = 104 e razão r = 13.

O último número de três algarismos é 999. Dividindo-o por 13, fica:

$$\begin{array}{r|l} 999 & 13 \\ \cline{2-2} -91 & 76 \\ \hline 89 & \\ -78 & \\ \hline 11 & \end{array}$$

Então, **999 = 13 × 76 + 11**. Note que o produto entre 13 e 76 vai resultar num múltiplo de 13 (988), que está 11 unidades antes do 999, e é o último número múltiplo de 13 com três algarismos.

Repare que se acrescentarmos mais 13 unidades ao 988, o número resultante também será um múltiplo de 13, mas que sairá do padrão exigido: 988 + 13 = 1.001. Assim, a PA será:

$$(104, \underbrace{\qquad\qquad\qquad}_{(n-2)\text{ termos}}, 988)$$

Vamos determinar a quantidade de termos que a PA possui:

$$a_n = a_1 + (n-1).r$$

$$988 = 104 + (n-1).13$$

$$n - 1 = \frac{884}{13}$$

$$\boldsymbol{n} = 68 + 1 = 69$$

1.7. Soma dos Termos de uma PA

Para fazermos a **soma dos termos de uma progressão aritmética finita**, basta 1) somar o primeiro e último termos, 2) multiplicar esta soma pelo número de termos da sequência e 3) dividir tudo por 2. Ou seja:

$$\boldsymbol{S_n = \frac{(a_1 + a_n).n}{2}}$$

Agora vamos solucionar alguns exercícios que nos ajudarão a compreender melhor essa fórmula.

1) Calcule a soma dos 50 primeiros termos da PA (2, 6, ...).

Temos uma PA em que $\mathbf{a_1 = 2}$ e $\mathbf{a_2 = 6}$. Logo, a razão fica $\mathbf{r} = 6 - 2 = \mathbf{4}$.

Para somar os 50 primeiros termos dessa PA, fazemos:

$$S_{50} = \frac{(2 + a_{50}).50}{2}$$

Note que precisamos descobrir o valor do $\mathbf{a_{50}}$ para prosseguirmos com os cálculos, o qual pode ser calculado por meio da fórmula do termo geral:

$$\boldsymbol{a_{50}} = a_1 + 49r = 2 + 49 \times 4 = 2 + 196 = 198$$

Substituindo na fórmula da soma:

$$\boldsymbol{S_{50}} = \frac{(2+198).50}{2} = \frac{200 \times 50}{2} = 5.000$$

2) A soma dos dez termos de uma PA é 200. Se o 1º termo dessa PA é 2, qual é a sua razão?

Aplicando a fórmula da soma dos termos de PA, obtemos:

$$S_{10} = \frac{(2 + a_{10}).10}{2}$$

$$200 = (2 + a_{10}).5$$

$$\boldsymbol{a_{10}} = 40 - 2 = 38$$

Encontrado o valor do $\mathbf{a_{10}}$, podemos determinar a **razão** da PA:

$$a_{10} = a_1 + 9r$$

$$38 = 2 + 9r$$

$$\boldsymbol{r} = \frac{36}{9} = 4$$

3) O oitavo termo de uma PA é 89 e sua razão vale 11. Determine a soma de seus termos.

Conforme os dados apresentados no exercício, temos:

$$S_8 = \frac{(a_1 + a_8).8}{2} = (a_1 + 89).4$$

Vamos agora determinar o valor de a_1:

$$a_8 = a_1 + 7r$$

$$89 = a_1 + 7 \times 11$$

$$\boldsymbol{a_1} = 89 - 77 = 12$$

Substituindo nos cálculos da soma dos termos:

$$\boldsymbol{S_8} = (12 + 89) \times 4 = 101 \times 4 = 404$$

4) Em uma PA, sabe-se que a_3 + a_6 = 164. Calcule a soma dos seus oito primeiros termos.

A sequência em análise possui a seguinte estrutura:

$$(a_1, \_\_, a_3, \_\_, \_\_, a_6, \_\_, a_8)$$

Repare que para sair do a_3 e chegarmos no a_1 precisamos retroceder *duas* razões. Da mesma forma, para sairmos do a_6 e chegarmos no a_8, avançamos *duas* razões. Isso significa que a_3 e a_6 são termos **equidistantes** dos extremos.

Nesse caso, temos uma propriedade afirmando que **a soma de dois termos equidistantes dos extremos é igual à soma dos extremos**, de modo que a soma entre a_1 e a_8 também deve ser igual a 164. Ou seja:

$$\boldsymbol{a_1} + \boldsymbol{a_8} = 164$$

Assim, podemos aplicar a soma dos termos de uma PA:

$$\boldsymbol{S_8} = \frac{(a_1 + a_8).8}{2} = 164 \times 4 = 656$$

5) Um teatro possui 12 poltronas na primeira fileira, 14 na segunda e 16 na terceira; as demais fileiras se compõem na mesma sequência. Quantas fileiras são necessárias para o teatro ter um total de 620 poltronas?

A situação apresentada no enunciado pode ser indicada por meio de uma PA com a seguinte estrutura:

$$(12, 14, 16, ...)$$

A questão exige a quantidade de fileiras necessárias para o teatro ter um total de 620 poltronas. Ou seja, precisamos determinar a quantidade de termos da PA sabendo que a soma dos termos é igual a 620 e a razão é 2. Logo:

$$S_n = \frac{(a_1 + a_n).n}{2}$$

$$620 = \frac{(12 + a_n).n}{2}$$

$$(12 + a_n).n = 1240$$

Para achar o valor de **an**, usamos a fórmula do termo geral:

$$a_n = a_1 + (n-1).r$$

$$a_n = 12 + (n-1).2 = 12 + 2n - 2 = 2n + 10$$

Substituindo isso nos cálculos da soma dos termos, ficamos com:

$$(12 + 2n + 10).n = 1240$$

$$(22 + 2n).n = 1240$$

$$2n^2 + 22n - 1240 = 0$$

$$n^2 + 11n - 620 = 0$$

Veja que chegamos a uma equação do 2º grau, cuja soma e produto das raízes fica:

$$n_1 + n_2 = \frac{-b}{a} = \frac{-11}{1} = -11$$

$$n_1 \times n_2 = \frac{c}{a} = \frac{-620}{1} = -620$$

Com base nisso, podemos concluir que as duas raízes que formam a solução para a equação são $n_1 = 20$ e $n_2 = -31$. Mas qual das duas será a apropriada para representar a quantidade de fileiras no teatro? Certamente será a raiz **positiva**.

Portanto, o número de fileiras do teatro corresponde a **n = 20.**

Veja como esse assunto já foi cobrado!

QUESTÃO 07 (CESPE/FUB/Ass Adm/2018) A tabela seguinte mostra as quantidades de livros de uma biblioteca que foram emprestados em cada um dos seis primeiros meses de 2017.

UNIDADE 3 – MATEMÁTICA DE NÍVEL MÉDIO

	mês					
	1	2	3	4	5	6
Quantidade	50	150	250	250	300	200

A partir dessa tabela, julgue o próximo item.

Os livros emprestados no referido semestre foram devolvidos somente a partir de julho de 2017 e os números correspondentes às quantidades de livros devolvidos a cada mês formavam uma progressão aritmética em que o primeiro termo era 90 e razão, 30. Nessa situação, mais de 200 livros foram devolvidos somente a partir de 2018.

RESOLUÇÃO:

Conforme a tabela apresentada, o total de livros emprestados no primeiro semestre é de 50 + 150 + 250 + 250 + 300 + 200 = 1.200.

Note que os livros devolvidos no segundo semestre formam uma **Progressão Aritmética (PA)** em que o primeiro termo é 90 e a razão é 30:

(90, 120, 150, 180, 210, 240)

Assim, o total de livros devolvidos é a soma dos termos dessa PA, que é dada por:

$$S = \frac{(a_1 + a_n).n}{2}$$

$$S = \frac{(90+240).6}{2} = 330 \times 3 = 990$$

Veja que o total de livros emprestados em 2017 foi 1.200 e o total de livros devolvidos foi 990, de modo que ainda faltam ser devolvidos: 1.200 – 990 = **210 livros**, os quais foram devolvidos somente a partir de 2018.

Gabarito: Certo.

QUESTÃO 08 (IBFC/TJ-PE/Ana Jud/2017) Um assistente judiciário analisou, num primeiro dia de trabalho, 7 laudas de um processo com 785 laudas, num segundo dia analisou 3 laudas a mais do processo que no primeiro dia. Se a cada dia de trabalho esse assistente analisar 3 laudas a mais do processo que no dia anterior, então, após 15 dias de trabalho, o total de laudas do processo que ainda faltarão para serem analisados será igual a:

a) 420 b) 365 c) 295 d) 340 e) 435

RESOLUÇÃO:

Veja que o número de laudas analisadas por dia segue uma **progressão aritmética de razão** r = 3 e **termo inicial** a_1 = 7:

7, 10, 13, 16, ...

O décimo quinto termo é obtido pela **fórmula do termo geral da PA**:

$$a_n = a_1 + (n - 1).r$$

$$\mathbf{a_{15}} = 7 + (15 - 1).3 = 7 + 42 = \mathbf{49}$$

A soma do número de processos analisados em 15 dias de trabalho é:

$$S_n = (a_1 + a_n).n/2$$

$$\mathbf{S_{15}} = (7 + 49).15/2 = 56.15/2 = 28.15 = \mathbf{420}$$

Portanto, após 15 dias já foram analisadas 420 laudas. Faltam ser analisadas 785 – 420 = **365** laudas.

Gabarito: B.

QUESTÃO 09 (CESPE – Soldado/CBM-CE/2014)

Tabela I

a_1	a_2	a_3	a_4	a_5	a_6	a_7	a_8	a_9	a_{10}	a_{11}	a_{12}	...
1	2	3	4	4	4	9	8	5	16	16	6	...

Tabela II

sequência 1	1	4	9	16	25	36	...
sequência 2	2	4	8	16	32	64	...
sequência 3	3	4	5	6	7	8	...

Considerando que a sequência numérica a_n, n = 1, 2, 3, ... mostrada na tabela I seja construída intercalando-se os termos das três sequências apresentadas na tabela II, julgue o seguinte item.

A soma dos vinte primeiros termos da sequência 3 é superior a 250.

RESOLUÇÃO:

A sequência 3 é uma **progressão aritmética (PA)**, com primeiro termo igual a 3 (a_1 = 3) e razão r = 1.

Por sua vez, o vigésimo termo pode ser calculado pela **fórmula do termo geral** da PA:

$$a_n = a_1 + (n - 1) \times r$$

$$\mathbf{a_{20}} = 3 + 19 \times 1 = \mathbf{22}$$

Agora podemos calcular a **soma dos vinte primeiros termos**:

$$S_n = \frac{(a_1 + a_n).n}{2}$$

$$\boldsymbol{S}_{20} = \frac{(3+22).20}{2} = 25 \times 10 = 250$$

Portanto, a soma não é superior a 250.

Gabarito: Errado.

QUESTÃO 10 (ESAF – AnaTA/MTUR/2014) A soma dos 200 primeiros termos da progressão (4, 7, 10, 13, ...) é igual a

a) 60.200 b) 60.300 c) 60.100 d) 60.500 e) 60.400

RESOLUÇÃO:

Conforme apresentado no enunciado, temos que $a_1 = 4$ e a razão corresponde à diferença entre dois termos seguidos: r = 7 – 4 = 3.

O termo 200º é dado por:

$$\mathbf{a_{200}} = a_1 + 199 \times r = 4 + 199 \times 3 = \mathbf{601}$$

A **soma dos 200 primeiros termos** da progressão aritmética em consideração fica:

$$S_{200} = \frac{(a_1 + a_n).n}{2} = \frac{(4+601).200}{2} = 605 \times 100 = 60.500$$

Gabarito: D.

2. PROGRESSÃO GEOMÉTRICA

2.1. Conceito

Observe a seguinte sequência numérica:

(3, 6, 12, 24, 48, ...)

Assim como na PA, cada número é chamado de **termo da sequência**. O *primeiro* termo, que nesse caso é igual a 3, é normalmente identificado como a_1; o segundo termo é o a_2, assim como o terceiro termo é o a_3, e assim por diante até o mais infinito.

Lembre-se que no estudo da **progressão aritmética** aprendemos que *a diferença entre dois termos consecutivos* é sempre constante, o que não ocorre na sequência que estamos analisando, de modo que ela não é uma PA.

Porém, em relação a essa sequência, o mais importante é que você perceba que *o quociente entre o termo da direita pelo da esquerda é sempre constante*. Ou seja, 6 ÷ 3 = 12 ÷ 6 = 24 ÷ 12 = ... = 2. A esse **quociente constante entre dois termos** damos o nome de **razão (q)**.

q = termo atual ÷ termo anterior

IMPORTANTE!

⇧	**RAZÃO DA PA** É a **diferença** constante entre dois termos consecutivos, indicada por ***r***.
⇩	**RAZÃO DA PG** É o **quociente** constante entre dois termos consecutivos, indicado por ***q***.

Dessa maneira, podemos concluir que **Progressão Geométrica (PG)** é uma **sequência em que cada termo, a partir do segundo, corresponde ao produto do anterior por uma constante *q* dada, chamada de razão.**

Vamos ver alguns exemplos que nos ajudarão a esclarecer os conceitos apresentados.

a) (1, 2, 4, 8, 16, ...)

Repare que estamos diante de uma PG, pois existe um quociente constante entre os termos da sequência. Mas de qual valor?

Para calcularmos esse quociente, isto é, a razão da PG, basta escolher qualquer um dos termos, a partir do segundo, e dividir pelo seu anterior. Para exemplificar, tomando o 4, a razão fica:

$$\mathbf{q = 4 \div 2 = 2}$$

b) (-1, -2, -4, -8, -16, ...)

Mais uma vez o quociente entre os termos da sequência é constante. Vamos calculá-lo?

Pegando o termo "-8", basta dividir por seu antecedente (-4), ficando com:

$$q = (-8) \div (-4) = \mathbf{2}$$

c) (1, 1/3, 1/9, 1/27, 1/81, ...)

Temos uma PG em que seus termos são fracionários. De todo modo, sua razão continua sendo obtida pela divisão entre um termo qualquer e o seu antecedente:

$$q = \frac{1}{27} \div \frac{1}{9} = \frac{1}{27} \times \frac{9}{1} = \frac{1}{3}$$

d) (-54, -18, -6, -2, ...)

Estamos diante de uma PG, cuja razão é:

$$q = (-2) \div (-6) = \mathbf{1/3}$$

e) (5, 5, 5, 5, 5, ...)

Note que todos os termos são iguais. Nesse caso, a razão da PG é q = 5 ÷ 5 = 1. Perceba que essa sequência também é uma PA, mas de razão r = 5 – 5 = 0.

f) (5, -10, 20, -40, -80, ...)

Também temos uma PG, e sua razão é dada por:

$$q = \frac{20}{(-10)} = -2$$

Veja como esse assunto já foi cobrado!

QUESTÃO 11 (CESPE – Soldado/CBM-DF/2011) O governador do estado do Rio de Janeiro, Sérgio Cabral, voltou a defender a política de reajuste salarial oferecida pelo governo ao corpo de bombeiros, que prevê ganhos de 1% a cada mês em relação ao salário do mês imediatamente anterior até 2014.

O governador afirmou que o efetivo de bombeiros do Rio é proporcionalmente muito superior ao de todos os estados. "O Rio de Janeiro tem 16.500 bombeiros militares, com 16 milhões de habitantes. São Paulo, com 40 milhões de habitantes, tem 8.500 bombeiros. Minas Gerais tem 20 milhões de habitantes e 5 mil bombeiros militares. Sergipe, referência de excelente salário, tem 630 bombeiros. De maneira que nós temos de ter responsabilidade. Esta política tem de seguir uma estratégia, que não é a ideal, mas é a possível." Segundo números apresentados pelo governo fluminense, o efetivo de bombeiros do Rio de Janeiro corresponde a 25% do total de bombeiros em todo o país.

Internet: <www.correiobraziliense.com.br> (com adaptações).

Com referência ao texto apresentado acima, julgue o item.

Caso a política de reajuste salarial mencionada no texto seja implementada, então, desconsiderando-se outras variações salariais, a sequência dos salários mensais de um bombeiro, a partir da implementação dessa política salarial e até 2014, formará uma progressão aritmética finita.

RESOLUÇÃO:

Aumentar algo em 1% é o mesmo que multiplicar tal valor por 1,01. Deste modo, se vamos dando sucessivos aumentos de 1,01, os valores vão sempre sendo multiplicados por 1,01. Isso caracteriza uma progressão **geométrica** (e não aritmética) de razão 1,01.

Para a progressão ser aritmética, precisaríamos sempre somar uma constante (e não multiplicar).

Gabarito: Errado.

2.2. Classificação

A depender do valor da razão, as progressões geométricas podem ser classificadas em 4 categorias:

- **Crescente**: a sequência de números vai *aumentando*, de modo que qualquer termo é sempre *maior* que o seu antecedente. No caso da PG, isso ocorre em duas situações:

$$a_1 > 0 \text{ e } q > 1 \textbf{ OU } a_1 < 0 \text{ e } 0 < q < 1$$

- **Constante ou estacionária**: a sequência permanece *invariável*, de forma que qualquer termo é sempre *igual* aos demais. Nesse caso, a razão é igual a um.
- **Decrescente**: a sequência vai *diminuindo*, tendo como consequência que cada termo é sempre *menor* que o seu antecedente. No caso da PG, isso ocorre em duas situações:

$$a_1 > 0 \text{ e } 0 < q < 1 \textbf{ OU } a_1 < 0 \text{ e } q > 1$$

- **Alternada ou oscilante**: a sequência apresenta termos positivos e negativos, alternadamente, e a razão da PG é negativa ($q < 0$).

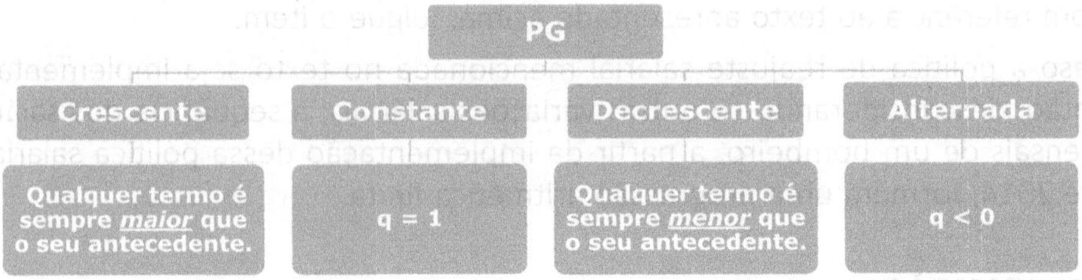

Assim como a PA, quanto ao número de termos a PG pode ser classificada como:

– **Finita**: a sequência possui um número *limitado* de termos. Ex: (1, 4, 16, 64, 256).

– **Infinita**: a sequência apresenta uma quantidade *ilimitada* de termos. Ex: (3, 9, 27, 81, 243, ...).

2.3. Termo Geral de uma PG

Vamos agora encontrar uma expressão que nos permita obter um termo qualquer de uma PG, conhecendo apenas o 1º termo e a razão.

Seja $(a_1, a_2, a_3, ..., a_n)$ uma PG de razão q. Note que o segundo termo corresponde ao produto entre o primeiro e a razão:

$$a_2 = a_1 \times q$$

Similarmente, o terceiro termo nada mais é que o primeiro termo multiplicado pelo produto de duas razões:

$$a_3 = a_1 \times q^2$$

Seguindo a lógica, o $\mathbf{a_4}$ é exatamente igual ao $\mathbf{a_1}$ multiplicado pelo produto de 3 razões:

$$a_4 = a_1 \times q^3$$

Perceba que um padrão está sendo formado, em que sempre estará presente na multiplicação o $\mathbf{a_1}$. Também notamos que quando desejamos determinar o $\mathbf{a_3}$, por exemplo, o expoente da razão é de uma unidade a menos, isto é, $\mathbf{q_2}$.

Com isso, genericamente indicamos que o **termo geral de uma PG** é dado por:

$$a_n = a_1 \times q^{n-1}$$

Em que:

$\mathbf{a_n}$: termo geral (enésimo termo)

$\mathbf{a_1}$: primeiro termo da PA

n: número de termos da sequência

q: razão da PG

Neste sentido, considere a progressão geométrica a seguir:

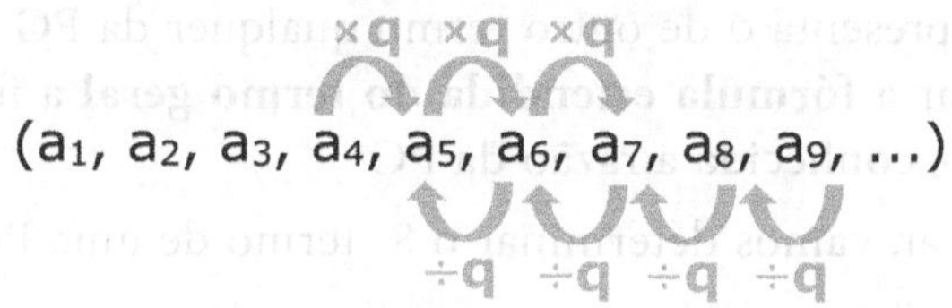

Repare que:

- Para sair do $\mathbf{a_4}$ e chegar ao $\mathbf{a_7}$ precisamos avançar *multiplicando* 3 razões. Logo: $\mathbf{a_7 = a_4 \times q^3}$.
- Para sair do $\mathbf{a_9}$ e chegar ao $\mathbf{a_5}$, retrocedemos *dividindo* 4 razões, ou multiplicamos essas 4 razões mas com expoente negativo. Assim: $\mathbf{a_5 = a_9 \times q^{-4} = a_9 \div q^4}$.

FIQUE ATENTO!

Note que *multiplicar* 4 razões com expoente negativo é o mesmo que *dividir* essas 4 razões, porém com expoente positivo. Ex: $32 \times 2^{-4} = 32 \div 2^4 = 2$.

Isso significa que, se desejamos avançar ou **caminhar para a frente** nos termos da sequência, devemos *multiplicar* razões, obtendo expoente positivo. Do contrário, isto é, se quisermos retroceder nos termos da PG, **caminhando para trás** (ir de um termo de maior ordem para um de menor ordem), também *multiplicamos* as razões, mas obtendo expoente negativo.

Adicionalmente, perceba os números presentes nos dois exemplos. No primeiro caso, temos o $\mathbf{a_7}$ e o $\mathbf{a_4}$, cuja subtração dos índices resulta em 7 – 4 = **3**, que corresponde ao expoente da razão. Analogamente, no segundo exemplo estamos trabalhando com o $\mathbf{a_5}$ e o $\mathbf{a_9}$, cuja subtração dos índices resulta em 5 – 9 = **-4**, o qual se refere, mais uma vez, ao expoente de **q**.

E o que isso significa, professores?

Ora, isso indica que podemos estender a definição do termo geral para:

$$\mathbf{a_n = a_k \times q^{n-k}}$$

Com isso, passamos a ter condições de determinar um certo termo de uma PG ($\mathbf{a_n}$) em função de qualquer outro que se tenha ($\mathbf{a_k}$).

E isso facilita bastante a nossa vida, pois muitas vezes a questão não fornece o valor de $\mathbf{a_1}$, mas apresenta o de outro termo qualquer da PG em consideração. Daí, podemos aplicar a **fórmula estendida do termo geral** a fim de determinar um termo específico, conhecida a razão da PG.

Para exemplificar, vamos determinar o 8º termo de uma PG na qual $a_4 = 12$ e $q = 2$.

Note que o problema nos fornece $a_4 = 12$ e $q = 2$ para exigir o valor de a_8.

Não foi apresentado o valor de a_1, de modo que utilizaremos a fórmula estendida do termo geral da PG, obtendo:

$$a_n = a_k \times q^{n-k}$$

$$\mathbf{a_8} = a_4 \times q^{8-4} = 12 \times 2^4 = 12 \times 16 = \mathbf{192}$$

E se tivesse feito ao contrário, com o a_4 antes do a_8?

Chegaria ao mesmo resultado, caro colega. Veja:

$$\mathbf{a_4} = a_8 \times q^{4-8}$$

$$12 = a_8 \times 2^{-4}$$

$$\mathbf{a_8} = 12 \div 2^{-4} = 12 \div 1/2^4 = 12 \times 2^4 = 12 \times 16 = \mathbf{192}$$

TOME NOTA!

Não importa a **ordem** em que serão inseridos os termos na fórmula estendida do termo geral da PG. O que importa é que **a diferença entre eles forma o expoente da razão**.

Veja como esse assunto já foi cobrado!

QUESTÃO 12 (FCC – Ana Jud/TRT 11ª Região/2017) Em janeiro de 2016, Tiago conseguiu guardar um dinheiro. Em cada mês subsequente, até dezembro do mesmo ano, ele sempre conseguiu guardar o dobro do dinheiro que havia guardado no mês imediatamente anterior. Sendo assim, a razão entre o dinheiro guardado por Tiago nos meses de julho e de dezembro, nessa ordem, foi igual a

a) 1/64 b) 1/32 c) 1/16 d) 1/2 e) 1/6

RESOLUÇÃO:

As quantias guardadas em cada mês formam uma **PG** de primeiro termo 100 e razão 2.

Assim, outra forma de encontrar a quantia guardada em dezembro é utilizando a **fórmula do termo geral da PG**:

$$a_n = a_1 \times q^{n-1}$$

A quantia guardada em dezembro (a_6) é igual à quantia guardada em julho ($a_1 = 100$) multiplicada pela razão q=2 elevada a "6 – 1 = 5":

$$\boldsymbol{a}_6 = 100 \times 2^5 = 100 \times 32 = 3.200$$

Portanto, a razão entre o dinheiro guardado por Tiago nos meses de julho e de dezembro, nessa ordem, é igual a:

$$\frac{100}{3.200} = \frac{1}{32}$$

Gabarito: B.

QUESTÃO 13 (FCC – Ana Jud/TRF 3ª Região/2014) Um tabuleiro de xadrez possui 64 casas. Se fosse possível colocar 1 grão de arroz na primeira casa, 4 grãos na segunda, 16 grãos na terceira, 64 grãos na quarta, 256 na quinta, e assim sucessivamente, o total de grãos de arroz que deveria ser colocado na 64ª casa desse tabuleiro seria igual a

a) 264. b) 2126. c) 266. d) 2128. e) 2256.

RESOLUÇÃO:

Vamos representar por $\mathbf{a}_n$ a quantidade de grãos na enésima casa.

A primeira casa tem 1 grão: $a_1 = 1$.

A segunda casa tem 4 grãos: $a_2 = 4$.

A terceira casa tem 16 grãos: $a_3 = 16$.

E assim por diante, sempre multiplicando por 4. Isso é uma **progressão geométrica** composta por 64 termos. Seu **primeiro** termo é $a_1 = 1$ e sua razão é q = 4.

O 64º termo é assim calculado:

$$a_n = a_1 \times q^{n-1}$$

$$a_{64} = 1 \times 4^{64-1} = 4^{63}$$

Agora substituímos 4 por 2^2:

$$= (2^2)^{63}$$

Finalmente, multiplicamos os expoentes:

$$= 2^{126}$$

Na última casa serão colocados $\mathbf{2^{126}}$ grãos de arroz.

Gabarito: B.

2.4. Propriedades

1) O quociente entre um termo qualquer, a partir do segundo, e o termo anterior é igual à razão (q) da PG.

$$a_n \div a_{n-1} = q$$

Para exemplificar, dada a PG (5, 15, 45, 135, 405), temos que:

- $a_2 \div a_1 = q = 15 \div 5 = 3$
- $a_3 \div a_2 = q = 45 \div 15 = 3$
- $a_4 \div a_3 = q = 135 \div 45 = 3$

Portanto, nessa PG a razão q = 3.

2) Numa PG finita, o produto de dois termos equidistantes (de mesma distância) dos extremos é igual ao produto dos extremos.

$$a_1 \times a_n = a_{1+k} \times a_{n-k}$$

Vixi! Até que eu estava indo bem, mas agora...

Calma que tudo ficará mais claro com o seguinte exemplo. Considere a progressão geométrica composta pelos termos: 2, 4, 8, 16, 32, 64.

Note que o produto dos termos extremos resulta em 2 × 64 = 128. Similarmente, perceba que 4 e 32 são equidistantes dos extremos. De fato, o que separa esses termos em relação ao respectivo extremo é uma razão. Nessa situação, a multiplicação entre eles também resulta em 4 × 32 = 128.

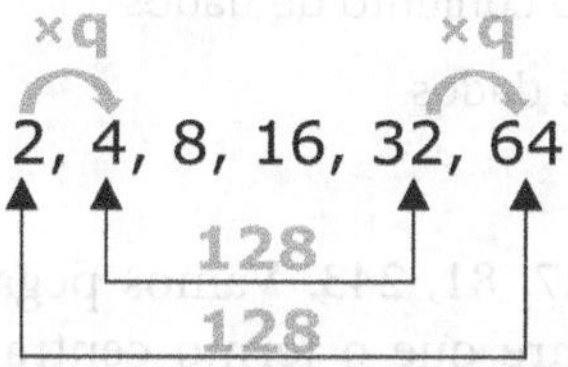

Por fim, o mesmo ocorre com 8 e 16, que são os outros termos equidistantes dos extremos, de forma que seu produto é 8 × 16 = 128.

Agora entendi. Mas qual é a utilidade disso numa prova?

Acontece que em algumas questões o examinador coloca no enunciado uma informação que não corresponde ao produto do primeiro pelo último termo da PG. Na verdade, será apresentada outra multiplicação cujo resultado é exatamente igual ao produto do primeiro pelo último termo, que você necessita para continuar as operações.

Por exemplo, numa PG em que n = 10, ou seja, o último termo é o 10º, o produto do 1º e último termos fica: $a_1 \times a_{10}$. Se quisermos determinar essa soma em função de a_5, teríamos:

$$a_1 \times a_{10} = a_5 \times a_6$$

Repare que usamos a_6 devido a estar quatro razões distantes do a_{10}, assim como a_5 está a quatro razões distante do a_1, mantendo a equidistância dos extremos da PA.

3) Numa PG, tomando-se três termos consecutivos, o termo central é a média geométrica dos seus vizinhos.

$$a_n = \sqrt{a_{n-1} \times a_{n+1}}$$

ESCLARECENDO!

A **média geométrica** é definida, para números positivos, como a **raiz n-ésima do produto de n elementos de um conjunto de dados**, e pode ser calculada de acordo com a seguinte fórmula:

$$M_G = \sqrt[n]{a_1 \times a_2 \times a_3 \times \ldots \times a_n}$$

Em que:

MG: média geométrica

n: número de elementos do conjunto de dados

a_1, a_2, a_3, ..., a_n: valores dos dados

Suponha a PG: 1, 3, 9, 27, 81, 243. Vamos pegar três termos consecutivos. Por exemplo, 9, 27 e 81. Repare que o termo central (27) corresponde à média geométrica dos seus vizinhos (9 e 81):

$$\sqrt[2]{9 \times 81} = \sqrt[2]{729} = 27$$

1, 3, **9**, 27, **81**, 243

A partir daí, o mesmo vai acontecer para os demais termos equidistantes desses três termos consecutivos.

BIZU!

PA

Tomando-se três termos consecutivos, o termo central é a média **aritmética** dos seus vizinhos.

PG

Tomando-se três termos consecutivos, o termo central é a média **geométrica** dos seus vizinhos.

4) A média geométrica dos extremos é igual ao termo médio, quando houver.

$$a_{\frac{n+1}{2}} = \sqrt{a_1 \times a_n}$$

Repare que, para existir termo médio numa sequência, ela deverá ser formada por um número ímpar de termos.

Por exemplo, dada a PA: (2, 4, 8, **16**, 32, 64, 128), temos que:

$$a_{\frac{7+1}{2}} = \sqrt{2 \times 128}$$

$$a_4 = \sqrt{256} = 16$$

2.5. Notações Especiais

Quando procuramos obter uma PG com três ou quatro termos, é muito prática a seguinte notação:

- Para **três** termos:

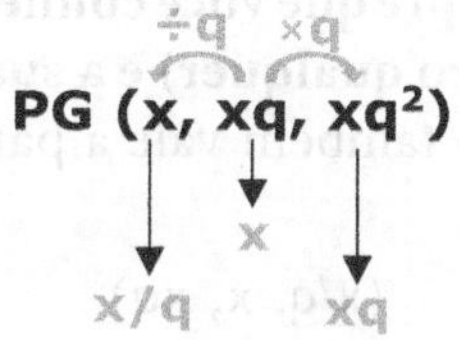

Com essa notação, surge outra forma para indicar os termos presentes numa determinada PG, além da maneira tradicional.

- Para **quatro** termos:

Não existe outra notação possível nesse caso, além da forma tradicional?

Até existe, mas trata-se de um método mais complexo cuja aplicação não traria tanto ganho assim para nós, de modo que precisamos focar no que é mais importante para a prova!

Agora vamos resolver alguns exercícios para fixar a utilização dessas notações.

1) Escreva três números em PG cujo produto seja 27 e a soma dos dois últimos seja 15.

Trata-se de uma PG com três termos, de modo que sua estrutura é a seguinte:

(x/q, x, xq)

O problema informa que o produto entre os termos é 27. Logo:

$$\frac{x}{q} \times x \times xq = 27$$

$$x^3 = 27$$

$$x = \sqrt[3]{27} = 3$$

Também é dito que a soma dos dois últimos termos é 15. Ou seja:

$$x + xq = 15$$

$$3 + 3q = 15$$

$$q = \frac{12}{3} = 4$$

Assim, encontramos o valor do segundo termo da PG (x = 3) e a sua razão (q = 4).

Portanto, fica claro que **sempre que você conhecer um dos termos da PG (não importa se é o primeiro ou outro qualquer) e a sua razão, é possível representar toda a PG**. Lembrando que isso também vale a para a PA.

De fato:

(x/q, x, xq)

(3/4, 3, 12)

Experimente resolver esse mesmo problema indicando os termos como x, xq e xq^2 e veja que será bem mais complicado resolvê-lo. Isso mostra como o macete de usar a notação especial ajuda na resolução de questões.

2) Em uma PG de 4 termos, a soma dos dois primeiros é 12 e a soma dos dois últimos é 300. Determine essa PG.

Como são quatro termos, a PG tem a seguinte forma:

$$(x, xq, xq^2, xq^3)$$

O problema diz que a soma dos dois primeiros termos é 12. Logo:

$$x + xq = 12$$

$$x(1+q) = 12$$

$$(1+q) = \frac{12}{x} \quad (I)$$

Em seguida é dito que a soma dos dois últimos é 300. Isto é:

$$xq^2 + xq^3 = 300$$

$$xq^2(1+q) = 300$$

$$(1+q) = \frac{300}{xq^2} \quad (II)$$

Podemos igualar as duas equações:

$$\frac{12}{x} = \frac{300}{xq^2}$$

$$12q^2 = 300$$

$$q^2 = \frac{300}{12}$$

$$q = \pm\sqrt{25} = \pm 5$$

Repare que no resultado ficamos com duas raízes (+5 e -5). Não podemos desconsiderar nenhuma delas, pois farão surgir duas progressões geométricas. Vamos substituir cada uma na equação (I):

- **q = +5**

$$(1+5) = \frac{12}{x}$$

$$x = \frac{12}{6} = 2$$

Substituindo esses valores na PG inicial e fazendo as operações indicadas:

$$(x, xq, xq^2, xq^3)$$

$$\mathbf{(2, 10, 50, 250)}$$

Repare que nesse caso chegamos a uma PG *crescente*.

- **q = -5**

$$(1+(-5)) = \frac{12}{x}$$

$$x = \frac{12}{(-4)} = -3$$

Mais uma vez substituímos esses valores na PG inicial, executando as devidas operações:

$$(x, xq, xq^2, xq^3)$$

$$\mathbf{(-3, 15, -75, 375)}$$

Nessa situação obtivemos uma PG *alternada*.

3) Que número deve ser somado a 2, 4 e 7, nessa ordem, a fim de obtermos uma PG?

Seja x o número que deve ser somado a 2, 4 e 7. Assim, a PG terá o seguinte formato:

$$(\overbrace{2 + x}^{a_1}, \overbrace{4 + x}^{a_2}, \overbrace{7 + x}^{a_3})$$

Sabemos que numa PG o quociente o quociente entre o termo da direita pelo da esquerda é sempre constante. Logo:

$$\frac{a_2}{a_1} = \frac{a_3}{a_2}$$

Multiplicando as diagonais, temos:

$$(a_2)^2 = a_1 \times a_3$$

$$a_2 = \sqrt{a_1 \times a_3}$$

Note que confirmamos a propriedade que afirma que, numa PG, tomando-se três termos consecutivos, o termo central é a média geométrica dos seus vizinhos.

Agora vamos substituir nessa fórmula os seus respectivos termos:

$$(4+x)^2 = (2+x)\times(7+x)$$

$$16+8x+x^2 = 14+2x+7x+x^2$$

$$9x-8x = 16-14$$

$$x = 2$$

Portanto, a nossa PG fica:

$$(2 + x, 4 + x, 7 + x)$$

$$\mathbf{(4, 6, 9)}$$

Note que a razão dessa PG fica **q** = 6/4 = 9/6 = **3/2**.

4) Três números inteiros positivos estão em PG de tal forma que a soma deles é igual a 62 e o menor número é igual a 25 vezes o menor. Quais são os três números?

Vamos utilizar a notação simples para indicar os três termos da PG:

$$(x, xq, xq^2)$$

Considerando que a soma dos três termos é igual a 62, temos:

$$x + xq + xq^2 = 62$$

Em seguida é dito que o menor número é igual a 25 vezes o menor. Logo:

$$xq^2 \times = 25x$$

$$q^2 = 25$$

$$q = \pm 5$$

Nesse caso, ficamos com duas raízes. Porém, como o enunciado informa que a PG é formada por três números inteiros **positivos**, podemos descartar a raiz negativa, pois ela nos conduziria a uma PG alternada, com pelo menos um dos termos sendo negativo. Dessa maneira, temos que **q = 5**, de modo que:

$$x+5x+25x=62$$

$$31x=62$$

$$\boldsymbol{x=2}$$

Portanto, a nossa PG será:

$$(x, xq, xq^2)$$

$$\mathbf{(2, 10, 50)}$$

2.6. Interpolação Geométrica

Interpolar meios geométricos entre dois números dados significa **inserir números de tal forma que a sequência gerada seja uma progressão geométrica.**

Considere a seguinte sequência:

(1, __, __, __, 81)

Note que só conhecemos o primeiro (a_1) e último (a_5) termos. Já que temos três espaços vazios, há três meios geométricos a interpolar formando uma PG. Nesse caso, é fácil perceber que os termos são 3, 9 e 27:

(1, **3**, **9**, **27**, 81)

Então ficamos com uma PG de razão igual a 3. Além disso, **a quantidade de itens interpolados corresponde à subtração entre o total de termos da sequência e a quantidade de termos conhecidos**, ou seja, 5 - 2 = 3.

Vamos resolver alguns exercícios para que você fique altamente qualificado no uso desta ferramenta.

1) Interpolar 5 meios geométricos entre 2/3 e 486.

Como são cinco meios geométricos entre 2/3 e 486, a PG terá o seguinte formato:

(2/3, __, __, __, __, __, 486)

Assim, a sequência é composta por **sete** termos, de modo que o nosso objetivo consiste em obter uma PG com $a_1 = 2/3$ e $a_7 = 486$.

Aplicando a **fórmula do Termo Geral de uma PG**, ficamos com:

$$a_7 = a_1 \times q^6$$

$$486 = \frac{2}{3} \times q^6$$

$$2q^6 = 1.458$$

$$q^6 = 729$$

$$q = \sqrt[6]{729} = 3$$

Agora ficou tranquilo determinar os termos faltantes da PG. Basta multiplicar por 3 o termo anterior para achar o atual:

×3 ×3 ×3 ×3 ×3

(2/3, 2, 6, 18, 54, 162, 486)

2) Quando inserimos 4 meios geométricos entre 480 e 15, qual é a razão *q* da PG obtida?

Visto que são quatro meios geométricos e levando com conta que foram apresentados o primeiro e o último termos da sequência, então temos 6 termos, com $a_1 = 480$ e $a_6 = 15$.

(480, ______, 15)

4 termos

Daí, ficamos com:

$$a_6 = a_1 \times q^5$$

$$15 = 480 \times q^5$$

$$q^5 = \frac{15}{480} = \frac{1}{32}$$

$$q = \sqrt[5]{\frac{1}{32}} = \frac{1}{2}$$

Portanto, com os dados fornecidos, a razão da PG é igual a 1/2.

3) Quantos meios geométricos devemos inserir entre 1/16 e 64 de modo que a sequência obtida tenha razão 4?

A PG terá a seguinte estrutura:

(1/16, ____________________, 64)

x termos

a_1 a_n

$$a_n = a_1 \times q^{n-1}$$

$$64 = \frac{1}{16} \times 4^{n-1}$$

$$4^{n-1} = 16 \times 64$$

$$4^{n-1} = 4^2 \times 4^3$$

$$4^{n-1} = 4^5$$

Ficamos com uma igualdade de potência de mesma base. Logo, podemos igualar os expoentes:

$$n - 1 = 5$$

$$\boldsymbol{n} = 5 + 1 = 6$$

Assim, descobrimos que o número total de termos da PG é exatamente igual a 6. Como temos dois termos já conhecidos, então os meios geométricos a inserir são 6 - 2 = 4.

2.7. Soma dos Termos de uma PG

2.7.1. Soma dos Termos de uma PG Finita

A fórmula que permite calcular a **soma dos termos de uma progressão geométrica finita** é dada por:

$$S_n = \frac{a_1(q^n - 1)}{q - 1}$$

No caso específico de termos a *razão igual a 1*, a PG é constante, de modo que a soma de todos os seus termos (n) será dada por:

$$S_n = a_1 \times n \quad (para\ q = 1)$$

2.7.2. Soma dos Termos de uma PG Infinita

Se $|q| < 1$, teremos q^n tendendo a zero com n tendendo ao infinito. Se você nunca estudou Cálculo na faculdade, esqueça a frase anterior e decore a fórmula, simples assim. Assim, tomando-se a fórmula da soma dos termos de uma PG finita, teremos:

$$S_n = \frac{a_1\left(q^n - 1\right)}{q-1}$$

$$S_\infty = \frac{a_1\,(0-1)}{q-1} = \frac{-a_1}{q-1}$$

$$\boldsymbol{S_\infty = \frac{a_1}{1-q}}$$

Já se estivermos diante de uma PG infinita, de razão $0 < q < 1$, a soma dos seus infinitos termos será:

$$\boldsymbol{S_n = \frac{a_1}{1-q}}$$

Veja como esse assunto já foi cobrado!

QUESTÃO 14 (ESAF – AnaTA/MTUR/2014) O valor da série geométrica 2 + 1 +1/2 + 1/4 + 1/8 + 1/16 + ... é igual a

a) 5 b) 4 c) 6 d) 7 e) 8

RESOLUÇÃO:

A razão da PG é dada pela divisão entre dois termos seguidos:

$$\mathbf{q} = 1/2 = \mathbf{0{,}5}$$

Quando a PG tem razão *positiva*, no intervalo entre 0 e 1, a soma de seus infinitos termos é dada por:

$$S = \frac{a_1}{1-q}$$

$$\boldsymbol{S} = \frac{2}{1-0{,}5} = \frac{2}{0{,}5} = 4$$

Gabarito: B.

QUESTÃO 15 (IBFC/TJ-PE/Ana Jud/2017) Para acessar os dados de um arquivo um técnico judiciário deve saber o valor de x que é solução da equação $x+\frac{x}{2}+\frac{x}{4}+\ldots=6$. Nessas condições o valor de x deve ser:

a) 2 b) 1,5 c) 2,5 d) 3 e) 1

RESOLUÇÃO:

Note que os termos da sequência que está sendo somada são os seguintes:

(x, x/2, x/4, ...)

Esta sequência é uma **progressão geométrica**, em que o **primeiro termo** é a_1 = **x**, a **razão** é q = **1/2** e cada termo é a metade do anterior. Trata-se de uma PG com infinitos termos, e a sua **soma** é igual a **6.**

A **soma dos infinitos termos de uma PG** é dada por:

$$S = a_1 / (1 - q)$$

$$6 = x / (1 - 1/2)$$

$$6 . (1 - 1/2) = x$$

$$6 . 1/2 = x$$

$$\mathbf{x = 3}$$

Gabarito: D.

QUESTÃO 16 (ESAF – AnaTA/MF/2013) Em uma progressão geométrica, tem-se a_1 = 2 e a_5 = 162. Então, a soma dos três primeiros termos dessa progressão geométrica é igual a:

a) 26 b) 22 c) 30 d) 28 e) 20

RESOLUÇÃO:

Vamos aplicar a **fórmula do termo geral da PG** para n = 5, a fim de calcular a razão *q*:

$$a_n = a_1 \times q^{n-1}$$

$$a_5 = 2 \times q^{5-1}$$

$$162 = 2 \times q^4$$

$$q^4 = 81$$

$$\boldsymbol{q} = \sqrt[4]{81} = 3$$

Tendo a razão, podemos determinar a **soma dos três primeiros termos:**

$$S_n = \frac{a_1\left(q^n - 1\right)}{q-1}$$

$$\boldsymbol{S_3} = \frac{2\times\left(3^3-1\right)}{3-1} = \frac{52}{2} = 26$$

Gabarito: A.

QUESTÃO 17 (IBFC/TJ-PE/Téc Jud/2017) Após uma investigação sobre sonegação fiscal, foram recuperados 3 milhões de reais do valor total sonegado, no primeiro mês. Em seguida, no segundo mês, foram recuperados 9/4 do valor total sonegado (em milhões). Já no terceiro mês, foram recuperados 27/16 do valor total sonegado (em milhões). Se a cada mês, indefinidamente, forem recuperados valores seguindo a sequência dos meses anteriores, então o valor total sonegado será igual a:

a) 9 milhões de reais

b) 12 milhões de reais

c) 17/4 milhões de reais

d) 25/16 milhões de reais

e) 8 milhões de reais

RESOLUÇÃO:

Sendo **X** milhões o valor sonegado, temos:

$$3, \frac{9X}{4}, \frac{27X}{16}, \ldots$$

Repare que temos uma **PG** com termo inicial igual a 3 milhões e **razão** igual a 3/4, afinal vamos multiplicando por 3/4 para ir de 9/4 para 27/16.

A **soma dos infinitos termos**, que corresponde ao **total sonegado**, é:

$$\boldsymbol{S} = \frac{a_1}{(1-q)} = \frac{3}{\left(1-\frac{3}{4}\right)} = \frac{3}{\frac{1}{4}} = 12\,\textbf{milhões}$$

Gabarito: B.

3. RESUMO

PROGRESSÃO ARITMÉTICA

Progressão Aritmética (PA) é uma **sequência em que cada termo, a partir do segundo, é a soma do anterior com uma constante *r* dada, chamada de razão.**

Razão (r) da PA é a **diferença constante entre dois termos:**

r = termo atual – termo anterior

PA

- **Crescente** — **r > 0**
- **Constante** — **r = 0**
- **Decrescente** — **r < 0**

O **termo geral de uma PA** é dado por:

$$a_n = a_1 + (n - 1).r$$

$$a_n = a_k + (n - k).r$$

PROPRIEDADES DA PA

1) A diferença entre um termo qualquer, a partir do segundo, e o termo anterior é igual à razão(r) da PA.

2) Numa PA finita, a soma de dois termos equidistantes (de mesma distância) dos extremos é igual à soma dos extremos.

3) Numa PA, tomando-se três termos consecutivos, o termo central é a média aritmética dos seus vizinhos.

4) A soma dos extremos (primeiro e último termos) deu ma PA é igual ao dobro do termo médio, quando houver.

A **soma dos termos de uma progressão aritmética finita** é dada por:

$$S_n = \frac{(a_1 + a_n).n}{2}$$

PROGRESSÃO GEOMÉTRICA

Progressão Geométrica (PG) é uma **sequência em que o quociente entre o termo da direita pelo da esquerda resulta sempre numa constante *q* dada, chamada de razão.**

Razão (q) da PG é o **quociente constante entre dois termos**:

r = termo atual ÷ termo anterior

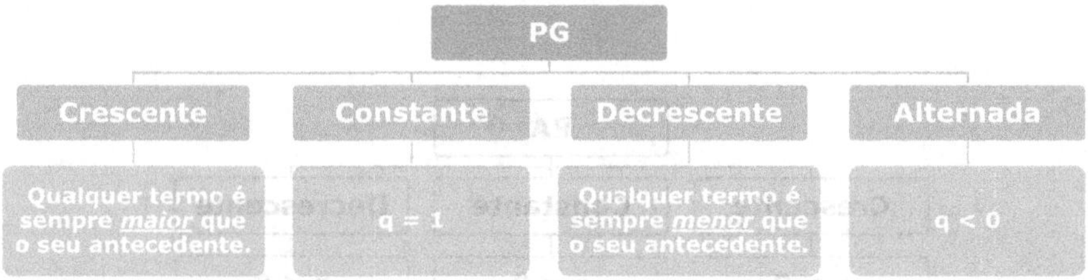

O **termo geral de uma PG** é dado por:

$$a_n = a_1 \times q^{n-1}$$

$$a_n = a_k \times q^{n-k}$$

PROPRIEDADES DA PG

1) O quociente entre um termo qualquer, a partir do segundo, e o termo anterior é igual à razão (q) da PG.

2) Numa PG finita, o produto de dois termos equidistantes (de mesma distância) dos extremos é igual ao produto dos extremos.

3) Numa PG, tomando-se três termos consecutivos, o termo central é a média geométrica dos seus vizinhos.

4) A média geométrica dos extremos é igual ao termo médio, quando houver.

A **soma dos termos de uma progressão geométrica finita** é dada por:

$$S_n = \frac{a_1\left(q^n - 1\right)}{q - 1}$$

A **soma dos termos de uma progressão geométrica infinita** é dada por:

$$S_n = \frac{a_1}{1-q}$$

4. MAIS QUESTÕES COMENTADAS

PROGRESSÃO ARITMÉTICA

QUESTÃO 18 (ESAF – GeFaz/SEF-MG/2005) Os valores da função f(t) = c(1 + rt), t real, c > 0 e r > 0, nos pontos em que t é um número natural, constituem uma progressão aritmética. Indique qual a razão dessa progressão.

a) c. b) 1 + r. c) c – 1. d) r. e) cr.

RESOLUÇÃO:

Para t = 1, temos:

$$f(1) = c \times (1 + r \times 1) = c \times (1 + r) = c + cr$$

Já para t = 2:

$$f(2) = c \times (1 + r \times 2) = c + 2cr$$

Em uma progressão aritmética (PA), a **razão** é dada pela diferença entre dois termos consecutivos:

$$\mathbf{f(2) - f(1) = (c + 2cr) - (c + cr) = cr}$$

Gabarito: E.

QUESTÃO 19 (FCC/Detran-MA/Ass Trân/2018) Um trecho de uma rodovia, do quilômetro 75 ao quilômetro 141, terá o asfalto renovado. Por isso, deverão ser fixadas placas de sinalização informando os motoristas sobre as obras. Será colocada uma placa no início e outra no final do trecho. As demais serão posicionadas de forma que a distância entre duas placas consecutivas seja sempre de 3 quilômetros. Nessas condições, o número total de placas de sinalização que deverão ser encomendadas pelo órgão competente é igual a

(A) 21. (B) 20. (C) 22. (D) 24. (E) 23.

RESOLUÇÃO:

O enunciado informa que a cada 3 km é colocada uma placa. Assim, estamos diante de uma **Progressão Aritmética (PA)** de **razão r = 3.**

A questão diz que o trecho da rodovia terá seu asfalto renovado do quilômetro 75 ao quilômetro 141, de forma que $a_1 = 75$ km e $a_n = 141$ km.

O nosso objetivo consiste em obter o número total de placas de sinalização dessa sequência (**n**). Vamos montar a equação:

$$a_n = a_1 + (n-1).r$$

$$141 = 75 + (n-1).3$$

$$141 - 75 = 3n - 3$$

$$3n - 3 = 66$$

$$3n = 69$$

$$\boldsymbol{n = 23\ placas}$$

Gabarito: E.

QUESTÃO 20 (FCC – Ag FRT/ARTESP/2017) Em um experimento, uma planta recebe a cada dia 5 gotas a mais de água do que havia recebido no dia anterior. Se no 65º dia ela recebeu 374 gotas de água, no 1º dia do experimento ela recebeu

a) 64 gotas. b) 49 gotas. c) 59 gotas. d) 44 gotas. e) 54 gotas.

RESOLUÇÃO:

Seja $\mathbf{a_1}$ a quantidade de gotas que a planta recebe no primeiro dia. No segundo dia, a planta recebe $\mathbf{a_1 + 5}$ gotas. No terceiro dia, recebe $\mathbf{a_1 + 10}$ gotas. Assim por diante.

A quantidade de gotas que recebe a cada dia forma uma PA de primeiro termo $\mathbf{a_1}$ e razão 5:

$$(a_1; a_1 + 5; a_1 + 10; ...)$$

A quantidade de gotas recebida no 65ª dia (374 gotas) é dada por:

$$a_n = a_1 + (n-1).r$$

$$a_{65} = a_1 + (65-1).5$$

$$374 = a_1 + 320$$

$$\boldsymbol{a_1 = 54}$$

Portanto, no primeiro dia a planta recebe **54 gotas.**

Gabarito: E.

QUESTÃO 21 (ESAF – ATA/MF/2014) Em uma progressão aritmética, tem-se $a^3 + a^6 = 29$ e $a^2 + a^5 = 23$. Calcule a soma dos 200 primeiros termos dessa progressão aritmética.

a) 60.500 b) 60.700 c) 60.600 d) 60.400 e) 60.800

RESOLUÇÃO:

Vamos escrever os termos em função de $\mathbf{a_1}$ e da razão (**r**):

$\mathbf{a_2 = a_1 + r}$

$\mathbf{a_3 = a_1 + 2r}$

$\mathbf{a_5 = a_1 + 4r}$

$\mathbf{a_6 = a_1 + 5r}$

Dessa forma, a **1º equação** apresentada no enunciado fica:

$$(a_1 + 2r) + (a_1 + 5r) = 29$$

$$\mathbf{2a_1 + 7r = 29\ (i)}$$

Agora, vamos para a **2ª equação**:

$$(a_1 + r) + (a_1 + 4r) = 23$$

$$\mathbf{2a_1 + 5r = 23\ (ii)}$$

Podemos subtrair (i) e (ii):

$$(2a_1 + 7r = 29) - (2a_1 + 5r = 23)$$

$$2r = 6$$

$$\mathbf{r = 3}$$

Dessa forma, o valor de $\mathbf{a_1}$ é:

$$2a_1 + 5 \times 3 = 23$$

$$2a_1 = 8$$

$$\mathbf{a_1 = 4}$$

Já o valor de $\mathbf{a_{200}}$ é:

$$\mathbf{a_{200}} = a_1 + 199r = 4 + 199 \times 3 = \mathbf{601}$$

A **soma dos 200 primeiros termos** da PA é dada por:

$$S_{200} = \frac{(a_1 + a_n).n}{2} = \frac{(4+601).200}{2} = 605 \times 100 = 60.500$$

Gabarito: A.

QUESTÃO 22 (FCC – Tec Adm/Cam Mun-SP/2014) Uma sequência inicia-se com o número 0,3. A partir do 2º termo, a regra de obtenção dos novos termos é o termo anterior menos 0,07. Dessa maneira o número que corresponde à soma do 4º e do 7º termos dessa sequência é

a) – 6,7. b) 0,23. c) – 3,1. d) – 0,03. e) – 0,23.

RESOLUÇÃO:

Trata-se de uma progressão aritmética (P.A.) com primeiro termo $a_1 = 0,3$ e razão $r = -0,07$. Aplicando a fórmula do termo geral:

$$a_n = 0,3 + (n - 1).(-0,07) = 0,3 - 0,07.(n - 1)$$

Dessa forma, o 4º e o 7º termos serão dados por:

$$\mathbf{a_4} = 0,3 - 0,07 \,.\, 3 = \mathbf{0,09}$$

$$\mathbf{a_7} = 0,3 - 0,07 \,.\, 6 = \mathbf{-0,12}$$

Finalmente:

$$\mathbf{a_4 + a_7} = 0,09 + (-0,12) = \mathbf{-0,03}$$

Gabarito: D.

QUESTÃO 23 (FCC – Téc Jud/TRT 2ª Região/2008) Considere que todos os termos da seguinte sequência numérica podem ser obtidos segundo determinado padrão:

87,4 – 85,6 – 83,8 – 82,0 – 80,2 – 78,4...

Assim sendo, o nono e o décimo termos dessa sequência deverão ter por soma um número compreendido entre

a) 150 e 175 b) 125 e 150 c) 100 e 125 d) 75 e 100 e) 50 e 75

RESOLUÇÃO:

A sequência é uma PA de primeiro termo $a_1 = 87,4$ e razão $r = -1,8$. Assim, o nono termo vale:

$$\mathbf{a_9} = a_1 + (9 - 1) \times r = 87,4 + 8\times(-1,8) = 87,4 - 14,4 = \mathbf{73}$$

Por sua vez, o décimo termo é igual ao nono termo mais a razão:

$$\mathbf{a_{10}} = a_9 + r = 73 - 1,8 = \mathbf{71,2}$$

A soma do nono termo com o décimo termo vale 73 + 71,2 = **144,2.**

Gabarito: B.

QUESTÃO 24 (ESAF – AnaTA/MF/2013) A soma dos 100 primeiros termos da sequência (4, 7, 10, 13, 16,...) é igual a:

a) 15.270 b) 15.410 c) 15.320 d) 15.340 e) 15.250

RESOLUÇÃO:

Conforme apresentado no enunciado, temos que $a_1 = 4$ e a razão corresponde à diferença entre dois termos seguidos: r = 7 – 4 = 3.

O termo 100º é dado por:

$$\mathbf{a_{100}} = a_1 + 99 \times r = 4 + 99 \times 3 = \mathbf{301}$$

A **soma dos 100 primeiros termos** da progressão aritmética em consideração fica:

$$S_{100} = \frac{(a_1 + a_n).n}{2} = \frac{(4+301).100}{2} = 305 \times 50 = 15.250$$

Gabarito: E.

QUESTÃO 25 (ESAF – AFFE/SEFAZ-PI/2001) A soma dos três primeiros termos de uma progressão aritmética é igual a 30, e o seu produto igual a 360. O produto entre o primeiro e o terceiro termo desta mesma progressão é igual a:

a) 18 b) 20 c) 26 d) 36 e) 40

RESOLUÇÃO:

O enunciado informa que a **soma** dos <u>três primeiros termos</u> de uma progressão aritmética é igual a **30**. Em linguagem matemática, teremos:

$$a_1 + a_2 + a_3 = 30 \text{ (i)}$$

Vamos escrever os termos em função de **a1** e da razão (**r**):

$\mathbf{a_2 = a_1 + r}$

$\mathbf{a_3 = a_1 + 2r}$

Então, substituindo em (i), teremos:

$$a_1 + a_1 + r + a_1 + 2r = 30$$

$$3a_1 + 3r = 30$$

$$a_1 + r = 10$$

Como $a_1 + r = a_2$, podemos fazer a seguinte substituição:

$$a_2 = 10$$

Em seguida, é dito que o **produto** dos três primeiros termos de uma progressão aritmética é igual a **360**. Ou seja:

$$a_1 \times a_2 \times a_3 = 360$$

Visto que $a_2 = 10$, ficaremos com:

$$a_1 \times 10 \times a_3 = 360$$

$$\mathbf{a_1 \times a_3 = 36}$$

Gabarito: D.

QUESTÃO 26 (FCC – Aux Adm/COPERGÁS/2016) A sequência 1/3; 7/12; 5/6; 13/12; 4/3; ... é ilimitada e, a partir do segundo termo, cada um é obtido por meio da soma do termo anterior com um determinado valor. Dessa maneira é possível determinar que o maior termo dessa sequência, que é menor do que o número 5, ocupa a posição, na sequência, de número

a) 20. b) 19. c) 18. d) 22. e) 21.

RESOLUÇÃO:

O nosso objetivo consiste em calcularmos qual o maior termo dentre os termos menores que 5.

A razão **r** da PA é obtida subtraindo dois termos consecutivos:

$$r = 7/12 - 1/3 = \mathbf{1/4}$$

Substituindo $a_1 = 1/3$ e $r = 1/4$ na fórmula do termo geral de uma PA:

$$a_n = 1/3 + (n - 1) \times 1/4$$

Sabemos que a_n deve ser menor que 5, de modo que:

$$1/3 + (n - 1) \times 1/4 < 5$$

$$n - 1 < 14/3 \times 4$$

$$n - 1 < 56/3$$

$$\mathbf{n < 19{,}6}$$

Para a_n ser menor que 5, n deve ser um número inteiro menor que 19,6.

Como a razão é positiva, a PA é crescente, de modo que a posição de número 19 é a que resulta no maior termo dentre os termos menores que 5.

Gabarito: B.

QUESTÃO 27 (FCC – Eng/Pref Campinas/2016) Considere a figura que representa o padrão com círculos brancos e pretos abaixo.

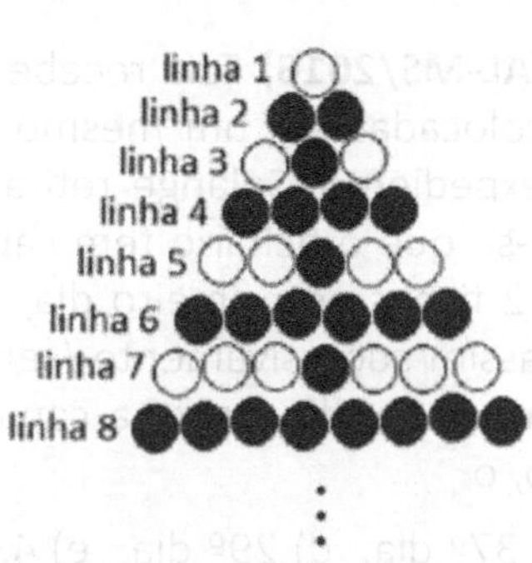

Mantido o mesmo padrão até que se atinja uma linha com 50 círculos pretos, a figura inteira terá, no total, uma quantidade de círculos pretos igual a

a) 574. b) 664. c) 674. d) 676. e) 684.

RESOLUÇÃO:

Nas linhas de número ímpar há 1 bola preta, com exceção da linha 1, que possui nenhuma bola preta.

Nas linhas de número par, a quantidade de bolas pretas forma uma PA de primeiro termo (a_1) igual a 2, último termo (a_n) 50 e razão (r) igual a 2:

2, 4, 6, 8 ... 50

Aplicando a fórmula do termo geral de uma PA, obtemos:

$$50 = 2 + (n - 1) . 2$$

$$24 = n - 1 \rightarrow \mathbf{n = 25}$$

Assim, são 25 linhas de número par. Consequentemente, há também 25 linhas de número ímpar.

Na primeira linha de número ímpar (linha 1) não há bola preta. Das demais 24 linhas há 1 bola preta, totalizando **24 bolas pretas nas linhas de número ímpar**.

Já nas 25 linhas de número par, a quantidade total de bolas é obtida pela soma dos termos da PA (S_{25}):

$$S_n = \frac{(a_1 + a_n).n}{2}$$

$$\boldsymbol{S}_{25} = \frac{(2+50).25}{2} = 650$$

Dessa forma, há um total de 24 + 650 = **674** bolas pretas, sendo 24 nas linhas de número ímpar e 650 nas linhas de número par.

Gabarito: C.

QUESTÃO 28 (FCC – Ag/AL-MS/2016) Taís recebe diariamente certa quantidade de fichas que são colocadas em um mesmo fichário vazio no início do expediente. Ao final do expediente, Solange retira todas as fichas colocadas por Taís no fichário. Sabe-se que o fichário tem capacidade máxima para 110 fichas, e que Taís recebe 2 fichas no primeiro dia, 5 fichas no segundo dia, 8 fichas no terceiro dia, e assim sucessivamente (sempre recebendo 3 fichas a mais do que no dia anterior). Sendo assim, a capacidade desse fichário será suficiente até, no máximo, o

a) 46º dia. b) 51º dia. c) 37º dia. d) 29º dia. e) 43º dia.

RESOLUÇÃO:

As quantidades de fichas no fichário para cada dia seguem a sequência:

$$2, 5, 8, 11, 14 \ldots$$

Temos uma PA de primeiro termo (a_1) 2 e razão (r) igual a 3. A quantidade de fichas no dia n é dada por:

$$a_n = a_1 + (n - 1) \times r$$

$$a_n = 2 + (n - 1) \times 3$$

Essa quantidade não pode ser superior a 110 (capacidade máxima do fichário). Portanto, temos que:

$$2 + (n - 1) \times 3 \leq 110$$

$$(n - 1) \times 3 \leq 108$$

$$(n - 1) \leq 36$$

$$\mathbf{n \leq 37}$$

A quantidade de dias n vale, no máximo, 37. Portanto, a capacidade desse fichário será suficiente para receber as fichas até, no máximo, o 37º dia.

Gabarito: C.

QUESTÃO 29 (FCC – Téc Jud/TRT 4ª Região/2015) Rafael quer criar uma senha de acesso para um arquivo de dados. Ele decidiu que a senha será um número de três algarismos, divisível por três, e com algarismo da centena igual a 5. Nessas condições, o total de senhas diferentes que Rafael pode criar é igual a

a) 33. b) 27. c) 34. d) 28. e) 41.

RESOLUÇÃO:

De acordo com as informações da questão, a senha de Rafael terá a seguinte configuração:

5 ____ ____

A senha poderá ser um número de **500** até **599**... Porém, a senha deve ser um nº **divisível** por 3...

Agora, sabemos que um número é divisível por 3 se a soma de seus algarismos for divisível por 3, então, o **1º número** divisível por **3** é o:

$$501 \rightarrow 5 + 0 + 1 = 6$$

E o último número divisível por **3** é:

$$597 \rightarrow 5 + 9 + 7 = 21$$

Assim, as **possíveis senhas** formam uma progressão aritmética (**PA**) de razão **3**. E o **número** de **termos** dessa PA é o **número total** de senhas que Rafael poderá criar, então:

$$a_n = a_1 + (n - 1) \times r$$

$$597 = 501 + (n - 1) \times 3$$

$$96 = 3n - 3$$

$$99 = 3n$$

$$\mathbf{n = 33}$$

Gabarito: A.

QUESTÃO 30 (FCC – Téc Jud/TRF 3ª Região/2014) Na sequência (1; A; 2; 3; B; 4; 5; 6; C; 7; 8; 9; 10; D; 11; . . .) o terceiro termo que aparece após o aparecimento da letra J é

a) 69. b) 52. c) K. d) 58. e) 63.

RESOLUÇÃO:

Devemos encontrar o **padrão** da sequência e, nesse caso, parece ser simples perceber que os números estão em **ordem crescente** e:

- aparece 'um' número (**1**) e, após, a **1ª** letra do alfabeto (**A**);
- aparecem 'dois' números (**2, 3**) e, após, a **2ª** letra do alfabeto (**B**);
- aparecem 'três' números (**4, 5,** 6) e, após, a **3ª** letra do alfabeto (**C**);

e assim sucessivamente!

Vamos pensar da seguinte maneira: antes da letra A temos um conjunto com **um** elemento {1}, antes da letra B temos um conjunto com **dois** elementos {2; 3}, até chegarmos ao conjunto que está antes da letra J e que possui **10** elementos.

Ora, o número de elementos desses conjuntos forma uma **PA** de razão 1. E, pela **soma dos termos da PA**, saberemos quantos números teremos antes da letra J. Então:

$$S_n = \frac{(a_1 + a_n).n}{2}$$

$$S_{10} = \frac{(1+10).10}{2} = 55$$

Antes da letra J, temos 55 números e como eles estão em **ordem crescente**, o número imediatamente anterior à Letra J é o **55**...

Mas como a questão pergunta o **terceiro** número após a letra J, então é o: 56, 57, **58**...

Gabarito: D.

QUESTÃO 31 (FCC – Ana Jud/TRF 1ª Região/2014) Considere a sequência: 7/3; 9/4; 11/5; 13/6. A soma entre o 8º e o 13º termos dessa sequência supera o número 4 em

a) 9/2. b) 1/4. c) 1/6. d) 1/5. e) 1/4.

RESOLUÇÃO:

Os **numeradores** das frações formam uma progressão aritmética (PA) cujo 1º termo é o 7 e, a razão é 2. Dessa forma, o numerador do **8º termo** é:

$$\mathbf{a_8} = a_1 + 7.r = 7 + 7 \times 2 = \mathbf{21}$$

Os **denominadores** das frações formam uma progressão aritmética (PA) cujo 1º termo é o 3 e, a razão é 1. Dessa forma, o denominador do **8º termo** é:

$$\mathbf{a_8} = a_1 + 7.r = 3 + 7 \times 1 = \mathbf{10}$$

Logo, a oitavo termo da sequência é:

$$a_8 = 21/10$$

Vamos repetir o processo e calcular o **13º termo** da sequência. Então, o numerador do **13º termo** é:

$$\mathbf{a_{13}} = a_1 + 12.r = 7 + 12 \times 2 = \mathbf{31}$$

O denominador do **13º termo** é:

$$\mathbf{a_{13}} = a_1 + 12.r = 3 + 12 \times 1 = \mathbf{15}$$

Logo, a décimo terceiro termo da sequência é:

$$a_{13} = 31/15$$

Então, a **soma** entre o 8º e o 13º termos dessa sequência supera o número 4 em:

$$21/10 + 31/15 = \mathbf{25/6}$$

Mas 25/6 = 24/6 + 1/6 = 4 +1/6, o que supera o quatro em **1/6.**

Gabarito: C.

QUESTÃO 32 (FCC – Adv/SABESP/2014) Em um serviço, Renato terá que protocolar, por dia, dois processos a mais do que protocolou no dia anterior, e Sérgio três processos a mais do que protocolou no dia anterior. Os dois iniciam o serviço juntos sendo que, no primeiro dia, Renato teve que protocolar 30 processos e Sérgio apenas 3 processos. O serviço de Renato e Sérgio se encerra decorridos 30 dias completos de expediente, incluindo o dia em que iniciaram o serviço. Sabe-se que eles cumpriram corretamente suas metas diárias ao longo dos trinta dias de expediente.

Ao final do trigésimo dia de expediente Renato e Sérgio protocolaram, juntos, um total de processos, desse dia, igual a

a) 178. b) 183. c) 168. d) 166. e) 181.

RESOLUÇÃO:

O **número de processos** que Renato e Sérgio têm que protocolar diariamente se comporta como termos de uma Progressão Aritmética (PA).

No caso de Renato, é uma PA de razão 2 e o **1º termo** igual a **30**, pois ele teve que protocolar 30 processos no 1º dia. Assim, no 30º dia, Renato protocolou:

$$\mathbf{a_{30}} = a_1 + (30 - 1) \times 2 = 30 + 29 \times 2 = \mathbf{88\ processos}$$

No caso de Sérgio, é uma PA de razão 3 e o **1º termo** igual a **3**, pois ele teve que protocolar 3 processos no 1º dia. Assim, no 30º dia, Sérgio protocolou:

$$\mathbf{a_{30}} = a_1 + (30 - 1) \times 3 = 3 + 29 \times 3 = \mathbf{90\ processos}$$

Logo, no último dia (30º) eles protocolaram, juntos, 88 + 90 = **178 processos.**

Gabarito: A.

QUESTÃO 33 (FCC – Téc Jud/TRT 11ª Região/2012) Estão representados a seguir os quatro primeiros elementos de uma sequência de figuras formadas por quadrados.

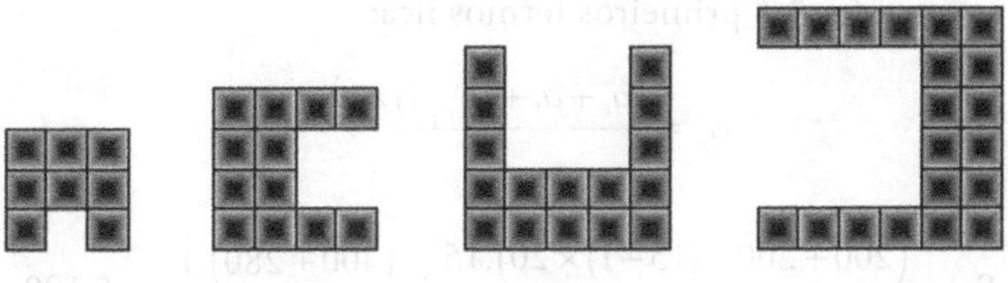

1ª 2ª 3ª 4ª

Mantido o padrão, a 20ª figura da sequência será formada por um total de quadrados igual a

a) 80 b) 84 c) 88 d) 96 e) 100

RESOLUÇÃO:

Note que a **1ª figura** é formada por **8 quadradinhos**, a **figura 2** é formada por **12 quadradinhos** e a **figura 3**, por **16 quadradinhos.**

Assim, podemos dizer que o número de quadradinhos são termos de uma progressão aritmética (**PA**) de **razão 4.**

Mantido o padrão, **quantos quadradinhos** terá a 20ª figura? Ou seja, qual é o 20º termo dessa PA? Veja:

$$\mathbf{a_{20}} = a_1 + (20 - 1) \times r = 8 + 19 \times 4 = \mathbf{84}$$

Portanto, a **20ª figura** será formada por **84 quadradinhos.**

Gabarito: B.

QUESTÃO 34 (FCC – Esc/BB/2010) Uma pessoa abriu uma caderneta de poupança com um primeiro depósito de R$ 200,00 e, a partir dessa data, fez depósitos mensais nessa conta. Se a cada mês depositou R$ 20,00 a mais do que no mês anterior, ao efetuar o 15º depósito, o total depositado por ela era

a) R$ 5100,00 b) R$ 5000,00 c) R$ 4900,00 d) R$ 4800,00 e) R$ 4700,00.

RESOLUÇÃO:

Os depósitos foram aumentando de 20 em 20: 200, 220, 240. Isso forma uma progressão aritmética (PA) de primeiro termo igual a 200 (a_1 = 200) e razão r = 20.

A soma dos n primeiros termos da PA fica:

$$S_n = \frac{(a_1 + a_n).n}{2}$$

Por sua vez, o enésimo termo é dado por:

$$a_n = a_1 + (n - 1) \times r$$

Logo, a soma dos "n" primeiros termos fica:

$$S_n = \frac{(a_1 + a_1 + (n-1) \times r).n}{2}$$

$$\boldsymbol{S_{15}} = \frac{(200 + 200 + (15-1) \times 20).15}{2} = \frac{(400 + 280).15}{2} = 5.100$$

Gabarito: A.

QUESTÃO 35 (FCC – Esc/BB/2010) Segundo a Associação Brasileira de Franchising, o faturamento de franquias ligadas aos setores de saúde e bem estar quase dobrou de 2004 a 2009, pois neste período a receita total das empresas passou de 5 bilhões para 9,8 bilhões de reais. Se esse crescimento tivesse ocorrido de forma linear, a receita total das empresas desse setor, em bilhões de reais, teria sido de

a) 5,34 em 2005.

b) 6,92 em 2006.

c) 7,44 em 2007.

d) 8,22 em 2008.

e) 8,46 em 2008.

RESOLUÇÃO:

O enunciado fala em **crescimento linear**, isso quer dizer que **o crescimento é constante**, logo **os elementos são termos de uma P.A.**

Vamos colocar os valores inicial e final tabelados, veja:

ano	2004	2005	2006	2007	2008	2009
receita (bilhões de reais)	5	a_2	a_3	a_4	a_5	9,8

Observando os elementos da tabela, temos $a_1 = 5$ e $a_6 = 9,8$.

A **razão** de uma P.A. é dada por:

$$r = \frac{a_n - a_p}{n - p}$$

$$\boldsymbol{r} = \frac{a_6 - a_1}{6-1} = \frac{9,8-5}{5} = 0,96$$

Note que a questão exige a receita total das empresas do setor, em bilhões de reais. Agora vamos analisar as alternativas:

a) 5,34 em 2005. Item **falso**, pois o valor no ano 2005 fica:

$$\mathbf{a_2} = a_1 + r = 5 + 0,96 = \mathbf{5,96}$$

b) 6,92 em 2006. Item **verdadeiro**, pois o valor no ano 2006 fica:

$$\mathbf{a_3} = a_1 + 2r = 5 + 2 \times 0,96 = \mathbf{6,92}$$

Portanto, a receita total, em bilhões de reais, teria sido de 6,92 em 2006.

Gabarito: B.

QUESTÃO 36 (FCC – EPP/SEPLADR-SP/2009) Na sequência a seguir, cada figura é formada por vários quadrados iguais.

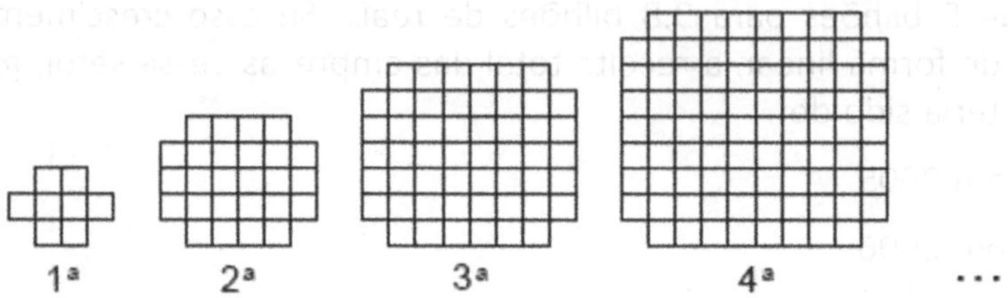

Nessas condições, a 21ª figura da sequência será formada por

a) 1.888 quadrados.

b) 1.802 quadrados.

c) 1.006 quadrados.

d) 502 quadrados.

e) 458 quadrados.

RESOLUÇÃO:

Em cada figura, nós quase temos retângulos completos. Para facilitar as contas, vamos completar os retângulos. Vamos incluir os quatro quadradinhos das quinas, que estão faltando:

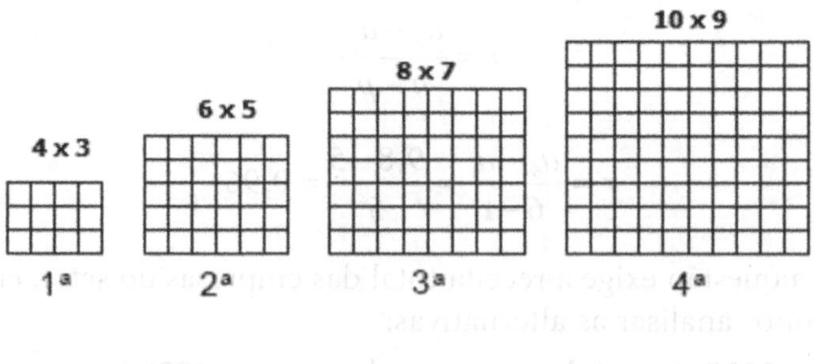

Agora temos retângulos que se comportam assim:

- as bases vão aumentando de 2 em 2: 4, 6, 8, 10,...
- as alturas vão aumentando de 2 em 2: 3, 5, 7, 9, ...

Isso dá origem a duas **progressões aritméticas (PAs)** de razão 2. O vigésimo primeiro termo de uma PA é assim calculado:

$$a_{21} = a_1 + 20 \times r$$

No caso das bases:

$$\mathbf{a_{21}} = 4 + 20 \times 2 = \mathbf{44}$$

No caso das alturas:

$$\mathbf{a_{21}} = 3 + 20 \times 2 = \mathbf{43}$$

Então, na 21ª figura, teremos um retângulo com 43 × 44 = 1.892 quadrados.

Contudo, não podemos nos esquecer de excluir os 4 quadradinhos da quina, que foram indevidamente computados anteriormente:

$$- 4 = \mathbf{1.888}$$

Gabarito: A.

QUESTÃO 37 (CESPE/Câm Dep/Agente Pol Leg/2014) Em determinado colégio, todos os 215 alunos estiveram presentes no primeiro dia de aula; no segundo dia letivo, 2 alunos faltaram; no terceiro dia, 4 alunos faltaram; no quarto dia, 6 alunos faltaram, e assim sucessivamente.

Com base nessas informações, julgue o próximo item, sabendo que o número de alunos presentes às aulas não pode ser negativo.

Se houver um número de aulas suficientes e se a regra que define o número de faltosos for mantida, então haverá um dia letivo em que todos os alunos faltarão.

RESOLUÇÃO:

Note que o número de alunos que faltam vai sempre aumentando de 2 em 2, formando uma **progressão aritmética**. Logo, sempre teremos uma quantidade de faltantes que corresponde a um número **par**.

Para que todos os alunos faltassem, deveríamos ter 215 faltantes, sendo que 215 é um número ÍMPAR. Logo, não é possível que todos os alunos faltem.

Gabarito: Errado.

QUESTÃO 38 (CESPE – TA/ANAC/2012) Determinada companhia aérea possui uma frota com cinco aviões: dois deles têm capacidade para 138 passageiros; outros dois, para 180 passageiros e um, para 264 passageiros. Julgue o item a respeito dessa frota.

Considere a sequência $x_0, x_1, \ldots, x_{20}$, em que x_0 = quantidade de passagens vendidas em 1990, x_1 = quantidade de passagens vendidas em 1991, e assim sucessivamente. Nesse caso, se essa sequência está em progressão aritmética, se $x_0 = 350$ e $x_2 = 380$, então em 2005 a companhia vendeu mais de 560 passagens.

RESOLUÇÃO:

Numa PA, a diferença entre dois termos seguidos nos dá a razão da série de dados (r). Assim, a diferença entre x_2 e x_0 será igual a **2r**:

$$x_2 - x_0 = 2r$$

$$380 - 350 = 2r$$

$$\mathbf{r = 15}$$

Para determinar o valor de x_{15} (ano de 2005), basta usar a **fórmula do termo geral** da PA:

$$x_n = x_0 + n \times r$$

$$\mathbf{x_{15}} = x_0 + 15 \times 15 = 350 + 225 = \mathbf{575}$$

Gabarito: Certo.

QUESTÃO 39 (CESPE – Soldado/CBM-DF/2011)

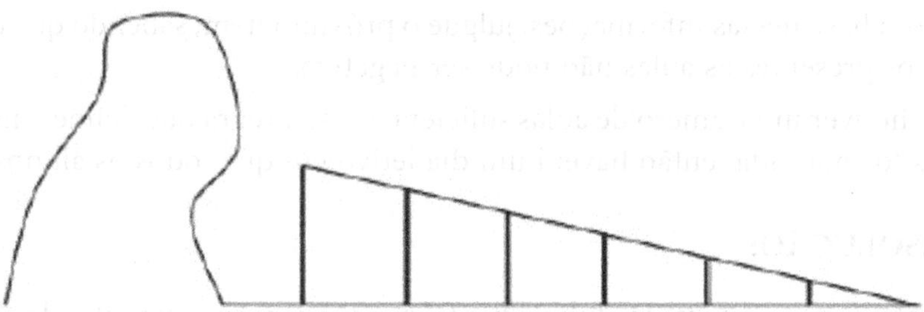

A fim de se prevenirem possíveis deslizamentos de terra, será construída uma sequência de 6 muros de contenção, verticais e paralelos, em uma região plana e horizontal ao pé de uma encosta, como ilustrado na figura acima. A distância entre os muros será de 2 m e uma longa viga metálica retilínea será fixada no topo de cada um, a partir do sexto muro — o mais próximo da encosta —, descendo até o solo, depois de passar pelo topo do primeiro muro — o mais distante da encosta —, de modo a servir de escora e aumentar a resistência da barreira de contenção. O terceiro e o sexto muros ordenados do mais baixo para o mais alto terão, respectivamente, 2,5 m e 5 m de altura.

Considerando a situação hipotética acima apresentada, julgue o item que se segue.

A sequência correspondente aos números que determinam as alturas dos muros, em metros e em ordem crescente, é uma progressão aritmética de razão superior a 0,85.

RESOLUÇÃO:

Vamos supor que as alturas estejam mesmo em PA, de razão r, conforme indicado pelo enunciado.

O terceiro termo da PA vale 2,5 e o sexto termo vale 5. Partindo do terceiro termo, basta somar 3 vezes a razão para chegarmos ao sexto termo:

$$a_6 = a_3 + 3r$$

$$5 = 2,5 + 3r$$

$$r = 2,53 \approx \mathbf{0,833}$$

Portanto, a razão <u>não</u> é superior a 0,85.

Gabarito: Errado.

QUESTÃO 40 (CESPE – Esc/BB/2008) O gráfico a seguir, que ilustra a previsão das reservas monetárias de alguns países, em 2008, deve ser considerado para o julgamento do item.

Com base nas informações do gráfico apresentado acima, julgue o seguinte item.

É possível encontrar uma progressão aritmética decrescente, em que os 5 primeiros termos, a_1, a_2, a_3, a_4, a_5, coincidam, respectivamente, com os valores das reservas da China, da Rússia, da Índia, da Coréia do Sul e do Brasil, constantes do gráfico.

RESOLUÇÃO:

Podemos definir **progressão aritmética (PA)** como uma sequência numérica em que cada termo, a partir do segundo, é igual à soma do termo anterior com uma constante **r**, chamada de **razão** da progressão.

A partir dessa definição, podemos concluir que em uma PA, a subtração de um termo qualquer pelo seu antecedente resultará sempre em um valor constante, ou seja, r. Vamos verificar se os números apresentados satisfazem essa propriedade:

- $a_2 - a_1 = 480 - 1500 = -1020$
- $a_3 - a_2 = 290 - 480 = -190$

A partir desses primeiros cálculos já podemos concluir que esses números não representam uma progressão aritmética.

Gabarito: Errado.

QUESTÃO 41 (CESPE/TA/ANVISA/2007) O Banco Interamericano de Desenvolvimento criou uma linha de crédito de 300 milhões de dólares para que os municípios brasileiros modernizem sua gestão. Por ignorância ou inépcia — dois dos pilares da má gestão —, a maior parte do dinheiro está parada no banco, o que se pode ver na tabela abaixo.

Recursos oferecidos	Total de participantes	Recursos contratados	Recursos disponíveis
300 milhões de dólares	67 prefeituras. A maior delas é a de São Luís	117 milhões de dólares	183 milhões de dólares

Holofote. *In:* ***Veja***, *n.º 1.998, 7/3/2007, p. 42 (com adaptações).*

Considerando as informações acima, julgue o seguinte item.

Se todas as prefeituras participantes do programa de modernização de gestão referido acima tivessem contratado os recursos e se os valores desses recursos formassem uma progressão aritmética crescente em que o primeiro termo — valor recebido pela prefeitura que recebeu o menor aporte de recursos — fosse igual a 1 milhão de dólares, então, nesse caso, o maior valor contratado por uma única prefeitura seria superior a 3 milhões de dólares.

RESOLUÇÃO:

Temos uma progressão aritmética (PA) com:

- primeiro termo igual a 1 milhão: $a_1 = 1.000.000$
- 67 termos (pois há 67 prefeituras)
- soma dos termos igual a 117 milhões

A **soma dos n primeiros termos** da PA é dada por:

$$S_n = \frac{(a_1 + a_n).n}{2}$$

$$117 = \frac{(1 + a_{67}).67}{2}$$

$$(1 + a_{67}) = \frac{117 \times 2}{67}$$

$$a_{67} = 3,49 - 1 = 2,49$$

Portanto, o maior valor contratado é aproximadamente igual a R$2.490.000,00, que <u>não</u> é maior que 3 milhões.

Gabarito: Errado.

QUESTÃO 42 (CESPE – Ana/INSS/2003)

	A	B	C	D	E	F
1	**registro de depósitos (em R$)**					
2		**meses**				
3		**janeiro**	**abril**	**julho**	**outubro**	
4	2000	400	200	200	400	
5	2001	400	400	600	600	
6	2002	600	600	400	200	
7						
8						

Plan1 Plan2 **Plan3**

Com o objetivo de garantir um melhor nível de renda após sua aposentadoria, Márcio começou, no ano de 2000, a realizar 4 depósitos por ano, em meses específicos, em uma caderneta de poupança. Os depósitos foram feitos sempre no dia 1.° de cada mês. Para seu controle. ele construiu uma planilha onde registra todos os depósitos que faz. A figura acima mostra essa planilha, que foi elaborada no Excel 2000.

Com relação a essa situação, à figura mostrada e, ao Excel 2000, e supondo que a taxa de rendimento mensal da caderneta de poupança, para o período mostrado na planilha, tenha sido de 1%, capitalizada mensalmente, julgue o item.

Os valores dos depósitos registrados nas células C6, D6 e E6 formam, nessa ordem, uma progressão aritmética.

RESOLUÇÃO:

Os valores em questão são: 600, 400, 200.

Numa **progressão aritmética, a diferença entre dois termos consecutivos é *constante*.** Vamos testar:

- 400 – 600 = -200
- 200 – 400 = -200

A diferença entre dois termos consecutivos, de fato, é constante e vale "-200", de modo que estamos diante de uma progressão aritmética.

Gabarito: Certo.

QUESTÃO 43 (IBFC/Câm de Araraquara/Ag Adm/2017) João verificou que a soma dos n primeiros termos de uma P.A. (progressão aritmética) é dada pela fórmula $S_n = n^2 + 3n$. Desse modo, o vigésimo quarto termo dessa P.A. é:

a) 142 b) 73 c) 50 d) 82

RESOLUÇÃO:

O valor do 24º termo é simplesmente a diferença entre a soma dos 23 primeiros e a soma dos 24 primeiros termos da PA. Ou seja:

$$a_{24} = S_{24} - S_{23}$$

Usando a fórmula dada no enunciado:

$$\mathbf{S_{24}} = 24^2 + 3.24 = 576 + 72 = \mathbf{648}$$

$$\mathbf{S_{23}} = 23^2 + 3.23 = 529 + 69 = \mathbf{598}$$

Dessa forma:

$$\mathbf{a_{24}} = 648 - 598 = \mathbf{50}$$

Gabarito: C.

PROGRESSÃO GEOMÉTRICA

QUESTÃO 44 (ESAF – AFRFB/2012) Uma sequência de números k_1, k_2, k_3, k_4,....,k_n é denominada Progressão Geométrica – PG – de n termos quando, a partir do segundo termo, cada termo dividido pelo imediatamente anterior for igual a uma constante r denominada razão. Sabe-se que, adicionando uma constante x a cada um dos termos da sequência (p – 2); p; e (p + 3) ter-se-á uma PG. Desse modo, o valor de x, da razão e da soma dos termos da PG são, respectivamente, iguais a

a) (6 – p); 2/3; 21.

b) (p +6); 3/2; 19.

c) 6; (6 – p); 21.

d) (6 – p); 3/2; 19.

e) (p – 6); p; 20.

RESOLUÇÃO:

Os números inicialmente fornecidos são: p – 2, p e p + 3.

Somando uma constante x a cada um deles, temos: p – 2 + x, p + x e p + 3 + x.

Para simplificar a escrita, seja z = p + x. Então nossa PG fica: z – 2, z e z + 3.

Se esses termos formam uma PG, então a razão entre dois termos seguidos é constante:

$$\frac{z}{z-2} = \frac{z+3}{z}$$

$$z^2 = (z+3) \times (z-2)$$

$$z^2 = z^2 - 2z + 3z - 6$$

$$z = 6$$

A PG fica:

- $\mathbf{a_1} = z - 2 = 6 - 2 = \mathbf{4}$
- $\mathbf{a_2} = z = \mathbf{6}$
- $\mathbf{a_3} = z + 3 = 6 + 3 = \mathbf{9}$

A razão da PG é igual à divisão entre dois termos seguidos:

$$\mathbf{q} = 6 \div 4 = \mathbf{1{,}5}$$

A soma dos termos da PG fica 4 + 6 + 9 = **19**.

Gabarito: D.

QUESTÃO 45 (ESAF – AFRE/SEF-MG/2005) Os valores da função exponencial $f(t) = c(1 + r)^t$, t real , c > 0 e 1 + r > 0, nos pontos em que t é um número natural, constituem uma progressão geométrica. Indique a razão desta progressão.

a) c. b) 1 + r. c) c – 1. d) r. e) c(1 + r).

RESOLUÇÃO:

Vamos jogar valores. Quando t = 0, temos:

$$f(0) = c \times (1 + r)^0 = c$$

Se t = 1, ficamos com:

$$f(1) = c \times (1 + r)^1$$

Em uma **progressão geométrica (PG)**, a **razão** é igual à divisão entre dois termos consecutivos:

$$f(1) \div f(0) = c \times (1 + r) \div c = \mathbf{1 + r}$$

Gabarito: B

QUESTÃO 46 (ESAF – AFC/STN/2000) Os números **X, Y e 10** formam, nessa ordem, uma progressão aritmética enquanto a sequência dada por **2/3, X e Y** é uma progressão geométrica. Assim, a razão entre a razão da progressão geométrica e a da aritmética é igual a

a) 0,45 b) 0,75 c) 0,85 d) 0,95 e) 1

RESOLUÇÃO:

Em uma **progressão geométrica (PG)** a razão entre dois termos seguidos é constante:

$$x \div 2/3 = y \div x$$

$$y = x^2 \times 3/2$$

Por sua vez, numa **progressão aritmética (PA)** a diferença entre dois termos seguidos é constante:

$$y - x = 10 - y$$

$$2y - x - 10 = 0$$

Substituindo o valor de "y" encontrado anteriormente:

$$2 \times x^2 \times \frac{3}{2} - x - 10 = 0$$

$$3x^2 - x - 10 = 0$$

Repare que chegamos a uma **equação de segundo grau**. Usaremos a fórmula de Bháskara:

$$x = \frac{-b \pm \sqrt{b^2 - 4ac}}{2a}$$

Aplicando aos dados da nossa questão, fica:

$$x = \frac{-(-1) \pm \sqrt{(-1)^2 - 4.3.(-10)}}{2.3} = \frac{1 \pm \sqrt{121}}{6} = \frac{1 \pm 11}{6}$$

$$A' = \frac{1+11}{6} = 2$$

$$A'' = \frac{1-11}{6} = -\frac{5}{3}$$

Para x = 2, temos

$$\mathbf{y = 2^2 \times 3/2 = 6}$$

A PA fica: 2, 6, 10, cuja razão **r** = 10 – 6 = **4.**

Já a PG fica: 2/3, 2, 6, que tem por razão **q** = 6/2 = **3.**

Dessa maneira, o quociente entre as razões é: q ÷ r = 3 ÷ 4 = **0,75.**

Gabarito: B.

QUESTÃO 47 (CESPE – Ana Jud/TJ-CE/2014) Onze secretarias integram a administração pública de determinada cidade, entre as quais, a Secretaria de Agronegócios (SEAGR) e a Secretaria de Controle e Transparência (SCT). Em 2009, a SCT instituiu um programa de acompanhamento sistemático das secretarias de forma que, a cada ano, 3 secretarias seriam escolhidas aleatoriamente para que seus trabalhos fossem acompanhados ao longo do ano seguinte. Com esse programa, considerado um sucesso, observou-se uma redução anual de 10% no montante de recursos desperdiçados dos cofres municipais desde 2010. De acordo com os dados obtidos em 100 auditorias realizadas pela SCT, os motivos desses desperdícios incluíam:

- amadorismo nas tomadas de decisão (o gestor não era formado na área de atuação) – 28 auditorias;
- incompetência nas tomadas de decisão (o gestor não possui conhecimento técnico no assunto) – 35 auditorias;
- má-fé nas tomadas de decisão (o gestor decide em detrimento do interesse coletivo) – 40 auditorias.

Considere que o percentual de redução anual no montante de recursos desperdiçados dos cofres municipais se mantenha constante ao longo dos anos e que em 2010 tenham sido desperdiçados R$ 10 milhões. Nesse caso, considerando 0,2 como valor aproximado para $0{,}9^{15}$, é correto afirmar que de 2010 a 2024 — 15 anos — foram desperdiçados

a) menos de R$ 20 milhões.

b) mais de R$ 20 milhões e menos de R$ 40 milhões.

c) mais de R$ 40 milhões e menos de R$ 70 milhões.

d) mais de R$ 70 milhões e menos de R$ 100 milhões.

e) mais de R$ 100 milhões.

RESOLUÇÃO:

Com o trabalho de acompanhamento anual, observou-se uma **redução** anual de **10% no montante** de recursos desperdiçados dos cofres municipais desde 2010. Isto é, a cada ano são desperdiçados **90%** dos recursos desperdiçados no ano anterior.

O montante desperdiçado no ano se comporta como termo de uma **Progressão Geométrica (PG)** de **razão 0,9** (100% – 10% = 90%) e o **valor total** desperdiçado é a **Soma dos Termos** dessa PG no período (2010 a 2024 – 15 anos):

$$S_n = a_1 \times \frac{q^n - 1}{q - 1}$$

$$S_{15} = 10.000.000 \times \frac{0{,}9^{15} - 1}{0{,}9 - 1}$$

Considerando 0,2 como valor aproximado para $0{,}9^{15}$, teremos:

$$S_{15} = 10.000.000 \times \frac{-0{,}8}{-0{,}1}$$

$$S_{15} = 80.000.000 \text{de reais}$$

Portanto, no período dado (2010 a 2024 – 15 anos) foram desperdiçados **R$ 80.000.000,00.**

Gabarito: D.

QUESTÃO 48 (CESPE – Soldado/CBM-CE/2014)

Tabela I

a_1	a_2	a_3	a_4	a_5	a_6	a_7	a_8	a_9	a_{10}	a_{11}	a_{12}	...
1	2	3	4	4	4	9	8	5	16	16	6	...

Tabela II

sequência 1	1	4	9	16	25	36	...
sequência 2	2	4	8	16	32	64	...
sequência 3	3	4	5	6	7	8	...

Considerando que a sequência numérica a_n, n = 1, 2, 3,... mostrada na tabela I seja construída intercalando-se os termos das três sequências apresentadas na tabela II, julgue o seguinte item.

Os termos de ordem 3n – 1, n = 1, 2, 3, ... da sequência a_n formam uma progressão geométrica de razão 2.

RESOLUÇÃO:

Fazendo n = 1, temos o termo $a_2 = 2$.

Fazendo n = 2, temos o termo $a_5 = 4$.

Fazendo n = 3, temos o termo $a_8 = 8$.

Fazendo n = 4, temos o termo $a_{11} = 16$.

E assim por diante.

Note que todos esses termos foram retirados da sequência 2, a qual consiste justamente de uma progressão geométrica de razão 2.

Gabarito: Certo.

QUESTÃO 49 (CESPE – ATA/MIN/2013) A soma 1 + 1/2 + 1/4 + 1/8 + 1/16 + 1/32 + 1/64 é inferior a 2.

RESOLUÇÃO:

Temos uma progressão geométrica (PG) com primeiro termo igual a 1 (a_1 = 1) e razão igual a 0,5 (q = 0,5).

Quando a razão é positiva no intervalo entre 0 e 1, a soma dos termos de uma PG infinita é dada por:

$$S = \frac{a_1}{1-q}$$

Assim, **se estivéssemos** somando os infinitos termos da PG (1+ 1/2 + 1/4 + 1/8 + 1/16 + 1/32 + 1/64 + 1/128 + 1/256 + ...), o resultado seria 2, pois:

$$S = \frac{1}{1-0,5}$$

$$S = \frac{1}{0,5} = 2$$

Porém, como estamos somando apenas os 7 primeiros termos da PG, o resultado será menor que 2.

Gabarito: Certo.

QUESTÃO 50 (CESPE – ERAC/ANAC/2009) Considerando que, nos números positivos a, b, c, e d, os números a, b e d estejam, nessa ordem, em progressão geométrica; a, c e d estejam, nessa ordem, em progressão aritmética, e considerando, ainda, que a razão a/d seja igual a 16/25 e a soma dos números a, b, c e d seja 163, julgue o item que se segue.

O número b é maior que o número c.

RESOLUÇÃO:

Foi dito que a, b, d formam uma **PG** em que a razão (q) entre dois termos seguidos é constante. Logo:

$$q = \frac{b}{a} = \frac{d}{b}$$

Foi dito que a/d = 16/25 → d/a = 25/16. Do lado esquerdo, vamos multiplicar e dividir por b, o que não altera o resultado:

$$\frac{d}{b} \times \frac{b}{a} = \frac{25}{16}$$

$$q \times q = \frac{25}{16}$$

$$q^2 = \frac{25}{16}$$

$$q = \frac{5}{4}$$

Dessa maneira, temos que:

$$q = \frac{b}{a}$$

$$b = a \times q = \frac{5}{4}a = 1{,}25a$$

Além disso, o enunciado informa que a, c, d formam uma PA, em que a diferença entre dois termos seguidos é constante, chamada de razão (r) da PA. Assim, partindo de a e somando r chegamos a c. da mesma forma, somando novamente r chegamos a d:

$$a + 2r = d$$

$$a + 2r = \frac{25a}{16}$$

$$2r = \frac{9a}{16}$$

$$r = \frac{9a}{32}$$

Assim, ficamos com:

$$c = a + r$$

$$c = a + \frac{9a}{32}$$

$$c = \frac{41a}{32} \approx 1,28a$$

Portanto, **b** é na verdade menor do que **c**, já que o primeiro vale 1,25a ao passo que o segundo vale aproximadamente 1,28a.

Gabarito: Errado.

QUESTÃO 51 (CESPE – Esc/BB/2008) O gráfico a seguir, que ilustra a previsão das reservas monetárias de alguns países, em 2008, deve ser considerado para o julgamento do item.

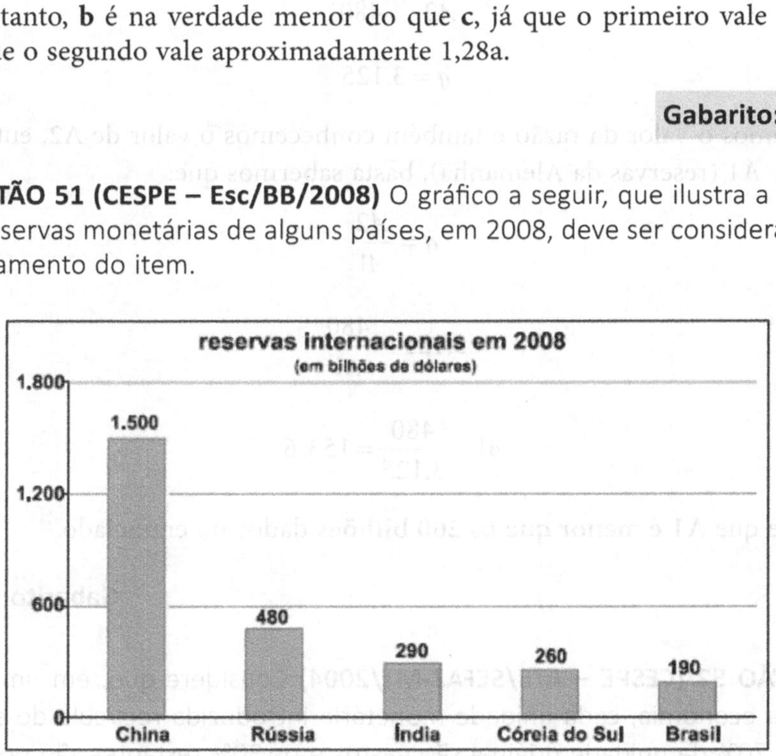

Com base nas informações do gráfico apresentado acima, julgue o seguinte item.

Se a previsão de reservas da Alemanha para 2008 for inferior à da China e à da Rússia, e se os valores das reservas previstas para esses 3 países, no ano citado, estiverem em progressão geométrica, então as reservas alemãs serão superiores a 200 bilhões de dólares em 2008.

RESOLUÇÃO:

A **Progressão Geométrica** pode ser definida como uma sequência numérica em que cada termo, a partir do segundo, é igual ao produto do termo anterior por uma constante, chamada de **razão** da progressão geométrica, que chamaremos de **q**.

Considerando a PG formada pelas reservas da Alemanha como A1 (já que pelo enunciado é a menor das 3 reservas), as da Rússia como A2 e as da China como A3, para calcularmos a razão da PG, basta dividirmos A3 por A2.

$$q = \frac{A3}{A2}$$

$$\frac{A3}{A2} = \frac{1500}{480}$$

$$\boldsymbol{q} = 3{,}125$$

Já temos o valor da razão e também conhecemos o valor de A2, então para encontrar A1 (reservas da Alemanha), basta sabermos que:

$$q = \frac{A2}{A1}$$

$$3{,}125 = \frac{480}{A1}$$

$$A1 = \frac{480}{3{,}125} = 153{,}6$$

Note que **A1 é menor que os 200 bilhões** dados no enunciado.

Gabarito: Errado.

QUESTÃO 52 (CESPE – ATE/SEFAZ-MT/2004) Considere que, em uma determinada economia, cada unidade monetária introduzida recircule do seguinte modo: 70% da unidade original são gastos e os 30% restantes são poupados;

em seguida, 70% daqueles 70% são gastos e 30% são poupados. O processo continua desse modo, indefinidamente.

Supondo que 1.000 unidades monetárias foram introduzidas inicialmente nessa economia, julgue o item que se segue.

A soma dos valores gastos é inferior a 1.000 unidades monetárias.

RESOLUÇÃO:

Suponha que na situação inicial tenhamos U unidades monetárias.

Na primeira circulação, 0,7 × U são gastos e 0,3 × U são poupados.

Na segunda circulação, $0{,}7 \times (0{,}7 \times U) = 0{,}7^2 \times U$ são gastos e $0{,}3 \times (0{,}7 \times U)$ são poupados.

Na terceira circulação, $0{,}7 \times (0{,}7^2 \times U) = 0{,}7^3 \times U$ são gastos e $0{,}3 \times (0{,}7^2 \times U)$ são poupados.

Na quarta circulação, $0{,}7 \times (0{,}7^3 \times U) = 0{,}7^4 \times U$ são gastos e $0{,}3 \times (0{,}7^3 \times U)$ são poupados.

E assim sucessivamente.

A soma dos valores gastos é representada pela soma:

$$0,7 \times +0,7^2 \times +0,7^3 \times U + 0,7^4 \times U + \cdots = (0,7 + 0,7^2 + 0,7^3 + 0,7^4 + \cdots) \times U$$

Repare que a soma entre parênteses é a soma dos infinitos termos de uma progressão geométrica decrescente de primeiro termo $a_1 = 0{,}7$ e razão $q = 0{,}7$.

Como a razão obedece à condição $0 < q < 1$, então essa soma pode ser calculada por meio da expressão:

$$\frac{a_1}{1-q}$$

Assim, a soma dos valores gastos é dada por

$$\frac{a_1}{1-q} \times U$$

Substituindo os valores $a_1 = 0{,}7$, $q = 0{,}7$ e $U = 1000$, temos

$$\frac{a_1}{1-q} \times U = \frac{0,7}{1-0,7} \times 1000 \approx 2333,33$$

Portanto, a soma dos valores gastos é **superior** a 1000 unidades monetárias.

Gabarito: Errado.

UNIDADE 3 – MATEMÁTICA DE NÍVEL MÉDIO

QUESTÃO 53 (CESPE – Esc/BB/2003) Preparando-se para custear as despesas com a educação dos seus filhos, Carlos decidiu abrir uma poupança programada para 120 meses de duração, com rendimento mensal de 1%, em que os depósitos devem ser feitos no primeiro dia de cada mês. O valor ***d(k)***, em reais, do depósito a ser efetuado nessa poupança no *k*-ésimo mês obedece às seguintes regras:

- d(k) = 100, para k = 1, 2, ... , 12;
- d(k + 12) – d(k) = 100, para k > 1.

Considerando as informações do texto e representando por S(k) o saldo, em reais, existente na poupança de Carlos por ocasião da realização do k-ésimo depósito (incluindo esse último depósito), julgue o item subsequente.

Os valores S(1), S(2) – 100, *S*(3) – 100, ..., *S*(12) – 100 formam, nessa ordem, uma progressão geométrica.

RESOLUÇÃO:

De acordo com a primeira regra de formação, todos os depósitos feitos no primeiro ano são iguais a 100. Logo:

S(1) = 100

S(2) = S(1) x 1,01 + 100 = 100 x 1,01 + 100 = 201

S(3) = S(2) x 1,01 + 100 = 201 x 1,01 + 100 = 303,01

Então, os três primeiros elementos da sequência dada são: 100, 101 e 203,01.

Para saber se esses números formam uma progressão geométrica (P.G.), basta dividir o segundo pelo primeiro e o terceiro pelo segundo. Se o resultado for igual, então se trata de uma P.G.

101/100 = 1,01

203,01/101 = 2,01

Logo, esses três elementos não formam uma P.G. e, consequentemente, o resto da sequência também não.

Gabarito: Errado.

QUESTÃO 54 (CESPE – CO/SEN/2002) Considere que um programa de televisão ofereça as duas opções de premiação seguintes:

I um milhão de reais para cada pergunta respondida corretamente em um conjunto de 30 perguntas;

II R$ 1,00 para a primeira pergunta, R$ 2,00 para a segunda, R$ 4,00 para a terceira, e assim por diante, duplicando a quantia a cada pergunta respondida corretamente, até a trigésima.

Nessa situação, para um participante que responda corretamente a todas as perguntas, é financeiramente mais vantajosa a opção II.

RESOLUÇÃO:

Vamos analisar os cenários decorrentes da escolha de cada uma das opções disponíveis.

Primeira opção:

A pessoa receberá 1 milhão para cada resposta certa, totalizando 30 milhões de reais.

Segunda opção:

A pessoa receberá uma quantia correspondente ao seguinte somatório:

$$1 + 2 + 4 + 8 + 16 + 32 + \ldots$$

Precisamos calcular a soma dos termos de uma progressão geométrica de razão 2 (q = 2), primeiro termo igual a 1 ($a_1 = 1$), e trinta termos (n = 30). Ficamos com:

$$S = \frac{a_1 \times q^n - a_1}{q-1}$$

$$S = \frac{1 \times 2^{30} - 1}{2-1}$$

$$S = 2^{30} - 1$$

A quantia 2^{30} é muito superior a 30 milhões de reais. Logo, a segunda opção é mais vantajosa.

Gabarito: Certo.

QUESTÃO 55 (CESPE – CO/SEN/2002) O Censo 2000 revelou importantes aspectos relativos à população brasileira, conforme ilustra o esquema abaixo.

Os números do Censo 2000

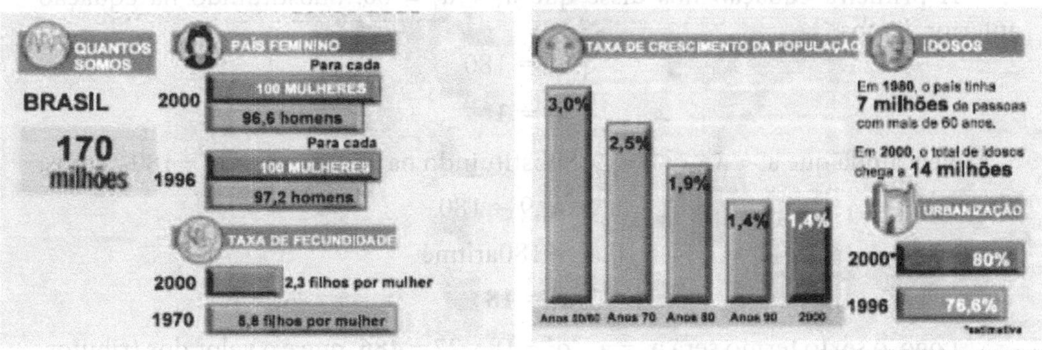

O Globo, 2/11/2000 (com adaptações)

Com base nos dados apresentados acima, julgue o seguinte item.

Se a mesma taxa de crescimento da população brasileira observada no período de 1990 a 2000 se mantivesse em cada uma das décadas do século XXI, então a população estaria crescendo em progressão aritmética de razão igual a 1,4%.

RESOLUÇÃO:

Aumentar algo em 1,4% é o mesmo que multiplicar por 1 + 1,4% = 1,014.

Assim, se a população vai sempre aumentando 1,4%, então ela vai crescendo em uma **progressão geométrica** de **razão 1,014**.

Gabarito: Errado.

QUESTÃO 56 (IBFC/Câm de Araraquara/Ag Adm/2017) O sexto termo de uma P.G. (progressão geométrica), representa o valor, em reais, de tributos pagos sobre o salário de Paulo. Se a soma entre o segundo e quarto termos da P.G. é igual a 60 e a soma entre o terceiro e quinto termos da P.G. é 180, então o valor de tributos pagos por Paulo é igual a:

a) R$ 768,00 b) R$ 532,00 c) R$ 972,00 d) R$ 486,00

RESOLUÇÃO:

Veja que:

$$a_2 + a_4 = 60$$

$$a_3 + a_5 = 180$$

Repare que $a_3 = a_2.q$ e que $a_5 = a_4.q$. Logo, a segunda equação fica:

$$a_2.q + a_4.q = 180$$

$$q.(a_2 + a_4) = 180$$

A primeira equação nos disse que $a_2 + a_4 = 60$. Substituindo na equação anterior, temos:

$$q.60 = 180$$

$$\mathbf{q = 3}$$

Veja ainda que $a_5 = a_3 . q^2 = a_3.9$. Substituindo na equação $a_3 + a_5 = 180$, temos:

$$a_3 + a_3.9 = 180$$

$$10.a_3 = 180\text{aritmé}$$

$$\mathbf{a_3 = 18}$$

Logo, o sexto termo será $\mathbf{a_6} = a_3 . q^3 = 18 \times 27 = \mathbf{486}$, que é o valor dos tributos.

Gabarito: D.

QUESTÃO 57 (FCC/SEFAZ-GO/Auditor-Fiscal/2018) O segundo termo da sequência aritmética (a_n), de razão 9, é igual ao oitavo termo da sequência geométrica (b_n), de razão -1/2. Além disso, os quintos termos das duas sequências são iguais. Nessas condições, o valor da soma infinita S, dada por:

$S = b_1 + b_2 + b_3 + ... + b_n + ...,$

é igual a:

a) 192 b) 188 c) 288 d) 256 e) 216

RESOLUÇÃO:

O enunciado informa que o segundo termo da **PA** é igual ao oitavo termo da **PG**, ou seja:

$$a_2 = b_8$$
$$a_1 + r = b_1 \times q^{8-1}$$
$$a_1 + 9 = b_1 \times (-1/2)^7$$
$$a_1 + 9 = -b_1/128$$
$$128\ a_1 + 1.152 = -b_1$$
$$\mathbf{b_1 = -128\ a_1} - 1.152 \text{ (I)}$$

Em seguida, é dito que os quintos termos das duas sequências são iguais. Logo:

$$a_5 = b_5$$
$$a_1 + 4r = b_1 \times q^{5-1}$$
$$a_1 + 36 = b_1 \times (-1/2)^4$$
$$a_1 + 36 = b_1/16$$
$$\mathbf{b_1} = 16a_1 + 576 \text{ (II)}$$

Agora, podemos igualar as duas expressões encontradas para $\mathbf{b_1}$:

$$16a_1 + 576 = -128a_1 - 1.152$$
$$16a_1 + 128a_1 = -576 - 1.152$$
$$144a_1 = -1.728$$
$$\mathbf{a_1} = -12$$

Substituindo esse resultado em **II**, obtemos:

$$\mathbf{b_1} = 16 \times (-12) + 576 = -192 + 576 = \mathbf{384}$$

Por fim, aplicamos a fórmula da **soma dos termos de uma PG infinita**:

$$S\infty = b_1/(1-q) = 384/(1-(-1/2)) = 384/(3/2) = 384 \times (2/3) = \mathbf{256}$$

Gabarito: D.

QUESTÃO 58 (IDECAN/AGU/Adm/2018) Uma empresa implementou um novo sistema informático, e o cadastro dos colaboradores foi feito segundo o cronograma a seguir: no primeiro dia, foi cadastrado 1 colaborador; no segundo dia, foram cadastrados 3 colaboradores; no terceiro dia, foram cadastrados 9 colaboradores; no quarto dia, foram cadastrados 27 colaboradores; e, assim, sucessivamente, até o dia em que fossem cadastrados 243 colaboradores. Depois desse dia, os cadastros recomeçariam seguindo o mesmo cronograma, até novamente o dia em que se cadastrassem novamente 243 colaboradores: (1, 3, 9, 27, ..., 243). Sabe-se que, em 30 dias de trabalho, concluiu-se o cadastro de todos os colaboradores. Qual foi o número total de colaboradores cadastrados?

a) 1200. b) 1215. c) 1800. d) 1820. e) 2000.

RESOLUÇÃO:

Note que a sequência (1, 3, 9, 27, ..., 243) é uma **PA** de razão 3, ou seja, estamos triplicando os números ao avançar de um termo para o seguinte.

O termo que falta é o 27 × 3 = 81.

$$(\underbrace{1,3,9,27,81,243}_{6\ dias})$$

Passados 6 dias, a sequência reinicia.

$$(\underbrace{1,3,9,27,81,243}_{6\ dias},\underbrace{1,3,9,27,81,243}_{6\ dias},\ldots)$$

O nosso objetivo consiste em determinar um período de 30 dias em que a sequência será repetida 5 vezes completamente.

O total de colaboradores cadastrados em 6 dias é dado por:

$$total\ em\ 6\ dias \rightarrow 1+3+9+27+81+243=364$$

Para calcular o total de cadastrados em 30 dias, basta multiplicar essa soma por 5.

$$total\ em\ 30\ dias \rightarrow 364 \times 5 = 1820$$

Gabarito: D.

5. QUESTÕES-DESAFIO

QUESTÃO 59 (FCC – Téc Jud/TRT 14ª Região/2016) Observe os cinco primeiros termos de uma sequência numérica:

523, 520, 517, 514, 511, ...

Mantido o mesmo padrão da sequência, o menor número não negativo dela será

a) 0. b) 1. c) 3. d) 2. e) 4.

RESOLUÇÃO:

Ao analisarmos a sequência apresentada, notamos que se trata de uma **progressão aritmética (PA)** de **razão -3**, com o primeiro termo igual a 523.

O enésimo termo, desconhecido, deve ser maior que 0:

$$a_n > 0$$
$$a_1 + (n - 1) \times r > 0$$
$$523 + (n - 1) \times (-3) > 0$$
$$n - 1 < 523 \div 3$$
$$n - 1 < 174{,}333$$
$$\mathbf{n < 175{,}333}$$

Quanto maior **n**, menor o valor de $\mathbf{a_n}$. Assim, temos que pegar o maior n possível, ou seja, 175.

$$n = 175 \rightarrow a_n = 523 + 174 \times (-3)$$
$$\mathbf{a_n = 523 - 522 = 1}$$

Portanto, **o enésimo termo valerá 1.**

Gabarito: B.

QUESTÃO 60 (ESAF – AA/ANEEL/2006) Uma progressão aritmética é uma sequência de números a_1, a_2, a_3,...., a_n, cuja lei de formação de cada um dos termos desta sequência é dada por uma soma, conforme representação a seguir:

$a_2 = a_1 + r$, $a_3 = a_2 + r$, $a_4 = a_3 + r$, ...$a_n = a_{n-1} + r$,

onde r é uma constante, denominada razão da progressão aritmética. Uma progressão geométrica é uma sequência de números g_1, g_2, g_3,......., g_n, cuja lei de formação de cada um dos termos desta sequência é dada por um produto, conforme representação a seguir:

$g_2 = g_1 * q$, $g_3 = g_2 * q$, $g_4 = g_3 * q$,.....$g_n = g_{n-1} * q$, onde q é uma constante, denominada razão da progressão geométrica. Os números A, B e 10 formam, nesta ordem, uma progressão aritmética. Os números 1, A e B formam, nesta ordem, uma progressão geométrica. Com estas informações, pode-se afirmar que um possível valor para o produto entre r e q é igual a:

a) -12 b) -15 c) 10 d) 12 e) 8

RESOLUÇÃO:

A razão entre dois termos seguidos de uma **PG** é constante, logo:

$$\frac{A}{1} = \frac{B}{A} \rightarrow B = A^2$$

Por sua vez, a diferença entre dois termos seguidos de uma **PA** é constante, de modo que:

$$B - A = 10 - B$$

$$2B = A + 10$$

Substituindo B por A^2, obtemos:

$$2A^2 = A + 10$$

$$2A^2 - A - 10 = 0$$

Repare que chegamos a uma **equação de segundo grau**. Usaremos a fórmula de Bháskara:

$$x = \frac{-b \pm \sqrt{b^2 - 4ac}}{2a}$$

Aplicando aos dados da nossa questão, fica

$$A = \frac{-(-1) \pm \sqrt{(-1)^2 - 4.2.(-10)}}{2.2} = \frac{1 \pm \sqrt{81}}{4} = \frac{1 \pm 9}{4}$$

$$A' = \frac{1+9}{4} = 2,5$$

$$A'' = \frac{1-9}{4} = -2$$

Para A = 2,5 temos B = $2,5^2$ = 6,25. Assim, a PG seria:

1; 2,5; 6,25

A razão é dada pela divisão entre dois termos seguidos. Logo, a razão vale **q = 2,5**.

Já a PA seria formada pelos seguintes termos:

$$2{,}5;\ 6{,}25;\ 10$$

A razão é dada pela diferença entre dois termos seguidos: **r** = 6,25 – 2,5 = **3,75**.

O produto entre as razões é igual a: 2,5 × 3,75= **9,375**, que não consta em nenhuma das alternativas.

O outro valor para A é -2, que corresponde à segunda solução da equação do 2º grau. Nesse caso, $B = (-2)^2 = 4$.

A PA fica: −2, 4, 10, cuja razão **r** = 4 −(−2) = **6**.

Já a PG fica: 1, −2, 4, que tem por razão **q** = −2/1 = **−2**.

Dessa maneira, o produto entre as razões é: q × r = 6 × (−2) = **−12**.

Gabarito: A.

CAPÍTULO 25

GEOMETRIA BÁSICA

1. INTRODUÇÃO

Neste capítulo, estudaremos a **Geometria**, que é uma área da matemática que estuda as formas geométricas desde comprimento, área e volume. O vocábulo geometria corresponde à união dos termos "geo" (terra) e "metron" (medir), ou seja, a "medida de terra".

Dividiremos o estudo da Geometria em duas categorias: Plana e Espacial.

Enquanto a geometria plana ou euclidiana reúne os estudos sobre as figuras planas, ou seja, as que não apresentam volume, a geometria espacial estuda as figuras geométricas que possuem volume, ou seja, possuem mais uma dimensão.

Muitos concursos não cobram a Geometria Espacial, somente a Plana, então fique atento ao seu edital.

Focaremos no que é mais importante do ponto de vista da cobrança do tema em provas de concursos públicos. Muitas bancas costumam exigir este assunto em seus certames sob o chamado **Raciocínio Geométrico**, abrangendo o conhecimento das figuras planas e espaciais aliado à estratégia para soluções de problemas aritméticos.

2. GEOMETRIA PLANA

A **geometria plana** é a parte da matemática que estuda as figuras que não possuem volume, pois as que possuem volume fazem parte da **geometria espacial**.

Além disso, vale mencionar que a geometria plana também é chamada de **euclidiana**, uma vez que seu nome representa uma homenagem ao geômetra grego Euclides de Alexandria, considerado o "pai da geometria", que descobriu toda a base da matéria lá pelos anos 300a.C. Como curiosidade, é graças a sua origem que na Geometria é muito comum usarmos as letras gregas, como pi (π), alfa (α) e beta (β), conforme veremos. Não reclame pelo fato dele ser grego, porque se tivesse sido um japonês ou chinês, seria bem mais difícil desenhar, convenhamos.

2.1. Ponto

O conceito de **ponto** é um conceito primitivo, pois não existe uma definição aceita de ponto, temos nesse caso que aceitar sua existência e indicaremos um ponto por uma letra maiúscula do alfabeto (A, B, C, P, ...).

2.2. Reta, Semirreta e Segmento de Reta

Podemos definir uma **reta** como sendo um **número infinito de pontos em sequência.** É possível perceber que sobre um ponto passa um número infinito de retas, basta mudar a inclinação da reta, porém sobre dois pontos distintos passa apenas uma reta distinta, a qual passaremos a chamar por uma letra minúscula do alfabeto (s, t, q, r, ...). Assim, a reta representa a **menor distância entre quaisquer dois pontos pertencentes a ela.**

Além disso, chama-se de **semirreta** aquela que **começa em um ponto qualquer de uma reta e não tem fim.**

Já o **segmento de reta** é aquele que **começa em um ponto qualquer da reta e termina em outro ponto** dessa mesma reta.

Perceba que quando a reta inicia em um ponto, usamos um círculo para simbolizá-lo. Já quando algum lado da reta não termina em um ponto, indicamos com uma seta.

2.3. Plano

O **plano** será definido por **três pontos não-colineares** (que não estão na mesma reta). Todas as retas que passam por dois desses pontos que definem o plano estão contidas nele. Denominaremos o plano por uma letra grega minúscula qualquer (α, β, γ, ...).

Pense em uma folha de papel. Com quaisquer três pontos que você desenhar nela, você terá o plano que passa por elas, que é a própria folha. Se mexer qualquer um dos três pontos para fora do papel, ou seja, acima ou abaixo da folha, estabelecerá um outro plano.

2.4. Ângulos

Ângulo é o nome que se dá à **abertura formada por duas semirretas que partem de um mesmo ponto**.

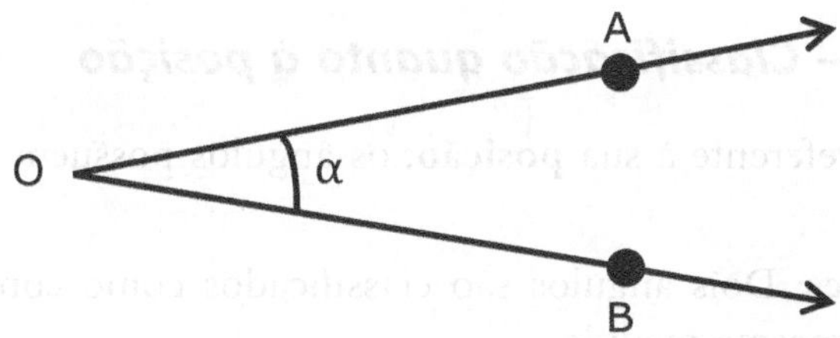

Em que:

- A medida AÔB corresponde a α;
- As medidas OA e OB são os lados do ângulo;
- O é o **vértice** do ângulo.

Os ângulos podem ser medidos em **graus** (°) ou **radianos** (rad). A relação entre essas unidades de medida é a seguinte: **180° = π rad.**

Por exemplo, digamos que estamos diante de um ângulo de 60°. Para obtê-lo em radianos, podemos usar uma regra de três simples:

x rad ------- 60°
π rad ------- 180°

Multiplicando na diagonal, temos:

$$180.\,x = 60.\,\pi$$

$$x = \frac{60\pi}{180} = \frac{\pi}{3}$$

No próximo capítulo, vamos ver com mais detalhes essa conversão de um ângulo de graus para radianos e vice-versa.

2.4.1. Ângulos – Classificação quanto à medida

Em relação à sua **medida**, os ângulos podem ser assim classificados:

- **Nulo**: O ângulo nulo é aquele que mede 0° (ou 0 radianos).
- **Agudo**: O ângulo será agudo se sua medida valer mais que 0° (ou 0 radianos) e menos que 90° (ou π/2 radianos).
- **Reto**: O ângulo reto é aquele que mede exatamente 90° (ou π/2 radianos).
- **Obtuso**: O ângulo será obtuso se sua medida valer mais que 90° (ou π/2 radianos) e menos que 180° (ou π radianos).
- **Raso**: O ângulo raso é aquele que mede 180° (ou π radianos).

2.4.2. Ângulos – Classificação quanto à posição

Por sua vez, referente à sua **posição**, os ângulos possuem a seguinte classificação:

- **Congruentes**: Dois ângulos são classificados como congruentes quando possuem a mesma medida.
- **Consecutivos**: Dois ângulos são chamados consecutivos se um dos lados de um deles coincide com um dos lados do outro ângulo. Nesta figura, alfa (α) e beta (β) são consecutivos. Perceba que o ângulo beta está dentro de alfa. É como se você mantivesse um dos lados fixo e fosse inclinando cada vez mais o outro lado. Cada um dos novos ângulos formados seria consecutivo com os outros.

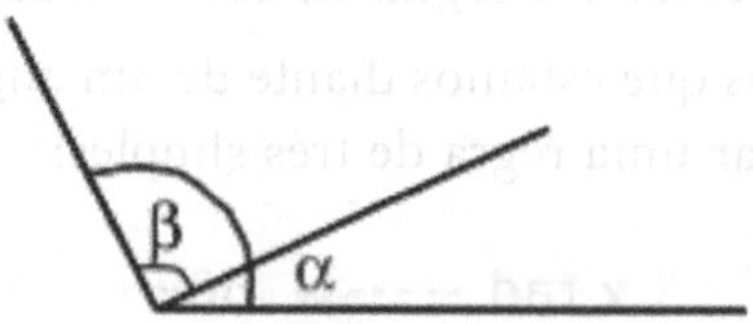

- **Adjacentes**: Dois ângulos são classificados como adjacentes quando são consecutivos e não possuem pontos internos comuns. Nesta figura, α e β são adjacentes.

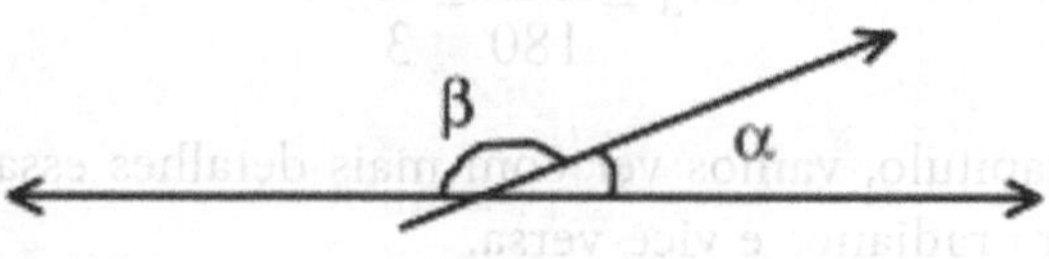

- **Opostos pelo vértice**: São ângulos formados por duas retas concorrentes e que possuem seus dois lados nas mesmas retas. Nesta figura, α (alfa) e γ (gama) são opostos pelo vértice e β (beta) e θ (theta) também são opostos entre si.

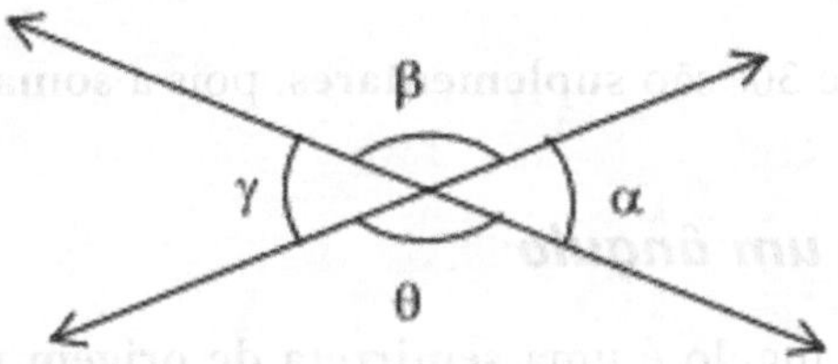

É muito importante deixar claro que **dois ângulos opostos pelo vértice têm medidas iguais**, ou seja, são congruentes.

2.4.3. Ângulos – Classificação quanto à complementação

Já em relação à **complementação,** os ângulos apresentam a seguinte divisão:

- **Complementares**: Dizemos que α e β são complementares quando a soma de suas medidas é igual a 90°. Assim, dizemos que α é o complemento de β e vice-versa.

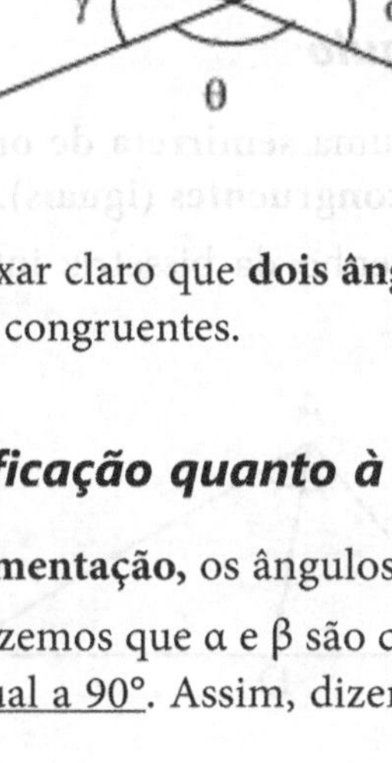

- **Suplementares**: Dizemos que α e β são suplementares quando a soma de suas medidas é igual a 180°. Assim, dizemos que α é o suplemento de β e vice-versa.

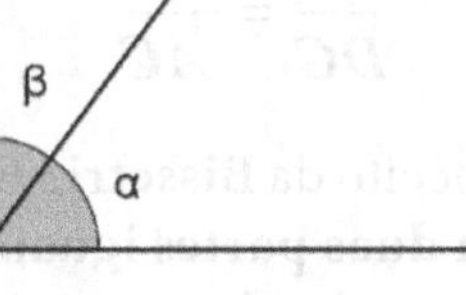

Por exemplo, vamos calcular o suplemento e o complemento de 30º.

Complemento:

90º – 30º = 60º

Os ângulos de 60º e 30º são **complementares**, pois a **soma de ambos é 90º**.

Suplemento:

180º – 30º = 150º

Os ângulos 150º e 30º são **suplementares**, pois a **soma de ambos é 180º**.

2.4.4. Bissetriz de um ângulo

Bissetriz de um ângulo é uma **semirreta de origem no vértice do ângulo que o divide em dois ângulos congruentes (iguais)**.

Nesta figura, vemos o desenho da bissetriz interna do ângulo A, que á a semirreta AD.

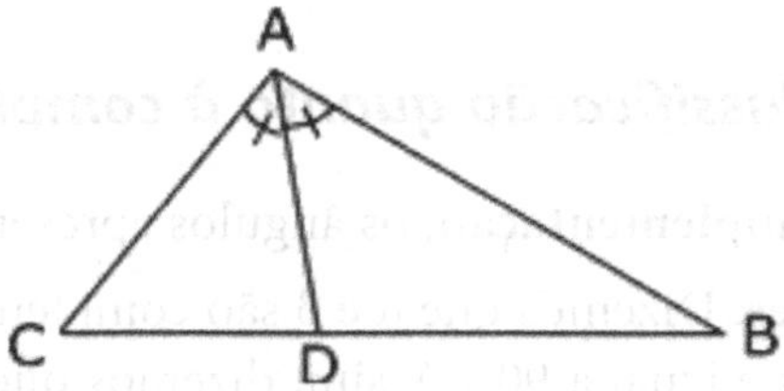

Além disso, faz-se necessário destacar o **Teorema da bissetriz interna**, o qual afirma que a bissetriz do ângulo interno de um triângulo determina sobre o lado oposto dois segmentos **proporcionais** aos outros dois lados. Assim, temos:

$$\frac{BD}{DC} = \frac{AB}{AC}$$

Por fim, apresentamos o conceito da **Bissetriz Externa**, que corresponde à **reta que divide o ângulo externo em duas partes iguais**. Na figura a seguir, é apresentada a bissetriz externa do ângulo A, dando origem a dois ângulos congruentes (α):

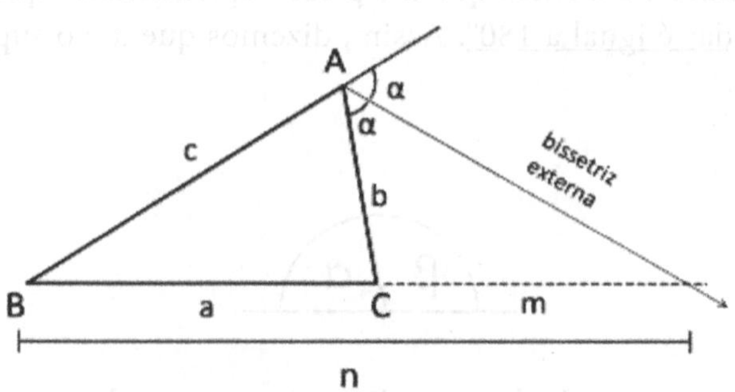

2.5. Circunferência

A **circunferência** é uma figura constituída de infinitos pontos, em que a **distância de qualquer ponto dela até o seu centro C é sempre igual ao seu raio R**. O segmento de reta que passa pelo centro e une dois pontos da circunferência é chamado de **diâmetro** (D). Esse diâmetro vale o **dobro do raio** (R):

$$\mathbf{D = 2.R}$$

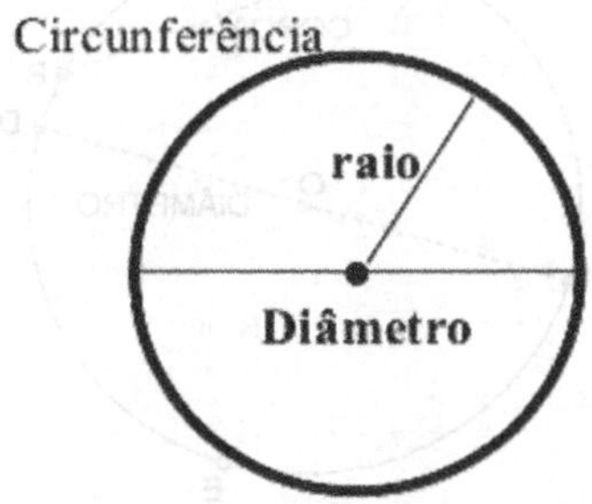

Inclusive, é importante percebermos que **círculo** é a **parte interna da circunferência**, ou seja, é a figura plana determinada por ela. Por sua vez, circunferência é o contorno (linha curva) que limita o círculo. Veja na figura:

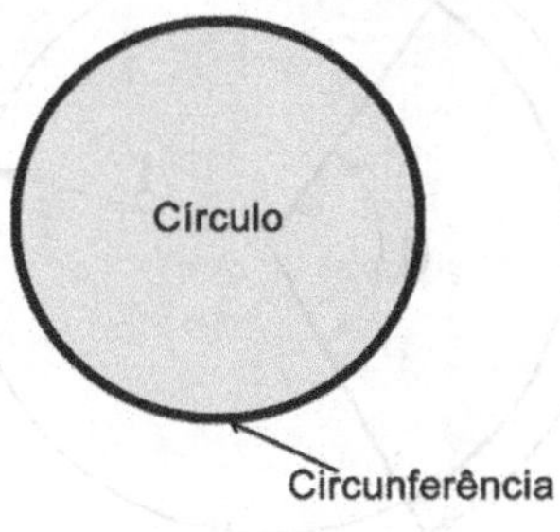

O **comprimento da circunferência** (C), ou **perímetro** (P), é igual a:

$$\mathbf{C = 2.\pi.R}$$

Ou:

$$\mathbf{C = \pi.D}$$

Também temos a **corda**, que corresponde ao segmento de reta que une dois pontos da circunferência. E ainda temos o **arco**, que é qualquer pedaço de uma circunferência delimitado por dois pontos situados nela.

Na figura a seguir, a corda corresponde à medida AB e o arco ao trecho da circunferência delimitada pelos pontos A e B. Pense em um arco e flecha e correlacione o arco e a corda com os similares de um arco e flecha. Daí que surgiram esses nomes.

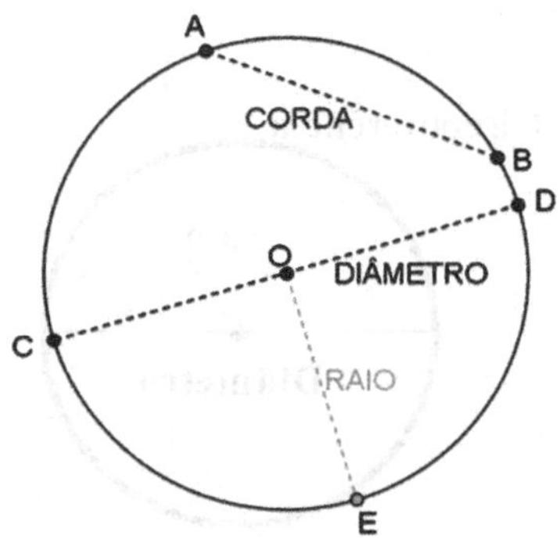

Um **setor circular** é uma região do círculo delimitada por dois de seus raios e um arco. Basta pensar em um pedaço de pizza, como no trecho preenchido nesta figura:

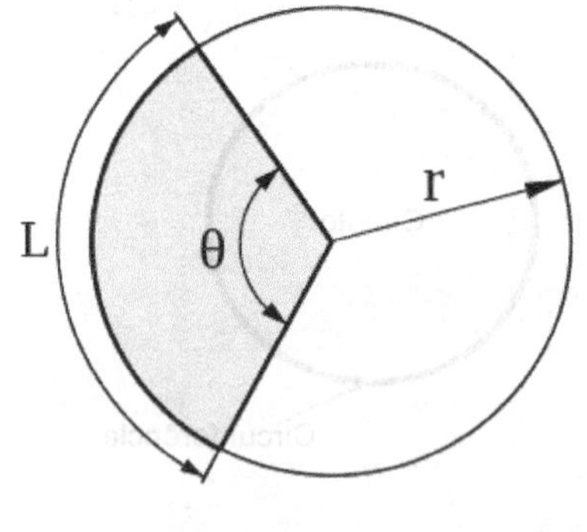

O ângulo θ é chamado de ângulo central e L corresponde ao comprimento do arco formado. Dependendo do valor de seu ângulo central, um setor pode ser classificado como **metades** (180º), **quadrantes** (90º) e **oitantes** (45º).

Por fim, a **área** de uma circunferência é dada pela seguinte expressão:

$$\text{Área} = \pi.\mathbf{R}^2$$

Ou:

$$\text{Área} = \pi.\frac{\mathbf{D}^2}{4}$$

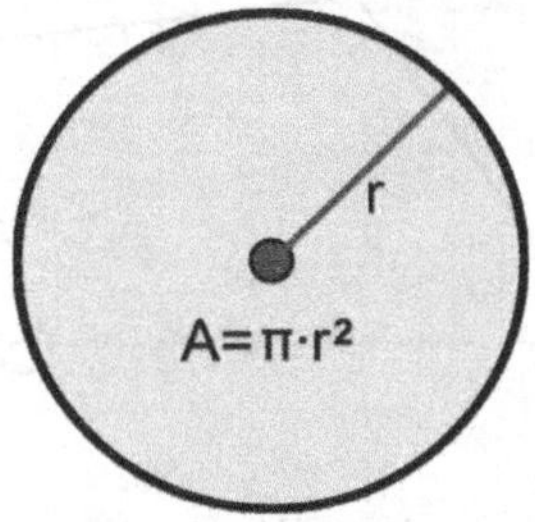

Veja como esse assunto já foi cobrado!

QUESTÃO 01 (ESAF – TFC/CGU/2001) As rodas de um automóvel têm 40 cm de raio. Sabendo-se que cada roda deu 20.000 voltas, então a distância percorrida pelo automóvel, em quilômetros(Km), foi de:

a) 16 Km b) 16π Km c) $16\pi^2$ Km d) $1{,}6.10^3\pi$ Km e) $1{,}6.10^3\pi^2$ Km

RESOLUÇÃO:

Foi informado que o **raio** das rodas do automóvel é de 40cm = 0,4m. Nesse sentido, sabemos que o comprimento ou **perímetro** de uma circunferência é dado por:

$$C = 2.\pi.R$$

$$C = 2.\pi.0{,}4 = 0{,}8\pi$$

Já a **distância** percorrida em 20.000 voltas corresponde a:

$$d = 0{,}8.\pi.20000 = 16.000\pi\,metros$$

Fazendo a conversão para quilômetros, temos:

$$d = 16\pi\,km$$

Gabarito: B.

2.6. Polígonos

O **polígono** é uma figura plana fechada formada por três ou mais segmentos de reta que se interceptam dois a dois. Os segmentos de reta são denominados **lados** do polígono. Os pontos de interseção são denominados **vértices** do polígono.

Por exemplo, considere o polígono desta figura:

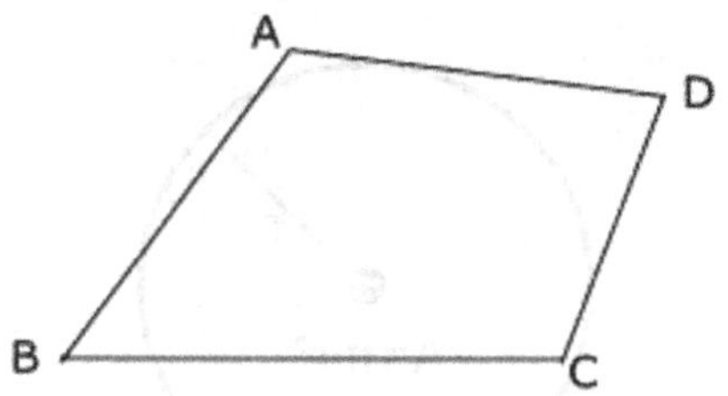

Em que:

- A, B, C e D são os vértices do polígono.
- AB, BC, CD e DA são os lados do polígono.

Repare que, para ser um polígono, a figura tem que ser fechada e formada somente por retas que não se cruzam. Logo, não pode ter nenhum lado aberto ou algo que não seja uma reta formando um dos lados, como nestes desenhos, que não representam polígonos:

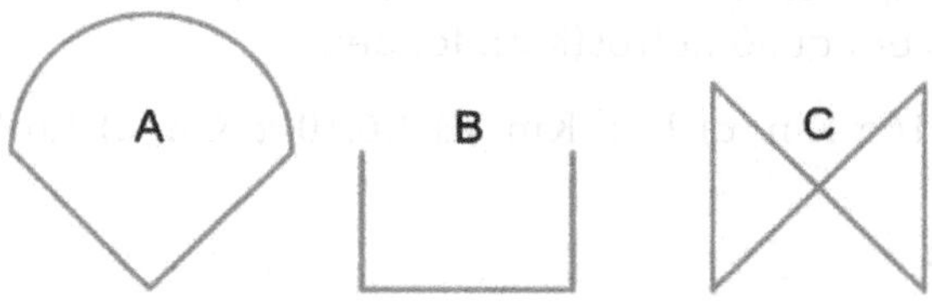

As figuras A, B e C não são polígonos, pois A possui um lado que não é uma reta, B possui um lado que não é fechado e C possui retas que se cruzam.

Quanto à sua classificação, os polígonos podem ser: **convexo** ou côncavo.

O **Polígono Convexo** é aquele construído de modo que os **prolongamentos dos lados nunca ficarão no interior da figura original**. Se dois pontos pertencem a um polígono convexo, então todo segmento de reta tendo estes dois pontos como extremidades, estará inteiramente contido no polígono.

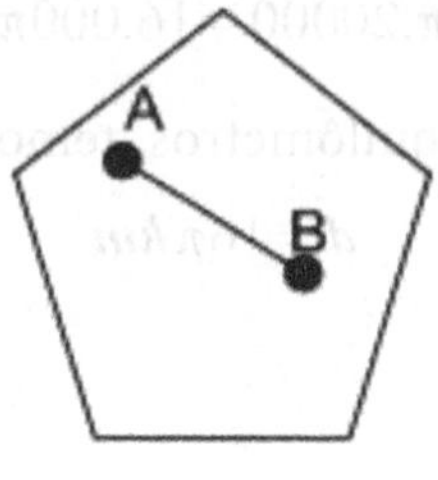

O **Polígono Côncavo** é aquele construído de modo que **existem dois pontos contidos no polígono para que o segmento de reta com esses dois pontos nas extremidades possua pontos fora do polígono.**

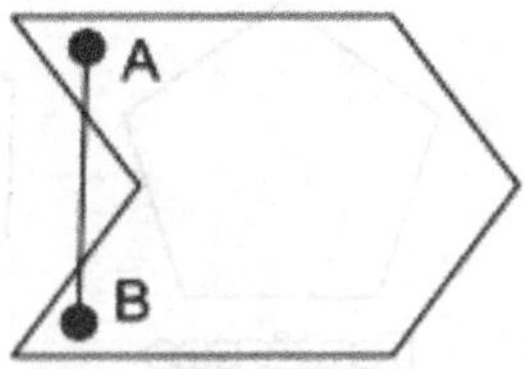

Repare que mesmo no caso do côncavo não há lados que se cruzam, logo, é sim um polígono.

Até o Roberto Carlos gravou uma música chamada "O côncavo e o convexo", que diz assim: *"Cada parte de nós tem a forma ideal quando juntas estão, coincidência total do côncavo e convexo, assim é nosso amor, no sexo."*. Cabe a você entender quem é o côncavo e quem é o convexo nessa analogia, afinal, aprender Geometria também é cultura!

Resumindo, temos:

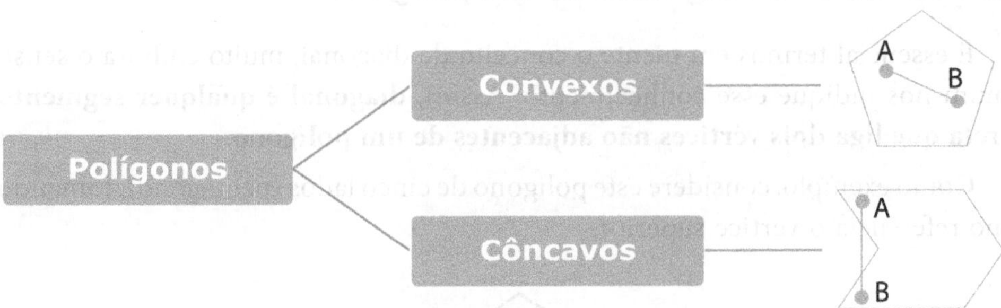

Os polígonos côncavos não vão ter muito interesse para nós, pois não caem em prova, de forma que daqui para a frente, se falamos em polígono, fica implícito que são os convexos.

Em relação à **quantidade de lados**, os polígonos podem ser (alguns tipos apenas):

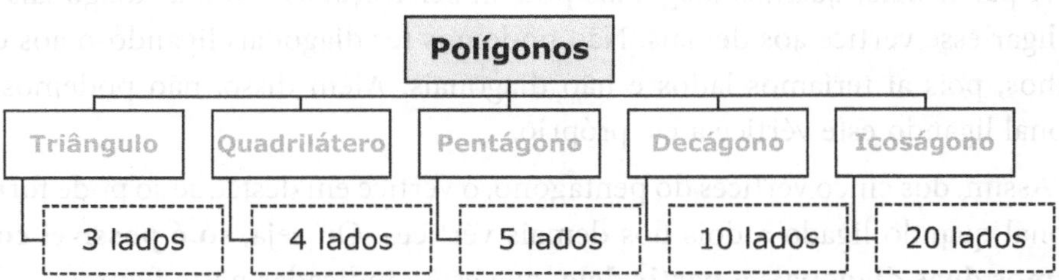

Alguns outros tipos comuns são: hexágono (6 lados), heptágono (7 lados), octógono (8 lados), eneágono (9 lados), dodecágono (12 lados) e pentadecágono (15 lados). Eis alguns deles:

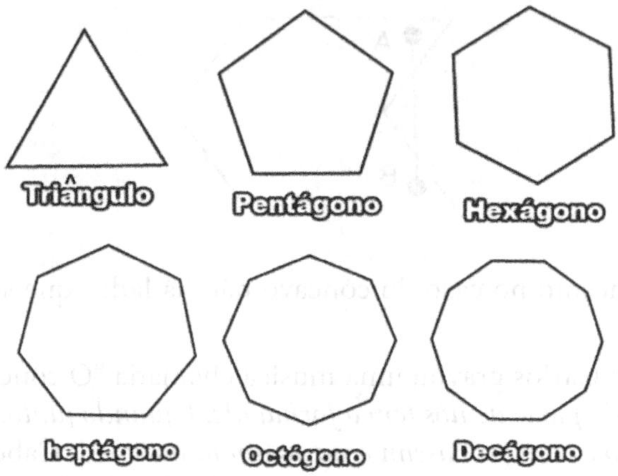

2.6.1. Número de diagonais de um polígono

É essencial termos em mente o conceito de diagonal, muito embora o senso comum nos indique esse conhecimento. Assim, **diagonal** é **qualquer segmento de reta que liga dois vértices não adjacentes de um polígono**.

Como exemplo, considere este polígono de cinco lados (pentágono), tomando como referência o vértice superior.

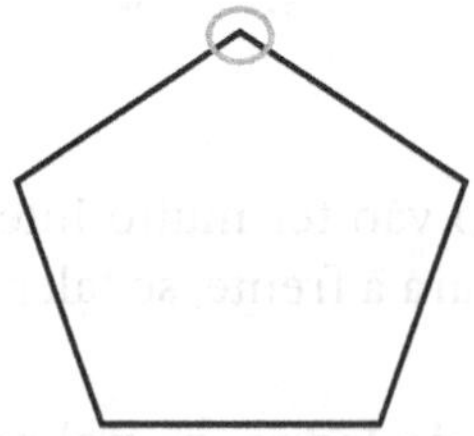

A partir dele, quantas diagonais podem ser traçadas? Ora, as diagonais devem ligar esse vértice aos demais. Não podemos ter diagonais ligando-o aos dois vizinhos, pois aí teríamos lados e não diagonais. Além disso, não podemos ter diagonal ligando este vértice a ele próprio.

Assim, dos cinco vértices do pentágono, o vértice em destaque só pode formar diagonal quando ligado a dois dos demais vértices. Ou seja, **só é possível construirmos duas diagonais a partir dele**, que estão indicadas nesta figura:

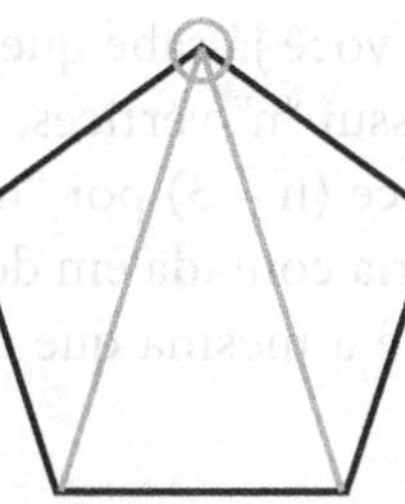

Guarde esta regra:

Número de diagonais que partem de um vértice

do polígono de "n" lados:

n – 3

E por que diminuímos "n" de três? Porque dois são lados e o outro é o próprio vértice.

No entanto, se desejássemos saber a quantidade de diagonais do pentágono acima, usaríamos a fórmula que vimos anteriormente:

$$d = \frac{n.(n-3)}{2}$$

$$d = \frac{5.(5-3)}{2} = \frac{5.2}{2} = 5$$

Eis as cinco diagonais do pentágono:

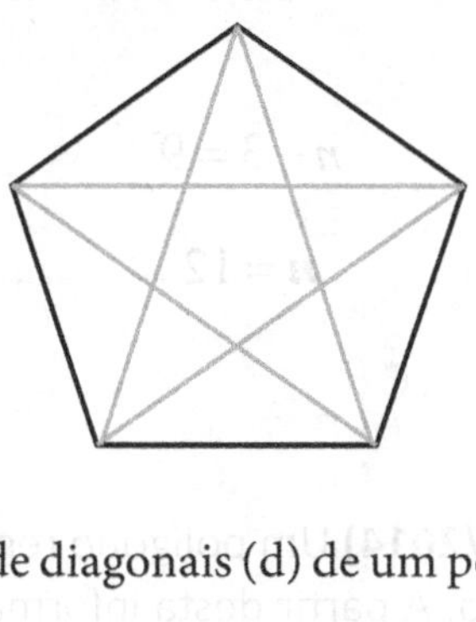

Sendo assim, o número de diagonais (d) de um polígono de n lados é dado por:

$$\mathbf{d} = \frac{\mathbf{n}.(\mathbf{n}-3)}{2}$$

Para entender essa fórmula, você já sabe que cada lado possui (n – 3) diagonais, certo? Como o polígono possui "n" vértices, temos que multiplicar o total de diagonais que saem de cada vértice (n – 3) por "n", ok? E dividimos por dois esse produto porque cada diagonal seria contada em dobro se não dividíssemos, afinal, uma diagonal AC, por exemplo, é a mesma que a CA. Cabra bom de Geometria aquele tal de Euclides...

Veja como esse assunto já foi cobrado!

QUESTÃO 02 (ESAF – Auditor-Fiscal do Trabalho/MTE/2006) Em um polígono de n lados, o número de diagonais determinadas a partir de um de seus vértices é igual ao número de diagonais de um hexágono. Desse modo, n é igual a:

a) 11 b) 12 c) 10 d) 15 e) 18

RESOLUÇÃO:

Inicialmente, queremos calcular quantas diagonais existem em um hexágono. Ora, um **hexágono possui 6 lados**. Logo, o número de diagonais fica:

$$\boldsymbol{d} = \frac{\boldsymbol{n}.(\boldsymbol{n}-3)}{2} = \frac{6.(6-3)}{2} = \frac{6.3}{2} = 9$$

Assim, fica claro que um hexágono apresenta ***9 diagonais***.

O polígono indicado na questão apresenta **n** lados. O enunciado informa que a partir de um de seus vértices é possível traçar 9 diagonais.

Ora, sabemos que, para qualquer polígono de **n** lados, o número de diagonais que é possível traçar a partir de cada um de seus vértices é dado por "n – 3":

Logo:

$$n-3=9$$

$$\boldsymbol{n}=12$$

Gabarito: B.

QUESTÃO 03 (ESAF/AFRFB/2014) Um polígono regular possui 48 diagonais que não passam pelo seu centro. A partir desta informação, pode-se concluir que o número de lados desse polígono é igual a:

a) 12 b) 36 c) 24 d) 48 e) 22

RESOLUÇÃO:

Precisamos ter em mente que apenas os polígonos regulares com número par de lados apresentam diagonais que passam pelo centro. Desenhe em um rascunho alguns polígonos comuns (triângulo, quadrado, pentágono) que você perceberá isso.

Agora vamos imaginar quantas diagonais passam pelo centro. De cada vértice sai uma diagonal que passa pelo centro e encontra o vértice oposto, logo, seriam n diagonais que passariam pelo centro, mas se fizéssemos somente isso, contaríamos duas vezes cada diagonal, então temos que dividir n por 2. Assim, num polígono regular de **n** lados, temos que **n/2** diagonais passam pelo centro.

Ademais, já sabemos que o número de diagonais é dado por:

$$d = \frac{n.(n-3)}{2}$$

Se do total de diagonais subtrairmos as que passam pelo centro, restam as 48 diagonais fornecidas pelo enunciado. Logo:

$$\frac{n.(n-3)}{2} - \frac{n}{2} = 48$$

Multiplicando todos os termos por 2, temos:

$$n.(n-3) - n = 96$$

$$n^2 - 4n - 96 = 0$$

Resolvendo essa equação de 2º grau, encontramos as raízes: **12** e -8 (descartamos por ser negativa).

Gabarito: A.

2.6.2. Soma das Medidas dos Ângulos Internos e Externos

Considere o polígono a seguir com os ângulos descritos:

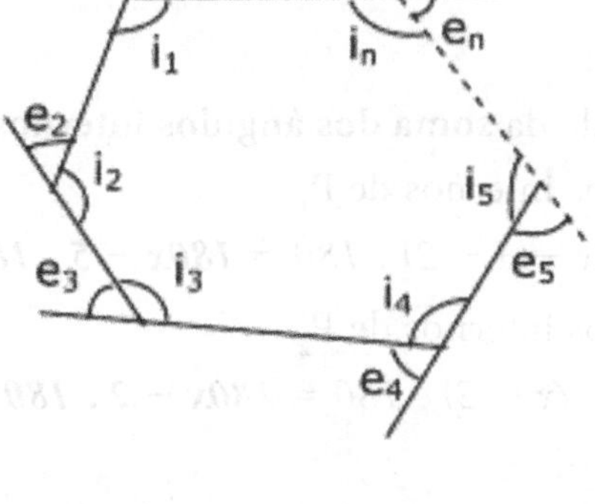

A **soma dos ângulos internos** de um polígono é dada por:

$$S_i = i_1 + i_2 + ... + i_n = (n - 2) . 180º$$

Por sua vez, a soma dos ângulos externos de um polígono pode ser obtida por meio da seguinte fórmula:

$$S_e = e_1 + e_2 + ...+ e_n = 360º$$

Note que a soma dos ângulos externos não depende de n, logo, a soma será 360° para qualquer polígono, sempre. Que moleza, né?

Ainda, se o polígono for **regular**, ele tem todos os lados e os ângulos congruentes, logo:

- ângulo interno de um polígono de **n** lados:

$$\frac{S_i}{n}$$

- ângulo externo de um polígono de **n** lados:

$$\frac{360°}{n}$$

Veja como esse assunto já foi cobrado!

QUESTÃO 04 (ESAF – Ana Téc/SUSEP/2010 – *adaptada*) A soma S_i dos ângulos internos de um polígono convexo de n lados, com n ≥ 3, é dada por S_i =(n-2).180º. O número de lados de três polígonos convexos, P_1, P_2, e P_3, são representados, respectivamente, por (x-3), x e (x+3). Sabendo-se que a soma de todos os ângulos internos dos três polígonos é igual a 3240º, então o número de lados do polígono P_2 e o total de diagonais do polígono P_3 são, respectivamente, iguais a:

a) 5 e 5 b) 8 e 44 c) 11 e 44 d) 5 e 11 e) 11 e 5

RESOLUÇÃO:

Aplicando a fórmula da **soma dos ângulos internos** de um polígono, temos:

– Soma dos ângulos internos de P_1:

$$(x - 3 - 2) . 180 = \mathbf{180x - 5 . 180}$$

– Soma dos ângulos internos de P_2:

$$(x - 2) . 180 = \mathbf{180x - 2 . 180}$$

– Soma dos ângulos internos de P_3:

$$(x + 3 - 2) \,.\, 180 = \mathbf{180x + 1 \,.\, 180}$$

Somando todos os ângulos, temos:

$$(180x - 5 \,.\, 180) + (180x - 2 \,.\, 180) + (180x + 1 \,.\, 180) = 3 \,.\, (180x) - 6 \,.\, 180$$

Em seguida, o enunciado afirmou que essa soma vale ***3.240***. Logo:

$$3 \,.\, (180x) - 6 \,.\, 180 = 3.240$$

Dividindo os dois lados da igualdade por 180:

$$3x - 6 = 18$$

$$\mathbf{x = 8}$$

Assim, os **polígonos apresentam 5, 8 e 11 lados**. Já o número de diagonais do terceiro polígono, o de 11 lados (eneágono), é dado por:

$$\boldsymbol{d} = \frac{\boldsymbol{n}.(\boldsymbol{n}-3)}{2}$$

$$d = \frac{11.(11-3)}{2} = \frac{11.8}{2} = 44$$

As respostas são **8** e **44**.

Gabarito: B.

ATENÇÃO!

Na questão original não havia essa resposta, por isso ela foi anulada na época. E repare que o examinador foi gente boa e colocou a fórmula da soma dos ângulos internos no próprio enunciado, mas não espere essa bondade sempre, então decore-a.

QUESTÃO 05 (ESAF/MPOG/2008) Dois polígonos regulares, X e Y, possuem, respectivamente, (n+1) lados e n lados. Sabe-se que o ângulo interno do polígono X excede o ângulo interno do polígono Y em 5° (cinco graus). Desse modo, o número de lados dos polígonos X e Y são, respectivamente, iguais a:

a) 9 e 8 b) 8 e 9 c) 9 e 10 d) 10 e 11 e) 10 e 12

RESOLUÇÃO:

Uma informação importantíssima que a questão nos fornece é que os polígonos são **regulares**. Acabamos de aprender que o ângulo interno ($\boldsymbol{a_i}$) de um polígono de **n** lados é dado por:

$$a_i = \frac{S_i}{n}$$

Daí:

$$a_i = \frac{S_i}{n} = \frac{(n-2).180°}{n}$$

- Para o polígono X, temos:

$$a_i = \frac{(n+1-2).180°}{n+1} = \frac{(n-1).180°}{n+1}$$

- Para o polígono Y, temos:

$$a_i = \frac{(n-2).180°}{n}$$

Prosseguindo, a questão afirma que o ângulo interno do polígono X excede o ângulo interno do polígono Y em 5°. Fazendo a diferença entre esses ângulos e já sabendo que o resultado é 5º, temos:

$$\frac{(n-1).180°}{n+1} - \frac{(n-2).180°}{n} = 5°$$

Dividindo os dois lados da equação por [n.(n + 1)] e resolvendo tudo, temos:

$$(n-1).36.n-(n-2).36.(n+1)=n(n+1)$$

$$36n^2-36n-36n^2+36n+72=n(n+1)$$

$$72=n.(n+1)$$

Nesse ponto você pode efetuar a multiplicação e achar a resposta dessa equação do 2º grau. Porém, é mais fácil (e poupa seu tempo) verificar que você está buscando dois números consecutivos positivos (n e n+1) cuja multiplicação vale 72. Ora, tais números só podem ser **9** e **8**, o que torna a **letra A** nossa alternativa correta. Cuidado com a pegadinha da letra B, que seria o número de lados de Y e X.

Gabarito: A.

2.7. Triângulos

Considere três pontos A, B e C que não estejam ao longo de uma mesma reta (ou seja, pontos não colineares). Se ligarmos esses pontos, obteremos a figura denominada **triângulo**:

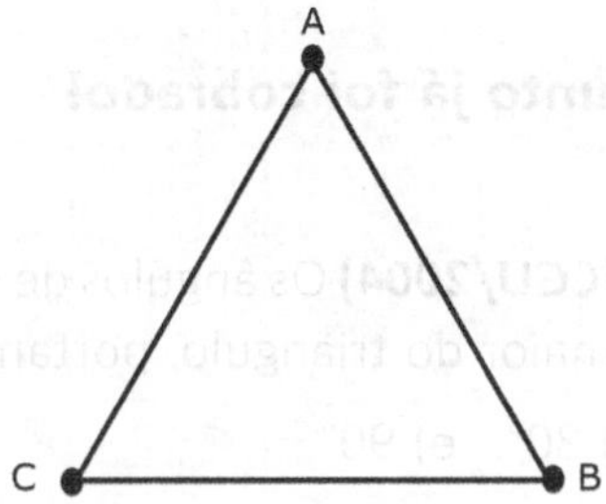

2.7.1. Elementos do Triângulo

Considere o triângulo abaixo.

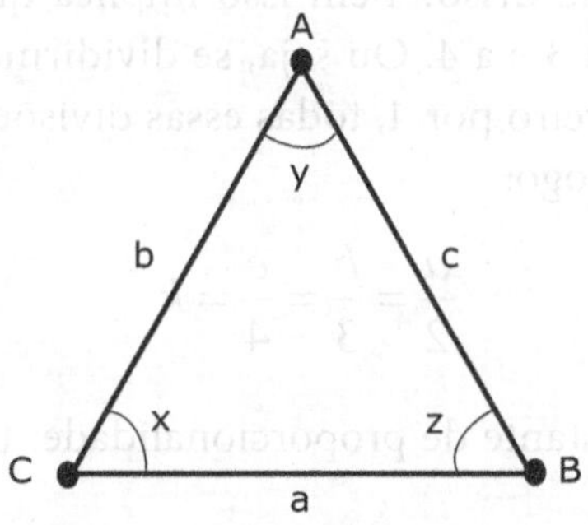

Os pontos A, B e C são os **vértices** do triângulo. Já os segmentos a, b e c são os **lados** do triângulo. Além disso, temos os **ângulos internos** do triângulo (ângulos x, y e z). Por sua vez, a **altura** do triângulo é um segmento que parte da reta suporte de um dos lados (chamado de base, representada pela letra b), sendo perpendicular a ela, e termina no vértice oposto.

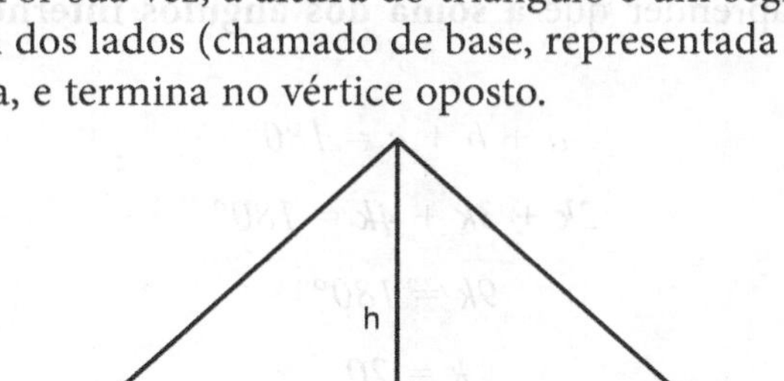

Nessa figura, o segmento **h** é a altura em relação à base **b**. Perceba que existem ainda outras duas alturas, pois depende da base que você tome como referência.

2.7.2. Soma dos ângulos internos de um triângulo

Neste tópico, precisamos ter em mente que **a soma dos ângulos internos de qualquer triângulo é 180º**. Afinal, $S_i = (n - 2).180^o = (3 - 2).180^o = 180^o$.

Veja como esse assunto já foi cobrado!

QUESTÃO 06 (ESAF – AFC/CGU/2004) Os ângulos de um triângulo encontram-se na razão 2:3:4. O ângulo maior do triângulo, portanto, é igual a:

a) 40° b) 70° c) 75° d) 80° e) 90°

RESOLUÇÃO:

O enunciado da questão informa que os ângulos estão na **razão 2:3:4**.

Qual é a consequência disso? Bem isso implica que os ângulos são diretamente proporcionais a 2, a 3 e a 4. Ou seja, se dividirmos o primeiro ângulo por 2, o segundo por 3 e o terceiro por 4, todas essas divisões serão iguais entre si (as divisões são constantes). Logo:

$$\frac{a}{2} = \frac{b}{3} = \frac{c}{4} = k$$

Em que **k** é uma constante de proporcionalidade. Daí, temos:

- a = 2k
- b = 3k
- c = 4k

Acabamos de aprender que **a soma dos ângulos internos do triângulo é igual a 180º**, logo:

$$a + b + c = 180^o$$

$$2k + 3k + 4k = 180^o$$

$$9k = 180^o$$

$$k = 20$$

Tendo o valor de k, podemos encontrar o maior ângulo do triângulo.

$$c = 4k = 4.20 = 80^o$$

Gabarito: D.

2.7.3. Classificações dos triângulos

Os triângulos podem ser classificados tanto em relação aos ângulos que possuem quanto aos lados presentes na sua constituição, de modo que podemos esquematizar assim:

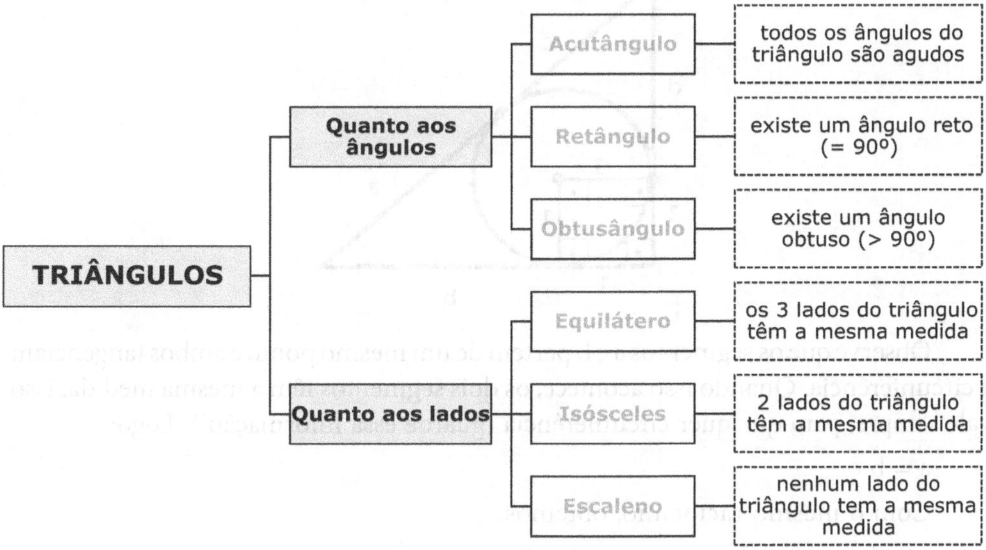

Esta figura facilitará a diferenciação entre os tipos de triângulos:

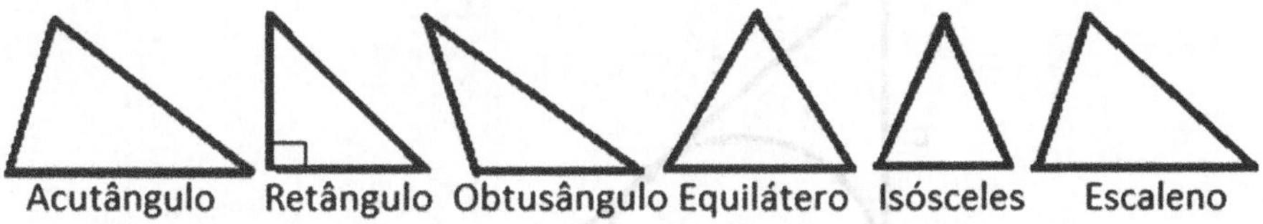

Veja como esse assunto já foi cobrado!

QUESTÃO 07 (ESAF – APO/MPOG/2005) Se de um ponto P qualquer forem traçados dois segmentos tangentes a uma circunferência, então as medidas dos segmentos determinados pelo ponto P e os respectivos pontos de tangência serão iguais. Sabe-se que o raio de um círculo inscrito em um triângulo retângulo mede 1 cm. Se a hipotenusa desse triângulo for igual a 20 cm, então seu perímetro será igual a:

a) 40 cm b) 35 cm c) 23 cm d) 42 cm e) 45 cm

RESOLUÇÃO:

A questão fala de um **círculo inscrito em um triângulo retângulo**. Isso significa que o círculo está dentro do triângulo, tangenciando todos os seus lados. A figura a seguir representa as informações do enunciado.

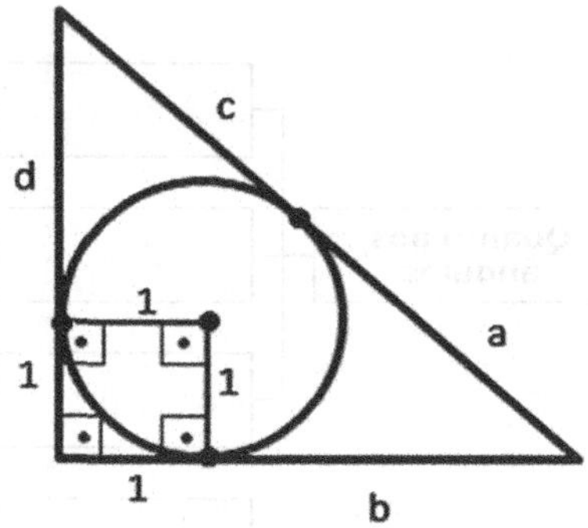

Observe que os segmentos **a** e **b** partem de um mesmo ponto e ambos tangenciam a circunferência. Quando isso acontece, os dois segmentos têm a mesma medida. Isso vale sempre, para qualquer circunferência (guarde essa informação!). Logo:

a = b

Com o mesmo raciocínio, obtemos:

c = d

A figura passa a ter os seguintes elementos:

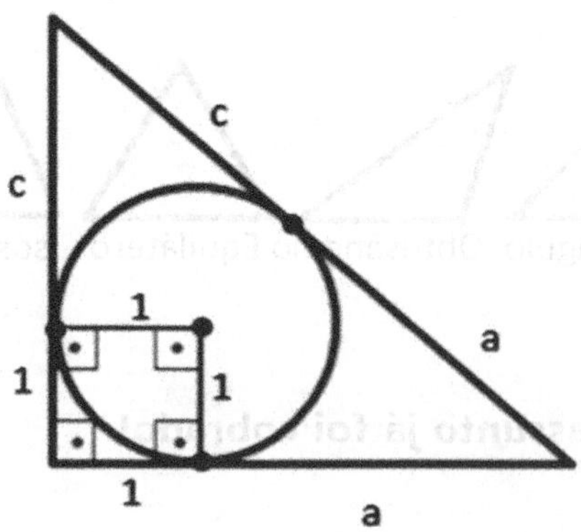

O enunciado também informa que **a hipotenusa do triângulo vale 20 cm.** Logo:

a + c = 20

O nosso objetivo consiste em obter o **perímetro do triângulo.** Ora, sabemos que o perímetro é dado pela soma de todos os seus lados. Assim:

$$Perímetro = (c+a)+(a+1)+(1+c) = 2a+2c+2 = 2.(a+c)+2$$

Mas $a + c = 20$. Assim:

$$\textbf{\textit{Perímetro}} = 2.20 + 2 = 42$$

Gabarito: D.

QUESTÃO 08 (ESAF – EPPGG/MPOG/2000) Os catetos de um triângulo retângulo medem, respectivamente, A+X e A+Y, onde A, X e Y são números reais. Sabendo que o ângulo oposto ao cateto que mede A+X é igual a 45º, segue-se que

a) Y =-2X

b) Y = (3 1/2)/2 X

c) Y = 3 1/2 X

d) Y = X

e) Y = 2X

RESOLUÇÃO:

De acordo com as informações dadas no enunciado da questão, podemos desenhar o seguinte triângulo retângulo:

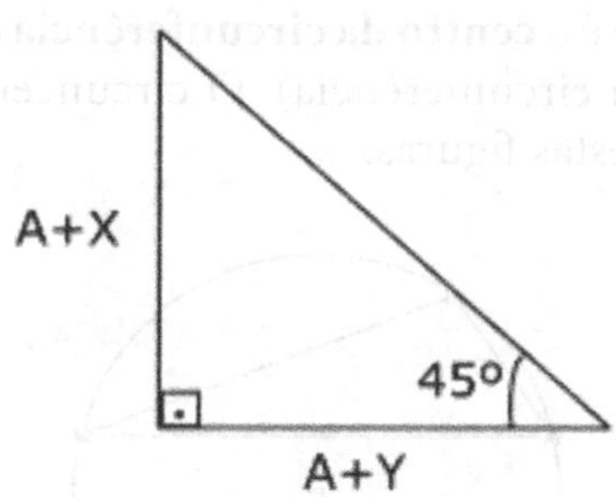

Já sabemos que **a soma dos ângulos internos de um triângulo vale 180º**. E visto que neste exercício trata-se de um **triângulo retângulo**, um dos ângulos já vale **90º**. A questão nos informou que um outro ângulo vale 45º.

Daí, vamos calcular quanto vale o terceiro ângulo:

$$\emptyset + 45 + 90 = 180$$
$$\emptyset = 45^{\circ}$$

Ora, se o outro ângulo também vale ***45º***, temos um triângulo retângulo que é também **isósceles**. E se é isósceles, os catetos são iguais. Logo:

$$X = Y$$

Gabarito: D.

2.7.4. Mediatriz, Mediana e Altura e seus Pontos Notáveis

A **mediatriz** de um triângulo é a **semirreta perpendicular a um lado do triângulo, traçada a partir do seu ponto médio**, conforme pode ser observada nesta figura:

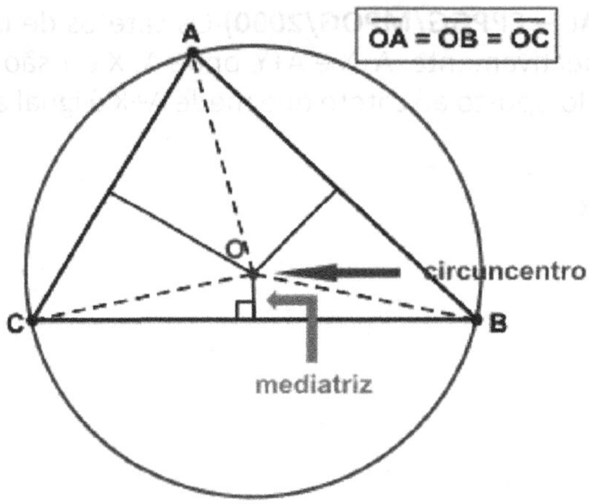

As três mediatrizes de um triângulo se encontram em um único ponto, chamado de **circuncentro**, que é o **centro da circunferência circunscrita ao triângulo** (o triângulo fica dentro da circunferência). O circuncentro pode ficar dentro ou fora do triângulo, como nestas figuras:

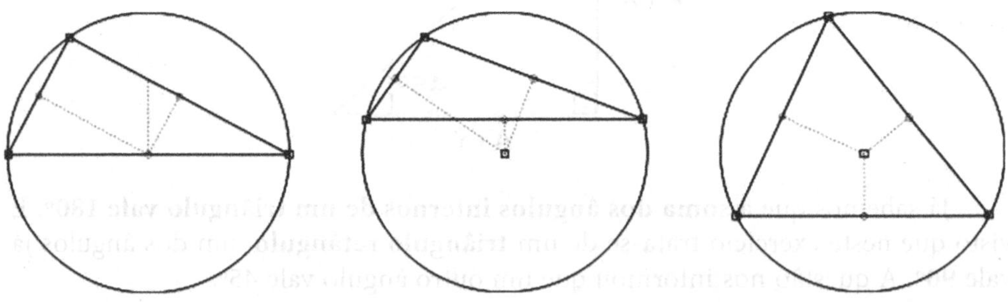

Já o **incentro** de um triângulo é o **ponto de encontro das bissetrizes dos ângulos internos do triângulo**. Ele é o centro da circunferência inscrita no triângulo, sendo que qualquer triângulo possui um incentro.

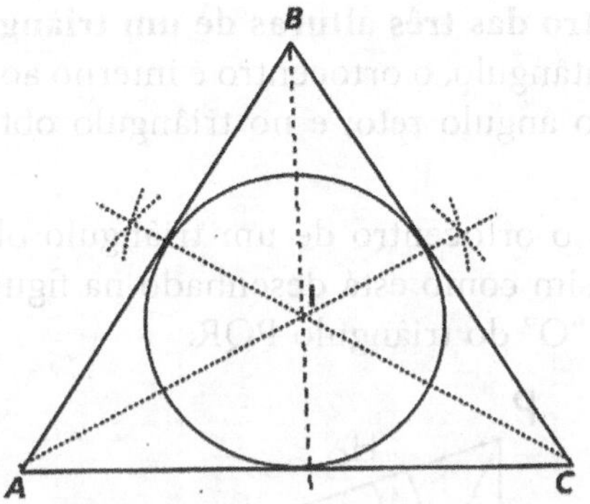

A **mediana** de um triângulo é o **segmento de reta que une o vértice do triângulo ao ponto médio do lado oposto.**

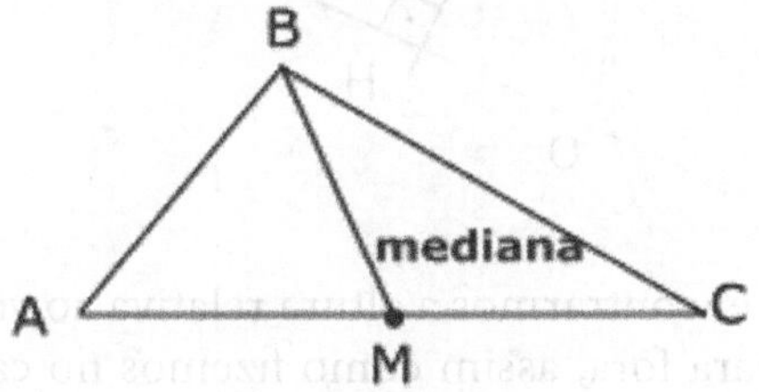

O **ponto de encontro das três medianas** é chamado de **baricentro** do triângulo, ou **centro de gravidade** do triângulo. Ele divide a mediana em dois segmentos e localiza-se a 2/3 do vértice. O segmento que une o vértice ao baricentro vale o dobro do segmento que une o baricentro ao lado oposto deste vértice. Esta figura representa isto:

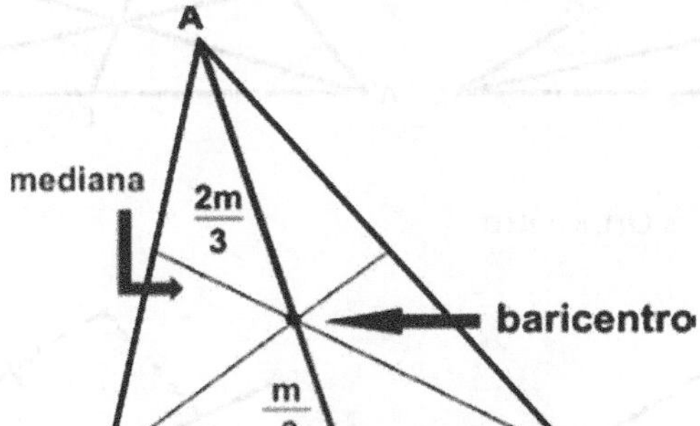

Como curiosidade, também chamamos o baricentro de um triângulo de centro de gravidade porque se esticarmos uma corda perpendicular ao triângulo a partir do baricentro, o triângulo ficará equilibrado, sem balançar.

O **ponto de encontro das três alturas de um triângulo** denomina-se **ortocentro**. No triângulo acutângulo, o ortocentro é interno ao triângulo; no triângulo retângulo, é o vértice do ângulo reto; e no triângulo obtusângulo, é externo ao triângulo.

Para encontrarmos o ortocentro de um triângulo obtusângulo, precisamos prolongar dois lados, assim como está desenhado na figura a seguir, na qual encontramos o ortocentro "O" do triângulo PQR:

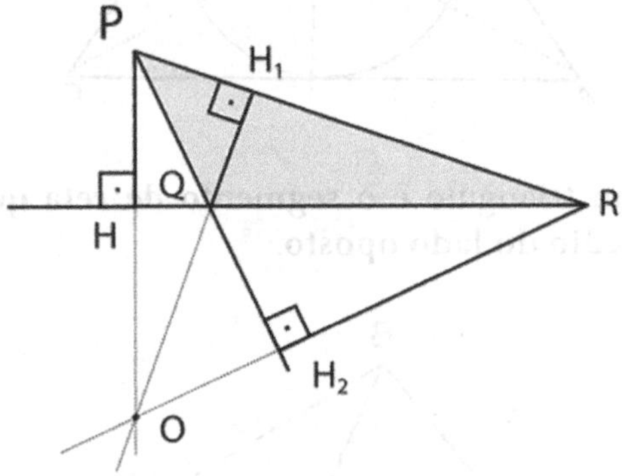

Perceba que, para encontrarmos a altura relativa ao vértice P (H), precisamos prolongar o lado QR para fora, assim como fizemos no caso da altura relativa ao vértice R (H^2), em que prolongamos o lado PQ.

Resumindo, temos:

• Baricentro

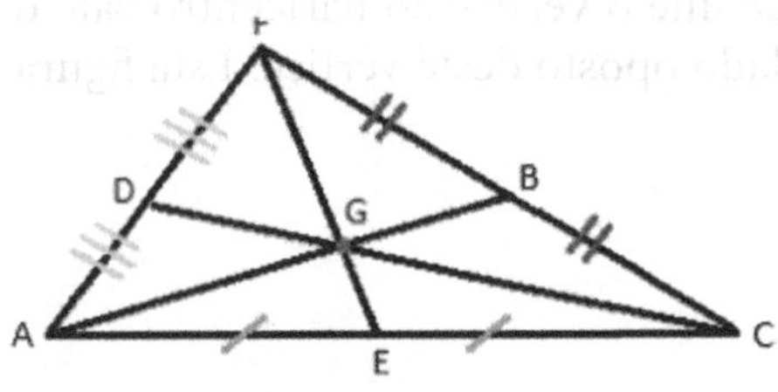

• Incentro

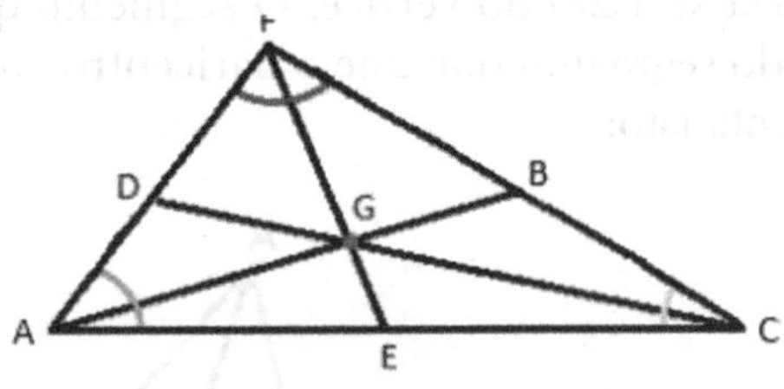

• Ortocentro

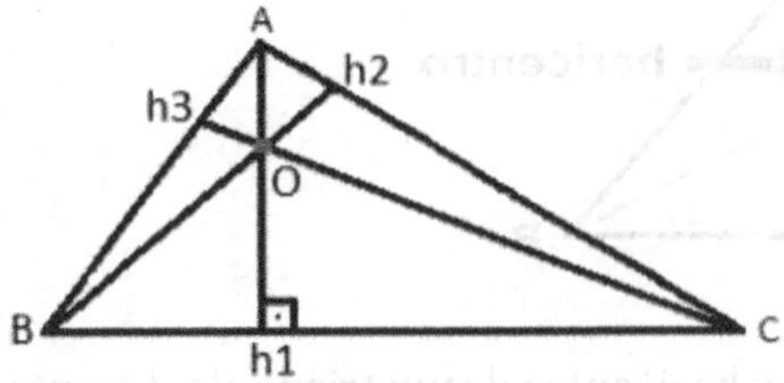

• Circuncentro

Fonte (disponível em 19/05/2019): https://essaseoutras.com.br/pontos-notaveis-do-triangulo-mediatriz-e-circuncentro-bari-orto-inc

PONTOS NOTÁVEIS EM UM TRIÂNGULO

- **Circuncentro**
  - Ponto de encontro das mediatrizes internas
  - É o centro da circunferência circunscrita a um triângulo
- **Incentro**
  - Ponto de encontro das bissetrizes internas
  - É o centro da circunferência inscrita a um triângulo
- **Baricentro**
  - Ponto de encontro das medianas
  - Localiza-se a 2/3 do vértice
- **Ortocentro**
  - Ponto de encontro das alturas

Veja como esse assunto já foi cobrado!

QUESTÃO 09 (CESPE – Polícia Federal/2004 – *Adaptada*) Tendo como referência as figuras de I a IV abaixo, julgue os itens que seguem.

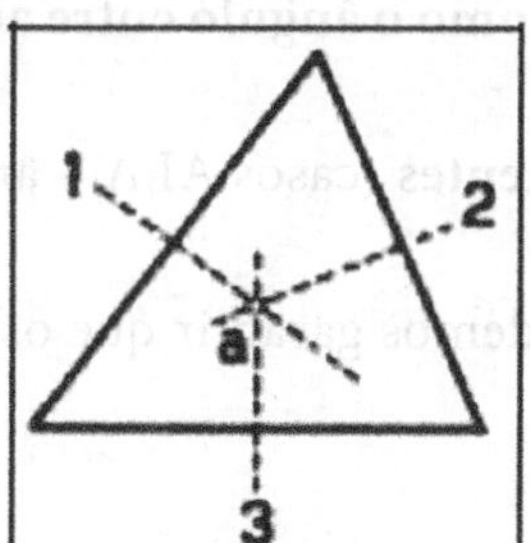

Figura I

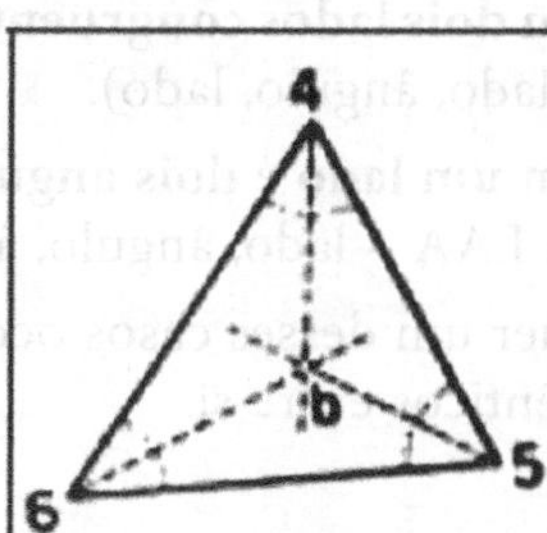

Figura II

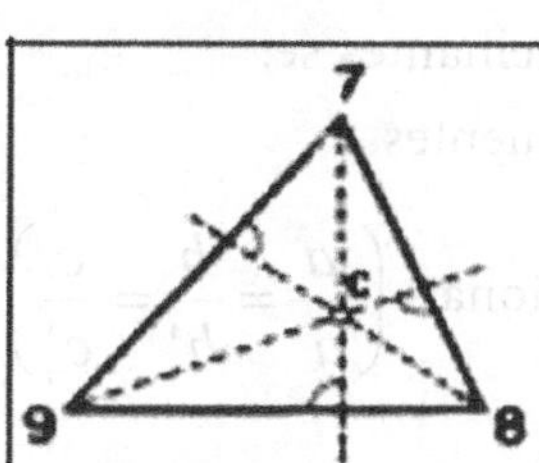

Figura III

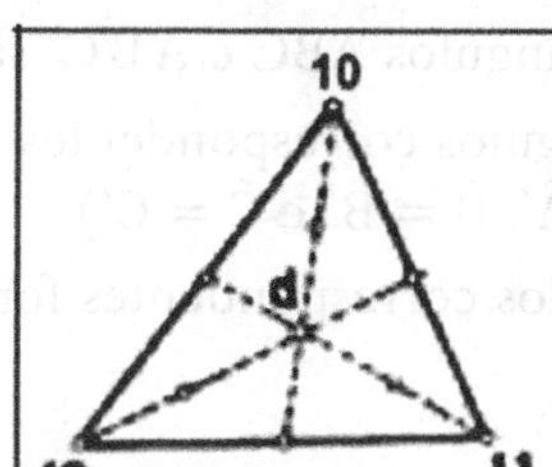

Figura IV

Item 1: Quando as medianas que partem dos vértices de um triângulo se cortam sobre um ponto que é equidistante dos lados, esse ponto é chamado incentro.

Item 2: Na figura II, o ponto notável b define o centro do círculo que pode ser inscrito no triângulo.

RESOLUÇÃO:

Vamos iniciar pelo item 1. O ponto de encontro das medianas é o **baricentro,** que é o **centro de gravidade do triângulo**. Na realidade, o **ponto de encontro das bissetrizes** é que é chamado de **incentro**, o que torna o item errado.

Quanto ao item 2, ele está certo porque é exatamente isso o que aprendemos anteriormente. Ou seja, o **incentro** de um triângulo é o **ponto de encontro das bissetrizes dos ângulos internos do triângulo**. Ele é o centro da circunferência inscrita no triângulo, sendo que qualquer triângulo pode ter um incentro.

Gabarito: errado e certo.

2.7.5. *Congruência de triângulos*

Dois triângulos são **congruentes** (iguais) quando seus lados correspondentes apresentam **medidas iguais.**

Para que dois triângulos sejam congruentes, é suficiente que:

- **Tenham três lados congruentes** (caso LLL – lado, lado, lado).
- **Tenham dois lados congruentes, assim como o ângulo entre ambos** (caso LAL – lado, ângulo, lado).
- **Tenham um lado e dois ângulos congruentes** (casos ALA – ângulo, lado, ângulo; LAA – lado, ângulo, ângulo).

Se qualquer um desses casos ocorrer, já podemos garantir que os dois triângulos serão idênticos entre si.

2.7.6. *Semelhança de triângulos*

Dois triângulos ABC e A'B'C' são ditos semelhantes se:

- Os ângulos correspondentes forem congruentes ($\hat{A} = \hat{A}'$, $\hat{B} = \hat{B}'$ e $\hat{C} = \hat{C}'$).
- Os lados correspondentes forem proporcionais $\left(\dfrac{a}{a'} = \dfrac{b}{b'} = \dfrac{c}{c'}\right)$.

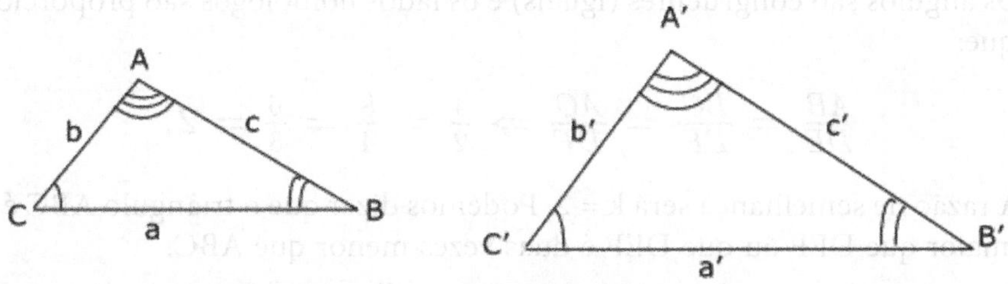

Usamos o símbolo ~ para indicar que dois triângulos são semelhantes.

Teorema fundamental: Se uma reta é paralela a um dos lados de um triângulo e intercepta os outros dois em dois pontos distintos, então o triângulo que ela determina é semelhante ao primeiro.

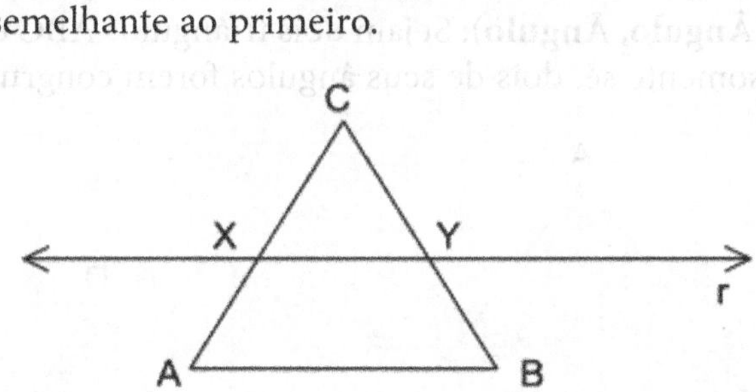

Considerando que a reta r é paralela ao lado AB, os triângulos ABC e XYC são **semelhantes.**

A razão entre dois lados homólogos (correspondentes) ou entre dois triângulos semelhantes (k) é chamada de **razão de semelhança** (ou de proporcionalidade).

$$\frac{AB}{DE} = \frac{BC}{EF} = \frac{AC}{DF} = k$$

Essa razão de semelhança é válida para **qualquer** polígono semelhante, não é exclusiva de triângulos semelhantes.

Por exemplo, os triângulos a seguir são semelhantes:

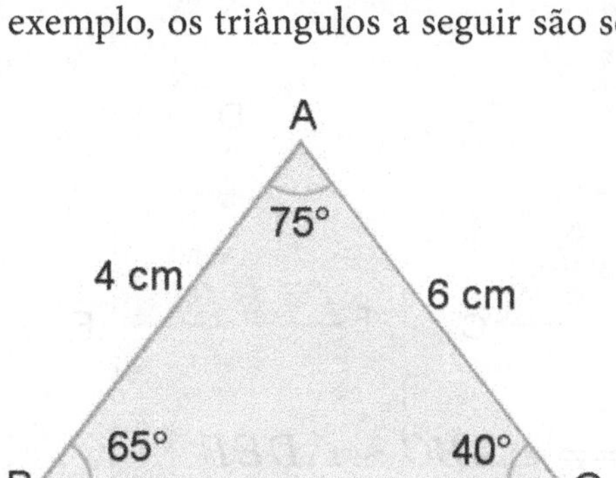

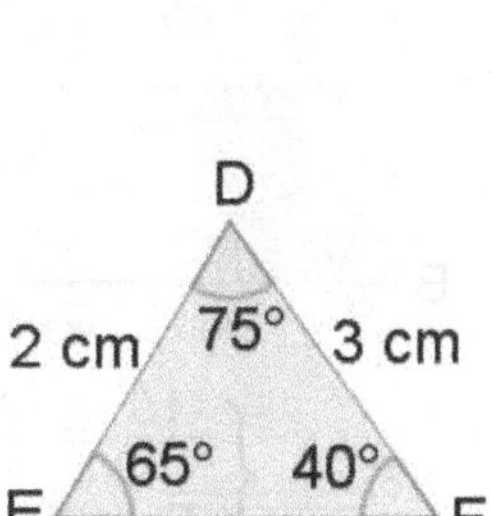

Os ângulos são congruentes (iguais) e os lados homólogos são proporcionais. Note que:

$$\frac{AB}{DE} = \frac{BC}{EF} = \frac{AC}{DF} \Rightarrow \frac{4}{2} = \frac{8}{4} = \frac{6}{3} = 2.$$

A razão de semelhança será k = 2. Podemos dizer que o triângulo ABC é duas vezes maior que DEF ou que DEF é duas vezes menor que ABC.

Para se verificar que dois triângulos são semelhantes, não é necessário conferir se todos os lados correspondentes são proporcionais e que todos os ângulos são congruentes. Há alguns **casos de semelhança** em que a detecção da semelhança é facilitada.

1) Caso AA (Ângulo, Ângulo): Sejam dois triângulos ABC e DEF. Eles serão semelhantes se, e somente se, dois de seus ângulos forem congruentes.

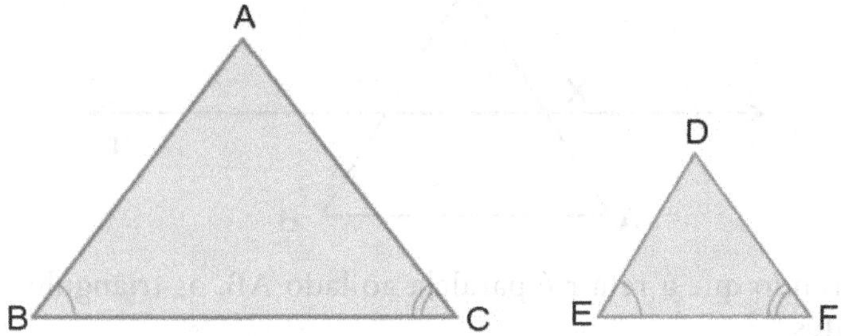

$$\begin{cases} \hat{B} \equiv \hat{E} \\ \hat{C} \equiv \hat{F} \end{cases} \Longleftrightarrow \triangle ABC \sim \triangle DEF$$

2) Caso LAL (Lado, Ângulo, Lado): Dois triângulos serão semelhantes se, e somente se, eles tiverem dois lados respectivamente proporcionais e se os ângulos formados por esses lados forem congruentes.

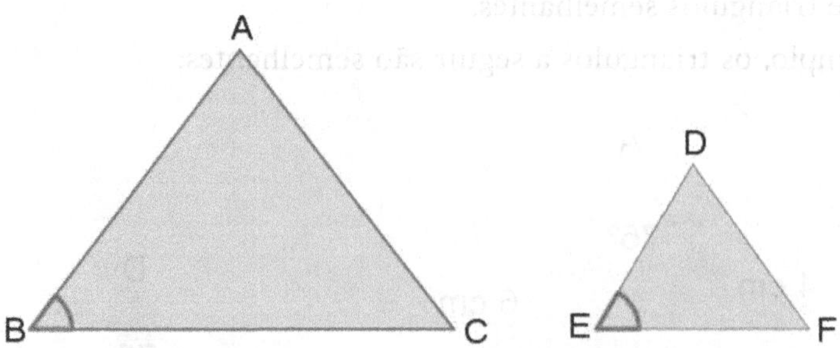

$$\begin{cases} \frac{AB}{DE} = \frac{BC}{EF} \\ \hat{B} \equiv \hat{F} \end{cases} \Longleftrightarrow \triangle ABC \sim \triangle DEF$$

3) Caso LLL (Lado, Lado, Lado): Dois triângulos serão semelhantes se, e somente se, eles tiverem os três lados respectivamente proporcionais.

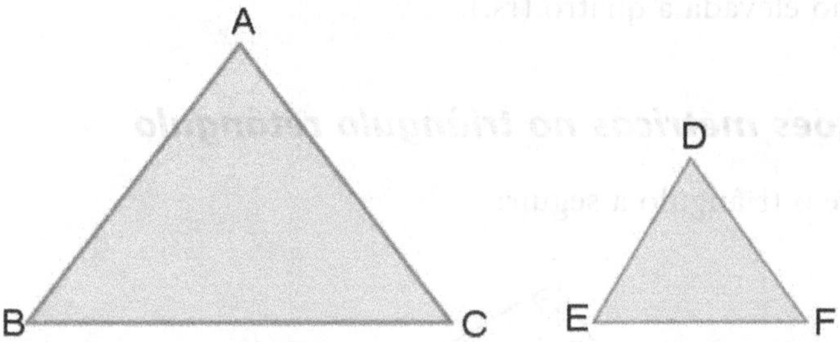

$$\frac{AB}{DE} = \frac{BC}{EF} = \frac{AC}{DF} \Longleftrightarrow \triangle ABC \sim \triangle DEF$$

2.7.7. Área do triângulo

A **área do triângulo** é dada pelo **produto entre a medida da base e da altura, dividido por 2**:

$$A = \frac{b.h}{2}$$

Outra forma de calcular a área de um triângulo é por meio da medida de seus lados. Assim, um triângulo de lados a, b, e c e **semiperímetro s** possui a seguinte **área**:

$$A = \sqrt{s.(s-a).(s-b).(s-c)}$$

Em que:

$$s = \frac{a+b+c}{2}$$

Se dois triângulos são semelhantes, então a **razão de semelhança** entre as áreas será o **quadrado** da razão de semelhança dos lados, isto é:

$$\frac{\textbf{Área triângulo}\,1}{\textbf{Área triângulo}\,2} = k^2$$

Mais à frente estudaremos sobre volumes de sólidos. A razão de semelhança entre volumes de sólidos semelhantes será o cubo da razão de semelhança dos lados.

É fácil entender isso. Se a razão de semelhança entre dois lados é k, como a fórmula para encontrar uma área envolve o produto de duas medidas do polígono, a razão será elevada ao quadrado. Para calcularmos um volume, como ainda veremos, utilizamos o produto de três medidas, logo, a razão de semelhança será elevada ao cubo. E se um dia alguém conseguir enxergar em quatro dimensões, utilizará a razão elevada a quatro (rs.).

2.7.8. Relações métricas no triângulo retângulo

Considere o triângulo a seguir:

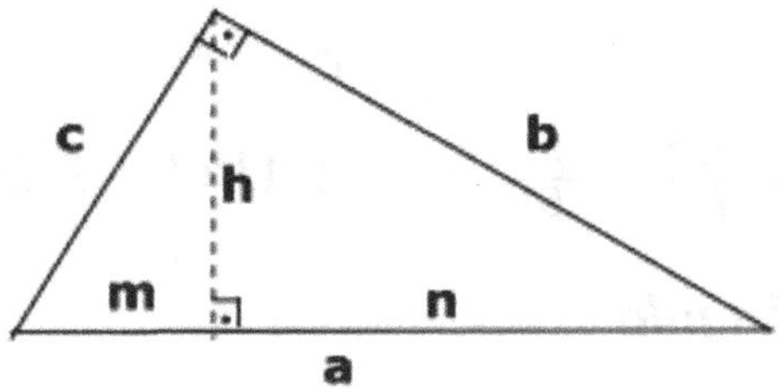

Em que:

- a – hipotenusa
- b e c – catetos
- h – altura relativa à hipotenusa
- m e n – projeções dos catetos sobre a hipotenusa

As relações métricas que podemos estabelecer são:

1) **b.c = a.h**

2) **c^2 = a.m**

3) **b^2 = a.n**

4) **h^2 = m.n**

5) **Teorema de Pitágoras: $a^2 = b^2 + c^2$**

2.8. Teorema de Tales

O **Teorema de Tales** nos diz que:

> ***Um feixe de retas paralelas cortado por duas transversais forma segmentos de retas proporcionais.***

Na figura a seguir, temos três retas horizontais (r_1, r_2 e r_3) paralelas entre si, sendo cortadas por duas retas transversais (t_1 e t_2).

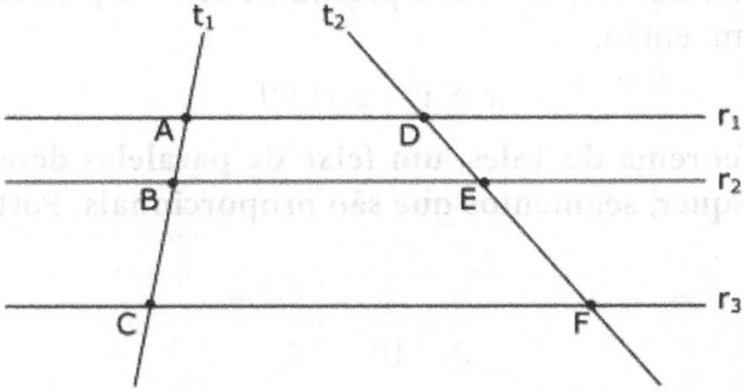

O **Teorema de Tales** nos diz que **segmentos correspondentes são proporcionais**. Daí:

$$\frac{AB}{BC} = \frac{DE}{EF}$$

Veja como esse assunto já foi cobrado!

QUESTÃO 10 (ESAF – AFC/STN/2005) Um feixe de 4 retas paralelas determina sobre uma reta transversal, A, segmentos que medem 2 cm, 10 cm e 18 cm, respectivamente. Esse mesmo feixe de retas paralelas determina sobre uma reta transversal, B, outros três segmentos. Sabe-se que o segmento da transversal B, compreendido entre a primeira e a quarta paralela, mede 90 cm. Desse modo, as medidas, em centímetros, dos segmentos sobre a transversal B são iguais a:

a) 6, 30 e 54 b) 6, 34 e 50 c) 10, 30 e 50 d) 14, 26 e 50 e) 14, 20 e 56

RESOLUÇÃO:

O desenho da questão é:

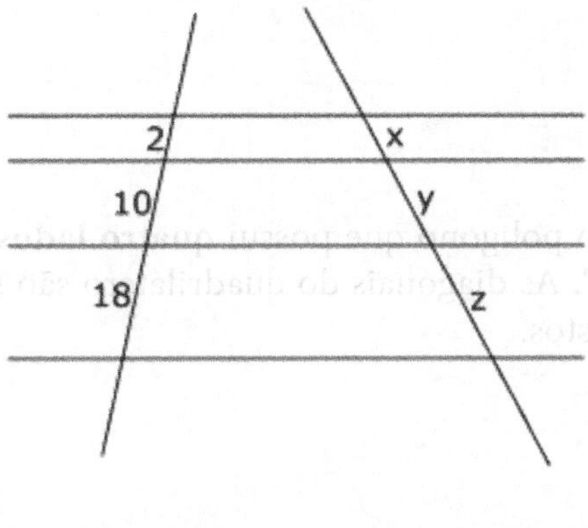

O segmento da transversal B, compreendido entre a primeira e a quarta paralelas, mede 90 cm, então:

$$x + y + z = 90$$

Segundo o **Teorema de Tales, um feixe de paralelas determina, em duas transversais quaisquer, segmentos que são proporcionais**. Portanto, teremos:

$$\frac{x}{2} = \frac{y}{10} = \frac{z}{18}$$

De acordo com as propriedades da proporção, podemos fazer a igualdade:

$$\frac{x}{2} = \frac{y}{10} = \frac{z}{18} = \frac{x+y+z}{2+10+18}$$

Sabemos que x + y + z = 90, logo:

$$\frac{x}{2} = \frac{y}{10} = \frac{z}{18} = \frac{90}{30} = 3$$

- Cálculo de x:

  $\frac{x}{2} = 3$ → **x=6**

- Cálculo de y:

  $\frac{y}{10} = 3$ → **y=30**

- Cálculo de z:

  $\frac{z}{18} = 3$ → **z=54**

Gabarito: A.

2.9. Quadriláteros

O **quadrilátero** é o polígono que possui **quatro lados** e a soma de seus ângulos internos vale **360°**. As diagonais do quadrilátero são segmentos de reta que unem seus vértices opostos.

Uma característica interessante dos quadriláteros é que sempre que um quadrilátero for circunscrito a uma circunferência, a soma de seus lados opostos é igual. Você entenderá isso melhor na questão a seguir.

Veja como esse assunto já foi cobrado!

QUESTÃO 11 (ESAF – AFC/CGU/2008) Um quadrilátero convexo circunscrito a uma circunferência possui os lados a, b, c e d, medindo (4 x – 9), (3 x + 3), 3 x e 2 x, respectivamente. Sabendo-se que os lados a e b são lados opostos, então o perímetro do quadrilátero é igual a:

a) 25 b) 30 c) 35 d) 40 e) 50

RESOLUÇÃO:

Logo no início do enunciado é dito que o **quadrilátero** é circunscrito a uma circunferência. Ou seja, o quadrilátero está do lado de fora e seus lados tangenciam a circunferência. Além disso, isso significa que a circunferência está inscrita ao quadrilátero. A figura a seguir ilustra bem a situação:

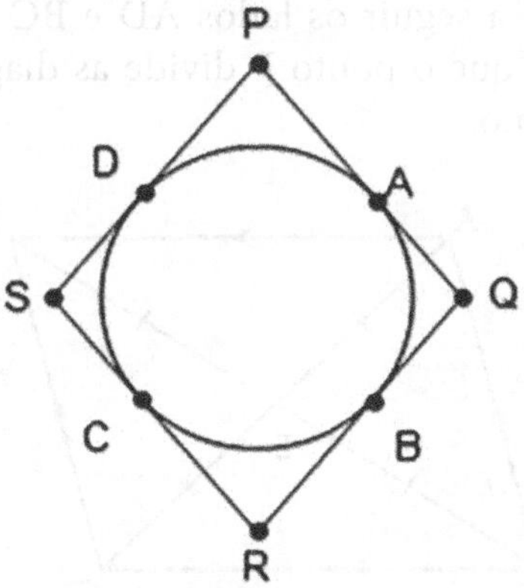

Nesse caso, precisamos nos lembrar do que acabamos de aprender, ou seja:

"sempre que um quadrilátero for circunscrito a uma circunferência, a soma de seus lados opostos é igual".

Daí, teremos:

$$a+b=c+d$$

$$(4x-9)+(3x+3)=3x+2x$$

$$\boldsymbol{x}=3$$

Mas o nosso objetivo consiste em obter o **perímetro do quadrilátero:**

$$p = a + b + c + d$$

$$p = (4x - 9) + (3x + 3) + 3x + 2x$$

$$p = 12x - 6$$

Substituindo o valor de **x** encontrado, temos:

$$p = 12.3 - 6 = 36 - 6 = 30$$

Gabarito: B.

2.9.1. Paralelogramo

É o quadrilátero cujos **lados opostos são paralelos** e suas **diagonais se encontram no ponto médio.** Além disso, os ângulos opostos do paralelogramo são congruentes e os lados opostos são iguais.

Perceba que na figura a seguir os lados AD e BC são iguais entre si, assim como os lados AB e CD, e que o ponto E divide as diagonais ao meio. Logo, ela representa um paralelogramo.

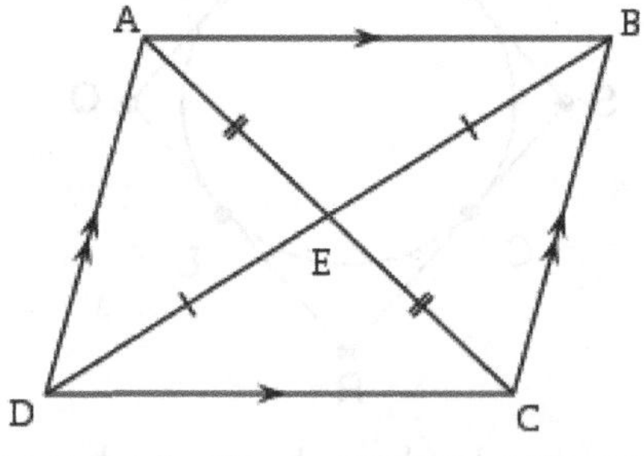

2.9.1.1. Quadrado

É o paralelogramo que tem os **quatro lados e os quatro ângulos iguais entre si.**

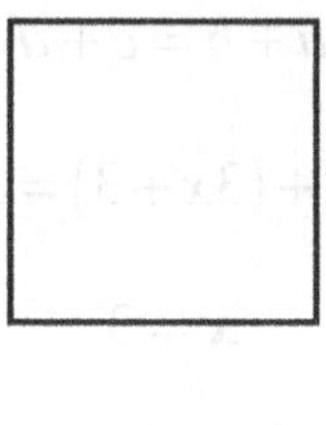

Cada ângulo mede 90º, ou seja, um quadrado é formado por quatro ângulos retos. Assim, cada diagonal divide o quadrado em dois triângulos retângulos isósceles, com dois ângulos medindo 45º e o terceiro, 90º.

Algo que é cobrado com certa frequência é saber como calcular a **diagonal do quadrado** de lado **l**:

$$d = l\sqrt{2}$$

Veja como esse assunto já foi cobrado!

QUESTÃO 12 (ESAF – Gestor Fazendário/SEFAZ-MG/2005) Considere um terreno quadrado com o comprimento do lado medindo uma unidade. Indique qual o número racional p/q que representa a medida do comprimento da diagonal desse terreno.

a) Tal número racional não existe porque essa medida é um número irracional

b) p=1414, q=1000

c) p=1414-14=1400, q=990

d) p=141-14=127, q=90

e) p=1414-141=1273, q=900

RESOLUÇÃO:

Acabamos de aprender que a diagonal do quadrado de lado **l** vale:

$$d = l\sqrt{2}$$

Como o nosso quadrado tem lado igual a 1, sua **diagonal** vale $\sqrt{2}$, que, por definição, é um número irracional e não existe um número racional p/q que o represente.

Gabarito: A.

QUESTÃO 13 (ESAF – ATEng/Pref RJ/2010) Um quadrado de lado unitário está inscrito em um círculo que, por sua vez, está inscrito em outro quadrado de lado L.

Determine o valor mais próximo de L.

a) 1,732 b) 1,414 c) 2 d) 1,5 e) 1,667

RESOLUÇÃO:

A figura a seguir ilustra bem a situação descrita no enunciado:

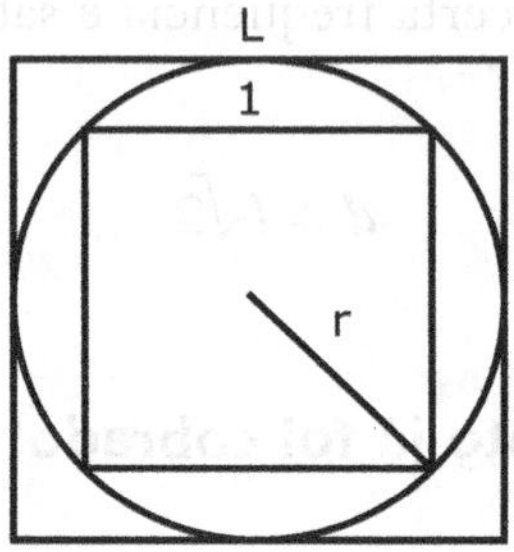

Perceba que o **raio** do círculo é igual à metade da **diagonal** do quadrado menor, cujo lado é 1. Logo:

$$r = \frac{l\sqrt{2}}{2} = \frac{1.\sqrt{2}}{2} = \frac{\sqrt{2}}{2}$$

Por sua vez, o lado L do quadrado maior é igual ao dobro do raio. Basta perceber que no meio do círculo temos um diâmetro passando pelo centro que é paralelo e igual ao lado L do quadrado maior. Logo:

$$L = 2r = 2.\frac{\sqrt{2}}{2} = \sqrt{2} \cong 1,414$$

Gabarito: B.

2.9.2. Retângulo

É um quadrilátero que possui todos os ângulos iguais a 90° e seus **lados paralelos possuem o mesmo tamanho.**

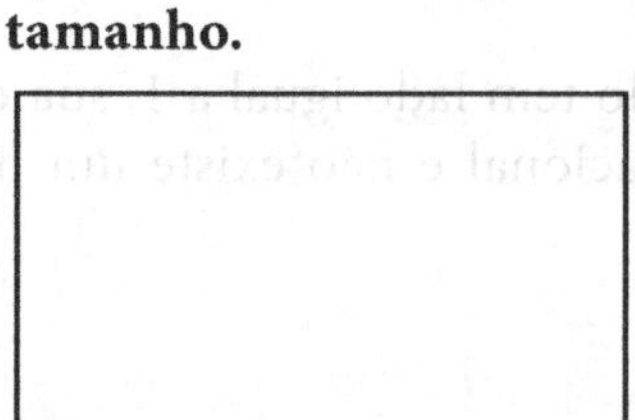

Entenda que todo quadrado é um retângulo, mas nem todo retângulo é um quadrado. Assim como todo retângulo é um caso particular de paralelogramo cujos quatro ângulos são iguais entre si.

Eis uma representação disso em forma de conjuntos, para que você entenda melhor:

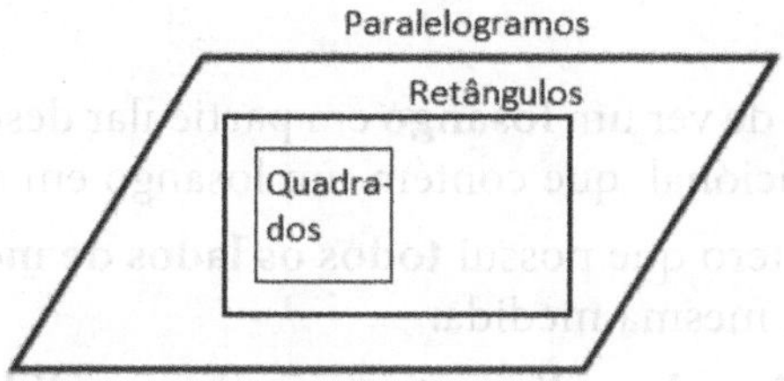

Veja como esse assunto já foi cobrado!

QUESTÃO 14 (ESAF – APOFP/SEFAZ-SP/2009) A e B são os lados de um retângulo I. Ao se aumentar o lado A em 20% e reduzir-se o lado B em 20% obtêm-se o retângulo II. Se, ao invés disso, se aumentar o lado B em 20% e diminuir-se o lado A em 20%, tem-se o retângulo III.

Pode-se afirmar que:

a) os três retângulos têm a mesma área.

b) os retângulos II e III têm uma área igual, maior que a do retângulo I.

c) o retângulo II tem a maior área.

d) o retângulo III tem a maior área.

e) o retângulo I tem a maior área.

RESOLUÇÃO:

Se A e B são os lados do retângulo I, então a área dele será:

$$S_1 = A.B$$

Na sequência, o enunciado afirma que o retângulo II tem origem ao se aumentar o lado A em 20% e reduzir-se o lado B em 20%. Então, a área dele será:

$$S_{II} = 1,2A.0,8B = 0,96A.B$$

Por sua vez, é dito que o retângulo tem origem ao se aumentar o lado B em 20% e diminuir-se o lado A em 20%. Então, a área dele será:

$$S_{III} = 0,8A.1,2B = 0,96A.B$$

Dessa forma, percebe-se que **o retângulo I tem a maior área.**

Gabarito: E.

2.9.3. Losango

Você está cansado de ver um **losango** em particular desde criança, basta olhar para nossa bandeira nacional, que contém um losango em amarelo.

Ele é um quadrilátero que possui **todos os lados de mesmo tamanho** e seus ângulos opostos com a mesma medida.

Geralmente seus **ângulos adjacentes possuem medidas diferentes, porque quando possuem medidas iguais, vira um caso particular do losango, nosso querido quadrado.**

Há autores que somente definem um polígono como losango se os ângulos adjacentes forem diferentes, ou seja, para eles um quadrado não seria um losango; já outros autores definem como definimos, podendo ter medidas iguais, formando um quadrado, mas para fins de concursos públicos isso é irrelevante. O que é pacífico é que todo losango é um **paralelogramo**.

Uma característica dos losangos é que as suas diagonais se cortam formando quatro ângulos retos.

Nas áreas de Engenharia e Física os losangos são mais conhecidos como rombos.

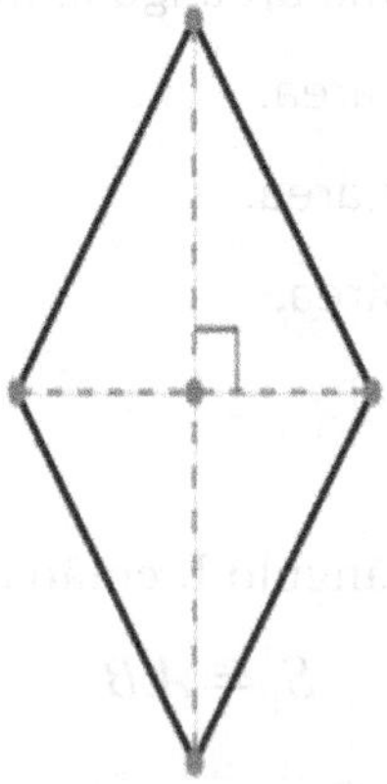

2.9.4. Trapézio

É o quadrilátero no qual **apenas dois lados são paralelos entre si.**

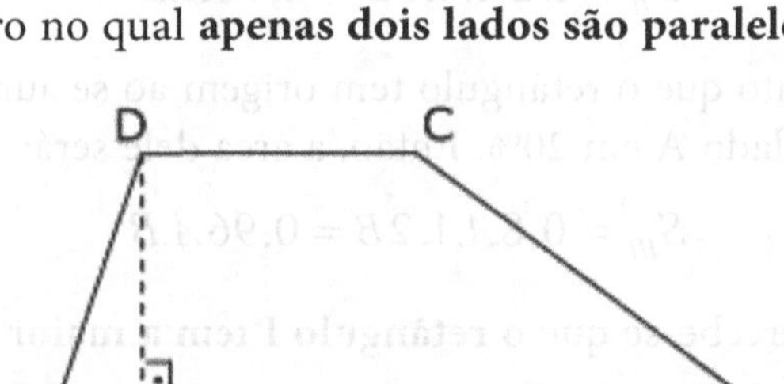

Em que:

- AB é paralela a CD.
- AB é a base maior.
- CD é a base menor.
- DH é a altura.

Há uma propriedade do trapézio que convém conhecermos:

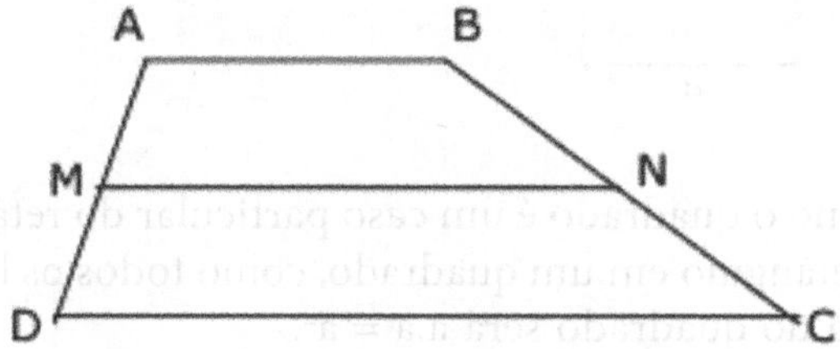

Sendo M o ponto médio de AD e N o ponto médio de BC, a medida do segmento MN, chamada de **base média do trapézio**, é dada por:

$$MN = \frac{AB + CD}{2}$$

Isto é, em um trapézio, a base média é a média aritmética das bases.

Um trapézio pode ser retângulo, isósceles ou escaleno. Ele será retângulo quando dois ângulos forem iguais a 90º e os outros dois, não. Será isósceles quando os dois lados não paralelos forem iguais. E será escaleno quando os dois lados não paralelos forem diferentes. Eis seus formatos:

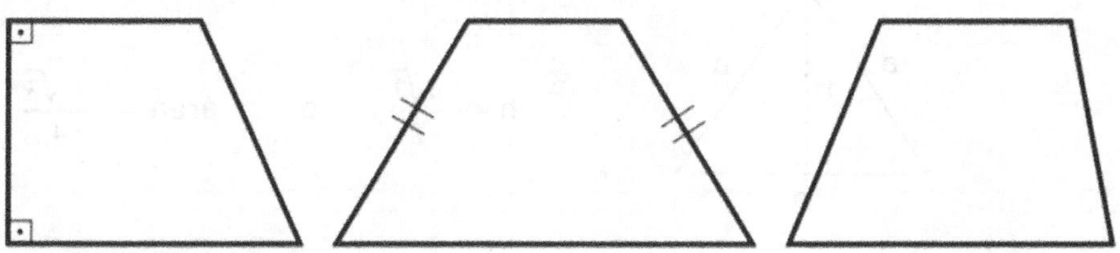

Trapézio Retângulo Trapézio Isósceles Trapézio Escaleno

2.10. Áreas das figuras planas

Com relação às áreas das figuras planas, basicamente precisamos saber suas fórmulas:

Retângulo:

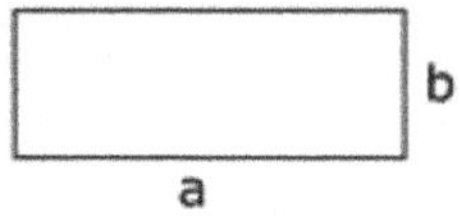

área = a . b

Quadrado:

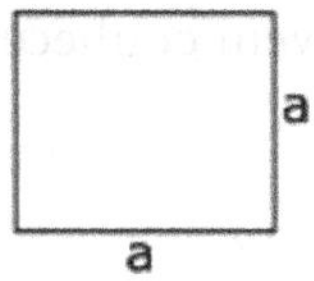

área = a^2

Perceba que como o quadrado é um caso particular do retângulo, se usarmos a mesma forma do retângulo em um quadrado, como todos os lados neste medem "a", a fórmula da área do quadrado será $a.a = a^2$.

Triângulo:

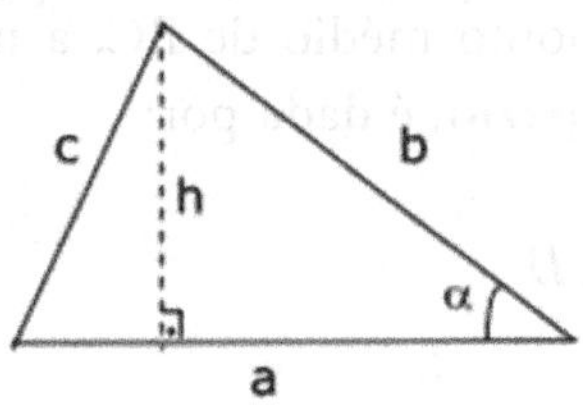

$$\text{área} = \frac{\text{base x altura}}{2} = \frac{a \times h}{2}$$ ou

$$\text{área} = \frac{a.b.\text{sen}\alpha}{2}$$

A área também pode ser calculada usando a segunda fórmula se usarmos o outro ângulo formado pelos lados "a" e "c" e substituindo o "b" da fórmula pelo "c".

Triângulo Equilátero:

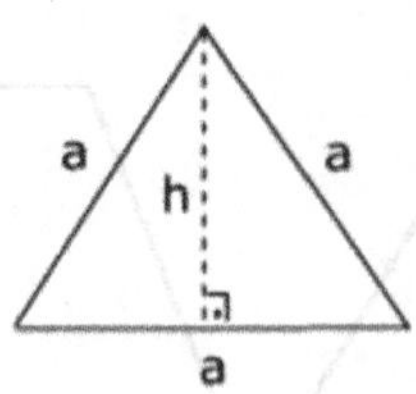

$$h = \frac{a\sqrt{3}}{2} \quad \text{e} \quad \text{área} = \frac{a^2\sqrt{3}}{4}$$

Paralelogramo:

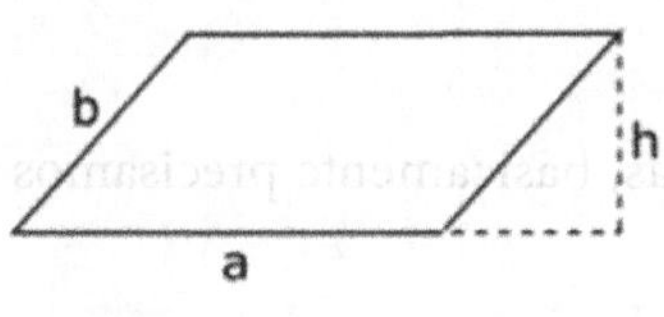

área = base x altura = a x h

A mesma fórmula pode ser usada em relação à outra altura do paralelogramo, trocando “a” por “b”.

Trapézio:

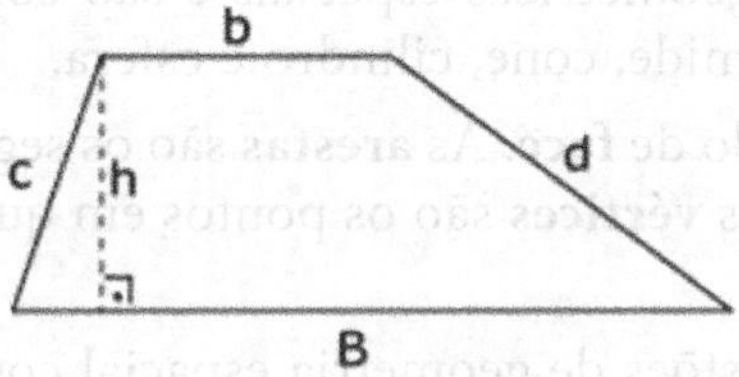

$$\text{área} = \frac{(B + b).h}{2}$$

Losango:

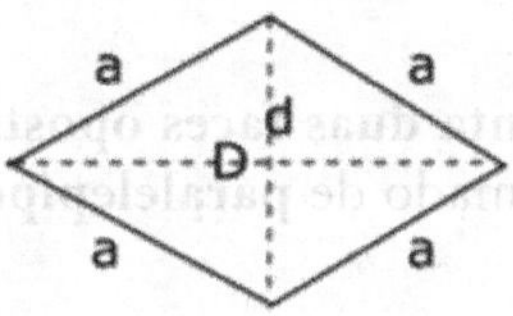

$$\text{área} = \frac{D \cdot d}{2}$$

d = diagonal menor
D = diagonal maior

Área do Círculo

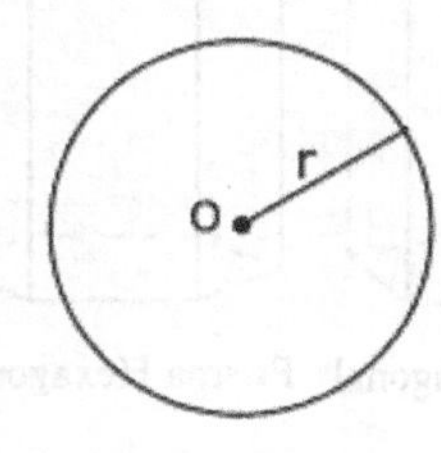

$$\text{área} = \pi r^2$$

Comprimento de uma circunferência:
$$C = 2\pi r$$

Setor Circular:

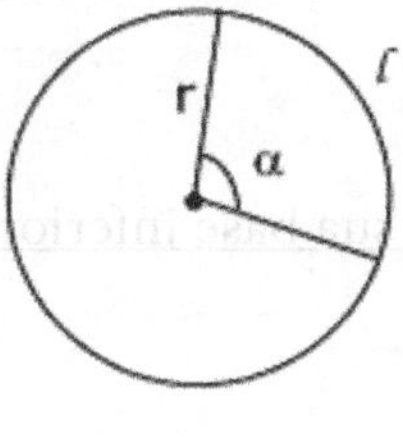

$$\text{área} = \frac{\alpha \pi r^2}{360^o}$$

3. GEOMETRIA ESPACIAL

A **Geometria Espacial** é o estudo da geometria no espaço, em que estudamos as figuras que possuem **mais de duas dimensões**. Essas figuras recebem o nome de sólidos geométricos ou figuras geométricas espaciais e são conhecidas como prisma (cubo, paralelepípedo), pirâmide, cone, cilindro e esfera.

Cada plano do sólido é chamado de **face**. As **arestas** são os segmentos de reta que unem duas faces do sólido. Já os **vértices** são os pontos em que mais de duas arestas do sólido se encontram.

Você perceberá que várias questões de geometria espacial costumam ser resolvidas com as ferramentas de geometria plana. Aguarde e confie!

3.1. Prisma

Um **prisma** é um **poliedro que apresenta duas faces opostas paralelas**. O prisma cujas bases são paralelogramos é chamado de **paralelepípedo**.

Eis alguns exemplos de prismas:

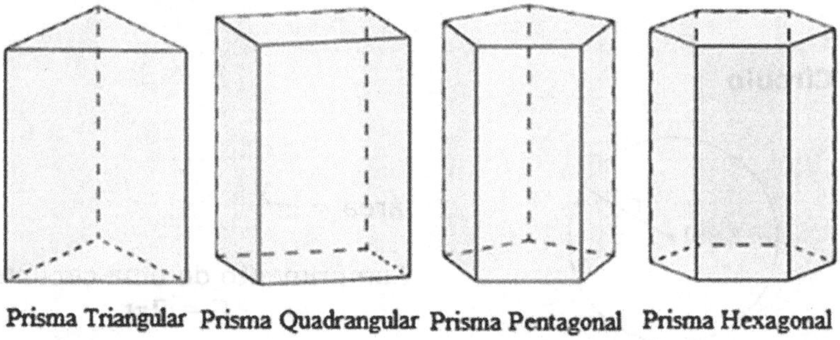

Fonte (disponível em 19/05/2019): www.todamateria.com.br/prisma

➢ Altura do prisma:

A **altura** do prisma é a medida da distância entre sua base inferior e sua base superior.

➢ Área Lateral e Área Total:

A **área lateral** do prisma é dada pela soma das áreas de cada quadrilátero de suas faces laterais. Por exemplo, no caso de um prisma com base triangular, teremos que sua área lateral será igual à soma das áreas dos três quadriláteros que formam suas faces laterais.

A **área total** do prisma é igual à soma de sua área lateral com a área de suas duas bases (a inferior e a superior).

➢ Volume:

O **volume** do prisma é calculado multiplicando-se a área de sua base pela medida de sua altura:

$$V = \text{Área da base} \times \text{Altura}$$

Esta figura mostra todas as medidas importantes de um prisma, tomando como exemplo um prisma hexagonal:

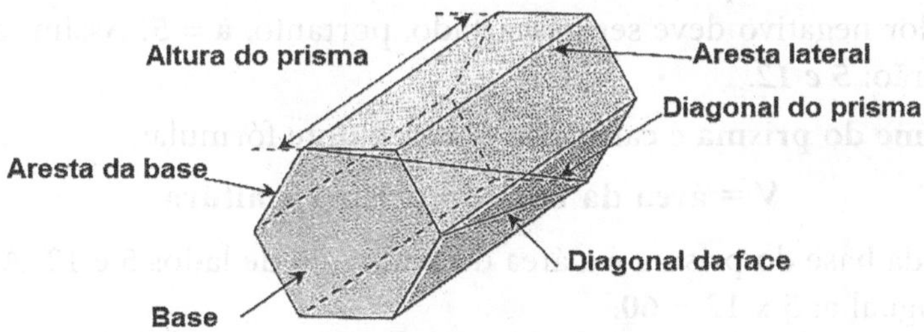

Veja como esse assunto já foi cobrado!

QUESTÃO 15 (ESAF – AFC/CGU/2002) Um dos lados de um retângulo é 7 cm maior do que o outro lado. Se a diagonal deste retângulo mede 13 cm, então o volume de um prisma regular, de 5 cm de altura, e que tem como base este retângulo, é igual a:

a) 50 cm³ b) 65 cm³ c) 150 cm³ d) 200 cm³ e) 300 cm³

RESOLUÇÃO:

O retângulo descrito no enunciado da questão está muito bem representado no desenho a seguir:

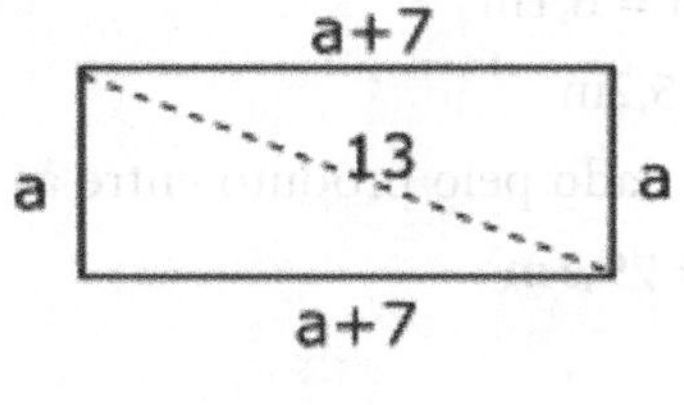

Com base nos valores fornecidos no enunciado, temos condições de determinar os lados do retângulo.

Aplicando o **teorema de Pitágoras** no triângulo retângulo formado pela diagonal e os lados do retângulo:

$$13^2 = a^2 + (a+7)^2$$

$$169 = a^2 + (a^2 + 14a + 49)$$

$$a^2 + 7a - 60$$

Resolvendo essa equação, encontramos que suas raízes são: a' = -12 e a"= 5. Ora, o valor negativo deve ser descartado, portanto, **a = 5**. Assim, os lados do retângulo serão: ***5 e 12***.

O **volume do prisma** é calculado pela seguinte fórmula:

V = área da base do prisma x altura

A área da base do prisma é a área do retângulo de lados 5 e 12. A área desse retângulo é igual a: 5 x 12 = **60**.

Substituindo os valores na fórmula do volume do prisma, tendo o enunciado dado a altura igual a 5, teremos:

V = 60 x 5 = **300 cm^3**

Gabarito: E.

QUESTÃO 16 (RBO – Contador/IPMO Ourinhos/2021) Um galpão tem dimensões de 610cm x 52dm x 2,5m. O volume desse galpão em m^3 é de

a) $59m^3$ b) $63m^3$ c) $79,3m^3$ d) $91,5m^3$

RESOLUÇÃO:

Veja que o enunciado apresenta dimensões em centímetros, decímetros e metros, e pede-se o volume em **metros cúbicos**. Então, inicialmente devemos converter as medidas de centímetros e decímetros para metros. Para isso podemos dividir as respectivas medidas por 100 e por 10:

- 610cm = 610 ÷ 100m = 6,1m

- 52dm = 52 ÷ 10m = 5,2m

O volume do galpão é dado pelo produto entre as dimensões fornecidas:

2,5m × 6,1m × 5,2m = **79,3m^3**

Gabarito: C.

3.1.1. Prisma reto

Quanto à inclinação das arestas laterais, os prismas podem ser retos ou oblíquos.

Nos prismas retos, as arestas laterais têm o mesmo comprimento, são perpendiculares ao plano da base e as faces laterais são retangulares. Eis um prisma pentagonal reto:

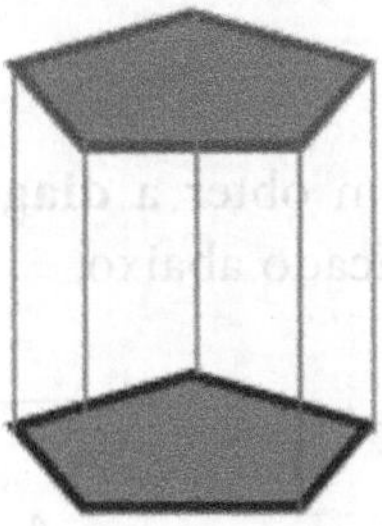

O **prisma reto que possui em todas as faces um quadrado** é chamado de **cubo.** Sabe um dado qualquer utilizado em jogos? Pois bem, eis um cubo.

➢ **Volume do cubo:**

$$V = \text{Área da base x Altura} = a^2.a = a^3$$

➢ **Área total:**

$$A_{total} = \text{Área da base x Altura} = 6.a^2$$

Essa fórmula é simples de entender. Como cada área de uma das faces é igual à área de um quadrado de lado "a", ela vale a^2. Como são seis quadrados que formam um cubo, pois são seis faces, a área total será $6.a^2$.

Veja como esse assunto já foi cobrado!

QUESTÃO 17 (ESAF – ATEng/Pref RJ/2010) Considere um cubo C no qual a área de cada face mede 4 cm2. Sabendo-se que a diagonal do cubo é o segmento de reta que une dois vértices não pertencentes à mesma face, então a diagonal do cubo C mede, em centímetros:

a) $2\sqrt{3}$ b) $2\sqrt{2}$ c) $4\sqrt{2}$ d) $3\sqrt{3}$ e) $3\sqrt{2}$

UNIDADE 3 – MATEMÁTICA DE NÍVEL MÉDIO

RESOLUÇÃO:

A questão começa afirmando que a área de cada face mede $4cm^2$. Como consequência disso, temos que a aresta vale 2cm, já que as faces do cubo são quadrados de lado l cuja área é:

$$S = a^2$$
$$4 = a^2$$
$$a = 2$$

O nosso objetivo consiste em obter a **diagonal do cubo**. Para isso vamos considerar o triângulo ABC destacado abaixo.

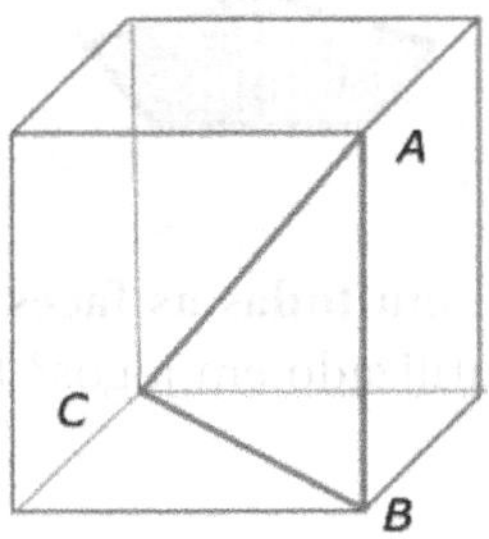

Note que AB é uma aresta do cubo. Daí:

$$AB = a$$

Por sua vez, BC é a diagonal do quadrado de uma das faces do cubo. Daí:

$$BC = a\sqrt{2}$$

Tenha em mente que AC é o que nós queremos saber.

Considerando que ABC é um triângulo retângulo cuja hipotenusa é a diagonal que queremos encontrar, aplicaremos o Teorema de Pitágoras. Logo:

$$D^2 = a^2 + \overline{a\sqrt{2}}^2$$
$$D = a\sqrt{3}$$

Pronto! Achamos a diagonal do cubo (=AC=D).

E já que a = 2, temos:

$$D = 2\sqrt{3}$$

Gabarito: A.

3.1.2. Prisma Oblíquo

Nesse caso, as **arestas laterais têm o mesmo comprimento**, são **oblíquas ao plano da base** e as faces laterais não são retangulares, são paralelogramos. Eis um prisma pentagonal oblíquo:

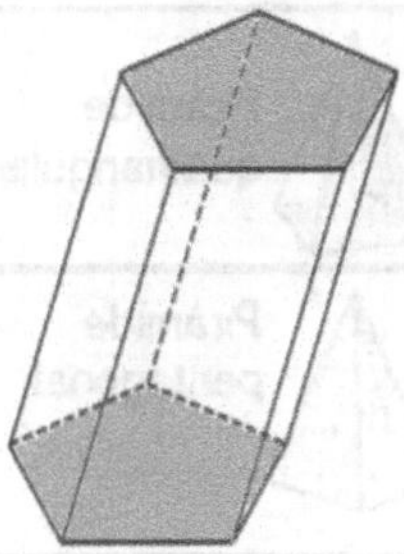

3.2. Pirâmide

Eis um sólido bem fácil de imaginar sua aparência, basta pensar nas Pirâmides do Egito.

Pirâmide é um sólido formado por uma face inferior (base) e um vértice que une todas as faces laterais. As faces laterais de uma pirâmide são regiões triangulares, e o vértice que une todas as faces laterais é chamado de vértice da pirâmide. O número de faces laterais de uma pirâmide corresponde ao número de lados do polígono da base. Eis um exemplo de uma pirâmide quadrangular:

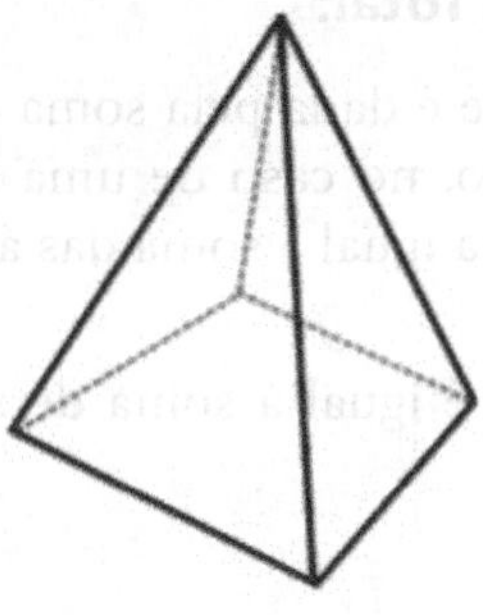

Assim como no caso dos prismas, uma pirâmide pode ser triangular, quadrangular, pentagonal, hexagonal etc.

Veja nesta tabela as diferenças entre esses dois sólidos:

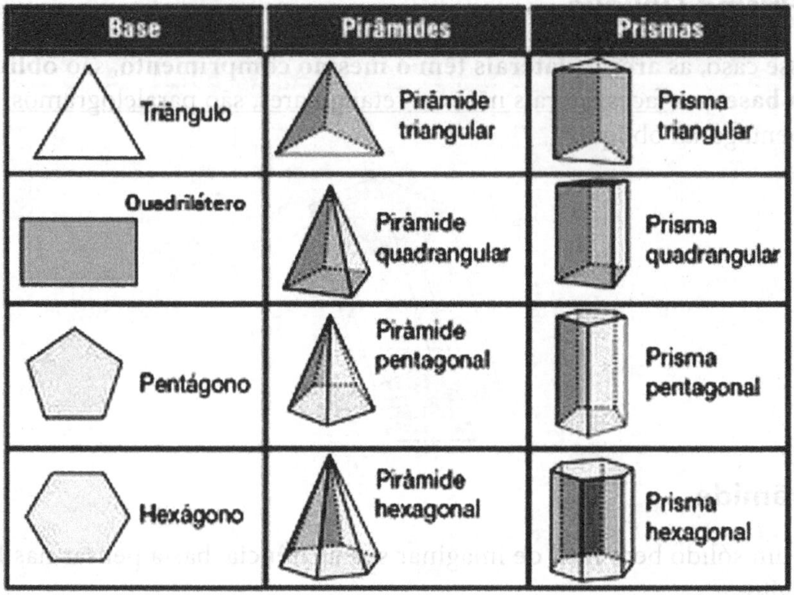

Base	Pirâmides	Prismas
Triângulo	Pirâmide triangular	Prisma triangular
Quadrilátero	Pirâmide quadrangular	Prisma quadrangular
Pentágono	Pirâmide pentagonal	Prisma pentagonal
Hexágono	Pirâmide hexagonal	Prisma hexagonal

➢ Altura da pirâmide:

A **altura** da pirâmide é a medida da distância entre o vértice e sua base inferior.

➢ Área Lateral e Área Total:

A **área lateral** da pirâmide é dada pela soma das áreas de cada triângulo de suas faces laterais. Por exemplo, no caso de uma pirâmide com base quadrada, teremos que sua área lateral será igual à soma das áreas dos quatro triângulos que formam suas faces laterais.

A **área total** da pirâmide é igual à soma de sua área lateral com a área de sua base.

➢ Volume:

O **volume** da pirâmide é calculado multiplicando-se a área de sua base pela medida de sua altura e dividindo-se o resultado por 3:

$$V = \frac{\textit{Área da base x altura}}{3}$$

➢ Tronco de pirâmide:

O **tronco de uma pirâmide** é obtido ao se traçar uma seção transversal em uma pirâmide, conforme mostrado a seguir:

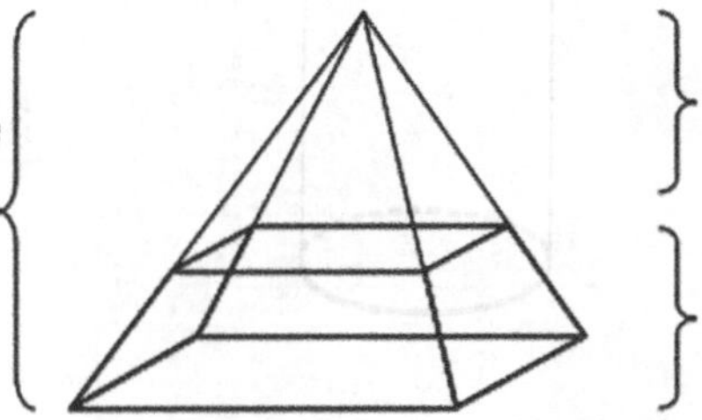

Normalmente o que é cobrado em provas é o tronco de pirâmide formado a partir de um corte paralelo à base. Assim, para calcular o **volume do tronco** dessa pirâmide, temos:

$$V_{tronco} = V_{pirâmide\ maior} - V_{pirâmide\ menor}$$

O mesmo serve para a **área lateral do tronco**.

➢ Apótema:

O **apótema** é a altura de cada face lateral. Esta figura mostra um dos apótemas de uma pirâmide hexagonal, representado por a^p:

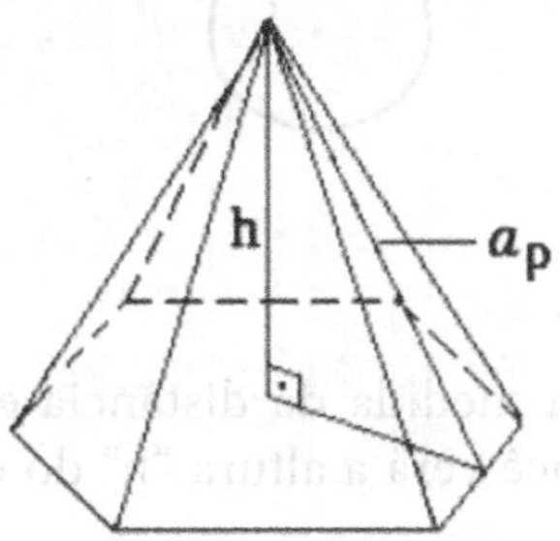

Perceba a diferença entre o apótema e a altura. O apótema é localizado sobre um dos triângulos das faces, formando um ângulo reto com uma das arestas da base, enquanto que a altura está na parte interna da figura, formando um ângulo reto com a superfície da base.

3.3. Cilindro

Pense em uma lata de óleo ou de leite em pó. Eis o cilindro!

O **cilindro** é semelhante a um prisma, mas **sua base é um círculo**. Ele pode ser formado pela rotação de um quadrado ou retângulo em torno de um de seus lados.

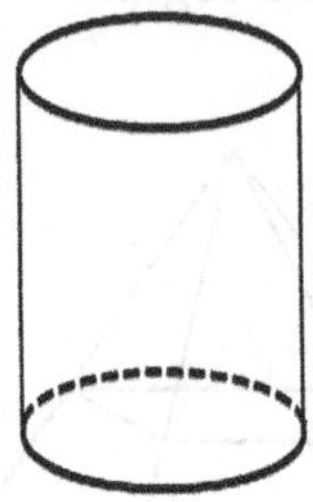

Agora pense em uma lata de óleo. Se você a cortar perpendicularmente na parte comprida e esticar o metal, formará um retângulo, tirando antes a tampa e o fundo, claro. Você terá algo como nesta figura:

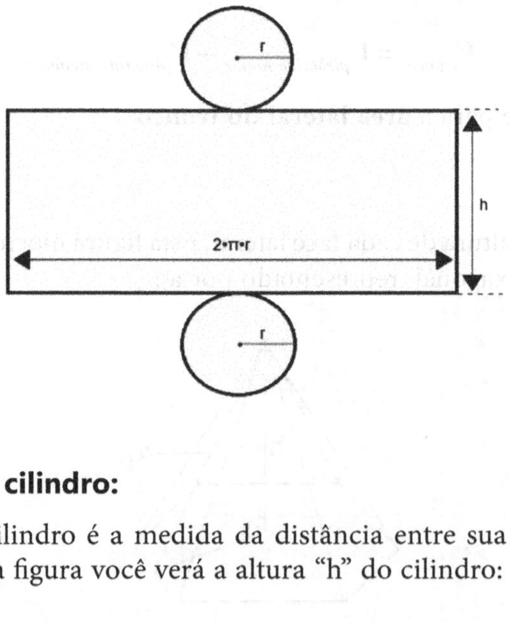

➢ Altura do cilindro:

A **altura** do cilindro é a medida da distância entre sua base inferior e sua base superior. Nesta figura você verá a altura "h" do cilindro:

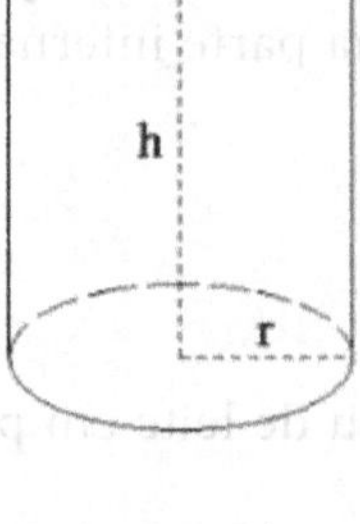

➢ Área Lateral e Área Total:

A **área lateral** do cilindro é dada por:

$$A_{lateral} = 2.\pi.Rh$$

Vamos entender essa fórmula. A área lateral é a área do tal retângulo que pedimos para você imaginar ao cortar uma lata de óleo. Como a base do retângulo será o comprimento da circunferência, será igual a 2.π.R. A altura do retângulo é a altura "h" do cilindro. Logo, a área do retângulo será 2.π.R.h.

A **área total** do prisma é igual à soma de sua área lateral com a área de suas duas bases, a inferior e a superior. Como a área lateral é igual a 2πRh e a área das duas bases corresponde à área de dois círculos, em que cada área é representada por $\pi.R^2$, teremos que:

$$A_{total} = 2.\pi.R.h + 2.\pi.R^2 = 2.\pi.R.(h + R)$$

➢ Volume:

O **volume** do cilindro é calculado multiplicando-se a área de sua base pela medida de sua altura, assim como os prismas, só que no caso dos cilindros a base é um círculo:

$$V = \text{Área da base x Altura} = \pi.R^2.h$$

3.4. Cone

Um **cone** é semelhante a uma pirâmide, mas sua **base é um círculo**. Ele pode ser formado pela rotação de um triângulo retângulo em torno de um de seus catetos.

A **hipotenusa desse triângulo** é chamada de **geratriz** (ou apótema), que é a medida do segmento de reta que liga o vértice do cone à borda da sua base.

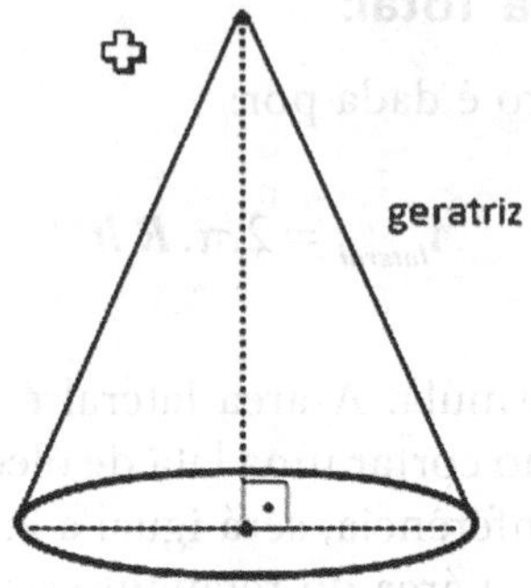

➢ Altura do cone:

A **altura** do cone é a medida da distância entre o vértice e sua base inferior. Para um cone em que a geratriz é igual ao diâmetro da base (cone equilátero), a altura vale:

$$h = R.\sqrt{3}$$

➢ Área Lateral e Área Total:

A **área lateral** do cone é dada por:

$$A_{lateral} = \pi.R.g$$

A **área total** do cone é igual à soma de sua área lateral com a área de sua base.

$$A_{total} = \pi.R.(R+g)$$

➢ Volume:

O **volume** do cone é calculado multiplicando-se a área de sua base pela medida de sua altura e dividindo-se esse resultado por 3:

$$V = \frac{\text{Área da base x altura}}{3} = \frac{\pi.R^2.h}{3}$$

Perceba que as fórmulas da pirâmide e do cone possuem denominadores iguais a 3, pois há muita perda de volume pelo fato da parte superior afinar em um vértice só. Você já viu aqueles ambulantes que vendem amendoins na rua em uns cones de papel? Se fossem prismas, ou seja, se não fossem afinando embaixo, viria três vezes mais amendoins que no formato de cone. Isto é, até os vendedores de amendoim de rua entendem de geometria espacial e você aí reclamando que não entende isso (rs.).

Assim como a pirâmide, podem ser cobradas numa prova as medidas de um **tronco de cone**. Nesse caso, utilizaremos os mesmos conceitos vistos anteriormente.

Eis um tronco de cone obtido por um corte no cone original feito por um plano paralelo à base (o tronco é o sólido que existe abaixo do cone menor):

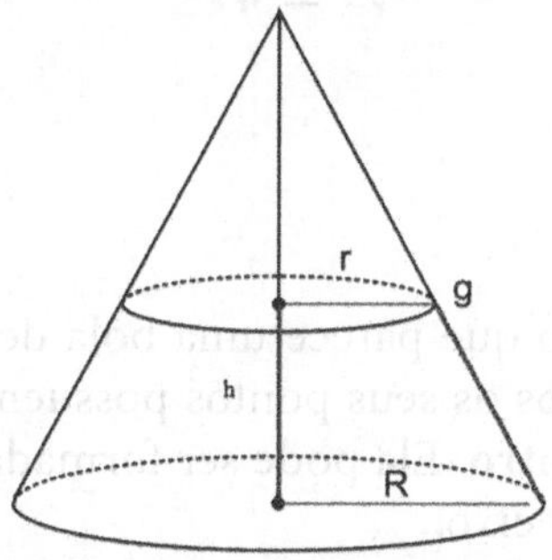

Veja como esse assunto já foi cobrado!

QUESTÃO 18 (ESAF – ATEng/Pref RJ/2010) Se o volume de um cone de altura h e diâmetro da base d é V, então o volume de um cone de mesma altura h e diâmetro da base 2d é:

a) 2V. b) 4V. c) πV. d) $2V^2$. e) V^3.

RESOLUÇÃO:

Acabamos de aprender que o **volume do cone** é dado por:

$$V = \frac{\textit{Área da base x altura}}{3} = \frac{\pi.R^2.h}{3}$$

Temos no enunciado que:

- Altura = h
- Diâmetro: d (= 2r)

Daí:

$$V = \frac{1}{3}\pi\left(\frac{d}{2}\right)^2 \cdot h = \frac{\pi d^2 \cdot h}{12}$$

O nosso objetivo consiste em obter o **volume de um cone de mesma altura h e diâmetro da base 2d**. Quando o diâmetro valer 2d, teremos que R = D. Logo:

$$V' = \frac{1}{3}\pi d^2 \cdot h = \frac{\pi d^2 \cdot h}{3}$$

Comparando o resultado de V' com o de V, temos:

$$V' = 4V$$

Gabarito: B.

3.5. Esfera

Uma **esfera** é um sólido que parece uma bola de futebol, formado por uma superfície curva na qual todos os seus pontos possuem a mesma distância de um outro ponto denominado **centro**. Ela pode ser formada pelo giro de uma semicircunferência em torno de um eixo.

O **raio** (r) é qualquer segmento de reta que sai do centro da esfera e vai até sua extremidade.

➢ **Área:**

A **área** da superfície de uma esfera é dada por:

$$A = 4.\pi.R^2$$

➢ **Volume:**

O **volume** de uma esfera é dado por:

$$V = \frac{4}{3}.\pi.R^3$$

Eis uma esfera com suas fórmulas mais importantes:

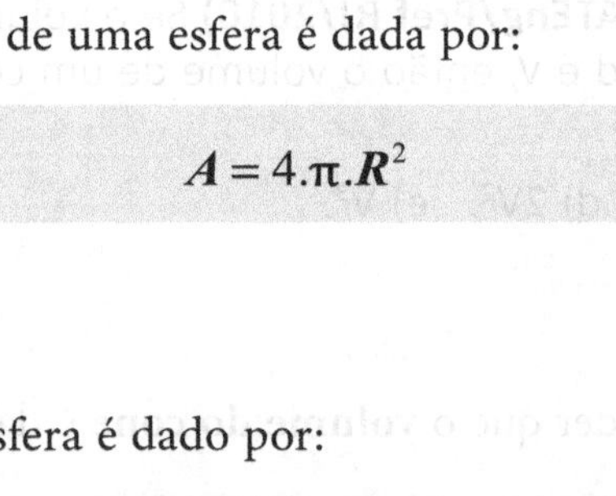

Veja como esse assunto já foi cobrado!

QUESTÃO 19 (ESAF/ATRFB/2009) Em uma superfície plana horizontal, uma esfera de 5 cm de raio está encostada em um cone circular reto em pé com raio da base de 5 cm e 5 cm de altura. De quantos cms é a distância entre o centro da base do cone e o ponto onde a esfera toca na superfície?

a) 5. b) 7,5. c) $5+5\sqrt{2}/2$ d) $5\sqrt{2}$ e) 10

RESOLUÇÃO:

O desenho a seguir ilustra bem a situação descrita no enunciado:

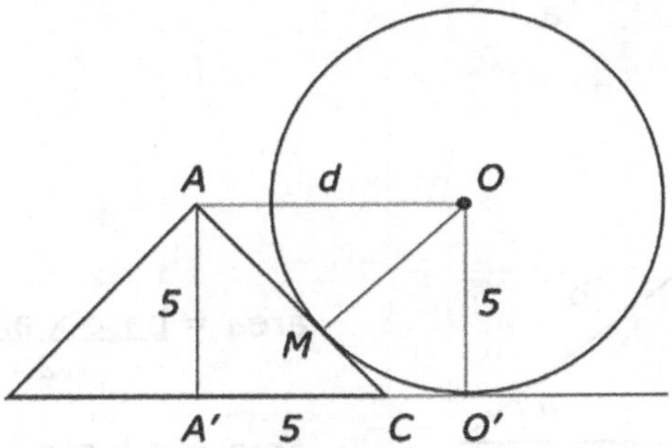

O nosso objetivo consiste em obter a **distância A'O'**.

Note que o enunciado afirma que a altura do cone é igual ao raio da esfera. Daí, a **distância AO é igual à distância A'O'**.

Perceba que o ângulo AÂ'C é igual a 90º, pois trata-se de uma altura.

Como os lados AA' e A'C são iguais a 5, o triângulo AA'C é **isósceles** e os ângulos A'ÂC e ACA' valem **45º**.

Ora, se o ângulo A'AC vale 45º, o ângulo OÂM também vale.

Perceba que o ângulo AMO é reto, pois AC é uma tangente. Como consequência disso, temos que o ângulo MÔA também vale **45º** e o triângulo AMO é **isósceles**.

Se AMO é isósceles, **AM = OM**. Mas OM é o raio, igual a 5. Logo **AM = 5**.

Logo, AO é a hipotenusa de um triângulo retângulo isósceles de catetos iguais a 5. Daí:

$$d = 5\sqrt{2}$$

Gabarito: D.

4. RESUMO

Retângulo:

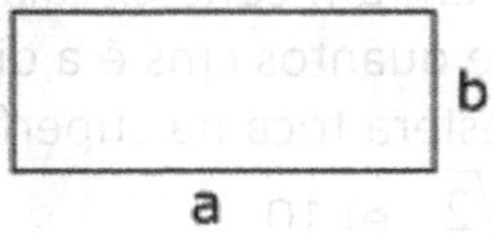

área = a . b

Quadrado:

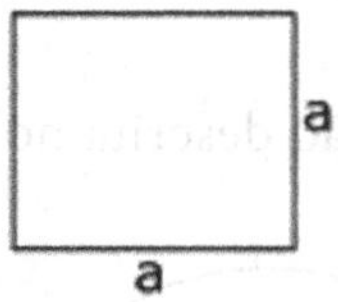

área = a^2

Triângulo:

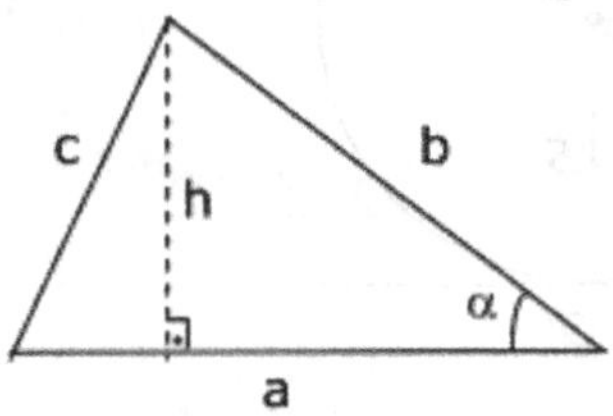

$$\text{área} = \frac{\text{base x altura}}{2} = \frac{a \times h}{2}$$ ou

$$\text{área} = \frac{a.b.\text{sen}\alpha}{2}$$

Triângulo Eqüilátero:

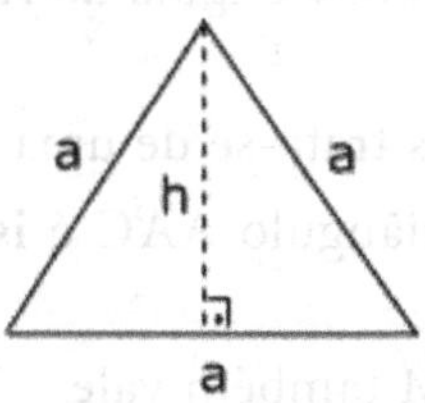

$$h = \frac{a\sqrt{3}}{2} \quad \text{e} \quad \text{área} = \frac{a^2\sqrt{3}}{4}$$

Paralelogramo:

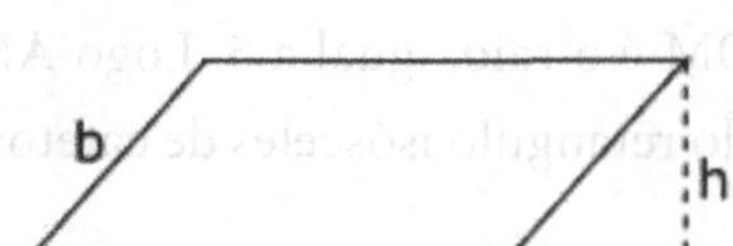

área = base x altura = a x h

Trapézio:

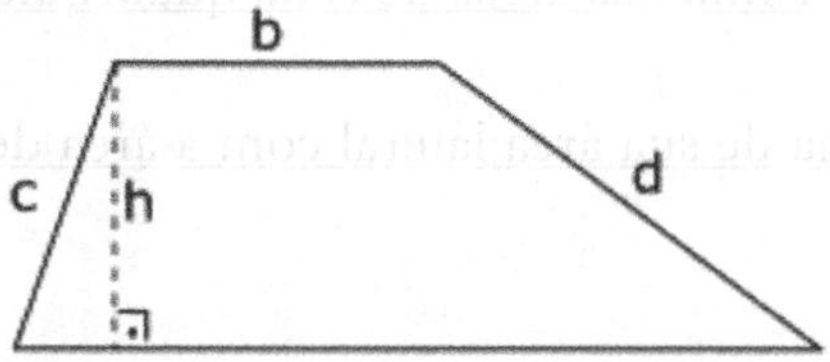

$$\text{área} = \frac{(B + b).h}{2}$$

Losango:

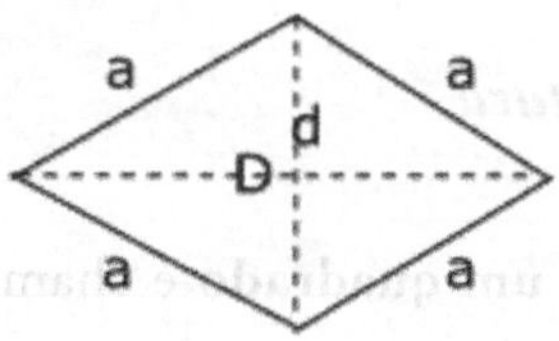

$$\text{área} = \frac{D\ .\ d}{2}$$

d = diagonal menor
D = diagonal maior

Área do Círculo

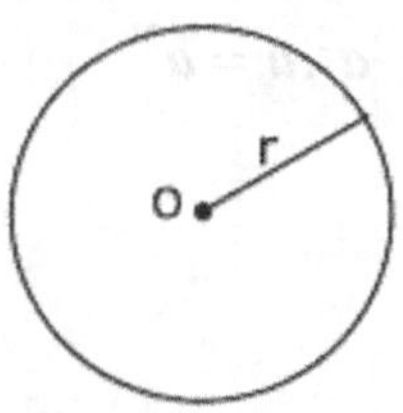

$$\text{área} = \pi r^2$$

Comprimento de uma circunferência:
$C = 2\pi r$

Setor Circular:

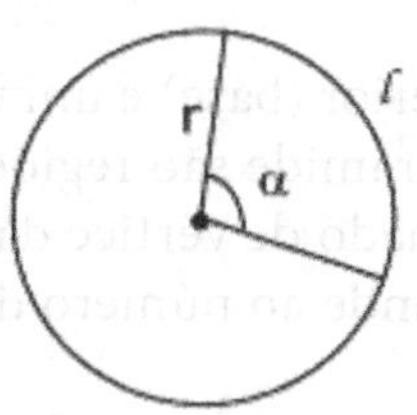

$$\text{área} = \frac{\alpha \pi r^2}{360°}$$

Um **prisma** é um **poliedro que apresenta duas faces opostas paralelas**. O prisma cujas bases são paralelogramos é chamado de **paralelepípedo**.

➢ Altura do prisma:

A **altura** do prisma é a medida da distância entre sua base inferior e sua base superior.

➢ Área Lateral e Área Total:

A **área lateral** do prisma é dada pela soma das áreas de cada quadrilátero de suas faces laterais.

A **área total** do prisma é igual à soma de sua área lateral com a área de suas duas bases (a inferior e a superior).

➢ Volume:

O **volume** do prisma é calculado multiplicando-se a área de sua base pela medida de sua altura:

$$V = \text{Área da base x Altura}$$

O **prisma reto que possui em todas as faces um quadrado** é chamado de **cubo**.

➢ Volume do cubo:

$$V = \text{Área da base x Altura} = a^2.a = a^3$$

➢ Área total:

$$A_{total} = \text{Área da base x Altura} = 6.a^2$$

Pirâmide é um sólido formado por uma face inferior (base) e um vértice que une todas as faces laterais. As faces laterais de uma pirâmide são regiões triangulares, e o vértice que une todas as faces laterais é chamado de vértice da pirâmide. O número de faces laterais de uma pirâmide corresponde ao número de lados do polígono da base.

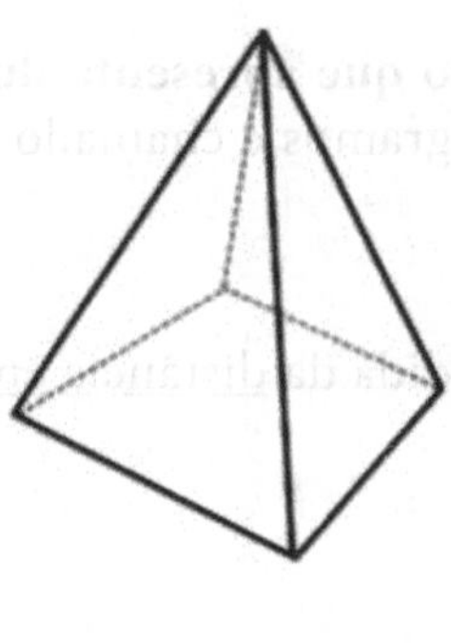

➢ Altura da pirâmide:

A **altura** da pirâmide é a medida da distância entre o vértice e sua base inferior.

➢ Área Lateral e Área Total:

A **área lateral** da pirâmide é dada pela soma das áreas de cada triângulo de suas faces laterais.

A **área total** da pirâmide é igual à soma de sua área lateral com a área de sua base.

➢ Volume:

O **volume** da pirâmide é calculado multiplicando-se a área de sua base pela medida de sua altura e dividindo-se o resultado por 3:

$$V = \frac{\text{Área da base x altura}}{3}$$

O **cilindro** é semelhante a um prisma, mas **sua base é um círculo**. Ele pode ser formado pela rotação de um quadrado ou retângulo em torno de um de seus lados.

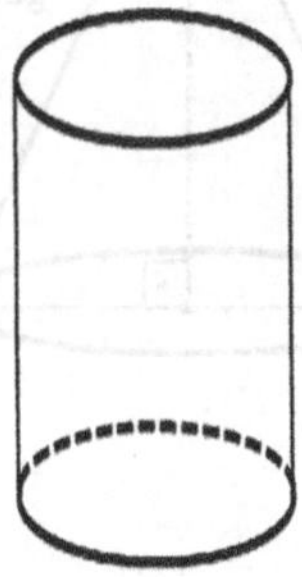

➢ Altura do cilindro:

A **altura** do cilindro é a medida da distância entre sua base inferior e sua base superior.

➢ Área Lateral e Área Total:

A **área lateral** do cilindro é dada por:

$$A_{lateral} = 2.\pi.R.h$$

A **área total** do prisma é igual à soma de sua área lateral com a área de suas duas bases, a inferior e a superior.

$$A_{total} = 2.\pi.R.(h + R)$$

➢ Volume:

O **volume** do cilindro é calculado multiplicando-se a área de sua base pela medida de sua altura:

$$V = \acute{A}rea\ da\ base\ x\ Altura = \pi.R^2.h$$

Um **cone** é semelhante a uma pirâmide, mas sua **base é um círculo**. Ele pode ser formado pela rotação de um triângulo retângulo em torno de um de seus catetos.

A **hipotenusa desse triângulo** é chamada de **geratriz** (ou apótema), que é a medida do segmento de reta que liga o vértice do cone à borda da sua base.

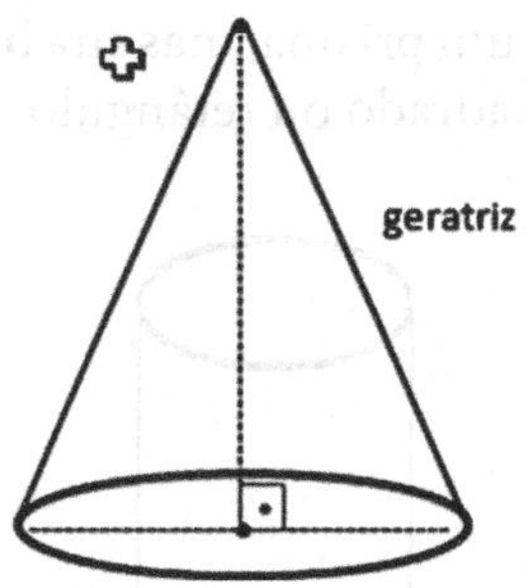

➢ Altura do cone:

A **altura** do cone é a medida da distância entre o vértice e sua base inferior. Para um cone em que a geratriz é igual ao diâmetro da base (cone equilátero), a altura vale:

$$h = R.\sqrt{3}$$

➢ Área Lateral e Área Total:

A **área lateral** do cone é dada por:

$$A_{lateral} = \pi.R.g$$

A **área total** do cone é igual à soma de sua área lateral com a área de sua base.

$$A_{total} = \pi.R.(R+g)$$

➢ **Volume:**

O **volume** do cone é calculado multiplicando-se a área de sua base pela medida de sua altura e dividindo-se esse resultado por 3:

$$V = \frac{\text{Área da base x altura}}{3} = \frac{\pi.R^2.h}{3}$$

Uma **esfera** é um sólido que parece uma bola de futebol, formado por uma superfície curva em que todos os seus pontos possuem a mesma distância de um outro ponto denominado **centro**. Ela pode ser formada pelo giro de uma semicircunferência em torno de um eixo.

O **raio** (r) é qualquer segmento de reta que sai do centro da esfera e vai até sua extremidade.

➢ **Área:**

A **área** da superfície de uma esfera é dada por:

$$A = 4.\pi.R^2$$

➢ **Volume:**

O **volume** de uma esfera é dado por:

$$V = \frac{4}{3}.\pi.R^3$$

5. MAIS QUESTÕES COMENTADAS

QUESTÃO 20 (ESAF/ATRFB/2009) Sejam X, Y e Z três pontos distintos de uma reta. O segmento XY é igual ao triplo do segmento YZ. O segmento XZ mede 32 centímetros. Desse modo, uma das possíveis medidas do segmento XY, em centímetros, é igual a:

a) 27 b) 48 c) 35 d) 63 e) 72

RESOLUÇÃO:

A tendência natural de nossa parte é desenhar os pontos **X, Y** e **Z** nessa ordem. Como **XY** é o triplo de **YZ**, vamos chamar essas medidas de **3a** e **a**, respectivamente:

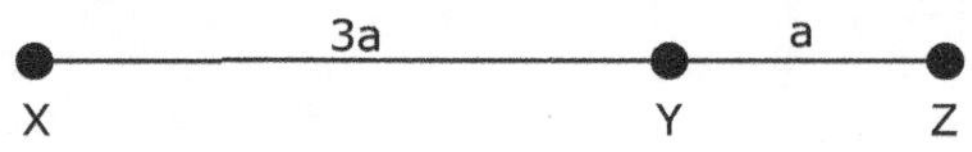

Em seguida, o enunciado da questão afirma que **XZ = 3a + a = 32**. Daí:

$$3a + a = 32$$

$$\boldsymbol{a} = 8$$

Com isso, é possível concluir que:

$$\boldsymbol{XY} = 3a = 3.8 = 24$$

Encontrou esse resultado entre as opções de resposta? Eu também não!

Por que isso aconteceu, professores?

É porque a questão nada afirma quanto à ordem dos pontos **X, Y** e **Z.**

Ah! Então quer dizer que a resposta achada por nós está errada?!

Boa pergunta! Na verdade, **não**! A solução que nós achamos é uma solução possível, mas não era essa que o examinador queria.

Dessa forma, vamos **inverter** a ordem dos pontos **Y** e **Z**:

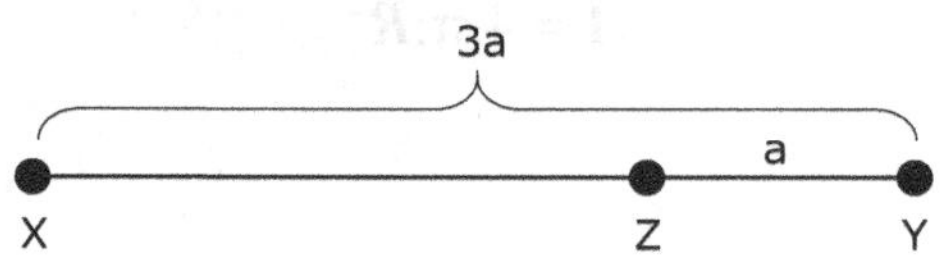

Por fim, o enunciado da questão afirma que **XZ = 32**. Daí:

$$3a - a = 32$$

$$\boldsymbol{a} = 16$$

$$\boldsymbol{XY} = 48$$

Gabarito: B.

QUESTÃO 21 (ESAF / MPOG – 2002) A razão de semelhança entre dois triângulos, T_1, e T_2, é igual a 8. Sabe-se que a área do triângulo T_1 é igual a 128 m². Assim, a área do triângulo T_2 é igual a:

a) 4 m² b) 16 m² c) 32 m² d) 64 m² e) 2 m²

RESOLUÇÃO:

Quando estudamos áreas de triângulos, vimos que se dois triângulos são semelhantes, então a razão de semelhança entre as áreas será o quadrado da razão dos lados, isto é:

$$\frac{\text{área de } T_1}{\text{área de } T_2} = k^2$$

Em que k é a razão de semelhança entre os triângulos T_1 e T_2.

Substituindo os dados nessa proporção, temos:

$$\frac{128}{\text{área de } T_2} = 8^2$$

$$\text{área de } T_2 = \frac{128}{64} = 2\boldsymbol{m}^2$$

Gabarito: E.

QUESTÃO 22 (FCC/DETRAN-MA/Ana Trânsito/2018) Um edifício de escritórios possui 8 andares. O piso de cada andar é um retângulo de 14 metros por 18 metros. Em cada andar, há um corredor de 2 metros de largura por 18 metros de comprimento, sendo todo o restante do espaço ocupado por salas, todas retangulares. Nos andares ímpares, as salas têm 6 metros por 6 metros e, nos pares, 6 metros por 9 metros. O total de salas existentes nesse edifício é igual a

a) 32. b) 36. c) 40. d) 48. e) 56.

RESOLUÇÃO:

O enunciado informa que cada piso é um retângulo de 14m por 18m, com corredor de 2m por 18m. Podemos visualizar isso na figura a seguir:

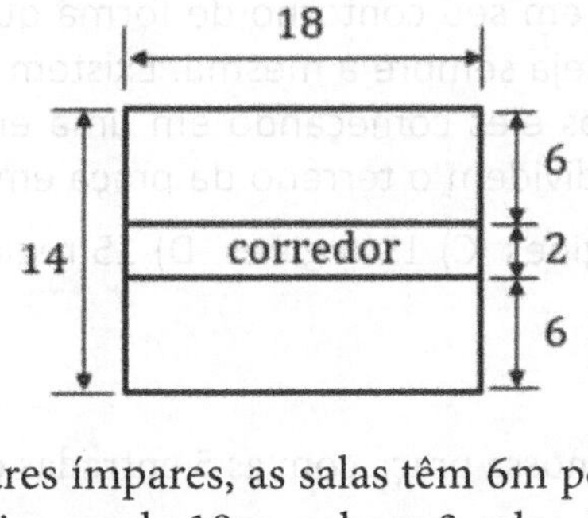

É dito que, nos andares ímpares, as salas têm 6m por 6m. Levando em conta que o comprimento do piso mede 18m, cabem 3 salas de um lado do corredor e 3 salas do outro lado do corredor:

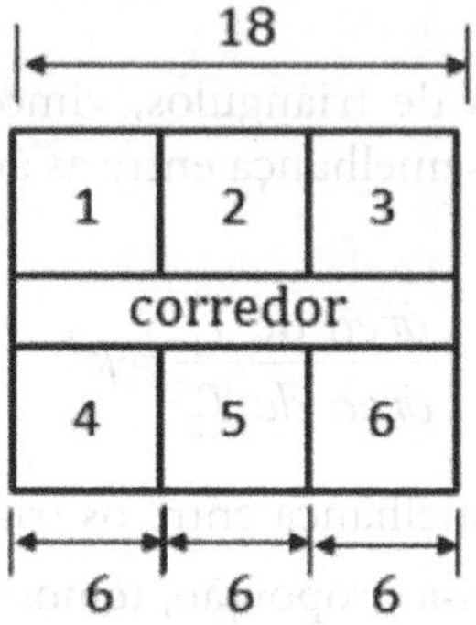

Por sua vez, nos andares pares as salas têm 6m por 9m. Visto que o piso tem 18m de comprimento, cabem duas salas de cada lado do corredor:

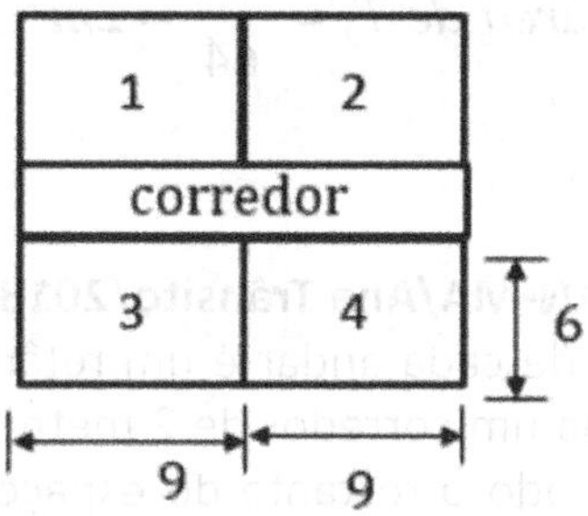

Como são 6 salas em cada um dos 4 andares <u>ímpares</u>, são $6 \times 4 =$ <u>24 salas</u>.

Já os andares <u>pares</u> possuem 4 salas em cada um, então são $4 \times 4 =$ <u>16 salas</u>.

Portanto, há um total de $24 + 16 =$ **40 salas.**

Gabarito: C

QUESTÃO 23 (FCC/ISS SÃO LUÍS/Auditor Fiscal/2018) Uma praça circular possui 5 entradas distribuídas em seu contorno de forma que a distância entre duas entradas consecutivas seja sempre a mesma. Existem 10 caminhos retos espalhados pela praça, todos eles começando em uma entrada e terminando em outra. Esses caminhos dividem o terreno da praça em um total de

A) 10 regiões B) 11 regiões C) 13 regiões D) 15 regiões E) 16 regiões

RESOLUÇÃO:

Podemos imaginar a nossa praça com as 5 entradas e os caminhos retos entre as entradas:

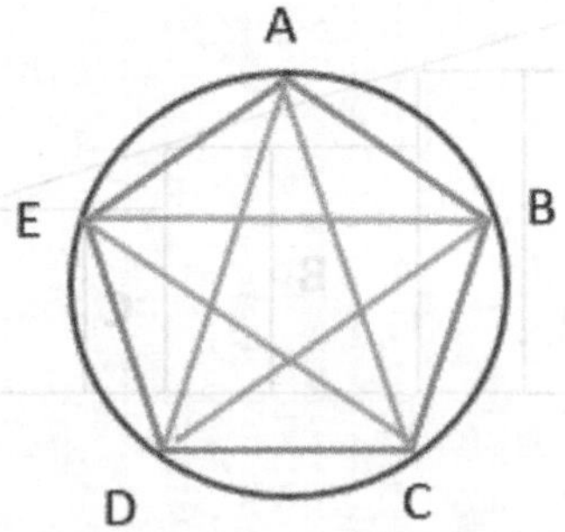

Externamente temos a praça circular. O pentágono indica os 5 caminhos retos, formando seus lados. Internamente temos outros 5 caminhos retos, formando as diagonais do pentágono. Juntos, eles abarcam os 10 caminhos indicados no enunciado.

Temos um total de **16 regiões** delimitadas pelas linhas.

Gabarito: E.

QUESTÃO 24 (CESPE/SEFAZ-RS/Auditor-Fiscal/2019) Os quadrados A, B e C foram colocados lado a lado, de modo que uma reta contém os três vértices superiores, como mostra a figura a seguir.

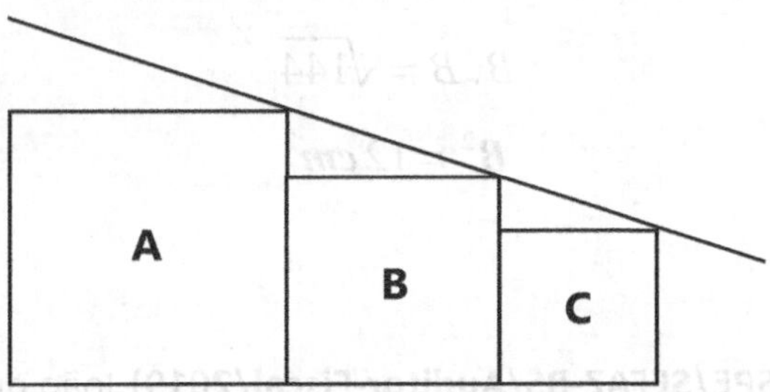

Se a área do quadrado A for 24 cm^2, e a área do quadrado C for 6 cm^2, então a área do quadrado B será igual a

a) 9 cm^2 b) 10 cm^2 c) 12 cm^2 d) 15 cm^2 e) 18 cm^2

RESOLUÇÃO:

A questão envolve uma aplicação de **semelhança de triângulos**.

Observe a figura a seguir:

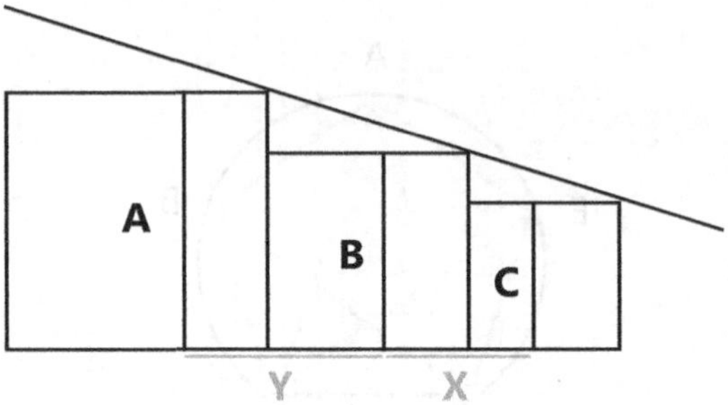

Note que podemos estabelecer a seguinte **proporção**, por meio da qual calcularemos a área do quadrado B:

$$\frac{A-B}{Y}=\frac{B-C}{X}$$

Como o lado do quadrado A vale $\sqrt{24}$, então A = $\sqrt{24}$. E o lado do quadrado C é igual a $\sqrt{6}$, de modo que C = X = $\sqrt{6}$. Logo:

$$\frac{\sqrt{24}-B}{B}=\frac{B-\sqrt{6}}{\sqrt{6}}$$

$$\sqrt{24}.\sqrt{6}-B.\sqrt{6}=B.B-B.\sqrt{6}$$

$$B.B=\sqrt{144}$$

$$\boldsymbol{B^2=12\,cm^2}$$

Gabarito: C.

QUESTÃO 25 (CESPE/SEFAZ-RS/Auditor-Fiscal/2019) João pretende completar as casas de um tabuleiro 3×3, utilizando as letras A, B ou C. Cada casa é formada por um quadrado, conforme apresentado na figura a seguir.

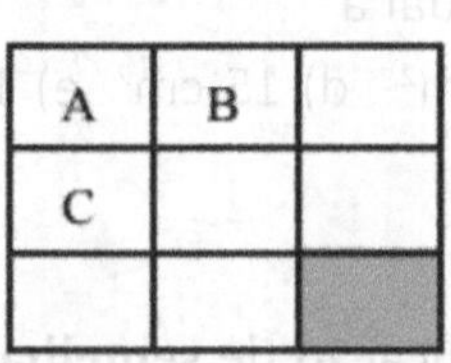

Para completar o tabuleiro, preenchendo cada casa com apenas uma dessas letras, de modo que casas com lados adjacentes não sejam preenchidas com a mesma letra, João deverá escrever na casa destacada na figura

A) somente a letra A.

B) somente a letra B.

C) somente a letra C.

D) somente a letra B ou a letra C.

E) qualquer uma das letras A, B ou C.

RESOLUÇÃO:

O enunciado estabelece que casas com lados adjacentes não devem ser preenchidas com a mesma letra.

Nesse caso, na casa central, devemos ter um A, pois já existem B e C como lados adjacentes.

Por sua vez, as casas vizinhas a essa central podem ter escritas um B e um C, dois B ou dois C.

Assim, se optarmos por colocar dois B, na casa destacada podemos ter A ou C. Todavia, se colocarmos dois C, na casa destacada podemos ter A ou B. E se colocarmos um B e um C, na casa destacada só podemos ter A.

Ou seja, podemos preencher o quadradinho destacado com **A, B ou C.**

Gabarito: E.

QUESTÃO 26 (ESAF/MRE/Ass Chancelaria/2002) Num triângulo ABC, o ângulo interno de vértice A mede 60°. O maior ângulo formado pelas bissetrizes dos ângulos internos de vértices B e C mede:

a) 45º b) 60º c) 90º d) 120º e) 150º

RESOLUÇÃO:

O enunciado apenas diz que o ângulo interno de vértice A mede 60º.

As bissetrizes internas se encontram no **incentro** (I), de acordo com a figura a seguir:

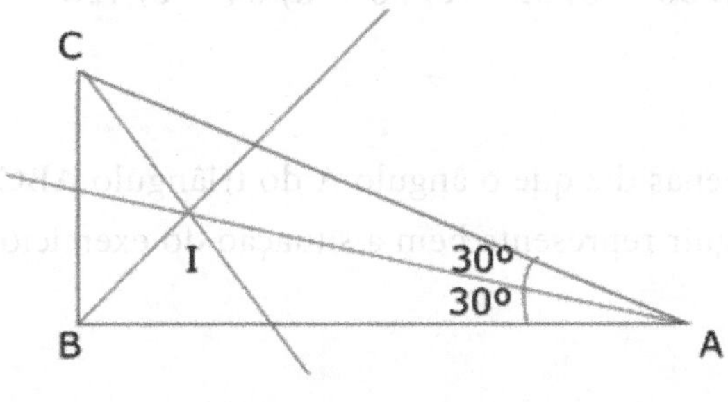

O nosso objetivo consiste em obter o valor do ângulo CÎB.

As bissetrizes internas que saem dos vértices B e C dividem os ângulos B e C em duas partes iguais, digamos b/b e c/c. Logo:

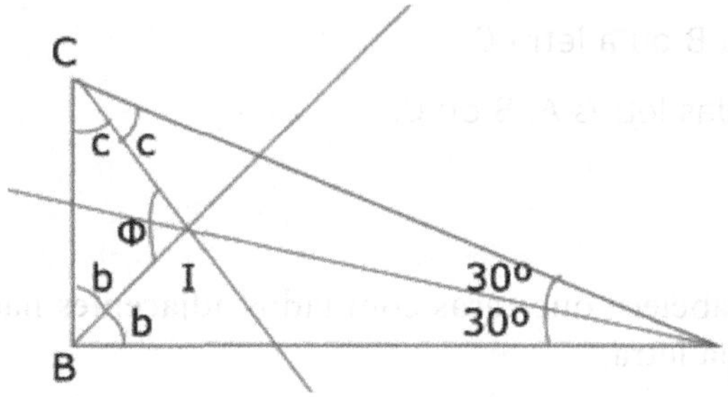

Pela soma dos ângulos internos do triângulo ABC, vem:

$$60 + 2b + 2c = 180$$
$$b + c = 60$$

Pela soma dos ângulos internos do triângulo CIB, vem:

$$c + \Phi + b = 180$$

Já que b + c = 60º, temos:

$$\Phi + 60 = 180$$
$$\Phi = 120$$

Gabarito: D.

QUESTÃO 27 (ESAF/MRE/Oficial Chancelaria/2002) O ângulo A de um triângulo qualquer ABC mede 76°. Assim, o menor ângulo formado pelas bissetrizes externas relativas aos vértices B e C deste triângulo vale:

a) 50° b) 52° c) 56° d) 64° e) 128°

RESOLUÇÃO:

O enunciado apenas diz que o ângulo A do triângulo ABC mede 76º.

O desenho a seguir representa bem a situação do exercício:

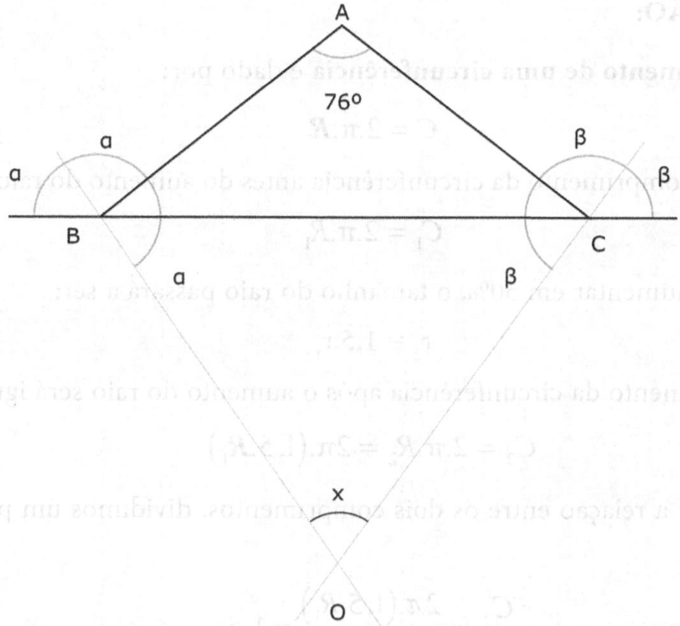

No triângulo ABC, temos:

- O ângulo do vértice B é o suplemento de 2α. Daí, ele vale **180 – 2α.**
- O ângulo do vértice C é o suplemento de 2β. Daí, ele vale **180 – 2β.**

Fazendo a soma dos ângulos internos, temos:

$$76+180-2\alpha+180-2\beta=180$$

$$\alpha+\beta=128$$

No triângulo BOC, mais uma vez faremos a soma dos ângulos internos. Daí:

$$x+\alpha+\beta=180$$

$$x+128=180$$

$$\boldsymbol{x}=52°$$

Gabarito: B.

QUESTÃO 28 (ESAF/EPPGG/MPOG/2002) Se o raio de uma circunferência tiver um acréscimo de 50%, então o acréscimo percentual em seu comprimento será igual a:

a) 25% b) 50% c) 75% d) 80% e) 85%

RESOLUÇÃO:

O **comprimento de uma circunferência** é dado por:

$$\boldsymbol{C = 2.\pi.R}$$

Assim, o comprimento da circunferência antes do aumento do raio é igual a:

$$C_1 = 2.\pi.R_1$$

Se o raio aumentar em 50%, o tamanho do raio passará a ser:

$$r_2 = 1{,}5.r_1$$

O comprimento da circunferência após o aumento do raio será igual a:

$$C_2 = 2.\pi.R_2 = 2\pi.(1{,}5.\boldsymbol{R_1})$$

Para obter a relação entre os dois comprimentos, dividimos um pelo outro. Assim:

$$\frac{C_2}{C_1} = \frac{2\pi.(1{,}5.R_1)}{2..R_1} = 1{,}5$$

Daí:

$$\boldsymbol{C_2 = 1{,}5.C_1}$$

Ou seja, **C_2 é 50% maior do que o comprimento inicial**, o que torna a **letra B** a alternativa correta.

Gabarito: B.

QUESTÃO 29 (ESAF/AFC-SFC/2001) Um hexágono é regular quando, unindo-se seu centro a cada um de seus vértices, obtém-se seis triângulos equiláteros. Desse modo, se o lado de um dos triângulos assim obtidos é igual a $\frac{\sqrt{3}}{2}$ m, então a área, em metros, do hexágono é igual a:

a) $\frac{9\sqrt{3}}{4}$ b) $\frac{7}{\sqrt{3}}$ c) $2\sqrt{3}$ d) $3\sqrt{3}$ e) $\frac{3}{\sqrt{3}}$

RESOLUÇÃO:

A seguir está representado um hexágono regular e os seus seis triângulos equiláteros.

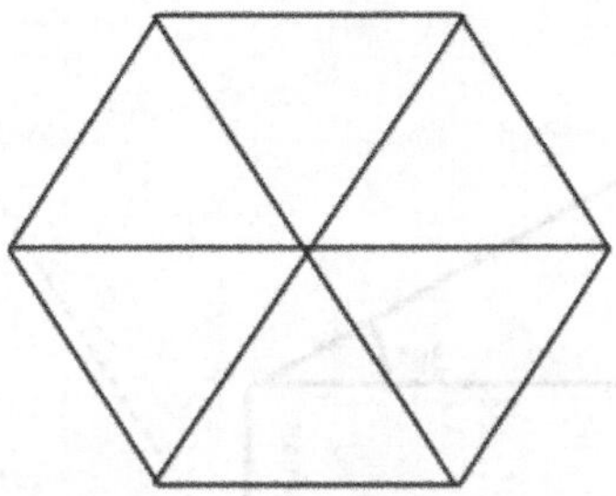

A **área do triângulo equilátero** é dada por:

$$\frac{a^2\sqrt{3}}{4}$$

Em que **a** é o lado do triângulo.

Substituindo o valor de a pelo valor do lado informado no enunciado ($\frac{\sqrt{3}}{2}$), teremos que a área do triângulo é igual a:

$$\textbf{área do triângulo} = \frac{(\sqrt{3/2})^2\sqrt{3}}{4} = \frac{3/2\sqrt{3}}{4} = \frac{3\sqrt{3}}{8}$$

A área do hexágono é seis vezes a área do triângulo, daí:

$$\textbf{área do hexágono} = 6\times\frac{3\sqrt{3}}{8} = \frac{9\sqrt{3}}{4}$$

Gabarito: A.

QUESTÃO 30 (Cespe/PM-MA/Soldado/2017) Na preparação de uma ação policial, um agente fez algumas medições em uma casa noturna, mostradas na figura a seguir. O agente, em pé no ponto A, de frente para a casa noturna, estava a 10 m de distância do ponto C, correspondente à porta de entrada da casa noturna. Do ponto B, posição dos olhos do agente, ele visualizava uma câmera de segurança no ponto D, no prédio da casa noturna, segundo um ângulo de visão de 30º com a horizontal. Perpendicularmente a AC, e a 24 m de A, ficava localizada uma base móvel para apoio à operação, no ponto E.

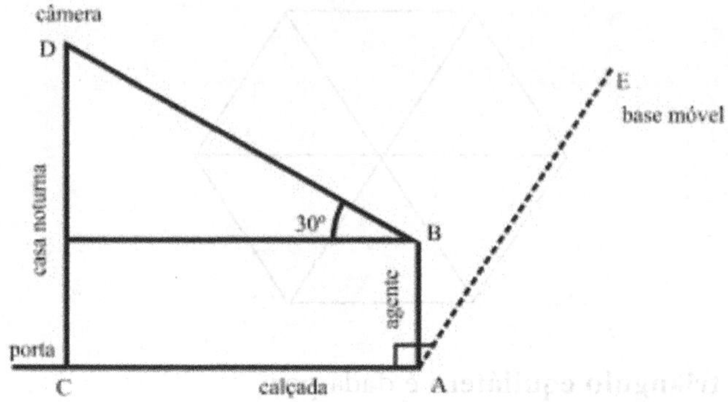

Com referência às informações contidas na situação hipotética e na figura anteriormente apresentadas, julgue o próximo item.

Considerando que AB seja igual a 1,70 m, que essa seja a altura dos olhos do agente e que 0,58 seja o valor aproximado para tg30º, então a câmera estava a uma altura inferior a 7 m.

RESOLUÇÃO:

Vamos chamar de F o ponto de cruzamento entre o segmento CD e o segmento que parte de B e é perpendicular a CD.

Assim, note que:

$$tg\,30° = \frac{DF}{FB}$$

A questão disse que tg30º = 0,58. E sabemos que FB é igual a AC, que mede 10m. Portanto,

$$0,58 = \frac{DF}{10}$$

$$DF = 5,8m$$

A altura da câmera é o segmento CD, que é composto por DF (medida 5,8m) e pelo segmento CF, cuja medida é igual à de AB, ou seja, 1,70m. Logo:

$$CD = CF + DF$$

$$CD = 1,70 + 5,8 = 7,5m$$

A câmera está a 7,5m de altura.

Gabarito: Errado.

QUESTÃO 31 (Cespe/PM-MA/Soldado/2017) Na preparação de uma ação policial, um agente fez algumas medições em uma casa noturna, mostradas na figura a seguir. O agente, em pé no ponto A, de frente para a casa noturna, estava a 10 m de distância do ponto C, correspondente à porta de entrada da casa noturna. Do ponto B, posição dos olhos do agente, ele visualizava uma câmera de segurança no ponto D, no prédio da casa noturna, segundo um ângulo de visão de 30º com a horizontal. Perpendicularmente a AC, e a 24 m de A, ficava localizada uma base móvel para apoio à operação, no ponto E.

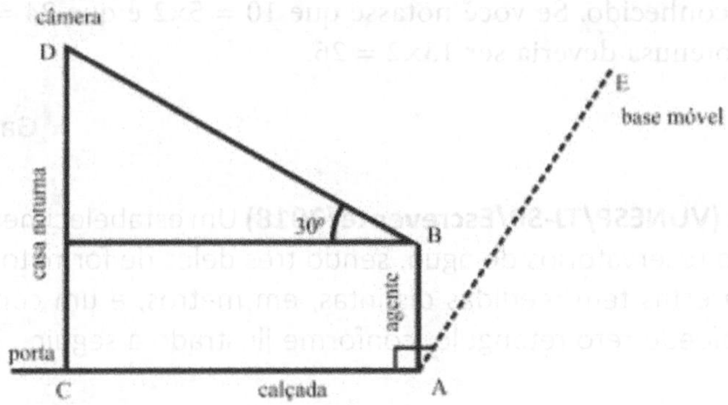

Com referência às informações contidas na situação hipotética e na figura anteriormente apresentadas, julgue o próximo item.

No dia da operação, caso precise evadir-se do estabelecimento pela porta de entrada e chegar ao ponto correspondente à base móvel, um agente que esteja no ponto C precisará se deslocar por, pelo menos, 26 m.

RESOLUÇÃO:

Vamos marcar o triângulo CAE. O examinador tentou confundir o candidato com o desenho. Veja que o enunciado diz que "perpendicularmente a AC...no ponto E", ou seja, CAE é um triângulo retângulo, pois o ponto E é perpendicular a AC, cujo ângulo de 90 graus está no vértice A e cuja hipotenusa é o segmento CE. Ainda informou que:

$$AC = 10m$$

$$AE = 24m$$

Logo, a distância mínima a ser percorrida pelo agente corresponde à hipotenusa CE, que podemos calcular utilizando o teorema de Pitágoras nesse triângulo retângulo:

$$CE^2 = AC^2 + AE^2$$

$$CE^2 = 10^2 + 24^2$$

$$CE^2 = 100 + 576$$

$$CE^2 = 676$$

$$CE = 26$$

Repare que o triângulo retângulo deste exercício era um múltiplo do 5-12-13, que é bastante conhecido. Se você notasse que 10 = 5×2 e que 24 = 12×2, ficava claro que a hipotenusa deveria ser 13×2 = 26.

Gabarito: Certo

QUESTÃO 32 (VUNESP/TJ-SP/Escrevente/2018) Um estabelecimento comercial possui quatro reservatórios de água, sendo três deles de formato cúbico, cujas respectivas arestas têm medidas distintas, em metros, e um com a forma de um paralelepípedo reto retângulo, conforme ilustrado a seguir.

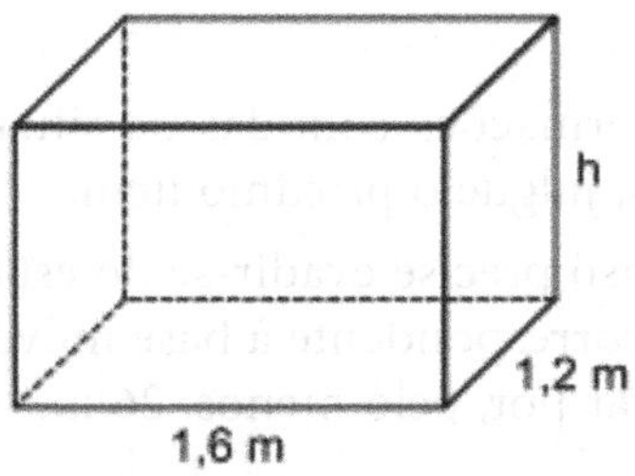

Sabe-se que, quando totalmente cheios, a média aritmética dos volumes de água dos quatro reservatórios é igual a 1,53 m³, e que a média aritmética dos volumes de água dos reservatórios cúbicos, somente, é igual a 1,08 m³. Desse modo, é correto afirmar que a medida da altura do reservatório com a forma de bloco retangular, indicada por h na figura, é igual a

(A) 1,45 m. (B) 1,35 m. (C) 1,55 m. (D) 1,50 m. (E) 1,40 m.

RESOLUÇÃO:

Sabemos que Soma = Média x quantidade. Assim, a soma dos volumes dos reservatórios cúbicos é dada pela média de seus volumes (1,08) multiplicada pela quantidade (3):

$$\text{Soma dos reservatórios cúbicos} = 1{,}08 \times 3 = 3{,}24\text{m}^3$$

A soma dos 4 reservatórios juntos é dada pela multiplicação da média (1,53) pela quantidade (4), isto é,

Soma de todos os reservatórios = 1,53 x 4 = 6,12m^3

Logo, o volume do reservatório da figura é a diferença entre a soma dos cubos e a soma total, isto é,

Volume da figura = 6,12 – 3,24 = 2,88m^3

Esse volume é dado pela multiplicação de suas dimensões:

2,88 = 1,6 x 1,2 x h

1,5m = h

Gabarito: D.

QUESTÃO 33 (VUNESP/TJ-SP/Escrevente/2018) Inaugurado em agosto de 2015, o Observatório da Torre Alta da Amazônia (Atto, em inglês) é um projeto binacional Brasil-Alemanha que busca entender o papel da Amazônia no clima do planeta e os efeitos das mudanças climáticas no funcionamento da floresta. Construída numa região de mata preservada, dentro da Reserva de Desenvolvimento Sustentável do Uamatã, a torre Atto tem 325 m de altura e é a maior estrutura de pesquisa desse tipo em florestas tropicais no mundo. (O Estado de S.Paulo, 16.10.2017. *Adaptado*)

Considere a torre posicionada perpendicularmente ao solo e admita que o cabo tensionado fixado no solo a uma distância de 75 m da base da torre esteja preso à torre em um determinado ponto, cuja altura, em relação ao solo, seja igual a 100 m. Nesse caso, é correto afirmar que o comprimento desse cabo é igual a

(A) 135 m. (B) 130 m. (C) 110 m. (D) 125 m. (E) 150 m.

RESOLUÇÃO:

Note que temos um triângulo retângulo com um cateto medindo 75m e o outro medindo 100m (altura). A hipotenusa desse triângulo retângulo é justamente o comprimento do cabo. Assim, ao aplicarmos o teorema de Pitágoras, obtemos:

$$h^2 = 75^2 + 100^2$$

$$\boldsymbol{h} = \sqrt{5.625 + 10.000} = \sqrt{15.625} = 125$$

Gabarito: D.

QUESTÃO 34 (VUNESP/PM-SP/Soldado/2018) Um terreno retangular foi dividido em dois lotes, I e II, conforme mostra a figura, sendo que as medidas indicadas estão em metros.

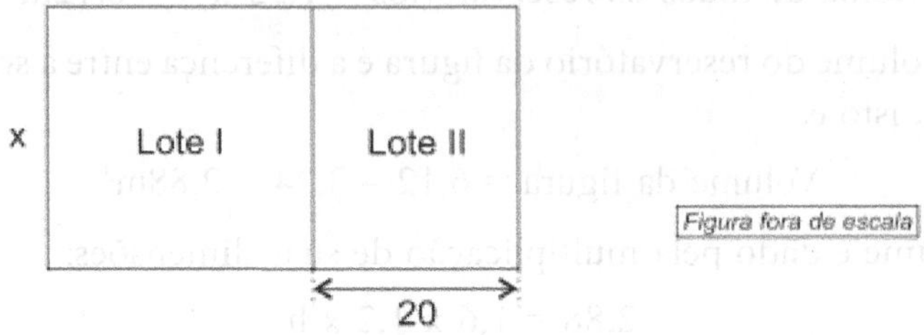

Sabendo que o lote I tem a forma de um quadrado com 900 m^2 de área, então a área total desse terreno é

(A) 1400 m^2. (B) 1500 m^2. (C) 1200 m^2. (D) 1100 m^2. (E) 1300 m^2.

RESOLUÇÃO:

O enunciado informa que a área do quadrado é de 900 metros quadrados. Logo:

$$x^2 = 900$$

$$x = 30 \text{ metros}$$

Assim, a altura do retângulo é de 30 metros e a base é de 30 + 20 = 50 metros.

Portanto, a área total é 30 x 50 = **1.500 metros quadrados.**

Gabarito: B.

QUESTÃO 35 (VUNESP/PM-SP/Soldado/2018) Um terreno retangular cujas medidas, em metros, estão indicadas na figura, foi totalmente cercado com um muro.

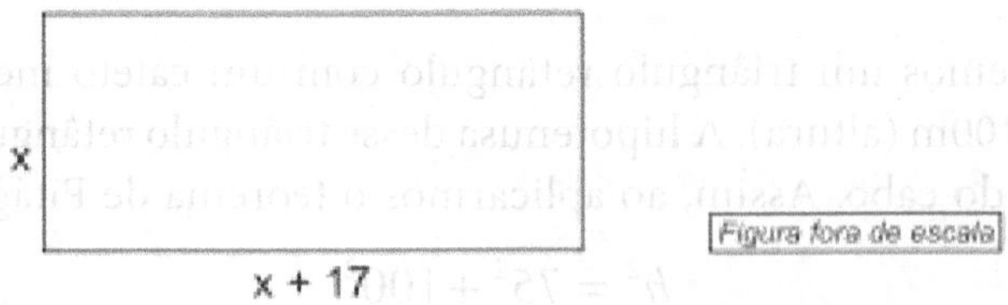

Sabendo que o perímetro desse terreno é 106 metros, então o seu maior lado mede

(A) 31 m. (B) 22 m. (C) 27 m. (D) 18 m. (E) 35 m.

RESOLUÇÃO:

O enunciado informa que o perímetro (soma dos lados) do terreno é 106 metros. Logo:

$$x + x + (x + 17) + (x + 17) = 106$$
$$4x + 34 = 106$$
$$4x = 72$$
$$\mathbf{x = 18}$$

Portanto, o maior lado mede 18 + 17 = **35 metros.**

Gabarito: E.

QUESTÃO 36 (CESPE/CAGE-RS/Auditor Controle Interno/2018) Em um bairro nobre de determinada cidade, uma imobiliária colocou à venda vários terrenos: independentemente do tamanho, o preço do metro quadrado é o mesmo para todos os terrenos à venda. Um terreno retangular de 600 m^2 de área custa R$ 3.240.000. Em outro terreno, também retangular, um dos lados é 25% maior que o lado equivalente do primeiro terreno; o outro lado é 20% menor que o lado equivalente do primeiro terreno. Nesse caso, o preço do segundo terreno é igual a:

a) R$1.458.000

b) R$3.240.000

c) R$3.402.000

d) R$3.078.000

e) R$3.564.000

RESOLUÇÃO:

Sejam a e b os lados do terreno retangular de 600 m^2. Então, a sua área é dada por:

$$A_1 = \boldsymbol{a} \times \boldsymbol{b} = 600\ \boldsymbol{m}^2$$

Quanto ao segundo terreno retangular, o enunciado informa que um dos lados é 25% maior que o primeiro (1,25a) e o outro lado é 20% menor que o lado do primeiro (0,80b). Assim, temos que a área do segundo terreno é dada por:

$$A_2 = 1{,}25a \times 0{,}80b = \boldsymbol{a} \times \boldsymbol{b} = 600\ \boldsymbol{m}^2$$

Portanto, a área do segundo terreno é igual à área do primeiro, de modo que **o preço será igual.**

Gabarito: B.

QUESTÃO 37 (FGV/CGM-NITERÓI/Auditor Controle Interno/2018) O piso de uma sala quadrada é totalmente coberto por lajotas quadradas, todas exatamente iguais. O número de lajotas contidas nas duas diagonais do piso da sala é 25. O número de lajotas que cobre totalmente o piso da sala é

(A) 121. (B) 169. (C) 225. (D) 289. (E) 361.

RESOLUÇÃO:

Vamos chamar de "n" o número de lajotas contidas em uma diagonal do quadrado.

O enunciado informa que a soma das lajotas que cobrem as duas diagonais é 25. Além disso, temos que a lajota central é comum às duas diagonais, Logo:

$$2 \times n - 1 = 25$$

$$2 \times n = 26$$

$$\mathbf{n = 13 \text{ lajotas}}$$

Note que essa quantidade é a mesma do número de lajotas que cobre uma fileira do piso. Visto que se trata de um quadrado, o número total será de 13 x 13 = **169 lajotas**.

Gabarito: B.

QUESTÃO 38 (RBO – Contador/IPMO Ourinhos/2021) Assinale a alternativa que apresenta a área de um triângulo formado pelos lados de um retângulo de 11 x 24cm e pela sua diagonal.

a) $132cm^2$ b) $112cm^2$ c) $86cm^2$ d) $65cm^2$

RESOLUÇÃO:

O enunciado trata de um retângulo formado pelos lados de um retângulo e pela diagonal desse retângulo. Geometricamente, fica:

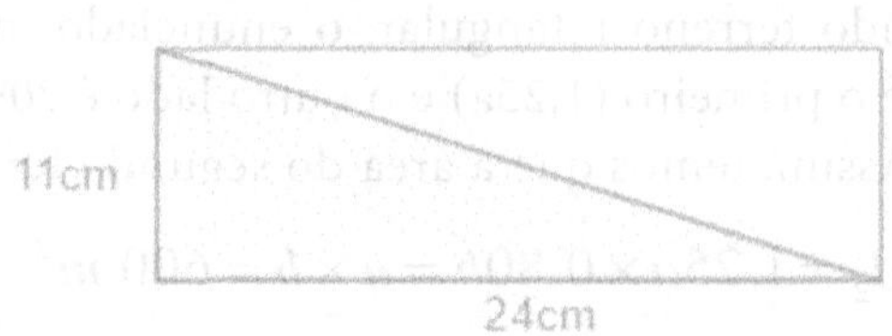

Sabemos que a área de um triângulo é dada pela metade do produto entre as medidas da base e da altura. Logo:

$$A = \frac{base \times altura}{2} = \frac{24 \times 11}{2} = \mathbf{132cm^2}$$

Gabarito: A.

QUESTÃO 39 (RBO – Contador/IPMO Ourinhos/2021) Num retângulo, a base supera sua altura em 3 unidades e seu perímetro é 54 cm. Assinale a alternativa que apresenta a área desse retângulo.

a) 86cm^2 b) 98cm^2 c) 180cm^2 d) 190cm^2

RESOLUÇÃO:

Seja **x** a medida da altura do retângulo.

O enunciado informa que a base supera a altura em 3 unidades, de modo que a base mede (x + 3) centímetros. Graficamente, fica:

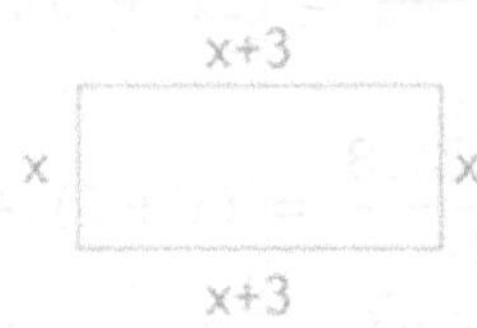

O perímetro do retângulo é dado pela soma de todos os lados, e já nos é dito que ele mede 54cm. Logo:

$$x + (x + 3) + x + (x + 3) = 54$$

$$4x + 6 = 54$$

$$4x = 54 - 6$$

$$x = \frac{48}{4} = 12$$

Assim, as medidas do retângulo são 12cm e 15cm. Como a sua área é dada pelo produto entre essas medidas, temos:

$$12cm \times 15cm = \mathbf{180cm^2}$$

Gabarito: C.

QUESTÃO 40 (VUNESP - Ana Prev/PERUÍBEPREV/2022) No retângulo ABCD da figura, o ponto E pertence ao lado BC, e as medidas estão indicadas em cm.

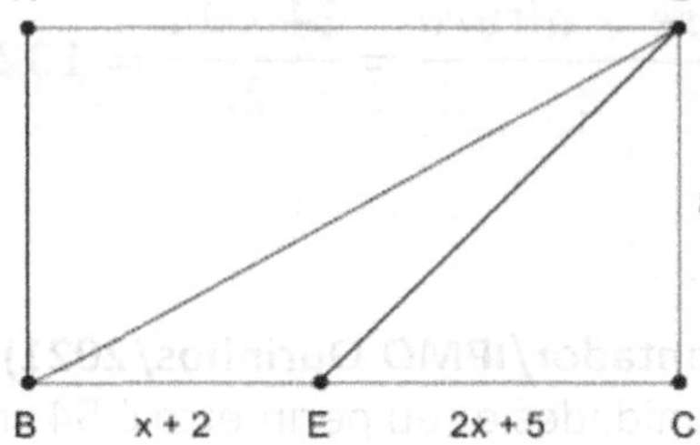

Sabendo-se que a diferença entre a área do triângulo CDE e a área do triângulo BED é 24 cm², então o perímetro, em cm, do retângulo ABCD é

a) 32 b) 40 c) 48 d) 56 e) 64

RESOLUÇÃO:

Vamos calcular a área de cada triângulo:

$$A_{CDE} = \frac{(2x + 5).8}{2} = (2x + 5).4 = 8x + 20$$

$$A_{BED} = \frac{(x + 2).8}{2} = (x + 2).4 = 4x + 8$$

O enunciado informa que a diferença entre a área do triângulo CDE e a área do triângulo BED é 24 cm2, ou seja:

$$(8x + 20) - (4x + 8) = 24$$

$$8x + 20 - 4x - 8 = 24$$

$$4x = 24 - 12$$

$$x = 3$$

O perímetrodo retângulo ABCD é dado pela soma dos seus lados:

$$Perímetro = (x + 2 + 2x + 5).2 + 8.2$$

$$= 3x + 7).2 + 16 = 6x + 14 + 16 = 6.3 + 30 = \mathbf{48\,cm}$$

Gabarito: C.

6. QUESTÕES-DESAFIO

QUESTÃO 41 (ESAF – EPPGG/MPOG/2000) Em triângulo equilátero de lado igual a 12cm, traça-se um segmento XY paralelo ao lado BC de modo que o triângulo fique decomposto em um trapézio e em um novo triângulo. Sabendo-se que o perímetro do trapézio é igual ao perímetro do novo triângulo, então o comprimento do segmento de reta XY em centímetros vale:

a) 5 b) 6 c) 9 d) 10 e) 12

RESOLUÇÃO:

O **triângulo equilátero** de lado igual a 12 cm está bem representado na figura a seguir:

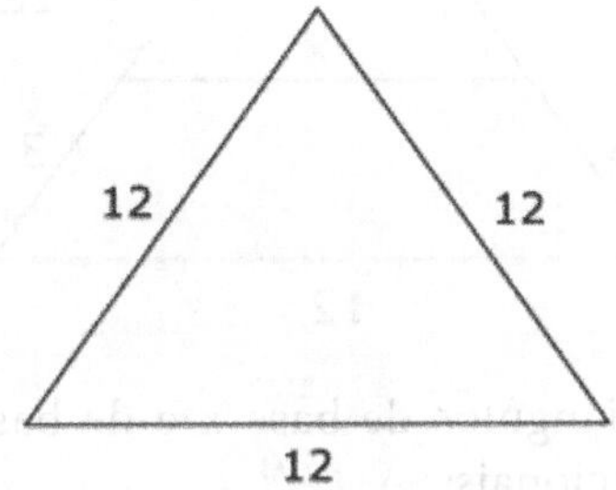

Vamos traçar um segmento paralelo a base do triângulo, a fim de que ele fique decomposto em um trapézio e em um novo triângulo. Daí:

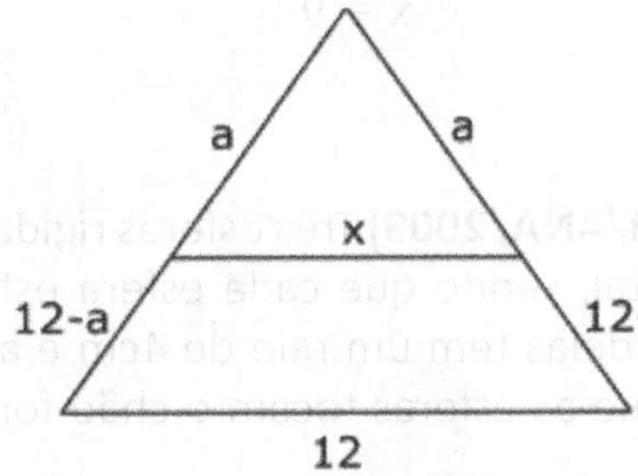

O **perímetro do triângulo** de base x é igual a:

$$a + a + x = 2a + x$$

O **perímetro do trapézio** de base 12 é igual a:

$$x + (12-a) + 12 + (12-a) = 36 + x - 2a$$

O enunciado afirma que esses perímetros são **iguais**. Logo:

$$2a + x = 36 + x - 2a$$

$$4a = 36$$

$$a = 9$$

Precisamos achar o valor de **x**, que é a resposta da questão. Para nos auxiliar, vamos mais uma vez recorrer ao desenho da questão. Substituindo o valor do **a**, teremos:

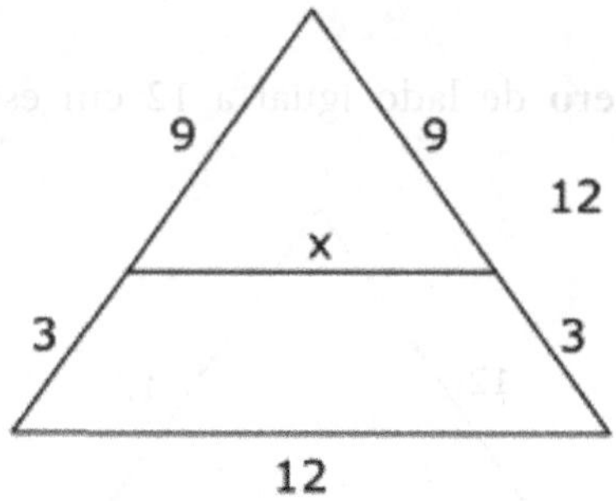

Da semelhança dos triângulos de base x e de base 12, temos que os lados correspondentes são proporcionais: $\frac{x}{12} = \frac{9}{12}$

Resolvendo, encontramos que:

$$x = 9$$

Gabarito: C.

QUESTÃO 42 (ESAF – ERH/ANA/2009) Três esferas rígidas estão imóveis em uma superfície plana horizontal, sendo que cada esfera está encostada nas outras duas. Dado que a maior delas tem um raio de 4cm e as outras duas têm raios de 1cm, os pontos em que as esferas tocam o chão formam um triângulo cuja área é:

a) $\frac{\sqrt{15,75}}{2}cm^2$ b) $\sqrt{15,75}cm^2$ c) $2\sqrt{6}cm^2$ d) $\sqrt{15}cm^2$ e) $\sqrt{6}cm^2$

RESOLUÇÃO:

Se pudéssemos olhar as esferas de cima, veríamos o seguinte:

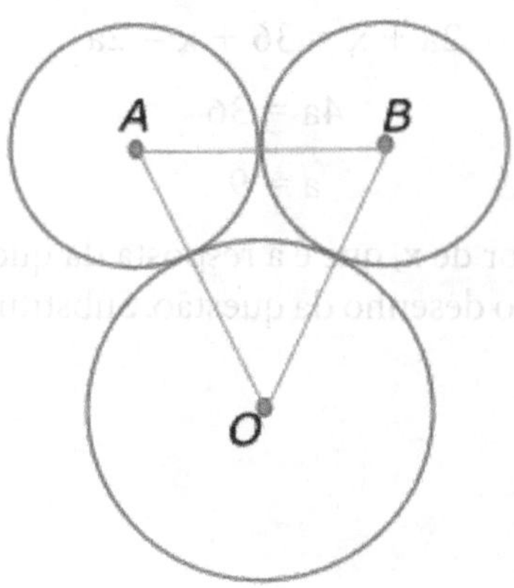

O nosso objetivo consiste em obter a área do triângulo formado pelas projeções no chão dos centros das esferas: A'B'O'.

Note que a esfera maior tem altura maior e o triângulo **ABO** na figura está um pouco inclinado com relação ao chão.

Veja a seguir a vista lateral de duas esferas:

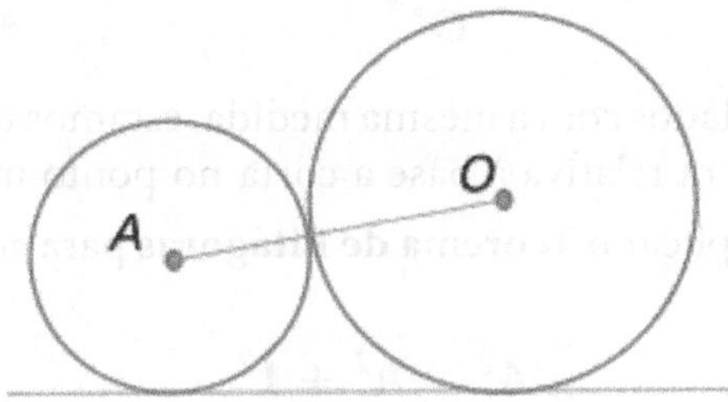

Vamos fazer a projeção A'O' e calcular quanto ela vale.

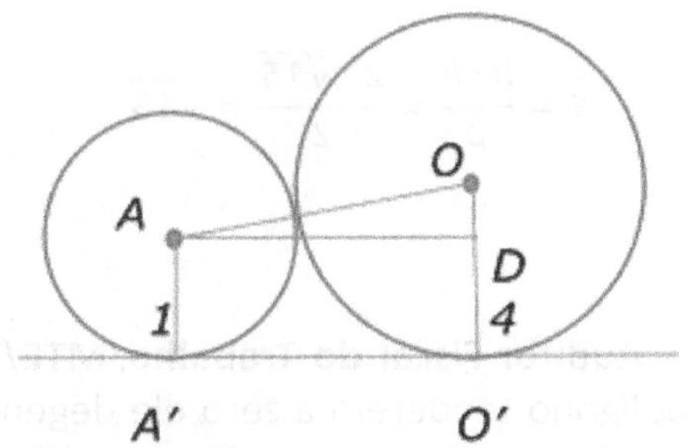

O segmento OD vale a diferença entre os raios:

$$4 - 1 = 3cm$$

O segmento OA vale a soma dos raios:

$$4 + 1 = 5cm$$

Olhe agora para o triângulo AOD. Concorda que ele é retângulo, com hipotenusa 5 e um dos catetos valendo 3? Daí, o outro cateto só pode valer 4.

Ora, se AD = 4 cm, então A'O' = 4 cm = B'O'.

Resta-nos calcular A'B'. Precisamos ter em mente que as esferas de centros A e B têm mesmo raio e mesma altura com relação ao solo, ou seja, o tamanho do segmento projeção A'B' é exatamente igual ao tamanho do segmento AB, que é igual à soma dos raios da esferas menores. Qual a consequência disso?

$$A'B' = 2.$$

Por fim, temos o seguinte triângulo A'O'B' no solo, cuja área queremos calcular:

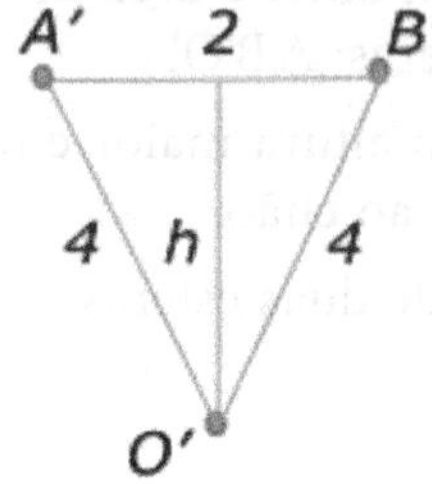

Como temos dois lados com a mesma medida, estamos diante de um triângulo isósceles, em que a altura relativa à base a corta no ponto médio.

Então, podemos aplicar o **Teorema de Pitágoras** para achar o valor da **altura**:

$$4^2 = h^2 + 1^2$$
$$h = \sqrt{15}$$

Logo, a área procurada será:

$$S = \frac{b \cdot h}{2} = \frac{2 \cdot \sqrt{15}}{2} = \sqrt{15}$$

Gabarito: D.

QUESTÃO 43 (ESAF – Auditor-Fiscal do Trabalho/MTE/2010) Quando se faz alguns lados de um polígono tenderem a zero ele degenera naturalmente em um polígono de menor número de lados podendo até eventualmente degenerar em um segmento de reta. Dessa maneira, considere um quadrilátero com duas diagonais iguais e de comprimento $5\sqrt{2}$ cada uma. Sendo A a área desse quadrilátero, então:

a) A = 25.

b) 25 ≤ A ≤ 50.

c) < A ≤ 25.

d) 0 ≤ A ≤ 25.

e) A ≥ 25.

RESOLUÇÃO:

As **duas situações extremas** ocorrem quando:

1. as diagonais são perpendiculares, formando um quadrado, o que implica em área máxima.

2. as diagonais são coincidentes, formando um segmento de reta, de área nula.

A área máxima ocorre quando essas diagonais forem perpendiculares e nós tivermos um quadrado. Se a diagonal mede $5\sqrt{2}$, podemos concluir que o lado do quadrado mede 5. Aplicando o **Teorema de Pitágoras**, teremos:

$$2L^2 = (5\sqrt{2})^2 \Rightarrow L = 5$$

Se o lado mede 5, então **a** área é igual a 25.

A área mínima ocorrerá na situação extrema proposta no enunciado, quando as diagonais tenderem a coincidir e o quadrilátero tender a se degenerar em um segmento de reta, de área nula, ou **A = 0**.

A área não pode ser nula, pois um polígono sempre tem área positiva. Logo:

$$0 < A \leq 25$$

E agora há duas formas de analisarmos as alternativas.

i) Se você pensar em conjunto solução, terá que encontrar uma alternativa que apresente exatamente esse intervalo ($0 < A \leq 25$). Não haveria alternativa correta e a questão deveria ser anulada.

A alternativa mais próxima seria a **letra D**, que foi de fato o gabarito fornecido.

ii) Se você pensar em marcar a alternativa que completa a última frase, aí existirá uma alternativa correta: a **letra D**.

Ocorre que o intervalo exposto em D contém aquele indicado anteriormente, pois inclui o valor zero (intervalo fechado à esquerda).

Isso não prejudica a alternativa. Qualquer intervalo que englobe aquele anteriormente indicado estaria correto.

Gabarito: D.

CAPÍTULO 26

TRIGONOMETRIA

1. ARCOS E ÂNGULOS

Seja uma circunferência de centro **O** sobre a qual tomamos dois pontos distintos, **A** e **B**. A abertura do ângulo α descreve na circunferência o **arco AB**.

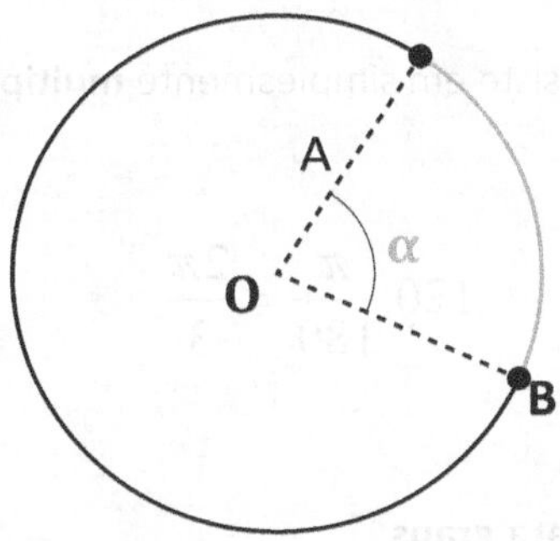

Os ângulos podem ser medidos em **graus** (º) ou **radianos** (rad). A relação entre essas unidades de medida é a seguinte:

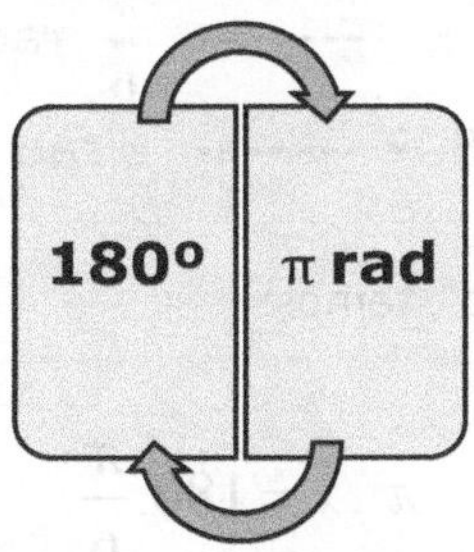

É muito importante que você saiba realizar essa conversão! Vejamos como se converte de graus para radianos, e vice-versa.

Conversão de graus para radianos

1) 60º

Para converter de graus para radianos podemos usar uma regra de três simples:

x rad ------- 60º
π rad ------- 180º

Multiplicando em "cruz credo", temos:

$$180 \, . x = 60 \, . \pi$$

$$x = \frac{60}{180} = \frac{\pi}{3}$$

Portanto, 60º = π/3 rad.

2) 120º

Um macete bem legal consiste em simplesmente **multiplicar o valor em graus por π/180**. Vejamos:

$$120.\frac{\pi}{180} = \frac{2\pi}{3}$$

Portanto, 120º = 2π/3 rad.

Conversão de radianos para graus

1) π/6 rad

Para converter de radianos para graus podemos usar uma regra de três simples:

x ------- $\frac{\pi}{6}$ rad
180º ------- π rad

Multiplicando em "cruz credo", temos:

$$\pi \, . x = 180.\frac{\pi}{6}$$

$$x = \frac{180}{6} = 30$$

Portanto, π/6 rad = 30°.

Professor, tem algum macete no caso da conversão de radianos para graus?

É claro que sim. Basta **multiplicar o valor em radianos por 180/π**. Veja na prática.

2) π/4 rad

$$\frac{\pi}{4}.\frac{180}{\pi}=\frac{180}{4}=45$$

Portanto, π/4 *rad = 45º*.

2. ÂNGULO – CLASSIFICAÇÃO

O ângulo é chamado de **agudo** quando ele é **menor que 90º** (ou π/2).

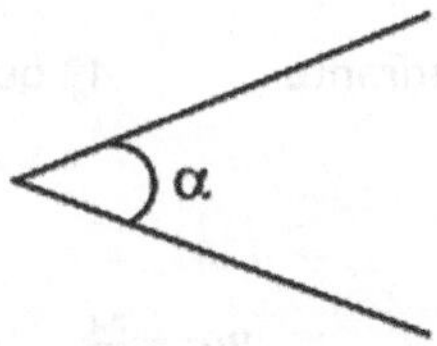

O ângulo é chamado de **obtuso** quando ele é **maior que 90º** (ou π/2).

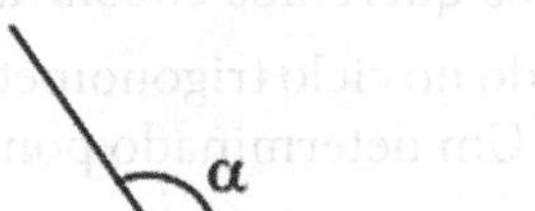

O ângulo é chamado de **reto** quando ele é **igual a 90º** (ou π/2).

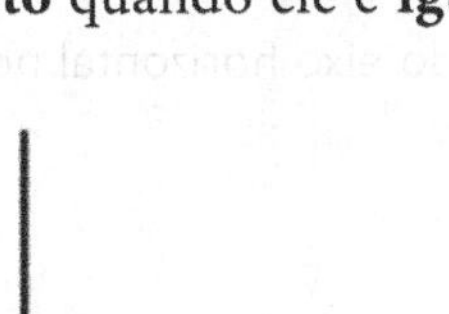

O ângulo é chamado de **raso** quando ele é **igual a 180º** (ou π).

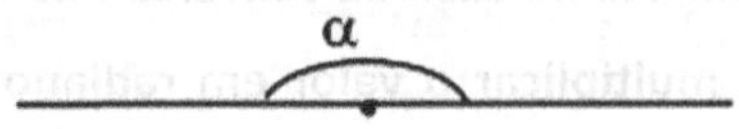

3. CICLO TRIGONOMÉTRICO

O **ciclo trigonométrico** é um grande auxiliar na resolução dos mais diversos tipos de problemas cobrados em trigonometria. Trata-se de um círculo de **raio = 1**, com dois eixos ortogonais que passam pelo seu centro. Esses eixos dividem o ciclo trigonométrico em **4 quadrantes**, conforme mostrado abaixo:

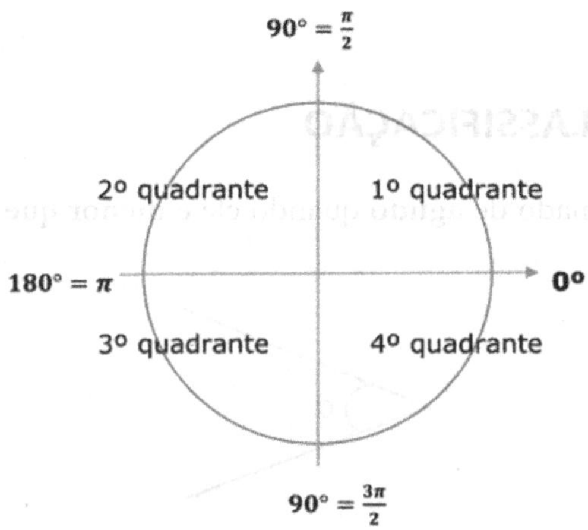

É no ciclo trigonométrico que são marcados os ângulos cujas **funções Trigonométricas**, Seno e Cosseno nós queremos encontrar.

O ângulo positivo é marcado no ciclo trigonométrico a partir do ponto origem (0º) e no sentido **anti-horário**. Um determinado ponto **P** marca a extremidade do arco descrito pelo ângulo.

> **TOME NOTA!**
> Os ângulos **crescem** a partir do eixo horizontal no **sentido anti-horário**.

Veja o caso da marcação do ângulo de 60º:

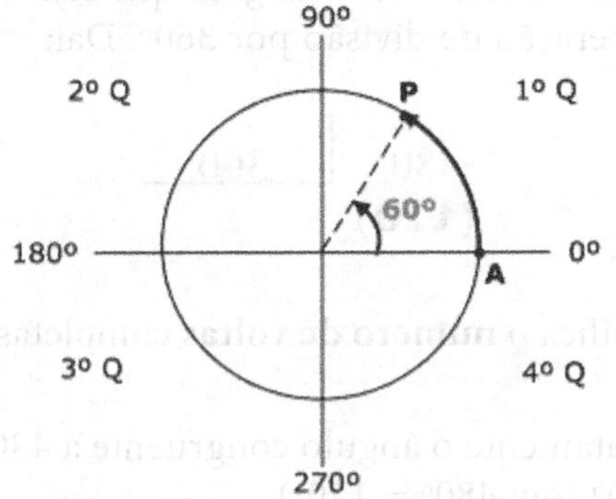

Por sua vez, o **ângulo negativo** é marcado no ciclo trigonométrico a partir do ponto origem (0º) e no sentido **horário**.

Veja o caso da marcação do ângulo de -120º.

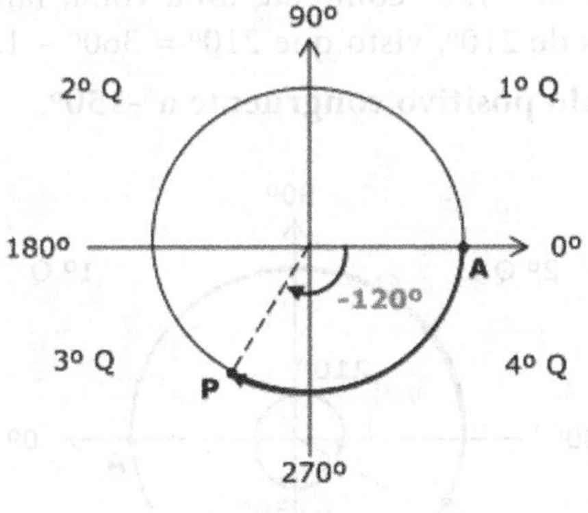

3.1. Ângulos Côngruos ou Congruentes

Um ângulo maior em valor absoluto que 360º (ou 2π) percorre mais de uma volta no ciclo trigonométrico, e possui um ângulo congruente a ele que é menor que 360º.

TOME NOTA!

Dois ângulos são **congruentes** quando possuem o mesmo ponto inicial (0º) e o mesmo ponto final (P).

Para exemplificar, vamos calcular o ângulo congruente a 480º.

Nosso objetivo consiste em obter o ângulo que seja congruente a 480º. Para isso, basta fazer uma operação de divisão por 360º. Daí:

$$\begin{array}{r|l} 480 & 360 \\ \hline \mathbf{(120)} & \mathbf{1} \end{array}$$

O quociente **1** significa o **número de voltas** completas que o 480º dá no ciclo trigonométrico.

Já o resto **120** é exatamente o ângulo congruente a 480º. Portanto, temos que 480º é congruente a 120º (ou: 480º = 120º).

Um caso interessante para analisarmos é o de um ângulo positivo congruente a um ângulo negativo. O seguinte exemplo nos esclarecerá qual o procedimento a ser adotado.

Agora vamos determinar o ângulo positivo congruente a –150º.

Para que o ângulo de –150° complete uma volta, falta ainda percorrer um valor absoluto em graus de 210º, visto que 210º = 360º – 150º.

Daí, **210º é o ângulo positivo congruente a –150º**.

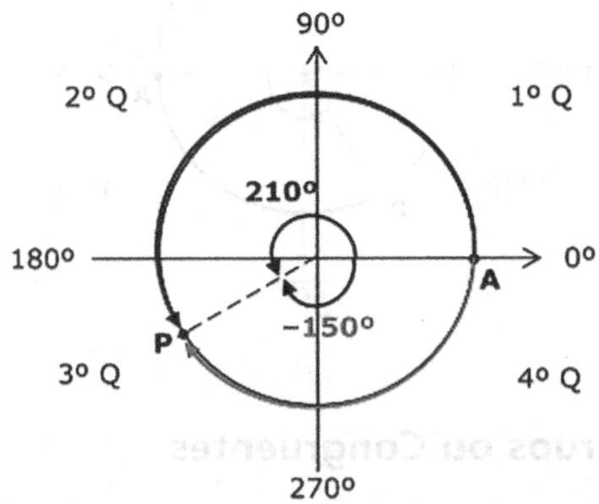

3.2. Forma generalizada de congruência de um ângulo

A **forma generalizada** de todos os ângulos congruentes a um certo ângulo α é dada pela expressão:

- **Em radianos: α + 2kπ**
- **Em graus: α + k.360º**

Em que **K** pertence ao conjunto dos números inteiros: {..., -3, -2, -1, 0, 1, 2, 3, ...}.

Veja como esse assunto já foi cobrado!

Antes de começarmos as questões deste capítulo, cabe salientar que você pode estranhar o fato de que a ampla maioria das questões é da saudosa banca ESAF, mas isso é porque quase não encontramos questões de Trigonometria das outras bancas maiores, a ESAF que gostava de cobrar esse assunto. Mesmo assim, as poucas questões que encontramos de outras bancas que achamos úteis para o aprendizado, foram inseridas, ok? Então vamos à primeira questão, para variar, da ESAF.

QUESTÃO 01 (ESAF – AFC/STN/2013) Se um arco mede α graus, a expressão geral dos arcos côngruos a ele é dada por α + k 3600, onde k é um número inteiro. Por outro lado, se um arco mede α radianos, a expressão geral dos arcos côngruos a ele é dada por α + 2 kπ, onde k é um número inteiro. Um móvel A, partindo do ponto de origem dos arcos de uma circunferência trigonométrica, percorreu um arco de 1690 graus. O móvel B, partindo deste mesmo ponto de origem, percorreu um arco de 35π/8 radianos. Desse modo, pode-se afirmar que o móvel:

a) A deu 4 voltas no sentido anti-horário e parou no I quadrante.

b) A deu 4 voltas no sentido horário e parou no III quadrante.

c) B deu 2 voltas completas no sentido anti-horário e parou no I quadrante.

d) B deu 2 voltas completas no sentido horário e parou no I quadrante.

e) independentemente do número de voltas, os móveis A e B pararam no primeiro quadrante.

RESOLUÇÃO:

Vamos analisar separadamente a trajetória de cada móvel.

➢ **Móvel A:**

Para saber quantas voltas o móvel A deu (***kA***), basta dividir a quantidade de graus que ele se deslocou (1690°) por 360°.

$$k_A = \frac{1690}{360} = 4,69$$

Isso significa que o móvel A deu **4 voltas** completas no sentido anti-horário, o que corresponde a 4 x 360 = 1.440°, e andou mais 1.690 – 1.440 = **250°**. Ora, se ele andou mais 250° após as 4 voltas, então ele encerrou sua trajetória no **3° quadrante**.

➢ **Móvel B:**

Para saber quantas voltas o móvel B deu (**k**$_B$), basta dividir a quantidade de radianos que ele se deslocou (35π/8 rad) por 2π.

$$k_B = \frac{\frac{35\pi}{8}}{2\pi} = \frac{35}{16} \cong 2,2$$

Isso significa que o móvel B deu **2 voltas** completas no sentido anti-horário, o que corresponde a 2 x 2π = 4π, e andou mais 35π/8 – 4π = **3π/8**. Ora, se ele andou mais 3π/8 após as 2 voltas, então ele encerrou sua trajetória no **1º quadrante**, já que 3π/8 < π/2.

Gabarito: C.

QUESTÃO 02 (CESPE/SEFAZ-RS/Auditor-Fiscal/2019) O relógio analógico de Audir danificou-se exatamente à zero hora (meia-noite) de certo dia, e o ponteiro dos minutos passou a girar no sentido anti-horário, mas com a mesma velocidade que tinha antes do defeito. O ponteiro das horas permaneceu funcionando normalmente, girando no sentido horário.

Considerando as informações anteriores, assinale a opção que apresenta a relação entre os arcos x e y percorridos, respectivamente, pelos ponteiros dos minutos e das horas do relógio de Audir entre duas sobreposições consecutivas.

A) x – y = 90º

B) x – y = 180º

C) x + y = 180º

D) x + y = 360º

E) x = y

RESOLUÇÃO:

O enunciado informa que o relógio de Audir danificou-se exatamente à zero hora, de modo que os dois ponteiros começam em cima do número 12 (relógio analógico).

É dito que o ponteiro dos minutos passou a girar no sentido anti-horário, ao passo que o ponteiro das horas continua no sentido horário. Ao se encontrarem, terão completado uma volta completa, isto é, a soma dos arcos percorridos pelos dois ponteiros é igual a 360 graus. Logo:

x + y = 360°

Gabarito: D.

4. FUNÇÕES TRIGONOMÉTRICAS

4.1. Função Seno

No ciclo trigonométrico, para encontrarmos o **seno** de um ângulo, basta projetar ortogonalmente sua extremidade sobre o **eixo vertical** e medir a distância entre essa projeção e o centro **O** do ciclo, sempre levando em conta a orientação do eixo (para cima).

> **IMPORTANTE!**
>
> O eixo **vertical** corresponde ao eixo dos **senos**.

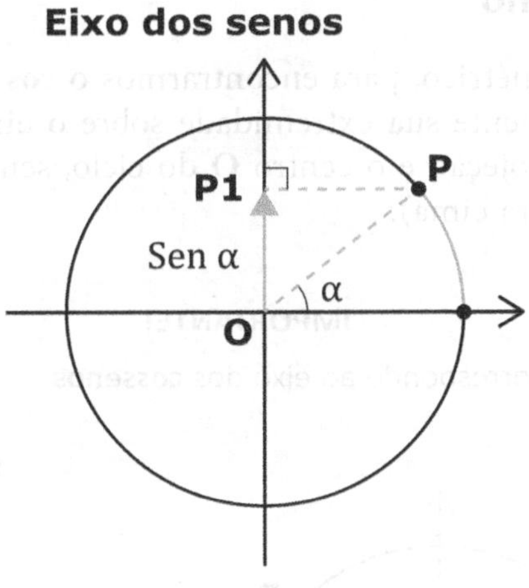

Pelo ciclo trigonométrico (raio = 1), constatamos que o seno de x é um valor no intervalo [**-1, 1**], ou seja:

$$-1 \leq \text{sen } x \leq 1.$$

4.1.1. Sinais da função seno

Considerando a orientação do eixo dos senos, percebemos que os ângulos do **1º e 2º quadrantes** associam-se a **valores positivos** de senos e os ângulos do ***3º e 4º quadrantes*** associam-se a **valores negativos** de senos.

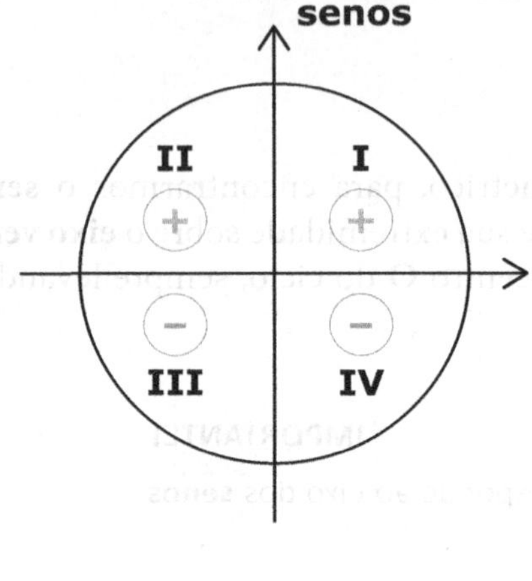

4.2. Função Cosseno

No ciclo trigonométrico, para encontrarmos o **cosseno** de um ângulo, basta projetar ortogonalmente sua extremidade sobre o **eixo horizontal** e medir a distância entre essa projeção e o centro **O** do ciclo, sempre levando em conta a orientação do eixo (para cima).

> **IMPORTANTE!**
>
> O eixo **horizontal** corresponde ao eixo dos **cossenos**.

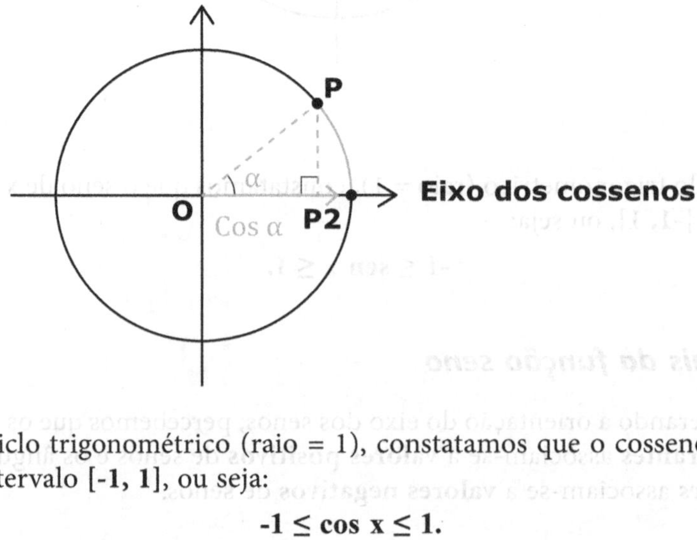

Pelo ciclo trigonométrico (raio = 1), constatamos que o cosseno de x é um valor no intervalo [-1, 1], ou seja:

$$-1 \leq \cos x \leq 1.$$

4.2.1. *Sinais da função cosseno*

Considerando a orientação do eixo dos cossenos, percebemos que os ângulos do **1º e 4º quadrantes** associam-se a **valores positivos** de cossenos, e os ângulos do **2º e 3º quadrantes** associam-se a **valores negativos** de cossenos.

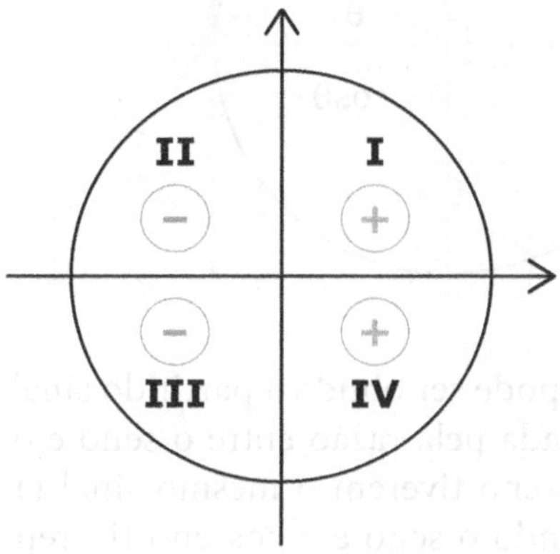

4.3. Relação fundamental entre senos e cossenos

A seguir, apresentamos a **relação fundamental da trigonometria**:

$$sen^2 x + cos^2 x = 1$$

Ela é importantíssima e bastante cobrada nas provas de concursos. Assim, dado o **seno** de um ângulo qualquer, é possível, por meio dessa relação, obter o **cosseno** desse mesmo ângulo, e vice-versa.

4.4. Função Tangente

Para obter os valores das **tangentes** dos ângulos, podemos utilizar esta relação (importantíssima!):

$$tg\ x = \frac{sen\ x}{\cos x}$$

No ciclo trigonométrico, a tangente é uma reta paralela ao eixo dos senos, variando de -∞ **a** +∞.

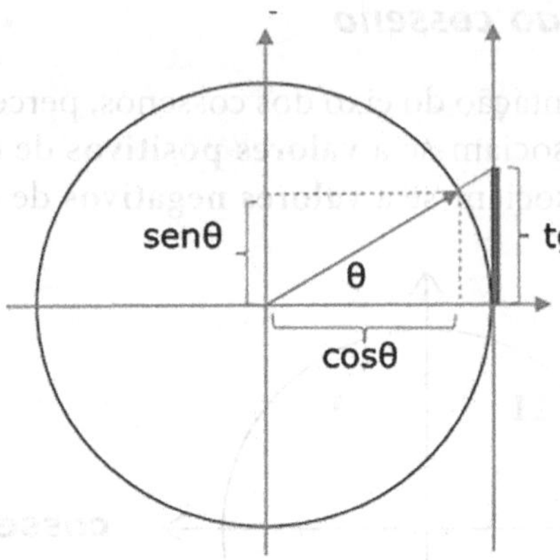

O sinal da função tangente pode ser obtido a partir do sinal das funções seno e cosseno. Como a tangente é dada pela razão entre o seno e o cosseno, ela será **positiva** quando o seno e o cosseno tiverem o mesmo sinal (**1º quadrante e 3º quadrante**) e será **negativa** quando o seno e o cosseno tiverem sinais diferentes (**2º quadrante e 4º quadrante**).

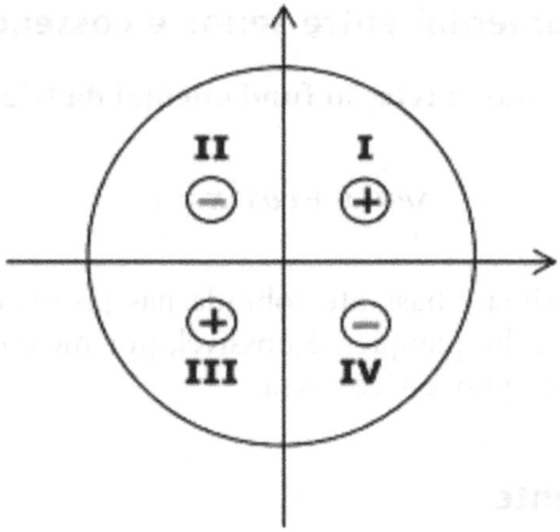

Quando o **cosseno de x for zero**, a **tangente não estará definida**.

4.5. Funções Cotangente, Secante e Cossecante

Para obter os valores das **cotangentes** dos ângulos, podemos utilizar a relação:

$$\mathbf{cotg}x = \frac{\cos x}{sen\ x}$$

Ou:

$$\mathbf{cotg}x = \frac{1}{tg\ x}$$

O **sinal** da função cotangente é o mesmo da função **tangente**.

Para obter os valores das **secantes** dos ângulos, podemos utilizar a relação:

$$\sec x = \frac{1}{\cos x}$$

O **sinal** da função secante é o mesmo da função **cosseno**.

Para obter os valores das **cossecantes** dos ângulos, podemos utilizar a relação:

$$cossec\ x = \frac{1}{sen\ x}$$

O **sinal** da função cossecante é o mesmo da função **seno**.

BIZU!

Na hora de decorar essas relações, lembre que é o contrário do que seria mais fácil, que seria lembrar a primeira sílaba de cada um, ou seja, seno e secante não se relacionam diretamente, nem cosseno com cossecante. E sim seno com cossecante e cosseno com secante. Em 1986, eu, Alexandre, decorei a palavra "seco" e nunca mais me esqueci dela, ou seja, SEno se relaciona a COssecante e SEcante se relaciona a COsseno.

4.6. Valores notáveis

Temos os seguintes valores notáveis para as funções sen, cos, tg, cotg, sec e cossec, os quais são de extrema importância que você MEMORIZE pelo menos as três primeiras funções (seno, cosseno e tangente), pois para as outras funções basta você inverter as funções que se relacionam a elas, como já aprendemos.

Se quiser memorizar ainda menos, basta memorizar as duas primeiras, pois para encontrar a tangente sabemos que é só dividir o seno pelo cosseno:

x	sen x	cos x	tg x	cotg x	sec x	cossec x
0º	0	1	0	0	1	0
30º	$\frac{1}{2}$	$\frac{\sqrt{3}}{2}$	$\frac{\sqrt{3}}{3}$	$\frac{3}{\sqrt{3}}$	$\frac{2}{\sqrt{3}}$	2
45º	$\frac{\sqrt{2}}{2}$	$\frac{\sqrt{2}}{2}$	1	1	$\frac{2}{\sqrt{2}}$	$\frac{2}{\sqrt{2}}$
60º	$\frac{\sqrt{3}}{2}$	$\frac{1}{2}$	$\sqrt{3}$	$\frac{1}{\sqrt{3}}$	2	$\frac{2}{\sqrt{3}}$
90º	1	0	--	0	--	1
180º	0	-1	0	--	-1	--
270º	-1	0	--	0	--	-1

4.7. Desdobramentos da Relação Fundamental

A partir das relações fundamentais, podemos deduzir as seguintes relações, que são úteis na simplificação de expressões trigonométricas:

$$tg^2 x + 1 = sec^2 x$$

$$cotg^2 x + 1 = cossec^2 x$$

5. RELAÇÕES ENTRE ÂNGULOS

Dois ângulos são **complementares** quando a **soma deles é igual a 90º** (ou π/2).

Para achar o valor do seno e do cosseno do ângulo complementar a um ângulo x dado, recorremos ao ciclo trigonométrico. Note que, nesse caso:

$$\cos(90° - \theta) = sen\theta$$
$$sen(90° - \theta) = cos\theta$$
$$tg(90° - \theta) = \frac{1}{tg\theta}$$

Dois ângulos são **suplementares** quando a **soma deles é igual a 180º** (ou π).

Para achar o valor do seno e do cosseno do ângulo suplementar a um ângulo x dado, recorremos ao ciclo trigonométrico. Note que, nesse caso:

$$sen(180° - \theta) = sen\theta$$
$$cos(180° - \theta) = -cos\theta$$
$$tg(180° - \theta) = -tg\theta$$

Dois ângulos são **replementares** quando a **soma deles é igual a 360º** (ou 2π).

Para achar o valor do seno e do cosseno do ângulo replementar a um ângulo x dado, recorremos ao ciclo trigonométrico. Note que, nesse caso:

$$sen(360° - \theta) = -sen\theta$$
$$cos(360° - \theta) = cos\theta$$
$$tg(360° - \theta) = -tgx$$

Dois ângulos são **explementares** quando a **subtração deles é igual a 180º** (ou π).

Para achar o valor do seno e do cosseno do ângulo explementar a um ângulo x dado, recorremos ao ciclo trigonométrico. Note que, nesse caso:

$$sen(180° + \theta) = -sen\theta$$
$$cos(180° + \theta) = -cos\theta$$
$$tg(180° + \theta) = tg\theta$$

Veja como esse assunto já foi cobrado!

QUESTÃO 03 (ESAF – EPPGG/2000) Sabe-se que o seno de 60º é igual a (3½)/2, e que cosseno de 60º é igual a 1/2. Sabe-se, também, que o seno do dobro de um ângulo X é igual ao dobro do produto do seno de X pelo cosseno de X. Assim, a tangente do ângulo suplementar a 60º é:

a) – 1/2 b) – (3½) c) 3½ d) (3½)/2 e) – (3½)/2

RESOLUÇÃO:

O nosso objetivo consiste em obter a tangente do ângulo **suplementar** a 60º.

Ora, acabamos de ver que, no caso de ângulos suplementares, temos:

$$tg(180° - \theta) = -tg\theta$$

Substituindo θ por 60º, temos:

$$tg(180° - 60°) = -tg60°$$

Mas, pela tabela dos valores notáveis, temos que:

$$tg60° = \sqrt{3}$$

Daí:

$$\boldsymbol{tg}(180° - 60°) = -\sqrt{3} = -3^{\frac{1}{2}}$$

Perceba que o enunciado quis confundir o candidato com uma informação irrelevante e aparentemente complicada, que foi "o seno do dobro de um ângulo X é igual ao dobro do produto do seno de X pelo cosseno de X", que não serviu para nada. Essa relação nós veremos logo a seguir.

Gabarito: B.

6. OUTRAS RELAÇÕES TRIGONOMÉTRICAS

- Soma e diferença de arcos:

$$\boldsymbol{cos(a + b) = cosa \cdot cosb - sena \cdot senb}$$

$$\boldsymbol{cos(a - b) = cosa \cdot cosb + sena \cdot senb}$$

$$\boldsymbol{sen(a + b) = sena \cdot cosb + senb \cdot cosa}$$

$$\boldsymbol{sen(a - b) = sena \cdot cosb - senb \cdot cosa}$$

$$\boldsymbol{tg(a + b) = \frac{tga + tgb}{1 - tga \cdot tgb}}$$

$$\boldsymbol{tg(a - b) = \frac{tga - tgb}{1 + tga \cdot tgb}}$$

- Arco duplo:

$$\boldsymbol{sen2x = 2 \cdot senx \cdot cosx}$$

$$\boldsymbol{cos2x = cos^2x - sen^2x}$$

Veja como esse assunto já foi cobrado!

QUESTÃO 04 (ESAF – AFC/CGU/2008) Sabendo que $\boldsymbol{x = arccos\frac{\sqrt{2}}{2}}$ e que $\boldsymbol{y = arcsen\frac{1}{2}}$, então o valor da expressão cos(x – y) é igual a:

a) $\frac{\sqrt{6}+\sqrt{2}}{4}$ b) $\frac{\sqrt{6}-\sqrt{2}}{4}$ c) $\frac{\sqrt{2}}{2}$ d) $\sqrt{3}+\frac{\sqrt{2}}{2}$ e) $\sqrt{2}$

RESOLUÇÃO:

Talvez você tenha estranhado a presença das funções **arccos** e **arcsen**. Elas são as **funções inversas do cos e sen**, respectivamente.

Logo, se $x = arccos\frac{\sqrt{2}}{2}$, então cos x = $\frac{\sqrt{2}}{2}$. Por sua vez, se $y = arcsen\frac{1}{2}$, então sen y = $\frac{1}{2}$.

Para entender o que quer dizer a expressão $\boldsymbol{x = arccos\frac{\sqrt{2}}{2}}$, pense que você quer encontrar o ângulo x cujo cosseno é $\frac{\sqrt{2}}{2}$. Só que em Trigonometria, em vez de escrevermos "encontre o ângulo x cujo cosseno é $\frac{\sqrt{2}}{2}$", escrevemos "encontre $\boldsymbol{x = arccos\frac{\sqrt{2}}{2}}$".

Outra informação importante que preciso te passar é que a **função arccos só é definida no intervalo de 0 a 180º** e a **função arcsen só é definida no intervalo de -90 a 90º**. Assim:

- se $x = arccos\frac{\sqrt{2}}{2}$, então cos x = $\frac{\sqrt{2}}{2}$, então x=45º.
- se $y = arcsen\frac{1}{2}$, então sen y = $\frac{1}{2}$, então y = 30º.

O nosso objetivo consiste em descobrir o valor da expressão **cos(x - y)**. Para isso, basta lembrar a fórmula da subtração de arcos para o caso do cosseno:

$$\cos(x-y) = \cos x.\cos y + sen x.sen y$$

Substituindo x por 45º e y por 30º, temos:

$$\cos(45-30) = \cos 45.\cos 30 + sen 45.sen 30$$

$$\cos(45-30) = \frac{\sqrt{2}}{2}.\frac{\sqrt{3}}{2} + \frac{\sqrt{2}}{2}.\frac{1}{2} = \frac{\sqrt{6}}{4} + \frac{\sqrt{2}}{4}$$

Gabarito: A.

QUESTÃO 05 (ESAF – AFRFB/2012) Considerando-se a expressão trigonométrica x = 1 + cos 30°, um dos possíveis produtos que a representam é igual a

a) 2 $\cos^2$ 15° b) 4 $\cos^2$ 15° c) 2 sen^2 30° d) 2 $\cos^2$ 30° e) 4 sen^2 15°.

RESOLUÇÃO:

Visto que na expressão trigonométrica fornecida pela questão consta a presença do **cos 30°**. Daí, vamos supor que **x = 15°**. Usando a fórmula do arco duplo, no caso do cosseno, temos:

$$\cos 2x = cos^2 x - sen^2 x$$

$$\cos 2.15 = cos^2 15 - sen^2 15$$

$$\cos 30 = cos^2 15 - sen^2 15$$

Substituindo **cos 30** por **(x – 1)**, temos:

$$\text{x} - 1 = cos^2 15 - sen^2 15$$

$$\text{x} = cos^2 15 - sen^2 15 + 1$$

Substituindo 1 por $\boldsymbol{cos^2 15 + sen^2 15}$ (relação fundamental), ficamos com:

$$\text{x} = cos^2 15 \cancel{- sen^2 15} + cos^2 15 \cancel{+ sen^2 15}$$

$$\text{x} = cos^2 15 + cos^2 15$$

$$\mathbf{x = 2cos^2 15}$$

Gabarito: A.

QUESTÃO 06 (FGV – Ana Leg/ALERO/2018) Sabe-se que sen x – cos x = 0,6. O valor de y = sen x cos x é

a) 0,18 b) 0,32 c) 0,36 d) 0,64.

RESOLUÇÃO:

O enunciado informa que sen x – cos x = 0,6. Elevando ao quadrado os dois lados, teremos o seguinte produto notável do lado esquerdo:

$$(sen\ x - cos\ x)^2 = (0,6)^2$$

$$sen^2 x - 2sen\ x\ cos\ x + cos^2 x = 0,36$$

$$\underbrace{sen^2 x + cos^2 x}_{1} - 2sen\ x\ cos\ x = 0,36$$

$$1 - 2sen\ x\ cos\ x = 0,36$$

$$2sen\ x\ cos\ x = 1 - 0,36 = 0,64$$

$$sen\ x\ cos\ x = \frac{0,64}{2} = 0,32$$

Portanto, concluímos que **y vale 0,32.**

Gabarito: B.

7. RELAÇÕES TRIGONOMÉTRICAS NO TRIÂNGULO RETÂNGULO

O **triângulo retângulo** é aquele que apresenta um **ângulo de 90º.**

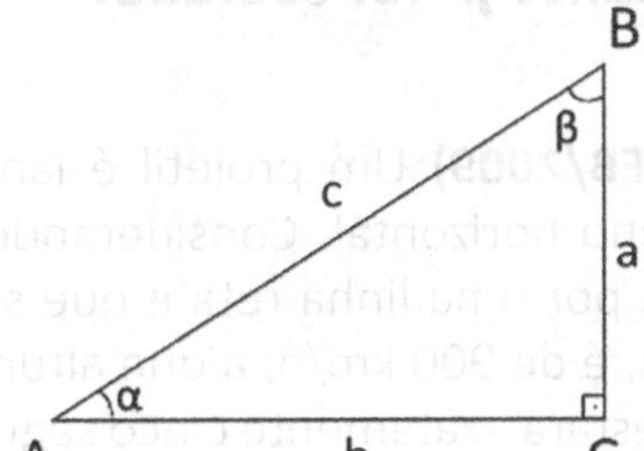

Lembramos que:

- a **hipotenusa** é oposta ao ângulo de 90º (também chamado de ângulo reto); trata-se do maior lado do triângulo retângulo (c).
- os outros dois lados são chamados de **catetos**. Eles podem ter a mesma medida, ou não.

Em um triângulo retângulo, podemos definir o **seno**, o **cosseno** e a **tangente** de um ângulo.

- O **seno** é igual à **divisão entre o cateto oposto ao ângulo e a hipotenusa**.
- O **cosseno** é igual à **divisão entre o cateto adjacente e hipotenusa**.
- A **tangente** é igual à **divisão entre seno e cosseno**. Por conta disso, a tangente acaba coincidindo com a divisão entre o cateto oposto e o cateto adjacente.

Para o ângulo θ, temos o seguinte:

- o **cateto oposto (CO) é** aquele que está oposto ao ângulo; trata-se do lado "a";
- o **cateto adjacente (CA)** é aquele que está adjacente (ao lado, junto) ao ângulo; trata-se do cateto "b".

Ficamos com:

$$sen\theta = \frac{co}{hip}$$

$$cos\theta = \frac{ca}{hip}$$

$$tg\theta = \frac{co}{ca}$$

ATENÇÃO!

Nessas fórmulas, "co" significa cateto oposto, não confunda com cosseno, ok?

Veja como esse assunto já foi cobrado!

QUESTÃO 07 (ESAF/AFRFB/2009) Um projétil é lançado com um ângulo de 30º em relação a um plano horizontal. Considerando que a sua trajetória inicial pode ser aproximada por uma linha reta e que sua velocidade média, nos cinco primeiros segundos, é de 900 km/h, a que altura em relação ao ponto de lançamento este projétil estará exatamente cinco segundos após o lançamento?

a) 0,333 km b) 0,625 km c) 0,5 km d) 1,3 km e) 1 km

RESOLUÇÃO:

Inicialmente, precisamos converter a velocidade de km/h para m/s. Uma dica:

Para converter de km/h para m/s, basta dividir por 3,6.
Para converter de m/s para km/h, bastaria multiplicar por 3,6.

Assim:

$$900\ km/h = \frac{900}{3,6} = 250\ m/s$$

O enunciado afirma que, em 5s, o projétil anda 5x250 = 1.250m. Temos o seguinte triângulo:

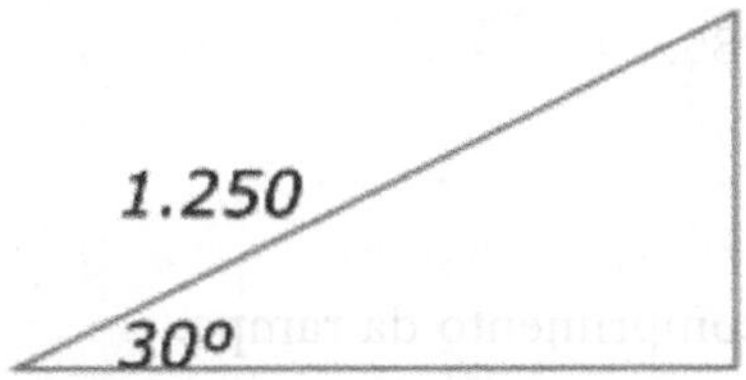

Em que **h** corresponde à altura que o projétil alcança em relação ao ponto de lançamento.

Note que nesse triângulo retângulo, possuímos os valores do ângulo (30º) e da hipotenusa (1.250). Daí, devemos analisar se deveremos utilizar o seno, cosseno ou tangente. O que você acha?

Eu usaria o seno, professor.

Isso mesmo, colega. Afinal, se queremos encontrar o cateto oposto ao ângulo dado e temos a hipotenusa, é o seno que se relaciona a essas duas medidas.

$$sen30° = \frac{h}{1.250}$$

$$\frac{1}{2} = \frac{h}{1.250}$$

$$\boldsymbol{h = 625m = 0,625km}$$

Gabarito: B.

QUESTÃO 08 (VUNESP – Sargento/PM-SP/2015) A figura representa uma rampa AB com ângulo de inclinação de 45 graus e altura de 50 centímetros.

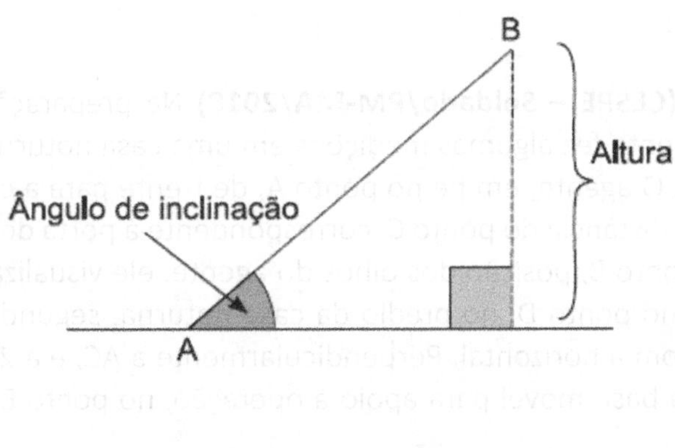

Aproximando-se √2 para 1,4, o comprimento aproximado dessa rampa, em centímetros, é

a) 70. b) 75. c) 80. d) 85.

RESOLUÇÃO:

Vamos chamar de **x** o comprimento da rampa.

No triângulo retângulo, o seno de 45º corresponde a $\frac{\sqrt{2}}{2}$ e é igual ao cateto oposto dividido pela hipotenusa:

$$Sen\,45° = \frac{50}{x}$$

$$\frac{\sqrt{2}}{2} = \frac{50}{x}$$

O enunciado sugere aproximarmos $\sqrt{2}$ para 1,4, logo:

$$\frac{1,4}{2} = \frac{50}{x}$$

$$\boldsymbol{x} = \frac{50 \times 2}{1,4} = \frac{100}{1,4} \approx 71$$

Portanto, o comprimento aproximado da rampa é **70 centímetros**, opção que chega mais perto do tamanho real.

Gabarito: A.

QUESTÃO 09 (CESPE – Soldado/PM-MA/2018) Na preparação de uma ação policial, um agente fez algumas medições em uma casa noturna, mostradas na figura a seguir. O agente, em pé no ponto A, de frente para a casa noturna, estava a 10 m de distância do ponto C, correspondente à porta de entrada da casa noturna. Do ponto B, posição dos olhos do agente, ele visualizava uma câmera de segurança no ponto D, no prédio da casa noturna, segundo um ângulo de visão de 30º com a horizontal. Perpendicularmente a AC, e a 24 m de A, ficava localizada uma base móvel para apoio à operação, no ponto E.

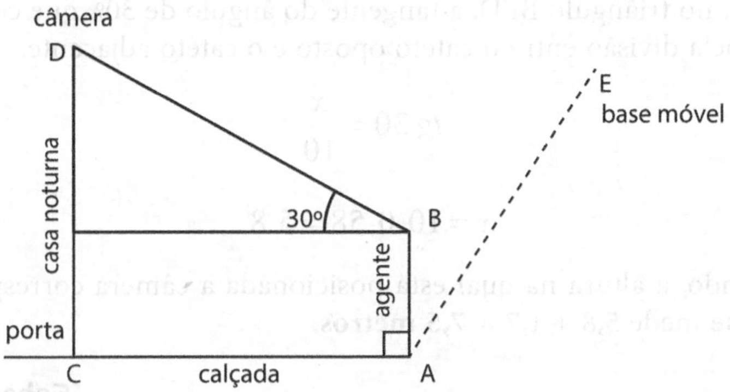

Com referência às informações contidas na situação hipotética e na figura anteriormente apresentadas, julgue o item.

Considerando que AB seja igual a 1,70 m, que essa seja a altura dos olhos do agente e que 0,58 seja o valor aproximado para tg30º, então a câmera estava a uma altura inferior a 7 m.

RESOLUÇÃO:

Note que o enunciado informa várias medidas. Vamos inseri-las no desenho:

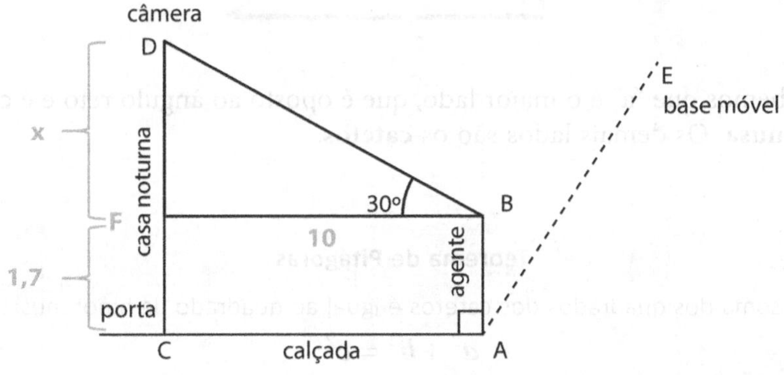

Por que colocamos um ponto F na figura? Para formar o lado BF, de modo a ser paralelo a AC. Com isso, caso o agente ande até a porta e nela encoste, o ponto F identificará a posição de seus olhos.

Como é dito que o agente estava a 10 m de distância da porta, concluímos que a distância BF vale 10 metros.

Por sua vez, a distância CF vale 1,70 metros, que é a mesma altura dos olhos do agente até o chão.

Veja que, no triângulo BFD, a tangente do ângulo de 30º, que corresponde a 0,58, é dada pela divisão entre o cateto oposto e o cateto adjacente:

$$tg\,30 = \frac{x}{10}$$

$$x = 10.0,58 = 5,8$$

Finalizando, a altura na qual está posicionada a câmera corresponde à distância DC, que mede 5,8 + 1,7 = **7,5 metros.**

Gabarito: Errado.

8. TEOREMA DE PITÁGORAS

Considere o triângulo retângulo abaixo, com lados medindo "a", "b" e "c".

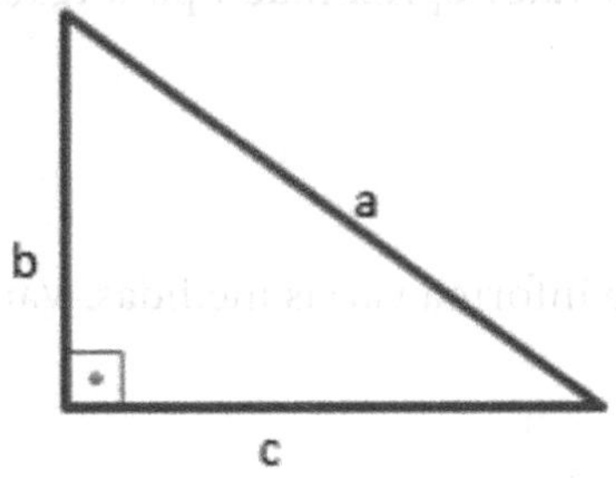

Já sabemos que "a" é o maior lado, que é oposto ao ângulo reto e é chamado de **hipotenusa**. Os demais lados são os **catetos**.

Teorema de Pitágoras

A soma dos quadrados dos catetos é igual ao quadrado da hipotenusa.

$$a^2 + b^2 = c^2$$

Veja como esse assunto já foi cobrado!

QUESTÃO 10 (VUNESP/ISS São José dos Campos/Auditor Tributário/2018) Em um terreno retangular ABCD foram instalados postes de iluminação nos pontos P, M, Q e N, sendo as distâncias entre os postes indicadas pela linha tracejada, conforme mostra a figura.

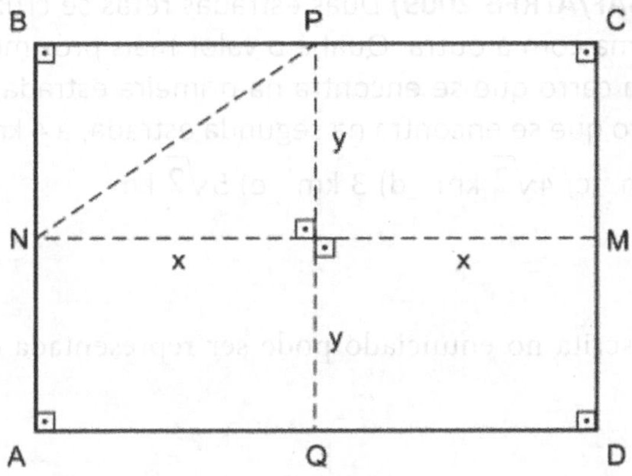

Se a distância entre os postes N e P é 100 m, e a distância entre os postes P e Q é 120 m, então o perímetro desse terreno retangular mede

(A) 380 m. (B) 400 m. (C) 420 m. (D) 490 m. (E) 560 m.

RESOLUÇÃO:

O enunciado informa que as distâncias entre os postes P e Q é 120m, o que corresponde a 2y. Logo:

$$2y = 120$$

$$y = 60\ m$$

É dito que a distância entre os postes N e P é 100 m. Então, podemos aplicar o **Teorema de Pitágoras** no triângulo retângulo destacado na figura:

$$\left(\overline{NP}\right)^2 = x^2 + y^2$$

$$100^2 = x^2 + 60^2$$

$$x^2 = 10.000 - 3.600$$

$$\boldsymbol{x = \sqrt{6.400} = 80\,m}$$

O nosso objetivo consiste em determinar o **perímetro** ou a **soma dos lados** do retângulo descrito na figura. Veja que a base é dada por 2x ao passo que a altura corresponde a 2y. Assim:

$$\boldsymbol{Perímetro} = 2.(2x) + 2.(2y) = 4x + 4y = 4.(x + y) = 4.(60 + 80) = 4.140 = 560\,\boldsymbol{m}$$

Gabarito: E.

QUESTÃO 11 (ESAF/ATRFB 2009) Duas estradas retas se cruzam formando um ângulo de 90º uma com a outra. Qual é o valor mais próximo da distância cartesiana entre um carro que se encontra na primeira estrada, a 3 km do cruzamento, com outro que se encontra na segunda estrada, a 4 km do cruzamento?

a) 5 km b) 4 km c) $4\sqrt{2}$ km d) 3 km e) $5\sqrt{2}$ km

RESOLUÇÃO:

A situação descrita no enunciado pode ser representada conforme a figura a seguir:

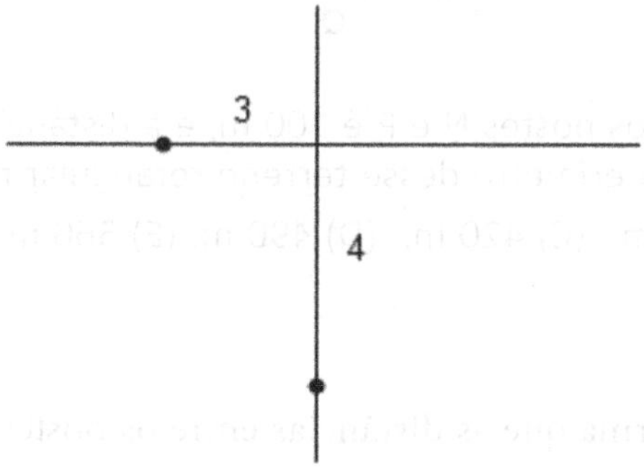

Vamos chamar a distância entre os dois carros de x.

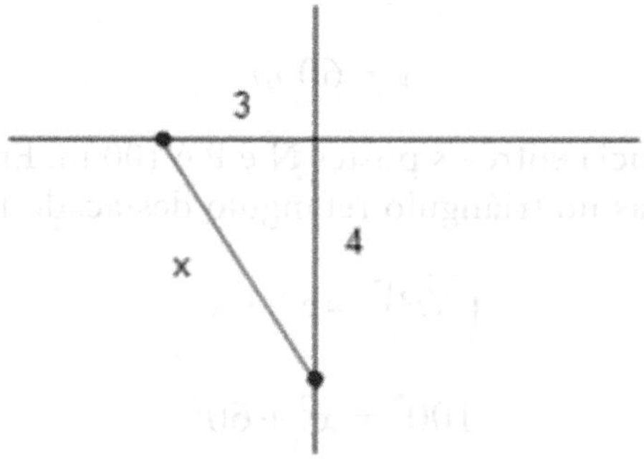

O triângulo de lados 3, 4, e x é retângulo. A hipotenusa, que é o maior lado, vale x.

Aplicando o **teorema de Pitágoras**, temos:

$$x^2 = 3^2 + 4^2$$

$$x^2 = 9 + 16 = 25$$

$$x = 5$$

Gabarito: A.

QUESTÃO 12 (CONSULPLAN – Agente/CM Olinda/2015) No triângulo retângulo a seguir, o cosseno do ângulo α é igual a 0,6.

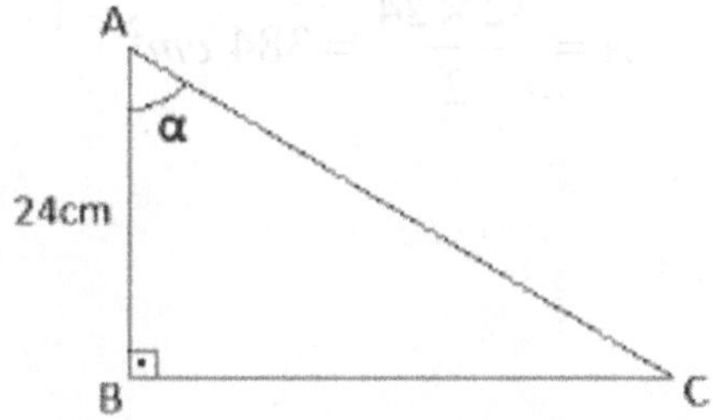

A área desse triângulo é igual a

a) 384 cm². b) 408 cm². c) 432 cm². d) 456 cm².

RESOLUÇÃO:

Inicialmente, é preciso observar que o seno e o cosseno de um ângulo guardam a seguinte relação:

$$sen(\alpha)^2 + cos(\alpha)^2 = 1$$

O enunciado informa que o cos(α) = 0,6. Logo:

$$sen(\alpha)^2 + 0,6^2 = 1$$

$$sen(\alpha)^2 = 1 - 0,36 = 0,64$$

$$sen(\alpha) = \sqrt{0,64} = 0,8$$

Agora, usamos a relação que nos fornece o valor da tangente de α:

$$tan(\alpha) = \frac{sen(\alpha)}{\cos(\alpha)} = \frac{0,8}{0,6} = \frac{8}{6}$$

Num triângulo retângulo, a tangente é a medida do cateto oposto dividido pelo cateto adjacente. Logo, usamos esta relação para obter a medida da base do triângulo $\overline{BC}$:

$$\frac{8}{6} = \frac{\overline{BC}}{24}$$

$$\overline{BC} = \frac{24 \times 8}{6} = 4 \times 8 = 32$$

Por fim, utilizando o fato de a área (A) do triângulo ser igual à metade da base multiplicada pela altura:

$$A = \frac{32 \times 24}{2} = 384\ cm^2$$

Gabarito: A.

9. RESUMO

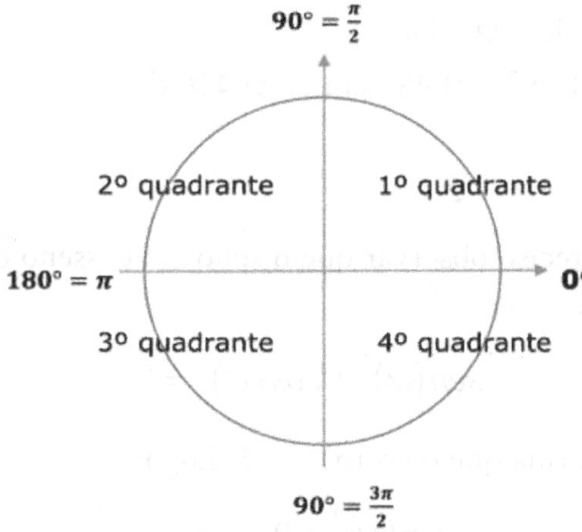

x	sen x	cos x	tg x	cotg x	sec x	cossec x
0º	0	1	0	0	1	0
30º	$\frac{1}{2}$	$\frac{\sqrt{3}}{2}$	$\frac{\sqrt{3}}{3}$	$\frac{3}{\sqrt{3}}$	$\frac{2}{\sqrt{3}}$	2
45º	$\frac{\sqrt{2}}{2}$	$\frac{\sqrt{2}}{2}$	1	1	$\frac{2}{\sqrt{2}}$	$\frac{2}{\sqrt{2}}$
60º	$\frac{\sqrt{3}}{2}$	$\frac{1}{2}$	$\sqrt{3}$	$\frac{1}{\sqrt{3}}$	2	$\frac{2}{\sqrt{3}}$
90º	1	0	--	0	--	1
180º	0	-1	0	--	-1	--
270º	-1	0	--	0	--	-1

$$sen^2x + cos^2x = 1$$

$$tg^2x + 1 = sec^2x$$

$$cotg^2x + 1 = cossec^2x$$

➢ Soma e diferença de arcos:

$$cos(a+b) = cosa \cdot cosb - sena \cdot senb$$

$$cos(a-b) = cosa \cdot cosb + sena \cdot senb$$

$$sen(a+b) = sena \cdot cosb + senb \cdot cosa$$

$$sen(a-b) = sena \cdot cosb - senb \cdot cosa$$

$$tg(a+b) = \frac{tga + tgb}{1 - tga \cdot tgb}$$

$$tg(a-b) = \frac{tga - tgb}{1 + tga \cdot tgb}$$

➢ Arco duplo:

$$sen2x = 2 \cdot senx \cdot cosx$$

$$cos2x = cos^2x - sen^2x$$

$$sen\theta = \frac{co}{hip}$$

$$cos\theta = \frac{ca}{hip}$$

$$tg\theta = \frac{co}{ca}$$

Teorema de Pitágoras

A soma dos quadrados dos catetos é igual ao quadrado da hipotenusa.

$$a^2 + b^2 = c^2$$

10. MAIS QUESTÕES COMENTADAS

QUESTÃO 13 (CESPE/SEFAZ-RS/Auditor-Fiscal/2019) Para construir uma rampa de acesso a uma garagem, foi feito um projeto conforme a figura a seguir.

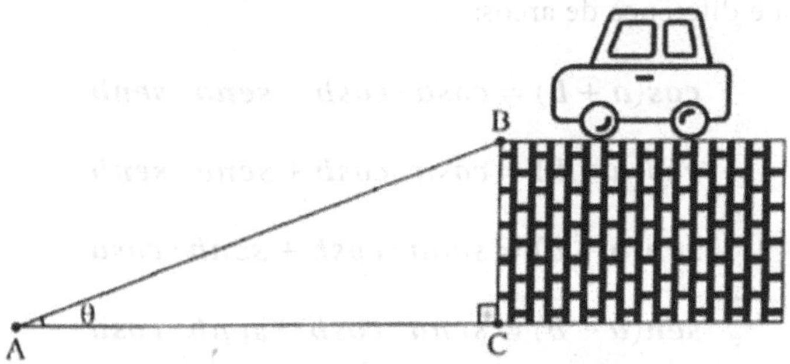

No projeto, a rampa é a hipotenusa AB do triângulo retângulo ABC. A altura da rampa, representada pelo cateto BC, deverá medir 2 m. A distância AC, representada pelo outro cateto do triângulo, deverá ser tal que a inclinação da rampa, dada pelo ângulo θ no vértice A, não seja superior a 30º. Nessa situação, sabendo-se que $tg\,30° = \frac{\sqrt{3}}{3}$, o comprimento do cateto AC, em metros, deverá ser tal que,

a) $AC < \frac{\sqrt{3}}{4}$ b) $\frac{\sqrt{3}}{4} \leq AC < \frac{\sqrt{3}}{2}$ c) $\frac{\sqrt{3}}{2} \leq AC < \sqrt{3}$

d) $\sqrt{3} \leq AC < 2\sqrt{3}$ e) $AC \geq 2\sqrt{3}$

RESOLUÇÃO:

O enunciado informa que o ângulo θ é no máximo 30°. Logo, a sua tangente deve ser menor ou igual à tangente de 30 graus, pois a tangente é crescente no primeiro quadrante:

$$tg\ \theta \leq tg\,30°$$

$$\frac{Cateto\ oposto}{Cateto\ adjacente} \leq \frac{\sqrt{3}}{3}$$

$$\frac{BC}{AC} \leq \frac{\sqrt{3}}{3}$$

$$\frac{2}{AC} \leq \frac{\sqrt{3}}{3}$$

$$\frac{AC}{2} \geq \frac{3}{\sqrt{3}}$$

$$AC \geq \frac{6}{\sqrt{3}}$$

$$AC \geq \frac{6}{\sqrt{3}} \times \frac{\sqrt{3}}{\sqrt{3}}$$

$$AC \geq \frac{6\sqrt{3}}{3}$$

$$AC \geq 2\sqrt{3}$$

Gabarito: E.

QUESTÃO 14 (ESAF – TFC/CGU/2001) Se X = 3 sen α e Y = 4 cos α, então, para qualquer ângulo α, tem-se que:

a) $16X^2 - 9Y^2 = -144$

b) $16X^2 + 9Y^2 = 144$

c) $16X^2 - 9Y^2 = 144$

d) $-16X^2 + 9Y^2 = 144$

e) $16X^2 + 9Y^2 = -144$

RESOLUÇÃO:

Sabemos que:

$$x = 3sen \quad \boldsymbol{sen} = \frac{\boldsymbol{x}}{3}$$

$$y = 4\cos \quad \cos = \frac{\boldsymbol{y}}{4}$$

Aplicando a **relação fundamental**, temos:

$$\boldsymbol{sen^2 x + cos^2 x = 1}$$

$$\left(\frac{x}{3}\right)^2 + \left(\frac{y}{4}\right)^2 = 1$$

$$\frac{x^2}{9} + \frac{y^2}{16} = 1$$

$$16\boldsymbol{x}^2 + 9\boldsymbol{y}^2 = 144$$

Gabarito: B.

QUESTÃO 15 (ESAF – AFC/STN/2005) O sistema dado pelas equações

$$\begin{cases} x\ sen\ a - y\ \cos a = -\cos 2a \\ x\ \cos a + y\ sen\ a = sen\ 2a \end{cases}$$

possui duas raízes, x e y. Sabendo-se que "a" é uma constante, então a soma dos quadrados das raízes é igual a

a) 1 b) 2 c) 4 d) sen π e) cos π

RESOLUÇÃO:

Inicialmente, vamos elevar ambas as equações ao quadrado:

$$(xsen\alpha - ycos\alpha)^2 = (-cos2\alpha)^2$$

$$(xcos\alpha - ysen\alpha)^2 = (sen2\alpha)^2$$

Aplicando a regra dos produtos notáveis, temos:

$$x^2sen^2\alpha - 2xysen\alpha cos\alpha + y^2cos^2\alpha = cos^2 2\alpha \quad \text{(I)}$$
$$x^2cos^2\alpha + 2xysen\alpha cos\alpha + y^2sen^2\alpha = sen^2 2\alpha \quad \text{(II)}$$

Somando (I) e (II), temos:

$$x^2sen^2\alpha \cancel{- 2xysen\alpha cos\alpha} + y^2cos^2 + x^2cos^2\alpha \cancel{+ 2xysen\alpha cos\alpha} + y^2sen^2\alpha = cos^2 2\alpha + sen^2 2\alpha$$
$$x^2\left(sen^2\alpha + cos^2\alpha\right) + y^2\left(sen^2\alpha + cos^2\right) = sen^2 2\alpha + cos^2 2\alpha \quad \text{(III)}$$

Agora vamos usar a **relação fundamental**:

$$\boldsymbol{sen^2 x + cos^2 x = 1}$$

Mas como ela é válida para **qualquer ângulo** x, temos:

$$sen^2 2a + cos^2 2a = 1$$

Substituindo em (III), temos:

$$x^2.1 + y^2.1 = 1$$

$$\mathbf{x^2 + y^2 = 1}$$

Como nosso objetivo consiste em obter a **soma dos quadrados das raízes**, **1** é o valor desejado.

Gabarito: A.

QUESTÃO 16 (ESAF – AFC/STN/2000) A expressão dada por y = 3.sen x + 4 é definida para todo número x real. Assim, o intervalo de variação de y é

a) -1 ≤ y ≤ 7

b) -7 < y < 1

c) -7 < y ≤-1

d) 1 ≤ y < 7

e) 1 ≤ y ≤ 7

RESOLUÇÃO:

Já sabemos que a **função seno varia de -1 a 1**. O menor valor de y ocorrerá quando **sen x = -1**. Daí:

$$y = 3.senx + 4$$

$$y = 3.(-1) + 4 = -3 + 4$$

$$\mathbf{y = 1}$$

O maior valor de y ocorrerá quando sen x = +1. Daí:

$$y = 3.senx + 4$$

$$y = 3.1 + 4 = 3 + 4$$

$$\mathbf{y = 7}$$

Logo:

$$\mathbf{1 \leq y \leq 7}$$

Gabarito: E.

QUESTÃO 17 (ESAF – AFC/CGU/2002) A expressão dada por y = 4 (cosseno x) + 4 é definida para todo número x real. Assim, o intervalo de variação de y é:

a) $-4 \leq y \leq 8$
b) $0 < y \leq 8$
c) $-\infty \leq y \leq \infty$
d) $0 \leq y \leq 4$
e) $0 \leq y \leq 8$

RESOLUÇÃO:

Perceba que a saudosa ESAF fez duas questões praticamente iguais com diferença de somente dois anos entre as provas, só mudando seno pelo cosseno. E para o mesmo cargo de AFC. Depois ainda temos que escutar gente falando que resolver questões das últimas provas é bobagem porque as bancas não repetem questões.

Já sabemos que a **função cosseno varia de -1 a 1.** Assim:

O menor valor de y ocorrerá quando **cos x = -1**. Daí:

$$y = 4.cosx + 4$$

$$y = 4.(-1) + 4 = -4 + 4$$

$$\mathbf{y = 0}$$

O maior valor de y ocorrerá quando cos x = +1. Daí:

$$y = 4.cosx + 4$$

$$y = 4.1 + 4 = 4 + 4$$

$$\mathbf{y = 8}$$

Logo:

$$\mathbf{0 \leq y \leq 8}$$

Gabarito: E.

QUESTÃO 18 (ESAF – AFT/MTE/2006) Sabendo-se que 3 cos x + sen x =-1, então um dos possíveis valores para a tangente de x é igual a:

a) -4/3 b) 4/3 c) 5/3 d) -5/3 e) 1/7

RESOLUÇÃO:

Geralmente, para resolvermos questões que envolvem seno e cosseno, utilizamos a relação fundamental $sen^2x + cos^2x = 1$. Acreditamos que você concorde que é tudo de bom quando conseguimos sumir com senos e cossenos de uma expressão trocando pelo "1", né?

De olho nessa dica, inicialmente, vamos elevar os dois lados da equação ao quadrado, para vermos se simplificamos a expressão usando a relação fundamental, logo:

$$(3cosx + senx)^2 = (-1)^2$$

$$9cos^2x + 2.3.cosx.senx + sen^2x = 1$$

$$9cos^2x + 6.cosx.senx + sen^2x = 1$$

Lembrando que $\boldsymbol{sen^2x + cos^2x = 1}$, temos:

$$9cos^2x + 6.cosx.senx + \cancel{sen^2x} = \cancel{sen^2x} + cos^2x$$

$$8cos^2x + 6.cosx.senx = 0$$

Considerando que o cos x é diferente de 0, podemos dividir os dois lados da equação acima por cos^2x, ficando com:

$$8 + 6.\frac{senx}{cosx} = 0$$

Mas como **tg x = sen x/cos x**, temos:

$$8 + 6.tgx = 0$$

$$tgx = \frac{-8}{6} = \frac{-4}{3}$$

Gabarito: A.

QUESTÃO 19 (ESAF/Serpro/1996) Se sen x = 0,5, então (1/cotg x) vale:

a) $\sqrt{3}$ b) $\frac{\sqrt{3}}{3}$ c) $\frac{2}{\sqrt{3}}$ d) $\frac{\sqrt{3}}{2}$ e) $\frac{\sqrt{3}}{4}$

RESOLUÇÃO:

Sabemos que a **cotangente é o inverso da tangente**:

$$\boldsymbol{cotgx = \frac{1}{tg\ x}}$$

Já que o nosso objetivo consiste em obter o inverso da cotangente, deveremos calcular:

$$\frac{1}{cotgx} = tgx = \frac{senx}{cosx}$$

Ou seja, o inverso da cotangente é a tangente, nossa amiga de combates de longa data já. Agora o enunciado vem nos informar que:

$$senx = 0,5 = \frac{1}{2}$$

Vamos obter o cosseno pela **relação fundamental**:

$$\boldsymbol{sen^2x + cos^2x = 1}$$

$$\left(\frac{1}{2}\right)^2 + cos^2x = 1$$

$$cos^2x = 1 - \frac{1}{4} = \frac{3}{4}$$

$$cosx = \pm\sqrt{\frac{3}{4}} = \pm\frac{\sqrt{3}}{2}$$

Com isso, os possíveis valores para a tangente de x serão:

$$\boldsymbol{tgx} = \frac{senx}{cosx} = \frac{\frac{1}{2}}{\pm\frac{\sqrt{3}}{2}} = \pm\frac{\sqrt{3}}{3}$$

Gabarito: B.

QUESTÃO 20 (ESAF/CGU/TFC/1995) Simplificando a expressão

$$\frac{(sen\ a\ .\ tg\ a\ .\ cossec\ a)}{(cos\ a\ .\ cotg\ a\ .\ sec\ a)}$$

Obtém-se:

a) 0 b) 1 c) Sen^2a d) Sec^2a e) Tg^2a

RESOLUÇÃO:

Vamos fazer algumas simplificações, considerando as relações de cossecante e cotangente:

$$\frac{sen\ a.tg\ a.cossec\ a}{\cos a.cotga.seca} = \frac{\cancel{sen\ a}.\frac{sen\ a}{\cos a}.\frac{1}{\cancel{sen\ a}}}{\cos a.\frac{\cancel{\cos a}}{sen\ a}.\frac{1}{\cancel{\cos a}}}$$

$$\frac{sen\ a}{\cos a}.\frac{sen\ a}{\cos a} = tg\ a.tg\ a = \boldsymbol{tg^2 a}$$

Gabarito: E.

QUESTÃO 21 (ESAF – AIET/DNIT/2013) Suponha que um avião levanta voo sob um ângulo de 30º. Depois de percorrer 2.800 metros em linha reta sob o mesmo ângulo da decolagem, a altura em que o avião está do solo em relação ao ponto em que decolou é igual a:

a) 1.400 metros

b) 1.500 metros

c) 1.650 metros

d) 1.480 metros

e) 1.340 metros

RESOLUÇÃO:

A situação descrita no enunciado pode ser representada conforme a figura a seguir:

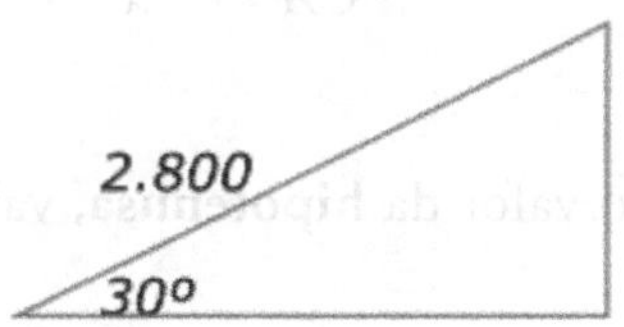

Note que nesse triângulo retângulo, possuímos os valores do ângulo (30º) e da hipotenusa (2.800). Daí é apropriado que façamos uso do **seno**.

$$sen30° = \frac{h}{2.800}$$

$$\frac{1}{2} = \frac{h}{2.800}$$

$$\boldsymbol{h = 1.400m}$$

Gabarito: A.

QUESTÃO 22 (ESAF – AFC/STN/2000) Os catetos de um triângulo retângulo medem, respectivamente, x e (y-2). Sabendo que a tangente trigonométrica do ângulo oposto ao cateto que mede x é igual a 1, então o perímetro do triângulo é igual a

a) $2y\,(x+1)$
b) $y\,(2+2\sqrt{2})$
c) $x\,(2+\sqrt{2})$
d) $2\,(x+y)$
e) x^2+y^2

RESOLUÇÃO:

São fornecidas as seguintes informações:

a) Os catetos de um triângulo retângulo medem, respectivamente, x e (y – 2);

b) a tangente trigonométrica do ângulo oposto ao cateto que mede x é igual a 1.

Daí, a questão pergunta **qual o valor do perímetro do triângulo**.

Das informações **a** e **b**, tiramos que:

$$tg\ \alpha = 1 = \frac{CO}{CA} = \frac{y-2}{x}$$

Logo, **y – 2 = x.**

A fim de encontrarmos o valor da **hipotenusa**, vamos aplicar o **teorema de Pitágoras:**

$$h^2 = x^2 + (y-2)^2 = x^2 + x^2 = 2x^2$$

$$\boldsymbol{h = \sqrt{2x^2} = x\sqrt{2}}$$

Sabemos que o **perímetro do triângulo** corresponde à **soma dos lados**:

$$x+x+x\sqrt{2}=2x+x\sqrt{2}=x\left(2+\sqrt{2}\right)$$

Gabarito: C.

QUESTÃO 23 (ESAF/ATRFB/2012) Uma esfera foi liberada no ponto A de uma rampa. Sabendo-se que o ponto A está a 2 metros do solo e que o caminho percorrido pela esfera é exatamente a hipotenusa do triângulo retângulo da figura abaixo, determinar a distância que a esfera percorreu até atingir o solo no ponto B.

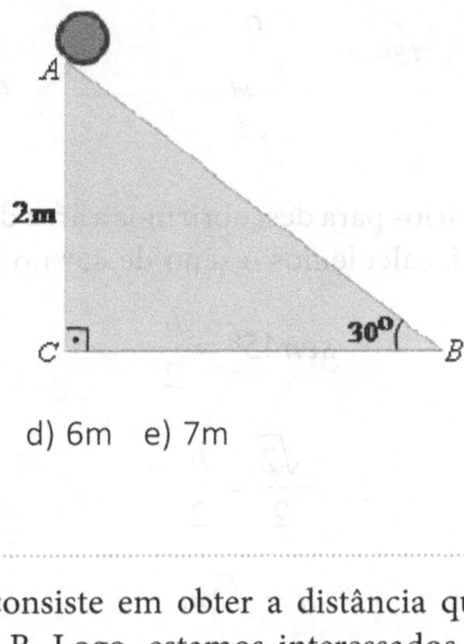

a) 5m b) 3m c) 4m d) 6m e) 7m

RESOLUÇÃO:

O nosso objetivo consiste em obter a distância que a esfera percorreu até atingir o solo no ponto B. Logo, estamos interessados em descobrir o valor da **hipotenusa**, que chamaremos de **x**.

Note que no triângulo retângulo da questão possuímos os valores do ângulo (30°) e do cateto oposto (2m). Assim, é apropriado que façamos uso do **seno**.

$$sen30^{\circ}=\frac{2}{x}$$

$$\frac{1}{2}=\frac{2}{x}$$

$$\boldsymbol{x=4m}$$

Gabarito: C.

QUESTÃO 24 (ESAF – AFC/STN/2005) Em um triângulo ABC qualquer, um dos lados mede $\sqrt{2}$ cm e um outro mede 2 cm. Se o ângulo formado por esses dois lados mede 45°, então a área do triângulo é igual a

a) $3^{-1/3}$ b) $2^{1/2}$ c) $2^{-1/2}$ d) $3\sqrt{2}$ e) 1

RESOLUÇÃO:

A situação descrita no enunciado pode ser representada conforme a figura a seguir:

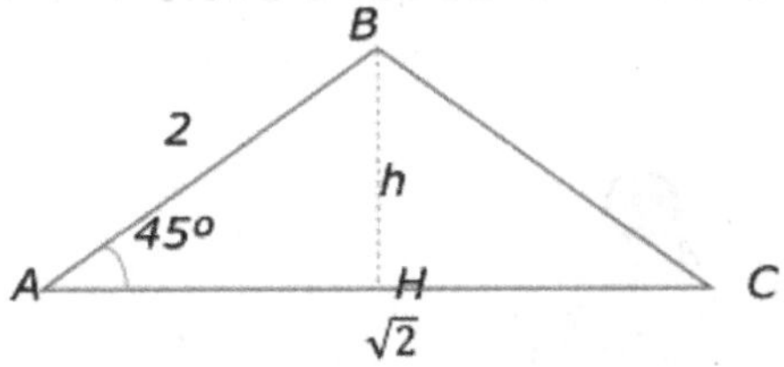

Um dos dados necessários para descobrirmos a área do triângulo é justamente quanto vale a altura h. Daí, calculemos o seno de 45º no triângulo ABH:

$$sen45° = \frac{h}{2}$$

$$\frac{\sqrt{2}}{2} = \frac{h}{2}$$

$$\boldsymbol{h = \sqrt{2}m}$$

A **área de um triângulo** corresponde ao **produto da base pela altura, dividido por 2**:

$$Área = \frac{b.h}{2} = \frac{\sqrt{2}.\sqrt{2}}{2} = 1$$

Gabarito: E.

QUESTÃO 25 (ESAF/AFRFB/2012) Os catetos de um triângulo retângulo medem, respectivamente, z metros e (w – 2) metros. Sabendo-se que o ângulo oposto ao cateto que mede (w – 2) metros é igual a um ângulo de 45°, então o perímetro desse triângulo, em metros, é igual a

a) $z\sqrt{2}(w-2)$.

b) z w $(2 - \sqrt{2})$.

c) z w $(2 + \sqrt{2})$.

d) $(z + w)\ (z + w\sqrt{2})$.

e) $z\ (2 + \sqrt{2})$.

RESOLUÇÃO:

A questão é clara ao afirmar que estamos diante de um triângulo retângulo. Uma consequência disso é que um dos ângulos mede 90º. O outro ângulo, por sua vez, vale 45º (dado na questão). Seja x o ângulo restante. A soma dos ângulos internos de um triângulo é 180º. Logo:

$$90 + 45 + x = 180$$

$$x = 180 - 90 - 45$$

$$\boldsymbol{x = 45°}$$

Perceba que o triângulo tem dois ângulos de 45º (iguais entre si), então ele é isósceles. Isso significa que seus dois catetos têm a mesma medida. Logo:

$$z = w - 2$$

Aplicando o **teorema de Pitágoras**, temos:

$$x^2 = z^2 + z^2$$

$$x^2 = 2z^2$$

$$x = z\sqrt{2}$$

O nosso objetivo consiste em descobrir o perímetro desse triângulo. Para isso, basta somar as medidas dos lados:

$$z + z + x = z + z + z\sqrt{2} = 2z + z\sqrt{2} = z.\left(2 + \sqrt{2}\right)$$

Gabarito: E.

QUESTÃO 26 (IDECAN – Sold BM/CBM-DF/2017) Dois amigos, Júnior e Paulo, estão brincando de tentar adivinhar os ângulos formados pelos objetos. Porém, Júnior só pode informar a medida em radianos e Paulo só pode informar em graus. Nesse sentido, considere o diálogo a seguir.

Júnior avistou uma janela aberta e disse:

– Aquela janela está aberta formando um ângulo de 13π/30 radianos.

Paulo respondeu ao comentário:

– Sim, eu também acho que aquela janela está formando um ângulo de X graus.

O número que melhor substitui o "X" é:

a) 68. b) 75. c) 78. d) 83.

RESOLUÇÃO:

O enunciado informa que o ângulo vale 13π/30 radianos. Ao substituirmos π, que corresponde a 180º, obtemos:

$$\frac{13\times180°}{30}=13\times6°=78°$$

Gabarito: C.

QUESTÃO 27 (AVANÇASP –Analista/CM Sorocaba/2022) Augusto deseja instalar uma cerca de proteção em cima do muro de sua casa. Esse muro possui 16 metros de altura e a escada utilizada por ele possui 20 metros de extensão, conforme o esquema abaixo:

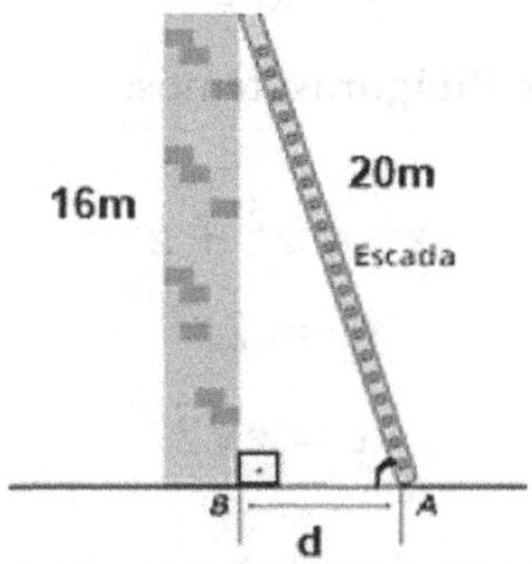

Desse modo, a quantos metros de distância do muro ele deve apoiar essa escada?

a) 5 m b) 9 m c) 12 m d) 15 m e) 18 m

RESOLUÇÃO:

A questão envolve uma clássica aplicação do **Teorema de Pitágoras**:

$$tg^2 = CO^2 + CA^2$$

Em que **tg, CO, CA** se referem, respectivamente, à tangente, ao cateto oposto e ao cateto adjacente.

Então, vamos aplicar o teorema no **triângulo retângulo** apresentado, a fim de determinar o valor do **cateto oposto (d)**:

$$20^2 = d^2 + 16^2$$

$$d^2 = 400 - 256$$

$$d = \sqrt{144} = \mathbf{12\ m}$$

Portanto, a escada deve ser apoiada a **12 metros** de distância do muro.

11. QUESTÕES-DESAFIO

QUESTÃO 27 (CESPE/SEFAZ-RS/Téc Trib/2018) A figura seguinte ilustra um terreno pentagonal no qual será semeado um cultivar que, para desenvolver-se livre de parasitas, receberá a aplicação, para cada hectare, de 0,5 L de um herbicida especial cujo litro custa R$ 60.

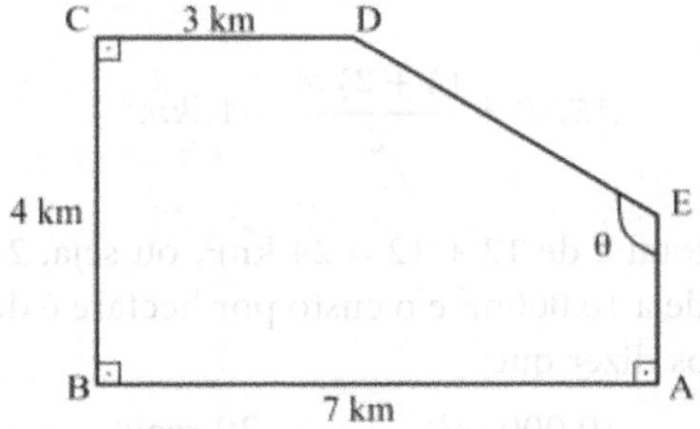

Os cinco lados do terreno são retos e formam o pentágono ABCDE antecedente, em que os ângulos nos vértices A, B e C são retos, AB = 7 km, BC = 4 km e CD = 3 km. Sabe-se também que o ângulo no vértice E é θ, em que tg θ = –2 e tg (π – θ) = 2. Na situação apresentada, o custo do herbicida a ser aplicado no terreno será de

A) R$ 600. B) R$ 720. C) R$ 60.000. D) R$ 72.000. E) R$ 6.000.000.

RESOLUÇÃO:

Podemos dividir o segmento AB no ponto P, de modo que BP tenha 3km. Dessa forma, temos o retângulo BCDP, cuja área é

$$\text{Área BCDP} = 4 \times 3 = 12 \text{ km}^2$$

Temos ainda o trapézio AEDP. Para esse trapézio, sabemos que a base maior é DP = 4km, a altura é AP = 4km. Para calcular o tamanho da base menor (AE), imagine o triângulo que está "faltando" no canto superior direito da figura. O ângulo junto ao vértice E seria de 180º – θ, ou seja, $\pi - \theta$. A sua tangente seria dada pela divisão do cateto na horizontal (partindo do ponto D, cujo comprimento é de 4km, igual a AP) e o cateto na vertical (partindo do ponto E, cujo comprimento não sabemos e vamos chamar de X). Portanto,

$$\tan(\pi - \theta) = 4/X$$

$$2 = 4/X$$

$$X = 2$$

Assim, como X = 2, e a soma de X com o segmento AE deve ter a mesma medida de BC (4km), fica claro que AE deve medir 4 – 2 = 2 km. Essa é a base menor do trapézio.

A área do trapézio é:

$$\text{Área do trapézio} = (\text{base maior} + \text{base menor})x\frac{altura}{2}$$

$$AEDP = \frac{(4+2)x4}{2} = 12km^2$$

Portanto, a área total é de 12 + 12 = 24 km², ou seja, 24.000.000 m². Como um hectare corresponde a 10.000m² e o custo por hectare é de 30 reais (meio litro do herbicida), podemos dizer que:

10.000 m² ______ 30 reais

24.000.000 m² ______ P

$$10.000 \times P = 24.000.000 \times 30$$

$$1 \times P = 2400 \times 30$$

P = 72.000 reais

Gabarito: D.

QUESTÃO 28 (ESAF/EPPGG/MPOG/2002 – *Adaptada*) Sabe-se que a função inversa da função seno é a função cossecante e que o seno do dobro de um arco é dado por sen 2x = 2sen x cos x. Sabendo-se que x é um arco do segundo quadrante e que o cosseno da metade deste arco é igual a 1/3, então a cossecante de x vale:

a) $\frac{-2\sqrt{3}}{3}$ b) $\frac{-2\sqrt{2}}{3}$ c) $\frac{\sqrt{3}}{3}$ d) $\frac{2\sqrt{3}}{3}$ e) $\frac{9\sqrt{2}}{8}$

RESOLUÇÃO:

O enunciado nos fornece as seguintes informações:

a) a função inversa da função seno é a função cossecante;

b) o seno do dobro de um arco é dado por sen 2x = 2sen x cos x;

c) x é um arco do segundo quadrante;

d) o cosseno da metade de x é igual a 1/3.

Daí, pergunta quanto vale a **cossecante** de x.

Pela informação c, temos:

- Sen x > 0
- Cos x < 0

Teremos de fazer uma adaptação na fórmula da informação b, para que o ângulo seja x (e não 2x). Assim:

$$sen2x = 2senx.cosx$$

Dividindo os ângulos por 2, temos:

$$senx = 2sen\frac{x}{2}.cos\frac{x}{2} \text{ (I)}$$

Repare que a questão já nos deu o valor de **cos (x/2)**. Falta descobrir o valor de **sen(x/2)**. Para isso, usaremos a relação fundamental. Daí:

$$sen^2\frac{x}{2} + cos^2\frac{x}{2} = 1$$

$$sen^2\frac{x}{2} + \left(\frac{1}{3}\right)^2 = 1$$

$$sen^2\frac{x}{2} = 1 - \frac{1}{9} = \frac{8}{9}$$

$$\boldsymbol{sen\frac{x}{2} = \pm\frac{2\sqrt{2}}{3}}$$

Ainda com relação à informação c, como x é um arco do 2º quadrante, (x/2) só pode ser um arco do 1º quadrante. Logo, seu seno é positivo. Assim, concluímos que:

$$sen\frac{x}{2} = +\frac{2\sqrt{2}}{3}$$

Substituindo os valores de sen(x/2) e de cos(x/2) em (I):

$$senx = 2.\frac{2\sqrt{2}}{3}.\frac{1}{3} = \frac{4\sqrt{2}}{9}$$

Agora vem a última etapa. Queremos saber o valor da **cossecante de x**. Logo:

$$cossec\ x = \frac{1}{sen\ x} = \frac{1}{\frac{4\sqrt{2}}{9}} = \frac{9}{4\sqrt{2}}$$

Multiplicando $\sqrt{2}$ no numerador e no denominador, temos:

$$cossec\ x = \frac{9\sqrt{2}}{8}$$

Obs.: Esse valor não constava inicialmente nas alternativas, por isso a questão foi anulada e nós inserimos a expressão "adaptada" no enunciado para incluí-lo.

Gabarito: E.

QUESTÃO 29 (NCE-UFRJ/Inspetor/CVM/2008) Se x é um ângulo do quarto quadrante e sen x =-3/5, então o valor da cotangente de x é:

a) 3/4 b) -3/4 c) 4/3 d) 4/5 e) -4/3

RESOLUÇÃO:

O enunciado nos fornece as seguintes informações:

a) x é um ângulo do quarto quadrante;

b) sen x = -3/5.

Daí, pergunta qual o valor da **cotangente de x**.

Bem, a primeira informação sobre o quadrante em que o ângulo se encontra é importante para sabermos o sinal da cotangente de x. Iremos fazer uso dela apenas no final.

Já sabemos que a **cotangente é o inverso da tangente**:

$$\boldsymbol{cotgx = \frac{1}{tg\ x} = \frac{cos\ x}{sen\ x}}$$

A informação b nos diz que:

$$senx = -\frac{3}{5}$$

Vamos obter o cosseno pela **relação fundamental**:

$$\boldsymbol{sen^2x + cos^2x = 1}$$

$$\left(\frac{-3}{5}\right)^2 + cos^2x = 1$$

$$cos^2x = 1 - \frac{9}{25} = \frac{16}{25}$$

$$cosx = \pm\sqrt{\frac{16}{25}} = \pm\frac{4}{5}$$

Chegou a hora de fazermos uso da informação a. Como x é um ângulo do **quarto quadrante**, o cosseno será positivo. Logo:

$$\boldsymbol{cosx} = +\frac{4}{5}$$

Por fim, vamos substituir os valores do cosseno e do seno na fórmula da cotangente:

$$cotgx = \frac{cos\ x}{sen\ x}$$

$$cotgx = \frac{\frac{4}{5}}{-\frac{3}{5}} = \frac{4}{5}\cdot\left(-\frac{5}{3}\right) = -\frac{4}{3}$$

Gabarito: E.

UNIDADE 3 – MATEMÁTICA DE NÍVEL MÉDIO

CAPÍTULO 27

ANÁLISE COMBINATÓRIA: COMBINAÇÃO, ARRANJO E PERMUTAÇÃO

1. INTRODUÇÃO

A **Análise Combinatória** estuda o **cálculo da quantidade de agrupamentos que podem ser formados com os elementos de um determinado conjunto**, sob certas condições.

Dessa forma, a análise que faremos é meramente **quantitativa**; ou seja, a finalidade das questões geralmente será calcular a quantidade de grupamentos, e não propriamente listar esses grupos.

Isso mesmo, meus amigos. Nosso objetivo será **contar** de quantas formas um dado processo pode ocorrer.

Bem, uma forma de resolver este tipo de problema é simplesmente **listar todas as situações possíveis e, depois, contá-las**. No entanto, apresentaremos a você ferramentas que nos auxiliam bastante a lidar com esse tipo de situação de forma mais estratégica.

Dessa maneira, o nosso objetivo é que ao final deste capítulo você consiga identificar com precisão uma questão de Análise Combinatória, tenha sucesso em aplicar cada uma das técnicas de contagem que aprenderemos e possa memorizar as fórmulas que serão apresentadas.

Neste sentido, será de grande utilidade entender bem as dezenas de questões cobradas em concursos públicos que serão minuciosamente comentadas.

2. PRINCÍPIO FUNDAMENTAL DA CONTAGEM (PFC)

Considere que um professor de educação física deseje colocar três alunos em fila indiana, para percorrer uma pista. De quantas maneiras é possível formar a tal fila?

Com certeza estamos diante de um problema de contagem. Precisamos contar quantas são as maneiras de executar o processo descrito, qual seja, formar a fila de três alunos.

Vamos chamar os alunos de A, B e C. Daí, temos as seguintes filas possíveis:

A, B, C

A, C, B

B, A, C

B, C, A

C, A, B

C, B, A

Logo, **são seis filas possíveis.**

Como chegamos a esse resultado? Ora, simplesmente listamos todas os resultados possíveis e, depois, contamos. Foi difícil? Certamente não.

No entanto, à medida que o número de casos possíveis aumenta de forma considerável, estaremos diante de uma situação extremamente complicada. Por exemplo, imaginem se, em vez de três alunos na fila, fossem quinze. E aí? Listar todas as maneiras de formação da fila seria algo extremamente trabalhoso.

Nestas situações, é muito útil conhecer as **ferramentas de análise combinatória**. São verdadeiras estratégias que permitem uma contagem mais rápida.

E quais são essas ferramentas, professores?

Ferramentas da Análise Combinatória

Princípio Fundamental da Contagem	Arranjo	Combinação	Permutação

Vejamos, portanto, as características de cada método, seu funcionamento e, principalmente, **saber quando usar cada um** diante de uma questão de Análise Combinatória.

O **Princípio Fundamental de Contagem (PFC)** é, sem dúvida, a principal ferramenta que utilizaremos na resolução de questões de Análise Combinatória. Além disso, as outras técnicas que utilizaremos decorrem do PFC.

Então, para exemplificá-lo, suponha que um restaurante oferece em seu cardápio 2 opções para a entrada (E_1 e E_2), 3 opções de prato principal (P_1 , P_2 e P_3) e 2 opções para a sobremesa (S_1 e S_2). De quantas maneiras diferentes um cliente pode almoçar nesse restaurante, sabendo que ele escolheu uma entrada, um prato principal e sobremesa?

Bem, precisamos listar todas as possibilidades de almoço que um determinado cliente tem nesse restaurante. Faremos isso por meio do seguinte diagrama de árvore:

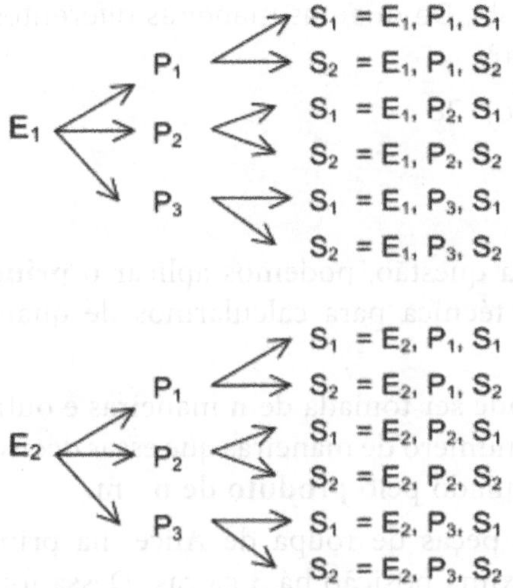

Temos, então, **12 opções de escolha para o cliente**. De forma direta, podemos perceber que o cliente terá:

- 2 opções de entrada;
- 3 opções de prato principal; e
- 2 opções de sobremesa

2 x 3 x 2 = **12 opções.**

Este resultado decorre do **princípio fundamental da contagem (PFC)**, que pode ser resumido da seguinte forma:

Princípio Fundamental da Contagem (PFC)

Quando uma tarefa puder se dividida em *n* etapas, e cada etapa puder ser realizada de m_i *maneiras diferentes* (com "i" variando de 1 até n), o número de maneiras pelas quais podemos concluir a tarefa é igual ao produto:

$$m_1 \times m_2 \times m_3 \times \ldots \times m_n$$

Veja como esse assunto já foi cobrado!

QUESTÃO 01 (IUDS – Fiscal/CORE-CE/2022) Alice foi viajar e levou 8 blusas e 3 calças em sua mala. De quantas maneiras diferentes ela poderá combinar essas peças de roupa?

a) 16 b) 19 c) 24d) 28

RESOLUÇÃO:

Na resolução desta questão, podemos aplicar o **princípio fundamental da contagem**, que é uma técnica para calcularmos de quantas maneiras decisões podem combinar-se.

Se uma decisão pode ser tomada de **n** maneiras e outra decisão pode ser tomada de **m** maneiras, o número de maneiras que essas decisões podem ser tomadas simultaneamente é calculado pelo **produto de n · m**.

Aplicando isso às peças de roupa de Alice, na primeira posição temos 8 possibilidades e na próxima posição há 3 calças. Dessa forma, **multiplicamos** as quantidades de opções para cada posição:

$$8 \times 3 = 24$$

Portanto, Alice pode combinar suas peças de **24 maneiras diferentes**.

Gabarito: C.

QUESTÃO 02 (CESPE – ATI/ABIN/2010) Caso o chefe de um órgão de inteligência tenha de escolher 3 agentes entre os 7 disponíveis para viagens – um deles para coordenar a equipe, um para redigir o relatório de missão e um para fazer os levantamentos de informações –, o número de maneiras de que esse chefe dispõe para fazer suas escolhas é inferior a 200.

RESOLUÇÃO:

Para a escolha do coordenador, temos **7** opções de escolha. Em seguida, sobram **6** opções de agentes para redigir o relatório. Por fim, restam **5** pessoas para a escolha do responsável por fazer o levantamento de informações. Logo:

Coordenador	Redigir o relatório	Levantamentos de informações
7	6	5

Aplicando o **PFC**, temos:

$$7 \text{ x } 6 \text{ x } 5 = \mathbf{210}$$

Assim, o número de maneiras de se montar a equipe é **superior a 200.**

Gabarito: Errado.

3. ARRANJO E COMBINAÇÃO

Agora estudaremos as seguintes ferramentas para a resolução de questões de Análise Combinatória: **Arranjo e Combinação.**

Você precisa ter em mente que o segredo para termos sucesso nas questões que estão por vir consiste em saber qual o **caminho da resolução**, se por Arranjo ou se por Combinação.

E já lhe adianto que isso é bem tranquilo! Basta você saber que:

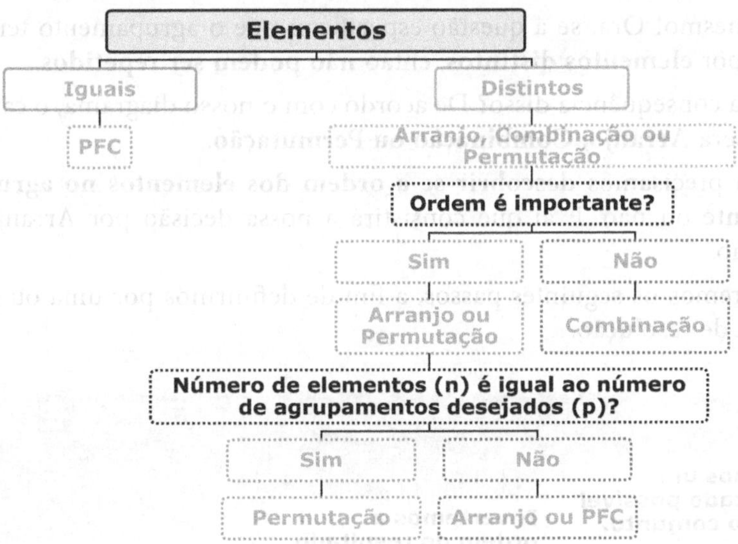

Você poderá esquecer qualquer informação deste capítulo, mas inevitavelmente **precisará se lembrar desse diagrama**!

Os três exemplos seguintes serão suficientes para você entender o seu funcionamento.

Por exemplo, qual ferramenta utilizaríamos para determinar quantos números de dois algarismos podem ser formados com os algarismos 1, 2, 3, e 4?

Bem, o nosso objetivo é formar números de dois algarismos.

A primeira pergunta que precisamos nos fazer é: ***A questão determinou que os elementos do agrupamento tenham que ser distintos?***

Eu acho que não, professores.

Você tem razão! Ora, se a questão não especificou que o agrupamento tem que ser composto por elementos distintos, então **podem ser repetidos**.

Qual a consequência disso? De acordo com o nosso diagrama, o caminho da resolução será o **Princípio Fundamental da Contagem (PFC)**.

Agora qual ferramenta utilizaríamos para calcular quantos números de dois algarismos distintos podem ser formados com os algarismos 1, 2, 3, e 4?

O nosso objetivo continua sendo o mesmo, isto é, formar números de dois algarismos. E já sabemos qual pergunta nós faremos: ***A questão determinou que os elementos do agrupamento tenham de ser distintos?***

Sim, professores.

Isso mesmo! Ora, se a questão especificou que o agrupamento tem que ser composto por **elementos distintos**, então **não podem ser repetidos**.

Qual a consequência disso? De acordo com o nosso diagrama, o caminho da resolução será **Arranjo, Combinação ou Permutação**.

Agora precisamos **descobrir se a ordem dos elementos no agrupamento é importante** ou não. É aí que consistirá a nossa decisão por Arranjo ou por Combinação.

Seguiremos os seguintes passos, a fim de definirmos por uma ou por outra ferramenta de resolução:

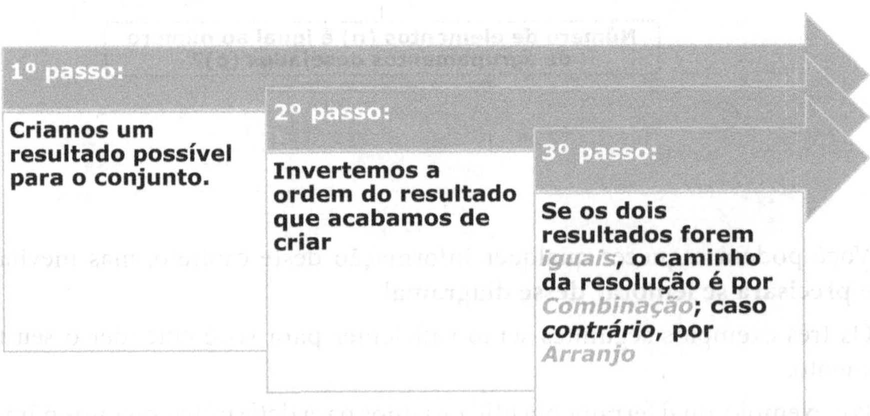

Vamos voltar ao nosso exemplo.

1º passo: criando um resultado possível. Uma possibilidade é ***(1 2)***.

Achamos o número ***12***. É possível? Sim!

2º passo: Invertendo a ordem do resultado criado: ***(2 1)***.

Encontramos o número ***21***.

3º passo: Precisamos fazer uma comparação. Os dois resultados foram iguais ou diferentes?

Com certeza foram **diferentes**: 12 ≠ 21. Qual a conclusão a que chegamos? Bem, visto que a **ordem dos resultados foi importante**, de acordo com o nosso diagrama, o caminho da resolução será por **Arranjo**!

Vamos imaginar outra situação. Digamos que numa sala de uma escola estão presentes oito alunos. Deseja-se formar equipes, compostas por quatro membros, com esses alunos que estão na classe. Quantas equipes podem ser formadas?

Nosso objetivo é formar equipes com quatro membros. Obviamente, devem ser pessoas **diferentes**. Logo, ficamos com **Arranjo, Combinação ou Permutação**!

- Resultado possível: (Aluno 1, Aluno 2, Aluno 3, Aluno 4).
- Invertendo-se a ordem: (Aluno 4, Aluno 3, Aluno 2, Aluno 1).
- Comparação: resultados iguais! A equipe é composta pelas mesmas pessoas. Logo, **combinação**!

Portanto, não se esqueça de que:

PFC	Arranjo	Combinação	Permutação
Elementos IGUAIS	Elementos DIFERENTES	Elementos DIFERENTES	Elementos DIFERENTES
	Ordem É importante	Ordem NÃO É importante	Ordem É importante

3.1. Cálculo do Arranjo e da Combinação

Pronto, agora você já sabe quais as questões que serão solucionadas por Arranjo e Por Combinação.

Concordo, professor. Mas, COMO será a resolução propriamente dita da questão?

Excelente pergunta! Não sei se você gosta de **fórmulas**, mas iremos fazer uso constante de duas: uma para o cálculo do arranjo e outra para o cálculo da combinação.

A **fórmula do Arranjo** é a seguinte:

$$A_{n,p} = \frac{n!}{(n-p)!}$$

Em que:

- **n**: é o número de elementos do conjunto universo;
- **p**: é o número de elementos do agrupamento desejado.

Note que na fórmula do arranjo é utilizado o símbolo da **exclamação.** Você lembra o que significa isso? Caso você esteja esquecido, o (**!**) significa a operação **fatorial.**

FATORIAL DE UM NÚMERO

O fatorial de um número, representado pelo ponto de exclamação **(!)**, nada mais é do que o **produto** desse número pelo seu antecessor, pelo antecessor do antecessor, pelo antecessor do antecessor do antecessor... até chegar a 1, o último termo do produto. Assim:

7! = 7 x 6 x 5 x 4 x 3 x 2 x 1

4! = 4 x 3 x 2 x 1

10! = 10 x 9 x 8 x 7 x 6 x 5 x 4 x 3 x 2 x 1

Uma propriedade importante do fatorial é que ele **SEMPRE pode ser reescrito como um novo fatorial**. Assim:

7! = 7x6x5x4!

10! = 10x9x8x7!

Percebeu? Como consequência, ocorre uma coisa muito legal sempre que temos uma razão com fatoriais no numerador e no denominador, pois podemos eliminar grande parte das contas. Como? Basta **desenvolvermos o maior fatorial até aparecer o menor e cortá-lo tanto no denominador quanto no numerador**.

Exemplo:

$$\frac{7!}{4!} = \frac{7x6x5x\cancel{4!}}{\cancel{4!}} = 7x6x5 = 210$$

Interessante, não é mesmo? Essa estratégia poupa um tempo considerável na hora da prova! Então, use sem moderação!

Por fim, destacamos que para os casos de **n = 0** e **n = 1**, convenciona-se:

0! = 1! = 1

Por sua vez, a **fórmula da Combinação** é a seguinte:

$$C_{n,p} = \frac{n!}{(n-p)!\,p!}$$

Em que:

- *n*: é o número de elementos do conjunto universo;
- *p*: é o número de elementos do agrupamento desejado.

Veja como esse assunto já foi cobrado!

QUESTÃO 03 (IADES - Aux Fisc/CAU-SE/2022)O conselho diretor do Conselho de Arquitetura e Urbanismo do Brasil (CAU/BR) é composto por um presidente e dois vice-presidentes. De quantas maneiras distintas esses três cargos podem ser ocupados pelos cinco membros do conselho?

a) 45 b) 60 c) 81 d) 90 e) 125

RESOLUÇÃO:

Pergunta: A ordem entre os elementos é importante?

Sim, professores!

Perfeito! Suponha que o conselho diretor é composto pelo presidente A e vice-presidentes B e C. Ao alterarmos a ordem entre essas posições, obteremos uma nova formação do conselho. De fato, a ordem é importante nesse caso!

A **fórmula do Arranjo** é dada por:

$$A_{n,p} = \frac{n!}{(n-p)!}$$

$$A_{5,3} = \frac{5!}{(5-3)!} = \frac{5.4.3.2!}{2!} = 5.4.3 = 60$$

Portanto, há 60 maneiras distintas para ocupar esses cargos.

Gabarito: B.

QUESTÃO 04 (CESPE – TJ/TRT 17ª Região/2009) Em 2007, no estado do Espírito Santo, 313 dos 1.472 bacharéis em direito que se inscreveram no primeiro exame do ano da Ordem dos Advogados do Brasil (OAB) conseguiram aprovação.

Internet: <www.jornaldamidia.com.br> (com adaptações).

Em 2008, 39 dos 44 bacharéis provenientes da Universidade Federal do Espírito Santo (UFES) que fizeram a primeira fase do exame da OAB foram aprovados.

Internet: <oglobo.globo.com.br> (com adaptações).

Com referência às informações contidas nos textos acima, julgue o item que se segue.

Se a UFES decidir distribuir dois prêmios entre seus bacharéis em direito aprovados na primeira fase do exame da OAB de 2008, e se os bacharéis premiados forem distintos, haverá mais de 1.400 maneiras diferentes de serem concedidos tais prêmios.

RESOLUÇÃO:

A UFES pretende distribuir dois prêmios entre seus bacharéis em direito aprovados na primeira fase do exame da OAB de 2008.

A pergunta cuja resposta definirá se acertaremos ou não a questão é: **os prêmios são diferentes entre si?** Por exemplo, será entregue um tablet para o 1º lugar e uma coleção de livros para o 2º lugar.

Bem, sendo esse o caso, ou seja, que os prêmios são diferentes entre si, **a** ordem de escolha entre os elementos terá importância. Logo, o caminho da resolução será por **arranjo**!

Temos uma situação de arranjo entre 39 elementos, tomados 2 a 2. Daí:

$$A_{39,2} = \frac{39!}{(39-2)!} = \frac{39.38.37!}{37!} = 39.38 = 1.482$$

Gabarito: Certo.

Eita, mestres! Tenho uma memória ruim danada!!! Se eu não lembrasse da fórmula do arranjo, dava para resolver pelo PFC?

Boa pergunta! Se a ordem entre os elementos for importante, a questão será resolvida por **Arranjo ou PFC**!

Vejamos se essa questão sairia mesmo por PFC. Para a primeira escolha, temos 39 possibilidades. Como não há reposição, restam 38 possibilidades para a segunda etapa. Logo:

1º lugar	2º lugar
39	38

Aplicando o **PFC**, temos:

39 x 38 = **1.482**

Como era de se esperar, **chegamos à mesma resposta**! Portanto, lembre-se:

Resolve por Arranjo → Resolve por PFC

Observe que se trata se um processo com **sentido único**: de Arranjo para PFC! O caminho de volta, de PFC para Arranjo, no entanto, nem sempre será possível!

Porém, se você descobriu que uma questão sai por Combinação, tenha bem claro na sua mente que de jeito nenhum você usará o PFC!

ESCLARECENDO!

Nessa questão há margem para duas interpretações. Utilizamos nos cálculos a suposição de que os prêmios seriam DISTINTOS, que foi a mesma adotada e mantida no gabarito definitivo da banca.

Mas, se os prêmios fossem IGUAIS chegaríamos à outra resposta, pois usaríamos a combinação:

$$\textbf{Total de possibilidades} = C_{39,\,2} = \frac{39!}{2!\times(39-2)!} = \frac{39\times38\times37!}{2\times37!} = \frac{39\times38}{2} = 741$$

QUESTÃO 05 (ESAF – AFC/STN/2013) De um grupo com 5 homens e 4 mulheres, deseja-se formar uma comissão com exatamente 3 pessoas. A exigência é que nessa comissão precisa ter pelo menos 2 mulheres. Então, o número de possibilidades de formar essa comissão é igual a

a) 20 b) 42 c) 24 d) 34 e) 48

RESOLUÇÃO:

Nosso objetivo é formar uma comissão composta por exatamente 3 pessoas. E já sabemos que a ordem não terá importância. Logo, o caminho da resolução será por **combinação.**

Bem, a questão determina que a comissão deve conter, **PELO MENOS**, duas mulheres. Daí, teremos que considerar cada caso separadamente:

- ***1º caso – 2 mulheres/1 homem:***

Mulher 1	Mulher 2	Homem 1

$$C_{4,2}\ x\ C_{5,1} = 6\ x\, 5 = 30$$

- ***2º caso – 3 mulheres/0 homem:***

Mulher 1	Mulher 2	Mulher 3

$$C_{4,3}\ x\ C_{5,0} = 4\ x 1 = 4$$

Com os resultados dos dois casos em mãos, talvez você se pergunte se devemos multiplicá-los ou somá-los.

Na verdade, eu já ia direto multiplicar!

E você iria errar a questão. Aliás, para sua sorte, a ESAF foi muito boazinha e não previu uma alternativa com o resultado 120, que é o produto da multiplicação entre 30 e 4. Entretanto, as bancas sempre costumam colocar entre as alternativas as duas opções: a soma e a multiplicação de cada caso. Logo, você precisa saber qual procedimento adotar.

Então, você usará o **princípio multiplicativo** quando o enunciado exigir que os dois casos aconteçam simultaneamente. Ou seja, estará implícita a ideia do "**e**".

Por outro lado, você aplicará o **princípio aditivo** quando a questão determinar que é possível acontecer um caso OU outro. Assim, estará implícita a regra do "**ou**".

Princípio Multiplicativo
- **Regra do "e"**
- $P_1 \times P_2 \times \ldots \times P_n$

Princípio Aditivo
- **Regra do "ou"**
- $P_1 + P_2 + \ldots + P_n$

No caso específico da nossa questão, aplicaremos o PRINCÍPIO ADITIVO, pois está implícita a ideia do "ou", visto que é exigida **pelo menos** duas mulheres na comissão. Então, SOMANDO as possibilidades, temos:

$$30 + 4 = \mathbf{34}$$

Gabarito: D.

4. PERMUTAÇÃO

A **Permutação** nada mais é que um **caso particular do Arranjo**. Nesse sentido, pode ser definida como sendo a **mudança de posição dos elementos de um agrupamento**, em que <u>a ordem seja importante</u>. Além disso, o número de elementos do conjunto universo (n) é igual ao número de elementos do agrupamento desejado (p):

$$n = p$$

TOME NOTA!

PERMUTAÇÃO

- É a mudança de posição dos elementos de um agrupamento em que a ordem é importante.
- O número de elementos do conjunto universo (n) é igual ao número de elementos do agrupamento desejado (p).

Portanto, se o caminho da resolução de uma questão é por **Arranjo** e temos que **n = p**, dizemos que estamos diante de um caso de **Permutação**!

Fica claro, dessa forma, que na Permutação nós não iremos calcular a quantidade de agrupamentos e sim a **quantidade de formas de mudarmos os elementos de um dado agrupamento de posição.**

Teremos três **tipos de Permutação:**

PERMUTAÇÃO

- **Simples**
- **Com repetição**
- **Circular**

Passemos, pois, à análise detalhada de cada uma das formas que a permutação pode se apresentar.

4.1. Permutação Simples

É o número de maneiras de arrumar **n** elementos em **n** posições, sendo que cada maneira se **diferencia apenas pela ordem** em que os elementos aparecem. São agrupamentos com todos os **n elementos distintos, não há repetição** de elementos.

O cálculo da **Permutação Simples** é **muito fácil**!

$$P_n = n!$$

Em que n é o número de elementos do conjunto universo, que é o mesmo número de elementos dos agrupamentos que serão formados.

Para exemplificar, vamos determinar quantos anagramas possui a palavra AMOR.

Inicialmente, precisamos saber que **anagrama** é uma palavra que se forma com as mesmas letras de outra. Basta **embaralhar as letras** de uma palavra e teremos um anagrama para ela, que não precisa existir no dicionário. Assim, da palavra AMOR podemos encontrar os seguintes anagramas:

Amor	Maor	Omar	Roma
Amro	Maro	Omra	Roam
Armo	Mora	Oram	Raom
Aomr	Moar	Orma	Ramo
Arom	Mrao	Oamr	Rmoa
Aorm	Mroa	Oarm	Rmao

Note que encontramos:

- 6 anagramas começando pela letra A
- 6 anagramas começando pela letra M
- 6 anagramas começando pela letra O
- 6 anagramas começando pela letra R

Assim, 6 x 4 = 24. Ou seja, encontramos **24 anagramas para a palavra AMOR.**

É claro que não precisaremos ter todo esse trabalho de relacionar os anagramas de uma determinada palavra. Podemos calcular por meio da **fórmula da Permutação Simples**. Daí, no caso da palavra AMOR, temos **4 elementos** (letras) distintos. Logo:

$$n! = 4! = 4 \times 3 \times 2 \times 1 = 24$$

IMPORTANTE!

Em algumas questões, teremos elementos que deverão **ficar juntos**. Nesse caso, procederemos da seguinte forma:

1º passo: Imaginaremos os elementos que ficarão juntos dentro de um "saquinho". Daí este "saquinho" fará o papel de **um único elemento**;

2º passo: O que estiver dentro do "saquinho" calcularemos depois.

Suponhamos que queremos calcular em quantos anagramas da palavra CINEMA as vogais ficam juntas.

Na resolução iremos colocar as vogais dentro do "saquinho" e as consoantes ficarão fora.

[I E A] C N M

Como o "saquinho" faz papel de um elemento, teremos, juntamente com as consoantes, 4 elementos. Permutando esses 4 elementos, 4!, garantimos que as vogais fiquem juntas. Esse foi o primeiro passo.

No segundo passo, iremos permutar as 3 vogais que ficaram dentro do "saquinho" (**3!**).

Logo, o total de anagramas será o produto:

4! x 3!=**144**

Veja como esse assunto já foi cobrado!

QUESTÃO 06 (ESAF – AnaTA/MF/2013) O número de anagramas da palavra FAZENDA que começam com FA e nessa ordem é igual a:

a) 130 b) 124 c) 120 d) 115 e) 136

RESOLUÇÃO:

A palavra FAZENDA tem 7 letras. A questão pede todos os **anagramas** iniciados por FA (nessa ordem).

Imaginaremos os elementos que ficarão juntos (**FA**) dentro de um "saquinho". Daí, esse "saquinho" fará o papel de **um único elemento**:

FA	Letra 3	Letra 4	Letra 5	Letra 6	Letra 7
1	5	4	3	2	1

Permutando os outros 5 elementos, ou seja, 5!, garantimos que as letras FA fiquem juntas e que todos os anagramas sejam iniciados por FA. Logo:

$$5! = 5 \times 4 \times 3 \times 2 = 120$$

É claro que poderíamos ter resolvido também pelo **Princípio Fundamental da Contagem**, cuja aplicação resulta em:

$$1 \times 5 \times 4 \times 3 \times 2 \times 1 = 120$$

Se as letras F e A pudessem ser trocadas entre si, multiplicaríamos o resultado encontrado por dois, pois as palavras poderiam começar por FA ou por AF.

Gabarito: C.

4.2. Permutação com Repetição

É o número de maneiras de arrumar **n** elementos em **n** posições, sendo que cada maneira **se diferencia pela ordem** em que os elementos aparecem, e que **pelo menos um desses n elementos se repete.**

O cálculo da permutação com repetição será realizado por meio de uma divisão, em que no numerador teremos o fatorial do total de elementos e o denominador será composto pelo produto dos fatoriais das quantidades de repetições. Ou seja:

PERMUTAÇÃO COM REPETIÇÃO

$$P_n^{n_1,n_2,n_3\ldots} = \frac{n!}{n_1!.n_2!.n_3!\ldots}$$

Em que:

- **n**: número de elementos do conjunto universo;
- $\mathbf{n_1}$, $\mathbf{n_2}$ e $\mathbf{n_3}$: número de repetições de cada elemento que se repete.

Por exemplo, vamos calcular quantos anagramas podem ser formados com as letras da palavra "ARARAQUARA".

Bem, na palavra ARARAQUARA, temos dez letras, sendo que o "A" aparece cinco vezes e o "R" aparece três vezes. Logo:

- n = 10
- a = 5
- b = 3

Aplicando a **fórmula da permutação com repetições**, temos:

$$P_n^{n_1,n_2} = \frac{n!}{n_1!\,n_2!}$$

$$P_{10}^{5,3} = \frac{10!}{5!3!} = \frac{10.9.8.7.\cancel{6.5!}}{\cancel{3.2.5!}} = 10.9.8.7 = 5.040$$

Veja como esse assunto já foi cobrado!

QUESTÃO 07 (CESPE/BB/2007) Considere que um decorador deva usar 7 faixas coloridas de dimensões iguais, pendurando-as verticalmente na vitrine de uma loja para produzir diversas formas. Nessa situação, se 3 faixas são verdes e indistinguíveis, 3 faixas são amarelas e indistinguíveis e 1 faixa é branca, esse decorador conseguirá produzir, no máximo, 140 formas diferentes com essas faixas.

RESOLUÇÃO:

Sendo bem objetivo, temos um total de 7 faixas, sendo 3 verdes e 3 amarelas. Daí:

$$P_7^{3,3} = \frac{7!}{3!3!} = 140$$

Gabarito: Certo.

4.3. Permutação Circular

Permutação Circular é um caminho de resolução que usaremos quando estivermos diante de uma questão que sai por permutação e em que os elementos do agrupamento desejado estarão dispostos numa **linha fechada**, isto é, **todos os elementos terão um elemento à sua esquerda e à sua direita.**

Fica claro que, apesar do nome (círculo), outras figuras geométricas como os triângulos, quadrados, pentágonos, etc. também podem ser utilizadas para representar essa distribuição. Dessa maneira, o que deve estar presente é, de fato, a ideia de linha fechada, que pode ser encontrada nas expressões "em torno de", "em volta de", e assim por diante.

Quanto ao **cálculo** da permutação circular, a fórmula que utilizaremos é a seguinte:

PERMUTAÇÃO CIRCULAR

$$P_{Circular} = (n-1)!$$

Veja como esse assunto já foi cobrado!

QUESTÃO 08 (CESPE/BB/2007) Uma mesa circular tem seus 6 lugares que serão ocupados pelos 6 participantes de uma reunião. Nessa situação, o número de formas diferentes para se ocupar esses lugares com os participantes da reunião é superior a 102.

RESOLUÇÃO:

Nosso objetivo é ocupar 6 lugares numa mesa circular. E temos 6 pessoas para ocuparem os 6 lugares disponíveis. Assim:

$$n = 6$$

Visto que a mesa é **circular**, deveremos aplicar a **fórmula da Permutação Circular**:

$$P_{Circular} = (n-1)!$$

$$P_{Circular} = (6-1)! = 5! = 120$$

Para você não ficar com nenhuma dúvida de porque não calculamos simplesmente 6!, veja esta figura:

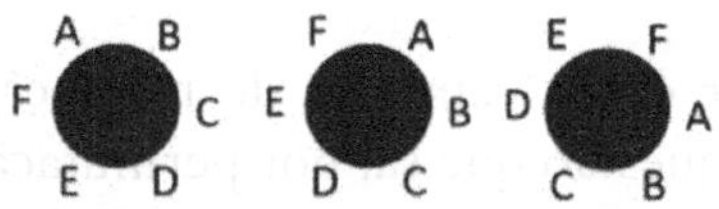

Perceba que essas mesas são iguais, pois os elementos estão sentados na mesma ordem. Por isso que na permutação circular diminuímos um elemento do cálculo do fatorial da permutação simples.

Gabarito: Certo.

5. COMBINAÇÃO COM REPETIÇÃO

Demonstraremos agora uma técnica muito interessante a ser utilizada quando estivermos diante de uma questão cujo caminho de resolução será por **combinação**, mas que terá **repetição de elementos**.

Suponha que um site vende três tipos de cursos: teoria, questões e vídeos. De quantas maneiras uma pessoa pode comprar 6 cursos?

Esta é uma questão que chamamos de **combinação com repetição**.

Ao comprar seis cursos, a ordem dos cursos não tem importância. Logo, estamos diante de uma questão de combinação.

Entretanto, diferente de outras questões que vínhamos estudando, não havia elementos repetidos dentro do grupo, mas nessa questão temos elementos que serão repetidos. Por exemplo, num determinado agrupamento, podemos ter 3 cursos de Teoria. Daí o motivo de chamarmos esse tipo de questão de **Combinação com Repetição**.

Como resolveremos, professores?

Bem, não usaremos a fórmula da combinação. Na verdade, faremos uso de uma estratégia que consiste em encontrar o número de soluções inteiras não negativas de uma equação linear!

Sejam:

- x: número de cursos de Teoria comprados;
- y: número de cursos de Questões comprados;
- z: número de cursos de Vídeos comprados.

Ora, a soma de x, y e z deve ser igual a 6, pois são comprados 6 cursos. Logo, podemos formar a seguinte equação:

$$x + y + z = 6$$

Desenharemos seis pontos para representar esse valor (6).

• • • • • •

Vamos dividir esses seis pontos em três partes que corresponderão às três variáveis x, y e z. Para tanto, usaremos duas (= 3 variáveis menos 1) barras:

Cada maneira de separar os pontos com as barras dará origem a uma solução para a equação:

• | • • • | • • → x=1; y=3; z=2
1 3 2

• • | • • | • • → x=2; y=2; z=2
2 2 2

| • • • | • • • → x=0; y=3; z=3
0 3 3

• • | | • • • • → x=2; y=0; z=4
2 0 4

Se permutarmos esses oito símbolos (6 pontos e 2 barras), encontraremos todas as soluções inteiras não negativas da equação.

Visto que os símbolos se repetem, devemos fazer uma **permutação com repetição**:

$$P_8^{6,2} = \frac{8!}{6!2!} = 28$$

Portanto, temos 28 soluções não negativas para a equação **x + y + z = 6**.

Ou seja, há **28 maneiras** de comprar 6 cursos no site.

No entanto, poderíamos solucionar a questão de outro modo. Para isso, basta usarmos a **fórmula da Combinação com Repetição**:

$$CR_{n,p} = C_{(n+p-1,\, p)} = \frac{(n+p-1)!}{p!(n-1)!}$$

Perceba que por meio de **Cn,p** calculamos o número de maneiras de formar **p** agrupamentos ***distintos*** entre **n** elementos distintos dados. Por sua vez, **CRn,p** revela o número de maneiras de formar **p** agrupamentos **distintos ou não** entre **n** elementos distintos dados.

No caso da questão em análise, temos que calcular o número de maneiras de formar 6 agrupamentos distintos ou não (p), pois já sabemos que os tipos de cursos podem se repetir entre 3 elementos distintos (n), que correspondem às espécies de cursos disponíveis no site. Sim, nesse caso **n é menor que p**. Logo:

$$CR_{3,6} = C_{(3+6-1\,,\,6)} = \frac{(3+6-1)!}{6!(3-1)!} = \frac{8!}{6!\times 2!} = \frac{8\times 7\times 6!}{6!\times 2} = \frac{56}{2} = 28$$

Portanto, confirmamos que existem **28** formas de um aluno adquirir seis cursos no site.

Veja como esse assunto já foi cobrado!

QUESTÃO 09 (CESPE/BB/2007) Se 6 candidatos são aprovados em um concurso público e há 4 setores distintos onde eles podem ser lotados, então há, no máximo, 24 maneiras de se realizarem tais lotações.

RESOLUÇÃO:

Observe que a questão não fixou um número de vagas por setor. Caso ela tivesse feito isso, a solução sairia por um produto de combinações. Daí o caminho da resolução será por meio de uma **Combinação com Repetição.**

Os seis candidatos serão distribuídos nos quatro setores, podendo inclusive haver setores que não receberão nenhum candidato.

Faremos as seguintes designações:

- x: número de candidatos lotados no primeiro setor;
- y: número de candidatos lotados nos segundo setor;
- z: número de candidatos lotados nos terceiro setor;
- w: número de candidatos lotados no quarto setor;

A soma de x, y, z e w é igual a 6:

$$x+y+z+w=6$$

Desenharemos seis pontos para representar esse valor 6 (total de candidatos) e vamos dividir esses seis pontos em quatro partes que corresponderão aos quatro setores. Para tanto, usaremos três barras para fazer as separações das partes. Dessa forma, no desenho haverá 6 pontos e 3 (= 4 variáveis menos 1) barras.

● | ● ● | ● | ● ●

Se permutarmos esses nove símbolos (seis pontos e três barras), encontraremos todas as soluções inteiras não negativas da equação.

$$P_9^{6,3} = \frac{9!}{6!3!} = 84$$

Logo, temos **84 maneiras** distintas de efetuar a lotação dos seis candidatos.

Gabarito: Errado.

Vamos confirmar a resposta aplicando a **fórmula da Combinação com Repetição**:

$$CR_{n,p} = C_{(n+p-1,\,p)} = \frac{(n+p-1)!}{p!(n-1)!}$$

$$CR_{4,6} = C_{(4+6-1,\,6)} = \frac{(4+6-1)!}{6!(4-1)!} = \frac{9!}{6!\times 3!} = \frac{9\times 8\times 7\times 6!}{6!\times 3\times 2} = 3\times 4\times 7 = 84$$

6. ARRANJO COM REPETIÇÃO

Vamos utilizar a estratégia do **Arranjo com Repetição** quando cada elemento do agrupamento desejado é **tratado mais de uma vez** (com reposição) e **a ordem é importante**. Nessa situação, aplicaremos a seguinte fórmula:

$$AR_{n,p} = n^p$$

Por exemplo, vamos determinar quantos números de 4 algarismos podem ser formados com os algarismos do conjunto {1, 3, 5, 7, 9}?

Note que o enunciado menciona apenas "algarismos", sem especificar que devem ser "algarismos distintos".

"E isso faz diferença, mestres?"

Com certeza! Nesse caso, podemos repetir os algarismos em um mesmo número, o que não seria possível com os algarismos distintos.

Assim, como a solução da questão é por meio de arranjo (a ordem é importante e o número de elementos disponíveis é diferente da quantidade de agrupamentos desejados) e considerando a possibilidade de repetição, aplicamos a **fórmula do Arranjo com Repetição**:

$$AR_{n,p} = n^p$$

$$AR_{5,4} = 5^4 = 5\times 5\times 5\times 5 = 625$$

7. NÃO SE ESQUEÇA DAS FÓRMULAS!

De nada adiantaria entendermos o que foi apresentado até aqui se você não conseguir memorizar as principais informações.

De fato, diante de uma questão de concurso público cobrando o conhecimento da Análise Combinatória, precisamos ter em mente as estratégias de solução e as principais fórmulas para realizar o cálculo necessário.

Elaborar um resumo com as fórmulas de cada tópico estudado na Matemática é fundamental, pois facilitará a retenção do conhecimento aprendido, será essencial no momento da revisão da disciplina e poderá ser relido tranquilamente naqueles momentos tensos que antecedem uma prova.

Nesse sentido, apontamos as fórmulas básicas da Análise Combinatória no resumo do tópico 8, logo a seguir. Caso prefira, **elabore o seu próprio formulário**, talvez incluindo macetes ou mnemônicos que permitam uma melhor memorização do conteúdo.

8. RESUMO

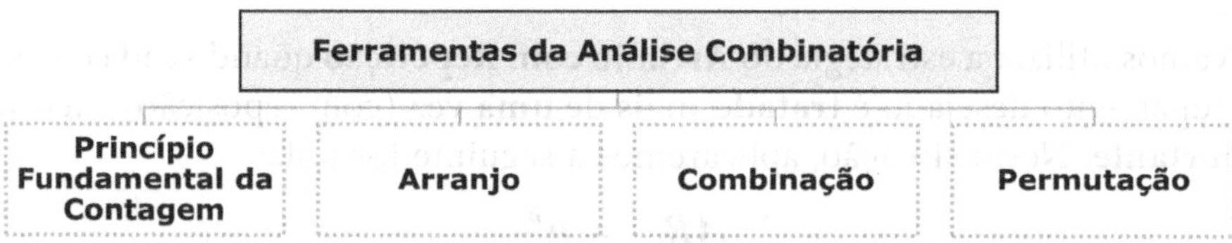

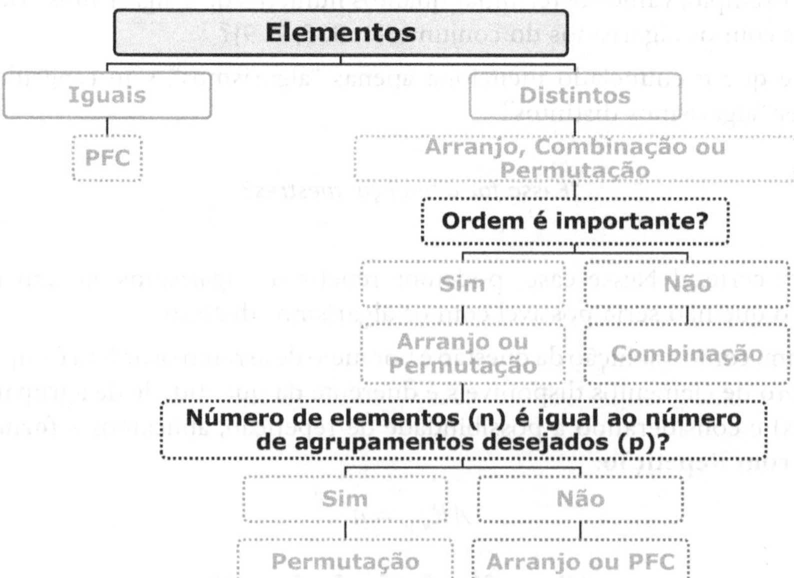

Ferramenta	Fórmula
Permutação Simples	$P_n = n!$
Permutação com Repetição	$P_n^{n_1, n_2, n_3} = \frac{n!}{n_1!\, n_2!\, n_3!}$
Permutação Circular	$P_{Circular} = (n-1)!$
Arranjo	$A_{n,\,p} = \frac{n!}{(n-p)!}$
Arranjo com Repetição	$AR_{n,p} = n^p$
Combinação	$C_{n,\,p} = \frac{n!}{p!(n-p)!}$
Combinação com Repetição	$CR_{n,p} = C_{(n+p-1,\,p)} = \frac{(n+p-1)!}{p!(n-1)!}$

9. MAIS QUESTÕES COMENTADAS

QUESTÃO 10 (FGV - Aux Policial/PC-RJ/2022) Do grupo dos 6 novos policiais de uma delegacia, 2 deles serão escolhidos para um treinamento especial. O número de pares diferentes de policiais que podem ser enviados para o treinamento especial é:

a) 10 b) 12 c) 15 d) 16 e) 18

RESOLUÇÃO:

O nosso objetivo consiste em saber de quantas formas diferentes podemos formar uma dupla utilizando 6 policiais de uma delegacia. Então, estamos diante de uma questão de **Análise Combinatória**.

Suponhamos que dentre os policiais A, B, C, D, E e F, escolhemos B e D para o treinamento. Invertendo a ordem entre eles, teremos D e B. Veja que continuamos com o mesmo par de policiais, apesar da inversão da ordem que efetuamos. Isso significa que a **ordem não é importante** nos conjuntos que estamos formando, de modo que a ferramenta da Análise Combinatória que aplicaremos é a **Combinação**.

Podemos calcular a combinação de 6 elementos tomados 2 a 2 do seguinte modo:

$$A_{n,p} = \frac{n!}{(n-p)!}$$

$$A_{5,3} = \frac{5!}{(5-3)!} = \frac{5.4.3.2!}{2!} = 5.4.3 = \mathbf{60}$$

Portanto, podem ser enviados para o treinamento especial **15 pares** diferentes de policiais.

Gabarito: C.

QUESTÃO 11 (ESAF – TA/ANEEL/2006) Em um campeonato de tênis participam 30 duplas, com a mesma probabilidade de vencer. O número de diferentes maneiras para a classificação dos 3 primeiros lugares é igual a:

a) 24.360 b) 25.240 c) 24.460 d) 4.060 e) 4.650

RESOLUÇÃO:

Mais uma questão de aplicação direta do **PFC**.

Para a escolha do 1º lugar temos 30 opções de duplas. Em seguida, sobram 29 opções para a escolha do segundo lugar. Por fim, para o terceiro lugar restam 28 opções. Logo:

1º lugar	2º lugar	3º lugar
30	**29**	**28**

Aplicando o **PFC**, temos:

$$30 \times 29 \times 28 = \mathbf{24.360}$$

Gabarito: A.

QUESTÃO 12 (ESAF – AFC/CGU/2002) Na Mega-Sena são sorteadas seis dezenas de um conjunto de 60 possíveis (as dezenas sorteáveis são 01, 02, ... , 60). Uma aposta simples (ou aposta mínima), na Mega-Sena, consiste em escolher 6 dezenas. Pedro sonhou que as seis dezenas que serão sorteadas no próximo concurso da Mega-Sena estarão entre as seguintes: 01, 02, 05, 10, 18, 32, 35, 45. O número mínimo de apostas simples para o próximo concurso da Mega-Sena que Pedro deve fazer para ter certeza matemática que será um dos ganhadores caso o seu sonho esteja correto é:

a) 8 b) 28 c) 40 d) 60 e) 84

RESOLUÇÃO:

Essa questão é bem simples e envolve o conceito básico de **combinação.**

Nesse sentido, precisamos escolher 6 entre as 8 dezenas que Pedro sonhou:

$$C_{8,6} = \frac{8!}{(8-6)!6!} = \frac{8!}{2!6!} = \frac{8.7.6!}{2.6!} = 28$$

Gabarito: B.

QUESTÃO 13 (CESPE/SEFAZ-RS/Auditor-Fiscal/2019) Os funcionários de uma repartição foram distribuídos em sete grupos de trabalhos, de modo que cada funcionário participa de exatamente dois grupos, e cada dois grupos têm exatamente um funcionário em comum. Nessa situação, o número de funcionários da repartição é igual a

a) 7 b) 14 c) 21 d) 28 e) 35

RESOLUÇÃO:

O enunciado informa que há 7 grupos, sendo que cada funcionário participa de exatamente dois grupos, e cada dois grupos têm exatamente um funcionário em comum. Então, podemos calcular quantas interseções dois a dois nós temos entre 7 conjuntos diferentes, por meio da combinação, já que a ordem não importa:

$$C_{(7,2)} = \frac{7 \times 6 \times 5!}{2! \times 5!} = \frac{7 \times 6}{2} = 21$$

Assim, a repartição possui **21 funcionários.**

Gabarito: C.

Enunciado comum às questões 14 e 15.

No Porto de Itaqui, 16 contêineres serão embarcados em 2 navios: cada navio deverá levar exatamente 8 desses contêineres. Do total de contêineres, 8 estão carregados com frango congelado, 3, com carne bovina congelada e 5, com soja.

A partir dessas informações, julgue os itens que se seguem.

QUESTÃO 14 (Cespe/EMAP/Assistente Portuário/2018) A quantidade de maneiras distintas de se embarcarem os 8 contêineres no primeiro navio, de forma que exatamente 7 deles estejam carregados com frango congelado, é inferior a 100.

RESOLUÇÃO:

Note que a ordem de escolha não é importante e que dois contêineres de mesma carga são considerados diferentes um do outro. Assim, estamos diante de um caso de **combinação**.

Existem 8 contêineres com frango e precisamos escolher 7. A quantidade de formas de fazer isso é dado por C(8,7) = 8.

Há 3 de carne + 5 de soja = 8 contêineres e precisamos escolher 1, de modo que há C(8,1) = 8 formas de preencher a posição final.

Aplicando o PFC, temos 8 × 8 = **64 maneiras** de fazer o embarque, que é realmente inferior a 100.

Gabarito: Certo.

QUESTÃO 15 (Cespe/EMAP/Assistente Portuário/2018) A quantidade de maneiras distintas de se embarcarem, no primeiro navio, 4 contêineres de frango congelado e 4 de soja e, no segundo navio, 4 contêineres de frango congelado, 1 de soja e 3 de carne bovina congelada é superior a 330.

RESOLUÇÃO:

Note que a ordem de escolha não é importante e que dois contêineres de mesma carga são considerados diferentes um do outro. Assim, estamos diante de um caso de **combinação**.

Vamos analisar separadamente como se dará o embarque dos contêineres em cada navio.

Primeiro navio

Precisamos embarcar 4 dos 8 contêineres de frango, logo:

$$C_{8,4} = \frac{8\times7\times6\times5\times4!}{4!\times(8-4)!} = \frac{8\times7\times6\times5}{4\times3\times2\times1} = 70$$

Adicionalmente, deve-se embarcar 4 dos 5 contêineres de soja, de modo que:

$$C_{5,4} = 5$$

O enunciado pede "*...embarcarem, no primeiro navio, 4 contêineres de frango congelado **e** 4 de soja...*". Como o "e" tem valor de **multiplicação**, então aplicamos o princípio fundamental da contagem para determinar que há 70 × 5 = <u>350 maneiras de se fazer o embarque no primeiro navio</u>.

Segundo navio

Feito o embarque do primeiro navio, sobram exatamente 8 contêineres, que devem todos ser embarcados no segundo navio. Logo, há uma única forma de se fazer o embarque do segundo navio.

De fato, devemos subtrair a quantidade já embarcada dos contêineres de frango e soja, resultando, assim, em uma única forma de embarque: C(1,1) = 1. Também devemos embarcar 4 contêineres de frango restantes, também resultando numa única forma de embarcar: C (4,4) = 1. Por fim, devemos embarcar 3 contêineres de carne bovina, mais uma vez resultando numa única forma de embarque: C (3,3) = 1.

Como o enunciado pede para calcular a quantidade de formas diferentes de embarque no primeiro navio **E** no segundo navio, mais uma vez aplica-se a multiplicação de todas as combinações: 350 × 1 × 1 × 1 = **350**, que realmente é **maior que 330.**

Gabarito: Certo.

QUESTÃO 16 (CESPE/Polícia Federal/Agente/2018) Em um aeroporto, 30 passageiros que desembarcaram de determinado voo e que estiveram nos países A, B ou C, nos quais ocorre uma epidemia infecciosa, foram selecionados para ser examinados. Constatou-se que exatamente 25 dos passageiros selecionados estiveram em A ou em B, nenhum desses 25 passageiros esteve em C e 6 desses 25 passageiros estiveram em A e em B.

Com referência a essa situação hipotética, julgue os itens que se seguem.

A quantidade de maneiras distintas de se escolher 2 dos 30 passageiros selecionados de modo que pelo menos um deles tenha estado em C é superior a 100.

RESOLUÇÃO:

A quantidade de maneiras para selecionar 2 passageiros dentre os 30 é dada por:

$$C(30,2)=\frac{30!}{2!\times(30-2)!}=\frac{30\times 29}{2}=435$$

Dos 30 passageiros, 25 não estiveram em C. A quantidade de maneiras de escolher 2 deles é dada por:

$$C(25,2)=\frac{25!}{2!\times(25-2)!}=\frac{25\times 24}{2}=300$$

UNIDADE 3 – MATEMÁTICA DE NÍVEL MÉDIO

Assim, o total de maneiras distintas de se escolher 2 dos 30 passageiros de modo que pelo menos um tenha estado em C é 435 – 300 = 135.

Gabarito: Certo.

Enunciado comum às questões 17 a 20.

> **Para cumprimento de um mandado de busca e apreensão serão designados um delegado, 3 agentes (para a segurança da equipe na operação) e um escrivão. O efetivo do órgão que fará a operação conta com 4 delegados, entre eles o delegado Fonseca; 12 agentes, entre eles o agente Paulo; e 6 escrivães, entre eles o escrivão Estêvão.**

Em relação a essa situação hipotética, julgue os itens a seguir.

> **QUESTÃO 17 (CESPE/Polícia Federal/Escrivão/2018)** Há mais de 2.000 maneiras distintas de se formar uma equipe que tenha o delegado Fonseca ou o escrivão Estêvão, mas não ambos.

RESOLUÇÃO:

Vamos dividir a resolução em duas partes, conforme a formação da equipe quanto à participação do delegado Fonseca e do escrivão Estêvão.

Inicialmente, calculamos o total de possibilidades de selecionar uma equipe com o delegado Fonseca (sem o escrivão Estêvão). Visto que o delegado Fonseca já foi escolhido, ainda temos que escolher 3 agentes (dentre 12) e 1 escrivão (dentre 5, já que Estêvão está fora). Nesse caso, o total de possibilidades é dado por:

$$C(12,3) \times C(5,1) = \mathbf{1.100}$$

Agora, calculamos o total de possibilidades de selecionar uma equipe com o escrivão Estêvão (sem o delegado Fonseca). Já que o escrivão Estêvão já foi escolhido, ainda precisamos escolher 1 delegado (dentre 3 disponíveis, já que Fonseca está fora) e 3 agentes (dentre 12 disponíveis). O total de possibilidades é dado por:

$$C(3,1) \times C(12,3) = \mathbf{660}$$

Portanto, há 1.100 + 660 = **1.760** maneiras distintas de se formar uma equipe que tenha o delegado Fonseca ou o escrivão Estêvão, mas não ambos.

Gabarito: Errado.

> **QUESTÃO 18 (CESPE/Polícia Federal/Escrivão/2018)** A quantidade de maneiras distintas de se escolher três agentes para a operação de forma que um deles seja o agente Paulo é inferior a 80.

RESOLUÇÃO:

Como o agente Paulo já foi escolhido, ainda precisamos escolher 2 agentes dentre os 11 disponíveis. Assim, o total de possibilidades é dado por:

$$C(11,2) = \mathbf{55}$$

Gabarito: Certo.

QUESTÃO 19 (CESPE/Polícia Federal/Escrivão/2018) Considerando todo o efetivo do órgão responsável pela operação, há mais de 5.000 maneiras distintas de se formar uma equipe para dar cumprimento ao mandado.

RESOLUÇÃO:

Para formar a equipe, devemos escolher 1 delegado dentre os 4 disponíveis, 3 agentes dentre os 12 disponíveis e 1 escrivão dentre os 6 disponíveis), o que totaliza:

$$C(4,1) \times C(12,3) \times C(6,1) = 4 \times 220 \times 6 = \mathbf{5.280}$$

Gabarito: Certo.

QUESTÃO 20 (CESPE/Polícia Federal/Escrivão/2018) Se o delegado Fonseca e o escrivão Estêvão integrarem a equipe que dará cumprimento ao mandado, então essa equipe poderá ser formada de menos de 200 maneiras distintas.

RESOLUÇÃO:

Como o delegado e o escrivão já estão escolhidos, basta escolher 3 dos 12 agentes para formar a equipe, o que totaliza C(12,3) = **220 maneiras.**

Gabarito: Errado.

ATENÇÃO!

Perceba o prejuízo que seria você encarar essa prova de Escrivão da Polícia Federal de 2018 sem saber Análise Combinatória, assim como aconteceria nos concursos para a PM-MA e EBC que veremos a seguir, dentre outros. Você sairia com menos três ou quatro questões de um total de 120 em relação a vários concorrentes, ainda mais que é complicado chutar na prova do Cespe, porque se errar, perde um ponto.

QUESTÃO 21 (CESPE/STJ/Téc Jud/2018) Considere as proposições P e Q a seguir.

P: Todo processo que tramita no tribunal A ou é enviado para tramitar no tribunal B ou no tribunal C.

Q: Todo processo que transita no tribunal C é enviado para tramitar no tribunal B.

A partir dessas proposições, julgue o item seguinte.

Se 10 processos que chegaram no tribunal A em determinado dia forem separados de forma aleatória em dois grupos de 5 processos cada, um para ser encaminhado ao tribunal B, e outro, para o tribunal C, então essa separação poderá ser feita de, no máximo, 240 formas diferentes.

RESOLUÇÃO:

Vamos iniciar separando 5 dos 10 processos para irem ao tribunal B. Como faremos isso?

Bem, visto que a ordem dos processos **não** importa, então estamos diante de um caso de **combinação**. Logo:

$$C^{(10,5)} = (10 \times 9 \times 8 \times 7 \times 6) / (5 \times 4 \times 3 \times 2 \times 1) = \mathbf{252}$$

Assim, levando em conta que a nossa seleção implica automaticamente os demais processos para C, concluímos que o total de maneiras de fazer o encaminhamento dos processos é **252 > 240.**

Gabarito: Errado.

Enunciado comum às questões 22 a 24.

Uma operação policial será realizada com uma equipe de seis agentes, que têm prenomes distintos, entre eles André, Bruno e Caio. Um agente será o coordenador da operação e outro, o assistente deste; ambos ficarão na base móvel de operações nas proximidades do local de realização da operação. Nessa operação, um agente se infiltrará, disfarçado, entre os suspeitos, em reunião por estes marcada em uma casa noturna, e outros três agentes, também disfarçados, entrarão na casa noturna para prestar apoio ao infiltrado, caso seja necessário.

A respeito dessa situação hipotética, julgue os itens seguintes.

QUESTÃO 22 (Cespe/PM-MA/Soldado/2017) A quantidade de maneiras distintas de formar a equipe, de modo que André, Bruno e Caio sejam os agentes que ocuparão, respectivamente, as vagas de coordenador, assistente e infiltrado, é superior a 5.

RESOLUÇÃO:

Se já colocarmos André, Bruno e Caio nas posições de coordenador, assistente e infiltrado, os outros três agentes automaticamente terão que ser aqueles que entrarão na casa noturna. Ou seja, **só há UMA** possibilidade de formar a equipe.

Gabarito: Errado.

QUESTÃO 23 (Cespe/PM-MA/Soldado/2017) A quantidade de maneiras distintas de formar a equipe, de modo que André, Bruno e Caio sejam os agentes que prestarão apoio ao infiltrado, é inferior a 10.

RESOLUÇÃO:

Como André, Bruno e Caio prestarão apoio (entrarão na casa noturna), temos 3 agentes disponíveis. Um deles vai ocupar a posição de coordenador (3 possibilidades), outro a de assistente (2 possibilidades), e outro a de infiltrado (1 possibilidade). Ao todo temos 3 x 2 x 1 = **6 possibilidades.**

Gabarito: Certo.

QUESTÃO 24 (Cespe/PM-MA/Soldado/2017) Há mais de 100 maneiras distintas de estruturar, com os seis agentes, a equipe que realizará a operação policial.

RESOLUÇÃO:

Temos 6 opções para a posição de coordenador da operação. Escolhido o coordenador, temos 5 opções para a posição de assistente. Em seguida, temos 4 opções para o agente que vai se infiltrar na reunião. Feito isso, os demais agentes automaticamente serão os que entrarão na casa noturna. O total de possibilidades é, portanto, 6 x 5 x 4 = **120.**

Gabarito: Certo.

Enunciado comum às questões 25 a 27.

Determinado laboratório de análises clínicas está sendo investigado por emitir laudos falsos de um exame constituído por 7 indicadores, correspondentes à concentração de 4 compostos na corrente sanguínea, obtidos da seguinte forma: uma medição da concentração de cada um dos compostos A, B, C e D, e 3 medições, por 3 diferentes técnicas, da concentração do composto E. Os laudos verdadeiros de 7 pacientes (chamados pacientes-fonte), com prenomes distintos, entre eles Amanda, Bárbara, Carlos e Daniel, eram usados para compor laudos falsos para os demais pacientes. Para dificultar a ação da autoridade policial, na montagem de um laudo falso, o laboratório tomava o cuidado de, no conjunto de 7 medições que constituíam cada laudo falsificado, usar apenas uma medição de cada paciente-fonte, ou seja, de nunca usar 2 ou mais medições de um mesmo paciente-fonte.

Com referência a essa situação hipotética, julgue os itens seguintes.

QUESTÃO 25 (Cespe/PM-MA/Psicólogo/2017) Há mais de 5 maneiras distintas de se produzir um laudo falso utilizando-se os dados dos exames de Amanda, Bárbara, Carlos e Daniel, nessa ordem, para os valores referentes aos compostos A, B, C e D.

RESOLUÇÃO:

Como já foram escolhidos os valores de A, B, C e D, falta apenas escolher os valores para cada técnica de medição do composto E. Como são 7 pessoas ao todo, e já foram usadas 4, podemos escolher apenas entre as 3 pessoas restantes.

Para a primeira técnica temos 3 pessoas disponíveis, para a segunda técnica temos 2 pessoas e para a terceira técnica 1 pessoa disponível, totalizando 3 x 2 x 1 = **6 formas de escolha.**

Gabarito: Certo.

QUESTÃO 26 (Cespe/PM-MA/Psicólogo/2017) Se fosse adotada a estratégia de falsificar laudos seguindo-se a ordem sucessiva de medições referentes aos compostos A, B, C e D e, em seguida, as medições referentes ao composto E, a quantidade de laudos falsos distintos que poderiam ser gerados pelo laboratório seria superior a 800.

RESOLUÇÃO:

Veja que podemos escolher qualquer uma das 7 pessoas para a falsificação do composto A, depois qualquer uma das 6 restantes para o composto B, depois qualquer uma das 5 restantes para C, quaisquer das 4 restantes para D, quaisquer das 3 restantes para a primeira técnica de E, quaisquer das 2 restantes para a segunda técnica de E e a única pessoa restante para a terceira técnica de E, totalizando 7 x 6 x 5 x 4 x 3 x 2 x 1 = **5.040 formas.**

Gabarito: Certo.

QUESTÃO 27 (Cespe/PM-MA/Psicólogo/2017) Com relação ao composto E, a quantidade de laudos falsos distintos constituídos com dados dos exames de Amanda, Bárbara e Carlos que poderia ser produzida é superior a 50.

RESOLUÇÃO:

Podemos escolher para a primeira técnica do composto E os resultados de qualquer uma das 3 pessoas disponíveis. Para a segunda técnica, também podemos escolher qualquer uma das 3. E para a terceira técnica, qualquer um das 3. Ficamos com 3x3x3 = 27 formas de falsificar o laudo, número inferior a 50.

Gabarito: Errado.

Enunciado comum às questões 28 a 31.

O estafe de uma nova instituição pública será composto por 15 servidores: o diretor-geral, seu secretário executivo e seus 2 subsecretários — 1 de assuntos administrativos e 1 de fomento —, 4 diretores — de administração e finanças, de infraestrutura, executivo e de pessoal — e, ainda, sete assessores ligados a esses cargos. Para a composição desse estafe, dispõe-se de 20 pessoas, todas igualmente qualificadas para assumir qualquer um dos cargos vagos. Entretanto, por motivos internos, apenas 5 delas podem assumir cargos de direção. As pessoas escolhidas para os cargos de assessoria desempenham funções similares.

Considerando a situação acima, julgue os itens que se seguem.

QUESTÃO 28 (CESPE/EBC/Nível Superior/2011) Supondo que já tenham sido preenchidos todos os cargos de direção, de secretário executivo e de subsecretários, a quantidade de maneiras distintas de se escolherem as pessoas para preencher os sete cargos de assessores é superior a 700.

RESOLUÇÃO:

Nessa questão, devemos perceber que das 20 pessoas inicialmente disponíveis, restaram **apenas 12**, pois 8 delas já foram escolhidas para os cargos de direção, secretário executivo e subsecretários. Assim, temos 12 pessoas para preencherem 7 cargos iguais. Perceba que os sete cargos são iguais, o que faz com que a ordem da escolha não tenha importância. Por isso, iremos fazer uma combinação das doze pessoas, tomadas 7 a 7:

$$C_{12,7} = \frac{12!}{(12-7)!7!} = \frac{12!}{5!7!} = 792$$

Gabarito: Certo.

QUESTÃO 29 (CESPE/EBC/Nível Superior/2011) Se os "motivos internos" não existissem, a quantidade de maneiras distintas de se escolherem as pessoas para preencher os 15 cargos seria igual a 20!/7!.

RESOLUÇÃO:

Notamos que as 20 pessoas concorrem aos 15 cargos disponíveis. Assim, primeiro vamos preencher os cargos diferenciados:

- **Para os 8 cargos diferenciados (diretores, secretário e subsecretários):**

Temos 20 pessoas concorrendo a 8 cargos distintos. Como não utilizaremos **todos os elementos disponíveis** e a ordem importa, utilizaremos o **arranjo**:

$$A_{20,8} = \frac{20!}{(20-8)!} = \frac{20!}{12!}$$

- **Para os demais cargos de assessores:**

Como 8 pessoas já preencheram os cargos diferenciados, restaram **12 pessoas** para preencherem os cargos de assessores. Esse cálculo nós já fizemos anteriormente:

$$C_{12,7} = \frac{12!}{5!7!}$$

Assim, aplicando o princípio MULTIPLICATIVO (ideia do "**E**"), temos:

$$\frac{20!}{\cancel{12!}} x \frac{\cancel{12!}}{5!7!} = \frac{20!}{5!7!}$$

Gabarito: Errado.

QUESTÃO 30 (CESPE/EBC/Nível Superior/2011) A quantidade de maneiras diferentes de serem preenchidos os cinco cargos de direção é superior a 100.

RESOLUÇÃO:

Como para preencher os 5 cargos de direção só podemos utilizar 5 candidatos (por "motivos internos"), teremos 5 candidatos para cinco vagas distintas. Assim, como **todos os elementos participam** e a ordem importa, utilizaremos a **permutação**:

$$P_5 = 5! = 5.4.3.2.1 = 120$$

Gabarito: Certo.

QUESTÃO 31 (CESPE/EBC/Nível Superior/2011) Supondo que já tenham sido preenchidos os cargos de direção, a quantidade de maneiras distintas de se escolherem as pessoas para preencher os cargos de secretário e de subsecretário é superior a 3.000.

RESOLUÇÃO:

Sabemos que para essa escolha nós temos 15 pessoas concorrendo a 3 cargos diferentes. Como **não utilizaremos todos os elementos disponíveis** e a ordem importa, utilizaremos o **arranjo**:

$$A_{15,3} = \frac{15!}{(15-3)!} = \frac{15!}{12!} = 2.730$$

Gabarito: Errado.

QUESTÃO 32 (CESPE/TRF 1ª Região/Téc Jud/2017) Em uma reunião de colegiado, após a aprovação de uma matéria polêmica pelo placar de 6 votos a favor e 5 contra, um dos 11 presentes fez a seguinte afirmação: "Basta um de nós mudar de ideia e a decisão será totalmente modificada". A quantidade de maneiras distintas de se formar o placar de 6 votos a favor e 5 contra, na decisão de um assunto polêmico pelos presentes no referido colegiado, é inferior a 500.

RESOLUÇÃO:

Inicialmente, percebemos que é suficiente selecionarmos 5 das 11 pessoas para votar contra e os demais automaticamente votarão a favor. Como a ordem de escolha **não** importa, temos a **combinação** de 11 em grupos de 5, isto é,

$$C^{(11,5)} = 11 \times 10 \times 9 \times 8 \times 7 / (5 \times 4 \times 3 \times 2 \times 1)$$

$$C^{(11,5)} = 11 \times 9 \times 8 \times 7 / (4 \times 3) = 11 \times 3 \times 2 \times 7 = \mathbf{462}$$

Gabarito: C.

QUESTÃO 33 (CESPE – AnaTA/SUFRAMA/2014) Sabendo-se que uma repartição possui 30 servidores, sendo 10 do sexo feminino, julgue o item abaixo.

A quantidade de maneiras distintas de se selecionar 5 servidores dessa repartição de forma que 4 sejam do sexo feminino é inferior a 4.000.

RESOLUÇÃO:

Nosso objetivo é selecionar 5 servidores de uma repartição de forma que **4 sejam do sexo feminino.**

Em se tratando de pessoas, é lógico que não haverá repetições. A ordem dos elementos **não** terá importância, pois:

- Um resultado possível: {mulher 1, mulher 2, mulher 3, mulher 4, homem 1}
- Invertendo-se a ordem: {homem 1, mulher 4, mulher 3, mulher 2, mulher 1}

UNIDADE 3 – MATEMÁTICA DE NÍVEL MÉDIO

É um agrupamento diferente? Certamente não! Logo, usaremos a **combinação!**

- ***Escolha das 4 mulheres***:

$$C_{10,4} = \frac{10!}{(10-4)!4!} = \frac{10!}{6!4!} = \frac{10.9.8.7.6!}{4.3.2.6!}$$

$$\boldsymbol{C_{10,4}} = 210$$

- ***Escolha do homem***: são <u>20 homens</u> disponíveis!

Aplicando o **PFC** para calcular a quantidade de maneiras de selecionar os 5 servidores:

$$210 \times 20 = 4.200$$

Gabarito: Errado.

QUESTÃO 34 (CESPE/Polícia Federal/Agente/2014) Um batalhão é composto por 20 policiais: 12 do sexo masculino e 8 do sexo feminino. A região atendida pelo batalhão é composta por 10 quadras e, em cada dia da semana, uma dupla de policiais policia cada uma das quadras.

Com referência a essa situação, julgue o item subsequente.

Se a escala dos policiais for feita de modo a diversificar as duplas que policiam as quadras, então, se determinada dupla policiar a quadra X em determinado dia, essa mesma dupla voltará a policiar a quadra X somente mais de seis meses após aquele dia.

RESOLUÇÃO:

Vamos inicialmente calcular o número total de duplas. Como <u>a ordem não é importante</u>, utilizaremos uma **combinação** de 20 elementos, tomados 2 a 2. Daí:

$$C_{20,2} = \frac{20!}{(20-2)!2!} = \frac{20.19.18!}{18!2!} = 190\,\boldsymbol{duplas}$$

A questão afirma que "em cada dia da semana, cada dupla de policiais policia cada uma das quadras". Logo, cada dupla corresponde a um dia da semana. Assim:

$$\text{Número de semanas} = \frac{190\,duplas}{7\,dias\ da\ semana} = 27\,\boldsymbol{semanas} = 6{,}3\,\boldsymbol{meses}$$

Portanto, uma determinada dupla voltará a policiar a quadra X somente **mais de seis meses** após.

Gabarito: Certo.

QUESTÃO 35 (ESAF – APO/MPOG/2005) Pedro e Paulo estão em uma sala que possui 10 cadeiras dispostas em uma fila. O número de diferentes formas pelas quais Pedro e Paulo podem escolher seus lugares para sentar, de modo que fique ao menos uma cadeira vazia entre eles, é igual a:

a) 80 b) 72 c) 90 d) 18 e) 56

RESOLUÇÃO:

O evento agora é considerar formas que Pedro e Paulo podem sentar-se em uma fila.

Teremos de redobrar a atenção, já que o enunciado estabelece **exigências específicas** para algumas das etapas do evento. Por exemplo, é dito que ao menos uma cadeira deverá ficar vazia entre Pedro e Paulo.

Bem, essas **restrições** terão que ser observadas quando formos fazer o cálculo dos resultados parciais. Nesse sentido, a estratégia que utilizaremos é:

1º) calcular o total de maneiras pelas quais Pedro e Paulo podem escolher suas cadeiras, levando em conta, inclusive, que não poderá haver repetições, visto que o enunciado busca o "número de **diferentes formas** pelas quais...";

2º) subtrair do resultado anterior as possibilidades em que os dois ficam juntos (Pedro/Paulo e Paulo/Pedro).

Assim, o total de maneiras que os dois podem escolher suas cadeiras será:

Escolhas de Pedro	Escolhas de Paulo
10	**9**

Aplicando o **PFC**, temos:

$$10 \times 9 = \mathbf{90}$$

Vamos calcular, agora, os casos em que os dois ficam juntos:

1. Pedro na frente de Paulo: se Pedro vai sentar na frente de Paulo, ele pode escolher todas as cadeiras, exceto a última, pois, se assim fosse, não sobraria cadeira para Paulo. Daí:

Escolhas de Pedro	Escolhas de Paulo
9	**1**

UNIDADE 3 – MATEMÁTICA DE NÍVEL MÉDIO

Aplicando o **PFC**, temos:

$$9 \times 1 = \mathbf{9}$$

2. Paulo na frente de Pedro: se Paulo vai sentar na frente de Pedro, ele pode escolher todas as cadeiras, exceto a última, pois, se assim fosse, não sobraria cadeira para Pedro. Daí:

Escolhas de Paulo	Escolhas de Pedro
9	**1**

Aplicando o **PFC**, temos:

$$9 \times 1 = \mathbf{9}$$

Assim, o número de diferentes formas pelas quais Pedro e Paulo podem escolher seus lugares para sentar, de modo que fique ao menos uma cadeira vazia entre eles é:

$$90 - 9 - 9 = \mathbf{72}$$

Gabarito: B.

QUESTÃO 36 (ESAF – ATA/MF/2012) Dos aprovados em um concurso público, os seis primeiros foram Ana, Bianca, Carlos, Danilo, Emerson e Fabiano. Esses seis aprovados serão alocados nas salas numeradas de 1 a 6, sendo um em cada sala e obedecendo a determinação de que na sala 1 será alocado um homem. Então, o número de possibilidades distintas de alocação desses seis aprovados é igual a

a) 720. b) 480. c) 610. d) 360. e) 540.

RESOLUÇÃO:

A questão determina que na primeira sala só será alocado um homem. Daí, há 4 possibilidades: Carlos, Danilo, Emerson e Fabiano.

Sala 1	Sala 2	Sala 3	Sala 4	Sala 5	Sala 6
4					

Já na segunda sala podemos colocar qualquer um dos 6 aprovados no concurso, exceto o que está na sala 1, pois <u>não há reposição</u>. Logo:

Sala 1	Sala 2	Sala 3	Sala 4	Sala 5	Sala 6
4	**5**				

Seguindo o mesmo procedimento com relação às demais salas, teremos:

Sala 1	Sala 2	Sala 3	Sala 4	Sala 5	Sala 6
4	5	4	3	2	1

Aplicando o **PFC**, temos:

4 x 5 x 4 x 3 x 2 x 1 = **480**

Gabarito: B.

QUESTÃO 37 (ESAF – ATA/MF/2012) Uma reunião no Ministério da Fazenda será composta por seis pessoas, a Presidenta, o Vice-Presidente e quatro Ministros. De quantas formas distintas essas seis pessoas podem se sentar em torno de uma mesa redonda, de modo que a Presidenta e o Vice-Presidente fiquem juntos?

a) 96 b) 360 c) 120 d) 48 e) 24

RESOLUÇÃO:

O seguinte desenho representa bem a situação do enunciado:

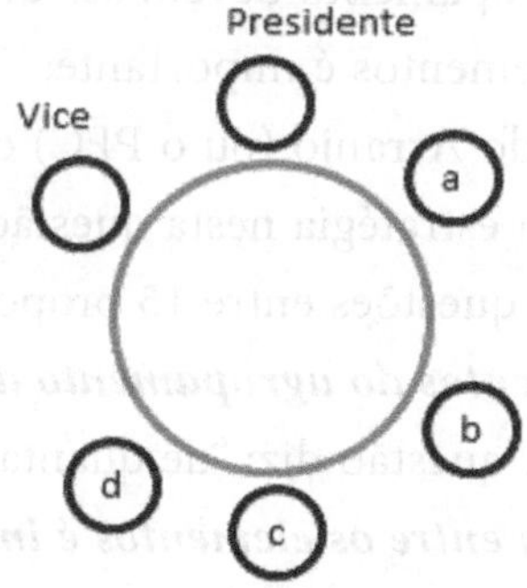

Para a cadeira **a** temos 4 opções de Ministro. Escolhido o Ministro que ocupará a posição **a**, vamos preencher a **b**, que terá 3 opções. Daí, sobram 2 opções para a cadeira c.

Aplicando o **PFC**, temos:

4 x 3 x 2 x 1 = **24**

Essa ainda não é a resposta correta, embora o examinador a tenha disponibilizado (certamente deve ter pego muitos candidatos!).

Toda a nossa análise foi feita considerando que o Vice-Presidente se senta **à direita** do Presidente. No entanto, existe a possibilidade também de o Vice-Presidente sentar-se **à esquerda** do Presidente. Nesse caso, o raciocínio seria o mesmo, surgindo **mais 24 maneiras.**

Somando tudo, são 24 + 24 = **48 formas distintas** de essas seis pessoas se sentarem em torno de uma mesa redonda, de modo que a Presidenta e o Vice--Presidente fiquem juntos.

Gabarito: D.

QUESTÃO 38 (ESAF – TFC/CGU/2008) Ana precisa fazer uma prova de matemática composta de 15 questões. Contudo, para ser aprovada, Ana só precisa resolver 10 questões das 15 propostas. Assim, de quantas maneiras diferentes Ana pode escolher as questões?

a) 3.003 b) 2.980 c) 2.800 d) 3.006 e) 3.005

RESOLUÇÃO:

Colega, queremos estabelecer agora um **modelo de resolução** que você poderá utilizar ao se deparar com questões de Análise Combinatória, ok?

Assim, você precisará descobrir:

- Qual é o objetivo da questão;
- Se os elementos do agrupamento devem ser distintos;
- Se a ordem entre os elementos é importante;
- Se utilizará a fórmula do Arranjo (ou o PFC) ou a da Combinação.

Vamos tentar aplicar essa estratégia nesta questão.

➢ ***Objetivo:*** Resolver 10 questões entre 15 propostas.

➢ ***1ª pergunta: Os elementos do agrupamento devem ser distintos?***

- Resposta: **Distintos**! A questão diz: "de quantas maneiras diferentes...".

➢ ***2ª pergunta: A ordem entre os elementos é importante?***

- Resposta: A ordem não é importante.

➢ ***Resultado:*** O caminho da resolução é por **Combinação.**

Considerando que **n = 15** e **p = 10**, podemos aplicar a fórmula da Combinação:

$$C_{n,p} = \frac{n!}{(n-p)!p!}$$

$$C_{15,10} = \frac{15!}{(15-10)!10!} = \frac{15!}{5!10!} = \frac{15.14.13.12.11.\cancel{10!}}{5.4.3.2.\cancel{10!}} = 3.003$$

Gabarito: A.

QUESTÃO 39 (ESAF – TFC/CGU/2008) Uma turma de 20 formandos é formada por 10 rapazes e 10 moças. A turma reúne-se para formar uma comissão de formatura composta por 5 formandos. O número de diferentes comissões que podem ser formadas, de modo que em cada comissão deve haver 3 rapazes e 2 moças, é igual a:

a) 2.500 b) 5.400 c) 5.200 d) 5.000 e) 5.440

RESOLUÇÃO:

O número de maneiras de escolher os três rapazes é dado pela combinação de 10 elementos, tomados 3 a 3. Daí:

$$C_{10,3}=\frac{10!}{(10-3)!3!}=\frac{10!}{7!3!}=\frac{10\times9\times8\times7!}{3\times2\times7!}=120$$

O número de maneiras de escolher as duas moças é dado pela combinação de 10 elementos, tomados 2 a 2. Daí:

$$C_{10,2}=\frac{10!}{(10-2)!2!}=\frac{10!}{8!2!}=\frac{10\times9\times8!}{2\times8!}=45$$

Aplicando o **PFC** para calcular o número de maneiras de formar a comissão, temos:

$$120\times45=5.400$$

Gabarito: B.

QUESTÃO 40 (ESAF – AnaTA/MF/2013) Uma comissão com 6 pessoas será formada para representar o Ministério da Fazenda em um congresso internacional. Essas 6 pessoas serão selecionadas de um grupo formado por 5 homens e 6 mulheres. O número de possibilidades de nessa comissão termos 4 pessoas do mesmo sexo é igual a:

a) 210 b) 215 c) 245 d) 225 e) 240

RESOLUÇÃO:

Na formação de uma comissão composta por 6 pessoas não terá importância a ordem entre os elementos, mas quem serão os escolhidos será muito relevante.

Logo, estamos diante de um caso de **combinação.**

Bem, a questão determina que a comissão deve conter **quatro homens OU quatro mulheres**. Daí, teremos que considerar cada caso separadamente:

- ***1º caso – 2 mulheres/4 homens:***

Mulher 1	Mulher 2	Homem 1	Homem 2	Homem 3	Homem 4

$$C_{6,2}\ x\ C_{5,4} = 15\ x 5 = 75$$

- ***2º caso – 4 mulheres/2 homens:***

Mulher 1	Mulher 2	Mulher 3	Mulher 4	Homem 1	Homem 2

$$C_{6,4}\ x\ C_{5,2} = 15\ x 10 = 150$$

Aplicaremos o princípio ADITIVO, pois está clara a ideia do "ou", visto que é exigida a presença de quatro homens **OU** quatro mulheres. Então, SOMANDO as possibilidades, temos:

75 + 150 = **225**

Gabarito: D.

QUESTÃO 41 (ESAF – APO/MPOG/2005) Um grupo de estudantes encontra-se reunido em uma sala para escolher aleatoriamente, por sorteio, quem entre eles irá ao Simpósio de Matemática do próximo ano. O grupo é composto de 15 rapazes e de um certo número de moças. Os rapazes cumprimentam-se, todos e apenas entre si, uma única vez; as moças cumprimentam-se, todas e apenas entre si, uma única vez. Há um total de 150 cumprimentos. O número de moças é, portanto, igual a:

a) 10 b) 14 c) 20 d) 25 e) 45

RESOLUÇÃO:

Sejam:

- Número de rapazes: 15
- Número de moças: n

O número de cumprimentos entre os rapazes é dado pela combinação de 15 elementos, tomados 2 a 2. Daí:

$$C_{15,2} = \frac{15!}{(15-2)!2!} = \frac{15!}{13!2!} = \frac{15.14.\cancel{13!}}{2.\cancel{13!}} = 105$$

O enunciado afirma que aconteceram 150 cumprimentos. Descontando os cumprimentos entre os homens, temos 150 – 105 = **45 cumprimentos entre moças.**

Para encontrar o número **n** de moças, fazemos a combinação de **n** elementos, tomados 2 a 2. Daí:

$$C_{n,2} = \frac{n!}{(n-2)!2!} = \frac{n.(n-1).\cancel{(n-2)!}}{2.1\cancel{(n-2)!}} = 45 \Rightarrow \boldsymbol{C_{n,2} = n(n-1) = 90}$$

Precisamos resolver a seguinte equação do segundo grau:

$$n(n-1) = 90 \Rightarrow \boldsymbol{n^2 - n} - 90 = 0$$

Pela famosa **fórmula de Bháskara**, temos:

$$n = \frac{-(-1) \pm \sqrt{(-1)^2 - 4.(-1).(-90)}}{2} = \frac{1 \pm \sqrt{1+360}}{2} = \frac{1 \pm 19}{2} = 10 \; ou -9$$

Como precisamos de um valor positivo, temos que **n = 10.**

Outra forma bem mais rápida de resolver a equação $\mathrm{n}(\mathrm{n}-1) = 90$ seria imaginar qual número (n) que multiplicado pelo seu antecessor (n-1) daria 90. Seria o 10, claro, pois 10.9 = 90. Logo, n = 10.

Gabarito: A.

QUESTÃO 42 (ESAF/FUNAI/2016) Considere as quatro letras A, C, G e T formando pares de letras nos quais A só forma par com T e C só forma par com G. Indique quantas sequências distintas de três pares ordenados de letras e com repetição podem ser formadas.

a) 4 b) 8 c) 16 d) 32 e) 64

RESOLUÇÃO:

De acordo com as regras estabelecidas no enunciado, podemos ter os seguintes **pares**:

AT

CG

TA

GC

Note que são **4** pares ao todo. Além disso, **a ordem importa**, pois formaremos sequências de letras.

Bem, o nosso objetivo consiste em formar uma sequência com 3 pares:

Par1, Par2, Par3

Como para cada par temos 4 possibilidades, teremos um total de:

$$4 \times 4 \times 4 = 64 \text{ possibilidades}$$

Gabarito: E.

QUESTÃO 43 (ESAF – APO/MPOG/2010) Beatriz é fisioterapeuta e iniciou em sua clínica um programa de reabilitação para 10 pacientes. Para obter melhores resultados neste programa, Beatriz precisa distribuir esses 10 pacientes em três salas diferentes, de modo que na sala 1 fiquem 4 pacientes, na sala 2 fiquem 3 pacientes e na sala 3 fiquem, também, 3 pacientes. Assim, o número de diferentes maneiras que Beatriz pode distribuir seus pacientes, nas três diferentes salas, é igual a:

a) 2.440 b) 5.600 c) 4.200 d) 24.000 e) 42.000

RESOLUÇÃO:

A ideia da resolução é dispor a quantidade de pacientes que a questão determina nas 3 salas disponíveis. Para isso, teremos:

- Sala 1: escolher 4 pacientes em 10. Logo: ***C10,4***
- Sala 2: escolher 3 pacientes em 6 restantes. Logo: ***C6,3***
- Sala 3: escolher 3 pacientes em 3 restantes. Logo: ***C3,3***

Sala 1	Sala 2	Sala 3
C10,4	*C6,3*	*C3,3*

Aplicando o **PFC**, teremos:

$$C_{10,4}.C_{6,3}.C_{3,3} = \frac{10!}{4!3!3!} = 4.200$$

Gabarito: C.

QUESTÃO 44 (ESAF – AFC/STN/2005) Um grupo de dança folclórica formado por sete meninos e quatro meninas foi convidado a realizar apresentações de dança no exterior. Contudo, o grupo dispõe de recursos para custear as passagens de apenas seis dessas crianças. Sabendo-se que nas apresentações do programa de danças devem participar pelo menos duas meninas, o número de diferentes maneiras que as seis crianças podem ser escolhidas é igual a:

a) 286 b) 756 c) 468 d) 371 e) 752

RESOLUÇÃO:

Na formação de um grupo composto por 6 crianças, não terá importância a ordem entre os elementos, mas quem serão os escolhidos será muito relevante. Logo, estamos diante de um caso de **combinação.**

Bem, a questão determina que a comissão deve conter **PELO MENOS duas meninas**. Daí, teremos que considerar cada caso separadamente:

- ***1º caso – 2 meninas/4 meninos:***

Menina 1	Menina 2	Menino 1	Menino 2	Menino 3	Menino 4

$$C_{4,2}\ x\ C_{7,4} = 6\ x 35 = 210$$

- ***2º caso – 3 meninas/3 meninos:***

Menina 1	Menina 2	Menina 3	Menina 1	Menino 2	Menino 3

$$C_{4,3}\ x\ C_{7,3} = 4\ x 35 = 140$$

- ***3º caso – 4 meninas/2 meninos:***

Menina 1	Menina 2	Menina 3	Menina 4	Menino 1	Menino 2

$$C_{4,4}\ x C_{7,2} = 1 x 21 = 21$$

Aplicaremos o princípio ADITIVO, pois está clara a ideia do "ou", visto que é exigida a presença de **PELO MENOS** duas meninas. Assim, SOMANDO as possibilidades, temos:

210 + 140 + 21 = **371**

Gabarito: D.

QUESTÃO 45 (ESAF – Estatístico/MTur/2014) A retirada de amostras aleatórias simples pode ser realizada segundo dois critérios, a saber: com ou sem reposição. Considerando-se uma população de tamanho N = 10 e amostras de tamanho n = 3, o número de possíveis amostras aleatórias simples que podem ser retiradas dessa população, utilizando-se os critérios com e sem reposição são, respectivamente, iguais a:

a) 1000; 120 b) 1000; 20 c) 500; 120 d) 100; 20 e) 1200; 150

RESOLUÇÃO:

Vamos considerar separadamente os dois critérios de retirada de amostras aleatórias.

a) Com reposição:

Para cada retirada, temos 10 opções. Aplicando o **PFC**, temos:

$$10x10x10 = 1.000 \ \textbf{\textit{amostras}}$$

b) Sem reposição:

Nesse caso, devemos considerar que a ordem de escolha não é importante, mas é relevante saber quais elementos serão escolhidos.

Temos, então, uma situação de combinação de 10 elementos, tomados 3 a 3:

$$C_{10,3} = \frac{10!}{3!7!} = 120$$

Gabarito: A.

QUESTÃO 46 (ESAF – TA/ANEEL/2004) Quer-se formar um grupo de danças com 6 bailarinas, de modo que três delas tenham menos de 18 anos, que uma delas tenha exatamente 18 anos, e que as demais tenham idade superior a 18 anos. Apresentaram-se, para a seleção, doze candidatas, com idades de 11 a 22 anos, sendo a idade, em anos, de cada candidata, diferente das demais. O número de diferentes grupos de dança que podem ser selecionados a partir deste conjunto de candidatas é igual a

a) 85. b) 220. c) 210. d) 120. e) 150.

RESOLUÇÃO:

Na formação de um grupo de danças composto por 6 bailarinas não terá importância a ordem entre os elementos, mas quem serão as escolhidas será muito relevante. Logo, estamos diante de um caso de **combinação**.

Bem, a questão determina que o grupo deve conter **bailarinas com idades específicas.** Daí, teremos que considerar cada caso separadamente:

- **1º caso – 3 bailarinas com menos de 18 anos:**

$$C_{7,3} = \frac{7!}{(7-3)!3!} = \frac{5!}{4!3!} = \frac{7.6.5.4!}{3.2.4!} = 35$$

- **2º caso – 1 bailarina com 18 anos:**

Nesse caso, temos apenas ***1 possibilidade.***

- **3º caso – 4 bailarinas maiores de 18 anos:**

$$C_{4,2} = \frac{4!}{(4-2)!2!} = \frac{4!}{2!2!} = \frac{4.3.2!}{2.2!} = 6$$

Aplicaremos o princípio MULTIPLICATIVO, pois está clara a ideia do "E". Assim, MULTIPLICANDO as combinações, temos:

35 × 1 × 6 = **210**

Gabarito: C.

QUESTÃO 47 (ESAF – AIET/DNIT/2013) Os pintores Antônio e Batista farão uma exposição de seus quadros. Antônio vai expor 3 quadros distintos e Batista 2 quadros distintos. Os quadros serão expostos em uma mesma parede e em linha reta, sendo que os quadros de um mesmo pintor devem ficar juntos. Então, o número de possibilidades distintas de montar essa exposição é igual a:

a) 5 b) 12 c) 24 d) 6 e) 15

RESOLUÇÃO:

- **1º caso – os quadros de Antônio aparecem à esquerda; os de Batista, à direita:**

Com relação aos quadros de Antônio, são 3 diferentes, e, de um caso para o outro, nós apenas variamos a ordem entre eles. Logo, deveremos permutar os 3 elementos:

$$P_3 = 3! = 3\,x\,2\,x\,1 = 6$$

Assim, há **6 formas** de alocarmos os quadros de Antônio.

Com relação aos quadros de Batista, são 2 diferentes, e, de um caso para o outro, nós apenas variamos a ordem entre eles. Logo, deveremos permutar os 2 elementos:

$$P_2 = 2! = 2\,x\,1 = 2$$

Assim, há **2 formas** de alocarmos os quadros de Batista.

Multiplicando os resultados, temos que há 6 x 2 = **12 formas** de organizarmos os quadros, de modo que os de Antônio fiquem à **esquerda**.

- **2º caso – os quadros de Batista aparecem à esquerda; os de Antônio, à direita:**

O cálculo será análogo ao caso anterior. Daí, temos 12 formas para organizar os quadros.

Aplicando o princípio ADITIVO (implícita a ideia do "**OU**"), somamos tudo: 12 + 12 = **24 formas** de montar a exposição.

Gabarito: C.

QUESTÃO 48 (ESAF – Fiscal de Rendas/Pref RJ/2010) O departamento de vendas de imóveis de uma imobiliária tem 8 corretores, sendo 5 homens e 3 mulheres. Quantas equipes de vendas distintas podem ser formadas com 2 corretores, havendo em cada equipe pelo menos uma mulher?

a) 15 b) 45 c) 31 d) 18 e) 25

RESOLUÇÃO:

Para achar o total de equipes que contêm pelo menos uma mulher, acharemos o total de equipes possíveis e subtrairemos do total de equipes contendo só homens.

- Equipes totais possíveis: $C_{8,2} = \mathbf{28}$
- Equipes contendo só homens: $C_{5,2} = \mathbf{10}$

Dessa forma, temos:

$$28 - 10 = \mathbf{18}$$

Gabarito: D.

QUESTÃO 49 (ESAF – ATEng/Pref RJ/2010) O departamento técnico de uma construtora imobiliária tem 10 técnicos de nível superior sendo 7 engenheiros e 3 arquitetos. Quantas equipes técnicas distintas podem ser formadas por 2 desses técnicos com a participação de pelo menos um engenheiro em cada equipe?

a) 14 b) 35 c) 21 d) 28 e) 42

RESOLUÇÃO:

Para achar o total de equipes que contêm pelo menos um engenheiro, acharemos o total de equipes possíveis e subtrairemos do total de equipes contendo só arquitetos.

- Equipes totais possíveis: $C_{10,2} = \mathbf{45}$
- Equipes contendo só arquitetos: $C_{3,2} = \mathbf{3}$

Dessa forma, temos:

$45 - 3 = \mathbf{42}$

Gabarito: E.

QUESTÃO 50 (ESAF – AFRFB/2012) Na prateleira de uma estante, encontram-se 3 obras de 2 volumes e 2 obras de 2 volumes, dispondo-se, portanto, de um total de 10 volumes. Assim, o número de diferentes maneiras que os volumes podem ser organizados na prateleira, de modo que os volumes de uma mesma obra nunca fiquem separados, é igual a

a) 3.260. b) 3.840. c) 2.896. d) 1.986. e) 1.842.

RESOLUÇÃO:

Aqui iremos aplicar o que aprendemos sobre a técnica dos "saquinhos" (lembra?). Assim, devemos considerar os volumes de uma obra como se fossem uma coisa só.

Para saber de quantas maneiras as cinco obras podem ser dispostas, basta fazer:

$$P_5 = 5! = 120$$

Para saber de quantas maneiras os 2 volumes de cada obra podem ser dispostos no interior da obra, basta fazer:

$$P_2 = 2! = 2$$

Como são 5 obras de 2 volumes, teremos:

$$P_2 \text{ x } P_2 \text{ x } P_2 \text{ x } P_2 \text{ x } P_2 = 2^5 = 32$$

Aplicando o princípio MULTIPLICATIVO (ideia do "E"), temos:

$$120 \text{ x } 32 = 3840 \text{ maneiras}$$

Gabarito: B.

QUESTÃO 51 (ESAF – AFC/CGU/2001) Se o conjunto X tem 45 subconjuntos de 2 elementos, então o número de elementos de X é igual a:

a) 10 b) 20 c) 35 d) 45 e) 90

RESOLUÇÃO:

Seja **n** o número de elementos de X.

Nosso objetivo é encontrar justamente o valor de n. Para isso, precisamos calcular a combinação de n elementos, tomados 2 a 2. Já sabendo, inclusive, que o resultado deve ser 45. Daí:

$$C_{n,2} = \frac{n!}{(n-2)!2!} = \frac{n.(n-1).\cancel{(n-2)}!}{2.1\cancel{(n-2)}!} = 45$$

$$\boldsymbol{C_{n,2} = n(n-1) = 90}$$

Precisamos resolver a seguinte equação do segundo grau:

$$n(n-1) = 90$$

$$\boldsymbol{n^2 - n - 90 = 0}$$

UNIDADE 3 – MATEMÁTICA DE NÍVEL MÉDIO

Pela famosa fórmula de Bháskara, temos:

$$n = \frac{-(-1) \pm \sqrt{(-1)^2 - 4.(-1).(-90)}}{2} = \frac{1 \pm \sqrt{1+360}}{2} = \frac{1 \pm 19}{2} = 10 \; ou -9$$

Como precisamos de um valor positivo, temos que **n = 10.**

Gabarito: A.

QUESTÃO 52 (FCC/ALESE/Téc Leg/2018) Quatro parlamentares, sendo dois do partido X e dois do partido Y, inscreveram-se para discursar na tribuna em determinada sessão. A ordem dos discursos deverá ser definida de modo que as falas de dois parlamentares do mesmo partido não ocorram uma em seguida da outra. O número de maneiras diferentes de estabelecer a ordem dos discursos respeitando essa condição é igual a

(A) 2. (B) 4. (C) 8. (D) 12. (E) 16.

RESOLUÇÃO:

O enunciado estabelece a regra segundo a qual as falas de dois parlamentares do mesmo partido não ocorram uma em seguida da outra.

Então, vamos supor a ordem dos discursos começando com um parlamentar do partido X (2 possibilidades), depois um do partido Y (2 possibilidades), depois mais um do partido X (1 possibilidade) e mais um do partido Y (1 possibilidade). Pelo PFC, temos 2 x 2 x 1 x 1 = 4 formas de organizar as falas.

Adicionalmente, poderíamos iniciar a ordem dos discursos começando com um parlamentar do partido Y, em seguida X, depois Y e depois X novamente, de modo que teríamos mais 2 x 2 x 1 x 1 = 4 formas.

Portanto, totalizamos **8 maneiras** de organizar a ordem dos discursos.

Gabarito: C.

QUESTÃO 53 (COSEAC/ISS Maricá/Fiscal de Tributos/2018) O sistema de emplacamento de automóveis de certa cidade é composto de três letras seguidas de quatro algarismos. O número de placas que podem ser produzidas de modo que as três letras sejam vogais é:

(A) 1.000.000 (B) 1.250.000 (C) 1.500.000 (D) 2.000.000 (E) 3.750.000

RESOLUÇÃO:

Como o sistema adotado é composto de três letras seguidas de quatro algarismos, e considerando que não restrição quanto à repetição desses termos, são 5 possibilidades para escolher cada uma das vogais associadas a 10 possibilidades para escolher cada um dos algarismos.

Dessa forma, o PFC nos permite concluir que o total de placas que podem ser produzidas é 5 x 5 x 5 x 10 x 10 x 10 x 10 = **1.250.000.**

Gabarito: B.

QUESTÃO 54 (COSEAC/PREF MARICÁ/Agente Adm/2018) Em um grupo de 10 pessoas, cada uma deverá cumprimentar todas as demais com apenas um aperto de mãos. O número de apertos de mãos que serão dados será igual a:

(A) 45. (B) 50. (C) 60. (D) 75. (E) 90.

RESOLUÇÃO:

Em cumprimentos, a ordem não importa, logo usaremos **combinação.**

$$C(10,2) = (10\times9)/(2\times1) = 45 \text{ apertos de mão.}$$

Gabarito: A.

QUESTÃO 55 (IBFC/PM-PB/Soldado/2018) Um diretor deve escolher exatamente um professor e dois alunos para representar a escola num evento. Se na escola há 6 professores e 10 alunos, então o total de escolhas possíveis para esse diretor é:

a) 180 b) 270 c) 360 d) 540

RESOLUÇÃO:

Note que temos **6** escolhas possíveis para o professor que vai compor o grupo.

Já para escolher 2 de 10 alunos, devemos usar a **combinação**, pois a ordem de escolha dos alunos **não** importa. Temos $C(10,2) = (10\times9)/(2\times1) =$ **45** formas de escolher dois alunos.

Ao todo temos 6 x 45 = **270** formas de escolher um professor e dois alunos.

Observe que multiplicamos porque a escolha do professor e a escolha dos alunos eram INDEPENDENTES e CONSECUTIVAS (isto é, uma escolha não influencia a outra).

Gabarito: B.

10. QUESTÕES-DESAFIO

QUESTÃO 56 (CESPE/EBC/Nível Superior/2011) O estafe de uma nova instituição pública será composto por 15 servidores: o diretor-geral, seu secretário executivo e seus 2 subsecretários — 1 de assuntos administrativos e 1 de fomento —, 4 diretores — de administração e finanças, de infraestrutura, executivo e de pessoal — e, ainda, sete assessores ligados a esses cargos. Para a composição desse estafe, dispõe-se de 20 pessoas, todas igualmente qualificadas para assumir qualquer um dos cargos vagos. Entretanto, por motivos internos, apenas 5 delas podem assumir cargos de direção. As pessoas escolhidas para os cargos de assessoria desempenham funções similares.

Considerando a situação acima, julgue o item que se segue.

A quantidade de maneiras distintas de se escolhem as pessoas para preencher os 15 cargos de modo que as restrições internas sejam respeitadas é igual a 15!/7!.

RESOLUÇÃO:

Perceba que 5 dos 20 candidatos concorrem às vagas de diretores e os 15 restantes concorrem às vagas de secretário executivo, subsecretários e assessores. Logo:

- **Para os diretores:**

Temos 5 pessoas concorrendo a 5 cargos diferentes. Como **utilizaremos todos os elementos disponíveis** e a ordem importa, utilizaremos a **permutação:**

$$P^5 = 5!$$

- **Para os cargos de secretário executivo e subsecretários:**

Temos 15 pessoas concorrendo a 3 cargos diferentes. Como **não utilizaremos todos os elementos disponíveis** e a ordem importa, utilizaremos o **arranjo**:

$$A_{15,3} = \frac{15!}{(15-3)!} = \frac{15!}{12!}$$

- **Para os demais cargos de assessores:**

Como 3 pessoas já preencheram os cargos de secretário executivo e subsecretários, restam 12 para preencherem os cargos de assessores. Usaremos uma combinação de 12 elementos, tomados 7 a 7:

$$C_{12,7} = \frac{12!}{(12-7)!7!} = \frac{12!}{5!7!}$$

Assim, aplicando o princípio MULTIPLICATIVO (ideia do "**E**"), temos:

$$5!x\,\frac{15!}{12!}\,x\,\frac{12!}{5!7!} = \frac{15!}{7!}$$

Gabarito: Certo.

QUESTÃO 57 (CESPE – TJ/TRT 17ª Região/2009) Em 2007, no estado do Espírito Santo, 313 dos 1.472 bacharéis em direito que se inscreveram no primeiro exame do ano da Ordem dos Advogados do Brasil (OAB) conseguiram aprovação.

Internet: <www.jornaldamidia.com.br> (com adaptações).

Em 2008, 39 dos 44 bacharéis provenientes da Universidade Federal do Espírito Santo (UFES) que fizeram a primeira fase do exame da OAB foram aprovados.

Internet: <oglobo.globo.com.br> (com adaptações).

Com referência às informações contidas nos textos acima, julgue o item que se segue.

Com relação à primeira fase do exame da OAB de 2008, caso se deseje formar uma comissão composta por 6 bacharéis provenientes da UFES, sendo 4 escolhidos entre os aprovados e 2 entre os reprovados, haverá mais de 9×10^5 maneiras diferentes de se formar a referida comissão.

RESOLUÇÃO:

Na formação de uma comissão composta por 6 pessoas, não terá importância a ordem entre os elementos, mas quem serão os escolhidos será muito relevante. Logo, estamos diante de um caso de **combinação**.

- ***Escolha dos 4 aprovados:***

Temos a situação de 39 aprovados, tomados 4 a 4. Daí:

$$C_{39,4} = \frac{39!}{(39-4)!4!} = \frac{39!}{35!4!} = \frac{39.38.37.36.35!}{4.3.2.35!} = 13.19.37.9 = 9\ .9139$$

- ***Escolha dos 2 reprovados:***

Se 39 dos 44 bacharéis foram aprovados, então houve 44 – 39 = ***5 reprovados.***

A fim de escolher 2 desses 5, temos uma situação de combinação de 5 elementos, tomados 2 a 2. Daí:

$$C_{5,2} = \frac{5!}{(5-2)!2!} = \frac{5!}{3!2!} = \frac{5.4.3!}{2.3!} = 10$$

Por fim, aplicando o **PFC** a fim de encontrar o número total de maneiras de se formar a comissão, temos:

$$(9.9139).10 = 9\,x\,91.390$$

O enunciado afirmou que haveria mais de 9×10^5 (= 9 x 100.000) maneiras diferentes de se formar a referida comissão.

Ora, isso está **errado**! Pois, **9 x 91.390 < 9 x 100.000.**

Gabarito: Errado.

QUESTÃO 58 (ESAF – AFT/MTE/2010) O departamento de vendas de uma empresa possui 10 funcionários, sendo 4 homens e 6 mulheres. Quantas opções possíveis existem para se formar uma equipe de vendas de 3 funcionários, havendo na equipe pelo menos um homem e pelo menos uma mulher?

a) 192. b) 36. c) 96. d) 48. e) 60.

RESOLUÇÃO:

Para achar o total de equipes que contêm pelo menos um homem e pelo menos uma mulher, acharemos o total de equipes possíveis e subtrairemos do total de equipes contendo só homens e só mulheres.

- Equipes totais possíveis: $C_{10,3} = 120$
- Equipes contendo só homens: $C_{4,3} = 4$
- Equipes contendo só mulheres: $C_{6,3} = 20$

Dessa forma, temos:

$$120 - 4 - 20 = \mathbf{96}$$

Gabarito: C.

CAPÍTULO 28

PROBABILIDADE

1. INTRODUÇÃO

A **probabilidade** tem como finalidade o estudo da possibilidade ou **chance de acontecer** um determinado evento.

Na sua prova, será **muito fácil identificar uma questão de Probabilidade.** Haverá no enunciado sempre a pergunta:

Qual a probabilidade (ou chance) de ...?

Identificado o assunto da questão, o próximo passo consiste em saber **como resolvê-la**. Daí, analisando as questões das principais bancas examinadoras do país, percebemos que existem dois tipos: um explora o conhecimento da **Teoria das Probabilidades,** enquanto o outro exige do candidato a solução por meio da **Teoria da Análise Combinatória** (estudada no capítulo anterior).

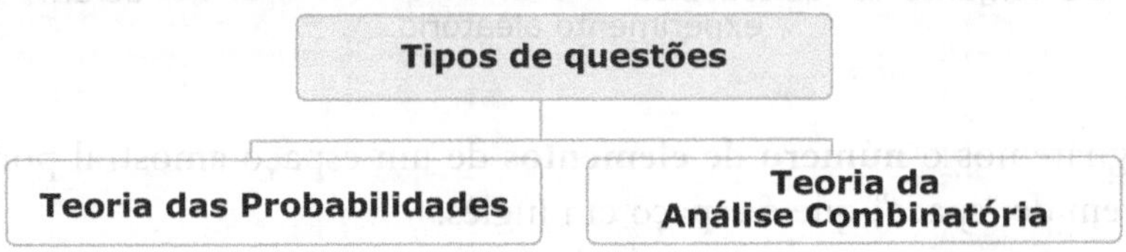

2. TEORIA DAS PROBABILIDADES

A **Teoria das Probabilidades** é o ramo da matemática que cria e desenvolve modelos matemáticos para estudar os experimentos aleatórios, fazendo uso de uma nomenclatura própria.

2.1. Conceitos Fundamentais

Há três **conceitos fundamentais** que temos que passar a conhecer imediatamente: **experimento aleatório, espaço amostral** e **evento.**

2.1.1. Experimento Aleatório

Experimento Aleatório

É aquele que, mesmo repetido diversas vezes sob condições idênticas, pode apresentar **RESULTADOS DIFERENTES**.

As variações de resultados, de experimento para experimento, são devidas a uma multiplicidade de causas que não podemos controlar, as quais denominamos **acaso**.

Alguns exemplos de experimento aleatório:

- Lançar uma moeda e observar a face de cima;
- Lançar um dado e observar o resultado;
- De uma urna contendo 3 bolas vermelhas e 2 bolas brancas, selecionar uma bola e observar sua cor.

2.1.2. Espaço Amostral

Espaço Amostral

É o conjunto "S" de todos os **RESULTADOS POSSÍVEIS** de um experimento aleatório.

Designaremos o **número de elementos** de um espaço amostral por **n(S)**. A letra "S" vem de "space", que é espaço em inglês.

Conseguir definir corretamente o espaço amostral de um experimento aleatório e conhecer o seu número de elementos constitui boa parte da resolução de muitas questões de probabilidade.

Considere os seguintes exemplos:

- Lançar uma moeda e observar a face de cima.
  - S = {cara, coroa}.
  - n(S) = 2.
- Lançar um dado e observar o resultado.
  - S = {1, 2, 3, 4, 5, 6}.
  - n(S) = 6.

- De uma urna contendo 3 bolas vermelhas e 2 bolas brancas, selecionar uma bola e observar sua cor.
  - o S = {V, B}.
  - o n(S) = 2.

TOME NOTA!

Dizemos que um espaço amostral é **equiprovável** quando seus elementos têm a **mesma chance de ocorrer**.

2.1.3. Evento

Evento

É qualquer subconjunto do espaço amostral. Ou seja, é o **resultado desejado (favorável).**

Designaremos um evento por uma **letra maiúscula**. Para cada evento **X**, chamamos de **n(X)** o **número de elementos** de cada evento.

Dessa forma, saber o **n(X)** é o segundo passo para a resolução de algumas questões de probabilidade que veremos, pois o enunciado trará a descrição de um **experimento aleatório** e de um **evento**. Em seguida, será feita aquela pergunta que mencionei no início do capítulo:

Qual a probabilidade de ocorrência de tal evento?

Veja o exemplo a seguir, que ajudará a esclarecer esses conceitos iniciais.

Considere o experimento aleatório de lançar um dado e observar a face para cima. Vamos identificar o número de elementos do evento que consiste em obter um resultado par no lançamento do dado.

Bem, já sabemos que o **experimento aleatório** é "lançar um dado e observar a face para cima".

O próximo passo é obter o **espaço amostral**, que é o conjunto "S" de todos os resultados possíveis. Logo:

- Espaço amostral: **S** = {1, 2, 3, 4, 5, 6}. Daí, **n(S)** = 6.

Agora vamos identificar o **evento**, que é um subconjunto do espaço amostral. No nosso caso, será obter um resultado par no lançamento do dado.

- Evento: **A** = {2, 4, 6}. Daí, **n(A)** = 3.

Portanto, o número de elementos do evento que consiste em obter um resultado par no lançamento do dado é ***3***.

Assim, diante do número de elementos de um evento **X**, teremos:

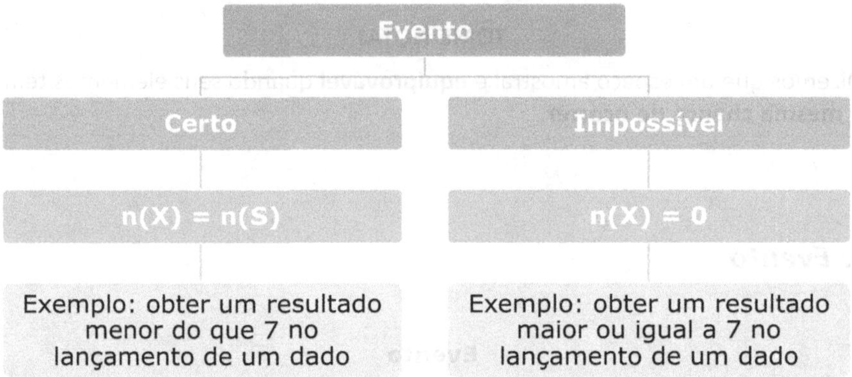

2.2. Cálculo da Probabilidade

A probabilidade de ocorrência de um evento **X**, num determinado experimento aleatório, considerando que cada elemento do espaço amostral desse experimento tem a **mesma chance de ocorrer**, será calculada por:

$$P(X) = \frac{n(X)}{n(S)} = \frac{\textbf{n° de resultados favoráveis}}{\textbf{n° de resultados possíveis}}$$

Este é, pois, o **conceito de probabilidade**! Observe que, sabendo o número total de resultados possíveis e o número de resultados favoráveis, o **cálculo da probabilidade é muito simples**. Logo, normalmente a dificuldade das questões está justamente no cálculo dessas duas parcelas.

Por exemplo, suponha que uma urna contém dez bolinhas, sendo quatro delas azuis e seis vermelhas. Ao retirar aleatoriamente uma dessas bolas da urna, qual a probabilidade que ela seja azul?

Qual é o **evento** em análise neste exemplo? Retirar uma bola azul da urna! Ora, a urna contém dez bolas. Daí, se quero retirar apenas uma delas, quantos serão os **resultados possíveis** para essa retirada? Dez, é claro! Então já temos o nosso denominador!

Passemos ao numerador, que são os **resultados favoráveis**. A pergunta é: favoráveis a quem? **Favoráveis à realização do evento**! Ora, se eu pretendo retirar uma bola azul da urna, então quantos serão os resultados que cumprirão essa exigência do evento (bola azul)? Quatro! (Só há quatro bolas azuis na urna).

De posse dos resultados favoráveis e possíveis para o evento em tela, o **cálculo da probabilidade** é a parte mais simples:

$$P = 4/10 = 0{,}40 = 40\%$$

Fica claro, meu amigo, que existe um padrão a ser seguido na resolução das questões de probabilidade:

- **1º passo** — Definir o número de elementos do espaço amostral **[n(S)]**, que é o número de **resultados possíveis**.
- **2º passo** — Definir o número de elementos do evento **[n(X)]**, que é o número de **resultados favoráveis**.
- **3º passo** — Efetuar o **cálculo da Probabilidade**: $P(X) = \frac{n(X)}{n(S)}$

Vamos aplicar esse método no seguinte exemplo: uma urna contém dez bolinhas numeradas de 1 a 10. Uma bolinha é escolhida ao acaso. Qual é a probabilidade de se observar um múltiplo de 2?

Seguindo os 3 passos mencionados, temos:

1º passo: Definir o espaço amostral: escolher uma bola de uma urna que contém 10 bolas.

S = {1, 2, 3, 4, 5, 6, 7, 8, 9, 10}. Daí, ***n(S) = 10***.

2º passo: Definir o evento: a bolinha retirada da urna deve ser ***um múltiplo de 2***.

Pergunto: no conjunto S, quais os números que são múltiplos de 2? Ora, são: {2, 4, 6, 8, 10}. Logo, há 5 resultados favoráveis. Ou seja: ***n(X) = 5***.

3º passo: Efetuar o cálculo da Probabilidade, que é dado pela razão entre resultados favoráveis e possíveis:

$$P(X) = \frac{n(X)}{n(S)} = \frac{5}{10} = 0{,}5 = 50\%$$

Agora digamos que de um baralho de 52 cartas, retira-se uma delas. Calcule a probabilidade de que a carta seja:

a) um rei;

b) um valete de paus;

c) uma carta de ouros;

d) uma carta que não seja de ouros.

Você gosta de jogar baralho? Bem, o Alex não gosta, mas o Alexandre gosta! No entanto, algumas questões exigem o conhecimento dos naipes do baralho. É bom ficar de olho!

Assim, saiba que um baralho contém 52 cartas, sendo 13 de cada um dos quatro naipes (ouros, espadas, copas e paus). Cada naipe contém as cartas 2 a 10, valete, dama, rei e ás. Os coringas não são usados em questões do assunto.

Como curiosidade, quando o Alexandre fez o vestibular dele para a UFRJ em 1989, uma questão exigiu que o candidato soubesse quantos jogadores formam um time de futebol de salão, o que fez com que muitos candidatos pedissem a anulação da questão, que não foi anulada. Não diríamos que hoje você precise decorar quantos jogadores formam cada time dos mais diferentes esportes coletivos, isso é bobagem, mas as cartas do baralho você tem que saber sim, ok? E do futebol de campo, que são 10 jogadores de linha e um goleiro, também recomendamos que saiba.

No baralho temos 52 cartas, logo, **n(S) = 52.**

a) Evento: ocorrer um rei.

X = {rei de ouros; rei de paus; rei de copas; rei de espadas}. Daí, ***n(X) = 4.***

$$P(X) = \frac{n(X)}{n(S)} = \frac{4}{52} = \frac{1}{13}$$

b) Evento: ocorrer um valete de paus.
X = {valete de paus}. Daí, ***n(X) = 1.***

$$P(X) = \frac{n(X)}{n(S)} = \frac{1}{52}$$

c) Evento: ocorrer uma carta de ouros.

Como há 4 naipes num baralho, então cada naipe tem 52/4 = 13 cartas. Daí, ***n(X) = 13.***

$$P(X) = \frac{n(X)}{n(S)} = \frac{13}{52} = \frac{1}{4} = 25\%$$

d) Evento: ocorrer uma carta que não seja de ouros.

Acabamos de ver que existem 13 cartas de ouros num baralho. Logo, temos 52 – 13 = 39 cartas que não são de ouros. Daí, ***n(X) = 39.***

$$P(X)=\frac{n(X)}{n(S)}=\frac{39}{52}=\frac{3}{4}=75\%$$

Veja como esse assunto já foi cobrado!

QUESTÃO 01 (IOPLAN - Pref Formosa do Sul–SC/Téc Enf/2021) Dentro de uma caixa foram colocadas 25 cartas, do mesmo tamanho, numeradas de 1 a 25. Uma criança sem olhar, retirou uma carta, a probabilidade dessa carta ser numerada com número ímpar, é:

A) 48% B) 52% C) 62% D) 80%

RESOLUÇÃO:

Sabemos que no intervalo compreendido entre 1 e 25 há 13 números ímpares.

Então, temos 13 casos favoráveis dentre 25 possíveis, de modo que a sua probabilidade é dada por:

$$\frac{13}{25}=0{,}52=52\%$$

Gabarito: B.

QUESTÃO 02 (CESPE – AFT/MTE/2013) Um auditor do trabalho deve analisar 20 processos: 5 a respeito de segurança no trabalho, 7 a respeito de FGTS e 8 a respeito de jornada de trabalho. Considerando que esses processos sejam colocados sobre a mesa de trabalho do auditor, de maneira aleatória, formando uma pilha, julgue o item que se segue.

Considere que uma pilha com os 20 processos seja formada de maneira aleatória. Nesse caso, a probabilidade de o processo que está na parte superior tratar de assunto relativo a FGTS será superior a 0,3.

RESOLUÇÃO:

A ideia da resolução da questão é imaginar que iremos sortear um processo, no qual o sorteado é exatamente aquele que ficou no topo da pilha. Nosso objetivo consiste em obter a probabilidade de que tal processo seja relativo ao FGTS.

Ora, temos 7 processos que tratam de FGTS. Logo, são **7 resultados favoráveis** em **20 possíveis.** Efetuando o **cálculo da probabilidade:**

$$P(X) = \frac{7}{20} = 0,35$$

Gabarito: certo.

QUESTÃO 03 (CESPE/ANTAQ/Especialista/2014) Uma pesquisa sobre o objeto de atividade de 600 empresas apresentou o seguinte resultado:

5/6 dessas empresas atuam no mercado de transporte fluvial de cargas;

1/3 dessas empresas atuam no mercado de transporte fluvial de passageiros;

50 dessas empresas não atuam com transporte fluvial, nem de cargas, nem de passageiros;

Com base nessa situação hipotética e sabendo-se que as 600 empresas pesquisadas se enquadram em, pelo menos, uma das 3 opções acima, julgue o item a seguir.

Selecionada, ao acaso, uma dessas empresas, a probabilidade de que ela não atue com transporte fluvial de cargas nem de passageiros é inferior a 10%.

RESOLUÇÃO:

Nosso objetivo consiste em obter a probabilidade de que uma empresa não atue com transporte fluvial de cargas nem de passageiros.

Ora, o enunciado afirmou que 50 dessas empresas não atuam com transporte fluvial, nem de cargas, nem de passageiros.

Além disso, sabemos que 600 empresas foram pesquisadas. Logo, são **50 resultados favoráveis** em **600 possíveis**. Efetuando o **cálculo da probabilidade**:

$$P(X) = \frac{50}{600} = 8,33\%$$

Veja que a probabilidade que encontramos é **inferior a 10%**.

Gabarito: Certo.

2.3. Axiomas da Probabilidade

Na matemática, um **axioma** é uma **hipótese inicial** de qual outros enunciados são logicamente derivados. Pode ser uma sentença, uma proposição, um enunciado ou uma regra que permite a construção de um sistema formal. Diferentemente de teoremas, axiomas não podem ser derivados por princípios de dedução e nem são demonstráveis por derivações formais.

Destacamos os seguintes axiomas:

1º) **A probabilidade tem valor máximo 100%.** Esse é o caso do **evento certo.**

Já sabemos que o contrário do evento certo é o **impossível**, cuja probabilidade de ocorrência é de 0%.

Com isso, chegamos a uma conclusão fundamental:

$$0 \le P(X) \le 1$$

Ou seja, entre um evento impossível e um evento certo, temos inúmeras possibilidades!

2º) **A soma das probabilidades de cada elemento do espaço amostral é igual a 1.**

Por exemplo, num lançamento de um lado, teremos:

$$P(1) + P(2) + P(3) + P(4) + P(5) + P(6) = \mathbf{1} = \mathbf{100\%}$$

2.4. Probabilidade da Intersecção de Eventos

Trabalharemos com esse tipo de probabilidade quando a questão solicitar a chance de **ocorrência conjunta** de dois ou mais eventos. Nesse caso, os eventos estarão **ligados pelo conectivo "e"**, de forma explícita ou implícita.

Já sabemos que o conectivo "e" está relacionado à **intersecção** entre conjuntos. Daí, a **fórmula da Probabilidade da Intersecção de Eventos** é:

$$P(A \text{ e } B) = P(A) \times P(B|A)$$

Podemos denotar P(A e B) também por $P(A \cap B)$, em que ∩ simboliza a intersecção entre os eventos A e B.

Em que **P(B|A)** é a **probabilidade de ocorrer o evento B sabendo que o evento A já ocorreu**. Enfim, chamamos de **Probabilidade de B dado A.** Também denominamos essa fórmula de Regra do E.

Veja como esse assunto já foi cobrado!

QUESTÃO 04 (CESPE/TRT-10/Tec Info/2013) Considerando que, dos 10 postos de combustíveis de determinada cidade, exatamente dois deles cometam a infração de vender gasolina adulterada, e que sejam escolhidos ao acaso alguns desses postos para serem fiscalizados, julgue o item seguinte.

Se dois postos forem escolhidos aleatoriamente, a probabilidade de esses dois postos serem os infratores será inferior a 2%.

RESOLUÇÃO:

Nosso objetivo consiste em obter a probabilidade de dois postos escolhidos aleatoriamente serem os **infratores**.

Sejam os eventos:

A: Ocorre quando o primeiro posto selecionado é infrator;

B: Ocorre quando o segundo posto selecionado é infrator.

A probabilidade de o primeiro posto ser infrator é dada por:

$$P(A) = \frac{2}{10}$$

Ora, se é dado que o primeiro posto é infrator, então sobra um único infrator (caso favorável), em 9 postos restantes. Daí, a **probabilidade de B, dado A**:

$$P(B|A) = \frac{1}{9}$$

Por fim, a **probabilidade da interseção** será:

$$P(A \cap B) = P(A) \ x \ P(B|A)$$

$$P(A \cap B) = \frac{2}{10} \ x \ \frac{1}{9} = \frac{2}{90} = \frac{1}{45} = 0,0222\ldots = 2,222\ldots\%$$

Veja que esse valor é **superior a 2%**.

Gabarito: Errado.

QUESTÃO 05 (FGV/SEFIN-RO/Auditor Fiscal/2018) Dois eventos A e B têm probabilidades iguais a 70% e 80%. Os valores mínimo e máximo da probabilidade da interseção de A e B são

A) 20% e 50% B) 20% e 70% C) 50% e 70% D) 0% e 70% E) 30% e 50%.

RESOLUÇÃO:

O **máximo** da intersecção ocorre quando **A é um subconjunto de B**. Nesse caso, a intersecção corresponde ao próprio conjunto A:

$$P(A \cap B) = P(A) = 70\%$$

Já o valor **mínimo** da probabilidade pode ser calculado pela **probabilidade da união**, que é, no máximo, igual a 100%. Logo:

$$P(A \cup B) = P(A) + P(B) - P(A \cap B)$$

$$100\% = 70\% + 80\% - P(A \cap B)$$

$$100\% = 150\% - P(A \cap B)$$

$$P(A \cap B) = 150\% - 100\% = 50\%$$

Gabarito: C.

2.5. Probabilidade de Eventos Independentes

Dois eventos, A e B, são considerados **independentes** quando **a ocorrência, ou não ocorrência, de um deles não afeta a probabilidade de ocorrência do outro**.

Por exemplo, ao efetuarmos dois lançamentos consecutivos de um dado, o evento de obter um resultado par em cada um deles é independente, pois o resultado do primeiro lançamento em nada influencia o resultado do segundo.

Quando temos experimentos independentes, a probabilidade é dada pela **multiplicação das probabilidades de cada experimento**:

P (A e B) = P(A ∩ B) = P(A) x P(B)

Portanto, podemos afirmar que:

Dois eventos, A e B, são **independentes** se, e somente se, ocorrer a igualdade:

P (A e B) = P(A) x P(B)

Cuidado para não decorar simplesmente que P (A e B) = P(A) x P(B), pois essa igualdade é válida quando os eventos A e B forem independentes, ok? Se eles não forem independentes, essa igualdade deixará de ser obrigatória.

Já no caso de **três eventos**, a independência assumirá o seguinte conceito:

Três eventos, A, B e C, são **independentes** se, e somente se, ocorrerem as seguintes igualdades:

P (A ∩ B ∩ C) = P(A) x P(B) x P(C)

P (A ∩ B) = P(A) x P(B)

P (A ∩ C) = P(A) x P(C)

P (B ∩ C) = P(B) x P(C)

Dessa forma, para considerarmos que três eventos são independentes, **é necessário que sejam verificadas as quatro igualdades**, sendo insuficiente que P (A ∩ B ∩ C) = P(A) x P(B) x P(C).

Veja como esse assunto já foi cobrado!

QUESTÃO 06 (ESAF – AFC/STN/2008) Dois eventos A e B são ditos eventos independentes se e somente se:

a) a probabilidade de ocorrência conjunta de A e B for nula.

b) a ocorrência de B alterar a probabilidade de ocorrência de A.

c) a ocorrência de A alterar a probabilidade de ocorrência de B.

d) a ocorrência de B não alterar a probabilidade de ocorrência de A.

e) a probabilidade de ocorrência conjunta de A e B for igual a 1.

RESOLUÇÃO:

Fácil, não é mesmo?! Aliás, é uma moleza!!! Acabamos de aprender que:

Dois eventos, A e B, são considerados **independentes** quando **a ocorrência, ou não ocorrência, de um deles não afeta a probabilidade de ocorrência do outro**.

Gabarito: D.

QUESTÃO 07 (CESPE – AJ/TRT-10/2013) No concurso de loterias denominado miniquina, o apostador pode marcar 5, 6 ou 7 dezenas em uma cartela que possui as dezenas de 01 a 15. Nesse concurso, o prêmio principal é dado ao apostador que marcar em sua cartela as cinco dezenas sorteadas aleatoriamente em uma urna.

Com relação ao concurso hipotético acima apresentado, julgue o item subsequente.

As dezenas que forem sorteadas em concursos anteriores terão mais chances de serem sorteadas novamente.

RESOLUÇÃO:

Bem, devemos considerar que cada concurso de loterias é **independente** dos demais, tratando-se, então, de sorteios honestos. Sendo esse o caso, todas as dezenas sempre terão chances iguais de serem sorteadas, independentemente do que tenha ocorrido em concursos anteriores.

Como curiosidade, perceba que aquelas relações de números que mais foram sorteados na megassena que vendem por aí são pura bobagem, só servem para ganharem dinheiro de pessoas que não sabem nada de probabilidade.

Gabarito: errado.

2.6. Probabilidade de Eventos Mutuamente Excludentes

Dois eventos, A e B, são **mutuamente excludentes** se eles não podem ocorrer simultaneamente. Ou seja, se um evento ocorre, então o outro certamente não ocorreu! Por exemplo, para o evento João estar vivo ano que vem, o evento excludente é justamente João estar morto (coitado!).

E podemos tirar as seguintes conclusões diante de dois eventos **mutuamente excludentes**, A e B:

EVENTOS MUTUAMENTE EXCLUDENTES

P(A|B) = 0	**Probabilidade de A ocorrer dado que B ocorreu é 0**
P(B|A) = 0	**Probabilidade de B ocorrer dado que A ocorreu é 0**
P(A e B) = 0	**Probabilidade de A e B ocorrerem simultaneamente é 0**
P(A) + P(B) = 1	**A soma das probabilidades de A e B será sempre igual a 100%**

Em termos gráficos, dois eventos (A e B) mutuamente excludentes são representados por **dois círculos sem intersecção.** Logo, $\mathbf{A \cap B = \emptyset}$.

Veja como esse assunto já foi cobrado!

QUESTÃO 08 (ESAF – ATPS/MPOG/2012) Se A e B são eventos mutuamente excludentes, então pode-se afirmar que:

a) A e B são eventos independentes

b) P(A ∩ B) = P(A) + P(B)

c) P(B/A) ≠ 0

d) P(A/B) ≠ 0

e) P(A ∩ B) = 0

RESOLUÇÃO:

Tranquilidade total, não é mesmo?! Questão dada!!! Acabamos de aprender que quando dois eventos, A e B, são **mutuamente excludentes**, a probabilidade de A e B ocorrerem simultaneamente é zero. Logo: **P(A ∩ B) = 0.**

Gabarito: E.

QUESTÃO 09 (ESAF – AFPS/INSS/2002) Considere um ensaio aleatório com espaço amostral {T,U,V,W}. Considere os eventos M={T}, N={U,V} e S={W}. Assinale a opção correta relativamente à probabilidade de

a) Não se pode determinar a probabilidade da interseção sem maiores informações.

b) É o produto das probabilidades de M, N e S, pois os eventos são estatisticamente independentes.

c) A probabilidade é um, pois pelo menos um dos três eventos deve ocorrer.

d) A probabilidade da interseção é 1/3 se os eventos elementares forem igualmente prováveis.

e) A probabilidade da interseção é nula, pois os eventos são mutuamente exclusivos.

RESOLUÇÃO:

A questão fala de um experimento (ensaio) aleatório, cujo espaço amostral é: **{T,U,V,W}**. Daí, menciona três eventos:

- M={T}
- N={U,V}

- S={W}

Ora, é fácil perceber que:

$$M \cap N \cap S = \emptyset$$

O que isso significa, meu colega?

Vou arriscar, mestres: os eventos M, N e S são mutuamente excludentes.

Perfeito! Daí, nesse caso, já sabemos que a Probabilidade de A e B ocorrerem simultaneamente é zero. Logo: **P(A ∩ B) = 0.**

Gabarito: E.

2.7. Probabilidade da União de Dois Eventos

Trabalharemos com esse tipo de probabilidade quando a questão trouxer uma pergunta referente a dois eventos **ligados entre si pelo conectivo "ou"** de forma explícita ou implícita.

Já sabemos que o conectivo "ou" está relacionado à **união** entre conjuntos. Daí, a fórmula da Probabilidade da União de Eventos é:

P(A ou B) = P(A) + P(B) – P(A e B)

Podemos denotar P(A ou B) também por $P(A\ U\ B)$. Em que U simboliza a união entre os eventos A e B.

Também chamamos essa fórmula de **Regra do OU.**

Perceba que no cálculo da união de dois eventos temos que retirar a parcela P(A e B) porque quando somamos todos os elementos de A com os de B, contamos duas vezes os elementos que estão na uinterseção de A e B, então temos que tirar uma contagem deles. Daí nasceu a necessidade do termo "– P(A e B)" na fórmula citada.

Note que a terceira parcela dessa fórmula [**P(A e B)**] trata da probabilidade de ocorrência **simultânea** dos eventos A e B.

BIZU!

OU ⟶ ∪ ⟶ somar

E ⟶ ∩ ⟶ multiplicar

Quando estudante, eu, Alexandre, decorei as palavras "Enterseção" e "OUnião", e assim nunca mais esqueci que o "e" lembra "i(e)nterseção" e o OU" lembra "u(ou)nião".

Se A e B forem **mutuamente excludentes**, a fórmula se reduz a:

P(A ou B) = P(A) + P(B)

Afinal, se A e B são excludentes, P(A ∩ B) = P(A e B) = 0.

Veja como esse assunto já foi cobrado!

QUESTÃO 10 (ESAF/CGU/2008) Quando Paulo vai ao futebol, a probabilidade de ele encontrar Ricardo é 0,4; a probabilidade de ele encontrar Fernando é igual a 0,10; a probabilidade de ele encontrar ambos, Ricardo e Fernando, é igual a 0,05. Assim, a probabilidade de Paulo encontrar Ricardo ou Fernando é igual a:

a) 0,04 b) 0,40 c) 0,50 d) 0,45 e) 0,95

RESOLUÇÃO:

Inicialmente, vamos definir os eventos mencionados na questão:

A: ocorre quando, escolhendo-se ao acaso um dia em que Paulo vai ao futebol, ele encontra Ricardo.

B: o evento equivalente, mas quando Paulo encontra Fernando.

O nosso objetivo é definir a **probabilidade de Paulo encontrar Ricardo ou Fernando**. Ah! Sem dúdiva estamos diante da **regra do OU**. Daí, o enunciado forneceu as probabilidades da realização de cada evento:

- P(A) = 0,4
- P(B) = 0,1
- P(A ∩ B) = 0,05

Bem, já sabemos que:

P(A ou B) = P(A) + P(B) – P(A e B)

Só nos resta saber o valor de P(A ou B). Aplicando a fórmula, temos:

P(A ou B) = P(A) + P(B) – P(A e B)
P(A ou B) = 0,4 + 0,1 – 0,05 = ***0,45***

Gabarito: D.

2.8. Probabilidade do Evento Complementar

Dizemos que dois eventos são **complementares** quando, simultaneamente, temos que:

- A união dos dois eventos resulta no **espaço amostral**;
- Os dois eventos são **mutuamente excludentes** (eles não têm elementos em comum; ou seja, a intersecção entre ambos é vazia).

Por exemplo, considere o resultado do lançamento de um dado. Seja 'A' o evento "ocorrer número par". Seja 'B' o evento "ocorrer número ímpar". Os eventos 'A' e 'B', unidos, englobam todas as possibilidades. Não tem como lançar um dado e sair um resultado que não seja um número par ou ímpar. Além disso, não há intersecção entre os dois eventos. Não tem nenhum resultado de um dado que seja, ao mesmo tempo, par e ímpar.

Logo, podemos afirmar que os eventos A e B são **complementares.**

Geralmente o evento complementar é indicado por uma **barra em cima da letra**.

Agora vem o que interessa para gente. Sejam *A* e Ā dois **eventos complementares.** Vamos calcular a probabilidade da união desses dois eventos. Usando a fórmula da probabilidade da união, temos:

$$P(A \text{ ou } \bar{A}) = P(A) + P(\bar{A}) - P(A \text{ e } \bar{A})$$

Acabamos de ver que a **intersecção** entre eventos complementares é **vazia.** Sua **probabilidade é nula.** Logo:

$$P(A \text{ ou } \bar{A}) = P(A) + P(\bar{A}) - 0$$

$$P(A \text{ ou } \bar{A}) = P(A) + P(\bar{A})$$

E nós vimos também que a **união** entre eventos complementares é justamente o espaço amostral. A **probabilidade de ocorrer o espaço amostral é sempre igual a 1.** Logo:

$$1 = P(A) + P(\bar{A})$$

E é esse resultado que buscávamos! Portanto, a **probabilidade de eventos complementares** é dada pela seguinte fórmula:

$$1 = P(A) + P(\bar{A})$$

Ou:

$$P(\bar{A}) = 1 - P(A)$$

Em termos gráficos, dois eventos complementares podem ser representados do seguinte modo:

UNIDADE 3 – MATEMÁTICA DE NÍVEL MÉDIO

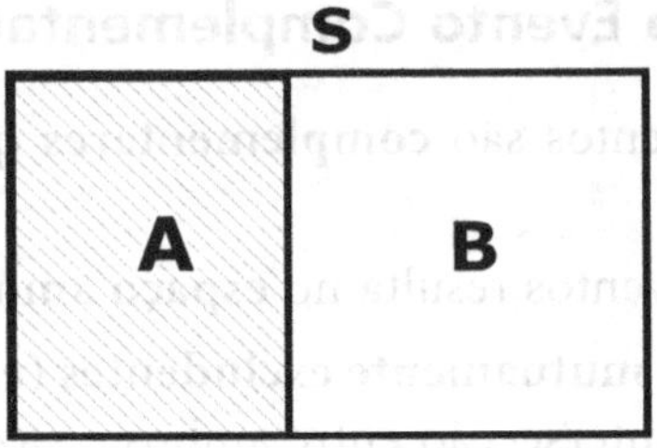

O conjunto do evento **A** é representado pelo retângulo rachurado e a região fora dele corresponde ao conjunto do evento **B**. Veja que **A ∩ B = ∅** e **A U B = S** (espaço amostral).

Veja outros exemplos de eventos complementares:

- P(réu inocente) + P(réu culpado) = 1;
- P(mínimo de três meninos) + P(máximo de dois meninos) = 1;
- P(nascer pelo menos uma menina) + P(nascer nenhuma menina) = 1.

TOME NOTA!

Quando calculamos a **probabilidade do complementar** de um evento E, estamos calculando a **probabilidade de não ocorrer o evento E**.

ATENÇÃO!

Sempre que aparecer a expressão "**pelo menos um**", é mais fácil calcularmos a **probabilidade do evento complementar**. Ou seja, vamos pensar justamente no evento que é o contrário ao solicitado no enunciado.

Imagine uma questão solicitando a probabilidade de ocorrer **pelo menos uma cara** no lançamento de três moedas viciadas:

P(pelo menos uma cara) = ?

Bem, certamente será mais fácil calcularmos a probabilidade do evento complementar! E qual será o evento complementar nesse caso?

Ora, será a ocorrência de **nenhuma cara**: P(nenhuma cara). E só haverá um resultado favorável:

{coroa, coroa, coroa}.

Após o cálculo dessa probabilidade, basta inserir o resultado na relação existente entre eventos complementares a fim de encontrarmos a probabilidade de ocorrer o evento desejado pela questão:

P(pelo menos uma cara) = 1 – P(nenhuma cara)

Veja como esse assunto já foi cobrado!

QUESTÃO 11 (ESAF/MPU/Téc/2004) Quando Lígia pára em um posto de gasolina, a probabilidade de ela pedir para verificar o nível de óleo é 0,28; a probabilidade de ela pedir para verificar a pressão dos pneus é 0,11 e a probabilidade de ela pedir para verificar ambos, óleo e pneus, é 0,04. Portanto, a probabilidade de Lígia parar em um posto de gasolina e não pedir nem para verificar o nível de óleo e nem para verificar a pressão dos pneus é igual a

a) 0,25 b) 0,35 c) 0,45 d) 0,15 e) 0,65.

RESOLUÇÃO:

Vamos calcular a probabilidade de Lígia verificar pelo menos um dos dois (óleo/pneu). Dizendo de outra forma: vamos calcular a **probabilidade de Lígia verificar o óleo ou o pneu**.

Lígia vai ao posto de gasolina em diversos dias. Selecionando-se ao acaso um desses dias, ocorre o evento **A** quando, no dia escolhido, ela verifica o óleo. Ocorre o evento **B** quando, no dia sorteado, ela verifica o pneu.

O enunciado forneceu os seguintes dados:

- P(A) = 0,28
- P(B) = 0,11
- P(A e B) = 0,04

Substituindo na fórmula da **regra do OU**, temos:

$$P(A \text{ ou } B) = P(A) + P(B) - P(A \text{ e } B)$$

$$P(A \text{ ou } B) = 0{,}28 + 0{,}11 - 0{,}04 = \mathbf{0{,}35}$$

Logo, a probabilidade de Lígia verificar **pelo menos um** dos dois (óleo ou pneu) é de **35%**.

Agora entra o **evento complementar**! Qual será? Lígia **não verificar nenhum dos dois**. Assim, concluímos que a probabilidade desse evento é:

$$\boldsymbol{P(\text{pelo menos um dos dois}) = 1 - P(\text{nenhuma dos dois})}$$

$$P(\text{pelo menos um dos dois}) = 1 - 0{,}35 = \mathbf{0{,}65}$$

Gabarito: E.

2.9. Probabilidade Condicional

Suponha que iremos lançar um dado e estamos analisando 2 eventos distintos:

A: ocorrer um resultado par;

B: ocorrer um resultado inferior a 4.

Para o evento **A** ser atendido, os resultados favoráveis são 2, 4 e 6. Para o evento **B** ser atendido, os resultados favoráveis são 1, 2 e 3. Vamos calcular rapidamente a probabilidade de cada um desses eventos:

$$P(A)=\frac{3}{6}=50\%$$

$$P(B)=\frac{3}{6}=50\%$$

Daí, pergunta-se: no lançamento de um dado, qual é a probabilidade de obter um resultado par, dado que foi obtido um resultado inferior a 4?

Em outras palavras, essa pergunta é: qual a probabilidade do evento A, dado que o evento B ocorreu? Matematicamente, podemos escrever **P(A|B)** (leia "probabilidade de A, dado B").

Já sabemos antecipadamente que B ocorreu, visto que foi obtido um resultado inferior a 4. Portanto, o resultado do lançamento do dado foi 1, 2 ou 3 (três resultados possíveis). Desses resultados, apenas um deles (o resultado 2) atende o evento A.

Logo, a probabilidade de A ocorrer, dado que B ocorreu, é simplesmente:

$$P(A/B)=\frac{1}{3}=33{,}3\%$$

E se uma questão perguntasse qual a probabilidade de obter um resultado inferior a 4, dado que o resultado do lançamento foi um número par? Ou seja, qual a probabilidade de B ocorrer, dado que A ocorreu?

Perceba que, se A ocorreu, o resultado foi 2, 4 ou 6. Desses, apenas o resultado 2 atende o evento B (é inferior a 4). Assim:

$$P(B/A)=\frac{1}{3}=33{,}3\%$$

Coincidentemente, obtivemos o mesmo resultado para P(A|B) e P(B|A), mas não é sempre que isso ocorrerá.

Daí, meus amigos, a **probabilidade de um evento ocorrer, dado que outro ocorreu**, é chamada de **probabilidade condicional**.

Uma outra maneira de calculá-la é por meio da seguinte fórmula:

$$P(A|B)=\frac{P(A\cap B)}{P(B)}$$

Essa relação nos diz que a **probabilidade de A ocorrer dado que B ocorreu,** é a **divisão entre a probabilidade de A e B ocorrerem simultaneamente e a probabilidade de B ocorrer**.

Voltando ao nosso exemplo, para que A e B ocorram simultaneamente (resultado par e inferior a 4), a única possibilidade é o resultado igual a 2. Isto é, apenas 1 dos 6 resultados nos atende. Assim:

$$P(A \cap B) = 1/6.$$

Para que B ocorra (resultado inferior a 4), já vimos que 3 resultados atendem. Daí:

$$P(B) = \frac{3}{6}$$

Portanto, usando a fórmula da **probabilidade condicional**, temos:

$$\boldsymbol{P(A|B)} = \frac{P(A \cap B)}{P(B)} = \frac{\frac{1}{6}}{\frac{3}{6}} = \frac{1}{3} = 33{,}3\%$$

No caso de dois eventos (A e B) **independentes**, a **probabilidade de o evento B ocorrer dado que A ocorreu, simbolizada por P(B|A), será sempre igual a P(B)**, pois B não depende de A (e vice-versa). Logo, Se A e B são eventos independentes, temos:

$$P(A|B) = P(A)$$

$$P(B|A) = P(B)$$

Veja como esse assunto já foi cobrado!

QUESTÃO 12 (ESAF/SERPRO/2001) Há apenas dois modos, mutuamente excludentes, de Genésio ir para Genebra participar de um congresso: ou de navio ou de avião. A probabilidade de Genésio ir de navio é de 40% e de ir de avião é de 60%. Se ele for de navio, a probabilidade de chegar ao congresso com dois dias de atraso é de 8,5%. Se ele for de avião a probabilidade de chegar ao congresso com dois dias de atraso é de 1%. Sabe-se que Genésio chegou com dois dias de atraso para participar do congresso em Genebra. A probabilidade de ele ter ido de avião é:

a) 5% b) 8% c) 10% d) 15% e) 18%

RESOLUÇÃO:

Vamos analisar a primeira frase do enunciado:

Há apenas **dois modos** de Genésio ir a Genebra participar de um congresso: ou de **navio** ou de **avião.**

Além disso, esses dois modos de ele viajar são **mutuamente excludentes**! Ora, então são duas situações excludentes!

Em seguida, percebemos que essa questão é bem propícia para que façamos uso da técnica da **árvore de probabilidades**, diante das **situações excludentes** que nos são apresentadas.

Foram mencionadas quais são as probabilidades de o Genésio viajar de navio e de avião. Daí, já podemos iniciar o desenho da árvore de probabilidades! Teremos:

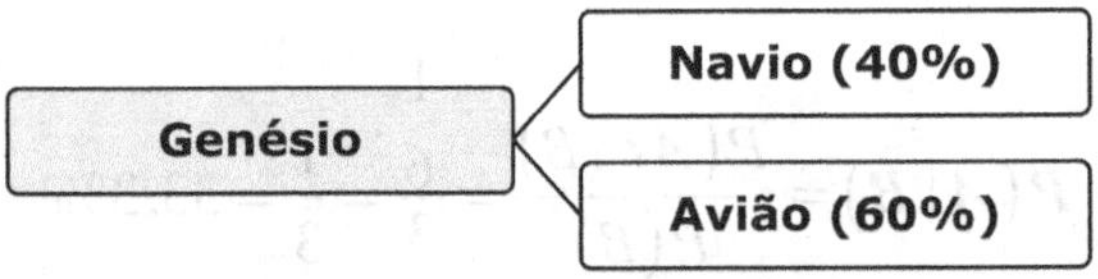

Perceba que, na hora que o enunciado falou que viajar de navio e viajar de avião são situações excludentes, e acrescentou que a probabilidade de o Genésio ir de navio é de 40%, então não seria necessário ter informado que a probabilidade de ele ter ido de avião é de 60%. Já seria nossa obrigação saber disso, uma vez que a **soma das probabilidades de situações excludentes é sempre 100%.** Não é verdade?

No entanto, surgem, na sequência da leitura, mais duas outras situações. Quer tenha o Genésio viajado de navio, quer tenha viajado de avião, ele poderá chegar com atraso ao congresso.

E se pode chegar com atraso, nós já somos capazes de deduzir que, contrariamente, ele pode também chegar *em tempo*, ou seja, sem atraso.

É evidente que se Genésio chegar em tempo é porque não atrasou; e se atrasar, é porque não conseguiu chegar em tempo. Ou seja, essas duas situações – chegar atrasado e chegar em tempo – são **situações excludentes**!

Daí, o enunciado menciona as probabilidades de Genésio chegar atrasado nos dois casos (tendo ido de navio e tendo ido de avião), de modo que já teremos como completar a nossa árvore de probabilidades, da seguinte forma:

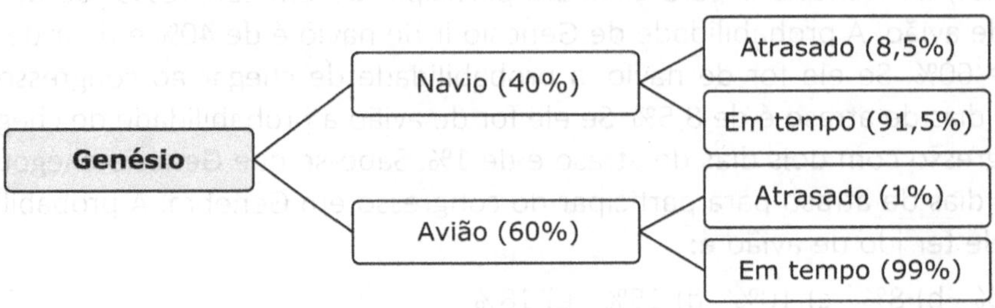

Um novo conceito será necessário a partir desse momento. Estamos falando do **caminho de probabilidades.**

Eita, professor. Hoje eu conheci a árvore de probabilidades; agora tem um "caminho" também?

É isso mesmo! Trata-se de um **caminho em que há mais de um evento, de forma que um sucede o outro.**

Olhando para o desenho apresentado, percebemos que temos quatro caminhos de probabilidade:

1º) viajar de navio E chegar atrasado;

2º) viajar de navio E chegar em tempo;

3º) viajar de avião E chegar atrasado;

4º) viajar de avião E chegar em tempo.

Você precisa ter em mente que, diante de um **caminho de probabilidades**, as *probabilidades individuais* não são interessantes para nós! Só nos vão interessar as *probabilidades resultantes* de cada caminho!

E mais importante: para chegar a essas *probabilidades resultantes*, teremos que **multiplicar** as *probabilidades individuais* de cada caminho! Mas vamos prosseguir com a resolução de nossa questão.

Perceba que o enunciado, após fornecer todos os elementos necessários e suficientes para que nós desenhássemos a **árvore de probabilidades**, trouxe mais uma informação.

Essa **informação adicional**, que muito pode nos parecer inservível, será **essencial** para nossa resolução. O que temos que saber é que essa informação adicional **não virá nos falando de uma probabilidade**! Ela tratará de um **FATO**!

Vou copiar a seguir o nosso enunciado, destacando a **informação adicional** que foi fornecida, OK? Aí segue o enunciado:

"Há apenas dois modos, mutuamente excludentes, de Genésio ir para Genebra participar de um congresso: ou de navio ou de avião. A probabilidade de Genésio ir de navio é de 40% e de ir de avião é de 60%. Se ele for de navio, a probabilidade de chegar ao congresso com dois dias de atraso é de 8,5%. Se ele for de avião a probabilidade de chegar ao congresso com dois dias de atraso é de 1%. Sabe-se que **Genésio chegou com dois dias de atraso para participar do congresso em Genebra**. A probabilidade de ele ter ido de avião é:"

E aí? Percebeu a frase suspeita? Uma frase que veio sozinha e que não falou "nadica" de probabilidade, mas só nos informou um **fato dado**?

É lógico que percebi! Vocês facilitaram, professores: está sublinhada!

É isso mesmo!!! Aqui teremos novidades: quando a questão fornecer todos os elementos necessários para desenharmos a árvore de probabilidades e para construirmos os caminhos de probabilidades, mas não se contentar apenas com isso, de modo que nos revelar ainda um **FATO**, estaremos diante de uma questão da nossa já conhecida **probabilidade condicional**.

Retornemos novamente ao nosso enunciado, para ver se entendemos o que está sendo solicitado por esta questão.

Na terceira e última parte do enunciado temos uma pergunta! Vejamos:

"Há apenas dois modos, mutuamente excludentes, de Genésio ir para Genebra participar de um congresso: ou de navio ou de avião. A probabilidade de Genésio ir de navio é de 40% e de ir de avião é de 60%. Se ele for de navio, a probabilidade de chegar ao congresso com dois dias de atraso é de 8,5%. Se ele for de avião a probabilidade de chegar ao congresso com dois dias de atraso é de 1%. Sabe-se que Genésio chegou com dois dias de atraso para participar do congresso em Genebra. **A probabilidade de ele ter ido de avião é:"**

Sabendo que esta é a pergunta da questão, só nos falta verificar uma coisa: foi fornecido pelo enunciado aquela informação adicional? Aquele **FATO DADO**? **Sim**!

E qual foi mesmo esse fato dado? Foi que Genésio chegou atrasado!

Daí, o que a questão está mesmo querendo saber é o seguinte:

"Qual a probabilidade de Genésio ter *ido de avião*, dado que *chegou atrasado*?"

Essa é a pergunta da **probabilidade condicional.** Por que condicional? Porque está submetida a uma **condição**.

Qual condição, my teacher?

A de que exista um **FATO** que nós estamos certos que ocorreu!

Adequando a pergunta para o **modelo** da probabilidade condicional, temos:

"Qual a probabilidade de ocorrência de um evento "A", dado que sabemos que ocorreu um evento "B"?

Perceba que o que virá após o **dado** será sempre o **FATO** fornecido pelo enunciado. Daí, para respondê-la, teremos que aplicar a fórmula:

$$P(A|B) = \frac{P(A \cap B)}{P(B)}$$

No caso da nossa questão, a fórmula será:

P(avião dado atrasado) = P(avião E atrasado) / P(atrasado)

Vejamos que o numerador dessa fórmula **P(avião E atrasado)** trata justamente do terceiro **caminho de probabilidade:**

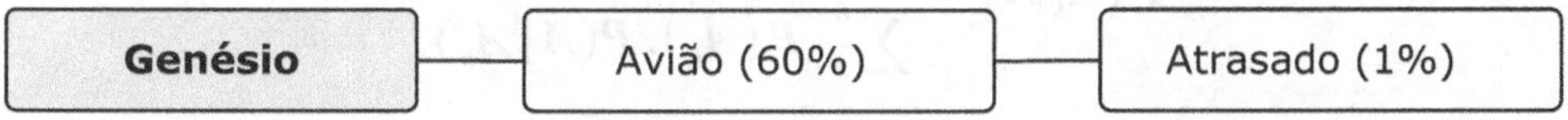

Multiplicando-se as *probabilidades individuais* desse caminho, teremos:

(0,60) x (0,01)= ***0,006 = 0,6%***

Na linguagem da probabilidade, diremos:

P(avião E atrasado)=0,006

Por sua vez, o denominador da fórmula, **P(atraso)**, corresponde a dois caminhos (1º e 3º), os quais nos conduzem ao resultado "chegar atrasado". E são justamente os seguintes:

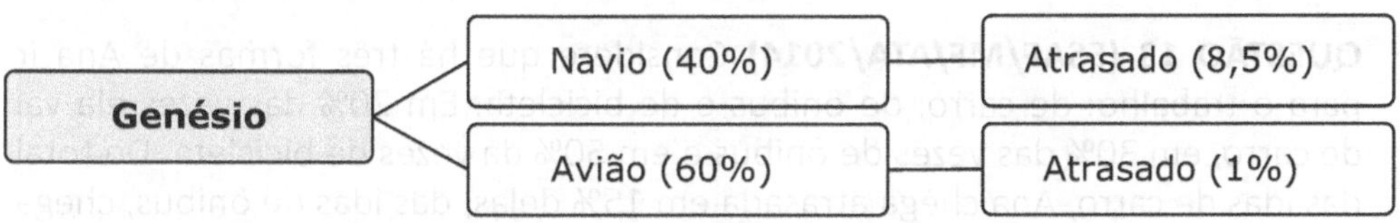

Ora, como são dois os caminhos que nos conduzem ao resultado procurado, teremos que **somar** essas duas *probabilidades resultantes* de ambos.

Já sabemos que a probabilidade do 3º caminho é **P(avião E atrasado)=0,006**.

Daí, só resta calcular a probabilidade do 1º caminho. Daí, **multiplicando-se** as *probabilidades individuais* desse caminho, teremos:

(0,40) x (0,085)= ***0,034 = 3,4%***

Na linguagem da probabilidade, diremos: **P(navio E atrasado)=0,034**. Teremos, pois, que:

3,4% + 0,6% = ***0,04 = 4%***

Na linguagem da probabilidade, diremos: **P(atrasado)=0,04.**

Pronto! Dispondo de todos os elementos da fórmula da **probabilidade condicional**, chegaremos ao seguinte:

P(avião dado atraso) = P(avião E atraso) / P(atraso)

P(avião dado atraso) = 0,006 / 0,04 = ***0,15 = 15%***

Gabarito: D.

2.10. Teorema de Bayes

O **Teorema de Bayes** nos diz que:

$$P(A_k|A) = \frac{P(A_k).(P(A|A_k)}{\sum_{k=1}^{n} P(A_k).P(A|A_k)}$$

Vixi, professores! Isso é para comer ou passar no cabelo???
Expliquem melhor, por favor!

Calma, colega. Tudo ficará mais claro por meio de algumas questões que resolveremos. Garantimos que você ainda terá o "Bayes" como um parceiro! (rs)

Veja como esse assunto já foi cobrado!

QUESTÃO 13 (ESAF/MF/ATA/2014) Considere que há três formas de Ana ir para o trabalho: de carro, de ônibus e de bicicleta. Em 20% das vezes ela vai de carro, em 30% das vezes de ônibus e em 50% da vezes de bicicleta. Do total das idas de carro, Ana chega atrasada em 15% delas, das idas de ônibus, chega atrasada em 10% delas e, quando vai de bicicleta, chega atrasada em 8% delas.

Sabendo-se que um determinado dia Ana chegou atrasada ao trabalho, a probabilidade de ter ido de carro é igual a:

a) 20% b) 40% c) 60% d) 50% e) 30%

RESOLUÇÃO:

Se você, ao ler o enunciado dessa questão, pensou em fazer a **Árvore de Probabilidades**, então parabéns, essa é a ideia correta!

Sejam os eventos:

A: Ana chega atrasada ao trabalho;

$\bar{A}$: Ana chega ao trabalho em tempo (é o evento complementar de A);

A_1: Ana vai ao trabalho de carro;

A_2: Ana vai ao trabalho de ônibus;

A_3: Ana vai ao trabalho de bicicleta.

São fornecidos os seguintes dados:

- $P(A_1) = 0,2$

- $P(A_2) = 0,3$
- $P(A_3) = 0,5$
- $P(A|A_1) = 0,15$
- $P(A|A_2) = 0,1$
- $P(A|A_3) = 0,08$

Pronto! Já temos condições de desenhar a nossa árvore de probabilidades:

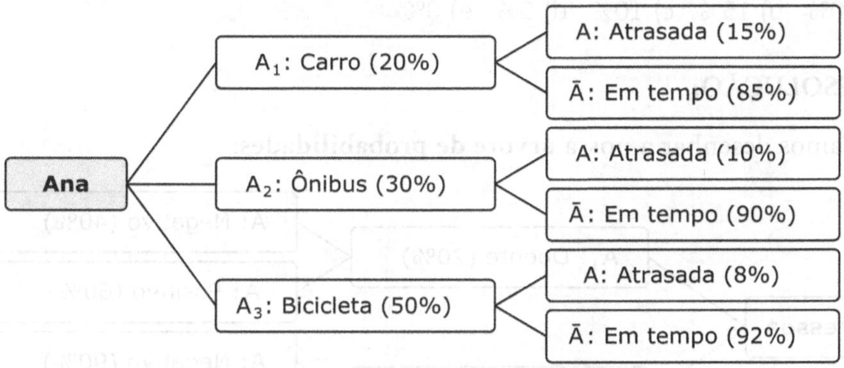

O nosso objetivo consiste em obter a probabilidade de Ana ter ido ao trabalho de **carro**, dado que chegou **atrasada ($P(A_1|A)$**.

Perceba que agora temos um caso diferente. Até então, utilizávamos a técnica do caminho de probabilidades a fim de encontrar a chance da realização de um evento na segunda parte do "galho" dada a certeza de ocorrência de um evento na primeira parte do "galho". No entanto, agora queremos justamente o contrário. Ou seja:

Teorema de Bayes

Queremos calcular a probabilidade de um evento da primeira parte do "galho" dada a certeza de ocorrência de um evento da segunda parte do "galho".

Aplicando, então, a fórmula do **Teorema de Bayes**, teremos:

$$P(A_1|A) = \frac{P(A_1) \cdot P(A|A_1)}{P(A_1) \cdot P(A|A_1) + P(A_2) \cdot P(A|A_2) + P(A_3) \cdot P(A|A_3)}$$

$$P(A_1|A) = \frac{0,20 \cdot 0,15}{0,20 \cdot 0,15 + 0,30 \cdot 0,10 + 0,50 \cdot 0,08}$$

$$P(A_1|A) = 0,30 = 30\%$$

Gabarito: E.

QUESTÃO 14 (ESAF – Estatístico/MIN/2012) O diagnóstico para uma grave doença que atinge 20% da população adulta em determinada região é feito por um invasivo exame que produz resultado positivo ou negativo. Pesquisas mostraram que esse exame produz um resultado falso positivo em 10% dos casos e produz um resultado falso negativo em 40% dos casos. Se uma pessoa adulta desta região fizer o exame e o resultado for negativo, indique qual a probabilidade de essa pessoa ter a doença.

a) 20% b) 15% c) 10% d) 5% e) 0%

RESOLUÇÃO:

Vamos desenhar a nossa **árvore de probabilidades**:

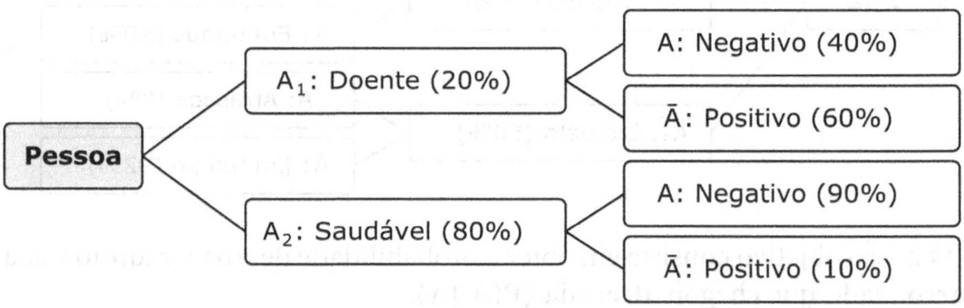

O nosso objetivo consiste em obter a probabilidade de uma pessoa adulta desta região fazer o exame, o resultado ser negativo e ter a doença **(P(A1|A))**.

Note que pedimos uma probabilidade de um evento da primeira parte do "galho", dada a probabilidade de um evento da segunda parte do galho. Aplicando, então, a fórmula do **Teorema de Bayes**, teremos:

$$P(A_1|A) = \frac{P(A_1) \cdot P(A|A_1)}{P(A_1) \cdot P(A|A_1) + P(A_2) \cdot P(A|A_2)}$$

$$P(A_1|A) = \frac{\overbrace{P(A_1)}^{0,20} \cdot \overbrace{P(A|A_1)}^{0,40}}{\underbrace{P(A_1)}_{0,20} \cdot \underbrace{P(A|A_1)}_{0,40} + \underbrace{P(A_2)}_{0,8} \cdot \underbrace{P(A|A_2)}_{0,9}}$$

$$P(A_1|A) = 0,10 = 10\%$$

Gabarito: C.

2.11. Teorema da Probabilidade Total

O **Teorema da Probabilidade Total** nos diz que:

$$P(A)=\sum_{k=1}^{n} P(A\,|\,A_k).\,P(A_k)$$

Você verá que as questões envolvendo o Teorema da Probabilidade Total são bem parecidos com os que tratam do Teorema de Bayes. O que vai mudar é o pedido feito no enunciado.

De fato, acabamos de estudar que usamos o Teorema de Bayes quando queremos calcular uma probabilidade de um evento da primeira parte do "galho" dada a certeza de ocorrência de um evento da segunda parte do "galho".

Por sua vez, por meio do Teorema da Probabilidade Total, seremos capazes de calcular a probabilidade do evento da segunda parte do "galho", ou seja, calcular P(A) a partir de P(A|A1), P(A|A2).

Teorema da Probabilidade Total

Queremos calcular a probabilidade de um evento da segunda parte do "galho" dada a certeza de ocorrência de um evento da primeira parte do "galho".

Para não restar nenhuma dúvida, a dica é:

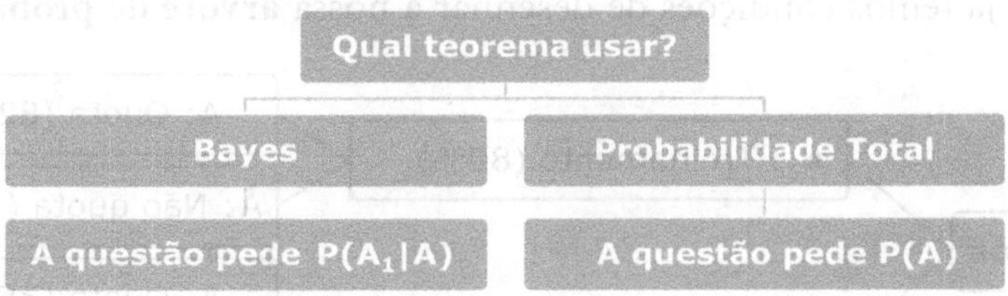

Veja como esse assunto já foi cobrado!

QUESTÃO 15 (ESAF – AFC/STN/2000) Uma companhia preocupada com sua produtividade costuma oferecer cursos de treinamento a seus operários. A partir da experiência, verificou-se que um operário, recentemente admitido, que tenha frequentado o curso de treinamento tem 82% de probabilidade de cumprir sua quota de produção. Por outro lado, um operário, também recentemente admitido, que não tenha frequentado o mesmo curso de treinamento, tem apenas 35% de probabilidade de cumprir com sua quota de produção. Dos operários recentemente admitidos, 80% frequentaram o curso de treinamento. Selecionando-se, aleatoriamente, um operário recentemente admitido na companhia, a probabilidade de que ele não cumpra sua quota de produção é

a) 11,70% b) 27,40% c) 35% d) 83% e) 85%

RESOLUÇÃO:

Sejam os eventos:

A: Cumpre a quota de produção;

Ā: não cumpre a quota de produção (é o evento complementar de A);

A_1: Ocorre quando o funcionário escolhido aleatoriamente participou do treinamento;

A_2: Ocorre quando o funcionário escolhido aleatoriamente não participou do treinamento.

São fornecidos os seguintes dados:

- $P(A_1) = 80\%$
- $P(A|A_1) = 82\%$
- $P(\bar{A}|A_1) = 18\%$
- $P(A_2) = 20\%$
- $P(A|A_2) = 35\%$
- $P(\bar{A}|A_2) = 65\%$

Pronto! Já temos condições de desenhar a nossa **árvore de probabilidades**:

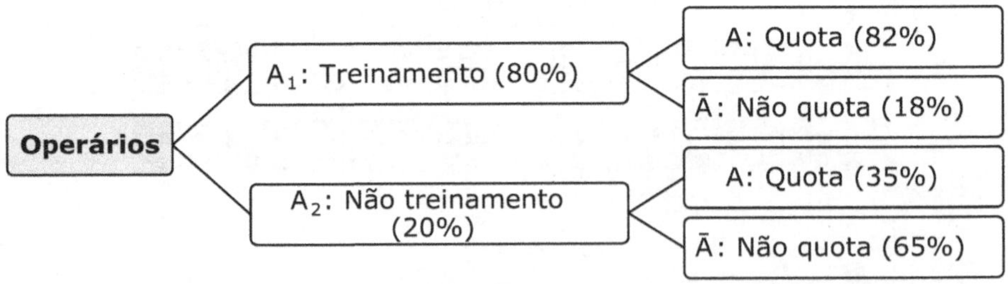

O nosso objetivo consiste em obter a probabilidade de que um funcionário escolhido aleatoriamente **não cumpra sua quota** de produção (**P(Ā)**).

Note que o solicitado pela questão é uma probabilidade de um evento da segunda parte do "galho". Aplicando, então, a fórmula do **Teorema da Probabilidade Total**, teremos:

$$P(\overline{A}) = P(\overline{A}\,|A_1)\cdot P(A_1) + P(\overline{A}\,|A_2)\cdot P(A_2)$$

$$P(\overline{A}) = \underbrace{P(\overline{A}\,|A_1)}_{0,18}\cdot \underbrace{P(A_1)}_{0,8} + \underbrace{P(\overline{A}\,|A_2)}_{0,65}\cdot \underbrace{P(A_2)}_{0,20}$$

$$P(\overline{A}) = 0,274 = 27,40\%$$

Gabarito: B.

3. PROBABILIDADE COM ANÁLISE COMBINATÓRIA

Esse é o segundo tipo de questões de Probabilidade. Na realidade, a maior parte do trabalho envolvido na resolução do problema será aplicar o conhecimento sobre **análise combinatória**. Daí, bastará fazer o **cálculo da probabilidade** (resultados favoráveis ÷ resultados possíveis).

Bem, aqui a teoria será mínima. Passemos, então, aos comentários das questões. Antes, porém, queremos passar algumas dicas fundamentais:

DICA 1
Cálculo de probabilidades com e sem reposição

Um tipo de problema muito comum em questões de concursos segue o seguinte modelo:

Uma urna possui 2 bolas brancas, 3 bolas pretas e 2 bolas azuis. Você retira uma bola, vê a sua cor, coloca-a de volta na urna e retira outra bola. Qual a probabilidade de que duas bolas retiradas sejam brancas?

Note que, após retirar a primeira bola, você a colocou de volta no saco. Logo, houve uma reposição, de forma que deveremos efetuar o cálculo da **probabilidade com reposição.**

A probabilidade de ter retirado uma bola branca do saco é de 2 em 7, isto é, **2/7**.

Como você devolveu esta bola ao saco, a probabilidade de retirar outra bola branca é novamente de 2/7.

Temos dois eventos independentes, portanto a probabilidade combinada será a **multiplicação** dessas duas:

2/7 x 2/7 = **4/49**

No entanto, e se o exercício dissesse que você não coloca de volta na urna a bola que retirou?

Estaríamos diante de um cálculo de **probabilidades sem reposição**.

Nesse caso, a probabilidade de retirar uma bola branca inicialmente continua igual: **2/7**.

Já no momento de retirar a segunda bola, teremos apenas 6 bolas dentro da urna, sendo que destas apenas 1 é branca.

Portanto, a probabilidade de retirá-la não é mais de 2/7, e sim ***1/6***. Assim, a probabilidade de retirar duas bolas brancas da urna será:

2/7 x 1/6 = 2/42 = **1/21**

Outra forma de efetuar esse último cálculo é observando que o número de conjuntos de duas bolas que podemos formar com 7 bolas é igual à combinação de 7, tomadas 2 a 2:

C(7,2) = 21

E o número de conjuntos de 2 bolas que podemos formar apenas com as 2 bolas brancas é igual a ***C(2,2) = 1***. Portanto, a probabilidade de tirar exatamente duas bolas brancas, sem reposição, é **P = 1/21**.

Vamos à segunda dica:

DICA 2

Se os elementos forem retirados simultaneamente, a ordem entre eles **não é importante**; se os elementos forem retirados **um após o outro**, a ordem **é importante**.

Veja como esse assunto já foi cobrado!

QUESTÃO 16 (ESAF – Ana Téc/SUSEP/2010) Considere um grupo de 15 pessoas dos quais 5 são estrangeiros. Ao se escolher ao acaso 3 pessoas do grupo, sem reposição, qual a probabilidade de exatamente uma das três pessoas escolhidas ser um estrangeiro?

a) 45/91. b) 1/3. c) 4/9. d) 2/9. e) 42/81.

RESOLUÇÃO:

1º PASSO: Resultados possíveis.

Queremos escolher 3 pessoas dentre 15 possíveis. É um caso de combinação de 15, tomados 3 a 3:

$$C_{15,3} = \frac{15.14.13}{3.2.1} = 5.7.13$$

2º PASSO: Resultados favoráveis.

Primeiro vamos escolher o estrangeiro. Temos que escolher 1 estrangeiro entre 5 possíveis. O número de maneiras de fazer isso é:

$$C_{5,1} = 5$$

Em seguida, escolhemos os dois nacionais. Temos que escolher 2 entre os 10 existentes. O número de maneiras de fazer isso é:

$$C_{10,2} = \frac{10!}{2! \times 8!} = 45$$

Aplicando o **PFC**, temos:

$$5 \times 45$$

3º PASSO: Cálculo da Probabilidade.

A probabilidade é igual à divisão entre o número de casos favoráveis pelos possíveis:

$$P = (5 \times 45) \div 5 \times 7 \times 13$$
$$= \frac{5 \times 45}{5 \times 7 \times 13}$$
$$= \frac{45}{91}$$

Gabarito: A.

QUESTÃO 17 (CESPE – TBN/CEF/2014) Para utilizar o autoatendimento de certo banco, o cliente deve utilizar uma senha silábica composta por três sílabas distintas. Para que possa acessar a sua conta em um caixa eletrônico, o cliente deve informar a sua senha silábica da seguinte maneira:

- primeiramente, é apresentada uma tela com 6 conjuntos de 4 sílabas distintas cada um, dos quais apenas um contém a primeira sílaba da senha do cliente, que deve, então, selecionar esse conjunto;

- em seguida, é apresentada uma segunda tela com 6 novos conjuntos de 4 sílabas distintas cada um, dos quais apenas um contém a segunda sílaba da senha do cliente, que deve, então, selecionar esse conjunto;
- finalmente, é apresentada uma terceira tela com 6 novos conjuntos de 4 sílabas distintas cada um, dos quais apenas um contém a terceira sílaba da senha do cliente, que deve, então, selecionar esse conjunto.

A informação da senha silábica só será considerada correta se cada uma das 3 sílabas que compõem essa senha for informada na ordem solicitada: a primeira sílaba deverá estar no conjunto selecionado na primeira tela; a segunda sílaba, no conjunto selecionado na segunda tela; e a terceira sílaba, no conjunto selecionado na terceira tela.

Com base nessas informações, julgue o próximo item.

Se um indivíduo conseguir visualizar e anotar os 3 conjuntos de 4 sílabas selecionados corretamente por um cliente em um terminal de autoatendimento e, em seguida, listar todas as possibilidades para a senha silábica desse cliente, para, então, escolher uma dessas possíveis senhas, a probabilidade de que essa escolha coincida com a senha do correntista será inferior a 0,01.

RESOLUÇÃO:

Fica mais fácil imaginarmos uma situação concreta. Por exemplo, suponha que os três conjuntos sejam:

- Ba, La, Ca, Da
- Be, Le, Ce, De
- Bi, Li, Ci, Di

Daí, o indivíduo que deseja descobrir a senha do correntista listará todas as possibilidades. Logo:

- Primeira sílaba: 4 possibilidades (Ba, La, Ca, Da);
- Segunda sílaba: 4 possibilidades (Be, Le, Ce, De);
- Terceira sílaba: 4 possibilidades (Bi, Li, Ci, Di).

Aplicando o **PFC**, temos:

$$4 \times 4 \times 4 = \mathbf{64}$$

São **64 possibilidades** de senhas, sendo que apenas uma dessas é a correta. Logo, a chance de escolher a senha correta é de:

$$\frac{1}{64}$$

Ora, essa fração é **maior que 1/100**.

Gabarito: Errado.

QUESTÃO 18 (CESPE – TBN/CEF/2014) Se um cliente esquecer completamente a sua senha silábica, a probabilidade de ele acertá-la em uma única tentativa, escolhendo aleatoriamente um conjunto de sílabas em cada uma das três telas que forem apresentadas pelo terminal de autoatendimento, será inferior a 0,005.

RESOLUÇÃO:

O enunciado afirma que em cada tela são apresentadas ao correntista **6 possibilidades**. Aplicando o **PFC**, temos:

$$6 \times 6 \times 6 = \mathbf{216}$$

Infelizmente, o esquecido cliente só tem uma única chance para acertar a sequência. Logo, é **1 resultado favorável** em **216 possíveis**. Calculando a probabilidade, temos:

$$P = \frac{1}{216} = 0,0046$$

Veja que esse valor, de fato, é **inferior a 0,005**.

Gabarito: Certo.

QUESTÃO 19 (CESPE/PF/Agente/2014) Um batalhão é composto por 20 policiais: 12 do sexo masculino e 8 do sexo feminino. A região atendida pelo batalhão é composta por 10 quadras e, em cada dia da semana, uma dupla de policiais polícia cada uma das quadras.

Com referência a essa situação, julgue o item subsequente.

Caso as duplas de policiais sejam formadas aleatoriamente, então a probabilidade de que em determinado dia os policiais que policiarão determinada quadra sejam do mesmo sexo será superior a 0,5.

RESOLUÇÃO:

O **total de duplas** de policiais que podemos formar é dado pela seguinte combinação, sabendo que a dupla Bruno e Sophia é a mesma que Sophia e Bruno:

$$C_{20,2} = \frac{20 x 19}{2} = 190$$

Já o total de duplas com dois homens que podem ser formadas é dado pela combinação:

$$C_{12,2} = \frac{12 x 11}{2} = 66$$

Por fim, o total de duplas com duas mulheres que podem ser formadas é dado pela combinação:

$$C_{8,2} = \frac{8 \times 7}{2} = 28$$

Logo, o total de casos favoráveis é 66 + 28 = 94. Calculando a **probabilidade**, temos:

$$P = \frac{94}{190} = 0,494$$

Veja que esse valor é **inferior a 0,5**.

Gabarito: Errado.

4. RESUMO

A **probabilidade** tem como finalidade o estudo da possibilidade ou **chance de acontecer** um determinado evento.

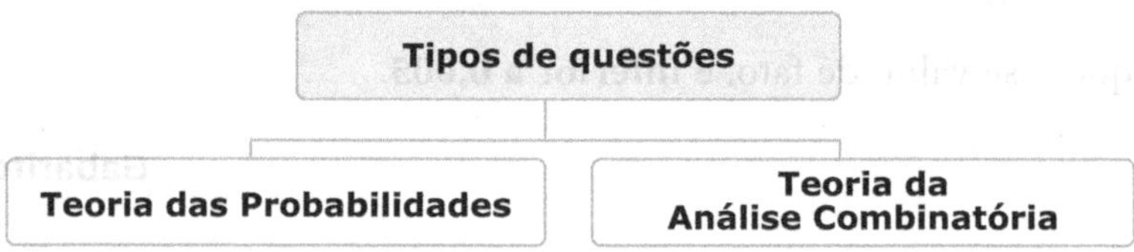

Há três **conceitos fundamentais** que temos que passar a conhecer imediatamente: **experimento aleatório, espaço amostral** e **evento.**

Experimento Aleatório é aquele que, mesmo repetido diversas vezes sob condições idênticas, pode apresentar RESULTADOS DIFERENTES.

Espaço Amostral é o conjunto "S" de todos os RESULTADOS POSSÍVEIS de um experimento aleatório.

Dizemos que um espaço amostral é **equiprovável** quando seus elementos têm a **mesma chance de ocorrer**.

Evento é qualquer subconjunto do espaço amostral. Ou seja, é o resultado desejado ou favorável.

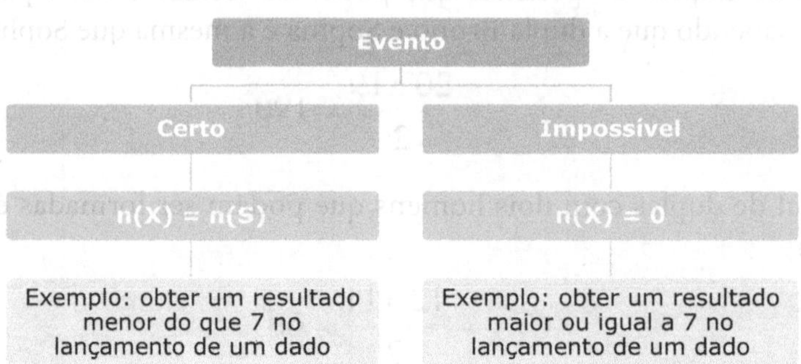

A probabilidade de ocorrência de um evento **X**, num determinado experimento aleatório, considerando que cada elemento do espaço amostral desse experimento tem a **mesma chance de ocorrer**, será calculada por:

$$P(X)=\frac{n(X)}{n(S)}=\frac{\text{n}^{\text{o}}\ \text{de resultados favoráveis}}{\text{n}^{\text{o}}\ \text{de resultados possíveis}}$$

Existe um padrão a ser seguido na resolução das questões de probabilidade:

1º passo – Definir o número de elementos do espaço amostral **[n(S)]**, que é o número de **resultados possíveis**.

2º passo – Definir o número de elementos do evento **[n(X)]**, que é o número de **resultados favoráveis**.

3º passo – Efetuar o **cálculo da Probabilidade**: $P(X) = \frac{n(X)}{n(S)}$

1º) **A probabilidade tem valor máximo 100%.** Esse é o caso do **evento certo.**

Já sabemos que o contrário do evento certo é o **impossível**, cuja probabilidade de ocorrência é de 0%.

Com isso, chegamos a uma conclusão fundamental:

$$0 \leq P(X) \leq 1$$

2º) **A soma das probabilidades de cada elemento do espaço amostral é igual a 1.**

Probabilidade da Intersecção de Eventos

Trabalharemos com esse tipo de probabilidade quando a questão solicitar a chance de **ocorrência conjunta** de dois ou mais eventos. Nesse caso, os eventos estarão **ligados pelo conectivo "e"**, de forma explícita ou implícita.

Já sabemos que o conectivo "e" está relacionado à **intersecção** entre conjuntos. Daí, a **fórmula da Probabilidade da Intersecção de Eventos** é:

P(A e B) = P(A) x P(B|A)

Em que **P(B|A)** é a **probabilidade de ocorrer o evento B sabendo que o evento A já ocorreu**. Enfim, chamamos de **Probabilidade de B dado A**. Também denominamos essa fórmula de Regra do E.

Probabilidade de Eventos Independentes

Dois eventos, A e B, são considerados **independentes** quando **a ocorrência, ou não ocorrência, de um deles não afeta a probabilidade de ocorrência do outro**.

Quando temos experimentos independentes, a probabilidade é dada pela **multiplicação das probabilidades de cada experimento**:

P (A e B) = P(A ∩ B) = P(A) x P(B)

Em que ∩ simboliza a **intersecção** entre os eventos A e B. Portanto, podemos afirmar que:

Dois eventos, A e B, são **independentes** se, e somente se, ocorrer a igualdade:

P (A e B) = P(A) x P(B)

Já no caso de **três eventos**, a independência assumirá o seguinte conceito:

Três eventos, A, B e C, são **independentes** se, e somente se, ocorrerem as seguintes igualdades:

P (A ∩ B ∩ C) = P(A) x P(B) x P(C)

P (A ∩ B) = P(A) x P(B)

P (A ∩ C) = P(A) x P(C)

P (B ∩ C) = P(B) x P(C)

Probabilidade de Eventos Mutuamente Excludentes

Dois eventos, A e B, são **mutuamente excludentes** se eles não podem ocorrer simultaneamente. Ou seja, se um evento ocorre, então o outro certamente não ocorre.

E podemos tirar as seguintes conclusões diante de dois eventos **mutuamente excludentes**, A e B:

EVENTOS MUTUAMENTE EXCLUDENTES

P(A|B) = 0	**Probabilidade de A ocorrer dado que B ocorreu é 0**
P(B|A) = 0	**Probabilidade de B ocorrer dado que A ocorreu é 0**
P(A e B) = 0	**Probabilidade de A e B ocorrerem simultaneamente é 0**
P(A) + P(B) = 1	**A soma das probabilidades de A e B será sempre igual a 100%**

Em termos gráficos, dois eventos (A e B) mutuamente excludentes são representados por **dois círculos sem intersecção**. Logo, **$A \cap B = \emptyset$**.

Probabilidade da União de Dois Eventos

Trabalharemos com esse tipo de probabilidade quando a questão trouxer uma pergunta referente a dois eventos, **ligados entre si pelo conectivo "ou"**, de forma explícita ou implícita.

Já sabemos que o conectivo "ou" está relacionado à **união** entre conjuntos. Daí, a fórmula da Probabilidade da União de Eventos é:

$$P(A \text{ ou } B) = P(A) + P(B) - P(A \text{ e } B)$$

Também chamamos essa fórmula de **Regra do OU**.

Note que a terceira parcela dessa fórmula [**P(A e B)**] trata da probabilidade de ocorrência **simultânea** dos eventos A e B.

BIZU!

OU ⟶ ∪ ⟶ somar

E ⟶ ∩ ⟶ multiplicar

Se A e B forem **mutuamente excludentes**, a fórmula se reduz a:

$$P(A \text{ ou } B) = P(A) + P(B)$$

Probabilidade do Evento Complementar

Dizemos que dois eventos são **complementares** quando, simultaneamente, temos que:

- A união dos dois eventos resulta no **espaço amostral**;
- Os dois eventos são **mutuamente excludentes** (eles não têm elementos em comum; ou seja, a intersecção entre ambos é vazia).

Geralmente o evento complementar é indicado por uma **barra em cima da letra**.

Agora vem o que interessa para a gente. Sejam *A* e Ā dois **eventos complementares.** Vamos calcular a probabilidade da união desses dois eventos. Usando a fórmula da probabilidade da união, temos:

$$P(A \text{ ou } \bar{A}) = P(A) + P(\bar{A}) - P(A \text{ e } \bar{A})$$

Acabamos de ver que a **intersecção** entre eventos complementares é **vazia.** Sua **probabilidade é nula**. Logo:

$$P(A \text{ ou } \bar{A}) = P(A) + P(\bar{A}) - 0$$

$$P(A \text{ ou } \bar{A}) = P(A) + P(\bar{A})$$

E nós vimos também que a **união** entre eventos complementares é justamente o espaço amostral. A **probabilidade de ocorrer o espaço amostral é sempre igual a 1.** Logo:

$$1 = P(A) + P(\bar{A})$$

E é esse o resultado que buscávamos! Portanto, a **probabilidade de eventos complementares** é dada pela seguinte fórmula:

$$1 = P(A) + P(\bar{A})$$

Ou:

$$P(\bar{A}) = 1 - P(A)$$

5. MAIS QUESTÕES COMENTADAS

QUESTÃO 20 (ESAF/SUSEP/Ana Téc/2006) Os eventos E1 e E2 são os conjuntos de pontos que podem estar tanto em E1, quanto em E2, como em ambos simultaneamente. Então, a probabilidade de uma ocorrência ser do evento E1 ou E2 é dada por:

a) P(E1 + E2) = P(E1) + P(E2).

b) P(E1 + E2) = P(E1) + P(E2) – P(E1 ∩ E2).

c) P(E1 + E2) = P(E1) + (1 – P(E2)).

d) P(E1 + E2) = P(E2) + (1 – P(E1)).

e) P(E1 + E2) = P(E1) x P(E2).

RESOLUÇÃO:

A probabilidade do evento **E1 ∪ E2**, isto é, da união, é dada por:

P(E1 ∪ E2) = P(E1) + P(E2) – P(E1 ∩ E2).

Gabarito: B.

QUESTÃO 21 (ESAF – AnaTA/MF/2013) No quadro a seguir, tem-se a listagem dos 150 funcionários de uma empresa:

	Mulher	Homem
Gerente	4	3
Serviços gerais	33	102
Departamento financeiro	5	3

Uma bicicleta será sorteada entre os funcionários dessa empresa; a probabilidade de que uma mulher que desempenha a função de serviços gerais ganhe a bicicleta é igual a:

a) 22% b) 23% c) 20% d) 24% e) 21%

RESOLUÇÃO:

Visto que a empresa possui 150 funcionários, temos **150 resultados possíveis.**

Estamos interessados que uma das 33 mulheres que desempenham a função de serviços gerais ganhe a bicicleta. Logo, são **33 resultados favoráveis.** Efetuando o **cálculo da probabilidade**, obtemos:

$$P(X) = \frac{n(X)}{n(S)} = \frac{33}{150} = 0,22 = 22\%$$

Gabarito: A.

QUESTÃO 22 (ESAF/MTur/Estatístico/2014) Dois eventos, A e B, são ditos independentes quando:

a) P(A|B) = P(B)

b) P(B|A) = 1 – P(B)

c) P(A|B) = P(A)

d) P(A ∩ B) = 0

e) P(A ∪ B) = P(A).P(B)

RESOLUÇÃO:

Questão bem conceitual e de resolução prática, não é mesmo?!

Bastaria saber que, no caso de **eventos independentes**, a **probabilidade de o evento A ocorrer dado que B ocorreu, simbolizada por P(A|B), será sempre igual a P(A).** Ou seja:

$$P(A|B) = P(A)$$

Gabarito: C.

QUESTÃO 23 (CESPE – AJ/TRE-ES/2011) A relação P(A ∩ B) = P(A|B) x P(B) é válida somente se A e B forem eventos independentes.

RESOLUÇÃO:

A relação que é válida somente para eventos independentes é:

$$P(A \cap B) = P(A) \times P(B)$$

Já a relação trazida pelo enunciado é <u>sempre válida</u>, independentemente se os eventos são independentes ou não.

Gabarito: Errado.

QUESTÃO 24 (CESPE – Ana/MPU/2010) Considerando um espaço amostral Ω gerado por um experimento aleatório $\mathcal{E}$ e os eventos aleatórios A_1, A_2, ... contidos em Ω, julgue o item que se segue acerca da definição axiomática de probabilidade e seus resultados básicos.

Se os eventos A_1, A_2, ..., A_n forem dois a dois disjuntos, se $\bigcup_{i=1}^{n} A_i = \Omega$ e se B for um evento do espaço amostral Ω, então

$$P(B) = \sum_{i=1}^{n} P(B|A_i)P(A_i).$$

RESOLUÇÃO:

Perceba que o item reproduz exatamente a fórmula do **Teorema da Probabilidade Total**. Ou seja:

$$P(A)=\sum_{k=1}^{n}P(A\mid A_k).\,P(A_k)$$

Gabarito: Certo.

QUESTÃO 25 (CESPE/ABIN/Ofic Intel/2018) Como forma de melhorar a convivência, as famílias Turing, Russell e Gödel disputaram, no parque da cidade, em um domingo à tarde, partidas de futebol e de vôlei. O quadro a seguir mostra os quantitativos de membros de cada família presentes no parque, distribuídos por gênero.

Família	Masculino	Feminino
Turing	5	7
Russell	6	5
Gödel	5	9

A partir dessa tabela, julgue o item subsequente.

Considere que, em eventual sorteio de brindes, um nome tenha sido retirado, ao acaso, do interior de uma urna que continha os nomes de todos os familiares presentes no evento. Nessa situação, sabendo-se que o sorteado não é uma mulher da família Gödel, a probabilidade de ser uma mulher da família Russell será superior a 20%.

RESOLUÇÃO:

Temos 37 pessoas no total. Como o sorteado **não** é uma mulher da família Gödel, sobram 37 – 9 = 28 casos possíveis para o sorteado.

Por sua vez, as mulheres da família Russell são 5, de modo que a probabilidade de a pessoa sorteada ser uma delas é de:

P = 5/28 = 0,178 = **17,8%**

Assim, o item está **errado** ao afirmar que a probabilidade seria superior a 20%.

Gabarito: Errado.

QUESTÃO 26 (CESPE/PF/Agente/2018) Em um aeroporto, 30 passageiros que desembarcaram de determinado voo e que estiveram nos países A, B ou C, nos quais ocorre uma epidemia infecciosa, foram selecionados para ser examinados.

Constatou-se que exatamente 25 dos passageiros selecionados estiveram em A ou em B, nenhum desses 25 passageiros esteve em C e 6 desses 25 passageiros estiveram em A e em B.

Com referência a essa situação hipotética, julgue o item que se segue.

Se 2 dos 30 passageiros, selecionados forem escolhidos ao acaso, então a probabilidade de esses 2 passageiros terem estado em 2 desses países é inferior a 1/30.

RESOLUÇÃO:

A quantidade de maneiras para selecionar 2 passageiros dentre os 30 é dada por:

$$C(30,2) = \frac{30!}{2! \times (30-2)!} = \frac{30 \times 29}{2} = 435$$

O enunciado informa que há 6 passageiros que estiveram em 2 desses países. Assim, a quantidade de maneiras possíveis para escolher 2 passageiros que já estiveram em 2 países é dada por:

$$C(6,2) = \frac{6!}{2! \times (6-2)!} = \frac{6 \times 5}{2} = 15$$

Dessa forma, a probabilidade exigida pela questão é dada por:

$$\boldsymbol{P} = \frac{15}{435} = \frac{1}{29}$$

Repare que o número encontrado é **superior a 1/30** (seu denominador é menor).

Gabarito: Errado.

QUESTÃO 27 (CESPE – TEFC/TCU/2004) Um baralho comum contém 52 cartas de 4 tipos (naipes) diferentes: paus (♣), espadas (♠), copas (♥) e ouros (♦). Em cada naipe, que consiste de 13 cartas, 3 dessas cartas contêm as figuras do rei, da dama e do valete, respectivamente. Com base nessas informações, julgue o item subsequente.

A probabilidade de se extrair uma carta e ela conter uma figura ou ser uma carta de paus é igual a 11/26.

RESOLUÇÃO:

Essa questão é uma verdadeira aula de baralho, não é mesmo? (rs)

Sejam os seguintes eventos:

A: Ocorre quando, selecionando-se aleatoriamente uma carta, ela é uma figura.

B: Ocorre quando, selecionando-se aleatoriamente uma carta, ela é de paus.

No baralho, temos 12 figuras, com 3 de cada naipe. Logo, são 12 resultados favoráveis em 52 possíveis. Daí a **probabilidade** será:

$$\boldsymbol{P}(\boldsymbol{A}) = \frac{12}{52}$$

De forma similar, no baralho, temos 13 cartas de paus, resultando em 13 casos favoráveis em 52 possíveis. Daí a **probabilidade** será:

$$\boldsymbol{P}(\boldsymbol{A}) = \frac{13}{52}$$

E três cartas são, ao mesmo tempo, figuras e de paus. Daí a **probabilidade da interseção** será:

$$\boldsymbol{P}(\boldsymbol{A} \cap \boldsymbol{B}) = \frac{3}{52}$$

Nosso objetivo consiste em obter probabilidade de se extrair uma carta e ela conter uma figura **OU** ser uma carta de paus. Assim, utilizaremos a fórmula da **probabilidade da união**:

$$P(A \cup B) = P(A) + P(B) - P(A \cap B)$$

$$P(A \cup B) = \frac{12}{52} + \frac{13}{52} - \frac{3}{52} = \frac{22}{52} = \frac{11}{26}$$

Gabarito: Certo.

QUESTÃO 28 (CESPE – Ana/MPU/2010) A probabilidade de haver atraso na entrega de um pedido de uma diligência investigatória é igual a 0,20. Se esse atraso se concretizar, a probabilidade de ocorrer atraso no início dessa diligência é igual a 0,25. Mas, caso não haja atraso nessa entrega, a probabilidade de ocorrer atraso no início dessa diligência passa a ser igual a 0,15.

Com base nessas informações, a partir dos eventos A = atraso na entrega de um pedido de uma diligência investigatória e B = atraso no início da diligência. Julgue o próximo item.

A probabilidade de ocorrer o evento A ∩ B é inferior a 10%.

RESOLUÇÃO:

Sejam os seguintes eventos:

A: Ocorrer atraso na entrega de um pedido de uma diligência investigatória;

B: Ocorrer atraso no início da diligência.

Daí, o enunciado fornece os seguintes dados:

P(A) = 0,2

P(B|A) = 0,25

P(B|Ā) = 0,15

O nosso objetivo consiste em obter a probabilidade de ocorrer o evento **A ∩ B**.

Aplicando a fórmula da **probabilidade condicional**, teremos:

$$P(B|A) = \frac{P(A \cap B)}{P(A)}$$

$$0,25 = \frac{P(A \cap B)}{0,2}$$

$$P(A \cap B) = 0,25\, x 0,2 = 0,05 = 5\%$$

A probabilidade desejada é de **5%**, que é **inferior a 10%**.

Gabarito: Certo.

QUESTÃO 29 (CESPE/CADE/NS/2014) Em uma escola, uma pesquisa entre seus alunos, acerca de práticas esportivas de futebol, voleibol e natação revelou que cada um dos entrevistados pratica pelos menos um desses esportes. As quantidades de alunos entrevistados que praticam esses esportes estão demonstrados na tabela abaixo.

Esporte	futebol	voleibol	natação	voleibol e futebol	voleibol e natação	futebol e natação	futebol, voleibol e natação
Nº de alunos praticantes	505	250	80	113	17	29	9

Com base nas informações e na tabela acima, julgue o próximo item.

Escolhendo-se um aluno ao acaso, entre os entrevistados, a probabilidade de ele praticar natação é inferior a 10%.

RESOLUÇÃO:

Vamos desenhar um diagrama a fim de representar as quantidades exatas de alunos em cada tipo de prática esportiva:

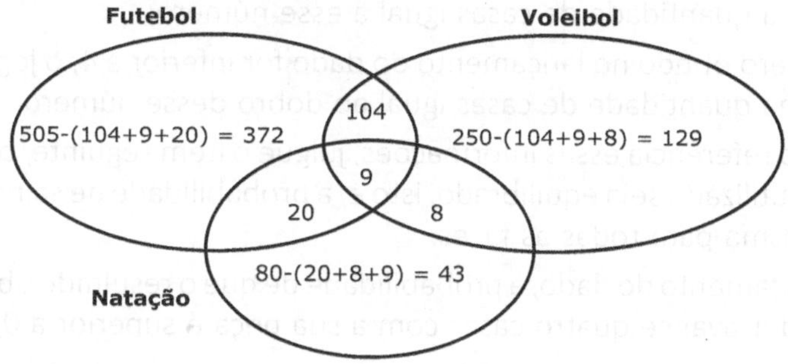

Daí, é possível observar que o total de alunos entrevistados foi de:

$$43 + 8 + 129 + 104 + 9 + 20 + 372 = \mathbf{685}$$

Nosso objetivo consiste em obter a probabilidade de, escolhendo-se um aluno ao acaso, entre os entrevistados, ele **praticar natação.**

A quantidade de alunos que praticam natação é:

$$43 + 8 + 9 + 20 = \mathbf{80}$$

Logo, temos **80 resultados favoráveis** em **685 possíveis**. Calculando a probabilidade, temos:

$$P = \frac{Resultados\ favoráveis}{Resultados\ possíveis} = \frac{80}{685} = 0{,}117 = 11{,}7\%$$

Veja que o valor acima é **superior a 10%.**

Gabarito: Errado.

QUESTÃO 30 (CESPE – AnaTA/CADE/2014)

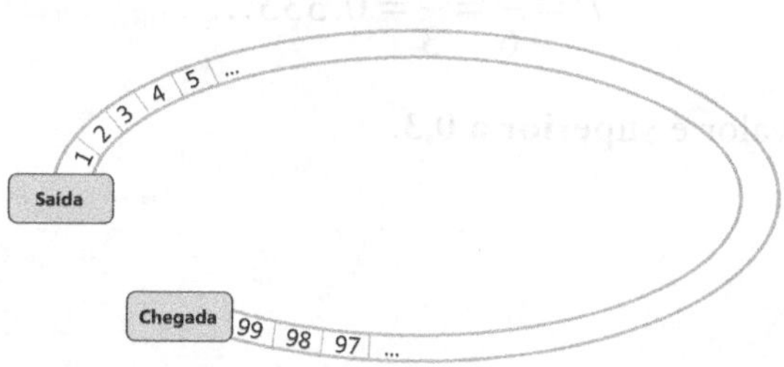

A figura acima ilustra parte de um jogo de tabuleiro com 100 casas, numeradas de 1 a 100, em que a centésima é denominada casa de chegada. O movimento das peças é determinado pelo jogo de um dado de seis faces numeradas de 1 a 6. Os jogadores vão se alternando no lançamento do dado e movimentando suas peças até que cheguem à casa de número 100. Para movimentar a sua peça, o jogador deverá lançar o dado e respeitar as seguintes regras:

– se o número obtido no lançamento do dado for superior a 3, o jogador deverá andar uma quantidade de casas igual a esse número;

– se o número obtido no lançamento do dado for inferior a 4, o jogador deverá andar uma quantidade de casas igual ao dobro desse número.

Tendo como referência essas informações, julgue o item seguinte, considerando que o dado utilizado seja equilibrado, isto é, a probabilidade de sair determinada face é a mesma para todas as faces.

Com um lançamento do dado, a probabilidade de que o resultado obtido permita que o jogador avance quatro casas com a sua peça é superior a 0,3.

RESOLUÇÃO:

Nosso objetivo consiste em obter a probabilidade de que o resultado obtido permita que o jogador **avance quatro casas** com a sua peça.

Ora, do exposto pelo enunciado, sabemos que existem duas formas de o jogador avançar quatro casas:

- **1ª forma: Resultado 2.**

Tal situação se enquadra na segunda regra, em que dobramos o valor. Logo, ele andará 2 x 2 = 4 casas.

- **2ª forma: Resultado 4.**

Aqui o enquadramento é na primeira regra, em que se anda justamente o valor obtido no dado, ou seja, quatro casas.

Assim, temos **2 casos favoráveis** em **6 possíveis**. Calculando a probabilidade, temos:

$$P = \frac{2}{6} = \frac{1}{3} = 0,333\ldots$$

Veja que esse valor é **superior a 0,3**.

Gabarito: Certo.

QUESTÃO 31 (CESPE – Adm/SUFRAMA/2014) Uma pesquisa na qual os 40 alunos de uma disciplina deveriam responder SIM ou NÃO às perguntas P1 e P2 apresentadas a eles, mostrou o seguinte resultado:

- 28 responderam SIM à pergunta P1;
- 22 responderam SIM à pergunta P2;
- 5 responderam NÃO às 2 perguntas.

Com base nessas informações, julgue o item subsecutivo.

Selecionando-se ao acaso um desses alunos, a probabilidade de ele ter respondido SIM a pelo menos uma das perguntas será superior a 0,9.

RESOLUÇÃO:

Nosso objetivo consiste em obter a probabilidade de, selecionando-se ao acaso um dos alunos, ele ter **respondido SIM** a pelo menos uma das perguntas.

Ora, do exposto pelo enunciado, sabemos que 5 alunos responderam NÃO às duas perguntas. Logo, o restante respondeu SIM a pelo menos uma das perguntas:

$$40 - 5 = \mathbf{35}$$

Assim, temos **35 resultados favoráveis** em **40 possíveis**. Daí, A probabilidade será:

$$P = 35 / 40 = \mathbf{0{,}875 = 87{,}5\%}$$

Veja que esse valor é **inferior a 0,9.**

Gabarito: Errado.

QUESTÃO 32 (CESPE – AA/PRF/2012) Considere os eventos A, B, C e D, definidos abaixo, relativos ao número de veículos por família em determinada cidade.

A = uma família possui 1 ou mais veículos;

B = uma família possui 2 ou mais veículos;

C = uma família possui 3 ou mais veículos;

D = uma família possui 4 ou mais veículos.

Considere, ainda, que as probabilidades de ocorrência desses eventos são: P(A) = 0,9; P(B) = 0,6; P(C) = 0,3 e P(D) = 0. Com base nessas informações, julgue o item que se segue.

Os eventos A e D são independentes.

RESOLUÇÃO:

Sabemos que:

Dois eventos, A e B, são **independentes** se, e somente se, ocorrer a igualdade:

P (A e B) = P(A) x P(B)

Na interseção, temos os elementos que pertencem aos dois conjuntos ao mesmo tempo, satisfazendo a:

- Conjunto A: têm 1 ou mais veículos;
- Conjunto D: têm 4 ou mais veículos.

É possível perceber que todas as famílias que pertencem a D também pertencem a A. Logo, o conjunto D está contido em A. Qual é o resultado disso?

$$A \cap D = D$$

Daí, teremos que:

$$P(A \cap D) = P(D) = 0$$

Ótimo! A probabilidade do produto será:

$$P(A) \times P(D) = 0,9 \times 0 = 0$$

Ocorreu a igualdade que esperávamos. Logo, os eventos A e D são **independentes**.

Gabarito: Certo.

QUESTÃO 33 (CESPE – Ana/INSS/2008)

Perfil	A	B	C	total
número de trabalhadores (em milhões de pessoas)	3	8	8	19

Um projeto do governo tinha como objetivo atrair para o sistema previdenciário uma parcela de trabalhadores que não eram contribuintes do INSS. Na ocasião em que tal projeto havia sido proposto, pelos cálculos do governo, existiam no país 19 milhões de trabalhadores com mais de 16 anos e renda mensal de um ou mais salários mínimos que não contribuíam para a previdência. Esses trabalhadores foram classificados de acordo com três perfis A, B e C, e a distribuição do número de trabalhadores em cada perfil está no quadro acima. A expectativa do governo era a seguinte: entre as pessoas com o perfil A, a probabilidade de entrada para o sistema previdenciário era de 0,8; para as de perfil B, a probabilidade de entrada para o sistema era de 0,5 e os de perfil C entrariam no sistema com uma probabilidade igual a 0,1.

Correio Braziliense, 15/11/2006, p. A-14 (com adaptações).

Com base nas informações apresentadas no texto acima, julgue o item seguinte.

Na ocasião em que o projeto havia sido proposto, a probabilidade de uma pessoa entre os 19 milhões de trabalhadores entrar para o sistema previdenciário era superior a 0,35 e inferior a 0,40.

RESOLUÇÃO:

Sejam os eventos:

X: Ocorre quando a pessoa escolhida aleatoriamente ingressa no sistema previdenciário;

A: Ocorre quando a pessoa escolhida aleatoriamente tem o perfil A;

B: Ocorre quando a pessoa escolhida aleatoriamente tem o perfil B;

C: Ocorre quando a pessoa escolhida aleatoriamente tem o perfil C.

São fornecidos os seguintes dados:

- P(A) = 3/19
- P(B) = 8/19
- P(C) = 8/19
- P(X|A) = 0,8
- P(X|B) = 0,5
- P(X|C) = 0,1

O nosso objetivo consiste em obter a probabilidade de uma pessoa entre os 19 milhões de trabalhadores **entrar para o sistema previdenciário (P(X))**.

Aplicando, então, a fórmula do **Teorema da Probabilidade Total**, teremos:

$$P(X) = P(X|A) \times P(A) + P(X|B) \times P(B) + P(X|C) \times P(C)$$

$$P(X) = 0{,}8 \times \frac{3}{19} + 0{,}5 \times \frac{8}{19} + 0{,}1 \times \frac{8}{19} \approx 0{,}379$$

Gabarito: Certo.

QUESTÃO 34 (Cespe/PM-MA/Soldado/2017) Uma operação policial será realizada com uma equipe de seis agentes, que têm prenomes distintos, entre eles André, Bruno e Caio. Um agente será o coordenador da operação e outro, o assistente deste; ambos ficarão na base móvel de operações nas proximidades do local de realização da operação. Nessa operação, um agente se infiltrará, disfarçado, entre os suspeitos, em reunião por estes marcada em uma casa noturna, e outros três agentes, também disfarçados, entrarão na casa noturna para prestar apoio ao infiltrado, caso seja necessário.

A respeito dessa situação hipotética, julgue o item seguinte.

Se os dois agentes que ficarão na base móvel forem escolhidos aleatoriamente, a probabilidade de André e Bruno serem os escolhidos será superior a 30%.

RESOLUÇÃO:

O número de formas para escolher 2 dos 6 agentes para ficar na base móvel é dado pela combinação de 6 agentes em grupos de 2:

$$C_{6,2} = \frac{6 \times 5}{2 \times 1} = 15$$

O caso que nos interessa é apenas 1, ou seja, aquele em que André e Bruno são escolhidos. A probabilidade de essa escolha ser feita é de:

$$P = \frac{1}{15} = 0,067 = 6,7\%$$

Gabarito: Errado.

QUESTÃO 35 (Cespe/PM-MA/Psicólogo/2017) Determinado laboratório de análises clínicas está sendo investigado por emitir laudos falsos de um exame constituído por 7 indicadores, correspondentes à concentração de 4 compostos na corrente sanguínea, obtidos da seguinte forma: uma medição da concentração de cada um dos compostos A, B, C e D, e 3 medições, por 3 diferentes técnicas, da concentração do composto E. Os laudos verdadeiros de 7 pacientes (chamados pacientes-fonte), com prenomes distintos, entre eles Amanda, Bárbara, Carlos e Daniel, eram usados para compor laudos falsos para os demais pacientes. Para dificultar a ação da autoridade policial, na montagem de um laudo falso, o laboratório tomava o cuidado de, no conjunto de 7 medições que constituíam cada laudo falsificado, usar apenas uma medição de cada paciente-fonte, ou seja, de nunca usar 2 ou mais medições de um mesmo paciente-fonte.

Com referência a essa situação hipotética, julgue o item seguinte.

Caso o laboratório escolhesse aleatoriamente, entre os dados dos 7 pacientes-fonte, aqueles que seriam usados nas medições referentes ao composto E, a probabilidade de serem usados os dados de Amanda, Bárbara e Carlos seria inferior a 3%.

RESOLUÇÃO:

Veja que só queremos formar o grupo de 3 pessoas que serão usadas nas medições do composto E. O grupo que nos interessa (favoráveis) é apenas 1 (formado por Amanda, Bárbara e Carlos). O total de grupos possíveis é dado pela combinação das 7 pessoas em grupos de 3:

Favoráveis = 1

Total = $C_{(7,3)}$ = 7x6x5 / (3x2x1) = 35

Logo, a probabilidade de ser formado o grupo que nos interessa é:

P = 1/35 = 0,028 = 2,8% (inferior a 3%)

Gabarito: Certo.

QUESTÃO 36 (CESPE – ACE/TC-DF/2014) Em uma empresa, as férias de cada um dos 50 empregados podem ser marcadas na forma de trinta dias ininterruptos, ou os trinta dias podem ser fracionados em dois períodos de quinze dias ininterruptos ou, ainda, em três períodos de dez dias ininterruptos. Em 2013, depois de marcadas as férias de todos os 50 empregados, constatou-se que 23, 20 e 28 deles marcaram os trinta dias de férias ou parte deles para os meses de janeiro, fevereiro e junho, respectivamente. Constatou-se, também, que, nesse ano, nenhum empregado marcou férias para algum mês diferente dos mencionados.

Tendo como referência as informações acima, julgue o item que se segue.

Considere que, em 2013, nenhum empregado que trabalha na empresa há mais de 10 anos tenha marcado férias para o mês de junho, e que, no mês de maio, a empresa tenha escolhido, aleatoriamente, 2 de seus empregados para participar de um curso de formação. Nesse caso, a probabilidade de esses 2 empregados escolhidos trabalharem na empresa há mais de 10 anos é inferior a 0,2.

RESOLUÇÃO:

O enunciado afirma que 28 pessoas marcaram férias em junho, sendo que nenhuma dessas tem mais de 10 anos de empresa.

Logo, não marcaram férias em junho:

50 – 28 = 22

Vamos trabalhar com duas situações extremas, já que não temos informações de algumas dessas 22 pessoas terem ou não mais de 10 anos de empresa.

➢ Primeiro caso: nenhuma das 22 pessoas tem mais de 10 anos de empresa.

Nessa situação, a empresa não terá nenhum funcionário com mais de 10 anos trabalhando. Assim, a probabilidade de 2 empregados escolhidos trabalharem na empresa há mais de 10 anos é 0.

➢ **Segundo caso: todas as 22 pessoas têm mais de 10 anos de empresa.**

Nessa situação, o número total de maneiras de escolher 2 pessoas é:

$$C_{50,2} = \frac{50\,x\,49}{2\,x\,1} = 1.225$$

Teremos casos favoráveis quando os 2 funcionários são escolhidos entre os 22 com mais de 10 anos de empresa. Daí, o número de maneiras será:

$$C_{22,2} = \frac{22\,x\,21}{2} = 231$$

Aplicando a **fórmula da Probabilidade**, teremos:

$$P = \frac{Favoráveis}{Possíveis} = \frac{231}{1.225} = 18,85\%$$

Não é possível calcularmos a probabilidade exata, mas temos certeza que ela está entre os dois casos extremos apresentados, ou seja, **entre 0 e 0,1885**. Logo, é **menor que 0,2.**

Gabarito: Certo.

QUESTÃO 37 (FAFIPA–Contador/RPPS Palmeira/2022) Na festa de confraternização de uma empresa, estavam presentes: 10 funcionários do administrativo; 5 funcionários do financeiro; 4 funcionários do RH, 10 funcionários do comercial e 12 funcionários do operacional. Para os funcionários presentes na festa, houve o sorteio de uma viagem com acompanhante e tudo pago para um resort. Se todos os funcionários presentes participaram do sorteio, qual é a probabilidade aproximada do ganhador ser um funcionário do financeiro?

a) 25% b) 20% c) 15% d) 12%

RESOLUÇÃO:

Estavam presentes na festa 10 + 5 + 4 + 10 + 12 = 41 funcionários. A **probabilidade** é a **razão entre o número de casos favoráveis e o número de casos possíveis:**

$$Probabilidade = \frac{Favoráveis}{Possíveis}$$

Como havia 5 funcionários do financeiro na festa, a **probabilidade do ganhador do sorteio** ser um desses é de, aproximadamente:

$$Probabilidade = \frac{5}{41} = 0{,}12 = 12\%$$

Gabarito: D.

QUESTÃO 38 (ESAF/MPU/Téc/2004) Maria ganhou de João nove pulseiras, quatro delas de prata e cinco delas de ouro. Maria ganhou de Pedro onze pulseiras, oito delas de prata e três delas de ouro. Maria guarda todas essas pulseiras – e apenas essas – em sua pequena caixa de jóias. Uma noite, arrumando-se apressadamente para ir ao cinema com João, Maria retira, ao acaso, uma pulseira de sua pequena caixa de jóias. Ela vê, então, que retirou uma pulseira de prata. Levando em conta tais informações, a probabilidade de que a pulseira de prata que Maria retirou seja uma das pulseiras que ganhou de João é igual a

a) 1/3. b) 1/5. c) 9/20. d) 4/5. e) 3/5.

RESOLUÇÃO:

Conforme é dito no enunciado, ao todo Maria tem 12 pulseiras de prata, sendo 4 dadas por João e 8 por Pedro. Se sabemos que a pulseira escolhida é de prata, então o total de possibilidades de escolha dessa pulseira é 12.

Dessas 12, apenas 4 nos são "favoráveis", pois foram dadas por João (atendendo à condição do enunciado).

Assim, a probabilidade de Maria ter escolhido uma pulseira de prata dada por João é:

$$P = \frac{4}{12} = \frac{1}{3}$$

Gabarito: A.

QUESTÃO 39 (ESAF/MPU/2004) Carlos diariamente almoça um prato de sopa no mesmo restaurante. A sopa é feita de forma aleatória por um dos três cozinheiros que lá trabalham: 40% das vezes a sopa é feita por João; 40% das vezes por José, e 20% das vezes por Maria. João salga demais a sopa 10% das vezes, José o faz em 5% das vezes e Maria 20% das vezes. Como de costume, um dia qualquer Carlos pede a sopa e, ao experimentá-la, verifica que está salgada demais. A probabilidade de que essa sopa tenha sido feita por José é igual a

a) 0,15. b) 0,25. c) 0,30. d) 0,20. e) 0,40.

RESOLUÇÃO:

Conforme as informações apresentadas no enunciado, sabemos que:

- De cada 100 sopas tomadas por Carlos, espera-se que 40 tenham sido feitas por João, 40 por José e as 20 restantes por Maria.
- Das 40 sopas feitas por João, 10% são salgadas, ou seja, 4 são salgadas.
- Das 40 sopas feitas por José, 5% são salgadas, isto é, 2 sopas.
- Das 20 sopas de Maria, 20% são salgadas, totalizando 4 sopas salgadas.

Assim, de cada 100 sopas tomadas por Carlos, espera-se que 4 + 2 + 4 = 10 sejam salgadas. Dessas, apenas 2 foram feitas por José.

Portanto, a probabilidade de que a sopa salgada seja feita por José é:

$$\boldsymbol{P} = \frac{2}{10} = 0,20$$

Gabarito: D.

QUESTÃO 40 (ESAF/ANA/2009) Na população brasileira verificou-se que a probabilidade de ocorrer determinada variação genética é de 1%. Ao se examinar ao acaso três pessoas desta população, qual o valor mais próximo da probabilidade de exatamente uma pessoa examinada possuir esta variação genética?

a) 0,98% b) 1% c) 1,30% d) 2,94% e) 3,96%

RESOLUÇÃO:

Suponhamos que as três pessoas selecionadas da população sejam A, B e C. O enunciado afirma que a chance de cada uma ter a variação genética é de 1%, de modo que a chance de cada uma não ter a variação genética é de 99%.

Assim, para que A tenha a variação E a pessoa B não tenha E a pessoa C não tenha, as chances são de:

P (A ter, B e C não) = 1% x 99% x 99%

Da mesma forma, para que B tenha a variação E a pessoa A não tenha E a pessoa C não tenha, temos:

P (B ter, A e C não) = 99% x 1% x 99%

Por fim, para que apenas C tenha a variação:

P (C ter, A e B não) = 99% x 99% x 1%

Para encontrarmos a probabilidade de que apenas A, OU apenas B, OU apenas C tenha a variação genética, basta somarmos as 3 já calculadas, obtendo:

P (só A, só B ou só C) = 1% x 99% x 99% + 99% x 1% x 99% + 99% x 99% x 1%

P (só A, só B ou só C) = 3 x (1% x 99% x 99%) = 0,0294 = **2,94%**

Gabarito: D.

QUESTÃO 41 (ESAF/MF/ATA/2009) Ao se jogar um dado honesto três vezes, qual o valor mais próximo da probabilidade de o número 1 sair exatamente uma vez?

a) 35% b) 17% c) 7% d) 42% e) 58%

RESOLUÇÃO:

Em uma jogada, a chance de obter o número um é de 1 em 6, ou seja, 1/6. Já a chance de não obter o número um é de 5 em 6, ou seja, 5/6. Assim, a chance de o primeiro número ser o 1 e os dois números seguintes serem diferentes de 1 é:

P (apenas o primeiro ser 1) = (1/6) x (5/6) x (5/6) = 25/216

Porém, devemos considerar ainda que o número 1 poderia ser obtido no 2º ou no 3º lançamentos, em vez do primeiro. Assim, basta multiplicar o resultado encontrado por 3:

P (obter 1 em apenas um dos 3 lanç) = 3 x (25/216) = 25/72 = 0,347 = **34,7%**

Gabarito: A.

QUESTÃO 42 (ESAF/MF/ATA/2009) Ao se jogar um determinado dado viciado, a probabilidade de sair o número 6 é de 20%, enquanto as probabilidades de sair qualquer outro número são iguais entre si. Ao se jogar este dado duas vezes, qual o valor mais próximo da probabilidade de um número par sair duas vezes?

a) 20% b) 27% c) 25% d) 23% e) 50%

RESOLUÇÃO:

O que significa dizer que um dado é viciado? Ora, isso indica que ele tem algum "defeito" que faz com que a probabilidade de alguns resultados serem obtidos ser maior do que a de outros resultados.

É o que ocorre aqui: como a probabilidade de sair o 6 é de 20%, resta 80% de chance de sair algum dos outros 5 números do dado. Como a probabilidade desses 5 números é igual, podemos dividir esses 80% restantes entre os 5, obtendo:

Probabilidade de cada um dos outros números = 80% / 5 = **16%**

Observando os números pares, notamos que a probabilidade de obter 2 é 16%, de obter 4 é 16% e de obter 6 é 20%. Assim, a probabilidade de obter um número par em um lançamento é:

P (par em 1 lançamento) = 16% + 16% + 20% = **52%**

Para obter número par no primeiro E no segundo lançamentos, temos:

P (par nos 2 lançamentos) = 52% x 52% = 0,2704 = **27,04%**

Gabarito: B.

QUESTÃO 43 (ESAF – TA/ANEEL/2006) Uma empresa possui 200 funcionários dos quais 40% possuem plano de saúde, e 60 % são homens. Sabe-se que 25% das mulheres que trabalham nesta empresa possuem planos de saúde. Selecionando-se, aleatoriamente, um funcionário desta empresa, a probabilidade de que seja mulher e possua plano de saúde é igual a:

a) 1/10 b) 2/5 c) 3/10 d) 4/5 e) 4/7

RESOLUÇÃO:

A fim de facilitar a nossa resolução, deveremos preencher a seguinte tabela:

	Com plano	Sem plano	Total
Homens			
Mulheres			
Total			

Sabemos que a empresa possui 200 funcionários, dos quais 40% possuem plano de saúde. Os outros 60% não possuem.

	Com plano	Sem plano	Total
Homens			
Mulheres			
Total	0,4 x 200 = 80	0,6 x 200 = 120	200

O enunciado afirma que 60% dos funcionários são homens, logo os outros 40% são mulheres:

	Com plano	Sem plano	Total
Homens			0,6 x 200 = 120
Mulheres			0,4 x 200 = 80
Total	80	120	200

Também foi informado que 25% das mulheres possuem plano. Ou seja, 0,25 x 80 = 20. Assim, 20 empregados são mulheres e têm plano de saúde. Logo, temos **20 resultados favoráveis** em **200 possíveis.** Efetuando o **cálculo da probabilidade,** obtemos:

$$P(X) = \frac{n(X)}{n(S)} = \frac{20}{100} = \frac{1}{10}$$

Gabarito: A.

QUESTÃO 44 (ESAF – Estat/MTUR/2014) Em uma universidade, 30% dos alunos são estrangeiros. Entre os alunos estrangeiros, 60% são mulheres. As mulheres constituem 50 % dos alunos dessa universidade. Desse modo, o percentual de estrangeiros entre os homens é igual a:

a) 37 % b) 36 % c) 24 % d) 15 % e) 30 %

RESOLUÇÃO:

Nessas questões em que são mencionados determinados valores percentuais, mas sem citar o valor total, é interessante utilizarmos a estratégia de supor que o **valor total é 100.** Ok? Prossigamos!

Mais uma vez, deveremos preencher a seguinte tabela:

	Mulheres	Homens	Total
Estrangeiros			
Brasileiros			
Total			

O enunciado afirma que 30% dos alunos da universidade são estrangeiros. Logo, 0,3 x 100 = 30.

	Mulheres	Homens	Total
Estrangeiros			30
Brasileiros			
Total			

Foi afirmado também que 60% dos estrangeiros são mulheres. Logo, 0,6 x 30 = 18.

O restante dos estrangeiros são homens. Daí, 30 – 18 = 12.

	Mulheres	Homens	Total
Estrangeiros	18	12	30
Brasileiros			
Total			

Além disso, as mulheres constituem 50% dos alunos dessa universidade. Daí, 0,5 x 100 = 50. A outra metade é de homens.

	Mulheres	Homens	Total
Estrangeiros	18	12	30
Brasileiros	50 – 18 = 32	50 – 12 = 38	32 + 38 = 70
Total	50	50	100

Assim, entre os homens há 12 estrangeiros, de forma que o percentual de estrangeiros entre os homens é igual a:

$$\frac{12}{50} = 24\%$$

Gabarito: C.

QUESTÃO 45 (ESAF/ATRFB/2009) Para acessar a sua conta nos caixas eletrônicos de determinado banco, um correntista deve utilizar sua senha constituída por três letras, não necessariamente distintas, em determinada sequência, sendo que as letras usadas são as letras do alfabeto, com exceção do W, totalizando 25 letras. Essas 25 letras são então distribuídas aleatoriamente, três vezes, na tela do terminal, por cinco teclas, em grupos de cinco letras por tecla, e, assim, para digitar sua senha, o correntista deve acionar, a cada vez, a tecla que contém a respectiva letra de sua senha. Deseja-se saber qual o valor mais próximo da probabilidade de ele apertar aleatoriamente em sequência três das cinco teclas à disposição e acertar ao acaso as teclas da senha?

a) 0,001. b) 0,0001. c) 0,000125. d) 0,005. e) 0,008.

RESOLUÇÃO:

Na primeira tecla apertada ao acaso temos 5 das 25 letras disponíveis. Logo, a chance dessa tecla conter a primeira letra da senha (que pode ser qualquer uma das 25) é de 5 em 25, isto é, P = 5/25 = **1/5**.

Da mesma forma, a chance da segunda tecla apertada ao acaso conter a segunda letra da senha é de 5 em 25, ou seja, **P = 1/5.**

Por sua vez e de forma análoga, a chance da terceira tecla apertada conter a terceira letra da senha é **P = 1/5.**

A chance de acertar a primeira E acertar a segunda E acertar a terceira letras da senha é dada pela **multiplicação** dessas probabilidades, pois temos **três eventos independentes** entre si:

$$\boldsymbol{P} = \frac{1}{5}\ x\ \frac{1}{5}\ x\ \frac{1}{5} = \frac{1}{125} = 0{,}008$$

Gabarito: E.

QUESTÃO 46 (ESAF – Fiscal de Rendas/Pref RJ/2010) Em cada um de um certo número par de cofres são colocadas uma moeda de ouro, uma de prata e uma de bronze. Em uma segunda etapa, em cada um de metade dos cofres, escolhidos ao acaso, é colocada uma moeda de ouro, e em cada um dos cofres restantes, uma moeda de prata. Por fim, em cada um de metade dos cofres, escolhidos ao acaso, coloca-se uma moeda de ouro, e em cada um dos cofres restantes, uma moeda de bronze. Desse modo, cada cofre ficou com cinco moedas. Ao se escolher um cofre ao acaso, qual é a probabilidade de ele conter três moedas de ouro?

a) 0,15 b) 0,20 c) 0,5 d) 0,25 e) 0,7

RESOLUÇÃO:

Seja **A** o evento que ocorre quando, escolhendo-se um cofre ao acaso, verifica-se que ele recebeu uma moeda de ouro na primeira etapa. Sejam **B** e **C** os eventos análogos para a segunda e terceira etapas.

Nosso objetivo consiste em obter a probabilidade de, ao se escolher um cofre ao acaso, ele **conter três moedas de ouro.**

Bem, a questão afirma que na primeira etapa todos os cofres recebem moedas de ouro, de forma que qualquer cofre escolhido receberá uma moeda de ouro nessa etapa. Logo: **P(A) = 1.**

Já na segunda etapa, foi dito que apenas metade dos cofres recebem moeda de ouro. Logo: **P(B) = 0,5.**

Por fim, na terceira etapa, mais uma vez só metade dos cofres recebem moeda de ouro. Logo: **P(C) = 0,5.**

A fim de que um cofre escolhido aleatoriamente tenha 3 moedas de ouro, **devem ocorrer os eventos A, B e C.** Logo: **P(A ∩ B ∩ C) = ?**

Já que são **eventos independentes**, a probabilidade da interseção é igual ao **produto das probabilidades.** Assim:

$$P(A \cap B \cap C) = P(A) \times P(B) \times P(C) = 1 \times 0{,}5 \times 0{,}5 = \mathbf{0{,}25}$$

Gabarito: D.

QUESTÃO 47 (ESAF/MPOG/2003) Paulo e Roberto foram indicados para participarem de um torneio de basquete. A probabilidade de Paulo ser escolhido para participar do torneio é 3/5. A probabilidade de Roberto ser escolhido para participar do mesmo torneio é 1/5. Sabendo que a escolha de um deles é independente da escolha do outro, a probabilidade de somente Paulo ser escolhido para participar do torneio é igual a:

a) 4/5 b) 10/25 c) 12/25 d) 3/5 e) 4/5

RESOLUÇÃO:

A questão busca saber qual a probabilidade de somente Paulo ser escolhido para participar do torneio de basquete.

O principal ponto dessa frase é a palavra "**somente**". Bem, a questão falava de duas pessoas: Paulo e Roberto. Ora, se desejamos saber a probabilidade de somente Paulo ser escolhido para participar do torneio, podemos traduzir essa pergunta de outra forma:

"Qual a probabilidade de Paulo ser escolhido para participar do torneio
E
Roberto não ser escolhido para participar do torneio?"

Assim, se quero somente Paulo no torneio, é porque quero Roberto fora!

Sem dúvida, estamos diante de dois eventos **mutuamente excludentes.**

Em seguida, percebemos que essa questão é bem propícia para que façamos uso da técnica da **árvore de probabilidades**, diante das **situações excludentes** que nos são apresentadas.

Foram mencionadas quais são as probabilidades de Paulo e de Roberto serem escolhidos para participar do torneio. Daí, já podemos iniciar o desenho da **árvore de probabilidades**. Teremos:

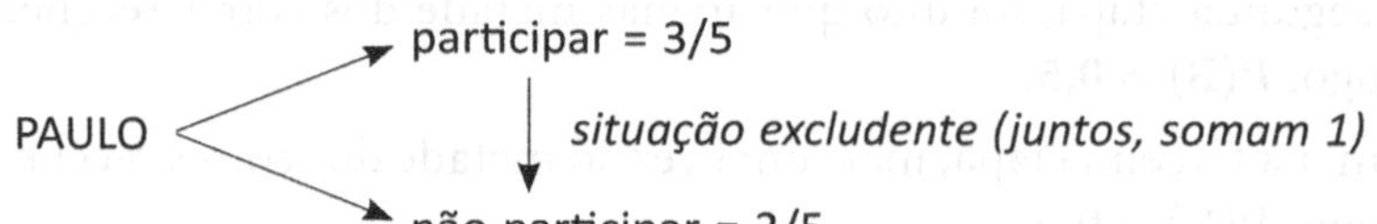

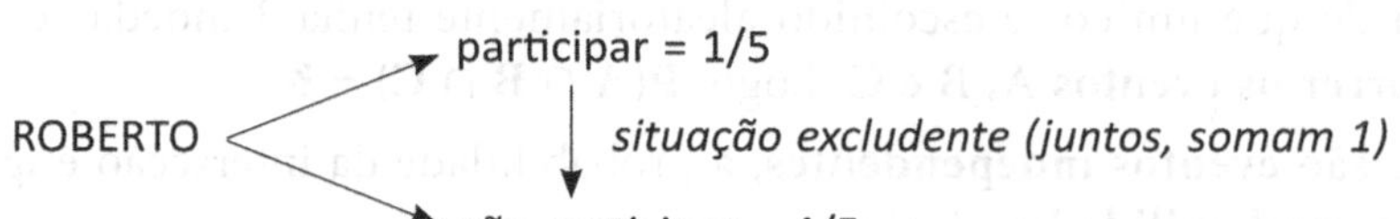

Muito bem! Até aqui, já aprendemos a desenhar uma árvore de probabilidades, a saber o que são **situações excludentes** e que a soma das probabilidades dessas situações excludentes será sempre 100% (ou sempre 1, que é o mesmo que 100%).

Prosseguindo a leitura do enunciado, temos a seguinte informação:

"A escolha de um deles é independente da escolha do outro".

Então esses quatro eventos que temos na árvore de probabilidades (Paulo participar, Paulo não participar, Roberto participar e Roberto não participar) são **eventos independentes.**

E você já sabe que:

Dois eventos, A e B, são **independentes** se, e somente se, ocorrer a igualdade:

P (A e B) = P(A) x P(B)

Logo, se quisermos calcular a probabilidade de ocorrência simultânea de dois ou mais desses eventos, teremos que multiplicar as probabilidades de cada um deles.

E já que buscamos ***"a probabilidade de Paulo ser escolhido para participar do torneio E Roberto não ser escolhido para participar do torneio?"***, teremos:

*P(Paulo participa **E** Roberto não participa) = (3/5) x (4/5) =* ***12/25***

Gabarito: C.

QUESTÃO 48 (ESAF/MF/ATA/2012) Sorteando-se um número de uma lista de 1 a 100, qual a probabilidade de o número ser divisível por 3 ou por 8?

a) 41% b) 44% c) 42% d) 45% e) 43%

RESOLUÇÃO:

Inicialmente, vamos descrever os números que são **múltiplos de 3 e de 8**, menores que 100.

- ***M(3)*** = {3, 6, 9, 12, 15, 18, 21, 24, 27, 30, 33, 36, 39, 42, 45, 48, 51, 54, 57, 60, 63, 66, 69, 72, 75, 78, 81, 84, 87, 90, 93, 96, 99}

Logo, temos **33** números, de forma que são 33 resultados favoráveis em 100 possíveis. Assim, a probabilidade será:

P(M(3)) = 33/100

- ***M(8)*** = {8, 16, 24, 32, 40, 48, 56, 64, 72, 80, 88, 96}

Logo, temos **12** números, de forma que são 12 resultados favoráveis em 100 possíveis. Assim, a probabilidade será:

P(M(8)) = 12/100

A seguir, temos que os **múltiplos de 3 e 8** são:

- **M(3) e M(8)** = {24, 48, 72, 96}

Logo, temos **4** números, de forma que são 4 resultados favoráveis em 100 possíveis. Assim, a probabilidade será:

P(M(3)) = 4/100

O nosso objetivo é definir a **probabilidade de o número ser divisível por 3 ou por 8**. Ah! Mais uma vez estamos diante da **regra do OU**. Aplicando a fórmula, temos:

P(A ou B) = P(A) + P(B) – P(A e B)

P(A ou B) = 33/100 + 12/100 – 4/100 = ***41/100***

Gabarito: A.

QUESTÃO 49 (ESAF – Ana/IRB/2006) Sendo q_x a probabilidade de uma pessoa de idade "x" falecer nesta idade "x" e q_y a probabilidade de uma pessoa de idade "y" falecer nesta idade "y" e $p_x = (1 - q_x)$ e $p_y = (1 - q_y)$, pode-se afirmar que o resultado da equação $[1 - p_x.p_y]$ indica:

a) a probabilidade de ambos vivos.

b) a probabilidade de pelo menos um vivo.

c) a probabilidade de pelo menos um morto.

d) a probabilidade de ambos mortos.

e) a probabilidade de "x" vivo e "y" morto ou "y" vivo e "x" vivo.

RESOLUÇÃO:

Sejam:

$\mathbf{P_x}$: a probabilidade do evento complementar de "falecer na idade x" (permanecer viva na idade x).

$\mathbf{P_y}$: a probabilidade do evento complementar de "falecer na idade y" (permanecer viva na idade y).

Dessa forma, a probabilidade de <u>ambos permanecerem vivos</u> será dada por $\mathbf{P_x \times P_y}$.

Sendo assim, teremos: primeira pessoa viva **e** segunda pessoa viva.

O que nos interessa agora é saber qual a probabilidade do evento complementar. Isto é, queremos obter a chance de pelo menos um dos dois morrer. Ora, isso é fácil:

$$1 - P_x \, x \, P_y$$

Gabarito: C.

QUESTÃO 50 (ESAF – AFPS/INSS/2002) Suponha que a probabilidade de um evento C seja 0,4 e que a probabilidade condicional do evento D dado que C ocorreu seja 0,2. Assinale a opção que dá o valor da probabilidade de ocorrência de D e C.

a) 0,50 b) 0,08 c) 0,00 d) 1,00 e) 0,60

RESOLUÇÃO:

Essa questão é de aplicação direta da fórmula de **Probabilidade Condicional.** Sejam:

- P(C) = 0,4
- P(D|C) = 0,2

Daí, nosso objetivo é obter a probabilidade de ocorrência de D e C, ou seja:

$$P(D \cap C)$$

Aplicando a fórmula para o caso apresentado, teremos:

$$P(D|C) = \frac{P(D \cap C)}{P(C)}$$

$$0,2 = \frac{P(D \cap C)}{0,4} \Rightarrow \boldsymbol{P(D \cap C)} = 0,08$$

Gabarito: B.

QUESTÃO 51 (ESAF – EPPGG/MPOG/2013) Um jogo consiste em jogar uma moeda viciada cuja probabilidade de ocorrer coroa é igual a 1/6. Se ocorrer cara, seleciona-se, ao acaso, um número z do conjunto Z dado pelo intervalo {z i N | 7 ≤ z ≤ 11}. Se ocorrer coroa, seleciona-se, ao acaso, um número p do intervalo P = {p i N | 1 ≤ p < 5}, em que N representa o conjunto dos números naturais. Maria lança uma moeda e observa o resultado. Após verificar o resultado, Maria retira, aleatoriamente, um número do conjunto que atende ao resultado obtido com o lançamento da moeda, ou seja: do conjunto Z se ocorreu cara ou do conjunto P se ocorreu coroa. Sabendo-se que o número selecionado por Maria é ímpar, então a probabilidade de ter ocorrido coroa no lançamento da moeda é igual a:

a) 6/31 b) 1/2 c) 1/12 d) 1/7 e) 5/6

RESOLUÇÃO:

Sejam os eventos:

A: número sorteado é ímpar;

Ā: número sorteado é par (é o evento complementar de A);

A_1: Ocorrer coroa no lançamento da moeda;

A_2: Ocorrer cara no lançamento da moeda.

São fornecidos os seguintes dados:

- $P(A_1) = 1/6$
- $P(A|A_1) = 2/4 = 1/2$, pois o conjunto P = {1,2,3,4} possui 2 números ímpares de um total de 4.
- $P(\bar{A}|A_1) = 1/2$
- $P(A_2) = 5/6$
- $P(A|A_2) = 3/5$, pois o conjunto Z = {7, 8, 9, 10, 11} possui 3 números ímpares de um total de 5.
- $P(\bar{A}|A_2) = 2/5$

Pronto! Já temos condições de desenhar a nossa **árvore de probabilidades**:

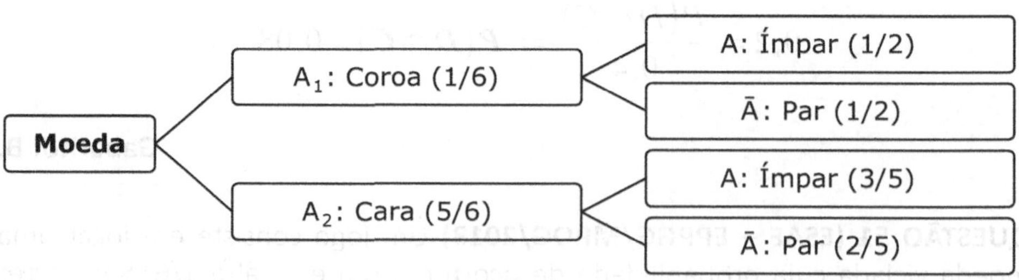

O nosso objetivo consiste em obter a probabilidade de ter ocorrido **coroa** no lançamento da moeda, dado que o número selecionado por Maria é ímpar (**$P(A_1|A)$**.

Aplicando, então, a fórmula do **Teorema de Bayes**, teremos:

$$P(A_1|A) = \frac{P(A_1)\cdot P(A|A_1)}{P(A_1)\cdot P(A|A_1) + P(A_2)\cdot P(A|A_2)}$$

$$P(A_1|A) = \frac{\overbrace{P(A_1)}^{1/6}\cdot \overbrace{P(A|A_1)}^{1/2}}{\underbrace{P(A_1)}_{1/6}\cdot \underbrace{P(A|A_1)}_{1/2} + \underbrace{P(A_2)}_{5/6}\cdot \underbrace{P(A|A_2)}_{3/5}}$$

$$P(A_1|A) = \frac{1}{7}$$

Gabarito: D.

QUESTÃO 52 (ESAF – APOFP/SEFAZ-SP/2009) Considere que numa cidade 40% da população adulta é fumante, 40% dos adultos fumantes são mulheres e 60% dos adultos não-fumantes são mulheres. Qual a probabilidade de uma pessoa adulta da cidade escolhida ao acaso ser uma mulher?

a) 44% b) 52% c) 50% d) 48% e) 56%

RESOLUÇÃO:

Sejam os eventos:

A: Mulheres;

Ā: Homens (é o evento complementar de A);

A_1: Fumante;

A_2: Não fumante.

São fornecidos os seguintes dados:

- $P(A_1) = 40\%$
- $P(A|A_1) = 40\%$
- $P(\bar{A}|A_1) = 60\%$
- $P(A_2) = 60\%$
- $P(A|A_2) = 60\%$
- $P(\bar{A}|A_2) = 40\%$

Pronto! Já temos condições de desenhar a nossa **árvore de probabilidades**:

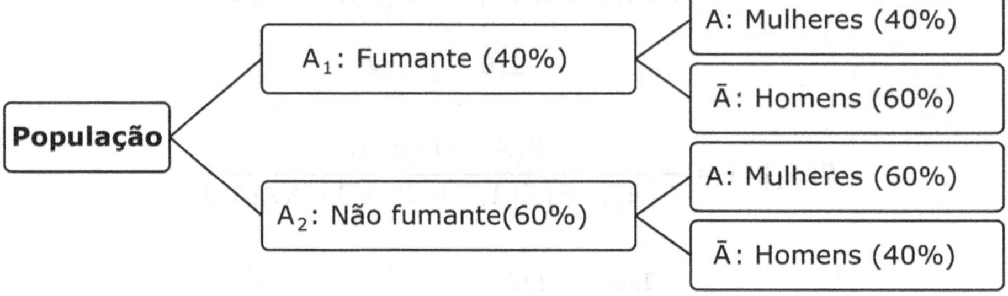

O nosso objetivo consiste em obter a probabilidade de uma pessoa adulta da cidade escolhida ao acaso ser uma mulher **(P(A))**.

Note que o solicitado pela questão é uma probabilidade de um evento da segunda parte do "galho". Aplicando, então, a fórmula do **Teorema da Probabilidade Total**, teremos:

$$P(A) = P(A\,|A_1) \cdot P(A_1) + P(A\,|A_2) \cdot P(A_2)$$

$$P(A) = \underbrace{P(A\,|A_1)}_{0,40} \cdot \underbrace{P(A_1)}_{0,40} + \underbrace{P(A\,|A_2)}_{0,60} \cdot \underbrace{P(A_2)}_{0,60}$$

$$P(\bar{A}) = 0,52 = \mathit{52,00\%}$$

Gabarito: B.

QUESTÃO 53 (ESAF/DNIT/Ana/2012) Dois dados de seis faces são lançados simultaneamente, e os números das faces voltadas para cima são somados. A probabilidade da soma obtida ser menor do que cinco ou igual a dez é igual a:

a) 35% b) 20% c) 30% d) 15% e) 25%

RESOLUÇÃO:

1º PASSO: Resultados possíveis: 6 x 6 = **36.**

2º PASSO: Resultados favoráveis.

Vamos listar os casos em que a soma dos números das faces dos dados voltadas para cima seja menor do que cinco ou igual a dez:

1,1

1,2

2,1

2,2

1,3

3,1

4,6

6,4

5,5

Logo, são **9 resultados favoráveis** em **36 possíveis**. Calculando a probabilidade, temos:

$$P = \frac{9}{36} = 0,25 = 25\%$$

Gabarito: E.

QUESTÃO 54 (ESAF/MTur/Estatístico/2014) Dois eventos A e B são tais que: P(A) = 0,25; P(B/A) = 0,5; P(A/B) = 0,25. Assim, pode-se afirmar que:

a) A e B são eventos dependentes.

b) P(B) = 0,5 e os eventos são mutuamente exclusivos.

c) P(B) = 0,25 e os eventos são independentes.

d) P(B) = 0,5 e os eventos são independentes.

e) P(A ∩ B) = 0 e os eventos são independentes.

RESOLUÇÃO:

A questão nos fornece os seguintes dados:

- ***P(A) = 0,25***
- ***P(B/A) = 0,5***
- ***P(A/B) = 0,25***

Daí, deseja-se saber se os eventos A e B são independentes ou excludentes. Ao longo do capítulo, vimos que, se A e B são eventos independentes, temos:

P(A|B) = P(A)

P(B|A) = P(B)

Perceba que realmente **P(A|B) = P(A) = 0,25**. Logo, os eventos A e B são **independentes**. Informação preciosa, já podemos eliminar as alternativas A e B.

Agora vem o "pulo do gato". Note que no quadro-resumo, temos que:

$$P(B|A) = P(B)$$

Ora, sabemos que P(B/A) = 0,5. Logo, P(B) também será igual a 0,5. Isto é:

$$P(B|A) = P(B) = 0,5$$

Gabarito: D.

QUESTÃO 55 (ESAF/MTur/Analista/2014) Uma caixa contém 3 moedas de um real e 2 moedas de cinquenta centavos. 2 moedas serão retiradas dessa caixa ao acaso e obedecendo às condições: se a moeda retirada for de um real, então ela será devolvida à caixa e, se for de cinquenta centavos, não será devolvida à caixa. Logo, a probabilidade de pelo menos uma moeda ser de um real é igual a

a) 80% b) 75% c) 90% d) 70% e) 85%

RESOLUÇÃO:

Temos que calcular a probabilidade de retirarmos pelo menos uma moeda de 1 real, então calcularemos a probabilidade de retirarmos nenhuma moeda de um real e subtraímos ela de 1.

A seguir estão descritas as duas retiradas de R$0,50, com suas respectivas probabilidades:

R$ 0,50	R$ 0,50
P = 2/5	P = 1/4 (não houve reposição da moeda de R$ 0,50 da primeira retirada. O espaço amostral ficou com 4 elementos)

A probabilidade que estamos procurando é:

$$1 - \frac{2}{5} \cdot \frac{1}{4} = \frac{90}{100} = 90\%$$

Gabarito: C.

QUESTÃO 56 (ESAF – AnaTA/MF/2013) Beatriz é servidora do Ministério da Fazenda e costuma se deslocar de casa para o trabalho de carro próprio ou de ônibus. Sabe-se que Beatriz se desloca de carro próprio em 90% das vezes e de ônibus em 10% das vezes. Quando Beatriz se desloca de ônibus, chega atrasada em 30% das vezes e, quando se desloca de carro próprio, chega atrasada em 10% das vezes. Em um determinado, dia Beatriz chegou atrasada ao trabalho. Qual a probabilidade de ela ter ido de ônibus neste dia?

a) 30% b) 15% c) 20% d) 10% e) 25%

RESOLUÇÃO:

Sejam os eventos:

A: Chegar atrasada

Ā: Não chegar atrasada

A_1: Ir de ônibus

A_2: Ir de carro

São fornecidos os seguintes dados:

- $P(A_1) = 10\%$
- $P(A|A_1) = 30\%$
- $P(\bar{A}|A_1) = 70\%$
- $P(A_2) = 90\%$
- $P(A|A_2) = 10\%$
- $P(\bar{A}|A_2) = 90\%$

Pronto! Já temos condições de desenhar a nossa **árvore de probabilidades**:

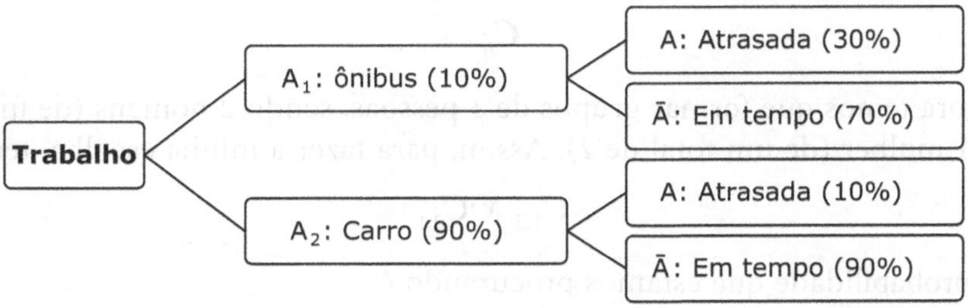

O nosso objetivo consiste em obter a probabilidade de Beatriz ter ido de ônibus neste dia, dado que chegou **atrasada (P(A1|A))**.

Note que pedimos uma probabilidade de um evento da primeira parte do "galho", dada a probabilidade de um evento da segunda parte do galho. Aplicando, então, a fórmula do **Teorema de Bayes**, teremos:

$$P(A_1|A) = \frac{P(A_1) \cdot P(A|A_1)}{P(A_1) \cdot P(A|A_1) + P(A_2) \cdot P(A|A_2)}$$

$$P(A_1|A) = \frac{\overbrace{P(A_1)}^{0,10} \cdot \overbrace{P(A|A_1)}^{0,30}}{\underbrace{P(A_1)}_{0,10} \cdot \underbrace{P(A|A_1)}_{0,30} + \underbrace{P(A_2)}_{0,9} \cdot \underbrace{P(A|A_2)}_{0,10}}$$

$$P(A_1|A) = 0,25 = 25\%$$

Gabarito: E.

QUESTÃO 57 (ESAF/DNIT/Téc Adm/2012) Para efetuar um determinado trabalho, 3 servidores do DNIT serão selecionados ao acaso de um grupo com 4 homens e 2 mulheres. A probabilidade de serem selecionados 2 homens e 1 mulher é igual a:

a) 55% b) 40% c) 60% d) 45% e) 50%

RESOLUÇÃO:

Nosso objetivo consiste em obter a probabilidade de serem selecionados **2 homens e 1 mulher**.

Inicialmente, devemos identificar o TOTAL de grupos de 3 servidores que se pode formar a partir de 6. Isso pode ser calculado por meio da seguinte combinação:

$$C_{6,3}$$

Agora temos que formar grupos de 3 pessoas, sendo 2 homens (de um total de 4) e 1 mulher (de um total de 2). Assim, para fazer a minha escolha, tenho:

$$C_{4,2} \ x \ C_{2,1}$$

A probabilidade que estamos procurando é:

$$P = \frac{C_{4,2} \ x \ C_{2,1}}{C_{6,3}} = \frac{12}{20} = 0,6 = 60\%$$

Gabarito: C.

QUESTÃO 58 (ESAF – ACE/MDIC/2012) Em uma população de 50 empresas de uma região, 20 são empresas exportadoras. Retirando-se sem reposição uma amostra aleatória de tamanho 10 desta população de empresas, qual a probabilidade de que as 5 primeiras empresas escolhidas sejam empresas exportadoras e as 5 últimas não sejam exportadoras?

a) (0,24)5

b) 10!/(5!5!) (0,4)5 (0,6)5

c) (20!/15!) (30!/25!) / (50!/40!)

d) 10!/(5!5!) (20!/15!) (30!/25!) / (50!/40!)

e) 0,5

RESOLUÇÃO:

Sejam os eventos:

A: Ocorre quando as 5 primeiras sorteadas são exportadoras;

B: Ocorre quando as 5 últimas sorteadas não são exportadoras.

➢ Evento A

1) casos favoráveis: há 20 exportadoras e queremos escolher 5. A ordem importa. Logo, temos um caso de arranjo de 20 elementos, tomados 5 a 5:

$$A_{20,5} = \frac{20!}{(20-5)!} = \frac{20!}{15!}$$

2) casos possíveis: há 50 empresas e vamos sortear 5. É um caso de arranjo de 50 elementos, tomados 5 a 5:

$$A_{20,5} = \frac{50!}{(50-5)!} = \frac{50!}{45!}$$

A **probabilidade do evento A** será:

$$P(A) = \frac{20!}{15!} \div \frac{50!}{45!} = \frac{20!}{15!} \times \frac{45!}{50!}$$

➢ Evento B, dado que A ocorreu.

Sabendo que o evento A ocorreu, sobram então 45 empresas, sendo 15 exportadoras e 30 não exportadoras.

1) casos favoráveis: Queremos que as 5 empresas seguintes sejam não exportadoras. Temos um arranjo de 30 elementos, tomados 5 a 5:

$$\frac{30!}{(30-5)!} = \frac{30!}{25!}$$

2) casos possíveis: São 45 empresas restantes e iremos escolher 5. Temos um arranjo de 45 elementos, tomados 5 a 5:

$$\frac{45!}{(45-5)!} = \frac{45!}{40!}$$

A **probabilidade de B, dado A**, é:

$$P(B|A) = \frac{30!}{25!} \div \frac{45!}{40!} = \frac{30!}{25!} \times \frac{40!}{45!}$$

Por fim, a **probabilidade de A e B** ocorrerem é:

$$P(A \cap B) = P(A) \times P(B|A)$$

$$= \frac{20!}{15!} \times \frac{45!}{50!} \times \frac{30!}{25!} \times \frac{40!}{45!}$$

$$\frac{20!}{15!} \times \frac{30!}{25!} \times \frac{40!}{50!}$$

$$= \frac{20!}{15!} \times \frac{30!}{25!} \div \frac{50!}{40!}$$

Gabarito: C.

QUESTÃO 59 (ESAF/Receita federal do Brasil/2012) O Ministério da Fazenda pretende selecionar ao acaso 3 analistas para executar um trabalho na área de tributos. Esses 3 analistas serão selecionados de um grupo composto por 6 homens e 4 mulheres. A probabilidade de os 3 analistas serem do mesmo sexo é igual a

a) 40%. b) 50%. c) 30%. d) 20%. e) 60%.

RESOLUÇÃO:

➢ 1º PASSO: Casos possíveis.

São 10 pessoas e queremos escolher 3 sem reposição. Temos um caso de combinação de 10 elementos, tomados 3 a 3.

$$C_{10,3} = \frac{10!}{7! \times 3!} = \frac{10 \times 9 \times 8}{3 \times 2 \times 1} = 120$$

➢ 2º PASSO: Casos favoráveis.

1ª situação: escolha de 3 mulheres

Temos 4 mulheres e precisamos escolher 3. É um caso de combinação de 4 elementos, tomados 3 a 3:

$$C_{4,3} = \frac{4!}{3! \times 1!} = 4$$

2ª situação: escolha de 3 homens.

Temos 6 homens e precisamos escolher 3. É um caso de combinação de 6 elementos, tomados 3 a 3:

$$C_{6,3} = \frac{6!}{3! \times 3!} = \frac{6 \times 5 \times 4}{3 \times 2 \times 1} = 20$$

Somando tudo, são 20 + 4 = **24 casos favoráveis.**

➢ 3º PASSO: Cálculo da Probabilidade.

A probabilidade é dada pela relação entre o número de casos favoráveis e o número de casos possíveis:

$$P = \frac{24}{120} = 0{,}2$$

Gabarito: D.

QUESTÃO 60 (FCC/SEFAZ-GO/Auditor-Fiscal/2018) Em um campeonato de futebol, as equipes recebem 3 pontos a cada vitória, 1 ponto por empate e não recebem ponto quando são derrotadas. Faltando somente a última rodada para ser disputada, apenas a equipe X, com 74 pontos, e a equipe Y, com 73 pontos, ainda têm chance de vencer o campeonato. O campeão será aquele que somar mais pontos ao final da última rodada, sendo que, em caso de empate, os critérios estabelecidos no regulamento indicam que a equipe Y será a campeã. Considerando os adversários de cada equipe na última rodada, analistas esportivos estimaram, para as equipes X e Y, as seguintes probabilidades para os jogos que decidirão o torneio.

Equipe	Adversário na última rodada	Probabilidade de vitória	Probabilidade de empate	Probabilidade de derrota
X	P	50%	30%	20%
Y	Q	80%	10%	10%

Admitindo que os resultados dos jogos das equipes X e Y na última rodada sejam independentes, a probabilidade de que a equipe X seja campeã, de acordo com a estimativa dos analistas é igual a:

a) 60% b) 63% c) 50% d) 55% e) 58%

RESOLUÇÃO:

O nosso objetivo consiste em calcular a probabilidade de a equipe X ser campeã. Para isso, ela deve:

1 – vencer o seu jogo (e, neste caso, ela não depende do resultado de Y). Nessa situação, a probabilidade é igual a **50%**.

OU

2 – empatar o seu jogo (e, neste caso, ela depende de Y NÃO ganhar). Nesse cenário, como se tratam de eventos independentes, multiplicamos as duas probabilidades:

$$30\% \times (1 - 80\%) = 30\% \times 20\% = \mathbf{6\%}$$

3 – perder o seu jogo (e, neste caso, ela depende de Y PERDER). Também se tratam de eventos independentes, de modo que multiplicamos as duas probabilidades:

$$20\% \times 10\% = \mathbf{2\%}$$

Levando em conta que os cenários que descrevemos são **mutuamente excludentes**, podemos *somar* as probabilidades:

$$50\% + 6\% + 2\% = \mathbf{58\%}$$

Gabarito: E.

QUESTÃO 61 (FCC/ALESE/Téc Leg/2018) Segundo a previsão do tempo, a probabilidade de chuva em uma cidade é de 50% no sábado e 30% no domingo. Além disso, ela informa que há 20% de probabilidade de que chova tanto no sábado quanto no domingo. De acordo com essa previsão, a probabilidade de que haja chuva nessa cidade em pelo menos um dos dois dias do final de semana é igual a

(A) 100%. (B) 80%. (C) 70%. (D) 60%. (E) 50%.

RESOLUÇÃO:

Vamos chamar de S a probabilidade de chuva no sábado e D a probabilidade de chuva no domingo.

O enunciado afirma que P(S) = 50%, P(D) = 30% e P(S e D) = 20%.

A questão pede a probabilidade de que chova no sábado ou no domingo, então podemos dizer que:

$$P(S \text{ ou } D) = P(S) + P(D) - P(S \text{ e } D)$$

$$\mathbf{P(S \text{ ou } D)} = 50\% + 30\% - 20\% = \mathbf{60\%}$$

Gabarito: D

QUESTÃO 62 (FCC/ISS SÃO LUÍS/Auditor Fiscal/2018) As 6 vagas da garagem de um pequeno edifício recém-construído serão sorteadas entre os proprietários dos 6 apartamentos, de modo que cada apartamento terá direito a uma vaga. As vagas ficam localizadas lado a lado ao longo de uma parede. Dois irmãos, proprietários dos apartamentos 1 e 2, gostariam que suas vagas ficassem localizadas lado a lado. A probabilidade de que isso aconteça é igual a

(A) 1/2 (B) 1/3 (C) 1/4 (D) 1/5 (E) 1/6

RESOLUÇÃO:

O total de formas de distribuir as 6 vagas entre os apartamentos é dado pela permutação:

$$\textbf{Total} = P(6) = 6! = \textbf{720}$$

Como dois apartamentos precisam ficar juntos, podemos transformar as suas duas vagas em uma só. Assim, ficamos com 5 vagas. O total de permutações que temos é:

$$P(5) = 5! = \textbf{120}$$

Em cada um desses 120 casos, sabemos que os dois irmãos podem permutar entre si, num total de 2 x 120 = 240 formas.

Assim, a probabilidade que estamos buscando é:

$$P = \frac{240}{720} = \frac{12}{36} = \frac{1}{3}$$

Gabarito: B.

QUESTÃO 63 (FGV/CGM-Niteroi/APPGG/2018) Considere todas as senhas formadas por três vogais maiúsculas. São exemplos dessas senhas: EEE, OIA e UAU. Dentre todas as senhas desse tipo, escolhendo ao acaso uma delas, a probabilidade de que ela tenha duas letras iguais e uma diferente é de

(A) 36%. (B) 40%. (C) 44%. (D) 48%. (E) 52%.

RESOLUÇÃO:

Podemos começar calculando o total de senhas possíveis. Temos 5 vogais para a primeira posição, 5 para a segunda e 5 para a terceira, totalizando 5x5x5 = 125.

O número de senhas formadas por vogais distintas é 5x4x3 = 60.

O número de senhas formadas por 3 vogais repetidas é 5 (AAA, EEE, III, OOO, UUU).

Veja que:

Total de senhas – senhas com vogais distintas – senhas com 3 vogais repetidas = Senhas com 2 vogais repetidas

Logo,

Senhas com 2 vogais repetidas = 125 – 60 – 5 = 60

A probabilidade de escolher uma delas é de 60/125 = 0,48 = 48%. O gabarito está na letra D.

Veja uma outra forma de encontrar as senhas com 2 vogais repetidas:

- escolher a vogal que será repetida: 5 possibilidades
- escolher a outra vogal: 4 possibilidades
- permutar as 3 vogais da senha, com repetição de 2: P(3,2) = 3

Ficamos com 5x4x3 = 60 senhas com duas vogais repetidas.

Gabarito: D.

QUESTÃO 64 (FGV/TJ-BA/Téc Judic/2015) Em uma cidade do "velho-oeste" americano, do total de pessoas que iam a julgamento, 90% eram condenadas e 10% eram absolvidas. Das pessoas condenadas, 80% eram realmente culpadas e 20% eram inocentes. Das pessoas absolvidas, 90% eram realmente inocentes e 10% eram culpadas. Sorteando ao acaso uma das pessoas que foi a julgamento nessa cidade, a probabilidade de que ela fosse inocente é:

a) 18% b) 20% c) 24% d) 25% e) 27%

RESOLUÇÃO:

Ao longo do capítulo, vimos que nessas questões em que são mencionados determinados valores percentuais, mas sem citarem o valor total, é interessante utilizarmos a estratégia de supor que o valor total é 100. Iremos aplicar isso aqui de novo.

Nosso objetivo consiste em obter a probabilidade de que, sorteando ao acaso uma das pessoas que foi a julgamento numa cidade, ela seja inocente.

Ora, sabemos que 90% dessas 100 pessoas são condenadas e as demais são absolvidas, ou seja, 90 pessoas são condenadas e as 10 pessoas restantes são absolvidas.

Das 90 pessoas condenadas, sabemos que 80% realmente são culpadas, isto é, 80% x 90 = 0,80 x 90 = 72 pessoas são efetivamente culpadas, de modo que as 90 – 72 = 18 pessoas restantes são inocentes.

Das 10 pessoas absolvidas, sabemos que 90% são realmente inocentes, isto é, 90% x 10 = 9 pessoas são efetivamente inocentes, de modo que as 10 – 9 = 1 pessoa restante é culpada.

Assim, o total de pessoas inocentes é igual a:

$$180 + 90 = \mathbf{27}$$

Logo, temos **27 resultados favoráveis** em **100 possíveis.** Daí a probabilidade será:

$$P = 27 / 100 = 0,27 = \mathbf{27\%}$$

Gabarito: E.

QUESTÃO 65 (FGV/SEFIN-RO/Auditor Fiscal/2018) Um dado é lançado quatro vezes. A probabilidade de que o número ´6´ seja obtido ao menos duas vezes é, aproximadamente, igual a

(A) 0,05. (B) 0,13. (C) 0,25. (D) 0,40. (E) 0,50.

RESOLUÇÃO:

A probabilidade de que o número "6" seja obtido ao menos duas vezes pode ser calculada da seguinte forma:

P (duas ou mais vezes) = 100% – P(nenhuma vez) – P(uma vez)

Ou seja, do total subtraímos as probabilidades de não obter nenhum 6 e a de obter apenas um 6.

Inicialmente, calculamos o **P(nenhuma vez)**, em que temos 5/6 de probabilidade em cada lançamento, totalizando:

$$P(\textbf{nenhuma vez}) = \left(\frac{5}{6}\right)^4 = \frac{5^4}{6^4} = \frac{625}{1296}$$

Em seguida, determinamos as chances de o número 6 sair no primeiro lançamento e depois não sair nos outros três. Para isso, a probabilidade seria de 1/6 no primeiro multiplicada por 5/6 em cada um dos outros três. Adicionalmente, devemos multiplicar tudo por 4, uma vez que o 6 pode sair uma única vez em cada um dos quatro lançamentos. Logo:

$$P(\textit{uma vez}) = 4 \times \frac{1}{6} \times \left(\frac{5}{6}\right)^3 = \frac{500}{1296}$$

Substituindo os resultados obtidos na primeira equação, chegamos a:

$$P(\textit{duas ou mais vezes}) = 1 - \frac{625}{1296} - \frac{500}{1296} = 1 - \frac{1125}{1296} = \frac{171}{1296} \approx 0{,}13$$

Gabarito: B.

QUESTÃO 66 (COSEAC/ISS Maricá/Fiscal de Tributos/2018) Num sorteio concorrem bilhetes numerados de 1 a 500. Foi sorteado um bilhete e foi dada a informação de que saiu um número múltiplo de 5. A probabilidade de o número sorteado ser o 150 é:

(A) 1%. (B) 5%. (C) 10%. (D) 15%. (E) 20%.

RESOLUÇÃO:

Entre os números 1 e 500 há 100 múltiplos de 5, entre os quais pretendemos calcular a probabilidade de sair o número 150.

Dessa forma, temos apenas um 1 caso favorável para 100 possíveis, de modo que a probabilidade é 1/100 = **1%**.

Gabarito: A.

QUESTÃO 67 (IDECAN/AGU/Adm/2019) João lançou dois dados sobre uma mesa e cobriu rapidamente com uma caixa escura. Entretanto, Maria viu o resultado dos dois dados (números que estão na face superior dos dados) e afirmou que somente uma das proposições abaixo é verdadeira:

I. O número 3 ou o número 4, ou ambos, são resultados do lançamento.

II. O número 3 ou o número 5, ou ambos, são resultados do lançamento.

Com base nessas proposições e na afirmação de Maria, é correto afirmar que

a) o número 3 não foi o resultado de nenhum dos dois dados.

b) o número 3 é o que possui maior probabilidade de ser o resultado do lançamento.

c) os números 3, 4 e 5 possuem a mesma probabilidade de ser o resultado do lançamento.

d) com certeza o resultado do lançamento foi o número 4.

e) a soma dos números que foram resultado do lançamento dos dados é inferior a 4.

RESOLUÇÃO:

Se o número 3 fosse o resultado de algum dos dados, as duas proposições (I e II) seriam verdadeiras.

Como a questão afirma que SOMENTE UMA DAS PROPOSIÇÕES é verdadeira, então o número 3 não pode ser o resultado de algum dos dados.

Já podemos marcar a resposta na alternativa A.

Como o número 3 não pode ser o resultado de algum dos dados, então a probabilidade de o número 3 ser resultado do lançamento é zero, logo podemos descartar as alternativas B e C.

A alternativa D é falsa, pois o resultado do lançamento não obrigatoriamente será o número 4 (poderia ser, por exemplo, 5 e 5).

A alternativa E está errada, pois seria possível, por exemplo, que a soma dos resultados fosse 5 + 5 = 10.

Gabarito: A.

6. QUESTÕES-DESAFIO

QUESTÃO 68 (ESAF – 2014 – MTur) Com os dígitos 3, 4, 5, 7, 8 e 9 serão formadas centenas com dígitos distintos. Se uma centena for selecionada ao acaso, a probabilidade de ser menor do que 500 e par é

a) 15% b) 10% c) 25% d) 30% e) 20%

RESOLUÇÃO:

Nosso objetivo consiste em obter a probabilidade de, selecionando-se uma centena ao acaso, que seja **menor do que 500 e par**.

Inicialmente, vamos à escolha dos três dígitos da centena.

Para que o número seja par, e considerando os dígitos disponíveis (3, 4, 5, 7, 8 e 9), na última posição devemos alocar o 4 ou o 8.

Daí, surgem duas situações para analisarmos.

- **1ª situação: Números terminados em 4.**

Se usarmos 4 para o algarismo da unidade, temos apenas uma opção. Logo:

		1

Já para a centena, temos apenas uma opção: o dígito 3, pois o número deve ser menor que 500 e já usamos o dígito 4. Logo:

1		1

Por fim, para a dezena, sobram 4 opções, já que utilizamos 2 dos 6 dígitos disponíveis inicialmente. Logo:

1	4	1

Aplicando o **PFC**, temos:

$$1 \times 4 \times 1 = \mathbf{4}$$

Assim, é possível formar 4 números menores que 500, terminados em 4.

- **2ª situação: Números terminados em 8.**

Se usarmos 8 para o algarismo da unidade, temos apenas uma opção. Logo:

		1

Já para a centena, temos duas opções: os dígitos 3 e 4, pois o número deve ser menor que 500. Logo:

2		1

Por fim, para a dezena, sobram 4 opções, já que utilizamos 2 dos 6 dígitos disponíveis inicialmente. Logo:

2	4	1

Aplicando o **PFC**, temos:

$$2 \times 4 \times 1 = \mathbf{8}$$

Assim, é possível formar 8 números menores que 500, terminados em 8.

➢ **Casos favoráveis:**

Somando os valores obtidos nessas duas situações, temos:

$$4 + 8 = \mathbf{12}$$

➢ **Casos possíveis:**

Para a centena, temos 6 opções de algarismos. Daí, restam 5 opções para as dezenas. Por fim, sobram 4 opções para as unidades.

Aplicando o **PFC**, temos:

$$6 \times 5 \times 4 = \mathbf{120}$$

Calculando a probabilidade, temos:

$$P = \frac{12}{120} = 10\%$$

Gabarito: B.

QUESTÃO 69 (CESPE – PT/PM-CE/2014) Uma pesquisa realizada com um grupo de turistas que visitaram, em Fortaleza, a praia do Futuro (PF), o teatro José Alencar (TJA) e a catedral Metropolitana (CM) apresentou as seguintes informações:

- 70 turistas visitaram a PF;
- 80 turistas visitaram o TJA;
- 70 turistas visitaram a CM;
- 30 turistas visitaram apenas a PF;
- 50 turistas visitaram a CM e o TJA;
- 25 turistas visitaram a PF e a CM;
- 20 turistas visitaram esses três pontos turísticos;
- cada um dos turistas visitou pelo menos um dos três pontos turísticos.

Com base nessas informações, julgue o item a seguir.

A probabilidade de que um turista do referido grupo escolhido ao acaso tenha visitado os três pontos turísticos é superior a 0,14.

RESOLUÇÃO:

Aqui iremos relembrar o capítulo sobre conjuntos. Vamos fazer um diagrama a fim de representar a quantidade de elementos de cada conjunto:

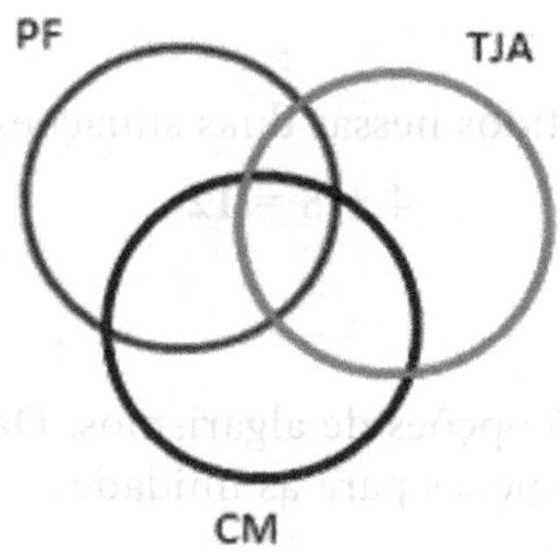

Agora vamos preencher o diagrama com as informações fornecidas pelo enunciado e com as conclusões que obtivermos.

Informação 1: 20 turistas visitaram os pontos turísticos.

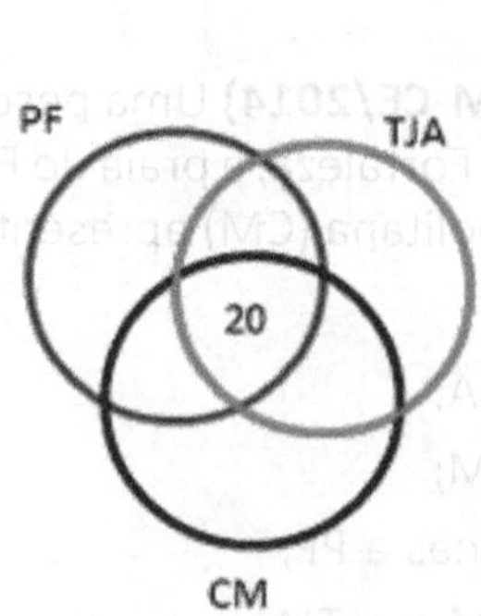

Informação 2: 25 turistas visitaram a PF e a CM. Já alocamos 20 desses 25. Faltam 5.

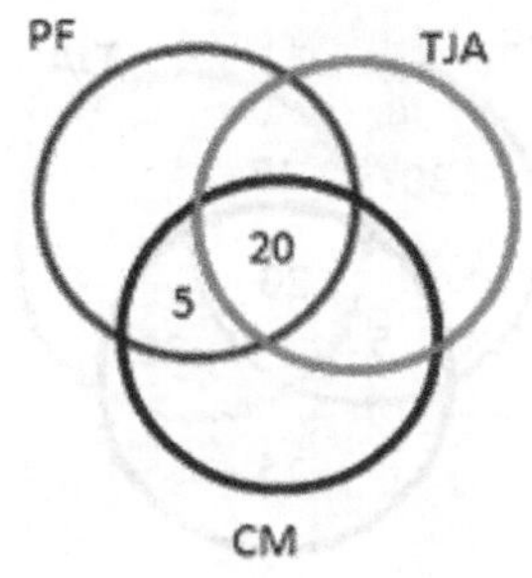

Informação 3: 50 turistas visitaram a CM e o TJA. Já alocamos 20 desses 50. Faltam 30.

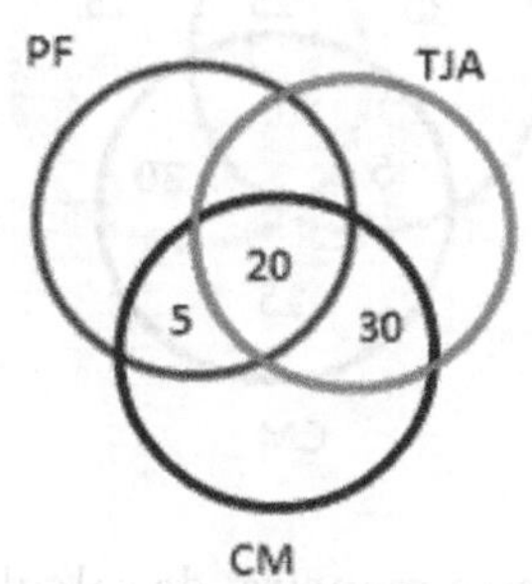

Informação 4: 30 turistas visitaram apenas a PF.

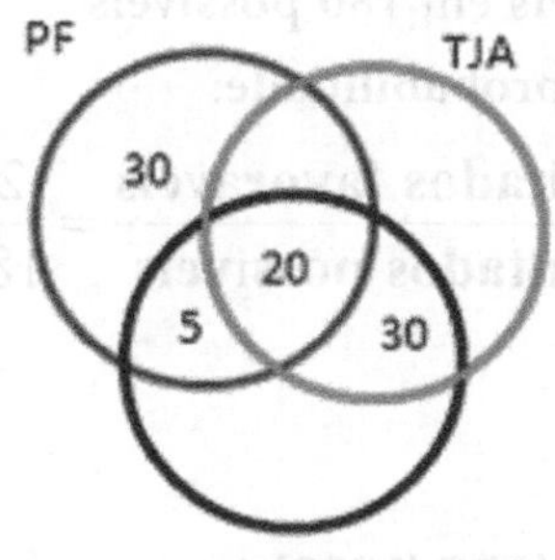

Informação 5: 70 turistas visitaram a PF. Já alocamos 30 + 20 + 5 = 55 desses 70. Faltam 15.

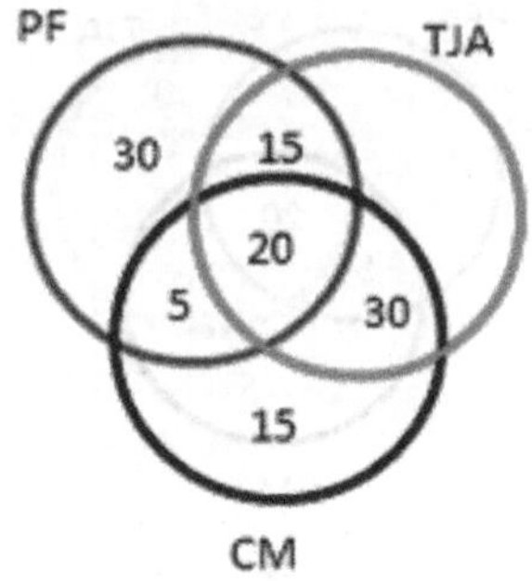

Informação 6: 80 turistas visitaram o TJA. Já alocamos 15 + 20 + 30 = 65 destes 80. Faltam 15.

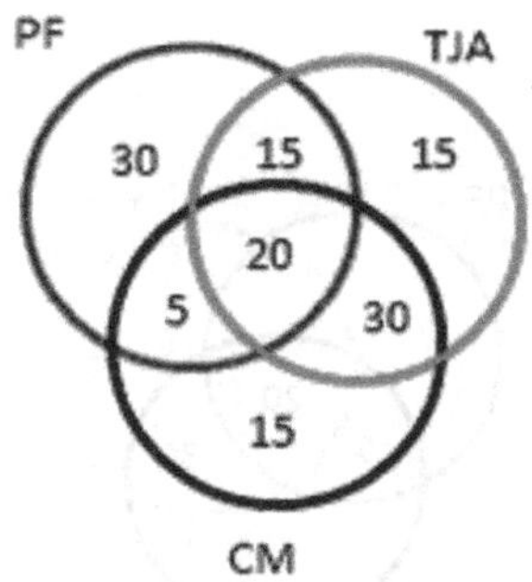

Estamos em condições, dessa maneira, de calcular o número total de turistas:

30 + 15 + 15 + 20 + 5 + 30 + 15 = **130**

Nosso objetivo consiste em calcular a probabilidade de um turista escolhido ao acaso ter visitado os três pontos turísticos. Ora, pelo diagrama, percebemos que temos **20 resultados favoráveis** em **180 possíveis.**

Efetuando o **cálculo da probabilidade**:

$$P(X) = \frac{\textbf{resultados favoráveis}}{\textbf{resultados possíveis}} = \frac{20}{180} = 0{,}1538$$

Gabarito: certo.

QUESTÃO 70 (ESAF/MPOG/APO/2009) As apostas na Mega-Sena consistem na escolha de 6 a 15 números distintos, de 1 a 60, marcados em volante próprio. No caso da escolha de 6 números tem-se a aposta mínima e no caso da escolha de 15 números tem-se a aposta máxima. Como ganha na Mega-Sena quem acerta todos os seis números sorteados, o valor mais próximo da probabilidade de um apostador ganhar na Mega-Sena ao fazer a aposta máxima é o inverso de:

a) 20.000.000. b) 3.300.000. c) 330.000. d) 100.000. e) 10.000.

RESOLUÇÃO:

Sabemos que a **probabilidade** é dada pela divisão entre o número de resultados **favoráveis** e o número de resultados **possíveis**.

No caso da **Mega-Sena**, as chances de acerto são obtidas pelo quociente entre os seguintes valores:

- Favoráveis: os conjuntos de 6 números formados com os 15 que preenchemos em nossa cartela.
- Possíveis: os conjuntos de 6 números que podem ser formados com os 60 números disponíveis.

Inicialmente, precisamos perceber quantos conjuntos de 6 números podemos obter a partir de 15 números marcados. Bem, a ordem dos números não importa (o resultado 1, 2, 3, 4, 5, 6 é igual ao resultado 4, 5, 3, 6, 2, 1). Assim, estamos diante de um caso de combinação de 15 números em grupos de 6, ou simplesmente C(15,6).

$$C_{15,6} = \frac{15\times14\times13\times12\times11\times10}{6\times5\times4\times3\times2\times1}$$

Em seguida, devemos pensar em quantos conjuntos de 6 números podemos formar com os 60 números disponíveis na cartela da Mega-Sena. Ora, combinação de 60, tomados 6 a 6:

$$C_{60,6} = \frac{60\times59\times58\times57\times56\times55}{6\times5\times4\times3\times2\times1}$$

Portanto, a probabilidade de se acertar na Mega-Sena fazendo a aposta máxima (15 números) é dada pela divisão:

$$P = \frac{resultados\ favoráveis}{resultados\ possíveis} = \frac{C_{15,6}}{C_{60,6}} = \frac{\dfrac{15\times14\times13\times12\times11\times10}{6\times5\times4\times3\times2\times1}}{\dfrac{60\times59\times58\times57\times56\times55}{6\times5\times4\times3\times2\times1}}$$

Substituindo nessa expressão os resultados que obtivemos, temos:

$$P = \frac{\dfrac{15\times14\times13\times12\times11\times10}{6\times5\times4\times3\times2\times1}}{\dfrac{60\times59\times58\times57\times56\times55}{6\times5\times4\times3\times2\times1}} = \frac{15\times14\times13\times12\times11\times10}{60\times59\times58\times57\times56\times55}$$

UNIDADE 3 – MATEMÁTICA DE NÍVEL MÉDIO

Todavia, a questão pediu o inverso de P. Logo:

$$\frac{1}{P}=\frac{60\times59\times58\times57\times56\times55}{15\times14\times13\times12\times11\times10}=10.002,7$$

Dessa maneira, o inverso da probabilidade de acertar é aproximadamente igual a **10.000**. Além disso, concluímos que a probabilidade de acertar é de apenas 0,00001, ou 0,001%, mesmo fazendo a aposta máxima!

Gabarito: E.

ESCLARECENDO!

Acabamos de aprender como é calculada a tabela abaixo, que pode ser encontrada no site da Caixa Econômica Federal:

PROBABILIDADE DE ACERTO NA MEGA-SENA

Quantidade de números jogados	Valor da Aposta (R$)	Probabilidade de acerto (1 em ...)
6	2,00	50.063.860
7	14,00	7.151.980
8	56,00	1.787.995
9	168,00	595.998
10	420,00	238.399
11	924,00	108.363
12	1.848,00	54.182
13	3.432,00	29.175
14	6.006,00	16.671
15	10.010,00	10.003

Observe que uma aposta na Mega-Sena com 15 números custa R$ 10.010,00. O preço é justificado pela probabilidade de acerto, que é de aproximadamente 1 em 10.000, como calculado nesta questão.

QUESTÃO 71 (ESAF/ATRFB/2009) Três amigas participam de um campeonato de arco e flecha. Em cada tiro, a primeira das amigas tem uma probabilidade de acertar o alvo de 3/5, a segunda tem uma probabilidade de acertar o alvo de 5/6, e a terceira tem uma probabilidade de acertar o alvo de 2/3. Se cada uma das amigas der um tiro de maneira independente dos tiros das outras duas, qual a probabilidade de pelo menos dois dos três tiros acertarem o alvo?

a) 90/100 b) 50/100 c) 71/100 d) 71/90 e) 60/90

RESOLUÇÃO:

Sejam os seguintes eventos:

A: Ocorre quando a primeira amiga acerta o tiro;

Ā: Ocorre quando a primeira amiga erra o tiro;

B: ocorre quando a segunda amiga acerta; $\overline{B}$ ocorre quando ela erra.

C: ocorre quando a terceira amiga acerta; $\overline{C}$ ocorre quando ela erra.

Vamos dividir o problema em partes.

1ª Parte: apenas a primeira amiga erra o tiro. Vamos chamar isso de evento X.

Para que X ocorra, devemos ter: a primeira erra, a segunda acerta, a terceira acerta.

$$X = \overline{A} \cap B \cap C$$

$$P(X) = P(\overline{A}) \cap P(B) \cap P(C)$$

$$P(X) = (1 - \frac{3}{5}) \times \frac{5}{6} \times \frac{2}{3} =$$

$$P(X) = \frac{2}{5} \times \frac{5}{6} \times \frac{2}{3} = \frac{2}{9}$$

2ª Parte: apenas a segunda erra o tiro. Vamos chamar isso de evento Y.

$$Y = A \cap \overline{B} \cap C$$

$$P(Y) = P(A) \cap P(\overline{B}) \cap P(C)$$

$$P(Y) = \frac{3}{5} \times \left(1 - \frac{5}{6}\right) \times \frac{2}{3} =$$

$$P(Y) = \frac{3}{5} \times \frac{1}{6} \times \frac{2}{3} = \frac{2}{30}$$

Terceira parte: apenas a terceira erra o tiro. Vamos chamar isso de evento Z.

$$Z = A \cap B \cap \overline{C}$$

$$P(Z) = P(A) \cap P(B) \cap P(\overline{C})$$

$$P(Z) = \frac{3}{5} \times \frac{5}{6} \times \left(1 - \frac{2}{3}\right) =$$

$$P(Z) = \frac{3}{5} \times \frac{5}{6} \times \frac{1}{3} = \frac{1}{6}$$

Quarta parte: todas as amigas acertam seus tiros. Vamos chamar isso de evento W.

$$W = A \cap B \cap C$$

$$P(W) = P(A) \cap P(B) \cap P(C)$$

$$P(W) = \frac{3}{5} \times \frac{5}{6} \times \frac{2}{3} = \frac{1}{3}$$

Nos eventos X, Y, Z, W temos sempre, ao menos, dois tiros certos. Assim, quando um desses eventos ocorrer, ou seja, quando ocorrer X ou Y ou Z ou W (união desses conjuntos), atenderemos ao enunciado. Teremos pelo menos dois tiros certos.

$$P(X \cup Y \cup Z \cup W) = ?$$

Todos estes eventos são mutuamente excludentes. A **probabilidade da união** é a **soma** das probabilidades.

$$P(X \cup Y \cup Z \cup W) =$$

$$= \frac{2}{9} + \frac{2}{30} + \frac{1}{6} + \frac{1}{3} = \frac{40 + 12 + 30 + 60}{180} = \frac{71}{90}$$

Gabarito: D.

QUESTÃO 72 (FCC/ANS/Especialista em Regulação/2007) Sabe-se que 3/5 dos pacientes submetidos a uma determinada cirurgia sobrevivem. Se 4 pacientes realizarem a cirurgia, a probabilidade de que pelo menos um não sobreviva é de:

a) 609/625 b) 544/625 c) 96/625 d) 24/625 e) 16/625

RESOLUÇÃO:

Pede-se a probabilidade de que **pelo menos um** paciente morra.

Este é o caso clássico de utilização do **evento complementar**: quando temos a expressão "pelo menos um". Sejam:

- *A* o evento "pelo menos um paciente morre";
- Ā o evento complementar, ou seja, "todos os pacientes sobrevivem".

O evento complementar é uma **intersecção** de 4 eventos:

- E1 – o primeiro paciente sobrevive
- E2 – o segundo paciente sobrevive
- E3 – o terceiro paciente sobrevive
- E4 – o quarto paciente sobrevive

Quando todos esses quatro eventos ocorrerem simultaneamente (intersecção), aí nós teremos o **evento Ā**.

O enunciado afirma que todos esses eventos têm probabilidade de **3/5**. E todos eles são **independentes**. Assim, a probabilidade da intersecção se resume ao **produto das probabilidades**. Daí:

$$\overline{A} = E1 \cap E2 \cap E3 \cap E4$$

$$P(E1 \cap E2 \cap E3 \cap E4) = P(E1) \times P(E2) \times P(E3) \times P(E4)$$

$$P(E1 \cap E2 \cap E3 \cap E4) = 0{,}6 \times 0{,}6 \times 0{,}6 \times 0{,}6 = 0{,}6^4$$

Ou seja:

$$P(\overline{A}) = 0{,}6^4 = \frac{1.296}{10.000}$$

Pronto! Achamos a probabilidade do evento complementar. Agora fica bem fácil calcular a probabilidade do evento original. A **probabilidade de A** fica:

$$P(A) = 1 - \frac{1.296}{10.000} = \frac{8.704}{10.000} = \frac{544}{625}$$

Gabarito: B.

CONSELHO!

Este assunto, assim como o anterior, sobre análise combinatória, requer que **você faça centenas de exercícios**. Selecionamos muitas questões para inserirmos nesses dois capítulos, mas ainda assim pedimos para que siga nosso conselho e **procure muitas mais para resolver**, pois só assim ficará craque no assunto.

APÊNDICE

DICAS PARA AGILIZAR OS CÁLCULOS MATEMÁTICOS

Neste apêndice aprenderemos alguns macetes que agilizam diversos tipos de cálculo. Alguns talvez você já saiba, mas dos que ainda não sabe, perceberá que uns serão fáceis de memorizar e outros que vão requerer uma prática maior para memorizá-los.

Sabemos que muitas provas possuem tempo exíguo para realizá-la, ainda mais quando envolvem disciplinas de exatas. Por isso, recomendamos que memorize algumas dessas dicas e que acostume-se a treinar a realização de cálculos diversos em suas horas vagas. Ter uma agilidade maior na hora de efetuar os cálculos poderá render pontos preciosos em sua prova.

Alguns desses macetes você poderá dispensar por achar complicados, mas tenha por meta saber o máximo possível deles, pois poderá ser relevante em sua nota final do concurso.

SUMÁRIO

1. Multiplicação ou divisão por 10, 100, 1.000 etc. 1384

2. Multiplicar um número por 11 1384

3. Multiplicar um número por 9, 99, 999 etc. 1385

4. Multiplicar um número por 0,15, 1,5 e 15 1385

5. Dividir qualquer número por 5, 50, 500 etc. 1385

6. Multiplicar qualquer número por 5, 50, 500 etc. 1386

7. Multiplicação por números terminados em 0 1386

8. Subtrações de 100 ou 1.000 por qualquer número 1387

9. Multiplicar números de um algarismo por 9 1387

10. Elevar um número do tipo 1,0X ao quadrado 1387

11. Elevar ao quadrado números que terminem em 5 1388

12. Dividir qualquer número por 0,25 1388

13. Multiplicar qualquer número por 0,25 1389

14. Dividir um número por 4 1390
15. Multiplicar números usando a propriedade distributiva 1390
16. Soma e subtração de frações sem MMC 1391
17. Somar em grupos complementares de dez ou cem 1393
18. Exercícios para treino 1393

1. MULTIPLICAÇÃO OU DIVISÃO POR 10, 100, 1.000 ETC.

Para **multiplicar** ou **dividir** um número por 10, 100, 1.000 etc., basta **deslocar a vírgula**, respectivamente, para **direita** ou para a **esquerda**, tantas casas quantos forem os zeros.

a) 16 x 10 = 160

b 15,567 x 1000 = 15567,0

c) 16 / 10 = 1,6

d) 15,567 / 100 = 0,15567

2. MULTIPLICAR UM NÚMERO POR 11

Basicamente, temos dois macetes para resolver esses cálculos.

O primeiro é somente multiplicar o número por 10 e somar o número inicial. Exemplos:

a) 36 x 11 = 36 x 10 + 36 = 360 + 36 = 396

b) 488 x 11 = 488 x 10 + 488 = 4.880 + 488 = 5.368

O segundo macete que também pode ser utilizado é quando o número a ser multiplicado possui dois algarismos somente. Se for esse o caso, basta **somar esses 2 algarismos e colocar o resultado no meio deles**. Exemplos:

a) 26 x 11. Temos o número 26, somando seus 2 algarismos temos 2+6=**8**. Pronto! Agora é só colocar esse 8 no meio deles: a resposta é **286**.

b) 34 x 11

Somamos os algarismos do número 34: 3+4=**7**. Em seguida, colocamos o resultado no meio deles, resultando em **374**.

c) 37 x 11

Ao somarmos os algarismos do número 37, obtemos 3+7=**10**. Visto que deu um número *maior que* 9, então não podemos colocar todo o número no meio deles. Na verdade, inserimos apenas o **algarismo das unidades** (0) no meio deles, e o **algarismo da dezena (1) é somado ao primeiro algarismo** do número, resultando em **407**.

3. MULTIPLICAR UM NÚMERO POR 9, 99, 999 ETC.

Sabemos que 9 = 10 – 1. Assim, para multiplicar um número por 9, é mais fácil **multiplicá-lo por 10 e depois subtraí-lo do número inicial**.

Logo, se queremos multiplicar 44 por 9, fazemos:

$$44 \times 9 = 44 \times (10-1) = 44 \times 10 - 44 = 440 - 44 == 396$$

Analogamente, se queremos multiplicar 562 por 99, basta lembrar que 99 = 100 - 1, de modo que:

$$562 \times 99 = 562 \times (100-1) = 562 \times 100 - 562 = 56.200 - 562 = 55.638$$

Outros exemplos:

a) 27 x 9 = 270-27 = **243**.

b) 56 x 99 = 5.600-56 = **5544**.

c) 1.433 x 999 = 1.433.000-1.433 = **1.431.567**.

4. MULTIPLICAR UM NÚMERO POR 0,15, 1,5 E 15

Multiplicar um número qualquer por **1,5** corresponde a **somar o número com a sua metade**.

a) **16 × 1,5** = 16 + 8 = **24**

b) **12,3 × 1,5** = 12,3 + 6,15 = **18,45**

Perceba que podemos estender esse procedimento para casos similares. Por exemplo, para obter o produto entre um número qualquer por **15** nós somamos esse número com a sua metade e <u>multiplicamos por 10</u>.

a) **16 × 15** = (16 + 8) × 10 = 24 × 10 = **240**

b) **12,3 × 15** = (12,3 + 6,15) × 10 = 18,45 × 10 = **184,5**

Similarmente, multiplicar um número por **0,15** se resume a somar o número com a sua metade e <u>dividir por 10</u>.

a) **16 × 0,15** = (16 + 8) ÷ 10 = 24 ÷ 10 = **2,4**

b) **12,3 × 15** = (12,3 + 6,15) ÷ 10 = 18,45 ÷ 10 = **1,845**

5. DIVIDIR QUALQUER NÚMERO POR 5, 50, 500 ETC.

Primeiramente, tenha em mente que:

$$\frac{1}{5} = \frac{2}{10}$$

Dessa maneira, basta **multiplicar o número por 2 e deslocar a vírgula para a esquerda** (que é o mesmo que dividir por 10).

Nesse sentido, perceba como ficaria a divisão de 345 por 5:

$$\frac{345}{5}=345\times\frac{2}{10}=\frac{345\times 2}{10}=\frac{690}{10}=69$$

Agora, se queremos obter o quociente entre 1.745 e 50, fazemos:

$$\frac{1.745}{50}=1.745\times\frac{2}{100}=\frac{1.745\times 2}{100}=\frac{3.490}{100}=34,9$$

6. MULTIPLICAR QUALQUER NÚMERO POR 5, 50, 500 ETC.

Inicialmente, precisamos lembrar que:

$$5=\frac{10}{2}$$

Assim, em vez de fazer a multiplicação direta de um número por 5, geralmente é mais fácil **multiplicar o número por 10 e dividir o resultado por 2.**

Digamos que o nosso objetivo consiste em multiplicar 26 por 5. Logo:

$$26\times\frac{10}{2}=\frac{260}{2}=130$$

Similarmente, se queremos multiplicar 375 x 50, normalmente é mais fácil multiplicá-lo por 100 e dividir por 2:

$$375\times\frac{100}{2}=\frac{37.500}{2}=18.750$$

7. MULTIPLICAÇÃO POR NÚMEROS TERMINADOS EM 0

Multiplicam-se as partes sem os zeros finais e acrescenta-se a quantidade de zeros finais.

a) 23 x 1**0** = (23 x 1)**0** = 23**0**

b) 45 x 2**0** = (45 x 2)**0** = 90**0**

c) 15 x 3**00** = (15 x 3)**00** = 45**00**

d) 3**0** x 9**0** = (3 x 9)**00** = 27**00**

8. SUBTRAÇÕES DE 100 OU 1.000 POR QUALQUER NÚMERO

Basta subtrair individualmente cada digito por **9**, com exceção do último, que deverá ser subtraído por **10**.

a) 100 – 37

9 – 3 = **6**

10 – 7 = **3**

Portanto, temos que 100 – 37 = **63**.

b) 1000 – 528

9 – 5 = **4**

9 – 2 = **7**

10 – 8 = **2**

Portanto, temos que 1000 – 528 = **472**.

Em janeiro de 2019, o Alexandre fez um webinário em um curso on-line no qual disse que desde criança tinha uma mania de ficar diminuindo de 1.000 todas as placas de carro que passam por ele todos os dias. Várias pessoas perguntaram como ele fazia isso e não deu tempo dele as responder. Então agora sabe o que ele faz há mais de 40 anos, mas cuidado porque corre o risco de ficar doido igual a um dos autores deste livro.

9. MULTIPLICAR NÚMEROS DE UM ALGARISMO POR 9

Para multiplicar qualquer número entre 1 e 9 por 9 é necessário **estender as duas mãos para a frente**. Baixe um dedo apenas, exatamente o dedo correspondente ao número que você quer multiplicar, a partir do dedo mínimo da mão esquerda.

Por exemplo, se pretender multiplicar 9 por 4, abaixe o 4º dedo. Conte os dedos antes do dedo abaixado (nesse caso o **3**) e depois conte os que estão após do dedo abaixado (nesse caso o **6**).

Assim, 9 x 4 = **36**.

10. ELEVAR UM NÚMERO DO TIPO 1,0X AO QUADRADO

O parêntese do tipo **(1,0X)²**, em que **X varia de 0 a 9**, é muito comum em questões de juros compostos, que não foi objeto deste livro, mas que você poderá vir a estudar em Matemática Financeira um dia. A fim de facilitar e agilizar o seu cálculo, eis uma dica bem legal!

Suponhamos que você precisa chegar ao resultado da potência **(1,03)²**. Bem, ao efetuar a operação, obteremos um número com **quatro casas decimais** no seguinte formato:

1,ABCD

Em que:

- **AB**: **dobro** do número 03 (isto é, 2 x 3 = **06**)
- **CD**: **quadrado** do número 03 (isto é, 3^2 = 3 x 3 = **09**)

Logo, é fácil concluir que **$(1,03)^2$ = 1,0609**.

Da mesma forma, temos que **$(1,06)^2$ = 1,1236** (já que 2 x 6 = **12**, e 6^2 = **36**).

E a boa notícia é que esse "bizu" é aplicável a **qualquer número elevado ao quadrado com 2 casas decimais de 1,00 a 1,09.**

Portanto, não esqueça:

$(1,0X)^2$ = 1,dobrode_X_quadradodeX

11. ELEVAR AO QUADRADO NÚMEROS QUE TERMINEM EM 5

Suponha que esteja diante da seguinte operação: **95^2**. Ou seja, você precisa **elevar ao quadrado um número que termina em 5.** Como resolveria? Multiplicando 95 por ele mesmo? Bem, essa seria a forma tradicional, mas existe um truque para ganharmos tempo nesse cálculo!

Bem, inicialmente é preciso saber que elevando ao quadrado um número terminado em 5, **os dois últimos dígitos da resposta serão sempre 25** (= 5^2 = 5 x 5).

Depois, para descobrir os demais algarismos, basta pegar o(s) primeiro(s) número(s) da conta (que fica antes do 5) e multiplicar pelo seu **sucessor.**

Assim, no caso de **95^2**, temos que os dois últimos dígitos da resposta serão 25:

__25

Para descobrir o restante, basta multiplicar o **9** (número que fica antes do 5) por **10** (sucessor de 9): 9 x 10 = **90**. Dessa forma, concluímos que:

$$95^2 = 9025$$

Vamos apresentar mais alguns exemplos, para não nos esquecermos mais disso:

a) 25^2 = (2.3)25 = 625

b) 45^2 = (4.5)25 = 2025

c) 75^2 = (7.8)25 = 5625.

O mesmo vale para 15^2, 75^2, 105^2 e por aí vai.

12. DIVIDIR QUALQUER NÚMERO POR 0,25

Observe que:

$$0,25=\frac{1}{4}$$

Assim, se queremos dividir 78 por 0,25, fazemos:

$$\frac{78}{0,25}=\frac{78}{\frac{1}{4}}=78\times\frac{4}{1}=78\times4=312$$

Portanto, **dividir por 0,25 corresponde a multiplicar por 4**. Que interessante, não é verdade?! Com isso, podemos acelerar o nosso processo ao dividir 350 por 0,25, por exemplo:

$$\frac{350}{0,25}=350\times4=1.400$$

13. MULTIPLICAR QUALQUER NÚMERO POR 0,25

Precisamos lembrar que:

$$0,25=\frac{1}{4}$$

Dessa maneira, se o nosso objetivo consiste em multiplicar 72 por 0,25, fazemos:

$$72\times0,25=72\times\frac{1}{4}=\frac{72}{4}=18$$

Portanto, **multiplicar por 0,25 corresponde a dividir por 4**. Essa informação nos permite ganhar agilidade em obter o produto entre números, como 248 e 0,25:

$$248\times0,25=\frac{248}{4}=62$$

O princípio aqui utilizado é o mesmo que usamos para multiplicar por 25, pois basta multiplicar por 100 e dividir ao meio duas vezes, afinal, 25 = 100/4. Exemplos:

a) 32 x 25 = 32 x 100 / 2 / 2 = 3200 / 2 / 2 = 1600 / 2 = 800

b) 18 x 25 = 18 x 100 / 2 / 2 = 1800 / 2 / 2 = 900 / 2 = 450

Talvez você nos fale que essa dica não é tão interessante, já que dividir por 4 não é tão simples. Bem, a boa notícia é que o truque seguinte vai ajudá-lo a resolver esse problema!

14. DIVIDIR UM NÚMERO POR 4

Esta é uma das dicas mais simples. Basicamente precisamos ter em mente que **4 = 2 x 2**.

Dessa forma, **dividir um número 4 corresponde a dividi-lo por 2 e, em seguida, dividir por 2 novamente.**

Suponhamos que queiramos obter o quociente entre 180 e 4. Fazemos:

$$\frac{180}{4} = \frac{180}{2 \times 2} = \frac{90}{2} = 45$$

É claro que podemos acelerar um pouco mais o processo. Veja o caso da divisão de 257 por 4:

$$\frac{257}{2} = 128,5$$

$$\frac{128,5}{2} = 64,25$$

Perceba que podemos estender esse truque para várias situações. Por exemplo, sabendo que 40 = 2 x 2 x 10, **em vez de dividir um número por 40, será mais fácil dividi-lo por 2, depois dividir novamente por 2 e, por fim, dividir por 10**. Vamos aplicar isso à divisão de 182 por 40:

$$\frac{182}{2} = 91$$

$$\frac{91}{2} = 45,5$$

$$\frac{45,5}{10} = 4,55$$

Assim, o resultado da divisão entre 182 e 40 é **4,55**. Tente resolver pela forma tradicional e chegará à conclusão que este truque que aprendemos é bem eficiente.

15. MULTIPLICAR NÚMEROS USANDO A PROPRIEDADE DISTRIBUTIVA

Os números podem ser representados como uma soma de fatores. Por exemplo, no lugar de 10 podemos utilizar 5 + 5 ou 2 + 8 e assim por diante. E saber disso pode ser de grande ajuda na hora de realizarmos algumas operações.

Nesse sentido, aplica-se à multiplicação a **propriedade distributiva**, que afirma que **quando um dos números é reescrito como a soma de dois fatores, o produto não muda.**

Dessa forma, se queremos multiplicar 8 por 13, é mais fácil reescrever o 13 como uma soma de fatores, e em seguida efetuar a multiplicação somando os resultados obtidos. Logo:

a) $8 \times 13 = 8 \times (10+3) = (8 \times 10) + (8 \times 3) = 80 + 24 = 104$

Note que o quão rápido serão os cálculos dependerá dos números escolhidos como a soma de fatores. Assim, as contas seriam um pouco mais complicadas se tivéssemos substituído o 13 por 6 + 7, de modo que é importante dar preferência a números cuja multiplicação por eles seja mais simples.

Veja outros exemplos:

b) **9 × 17** = (9 × 10) + (9 × 7) = 90 + 63 = **153**

c) **45 × 22** = (45 × 20) + (45 × 2) = 900 + 90 = **990**

A grande maioria das pessoas que você conhece que realiza cálculos rapidamente de cabeça utilizam esse macete. É algo que aprendemos no ensino fundamental (antigo primário) e que quase ninguém utiliza. Pratique-o no seu dia a dia, você verá como facilitará sua vida, principalmente na prova.

16. SOMA E SUBTRAÇÃO DE FRAÇÕES SEM MMC

A forma tradicional de resolver a soma e subtração de frações é por meio do uso do **MMC**, a fim de estabelecer um denominador comum entre as frações envolvidas. No entanto, por vezes leva-se um tempo considerável nesse caminho de resolução ou é possível que o aluno não lembre como determinar o MMC entre dois números. Nesse caso, existe um método muito **mais simples, prático e eficiente** para nos ajudar, e sem o uso do MMC.

Para exemplificar, considere que o nosso objetivo consiste em obter a seguinte soma:

$$\frac{1}{6} + \frac{3}{8}$$

Inicialmente, precisamos saber que a soma e a subtração de duas ou mais frações terá como resultado outra fração. Daí, no método que usaremos, **o denominador da fração resultante será formado pelo produto entre os denominadores das frações envolvidas**. No exemplo, teríamos:

$$6 \times 8 = 48$$

Por sua vez, **o numerador resultante será formado por uma soma de duas parcelas**. Quem serão elas? Bem, correspondem aos resultados das multiplicações diagonais dos numeradores e denominadores das frações envolvidas na operação. Como assim, professores? Vocês querem me convencer que isso vai facilitar minha vida?

Calma, é mais simples do que você imagina. Basicamente, iremos multiplicar o numerador da primeira fração pelo denominador da segunda, obtendo uma das parcelas da soma. Logo em seguida, multiplicamos o numerador da segunda pelo denominador da primeira, tendo como resultado a outra parcela da soma.

Vamos fazer isso na prática? Veja como ficaria no nosso exemplo:

$$\frac{1}{6} + \frac{3}{8}$$

$$(1 \times 8) + (3 \times 6) = 26$$

Muito bem, acabamos de montar a nossa **fração resultante**:

$$\frac{26}{48}$$

Acho que essa fração pode ser simplificada, professor!

Você tem razão! E o processo de **simplificação de frações** consiste em dividir seus termos por um mesmo número de forma a conseguirmos termos menores que os iniciais. Esse é o chamado **método das divisões sucessivas.**

Fica claro, portanto, que o processo de simplificação de frações corresponde a encontrar uma fração que seja, ao mesmo tempo, **irredutível** e equivalente à primeira!

No nosso caso, vamos dividir numerador e denominador por 2:

$$\frac{26 \div 2}{48 \div 2} = \frac{13}{24}$$

E agora, ainda conseguimos simplificar ou reduzir essa fração, dividindo seus termos por um mesmo número? Não, pois estamos diante de uma fração irredutível. Portanto, temos que, de fato:

$$\frac{1}{6} + \frac{3}{8} = \frac{13}{24}$$

Talvez pareça que se trata de um procedimento longo, mas é porque fizemos calmamente para você entender bem cada etapa. Nesse sentido, é necessário que você pratique esse método que vai acelerar bastante seus cálculos. Para ajudá-lo, preparamos um esquema composto por **4 passos para obter a soma e subtração de frações sem o uso do MMC:**

1º passo: multiplicar os denominadores, formando o novo denominador;

2º passo: multiplicar o numerador da primeira pelo denominador da segunda e multiplicar o numerador da segunda pelo denominador da primeira;

3º passo: efetuar a soma ou subtração dos dois produtos encontrados no passo anterior, obtendo assim o numerador da fração;

4º passo: Dividir o numerador pelo denominador encontrados e simplificar a fração resultante, se necessário.

Vejamos outro exemplo, desta vez calculando uma subtração de frações.

$$\frac{5}{2}-\frac{4}{18}=\frac{5.18-2.4}{2.18}=\frac{90-8}{36}=\frac{82}{36}=\frac{41}{18}$$

17. SOMAR EM GRUPOS COMPLEMENTARES DE DEZ OU CEM

Quando houver vários números para somar, quase sempre dá para mudar a ordem deles para agrupar em números que somados completam múltiplos de dez ou cem.

Você entenderá isso melhor analisando os exemplos abaixo. Os parênteses são para facilitar a demonstração do que deve ser feito, mas não precisa utilizá-los na hora dos cálculos, que muitas vezes podem ser feitos de cabeça mesmo.

a) 7 + 2 + 13 + 9 + 28 = (7+13) + (2+28) + 9 = 20+30+9 = 59

b) 38 + 47 + 16 + 43 + 24 + 22 + 15 = (38+22) + (47+43) + (16+24) + 15 = 60+90+40+15 = (60+40)+90+15 = 100 + 90 + 15 = 205

c) 320 + 75 + 180 + 125 = (320+180) + (75+125) = 500 + 200 = 700

18. EXERCÍCIOS PARA TREINO

Responda a estes exercícios utilizando os macetes vistos anteriormente. Sem o uso de calculadora, obviamente.

1 – Multiplicar por 1,5:

a) 12 b) 26 c) 82 d) 250 e) 4.600

2 – Multiplicar por 10:

a) 12 b) 3,8 c) 45,7 d) 382 e) 3,91

3 – Multiplicar por 10^3:

a) 12 b) 3,8 c) 45,7 d) 382 e) 0,32

4 – Dividir por 10:

a) 12 b) 120 c) 3,8 d) 38,2 e) 0,32

5 – Dividir por 10^3:

a) 1.200 b) 42.564 c) 140.000 d) 38,2 e) 0,32

6 – Multiplicar por 4:

a) 12 b) 2,4 c) 260 d) 15 e) 2.200

7 – Multiplicar por 5:

a) 12 b) 2,4 c) 260 d) 15 e) 6,6

8 – Multiplicar por 50:

a) 12 b) 4,4 c) 260 d) 25 e) 2.200

9 – Multiplicar por 25:

a) 12 b) 2,4 c) 260 d) 15 e) 2.200

10 – Dividir por 5:

a) 12 b) 2,4 c) 260 d) 152 e) 2.200

11 – Dividir por 50:

a) 1.800 b) 240 c) 28 d) 1.250 e) 2.200

12 – Multiplicar por 9:

a) 12 b) 2,4 c) 36 d) 150 e) 220

13 – Multiplicar por 11:

a) 12 b) 2,4 c) 36 d) 150 e) 220

14 – Elevar ao quadrado:

a) 15 b) 35 c) 55 d) 65 e) 95

15 – Multiplicar usando a propriedade distributiva:

a) 12x21 = b) 18x42 = c) 54x15 = d) 125x12 = e) 36x13

16 – Efetuar os cálculos a seguir sem usar o MMC, simplificando ao máximo:

$a) \frac{2}{3} - \frac{12}{28} =$

$b) \frac{7}{12} - \frac{3}{4} =$

$c) \frac{4}{3} + \frac{11}{12} =$

$d) \frac{12}{5} - \frac{5}{3} =$

$e) \frac{14}{5} - \frac{4}{3} =$

17 – Somar em grupos de 10 ou 100:

a) 7+8+12 =

b) 7+8+23+12 =

c) 27+18+44+32+113+36 =

d) 41+14+32+36+5+19+28 =

e) 242+164+35+36+28+145+11 =

Gabarito – Apêndice					
1	a) 18	b) 39	c) 123	d) 375	e) 6.900
2	a) 120	b) 38	c) 457	d) 3.820	e) 39,1
3	a) 12.000	b) 3.800	c) 45.700	d) 382.000	e) 320
4	a) 1,2	b) 12	c) 0,38	d) 3,82	e) 0,032
5	a) 1,2	b) 42,564	c) 140	d) 0,0382	e) 0,00032
6	a) 48	b) 9,6	c) 1.040	d) 60	e) 8.800
7	a) 60	b) 12	c) 1.300	d) 75	e) 33
8	a) 600	b) 220	c) 13.000	d) 1.250	e) 110.000
9	a) 300	b) 60	c) 6.500	d) 375	e) 55.000
10	a) 2,4	b) 0,48	c) 52	d) 30,4	e) 440
11	a) 36	b) 4,8	c) 0,56	d) 25	e) 44
12	a) 108	b) 21,6	c) 324	d) 1.350	e) 1.980
13	a) 132	b) 26,4	c) 396	d) 1.650	e) 2.420
14	a) 225	b) 1.225	c) 3.025	d) 4.225	e) 9.025
15	a) 252	b) 756	c) 810	d) 1.500	e) 468
16	a) 5/21	b) -1/6	c) 9/4	d) 11/15	e) 22/15
17	a) 27	b) 50	c) 270	d) 175	e) 661

De primeira, pode parecer estranho usar alguns desses macetes, mas saiba que as pessoas que você conhece que fazem cálculos rapidamente utilizam quase todos esses métodos, dentre outros. É questão de prática. Como expusemos no início deste apêndice, use alguns momentos vagos de seu dia para treinar cálculos diversos.

Sabe quando você está no trabalho e não tem como abrir algum livro para concursos na frente dos seus colegas? Ou quando está no ônibus ou metrô e se esqueceu de levar algo para estudar ou não está com um ambiente propício para estudar ali, por causa do barulho? Você pode pegar um papel qualquer e chutar qualquer cálculo para fazer aleatoriamente, que pode envolver os macetes aqui vistos ou qualquer outro tipo de conta somente para treinar rapidez. Depois confere na calculadora do seu celular se fez certo. Chute qualquer coisa, como 38x12; 3,2x16; 57/4 ou 45^2. Se você fizer esse treino por alguns dias, já verá uma melhora, e isso poderá fazer uma boa diferença em sua prova.

O Alexandre foi treinado pelo seu pai na infância a fazer contas rapidamente, e até hoje ele e seus irmãos são bons nisso. Garanto que fez uma enorme diferença em várias provas desde suas adolescências. E rendeu muito guaraná para ele quando criança, porque o pai dele apostava que o moleque conseguia fazer cálculos mais rapidamente que seus amigos engenheiros. Caso o minialex vencesse, ganhava um guaraná, que naquela época era caro e nunca se bebia fora de festas; já se algum engenheiro vencesse, ganhava uma cerveja. Coitados dos caras, nunca beberam às custas do pai dele.

O concurso para AFR-SP de 2006 ficou conhecido como o concurso mais complicado que teve até hoje em relação a tempo para resolver a primeira prova, pois foram 100 questões para serem resolvidas em quatro horas, sendo 20 de Raciocínio Lógico, 10 de Matemática Financeira e Estatística, 40 de Português, 10 de Inglês etc. A prova tinha 28 páginas. As questões de exatas demandavam muitos cálculos e os textos das provas de línguas eram grandes. O fato de saber fazer contas rapidamente ajudou bastante o Alexandre a ser aprovado, com certeza. Muitos bons candidatos, que sabiam muito mais do que ele, ficaram de fora por se enrolarem nos cálculos de diversas questões.

Por essas e outras que escrevemos este apêndice. Não para ganhar guaraná, porque engorda, e sim para ajudá-lo a passar em seus concursos. Treine cálculos, isso fará diferença em seu desempenho nas provas, garantimos isso a você. E como já dissemos, você pode fazer fora do seu horário de estudo, em qualquer lugar, a qualquer hora, sem nenhum material de estudo por perto, bastam um pedaço de papel e uma caneta.

BIBLIOGRAFIA

ALCÂNTARA, Flávio. *Matemática para concursos*. 2. ed. Rio de Janeiro: Forense; São Paulo: Método, 2014.

ANDRADE, Nonato. *Matemática descomplicada*. Rio de Janeiro: Ferreira, 2009. Volumes 1 e 2.

BARRETO FILHO, Benigno; SILVA, Claudio Xavier. *Matemática*. Volume único. São Paulo: FTD, 2000.

BELLO, Pedro. *Matemática básica para concursos*. Rio de Janeiro: Ferreira, 2006. Volume 1.

CABRAL, Luiz Cláudio; NUNES, Mauro César. *Matemática básica explicada passo a passo*. Rio de Janeiro: Elsevier, 2013.

CARVALHO, Sérgio; CAMPOS, Weber. *Raciocínio lógico simplificado*. Volume II. Rio de Janeiro: Elsevier, 2010.

FARIAS, Sinésio de. *Curso de álgebra*. Rio de Janeiro: Globo, 1958.

IEZZI, Gelson; MURAKAMI, Carlos. *Fundamentos de matemática elementar*. Volumes 1 a 6 e 9. São Paulo: Atual.

IEZZI, Gelson...[et. al]. *Matemática*. Volume único. São Paulo: Atual, 1997.

IEZZI, Gelson...[et. al]. *Matemática: Ciência e aplicações*. Volumes 1 a 3. 6. ed. São Paulo: Saraiva, 2010.

JULIUS, Edward H. *Aritmetruques*. 2. Ed. Campinas/SP: Papirus, 1997.

LIRA, Alex. *Cursos diversos de Matemática Básica, disponíveis em <www.exponencialconcursos.com.br/cursos-por-professor/alex-lira>*. Exponencial Concursos. 2019.

LIRA, Alex; MEIRELLES, Alexandre. *Matemática Financeira Definitiva para Concursos*. 1. ed. Salvador: Juspodivm, 2021.

LIRA, Alex; MEIRELLES, Alexandre. *Raciocínio Lógico Definitivo para Concursos*. 2. ed. Salvador: Juspodivm, 2022.

MACHADO, Antonio dos Santos. *Matemática: Temas e metas*. Volumes 1 a 6. São Paulo: Atual, 1988.

MARIANO, Fabrício; Meneses, Anderson. *Matemática básica para concursos*. Rio de Janeiro: Elsevier, 2011.

MORGADO, Augusto César de Oliveira...[et. al.]. *Análise Combinatória e Probabilidade*. Rio de Janeiro: SBM, 2004.

PESSÔA, Paulo. *Problemas de aritmética*. Rio de Janeiro: Minerva, 1960.

RODRIGUES, Luiz Roberto Franco. *Matemática e raciocínio lógico matemático para concursos*. Campinas: Servanda, 2010.

SÉRATES, Jonofon. *Métodos cuca legal de efetuar as operações no conjunto dos números naturais*. 2. ed. Brasília: Jonofon, 1998.

SÉRATES, Jonofon. *Raciocínio Lógico*. 9. ed. Brasília: Jonofon, 2000.

STERLING, Mary Jane. *Algebra for dummies*. New York: Hungry Minds, 2001.

VILLAR, Bruno. *Matemática básica: teoria e treinamento prático*. 3. ed. Rio de Janeiro: Forense; São Paulo: Método, 2013.

VILLAR, Bruno. *Raciocínio lógico: teoria e treinamento prático*. 3. ed. Rio de Janeiro: Forense; São Paulo: Método, 2012.

VORDERMAN, Carol...[et. al]. *Matemática para pais e filhos*. São Paulo: Publifolha, 2012.

ZEGARELLI, Mark. *Matemática básica & pré-álgebra para leigos*. 2. ed. Rio de Janeiro: Alta Books, 2011.

ANOTAÇÕES

ANOTAÇÕES

ANOTAÇÕES

EDITORA
JusPODIVM
www.editorajuspodivm.com.br

COLOR system

JUS2736